# 兴城市志

1986—2012

兴城市地方志编纂委员会　编

方志出版社

图书在版编目（CIP）数据

兴城市志：1986~2012/ 兴城市地方志编纂委员会编. —北京：方志出版社，2014.9
ISBN 978-7-5144-1366-3

Ⅰ. ①兴… Ⅱ. ①兴… Ⅲ. ①兴城市—地方志—1986~2012 Ⅳ. ①K293.14

中国版本图书馆 CIP 数据核字（2014）第 211123 号

兴城市志（1986~2012）

编　　者：兴城市地方志编纂委员会
责任编辑：黄　彦

出 版 人：冀祥德
出 版 者：方志出版社
地址　北京市朝阳区潘家园东里 9 号（国家方志馆四层）
邮编　100021
网址　http:// www.fzph.org
发　　行：方志出版社发行中心
电话（010）67110500
经　　销：全国各地新华书店
印　　刷：葫芦岛健宁彩色印刷有限公司

开　　本：889 × 1194　　1/16
印　　张：60
字　　数：1480 千字
版　　次：2014 年 9 月第 1 版　2014 年 9 月第 1 次印刷
印　　数：0001~2000 册

ISBN 978-7-5144-1366-3/K·1113　　定价：380.00 元

兴城城区新貌

兴城城区一角

建设中的城市新区

兴城城区新貌

兴城市第一届人代会第一次会议会场

中共兴城市委、市人民政府办公旧址

兴城市人大、市政协办公旧址

兴城市人大、市政协办公新址

兴城市人民会堂

中共兴城市委、市人民政府办公新址

兴城古城

蓟辽督师府

兴城文庙

古城明代一条街

兴城首山

兴城温泉

兴城红海滩

兴城海滨

兴城七月海会

觉华岛大龙宫寺

觉华岛唐王洞

兴城兴海栈道

龙回头景区

兴城河叠水低堰

河畔晨练

兴城河

磨石沟塔

石龙寺

望海寺

九龙山白塔峪塔

纺织车间

啤酒生产车间

制衣车间

兴城电子商务大厦

锅炉生产车间

制药车间

粉末冶金生产车间

风力发电

食用菌种植

大棚花卉

花生田间管理

大根萝卜晾晒

头道沟里小流域治理工程

井盐水养殖场

油菜种植

青山水库

兴城程控电话大楼

秦沈高速铁路

滨海公路跨河大桥

兴城陆岛码头

辽宁财贸学院

渤海船舶职业学院

辽宁工程技术大学校园

兴城高级中学

兴城市全民运动会

葫芦岛·兴城第二届泳装文化博览会

海滨疗养区

兴城市人民医院

满族秧歌

小区文化生活

宁远广场

# 兴城市地方志编纂委员会

| | | | | |
|---|---|---|---|---|
| 名誉主任 | 于学利 | | | |
| 主　任 | 赵家鹏 | | | |
| 副主任 | 范立民 | 郭荣新 | 王月娟 | 张旭辉 |
| 委　员 | 王代林 | 冯　刚 | 刘久生 | 李文政 |
| | 李希扬 | 张新华 | 苏文波 | 侯　杰 |
| | 郝大欣 | 郭长林 | 郭永泽 | 高　峰 |
| | 崔作军 | 韩忠香 | 韩铁征 | |

# 《兴城市志》编辑部

| | | | | |
|---|---|---|---|---|
| 主　编 | 于学利 | | | |
| 顾　问 | 张儒林 | | | |
| 执行主编 | 石瑞良 | | | |
| 副主编 | 王建华 | 张旭辉 | | |
| 编　辑 | 王绍奎 | 齐国玉 | 张志平 | 张志祥 |
| | 陈国章 | 杜志刚 | 李海霞 | 赵春燕 |
| | 常德义 | 董秉忠 | | |
| 特约编辑 | 王天月 | 张恺新 | 陈德昌 | 翟玉光 |
| 摄　影 | 张玉良 | 李　龙 | 李吉明 | 邸玉伦 |
| | 陈　铁 | 邱丰彬 | 韩文民 | |
| 校　对 | 吴忠博 | 张天竹 | 蒋丽娜 | 韩铁民 |
| | 董晓雪 | 雷云霞 | | |

# 序 一

首部《兴城市志》历时四载，六易其稿，付梓在即，甚感欣慰。我适逢履职兴城，能亲历这一过程，荣幸之至。

兴城，位于辽宁省西南部，有103.5公里海岸线，有中国唯一保存最完好的明代古城，是辽宁省历史文化名城。总面积2118.5平方公里，常住人口61万，旅游旺季流动人口达300多万。兴城历史悠久绵长，文化底蕴深厚，物华天宝，人杰地灵，钟灵毓秀，民风淳朴。自辽圣宗置县以来，至今已千余载。在漫长的历史岁月中，演绎许多波澜壮阔的重大事件，孕育众多青史流芳的英杰人物，积淀丰富的文化瑰宝和名胜古迹。兴城旅游资源尤为丰富，集古城、温泉、首山、兴城河、海滨、觉华岛（菊花岛）等人文和自然景观于一地，如今已成为全国重点风景名胜区。

1986年12月13日，国务院批准兴城撤县建市（县级），兴城的历史翻开新的一页，迎来新的发展机遇期。特别是近几年来，中共兴城市委、兴城市人民政府大力实施“工业化、城镇化、农业产业化和民生保障”四大战略，开启了向全省发达县（市）行列迈进新的征程。全市人民解放思想，锐意改革，励精图治，奋力拼搏，经济社会持续快速发展，各项事业取得骄人成绩，政通人和，百业俱兴，社会秩序稳定，人民安居乐业，到处呈现出一派幸福祥和的新气象。城市建设硕果累累，城市规模不断扩大，城市环境日新月异，城市功能进一步完善，城市品位大幅度提升。一个“创业兴城、宜居兴城、文化兴城、活力兴城”正在迅速崛起，必将迎来更加美好的明天。兴城还获得“中国优秀旅游城市”、“中国书法之乡”、“中国泳装名城”、“中国温泉之城”等多项荣誉，足以让我们骄傲和自豪，更使我们感到使命光荣、任重道远。

兴城的历史是整个中华民族历史长河中的一朵浪花，追逐着全民族的历史洪流，伴随着悠悠岁月、匆匆时光滚滚向前。兴城历来文风昌盛、佳作丰硕，更有编史修志的优良传统，尤其是康熙版的《宁远州志》（1684）、光绪版的《宁远乡土志》（1908）、民国版的《兴城县志》（1927）等，都详述了兴城古今之大事、历史之变迁。1990年，续写《兴城县志》问世，填补了1928～1985年间兴城志书历史的空白。2010年，市委、市政府作出编纂首部《兴城市志》的决定，更是延续历史、传承文化的明智之举。认真总结经验教训，载入史册，借鉴历史，启迪后人，服务当代，创造未来，正是历代编修志书的目的和意义所在。

统览首部《兴城市志》，内容翔实，结构严谨，体例完备，脉络清楚，详略得当，行文流畅，通俗易懂。志书理清了历史沿革之脉络，叙述了山川地理之特征，记载了政治风云之变幻，书写了经济文化之盛衰，展示了风土人情之变革。起伏嬗变，是非曲直，皆不讳言；经验教训，成败得失，秉笔直书。既有宏观鸟瞰，一市概况，尽收眼底；又有微观透视，沧桑变化，展现其中。溯本探源，彰显地方特色；略古详今，突出时代风貌。一书在手，让治学者可读之为史，专艺者可阅之为文，从政者可览之为镜。

读史使人明智，知史可以鉴今，续志为了用志。今天，历史的车轮已驶入充满机遇和挑战的新时期，兴城也迎来新一轮的发展契机，我们应当从历史的成败得失中汲取经验教训，审时度势，科学决策；我们应当从既往的实践探索中追寻奋斗足迹，察古知今，通识规律。我们相信，《兴城市志》的出版，一定会有益于展示、宣传兴城悠久的历史和灿烂的文化，有益于推动新时期兴城经济社会的科学发展，有益于推进创业、宜居、文化、活力新兴城的建设。

追昔是要抚今，继往更需开来。历史，历久弥新，是宝贵的财富，更是可以利用的资源。我们要用人们喜闻乐见的方式利用地方志、传播地方志，鼓励和倡导全社会“读志、传志、用志”，用历史的智慧推进理政和执政能力建设，在实现中华民族伟大复兴的征途中，为人民、为社会、为历史作出更大的贡献，在兴城的发展史上谱写出更新、更美的篇章。

权以为序。

**中共兴城市委书记**

**二〇一四年十二月**

# 序　二

《兴城市志》（1986—2012）经编纂人员逾四年呕心沥血，辛勤笔耕，得以问世，实为我市文化之盛事，今为之作序，颇感欣慰。

兴城历史悠久，源远流长。自原始社会始，先辈们就在这块古老的土地上辛勤劳作，辽圣宗统和八年（990）设兴城县，明建宁远卫城，清置宁远州，民国三年复用兴城县名。在漫漫的历史长河中，兴城人民用智慧和汗水抒写了不朽的历史篇章，留下灿烂的文化瑰宝，为中华文明做出了重要贡献。特别是新中国成立后，兴城人民为兴邦立业，夙兴夜寐，胼手胝足，孜孜以求，形成了习俗兼容、民风淳朴、自强不息、奋发有为的精神面貌和勤劳勇敢、大智大慧、先忧后乐的人格魅力，为抒写昨天历史、描绘未来辉煌积累了宝贵财富。

盛世修志，志载盛世。修志是功在当代、福泽千秋的文明工程。史学界把撰修方志誉为是“为天地立心，为生民立命，为往圣继绝学，为万世开太平”的文化盛举。《兴城市志》（1986—2012）全书共27篇，总计148万字，在继承《兴城县志》优秀传承的基础上，真实客观地记录了兴城撤县建市以来，从自然到社会，从政治到经济，从人物到事纪，从地域文化的兴衰演变，到社会发展规律的追寻，给兴城绘织出一幅五彩斑斓的历史长卷，为党政领导和群众认识兴城，研究兴城，为地域经济的发展决策提供了翔实的依据。

以志为鉴，鉴往知来。地方志不仅要记载历史、传承文明，更要服务当代、服务未来，希望全市广大干部群众倍加珍惜这一宝贵的文化成果，潜心读志、努力用志，以志为鉴、以史佐证，从历史中汲取进步力量，从方志中收获智慧启迪，从而激发干事创业的强大动力，为大踏步向全省发达县（市）行列迈进、加快建设创业兴城、宜居兴城、文化兴城、活力兴城作出新的、更大贡献！

首部《兴城市志》从组建写作班子到定稿付梓，四历寒暑，数易其稿，其工程之浩大，工作之繁艰，是可想而知的。藉此巨著出版之际，我谨代表中共兴城市委、兴城市人民政府向参与编纂的全体工作人员，以及关心、帮助、支持地方志事业发展的社会贤达、各界同仁致以崇高的敬意！并祝愿兴城的明天更加美好，兴城的人民更加幸福！

兴城市人民政府市长

二〇一四年十二月

# 凡 例

一、本志以马克思列宁主义、毛泽东思想、邓小平理论、“三个代表”重要思想和科学发展观为指导，全面系统地记述兴城地区自然、地理、政治、经济、文化和社会的历史与现状，记述兴城市在经济建设、政治建设、文化建设、社会建设、生态文明建设方面取得的新成就，为了解和研究兴城市情提供参考，为兴城经济社会发展服务。

二、本志按照《地方志工作条例》（国务院令第467号）的规定，进行全新架构编纂。全志由概述、专志、杂志和大事记组成。专志设政区建置、自然环境、人口民族、农业、水务、工业、电业、商业、城乡建设、交通、邮电、财政税务、金融保险、经济管理、党派群团、政权政协、军事、公安司法、民政、劳动人事、文化、教育体育、科学技术、医疗卫生、旅游疗养、社会生活、人物共27篇，杂志设附录。

三、本志体例为志、述、记、传、图、表、录，其中志为主体。结构为篇、章、节、目，采用语体文、记叙文。

四、本志记述时间上限自1986年1月，下限至2012年12月。历史纪年，除记述中华人民共和国建立前一些重大历史事件、历史人物活动需加注传统历史纪年外，均采用公元纪年。

五、本志记述范围以现行行政区划为限，个别内容为叙述方便，涉及周边葫芦岛市连山区、龙港区、杨家杖子经济开发区及绥中、建昌两县。

六、记述政区、机关名称均系当时名称，对历史地名的记述加注今标准地名。

七、本志坚持生不立传原则。“人物篇”中除收录断限时间内的本籍人物外，亦收录部分在本地有突出影响的客籍历史人物。

八、本志中领导干部名录系参考《中共辽宁省兴城市组织史资料》，其他资料和各项数据均由兴城市档案馆、统计局及其他专业部门和单位提供。

# 目 录

## 第三篇 人口民族



## 第四篇 农 业

# 第五篇 水 务



# 第六篇 工 业

## 第七篇 电 业



## 第八篇 商 业

## 第九篇 城乡建设

## 第十篇 交 通

## 第十一篇 邮 电



## 第十二篇 财政税务

## 第十三篇　金融保险



## 第十四篇　经济管理

## 第十五篇 党派群团

## 第十六篇　政权政协

## 第十七篇 军 事



## 第十八篇 公安司法

## 第十九篇 民 政

## 第二十篇　劳动人事



## 第二十一篇　文　化

## 第二十二篇 教育体育

## 第二十三篇　科学技术



## 第二十四篇　医疗卫生

## 第二十五篇　旅游疗养



## 第二十六篇　社会生活



## 第二十七篇　人　物

# 概 述

兴城市位于辽宁省西南部，渤海辽东湾西海岸，居“辽西走廊”中段。东并东北部与葫芦岛市龙港区、连山区、杨家杖子经济开发区毗邻，南并东南濒临渤海辽东湾，西南隔六股河与绥中县相望，西并西北与建昌县接壤。兴城市境东西最大横距62.07公里，南北最大纵距63.06公里。2012年，全市总面积2118.51平方公里。

兴城市城区在境内东北隅，依山面海，面积83平方公里。东距辽宁省省会沈阳360公里，西离首都北京430公里。东北依葫芦岛港、锦州港、锦州机场，西南邻山海关机场、秦皇岛港，区位优势明显。京哈铁路、魏塔铁路、秦沈高速铁路、京沈高速公路、国道102线、省道318线、辽宁滨海公路、建兴高速公路通贯全境，交通十分便捷。

2012年末，兴城市共辖16个乡（其中15个满族乡）、4个镇、7个街道，239个行政村，27个社区，1097个自然村（屯）。有汉族、满族、蒙古族、回族、锡伯族、朝鲜族等33个民族。全市总人口548193人。

## 一

兴城地区地处燕山台褶带北缘松岭山余脉，亿万年的地壳运动，形成境内西北部山峦叠嶂，沟壑纵横，中南部低山丘陵绵延起伏，东南部以河谷平原和沿海平原为主的地貌特征。境内有老黄顶、大青山、五顶山、九龙山等海拔500米以上高峰8座，其中海拔703米的老黄顶为最高峰。

兴城境内有大小河流151条，其中除兴城河、东沙河、烟台河、六股河、女儿河、菱角河等为常年河流外，其余属时令河。河流多为西北至东南流向，除女儿河由西向东北经葫芦岛市连山区出境汇入小凌河外，兴城河、烟台河、六股河3条较大的河流近似等距斜贯全境，注入渤海。

兴城市属北半球暖温带半湿润大陆性季风气候区，四季分明，光照充足，冬无严寒，夏无酷暑。1月份平均气温−8.8℃，最低气温−24.2℃；7月份平均气温24℃，最高气温38.2℃；年平均气温8.7℃。年平均降水量600毫米，平均无霜期180天。

境内土壤结构分为棕壤土、草甸土、盐土和水稻土4个类型，10个亚类、29个土属，肥力适中，宜发展种植业。全市有耕地5.99万公顷，占土地面积的28.3%。主要农作物有玉米、水稻、高粱、谷子、花生、大豆及各种蔬菜等。全市有林地面积6.73万公顷，森林覆盖率达29%；果树面积2.67万公顷，有苹果、梨、杏、桃、葡萄等果树1400万株。兴城属于商品粮产销平衡地区，是国家重点水果生产基地，也是东北地区最大的花生集散地。

兴城市陆、岛海岸线长103.5公里，沿海海域渔场盛产各类鱼、虾、蟹、贝及海蜇等60余种海产品。全市有浅海滩涂面积8000公顷，其中可供养殖面积5400公顷，井盐水养殖颇具规模。

兴城市矿产资源丰富，多集中于西北及北部山区。蕴藏有铅、锌、铜、钼、金、银、石棉、石墨、硅石、大理石、石灰石、重晶石、花岗岩、无烟煤等20余种金属和非金属矿藏，其中以有色金属铅、锌、铜、钼等矿藏储量较大。

境内温泉水闻名遐迩，兴城温泉和高家岭汤上温泉富含镭、氡、钾、钠、钙、镁、硫等多种矿物质，日涌水量达3000~5000吨，是得天独厚的旅游疗养资源。

## 二

兴城地区历史悠久。据红毛山、黄山果园等多处遗址出土文物考证，早在新石器时期，就有人类在境内生存劳作，繁衍生息。

殷商时代，兴城境域属孤竹国地。战国时属燕国辽西郡地。秦汉时期，兴城境属辽西郡阳乐县地。此后，经历三国、东晋、南北朝等多个朝代更替，至隋唐时期，兴城境属河北道营州柳城县。

兴城之名，始于辽代。辽圣宗统和八年（990），设严州（治所在今红崖子满族乡古城子村），置兴城县（治所在今菊花岛乡城子里屯）。辖觉华岛及兴城河中、下游地区。辽太平元年（1021），设隰州，置海滨县（州、县治所在今东辛庄镇东关站村），辖兴城境西部烟台河流域以西至六股河下游地区。金代，兴城境地东、西部分属北京路兴中府锦州兴城县、瑞州海滨县。

元初沿袭兴城县、海滨县，后分属辽阳中书省大宁路锦州、瑞州分辖。

明初，沿袭元代中书省制。洪武八年（1375）设军卫制，兴城境地分属辽东都指挥使司广宁前屯卫、中屯卫。洪武九年（1376），改中书省为承宣布政使司，辽东行政属山东布政使司所辖。宣德三年（1428），辽东总兵巫凯、都御史包怀德奏请朝廷，辟广宁前屯、中屯二卫地，于曹庄、汤池之北设卫建城，赐名宁远。天启初年，东阁大学士兼兵部尚书孙承宗督师蓟辽，在宁远设府任事，时宁远成为辽东政治、军事、经济中心。

清康熙三年（1664）六月，并前屯、中屯二卫地置宁远州，隶属奉天广宁府，十二月改属锦州府。光绪二十八年（1902），辟六股河以西地设绥中县，隶属宁远州。

民国二年（1913），改宁远州为宁远县。民国三年（1914），因避山西、甘肃、湖南等省宁远县重名，复用辽代兴城县名，隶属奉天省辽沈道。民国十八年（1929），改奉天省为辽宁省，废辽沈道，兴城县隶属辽宁省。1932年3月，伪满洲国成立，改辽宁省为奉天省，兴城县隶属奉天省。1934年12月，兴城县隶属锦州省。

1945年9月，兴城县民主政府成立，隶属中共热河省辽西行政专署。1948年9月，兴城全境解放。1949年1月，建立辽西省，兴城县隶属辽西省。

中华人民共和国成立后，兴城县隶属辽西省。1954年8月，辽东、辽西两省合并成立辽宁省，兴城县先后隶属辽宁省锦州专署、锦州市所辖。

1986年12月13日，国务院批复撤销兴城县，设立兴城市（县级），以原兴城县辖区为兴城市辖区。1989年6月，锦西市升格为地级市。1994年9月，锦西市更名为葫芦岛市，兴城市由葫芦岛市代管。

## 三

农业是经济和社会发展的重要基础。1986年以来，中共兴城市委、兴城市人民政府全面贯彻执行中共中央在农村的各项方针、政策，不断深化农村体制改革，进一步完善土地承包责任制，极大地激发了广大农民的生产积极性和创造性。

全市农村经济生机勃发，呈现出前所未有的新气象。在“农业立市”和“科技兴市”战略思想的指导下，兴城市各级人民政府及其涉农部门，积极引导农民立足本地区位优势和资源优势，通过开展科技下乡，推广优良品种，大力开展农田基本建设，改造中、低产田，实施耕地保护等措施，大力发展高产、高效、优质农业，加快推进产业化进程，使全市农业得到快速发展。至2012年，按照“四带五区”的总体布局，全市形成以粮食、水产、水果、畜牧、花生、蔬菜、食用菌七大主导产业为主的现代农业产业格局。涌现出各类农事龙头企业24家，农业专业合作社120家。基本实现从传统农业到现代农业的战略转型。

花生生产是兴城地区农业的主导产业之一。境内以红崖子满族乡为中心，辐射周边十几个乡镇，最高年份花生种植面积达1.5万公顷，总产量达3.1万吨。辽宁正业花生产业发展有限公司落户红崖子满族乡，成为兴城专营花生的龙头企业。红崖子满族乡成为东北地区最大的花生加工、销售市场，花生产品远销日本、韩国、新加坡等多个国家和地区。2010年，经国家质检总局批准，“红崖子花生”获国家地理标志产品认证；兴城市被国家科技部列为优质花生产业基地。

土豆（马铃薯）种植是兴城农业的特色产业之一。位于六股河沿岸的大寨、高家岭、刘台子、东辛庄，以及望海、围屏、南大山、沙后所等乡镇土豆种植面积较大，产量高，品质好。2012年，全市土豆种植面积2078公顷，总产量14463吨。其中，大寨满族乡土豆种植面积达833公顷，占全市土豆种植总面积的40.1%，年产量6248吨，占全市土豆年总产量的43.2%，被誉为“关外土豆第一乡”。

兴城市设施农业兴起于20世纪90年代初期，经过不断探索，相继建成羊安满族乡柳蒿村、三道沟满族乡西门村，高家岭满族乡、沙后所镇、曹庄镇等8个设施蔬菜小区，新建和改建日光温室574个。2010年始，以六股河、烟台河、兴城河、102国道和滨海公路等沿线乡镇为重点，新建省级日光温室蔬菜小区504个，建立标准化、工厂化畜、禽、渔养殖小区50个。随着畜牧业的繁荣与发展，全市肉蛋奶产量逐年增长，2012年末达13.68万吨，比1986年增长10.6倍。

2000年，兴城市环海水产公司采用地下井盐水养殖牙鲆鱼获得成功。许多经营者开始瞄准市场，在曹庄镇沿海区域建起井盐水工厂化养殖小区，并迅速扩展到沙后所、海滨、刘台子等乡镇沿海一线。至2012年末，全市从事井盐水工厂化养殖牙鲆鱼、大菱鲆鱼的业户达444家，占地面积393.7公顷，建成工厂化养殖车间176.9万平方米。年总产量2.5万吨，实现产值12亿元。兴城市被国家农业部定为“工厂化循环水养殖试点场”、鲆鲽类健康养殖示范县（市）和海水鱼养殖基地。

进行山、水、田、林、路综合治理，一直是兴城市农田基本建设的主攻方向。2012年，全市实施青山保护工程，完成造林面积25040公顷，兴城市获“全国绿化先进集体”称号。完成重点水利骨干工程1232项；治理水土流失面积59507公顷，实现节水灌溉面积2333公顷；建设千亿斤粮食田间工程2000公顷；连续21届蝉联辽宁省农田基本建设竞赛“大禹杯”。三道沟满族乡头道沟村的沟壑截流治理工程，被确定为国家水利示范项目。

随着党和国家各项惠农政策的落实，兴城农村经济稳步发展。2012年，全市农林牧渔各业总产值达40.12亿元，比1986年增长24倍；粮食总产量27.2万吨，比1986年增长4.6倍；农民人均纯收入8995元，比1986年增长15.3倍。人们的衣、食、住、行发生巨大变化。人均居住面积27.19平方米，是1986年的1.7倍。冰箱、彩电、电脑等高档商品进入寻常百姓家；农用汽车、拖拉机成为农村常用的生产、运输工具；家庭自用小轿车成为一些农民常备的交通工具。全市40余万农村人口，已由“温饱型”变成富裕的“小康型”。按照“生产发展、生活宽裕、乡风文明、村容整洁、管理民主”的社会主义新农村建设标准，四家屯街道四家村率先建成全国闻名的“辽西第一村”，华山街道上长茂、古城街道花园等7个村成为葫芦岛市新农村建设试点村，大河口、满屯等30个村成为兴城市新农村建设重点村。欣欣向荣的社会主义新农村建设在全市蓬勃兴起。

## 四

工业是兴城经济社会发展的重要支柱。1986以来，中共兴城市委、兴城市人民政府以改革为动力，以工业企业为重点，大规模推行企业产权制度改革，增强工业企业发展活力。通过优化产业结构，推广技术改造等重大举措，在稳步发展农副产品深加工和传统工业的同时，构建金属冶炼、酒水制造、塑料制品、泳装服装四大主导产业，形成集群优势。抓住辽宁沿海经济带上升为国家发展战略的机遇，兴城市创建临海产业区。并以区位优势为依托，以结构调整为主线，以产业集群建设为目标，以招商引资和对外开放为重点，以体制和机制创新为保障，全力打造新型工业基地，推动兴城工业化发展进程。

1986年，兴城推行以承包、租赁为主的工业企业体制改革。1987年，兴城市人民政府制定《关于深化改革增强企业活力的若干规定》，实行厂长（经理）负责制。1996年11月，中共兴城市委、兴城市人民政府制定《关于企业产权制度改革的若干意见》，大规模推行企业产权制度改革。1997年，完成改制企业372户，占列入改制企业总数的88.8%。至2002年，兴城市企业产权制度改革基本完成，形成“自主经营、自负盈亏、自我发展”和责、权、利相统一的独特的“兴城模式”。通过产权制度改革，实现制度创新，为工业企业注入新的活力，摆脱了长期困扰工业生产运行低迷、效益低下的困境。全市工业产业和产品结构得到科学、有序调整，迅速形成以轴承钢、轴承、粉末冶金、啤酒、白酒、饮料、塑料波纹管材、轮胎、服装、泳装等十大产品结构的基本框架。2003年，中共兴城市委、兴城市人民政府以实施“工业强市”战略为主基调，确定“全党抓经济，重点抓工业，突出抓民营，首要抓项目”的发展思路，鼓励、支持民营企业发展。全市民营企业如雨后春笋，乘势发展壮大。2010年，全市规模以上工业企业129家，其中民营企业112家，占86.8%。

依照国家有关政策，依靠兴城区域、产业和产品优势，中共兴城市委、兴城市人民政府制定并实施招商引资优惠政策，创造极具吸引力的政策环境，调动各方面积极性，加大招商引资力度。至2012年，全市招商引资项目累计464个，协议引资额297.5亿元，到位资金137.04亿元。其中引进外资、港澳台商投资项目57个，合同金额7.96亿美元，实际利用外资计1.48亿美元；引进超千万元以上项目206个，合同金额293亿元，到位资金136.6亿元。

实施项目牵动，发展产业集群，是兴城工业在攻坚克难中求发展，培育新的经济增长点的重大举措。2005年11月，总投资9亿元的国电兴城风力发电场分别在海滨满族乡、刘台子满族乡沿海建成，并相继于2007年12月、2008年4月并网发电。2006年8月，辽宁四家村企业集团成功改制为股份制企业，成为村级企业的龙头。华润雪花啤酒（葫芦岛）有限公司、兴城市粉末冶金有限公司、辽宁万来轮胎有限公司、辽宁禾丰牧业股份有限公司兴城分公司、凯森蒙制衣集团有限公司等众多民营企业迅速发展壮大，成为兴城工业支柱产业的龙头企业。兴城泳装业兴起于20世纪80年代中期，历经20多年的打拼，泳装行业逐渐发展成为专业化、规模化、国际化的泳装产业集群。2012年，兴城泳装生产企业达573家，其中规模以上企业30家，创产值31亿元，出口创汇1.5亿美元。兴城泳装跻身国内三大泳装生产基地之一，被评为“中国十大服装产业示范集群”，兴城成为首个“中国泳装名城”。2009 年 3 月，中国核工业集团辽宁核电有限公司徐大堡核电厂成立。核电项目总投资 900 亿元，至 2012 年末，累计投资 5.5 亿元，相继完成道路、输电、供水等外围工程。风电、核电是兴城历史上最大的、最具发展前景的两大新能源项目。

创建临海产业园区，打造新型工业基地，是兴城市做大做强现代工业的战略决策。2006 年，兴城市人民政府开启兴城工业园区建设。2008 年 7 月，园区被正式命名为兴城临海产业区，被纳入辽宁省“五点一线”战略重点支持区域。产业区总规划面积 52.49 平方公里，起步区 11 平方公里。主导产业定位为建设输配电、新型建材和泳装产业基地，配套发展商贸、金融、旅游等现代服务业。2010 年 5 月，国家海洋局批复兴城临海产业区起步区区域建设用海规划。至 2011 年末，总投资达 7.8 亿元，完成园区各项基础设施建设。截至 2012 年末，兴城临海产业区累计引进项目 68 个，总投资额 212.4 亿元。产业区在建工业项目 44 个，投产企业 16 家。临海产业区成为兴城对外开放的先导和特色产业聚集区，被确定为“辽宁省新型工业化产业示范基地”。

兴城市得天独厚的地理环境、和谐诚信的人文环境、宽松优惠的政策环境，推进全市工业经济运行质量提升，工业化进程加快。2012 年，全市规模以上工业企业实现总产值 134 亿元，是 1986 年的 61 倍；工业销售产值 131.3 亿元，是 1986 年的 109 倍；产销率达 98%，比 2011 年增加 15.5%。主营业务收入完成 129.7 亿元，比 2011 年增长 57.6%，增速位居全省 44 个县（市）第二位，取得历史性的重大突破。

## 五

旅游是兴城的特色产业。在城区与海岛之间 47.3 平方公里的范围内，集城（古城）、泉（温泉）、山（首山）、海（海滨）、岛（觉华岛）、河（兴城河）于一地，珠联璧合，相映生辉，在蓬勃发展的旅游事业中独占鳌头。

20 世纪 80 年代初期，中共兴城县委、兴城县人民政府立足当地区域优势和资源优势，把旅游作为特色产业，对古城、温泉、海滨、首山、菊花岛进行有计划、有步骤地保护性建设、开发。1986 年初，依照《国务院关于规划和开发辽宁省兴城旅游区的批复》和《辽宁省人民政府关于兴城风景旅游区总体规划的批复》，着力开发各种旅游项目，加强以古城、温泉、首山、海滨、菊花岛等五大景区为主体的旅游基础设施建设，加速推进旅游产业结构由观光型向休闲度假型延伸。至 2012 年，历经近 30 年的发展建设，兴城旅游基础设施建设日臻完善，服务功能更加完备，成为中国北方沿海著名的旅游疗养胜地。

兴城古城，始建于明宣德三年（1428），扼山海关外之要冲，为历代兵家必争之地。明天启年间相继取得的“宁远大捷”“宁锦大捷”，作为经典战例载入史册。1948 年 9 月 29 日，东北野战军攻克兴城，切断东北境内国民党军队西退之路，从而拉开辽沈战役的序幕。改革开放以来，中共兴城市委、兴城市人民政府致力于保护、建设和开发古城，组织专业人士对古城的文物古迹、民风民俗等进行发掘、考证，进行保护性开发利用，实施古城内沿街门市房仿明代建筑风格改造，主要街路铺设花岗岩条石路面；修复祖大寿石坊、魁星楼等古建筑。1988 年，兴城城墙被国务院批准为全国重点文物保护单位。1989 年，辽宁省人民政府批准兴城为首批历史文化名城。兴城市启动大规模古城改造工程，相继修复瓮城，维修城墙、名人故居，扩建文庙，复建蓟辽督师府，开设袁崇焕纪念堂、辽东明清战史馆等。2006 年 6 月，兴城古城（包括城墙、文庙、祖氏石坊、钟鼓楼）

被国务院批准为全国文物保护单位。2012 年 11 月，国家文物局正式授予兴城城墙《中国世界文化遗产预备名单》牌匾，标志兴城城墙“申遗”工作取得新的进展。

兴城温泉，位于古城以东 2 公里。温泉水富含镭、氡、钾、钠、钙、镁等多种矿物质，是兴城得天独厚的旅游疗养资源。早在唐代初期，温泉水就被发现和利用。“雪窖汤池”为古时宁远八景之一。1926 年，北宁铁路局在兴城温泉附近为奉系军阀张作霖修建温泉别墅。新中国成立后，国家和省、市有关部门围绕兴城温泉相继修建 60 多座疗养院（所）。20 世纪 90 年代以后，兴城市人民政府按照《兴城市城市总体规划》，对兴城温泉旅游疗养区进行整体改造，沿温泉河两岸建设带状公园，在温泉河上修筑拦水坝，扩通疗养区内道路，实施绿化、美化、亮化工程，形成环境优美的温泉旅游疗养区。2010 年 2 月，兴城获首批“中国温泉之城”殊荣。

首山，位于兴城古城东北 2 公里，因其形似人首而得名，主峰海拔 329.7 米，山顶上保存着一座明代烽火台，首山西麓建有朝阳古刹。“三首云冠”为兴城旧时八景之一。1991 年，首山被批准为国家森林公园。为便于人们登山游览，在首山上修筑 1 条长 4.26 公里的环山路，修建观景亭、迎宾牌坊等。2012 年 3 月，首山丽汤温泉旅游度假村项目开工建设，打造集温泉养生、休闲度假、商务会议、生态旅游等多功能于一体的旅游度假区。

兴城海滨风景区，位于古城以东 8 公里。景区内海岸地势开阔，绿树掩映，海滩坡缓沙细，潮稳波清，辟建 4 个海水浴场，可容纳万人洗浴。海滨一带海域被辽宁省评为省级卫生海，是中国北方一处绝佳的天然浴场。兴城市人民政府从 1987 年起创办“中国·兴城七月海会”，连续举办 23 届，每年都吸引数以百万计的游人观光游览。1988 年 8 月，国务院将兴城海滨风景区列入第二批国家重点风景名胜区。2005 年，海滨风景区被评为 AAAA 级景区。2012 年，争取配套建设资金 1250 万元，完成景区 7 个美化亮化工程项目。兴海栈道自 2011 年起规划建设，2012 年开始对游人开放，兴海栈道北起龙回头广场，沿海岸依势向南延伸至邴家湾浴场，全长 1670 米，建有木桥、索桥、幽兰谷、观景亭台、阅海长廊等景点，为兴城海滨风景区又增添一处亮丽的风景。

菊花岛（觉华岛），由主岛和磨盘山岛、张家山岛和杨家山岛组成，总面积 15 平方公里，其中主岛 13.5 平方公里。岛上山石秀美，古树参天，有大龙宫寺、石佛寺、八角井、唐王洞等古迹。1986 年 7 月，开通海岛码头至唐王洞汽车旅游线路。1988 年，兴城市人民政府投资 220 万元，敷设大陆至菊花岛海底电缆。1990 年，改造环岛公路，相继修建八角琉璃亭、唐王楼等景观。2004 年，投资 400 万元的大龙宫寺复建工程竣工。2009 年，被评为 AAAA 级风景旅游区。每年有大批游客登岛观光览胜。

兴城河，是兴城的“母亲河”，总流长 59.3 公里。流经兴城城区，与贯通城区的兴城东河、温泉河汇流，至钓鱼台入海。2010 年，兴城市人民政府斥资 3 亿元，集防汛与景观功能为一体的根治兴城河工程全面启动。工程西起兴城河南河大桥，东至兴城河入海口，全长 6 公里。其中景观工程采用新型中式园林风格，修建亲水平台、广场、小品、甬道、音乐喷泉、雕塑等城市园林景观。2012 年，兴城以“河海一色，和谐共生”为建设主题，开始建设辽宁省级湿地公园。兴城河旧貌换新颜，成为人们观光、休憩又一亮丽的景观带。

兴城境内旅游景点众多。不仅有白塔峪塔和磨石沟塔两座辽代古塔，有红崖子满族乡望海寺、石龙寺，药王满族乡三教寺等宗教场所，有辽东长城遗址访古探幽，还有老黄顶、大青山、黑凤山、九龙山等自然景区可登临览胜。沿海村庄、山区农村等各类田园风光也备受人们青睐。

中共兴城市委、兴城市人民政府抢抓机遇，乘势而上，在加强旅游基础设施建设的同时，实施

“旅游兴市”战略。依托省级历史文化名城、国家级风景名胜区、中国优秀旅游城市、中国温泉之城等品牌，通过多种形式推介兴城旅游；着力开发文化旅游、生态旅游、民俗旅游、海岛旅游等项目，加速推进旅游业发展。27年间，接待国内外游客年均200万人次，旅游综合收入年均10亿元。随着旅游业的发展，兴城在国内外的知名度日益提升。

## 六

遵循经营城市、建设城市、管理城市的理念，中共兴城市委、兴城市人民政府按照《兴城市城市总体规划（2009～2030）》，摒弃在“老城区”周边“摊大饼”的传统思路，采取“多中心”的城市科学格局，把兴城城区规划为古城历史风貌区、铁西工业仓储区、温泉疗养区、首山风景区、海滨旅游综合区、临海产业区。城区规划面积达278.7平方公里，延展城市框架，预留充足的发展空间，实现土地资本利用的最大化、最优化。牵动房地产开发向新区集中，工业建厂向园区集中，农民建房向小城镇化的集镇和村落集中，促进土地资源集约运用、节约使用、高效利用，大手笔、大气魄地引领城市的大建设、大发展。

城市建设实施“东移北上南拓”发展战略，提升城市品位。“东移”，即将行政办公中心向城区的东部转移，通过回购闲置的疗养院（所），整合、盘活土地资源，将分散在城区的行政服务中心以及20多个政府工作部门进行资源整合，形成区域办公的整体合力，提高服务效率，节约行政成本。“北上”，即与葫芦岛市区衔接，形成“同城效应”。“南拓”，即通过整治兴城河（城区段），将南北两岸形成景观带，把兴城河变成城区的内河，定位为城市发展的“中轴线”。

兴城市人民政府相继启动重大基础设施建设项目。1986～2012年，先后建设轻工市场、天福商城、中百商厦、兴隆大家庭购物中心、银象·宁远城、兴福商城等较大型综合商业服务设施；建成天和大酒店、水调歌头大酒店、金种子大酒店、沁源春大酒店等集餐饮、住宿、娱乐于一体的星级服务设施；建设兴城市人民医院医疗大厦、高级中学、第二高级中学、南一小学等公共设施；建设宁远广场、观海广场、东河带状公园，扩建兴海公园、临河大街景观带及湿地公园等休闲、娱乐场所。

随着城乡电网改造，城市供水、供暖、供气、污水处理等一批基础设施建设项目相继投入使用，在城市整体路网格局中的一块块“生地”正在快速转为“热土”，吸引各地开发商纷纷抢滩登陆，古城保护开发、高家岭“世界温泉部落”、滨海温泉新城、比基尼广场、红麦坊旅游度假村、首山丽汤温泉养生谷、海上海五星级酒店、金天屹城市综合体等一大批结合兴城城市特色资源，展示文化底蕴的大项目落地，进一步提升兴城市的城市品位。沿着城区主干道、河流两侧，一等海、观海国际、凯森蒙华府、世纪阳光花园、闻涛苑、东方郦城等一大批高层建筑拔地而起，展现着兴城城市的新高度。城市的亮化、美化、绿化工作均上一个新台阶。城市主干道亮化率达100%；城市绿化面积1183.4公顷，公共绿地面积189.5公顷，人均公共绿地面积14.7平方米，绿化覆盖率达到43.5%。

道路作为城市的“骨架”，随着城市路网的拓展与进一步完善，兴城城市“四横八纵”的路网格局基本形成。27年间，兴城市人民政府投资6亿多元，对龙兴路、首山路、黎明路、兴海中街、兴海北街、河东路南延、铂翔路、临河大街、兴海南街、810路等多条城市主次干道进行新建和改扩建。投资1146万元用以改善城市的公共交通条件，取缔3100辆营运三轮车，新增200辆客运出租车，新增公交车51辆，新开公交线路3条、延长线路1条，新增公交车线路56公里。

兴城市人民政府在城市建设和发展经济中注重环境保护，致力生态环境建设。2000年，相继进行工业、医疗废水治理，兴城河流域综合治理，大气环境治理，噪声功能达标区建设，生态环境保护建设，开展环境保护宣传，建立环境保护制度，依法打击破坏生态环境行为。2010年，投资9000万元的日处理3万吨的兴城市污水处理厂投入运行。2012年，实施工业节能减排，化学需氧量削减219吨、二氧化硫削减927吨。环境保护、生态环境建设的不断优化，为兴城人民创造宜居的美好家园，为兴城经济可持续发展提供有力保障。

以“我们的城市，我们的家园”为主题，兴城市人民政府坚持开展市容市貌的治理整顿，规范城市管理行为。2010～2012年，兴城市人民政府投入1000万元用于城市卫生保洁，实现城市专业保洁全覆盖。朝着“中国北方最适合人居的城市”目标，兴城市在经营中扩大，在建设中长高，在管理中变美。兴城，这座历史文化古城在不断融入现代元素中，成为中国北方名符其实的沿海滨城。

## 七

兴城经济及社会事业基础设施建设逐步夯实，各项事业与时俱进稳步发展，推动社会公共事务管理能力不断增强。

兴城财政曾经历过2002年、2005年、2006年三年的负增长低迷状态。2007年始，通过不断加大财源建设力度，推动财政收入实现跨越式增长。是年，地方财政一般预算收入达18126万元，比2006年增长35.8%。2010年，地方财政一般预算收入首次突破5亿元大关，达54144万元，比2009年增长79.9%。2012年，全口径财政收入实现31.1亿元，比2011年增长29.9%。国内生产总值（GDP）实现128.1亿元，比2011年增长15.6%，增幅居葫芦岛市各县（市）区第1位；居辽宁省44个县（市）区第5位。

1986年，全市金融机构各项存款余额2.1亿元，比1985年增长40.2%；各项贷款余额2.6亿元，比1985年增长33.6%。2010年，金融机构各项存款余额突破百亿元，达103亿元，比2009年增长11.6%；各项贷款余额49亿元，比2009年增长34.1%。2012年，金融机构各项存款余额144.3亿元，比2011年增长15.5%；各项贷款余额75.9亿元，比2011年增长26.3%。

兴城交通运输四通八达。至2012年，兴城境内公路设施有国家、省、县、乡、村级公路247条，总里程达1489.636公里；大、中、小桥涵1289座（道），总长度25813.28米。公路密度达70.5公里/百平方公里，全市27个乡镇街道239个行政村全部通柏油（水泥）路。形成以国家、省级公路为主干，以县道为骨架，以乡村道为网络，布局合理、畅通无阻的公路网。兴城曾两度被辽宁省人民政府授予“公路网化工程建设文明县”。境内公路、铁路、水路客货运输健康发展，运力不断增强，设施不断完善，服务水平不断提升，基本满足兴城物资交流、人民生活的需求。

邮政电信业突飞猛进。1986年，邮政电信合营。1991年，兴城程控电话开通。1998年10月，邮政电信分营。2012年，兴城邮政主营业务有邮务类业务、代理速递业务、代理金融业务3大类。境内所有邮政网点均通邮车，邮政网络成为集信息处理、传递、物品运递和资金流通为一体的现代化通信网络。兴城境内电信信息业呈现联通、移动、电信三足鼎立、竞相发展的良好格局。

1986年以后，兴城教育与经济社会发展同步进入快车道。1988年，根据《国务院关于当前发展学前教育的若干意见》，兴城市对乡镇中心幼儿园加大投资力度，围屏、高家岭、药王、曹庄、羊安、东辛庄6家中心园初具规模；兴城市第一幼儿园被确定为“省示范幼儿园”。兴城市小学教育改革取得可喜成果，南一小学被授予“全国艺术教育先进单位”“全国双语教学实验基地”

“辽宁省艺术教育示范学校”。兴城市基础教育长足发展。27所初中的校园文化建设和教育教学管理实现新跨越，缩短城乡教育的差距。在中等教育工作中，注重名校效应，创建兴城高级中学等名校。兴城高级中学被辽宁省教育局确定为辽宁省示范高中，先后被命名为“国防教育示范基地”“辽宁省绿色学校”“辽宁省德育工作先进集体”。2003年，在兴城海滨旅游综合区建设高等教育园区（亦称“大学城”）。一些高等院校相继入驻，填补兴城境内无高等教育机构的空白。2012年，入驻“大学城”的辽宁财贸学院、辽宁工程技术大学以及新建的渤海船舶职业学院，有全日制在校博士生、硕士生、本科生、专科生、留学生等共20000余人。

围绕“加强体育锻炼，增强人民体质”的方针，开展全民健身群体活动，群众性体育健身空前活跃。建立学校业余体育训练网点校，其中省级业体网点校1个，葫芦岛市级业体网点校9个。竞技体育成果显著。曹庄中小学独轮车队独树一帜，在国际、国内竞赛、表演中取得优异成绩。27年间，兴城举行各类运动会及赛事75次，向各级体育机构输送运动员131人。

医疗卫生体制改革不断深化，城乡医疗机构基础设施建设不断完备，疫病防控措施得力。2003年的“非典”、2006年的禽流感等重大传染病防控取得显著成果。投资4700万元的兴城市人民医院扩建工程投入使用，兴城市人民医院晋升为二等甲级综合性医院。全市基本公共卫生均等化工作步伐加快，兴城相继荣获“全国卫生先进城市”“全国农村中医药先进单位”；兴城市计划生育服务站被评为辽宁省“计划生育优质服务示范站”。

兴城丰厚的历史积淀，成为繁荣文化的源泉。从1986年起，围绕兴城经济社会发展，开展丰富多彩的群众文化活动。先后举办首届菊花节，第一、第二届泳装节，连续举办23届“中国·兴城七月海会”，成功举办第一届、第二届中国（葫芦岛·兴城）泳装文化博览会，持续开展文化下乡活动，建设文化广场、农家书屋等。几十支业余文化小分队，活跃于城乡公园、广场、茶社、大众舞厅以及农家庭院。兴城市书法家协会、作家协会、摄影家协会、音乐家协会、美术家协会、戏剧家协会、舞蹈家协会等广大会员活跃在城乡。许多书法、绘画、摄影作品登上国内外艺术殿堂，有的被大型博物馆、艺术馆以及私人藏家收藏。2002年7月，兴城市被评为“辽宁省优秀书法县(市)”；2010年3月，兴城市被中国书法家协会命名为“中国书法之乡”。

## 八

中共兴城市委、兴城市人民政府注重以民为本，实施系列“民生工程”，致力完善民生保障体系建设。

覆盖城乡的社会保障体系建设取得突破性进展。全面建立社会基本养老保险制度、城镇居民基本医疗保险制度、农村新型合作医疗制度，惠及10余万城镇职工和居民、40余万农民。城乡最低生活保障制度实现全覆盖，城乡社会救助体系基本建立，社会福利、优抚安置、慈善和残疾人事业取得新进展。至2012年，全市基本养老、基本医疗、失业、工伤、生育五项保险，参保人数分别达30万人、11万人、1.8万人、2.4万人、1.5万人。新型农村合作医疗参合农民达40余万人，参合率达97%；财政配套资金1775万元，新农合人均筹资标准由150元提高到230元，住院补偿比达48.2%。

2000年，通过建立下岗职工再就业基地、下岗职工保洁基地及职业介绍，推荐下岗职工就业972人。2004年，实施和落实再就业优惠政策，为下岗职工办理“再就业优惠证”，享受减免税费等优惠。2006年，实行“4050”（即下岗职工女40、男50周岁）灵活就业人员社会养老保险补贴政策；建立就业困难群体就业援助机制，发放小额担保贷款，实施零就业家庭动态管理。2010年，在全市乡镇街道成立劳动就业服务所28个，村劳动就业服务站44个，以网络服务平台形式开展就业服务。至2012年，累计开发就业岗位2万个，全市城镇实名制就业达34255人，劳务输出45633人；公益性岗位补贴1319万元，“4050”灵活就业人员和公益性岗位人员社保补贴4647万元；城镇登记失业率为3.2%，保持零就业家庭动态管理为零；依法清理拖欠农民工工资，兑现工资总额3500万元。

1986年，全县职工年平均工资1115元，农民年人均收入553元。2012年，全市在岗职工年平均工资27043元，农民年人均收入8995元。城乡居民储蓄存款余额达到119.3亿元，年均增长15.7%。城乡居民衣、食、住、行基本需求得到保障，生活水平和质量不断提高。空调、小轿车等高档大宗商品进入寻常百姓家。人民生活水平不断提高，城乡居民生活正向小康型富裕家庭迈进。

兴城前景无限光明，宏图大业催人奋进。凭借国家振兴东北老工业基地和辽宁沿海经济带开发开放上升为国家战略的双重机遇，依托兴城特有的人文、地理、环境、资源优势，勤劳智慧的兴城人民，一定会在建设“创业兴城、宜居兴城、文化兴城、活力兴城”的实践中，凝心聚力，昂扬奋进，不断创造新的辉煌。

# 第一篇　政区建置

## 第一章　境域沿革

兴城市位于辽宁省西南部，渤海辽东湾西岸。兴城之名始于辽代，明代时筑城建宁远卫，清代称宁远州，民国时恢复兴城县名。中华人民共和国成立后，沿用兴城县名。1986 年 12 月，国务院批准撤销兴城县，设立兴城市（县级），以原兴城县行政区域为兴城市的行政区域。

### 第一节　地理位置

兴城市位于辽宁省西南部，辽西走廊中段，渤海辽东湾西岸。东并东北与葫芦岛市龙港区、连山区、杨家杖子经济开发区毗邻，南并东南濒临渤海，西并西南隔六股河与绥中县相望，西北与建昌县接壤。

兴城市地理位置中心点在红崖子满族乡新齐村西南，地理坐标为北纬 40°20′，东经 120°16′；东极点在四家屯街道邴家村东，北纬 40°22′，东经 120°29′；南极点在刘台子满族乡山东村，地理坐标为北纬 40°09′，东经 120°17′；西极点在三道沟满族乡西门村西，地理坐标为北纬 40°22′，东经 120°03′；北极点在药王满族乡丁家村后马道岭，地理坐标为北纬 40°29′，东经 120°12′。

兴城市境东西最大横距 62.07 公里，南北最大纵距 63.06 公里。2012 年全市总面积 2118.51 平方公里。兴城市城区在市境东北隅。东距辽宁省省会沈阳 360 公里，西距首都北京 430 公里。

兴城市人民政府驻地在兴城市兴海南街 137 号。

### 第二节　建置沿革

兴城地区历史悠久，据境内考古发现的多处文化遗址证明，早在新石器时代，就有人类生存劳作，繁衍生息。

殷商时代，兴城境域属孤竹国地。战国时属燕国辽西郡地。

秦统一六国后，兴城境域仍属辽西郡地。汉时属辽西郡阳乐县地。后经历三国、东晋、南北朝等多个朝代更替，至隋唐时，兴城境域属河北道营州柳城县。

宋辽时期，兴城境域属契丹（后改辽）。辽圣宗统和八年（990），设严（岩）州（治所在今红崖子满族乡古城子村），置兴城县（治所在今菊花岛乡城子里屯）。辖觉华岛及兴城河中、下游地区。辽太平元年（1021），设隰州，置海滨县（州、县治所在今东辛庄镇东关站村），辖兴城境西部烟台河流域以西至六股河下游地区。金代，兴城境域东、西部分属北京路兴中府锦州兴城县、瑞州海滨县。

元初，沿袭兴城县、海滨县。后兴城境东、西部属辽阳中书省大宁路锦州、瑞州分辖。

明初，沿袭元代中书省制。明洪武七年（1374）设军卫制。兴城境域分属辽东都指挥使司广宁前屯卫、中屯卫。洪武九年（1376）改中书省为承宣布政使司，辽东行政属山东布政使司所辖，兴城境域归属。宣德三年（1428），辽东总兵巫凯、都御史包怀德奏请朝廷，辟广宁前屯、中屯二卫地，于曹庄、汤池之北设宁远卫，并筑宁远城。天启初年，东阁大学士兼兵部尚书孙承宗督师蓟辽，在宁远设府任事，时宁远成为辽东政治、军事、经济中心。

清初，沿袭明卫制，宁远卫属辽阳府。康熙三年（1664）六月，并前屯、中屯二卫地置宁远州，隶属奉天广宁府。十二月，改属锦州府。光绪二十八年（1902），辟六股河以西地设绥中县，隶属宁远州。

民国二年（1913），改宁远州为宁远县。民国三年（1914），因避山西、甘肃、湖南等省宁远县重名，复用辽代兴城县名，隶属奉天省辽沈道。民国十八年（1929），改奉天省为辽宁省，废辽沈道，兴城县隶属辽宁省。1932年3月，日本扶植的伪满洲国成立，改辽宁省为奉天省，兴城县隶属奉天省。1934年12月，兴城县隶属锦州省。

1945年9月，中国共产党领导的兴城县民主政府成立，隶属热河省热东专署。11月下旬，国民党军队进占兴城，兴城县民主政府转至朝阳县、兴城县西部山区开展工作。时国民党统治的兴城县隶属国民党辽宁省政府所辖。

1948年9月29日，兴城全境解放。1949年1月，建立辽西省，兴城县隶属辽西省。

中华人民共和国成立后，兴城县隶属辽西省。1954年8月，辽东、辽西两省合并成立辽宁省，兴城县先后隶属辽宁省锦州专署、锦州市所辖。

1986年12月13日，国务院批复撤销兴城县，设立兴城市（县级），以原兴城县的行政区域为兴城市的行政区域。1989年6月，国务院批复锦西市升为地级市。1994年9月，锦西市更名为葫芦岛市，兴城市由葫芦岛市代管。

# 第二章　行政区划

1986年1月，兴城县辖27个乡镇（其中6个镇），共333个行政村，23个居委会。1987年兴城撤县设市后，对行政区划做局部调整，全市辖25个乡镇（其中4个镇）、5个街道。2002年3

月始，根据辽宁省人民政府有关文件，兴城市相继进行合乡并镇、调整村级规模。2007年5月，兴城市双树乡及部分行政村划归葫芦岛市龙港区管辖，随之进行区划调整。2012年，兴城全市共辖20个乡镇（其中4个镇）、7个街道，239个行政村、27个社区。

## 第一节 区划调整

1986年末，兴城县辖兴城镇、华山镇、沙后所满族镇、东辛庄镇、钓鱼台镇、郭家满族镇、宁远乡、曹庄满族乡、羊安满族乡、双树乡、元台子满族乡、白塔满族乡、闻家满族乡、望海满族乡、刘台子乡、大寨满族乡、南大山满族乡、围屏满族乡、高家岭满族乡、碱厂乡、三道沟满族乡、红崖子满族乡、旧门满族乡、药王庙满族乡、海滨满族乡、拣金满族乡、菊花岛乡共27个乡镇，333个村、23个居委会，1150个自然村（屯）。

1987年2月，兴城市对行政区划做局部调整，撤销兴城镇、钓鱼台镇、宁远乡，设立古城、宁远、城东、温泉、钓鱼台5个街道。将钓鱼台镇所辖的四家、纪家、周家、邴家4个村析出，增设四家屯乡。区划调整后，全市辖5个街道、4个镇、21个乡，337个村民委员会、27个居民委员会。

1991年4月，兴城市人民政府批准三道沟满族乡西门村划分为西门村和东门村。9月，批准宁远街道设立7019居民委员会。

1992年6月，古城街道设立北营居民委员会。8月，钓鱼台街道增设东电疗养院、兵器工业疗养院、八一疗养院、煤炭疗养院4个居民委员会。1993年6月，将温泉街道温泉、东山2个居委会划分为温泉、东山、建海、康宁4个居委会。

1994年5月，曹庄满族乡改为曹庄镇。12月，曹庄镇设立曹庄居民委员会、机场家属委员会，同时将宁远街道7019居民委员会划归曹庄镇。

1994年12月，将元台子满族乡四方村四方台自然屯和元台子村王家屯自然屯从原管辖村划出，合并成立王家屯村。

1997年5月，将温泉街道4个居委会调整为温泉、首阳、康宁3个居委会。9月，曹庄镇设立首钢东华机械厂基地居民委员会。1998年9月，宁远街道设立延辉居民委员会。

2001年12月，兴城市对城镇居民委员会进行重新界定，并将居民委员会更名为社区居民委员会（简称社区）。全市39个居民委员会调整为22个社区。

2002年3月，根据辽宁省人民政府有关文件，兴城市人民政府制定《兴城市合乡并镇工作实施意见》，撤销拣金满族乡，将其所辖区域并入红崖子满族乡；区划调整后，红崖子满族乡辖26个行政村。撤销闻家满族乡，将其所辖的闻家、桃园、五王、前红、旧四台、仙灵寺6个村划入沙后所镇，将狼洞沟、前五台、满屯、接火台、新民、北岭6个村划入南大山满族乡；区域调整后，沙后所镇辖22个行政村，1个社区，南大山满族乡辖19个行政村。

同期，撤销东辛庄满族镇、沙后所满族镇、郭家满族镇，设立东辛庄镇、沙后所镇、郭家镇，继续享受满族乡镇待遇。撤销华山镇，设立华山街道，所辖行政区域不变。撤销四家屯乡，设立四家屯街道。

2003年9月，沙后所镇仙灵寺村划入南大山满族乡，并入新民村。10月，依据《辽宁省适度调整村级规模的指导意见》和《葫芦岛市调整村级规模实施方案》，兴城市将339个行政村调整为

244 个行政村，22 个社区。

2005 年，四家屯街道设立四家社区。区划调整后，四家屯街道辖 4 个行政村、1 个社区。2006 年 8 月，城东街道增设月亮河社区。温泉街道增设建海、兴海桥 2 个社区。

2006 年 3 月，中共葫芦岛市委、葫芦岛市人民政府对兴城市双树乡及所属各行政村进行区划调整。2007 年 5 月，经辽宁省人民政府批复，将兴城市双树乡及所属的双树、东砬、兴北、老和台、东窑 5 个村划归葫芦岛市龙港区管辖。将原双树乡东八里村划归兴城市古城街道管辖；干柴村、韩家村划归兴城市城东街道管辖。区划调整后，古城街道辖 4 个行政村，3 个社区。城东街道辖 6 个行政村，3 个社区。

2012 年末，兴城市辖羊安、元台子、白塔、望海、刘台子、海滨、大寨、南大山、围屏、高家岭、碱厂、三道沟、红崖子、药王、旧门、菊花岛 16 个乡（其中 15 个满族乡）；曹庄、沙后所、东辛庄、郭家 4 个镇；古城、宁远、城东、温泉、钓鱼台、华山、四家屯 7 个街道；共 239 个行政村，27 个社区，1097 个自然村（屯）。

## 2012 年兴城市行政区划

表 1-2-1

| 乡镇街道 | 行政村 | 社区 |
|---|---|---|
| 羊安满族乡 | 羊安村④ 白铁村② 龙王咀子村④ 十八家子村⑤ 辛庄村④ 佟屯村④ 刘八斗村⑤ 望宝村⑥ 阎屯村② 芹菜沟村② 柳蒿村① | |
| 元台子满族乡 | 八里村④ 药王庙村② 五家子村⑤ 灰山村③ 元台子村③ 田家屯村⑤ 姜女村⑩ 英昌村⑩ 四方村④ | |
| 白塔满族乡 | 白塔村② 朗月村⑤ 清水村② 老边村⑤ 上范村② 塔沟村③ | |
| 望海满族乡 | 望海村④ 范罗村⑧ 柳家村⑨ 新白村⑤ 于家村⑦ 黑庄村⑧ 牛营村⑦朱家沟村④ 曲河村④ 四方台村⑦ | |
| 刘台子满族乡 | 盐锅村⑤ 潘山村③ 阎家村① 凤鸣村① 山东村② 山西村③ 蛇山村②前刘台子村③ 蚂蚁村① 李维村① | |
| 海滨满族乡 | 海滨村⑤ 李金村③ 台里村⑥ 项家村④ 董屯村④ 方安村② 苏屯村④小王屯村④ 大刘屯村③ 双堆子村③ | |
| 大寨满族乡 | 新立村⑤ 大寨村⑧ 吴家村② 马圈村⑦ 王相村④ 李相村② 贲家村④郭家屯村⑤ 花营村④ 牛彦村⑧ 张家村③ 罗家村④ 沙河村④兴旺村 | |
| 南大山满族乡 | 南大山村② 前夹山村④ 后夹山村② 北英村⑤ 接火台村⑦ 前五台村③陈胖村⑧ 后五村⑤ 北大村③ 水关村③ 红旗村⑤ 三家村⑨ 满屯村③ 新民村④ 北岭村⑤ | |
| 围屏满族乡 | 北边村⑬太平村⑨ 往户村⑧ 围屏村⑮茶家村⑤ 团瓢村⑧ 陈粮村⑥ 云台寺村⑩ | |
| 高家岭满族乡 | 拉马村⑫永和村④ 西边村⑦ 汤上村⑦ 靳家村③ 满井村⑨ 宋斗村⑤ 高家岭村③ 郭家沟村⑨ 树林子村④ | |
| 碱厂满族乡 | 碱厂村⑬白庙子村⑯蒋家村⑧ 长岭村⑫杨树村⑫四间村⑩朱家村④ | |
| 三道沟满族乡 | 三道沟村⑥ 东门村⑩ 西门村⑩ 黄埃子村④ 黑沟村⑤ 三道沟里村③ 头道沟村⑨ 戏台村⑨ 巴家村④ 凉水泉村④ 汪家村③ | |

续表 1-2-1

| 乡镇街道 | 行 政 村 | 社区 |
|---|---|---|
| 红崖子满族乡 | 红崖子村⑤ 大东沟村③ 团山子村③ 边壕子村③ 拣金村⑧ 新齐村⑧吴家屯村② 老烧锅村③ 小山台村④ 大山台村③ 梁家屯村③ 周屯村⑧西二台子村④ 老付马村⑧ 英树村② 古城子村④ 二道边村⑧ 汤屯村④三道边村④ | |
| 药王满族乡 | 裴屯村⑤ 杜屯村④ 药王村④ 谷家屯村⑪ 叶家屯村⑧ 立兴店村⑦ 三头村③ 丁家村⑨ 冯屯村⑦ 六家子村⑦ 金家村⑥ | |
| 旧门满族乡 | 旧门村③ 望川村④ 三道村⑦ 金樊村③ 李屯村⑦ 草白村⑥ 刘屯村③ 半道子村③ | |
| 菊花岛乡 | 南村⑥ 北村③ | |
| 曹庄镇 | 曹庄村① 大河口村③ 四城子村② 泡河村② 朱家屯村② 头台子村⑤ 大英堡子村① 小英堡子村② 沙屯村② 中兴村③ 老滩村⑤ 大甸子村③ 安相村④ 后湖村① 上坡村④ 七里村① | 7019 社区 曹庄社区 东华基地社区 |
| 沙后所镇 | 城内村① 西关村① 前王村① 后王村④ 乱泥村② 焦家村⑥ 石屯村④ 龙王村③ 五里村⑥ 荒地村② 闻家村⑧ 桃园村⑦ 五王村② 烟台村⑤ 南门外村① 王家洼子村⑧ | 沙后所社区 |
| 东辛庄镇 | 东辛庄村④ 西辛庄村③ 张虎村② 谷屯村⑤ 半拉堡子村③ 王宝村② 西地村④ 孙岭村② 周石村⑦ 南二台子村④ 西关站村① 东关站村② 胡家坟村⑦ 陈屯村⑤ | 东辛庄社区 |
| 郭家镇 | 郭家村⑧ 孙家村⑪ 张沈村⑤ 大石塔村⑨ 棋盘村⑨ 陈家村⑫ | 东华社区 |
| 古城街道 | 北关村○ 花园村① 北半道子村① 东八里村⑤ | 永宁社区 春和社区 城北社区 |
| 宁远街道 | 南关村○ 南甸子村① 西一村○ 西二村○ | 老马路社区 西关社区 铁西社区 |
| 城东街道 | 东一村○ 东二村① 南辛庄村○ 新地号村① 韩家村③ 干柴村③ | 月亮河社区 东关社区 城南社区 |
| 温泉街道 | 胜利村⑤ | 温泉社区 兴海桥社区 东山社区 康宁社区 首阳社区 建海社区 |
| 钓鱼台街道 | 钓鱼台村② 红石碑村① | 海口社区 海河桥社区 黎明社区 |
| 四家屯街道 | 四家村① 周家村② 纪家村② 郦家村① | 四家社区 |
| 华山街道 | 绿化村③ 羊草村⑤ 上长茂村③ 下长茂村⑤ 四合村③ | 锦山社区 锦华社区 |

注：行政村○内数字为自然屯数

## 第二节 边界勘测

1986 年，兴城县边界仍延续以前划定的界线。

1996 年 4 月，根据全国勘界会议精神，按照辽宁省人民政府办公厅《关于开展省内勘界工作的通知》及《辽宁省行政区域界线勘定办法》等文件，兴城市人民政府制定《兴城市界线工作规划和实施方案》，成立勘界工作领导小组，组织专业人员对全市行政区域界线进行勘察测定。至2000年，相继完成总长度为215.44公里的4条县级界线勘定工作。勘定兴城市与龙港区边界线长度6.4公里，兴城市与建昌县边界线长度49.68公里，兴城市与绥中县边界线长度71.92公里，兴城市与连山区边界线长度87.4公里。

勘测中发现兴（城）龙（港）县级界线2号界碑移位，兴（城）建（昌）县级界线5号界桩损坏。随之与相关单位协调，将兴龙线2号界碑复位，重新设置兴建界线5号界桩。形成勘界成果档案8盒20卷，界线图4盒58幅。

2002年6月，制定《兴城市乡镇级界线勘定实施方案》，对兴城市17个乡、4个镇、7个街道的乡级界线进行勘定。至2003年11月，全市乡镇级界线勘定工作结束。共勘定乡级界线63条，总长度为552.8公里。形成界线协议书189份，界线膜图292幅，勘界图档案11袋182张。

2007年5月，经辽宁省人民政府批准，兴城市双树乡及所属双树、东砬、兴北、老和台、东窑5个行政村，共34.2平方公里区域划归葫芦岛市龙港区管辖，行政区划发生变动，兴城市与葫芦岛市龙港区、连山区行政区域界线也随之发生变化。经勘定，兴城市与龙港区边界线长度由原6.40公里，延长至17.74公里；兴城市与连山区行政区域界线长度由原87.40公里，减少至75.02公里。测定修改后的兴城市陆地勘界界线总长为767.16公里，其中县界214.36公里，乡界552.80公里。

## 第三节　名称变更

### 乡镇名称变更

1986年1月，兴城县行政区划名称，仍沿用1983年8月人民公社改为乡、镇建置时称谓。6月，曹庄乡、羊安乡改为满族乡。7月，沙后所镇改为满族镇。9月，闻家乡改为闻家满族乡。10月，海滨乡、药王庙乡改为满族乡。

1987年2月，撤销兴城镇、宁远乡、钓鱼台镇，设立古城、宁远、城东、温泉、钓鱼台5个街道；增设四家屯乡。1988年3月，东辛庄镇改为满族镇。6月，碱厂乡改为满族乡。1989年6月，刘台子乡改为满族乡。

1991年6月，经辽宁省人民政府批准，将药王庙满族乡更名为药王满族乡。

1994年5月，曹庄满族乡改为曹庄镇。

2002年3月，经辽宁省人民政府批准，撤销四家屯乡，设四家屯街道；撤销华山镇，设华山街道；撤销东辛庄满族镇，设东辛庄镇；撤销沙后所满族镇，设沙后所镇；撤销郭家满族镇，设郭家镇。

2010年2月，辽宁省人民政府批复，将菊花岛更名为觉华岛，撤销菊花岛乡设立菊花街道办事处(至2012年末菊花岛乡行政建置未变)。

### 村（社区）名称变更

1987年6月，兴城市人民政府依据有关规定，对新设立的古城、宁远、城东、温泉和钓鱼台5

个街道所辖的18个村、15个居民委员会进行命名或更名。

2001年12月，兴城市对城镇居民委员会进行重新界定，将居民委员会更名为社区居民委员会(简称社区)。全市共设立22个社区。

2005年，兴城市人民政府批准曹庄镇刘家沟村更名为老滩村，华山街道西羊草村更名为羊草村，四家屯街道增设四家社区。

2006年8月，兴城市人民政府对社区行政区划进行调整，温泉街道新增设建海、东山、兴海桥3个社区；城东街道增设月亮河社区。

# 第三章 城乡概况

兴城市属辽宁西部沿海经济区，城乡区域分类明显，特色鲜明。位于兴城境内东北隅的兴城城区，按照城市功能特点，划建为古城、铁西、温泉、首山、海滨、产业园6个功能区。乡镇建设随着改革开放，产业结构调整和经济社会发展，呈现出城乡一体化协调发展，公益事业不断提升的新气象。

## 第一节 城区

兴城市城区位于兴城境内东北隅，属于条带状城市。北依首山，东临渤海湾，南接兴城河，西傍京沈高速公路。城市建成区总面积30平方公里，主要由原兴城镇和钓鱼台乡辖区构成。城区包括古城、宁远、城东、温泉、钓鱼台、四家屯6个街道，总人口15万人。

1986年，根据国务院要求和《兴城旅游区总体规划》，按照城市功能特点，兴城城区划分为古城区、铁西区、温泉疗养区、首山风景区、海滨旅游区。

2009年，中共兴城市委、兴城市人民政府邀请上海同济大学城市规范设计院编制《兴城市城市总体规划（2009~2030)》，兴城市人民政府实施“东移北上南拓”发展战略，新城区由组团式城市发展格局构成，划分为：古城历史风貌区、铁西工业仓储区、温泉疗养区、首山风景区、海滨旅游区、临海产业区。配合古城老城区改造，远期规划用地规模为51.57平方公里。至2030年，打造263.2平方公里关内外节点大城市。

2011年，兴城市人民政府加速推进兴海南街、兴城河及“四横八纵”街巷道路改造，修建临河大街和跨河大桥工程，形成网络式城市街区。

2012年，兴城市人民政府以打造滨海温泉新城和古城保护开发为重点，通过兴城古城保护性开发、新城拉动、以校扩城、旅游开发、服务业拓展、特色小城镇建设等手段，不断提高城市吸引力、竞争力和承载力。

### 古城区

古城区位于兴城市区中西部，是城市中心所在，总面积3.6平方公里。包括古城街道、宁远街道和城东街道部分地区。

古城区是兴城历史文化的重点地区，域内古迹众多，历史悠久。始建于明宣德三年（1428）的兴城古城，是全国唯一保存完好的明代军事城池。古城略呈正方形，四座城门上分别建有敌楼，城墙东南角建有魁星楼。城内春和（东）、延辉（南）、永宁（西）、威远（北）四条大街“十字”形相交，中心建有钟鼓楼。在古城64万平方米范围内，有祖氏石坊、文庙、城隍庙、财神庙等古迹及将军府、周家住宅等多处传统民居。

20世纪80年代初期，在国务院建设“中国北方沿海风景旅游区”精神指导下，兴城县人民政府、工商银行兴城支行、兴城农村信用联社等单位相继从古城内迁出。复建解放战争中毁坏的春和（东）、威远（北）城门楼和魁星楼，修复“文化大革命”中拆除的祖大寿石坊，四街铺设条石路面。2002年，完成占地1.1万平方米的蓟辽督师府复建工程和占地1.68万平方米的文庙扩建工程，古城成为兴城主要旅游观光区。

2011年，兴城市人民政府委托东南大学、同济大学、解放军总装备部设计院、中国城市规划设计院等单位编制的《兴城古城文物保护规划》《古城建设控制性详细规划》《古城利用修建性详细规划》《古城利用概念性设计》等相继通过国家文物局等部门批准。遵循“统一规划、政府主导、市场运作、分期实施”的原则，从2011年下半年开始，相继拆除古城内原第三初级中学、灯光球场、老电影院、五金厂、服装厂等一批公共建筑，规划复建宁远客栈、校兵场及部分名人故居。

2012年7月，投资1200万元的城内基础设施改造工程完工。各种强弱电、给排水、供暖、天然气等管道全部转入地下。11月，兴城城墙获国家授予“中国世界文化遗产预备名录”牌匾，报联合国教科文组织批准。

兴城古城区内商业发达，城内四街商铺林立，多为仿古式建筑，一些“老字号”店铺古韵犹存。主要商场有延辉商业城、天福商城、海后商厦、中百商厦、轻工市场、兴隆大家庭商场、南关农贸市场等。

### 铁西区

铁西区位于兴城市区西部，东隔京沈铁路与兴城古城区相望，南与兴城临海产业区A区毗邻，西与秦沈高速铁路相连，北与元台子满族乡接壤。总面积4.37平方公里。

铁西区由宁远街道、古城街道、元台子满族乡、羊安满族乡、白塔满族乡部分辖域构成。

铁西区交通便利，区内设有京沈高速公路出口，毗邻京沈线铁路兴城火车站和兴城长途客运站。省道318线、县道兴西线、兴李线、兴郭线和兴城外环公路贯穿区内，与国道102线相汇。区内拥有兴城火车站货场至兴城化工总厂和中储粮兴城直属库两条铁路专用线。

铁西区是兴城传统工业聚集区。区内企业众多，化工、煤炭、冶金、水泥、机械、服装等企业基础雄厚。辽宁核工业242大队、万来轮胎集团、兴城粉末冶金有限公司、中国石油兴城分公司、中储粮兴城直属库、斯达威体育用品有限公司、水泵总厂、兴城市塑料二厂、兴城市氧气厂、兴城市道路养护公司、兴城市精锻齿轮厂等都是辽西地区知名企业。

铁西区是兴城市物流集散中心，拥有水果批发市场和煤炭交易市场。2010年，根据新修订的《兴城市城市总体规划（2009~2030）》，铁西区将建设成兴城市传统工业区和仓储物流区。

2011年4月，兴城市人民政府实施高速公路西出口和铁西路改造工程，铺设人行步道彩砖，更换路灯。2012 年，由北京大红门集团总投资 3 亿元的兴城物流中心前期基础工程开始建设。

核工业242 地质大队职工医院是铁西区唯一的公办医疗单位。兴城第四中学位于铁西区内。

## 温泉疗养区

温泉疗养区位于兴城古城区以东，首山风景区以南，海滨旅游区以西，兴城河以北部分地区。包括城东街道、温泉街道及钓鱼台街道部分区域，是地理位置上的城市中心，总面积 10.6 平方公里。

温泉疗养区是以接待健康疗养为主的区域。源于区内的温泉水，是由地下溶岩作用而形成的天然矿泉。发源于首山脚下的温泉河，从区内蜿蜒流过，与兴城河汇流向东入海。

围绕温泉河，几十家建筑风格迥异、功能齐全的疗养院（所）鳞次栉比。铁道部兴城疗养院、沈阳军区兴城温泉疗养院、林业疗养院、交通疗养院、沈阳市总工会疗养院等，不仅建院早，而且具有一定规模。温泉疗养区水调歌头酒店是兴城最大的温泉假日休闲酒店。2010 年修建的“泉天下”主题公园，利用原脉温泉水，建有室外露天温泉区及室内温泉游泳馆。

温泉疗养区有床位近万张，成为全国最大的海滨温泉疗养区之一，慕名到兴城旅游疗养的国内外游客与日俱增。尤其是把温泉水视为“圣水”的蒙古族朋友，每年春天结伴而来，络绎不绝。

1997 年 6 月，兴城市人民政府以争创全国卫生城为契机，通过广大市民和驻兴部队官兵近 1 个月的奋战，疏浚温泉河道，两岸建起带状公园。实施绿化、美化、亮化工程，温泉区成为城市建设的亮点。2010 年 12 月，经国家国土资源部评审，兴城获首批“中国温泉之城”殊荣。

温泉疗养区分为东山、温泉两大商业住宅区，随着城市化进程加快，城中村逐渐消失，形成旅游疗养、居住商贸综合体为主的商业集群，温泉疗养区经济焕发新的生机。按照《兴城市总体规划》，2010 年，扩通温泉疗养区内的海滨路、临河大街，在温泉河上修筑拦河坝，辟建温泉河带状公园。

## 首山风景区

首山风景区位于兴城古城以东 2.5 公里处，主要由首山国家森林公园构成。包括温泉街道、城东街道、四家屯街道的部分区域，总面积 47.3 平方公里。

首山是风景区的主体，海拔 329.7 米，因平地突起，山势险要，形似人首而得名。远眺首山可见顶上三峰屹立，恰似一个硕大的“山”字，故又称三首山。“三首云冠”为旧时兴城八景之一。

首山上怪石嶙峋，主峰顶巅筑有明代烽火台一座，通高 9 米，直径 13 米，用条石和青砖砌筑，为古时传递军情的设施。

首山盘山路长 4.26 公里，沿路可乘车环山一周。首山牌坊为四柱三间庑殿式结构，雄伟别致，气势恢弘，正额“首山”二字为著名书法家王遐举所题。

首山是一座天然植物园，总面积 800 公顷，其中有林面积 446.7 公顷，生长着松、柏、榆、柞等人工林和天然次生林近百余种，栖息山鸡、野兔、獾等动物几十种。首山西坡植有硕大“五角星”人工松林，因植被繁茂而覆盖。

首山西北麓建有道教寺院一座，相传清乾隆皇帝巡游时误称朝阳寺。1985 年兴城市人民政府拨专款进行维修，1994 年更名为朝阳宫。

首山风景区自然和人文景观相得益彰，观日亭、半斜亭、忘返亭、逸兴阁等分布有致，与山门甬道、奇松怪石相映成趣。1991年，经国家林业部批准，首山被定为国家级森林公园。

首山风景区交通便利，龙兴公路、滨海公路沿首山脚下贯穿南北。新建的环城公路从首山景区通过。

2012年，由香港裕竣集团投资的“首山温泉养生谷”项目开始兴建。

## 海滨旅游区

海滨旅游区位于兴城市东南部，依山面海，包括钓鱼台街道、四家屯街道部分辖区。总面积14.6平方公里。海滨旅游区交通便捷，陆路有龙兴路连接葫芦岛市区，兴海南街、兴海北街、临河大街通达海滨，辽宁滨海大道通贯区内，海上有小坞客货码头与觉华岛通航。

海滨旅游区拥有绵延14公里的海岸线，建有4个海滨浴场和多处景点，素有“第二北戴河”之称。1988年，被定为国家重点风景名胜区。

海滨旅游区以旅游疗养、消闲度假为主。沈阳军区兴城疗养院、辽电疗养院、化工疗养院、兵器工业疗养院等几十家疗养院所，风格各异，功能齐全。拥有各类高、中、低档宾馆、酒店、招待所近百家，床位1万余张。

位于海滨旅游区东北的邴家湾新区，是一处新辟建的海滨旅游区。北依夹山，南邻碧海，西接大学城区，总面积13.7平方公里。2012年7月，兴城市人民政府投资3000万元修建的“兴海栈道”，成为人们旅游度假、娱乐游憩的新兴游览区。

21世纪初期，辽宁工程技术大学、辽宁财贸学院、吉林大学教学基地相继落户区内。2008年10月，兴城高中整体搬迁后，兴城第二高中迁至海滨新区。2012年5月，渤海船舶学院新校址开工建设。随着兴城市行政中心和各类院校迁入，海滨旅游区逐渐成为兴城市政治、文化中心。

位于海滨旅游区内的红海开发区，创建于1992年，当时由兴城市人民政府投资8000万元，进行填海围堰建设。2009年，兴城市人民政府重新规划并启动新城区建设，随着加州海岸、海上钓鱼台、红海湾皇家海岸、龙江花园、钓鱼台三号院等高端地产项目落户红海开发区，一批新型楼群拔地而起，长途客运站、海滨湿地公园等公益性建设初见雏形。

2012年，纬九路、纬十一路、纬十二路完工通车。“十二五”期间，红海开发区作为海滨旅游区的一处亮点，成为集旅游、商务和住宅为一体的滨海新城区。

## 临海产业区

兴城临海产业区兴建于2005年，位于兴城市中心城区以南，总规划面积52.49平方公里。

临海产业区交通便捷。2009年9月建成通车的辽宁滨海大道通贯区内，新建的公路与国道102线、省道318线、沈山铁路、魏塔铁路、京沈高速公路、秦沈高速铁路汇接。产业区东距葫芦岛港20公里，距锦州港和锦州机场50公里。西距秦皇岛港和秦皇岛机场100公里。

2008年7月，辽宁省人民政府批准兴城临海产业区为辽宁沿海经济带42个重点园区之一，纳入省“五点一线”战略重点支持区域，为葫芦岛“三点一线”沿海开发开放重要“节点”。

兴城临海产业区分为A、B两个区。其中A区规划面积20.29平方公里，位于城市中心城区以南，侧重于老工业改造；B区规划面积32.2平方公里，由两部分组成：一是利用废弃盐田改造成的建设用地，二是9.38平方公里填海造地。B区中起步区为11平方公里。

2009年11月，国家海洋局审查通过《兴城临海产业区起步区区域建设用海规划》，委托国家海洋局第一海洋研究所编制《兴城临海产业区起步区区域建设用海规划海域使用论证报告》，并通过专家评审。2010年5月6日，国家海洋局批准兴城临海产业区起步区区域建设用海规划。

2011年，兴城临海产业区各项基础设施建设，相继完成6平方公里的给水、排水、通电、通路、通信、通暖气、通天燃气的“七通一平”和350万立方米土石方回填。

2012年，兴城临海产业区在建工业项目达到44个，投产企业16家，年末实现生产总值11.72亿元。产业区跻身辽宁沿海经济带重点支持区域，被确定为“辽宁省新型工业化产业示范基地”。碳纤维新材料产业集群开始起步，泳装产业集群被评为中国十大服装产业示范集群、中国纺织工业十大产业集群。

依托辽宁沿海经济带上升为国家战略的重大机遇及地处东北与华北两大经济圈“节点”的优势，按照“政府主导、市场运作、融资推进、滚动发展”的基本思路，临海产业区以龙头企业和重大项目建设为重点，打造中国北方输配电产业基地。围绕输配电产业链条，鼓励大中型企业进行配套和延伸加工，带动研发、设计、物流、服务等行业发展。“十二五”期间，临海产业区将建成拉动兴城未来发展的滨海新城区。

## 第二节 乡镇

1986年以后，兴城进行多次区划调整和地名变更。2012年，全市共辖16个乡（其中15个满族乡）、4个镇、7个街道。

### 羊安满族乡

羊安满族乡位于兴城市城区西郊，地处兴城河中下游西岸，东并北隔兴城河与宁远街道、白塔满族乡相望，南与曹庄镇、沙后所镇毗邻，西与红崖子满族乡接壤。全乡总面积68平方公里。羊安满族乡人民政府驻地柳蒿村，距兴城市城区7公里。

1986年6月，羊安乡更名为羊安满族乡。2003年，村级规模调整，将16个行政村合并成11个行政村。2012年末，辖11个行政村，39个自然屯，共7369户，21355人。其中农业人口20533人，非农业人口822人。民族有汉族、满族、蒙古族、苗族、彝族等。其中满族12481人，占总人口的58.4%。

全乡交通便捷，秦沈高速铁路、京沈高速公路从乡境通过，并建有高速公路兴城出入口。兴（城）西（门）线、兴（城）李（屯）线县级公路，兴城西环路通过境内，与102国道交汇。

乡域属半丘陵半平原地势，西部为丘陵山区，东部为平原。地势西北高，东南低，西部沿庙山、铁马山向北形成丘陵地带，土质瘠薄。东部有季节性河流羊安河、龙王嘴子河向东南流入曹庄镇境汇流入海。沿河两侧多为近海平原，土质肥沃。

全乡耕地面积3195.45公顷。粮食作物以玉米、大豆等为主。随着农业结构不断调整，农业产业化、标准化、规模化经营不断加强。2010年，全乡完成“新增千亿斤粮食生产规划田间工程”项目333.33公顷、“基本农田保护性耕作”项目533.33公顷、“土地深松”项目533.33公顷。年创农业总产值1.09亿元。

2011年，落实“国家级玉米高产创建示范区”项目，全乡建设国家级密植高产示范区667公顷。2012年，全乡农作物播种面积2600.42公顷，粮食总产量22510吨，其中玉米产量22331吨。

农业特色产业以日光温室大棚、裸地蔬菜为主。全乡建成高标准日光温室大棚100余个，面积6.7公顷，裸地蔬菜20公顷。建成辛庄村韭菜生产基地、望宝村葡萄种植基地、柳蒿村无公害西红柿生产基地、羊安村大榛子干果基地、佟屯村核桃示范基地等。其中辛庄村韭菜为兴城市的名牌产品，柳蒿村无公害西红柿生产基地获得辽宁省级无公害证书。

畜牧业以生猪、牛、羊和家禽饲养为主。投资1700万元的兴城市裕泰和现代化养猪生产合作社建成营运。

凭借区位优势，羊安满族乡工商业发展迅速。境内商业网点225家；工业企业有橡胶、白酒、建筑、化工、高科技、服装、针织、印染、机械加工、制造业等企业117家。其中规模以上企业有万来轮胎厂、葫芦岛凯斯科技有限公司、葫芦岛安福瑞服装有限公司、凯德泵业、宝钛化工厂等。

全乡基础设施建设逐步完善。2010年，完成“村村通”水泥路面工程32公里。投入资金190万元，修建便民服务中心、移动通信站、司法所等。

全乡建成沼气池460个，有7个行政村3000多农户安装自来水。电话通讯及互联网得到普及，户户安装有线电视。

全乡建有中心文化站1个，村村建有文化书屋、文化广场，配备体育健身器材。辖区有中学1所，小学6所。适龄儿童入学率、初中入学率均为100%。乡级卫生院1所，村级卫生室14个。

## 元台子满族乡

元台子满族乡地处兴城市东北部，东依砬子山与葫芦岛市龙港区双树乡分界，南接古城街道，西与华山街道、白塔满族乡毗邻，北依乌云山与葫芦岛市连山区寺儿堡镇为邻。辖区总面积102平方公里。元台子满族乡人民政府驻地田家屯村，距兴城市区8.5公里。

2003年9月，进行村级规模调整，将20个行政村合并成9个。2012年，全乡总户数6218户，总人口18340人。其中农业人口17735人，非农业人口605人。民族有汉族、满族、蒙古族、朝鲜族、土家族、锡伯族等。其中满族人口11096人，占人口总数的60.5%。

乡域地势西北高，东南低，三面环山，东有砬子山，西有九龙山，北有乌云山，中部开阔平坦，形成南北狭长的丘陵半山区。主要矿产有钼、铅、锌、铜等。姜女河自连山区水口子入境，从和气沟南流纵贯乡境，汇入兴城东河穿城区入海。两岸为冲积平原，多为黄壤质土，松软肥沃。

域内属大陆性季风气候，因受九龙山高峰峡谷气流影响，气候比较湿润，夏秋之间，时有雹灾发生。

京沈高速公路、秦沈高速铁路贯穿乡境。新建的兴（城）建（昌）高速公路以元台子为起点，设有出入口。

全乡耕地总面积7311.42公顷，林地面积1881.76公顷，果树面积1030.3公顷。果树保有量80.7万株，水果产量1.2万吨。经济以农业为主，设施农业和水果、花生生产在农村经济中占有较大比重。

2000年起，全乡引进食用菌生产技术，发展专业户800户，年创产值1200万元。以五家子、灰山、白旬子村为龙头的豆腐制品加工户500余户，年创利润600余万元。2006年，在五家子、姜女、砟山等村种植大棚花卉8公顷，在姜女、田家屯等村种植五味子药材13公顷。

2008年，建成省级日光温室蔬菜小区2个。在姜女村、八里村建6.67公顷茄子树大棚小区2个。建成养猪规模千头以上养殖小区2个，万只以上养鸡场1个。2012年，全乡省级科技示范户

30户，辐射带动相关农户600户。

2010~2012年，全乡修建水泥路9条，总长24.2公里；修建各种桥涵47座，总长600延长米；维修田间作业路20公里；在田家屯河段新修堤坝1200延长米；在姜女村建成1项节水滴灌工程。

元台子红砖厂为最早乡办企业。2006年，全乡民营企业增加到35家，主要有仪表阀门厂、保温绝热材料厂、塑料制品厂、花岗岩石材厂、钼矿等，全年工业总产值6800万元，利税120万元。2012年，全乡共有各类企业70家，工业总产值4.69亿元，利税448万元。

全乡有初级中学1所，小学4所，幼儿园4所，中小学生入学率和九年义务教育率均达100%。

乡境乌云山上建有乌云古寺1座。小盖州山上明清边堡、边墙等遗址犹存。

乡内建有文化站1个，9个行政村都建有文化书屋，文化广场4座，安装太阳能路灯152盏。乡内有卫生院1个。

### 白塔满族乡

白塔满族乡地处兴城市西北部，东与元台子满族乡相连，南与羊安满族乡隔兴城河相望，西与红崖子满族乡、旧门满族乡接壤，北与华山街道毗邻。全乡总面积76平方公里。白塔满族乡人民政府驻地在白塔村，距兴城市区9.5公里。

2003年，白塔满族乡村级规模进行调整，将所辖的12个行政村合并为6个行政村。2012年末，辖区总户数3616户，总人口12286人。其中农业人口11806人，非农业人口480人。民族有汉族、满族、蒙古族等。其中满族人口9901人，占总人口的80.6%。

乡域地势北高南低，沟岔纵横，多为丘陵半山区。境内有九龙山、摸虎山、大怀山等，其中九龙山为最高山，海拔558.7米。

境内河流纵横，兴城河沿乡境南缘东流，西部朗月河自北向南流至清水岘村西南汇入兴城河。白塔西河从九龙山流经塔沟、摸虎、白塔后，经老边村西汇入兴城河。上范河流经上范、下范、白塔村后汇入白塔西河。河流沿岸形成冲击平原。

白塔满族乡气候温和，北部山区受九龙山、摸虎山对流空气影响，春夏之交偶有雹灾发生。

境内交通便利，兴凌线318省级公路，通往锦山、锦华机械厂的兴（城）郭（屯）线县级公路纵横贯通，与国道102线相交汇。秦沈高速铁路、京沈高速公路从乡境穿过。

白塔满族乡经济以农业为主，全乡耕地面积2014.55公顷。农作物以玉米、大豆、花生、谷子等为主。2000年以后，进行种植结构调整，实行“南菜北果”的发展格局。在苏柏、老边、清水等平原区，利用水源充足、交通便利等有利条件，扩大经济田面积，主要种植西瓜、甜瓜、大白菜、土豆、荷兰豆、豆角、地膜花生、地膜黏玉米等。

2000~2012年，全乡打深井200多眼，农业综合开发700公顷。

白塔满族乡北部山区以上范、塔沟、西塔、摸虎、白塔、朗月等村重点发展果业。栽植的266公顷枣树成林结果。

境内有天然牧场2000公顷，养殖梅花鹿、改良黄牛获得成效。2012年，全乡建成畜牧小区6个，形成养殖专业村1个。全乡饲养百头以上黄牛的大户30户。建成年出栏万头以上的高标准养猪场2个。全乡饲养5000只以上蛋鸡的大户150户。

境内花岗岩资源丰富。1986 年，建采石场，主要生产毛石、料石和碎石。2012 年，有机械化采石场 6 个。其他企业有苏打厂、焊割厂、搅拌厂等 34 家，其中空心砖厂 18 家、泳装厂 2 家。年工业总产值 2.6 亿元。上缴税款 300 万元。

境内九龙山南麓的白塔峪塔，始建于辽大安八年（1092），“九窿烟塔”为兴城古代八景之一。2011 年，有关部门对古塔进行全面维修。2012 年，开始申报国家级文物保护单位。境内有多段辽东长城遗址。坐落在北台山上的烽火台、白塔村广岩寺，均为县级文物保护单位。

1992 年，白塔中学和白塔中心小学教学楼建成。合校并点后，全乡保留白塔中心小学等 5 所小学。

2012 年，白塔满族乡人民政府投资 70 万元建成 400 平方米的便民服务中心。乡内有卫生院 1 所，各村有卫生所。

白塔满族乡建有乡文化站。各村新建文化广场、配备健身等设施，建文化书屋，有线电视入户率 98%。

## 望海满族乡

望海满族乡位于兴城市西南部。东隔烟台河与沙后所镇相望，南以沈山铁路与海滨满族乡交界，西南与东辛庄镇为邻，西并西北与南大山满族乡、围屏满族乡接壤。辖区总面积 77 平方公里。国道 102 线、沈山铁路、京沈高速公路、秦沈高速铁路从境内通过。望海满族乡人民政府驻地在望海村，距兴城市区 27 公里。

2003 年，村级规模调整，望海满族乡将 13 个行政村合并成 10 个行政村。2012 年，辖区内总户数 5930 户，总人口 20370 人。其中农业人口 19539 人，非农业人口 831 人。人口中有汉族、满族、蒙古族、瑶族、苗族 5 个民族，其中满族人口 15830 人，占总人口 77.7%。

乡域地处烟台河下游西南岸，地势西北高，东南低。境内柳河汇入烟台河，利民河、曲河纵横流入海滨满族乡入海。境内无高山，多为海拔在 20~50 米之间的丘陵漫岗。全乡基本属沿河涉海黄沙丘陵地带。

全乡有耕地面积 4116 公顷。粮食作物以玉米为主，主要经济作物为花生、大根萝卜、土豆等。是兴城市花生、大豆重点产区之一。农田种植结构为 3:2:1 的布局，即花生种植面积 2000 公顷，两茬作物、水浇地面积 1333.3 公顷，大田种植面积 666.7 公顷。

2009 年，全乡设施农业发展迅速，有 7 个村 386 户农户累计投资 5800 万元，建成高标准日光温室 1300 栋，种植蔬菜 381 公顷，产量 16514 吨。全乡投资 600 万元，实施配套工程，新打机电井 368 眼，架设高低压线路 21 公里，修建小区间水泥路面 5.6 公里，田间作业路 18 公里，新建蔬菜批发市场 1 座。2012 年，完成黑庄村英茂山引水上山工程，铺设输水管道 5700 延长米。

畜牧业以养殖肉食鸡、猪、牛、羊为主。全乡以曲河牧业小区为重点，2012 年，出栏肉食鸡 350 万只，创产值 8700 万元，纯收入 700 余万元，人均纯收入 7930 元。

2012 年，全乡工业企业 4 家，非工业企业 14 家，服务业 2 个，建筑业 1 个，批发零售企业10 家，合作社 4 个。投资 9800 万元的锦州九股河屠宰场建成投产。年末，全乡工业总产值完成 11.53 亿元，财政总收入 208 万元。

从 2010 年开始，全乡 10 个行政村完成总长达 53.7 公里“村村通”水泥路工程。先后修建桥涵 15 座、漫水桥 2 座。2012 年，完成水泥路面铺设 15.5 公里。投资 40 万元在新白、黑庄、牛营

3个村修建自来水工程，解决700户人畜饮水问题。

2012年，乡内有初级中学1所，小学9所，幼儿园2所，小学和初中适龄人口入学率和九年义务教育率均100%。望海满族乡人民政府筹资115万元，先后完成望海中心小学、范罗小学和望海中学校舍改造。

在牛营村建有乡卫生院1所，配备半自动生化仪、尿液分析仪、血球仪等医疗设备。各村均设有村级卫生所。

全乡有文化站1个，农家书屋10个，休闲文化广场8座。安装太阳能路灯80盏。

### 刘台子满族乡

刘台子满族乡地处六股河与渤海交接处，位于兴城市境西南端，东南临渤海海滨，西南隔六股河与绥中县相望，西北与东辛庄镇接壤，东北与海滨满族乡毗邻。全乡总面积46平方公里。辽宁滨海大道在境内通过，交通便捷。刘台子满族乡人民政府驻地在前刘台子村，距兴城市区47公里。

1989年6月，刘台子乡改为刘台子满族乡。2003年，进行村级规模调整，将12个行政村合并成10个行政村。2012年，全乡辖10个行政村，22个自然屯。总户数4647户，总人口14997人，其中农业人口14348人，非农业人口649人。民族有汉族、满族、蒙古族等。其中满族人口7307人，占总人口的48.7%。

乡域地势东高西低，东部沿海较为平坦。北从六股河起至海滨满族乡交界处，构成南北狭长低丘地带，中西部为开阔临河滨海平原。

经济以农业为主，兼营渔业，是兴城市粮食、鱼类重点产区之一。

全乡耕地面积2229.12公顷，粮食作物以玉米、水稻为主。经济作物有油菜育种、土豆、大根萝卜、花生、大豆等。

2007年，投资100余万元，解决前刘台子、盐锅2个行政村1292户4149口人和160头大牲畜的饮水问题。投资350万元用于自来水改造工程，满足6个村2500户的人畜用水。投资70万元修筑3条“村村通”水泥路4.5公里。

2010年，在蛇山、山西两村建66.7公顷甜菜生产小区，在李维村建蔬菜大棚21栋。

乡境内海岸线长14公里，滩涂及浅海养殖区733.73公顷。全乡有机动船105艘，筏子210架，有505户从事近海捕捞。2011年，海水人工养殖10平方千米，产量750吨。

1991年，乡办企业主要有兴城市兽药厂、兴城市群乐服装厂。兽药厂主要生产兽药及饲料添加剂，其中蛋剂2号被评为辽宁省优质产品。2004年，通过招商引资，投资500万元建成刘台子铁合金厂。2008年，国电兴城风电二期工程刘台子风电场建成发电。

境内有渔港2座，娘娘顶渔港位于潘山村龙泉寺，可停靠大小船只50艘。东翔避风港位于阎家村，可停靠大小渔船70艘。2008年，投资2亿元的娘娘顶码头工程竣工。2010年，总投资近亿元的腾龙修船厂落户。2012年末，全乡有规模企业4家，个体企业284家，从业人数达7000余人。工业总产值7.87亿元，实现利税219万元。

境内古迹有位于山西村娘娘顶的娘娘宫。在乡境发现新石器时期遗址和西汉时期陶罐。

全乡有文化站1个，10个行政村均建有文化书屋和文化广场。有初级中学1所，小学4所。乡级卫生院1所。建有社区服务中心1个，社区服务站10个。

## 海滨满族乡

海滨满族乡位于兴城市南部，地处烟台河下游南岸，东并东南临渤海湾，西南与刘台子满族乡毗邻，西并西北与东辛庄镇和望海满族乡接壤，北隔烟台河与沙后所镇相望。辖区总面积81平方公里，海滨满族乡人民政府设在海滨村东沙嘴屯，距兴城市区25公里。

1986年10月，海滨乡改为海滨满族乡。2003年，进行村级规模调整，将13个行政村合并成10个行政村。2012年，全乡总户数4986户，总人口15883人，其中农业人口15165人，非农业人口718人。民族有汉族、满族、蒙古族等。其中满族人口10308人，占总人口的64.9%。

乡域地势西高东低，南北长，东西窄。东南为半圆形海湾，延伸部分形成长山半岛，隔海滨灌区与西北部丘陵区相接。烟台河沿乡北境入海，西部曲河、菱角河汇入海滨灌区。沿河近岸为冲积平原，中部系平洼地或盐碱平地。

境内水陆交通便利，京沈铁路、国道102线和辽宁滨海公路丹（东）绥（中）线从境内通过。长山寺建有小型渔港。

全乡经济以农业为主，兼营盐业、海洋捕捞和水产养殖。

全乡耕地面积2202公顷，粮食作物以水稻、玉米为主，是全市水稻重点产区之一。其他农作物有大豆、花生等。2011年，海滨满族乡实施高标准农业示范区项目，在北部平原区开发高标准农田733公顷，设施农业面积400公顷。建成高标准蔬菜生产温室近3000栋，辽沈4型高标准温室8栋，总长度1400米。2012年，建成8公顷设施农业示范区1处。

辖区海岸线长19.6公里，近海滩涂10.4平方公里，内陆滩涂12.6平方公里，渔业和水产养殖业较为发达，是兴城海产品的主要产区之一。全乡有大、中型渔船186艘，作业范围不断向深海远洋拓展，年总产值达3285万元。水产养殖业发展迅速。至2012年，开发海水对虾养殖面积80公顷，海参池塘养殖面积686.67公顷，淡水鱼、蟹养殖面积73.33公顷，中华绒螯蟹稻田养殖面积46.67公顷。利用滩涂开发海参养殖池塘690公顷，工厂化多宝鱼养殖面积25公顷。

全乡有海盐生产、水产品加工、服装加工、机船制造、建筑等企业58家。2007年，国电兴城风力发电一期工程海滨风电场落户境内沿海岸边。2010年，国家重点项目徐大堡核电厂项目破土动工，2个动迁居民安置小区基础建设开工。

境内拦海大坝为20世纪60年代军民联合填海工程。大坝南起长山半岛，北至东沙嘴，全长4.5公里，有“九里长堤”之称。2009年，辽宁滨海公路从坝上通过。

2012年，全乡完成“村村通”工程，建成硬化路面35.9公里。完成6个村1273户自来水安装工程。

群众性文化体育活动活跃。1986年，被辽宁省人民政府授予“体育先进乡”称号。乡有文化站1个，村设文化室10个，文化广场2处。初级中学1所，小学3所。乡级卫生院1个，村级卫生所14个。

## 大寨满族乡

大寨满族乡位于兴城市西南部边缘，东与东辛庄镇相邻，西隔六股河与绥中县相望，西北与高家岭满族乡相接，东北与围屏满族乡接壤。辖区总面积84.8平方公里。国道102线、沈山高速公路、秦沈高速铁路横穿乡境。县级公路沙（后所）上（道屯）线斜贯乡境。大寨满族乡人民政府设在新立村，距兴城市区 40 公里。

2003 年，大寨满族乡进行村级规模调整，将 19 个行政村合并成 14 个行政村。2012 年，辖区总户数 7843 户，总人口 23392 人。其中农业人口 22532 人，非农业人口 860 人。民族有汉族、满族、蒙古族、朝鲜族等。其中满族人口 18708 人，占总人口的 80%。

乡域地势北高南低，西南沿六股河流长 17.2 公里，形成西部冲积平原。东北有沙河从马家屯入境，流经 8 个村汇入六股河。双河流汇，形成中南部冲积平原。境内有朝阳寺山、英茂山、香磨山。水源充足，排灌方便，土质为河淤细壤，松软肥沃。丘陵多为黄沙壤。

境内英茂山蕴藏长石，朝阳寺山有重晶石、莹石和铅锌等矿产资源。

全乡经济以农业为主，耕地面积 5172.84 公顷。2009~2010 年，农业综合开发项目投资 880 万元，在张家村、牛彦村、罗家村、兴旺村、沙河村、花营村打机井 213 眼，架高压线 12 公里，低压线路 42 公里；整理田间作业路 80 公里，平整土地 66.67 公顷，新增水浇地 133 公顷。

大寨满族乡土豆种植历史悠久，素有“关外土豆第一乡”之称。干萝卜条远销到韩国、日本及东南亚等国家和地区。大寨土豆和干萝卜条分别被辽宁省农业厅认定为“无公害农产品”。2012 年，全乡土豆种植面积 1866.67 公顷，产量 5.6 万吨。大根萝卜种植 2000 公顷。肉食鸡养殖户 350 户，年出栏 350 万只。有经济合作组织 5 家，经纪人协会会员 200 多人。农业总产值为 12 亿元。

2012 年，全乡工业企业 98 家，企业从业人员 2971 人。主要有中兴轮胎有限公司、亿信石材厂、天岩石材厂、山东正兴石材厂、朝阳市胜德房地产有限公司、沙河采石厂、酱菜厂、盐场、线头棉厂、石粉厂、综合厂、木材加工厂、萝卜条加工厂等企业。

2004~2012 年，各级政府和部门累计投资 780 万元，全乡建成公路 7 条，建桥梁、桥涵 36 座，小型水利设施 8 个。村级公路里程达 93.2 公里，实现 “村村通”。

境内有初中 1 所，小学 8 所，小学适龄儿童入学率、初中适龄人口入学率及九年义务教育覆盖率均 100%。有乡级卫生院 1 所，乡有文化站，14 个行政村均建有图书室。

### 南大山满族乡

南大山满族乡位于兴城市境域西南部，居烟台河流域中游。东并东南与沙后所镇、望海满族乡相接，西南至西北与围屏满族乡、碱厂满族乡接壤，东北与红崖子满族乡毗邻。辖区总面积 119 平方公里，南大山满族乡人民政府设在南大山村柴家屯，距兴城市区 35 公里。

1986 年，南大山满族乡辖 19 个行政村，68 个自然屯。2002 年 3 月，原闻家满族乡的狼洞沟、前五台、满屯、接火台、新民、北岭 6 个村划入南大山满族乡。2003 年，沙后所镇的仙灵寺村划归南大山满族乡后与新民村合并。2012 年，全乡辖 15 个行政村，总户数 7075 户，总人口 21771 人。其中农业人口 20913 人，非农业人口 858 人。民族有汉族、满族、蒙古族、朝鲜族等。其中满族人口18759 人，占总人口的 86.2%。

乡域地势西北高，东南低，烟台河流经中部。东亘大头山、西耸夹山，两山支脉延续缓成丘陵，分布于烟台河两岸，土质平原处为淤沙壤土，丘陵地带为黄沙薄壤土。

烟台河穿境而过，主要支流有北英河、陈胖河、夹山河、红旗河、水关河、后五河、三家南河等汇流入海。

全乡有耕地面积 6493.16 公顷。主产玉米、大豆、花生和水稻。蔬菜种植以黄瓜、青椒、土豆为主，面积 266.7 公顷，年产量 1 万吨，以三家村、北英村形成二茬经济作物示范带，复种面积

301.33公顷。

乡内建有高标准日光温室大棚1502栋，省级日光温室小区60个。建成以后夹山村为主的蔬菜种植生产基地，以新民村、前五台村为主的瓜果生产基地，以南大山村为主的花卉生产基地。2012年，投资800万元，在水关村新建占地20公顷的高标准设施农业小区。

全乡水果种植面积400公顷，种植果树155718株，品种以SOD、红富士为主，产量3000吨。2012年，新建8公顷榛子园2座。在接火台、狼洞沟建造果树科技示范园13.3公顷。

2011年，全乡落实“一事一议”奖补项目32项，涉及公路、打井、建文化广场及村屯亮化工程等。为新民村、接火台村、南大山村、前夹山村、北英村等安装自来水；村通公路辐射9个行政村，累计长26.16公里。

境内矿产资源分布较广，有铅、锌、金、铜等。后夹山、陈胖村一带河沙中蕴藏黄金，花岗岩远近闻名。

全乡工业有铜锌矿、金铜矿、农机修造厂、综合厂等企业。2009年，引进资金1200万元，建成南大山后夹山村西山碎石厂。2010年，工业总产值1000万元，实现利税150万元。

2009年，新建占地2500平方米的“农民大学堂”，开设果树、植保等课程。全乡15个行政村全部建有农家书屋。在新民村和后夹山村建群众文化活动广场。

2012年，建成财政便民服务中心、计划生育服务中心、农业技术推广中心、留守儿童成长乐园等。

乡境石蜡山有巨无霸塔遗址，传说长人巨无霸生于该地。鹰窝屯（今南英村）为民国议长吴景濂祖居地。

全乡有中学1所，小学11所，幼儿园9所。小学适龄儿童入学率99.9%，初中适龄人口入学率和九年义务教育率均100%。有卫生院1所。

### 围屏满族乡

围屏满族乡位于兴城市西南部山区，东与南大山满族乡为邻，东南与望海满族乡、东辛庄镇交界，西至西南与高家岭满族乡、大寨满族乡毗邻，北与碱厂满族乡接壤。境内有沙（后所）高（家岭）线县级公路贯通，并与国道102线相接。辖区总面积112.46平方公里。围屏满族乡人民政府驻地在围屏村，距兴城市区45公里。

1986年，围屏满族乡辖12个行政村，93个自然屯。2003年9月，进行行政村调整，将12个行政村合并为8个行政村。2012年，辖区总户数4167户，总人口13405人。其中农业人口12831人，非农业人口574人。民族有汉族、满族、蒙古族、朝鲜族等，其中满族人口11640人，占总人口的86.8%。

乡域地形西北至东南狭长，地势东北高，西南低。猪头山、英茂山、牛心山、青山环屹乡界，境内山岭错落，丘陵起伏。张发河为境内主要河流，流经高家岭满族乡后汇入六股河。山谷盆地系黄沙土壤，山缘坡地多棕沙壤。

地下矿藏品种多，储量大。围屏村北猪头山南部蕴有金、铜矿资源。大青山花岗岩资源丰富，在北部山区及中部地区，钼矿和铁矿具有一定储量。

全乡耕地面积4888.77公顷。农作物以玉米、高粱、花生、大豆、土豆等为主。特产有大根萝卜，干果有板栗、核桃、山杏等。2012年，两茬作物面积567公顷。

畜牧业以饲养鸡、牛、羊、猪为主。全乡建有肉食鸡养殖小区2个，绒山羊养殖小区5个，生猪养殖小区5个。2012年，出栏生猪19896头，牛1000头，羊7845只；出栏家禽65.19万只。肉类总产量2890吨。

辖区林业用地面积5266.67公顷，有林面积5000公顷。森林覆盖率达57%。果园面积533.33公顷，年产苹果、梨等水果1000吨。山杏、核桃、板栗等经济林木发展较快，山杏面积117.67公顷，核桃示范园53.33公顷，板栗园20公顷。

工业以石材开采、加工为主。2009年，投资兴建的木材加工企业1家，铸钢件生产企业1家，石材加工厂7家。

农田水利建设投入资金100万元建成陈良梯级塘坝、茶家塘坝、康沟塘坝，解决周边耕地灌溉问题。修建往户、围屏河堤3000延长米，打水泥沉井80眼，并配备管道设施。

2011年，实施村路改造35.5公里，实现“村村通”。在团瓢村建有农贸市场，集日交易额超过6万元。

延伸境内的大青山余脉东山顶有古代石头城遗址，向阳寺村有关帝庙，乡域内建有革命烈士陵园和往户渡槽。

全乡有文化站1个，农家书屋8个，农民文化广场2处。新建九年一贯制学校1所，小学5所，幼儿园1所。小学适龄儿童入学率99%，初中适龄人口入学率和九年义务教育率99%。有乡级卫生院1所。2011年，农村安全饮用水普及率100%。

## 高家岭满族乡

高家岭满族乡位于兴城市境西部边缘，背靠大青山，西隔六股河与绥中县相望，东与围屏满族乡相连，南与大寨满族乡接壤，北与三道沟满族乡毗邻。辖区总面积84平方公里。高家岭满族乡人民政府设在高家岭村，距兴城市区53公里。

1986年，高家岭满族乡辖13个行政村，63个自然屯。2003年9月，进行村级规模调整，将13个行政村合并为10个。2012年，辖区总户数4762户，总人口15860人。其中农业人口15182人，非农业人口678人。民族有汉族、满族、蒙古族等。其中满族人口13862人，占总人口的87.4%。

乡域为丘陵山区，地势狭长，东北高，西南低。大青山亘于乡北界，牛心山坐落东南，乡境东部为青山余脉延伸丘陵，南部为朝阳寺山延伸丘陵。

六股河沿乡境边缘流过，岸长19.8公里。境内有4条季节河，均向西南汇入六股河。河岸是冲击平原，为淤壤肥沃，丘陵沙质瘠薄。

矿产资源有重晶石、莹石、铜矿、花岗岩、大理石等，其中花岗岩石材资源丰富。

全乡有耕地3041.39公顷。经济以农业为主，设施农业发展迅速，特产为土豆、大根萝卜等。2010年，先后投资1500万元，在西边村建立育苗室40座，新建蔬菜批发市场1座。2011年，无公害新鲜蔬菜获辽宁省“绿色证书”，产品销往东北三省各大城市，年销售收入1500万元。

2012年，全乡完成133.3公顷节水灌溉配套工程。成立5个农民专业合作社，其中有2个省级合作社，有会员200户。有养猪场3家，其中葫芦岛市宏运牧业公司和宏沅牧业有限公司具有一定规模。

1986年，利用汤上村的温泉水养殖罗非鱼、甲鱼获得成功。1993年，养殖规模扩大到1.33公顷，成为辽宁省最大的温泉水罗非鱼苗繁育基地和辽宁省海洋渔业厅批准的无公害水产品产地。

工业以石材加工为主。2012年，共有石材加工企业38家、采石企业7家，年生产各种规格板材、路边石等5万立方米，产品远销国内外。

境内汤上村温泉，水温57℃，含有多种微量元素。2011年，乡人民政府与沈阳蓝德集团签订汤上温泉整体开发项目。2012年，首期1.4万平方米酒店主体工程完工。全乡拥有较大型旅游宾馆5家，床位200张。

2006~2012年，累计投资300万元，完成汤上、高家岭、靳家、拉马、西边、树林6个村及12家企业的自来水工程，解决5000多人口的用水问题。全乡交通便利，沙（后所）上（道）线县级公路贯穿乡境。2012年，新修“村村通”水泥道路8.4公里，县、乡村公路形成便捷的交通网。

位于大青山脚下王道村清风寺，为辽代建筑，遗址尚存。

境内有初级中学1所，小学5所。卫生院1所，文化站1个，建有农家书屋10个，文化广场2个。2012年，全乡新安装太阳能路灯225盏。高家岭满族乡便民服务中心综合楼交付使用。

## 碱厂满族乡

碱厂满族乡位于兴城市境西部，居烟台河上游。东并东南与红崖子满族乡、南大山满族乡为邻，西并西南与围屏满族乡、三道沟满族乡毗邻，北并东北与药王满族乡、郭家镇接壤。辖区总面积150平方公里。碱厂满族乡人民政府设在碱厂村，距兴城市区36公里。

1988年6月，碱厂乡改为碱厂满族乡。辖13个行政村，73个自然屯。2003年9月，进行村级规模调整，将13个行政村合并成7个行政村。2012年，辖区总户数3903户，总人口11934人。其中农业人口11348人，非农业人口586人。民族有汉族、满族、蒙古族、朝鲜族等。满族人口7863人，占总人口的65.9%。

境内地势西北高，东南低，周围群山环绕，内部山岭连绵，河道纵横。由于山洪切割，造成沟谷错落，流沙风蚀严重，山多地少，土质瘠薄，属山区丘陵地貌。摸虎山为境内最高峰，海拔548米。

烟台河发源于老岭山南谷，流至毛土坝与摸虎山河相汇，流入碱厂水库。碱厂水库始建于1958年，库容为1930万立方米，集雨面积126平方公里。

境内矿产资源丰富，有钼、铜、铁、金、硅等矿产。

全乡经济以农业生产为主，是全市梨果、花生重点产区之一。全乡有耕地面积4306.9公顷，两茬作物以春种土豆，秋种大根萝卜为主，单产收入高达3500元。

全乡建成蒋家村苹果小区，白庙子村南果梨小区，碱厂村和杨树村2个干果小区，品种有核桃、板栗和大扁杏等。2012年，全乡果园面积1350公顷，果树58万株，水果产量4775吨。

2012年，建成占地3.33公顷的蓝莓育苗小区1个，种植中药材26.67公顷，两茬作物200公顷，节水滴灌面积333.33公顷。

畜牧业有养羊、养鸡、养牛和养猪小区4个。2012年，肉类总产量1488吨，鸡蛋产量132吨，牛奶产量115吨。

工业以采矿、冶炼为主。2002年，关东钼业公司在白庙子村落户。2003~2005年，在蒋家村腰屯、朱家村尚家沟、杨树村下老头沟、四间村、翟屯先后建成5家钼矿公司，在杨树村建成铁合金冶炼厂。

兴（城）西（门）线县级公路横贯境内。2008年，投资60万元，修建乡级柏油路面16公里，建成“村村通”水泥路面17.1公里。

2006年，碱厂满族乡投资400万元，建“九年一贯制”学校1所，教学楼建筑面积4133平方米。全乡有小学3所。投资200万元新建碱厂卫生院。2008年，投资120万元，新建占地2公顷的农贸市场。

2012年，碱厂满族乡累计筹措资金350万元，建成综合办公大楼。全乡安装太阳能路灯150盏，安装自来水285户。全乡有初级中学1所，小学3所。有文化站1个，村级文化室7个，各种娱乐设施齐全。在碱厂村白店屯修建1座中心广场。

### 三道沟满族乡

三道沟满族乡位于兴城市境西北部边缘，东以石梯岭与碱厂满族乡相连，南至大青山与高家岭满族乡为邻，西以六股河与绥中县宽帮镇相望，北以响水河子、汤河子与建昌县药王庙镇毗连，东北以黄土岭与老黄顶与药王满族乡接壤。辖区总面积169.9平方公里。三道沟满族乡人民政府设在三道沟村，距兴城市区54公里。

1991年，三道沟满族乡西门村分成西门村和东门村。2003年9月，进行村级规模调整，将15个行政村调整为11个行政村，67自然屯。2012年，辖区共6234户，总人口19690人。其中农业人口18940人，非农业人口750人。民族有汉族、满族、蒙古族等。全乡满族人口16508人，占人口总数的83.8%。北营子为蒙古族聚集村。

全乡地势外高中低，略为方形。东北境有老黄顶山，海拔703米，为兴城市境内第一高峰。山系呈南北走向，连绵起伏，有海拔400米以上山峰多座。乡东南横亘大青山，海拔582.9米，山上怪石嶙峋，植被繁茂，构成天然屏障。

境内矿藏资源主要有大理石、白黏土、花岗岩等，探明的花岗岩储量达5亿立方米。

全乡局部小气候特征明显，一年四季分明，年平均气温8.6℃，降水550毫米，无霜期160天，因高山阻障，山阴村屯日照较少。

全乡耕地面积1653公顷，主要品种有高粱、玉米、大豆、谷子、地瓜、花生等。1998年，推广蔬菜保护地生产技术，全乡建蔬菜大棚3000余栋，占地200公顷。2010年，全乡栽植新品种地瓜266.7公顷，并形成品牌。

农田水利设施建设成效显著。至2012年，拦河蓄水灌溉受益面积200公顷。头道沟里村沟壑治理工程被评为辽宁省沟壑治理示范工程。

林业面积9330公顷，其中生态公益林5000公顷，商品林4330公顷。宜林荒山2666.7公顷。森林覆盖率45%，位居兴城市林业乡镇之首。

水果生产历史悠久。全乡有果园面积2667公顷，果树90万株，年产各种水果4500吨。主要品种有南果梨、锦丰梨、京白梨、红富士、红将军等。

养殖业占全乡农业总收入的30%。头道沟里建有梅花鹿养殖场。2004年，利用响水河子冷泉水资源，修建兴城东升冷泉水养殖场，养殖金鳟鱼、虹鳟鱼、鲟鱼等取得较好效益。2012年，全乡建有养羊合作社2个，养猪合作社3个，养鸡合作社1个。

乡办企业以当地资源加工为主。1987年，有理石板厂、石场、白干土矿和无纺布厂等。1994

年，乡办企业增加到5家，村办工业8家。主要产品有人造理石板、花岗岩料石、白干土等。2012年，有泳装厂2家。

青山水库为辽宁省重点水利工程，库区内涉及三道沟满族乡8个村，3108户，8898口人，占青山水库移民总数的58%。2010年3月，水库工程启动后，库区内移民工作按步骤稳步推进。2012年，先后分2期落实移民安置2580户。

解放初期，三道沟是兴城县民主政府所在地。境内大青山有多处自然景观，与头道沟小流域治理工程为一体，每年吸引众多游人观光游览。境内有多处战国及辽金时期遗址，头道沟里的双泉寺，保存完好。

兴（城）西（门）线县级公路通贯乡境内，与乡村公路连接，形成便捷的交通网。2007年，三道沟客运站挂牌营运，为全市第一家乡级客运站。

全乡有文化站1个，村村建有图书室；有初级中学1所，小学10所，乡卫生院1所。

## 红崖子满族乡

红崖子满族乡位于兴城市区中西部。东并东北与羊安满族乡、白塔满族乡相连，南及西南与沙后所镇、南大山满族乡毗邻，西及西北与碱厂满族乡、郭家镇接壤，北与旧门满族乡交界。辖区总面积147平方公里。红崖子满族乡人民政府驻地在红崖子村，距兴城市区16公里。

2002年3月，经辽宁省人民政府批准，撤销拣金满族乡，将其所辖区域并入红崖子满族乡。合并后辖区共26个行政村，87个自然屯。2003年9月，进行村级规模调整，将26个行政村合并为19个行政村。2012年，辖区总户数9465户，总人口30134人，其中农业人口28914人，非农业人口1220人。民族有汉族、满族、蒙古族、朝鲜族等。其中满族人口24751人，占总人口的82%。

乡域地势西北高，东南低，属半山区丘陵地貌。西北部山环水绕，东南部山峦重叠，最高峰黑凤山，海拔399米。境内东北部有旧门河沿境向东南流长8公里，中南部有红崖子河向东北流长12公里，至狼洞子山岭下汇入旧门河，形成兴城河上游。沿河两岸为冲击平地，多系黄沙土质。

全乡农业以花生种植为主，年播种面积4000公顷，占辖区耕地面积的90%。2010年，“红崖子花生”获“国家地理标志保护产品”认证。2011年，建成辐射全东北的大型花生批发交易市场。同年，辽宁省“万亩花生良种繁育基地”项目落户该乡，良种繁育面积2000公顷，同时获得“辽宁省农业特产之乡”称号。

全乡生产企业多以花生加工业为主，共有家庭生产企业1890家，规模企业28家。2003年，投资1.2亿元的辽宁正业花生产业发展有限公司落户境内。2005年，红崖子满族乡人民政府组织全乡花生企业和种植、加工、贸易大户成立专业花生协会，建立花生种植专业合作社12家。

全乡设施农业发展较快，二道边村有粉条加工150户，成为专业村。建成高标准蔬菜小区2个，面积33公顷，发展蔬菜大棚370栋。2008年，总投资1.5亿元的聚鑫家畜有限公司落户三道边村。全乡建有畜牧小区10个，年产猪肉3900吨，家禽488吨，牛奶230吨，禽蛋843吨。

乡办工业起步较早。1986年，建有红砖厂、石场、保温粉厂等企业8家。2010年，投资500万元，建成塑钢门窗厂1家。引资400万美元，建花生酱加工厂。拣金村储藏黄金资源，2012年10月，由本溪火连寨铁矿集团投资2000万元的金矿项目正式投产。

1993年，红崖子满族乡人民政府填土造地建成的7万平方米农贸市场，成为地区农产品交易中心。每逢花生加工销售季节，从事加工、收购、外销的人员达1万人。2012年，投资6000万元的红崖子花生物流园开始兴建。

2006~2010年，完成“村村通”公路80公里，重修各类桥梁30座。投资122万元，建成红崖子村和汤屯村自来水工程。2012年，11个村屯完成集中供水。

境内文物古迹有黑凤山辽东长城和烽火台遗址、磨石沟古塔、严州古城遗址、望海寺、石龙寺、保安寺、“清白家风”牌坊等。传统满族大秧歌于2008年被定为辽宁省非物质文化遗产。

红崖子满族乡有文化站1个，19个行政村均有农家书屋，文化休闲广场1个。有初级中学1所，小学15所，捐资修建英伦小学校1所。幼儿园25所。有乡卫生院1所，各村设有医疗站。

### 药王满族乡

药王满族乡位于兴城市西北部边缘，乡境东北与葫芦岛市连山区新台门蒙古族镇接壤，东以草白岭、画眉山与旧门满族乡相连，南并东南隔大面山、大盘岭与郭家镇相望，西南隔老岭、黄土梁与碱厂满族乡、三道沟满族乡相邻。西以五顶山、大顶山为界与建昌县药王庙镇为邻。全乡总面积134平方公里。药王满族乡人民政府驻地在裴屯村塔底下屯，距兴城城区40公里。

魏（杖子）塔（山）线铁路从乡境内通过，在大徐屯设有火车站。兴（城）凌（源）线318省级公路、兴（城）三（道沟）线县级公路纵横通过乡境。新建的兴（城）建（昌）线高速公路开工建设，在谷家屯设有出入口。

1986年10月，药王庙乡更名为药王庙满族乡。辖14个行政村，82个自然屯。1991年6月，因避与毗邻的建昌县药王庙镇重名，经辽宁省人民政府批准将药王庙满族乡更名为药王满族乡。2003年9月，进行村级规模调整，将14个行政村调整为11个行政村。2012年末，全乡总户数5205户，总人口16485人。其中农业人口15805人，非农业人口680人。民族有汉族、满族、蒙古族、朝鲜族等。其中满族人口8478人，占总人口的51.4%；冯屯村小苇沟为蒙古族聚集屯。

乡域地势西北高，东南低。群山环绕，沟壑纵横。境内有张茂山、五顶山等海拔500米以上山峰6座，其中张茂山（大架子山）为境内最高山，海拔696.7米。女儿河发源于五顶山下五股泉沟，从西南向东北，与另一条源于五顶山下荣屯西沟的河流在境外汇流后，入葫芦岛市连山区新台门镇境内。全乡除沿河两岸为少量冲击平地外，多为山丘坡地，土质比较瘠薄。

境内矿产资源有色金属有铅、锌、锰、钼等。非金属矿藏有重晶石、石墨、花岗岩石、白云石、硅石、石灰石、大理石等，储量比较丰富。全乡经济以农业为主。农作物主要为玉米、高粱、大豆、谷子、花生及瓜果菜类。随着种植结构的不断调整，设施农业发展迅速，裴屯、冯屯、三头等村蔬菜大棚数量200多栋。

畜牧业和林果生产一直是药王满族乡的主导产业。全乡建有畜牧养殖小区7个。完成叶屯村、冯屯村果树节水滴灌工程，铺设地下主管道10000延长米。冯屯村“无绣金冠”苹果被评为辽宁省特优苹果。当地特产有梨、苹果、山杏、蜂蜜、地瓜、干豆腐等。大苇沟出产的桑蚕花丝线历史悠久，并申报辽宁省非物质文化遗产。

全乡工业起步较早，综合厂、白云石场、金属家具厂有一定规模。2004年，通过招商引资新建的药王铁合金厂和选矿厂，主要生产、销售焙烧氧化钼、钼铁，年营业额1.1亿元。

1995年10月，药王满族乡人民政府筹集资金10万元建成裴屯东河大桥。冯屯村集资修建的六家子——大苇沟村级公路开通。2009年，“村村通”水泥路工程相继竣工。

境内有多处明清时期的边墙遗迹和早期人类活动遗址。坐落在叶屯村五股泉屯的三教寺，为市级文物保护单位。

乡设文化站 1 所，村设农家书屋 11 处，裴屯、药王、六家子等村均建有文化广场。

1986 年，药王满族乡内有初中学校 2 所。1993 年，盖家中学并入药王中学。2012 年全乡有初级中学 1 所，中心小学校 1 所，下辖村级小学 8 所，幼儿园 9 所。建有综合医院 1 所，村级卫生所 11 个。

## 旧门满族乡

旧门满族乡位于兴城市西北部，兴城河上游。东与华山街道接壤，南与红崖子满族乡毗邻，西与郭家镇、药王满族乡交界，北和西北与葫芦岛市连山区、杨家杖子经济开发区毗邻。辖区总面积 74 平方公里。旧门满族乡人民政府设在旧门村，距兴城市区 25 公里。

境内交通便利，兴凌线 318 省级公路、魏塔线铁路穿越境内，在刘屯设有火车站。

1986 年，旧门满族乡辖 10 个行政村，37 个自然屯。2003 年 9 月，调整村级规模，将 10 个行政村调整为 8 个行政村。2012 年，辖区总户数 3313 户，总人口 10152 人。其中农业人口 9627 人，非农业人口 525 人。民族有汉族、满族、蒙古族、朝鲜族、傈僳族等。其中满族人口 6291 人，占总人口的 62%。

乡域地势西北高，东南低，略呈圆形。四周山岭环抱，沟壑纵横，有五虎山、马鞍山，帮子山、雁落崖，西北依大面山、画眉山。境内王屯东河、草白河、松北河南流，至旧门南与源于郭家镇的虎头山河交汇，成为兴城河西源上游。沿河两岸土地平洼，土质较沃，其余为黄沙土质。矿产有铅、锌、铜、锰、钼、铁、花岗岩、石灰石等，储量丰富。

全乡经济以农业为主，矿石采选、畜禽饲养为辅。2012 年，全乡农作物播种面积 1413 公顷，主要以玉米为主，花生等油料作物面积 267 公顷。

依托当地自然条件，全乡养殖业发展较快。建成生猪、肉食鸡、山羊、奶牛畜牧养殖小区 7 个，规模养殖户 118 户。在李屯村和三道村新建立体化养殖场两座，肉食鸡养殖实行产、供、销专业一体化。

全乡宜林荒山较多，人工造林 4495 公顷，其中商品林 2837 公顷，公益林 1658 公顷。经济林以大扁杏为主，面积 213 公顷。2012 年，新栽扁杏、栗子、核桃、榛子等新品种果树 10 万余株。

铅锌矿开采较早。1986 年，全乡有一矿、二矿、三矿等采矿企业 3 座，有选矿厂、水泥厂、红砖厂，年产值超过 1 亿元。2006 年，相继引进葫芦岛华光铅锌矿业、葫芦岛正业集团鸿亿铅锌矿业、朝阳市鑫鑫多金属矿业有限公司等。2012 年末，全乡企业总数发展到 15 家，规模以上工业企业 1 家，总产值实现 20.6 亿元。

经济发展促进基础设施建设。2006 年，投资 150 万元，完成李屯——旧门、旧门——民主 5 公里水泥路面铺设；2007~2009 年，先后投资 280 万元，完成旧门——大扁杏园、下草白——疙瘩沟、望川——常屯，以及刘屯至兴凌线 318 省级公路连接水泥路面工程。

境内有历史古迹多处，位于旧门村的保安寺，具有一定规模。

2010~2011 年，相继建成旧门、李屯、金凡、半道子、草白、刘屯、三道、望川 8 个行政村文化广场，配备健身器材。各村设有文化图书阅览室，面积达到 8000 平方米。

乡内有九年一贯制学校 1 所，下辖小学 3 所。有乡级卫生院 1 所，各村设有医疗站。

## 菊花岛乡

菊花岛乡位于兴城市区东南距陆地8.1海里的菊花岛（今觉华岛）上，由1个主岛和3个小岛组成，总面积15平方公里。乡人民政府驻地在北村北山屯。

1986年，菊花岛乡辖南村、北村2个行政村，9个自然屯。2010年2月，经辽宁省人民政府批准，菊花岛更名为觉华岛。2011年3月，成立觉华岛旅游度假区管理委员会，为葫芦岛市人民政府派出机构。2012年末，菊花岛乡建置未变动。全乡总户数1159户，总人口3303人。其中农业人口3106人，非农业人口197人。人口自然增长率6.1‰。

主岛觉华岛是渤海辽东湾中最大的岛屿，俗称大海山，面积13.5平方公里。唐称桃花浦，辽、金称觉华岛，民国11年（1922）改称菊花岛。2010年2月，更名为觉华岛。地形轮廓为长葫芦形，两头宽阔，中间窄细，东北至西南走向。海岛分成东西两半部，东大西小。环岛公路18公里是主要交通干道，海路有交通旅游船、货船往来于陆岛之间。

觉华岛周围有磨盘山岛、张家山岛、杨家山岛，以及双砬子礁、唐王城礁、线城礁等岛礁，全部海岸线长20.59公里，平均海拔52米，最高峰大架山198.2米。近岸海域最高潮位2.3米，最低0.8米。

觉华岛地处湿润半湿润地区，属温带季风型大陆性气候。夏季温暖潮湿，冬末至春初比较寒冷，空气干燥。冬季以东北风为主，夏季盛行西南风，一般在3~5级，风力最大7~8级。海岛春季气温较大陆差15天左右，秋季霜冻也较大陆晚15天，部分年份与大陆间海水封冻。

岛上有四大天然泊船处。1979年，在觉华岛北岸新修码头1座，长70米，港池水域6000平方米，能泊船40多艘。

岛上文化古迹众多，城子里村有辽代兴城县城遗址，老龙头上有明代海防囤粮城新城子遗址。旅游景点有大龙宫寺、菩提树、八角井、唐王洞、渤海观音、怪石滩等，特产有青皮鱼、青条鱼、鲅鱼、鲁子鱼、同勒鱼、鳊鱼、梭鱼、对虾、海蜇、蚶子、螃蟹等海产品。

全乡经济以渔业为主，农业、旅游业为辅。其中渔业收入达到3410万元，岛上60%居民以渔业捕捞和养殖为主要生活来源。

2012年，全乡有耕地173公顷，主要农作物为玉米、大豆、花生。粮食播种面积171公顷，产量1008吨。农业生产总值350万元。

全乡林业面积511公顷，树木品种有刺槐、松树、桑树、菩提树等，主要以刺槐为主。

主岛觉华岛四面环海，海岸线长20.59公里，滩涂面积1000公顷，生产杂色蛤等。

觉华岛旅游业起源于20世纪80年代。岛上有客运船只10多艘。2002年，环岛黑色路面完成，并开发建设大龙宫寺、磨盘山休闲度假岛、怪石滩景区。2012年，兴建菩提园、东海岸景观带。宾馆、饭店日益兴起，岛上旅游业年收入2500万元。

岛上新建财政便民服务中心及文化站1所，占地面积600平方米。南、北2个村，设农家书屋2处。有九年一贯制学校1所（包括幼儿园）。卫生院1所，床位15张。

## 曹庄镇

曹庄镇位于兴城市区西南郊。东南临渤海海滨，东北与宁远街道、钓鱼台街道隔兴城河相望，西南与沙后所镇接壤，西北与羊安满族乡毗邻。辖区总面积125.5平方公里，国道102线、沈山铁路、辽宁滨海公路通贯境内，沈山铁路在大甸子村设有火车站。曹庄镇人民政府驻地在大甸子村，距兴城市区5公里。

1986年6月，曹庄乡改称曹庄满族乡。1994年5月，曹庄满族乡改为曹庄镇。2003年9月，进行村级规模调整，将23个行政村合并成16个行政村。2012年，辖16个行政村及东华基地、7019、曹庄3个社区，41个自然屯。全镇总户数12282户，总人口35942人，其中农业人口32239人，非农业人口3703人。民族有汉族、满族、蒙古族、朝鲜族、回族等。其中满族人口25340人，占人口总数的70.5%。

镇域地势西北高，东南低，较为平缓，土质以近河松软黄沙土为主。境内曹庄河与后湖河交汇后入海。近海平原为黑壤沃土。西部沿尖山余脉为半丘陵地带，土质贫瘠。

全镇有耕地面积1264.93公顷，主产玉米、水稻、大豆、高粱等作物，是兴城市主要商品粮生产基地。2010年，全镇棚菜小区发展到23个，建温室大棚1100栋，占地125.33公顷。其中沙屯村、大英堡村被确定为省级设施农业生产基地。2012年，投入资金430万元，打机井94眼，修方塘4座，维修田间作业路12.1公里，平整土地486.67公顷。

养殖业发展较早。1986年，朱家村有11户家庭养貂。1987年，增加到80多户，形成“养貂热”。曹庄乡人民政府组织成立养貂协会，全乡养貂户发展到134户。沿海村屯蓝狐、貉子等特种动物饲养业形成一定规模。

辖区内海岸线长16.1公里，拥有滩涂3333公顷，其中可利用滩涂2667公顷。1994年，全镇滩涂贝类养殖面积达300公顷。1999年，成立镇属兴城市贝类养殖总公司，建1300立方米水体育苗室1座，繁育河蟹、对虾苗。年出口红沙蚕、贝类等7000多吨。

1999年，开发井盐水工厂化养殖大鲮鲆（俗称多宝鱼）。境内东起大河口西至周屯，沿海岸边及近岸滩涂鱼棚连片，形成井盐水养殖集群。2002年，曹庄镇牵头成立兴城市渔业园区。2010年，园区吸纳养殖户305家，所养殖的大鲮鲆热销北京、天津、广州等大城市。

依托区位优势，曹庄镇工业发展迅速。1986年，有乡办工业11家，年产值320万元，利税40万元。2005年，兴城市在曹庄镇域内建设工业园区。2007年，改称兴城工业园区。2008年，更名为兴城临海产业区。2012年，辖区内有华润雪花啤酒、海思科制药、钼都实业、森昊石化等规模以上工业企业及50余家泳装生产厂家，年总产值达6.8亿元。

2010年以后，镇人民政府投资770.7万元，先后修筑4条总长达40公里的乡级公路。完成10个村37.4公里村级道路，形成由南向北与省级公路丹绥线、国道102线、京沈高速公路相连接的公路交通网。

全镇建有文化站1个，村级文化室16个，新建文化广场6座。有初级中学1所，小学15所，幼儿园23所。曹庄小学独轮车队组建于1993年，相继参加8次全国独轮车比赛和两次世界独轮车锦标赛，均获佳绩。1998年，曹庄镇荣获辽宁省“全省体育先进镇”称号。1999年，被评为“全国亿万农民健身活动先进乡镇”。

镇内有卫生院1所，村级医疗站36个。新型农村合作医疗参保人数2.9万人，参合率98%。

2008年，因国防工程建设需要，曹庄镇老滩屯整体搬迁至中兴村东南侧。2012年，270户村民喜迁新居。老滩村被葫芦岛市评为社会主义新农村建设示范村。

## 沙后所镇

沙后所镇地处兴城市区西南部，东临渤海海滨，西南隔烟台河与望海满族乡、海滨满族乡相望，西与南大山满族乡接壤，北并东北与红崖子满族乡、曹庄镇交界。辖区总面积110平方公里。

镇内交通便捷，国道102线、沈山铁路、京沈高速公路、秦沈高速铁路、沙上线县级公路通贯境内，京沈铁路在境内设有火车站，京沈高速公路设有出入口。沙后所镇人民政府驻地在西关村，距兴城市区25公里。

1986年7月，沙后所镇改称沙后所满族镇。2002年3月，经辽宁省人民政府批复，将沙后所满族镇改为沙后所镇，继续享受满族乡镇待遇。同期，经辽宁省人民政府批准，将撤销的闻家满族乡所辖的闻家、桃园、五王、前红、旧四台、仙灵寺6个村划入沙后所镇。2003年9月，进行村级规模调整，将22个行政村合并为16个行政村，同时将仙灵寺村划入南大山满族乡。

2012年，沙后所镇辖16个行政村，1个社区。辖区总户数13275户，总人口40794人。其中农业人口36809人，非农业人口3985人。民族有汉族、满族、蒙古族、朝鲜族等。其中满族人口22243人，占总人口的54.5%。

镇域地势西北高，东南低平，沿海为大片退海洼地。西部处于烟台河下游左岸。中部东沙河南流入海，形成冲积平原，土壤松软肥沃。北部东西两侧为丘陵坡地，土质较贫瘠。

全镇经济以农业为基础，以工业为主体，以商业为中心，兼营海洋捕捞、海水养殖，形成多业并举的经济发展格局。

全镇有耕地面积5630.73公顷。1986年，建成粮油、育种、经济田三大生产基地。2000年，设施农业有较大发展，播种（含复种）面积4157.20公顷。逐步形成沿海渔业养殖、平原绿色蔬菜、丘陵良种花生的农业生产结构新格局。

2010年后，沙后所镇以农业综合开发和落实辽宁省“千亿斤粮食工程”为依托，大力改善农业生产条件。至2012年，累计投资1700万元，打机电井360眼，架设低压线路40公里，平整及土壤改良666.7公顷，新增造地面积30公顷。全镇新建设施农业小区2个，新增造林面积100公顷。建立农业合作社6家，有新农村经纪人120余人。

沙后所镇有海岸线13公里，盛产鱼、虾、蟹、贝类等海产品。2010年，相继在焦家、石屯村开发建设井盐水渔业养殖区，形成规模化养殖。至2012年，建成工厂化养殖场7家，建筑面积4万平方米，主要养殖鲮鲆、河豚等精品鱼类，年存池量120万尾，创产值3680万元。

镇企业发展较早。1986年，镇办企业有14家，村办企业79家，联合体、个体244户。1997年，全镇共有工商企业1780户。服装加工业形成专业化生产，设计、裁剪、洗染、刺绣、加工、运输、销售实现一条龙。2012年，镇内有服装和泳装加工生产企业82家，其中固定资产50万元以上的61家。从业人员1.2万人。

小城镇建设步伐进一步加快。2005年，完成沙后所中学——南门外农贸市场1.6公里道路改造工程。2007年，以市场化运作方式投资2000万元，建成面积1.1万平方米的南关农民新村。

沙后所镇文化底蕴厚重。始建于明宣德五年（1430）的古城遗迹犹存。1985年编纂出版的《沙后所镇志》，是兴城首部记载乡镇全貌的方志。

全镇建有16个高标准村级文化站，3座文化广场。2008年，沙后所镇被辽宁省文化厅授予“农村文化工作先进镇”。

镇域内有初级中学2所，小学12所。位于镇内西关村的兴城市第二人民医院（后改称沙后所镇中心卫生院），设有内科、外科等15个科室，医务人员139人，是集城镇基本医疗保险、新型农村合作医疗为一体的综合性定点医院。

## 东辛庄镇

东辛庄镇位于兴城市西南隅，以六股河为界与绥中县相望，东及东南与海滨满族乡、刘台子满族乡为邻，西并西北与大寨满族乡、围屏满族乡毗邻，东北与望海满族乡接壤。辖区总面积83平方公里。

镇内交通便利，国道102线、沈山铁路、京沈高速公路、秦沈高速铁路、辽宁滨海公路通贯境内，沈山铁路在东辛庄设有火车站。东辛庄镇人民政府在东辛庄村，距兴城市区36公里。

1988年3月，东辛庄镇改为东辛庄满族镇。2002年3月，经辽宁省人民政府批复，东辛庄满族镇改为东辛庄镇，所辖区域不变，继续享受满族乡镇待遇。2003年9月，进行村级规模调整，将19个行政村合并为14个行政村。2012年，全镇辖14个行政村，1个社区。总户数10411户，总人口31721人。其中农业人口28733人，非农业人口2988人。民族有汉族、满族、蒙古族、朝鲜族等。其中满族人口18651人，占总人口的58.8%。

镇域地势北高南低，西高东洼。北部英茂山海拔201.3米，余脉延伸形成东西两侧丘陵，土质多沙壤。境内有关站河、胡家坟河两条河流，分别流经刘台子、海滨两个满族乡后汇流入海。西南部为六股河东岸，形成冲积平原，多为草甸土，松软肥沃。

东辛庄镇经济以农业为基础，以纺织、印染、服装加工为支柱产业，发展集市贸易。2012年，全镇社会总产值实现10.85亿元，农业产值3.2亿元，工业产值6.55亿元。

全镇耕地面积5201.83公顷，林地面积1139.6公顷，果树面积59.33公顷。农作物主要有玉米、高粱、大豆等。经济作物有花生、油菜等。2010年，蔬菜保护地面积107公顷，水浇地面积达1867公顷。棚菜种植面积达到67公顷，花卉种植面积20公顷。建成高科技连杆温室大棚1栋，成为辽西第一个工厂化育苗基地。2012年，全镇完成农业设施小区建设6个，新建温室大棚122栋。

20世纪80年代初期，东辛庄镇服装加工业形成规模，张虎村成为服装加工专业村。随着东辛庄服装市场的建立和发展，纺织、印染、服装加工企业迅速增多。2012年，全镇有服装厂及服装加工户1000余家，年服装加工能力1000万套，产值4亿元。

东辛庄集贸市场成立于20世纪50年代，是东北三大集市之一。1991年，建成9400平方米的轻工产品批发大厅。1996年10月，扩建为东辛庄服装市场。山海关——伊春557/558次列车、天津——通辽587/588次列车分别冠名“东辛庄服装市场号”，首开全国铁路客运列车冠以乡镇级市场名之先例。每逢集日，来自河南、河北、浙江、上海、吉林、黑龙江等省、市的客商在服装市场内交易，年交易额20亿元。

镇内基础设施建设不断加强。至2010年，相继投资318万元，完成关站——东辛庄3.2公里柏油路面和“村村通”水泥路面工程。拥有公交汽车线路2条，运营里程100公里。有运营汽车108辆，年客运量25万人次。

2012年末，镇有自来水公司1家，铺设干线水管50公里，生产能力2000吨/日。年工业用水20万吨，生活用水25万吨。排水管道15公里。被辽宁省评为“城乡一体化建设示范单位”。

东关站村有辽代隰州及海滨县城治所，部分遗址尚存。

镇内有文化站1个，建成村和社区文化室15个，共有图书3.2万册。新建文化广场19个。东辛庄剧团是兴城市唯一一家民间文艺剧团。1990年，镇文化站被文化部授予“全国优秀文化站”。

有初级中学1所，小学11所，幼儿园12所。投资120万元，完成中学教学楼维修工程。镇内建有各级各类医疗卫生机构17个。兴城市第三人民医院设在东辛庄镇内，有病床145张。新型农村合作医疗参保率95%。

## 郭家镇

郭家镇位于兴城市西部山区，东南与红崖子满族乡为邻，南与碱厂满族乡交界，西北与药王满族乡毗邻，东北与旧门满族乡接壤。县级公路汤李线、铁路魏塔线途经境内，在串子沟设有火车站。郭家镇人民政府驻地在孙家村李家屯，距兴城市区35公里。

辖区总面积117平方公里，其中耕地面积1486公顷，林地面积6555.2公顷，有林面积3200公顷。

2002年3月，经辽宁省人民政府批复，将郭家满族镇改为郭家镇，所辖区域不变，继续享受满族乡镇待遇。2012年，全镇辖6个行政村和1个社区。总户数3973户，总人口10496人。其中农业人口9241人，非农业人口1255人。民族有汉族、满族、蒙古族、朝鲜族、畲族等，其中满族人口5486人，占总人口的52.3%。

镇域地势西北高，东南低，群山环抱，沟壑纵横。虎头山居东，任虎山卧西，棋盘岭位南，中盘岭横北，大石塔屹立东南一隅。兴城河发源于把石岭，境内流长15公里。除河谷两岸有零星冲击小平地外，多属坡岗地，土质瘠薄。矿产资源有钼、铁、铅锌、锰、硅石矿等。

1986年，全镇耕地面积1319.6公顷，主要种植高粱、玉米、大豆、花生等。1988年以后，开展农田基本建设，完成鹦鹉砬流域、旱沟流域综合治理，治河5公里，改土垫地266.67公顷，修果树台田20公顷。

2012年，全镇花生种植面积1167公顷，杂交玉米333公顷，栽植五味子、金银花等药材20公顷。

依托地势，郭家镇自2001年，连续3年在河两岸造林360公顷，栽速生杨60余万株；在山地造薪炭林800公顷，栽刺槐210万株。2009年，投资100万元，栽植平欧大果榛子和薄皮核桃266.7公顷。在宜林荒山上栽植山榛子153.3公顷。投资150万元，在张沈村建立6.7公顷大果榛子苗繁育基地。

2006年，建成畜牧小区和绒山羊养殖基地各1个，发展百头以上养猪户10户，百只养羊户30户。2010年，投资2000万元，先后成立3家养殖专业合作社。2012年，完成2个养殖小区改扩建工作，建小型肉食鸡养殖场3个，规模较大的养殖小区达到8个。

镇办工业有综合厂、铅锌矿、钼矿、理石板厂、硅石粉厂、沙石场等企业。1987年，投资320万元，与青海省锡铁山矿务局联合修建的郭家选矿厂，年实现产值480万元，利税115万元。2010年，先后引进企业6家，引进资金总额7000多万元。全镇共有工矿企业18家。

2003年，东华机械厂主体从郭家镇迁出，该镇实施镇区格局调整，将镇人民政府及信用社、邮政支局等单位迁至人口比较集中的郭家村，统一规划，改造集贸市场，形成山区新型小城镇。

至2010年，治理河道820米。打自来水井8眼，铺设管道3000米，为2000口人提供饮用水。修筑乡级公路25.4公里，维修村屯路40公里，实现村村通柏油（水泥）路。2012年，修建硬覆盖水泥路面6.7公里。

镇人民政府投资20万元，在陈家村建五保家园1座。投资100万元，为各村修建村部及文化广场。镇有文化站1个，村屯有农民文化室9个。中学1所，中心小学1所，下辖3所小学，有希望小学1所。卫生院1所，各村均设有医疗站。

## 古城街道

古城街道位于兴城市区，东南与城东街道为邻，西与宁远街道相连，北与元台子满族乡接壤。辖区总面积15平方公里。古城街道办事处设在古城头道牌坊西胡同。

古城街道前身为兴城镇。1987年2月，兴城镇撤销，成立古城街道。1988年，古城街道辖3个行政村和6个街道居民委员会。1994年，成立北营居民委员会。2001年12月，兴城市人民政府对城镇街道居民委员会进行重新界定，将南一、南二、北一、北二、铁北、北关6个居民委员会调整为春和、永宁、城北3个社区居委会。2006年3月，双树乡东八里村划归古城街道。2012年，古城街道辖4个行政村，3个社区。总户数12074户，总人口27085人。其中农业人口6314人，非农业人口20771人。

古城街道北部为农业区，地势平坦，土壤肥沃，利于农作物生长。南部与城区相连，交通便利。辖区内有古城城墙、钟鼓楼、文庙、城隍庙、祖氏石坊、郜家住宅、周家住宅等多处文物古迹。

1987年，城郊部分农村划入古城街道。农户多以种植大田作物和蔬菜为主。随着城乡一体化建设加快，设施农业有较大发展。2010年，农作物播种面积426公顷，其中种植高产玉米396公顷，蔬菜26公顷。2011年，引进先进种植技术和优良品种，扩大棚菜生产规模，棚菜种植面积达66公顷。

2002年，投资315万元，占地3.3公顷的兴城市华元牧业有限公司在花园村建成 。2010年以后，新建的长宏养猪合作社发展成为辽宁省核心育种场、国家农业部示范基地；生产的寅发牌猪肉和辽元牌无公害猪肉获辽宁省级无公害产品认证。

镇办企业发展较早。1986年，拥有橡胶制品、金属配件、修配等8家企业，街（居民委员会）办工业企业19家。1994年，与新加坡投资商合资新建玉煌金属紧固件厂，古城街道所属工业企业达到8家。随着兴城市招商引资优惠政策的实施，相继有大连玉发毛衫有限公司、葫芦岛市瀚森木业有限公司、双兴供热有限公司、兴城市三奇制衣有限公司、兴城市冠亚混凝土有限责任公司落户古城街道辖区。2010年，投资3200万元建设兴城市大型屠宰联合企业。2011年，葫芦岛百晟达服饰有限公司建成投产。2012年，新增规模以上企业2家，新增工业企业16家，新增商业企业8家。

2003年9月，根据兴城市人民政府要求，由古城街道负责管理古城风景旅游区。成立由公安、城管、联防组成的综合执法队伍。制定《兴城市古城区管理暂行办法》，开展环境整治工程。投资4万元，对城内51条巷道进行改造。

2007年，完成东八里村茶棚庵150户自来水入户工程。2009年，新修水泥路3250米，城墙内环路4000米，在钟鼓楼、春和门、延辉门、魁星楼安装霓虹灯。

2011年，投资366.7万元，新建文化广场3个，新修水泥路5条3250米。 2012年，争取上级财政专项资金180万元实施民生工程，为4个村975户村民安装自来水。2012年，投入60万元，在东八里村修建道路2000延长米。

古城街道有文化站1个，村村有文化室。辖区内有小学3所、幼儿园11所，有医院2所。

## 宁远街道

宁远街道位于兴城市区西南部，东邻城东街道，南与曹庄镇相连，西与羊安满族乡、白塔满族乡交界，北与古城街道接壤，辖区总面积10平方公里。宁远街道办事处设在兴海南街老马路2号。

1987年2月，宁远乡撤销，设宁远街道。辖5个行政村和3个居民委员会。1994月，将7019居民委员会划归曹庄镇。1998年9月，设立延辉街道居民委员会。2001年12月，兴城市对街道居民委员会进行重新界定，并更名为社区。2012年，宁远街道辖4个行政村和3个社区。辖区总户数12639户，总人口27190人。其中农业人口10639人，非农业人口16551人。

宁远街道地处市区商贸中心，具有明显区位优势。农业以蔬菜保护地生产为主。

1986年以后，街道农业经济以种植高粱、玉米、大豆等粮油作物为主，发展大田蔬菜。随着城区规模的不断扩大，全街道设施农业，尤其是蔬菜生产不断增加。2012年，粮食作物播种面积243公顷，蔬菜瓜果种植面积60公顷，发展蔬菜大棚155座。

工业企业起步较早。1986年，拥有粉末冶金、水泥、服装等13家企业，67家村办企业，109家个体企业，年产值1360万元。1994年，村办企业新增天然石材、电信设备、木制品、针织等12家，个体企业发展到3000家，从业人员8300人。2004年，宁远街道所属企业19家，主要有粉末冶金有限公司、中兴工业有限公司、宁远水泥、万资建筑、渤海建筑有限公司等。全年完成总产值10.96亿元，利润1.20亿元，税金1828万元。2010年，宁远街道所属企业增加到61家，主要是机械制造、粉末冶金、服装制造、工程建筑等几大行业。其中规模以上企业18家，并有多家企业再次进行改、扩建。2012年，宁远街道有各种企业1308家，企业总产值13.07亿元，实现税金4417万元。

1994年以后，大佟屯村在京哈公路旁边开辟商业一条街，西二村在火车站前建成旅社楼、饭店楼和商品门市楼。累计投资610万元，先后修建城郊医院门前路、水利局胡同路、佟屯路及大桥西地号路、西关七彩城路、小山子路、大坝根路和南河路等，共1.2万延长米。2012年，投资180万元，修建西二村张家胡同、棉织厂胡同，修建佟屯环路，共2356延长米，街巷面貌明显改观。

宁远街道建有文化站，村村有文化室。辖区内有兴城市第四、第五初级中学，有西关和南关2所小学。有街道卫生院1所。

## 城东街道

城东街道位于兴城市区东部，东临温泉街道，西与宁远街道相连，南与曹庄镇接壤，北与葫芦岛市龙港区双树乡交界，辖区总面积23平方公里。城东街道办事处设在兴海北街康宁桥南。

1987年2月，从宁远乡划出3个村、2个居民委员会，从曹庄满族乡划出1个村成立城东街道，辖4个行政村，2个居民委员会。2006年3月，双树乡韩家、干柴2个村划归城东街道。2006年8月，成立月亮河社区。2012年，城东街道辖6个行政村和3个社区，辖区总户数9701户，总人口21930人。其中农业人口11747人，非农业人口10183人。

辖区地势较平坦，兴城东河、温泉河流经境内向东南汇兴城河入海。

城东街道经济以农业为主，大棚蔬菜生产及饲养业具有一定规模。2009年，粮食作物播种面积626公顷，蔬菜播种63公顷，花卉种植20公顷。2010年，城东街道先后投资90万元，在韩家沟、南辛庄、东二村新建方塘3座。2012年，粮食作物播种面积626公顷，总产量3415吨；蔬菜播种66公顷，总产量3725吨。

依托城区优势，城东街道大力发展畜牧业。2012年，生猪饲养量31万头，肉牛3700头，羊20万只。新地号村发展成生猪饲养专业村，生猪饲养量达到16万头。

1987年，城东街道有街道办工商企业17家，从业人员1717人。村办企业48家，个体企业658家，多以商贸等为主。1991年，城东街道共有工商企业21家，其他企业9家，村办企业66家。2000年，城东街道所属企业有凯森蒙制衣公司、四海锅炉厂、消防器材厂等8家。村办企业104家，年总产值3亿元，上缴税金230万元。2006年，引进北镇信仁体育用品有限公司建成投产，辖区内企业发展到13家。2012年，新增3家规模以上工业企业。年末，实现社会总产值8.05亿元。

基础设施建设有较大发展。2000~2010年，城东街道多方筹措资金540万元，完成城乡道路改造11条，铺设水泥路面16.6公里。2010年，投资15万元为新地号村安装自来水。2012年，城东街道多方筹措资金782.4万元，完成6条水泥路和50米桥涵修建。为656户村民安装自来水，铺设安全饮水管线19680米；修建800平方米娱乐广场；投资2万元建立远程教育网络和社区远程教育示范点。

城东街道有文化站1个，6个村和3个社区均有文化室，建6个农村书屋。2009年，筹资70万元，为干柴小学建教学楼2000平方米。

2012年，城东街道有小学3所，有卫生所3个。

## 温泉街道

温泉街道位于兴城市区东部，东南与钓鱼台街道、四家屯街道相邻，北与葫芦岛市龙港区双树乡毗邻，西南与城东街道接壤，辖区总面积9平方公里。温泉街道办事处设在兴海北街。

温泉街道因域内有温泉而得名。始建于1987年2月，辖1个行政村，4个居民委员会。1993年，将温泉、东山2个居民委员会划分为温泉、东山、建海、康宁4个居民委员会。1997年，将6个居民委员会合并为3个。2001年12月，将居民委员会更名为社区。2006年，将原3个社区划分为6个社区。2012年，辖1个行政村，6个社区。辖区总户数18589户，总人口44944人。其中农业人口1870人，非农业人口43074人。

辖区地势平坦，兴城东河、温泉河贯穿全境，兴城温泉为兴城市著名自然资源。

辖区耕地面积55公顷，农业以果树种植为主。胜利村首山果园始建于20世纪50年代，“红星”苹果获辽宁省金奖。1992年，胜利村果园被评为辽宁省标准果园。2012年，果园面积21公顷，果树14.5万株（其中结果树9万株），总产量320吨。家禽饲养量30万只，禽蛋产量900吨。

1988年，辖区有企业16家，个体商户1000余家，主要从事商饮服务业、运输业及劳务输出。1997年1月，进行企业产权制度改革，温泉街道将钢窗厂、铝窗厂、渔具塑料厂、工艺美术商店、钕铁硼切片厂、兴旺制酒厂等一并改为民营企业。2008年以后，不断扩大招商引资成效，兴城桃花岛海产品有限公司落户温泉街道。2011年，完成招商引资3.6亿元，金天屹城市综合体项目落户温泉街道，该项目集商贸、影视、休闲、商品零售于一体，被列为辽宁省人民政府省长项目。2012年7月，金天屹工程建设破土动工，引资额7亿元。年内，温泉街道私营企业发展到300家，创产值

2.5 亿元，销售收入 2.8 亿元，完成税收 470 万元。

1990 年 9 月，新建占地 4008 平方米的街道办公楼交付使用。1994 年，胜利村投资 45 万元，为全村安装自来水设备。

2002 年，辖区所有巷道全部实现路面硬覆盖。在全市率先开展新农村建设，胜利村改造新建 1100 平方米二层办公楼。全村 3 个自然屯完成旧房改造，40%的农民住上楼房。2006 年，投资 30 万元，整治环境卫生、道路维修和绿化。投资 100 万元，改修村屯间的水泥路 6.2 公里，砂石路 3 公里。

2007 年，安居小区成立居民学校，开设书法绘画班、音乐班、健身养生班等。东山小区被评为辽宁省文明小区。

2010 年，胜利村设有农家书屋 1 处。社区建有老年文艺队、歌舞、秧歌、乐器队等。新建840 平方米街道便民服务中心 1 座。

辖区内有小学 2 所。6 个社区都建有医疗服务中心站。胜利村有诊所 2 家。

### 钓鱼台街道

钓鱼台街道位于兴城市东南隅，东临渤海辽东湾，南隔兴城河与曹庄镇为界，西与温泉街道毗邻，北与四家屯街道接壤，辖区总面积 10 平方公里。钓鱼台街道办事处设在兴海南街五段 10 号。

1986 年，称钓鱼台镇，辖 6 个行政村。1987 年 2 月，钓鱼台镇撤销，设立钓鱼台街道。辖 2 个行政村和 6 个居民委员会。2001 年 12 月，将 6 个居民委员会合并为 3 个社区居民委员会。2012 年，辖 2 个行政村和 3 个社区。辖区总户数4772 户，总人口 10994 人。其中农业人口 4386 人，非农业人口 6608 人。

境内水、陆交通便利，辽宁省滨海公路从境内通过。

街道经济主要为商业贸易、工业加工、海产品养殖捕捞、旅游服务。农业为种植业、养殖业等。

辖区耕地面积 227.7 公顷，农作物以玉米、水稻、大豆等为主。

1988 年，街道有企业 14 家，从业人员 553 人。1997 年，进行企业产权制度改革。工商企业以民营为主，出现新的生机。2000 年，有工业企业 10 家。2011 年，辖区企业增加到 137 家，各种工商户 567 家，从事餐饮服务业人数 6045 人。2012 年，完成社会总产值 10.12 亿元。

钓鱼台街道利用地理优势，加快旅游服务业发展，积极引导失地农民从事旅游服务业，成立旅游业协会，推出以赶海、捕鱼、果园采摘等为特色的旅游项目，兴建家庭宾馆 130 家，年收入 800 万元。

钓鱼台街道地处兴城河下游入海口，辖区河道全长 2.6 公里，为保证安全度汛，每年都投入 10 余万元对河道进行清淤。

1991 年，钓鱼台街道投资 30 万元，改造临街商业摊点，建成标准门市房 80 间。1997 年，建成长 910 米，宽 7 米的东环路黑色沥青路面；改建通往钓鱼台村和红石碑村的主干道，新砌排水沟 1000 延长米，栽植银杏、侧柏、灌木花丛等。2009 年，投资 320 万元，铺设兴城第一中学后侧黑色路面 890 米。

钓鱼台街道建有文化站 1 个，每个行政村都设有农家书屋。

兴城市第一初级中学位于辖区内。街道有小学 2 所，卫生院 3 所。

## 四家屯街道

四家屯街道位于兴城市的东北部，东临渤海辽东湾，南与钓鱼台街道相邻，西与温泉街道毗连，北与葫芦岛市龙港区接壤，辖区总面积20平方公里。葫芦岛市龙兴路、辽宁省丹绥线（滨海公路）穿境而过。四家屯街道办事处设在四家村。

四家屯街道原为钓鱼台镇所辖。1987年2月，将原钓鱼台镇所辖的四家屯村、纪家村、周家村和邴家村整合，设立四家屯乡。2002年3月，经辽宁省人民政府批复，撤销四家屯乡，设四家屯街道，将温泉街道的首阳社区划入四家屯街道。2005年，增设四家社区。2012年，四家屯街道辖4个行政村，1个社区，总户数2775户，总人口7878人。其中农业人口7447人，非农业人口431人。

街道经济除农业大田种植外，发展果树生产、畜禽饲养。2003年，辖区有耕地443.3公顷，农作物以玉米、大豆等为主。2010年，耕地面积减少到410公顷。果园面积增加到88公顷，果树7万株，产量108吨。

街道饲养业发展较快。2009年，建立中型养猪场2家，其中通达牧业有限公司建筑面积1.8万平方米，是辽西地区最大的生态养猪场。引进母猪1000头，年出栏肥猪2万头，年创经济效益600万元。

辖区有5公里海岸线，海洋资源丰富，渔业生产为海洋捕捞和海水养殖；共有渔船138艘。浅海养殖形成规模化。2010年，海水及井盐水养殖产量9000吨，产值7740万元，渔业总产值1.56亿元，成为街道新的经济增长点。

1992年，四家村成立四家实业总公司，下设建筑安装公司以及房地产开发、经贸、工业、渔业养殖6个实业公司。2003年，四家屯街道有集体企业12家，主要有四家建筑公司、铜业公司、天力饮品公司、印刷公司、运输车队等。民营企业7家，主要有鲁宏塑钢公司、塑料管材公司、特种铸钢厂、渔业养殖公司等。

2008年，以四家村企业集团为龙头，全力打造企业名牌。对特种钢、宏亿塑钢、塑料管材、特种泵、益丰制衣等一批骨干企业更新设备，形成各自的拳头产品。增加房地产运营成本，坚持上乘质量。全街道工业总产值4.8亿元，利税3800万元。2010年，围绕旅游业，开发家庭宾馆60户，床位4000张。

1997年，投资200万元，修中心路面1000米、水泥覆盖街路、巷道8000平方米。四家村建村西带状公园，安路灯20盏，种植草坪2000平方米，栽植花卉2.8万株。村东欧式别墅住宅示范小区初具规模。

2005年，修缮原有巷道20多条。投资100万元，村民全部用上自来水。

2009年，“四家新村”落成，建筑面积8万平方米，500多户居民改变居住环境，建成周家社会主义新农村示范街。

街道设有文化站，每个行政村都设有农家书屋。街道所辖各村、社区都安装有线电视和连接宽带网络。街道辖区内有卫生院1所。

辽宁省工程技术大学、辽宁财贸学院等多所高等院校位于辖区，在校师生2万余人。2012年3月，占地75公顷渤海船舶学院开工建设。兴城第二高中迁入境内。

## 华山街道

华山街道位于兴城市西北部山区，居兴城河上游。东与元台子满族乡相接，南和白塔满族乡接壤，西与旧门满族乡为邻，北与葫芦岛市杨家杖子经济开发区毗连，总面积70.4平方公里。华山街道办事处驻地在绿化村郭家屯，距兴城市区20公里。

华山街道原为华山镇。1986年，辖2个居委会和6个行政村，21个自然屯。2002年3月，经辽宁省人民政府批复，撤销华山镇，设华山街道，所辖区域不变。2003年进行村级规模调整，华山街道将原有6个行政村和3个社区调整为羊草、上长茂、下长茂、四合、绿化5个行政村和锦华、锦山2个社区。2012年，辖区共8161户，总人口19973人，其中农业人口8334人，城镇及非农业人口11639人。有汉、满、回、苗、朝鲜等民族。

华山街道境内交通便利，魏（杖子）塔（山）线铁路、县级老（边）杨（家杖子）线公路贯通境内。郭家屯设有火车站。

街道周边山岭环抱，沟壑纵横，多为黄沙坡地，地势为“八山一水一分田”。境内长茂河与旧门河汇合成为兴城河支流。

辖区内有耕地661.13公顷，以种植玉米、花生、大豆等农作物为主。水果栽植面积和产量有很大发展，苹果、梨面积280公顷，年产量6000吨。

华山街道以治山治水为主攻方向的农田基本建设成效显著。2005年以后，累计整治河道15公里，建蓄水7万立方米塘坝1座，蓄水1万立方米方塘5座，拦河坝3座，打管井160余眼，水利控制面积333公顷。

2006年，建立玄宇食用菌示范区，新建温室大棚10万平方米，修建原料加工车间和产品加工车间3500平方米。2012年，玄宇食用菌基地被认定为辽宁省级农业示范基地。启动工厂化生产线，累计投资1300万元。

2012年，华山街道有农业专业合作社7个。其中国家级合作社1个，省级示范合作社1个。

境内矿藏资源丰富，主要有无烟煤、铅锌、石灰石、硅石、长石等。其中石灰石、无烟煤储量较大。工业主要以采矿为主。2003年，有煤矿7家、采石场4家、白灰厂1家、铅锌矿1家。2005年，引进碳素材料、选矿、铁矿3个企业，工业企业增加到24家，其中白灰厂12家。2010年，有白灰经销公司、南陀矿业、好友选矿和众兴铸钢有限公司等大型企业以及4家煤矿、6家大型选矿、4家采石矿、1家铅锌矿、4家机械加工铸造企业、30个白灰窑等，其中大型企业2个。2012年，总投资2400万元的东和碳素有限公司改扩建二期工程完工。

交通状况不断改善。从2008开始，总投资1000万元，完成华山——旧门、华山——东羊草村的水泥路。修建部分村屯水泥路4500延长米。2012年，改造铺设锦山——锦华厂区老路8.4公里。

基础设施建设不断加强。2007年，杨家杖子经济开发区17万平方米的职工住宅楼落户上长茂村。按照新农村建设总体规划，上长茂村筹措资金2600万元，进行新农村建设。年内，上长茂村被确定为葫芦岛市新农村建设试点村，下长茂村为兴城市新农村建设试点村。

2009年，投资300万元，建成占地3300平方米，建筑面积1500平方米的综合市场、商业街、洗浴中心。投资113万元，完成饮用水安全工程，解决两个村600户饮水难问题。

街道设有文化站，每个行政村都设有农家书屋。2009年，街道投资10万元，建设占地2000平方米的文化广场1座。全街道建有文化活动中心3个，占地4500平方米的文化广场3个，有各种健身器材60余套。

街道有九年一贯制学校1所，辖初级中学1所、小学5所。2012年，投资32万元为九年一贯制学校铺设黑色跑道1972平方米。辖区内有卫生院、所各1个。

# 第二篇　自然环境

## 第一章　自然地理

兴城地区地处燕山台褶带北缘，亿万年的地壳运动，形成境内地势由西北向东南倾斜，西北部山峦叠嶂，中南部山地丘陵起伏，东南部以河谷平原和沿海平原为主的地貌特征。境内山峰多在西北和东北部，海拔500米以上山峰8座，海拔300米以上山峰25座。海拔703米的老黄顶，为境内最高峰。

兴城境内有各类河流151条，其中流域面积大于100平方公里以上河流6条，六股河、烟台河、兴城河3条较大河流由西北向东南斜贯全境，流入渤海辽东湾。境内矿产资源、地热资源、海洋资源、生物资源等极其丰富。

### 第一节　地质

兴城地区地质构造位置处于燕山台褶带北缘，东西跨两个三级构造单元——辽西台陷与山海关台拱，占据绥中凸起北东部。区域沉积岩中等发育，岩浆岩出露较广，尤以燕山期构造岩浆活动最为强烈。

兴城地区地质构造经历漫长的演变发展期。早在太古代，经过鞍山运动、五台运动和吕梁运动，形成一套深变质或浅变质岩石。沿辽西走廊，从西南向北东以太古界和中上元古界深变质及浅变质岩为主。西部以印支和燕山期侵入岩为主，大面积分布于碱厂、药王、三道沟等满族乡一带。火山岩分布不均，呈团块状分布在兴城西、西北、东北部陆相盆地。

#### 地层

兴城市所辖区域地处绥中凸起北东部，长期处于动态隆起状态，沉积盖层剥蚀强烈，地层缺失较多，除三道沟和药王两个满族乡分布大量奥陶纪灰岩外，其他地区以长城系和白垩系沉积为主。境内主要地层有：

**太古界地层** 距今约25亿~38亿年，出露于海滨满族乡台子里、元台子满族乡小盖州及红崖子满族乡拣金沟——团山子一带，多以残留体形式分布。主要岩石类型有混合黑云二长片岩、混合质中细粒二长片麻岩、混合质钾长浅粒岩等。地层厚度大于1024.44公里。

**元古界地层** 分古元古界、中元古界、新元古界，距今约5.43亿~25亿年。兴城地区以中新元古界为主，地层主要分布于小盖州、首山、羊安及汪家屯地区。由海相碎屑岩、黏土岩及碳酸盐岩组成。主要岩性有燧石条带白云岩、条纹状白云岩、石英岩、长石砂岩、长石英砂岩、粉砂质页岩、粉砂岩及砾岩，与太古界呈角度不整合接触。岩石一般发生浅变质。

**古生界地层** 距今2.51亿~5.43亿年，兴城地区以寒武系、奥陶系、石炭系、二叠系为主，为一套海相沉积碳酸盐相。奥陶系地层呈星点状、条带状分布于境内北部边缘一带。二叠系地层仅在境内北部边缘附近有分布，属含碎岩夹黏土岩构造。

**中生界地层** 距今0.65亿~2.51亿年，在兴城境内出露有三叠系、上侏罗统土城子阶、下白垩统义县阶，分布于白塔、元台子满族乡和双树乡一带。白庙子、高家岭、刘台子等地区有小面积出露，是一套陆相火山岩构造。

**新生界地层** 距今0.65亿年，为第四系地层，在兴城地区比较发育，仅见第四系上更新统坡洪积和全新统冲洪积、冲积及海积地层。主要岩性为砂、黏土及含砾碎石。与下伏地层呈角角不整合接触。第四系地层堆积物分布较广，出露面积2000平方公里，主要分布于山间谷地，河谷平原及海滨地带。

## 构造

兴城地区地质构造形式以断裂为主，褶皱次之。区域上处于华北断坳与燕山台褶带过渡部位。由低山坡洪积丘陵和冲淤积平原所构成。地层多为沉积岩、火山岩和火山喷射岩构成。境内有3个硫磺层，2处温泉。即兴城温泉和高家岭满族乡汤上温泉。境内主要断裂构造有：

**裴家屯——连山断裂带** 该断裂规模较大，总体走向东西、偏向北东东向，呈舒缓波状延展，倾向南及北。

**东团山子——白庙子断裂带** 该断裂长26公里，宽50米，呈舒缓波状延展，带内岩石挤压破碎强裂，中心部位有煌斑岩脉，倾向南，倾角80°。

**围屏山断裂带** 该断裂破碎带宽20~70米，倾向北，倾角30°。断层面呈舒缓波状，带内有基性岩脉充填并压碎。断裂至少有两次活动，各种矿化及蚀变现象也很普遍。

**北大山断裂带** 西起北大山以东，向东延至三道壕子，长4公里。中部被北西向断裂错开，断距300米，倾角85°，倾向南及北。断面呈舒缓波状，上面见有擦痕及褐铁矿化、高岭土化、绢云母化、碳酸岩化，带宽2~5米。

**北大山——孤山子断裂带** 该断裂带北起北大山，向南西经围屏满族乡延出境外。断裂走向60°，倾向北西，倾角65°~70°。

**龙泉寺——台子里断裂带** 该断裂北端入海，向南西经台子里延至龙泉寺出露7.5公里。破碎带宽10余米，倾向北西，倾角70°。断裂在地貌上表现为古老基底与第四系呈直线状接触，并被全新统残坡积物覆盖。

境内还有较小的断裂带，如三道沟断裂带、半拉山断裂带、女儿河断裂带、芹菜沟——大顶子断裂带、药王庙断裂带、五股泉——白马石断裂带、碱厂断裂带等。

## 岩体

兴城地区岩体构造岩浆活动强烈，各期岩浆岩活动均有产出，特别是侏罗世白垩世（燕山期）岩浆岩最为发育，是主要赋矿岩体。区内脉岩也较发育。

**晚古生代侵入岩** 岩体仅有锦西花岗岩体一处，呈不规则状的岩株产出，走向进北东，面积约70平方公里。岩性主要为花岗岩及少许花岗闪长岩和石英二长岩。花岗岩呈浅红色，中粒结构，粒度2~4毫米，块状构造，略呈片麻状构造。

**中侏罗世侵入岩** 为兴城地区最发育的侵入岩，主要分布于兴城中西部，面积约1000余平方公里。代表性岩体是碱厂岩体，还有大英昌石英二长闪长岩体，菊花岛石英二长闪长岩体。

**碱厂岩体** 中侏罗世侵入岩代表性岩体，岩性以黑云母花岗岩—石英二长闪长岩为主；分布于三道沟、红崖子满族乡一带，长约40公里，宽10~48公里，总面积近600平方公里。呈近东西向的不规则透镜状岩基产出。岩体内相带分明，不同侵入期次岩性略有不同，主要有黑云母花岗岩、黑云母花岗闪长岩、含角闪石黑云母花岗岩、黑云母角闪石花岗岩、角闪石花岗岩、石英二长岩等。

**菊花岛岩体** 呈不规则状的小岩株产出，其走向近北东向，出露面积约1.5平方公里。岩性为石英二长闪长岩，岩石海蚀作用较强，局部有海蚀洞。

**裴家屯——旧门岩体** 呈不规则椭圆状岩基产出，近东西走向，长约29公里，宽4~14公里，一般宽9公里，面积约207平方公里。有中粗粒花岗岩、中粗粒似斑状花岗岩，多为浅红色，灰粉色，肉红色等，岩石风化较弱。

**长茂河子岩体** 主要分布在兴城长茂一带，呈北北东向的半环状岩脉（局部为岩床）产出，长近40公里，宽0.1~2.3公里，往北延伸到邻幅。主要岩性为辉绿岩，呈灰绿色、细粒结构，粒度1~2毫米，块状构造。岩石蚀变较强，地表呈浅灰绿色。

**晚侏罗世侵入岩** 本期侵入岩要出露在兴城西北部上草白沟一带，岩体为细粒黑云母花岗岩体，上草白沟细粒花岗闪长岩体。

**上草白沟岩体** 呈不规则三角形岩株产出，长轴近东西向，长3公里，宽2公里左右，面积为5平方公里。主要岩性为细粒花岗闪长岩，岩石暗色矿物含量较高，局部角闪石和黑云母含量达8%~15%；同时，岩体内还分布有角闪石花岗闪长岩及黑云母花岗闪长岩。

**早白垩世侵入岩** 本期侵入岩规模较小，出露零星，主要是白塔峪岩体。其体征呈不规则状小岩株产出，长轴近东西向，面积约3.5平方公里。岩性主要为石英二长闪长玢岩，极少为石英二长玢岩。石英二长闪长玢岩，呈灰粉色，斑状结构，块状构造。岩石风化程度较低。

## 脉岩

兴城区内从太古界至新生界各时期脉岩均有出露。脉岩产状与断裂构造相关，分布于不同时期深变质及浅变质岩内，侵入岩内也有不同程度分布。脉岩岩性主要有辉长岩、辉绿岩、闪长岩、闪长玢岩、正长斑岩、二长斑岩、花岗斑岩、流纹斑岩、石英二长斑岩等；深变质岩内以基性、中性脉岩为主，浅变质岩以中酸性脉岩为主，侵入岩以中性脉岩为主。

## 火山岩

兴城地区中生界陆相火山岩发育，沿深部壳断裂呈北东向分布；喷发形式以裂隙式或裂隙—

中心式喷发为主，强度基本为弱——强——弱过程；沿黄家——南大山——寺儿堡和刘台子——白庙子断裂喷发带形成砬子山、郭家、白塔峪、白庙子等几个喷发中心，岩石类型由基性——中性——中酸性——酸性演化，岩石分布范围集中在兴城盆地、郭家盆地、砬子山盆地内或其附近。兴城地区主要为义县旋回火山岩。

### 变质岩

兴城地区处于绥中凸起北部，西与辽西台陷接壤，区内太古界变质岩发育。变质岩带整体北东走向，分布在兴城中东部地带，以绥中斜长片麻杂岩、混合岩为主，局部分布有滹沱系片麻岩。沿兴城区内三大火山盆地分布有中、新元古界浅变质岩，主要是长城系、蓟县系石英岩质砾岩、长石石英砂岩、含碳质板岩、粉砂质页岩等。兴城及绥中一带的深变质岩已被公认为区域上主要贵金属与多金属矿含矿层位。

## 第二节　地貌

受新构造运动影响，兴城陆地西部与东部产生巨大差异，形成兴城地区西部以山地丘陵为主，东部以平原为主的地貌特征。

### 地形

兴城地处松岭山脉南翼和燕山山脉余脉地带，地势由西北向东南呈二级梯状降低。兴城地势近似梯形，西北高，东南低。西北部的老黄顶、大青山、九龙山三大高峰海拔500米以上，山势较陡，坡度较大，由西北向东南依次倾斜，自然形成西、西北部沟壑纵横的低山丘陵；中部分布缓坡漫岗起伏的丘陵地带；东南部坦荡无垠的滨海平原。境内三大河流自西北向东南流入渤海，自然构成“六山一水三分田”的特点。

境内地形分为中低山丘陵、丘陵、平原3种类型。其中中低山丘陵类型，即海拔200米以上山区709.92平方公里，占全市总面积的34.8%；丘陵类型，海拔50~200米，占地860.09平方公里，占总面积的42.2%；平原类型，海拔50米以下469.46平方公里，占总面积的23%。

### 地貌

兴城地区地形地貌受内、外应力长期作用演变而形成。内应力铸成地貌骨架，经新构造运动作用与外应力的不断雕塑改造，形成现代较为复杂的低山丘陵、沙岗丘陵、河谷平原和冲积、冲洪积、坡洪积、海积平原等地貌类型。按境内地形地貌特征、地质构造特点和现阶段地面的形态可分为：

**西北部构造、剥蚀低山地貌**　受长期地质构造特别是断裂构造作用，岩石遭受长期风化剥蚀，以太古界混合花岗岩及中生代侵入岩、火山岩等组成低山区域，该区域岩石多裸露地表，构成低山地貌。海拔703米的老黄顶为脊梁，沿边沟山、五顶山、大顶山等蜿蜒曲折在北部边境。西有老牛山、黑石砬、双顶山等卧入三道沟满族乡西北，东有老岭山、中盘岭、大青山等，南有石梯岭、大青山等。地势起伏较大，大部分为低山盘踞，构成西北屏障。

**中部构造、剥蚀丘陵地貌**　岩石主要由混合岩、片麻杂岩、混合花岗岩组成。经长期风化剥蚀，地形呈波状起伏、海拔 20~200 米，地貌大部分为丘陵，地势平缓，基石裸露，少部分形成沙岗。

境内大青山向南延伸的余脉有猪头山、夹山、英茂山等。九龙山向东南延伸的余脉有乌云山、砬子山、首山、峡山等。中间地带是一片低缓的丘陵地带，间有海拔 300 米以上的石人山、黑凤山、铁马山等。境内三大河流及东沙河等流经低山丘陵之间，构成低山丘陵同河谷平原相间分布的特点。

**东南沿海平原与河谷平原地貌** 境内六股河、烟台河、兴城河、东沙河等形成河漫滩、冲积平原、河口三角洲、海积平原、海蚀阶地等，自东北向西南延伸。沿海平原分为三部分：

东部沿海平原，东起首山和峡山西侧到曹庄镇西界尖山一带，地势平坦，土壤肥沃，面积最大。兴城河及其支流的河谷平原，在郭家、旧门等乡镇境内，地势平缓狭小。在红崖子、白塔和元台子等满族乡境内，河谷平原开阔低平，面积较大。

中部沿海平原，主要河流有东沙河、烟台河流贯，以沙后所镇、曹庄镇为中心的沿海平原，范围不大。河谷平原以望海满族乡北部范围较大，南大山满族乡境内河谷平原较小，碱厂满族乡境内多为狭窄河谷地。

西部沿海平原，主要分布在海滨、刘台子、东辛庄 3 个乡镇境内，秦沈高速铁路线以南地区。望海满族乡和东辛庄镇北部河谷平原范围较大，地形略有起伏。六股河东岸河谷平原，包括三道沟、围屏、高家岭和大寨等满族乡境内，该地区有三道沟河、宋庄河、沙河子等 7 条河流；从流域范围看，大寨乡流域面积最大，占全乡一半以上，高家岭河谷平原分布在六股河东岸狭长地带，三道沟和围屏两乡为狭长的河谷地。

**觉华岛环海山地地貌** 觉华岛（原菊花岛）为兴城境内最大岛屿，主要由混合花岗岩组成，东南部出露有石英二长闪长岩。岛屿顶面较平，边部浅海有礁石，为残留的海蚀台地。岛北的磨盘山岛，四周崖壁陡峭，海蚀现象显著。海蚀崖、洞、槽等高出海面达 15 米。该岛西北侧海里有几个孤立的海蚀柱，高出海面 5~8 米。

## 第三节　山脉

境内山脉为松岭山脉东南翼，以老黄顶山为中心，向东南、西南、北及东北延伸，构成境内地形的主要骨架。

### 山脉

**兴锦山脉** 为松岭山脉向东南伸出支脉的骨干。南起境内老黄顶，东北至葫芦岛市连山区老青山，略呈弓形斜跨兴城市境西部边缘。在境内南起老黄顶，北至大瓮山，主要山峰有老黄顶、张茂山、五顶山、大顶山、大瓮山等。

**青山山脉** 青山山脉呈西北至东南走向，由老黄顶至英茂山，位于六股河与烟台河之间。主要山峰有大青山、猪头山、夹山、牛心山、英茂山等。

**虹螺山脉** 虹螺山脉是松岭山脉东南翼支脉之一。由老黄顶向东北走向，至葫芦岛市连山区虹螺山。主要山峰有老岭山、中盘岭、压儿山、大面山、画眉山、平顶山、牤牛山、五虎山、王大顶山、荆条山等。

境内中部另一条红螺山脉，即从老岭山至铁马山形成的一条海拔较低的老铁丘陵高地，坐落有任虎山、三义岭、石人山、梆子山、黑凤山、铁马山、尖山等。

**九龙山山脉** 位于境内东北部长茂河与五里河之间，略呈人字形。主要山峰有九龙山、乌云山、西砬山、窟窿山、首山、峡山等。

### 山峰

兴城境内为低山和丘陵区域，共有大小山峰49座。其中海拔500米以上8座，300米以上山峰25座，200米以上山峰5座。

**老黄顶** 又称老荒顶，因山中草木丛生，人迹罕至，比较荒芜而得名。位于兴城古城西39公里，坐落于三道沟满族乡东北部。主峰高703米，为境内最高峰。山脉南延成为六股河与烟台河分水岭。山势呈南北走向，东西宽5公里，南北长7.5公里，总面积37.5平方公里。是境内西北屏障。

**张茂山** 也称大架子山。位于三道沟、药王、碱厂3个满族乡交界处。主峰海拔696.7米，山上生长大片原始松林和天然次生林，山东麓铁炉沟是女儿河主要发源地之一。

**五顶山** 位于兴城古城西38公里，在药王满族乡与建昌县交界处。因5个山顶并立而得名。主峰海拔625米，山南麓有五股泉，为女儿河发源地之一。

**大青山** 位于兴城市西部的三道沟、碱厂、围屏和高家岭4个满族乡境内。主峰海拔582.9米。整个山势略呈“U”形，北部略圆，南部狭长形分布。南北斜长约12公里，东西宽约9公里，总占地面积83.5平方公里。大青山沟壑纵横，自然景观及人文资源富集，具有生态旅游开发价值。

**九龙山** 古称九窿山，位于兴城古城西14.1公里，海拔558.7米，山势呈东西走向。山顶有天然石棚。南麓有辽代砖塔，为省级文物保护单位。

**庙沟西山** 位于兴城古城西43公里，药王满族乡杜屯村庙沟屯西，为五顶山向东北延伸的山峰，海拔541米。

**大顶山** 位于兴城古城西39.5公里，坐落在药王满族乡与建昌县交界处。因其山顶较宽，故名。海拔520米。

**画眉山** 古称桦皮山，位于兴城古城西北28.5公里，坐落于旧门满族乡西北部边缘，为兴城市与葫芦岛市连山区界山，主峰海拔514米。

**大瓮山** 位于兴城古城西37.5公里，海拔497.6米，坐落于药王满族乡西北部。因山形如瓮，故名。

**压儿山** 位于兴城古城西北30.7公里，坐落于药王满族乡裴家屯东南0.5公里，女儿河上游东岸。呈西南至东北走向，主峰海拔458米。

**老岭山** 位于兴城古城西36公里，坐落于碱厂满族乡王影沟北，因处于古路老岭南侧而得名，东北至西南走向，面积6平方公里，主峰海拔424米，是烟台河发源地。

**乌云山** 位于兴城古城西北15.8公里，坐落于元台子满族乡三合村炭场沟东北，为兴城市与葫芦岛市连山区界山。山顶常有云雾笼罩，故名。东西走向，主峰海拔423米。山中有乌云寺。

**夹　山** 位于兴城古城西25公里南大山满族乡柴屯村以西，海拔400米。山中蕴藏金、铜等矿产资源。

**黑凤山** 古名悬峰山，又名黑峰山。位于红崖子满族乡东南，主峰海拔399米，山势呈南北走向。山上有辽东长城、烽火台、寺庙遗址。山北麓建有石湖水库。

**大怀山** 位于兴城古城西北11.5公里，白塔满族乡塔沟村北，为九龙山支脉。山势呈东南走向，为白塔满族乡与元台子满族乡界山，主峰海拔395米。

**沿边沟山** 位于兴城古城西40公里，在药王满族乡与建昌县交界处。海拔394米，因山临边界，故名。

**牤牛山** 位于兴城古城西北21.3公里，坐落于华山街道郭家屯北4公里。因山形似牤牛而得名。南北走向，北坡陡南坡缓，南北长8公里，宽3公里，面积24平方公里，主峰海拔388.9米。山中蕴藏无烟煤矿产资源。

**平顶山** 位于兴城古城西北21.8公里，坐落于华山街道张屯以北。因顶部开阔平坦，故名。平顶山东西走向，主峰海拔388米。

**中盘岭** 位于兴城古城西北30.5公里，坐落于郭家镇大盘岭屯西北，因山岭间辟有盘山故道而得名。山势呈南北走向，面积4平方公里，主峰海拔385米，山间建有魏塔线铁路隧道。

**大面山** 位于兴城古城西北29公里，坐落于郭家镇李屯北3公里，因山势陡峭，北面松林茂密，坡长面大而得名。主峰海拔379米，为郭家、旧门、药王三乡镇界山。兴凌线318公路从山间盘旋而过，山中蕴藏铅锌矿产资源。

**荆条山** 位于兴城古城西北27公里，坐落于旧门满族乡草白村疙瘩沟西北，为旧门满族乡与葫芦岛市连山区界山，呈东西走向，其主峰海拔366米，山中蕴藏铅锌矿产资源。

**任虎山** 位于郭家镇西部任虎山屯西南与碱厂满族乡交界处，海拔338.6米，东西走向。

**首　山** 位于兴城古城东北2.5公里，因三峰并立，状如人首而得名。主峰海拔329.7米，山巅有明代筑烽火台。西北麓有朝阳宫古寺。1991年，国家林业部批准首山为国家级森林公园。

**王大顶山** 位于兴城古城西北15.5公里，坐落于华山街道王郭屯西南。因山顶宽大且靠近王郭屯而得名。山势呈东西走向，跨面积6平方公里，主峰海拔326米。

**石人山** 位于兴城古城西24.7公里，郭家镇与红崖子满族乡交界处，主峰海拔325.8米，东南走向。

**铁马山** 古名铁帽山。位于兴城古城西南11.2公里，羊安满族乡与红崖子满族乡交界处，山势呈东西走向，海拔323.4米。

**五虎山** 位于兴城古城西北17.8公里，华山街道与旧门满族乡交界处。海拔319米。呈东南西北走向。

**磨盘山** 位于兴城古城西北16.5公里，坐落于华山街道郭家屯东南1公里，下长茂村磨盘山屯南。三面环水，孤峰独峙，略呈南北走向，海拔316.4米。

**砟　山** 古名寨儿山。位于兴城古城西北11.8公里，坐落于元台子满族乡下砟山村北三合水库南侧。主峰海拔310米，山脊上有辽东长城及砟山堡遗址。

**椰子山** 位于兴城古城西北18.2公里，红崖子满族乡北与旧门满族乡交界处，主峰海拔309.4米，东西走向。

**砬子山** 位于兴城古城北9.8公里，元台子满族乡田家屯之东。海拔302.5米，山势呈东西走向，跨面积6平方公里。

**猪头山** 又称围屏山，因山形如猪头而得名。位于兴城古城西南31公里，坐落于围屏乡北2公里，为围屏、碱厂两满族乡界山。山势呈东西走向，面积5平方公里，主峰海拔301米。

**摸虎山** 位于白塔满族乡与华山街道交界处，海拔 254.8 米。距兴城古城西 13 公里。

**马鞍山** 位于兴城古城西北 19.5 公里，旧门满族乡七道沟西南，因山形似马鞍而得名。海拔 253 米，呈东南西北走向。

**峡 山** 古名嘉山，又名家山。位于兴城古城东 10.2 公里，山势呈东南——西北走向雄踞海岸，面积 6 平方公里，主峰海拔 241.4 米，山南麓临海处划入海滨风景区。

**牛心山** 位于兴城古城西南 36 公里，坐落于高家岭满族乡东南 4 公里，略呈西北东南走向，面积 1 平方公里，孤峰耸立，海拔 206 米，山顶有明代墩台遗址。

**英茂山** 位于兴城古城西南 30 公里，坐落于东辛庄镇北部。为东辛庄镇与围屏、望海两满族乡的界山。山势呈东西走向，跨面积 5 平方公里，主峰海拔 201.3 米。

**窟窿山** 古名螺峰山，位于兴城古城北 4.2 公里。呈东南西北走向，海拔存高 165.2 米，孤峰屹立，中隔隘口与首山对峙。102 国道与京哈铁路从隘口通过。山的东面被锦州铁路分局采石场削成半壁，山西南建有兴城革命烈士陵园。

**尖 山** 古名南金山。位于兴城古城西南 13.4 公里，原闻家满族乡与曹庄镇、沙后所镇交界处，因山形尖峭而得名。海拔 164.3 米，山顶有烽火台遗址。

### 弧山

兴城平原和海岛有海拔 200 米以下弧起的小山多座。主要有朝阳寺山、娘娘顶、鲍官岭、大架子山等。

**大架子山** 位于觉华岛东南部海滨，海拔 198.2 米。山南麓海岸有辽代大龙宫寺和明代大悲阁遗址，山坳至海岸有唐王洞和八角井等古迹。

**朝阳寺山** 位于兴城古城西 40 公里，高家岭满族乡南端与大寨满族乡交界处。孤峰拔地而起，耸立于六股河畔，海拔 185.7 米。山上有明代朝阳寺、烽火台遗址。

**荒地南山** 古名清凉山。位于兴城古城西南 15.8 公里，在沙后所镇东南部突起海岸岬角处。因山在荒地屯南而得名。山头突起，海拔 101.2 米，山势东、南、西三面环海，山北低平。

**鲍官岭** 位于兴城古城西南 39.5 公里，大寨满族乡与东辛庄镇交界处，岭高 69.4 米，明清时有驿路该处通过，岭巅有明筑烽火台遗址。

**娘娘顶** 位于兴城西南 41.5 公里，刘台子满族乡南部，是一座海拔 60.2 米高的独立山丘。明代在山顶建有娘娘庙，故名。娘娘顶地处六股河下梢入海处，古时为商船停泊处。

### 丘陵

兴城市山地丘陵面积较大，除沿海少部分平原外，大多为丘陵地带。分为东部丘陵、南部丘陵、西部丘陵、北部丘陵。

**东部丘陵** 处于九龙山脉及其支脉分布地区。包括白塔、元台子、双树等乡和华山街道的部分地区。在三条南北走向的岭岗及其两侧多为丘陵起伏地带，南部丘陵起伏和缓，岭岗之间多河谷平原。向东南延伸的丘陵直达沿海。

**南部丘陵** 处于烟台河与兴城河支流长茂河之间，是老黄顶山脉南延的支脉及其广布的丘陵地区。遍及兴城中南部的望海、沙后所、南大山、羊安、红崖子、曹庄、海滨、刘台子等乡镇。丘陵起伏较大，河谷平原较小。海拔高度多在 100~300 米之间。

**西部丘陵** 处于老黄顶—英茂山山脉的东西两侧，位于六股河和烟台河之间。包括三道沟、围屏两满族乡和高家岭、大寨两满族乡东部以及东辛庄镇北部。宋斗庄河以北，岭岗较多，海拔较高，多在200~600米之间。河谷地狭窄，属低山丘陵区。宋斗庄河以南，丘陵起伏和缓，海拔较低，多在100米左右，河谷平原开阔。

**北部丘陵** 处于女儿河岸，遍布药王满族乡。该区域岭岗众多，多由西北向东南延伸，除局部河谷外，大部分为丘陵地带，起伏较大，海拔较高，一般在120~300米之间。

## 第四节 水文

兴城市境内属偏枯水区域。1986~2012年，全市年平均降水量593.75毫米，平均降水总量1.285亿立方米。1989年，降水量363毫米，为历年最少。2010年，降水量994毫米，为历年最多年份。2012年，降水量838.8毫米，比历年平均降水量增加41.27%，基本接近正常年份。近几年通过水利建设，人工筑堤修建水库，境内河流水量略有增加，水库蓄水量增多，地下水水位逐渐回升。

### 地表水径流

全市地表水均径流深为630毫米。大气降水量受季风和地形影响，在时空分布上很不均匀，7月、8月最大，1月份最小。7~9月份降水量占全年的66%，农灌期降水占全年降水量的78%。24小时最大降水量值143.4毫米，3日最大暴雨均值203.3毫米。

径流的季节分配因受降雨年内变化影响，季节性变化剧烈，冬季雨雪少，春季冰雪融化几乎没有春汛，径流量小，多年平均只占5%~10%左右，夏季6、7月份降水集中，造成河水暴涨，径流量大，占全年的77%~83%，易发生洪水灾害，枯水季节（4~5月）水量很少。境内不同区域径流有差异。低山区多年平均径流深208.09毫米，径流量14273万立方米；丘陵区多年平均径流深193.17毫米，径流量16614万立方米；平原区平均径流深165.3毫米，径流量7760万立方米。

### 地下水类型

地下水系指以各种形式存在于土壤或地壳岩石孔隙、裂隙、溶洞中的水。兴城域内地下水有以下类型：

**松散岩类孔隙水** 分布于山前坡洪积扇裙和山间谷地及冲洪积平原一带，含水岩性为沙卵石、沙砾石、中粗沙、含沙亚黏土等。岩石颗粒无分选，磨圆差，并混有较多的黏性土颗粒，厚度变化大，一般为3~15米，薄者不足1米。单井涌水量小于100吨/日，汇水条件好的地方涌水量可增加到500吨/日，含水层多呈薄层状或透镜体，分布不稳定。

分布于河口三角洲相孔隙含水层，主要为粉细沙和亚黏土、下部为含砾沙，水位埋深1~5米，单井涌水量1000~2000吨/日。

**基岩裂隙水** 主要分部在境内西北、北部。含水岩性为安山岩、玄武岩、燕山期花岗岩、闪长岩及呈层状分布的石英沙岩、粉沙岩等，单井涌水量为17~138升/秒，兴城地区层状沉积岩石含水量较少，为非富水岩性。地下水为重碳酸钙型、重碳酸钙镁型、钙钠型，矿化变小于0.5~0.7克/升。

**碳酸岩类裂隙岩溶水**　主要分布在三道沟、药王满族乡一带，岩性为白云岩、结晶灰岩、碳酸盐岩，其富水性较好，但不均一，泉水涌量多小于 10 升/天。

**冲海积层孔隙水**　受地理环境影响，沿海松散岩类孔隙淡水含水岩组底部的弱含水层中和下伏基岩风化壳内存在咸水。

## 河流

兴城境内有大、中、小型河流百余条，其中流域面积大于 100 平方公里以上河流 6 条，二级河流 77 条，三级河流 58 条。直接入海一、二级河流 8 条，其中六股河、烟台河、兴城河 3 条较大河流呈等距分布，由西北向东南斜贯全境，流入渤海辽东湾。

**六股河**　古称六州河、搜集河。发源于辽宁省建昌县谷杖子乡西北部北篓子山东南山谷，经由兴城市三道沟满族乡西门村上坎子屯北侧入兴城市境，成为兴城市与绥中县的界河。境内流经三道沟、高家岭、大寨、东辛庄、刘台子 5 个乡镇后经大蛇山流入渤海。六股河全长 144 公里，其中流经兴城市境 67.1 公里。沿途兴城一侧流域面积 448.46 平方公里，有东门河、三道沟河、郭家沟河、拉马沟河、向阳寺河、靳家河、沙河等注入，水量大增，是境内最大的河流。河床最宽处 800 米，中下游平均宽 600 米，水深 0.5~1.2 米，平时流水面宽 95 米。河道比降 1.296‰，河的中上游在山区、半山区比降较陡，水流湍急；多年平均径流量 6.3 亿立方米；1969 年为历史上最大径流量，达 16.67 亿立方米。

**烟台河**　源于兴城境内老岭山南谷泉，上段称碾盘沟河，下段称白庙子河。向南流至戴家屯与摸虎河交汇，折向东南入碱厂满族乡称碱厂河。至东山南与四间河相汇，继续东南流经头道河子屯出碱厂满族乡入南大山满族乡境。与北来之杨树河汇合，流至柴家屯东，有陈胖沟河、南大山河注入，水量增大。是望海满族乡、南大山满族乡、海滨满族乡与沙后所镇之自然界河。烟台河流经碱厂、南大山、望海、沙后所、海滨等乡镇，于狐狸套和史树林之间流入渤海。总流长47 公里，流域面积 545.23 平方公里。河床宽 400~500 米，常年流水面近 30 米，平均水深 0.3 米，河道比降 3.293‰，最大流量 1.540 立方米/秒，最小流量 0.1 立方米/秒，多年平均径流量 1.05252 亿立方米。在河上游筑建碱厂水库一座。

**兴城河**　兴城河古称宁远河，是境内三大河流之一。兴城河以西源为主，源于高程 366.1 米的郭家镇西部老岭东北的把石岭，形成旧门河，横贯市境西北部。东源长茂河，发源于葫芦岛市连山区杨郊乡上黑鱼沟，经朗月沟、清水南流与西来之旧门河汇合成兴城河。在境内流经郭家、旧门、红崖子、白塔、羊安、宁远、曹庄、钓鱼台等乡镇街道，从兴城市区西侧折向东南流入渤海。总流长 59.3 公里，流域面积 702.92 平方公里。河床宽 300~600 米，河道比降 2.739‰，最大流量 2400 立方米/秒，多年平均径流量 1.3019 亿立方米。

**女儿河**　发源于五顶山下，高程 468.1 米，流经药王满族乡叶屯，杜屯、谷屯、裴屯、塔底下、赵屯等，流入葫芦岛市连山区境，经锦州境入海。流经兴城市境 20.12 公里，流域面积 132.27 平方公里，河床宽 50~200 米，多年平均径流量 0.26739 亿立方米。

**东沙河**　发源于红崖子满族乡高程 82.2 米的新齐村西岭。流经老烧锅、边壕子、团山子、旧四台、三家、沙后所镇境，从沙后所镇城东北石屯东流入渤海。流长 24 公里，流域面积 133.5 平方公里。河床宽 50~300 米，平均径流量 2561 万立方米，为季节河。

**菱角河**　发源于东辛庄英茂山，高程 74.0 米的南长岭子和高程 82.3 米的付家沟，流域面积

115.54 平方公里，河长 19.0 公里，河床宽 30~100 米。

**温泉河** 位于兴城古城东，又名二道河。发源于元台子满族乡砬子山南麓，上游流经八里铺，称八里河；又南流出首山与窟窿山之间；东流穿越京哈公路至赵家湾，称首阳河，至温泉称温泉河，经红石碑汇入兴城河，流长 11 公里，河床平均宽约 30 米，平时水量较少。

**兴城东河** 源于葫芦岛市连山区水口子，东南流 1.5 公里入兴城市境、流经西砬山、八里铺，北有砬山河汇入，至姜女村、半道子、花园村，过铁路桥后流经古城东关，向东南 1 公里与兴城河汇流入海。全长 26 公里。

**钓鱼台河** 源于峡山西南麓，流经周家屯、首山东侧、四家屯、四家屯水库经钓鱼台村东、海口西流入渤海，全长 7 公里。

**关站河** 源于英茂山南麓长岭子东南，经胡家坟、西关站，东折而南与源于付家村之关站东河汇合。流经田庄、大谷屯南，出东辛庄镇入刘台子满族乡境，至孙庄东北拐，经腰刘台子、石嘴子、后林子、双堆子、于苏家屯入海。流长 19 公里。

**曲河** 古称曲尺河。源于东辛庄英茂山东南北麓，由西向东流，经余粮沟南佟家窝棚后山根，回折向朱家沟与小黑庄科河相汇，入海滨满族乡境，沿李家洼子、董家屯至义和林东流入海。流长 5 公里，为常年河。

**曹庄河** 发源于羊安满族乡庙山东麓，由西沟山谷东流经羊安堡、翟家屯，至大王屯西南，经辛庄子入曹庄镇境；经田相屯过铁路桥至大甸子屯，向南流至曹庄村西南，与发源于龙王嘴子的后湖河相汇，经中兴村东流入渤海，全长 5 公里，为季节河。上游称羊安河，入曹庄镇境后称曹庄河。

## 第五节　海域

兴城市濒临渤海辽东湾，海域内有大小 5 座岛屿，总长 103.5 公里的海岸线，多处天然港湾，有 7872.67 公顷海洋滩涂，形成特有的海域资源。

### 海岸

兴城市海岸线总长 103.5 公里，其中陆岸线长 72.2 公里，岛岸线长 31.3 公里。陆岸线东起四家屯街道邴家村龙回头，西至六股河口，沿岸有四家屯、钓鱼台、曹庄、沙后所、海滨、刘台子等乡镇街道。

兴城市海岸线类型大部分属沙砾质海岸，小部分为淤泥质人工海岸。岸线中部平缓宽阔，多泥质和沙泥质。四家屯街道、海滨满族乡部分岸段和觉华岛东部岸段为岩礁岸。

### 海湾

兴城市海岸曲折绵长，拥有自然形成的三面环陆的海湾多处，其中较大的有兴海湾、邴家湾等。兴海湾，俗称海口，是一个水质洁静、坡缓沙细、长约 1500 米天然的半月形海湾，建成 3 处浴场，尤其第一浴场开发较早。

### 滩涂

海洋滩涂系指沿海大潮高潮位与低潮位之间的潮浸地带，也称“潮间带”。兴城海洋滩涂总面积 7872.67 公顷，是开发海洋、发展海洋产业的一笔宝贵财富。滩涂不仅是一种重要的土地资源和空间资源，而且本身也蕴藏着各种矿产、生物及其他海洋资源。

## 岛礁

兴城市海域分布 5 座海岛，20 余座海礁。这些岛礁原为临海平原上的孤立山丘，在冰川运动后期全球性海浸后，伴随着海平面上升，孤山被海水包围，而渐渐与大陆隔离形成岛屿和海礁。

**觉华岛**　古称淘河岛、觉华岛，后称菊花岛。2010 年，更名为觉华岛。位于北纬 40°28′~40°31′，东经 120°46′~120°49′ 之间的兴城市区东南海中，西北距兴城小坞码头 6.75 海里，西距曹庄镇五城子岸边 4.05 海里。地形为长葫芦形，两头宽阔，中间窄细，斜卧海中，东北至西南走向。南北长约 6 公里，东西宽约 1~4 公里，中间有一细谷，南北长约 1 公里，将岛分成东西两部分，东大西小，面积 13.5 平方公里。地势为东南高西北低，属山地，峰峦陡峭，屹立海中。东半部大架子山为岛上最高峰，海拔 198.2 米；西半部大明山，海拔 181.4 米。

**磨盘山岛**　位于觉华岛北 0.67 海里，处在北纬 40°31′~40°32′ 和东经 120°49′~120°49′ 之间，呈椭圆形，因平如磨盘，故名磨盘山。东西走向，南北长 0.55 公里，东西宽 0.45 公里，面积 0.25 平方公里，海拔 20.8 米。

**张家山岛**　位于觉华岛南 1.6 海里，处在北纬 40°26′~40°26′ 和东经 120°45′~120°46′ 之间，因早年有张姓居民在岛上居住而得名。岛周围为岩石海岸，呈葫芦形，南北走向，中部稍高，南北长 0.75 公里，东西宽 0.35 公里，面积 0.26 平方公里。最高点海拔 55.5 米。

**杨家山岛**　位于觉华岛西南 0.54 海里，因早年有杨姓居民在岛上居住而得名。岛周围为岩石海滩所环抱，呈长方形，东西走向，中部稍高，东西长 0.75 公里，南北宽 0.3 公里，面积 0.22 平方公里，最高点海拔 44.4 米。

**小海山岛**　位于兴城市区西南 24.5 公里的海中，距海滨满族乡台子里村山后屯海边 1.1 海里，处在北纬 40°23′~40°24′，东经 120°36′~120°37′ 之间。原名圭峰岛，因明代万历年间曾在岛上建有圭峰寺而得名。后来当地渔民以该岛小于大海山（觉华岛）而称作小海山。地势北高南低，呈南北走向，南北长 1.5 公里，东西宽 0.5 公里，面积 0.75 平方公里，最高点海拔 46.8 米，是兴城市第二大岛屿。

**海　礁**　在兴城市海口至海滨满族乡一线沿海中，分布大小海礁 20 余座。主要有觉华岛周边的唐王城礁、线城礁、双砬子礁。四家屯街道邴家村东海中的黑石礁、争嘴石礁。曹庄镇老滩村东海中的石人礁、小石砬子礁、大石砬子礁、母猪石礁。沙后所镇东南沿海中的观台石礁、黑石砬礁、鹰石礁、狗食礁。海滨满族乡东南沿海中的公猪石礁、靶场礁、长石砬子礁、龟石礁、贝贝山礁、大孤山子礁、双帽山礁等。

## 潮汐

兴城海滨潮汐每天涨潮、落潮有 2 次。海水涨落发生在白天叫潮，发生在夜间叫汐，所以也叫潮汐。在涨潮和落潮之间有一段时间水位处于不涨不落状态叫平潮。由涨潮（满潮）至落潮（干潮），一般需要 6 小时 12 分~6 小时 24 分之间，翌日落潮时间一般推迟 48 分。

兴城沿海渔民在长期生产实践中，总结出当地潮汐的规律并形成“初一、十五正晌干”“初七、二十三早潮晚干”等谚语。

兴城海滨潮汐表

表 2-1-1　　　　单位：时

| 日期（农历） | 满潮 | 干潮 | 满潮 | 干潮 |
|---|---|---|---|---|
| 初一、十六 | 5:20 | 11:35 | 17:47 | 23：59 |
| 初二、十七 | 6:11 | 12:23 | 18:39 | 0:47 |
| 初三、十八 | 6:59 | 13:11 | 19:23 | 1:35 |
| 初四、十九 | 7:47 | 13:59 | 20:11 | 2:23 |
| 初五、二十 | 8:35 | 14:47 | 20:59 | 3:11 |
| 初六、二十一 | 9:23 | 15:35 | 21:47 | 3:59 |
| 初七、二十二 | 10:11 | 16:23 | 22:35 | 4:47 |
| 初八、二十三 | 10:59 | 17:11 | 23:23 | 5:35 |
| 初九、二十四 | 11:49 | 17:59 | 0:11 | 6:23 |
| 初十、二十五 | 12:36 | 18:47 | 0:59 | 7:11 |
| 十一、二十六 | 13:23 | 19:35 | 1:47 | 7:59 |
| 十二、二十七 | 14:11 | 20:23 | 2:35 | 8:47 |
| 十三、二十八 | 14:59 | 21:11 | 3:23 | 9:35 |
| 十四、二十九 | 15:47 | 21:59 | 4:11 | 10:23 |
| 十五、三十 | 16:35 | 22:47 | 4:59 | 11:11 |

### 港湾

兴城市海岸类型齐全，宜港岸段较长，建有小坞港、觉华岛港、长山寺港、兴城港、兴城海滨旅游码头等多座港坞码头。

**小坞港湾**　位于兴城市沿海东北部海口岸段，岸线长 1.5 公里。港池水深平均低潮位 2.5~3.0 米，最高潮位 3.5 米，平均低潮位 1.25 米。港内风力一般 3~4 级。港湾水深条件较好，–2 米等深线直达岸边。–5 米等深线距岸 1.5 米。港湾外一般浪高 3 米,湾内最大浪高 1.5 米，可泊船 300 余艘，宜建中型港。

**觉华岛港湾**　位于觉华岛（菊花岛）唐王洞至山南屯一带，岸线长约 1 公里。–10 米等深线直抵岸边，–15 米等深线距岸边仅 500 米,水域开阔。港址年平均风速 3.3 米/秒,最大风速 20 米/秒，强风向为北及南或西南。年平均雾日数为 10.6 天，潮型属不正规半日潮，潮流为往复流，涨潮流向东北，流速 1.25 节。落潮流速 1 节，流向易受南或西南向风浪侵袭。

**长山寺港湾**　位于兴城市长山寺角以南 2 公里，可利用岸线 5 公里。–15 米等深线距岸 8 公里，–10 米等深线距岸 4 公里，港址水深 5~7 米。年平均风速 3.3 米/秒，最大风速 20 米/秒，强风向为北。潮型属不正规半日潮，平均潮位–0.8 米，最高潮位 2.27 米，最低潮位–2.18 米，潮流为往复流，涨潮流向东北或东，流速 1.5 节。落潮流向南或西南，流速 1 节。

**龙泉寺港湾**　位于兴城市刘台子满族乡龙泉寺岸段。1996 年兴建，占用岸线长约 300 米。防波

堤长390米，宽8米,堤头货场宽18米，港池水深-4.5米，面积1.08万平方米

**娘娘顶港湾**　位于刘台子满族乡龙泉寺海岸段。港区水域1.90万平方米，高潮位水深6米，低潮位水深2.50米，平均水深4米。1996年7月，由刘台子满族乡人民政府与天津万盛达国际贸易公司合资兴建港口防波堤390米，宽8米，码头长100米，系以水产品、沙石等散货装卸为主的综合性小型港口。2010年，改称娘娘顶港。

**东翔避风港湾**　位于刘台子满族乡闫家村海滨，港区水域面积3.30万平方米，高潮位水深4.5米，低潮位水深2.50米。可纳泊渔船、货船110艘。

**台子里东港湾**　位于海滨满族乡台子里村东，港长880米，宽20米。港区水域面积3万平方米，航道长60米，宽40米。高潮位水深4米，低潮位水深1.60米。可泊100吨级渔、货船。

# 第六节　土壤

兴城属南温带亚湿润河北气候区，在长期稳定的条件下，决定着土壤形成及壤化过程。并形成多种土壤类型，多种分布规律和形态。

## 土壤形成

自然成土因素包括母质、生物、气候、地形、时间等。岩石的风化物称为母质，能形成土壤的岩石称为母岩。兴城境内的岩石类型比较复杂，按其矿物组成的性质可分为4大类：酸性岩、基性岩、石灰岩、砂页岩。

酸性岩类包括花岗岩、花岗斑岩、混合花岗岩以及石英岩、流纹岩、片麻岩，二氧化硅含量65%~75%。矿物组成主要有石英、长石、云母等，为兴城岩石分布的主体。

基性岩类包括安山岩、玄武岩、闪长岩等，二氧化硅含量45%~60%，羊安、白塔、华山、红崖子、曹庄、高家岭、大寨、沙后所、药王、元台子等乡镇、街道均有零星分布。

石灰岩类包括石灰岩、大理岩、白云岩和钙质沙岩，富含碳酸钙。主要分布于三道沟、药王、华山等乡镇、街道。

砂页岩包括砂岩、页岩、砾岩、泥质页岩、片岩等。主要分布于元台子满族乡一带。

兴城属南温带亚湿润河北气候区，在稳定的条件下，该种气候决定着全市土壤的发育方向，制约着土壤形成棕壤化过程，影响着土壤的利用方式和耕作制度。

## 土壤类型

据兴城市土壤普查资料显示，境内土壤分为棕壤土、草甸土、水稻土和盐土4个类型，10个亚类，30个土属，50个土种，总面积1842.64平方公里，占全市土地总面积的79.9%。由于兴城市地处棕壤地带，低山丘陵区大都为棕壤占据；其次是草甸土。

**棕壤土**　兴城市地处棕壤地带，除东南沿海平原外，境内各地广泛分布，西、西北部低山丘陵区大部为棕壤，由山顶到山前缓坡平地均有分布。成土母质为各种岩石风化物的残积物，坡积物和洪积物。土壤浅薄小于30厘米。属于酸性盐类，裸露面积70%，有片蚀、沟蚀现象，腐殖质层大于20公分，境内总面积1473.51平方公里，占土壤总面积的79.97%，是境内面积最大的土类。

境内三道沟、药王、碱厂、旧门、郭家、围屏、华山和觉华岛等地多为棕壤性土亚类；望海、南大山、红崖子、白塔、元台子、大寨、高家岭等地为棕壤亚类土。

**草甸土** 分布于境内六股河、烟台河、兴城河及其河流两岸的河滩、冲积平原，沿海淤积平原和山间平地。有腐殖质层、斑纹层、母质层组成，发育在50厘米内，腐殖质层小于30厘米。

草甸土所处地势平坦，土层深厚，水分充足，质地适中，养分含量高，是兴城粮、棉、油生产基地。曹庄、羊安、沙后所、东辛庄、刘台子等地面积最大。总面积332.98平方公里，占土地总面积的18.07%。

**盐土** 境内三大河流域及沿海地带，由海相沉积形成，土壤中含有大量可溶性盐，地下水位低，有盐霜或结皮、盐化现象，可溶性盐含0.1%~0.6%，PH值在9以上，矿化度高，盐土类土壤只能生长海角菜、芦苇、碱蓬、盐蒿等耐盐植物，有的则为光板地或人工盐田。境内钓鱼台、曹庄、沙后所、海滨、刘台子有分布，面积17.54平方公里，占土壤面积的0.95%。

**水稻土** 境内水稻土分布在低洼涝区和平原沿海一带，面积18.6平方公里，占土壤面积的1.01%。

全市耕地面积592.7平方公里，耕作土壤以轻壤和中壤为主，占土壤面积的70.3%；沙质地耕作土壤占28.9%；质地黏重的耕作土壤最少，占耕地面积的0.8%。

## 土壤分布

境内土壤分布受地形地貌和母岩以及生物气候影响，由西北山区向东南沿海平原，按棕壤性土亚类、棕壤亚类、潮棕壤亚类、草甸土、盐土和水稻土呈阶梯式分布。按其特点分为区域性分布和地域性分布两种规律。

区域性分布规律，即在海拔500米左右的低山、山脊、山麓上，残存天然性次生林，林下发育着棕壤性土，土种是裸露和薄腐棕壤性土；在山的中部，坡度较小，土壤侵蚀比山顶弱，土层较厚，分布棕壤亚类的砂质、壤质的坡积棕壤；在坡脚或坡地与平地的过渡地带分布着坡洪积的沙质或壤质的潮棕壤亚类土种。土壤分布受地形影响，在西北部低山、丘陵区，多分布着棕壤性亚类土种；在中低丘陵区分布着以棕壤亚类为主的土种；在东南沿海平原多分布着草甸土、滨海盐土和水稻土。

境内土壤因受地方性小地形、水文地质、成土母质及人为活动因素影响，形成地域性分布规律，其形状有：

**枝形分布** 境内六股河、烟台河、兴城河三大水系，自西北流向东南入海，形似树根扎入海中，流域有众多小河及分支入大河呈树枝状伸展。在枝顶的山丘顶上部分布着棕壤性土；在山丘顶下部分布着棕壤；沟谷和山前积洪扇，地势平坦地下水位高，发育着草甸土；棕壤与草甸土过渡地带，分布着潮棕壤亚类土种。境内这种分布特征较为广泛，是棕壤土类分布的显著特点。

**扇形分布** 境内山丘坡脚和河流入口处形成的坡积裙和洪积扇，由于地形、水文、植被等条件影响，土地呈扇子面的扇缘形状，由高到低有棕壤→潮棕壤→草甸土的分布规律，该种分布与枝形分布交织在一起。

**带状分布** 境内主要河流两岸的土壤，母质均为近代冲积物或坡洪积物，土壤质地受河水动力分选作用，近河处颗粒大、质地轻，远河处颗粒细、质地黏重，故土壤有与河平行呈带状分布规律。带状分布时境内草甸土分布的特点，沿河岸线有呈带状分布的盐土。

## 兴城第二次土壤普查各乡镇土壤养分状况

表 2-1-2

| 乡镇街道 | 面积(公顷) | 有机质（%） | | | 全氮（%） | | | 速效磷（ppm） | | | 速效钾（ppm） | | |
|---|---|---|---|---|---|---|---|---|---|---|---|---|---|
| | | 最高值 | 最低值 | 加权平均值 | 最高值 | 最低值 | 加权平均值 | 最高值 | 最低值 | 加权平均值 | 最高值 | 最低值 | 加权平均值 |
| 华山镇 | 1268.67 | 1.4623 | 1.0888 | 1.3580 | 0.0879 | 0.0673 | 0.0793 | 11.0 | 1.0 | 8.3 | 109.0 | 77.0 | 84.0 |
| 钓鱼台镇 | 1311.33 | 1.0976 | 0.9462 | 1.0782 | 0.0717 | 0.0653 | 0.0681 | 7.5 | 6.5 | 7.1 | 70.0 | 57.0 | 64.0 |
| 沙后所镇 | 4345 | 1.6837 | 0.6583 | 1.1651 | 0.0898 | 0.0587 | 0.0717 | 24.0 | 4.2 | 10.5 | 117.0 | 60.0 | 88.0 |
| 东辛庄镇 | 4943.47 | 1.4823 | 0.8912 | 1.1832 | 0.0963 | 0.0575 | 0.0742 | 23.5 | 1.5 | 9.4 | 137.0 | 70.0 | 104.0 |
| 郭家镇 | 1759.87 | 1.1256 | 0.7750 | 0.9745 | 0.0728 | 0.0442 | 0.0580 | 10.5 | 4.1 | 6.9 | 90.6 | 67.0 | 79.7 |
| 宁远乡 | 1404.60 | 2.1309 | 1.6768 | 1.7206 | 0.0876 | 0.0632 | 0.0830 | 38.6 | 8.6 | 24.6 | 113.4 | 76.5 | 97.4 |
| 双树乡 | 2126.93 | 1.6973 | 1.0709 | 1.3450 | 0.1008 | 0.0689 | 0.0836 | 11.3 | 3.6 | 6.6 | 100.0 | 69.0 | 79.0 |
| 元台子乡 | 3003 | 1.6332 | 0.9133 | 1.2383 | 0.1272 | 0.0576 | 0.0825 | 13.7 | 1.4 | 4.9 | 112.0 | 62.0 | 78.0 |
| 白塔乡 | 1734.53 | 1.4904 | 0.7530 | 1.1715 | 0.0913 | 0.0571 | 0.0743 | 8.0 | 1.3 | 3.6 | 150.0 | 63.0 | 103.0 |
| 曹庄乡 | 4764.53 | 1.8528 | 0.9917 | 1.2420 | 0.1209 | 0.0553 | 0.0774 | 15.8 | 3.4 | 7.2 | 160.0 | 61.0 | 75.0 |
| 羊安乡 | 3502.33 | 1.5492 | 0.9974 | 1.2749 | 0.0912 | 0.0599 | 0.0734 | 5.4 | 1.5 | 3.5 | 112.0 | 48.0 | 95.0 |
| 闻家乡 | 3056.07 | 1.3655 | 0.6923 | 0.9842 | 0.0896 | 0.0514 | 0.0713 | 17.5 | 4.3 | 10.6 | 140.0 | 60.0 | 81.0 |
| 望海乡 | 4175.67 | 1.4891 | 0.7075 | 0.9474 | 0.0887 | 0.0495 | 0.0647 | 15.8 | 2.4 | 7.6 | 97.0 | 44.0 | 64.0 |
| 海滨乡 | 3669.67 | 1.3027 | 0.7459 | 0.9076 | 0.0750 | 0.0583 | 0.0661 | 9.5 | 1.4 | 7.4 | 128.0 | 68.0 | 124.0 |
| 刘台子乡 | 2089.20 | 1.3907 | 0.9137 | 1.2111 | 0.0844 | 0.0579 | 0.0711 | 8.5 | 2.9 | 5.2 | 122.0 | 62.0 | 94.0 |
| 大寨乡 | 4102 | 1.3552 | 0.8888 | 1.1011 | 0.0701 | 0.0559 | 0.0631 | 10.8 | 2.3 | 5.3 | 99.0 | 71.0 | 88.0 |
| 南大山乡 | 2832.33 | 1.1273 | 0.6636 | 0.9110 | 0.0732 | 0.0517 | 0.0603 | 5.4 | 2.6 | 3.8 | 92.0 | 46.0 | 63.0 |
| 围屏乡 | 2704.67 | 1.2031 | 0.7831 | 0.9846 | 0.0775 | 0.0604 | 0.0676 | 6.5 | 1.1 | 4.1 | 105.0 | 62.0 | 91.0 |
| 高家岭乡 | 2518.60 | 1.1861 | 0.6485 | 0.8404 | 0.0773 | 0.0459 | 0.0618 | 15.5 | 2.0 | 5.6 | 102.0 | 61.0 | 76.0 |
| 拣金乡 | 3083.27 | 0.9297 | 0.6759 | 0.8198 | 0.0584 | 0.0398 | 0.0491 | 10.6 | 3.8 | 6.1 | 67.0 | 23.0 | 47.0 |
| 红崖子乡 | 3105.73 | 1.1458 | 0.5665 | 0.9818 | 0.0641 | 0.0395 | 0.0539 | 6.0 | 1.6 | 3.2 | 105.0 | 51.0 | 72.0 |
| 碱厂乡 | 2337.67 | 1.1467 | 0.6813 | 0.8513 | 0.0713 | 0.0490 | 0.0563 | 9.3 | 4.7 | 5.8 | 68.0 | 52.0 | 54.0 |
| 三道沟乡 | 2137.73 | 1.2899 | 0.9033 | 1.0782 | 0.0844 | 0.0661 | 0.0714 | 5.8 | 2.7 | 4.1 | 122.0 | 68.0 | 94.0 |
| 药王庙乡 | 2491.40 | 1.2849 | 0.8640 | 1.1401 | 0.0867 | 0.0570 | 0.0737 | 6.6 | 3.6 | 5.1 | 137.0 | 86.0 | 115.0 |
| 旧门乡 | 1626.87 | 1.1749 | 0.6698 | 1.0602 | 0.0759 | 0.0522 | 0.0671 | 13.5 | 5.1 | 7.3 | 108.0 | 65.0 | 94.0 |
| 菊花岛乡 | 312.87 | 1.0261 | 0.6439 | 0.9398 | 0.0655 | 0.0270 | 0.0600 | 7.5 | 5.5 | 6.0 | 40.0 | 20.0 | 38.0 |

注：据兴城县1985年第二次土壤普查数据资料汇编

## 第七节　植被

兴城地区植被类型属华北植物区系的植被小区，系华北暖温带落叶林向东北延伸部分。主要包括自然植被和人工植被。

### 自然植被

自然植被是由天然次生林和天然草本植物群所构成，未受到人为影响，在自然状态下发育的植被。植物品种呈多样性，分布范围广，种类繁多，不仅是木材、薪炭材和林副产品的生产资源，而且在涵养水源、保持水土、调解气候和维持生态平衡方面起重要作用。

**天然次生林**　在兴城市西北部山区及丘陵地带，仍存少量原始林以及衍生的天然次生林，其植被组成的乔木有侧柏、油松、山榆、蒙古栎、花曲柳等；灌木有荆条、榛子、胡植子、酸枣等。

**草本植被**　西北部低山丘陵地带多见羊胡子、隐子草、白羊草等。中部丘陵地区自然植被有桔梗、艾蒿、车前草、蒲公英、苦参等，覆盖度在30%~50%。平原地区自然植被主要有狗尾草、苍耳、大蓟、小蓟、蒲公英等。在低洼地区有菖蒲、芦苇、三菱草等。在沿海地区有圣亚、碱蓬草、盐蒿、盐吸菜等。

### 人工植被

人工植被，又称“栽培植被”。兴城山区人工栽植多为针叶林、阔叶林。主要树种为侧柏、油松、刺槐等。平原、沿河、道路两旁多为经济林，防护林及农田林网，主要树种有毛白杨、杂交杨、速生杨、国槐、刺槐、泡桐等。栽培农作物主要有玉米、水稻、地瓜、大豆、谷子、高粱、花生、蔬菜及瓜果等。

## 第八节　气候

兴城市地处北温带内之南温带亚湿润河北气候区，大陆度为67.5%，属半湿润大陆性季风气候。

兴城境域虽濒临渤海，海岸线长，但因渤海为内海，对气候影响较小，只有在春季南风天气下，温度的地理分布略有不同。

境内气候特点为四季分明，各具特色。春季少雨干旱，风速大，气温上升快；夏季炎热，雨量集中，风小湿度大；秋季晴朗少雨，天高气爽，昼夜温差大；冬季稀雨雪，寒冷，多西北风。气候因季节、区域略有差异。

### 四季特征

**春季**（3~5月）　由于太阳直射增强，受西太平洋暖流季风影响，来自蒙古高原的低压逐渐减弱，气温回升快。3~5月份，平均气温上升14.4℃。3月份平均气温2.3℃，4月份10.1℃，5月份16.7℃，季平均气温9.7℃。春季干旱少雨，地面干燥，蒸发量较大，春旱频率高。季降雨量为85.3毫米，占全年降雨量的14.4%左右。境内多西南风，次数多，风速大，经常有风沙弥漫。季平均风速3.1米/秒，6级以上大风28.4天，月均9.5天左右，为全年大风日数最多的季节。

**夏季**（6~8月）　气候炎热，但无酷暑。季平均气温22.9℃，7月份最热，平均气温24℃，极端最高年份达 39.9℃。降雨量集中于 7~8 月份，季降雨 395.9 毫米，占全年降水量的 66.7%。因受来自北上太平洋台风影响，境内时有大风和强降水，造成自然灾害。是全年大风日数量最少的季节。

**秋季**（9~11 月） 多晴朗天气，比较凉爽。季平均气温 11.1℃，昼夜温差大。因受蒙古高压影响，西伯利亚和贝加尔湖冷空气不断侵入，气温迅速下降，9~11 月份平均气温下降 16.6℃。季降水量 104.3 毫米，占全年降水量的 17.6%，比夏季明显减少。平均风速 2.3 米/秒，6 级以上大风日数为 4.8 天。

在深秋初冬季节，受蒙古高原低气压影响和西伯利亚寒流侵袭，境内出现寒潮，气温急剧下降。但寒潮过后，气温回升，反转为暖，出现“三寒四暖”气候特点。多偏北风。季均风速 1.9 米/秒。

**冬季**（12~2 月） 天气干燥寒冷，无奇寒，昼短夜长。季平均气温-5.4℃，1 月份最冷，极端最低年份-27.5℃。雨雪稀少，季降水量 8.2 毫米，占全年降水量的 1.4%。

## 区域特征

境内地形复杂，气候受地形影响较大，区域性差异明显。

温度的地域分布，西南和北部山区年均气温较高，在 9.2℃~9.6℃之间；而沿海平原和中部山区、半山区平均气温较低，在 8.6℃~8.9℃之间，形成两头高中间低的态势。

4~9 月份，平均气温以旧门满族乡王锅屯为高热中心，逐步由西北向东南递减。境内大部分地区平均气温在 19℃~19.5℃。

春季山区受地形影响，气温比沿海回升快，平均气温山区高于沿海 1℃~2℃，播种期比沿海地区早半月左右。如药王满族乡春季平均气温 9.7℃，而兴城市区 8.6℃。但整个农作物生长季节温度则大致相同。

降水量的地域分布：西部、西北部山区年降水量 636 毫米，中部丘陵区 595.12 毫米，沿海平原区 617.34 毫米，觉华岛 548 毫米。

## 温度

兴城境内年平均气温 9.7℃，7 月份气温最高，平均气温为 24℃，极端最高为 39.9℃（2001 年 6 月 3 日），最冷的 1 月份平均气温-7.4℃。极端最低为-27.5℃（2000 年 1 月 7 日）。农作物生长季节 4~9 月份平均气温 19.1℃。

**农业界限温度** 农业界限温度决定着农作物生命活动的开始和结束，并与农事活动紧密相关。据 1986~2011 年资料，境内日平均气温稳定通过 0℃（简称≥0℃）初日，历年一般在 3 月 10 日开始土壤解冻，耐寒作物播种或返青，田间作业开始；终日，历年一般在 11 月 2 日前后土壤始冻，田间作业结束。气温≥5℃初日，历年一般在 3 月 31 日前后水稻苗床播种，部分大田始播；气温≥10℃初日，历年一般在 4 月 18 日前后喜温作物始播，植物活跃生长。终日籽粒成熟期≥15℃初日，历年一般在 5 月 13 日前后，是喜温作物旺盛生长期，终日籽粒成熟期≥10℃是喜温作物生长的起止温度。

**温度相对变率** 温度的年际变化用温度相对变率表示，4~9 月份变率最小，在 3%~9%之间，深秋和初春最大，其中 3 月份为 139.6%，11 月份为 65.3%。

温度的时间分布，年内呈单峰形，温差显著，四季分明，其时间分别如下表：

# 1986~2012年兴城市平均气温

表 2-1-3　　　　单位：℃

| 年份＼月份 | 1 | 2 | 3 | 4 | 5 | 6 | 7 | 8 | 9 | 10 | 11 | 12 | 年平均 | 最高最低 |
|---|---|---|---|---|---|---|---|---|---|---|---|---|---|---|
| 1986 | −8.4 | −6.1 | 2.8 | 9.3 | 16.3 | 21.2 | 22.9 | 22.6 | 17.5 | 8.9 | 1.7 | −4 | 8.7 | 33.3/−19.2 |
| 1987 | −7.9 | −5.7 | 0.1 | 8.3 | 15.3 | 19.8 | 23.2 | 23.4 | 18.5 | 11.8 | 1.4 | −3.4 | 8.7 | 32.0/−25.5 |
| 1988 | −5.3 | −5.9 | 0.1 | 8.6 | 16.1 | 20.2 | 23.6 | 23.7 | 19.2 | 12.8 | 3.6 | −3.7 | 9.4 | 33.2/−17.0 |
| 1989 | −5.1 | −2.1 | 3.5 | 11.8 | 18.2 | 20.4 | 22.8 | 24.0 | 18.3 | 12 | 2.0 | −4.4 | 10.1 | 32.8/−16.2 |
| 1990 | −9.1 | −3.2 | 4.5 | 9.6 | 15.1 | 20.2 | 23.2 | 24.4 | 19.2 | 13.3 | 4.3 | −3.7 | 9.8 | 32.8/−19.8 |
| 1991 | −6.5 | −4.4 | 0.7 | 10.1 | 15.7 | 20.7 | 23.8 | 25.2 | 19.5 | 11.6 | 2.6 | −5.1 | 9.5 | 33.0/−17.4 |
| 1992 | −5.1 | −2.8 | 2.6 | 10.5 | 17.2 | 19.2 | 24.6 | 23.7 | 19.0 | 11.2 | 0.7 | −3.2 | 9.8 | 33.9/−16.7 |
| 1993 | −7 | −2.4 | 3.8 | 10.1 | 17.5 | 20.6 | 22.6 | 23.5 | 19.4 | 11.0 | 1.2 | −4.4 | 9.6 | 34.3/−17.6 |
| 1994 | −6.4 | −3.2 | 1.1 | 12.4 | 16.3 | 22.2 | 25.5 | 25.1 | 19.0 | 11.7 | 4.8 | −4.5 | 10.2 | 33.7/−17.1 |
| 1995 | −5.1 | −2.4 | 2.8 | 9.6 | 15.5 | 20.5 | 22.6 | 23.9 | 17.9 | 12.8 | 4.7 | −3.7 | 9.9 | 30.7/−15.3 |
| 1996 | −6.7 | −4.2 | 2.6 | 9.1 | 16.8 | 21.2 | 23.2 | 22.6 | 18.9 | 11.1 | 1.5 | −2.2 | 9.5 | 31.8/−16.5 |
| 1997 | −8.1 | −3.4 | 3.6 | 11.9 | 16.9 | 22.0 | 25.7 | 25.2 | 18.1 | 11.0 | 2.9 | −4.0 | 10.2 | 31.5/−18.5 |
| 1998 | −7.9 | −1.1 | 4.1 | 10.7 | 16.2 | 19.5 | 23.8 | 23.4 | 20.4 | 13.6 | 1.5 | −3.3 | 10.1 | 31.3/−19.4 |
| 1999 | −5.5 | −2.9 | 0.8 | 9.5 | 17.1 | 21.4 | 25.7 | 24 | 19.7 | 11.1 | 2.1 | −3.9 | 9.9 | 34.4/−17.3 |
| 2000 | −12.0 | −5.6 | 2.9 | 10.3 | 16.8 | 23.1 | 25.6 | 24.9 | 19.8 | 10.9 | 0.9 | −5.1 | 9.3 | 37.5/−27.5 |
| 2001 | −11.5 | −6.5 | 1.5 | 10.4 | 16.9 | 22.3 | 24.5 | 23.8 | 19.2 | 13.0 | 2.7 | −6.1 | 9.2 | 39.5/−25.0 |
| 2002 | −4.1 | −1.2 | 5.4 | 10.9 | 18.5 | 20.2 | 25.2 | 23.6 | 19.8 | 9.2 | 0.1 | −5.8 | 10.2 | 34.2/−17.1 |
| 2003 | −7.0 | −2.6 | 2.9 | 11.2 | 17.0 | 20.5 | 23.3 | 23.6 | 19.2 | 11.5 | 2.0 | −3.6 | 9.8 | 32.0/−19.4 |
| 2004 | −6.3 | −1.5 | 2.6 | 11.1 | 17 | 21.8 | 24.1 | 23.0 | 19.6 | 13.1 | 4.1 | −4.3 | 10.4 | 35.9/−19.2 |
| 2005 | −6.9 | −6.6 | 1.4 | 10.3 | 15.0 | 20.6 | 25.0 | 23.9 | 19.8 | 12.7 | 5.0 | −7.0 | 9.4 | 34.3/−18.5 |
| 2006 | −6.8 | −4.9 | 1.9 | 8.3 | 16.8 | 20.5 | 23.4 | 24.4 | 18.9 | 13.5 | 3.0 | −4.1 | 9.6 | 31.8/−20.1 |
| 2007 | −5.1 | −0.1 | 2.0 | 10.2 | 17.9 | 22.1 | 23.5 | 24.4 | 20.7 | 11.8 | 3.2 | −3.3 | 10.6 | 34.3/−14.3 |
| 2008 | −7.5 | −4.2 | 4.9 | 10.7 | 15.8 | 19.8 | 24.0 | 24.2 | 19.9 | 12.9 | 3.3 | −3.6 | 10.1 | 31.1/−17.3 |
| 2009 | −6.7 | −3.4 | 1.9 | 10.8 | 17.9 | 21.2 | 23.8 | 24.1 | 18.9 | 12.8 | −0.6 | −6 | 9.6 | 34.7/−17.9 |
| 2010 | −9.1 | −5.5 | −0.3 | 6.8 | 15.3 | 20.7 | 24.6 | 23.3 | 18.8 | 10.8 | 4.1 | −4.5 | 8.7 | 35.2/−20.7 |
| 2011 | −11.3 | −4.8 | 1.6 | 10.2 | 17.8 | 20.8 | 23.2 | 23.6 | 17.8 | 12.0 | 3.2 | −7.4 | 8.9 | 33.7/−22.6 |
| 2012 | −11.5 | −6.9 | 1.2 | 9.6 | 18.2 | 20.2 | 23.9 | 22.5 | 17.9 | 11.1 | 1.0 | −9.2 | 8.2 | 33.0/−23.3 |

注：表内各月气温为月平均值。

## 降水

兴城属农业水分供应条件欠缺地区。境内降水因年际、季节、地域不同有明显差异。

**年际差异** 境内年均降水量562毫米。最多年份994毫米（2010年），其次819.7毫米（1991年）；最少363.3毫米（1989年）和372.9毫米（1992年）。

**季节差异** 兴城地区雨季为6~8月，终日为8月24日，持续60天。雨季期内平均降水为395.9毫米，占全年降水总量的66.7%。雨季多大雨、暴雨、雷阵雨。春季降水85.3毫米，占全年总降水量的14.4%；秋季降水104.3毫米，占年降水总量的17.6%；冬季降水8.2毫米，占年降水总量的1.4%。降水高峰在7~8月份，占年降水总量的52.2%。

**地域差异** 由于西北部高，阻挡西南气流，郭家镇、旧门满族乡、华山街道一带降水量较大，为700毫米左右；三道沟、围屏、南大山等满族乡降水量较小，为550毫米左右；其他地域均在600毫米左右。作物生长季节降水约500毫米以上，华山街道最多，为598.3毫米，南大山满族乡最少，为478.2毫米。4~10月份，西北部山区降水在526~602毫米之间；中部丘陵地区为542~625毫米之间；平原地区在572~609毫米之间；觉华岛为512毫米。

### 1986~2012年兴城市各月降水量

表2-1-4　　单位：毫米

| 月份／年份 | 1 | 2 | 3 | 4 | 5 | 6 | 7 | 8 | 9 | 10 | 11 | 12 | 年总量 |
|---|---|---|---|---|---|---|---|---|---|---|---|---|---|
| 1986 | 0 | 2.8 | 5.4 | 27.1 | 31 | 76.6 | 266.2 | 151.3 | 273.2 | 71.5 | 1.5 | 1.4 | 908 |
| 1987 | 4.1 | 7.7 | 13.4 | 59.3 | 57.4 | 52.6 | 137.2 | 238.6 | 112.4 | 9.2 | 16.7 | 0.1 | 708.7 |
| 1988 | 0.2 | 1.3 | 6.3 | 20.0 | 43.5 | 44.6 | 267.1 | 108.6 | 68.1 | 13.3 | 0 | 0.3 | 573.3 |
| 1989 | 4.5 | 0 | 12.2 | 3.6 | 23.1 | 92.1 | 156.0 | 8.5 | 23.1 | 37.8 | 1.2 | 1.2 | 363.3 |
| 1990 | 12.8 | 10.3 | 22.5 | 16.3 | 117.1 | 84.8 | 138.3 | 64.7 | 128.5 | 0.6 | 6.9 | 7.6 | 610.4 |
| 1991 | 0 | 0.1 | 5.5 | 36.3 | 46.9 | 228.3 | 374.0 | 19 | 69.9 | 23.5 | 11.2 | 5.2 | 819.7 |
| 1992 | 0.2 | 0 | 1.6 | 18.9 | 87.6 | 51.8 | 39.8 | 47.7 | 73.5 | 21.1 | 22.0 | 2.4 | 372.9 |
| 1993 | 1.1 | 0 | 6.3 | 20.2 | 9.1 | 110.2 | 161.1 | 15.2 | 21.9 | 47.3 | 54.1 | 2.9 | 449.4 |
| 1994 | 0.3 | 0 | 13.8 | 1.1 | 95.3 | 69.1 | 203.4 | 185.8 | 177.9 | 16.6 | 10.2 | 0.9 | 774.4 |
| 1995 | 0 | 5.8 | 8.3 | 4.7 | 52.8 | 45.0 | 329.1 | 138.5 | 85.2 | 15.9 | 6.2 | 0 | 691.5 |
| 1996 | 0.4 | 0 | 1.0 | 2.9 | 51.0 | 26.9 | 77.9 | 246.6 | 45.2 | 27.1 | 13.4 | 0 | 542.4 |
| 1997 | 4.8 | 2.2 | 1.9 | 7.4 | 32.6 | 37.2 | 79.6 | 198.9 | 69.9 | 3.7 | 7.1 | 4.3 | 449.6 |
| 1998 | 0.1 | 0.1 | 12.2 | 41.8 | 111.5 | 64.0 | 332.6 | 103.6 | 3.6 | 25.2 | 0.5 | 0.2 | 695.4 |
| 1999 | 0.0 | 0.0 | 4.2 | 20.0 | 19.1 | 71.3 | 100.8 | 129.6 | 6.0 | 21.6 | 33.8 | 1.7 | 408.1 |
| 2000 | 25.5 | 0.0 | 15.5 | 26.6 | 57.5 | 42.7 | 86.0 | 323.9 | 57.6 | 48.7 | 3.6 | 3.2 | 690.8 |
| 2001 | 9.7 | 1.3 | 0.8 | 11.2 | 20.9 | 70.0 | 62.8 | 112.0 | 17.2 | 62.8 | 6.3 | 2.8 | 377.8 |

续表 2-1-4

| 年份＼月份 | 1 | 2 | 3 | 4 | 5 | 6 | 7 | 8 | 9 | 10 | 11 | 12 | 年总量 |
|---|---|---|---|---|---|---|---|---|---|---|---|---|---|
| 2002 | 0.4 | 1.1 | 29.0 | 45.4 | 7.5 | 83.6 | 26.4 | 139.3 | 21.6 | 17.6 | 3.1 | 2.9 | 377.9 |
| 2003 | 3.2 | 1.6 | 0.0 | 11.6 | 8.2 | 131.6 | 103.5 | 127.5 | 36.5 | 75.1 | 17.1 | 13.9 | 529.8 |
| 2004 | 0.1 | 3.4 | 0.0 | 42.7 | 11.3 | 46.3 | 146.7 | 134.4 | 77.5 | 36.5 | 42 | 7.2 | 548.1 |
| 2005 | 0.4 | 3.1 | 1.9 | 22.8 | 157.7 | 122.8 | 74.0 | 179.5 | 40.1 | 32.1 | 0.0 | 0.5 | 634.9 |
| 2006 | 2.3 | 4.7 | 18.5 | 30.2 | 25.6 | 274.3 | 94.0 | 95.0 | 14.4 | 51.9 | 6.8 | 0.0 | 617.7 |
| 2007 | 0.0 | 0.1 | 19 | 29.3 | 53.3 | 37.0 | 215.2 | 36.7 | 4.2 | 49.7 | 4.9 | 8.4 | 457.8 |
| 2008 | 0.0 | 0.0 | 1.9 | 41.2 | 62.3 | 84.7 | 227.1 | 30.0 | 45.3 | 32.0 | 0.0 | 0.1 | 524.6 |
| 2009 | 2.4 | 19.5 | 6.7 | 37.3 | 27.2 | 102.1 | 198.6 | 64.3 | 41.3 | 11.2 | 2.8 | 0.8 | 514.2 |
| 2010 | 4.9 | 3.9 | 14.1 | 52 | 108.8 | 7.9 | 156.7 | 530.8 | 57.2 | 57.5 | 0.0 | 0.6 | 994.4 |
| 2011 | 0.5 | 0.0 | 0.0 | 20.1 | 26.6 | 76.2 | 316.2 | 87.7 | 0.1 | 19.4 | 14.0 | 0.2 | 561 |
| 2012 | 0.3 | 1.9 | 12.1 | 45.5 | 29.1 | 136.0 | 244.0 | 231.1 | 69.8 | 26.1 | 38.4 | 4.5 | 838.8 |

## 日照

兴城境内年均日照时数 2764 小时，日照百分率为 64%；年日照时数最多为 3019.7 小时，出现于 2000 年，日照百分率为 68%；最少为 2416.1 小时，出现于 1990 年，日照率为 67.6%，相差 603.6 小时。日照时数分不同季节有差异。春季较多，冬季较少；7 月份日照时数最少，11 月、12 月份次之。6 月、7 月、8 月 3 个月日照时数显著偏少，但不影响农作物正常发育。

**日辐射** 依据太阳总辐射强度，全市年均总辐射量 138.6 千卡/平方厘米。其中，春季为 43 千卡/平方厘米、夏季 44.9 千卡/平方厘米、秋季 29.3 千卡/平方厘米、冬季 25.3 千卡/平方厘米。5 月最多，为 16.8 千卡/平方厘米，12 月最少为 6.1 千卡/平方厘米。4~9 月为太阳总辐射的高值段，与作物生长季节相吻合，有利于农业生产。

**生理辐射** 兴城地区生理辐射，全年为 67.7 千卡/平方厘米。其中，春季为 20 千卡/平方厘米、夏季为 23 千卡/平方厘米、秋季为 14.3 千卡/平方厘米、冬季为 10.5 千卡/平方厘米。5~9 月生理辐射为 36 千卡/平方厘米，占全年生理辐射的 53%，对农业生产极为有利。

## 湿度

兴城地区的干湿状况用湿润度的概念计算出各月湿润系数。全市年湿润系数 0.72，按湿润分级指标，属半湿润地区（0.6~1.0）。7~8 月份降水量多于蒸发量，湿润度大于 1.0，属湿润期。3 月份极干旱，由于春季回暖快，降水少，蒸发量大，土壤容易失调，对春耕生产有不利影响。

全市相对湿度的多少随季节的变化有所不同。春季由于温度急剧上升，空气中水汽含量不多，相对湿度为全年最低。夏季气温高，水汽增加迅速，所以 7 月、8 月份相对湿度最高，7 月份相对湿度可达 84%。冬季最小为 253.1%，与秋季相差无几。多年平均相对湿度为 63.8%，7 月份最大 84.6%，3 月份最小 52.1%。日最大相对湿度达 100%。

## 1986~2012 年各月平均绝对湿度与相对湿度对比

表 2-1-5　　单位：%

| 项目＼月份 | 1 | 2 | 3 | 4 | 5 | 6 | 7 | 8 | 9 | 10 | 11 | 12 | 年均 |
|---|---|---|---|---|---|---|---|---|---|---|---|---|---|
| 月平均绝对湿度 | 1.8 | 2.2 | 3.5 | 6.3 | 10.7 | 17.8 | 24.9 | 23.5 | 15.2 | 8.9 | 4.5 | 2.3 | 10.1 |
| 月平均相对湿度 | 52.6 | 53 | 52.1 | 57.1 | 61.7 | 76.4 | 84.6 | 81.6 | 72 | 63.8 | 56.5 | 53.8 | 63.8 |

### 霜期

境内初霜日期年均为 10 月 14 日，最早 9 月 26 日，最晚 10 月 26 日；终霜年均 4 月 15 日，最早 3 月 3 日，最晚 4 月 29 日。一年中一般从 9 月份开始，霜日即显著增加，以 1 月份最多，3 月份以后即显著减少。终霜日期为 4 月 17 日。

境内无霜期年均 176 天，最长年份 217 天（1987 年），最短 154 天（2002 年）。沿海平原区平均 175 天，西部山区为 180 天，市区 173 天。

## 1986~2012 年兴城市日照霜期明细

表 2-1-6

| 年份＼项目 | 日照 | | 霜期 | | |
|---|---|---|---|---|---|
| | 时数（小时） | 百分率 | 初霜 | 终霜 | 无霜期（天） |
| 1986 | 2737.6 | 75.8 | 10 月 11 日 | 5 月 4 日 | 205 |
| 1987 | 2551.9 | 71.6 | 9 月 26 日 | 4 月 29 日 | 217 |
| 1988 | 2742.2 | 76.2 | 10 月 13 日 | 4 月 23 日 | 192 |
| 1989 | 2862.6 | 78.8 | 10 月 6 日 | 4 月 23 日 | 200 |
| 1990 | 2416.1 | 67.6 | 10 月 9 日 | 4 月 19 日 | 179 |
| 1991 | 2610.4 | 60 | 10 月 9 日 | 4 月 16 日 | 181 |
| 1992 | 2741.6 | 63 | 10 月 4 日 | 4 月 13 日 | 192 |
| 1993 | 2760.2 | 62 | 10 月 15 日 | 3 月 31 日 | 168 |
| 1994 | 2642.6 | 59 | 10 月 20 日 | 5 月 3 日 | 196 |
| 1995 | 2790.8 | 63 | 10 月 6 日 | 4 月 21 日 | 199 |
| 1996 | 2868.4 | 64 | 10 月 6 日 | 4 月 6 日 | 183 |
| 1997 | 2964.8 | 67 | 10 月 4 日 | 3 月 25 日 | 173 |
| 1998 | 2590.6 | 58 | 10 月 19 日 | 5 月 1 日 | 195 |
| 1999 | 2958.5 | 67 | 10 月 14 日 | 4 月 24 日 | 194 |

续表 2-1-6

| 项目<br>年份 | 日照 | | 霜期 | | |
|---|---|---|---|---|---|
| | 时数（小时） | 百分率 | 初霜 | 终霜 | 无霜期（天） |
| 2000 | 3019.7 | 68 | 10月12日 | 4月26日 | 197 |
| 2001 | 2905.5 | 66 | 10月4日 | 4月11日 | 190 |
| 2002 | 2971.9 | 67 | 10月21日 | 3月28日 | 159 |
| 2003 | 2667.8 | 60 | 10月23日 | 4月8日 | 169 |
| 2004 | 2856.5 | 64 | 10月14日 | 4月15日 | 184 |
| 2005 | 2706.3 | 61 | 10月14日 | 4月21日 | 196 |
| 2006 | 2521.9 | 57 | 10月24日 | 4月17日 | 176 |
| 2007 | 2656.2 | 60 | 10月24日 | 4月24日 | 193 |
| 2008 | 2752.1 | 62 | 10月26日 | 4月4日 | 161 |
| 2009 | 2995.5 | 68 | 10月20日 | 4月20日 | 183 |
| 2010 | 2678.8 | 60 | 10月15日 | 4月16日 | 184 |
| 2011 | 2886.9 | 65 | 10月11日 | 4月16日 | 183 |
| 2012 | 2771.3 | 62 | 10月14日 | 4月24日 | 193 |

## 气压

兴城地区冬季受西北蒙古高原低气压影响和来自西伯利亚寒流的侵袭，夏季受大陆低压控制。年平均气压为1010百帕，极端最高气压为1042.7百帕，出现于2001年12月10日。极端最低气压为950.6百帕，出现于2001年3月21日。

## 风

兴城市地处“辽西走廊”和沿海地带，受狭管效应和海陆温差影响，全境属北温带季风区。春季风速大，平均风速3.1米/秒，大风次数多，风向多为南或西南，频率13%。夏季平均风速2.4米/秒，大风次数少，风向多为南，频率为14%；秋季平均风速2.3米/秒，风向多为北或偏西北，频率15%；冬季平均风速2.1米/秒，风向多为北或西北，频率16%。

境内年均风速2.48米/秒，4月份风速最大，历史上日最大风速为20米/秒（1992年4月25日）。

境内6级以上大风日数，年均14.5天，春季9.3天，夏季1.1天，秋季1.7天。多出现在白天，尤以4~5月最明显，大风日数较多。

兴城市辖区内三道沟、药王、碱厂、旧门等满族乡山区大风较少，沙后所镇、东辛庄镇、市区大风较多，年均48.9天。海上风力更大。觉华岛年均大风112.6天，是市区的2.3倍以上。

境内龙卷风主要发生在市区、羊安、红崖子满族乡等地。1990年9月16日发生龙卷风1次，给局部地区造成一定灾害。

# 1986~2012 年兴城市各月风速

表 2–1–7　　　　单位：米/秒

| 月份 / 年份 | 1 | 2 | 3 | 4 | 5 | 6 | 7 | 8 | 9 | 10 | 11 | 12 | 年平均 |
|---|---|---|---|---|---|---|---|---|---|---|---|---|---|
| 1986 | 2.4 | 2.3 | 2.6 | 3.9 | 3.0 | 2.9 | 2.5 | 2.6 | 2.2 | 2.7 | 2.3 | 3.2 | 2.7 |
| 1987 | 2.5 | 2.9 | 3.5 | 3.9 | 3.3 | 2.8 | 2.2 | 1.6 | 2.3 | 2.5 | 3.0 | 1.7 | 2.7 |
| 1988 | 2.1 | 2.3 | 2.6 | 2.6 | 2.9 | 2.3 | 1.9 | 2.0 | 1.6 | 1.6 | 2.4 | 1.5 | 2.2 |
| 1989 | 2.1 | 2.2 | 2.9 | 3.3 | 2.9 | 2.8 | 2.3 | 2.1 | 2.2 | 2.3 | 2.4 | 2.0 | 2.5 |
| 1990 | 1.9 | 1.7 | 2.3 | 3.8 | 2.4 | 2.2 | 2.2 | 1.6 | 2.0 | 2.0 | 1.7 | 1.4 | 2.1 |
| 1991 | 1.2 | 1.8 | 3.0 | 2.9 | 3.0 | 2.3 | 1.9 | 2.0 | 1.9 | 1.6 | 1.6 | 1.6 | 2.1 |
| 1992 | 1.1 | 1.8 | 2.7 | 3.0 | 2.5 | 2.6 | 1.9 | 1.9 | 2.3 | 2.3 | 2.6 | 1.9 | 2.2 |
| 1993 | 1.7 | 2.7 | 2.4 | 3.1 | 3.1 | 2.4 | 2.5 | 1.7 | 2.1 | 2.0 | 2.4 | 1.8 | 2.3 |
| 1994 | 2.0 | 2.1 | 2.3 | 3.2 | 3.1 | 2.6 | 2.0 | 2.0 | 1.7 | 1.7 | 2.4 | 2.2 | 2.3 |
| 1995 | 1.9 | 2.2 | 2.9 | 3.6 | 2.8 | 2.4 | 2.1 | 1.5 | 1.9 | 2.3 | 2.3 | 1.9 | 2.3 |
| 1996 | 2.4 | 2.7 | 3.1 | 3.2 | 2.6 | 2.7 | 1.8 | 1.8 | 2.2 | 2.3 | 1.9 | 2.1 | 2.4 |
| 1997 | 1.7 | 2.0 | 2.5 | 2.8 | 3.0 | 2.5 | 2.2 | 2.2 | 2.4 | 2.2 | 2.1 | 1.7 | 2.3 |
| 1998 | 1.9 | 1.8 | 2.3 | 3.4 | 2.5 | 2.5 | 1.8 | 1.6 | 1.9 | 1.7 | 2.2 | 1.3 | 2.1 |
| 1999 | 1.5 | 1.7 | 2.9 | 3.1 | 2.9 | 2.3 | 2.8 | 2.0 | 2.2 | 2.1 | 1.9 | 1.0 | 2.1 |
| 2000 | 0.8 | 1.1 | 2.0 | 3.0 | 3.0 | 2.2 | 2.6 | 1.9 | 1.5 | 1.6 | 1.8 | 1.1 | 1.9 |
| 2001 | 0.7 | 1.8 | 1.9 | 2.7 | 2.5 | 2.1 | 2 | 1.5 | 1.7 | 1.9 | 1.3 | 0.7 | 1.7 |
| 2002 | 0.9 | 0.9 | 1.8 | 2.5 | 3.2 | 3.1 | 3.1 | 2.9 | 2.7 | 3.4 | 2.8 | 3.5 | 2.6 |
| 2003 | 2.7 | 2.8 | 3.3 | 4.5 | 3.9 | 3.2 | 3.1 | 2.7 | 3.2 | 2.6 | 2.6 | 1.5 | 3.4 |
| 2004 | 2.0 | 2.8 | 3.2 | 3.8 | 3.8 | 3.1 | 2.8 | 2.3 | 2.6 | 2.4 | 2.8 | 2.4 | 2.9 |
| 2005 | 3.0 | 3.2 | 4.0 | 3.9 | 3.8 | 3.1 | 2.8 | 2.8 | 2.7 | 3.2 | 2.5 | 2.8 | 3.2 |
| 2006 | 2.5 | 3.3 | 3.6 | 3.8 | 3.6 | 2.8 | 2.9 | 2.7 | 2.5 | 3.0 | 2.2 | 2.3 | 2.9 |
| 2007 | 2.3 | 2.9 | 3.3 | 3.4 | 3.3 | 3.4 | 2.6 | 2.4 | 2.3 | 2.7 | 2.9 | 2.3 | 2.8 |
| 2008 | 2.6 | 2.6 | 3.2 | 3.6 | 3.2 | 2.9 | 2.5 | 2.8 | 2.8 | 2.7 | 2.7 | 3.2 | 2.9 |
| 2009 | 2.3 | 3.0 | 3.4 | 3.5 | 3.3 | 3.0 | 2.9 | 2.4 | 2.6 | 2.9 | 3.4 | 2.4 | 2.9 |
| 2010 | 2.6 | 2.9 | 3.7 | 3.7 | 3.1 | 2.6 | 2.6 | 2.3 | 2.6 | 2.9 | 2.8 | 2.8 | 2.9 |
| 2011 | 2.4 | 3.2 | 3.4 | 4.5 | 4.2 | 3.0 | 2.4 | 1.5 | 2.3 | 2.7 | 2.8 | 2.0 | 2.9 |
| 2012 | 2.1 | 3.2 | 3.5 | 3.9 | 3.3 | 3.0 | 2.2 | 2.1 | 2.3 | 2.7 | 3.1 | 2.6 | 2.8 |

注：表内各月风速为月平均值。

### 雾霾

兴城的雾霾天气多在晚秋和初冬季节发生，个别年份初春也曾出现。多在城区及沿海湿地和低洼河谷地带。雾霾的成因主要是由于大气气压低，空气不流动，使空气中的微小颗粒聚集，漂浮在空气中。地面灰尘大，空气湿度低，汽车尾气排放，工厂制造出的二次污染以及冬季取暖排放的二氧化碳等污染物混合形成雾霾。雾霾对人体呼吸道造成伤害，公路交通常因雾霾造成视野模糊而影响通行。

兴城市相关部门通过对区域内空气污染监测，分析雾霾影响的变化趋势，为有关部门提供资料。

### 冰冻

兴城结冰期较长，一般从10月下旬开始结冰，到次年4月中旬结束。最初结冰日，山区为10月中旬，沿海为11月中旬。最晚终冰日一般在4月下旬。1986年以后，境内最长结冰期出现在2000年，结冰日10月12日，2001年4月25日终冰，共196天。最短结冰期出现在2008年，结冰日10月30日，2009年4月2日终冰，结冰期共155天。

结冰随气温下降，而冰层增厚，给当地生产生活造成一定影响。尤其是觉华岛海域结冰，对岛内居民的出行及生产生活影响较大。

### 物候

兴城境内物候现象千差万别。在山区不同高度，山顶、山间、山下、向阳坡、背阴坡物候现象也不同。山区春季气温回升早，桃花、杏花比平原区早半个月，农作物播种时间，种子萌芽、出土均较平原早。

兴城境内20世纪80年代以前，物候没有准确的观察记载，只有一些根据生产、生活经验总结下来的谚语。如“立夏鹅毛住，小满雀来全。清明忙种麦，谷雨种大田”“头伏萝卜二伏菜，三伏里头种荞麦”等等。

1986~2012年，据兴城农业技术推广中心物候观察记录，境内动物物候、植物物候观测记录由经验型向科学型发展。

**主要农作物物候期**

表2-1-8　　单位：日/月

| 名称 | 播种 | 出苗 | 开花 | 成熟 |
|---|---|---|---|---|
| 高　粱 | 25 / 4 | 6 / 5 | 2 / 8 | 中旬 / 9 |
| 玉　米 | 17 / 4 | 8 / 5 | — | 10 / 9 |
| 谷　子 | 3 / 5 | 13 / 5 | — | 12 / 9 |
| 大　豆 | 26 / 4 | 15 / 5 | 26 / 7 | 15 / 9 |
| 棉　花 | 29 / 4 | 16 / 5 | 23 / 7 | 30 / 9 |
| 花　生 | 6 / 5 | 26 / 5 | 17 / 6 | 20 / 9 |
| 水　稻 | 上旬 / 4 | 上旬 / 5 | 中下旬 / 8 | 中下旬 / 9 |

**主要动物物候期**

表 2-1-9　　单位：日/月

| 名称 | 初见（鸣）期 | | 绝见（鸣）期 | |
|---|---|---|---|---|
| | 最早 | 最晚 | 最早 | 最晚 |
| 大　雁 | 4 / 2 | 7 / 3 | 27 / 10 | 13 / 11 |
| 紫　燕 | 26 / 4 | 28 / 4 | 23 / 10 | 24 / 10 |
| 蛇 | 4 / 5 | 8 / 5 | 7 / 11 | 8 / 11 |
| 蟾　蜍 | 19 / 4 | 21 / 4 | 23 / 10 | 25 / 10 |
| 獾　子 | 12 / 4 | — | 30 / 11 | — |
| 白蝴蝶 | 3 / 4 | 5 / 4 | 20 / 10 | 24 / 10 |
| 白粉蝶 | 28 / 4 | 3 / 5 | 1 / 10 | 23 / 10 |
| 蜻　蜓 | 28 / 5 | 30 / 5 | 10 / 10 | 12 / 10 |
| 蚂　蚁 | 30 / 3 | 6 / 4 | 8 / 10 | 10 / 10 |
| 蟋　蟀 | 28 / 5 | — | 28 / 10 | — |

# 第二章　自然资源

自然资源，也称天然资源。兴城地区地理环境独特，地域特征明显，从西北山区到沿海平原，从陆地到海域，分布着广阔的土地、森林、水资源，蕴藏着丰富的矿产、地热、风能、海洋生物等资源。体现出物种的多样性，具有一定的生态价值和经济价值。

## 第一节　土地资源

土地资源主要包括耕地、园地、林地、居民点及工矿用地、军事用地、交通用地、未（难）利用土地、牧草地和水域占用土地。

据 1985 年土地资源调查统计，兴城县总面积为 2065.19 平方公里。其中耕地面积 59182.8 公顷。1986 年全县总面积 2147 平方公里，耕地面积 58936 公顷，占总土地面积的 27.45%，人均占有耕地 0.12 公顷。2005 年，全市土地总面积 2147 平方公里，其中耕地面积 60738 公顷。2012 年，全市土地总面积 2118.50 平方公里，农作物总播种面积 58611 公顷。

### 园地

园地主要为苹果园、梨园、葡萄园等。其中苹果园、梨园占主导地位，其他还有零星的桃、杏、李子园等。

据1985年兴城县土地资源调查资料，全县共有园地8492.4公顷，占土地总面积的4.1%。主要分布在三道沟、碱厂、元台子、围屏、南大山、红崖子、旧门、华山、白塔、药王、郭家、大寨等乡镇街道，占全市园地的80%以上。其中元台子、围屏两个满族乡面积最大。

1995年，土地资源核查，兴城市园地面积13405.52公顷，占土地总面积的6.4%。

2012年，全市园地面积6990.54公顷，占土地总面积的3.29%。

### 林地

林地主要包括有林地、灌木林地、疏林地、未成林造林地、迹地和苗圃等。据1985年兴城县土地资源普查统计，全县林地面积为37518公顷，占土地总面积的18.2%。

1995年，全市林地面积44447.28公顷，占总土地面积的21.4%。2012年，全市有林地面积57793公顷，占总土地面积的27.35%。

### 牧草地

牧草地是牧业用地，包括天然草地和疏林草地。据1985年兴城县农业资源普查统计，全县牧草地面积44928.1公顷，占土地总面积的21.7%。其中疏林草地8824.3公顷，占4.3%；草地36103.73公顷，占17.4%。

2012年，全市牧草地面积12.73公顷，占土地总面积的0.006%。境内天然牧草地面积很小，仅元台子、白塔、羊安、高家岭、三道沟等满族乡有天然牧草地12.06公顷。

### 交通用地

交通用地包括铁路、国家、省、市、乡、村道路等用地。铁路用地指沈山铁路、秦沈高速铁路、魏塔铁路、部分工矿企业铁路专用线在兴城境地所占地段；国家、省道路用地指国道102线、京沈高速公路、省道滨海公路丹绥线在兴城境地所占地段；市、乡、村级道路所占地段。

据1985年土地资源普查资料，兴城县交通用地面积2640.93公顷，占土地总面积的1%。1995年末，交通用地面积4469.57公顷，占土地总面积的2.2%。

2012年末，兴城市交通用地面积4874.6公顷，占土地总面积的2.3%，比1985年增加2233.67公顷，比1995年增加405.03公顷。

### 未利用土地

未利用土地包括荒草地、河流水面、滩涂、裸地等类型。1986年，全市有沼泽地、盐碱地、沙地、裸岩、石砾地等未利用土地5834.86公顷。占全市土地总面积的2.72%。

2012年，按新口径统计，兴城市未利用土地36179.92公顷，占全市土地总面积211850公顷的17.08%，其中荒草地22549.10公顷，河流水面4225.02公顷，沿海滩涂8085.54公顷，内陆滩涂859.05公顷，裸地461.21公顷。

### 土地分区

据全国第二次土壤普查规程标准，结合境内自然资源条件和农业生产地域、土地生产力情况，全市划分为3个土地区。按土地生产力评为4~5级，是缺磷少氮有机质贫乏地区。土壤养分失去平衡，土壤中氮磷比例失调有机质贫乏。

**东南沿海平原区**　系渤海沿岸和诸河下游的广阔地带。海拔高度在50米以下。区域包括兴城市区，菊花岛、曹庄、羊安、沙后所、海滨、刘台子等乡镇，以及大寨满族乡的马圈、大寨、新立、兴旺、沙河、罗家、牛彦、张家、吴家等村；东辛庄镇的东辛庄、西辛庄、东关站、西关站、半拉堡子、张虎、谷屯、王宝、西地、孙岭、陈屯等村；高家岭满族乡的汤上、满井、靳家、永和等村。区域面积52369.4公顷，占全市土地总面积的25.36%。

东区土壤以耕型壤质草甸土为主，土层深厚，肥力较高，生产性能高。可利用耕地面积27381.73公顷，占区域面积的52.285%。按全国土壤有机质6级分类标准属4级地。

**中部丘陵地区**　位于市境中部，是西北山区与东南沿海平原区的过渡地带。海拔100米左右，坡度为25度以下。区域包括望海、南大山、红崖子、白塔、元台子等乡镇，以及沙后所镇的闰家、桃园、前王、五王等村；大寨满族乡的郭家屯、赉家、王相、李相、花营等村；高家岭满族乡的宋斗、树林子、拉马、郭家沟、西边村；东辛庄镇的胡家坟、二台子、周石等村。区域面积72082.2公顷，占全市土地总面积的30.7%。

区域内土壤以耕型砾石酸性岩棕壤土、耕型薄层酸性岩棕壤土、耕型壤质坡积棕壤土和耕型沙质坡积棕壤土为主。土质差，土壤肥力低。耕地面积28702.6公顷，占区域面积的39.82%，按土壤有机质分类标准属5~6级。本区地势呈漫岗缓坡状起伏，土体浅薄，坡度大，水土易流失，旱涝威胁大，产量低而不稳，水土流失面积2000公顷，部分农田退耕还林。

**西北部低山丘陵区**　位于市境西北部。包括三道沟、药王、碱厂、旧门、郭家、围屏、华山等乡镇和街道。

区域内土壤以耕型砾石薄层棕壤性土和耕型壤质坡积棕壤性土为主。土层浅薄，一般厚度在25~85厘米之间，耕地质量差，土壤有机质含量偏低，面积在60%以上。水土流失严重，占全市水土流失总面积的49.4%。地下水资源贫乏。植被差涵养水能力弱，无客水入境，无地表水可蓄，基岩裂隙水难以利用。

兴城区域面积82418.07公顷，占全市总土地面积的39.9%；耕地面积14326.86公顷，占该区面积的17.45%。兴城西北部低山丘陵区是全市地广、人稀、耕地少而易于干旱的地区，按全国土壤有机质6级分类标准属6级。

## 水域

水域系陆地水域和水利设施用地。主要包括河流水面、水库、坑塘水面、滩涂、沟渠、水利工程建筑物及苇地。

据1985年农业资源调查，兴城县水域面积共18899.87公顷，占土地总面积的9.2%。

1995年，全市水域面积为13416.78公顷，占土地总面积的6.5%。其中，河流水域面积1668.25公顷，占水域面积的12.5%；水库面积376.75公顷，占水域面积的2.7%；坑塘水面面积860.62公顷，占水域面积的6.4%；滩涂（包括海滩、滩涂）面积为9336.77公顷，占水域面积的69.4%；沟渠水面763.84公顷，占水域面积的5.6%；水利工程建筑物占地358.6公顷，占水域面积的2.7%；苇地面积很小，只有5.03公顷，在海滨满族乡。

2010年，全市水域面积16748.18公顷，占土地总面积的7.9 %。2012年，全市水域面积16503.66公顷，占土地总面积的7.79%，比1985年减少2396.21公顷。

# 第二节　森林资源

据历史资料记载，早在辽金时期，兴城西北部山区尚有原始森林。后因大肆伐木垦荒，原始森林不复存在。据1985年农业资源调查统计：兴城县林业用地53333公顷，其中有林地（用材林、防护林、经济林、薪炭林、特用林）26236.46公顷，占林业用地面积的49.2%；疏林地面积3120.53公顷，占林业用地的5.85%；灌木林地392.33公顷，占林业用地的0.74%；未造成林地4214.26公顷，占林业用地的7.9%，苗圃40.66公顷，无林地（荒山、荒地、采伐迹地、火烧迹地、退耕荒地、地沙）19329.06公顷，占林业用地的36.24%。

## 森林资源现状

**林业用地**　2012年，全市林业用地面积84948.9公顷，占土地总面积的33.8%；非林业用地130456.9公顷，占土地总面积的51.9%。

在林业用地面积中，有林地面积50786.9公顷，疏林地面积310.7公顷，灌木林地面积2900公顷，未成林地面积4739.4公顷，苗圃地面积41公顷，无林地面积460.8公顷。

在有林地面积中，林分面积42337.4公顷，占有林地面积的83%；经济林面积8449.5公顷，占有林地面积的17%。在无林地面积中，无立木林地面积460.8公顷，宜林地面积25680.9公顷，辅助生产林地面积79.2公顷。

**林木蓄积**　据1985年农业资源调查，全市有立木总蓄积量52.3万立方米。其中有林地森林立木蓄积量33.6万立方米，人均林木蓄积量1.1立方米，人均林地面积0.08公顷。

2012年，全市活立木785074立方米。其中，林分蓄积量703711立方米，疏林蓄积量1081立方米，散生木蓄积量4988立方米，四旁树蓄积量75294立方米。

**森林覆盖率**　2012年，全市土地总面积215405.1公顷，森林面积84948.9公顷；森林覆盖率24.1%，林木绿化率25.5%。

## 人工林资源

1986年以后，兴城坚持人工造林，封山育林，退耕还林相结合，国有、集体、个人齐动手的原则，进行春、夏、秋三季造林，多林种、多树种绿化，造林质量不断提高，绿化速度不断加快。至2012年，全市人工造林合格面积56878.1公顷。其中用材林7018.7公顷，经济林9540.7公顷，薪炭林14439.3公顷。防护林19736.6公顷，特用林1142.8公顷。

**平原绿化工程**　境内地形为西北部山区、中部丘陵沙岗、东南沿海多为平原。经过多年造林绿化，基本实现平原农田林网化，跨入全国平原绿化先进县（市）行列。1989年，被国家林业部确定为平原绿化重点县（市）。

**海防林带建设工程**　全市海岸线总长103.5公里。1986年始，在海岸沙地大面积营造獐子松防护林，实现海岸防护林带基本合龙。

**杨树速生丰产林工程**　1986年始，在六股河左岸、烟台河、兴城河等河流两岸和境内主要乡、镇道路两旁，共营造杨树速生丰产林4144公顷。

**干果经济林工程**　1986年始，在山区乡镇营造干果经济林，主要种植山楂、板栗、大果榛子和薄皮核桃等。主要分布在郭家、三道沟、药王、碱厂等乡镇。2012年，发展成一定规模。

### 森林资源分布

森林资源分布特点，基本为山丘地区多于平原地带，森林面积由东南沿海向西北低山丘陵逐步增多，人工林多于天然林，阔叶树多于针叶树。低山区多天然混交林，丘陵和平原地区则以人工造林为主，区域分布明显。西北部山区是以柞树为主的天然次生林区域，集中广布；东南沿海平原是以松杨为主海防林和农田防护林区域，呈条状分布；中部丘陵地带是以水果经济林，刺槐薪炭林及杨树速生林为主的商品林区域。

境内生物资源多样性。森林植被属于暖温带落叶阔叶林型区，物种繁多。优势树种有落叶松、油松、刺槐、杨树、柳树、柞树等。总面积 41429.1 平方米。其中落叶松面积 4200 平方米，蓄积量 53 立方米；油松面积 11538.7 平方米，蓄积量 285483 立方米；刺槐面积 19599.4 平方米，蓄积量 117653 立方米，杨树面积 4144 平方米，蓄积 204799 立方米，柳树面积 190 平方米，蓄积量 13746 立方米，柞树面积 5952.8 平方米，蓄积量 71700 立方米。

### 森林资源开发利用

1986 年以后，由于大力开展人工造林，封山育林，退耕还林和普及林业技术，加强森林保护，兴城市森林面积由 2.6236 万公顷，发展到 2012 年的 5.7793 万公顷。森林覆盖率逐年增加，由 2010 年的 24.13%，提高到 2012 年的 26.83%。林木绿化率 29%。

2012 年，活立木资源蓄积量 1365555 立方米，其中林分蓄积 1278976 立方米，疏林蓄积 2072 立方米，散木蓄积 3762 立方米，四旁树蓄积 80745 立方米。

全市建成山地用材林、沿河速生林、丘陵薪炭林和经济林、沿海平原农田林网和海防林及油松种子林五大林业基地，形成较为完整的沿海防护林体系。

**2012 年兴城市优势树种情况**

表 2-2-1　　单位：公顷、立方米、%

| 林 种 | 面积 | 蓄积量 | 占林分蓄积量 |
|---|---|---|---|
| 落叶松 | 4.2 | 53 | 0.004 |
| 油　松 | 11538.7 | 285483 | 22.32 |
| 刺　槐 | 19599.4 | 117653 | 9.20 |
| 杨　树 | 4144 | 204799 | 0.16 |
| 柳　树 | 190 | 13746 | 1.07 |
| 柞　树 | 5952.8 | 71700 | 5.6 |

## 第三节　水资源

兴城市水资源包括地表水和地下水两部分。大气降水是构成水资源的主要成分，是地表水、地下水补给的来源，其次是径流和地下水。截至 2012 年末，全市水资源总量为 5134.3 万立方米/年。其中地表水资源总量 3.57 亿立方米，可利用量 0.54 亿立方米，可利用率 15.1%，地下水可采储量每年7788.253 万立方米。

## 地表水

1986~2012 年，兴城市年均降水总量 128500 万立米。大气降水量受季风和地形影响，在时空分布上很不均匀，7~8 月份最大，1 月份最小。7~9 月份降水量占全年的 66%，农灌期降水占全年降水量的 78%。24 小时最大降水量值 143.4 毫米，3 日最大暴雨均值 203.3 毫米。

境内河流较多，多为季节性河流。境内多年平均径流总量 37147 万立方米，平均径流深 192 毫米，最大径流深 225 毫米，最小径流深 125 毫米。径流的年际间变化比降水的年际变化更大，如六股河最大年径流量为 16.7 亿立方米（1969 年），最小年径流量为 1.1 亿立方米（1972 年），多年平均径流量为 601.37 百万立方米。

径流的季节分配因受降雨年内变化影响，季节性变化剧烈，冬季雨雪少、春季冰雪融化，几乎没有春汛，径流量小，多年平均只占 5%~10%左右。夏季 6 月、7 月份降水集中，造成河水暴涨，径流量大，占全年的 77%~83%，易发生洪水灾害，4~5 月份枯水季节水量很少。境内不同区域径流有差异。低山区多年平均径流深 208.09 毫米，径流量 14273 万立米；丘陵区多年平均径流深 193.17 毫米，径流量 16614 万立方米；平原区平均径流深 165.3 毫米，径流量 7760 万立方米。

## 地下水

**地下水储量** 兴城地区地下水属浅层地下水，平均埋深 3~8 米，在受切割的沟谷内，以裂隙下降泉的形式出露。如首山泉、峡山泉、五股泉、凤鸣泉等是境内地表水在枯期的主要补给来源。

全市地下水可采储量每年 7788.253 万立方米。不同地区，不同流域地下水储量有明显差异。西、西北部山区地下水开采储量每年 7730.7 万立方米，中部丘陵区地下水开采储量每年 2589.4 万立方米，东南沿海平原区地下水开采储量每年 4470.52 万立米。

**地下水水质** 据水利部门对境内水质监测，境内地下水水质一般较好，宜适人畜生活用水和工业生产用水。硬度为 100~300 毫克/升。除个别工业污染影响因素外，无有毒物质。

各河谷平原，水化学类型属于重碳酸氯化物钙钠、重碳酸氯化物钙镁、氯化物碳酸钠钙型水。

低山丘陵区基层裂隙水，化学类型主要为碳酸钙钠和重碳酸钙型水。矿化变为 0.168~0.37 克/升。

兴城市曹庄——望海一带沿海因地下水过量开采，致使海水倒灌，面积达 71.2 平方公里，近年采取有效措施加以控制。

### 兴城市主要流域水质类型

表 2-2-2

| 流域 | 地区 | 水质类型 |
|---|---|---|
| 兴城河 | 华山 | 重碳酸钙钠型水 |
| | 钓鱼台 | 重碳酸氯化物钙钠型水，重碳酸钙钠型水，氯化物重碳酸钙钠型水 |
| | 曹庄 | 重碳酸氯化物钙钠型水，氯化物重碳酸钙钠型水，氯化物钠型水，碳酸钙重钠型水 |
| | 羊安 | 重碳氯化物钙钠型水，氯化物重碳酸钙钠型水，氯化物钙钠型水 |
| | 元台子 | 重碳酸钙钠型水 |
| | 白塔 | 重碳酸钙钠型水，重碳酸氯化物钙钠型水 |

续表 2-2-2

| 流域 | 地区 | 水质类型 |
| --- | --- | --- |
| 兴城河 | 红崖子 | 重碳酸钙钠型水，重碳酸氯化物钙钠型水，重碳酸钙镁型水 |
| | 宁远 | 重碳酸氯化物钙钠型水 |
| | 郭家 | 重碳酸钙钠型水 |
| | 旧门 | 重碳酸钙钠型水 |
| 烟台河 | 沙后所 | 氯化物重碳酸钙钠型水，重碳酸氯化物钙钠型水，重碳酸钙钠型水 |
| | 望海 | 重碳酸氯化物钙钠型水，重碳酸钙钠型水，氯化物重碳酸钙钠型水 |
| | 东辛庄 | 重碳酸氯化物钙钠型水，重碳酸氯化物钙镁型水，氯化物重碳酸钙钠型水 |
| | 南大山 | 重碳酸氯化物钙钠型水，氯化物重碳酸钙钠型水 |
| | 碱厂 | 重碳酸氯化物钙钠型水，重碳酸钙型水，重碳酸镁化物钠钙型水，重碳酸钠镁型水 |
| | 海滨 | 氯化物硫酸钙钠型水，氯化物硫酸钠型水，重碳酸氯化物钙钠型水 |
| 六股河 | 刘台子 | 重碳酸氯化物钙钠型水，重碳酸钙镁型水，重碳酸氯化物，氯化物钙型水 |
| | 大寨 | 重碳酸氯化物钙钠型水，重碳酸氯化物钠钙型水，氯化物重碳酸钙钠型水 |
| | 围屏 | 重碳酸钙钠型水，重碳酸氯化物钙钠型水 |
| | 三道沟 | 重碳酸钙钠型水，重碳酸钙镁型水 |
| 女儿河 | 药王 | 重碳酸氯化物钙钠型水，重碳酸钙镁型水，重碳酸钙型水 |

## 第四节　矿产资源

兴城地区处于绥中凸起北部边缘，构造岩浆活动强烈，深变质岩带发育，为各种矿产资源富集提供良好的地质条件。特别是境内西部能源、多金属、贵金属及非金属矿产资源比较丰富。其中，能源矿产有煤、铀、地热；金属矿产有铅、锌、铜、钼、金、银、铁、锰；贵金属矿产主要是金矿；冶金、建材、化工用非金属矿产有大理石、重晶石、硅石、长石、石灰石、耐火土（黏土）、白云石、石墨、石棉、磷、硫、石英（水晶）、花岗岩等，储量十分丰富，品位和理化指标均达到工业开采标准。

### 能源

**铀矿**　420 铀矿床，位于双树乡东窑一带，属碳硅泥岩型。矿床产于长城系常州沟组石英沙岩中，受层位与岩性控制与有机质、泥质、黄铁矿关系密切，矿体最大埋深 160 米，一般 70~80 米。20 世纪 70 年代后期掘尽闭坑。

**煤炭**　分布在于华山街道境内榆树沟、头道沟、二道沟一带。区内含煤地层为古生界的石炭系和二叠系的太原组和山西组。煤系地层主要岩性为粉沙岩、页岩夹铝土质页岩，煤系地层厚度 89~180 米。煤质为无烟煤，灰分较高，储量约 380 万吨。2000 年后期因资源整合而停采。

### 有色金属

**铅锌** 分布在旧门满族乡老岭沟、疙瘩沟、草白岭及松树峁东、西山，郭家镇驴皮沟，药王满族乡立兴店，华山街道九龙山，高家岭满族乡朝阳寺山等。矿体产于石灰岩与花岗岩的接触带，有大小矿带百余条。

旧门满族乡是兴城境内铅锌矿主要产地，探明储量超过 10 万吨，年产矿石量 1 万吨。矿石品位铅最高达 10.56%，锌 1.11%，有大小矿床百余条，最长 200 米，宽 1~5 米。华山街道九龙山铅锌矿，地质储量 3 万吨。品位含铅 6.82%、锌 11.12%、铜 1.63%。矿体长 15~150 米，宽 0.5~0.76 米。高家岭满族乡朝阳寺山探明矿体 10 条，个别矿脉与萤石、重晶石伴生。

**铜** 分布在旧门满族乡民主村，郭家镇陈家屯，围屏满族乡麻家沟，南大山满族乡夹山、北大山，高家岭满族乡树林子、裴家沟，红崖子满族乡黑凤山、新四台，白塔满族乡白塔峪。以民主村和北大山铜矿储量较丰富。

**钼** 主要分布在药王满族乡的铁炉沟，郭家镇任虎沟、老虎沟、白庙子、陈屯、岳家沟，碱厂满族乡大苏家屯、薛家屯，华山街道张家屯、赵屯等。其中，以老虎沟、铁炉沟储量较丰富。

郭家镇老虎沟钼矿，有 24 条矿化点，长 64~640 米，宽 0.3~3 米，地质储量 101 万吨。平均品位 0.09%。药王满族乡铁炉沟钼矿，含钼石英矿脉 43 条，长 25~600 米，宽 0.2~8 米。碱厂满族乡薛家屯含钼石英脉 3 条，长 100~500 米，钼平均品位 0.11%。

**金银** 主要分布在旧门满族乡、红崖子满族乡、郭家镇、华山街道等铅锌矿及旧门满族乡铜矿中，最高含金量 3 克/吨，含银量 30 克/吨。郭家镇老虎沟金矿，最高含金量为 15 克/吨。南大山满族乡北大山铜矿，最高含金量 12 克/吨，品位不稳定。红崖子满族乡团山子金矿一号矿体平均厚度 9.77 米，平均品位 3.05×10–6；二号矿体平均品位 4.22×10–6。

**铁锰** 铁矿主要分布在药王满族乡冠山沟，红崖子满族乡团山子等处。铁矿床多为赤铁矿、磁铁矿、镜铁矿及褐铁矿。境内锰矿主要在魏家屯一带，为北西走向，最长达 1000 米，宽 0.5~5 米，品位为 25%~35%。

### 非金属

非金属矿藏主要包括冶金辅助材料、化工原料、建材及其他非金属矿产，在境内分布较广。

### 冶金辅助材料

**耐火黏土** 分布在华山街道榆树沟，化学成分为钙化镁（MgCa），是生产水泥的主要原料，也是钢铁冶炼的优质耐火材料。

**白云石** 分布在药王满族乡，是耐火、冶金溶剂和化工原料。

**萤石** 境内有分布，尚未开发。

### 化工原料

**磷灰石** 也称蛇纹石，分布在华山街道下长茂和王家沟一带。主要用于烧制陶镁、磷肥。储量 21 万吨，品位 2.7%。

**重晶石** 分布在高家岭满族乡朝阳寺山、大寨满族乡花营、药王满族乡莲蓬沟一带。含化学成分为二氧化硅（$SiO_2$）< 2.5%，三氧化二铝（$Al_2O_3$）< 2.0%，三氧化二铁（$Fe_2O_3$）< 1.5%，硫酸钡

（$BaSo_4$）< 85%。储量较丰富。

朝阳寺山重晶石矿，矿体在花岗岩中及接触带附近，有大小矿脉 40 条，全长 3500 米。其中最长矿脉长达 800 米，宽 2.4 米。平均品位 40%~50%。莲蓬沟重晶石矿，有大小矿脉 10 余条，最长 400 米，宽 1~2 米。花营晶石矿脉长 300 米，宽 0.2~1.2 米，品位硫酸钡 3%~10%。

### 其他

**石灰石**　主要分布在华山街道榆树沟，旧门满族乡草白沟，药王满族乡叶屯、五股泉、六家子，白塔满族乡塔沟，郭家镇魏屯一带。为奥陶系石灰石矿层，厚度稳定，质量好。含化学成分为：硫酸钙（$CaSo_4$）8.5%，氧化钙（CaO）5.7%~7.12%，氧化镁（MgO）1.38%~1.56%,二氧化硅（$SiO_2$）6.12%~7.52%。地表露头良好，覆盖层薄，适于露天开采。是生产水泥、白灰的主要原材料。

**硅长石**　主要分布在元台子满族乡姜女、白马石村，华山街道下长茂河，四家屯街道周家、纪家村，东辛庄镇英茂山，白塔满族乡塔沟，郭家镇大盘岭，南大山满族乡等地。

**大理石**　主要分布在三道沟满族乡河东、西门、下黑沟一带。长 8 公里，宽 500 米，地质储量 1 亿立方米以上。品种多，花色全。有红、白、灰、绿、黄、黑、蓝、紫色等，质地细，光泽性好。旧门满族乡刘屯对面山上也有一定储量。

**花岗岩**　主要以大青山为中心，分布在三道沟、高家岭、红崖子、旧门、南大山、海滨、药王及菊花岛等乡镇。为重要的建筑材料。

**石墨**　矿床主要分布在药王满族乡立兴店，郭家镇西盘岭、李良峪等地。立兴店有 3 层矿体，长 90~400 米，宽 0.2~12 米。为电极铸造的主要用料。

**石棉**　分布在华山街道榆树沟，郭家镇陈家屯一带。纤维柔软，耐高温，耐酸碱，是热和电的绝缘体。长纤维可做防护用品，短纤维可做建筑材料。

**水晶**　分布在药王满族乡北部马道岭。水晶为乳白色，透明至半透明，规格为 1×3~3×6 厘米。

## 第五节　地热资源

兴城地层多为沉积岩、火山岩和火山喷射岩，境内有 3 个硫磺层，并以水为介质把热带到地表，形成 2 个地热水源地，即兴城温泉和高家岭汤上温泉。

### 温泉

**兴城温泉**　位于兴城古城东南 2.5 公里，距兴城海滨 4 公里，为兴城旅游风景区的中心腹地。

兴城温泉为地下熔岩作用形成的天然矿泉。泉水清澈透明，无色无臭，水温 67℃左右，PH 值为 7.4，比重为 1.006，属于低温弱碱性氯化钠矿泉。按照国家医用温泉水标准，兴城温泉属氡水、硅酸盐水、氯化物温泉和高温温泉。由于氟离子含量较高，达到氟温泉的医疗标准。具有很高的医疗价值，主要适应症有运动系统，包括慢性风湿症关节炎、类风湿关节炎、肌纤维组织炎（风湿痛）、外伤后遗症、骨关节炎、大骨节病、颈椎病、肩周炎、腰肌劳损、腰肌膜炎等；消化系统包括慢性胃炎、胃及十二指肠溃疡、胃下垂等；神经系统包括各种神经痛、末梢神经炎、末梢神经麻痹；皮肤科有银屑病、慢性湿疹、皮肤瘙痒等；妇科疾病有附件炎、盆腔炎等。

据辽宁省水文地质一大队勘测，兴城温泉水资源十分丰富，构造范围 4 平方公里，出水量总计可达 5000 吨/日，中心泉井在张作霖别墅院内。

**汤上温泉** 位于高家岭满族乡汤上村，距兴城市区 57 公里。地层处于六股河附地与洪积扇裙交接部分，上属第四系沉积物，主要是黄、黄褐色亚黏土，下为前震旦系混合花岗岩。地质构造属山海关古道隆起中的东西向断裂带与北东向断裂带交会地段，泉区存在北西、北东两组断裂，前者为张性断裂，后者为压性断裂。热水贮存于混合花岗岩中的断裂破碎带内。上涌的第四系孔隙水在浅部产生 0.216 平方公里面积的地热异常区，形成温泉。

汤上温泉水温 52℃~58℃，含钾、钠、钙、镁、氡、镭等 30 多种矿物质和稀有元素，对疱疹、湿疹、牛皮癣、瘙痒症、关节炎、类风湿及软组织损伤等病症有较好的预防和治疗效果。

## 兴城温泉化学成分

表 2—2—3

| 分析项目 | | 毫克/升 | 分析项目 | 毫克/升 |
|---|---|---|---|---|
| 阳离子 | $K+Na^+$ | 1054.09 | 总硬度 | 24.25 |
| | $Ca^{2+}$ | 475.95 | 暂时硬度 | 0.60 |
| | $Mg^{2+}$ | 6.08 | 永久硬度 | 23.65 |
| | $Fe^{3+}$ | 0.14 | 负硬度 | 0.00 |
| | $Fe^{2+}$ | 0.06 | 总碱度 | 0.60 |
| | $NH_4$ | <0.02 | 矿化度 | 4190.34 |
| | $Cu^{2+}$ | 0.016 | 游离 Co2 | 5.28 |
| | $Pb^{2+}$ | 0.256 | 耗氧量 | 1.31 |
| | $En^{2+}$ | 0.056 | 溶解氧 | 2.20 |
| | $AL^{3+}$ | <0.004 | Sio2 | 100.00 |
| | $Mn^{2+}$ | 0.12 | 铀（U） | $5\times10^{-7}$ |
| | $Cr^{+6}$ | <0.004 | 钍（Th） | $<5\times10^{-7}$ |
| | $Mo^{+5}$ | 0.04 | 镭（Ra） | $1.53\times10^{-7}$ |
| | $Cd^{2+}$ | 0.024 | 氡（Rn） | 13.5A/e |
| | $Ni2^+$ | 0.20 | PH 值 | 7.3 |
| 阴离子 | $Hg^{2+}$ | 0.001 | — | — |
| | $CL^-$ | 2137.64 | — | — |
| | $Hco_3^-$ | 36.61 | — | — |
| | $No_2^-$ | 0.02 | — | — |
| | $No_3^-$ | 0.08 | — | — |
| | $F^-$ | 2.40 | — | — |
| | $Po_4^{-3}$ | <0.10 4208.64 | — | — |

# 第六节　风能资源

有效风能风速为 3~20 米/秒。兴城市地处“辽西走廊”及沿海地带，属北温带季风区。据气象观测资料，由于受狭管效应和海陆温差的影响，全区风速随季节变化比较明显，历年春季风速大，次数多，平均风速 3.9 米/秒，风向多偏南，频率为 18%，是风能利用的最好时段。夏季平均风速 2.7 米/秒，次数少，频率为 21%；秋季平均风速 2.6 米/秒，偏西北风，频率 13%；冬季平均风速 2.7 米/秒，多偏西北风，频率 12%。风速一般白天大于夜间。

兴城地区年平均风速为 3 米/秒，全年累计大于 3 米/秒风速的时数为 4555 小时，频率为 60% 左右，风能密度为 95.2 瓦/平方米，风能资源比较丰富，有一定的开发利用价值。

# 第七节　海洋资源

兴城海域 15 米等深线以内浅海面积 83333 公顷，滩涂面积 7872.67 公顷。兴城河、烟台河、六股河等 8 条主要河流直接流入渤海，陆地上大量营养盐类被河水带入浅海，因而浅海里的饵料生物丰富，适宜多种海洋生物生长。

## 浅海水产

兴城浅海水产资源主要有：鱼类 82 种（其中主要经济鱼类约 20 种左右）、头足类 5 种、虾蟹类 15 种、海蜇 2 种。在鱼类中，以近海底层鱼类为主，中上层鱼类次之。从温度生态类型看，以适暖温、广温性鱼类居多，约占 69.97%；暖水性次之，约占 24.39%；冷温性最少，仅占 5.64%。

浅海水产资源包括浅海游泳生物资源和底栖生物资源两部分。其中浅海游泳生物以鱼类和头足类为主，共 104 种。

**鱼类** 兴城海域鱼类主要有：梭鱼、鲈鱼、鲻鱼（白眼）、牙平鱼（偏口鱼）、黄姑鱼、舌鳎鱼（鳎板鱼）、燕点马鲛鱼（燕鱼、鲅鱼）、鲐鱼（台鲅鱼）、骨董鱼、石首鱼（白密子）、鲳鱼（镜鱼）、鲆鲽鱼（鲆鱼）、青鳞鱼（青皮子）、短鳍尉鱼（箭头鱼）、缘鳍马鱼（牛鱼）、条文东方豚鱼（花腊鱼）、鲷（雕）鳓鱼、鳘子鱼、面条鱼、大头宝、黄鲫鱼（油扣鱼）、钢占鱼、青条鱼、齐嘴鱼（吹火筒）、扔巴鱼、海鲇鱼（海黏扔巴）、棒子鱼、带鱼（裙带、刀带）、海泥鳅等。

**头足类** 乌贼（墨斗鱼、墨鱼）、章鱼（八爪鱼）、短蛸、长蛸、枪乌贼（鱿鱼）、双喙耳乌贼、曼氏无针乌贼。

**虾蟹类** 虾类有：对虾、毛虾、脊尾白虾、狗虾、弹虾（大爪虾）、爬虾（皮皮虾、虾蛄）、红虾、乌虾、长臂虾、褐虾、糠虾等。蟹类有：三疣梭子蟹（梭子蟹、枪蟹、海螃蟹、海蟹、飞蟹）、日本蟳（赤甲红、花盖、海蟳、石蟹）、红夹蟹、鬼头蟹。

**海蜇类** 有海蜇、沙蜇等。

**贝类** 有经济价值的贝类主要有：赤贝、杂色蛤、文蛤、四角蛤蜊、蛤子、青蛤、魁蚶子、毛蚶子、柴贻贝、玉螺、兰蛤、缢蛏、竹蛏、牡蛎、海螺、栉孔扇贝等 20 多种。

**其他类** 海龙、海马、海猪、海狗、海豹、沙蚕、海参等。

兴城海域渔业资源中，除贝类、毛虾、青虾、蟹类、梭鱼等少数鱼虾类外，大多数经济鱼虾属洄游性鱼类。以黄海、渤海洄游性鱼类为主，其越冬场所在黄海中部、南部，春季洄游到沿海各河口繁殖、生长，冬季再回到越冬处。由于过渡性捕捞和海水污染，一些经济价值较高的鱼类如刀鱼、小黄鱼、快鱼几乎绝迹，鲅鱼、鲳鱼等数量减少，难以形成鱼汛。

浅海底栖生物156种，经济价值较高的有：毛蚶、红螺、虾姑、鹰爪虾、密鳞牡蛎、日本蟳、海胆、刺参等。

按动物学分类，软体动物51种，约占32%；甲壳类43种，占27%；多毛类34种，约占21%；棘皮动物23种，约占15%；其年均生物量为28.5克/平方米，平均个体密度约为23个/平方米。优势种为密鳞牡蛎和细雕刻肋海胆。

底栖生物群落结构，季节性变化不甚明显，随水温变化和生长期不同，做一些水平迁移或变动。

由于掠夺性捕捞和环境污染，兴城浅海有经济价值贝类和海珍品资源破坏严重，毛蚶、魁蚶、杂色蛤等，自然储量很少，无法规模生产，刺参十分少见。取而代之的是经济价值不高的细雕刻肋海胆。

### 潮间带生物

兴城有浅海面积83333.3公顷，滩涂面积7872.67公顷，资源面积651公顷，滩涂坡缓，三大河流淡水注入多，潮流畅通，多为优质滩，适宜潮间带类生长。

通过曹庄、海滨等2个乡镇海区资源调查表明，曹庄海区潮间带大型底栖生物31种，主要是刺沙蚕、多齿围沙蚕、矮拟帽贝、滩栖螺、菲律宾哈仔、寄居蟹、日本大眼蟹、相守蟹和海豆芽、中华青蛤、兰蛤、黄海葵、疣吻沙蚕、索沙蚕、扁玉螺和美人虾。生物密度216.4个/平方米。其中：多毛类13.8个/平方米，占6.4%；单壳类93.4个/平方米，占43.2%；双壳类99.6个/平方米，占46.0%；甲壳类4.4个/平方米，占2%；海豆芽4.8个/平方米，占2.2%；其他0.4个/平方米，占0.2%。

曹庄海区生物量为172.74克/平方米，其中多毛类2.5克/平方米，占1.5%；单壳类27.94克/平方米，占15.9%；双壳类134.22克/平方米，占77.7%；甲壳类4.61克/平方米，占2.7%；海豆芽3.38克/平方米，占2.0%；其他0.04克/平方米，占0.2%；双壳类（瓣鳃类软体动物）是曹庄海区潮间带优势类群，优势种为菲律宾哈仔（南方称花蛤，辽宁称蚬子、杂色蛤，山东称蛤蜊）。

海滨海区潮间带底栖生物与曹庄海区相同。生物密度为56.9个/平方米，生物量37.03克/平方米；单壳类（人腹足类软体动物）为优势类群,优势种为滩栖螺和织纹螺。

兴城海域潮间带大型底栖生物数量分布：

长山寺潮间带生物量平均值为193克/平方米，优势种寻氏肌蛤,占76%。一般种类有海豆芽、沙蚕、海丝螺。

曹庄老滩潮间带生物量226克/平方米，优势种寻氏肌蛤，占77%。一般种类有大蚧海豆芽、青蛤、础蛤。

觉华岛西滩潮间带生物量7克/平方米，优势种大眼蚧，占50%。一般种类有海豆芽、沙蚕。

钓鱼台南滩潮间带生物量33克/平方米，优势种大眼蚧，占43%。一般种类有蝎螺、织纹螺、沙蚕。

兴城海域潮间带生物172种、动物65种。其中环节动物23种，占35.38%；软体动物18种，占27.69%；节肢动物20种，占30.18%；其他动物5种，占7.69%。

藻类 107 种，占 62.21%。其中硅门藻 90 种，占 84.11%；甲门藻 10 种，占 9.35%；其他藻类 7 种，占 6.54%。

各类生物量春季大于秋季，泥沙滩生物量最多，砾石滩最少，中潮区生物量最高，高潮区最低，不论何种滩质，贝类均占优势。

### 滨海矿沙

兴城矿沙是滨海地带由于河流、波浪和海流的作用，使重矿物聚集而形成，沿海岸有大量的矿沙可供利用。主要产区曹庄、沙后所、刘台子、海滨等乡镇沿海。

### 滨海盐业

兴城海岸线曲折，沿海滩涂宽广平坦，气候温和，年蒸发量大，海水含盐度高，沿海许多地方均可晒盐，兴城境内沿海盐滩面积 1074.15 公顷。2010 年末，共生产海盐 37200 吨，2012 年，生产海盐 1200 吨。

## 第八节　生物资源

### 野生动物

按动物地理分布，兴城市处于华北、蒙新、东北 3 个动物地理区系的延续交汇地带，由于区域内生境复杂，地貌特殊，具有野生动物物种多样性、遗传多样性和生态多样性的特点。为野生动物栖息繁衍创造良好的环境。境内陆生野生脊椎动物共有 477 种，其中属国家重点保护动物 101 种，属省重点保护动物 100 种；有重要经济科研价值的野生动物 276 种。

**哺乳类**　境内哺乳动物共有 7 目 16 科 58 种，其中狐狸等种为珍稀动物。主要有狼、狍子、狐狸、獾子、黄鼬、貉、山兔、田鼠、松鼠、家鼠、刺猬、蝙蝠、山狸子等。

**鸟类**　境内有各种鸟类动物 387 种。其中大山雀为国家一类保护动物；苍鹰、雀鹰为国家二类保护动物。

兴城境内鸟类中有留鸟 12 种、候鸟 22 种、旅鸟 26 种。主要有猫头鹰、山鹰、雀鹰、野鸡、喜鹊、鸽子、乌鸦、燕子、大雁、山雀、铁雀、鹌鹑、窜鸡子、三道眉、啄木鸟、沙溜子、黄雀、英莺鹤、野鸭、鸳鸯、鱼鹰等。杜鹃（斑鸠、布谷）、红尾白劳、黄鹂（黄雀）、戴胜（嗅咕咕）、全腰燕（工燕、家燕）、白腰雨燕、红隼。百灵、噪花子、画眉、腊嘴、红靛颏、蓝靛颏等。鹌鹑、白领鸻、石鸡、山斑鸠、灰斑鸠、小沙百灵、家鸽、大山雀、沼泽山雀、金翅、凤头白灵等。

**爬行类**　爬行动物有 23 种，主要有蛇、龟、蜥蜴、壁虎、蝎子、蜈蚣、蚰蜒、土鳖、蜗牛、蚯蚓、水蛭等。

**两栖类**　两栖动物 9 种，主要有林蛙、蟾蜍、青蛙、雨蛙、螃蟹等。

**鱼类**　兴城地区拥有丰富的河流和海洋资源，各种鱼类约有 110 多种，其中淡水鱼类有鲤鱼、鲫鱼、白鲢、草鲩、白漂、鲶鱼、泥鳅、花鱼等。（海洋鱼类见第七节海洋资源）

**昆虫类**　森林昆虫在我国虽然不属于野生动物的范畴，但是昆虫在野生植物和野生动物的生态环境中起着重要的作用。全市共有森林昆虫 9 目 65 科 226 种。主要有蚂蚱、蟋蟀、蝴蝶、蜘蛛、蝼蛄、蝉、蚜、蛾、蜂等。

## 野生植物

在植物区系上，兴城市处于华北植物区系内，有长白植物区系和内蒙古植物区系的侵入。由于气候、地势及地理位置等因素的影响，兴城市的植物种类复杂、资源比较丰富。全市共有野生植物113科507属1097种。

**木本类** 乔木有银杏、红松、赤松、獐子松、白皮松、落叶松、红皮云杉、臭松、圆柏、杜松、龙柏、侧柏、小青杨、小叶杨、山杨、银白杨、毛白杨、钻天杨、箭杆杨、健杨、沙豆杨、晚花杨、旱柳、龙须柳、垂柳、白杞柳、胡桃楸、核桃、枫杨、白桦、榛子、赤杨、蒙古柞、辽东柞、栓皮柞、板栗、春榆、翅春榆、裂叶榆、刺榆、小叶朴、蒙古桑、山里红、山楂、鲜梨、杜梨、山丁子、合欢、怀槐、刺槐、槐树、龙爪槐、苦参、紫藤、黄菠萝、香椿、臭椿、小叶黄杨、唐槭、鼠李、酸枣、山葡萄、籽椴、糖椴、水曲柳、花曲柳等。灌木有荆条、杜鹃、紫穗槐等。

**药用类** 该类野生植物的根、茎、叶、花、果实、种子均含有一定量的药用成分，经济价值较高，而且分布广，数量多。主要有桔梗、柴胡、半夏、黄芩、黄精、紫草、玉竹、麻黄、知母、山豆根、升麻、丹参、拳儿参、防风、地榆、赤芍、远志（光棍草）、天南星、白头翁（和尚头）、天葵（星星）、白薇、白蔹、百合、地黄、延胡索、附子、板蓝根、威灵仙、苦参、草乌、狼毒、茜草（拉拉藤）、商陆、贯仲、菖蒲、菖根、萱草、银柴胡、苍术、漏芦、薤白、芦根、大蓟、蒲公英、地丁、木贼（节骨草）、石苇、刘寄奴、徐长卿（蛇痢草）、土三七、五加皮、秦皮、老鹳草、青蒿、艾蒿、藿蒿、茵陈、卷柏、铜丝草、益母蒿、透骨草、马齿苋、浮萍、败酱草、萹蒿、萹蓄草、薄荷、鹅不食草、翻白草、瞿麦（石竹花）、藜芦、豨莶草（黏不粘）、牛膝、王不流行、五味子、马兜铃、地肤子（扫帚菜）、白蒺藜、仙鹤草、荆芥、葫芦巴、瓦松、枸杞、黄柏、血见愁、山药、生地、黑芝麻、灵芝、山川柳、茺蔚子、车前子、葶苈子、胡麻子、苦丁香、短梗五加、甘草、东北黄蓍、茴香、山芍药、兴安白头翁、草乌、黄花马头、忍冬、马勃、槲寄生、玄参、阴行草、莨菪、北苍术、旋夏花、列当、白屈菜、龙葵、兔儿伞、酸模、山皂荚、盐肤木等。

**纤维类** 该类植物的根、茎、叶、皮含有一定的数量纤维，经加工处理后提取的野生纤维，可作为纺织和造纸原料。

常见的纤维植物主要有罗布麻、南蛇藤（明开夜合）、蝎子草、紫椴、蒙椴、扁担木、月苋草、春榆、家榆、刺槐、大叶朴、山纤麻（野天麻）、茜草（拉拉藤）、桑马蔺、马蔺、马兰、核桃楸、枫杨、野豆麻、粉葛藤、水蒿、臭蒿、蒙古蒿、白茅、芨芨草、萝藦、宽叶香蒲、绒毛胡枝子、细叶胡枝子等。

**油脂类** 该类野生植物的根、茎、叶、种子含有油脂。境内常见有榛子、苍耳（老苍子）、山毛桃、白蒿、白苏、小花鬼针草、腺茎毒行菜、狼把草、豨莶、月苋草、盐蒿、碱蓬、地肤、车前、益母蒿、兰萼香茶菜、忍冬、桃叶、卫茅、菥蓂、胡枝子（苕条）、地榆（马虎冬）、皱叶酸模、荠萱、分叉蓼、斩龙剑、掐不齐、东北铁线莲、大叶铁线莲、卷萼铁线莲、大叶糙苏等。

**淀粉类** 境内有猕猴桃（软枣）、菱角、秋胡子、芡实、繁穗苋（西风谷）、穿叶蓼、本氏蓼、白蔹、荠苨、欧李、风稗（水稗）、穿龙薯蓣、山枣、山杏、山丁子、毛樱桃、山葡萄、荆三棱、悬钩子、打碗花等。

**芳香类** 境内有玫瑰、刺玫蔷薇、黄刺玫、伞花蔷薇、百里香、藿香、野薄荷、黄芩、紫苏、臭冷杉、香薷、香青兰、金挖耳荆条、牡蒿、艾蒿、藁本、紫丹草、胡卢巴等。

**鞣质类**　该类植物的根、叶、皮、果实、壳等含有一定的单宁（鞣质）。境内有辽东栎、蒙古栎、栓皮栎、麻栎、槲树、拢牛苗、兔毛蒿、鼠掌草、落新妇、暴马丁香、榆叶白鹃梅、三裂绣线菊等。

**食用菌类**　灵芝、松蘑、榛蘑、草蘑等。

**野草类**　境内野生草类种类繁多，常见的有野菜类、牧草类和杂草类。

野菜类有苣荬菜、苋菜（仅枝苋）、马齿苋、苦麻菜、猪毛菜、马蔺菜、小根蒜、山韭菜、扫帚菜、羊奶奶菜、抡刀菜、歪脖菜、野茴香、山芋、车轱辘菜、蒲公英、盐吸菜、山白菜、笔头菜、胡绿豆、水芹、地肤、荠菜、藜蕨。

牧草类有禾本科植物有荩草、羊草（碱草）、披碱草、白羊草、稗草、大叶章、画眉草、虎尾草、隐子草、马唐、早熟禾、狗尾草、野古草、黄背草、野黍、紫黍、紫荻、大油芝、拂子草；豆科植物有野大豆、山野豌豆、野苜蓿、白花草木苋、兴安胡枝子、山扁豆、山黧豆。莎草科有羊胡苔草、宽叶苔草、三棱草等。

杂草类主要有小蓟、萎萎菜、风毛菊、黄蒿、铁秆蒿、盐吸菜等。

**有毒类**　主要有草乌、杜鹃、白头翁、石龙芮、白屈菜、毛毒芋、天仙子、龙葵、曼陀罗等。

# 第三章　自然灾害

兴城市地处中纬度地带，气候特征明显，因受西太平洋季风影响，时有干旱、洪涝、大风、冰雹等自然灾害发生。春秋季易发生大风、大雾、寒潮等灾害。夏季易发生洪涝、雷暴、冰雹灾害。

## 第一节　干旱

兴城地区干旱比重较大，几乎年有发生。气象资料统计，1986~2012 年，兴城境内共发生旱灾 18 次，旱灾频率为 68%。

**春旱**　多发生在每年 4 月上旬至 6 月中旬大田农作物播种、出苗和生长前期（苗期）。降水量少于 55~60 毫米，造成春旱。兴城境内春旱（底墒雨≤40 毫米和春雨≤60 毫米）8 年一遇。轻春旱（前冬 10 月~当年 3 月总降水量≤120 毫米）4 年一遇。1986~2012 年，共发生春旱 5 次，频率 18.5%，约 5 年一遇。

春旱以围屏、南大山、碱厂等满族乡一带最重，发生频率 45%以上，围屏满族乡达 50%以上。约 2 年一遇。沿海平原和六股河两岸较轻，频率 35%，约 3 年一遇。

**夏旱**　夏旱也称“伏旱”，发生在 6 月下旬至 8 月上旬，降水分别小于 46 毫米、120 毫米，持续时间较长造成伏旱。1986~2012 年，境内共发生伏旱 9 次，频率 33%，约为 3 年一遇。

境内曹庄镇和南大山、围屏、三道沟等满族乡一带丘陵地区较为严重，频率 20%以上，约 5 年一遇；沙后所镇和望海、大寨、高家岭等满族乡一带频率 20%以下，5~6 年发生一次，西北部山区较轻，频率10%。

**秋旱** 秋旱也称“秋吊”。发生在8月中旬至9月上旬，降水量少于60毫米或连续两旬小于20毫米，影响大田作物正常成熟，造成粮食减产歉收，故农民称秋旱为“掐脖旱”。1986~2012年，兴城境内共发生秋旱4次，频率为15%，约6~7年一遇。

境内西北部山区秋旱严重，频率达50%上，三道沟满族乡一带达60%，东南沿海平原和六股河一带较轻，频率20%以下。

## 灾情

兴城地区以春旱最多，伏旱次之，秋旱最少。大多数年份均有不同程度的旱情发生，给农业生产造成不同程度灾害。

1987年5月中旬，全市出现倒春旱，使物候期推迟10天以上。6月中、下旬，7月中旬至8月上旬先后出现两次干旱时段。尤其是最后时段，一个月时间兴城地区仅有2次大于20毫米的降水，境内西南地区、西北山区旱象更为严重，农作物受旱灾面积3000公顷，绝收1000公顷。

1988年，4月、5月播种期雨量偏小、零散，春旱严重，给春播造成极大困难。全市大部分农田均抗旱播种。直到5月24日才降第一场10毫米雨。伏旱时间较长，从7月23日至8月15日，23天内只降2次1毫米小雨。旱情严重，时值庄稼抽穗和灌浆时节，致使高粱、玉米抽不出穗或灌浆不足，籽粒不饱满，造成严重减产。西部地区在伏旱严重期间，庄稼枯萎，有的旱死，造成绝收。

1992年，前春较旱，3月、4月份总降水量20.5毫米，给春播造成不利。但5月5~6日降79.7毫米透雨，对晚播作物和早播作物发芽十分有利。6~8月份降水量少，造成长时间大面积严重干旱（伏旱），农作物在生长关键期均未得到充足水分，尤其是灌浆期。8月5~31日，26天总降水量6.5毫米。严重秋吊（秋旱）致高粱、玉米等作物抽不出穗或灌浆不足，籽粒不饱满，造成严重减产；部分山区，有的庄稼主秆旱死，颗粒无收。

1993年，伏旱和秋吊严重，7月30日~9月21日共54天无一场大于10毫米降雨。其间正值主要农作物抽穗、灌浆、成粒季节。由于严重干旱，造成严重减产，部分山地绝收。

1999年8月11日~9月30日，整50天内市区没有大于10毫米降水。其中8月中旬、下旬总降水量为13.4毫米，9月份总降水量6.0毫米，造成严重伏旱、秋吊。其间正值农作物灌浆、上粒时节，干旱严重影响籽粒成熟。西部山区更为严重，农作物大面积枯死，高粱、玉米绝收。平原地区农业收成仅为50%~70%，水果大量减产，质量低劣。

2001年4~5月份，降水量为32.1毫米，透雨偏晚，春旱严重，造成大部分农作物不能及时播种。6~7月份气温明显高于常年，降水偏少，严重影响农作物生长发育，各种瘠薄地块，特别是山区因缺水造成农作物干枯死亡。

2002年，全市降水量较常年少229.4毫米。其中7月份降水明显偏少，为26.4毫米，仅为常年的13%，属历史罕见。秋季降水量较常年少27.1毫米，旱情十分严重，造成全市农作物大面积减产，山区人畜饮水困难。

2003年，全市降水偏少，加之6级以上大风日数明显增多，春旱严重。造成许多地块不能播种，部分山区半山区人畜饮水困难。

2009年8月，降水偏少，全市部分乡镇出现旱情。玉米、高粱、大豆、花生、谷子受灾面积为28575公顷，造成减产。

## 第二节　洪涝

1986~2012年，境内共发生大暴雨21次，其中特大暴雨4次。大暴雨频率地域差异不大，东南沿海略多，西部山区稍少，特大暴雨沿海少于山丘地区。

1987年8月19~27日，连降3次暴雨，受灾面积56866公顷，减产面积32333公顷。

1989年7月17~18日，刘台子、望海、海滨等满族乡降大暴雨，雨量120~130毫米，最深处达1.2米。300公顷农田被淹，13.33公顷农田被冲毁，33.33公顷鱼塘被冲垮，1100余米河堤被冲毁，40余户房屋倒塌。

1990年7月29日，全市普降暴雨、大暴雨，雨量达250毫米。河水猛涨、泛滥成灾，市区积水1米多深，造成房屋倒塌，农田被淹，部分公路、通讯中断，沈山铁路兴城段路基下滑，铁路停运。

1991年7月28日晚~29日晨，兴城境内降几十年罕见大暴雨。来势急，时间短，雨量大，洪水泛滥成灾。全市受灾面积达9860公顷，绝收2680公顷；倒塌房屋2144间，803户无居处居民得到临时安置。全市经济损失达6384万元。

1994年9月4日，境内东半部出现大暴雨，雨量达120毫米。羊安、红崖子满族乡达125毫米，部分险旧房屋损坏，晚秋作物被淹，田间大量积水，给秋收、秋运造成极大困难。

1995年7月25日2时~26日2时，24小时内全市普降大暴雨。雨量均达100毫米以上，部分房屋受损，河边及洼地农田被淹。

1997年8月21日，兴城地区普降大暴雨，降雨量最高达200毫米以上，市区达134.3毫米。倒塌房屋60多间，全市因灾损失2亿元。

2000年8月9~10日上午，全市普降大暴雨，24小时降水量在200毫米以上，刘台子满族乡、东辛庄镇降水量达370毫米，是兴城地区自1935年有气象资料记载以来日降雨量最大的一次。冲毁虾地、养鱼池塘58个，333公顷。冲毁盐池666.67公顷，成品盐损失1万吨。倒塌房屋783间，牲畜死亡200头。全市受灾面积达1426公顷，水淹面积289公顷，损失果树600株，冲断桥梁19座。

2005年8月13日，药王满族乡冯屯、金家、六家子、三头、丁家、立兴等村遭到暴风雨袭击，持续2小时内降水量在100~150毫米，农作物倒伏及水淹492公顷，房屋倒塌88间，损坏树木800余棵，落地果10万公斤，冲断公路20公里。

2006年，兴城地区暴雨2次。6月29日，特大暴雨给全市带来严重自然灾害。全市0.8万公顷农田被冲毁，10768户居民家中进水，房屋倒塌235间，冲毁院墙5300米，冲毁河堤56处、防洪堤62公里、桥涵34处，冲毁方塘12座、塘坝12座，冲毁船只4艘。3.57公里交通道路、0.6公里输电线路、612个大棚、4.1万株林木、7台电机、114吨水泥均受损。死亡6人，失踪1人。

2010年，全市温度、光照、水条件配置失衡，气候变化异常，年平均气温较历年偏低0.8℃，降水量偏多，出现特大暴雨有害天气。7月20日~8月20日，境内出现4次强降水，特别是8月4~5日出现历史罕见的特大暴雨，降雨量达327.4毫米，突破历史极值，给全市造成严重经济损失。受灾乡镇27个，受灾人口11.56万人，倒塌房屋5093间，转移人口10358人，直接经济损失6.02亿元，农林牧渔业直接经济损失2.79亿元，工业、交通运输业直接经济损失1.46亿元，水利设施直接经济损失1.48亿元，地区直接经济损失0.27亿元。

2011年，全市总降水量为561.0毫米，较常年少30.1毫米。全年共出现4次大于50毫米的降水天气过程。7月20日、21日、25日、26日，雨量分别为61.9毫米、55.4毫米、77.3毫米、75.1毫米。4次暴雨由于提前预报，提前预防，全市无经济损失。

2012年，全市总降水量为838.8毫米，较常年多256.6毫米。全年共出现3场大于50毫米的降水。7月有1次暴雨天气，降水量为74.3毫米，8月有2次暴雨天气，降水量分别为59.9毫米、85.5毫米。其中8月2日、4日暴雨成灾，造成大棚倒塌2965栋，大田受灾22446.63公顷，农作物倒伏1897.66公顷，大田绝收2976.55公顷。养殖业：圈舍倒塌22170平方米，围墙倒塌3272米。林业：林木87760株，林地310.33公顷。海洋渔业：冲毁海水鱼塘53.33公顷，淡水鱼塘78.66公顷，码头坝墙300米，渔船3艘。水利设施：堤坝决口1100米，堤防损坏70500米，护岸16处，方塘86个，塘坝43个，机电井424眼。交通设施：各级公路154公里，桥涵128座。房屋：倒塌2450间，损坏8613间。全市直接经济损失3.63亿元。

## 第三节　风灾

兴城境内大风3~5月份较多，其中4月份最多；7~9月份最少，但风力较大，破坏性较强。

大风地理分布：三道沟、药王、碱厂、旧门等满族乡山区大风较少，平原开阔地带如沙后所、东辛庄、市区较多，海上风力更大的觉华岛，大风日数量是兴城市区3倍以上。境内龙卷风主要发生在兴城市区、羊安、红崖子一带。

1987年8月26日，暴雨大风使全市大部分地区受灾，农作物倒伏严重，受灾面积56866公顷，减产32333公顷。

1990年9月16日16时，双树乡韩家沟和七五四矿区遭受龙卷风袭击，造成1600公顷农作物倒伏，数千公斤苹果被刮落，66千伏电线被刮断，直接经济损失约5.6万元。

1997年8月21日，海上第11号台风进入渤海湾后，袭击陆地，风速达7~8级，瞬间达到9级，海上最大风速10级以上。钓鱼台海边6只大小渔船在大风浪中互相碰撞而损坏，全市大部分地区即将成熟的果实被刮落，农田作物被大风刮倒，造成严重减产；房屋倒塌60多间。全市受灾，经济损失达2亿元。

2005年，兴城地区7级以上大风日数为6天。同时伴随大暴雨，造成较大自然灾害。

## 第四节　冰雹

冰雹是局地性灾害天气，山区地形对降雹影响明显，故山地多于平原，秃山裸峰区多于林区，处于低山区的三道沟、药王、旧门等满族乡及丘陵山区的元台子满族乡受灾频率较高，几乎年年有冰雹，严重影响山区农业生产。

兴城境内冰雹形成路径主要有2条：一条起源于葫芦岛杨家杖子矿区，入境后在九龙山阻隔下分两股，一股向沿海一带移动，另一股沿山脉西麓向黑凤山，直插拣金沟。路经白塔、元台子、钓鱼台、双树、华山、红崖子等乡镇街道，来势较猛，危害严重。另一条起源于建昌县，由五顶山、火石岭一带入境，沿山谷向压儿山、大面山移动；后分两支，一支向黑凤山，直插拣金沟，另一支越过压儿山进入郭家镇山区，直奔丘陵区碱厂一带。越过五顶山后向西移动，沿老黄顶西麓向三道沟移去，形成路径较长，危害面积大，直接危害药王、三道沟、郭家、旧门、华山、碱厂等山区地带。

1986~2012 年，兴城境内共降冰雹 11 次，农作物受灾面积 1.33 万公顷。

兴城地区降雹最早出现在 3 月 20 日，最晚 10 月 21 日。成灾冰雹次数十分集中，6~9 月份占 95%。其中 6 月下旬~8 月上旬降雹次数最多，降雹趋势春季多于秋季。

1987 年 7 月份，发生 3 次冰雹，其中 7 月 4 日、31 日冰雹严重，9 个乡镇受害面积 12000 公顷，农作物绝收 2000 公顷。

1988 年 6 月 15 日，曹庄、羊安 7 个村遭冰雹，受灾面积 66.67 公顷。1990 年 6 月 9 日 13~14 时，冰雹自西向东袭击建昌、绥中、连山、兴城。9 月 16 日，冰雹再次袭击兴城，部分农田受损。

1992 年，先后遭受 2 次冰雹袭击。第一次发生在 4 月 5 日，因春耕尚未大面积开始，未造成灾害。第二次发生在 6 月 29 日，市郊和温泉、钓鱼台、四家屯等街道均遭不同程度雹灾。主要受害作物是农田和大棚蔬菜。

1995 年 6 月 23 日，市区西南部半山区降雹达 5 分钟，雹径最大 21 毫米，平均重 3 克，羊安、红崖子满族乡部分村屯受灾严重。

1996 年 6 月 22 日 18~20 时，药王满族乡遭雹灾。7 月 6 日 17~18 时，围屏满族乡遭雹灾，损失 156 万元。

## 第五节　霜冻

兴城境内初霜期一般出现在 10月上旬，终霜日期一般出现在 4 月中下旬。无霜期年均 173 天，提前出现霜冻率 60%，拖后结束霜冻率 40%。5 月上旬出现霜冻，对农作物及林果业危害极大。

1987 年 5 月中旬，出现倒春寒，使物候期推迟 10 天以上，影响农作物正常播种。

2005 年 5 月初，温度降至 4℃以下，境内果树受灾，花果被冻落地，林果受灾面积 400 多公顷，造成减产 50%以上，部分果树绝产，秧苗、蔬菜受冻面积颇大，直接造成经济损失数百万元。

## 第六节　虫灾

兴城地区主要害虫为黏虫、夜盗虫、红蜘蛛、蚜虫、棉蚜、花生蚜、玉米螟、高粱蚜、造桥虫和三代黏虫。时有发生的虫害有杨干透越蛾、梨园蚧、杏仁蜂、柳干吉厂虫、美国白蛾、苹果小吉丁虫、侧柏金银蛾、侧柏林柏毛虫。

1989 年，三道沟、药王、碱厂等满族乡的刺槐、核桃、山楂、杏树同时遭木撩蝼、黄刺蛾危害，虫株率 75%，叶后被食 70%以上，受害面积 1333 公顷。

兴城境内蔬菜种植面积较大。露地蔬菜虫害主要有菜青虫、菜蛾、棉铃虫、红蜘蛛、豆荚螟、猿叶虫，美洲斑潜蝇等；大棚蔬菜害虫主要有蚜虫、白粉虱、潜叶蝇、蓟马、菜黄蛾，红蜘蛛等。

采取生物、物理、化学防治方法相结合，防治效果达90%以上，减少损失30%~40%。

1995年发现美洲斑潜蝇危害豆科、茄科、葫芦科等蔬菜，在叶内钻蛀隧道，叶后被害率达60%以上。通过综合防治，危害有所减轻。

2000年始，对蔬菜虫害以生物物理防治方法为主、化学防治为辅。通过综合防治，绝大多数蔬菜虫害得到有效控制。对林业虫害实行生物防治。至2010年，生物防治面积44000公顷，砍伐清理死树3万株。

## 第七节　暴雪

兴城境内自1986~2012年间，发生雪灾3次。

1993年4月10日夜，全市普降大雪，并伴有大风，降雪量达12.7毫米，气温急剧下降，出现明显反冻现象，地面最低温度4.7℃，大棚蔬菜遭受严重冻害。

2007年3月4日，兴城地区普降暴雪，风力达8~9级，使地面雪深不均，兴城市气象站雪深17厘米，降雪较大的旧门满族乡雪深27厘米，市内雪深最深处达120厘米。暴雪造成局部停电、停水、交通受阻。房屋倒塌6户11间，险房58户156间，畜禽受灾25万只；蔬菜、渔业大棚倒塌3900个，总面积200公顷；食用菌受灾1417平方米。其中棚菜受灾损失3324万元，设施受损2060万元，死亡1人。

2010年1月1日，全市普降大暴雪，市郊降雪达16.7毫米，积雪深度为13厘米。暴雪造成塑料大棚倒塌、毁坏，直接影响棚菜生产，给菜农带来严重经济损失。

## 第八节　赤潮

1998年8~10月，渤海海域发生大规模赤潮。在菊花岛附近海面形成两条长约60公里、宽约40公里的赤潮带，总面积达3000平方公里，给沿海海洋渔业造成重大损失。

## 第九节　海冰

兴城海域结冰期较长，一般从11月下旬开始结冰，直到次年4月中旬结束。最初结冰日沿海为11月中旬。最晚终冰日一般在4月下旬。全市平均结冰日数为149天。最多结冰期为158~174天。

海冰随气温下降，冰层增厚，气温回暖时常形成浮冰、冰凌、冰川。兴城市海冰灾害的重点地区是觉华岛，海冰封海造成岛上与陆地交通中断，给岛上居民的生产生活造成一定影响，出现“跑冰”现象。

2010年1月20~23日，受强冷空气影响，渤海海冰范围明显增长。辽东湾最大岛屿——菊花岛（今觉华岛）提前一个月遭遇冰封，岛上部分居民生活受到影响。许多居民出现过冬物资短缺和饮水、取暖、医疗、出行等困难。菊花岛被冰封后，岛上3000多名居民的生活引起国务院领导高度重视，当即做出批示，要求采取有力措施保障岛上群众正常生活。在国务院、省、市各级领导的高度重视下，各基层组织采取有效措施，岛上居民正常生活未受影响。

# 第三篇 人口民族

## 第一章 人口

人口是综合多种社会关系的社会实体。1986年以后，随着改革开放，兴城经济社会的不断发展，人民生活水平的不断提高，兴城市的人口总量、人口分布、人口结构以及由此产生的社会活动、社会关系和社会现象也相应地发生重大变化。

### 第一节 人口总量

1986年，兴城县共有在籍129333户，总人口497862人。其中，男253895人，女243967人。

1990年7月1日，全国第四次人口普查统计，兴城市总户数增加到143693户，总人口520854人，其中，男265137人，女255717。人口总数比1986年增加22992人，增加幅度为4.62%。

2000年，全国第五次人口普查，以11月1日零时人数为准，兴城市共158589户，总人口524527人。其中男265137人，女254960人。

2004年，是兴城市历年人口总量最高的年份，全市总户数增加到189066户，总人口增加到557151人，其中男285589人，女271562人。

2005年末，全市总户数185590户，总人口556888人，其中男284815人，女272073。人口总数比2004年减少263人。

2006年，全市总户数187616户，总人口549166人，与2005年相比，减少7722人。

2008年，全市总人口554272人，比2007年增加2092人。

2010年，兴城市居民总户数169851户，总人口551167人，其中男281119人，女270048人；全市人口比2009年减少4790人。

2012年，全市总户数194574户，总人口548193人。其中男280161人，女268032人。

1986~2012年，兴城县（市）纯增加人口85946人，平均每年增加3183人。

## 第二节　人口变动

兴城市人口变动主要是人口出生、死亡的自然变动，以及人口迁移、行政区域调整等的机械变动。

### 自然变动

**出生**　1986年，兴城县人口总数为497862人，其中当年出生9491人，出生率为19.06‰。

1987年，兴城市出现新中国建国后第三个出生高峰期，全市总人口增加到506804人，其中当年出生人口10243人，出生率为20.21‰。

1996年，全市人口总数为543756人，当年出生人口6908人，出生率为12.70‰，比1995年人口出生率提高0.42‰。

1997年以后，全市人口出生呈下降趋势。年内，人口出生5152人，出生率为10.09‰，比1996年减少2.60‰。2011年和2012年，人口出生率最低，分别出生3209人和3230人，出生率分别为5.82‰、5.89‰。

**死亡**　20世纪80年代初期，由于受生活和医疗条件限制，兴城县年死亡0.3~0.35万人，死亡率在6.0‰~8‰之间。1986年以后，随着人们生活水平的提高和医疗条件的改善，死亡率明显降低，年死亡人口在0.25~0.31万人之间，死亡率在5.8‰以下。其间，1986年死亡2533人，死亡率为5.09‰；2006年死亡3182人，死亡率为5.79‰，是死亡率最高的年份。

2011年，死亡2312人，死亡率为4.20‰。

2012年，死亡2617人，死亡率为4.77‰。

**自然增长**　1986年以后，兴城地区的出生人口一直多于死亡人口，自然增长率为正数。

1986~1992年，全市年纯增人口0.25~0.27万人，自然增长率为10.09‰~13.97‰；1991~1996年，年纯增人口0.26~0.28万人，自然增长率为0.67‰~0.79‰；1998~2008年，10年间纯增人口30024人，自然增长率为3.74‰~4.93‰。

人口自然增长率最高年份是1987年的14.92‰，最低年份是2011年和2012年，分别为1.62‰、1.12‰。

### 机械变动

20世纪80年代初期，随着城市工业化、城市化进程加快，人口机械变动随之发生变化。兴城人口机械变动主要是公职人员工作调动、婚嫁迁移、征兵退役、大中专招生和毕业分配等常态化变动，事件性变化不大。2000年前后，由于大规模城市建设、水利设施建设、工业项目建设等，发生移民和户籍迁移，但基本属于兴城行政区划内调整。

2007年，辽宁省人民政府《关于同意调整葫芦岛市部分行政区划的批复》（辽政〔2007〕100号），将兴城市双树乡及所属的双树、东碇山、兴北、老和台、东窑5个村共3358户，7668人划归葫芦岛市龙港区，兴城市户籍人口随之发生变化。年末，兴城市总户数190133户，总人口552180人。

2012年，全市共迁入人口3672人，其中省外迁入人口1016人。迁出人口共5220人，其中迁往省外人口1271人。年末，全市总户数194544，总人口548193人。

## 1986~2012 年兴城市人口变动情况统计

表 3-1-1　　　　单位：人、‰

| 年份 | 总人口 | 自然变动 | | | | | | 机械变动 | |
|---|---|---|---|---|---|---|---|---|---|
| | | 出生人口 | 出生率 | 死亡人口 | 死亡率 | 增加人口 | 自然增长率 | 迁入人口 | 迁出人口 |
| 1986 | 497862 | 9491 | 19.06 | 2533 | 5.09 | 6958 | 13.97 | 11417 | 10666 |
| 1987 | 506804 | 10243 | 20.21 | 2684 | 5.29 | 7559 | 14.92 | 12706 | 11446 |
| 1988 | 512446 | 8050 | 15.71 | 2716 | 5.30 | 5334 | 10.41 | 10069 | 9656 |
| 1989 | 518315 | 8007 | 15.45 | 2777 | 5.36 | 5230 | 10.09 | 11316 | 10626 |
| 1990 | 526162 | 8471 | 16.0 | 2743 | 5.21 | 5728 | 10.89 | 12839 | 10626 |
| 1991 | 529355 | 6843 | 12.93 | 2630 | 4.97 | 4213 | 7.96 | 6559 | 7626 |
| 1992 | 532021 | 7136 | 13.41 | 2731 | 5.13 | 4405 | 8.28 | 11550 | 12964 |
| 1993 | 534232 | 6572 | 12.30 | 2807 | 5.25 | 3765 | 8.05 | 6371 | 7864 |
| 1994 | 538051 | 6464 | 12.10 | 2901 | 5.39 | 3563 | 6.71 | 9616 | 9301 |
| 1995 | 540886 | 6643 | 12.28 | 2674 | 4.94 | 3969 | 7.34 | 5675 | 6783 |
| 1996 | 543756 | 6908 | 12.70 | 2843 | 5.23 | 4065 | 7.47 | 7650 | 8839 |
| 1997 | 545277 | 5501 | 10.09 | 2753 | 5.05 | 2748 | 5.04 | 5570 | 6797 |
| 1998 | 545542 | 5325 | 9.76 | 2634 | 4.83 | 2691 | 4.93 | 3751 | 5406 |
| 1999 | 545684 | 4991 | 9.15 | 2549 | 4.67 | 2442 | 4.48 | 6420 | 8067 |
| 2000 | 546605 | 4799 | 8.78 | 2594 | 4.75 | 2205 | 4.03 | 5256 | 6931 |
| 2001 | 547954 | 5225 | 9.54 | 2862 | 5.22 | 2363 | 4.32 | 6831 | 7845 |
| 2002 | 550353 | 5128 | 9.32 | 2466 | 4.48 | 2662 | 4.84 | 4282 | 4652 |
| 2003 | 553007 | 4766 | 8.62 | 2712 | 4.90 | 2054 | 3.72 | 6737 | 6110 |
| 2004 | 557151 | 4544 | 8.16 | 2381 | 4.27 | 2163 | 3.77 | 9915 | 8166 |
| 2005 | 556888 | 4747 | 8.52 | 2642 | 4.74 | 2105 | 3.78 | 7364 | 9230 |
| 2006 | 549166 | 5085 | 9.26 | 3182 | 5.79 | 1903 | 3.47 | 6414 | 5635 |
| 2007 | 552180 | 5152 | 9.33 | 2858 | 5.18 | 2294 | 4.15 | 9708 | 8988 |
| 2008 | 554272 | 5200 | 9.38 | 3154 | 5.69 | 2040 | 3.69 | 7105 | 7252 |
| 2009 | 555957 | 3403 | 6.12 | 2364 | 4.25 | 1039 | 1.87 | 6262 | 6114 |
| 2010 | 551167 | 3481 | 6.33 | 2549 | 4.63 | 932 | 1.69 | 5635 | 6930 |
| 2011 | 551009 | 3209 | 5.82 | 2312 | 4.20 | 897 | 1.62 | 5839 | 5956 |
| 2012 | 548193 | 3230 | 5.89 | 2617 | 4.77 | 613 | 1.12 | 3672 | 5220 |

## 第三节　人口分布

兴城地区由于地理条件和经济发展影响，人口分布不匀，密度不等。西北部山区人口居住分散，除乡镇驻地和行政村外，居民点多为10余户或几十户的自然村（屯）。兴城城区及平原地带的铁路、公路沿线人口居住较为稠密。温泉街道人口密度最大，每平方公里4994人。华山、羊安、沙后所、东辛庄、刘台子等乡镇，每平方公里在300人以上。碱厂、郭家2个乡镇人口密度最小，每平方公里不足100人。

### 人口分布

1986年，全市总人口497862人。1990年，全市总人口520854人。分布在25个乡镇、5个街道。其中3万人以上的乡镇3个，2万人以上的乡镇3个、街道2个，1万人以上的乡镇17个、街道2个，不足1万人的2个，其中菊花岛乡只有2653人。

2000年，全市总人口546605人。分布在30个乡镇、街道。其中人口超过3万以上的乡镇3个、街道1个，2万以上的乡镇3个、街道2个，1万以上的乡镇15个、街道1个，不足1万的乡镇4个、街道1个。其中居住在城镇的人口14184人，占总人口的25.95%；居住在农村的人口532421人，占总人口的74.05%。

2010年，兴城市总人口551167人。分布在全市20个乡镇、7个街道。人口3万人以上的乡镇3个、街道2个。其中人口最多的是温泉街道，56560人。人口2万人以上的乡镇4个，街道2个。人口在1万人以上的乡镇10个、街道3个，不足1万人的乡镇3个。居住在城市的人口为141113人，占全市人口总数25.60%。居住在乡村的人口为405054人，占74.16%。同2000年第五次全国人口普查相比，城市人口增加22082人，乡村人口减少442人，城市人口比重上升3.15个百分点。

2012年，全市总人口548193人，分布在20个乡镇、7个街道。人口3万人以上的乡镇4个、街道1个。其中人口最多的是温泉街道，44944人。人口超过2万人的乡镇8个，街道4个。人口1万人以上的乡镇19个、街道6个，不足1万人口的乡镇有1个。居住在城市的人口140021人，占总人口的25.54%；居住在农村的人口408172人，占总人口的74.46 %。同2010年相比，城市人口减少1092人，乡村人口增加3118人，城市人口比重下降0.3个百分点。

### 人口密度

1986年，兴城县总面积2147平方公里，平均每平方公里232人。其中，兴城镇人口密度最大，每平方公里19162人，各乡镇人口平均密度为每平方公里211人。

1990年，全市总人口526162人，总面积2147平方公里，人口密度为每平方公里243人，比1986年增加11人，增长4.74%。各乡镇、街道的人口密度差异较大，每平方公里超过1000人的有古城、宁远、城东、温泉和钓鱼台5个街道，其中城东街道人口密度最大，每平方公里4552人。每平方公里在500人以下的有东辛庄等25个乡镇，其中碱厂满族乡每平方公里76人。

2000年，全市总人口524527人，总面积2147平方公里，全市人口密度为每平方公里244人，比1990年增加1人。城区5个街道平均每平方公里3226人，其中宁远街道人口密度最大，每平方公里4675人；各乡镇人口密度平均每平方公里223人，其中碱厂满族乡人口密度最小，每平方公里 65 人。

2010 年，全市总面积 2118.5 平方公里，总人口 551167 人，平均每平方公里 260 人，比 2000 年增加 16 人，增长 6.56% 。古城、城东、宁远、温泉、钓鱼台等 5 个街道为人口稠密区，人口 133285 人，人口密度平均每平方公里 2198 人。华山、四家屯 2 个街道，曹庄、沙后所、东辛庄 3 个镇及红崖子、刘台子、羊安、望海、大寨、海滨 6 个满族乡为人口比较稠密区，人口 263822 人，平均每平方公里 283 人；郭家镇及三道沟、元台子、白塔、南大山、围屏、高家岭、旧门、药王、碱厂 10 个满族乡及菊花岛乡为人口稀少区，人口 154060 人，平均每平方公里 124 人。

2012 年，全市总人口 548193 人，总面积 2118.5 平方公里，平均每平方公里 259 人，比 2010 年减少 1 人，降低 0.39%。古城、宁远、城东、温泉、钓鱼台 5 个街道为人口稠密区，人口132143 人，人口密度平均每平方公里 1972 人。华山、四家屯 2 个街道为人口比较稠密区，人口 262328 人，人口密度平均每平方公里 300 人。

## 兴城市城乡人口分布及密度

表 3-1-2　　单位：人、平方公里

| 乡镇街道 | 1990 年 | | | 2000 年 | | | 2010 年 | | | 2012 年 | | |
|---|---|---|---|---|---|---|---|---|---|---|---|---|
| | 人口 | 面积 | 密度（人/平方公里） | 人口 | 面积 | 密度（人/平方公里） | 人口 | 面积 | 密度（人/平方公里） | 人口 | 面积 | 密度（人/平方公里） |
| 古　城 | 23344 | 8.8 | 2662 | 21287 | 7.35 | 2896 | 28382 | 15 | 1892 | 27085 | 15 | 1806 |
| 宁　远 | 23935 | 10 | 2340 | 28523 | 6.1 | 4676 | 27639 | 10 | 2764 | 27190 | 10 | 2719 |
| 城　东 | 16160 | 9 | 1795 | 15967 | 3.55 | 4498 | 22049 | 23 | 959 | 21930 | 23 | 953 |
| 温　泉 | 19756 | 9.6 | 2064 | 36310 | 13.7 | 2650 | 44478 | 9 | 4942 | 44944 | 9 | 4994 |
| 钓鱼台 | 8455 | 6 | 910 | 9851 | 7 | 1407 | 10737 | 10 | 1074 | 10994 | 10 | 1099 |
| 华　山 | 26930 | 65 | 416 | 22741 | 65 | 350 | 20545 | 66 | 311 | 19973 | 66 | 303 |
| 四家屯 | 6002 | 21 | 287 | 7093 | 20 | 355 | 7828 | 20 | 391 | 7878 | 20 | 394 |
| 曹　庄 | 31522 | 75 | 419 | 35212 | 73.5 | 479 | 36199 | 123 | 294 | 35942 | 125.5 | 286 |
| 羊　安 | 21747 | 80 | 272 | 21795 | 80 | 272 | 21503 | 68 | 316 | 21355 | 68 | 314 |
| 双　树 | 14734 | 60.6 | 243 | 15609 | 60.7 | 257 | — | — | — | — | — | — |
| 元台子 | 19467 | 114.5 | 170 | 18452 | 111.5 | 165 | 18591 | 102 | 182 | 18340 | 102 | 180 |
| 白　塔 | 12792 | 81.5 | 157 | 11836 | 68.1 | 174 | 12053 | 76 | 159 | 12286 | 76 | 162 |
| 沙后所 | 31587 | 75.8 | 417 | 31553 | 75.8 | 416 | 40948 | 110 | 372 | 40794 | 110 | 371 |
| 望　海 | 19858 | 81.2 | 244 | 18942 | 81.4 | 233 | 20518 | 77 | 267 | 20370 | 77 | 265 |
| 东辛庄 | 31030 | 83 | 372 | 34434 | 83.6 | 412 | 32250 | 83 | 389 | 31721 | 83 | 382 |
| 刘台子 | 14577 | 40.5 | 360 | 13533 | 40.4 | 335 | 14747 | 46 | 321 | 14997 | 46 | 326 |
| 大　寨 | 22211 | 84.8 | 262 | 22061 | 84.8 | 260 | 23385 | 84 | 278 | 23281 | 84 | 277 |

续表 3-1-2

| 乡镇街道 | 1990 年 | | | 2000 年 | | | 2010 年 | | | 2012 年 | | |
|---|---|---|---|---|---|---|---|---|---|---|---|---|
| | 人口 | 面积 | 密度（人/平方公里） | 人口 | 面积 | 密度（人/平方公里） | 人口 | 面积 | 密度（人/平方公里） | 人口 | 面积 | 密度（人/平方公里） |
| 南大山 | 13396 | 84 | 160 | 12349 | 83.7 | 147 | 21709 | 119 | 182 | 21771 | 119 | 183 |
| 闻　家 | 14385 | 70.5 | 204 | 13090 | 70.5 | 186 | — | — | — | — | — | — |
| 围　屏 | 13410 | 112 | 120 | 12311 | 112.4 | 110 | 13525 | 113 | 120 | 13405 | 113 | 119 |
| 高家岭 | 15159 | 86 | 176 | 14590 | 86.2 | 169 | 15856 | 77 | 206 | 15860 | 77 | 206 |
| 碱　厂 | 12474 | 164 | 6571 | 10579 | 163.1 | 65 | 12074 | 150 | 80 | 11934 | 150 | 80 |
| 三道沟 | 18694 | 169 | 110 | 17453 | 169.9 | 103 | 19554 | 160 | 122 | 19690 | 160 | 123 |
| 拣　金 | 11404 | 71.1 | 159 | 10786 | 71.9 | 150 | — | — | — | — | — | — |
| 红崖子 | 16471 | 81 | 203 | 15923 | 81 | 197 | 30301 | 147 | 206 | 30134 | 147 | 205 |
| 郭　家 | 16002 | 80 | 213 | 9728 | 105.7 | 92 | 10638 | 117 | 91 | 10496 | 117 | 90 |
| 药　王 | 17087 | 138.4 | 123 | 15803 | 138.4 | 114 | 16624 | 134 | 124 | 16485 | 134 | 123 |
| 旧　门 | 10932 | 99 | 110 | 9685 | 83.3 | 116 | 10147 | 74 | 137 | 10152 | 74 | 137 |
| 海　滨 | 14680 | 70.6 | 208 | 14200 | 56.2 | 253 | 15598 | 81 | 193 | 15883 | 81 | 195 |
| 菊花岛 | 2653 | 15 | 177 | 2831 | 20.59 | 137 | 3289 | 22 | 150 | 3303 | 22 | 150 |
| 合　计 | 520854 | 2147 | 243 | 524527 | 2147 | 244 | 551167 | 2116 | 260 | 548193 | 2118.5 | 259 |

注：1990 年、2000 年为人口普查数；2010 年、2012 年为年末统计数。

# 第四节　人口构成

根据人口构成因素的特点和作用，兴城地区人口构成分为人口自然构成和人口社会构成两大类。人口构成是人口总体内部的各种属性特征的数量和比例关系。它反映地区人口的质量（素质）和经济发展水平。一般包含人口的年龄、性别、职业、文化和城乡分布等内容。

## 自然构成

**性别构成**　1986 年，兴城县总人口为 497862 人，其中男性 253895 人，占总人口的 51%；女性 243967 人，占总人口的 49%，男性比女性多 9928 人。男、女性别比（以女性为 100）为 104.07:100。其中 14 岁以下低年龄男女比例为 104.24:100，男性多于女性。

1990 年 7 月 1 日，全国第四次人口普查统计，兴城市总人口 520854 人，其中男性 265137 人，占总人口的 50.9%；女性 255717 人，占总人口的 49.1%；男性比女性多 9420 人。男女性别比为 103.68:100，男性较 1986 年下降 0.1 个百分点。

2000 年 11 月 1 日零时统计，全市总人口 524527 人，其中男性 269567 人，占总人口的

51.39%；女性 254960 人，占总人口的 48.61%，男性比女性多 14607 人。男女性别比为 104.77：100，男性较第四次全国人口普查时上升 0.49 个百分点。

2010 年，全市总人口为 551167 人，其中，男性为 281119 人，占总人口的 51.0 %；女性为 270048 人，占总人口的 49.0 %。总人口性别比由 2000 年的 104.77:100 下降为 103.60:100。

2012 年全市总人口 548193 人，其中男性 280161 人，占总人口的 51.11%；女性 268032 人，占总人口的 48.89%，男性比女性多 12129 人。男女性别比为 104.53:100，比 2010 年上升 0.93 个百分点。

**年龄构成** 1990 年 7 月 1 日统计，全市总人口 520854 人，其中 0~14 岁 121441 人，占总人口的 23.32%；15~49 岁 310002 人，占总人口的 59.52%；50~64 岁 55273 人，占总人口的 10.61%；65 岁以上 34138 人，占总人口的 6.55%。全市人口年龄结构特点是中青年人口高度集中，少年人口有所下降。人口年龄结构属于成年型。

2000 年 11 月 1 日统计，全市总人口 524527 人，其中 0~14 岁 107689 人，占总人口的 20.53%，较 1990 年相比，下降 2.79 个百分点；15~49 岁 305364 人，占总人口的 58.22%；较 1990 年下降 1.3 个百分点；50~64 岁 68227 人，占总人口的 13.01%；较 1990 年上升 2.4 个百分点；65 岁以上 43158 人，占总人口的 8.23%，较 1990 年上升 1.68 个百分点；随着生活条件、医疗条件改善，人口平均寿命延长，全市人口自然增长率呈逐年下降，老年人比例逐渐上升趋势。

2010 年，全市总人口 551167 人，其中 0~14 岁人口 81360 人，占总人口的 14.26%，同 2000 年相比，下降 5.27 个百分点。15~49 岁人口 383421 人，占总人口的 69.57 %，较 2000 年上升 11.35 个百分点；50~64 岁人口 81395 人，占总人口的 14.77%，较 2000 年上升 1.76 个百分点；65 岁以上 54421 人（其中 100 岁以上人口为 9 人），占人口的 9.87%，较 2000 年上升 1.64 个百分点。

2012 年，全市总人口 548193 人，其中 18 岁以下人口 101360 人，占总人口的 18.49 %；18~35 岁人口 148204 人，占总人口的 23.39%；35~60 岁人口 228969 人，占总人口 41.76%；60 岁以上人口 89660 人，占总人口的 16.35%。百岁老人 16 人，其中女性 10 人。

## 社会构成

**文化构成** 1990 年，全市 6 岁及 6 岁以上人口 470343 人，其中，不识字或识字很少 61865 人，占 6 岁以上人口的 13.15%；具有小学以上文化程度的人口共 408478 人，占 86.85%；文化程度（包括各类学校毕业生、肄业生和在校生）分别为：具有大专（含大学以上）文化程度的 4374 人，占小学以上文化人口的 1.07%；高中（含中专）文化程度的 39526 人，占 9.68%；初中文化程度的 164117 人，占 40.18%；小学文化程度的 200461 人，占 49.08%；

全市文化构成的基本特点是男性高于女性，城市高于农村，文化水平呈不断提高趋势。与 1982 年第三次人口普查数据相比，全市总人口每千人中拥有大学文化程度的人数由 3 人增加到 8 人；具有高中（含中专）文化程度人数由 73 人增加到 76 人；具有初中文化程度的人数由 236 人增加到 315 人；具有小学文化程度的人数由 400 人减少到 385 人。

2000 年，全市 6 岁及 6 岁以上人口 478350 人，占总人口的 91.2%。其中，不识字或识字很少 35864 人，占 6 岁以上人口的 7.5%；具有小学以上文化程度的人口共 442486 人，占 92.5%。按受教育程度分：具有大专（含大学）文化程度的 11504 人，占小学以上文化程度的人口的 2.6%；高中（含中专）文化程度的 34869 人，占 7.88%；初中文化程度的 206370 人，占 46.6%；小学文化程度的 189743 人，占 42.88%；不识字或识字很少 35864 人，占 7.5%。全市总人口每千人平均拥有大专（含大学）文化程度 23 人，高中（含中专）92 人，初中 415 人，小学 382 人。

2010 年，兴城市全市 6 岁及 6 岁以上人口 514827 人，其中，具有小学以上文化程度的 500802 人。按文化程度，具有大专（含大学以上）文化程度的人口为 36018 人；占小学以上文化人口的 7.19%，比 2000 年增长 4.59 个百分点；高中（含中专）文化程度的为 50699 人，占 10.12%，比 2000 年增长 2.24 个百分点；初中文化程度的为 262782 人，占 52.47%，比 2000 年增长 5.87 个百分点；具有小学文化程度的为 151303 人，占 30.21%，比 2000 年减少 12.67 个百分点。

全市不识字或识字很少的有 14025 人，占 6 岁以上人口的 2.72%，比 2000 年减少 17475 人，下降 4.78 个百分点。每千人中具有大专（含上学以上）文化程度的人口由 2000 年的 23 人上升为 66 人；中学文化程度的人口由 502 人上升为 573 人；小学文化程度的人口由 382 人下降为 277 人。

**行业、职业构成** 1986 年，国有在岗职工 19060 人，集体职工 11590 人。教职员工 5123 人，卫生技术人员 1645 人。

1990 年，兴城市在业人口 310367 人，占 15 岁以上人口的 77.7%。在 13 大类行业中，行业构成按第四次全国人口普查数据，农、林、牧、渔、水利业 230763 人，占在业人口的 74.35%；从事工业生产的 31316 人，占在业人员总数的 10.09%；地质普查和勘探业 619 人，占 0.20%；从事建筑业 3774 人，占 1.22%；从事交通运输、邮电通讯业 5375 人，占 1.73%；从事商业、公共饮食、物资供销和仓储业 14927 人，占 4.81%；从事房地产管理、公共事业、居民服务和咨询服务业 3243 人，占 1.04%；卫生、体育和社会福利事业 6559 人，占 2.11%；教育、文化、艺术、广播电视事业 6653 人，占 2.14%；科学研究和综合技术服务事业 639 人，占 0.2%；金融保险业 1256 人，占 0.4%；党政机关和社会团体 5090 人，占 1.64%；其他行业 154 人，占 0.05%。

2000 年，全市在业人口 286392 人，占总人口的 54.6%。行业分类 16 个，行业构成按第五次全国人口普查 10%抽样范畴数据，农、林、牧、渔业 21202 人，占 74.45%；采掘业 128 人，占 0.45%；制造业 1812 人，占 6.36%；电力、燃气及水的生产和供应业 147 人，占 0.52%；建筑业 627 人，占 2.20%；地质勘察业、水利管理业 24 人，占 0.08%；交通运输、仓储及邮电通信业 844 人，占 2.96%；批发和零售贸易、餐饮业 1264 人，占 4.44%；金融、保险业 166 人，占 0.58%；房地产业 29 人，占 0.10%；社会服务业 309 人，占 1.09%；卫生、体育和社会福利业 583 人，占 2.05%；教育、文化艺术及广播电影电视业 714 人，占 2.51%；科学研究和综合技术服务业 87 人，占 0.31%；国家机关、党政机关和社会团体 531 人，占 1.86%；其他行业 11 人，占 0.04%。

2010 年，全市在业人口 271174 人，占总人口的 49.20%。行业构成按第六次全国人口普查 10%抽样范畴数据，农、林、牧、渔业 17086 人，占 63.01%；采掘业 58 人，占 0.22%；制造业 2305 人，占 8.58%；电力、燃气及水的生产和供应业 153 人，占 0.57%；建筑业 1434 人，占 5.34%；地质勘察业、水利管理业 121 人，占 0.45%；交通运输、仓储及邮电通信业 1232 人，占 4.59%；批发和零售贸易、餐饮业 2097 人，占 7.80%；金融、保险业 281 人，占 1.05%；房地产、卫生、体育和社会福利业 421 人，占 1.56%；教育、文化艺术及广播电影电视业 774 人，占 2.88%；科学研究和综合技术服务业 80 人，占 0.29%；国家机关、党政机关和社会团体 699 人，占 2.60%；其他行业 284 人，占 1.06%。

**农业、非农业构成** 兴城市为农业市（县），从户口性质看，农业人口多于非农业人口，而非农业人口大部分居住在城区和乡镇驻地。

1986年，兴城县农业人口408078人，占人口总数的81.97%；非农业人口89784人，占总人口的18.03%。

1990年7月1日全国第四次人口普查统计，兴城市农业人口418470人，占总人口的80.34%；非农业人口102384人，占总人口的19.66%。

2000年，兴城市总人口546605人，其中农业人口401672人，占总人口的76.58%；非农业人口122855人，占总人口的23.42%。全市总人口比1990年增加20443人，农业和非农业比例变化较大。其中农业人口比1990年减少16798人，非业农人口比1990年增加20471人，增加3.02%。

2010年，兴城市总人口551167人，其中农业人口416566人，占总人口的75.58%，非农业人口134601人，占总人口的24.42%。

2012年，兴城市总人口548193人，其中农业人口416566人，占总人口的75.58%；非农业人口134601人，占总人口的24.23%。

# 第二章　计划生育

依照国家及省、市有关人口和计划生育工作的方针政策，兴城县（市）人民政府及人口和计划生育工作部门，坚持对全县（市）人口和计划生育工作进行指导、检查、督促，协调有关单位组织实施全民性的计划生育宣传教育工作，引导群众树立科学、文明、进步的生育观念。组织开展计划生育技术服务工作，有效推进全市计划生育和优生优育工作的深入开展。

## 第一节　机构队伍

1986年，兴城县计划生育委员会为兴城县计划生育管理机构。在县直机关、企事业单位、学校建立计划生育领导小组，各乡镇设置计划生育办公室，配备专职计划生育助理、办公室主任和计划生育宣传统计员。各村、街道居委会选配一名妇女干部具体做计划生育工作。

1987年1月，兴城县计划生育委员会更名为兴城市计划生育委员会。同年8月，兴城市计划生育协会成立。按照“计生协会建在村（居）委上，活动落实到组上，作用体现在联系户上”的要求，全市在基层建立计划生育协会334个。

1989年始，在全市建立2453个计划生育中心服务户。每个中心户推选一名有文化、有威望、有组织能力的育龄妇女作为户长。

1995年5月，兴城市计划生育委员会更名为兴城市计划生育局。2000年，依照辽宁省计划生育委员会、辽宁省人事厅《关于禁止非医学专业人员进入计划生育技术服务岗位的通知》，为各乡镇服务室配齐妇检员。2003年，对全市妇检员进行业务培训，合格后持证上岗。

2004年3月，兴城市计划生育局更名为兴城市人口和计划生育局，增设流动人口管理办公室。

年内，对中心户长实行“乡聘村管组用，工资统发”。

2006年，增设计划生育执法监察大队。2012年，精简中心户长人数，兴城市共有计划生育中心户528户。年末，兴城市人口和计划生育局下辖宣传教育站、药具站、计划生育服务站3个事业单位。全市形成完整的计划生育管理体系。

## 第二节　宣传教育

1986年始，兴城市计划生育宣传站配备电视机、VCD、DV、录像机、照相机、摄像机等宣传设备，建立一支600名城乡计划生育宣传员队伍。并有计划的举办计划生育骨干培训班，利用计划生育宣传周及各种会议，培训计划生育骨干。

1993年，兴城市计划生育委员会与兴城市报社、兴城人民广播电台、兴城电视台联合开办《人口与经济》《人口与计划生育》等专栏，定期宣传人口理论和计划生育政策。

1999年4月，“婚育新风进万家”活动在兴城拉开帷幕。2001年，兴城市计划生育局与葫芦岛市计划生育委员会宣传站联合录制《新风尽染古城青》宣传片，反映兴城市“婚育新风进万家”活动所取得的成绩。

2002年9月1日，《人口与计划生育法》开始实施，兴城市计划生育局以建设新型生育文化为重点，开展计划生育宣传教育工作。2005年，在乡镇集贸市场、交通要道等处设立新型生育文化、科学知识普及宣传画廊，制作计划生育专题片，在兴城电视台播放。

2010年，兴城市人口和计划生育局与兴城市电视台开办《计生视野》专题节目。配合辽宁电视台录制“感动辽宁十佳女孩”吕香凝、吕佳姐妹事迹的专题片；在国道102线两侧建立“国策宣传墙”，在四家屯、钓鱼台等城区街道建立大型人口计划生育公益广告牌。

2012年，为深入宣传计划生育政策，全市乡镇街道建立28所人口学校，在各行政村建立计划生育活动室。通过定期活动，向基层广大干部和育龄妇女宣传计划生育政策法规，提高广大基层计生干部的政策水平和理论水平。

## 第三节　设施建设

1986年，兴城县计划生育技术服务站配备X光机、B超机和各种化验设备，设置32张病床，有医护人员15名，为育龄妇女提供安全有效的计划生育服务。1992年，兴城市25个乡镇均建立节育技术服务室，相继配备B超机、消毒锅、手术床等必备医疗设施。

2000年，根据葫芦岛市人民政府《关于加强乡、村计划生育技术服务网络建设的意见》，兴城市203个村委会与村卫生所联合建立村级节育技术服务室。2007年12月，建筑面积1360平方米的兴城市节育技术服务站大楼建成并投入使用。2009年，新建沙后所、羊安、围屏、红崖子、东辛庄、旧门6个乡镇计划生育中心服务所，占地总面积3000平方米，工程总投资240万元。

2010年，全市各乡镇中心服务站配齐B超机、心电图机、血尿分析仪、紫外线消毒车、手术床、无影灯等现代化医疗设备。基本形成以“市（县）站为龙头、中心服务站为基础、乡镇村计划生育服务室为补充、流动服务为纽带”的计划生育技术服务体系。

2011年，兴城市计划生育服务站进行改扩建，被辽宁省人口和计划生育委员会确定为省级计划生育优质服务示范站。2012年，兴城市计划生育服务站引进大型四维彩超设备。大寨、高家岭、南大山、刘台子、药王、海滨6个乡新建计划生育中心服务所。

## 第四节　政策措施

为确保计划生育各项政策、措施落到实处，促进地区人口与经济社会、资源环境的协调发展，兴城市人民政府贯彻落实国家、省、市有关人口与计划生育的法律法规，制定和完善相关管理措施，加强工作协调，综合治理。确保责任到位、措施到位，推动计划生育工作不断取得新进展。

### 目标管理

1986年，依据锦州市计划生育局下达的人口出生指标，结合兴城县结婚人数、结婚时间和育龄妇女普查数据，经综合平衡后制定全县生育计划，下发到乡镇、村（居）、企事业单位。是年，兴城县计划生育率达99.98%。

1987年，兴城市计划生育委员会制定《兴城市计划生育若干问题的规定》，对人口生育计划管理、城镇管理及有关计划生育政策的落实等做出具体规定。

1989年，兴城市推行人口目标责任制，首次在年终政绩考核、评选先进单位中实行计划生育工作“一票否决制”。市、乡、村层层签订目标责任书，明确相应奖惩办法，保证计划生育工作目标的实现。

### 生育管理

**常住人口生育管理**　1994年，兴城市计划生育委员会执行辽宁省计划生育委员会颁发的《生育证管理办法》，清理过期的二胎指标。建立和实行两年内二胎生育指标有效的管理制度，严格执行集体审批有效制度、公开办事制度和“生育证”发放制度。计划生育部门根据育龄夫妇生育愿望与其签订年度计划生育合同，保证生育指标审批和“生育证”发放及时、准确。

1996年，兴城市人民政府制定《贯彻〈辽宁省计划生育条例〉实施办法》，规定男22周岁、女20周岁以上依法确立夫妻关系，要求生育的须向双方单位或村（居）委会提出申请，经女方户籍所在地乡镇街道计划生育部门审查批准，发给准孕通知单、生育证后方可怀孕、生育。

2003年，兴城市计划生育局下发《关于办理生育手续的有关规定》，明确初次生育手续、再生育审批手续的办理程序，同时废止“生育服务证”制度。2010年，兴城市常住人口计划生育管理工作达到规范化、档案化、信息化。

**流动人口生育管理**　1991年12月，依照国家计划生育委员会《流动人口计划生育管理办法》，兴城市实行“双证”（省流动人口计划生育婚育证明，市流动人口计划生育证明）管理。1994年，兴城市人民政府制定《流动人口计划生育管理暂行办法》，明确流动人口计划生育管理工作属地管理原则。建立流动人口计划生育管理档案和管理卡，做到跟踪随访、跟踪服务。

1997年，兴城市制定流动人口外出签证制度和定期反馈制度，对流动人口做到“去向清、底数清、节育措施清及孕情清”。年内，办理外出经商人员签证75个。1999年，制发《兴城市下岗职工计划生育管理暂行办法》《企业法人的计生职责》。

2000年，在兴城籍流出人口聚集的城市建立15个“流动人口之家”，方便流动人口计划生育管理，为流动人口提供生活、生育等服务。

2003年2月，全市育龄妇女流出人员1728人，办理流出人员婚育证明1711人，办证率99%；流入人员877人，办证877人，办证率100%。2007年，兴城市制定流动人口、农民工计划生育管理10项便民维权措施。

2012年，兴城市开展争创“流动人口管理服务示范市”活动。年末，兴城市被辽宁省人口和计划生育委员会、辽宁省综合治理办公室授予“辽宁省流动人口管理服务示范市”。

## 药具管理

1986年，兴城县计划生育药具管理站建立药具管理制度和管理账卡。1987年，改革避孕药具管理办法，实行计划调拨，定量发放，分级管理。兴城市药具站为一级管理，乡镇街道、科局、厂矿为二级管理，行政村、居委会、基层单位为三级管理。

1994年，兴城市实行建立育龄妇女健康卡制度，建卡率95%。1999年，依据《葫芦岛市避孕药具零售管理办法》，加强对全市避孕药具市场的管理，对零售药具网点实行许可证制度。

2000年，在行政村和社区规范使用避孕药具管理手册。2006年，计划生育避孕药具实现“开架式”发放，并为长期使用避孕药具的育龄妇女发放免费避孕药具领取卡，凭卡可在全辽宁省范围内任一药具领取点领取药具。2009年，兴城市人口与计划生育局会同兴城市公安、工商、药监等部门对全市避孕药具市场进行检查，未发现违规销售现象。

2010年，兴城市对计划生育药具供应实行计划免费发放为主，市场零售为辅的“双轨制”。

2011年，药具站对库房进行扩容、改造，推广应用《全国药具管理网络平台》。年末，被辽宁省人口与计划生育委员会授予“药具管理五化示范站”。2012年，为全市行政村（社区）配备避孕药具展示柜。投资20万元，在兴城市妇女儿童医院设药具自动提取机。

## 信息管理

**人口计划统计** 国民经济计划“八五”“九五”“十一五”期间，人口计划主要指标包括总人口、出生人口、人口出生率、自增人口、人口自然增长率5项内容。

1992年，兴城市开展计划生育统计规范化管理年活动，完善计划生育统计工作制度，统一育龄妇女的卡、账、册管理模式，强化统计队伍建设。1993年，在曹庄满族乡进行计划生育统计“一条龙”工作试点，把人口与计划生育统计延伸到中心户，建立由中心户、村、乡、市逐级填报计划生育统计月报制度。1994年，曹庄镇计划生育统计“一条龙”试点经验在全省推广。

为落实辽宁省、葫芦岛市关于解决人口统计工作中瞒报、漏报问题，兴城市开展计划生育人口出生统计质量清查工作。对全市1989~1993年末出生婴儿计划内漏统的406人，计划外漏统的174人，采取相应的补报统计。

**抽样调查** 1995年5月，在全市进行育龄妇女初婚、初育抽样调查，抽查1952~1973年出生的育龄妇女，掌握19~40周岁育龄妇女初婚、初育在人群中所占比重等资料。1997年，国家计划生育委员会将兴城市1%人口抽样调查作为样本，开展育龄妇女生殖保健抽样调查。

2006年10月，在全市范围内开展人口出生普查工作，对2004年10月~2006年10月期间出生的人口进行普查。入户调查5081户，核查育龄妇女5081人，查处违法超生72人。

**信息化建设** 2006年，推广应用“辽宁人口信息管理系统”，实行全员人口信息录入。2012年，实现生育指标审批“独生子女父母光荣证”发放网上办公。

### 行政管理

**依法行政**　1990年4月，兴城市人民政府制定《兴城市计划生育工作暂行方法》，实行计划生育合同公证制度。1991年，兴城市计划生育委员会与兴城市司法局联合制发《关于审批二胎实行计划生育合同公证的通知》，对签订“结扎联户管理合同”“生完二胎后不宜做结扎手术签订不生第三胎联保合同”进行公证。1996年，制定《兴城市计划生育行政执法操作规程》，全市统一行政执法程序和法律文书。

2004年，兴城市人民政府在城区推行社区计划生育管理机制改革、流动人口计划生育管理与服务改革，进一步完善管理工作机制。

2007年6月，开展对违法生育专项整治。2008年，兴城市人口与计划生育局、民政局、公安局、监察局联合制发《关于加强婚姻登记、生育登记、户口登记管理，遏制违法生育，严肃执法监察，搞好社会抚养费征收工作的通知》，规范人口计划生育执法标准，遏制违法生育势头。2012年，开展“阳光计生”行动，规范基层行政执法。

**性别比控制**　1999年7月，按照《辽宁省禁止选择胎儿性别终止妊娠规定》，确定兴城市人民医院、市妇幼保健院、市计划生育技术服务站为终止中期以上妊娠手术定点医院。并规定计划内终止妊娠，必须由县级以上医院出具病志诊断证明，由县级卫生行政部门出具《批准终止中期以上妊娠证明》。计划外妊娠由乡镇人民政府、街道办事处出具《批准终止中期以上妊娠证明》。各级医疗、服务机构在B超室标注“禁止非医学需要鉴定胎儿性别”字样，技术人员进行非医学需要的胎儿性别鉴定，将依据有关法律追究责任。

2003年9月，兴城市成立由公安、卫生、计划生育等13家单位组成的综合治理出生人口性别比失衡问题领导小组，制定《关于专项整治出生人口性别比失衡问题的实施方案》，先后4次对全市出生人口性别比控制工作进行巡回检查，查处违规案件11起，没收B超机5台、手术器械10余套。2005年，兴城市启动“关爱女孩”行动，广泛宣传“以人为本”“男女平等”“生男生女都一样”的新婚育观念，在义务教育、合作医疗、扶贫开发、最低生活保障等方面，制定有利于女孩成长的政策措施。

2010年，全市出生人口男女性别比为111.70:100，略高于正常年水平。2012年，兴城市人口和计划生育局联合卫生局、食品药品监督局、工商行政管理局开展打击“非法鉴定胎儿性别，非法选择性别终止妊娠”的专项整治行动，对医疗卫生单位、计划生育服务定点单位进行抽查，未发现“两非”现象。全年出生人口男女性别比为106.25:100，人口出生性别处于正常状态。

## 第五节　计生服务

1986年以后，随着人们对人口、计划生育和生殖健康观念的转变，兴城市在贯彻计划生育“三为主”方针的同时，坚持以人为本，提供良好的技术服务和社会服务。促进群众整体生殖健康水平的提高和人口与社会的协调发展。

### 技术服务

1986年，农村乡镇多由当地卫生院承担节育手术。1987年后，各乡镇相继建立计划生育服务站，配备专职计划生育技术人员。兴城市计划生育委员会组织专家对全市计划生育技术人员分期进行培训，具备常规性技术操作的计划生育技术人员 100 多人。

1990 年，兴城市计划生育委员会建立孕检证使用管理制度。1991 年，兴城市已婚育龄妇女持证受检 10 万人。1998 年，兴城市计划生育局落实《辽宁省农村地区实现育龄夫妇享有基本生殖保健目标实施方案》，确定实现基本生殖保健服务标准，组建生殖健康服务小分队，下乡为育龄妇女提供生殖保健咨询服务和妇女病的普查及治疗。乡级技术服务人员对符合生育政策的有标待孕、怀孕的育龄妇女建立档案，实施跟踪服务。

2001 年 1 月，《中华人民共和国计划生育技术服务管理条例》颁布实施。全市设免费技术服务定点医院 20 家，有技术服务人员 50 多人。2005 年始，兴城市人口与计划生育局、民政局、卫生局等部门，在兴城市婚姻登记处、助产技术服务单位向新婚夫妇、产妇免费发送科普知识宣传资料、避孕药具和连心卡。

2010 年，实施“金秋工程”，为兴城市 457 例退出育龄期妇女免费摘取宫内节育器。2011 年，兴城市计划生育服务站被辽宁省人口和计划生育委员会确定为省级计划生育优质服务示范站。

## 健康保险

1991 年，兴城市计划生育协会与兴城市人寿保险公司联合开办计划生育系列保险业务。1996 年，在全市范围内开展争创“计划生育红旗协会”活动。至 1999 年，全市共创建计划生育协会“红旗村”100 个、“达标村”240 个。

2008 年，兴城市计划生育协会组织会员为四川汶川地震灾区捐款 30 多万元。

2010 年，兴城市参加计划生育系列保险的育龄妇女达万人，为 500 名出险妇女办理险后理赔。

2011 年，兴城市计划生育协会开展“计划生育协会走进计生特困家庭”活动，走访慰问计划生育贫困家庭 32 户。2012 年，开展对失独家庭紧急救助活动。当年，对 4 户独生子女死亡家庭户进行紧急救助，对 24 个计划生育贫困家庭中应届统招的 5 名女大学生每人发放助学金 1000 元。

## 奖励扶助

1996 年5 月，兴城市实行计划生育“三结合”（计划生育与发展农村经济相结合，与帮助农民群众勤劳致富奔小康相结合，与建设文明幸福家庭相结合）。在红崖子满族乡和刘台子满族乡开展“三结合”试点工作。辽宁电视台播放刘台子满族乡计划生育“三结合”专题片。

2000 年，兴城市 4 万多个计划生育户有致富项目，占农村总户数的 30%。人们的生育观念发生根本性改变，有 1134 对夫妇退掉二胎生育指标。2006 年，实施农村部分计划生育家庭奖励扶助制度。在兴城市居住的农村居民，年满 60 周岁并且只有 1 个子女或两个女孩的家庭可享受奖励扶助，标准为人年均 600 元。

2009 年，奖励扶助标准增至人年均 720 元。实行计划生育特别扶助制度，对独生子女伤残、死亡家庭给予特别扶助，标准为人年均 1200 元。

2010 年，兴城市共有农村计划生育家庭奖励扶助对象 2981 名，计划生育家庭特别扶助对象 132 人，农村享受独生子女父母奖励对象 18333 人，全部足额领到奖励费。2012 年，农村部分计划生育家庭奖励扶助标准增至人年均 960 元。新增农村计划生育家庭奖励扶助对象 1573 人，计划生育特别扶助对象 63 人。全市农村计划生育家庭奖励扶助对象共有 6734 人，计划生育特别扶助对象 282 人。

# 第三章 民族

兴城是多民族聚居地区。中共十一届三中全会以后，兴城市贯彻落实党和国家民族政策，把民族团结作为第一要务，着力在“抓发展、促团结，抓管理、促和谐，抓基础、促规范”上下功夫、求实效，制定并落实一系列民族优惠政策和措施，维护全市民族的和谐稳定，促进民族团结进步事业健康发展。

## 第一节 民族结构

兴城民族人口构成，特别是汉族、满族人口构成起伏变化较大。1986 年，全县总人口 497862 人，共有汉、满、蒙古、回、朝鲜、锡伯、彝、达斡尔、瑶、土家、壮、苗、藏、俄罗斯 14 个民族。其中汉族人口 388615 人，占总人口的 78.06%，少数民族人口 109247 人，占总人口的 21.94%。

1990 年 7 月 1 日，全国第四次人口普查统计，兴城市总人口 520854 人，其中汉族 251916 人，占总人口的 48.37%；少数民族 16 个，人口 268938 人，占总人口的 51.63%。同 1986 年人口数据比较，少数民族人口增加 159691 人，增长 146.10%。除人口自然增长因素外，按有关政策恢复民族成分是主要因素。

2000 年 11 月 1 日，全国第五次人口普查，兴城市总人口 524527 人，其中少数民族增加到 33 个，比 1990 年第四次全国普查时增加傈僳族、佤族、畲族、高山族、水族、纳西族、景颇族、土族、普米族、塔吉克族、塔塔尔族、独龙族、维吾尔族、布依族、白族、哈尼族、哈萨克族 17 个少数民族，人口 296609 人，占全市人口总数的 56.5%。

2010 年，兴城市总人口 551167 人，共有 27 个民族，其中，汉族人口 229965 人，占总人口的 42.10%；少数民族 26 个，人口 316211 人，占全市总人口的 57.9%。少数民族人口中满族人口 311522 人，占全市总人口的 57.04%；蒙古族人口 3750 人，占全市总人口的 0.69%，主要分布在三道沟满族乡和药王满族乡。少数民族人口较少的是傈僳族 1 人、哈尼族 1 人、土族 2 人、仡佬族 3 人、俄罗斯族 4 人、高山族 4 人、侗族 4 人。全市有满族乡 15 个，占乡镇街道数的 55%。民族乡土地面积 1634.9 平方公里，占全市总面积的 77.42%。

2012 年，兴城市总人口 548193 人，共有 33 个民族，其中汉族人口 219123 人，占总人口的 39.97%；少数民族 32 个，人口 329070 人，占总人口的 60.03%。

**兴城市人口民族构成情况**

**表 3-3-1** 单位：人

| 民族类别 | 1986 年 | | 1990 年 | | 2000 年 | | 2010 年 | | 2012 年 | |
|---|---|---|---|---|---|---|---|---|---|---|
| | 人数 | 比例% | 人数 | 比例% | 人数 | 比例% | 人数 | 比例% | 人数 | 比例% |
| 汉族 | 388615 | 78.06 | 251916 | 48.4 | 227918 | 43.5 | 229965 | 42.10 | 219123 | 39.97 |
| 满族 | 107965 | 21.69 | 265255 | 50.9 | 292084 | 55.7 | 311522 | 57.04 | 319883 | 58.35 |

续表 3-3-1

| 民族类别 | 1986 年 | | 1990 年 | | 2000 年 | | 2010 年 | | 2012 年 | |
|---|---|---|---|---|---|---|---|---|---|---|
| | 人数 | 比例% | 人数 | 比例% | 人数 | 比例% | 人数 | 比例% | 人数 | 比例% |
| 蒙古族 | 972 | 0.2 | 3086 | 0.6 | 3406 | 0.6 | 3750 | 0.69 | 4220 | 0.77 |
| 回族 | 166 | 0.03 | 266 | 0.05 | 246 | 0.05 | 296 | 0.05 | 216 | 0.04 |
| 朝鲜族 | 71 | 0.01 | 143 | 0.03 | 442 | 0.08 | 234 | 0.04 | 173 | 0.03 |
| 锡伯族 | 19 | | 57 | 0.01 | 59 | 0.01 | 85 | 0.02 | 71 | 0.01 |
| 彝族 | 14 | | 22 | | 40 | 0.01 | 35 | | 42 | |
| 达斡尔族 | 8 | | 12 | | 16 | | 8 | | 15 | |
| 瑶族 | 7 | | 18 | | 20 | | 24 | | 26 | |
| 土家族 | 7 | | 21 | | 24 | | 51 | | 44 | |
| 壮族 | 7 | | 34 | | 38 | 0.01 | 35 | | 42 | |
| 苗族 | 7 | | 13 | | 32 | | 48 | | 41 | |
| 仡佬族 | | | 5 | | 5 | | 3 | | 4 | |
| 黎族 | | | 4 | | 8 | | 39 | | 102 | 0.02 |
| 俄罗斯族 | 1 | | | | 3 | | 4 | | 2 | |
| 藏族 | 1 | | 2 | | 10 | | 15 | | 16 | |
| 鄂温克族 | | | 2 | | 5 | | 7 | | 9 | |
| 傈僳族 | | | | | 11 | | 1 | | 15 | |
| 佤族 | | | | | 18 | | | | 4 | |
| 畲族 | | | | | 2 | | | | 8 | |
| 高山族 | | | | | 26 | | 4 | | 5 | |
| 水族 | | | | | 1 | | | | | |
| 纳西族 | | | | | 1 | | | | | |
| 景颇族 | | | | | 4 | | | | | |
| 土族 | | | | | 5 | | 2 | | | |
| 普米族 | | | | | 5 | | | | | |
| 塔吉克族 | | | | | 2 | | | | | |
| 塔塔尔族 | | | | | 2 | | | | 1 | |
| 独龙族 | | | | | 26 | | | | | |
| 维吾尔族 | | | | | 6 | | 7 | | 6 | |
| 布依族 | | | | | 13 | | 24 | | 17 | |

续表 3-3-1

| 民族类别 | 1986年 | | 1990年 | | 2000年 | | 2010年 | | 2012年 | |
|---|---|---|---|---|---|---|---|---|---|---|
| | 人数 | 比例% | 人数 | 比例% | 人数 | 比例% | 人数 | 比例% | 人数 | 比例% |
| 白族 | | | | | 18 | | 5 | | 1 | |
| 哈萨克族 | | | | | 1 | | | | 3 | |
| 侗族 | 1 | | 1 | | 37 | 0.01 | 4 | | 8 | |
| 哈尼族 | | | | | 1 | | 1 | | 2 | |
| 傣族 | | | | | 1 | | | | 2 | |
| 柯尔克孜族 | | | | | 18 | | 5 | | 1 | |
| 布朗族 | | | | | 1 | | | | 1 | |
| 鄂伦春族 | 1 | | 1 | | 37 | 0.01 | 4 | | 6 | |
| 赫哲族 | | | | | 1 | | 1 | | 1 | |
| 外人入籍 | | | | | 1 | | | | | |

## 第二节 民族工作

中共兴城市委、兴城市人民政府坚持贯彻执行党和国家关于民族问题和民族工作的方针政策，制定并实施相应的民族政策，使少数民族及民族地区的政治、经济、教育、文化等各项事业取得令人瞩目的成就和长足的进步。

### 民族工作机构

1987年1月，兴城县民族事务委员会改称兴城市民族事务委员会。1995年，兴城市民族事务委员会机构撤销，在兴城市人民政府办公室设置民族宗教科，分管民族和宗教工作。1997年9月，恢复兴城市民族事务委员会，与兴城市人民政府办公室一个机构，两个牌子。2003年12月，将民族宗教工作从兴城市人民政府办公室分出，设兴城市民族宗教事务委员会（简称兴城市民宗委），为兴城市人民政府的职能部门。2012年，兴城市民宗委内设办公室、民族科、宗教科。

### 落实民族政策

**恢复更改民族成分** 1986年始，按照国家民族宗教事务委员会和公安部关于恢复更改民族成分的规定，对符合规定的公民更改恢复民族成分。1990年7月1日统计，兴城市少数民族中满族人口由1982年的108015人，占人口总数的22.9%，增加到265255人，占全市人口总数的50.9%。

2009年，国家民族事务委员会办公厅、教育部办公厅、公安部办公厅联合制发《关于严格执行变更民族成分有关规定的通知》，规定更改恢复民族成分审批权归市地级公安机关，兴城市民宗委负责办理上报材料。

**尊重民族饮食习惯** 1986年，兴城县有回族及其他具有清真饮食习惯的少数民族人口260人，饮食业有国营回民饭店1家。1992年，清真饭店23家，均为个体经营。兴城市民宗委按照清真饮食业管理规定，每年进行检查整顿，并实行年检贴标花制度。2004年，《辽宁省清真食品生产经营管理办法》颁布实施，对兴城清真饮食业发放“清真标志牌”“清真食品准营证”进行规范管理。

2012年末，全市共有回族、维吾尔族、塔塔尔族、塔吉克族具有清真饮食习惯的少数民族人口355人，境内清真饭店8家。

**建立民族乡镇** 1986年，根据国务院有关规定，经辽宁省人民政府批准，全县共成立满族乡16个、满族镇2个。1988年3月，东辛庄镇改为东辛庄满族镇；6月，碱厂乡改为碱厂满族乡。1989年6月，刘台子乡改为刘台子满族乡。年末，全市有满族乡镇21个，占全市乡镇街道总数的70%。

2002年，经辽宁省人民政府批准，撤销拣金满族乡，其辖区合并到红崖子满族乡。撤销闻家满族乡，将其所辖行政村分别划归沙后所镇和南大山满族乡。撤销东辛庄满族镇，设东辛庄镇，所辖行政区不变，继续享受民族乡待遇。撤销郭家满族镇，设郭家镇，所辖行政区域不变，继续享受民族乡待遇。撤销沙后所满族镇，设沙后所镇，所辖区域不变，继续享受满族乡镇待遇。

2012年，全市共有三道沟、大寨、高家岭、围屏、南大山、元台子、望海、药王、碱厂、海滨、刘台子、旧门、羊安、白塔、红崖子15个满族乡。

**培养民族干部** 1986年，兴城县民族事务委员会选送乡镇干部3人参加辽宁省委党校少数民族干部大专班离职学习。1987年，乡镇干部1人参加中共辽宁省委党校民族班学习；兴城市公安局干部1人考入中央民族学院。1988年，兴城市民族事务委员会与中共兴城市委党校共同举办民族政策理论刊授班，全市共有200名少数民族干部参加刊授班学习。

2011~2012年，兴城市民族宗教委员会选派15个民族乡的党政主要领导到中央民族干部学院学习。2012年，全市民族乡镇干部队伍中少数民族干部所占比例74.5%，党政领导班子正副职的少数民族干部所占比例46.2%，大专以上文化程度的少数民族干部520人，占民族干部总数的64%。年末，全市共有少数民族干部330名，其中县级干部13人、科局级干部234人、少数民族后备干部83人。全市15个民族乡的乡长全部由少数民族干部担任。市人大代表、市政协委员中少数民族比例分别达到63.1%和44.6%。

## 发展民族经济

**发展民族经济** 1986年，兴城县民族事务委员会加强为民族乡镇提供资金、技术、信息、流通等方面的服务。下拨无息贷款3.6万元，扶持13个满族乡镇及少数民族聚居乡的企业、养殖业、玉米皮编织业，共创产值597万元，盈利72.5万元。1987年，帮助21个少数民族聚居村2152户村民发展葡萄生产，共栽种葡萄80985棵，户均15棵。1988年，在望海、南大山、三道沟3个满族乡栽种新品种“锦丰梨”20公顷，成活率80%；帮助郭家镇满族引进新品种绒山羊；帮助药王满族乡成功进行黄牛改良。

1993年，在围屏、南大山两个满族乡引进小尾寒羊100只，试养获得成功后发展到存栏1000只。1994年，在围屏满族乡举办第二届赛羊会，围屏满族乡农民饲养的小尾寒羊以品种优良纯正、公羊勇猛、母羊健美等特点获得多个奖项。小尾寒羊的饲养由围屏、南大山两个满族乡逐渐向周边扩展，至年末发展到存栏5000余只。是年，根据辽宁省民族宗教事务委员会提出实施“1355工程”的要求，确定拣金满族乡东沟村为省级示范村，省级示范户10户。至1996年末，东沟村社会总产值由 110 万元增至 263.13 万元，农民人均纯收入由 720 元增至 2260 元，东沟村获辽宁省“优胜示范村”称号。

1997 年，辽宁省民族事务委员会等六部门发起建设少数民族科技示范乡、村活动。兴城市民宗委拨款 2 万元，扶持药王满族乡开发荒山、发展干果生产。1998 年，药王满族乡投资 80 万元建食用菌生产大棚 3.33 公顷，近 500 户村民从事鲜蘑生产。2004 年，海滨满族乡建立海参养殖基地，养参 1333.33 公顷，每公顷年产值 15 万元。南大山满族乡建起黄金梨示范园，栽植黄金梨 53.33 公顷。

2005 年，兴城市民宗委与兴城市妇女联合会开展“少数民族妇女增收示范活动”，争取资金 3 万元，完善 4 个具有当地特色、带动妇女发展养殖业的增收致富项目。2008 年，兴城市实施以项目牵动、科技联手为主要内容的民族经济发展战略，对项目资金实行专户管理、封闭运行。

2010 年，全市共争取项目资金 500 万元，扶持农业、牧业、果业和基础设施项目 36 个。建立少数民族经济项目库，收录重点项目 108 个。至 2012 年，兴城市民族宗教事务委员会共投入民族专项资金近 1000 万元，支持近 90 个项目，涉及种植、养殖、加工各个行业及围屏、三道沟、刘台子 3 个满族乡的二茬万亩小区和设施农业建设。

**进行科技培训** 1986 年，兴城县民族事务委员会组织举办 46 个草编技术培训班，培训骨干 1199 人，14 个民族乡发展玉米皮编织生产，年内共编出汽车靠垫 1 万个，创产值 2 万元。

1990 年，兴城市民族事务委员会协同有关部门在 21 个满族乡镇、301 个村举办成人科技培训班 2378 期。1991 年，组织 120 名少数民族青年参加农函大学习。1992~1993 年，举办少数民族科技培训班、小尾寒羊饲养技术培训班，聘请专家、农艺师专题传授蔬菜栽培技术和小尾寒羊饲养技术。

2007 年，兴城市民宗委举办少数民族致富培训班，乡村干部群众 350 人参加学习。2009 年，举办两期实用技术培训班，聘请中国农业科学院果树研究所和沈阳农业大学的专家讲课，解决果树管理、棚菜生产中存在的问题，受训农民涵盖全市 15 个民族乡。

2012 年末，全市少数民族科技人才占企事业单位专业技术人才总数的 41.2%。

### 加强民族文化教育

1990 年，兴城市少数民族中有 1 人被中央民族学院满语言文学班录取，兴城市民族事务委员会为该学员负担 50%学费。1998~2000 年，在开展对少数民族贫困学生助学活动中，有 50 名少数民族贫困学生享受从初中一年级到三年级连续扶助待遇。

1996 年，辽宁省少数民族业余文艺调演在葫芦岛市举行，兴城市人民政府民族宗教科选派的 4 名少数民族业余歌手、演员分别获得一、二、三等奖。是年，组织满族传统体育项目珍珠球队参加辽宁省第二届珍珠球赛，填补葫芦岛地区少数民族体育项目的空白。

2008 年，兴城市民宗委选派的少数民族歌手范国志参加辽宁省少数民族文艺调演获金奖。2010 年，兴城市组织代表队参加辽宁省少数民族传统体育运动会，独轮车项目获表演类银奖，同年在全国少数民族体育运动会赛事中获表演类铜奖。

### 开展民族团结进步创建活动

1990 年 12 月~1992 年 11 月，根据中共辽宁省委、辽宁省人民政府提出的“早日把辽宁建成民族团结进步先进省”的要求，兴城市人民政府从 1990 年 12 月起，用 3 年时间，集中开展“争创民族团结进步先进市”活动。制发《中共兴城市委、兴城市人民政府关于开展争创民族团结先进市活动的决定》，召开动员大会。

1991年，兴城市民族事务委员会、兴城市报社联合开展“少数民族专题采访千里行”活动，各部门、各单位纷纷行动，为少数民族办好事、办实事。1992年11月，中共兴城市委、兴城市人民政府对“争创”活动进行总结验收，对4个优胜单位和16个先进单位给予表彰。1994年，在第二次全国民族团结进步表彰大会上，兴城市被授予“民族团结进步模范县”。2004年，在第四次全国民族团结进步表彰大会上，兴城市被授予“全国民族团结进步模范集体”称号。2009年，在辽宁省第六次民族团结进步表彰会上，海滨满族乡被授予“辽宁省民族团结进步模范集体”。

# 第四篇　农　业

## 第一章　农村工作

兴城是以农业为主导产业的地区，农村工作在整个社会经济中占有一定比重。中共十一届三中全会以后，随着党在农村各项经济政策的贯彻落实和农业科学技术的推广普及，兴城市人民政府不断深化农村体制改革，调整农业产业化结构，加大生态型新农村建设，使农业基础地位不断巩固，农村经济得到长足发展。形成以种植业为主体，以农业科技为依托，多种经营并举的高效农业产业格局。

### 第一节　机构设置

1987年1月，兴城撤县建市，兴城县农业局更名为兴城市农业局。1998年3月，依据《兴城市机构改革方案》，兴城市农业局与林果局、农机局、畜牧局、水产局合并，成立兴城市农业发展局。内设办公室、人事科、综合科、农业科、林果科、农机科、水产科、畜牧科，兴城市人民政府扶贫办公室设在农业发展局。

2000年3月，兴城市农业机构进行调整，将林业、渔业行政管理职能从农业发展局分离。2002年3月，兴城市农业发展局更名为兴城市农村经济发展局。2006年2月，将畜牧行政管理职能从农村经济发展局分出，成立兴城市动物卫生监督管理局。2012年，恢复成立兴城市农机局、兴城市果树局，为兴城市农村经济发展局下属副科级事业单位。

### 第二节　农村体制改革

1986年1月1日，中共中央、国务院下发《关于一九八六年农村工作的部署》，进一步深化农村改革。按照文件要求，兴城县人民政府进行产业结构调整，完善家庭联产承包责任制，改革农产品收购制度。

1987年，兴城市农村改革在普遍实行家庭承包经营的基础上，进一步向农业集约化、城乡经济一体化方向发展。鼓励农民在承包田种植经济作物，发展商品生产；将果树承包合同期限延长到30年或50年；鼓励集体和个人开发荒地、荒沟，在承包山和自留山植树造林，林权归个人所有；对淡水、荒水面、荒塘，开发者有使用权和转让权，5年内不收资源费。年内，全市农业各类专业户达到14617户。

1988~1998年，农村改革不断深化，以稳定土地承包政策为主线，进行社会化服务体系改革，各乡镇涉农站（所）实现由单纯行政管理型向服务型的职能转变；稳定和完善土地承包关系，理顺土地承包合同等。1994年，在落实土地承包责任制长期不变基础上，再延长30年；提出公开拍卖“四荒”（荒山、荒地、荒水、荒滩），打破地区、行业、身份限制，机关企事业单位职工均可以参加竞标。

1996年，兴城市人民政府在全市推广“两田制”（口粮田、责任田），即按人口平均分配相应耕地，农民每人至少获得半亩以上口粮田，规定口粮田免缴农业税、负担费。其余耕地为责任田，农户耕种必须先缴纳农业税、负担费。以解决农村收费难、收税难等问题。2000年，“两田制”废止，全面恢复按人口承包的土地经营方式。

2003年1月，《中华人民共和国农村土地承包法》颁布实施，中共兴城市委、兴城市人民政府制发《关于调整和规范农村土地承包关系的意见》，对全市17个乡镇街道132个村的第二轮土地承包按照相关法规、政策进行复查。对其中11个乡镇街道112个村的土地承包关系依法进行规范和完善。2005年，完成农村第二轮土地承包延包，兴城市人民政府同乡镇街道签订《兴城市贯彻〈中华人民共和国农村土地承包法〉和农村土地承包纠纷问题专项治理工作目标责任状》；纠正112个村的机动地超标准等问题，按法规、政策将50666.67公顷耕地均分到户；同农户签订土地承包合同并颁发《农村土地承包经营权证书》125605份，确保全市农民土地承包经营权依法受到保护。

2009年，全市进一步规范农村土地承包管理，农村土地流转面积639.33公顷，涉及农户1522户。落实土地承包责任制，放活土地经营权，从法律上赋予农民长期而有保障的土地使用权。至2012年，延续实施农村土地承包责任制，农户享有土地使用、经营及依法流转等权利。

## 第三节　产业结构调整

20世纪80年代后期，随着改革开放和市场经济发展，在“决不放松粮食生产，积极发展多种经营”方针指导下，兴城市人民政府不断强化农业基础地位，树立大农业和现代农业的理念，进行农村产业调整。一是坚持科技兴农，推广良种和农作物间种、套种栽培新技术，扩大复种指数，发展高效、立体、复合农业。推广地膜覆盖、温室大棚、食用菌、优质水果、肉牛、绒山羊养殖、井盐水工厂化养殖等开发项目；二是改善生产条件，大搞农田水利建设，对农业实施全面综合开发，提高农业经济效益和社会效益；三是大力调整农业产业结构，发展“两高一优”农业（高产、高效、优质农业），引导农民走向市场，走富裕之路，加快农村致富奔小康步伐。

1993年始，在“稳定粮油、开发两水、发展林牧”的现代大农业思想指导下，兴城市以“一路两河三条线”为重点，发展粮、油、瓜果、蔬菜等产业。改变以往单一的种植模式，做大做强特色农业。立足资源优势，大力培植设施农业、主导产业。全市粮食播种面积58741公顷，比

1992年减少5.5%；花生播种面积42212公顷，比1992年增加18.7%；经济作物面积达21000公顷。形成玉米、水稻、花生、大根萝卜、马铃薯、食用菌、水果、渔业、畜牧等主导产业，呈现一乡一业、一村一品的产业化经营格局。

2003年，兴城市人民政府确定“农业立市”战略，推进农业产业化进程。年内，总投资1.4亿元，实施并完成农业大项目6个，兴建精品果园16个，无公害产品基地10个。辽宁正业花生产业发展有限公司落户红崖子满族乡，开辟集花生种植、收购、加工、销售为一体的产业；现代渔业园区建设步伐加快，新增井盐水养殖户31户，养殖总面积达5.5万平方米。

2005年，全市初步形成四大农业产业化基地，即以大寨满族乡为中心，播种面积13330公顷的蔬菜生产基地；以望海满族乡余粮村栽植26.67公顷无公害葡萄和东辛庄镇种植67公顷花卉的水果花卉基地；以红崖子满族乡播种14000公顷花生的花生生产基地；以正大集团为龙头，带动400户养殖肉食鸡的畜牧生产基地。2006年，实施农业品种更新换代工程，兴城市人民政府投入贴补资金100万元，建立667公顷花生良种繁育基地，33公顷大根萝卜良种繁育基地。推广玉米新品种4个，试种脱毒地瓜20公顷。申报认证无公害农产品基地1.92万公顷，无公害农产品品种8个。2010年，全市无公害农产品种植面积增加到5.4万公顷；申报、认定无公害农产品品种89个，认证品种23个。

2012年，兴城农业产业结构不断调整和优化，形成以玉米、花生、大根萝卜、马铃薯、食用菌、水果、渔业、畜牧等为主导产业的现代农业产业格局，基本实现从传统农业产业到现代农业产业的战略转型。全市农林牧渔业及农村服务业总产值实现7.72亿元，比2011年增长27%。

## 第四节 农业综合开发

1986年以后，随着农村各项政策的贯彻落实，兴城市加大农业综合开发力度，农业社会化服务与管理体系日趋完善，农民的科技素质和依靠科学技术致富能力不断提高。

### 建立服务体系

1991年，国务院下发《关于加强农业社会化服务体系建设的通知》后，兴城市农业技术推广服务体系逐步形成。至1997年，全市农业技术推广体系基本健全。设立农业技术推广中心1个，乡镇街道农业技术推广站30个。各乡镇街道农业技术推广站编制一般3~5人，多者10余人。1998年，随着经济体制改革，兴城市各乡镇街道农业技术推广站原有体制被打破，农业技术推广站职能削弱。

2008年，依照国务院《关于深化改革，加强基层农业技术推广体系建设的意见》和辽宁省人民政府下发的《关于印发辽宁省基层农技推广体系改革基本完成县认定办法（试行）的通知》，兴城市人民政府在全市开展基层农业技术推广体系改革与建设工作，实行“管理在市、服务在乡”的管理模式，设置28个农业技术推广机构，其中兴城市农业技术推广中心1个，乡镇街道农业技术推广站27个，均为全额财政拨款事业单位。

2010~2012年，兴城市按要求完成服务体系改革任务。兴城市人民政府印发《兴城市深化改革加强基层农业技术推广体系建设实施方案》，按照“服务‘三农’，有利于业务指导、有利于履行职能、有利于调动基层农业技术推广人员工作的积极性、有利于农业实用技术推广应用、有利于管理”的原则，因地制宜、分类指导、科学规划、合理设置，进一步明确市、乡两级农业技术推广机构的设置。其人、财、物由兴城市农村经济发展局实行垂直管理。

## 科学技术培训

**专业技能教育** 兴城农业广播电视学校创建于1984年，是一所集教育培训、技术推广、信息传播等功能为一体的综合性农民职业培训机构。为提高农民科技文化素质，培养一批“觉悟高、有文化、懂技术、会经营”的新型农民，自2006年10月起，结合兴城农村主导产业布局和地区特色农业发展需要，承担全市95个示范村的培训任务。按照“围绕主导产业、培训专业农民、进村办班指导、发展一村一品”的要求和“实际、实用、实效”的培训原则，至2008年共开办集中培训班1172期，现场技术指导1217次，培训基本学员4750人，受训农民119450人次。为开发农业劳动者的职业技能，提高农村实用人才及农业技能人才队伍素质，对中专学员实行双证制，并结合农民培训对农民职业技能进行考评定级，办理绿色技能证书。共评定农技、果树、动物防疫3个工种中级工1125人，高级工200人。

**开展科技下乡** 2004年始，农业部门组织专家进村入户实施先进实用技术培训和指导。采取赶科技大集，利用广播宣传，举办短期培训班、发放科普资料、田间现场指导等方式，先后举办培训班500期，赶科普大集30次，组织专家下乡进村指导600余人次，发放技术材料5万份。

**实施阳光工程** 2009年，兴城市阳光工程办公室成立。阳光工程以“促进农民就业、改善生产条件、增加农民收入、提高生活质量”为宗旨，逐步推进农民职业技能培训。至2012年，共培训农村劳动力7450人，涉及24个专业。

**建立农民书屋** 2010年，兴城市以“营造书香农村，共建和谐兴城”为主题，开展为农民“推荐一本好书，推荐一套实用技术”“充实农民科技书屋，培养农民读书习惯”等活动。结合农民需求，培养农民读书兴趣，营造读书受益，读书致富的良好氛围，丰富农村业余文化生活，促进农村精神文明建设。全市在31个示范村建立农民科技书屋，有技术资料33850份。

## 实施扶贫开发

“十五”期间，兴城市扶贫工作以政府扶贫为主，由中共兴城市委、兴城市人大、兴城市人民政府、兴城市政协领导牵头，市直63个部门分别与碱厂、药王、三道沟、郭家4个贫困乡镇的54个贫困村结成帮扶对子，每年投入扶贫资金50万元。“十一五”期间，市直76家单位分别帮扶4个贫困乡镇的35个贫困村，每年投入扶贫资金80余万元。2012年，市直各部委办局投入扶贫资金621.09万元。

**开发式扶贫** 2005年，辽宁省财政厅为三道沟满族乡戏台村、碱厂满族乡白庙子村、郭家镇陈家村投入整村推进开发式扶贫项目资金75万元。“十一五”期间，省级财政为兴城36个贫困村投入整村推进开发式扶贫项目资金1110万元。兴城市人民政府在开发式扶贫工作中突出四项重点：一是实施整村推进项目扶贫。2008年，全市实施整村推进（项目到户）工作，争取辽宁省扶贫资金1310万元，开展扶贫致富项目102个，涉及种植业、养殖业、林果业和设施农业等。2012年，项目到户投入资金1038.2万元，开发项目13个，参与农户达到2410户。共实现45个贫困村基本脱贫；二是实施产业化扶助。2011~2012年，重点扶持凯森蒙集团制衣有限公司、绿斯雅公司、沙后所兴和食品有限公司、金豆花生有限公司四家龙头企业扩大生产规模，每年带动2000多农户劳务转型，提高农民经济收入；三是实行小额信贷扶持。2010年12月，兴城市成立农户自立服务中心，为贫困低收入农户提供专业小额信贷服务，覆盖全市16个乡镇、103个村。截至2012年9月，累计发放小额信贷款1900万元；四是劳动力培训转移。2008年始，全市有计划地进行劳动力技能培训。至2012年，累计投入扶贫专项资金40万元，举办各类专业培训班20期，完成劳动力转移培训1800人。

**移民式扶贫** 1999年，根据辽宁省人民政府有关文件要求，兴城市对全市4个贫困乡镇符合通路难、就学难、就医难、无水无电的贫困户进行移民动迁。2011年，全市移民搬迁50户。2012年，全市移民搬迁70户。

## 第五节 新农村建设

2006年，中共中央、国务院下发《关于推进社会主义新农村建设的若干意见》。2007年4月，中共兴城市委、兴城市人民政府按照中共中央、辽宁省、葫芦岛市农村工作会议要求，专门成立兴城市社会主义新农村建设领导小组，在市农村经济发展局设办公室。按照“生产发展、生活宽裕、乡风文明、村容整洁、管理民主”20字方针，制定《兴城市新农村建设发展规划》《兴城市建设社会主义新农村试点村实施方案》《兴城市关于新农村试点村、重点村确认办法》。确定四家村、南门外村、上长茂村、张虎村、台里村、花园村、白庙子村等为葫芦岛市新农村建设试点村；确定曹庄镇大河口村、南大山满族乡满屯村等30个村为兴城市新农村建设重点村。2007年9月，中共兴城市委召开全市社会主义新农村建设动员大会，确定37个试点村、重点村，组织74个市直部门和37家企业，同37个村结成共建对子。

2005年，兴城市实施农村安全饮水工程建设。截至2012年末，全市建成农村饮水安全工程80处，解决6.96万人饮水安全问题。全市农村饮水安全人数达32.84万人，占全市农村总人口的76.3%。

村容村貌整治效果明显，至2009年末，8个乡镇36个村完成整治任务；10个村设有卫生队，专人负责清理垃圾。全市建设农村户用沼气池4350个。村屯路面硬化逐年增加，全市乡、村两级公路净里程1099.6公里，硬化629.3公里，硬化率达57%。修村级公路640公里，提前完成“村村通”工程任务。

农村教育水平显著提升。2010~2012年，全市投入100多万元，搭建教育资源平台，先后创设兴城教育网络中心、教师远程培训网、教育视频点播 (直播) 系统、教育资源中心、农远配套教学光盘和远程教育卫星资源，农村远程教育工程覆盖率达到100%。兴城市人民政府加大农村教育投入。完善教育经费保障机制，义务教育经费依法实现“三个增长”，教育费附加足额征收并全部用于教育。义务教育经费纳入财政预算，及时足额拨付，确保学校正常运转、校舍安全、教职工工资按时足额发放；自2006年全市实施义务教育学校公用经费保障制度后，公用经费全部下拨到基层学校，小学生人均达350元，初中生人均达550元。

2012年，全市各乡镇有线电视联网率分别达到100%和90%，广播、电视人口综合覆盖率分别达到100%和96%；农民参加新型合作医疗37.9万人，覆盖率达到92%。享受低保补贴15680户30083人，占全市农业人口的6.8%；全市有农家书屋32家，文化活动室12处，80%的乡镇和50%的村都有秧歌队。基层民主管理日益加强，基层领导班子坚强有力；民主监督制度更加完善，村务管理更加透明。

# 第二章 种植业

兴城地区农作物种植，主要分为粮食作物和经济作物两大类。随着改革开放和现代农业的发展，传统农业逐步向现代农业转变，农作物栽培技术、耕作方式及种植业结构发生变化，有些作物如棉花、烤烟、小麦等基本绝迹，而高效农业、设施农业迅速发展，经济效益逐年增长，全市基本形成粮食、蔬菜、油料三大主导产业。

## 第一节 粮食作物

20 世纪 80 年代初期，兴城地区粮食作物一直占主导地位。尤以玉米、高粱种植面积较大，历年播种面积在 4 万公顷以上，且品种单一，产量不高不稳。2000 年，粮食作物 42212 公顷，占全市农作物播种面积的 71.86%；2012 年，粮食作物 42332 公顷，占全市播种面积的 72.22%，平均亩产量达到 500 公斤，高产地块达到 1000 公斤。

玉米、高粱品种以杂交品种为主。1990 年前后，由兴城市种子公司、兴城市原种场在碱厂、闻家、南大山、红崖子等满族乡进行杂交玉米种繁育，年产玉米种子 250 多万公斤。随着高粱、小麦等种植面积的减少，玉米成为全市粮食作物主栽品种。适宜当地发展的玉米品种主要有丹玉 10、丹玉 13 等丹玉系列和东单系列、铁研系列等，以及高密植玉米品种郑丹 958、先玉 335、东裕 108 等。2012 年，全市玉米播种面积 37911 公顷，占粮食作物播种面积 42332 公顷的 89.56%；高粱播种面积 199 公顷，仅占粮食作物播种面积的 0.47%。

薯类以马铃薯（土豆）为主，其次为甘薯（地瓜）。从 20 世纪 90 年代开始，兴城市种植薯类一直保持在 2300 公顷左右。其中大寨满族乡历年播种马铃薯面积 850 公顷。望海、围屏等满族乡播种 730 公顷，亩产量平均在 3000~4500 公斤。品种有兴引 1 号、克山白、大白根等。

水稻种植主要分布在海滨、曹庄、望海、南大山等乡镇。播种面积 1000 公顷，亩产 300~500 公斤左右。

## 第二节 经济作物

兴城地区经济作物以油料、蔬菜、食用菌和药材为主。随着社会经济的不断发展，农村经济作物品种不断增多，开始向名、特、优及高效益转化。

**油料** 兴城地区油料作物以花生为主。20 世纪 70 年代，兴城地区花生种植延续传统方式，且品种老化，抗病力低，亩产在 100 公斤左右，没有形成产业规模。1988 年，开始引进“白沙 1016”“改良白沙 1016”等花生新品种，全市花生推广面积达 9131 公顷。2006 年，兴城市人民政府拨专款 100 万元，引进花育 19、20、23 和唐油 4 号花生新品种 25.8 万公斤，用于花生品种改良。并综合运用缩垄增行加密、测土配方施肥、化学除草、安全控害等技术，当年繁育种子 250 万公斤。花生产量大幅度提高，红崖子满族乡种植的花生亩产达 400 公斤。年内，兴城市被列为辽宁省省级油料作物生产基地和花生出口基地。2010年，红崖子花生获国家地理标志产品认证。2012年，兴城市被确定为辽宁省花生产业化生产基地。

大豆种植多利用田间套种或零散地块，2012年播种面积为1069公顷。芝麻、苏子、蓖麻等油料历年有少量种植。

油菜的种植以育种为主，主要分布在刘台子、沙后所、东辛庄等乡镇，历年播种面积在330~600公顷左右。

**蔬菜** 1986年，兴城境内蔬菜品种40余种。叶菜类有白菜、菠菜、芹菜、生菜、茴香等；根茎类有萝卜、胡萝卜、芥菜等；茄果类有西红柿、茄子和辣椒等；豆菜类有芸豆、豇豆等；瓜菜类有黄瓜、南瓜、冬瓜、倭瓜和葫芦等；食用菌有平菇、鸡腿菇、凤尾菇、香菇、金针菇等。蔬菜种类逐渐增多。至2010年，先后引进香椿、菜薹、菜心、结球生菜、空心菜、木耳菜、油菜、苦瓜、飞碟瓜、茼蒿、樱桃番茄、西芹、西兰花、荷兰豆、绿菜花、苦苣等。蔬菜产量逐年提高。高家岭满族乡的青椒、南大山满族乡和三道沟满族乡的黄瓜、曹庄镇的西红柿等产品源源不断地供应哈尔滨、长春、沈阳、京津等大城市。2012年，全市蔬菜（含瓜类）种植面积1718公顷，总产量75445公斤。

**烤烟** 烤烟生产在兴城有悠久的历史。沙后所、望海、东辛庄、闻家等乡镇具有相当规模。1986年，共种植108公顷。由于烤烟生产需要大量的人力、物力、煤炭、土地及修建烤烟楼等诸多条件，不适合一家一户生产，1993年，全市烤烟种植面积减少到48公顷。1994年，烤烟生产停止。

**棉花** 棉花生产在兴城有几百年历史。1986年，种植面积达427公顷。1991年，种植面积达811公顷，总产量340吨，主要分布在三道沟、药王等满族乡。随着产业结构调整，棉花种植逐年减少。1995年，棉花种植面积减少到130公顷。2002年，仅种植3公顷。2003年后，棉花种植停止。

**食用菌** 20世纪80年代末期，元台子、红崖子、白塔等满族乡村部分农户开始生产食用菌，多以平菇、鸡腿菇为主。元台子满族乡砟山村种植面积较大，以庭院为主，后转移到户外，开始规模化生产，大面积建设日光温室。2000年以后，兴城市兴建2家最大的食用菌生产基地——葫芦岛市玄宇食用菌专业合作社和中国农函大食用菌生态培训科研示范基地，带动兴城市食用菌产业快速发展。至2012年，全市食用菌生产农户发展到3000余户，年产量2.7万吨，年产值8400万元，成为兴城市第三大经济作物。

## 第三节 设施农业

20世纪70年代，以塑料薄膜为透光覆盖材料的塑料大棚以及中小拱棚在兴城地区逐步推广，并很快应用到塑料薄膜日光温室种植蔬菜。温室大棚主要分布在城郊地区，以生产黄瓜、青椒、芹菜为主，部分生产叶菜类。20世纪90年代，日光温室建设逐渐向农村延伸，温室面积猛增，质量大幅度提高。在高家岭满族乡西边村，三道沟满族乡凉水泉村，曹庄镇大英堡子村、沙屯村，羊安满族乡柳蒿村，华山街道四合村，旧门满族乡望川村，红崖子满族乡二道边村等地大面积推广，占地面积200余公顷。

2008年，按照辽宁省人民政府《关于加快推进全省设施农业小区建设实施意见》的部署，兴城市做好设施农业发展规划，调整农业结构，围绕“三河两路一城”建设设施农业小区107个。

2009年，完成设施农业小区418个。日光温室达到3万个，占地面积5066.66公顷，设施蔬菜总产值达到7.6亿元，从事设施蔬菜经营的农户人均增收5000元。2010年，全市形成三道沟、高家岭、海滨、南大山、羊安、红崖子、元台子等满族乡和沙后所镇、曹庄镇、华山街道、城东街道等10余个设施蔬菜生产基地。至2012年末，兴城市设施蔬菜种植面积达到6667公顷。

## 第四节　种植技术推广

为推进种植结构调整，提高农产品产量，增加农民收入，兴城市农业技术部门通过不断探索和实践，组织遴选种植主导产业品种和技术，深入基层开展技术服务，引导农民科学选用优良品种和先进实用技术，提升农业科学种植水平。

### 推广高产优质品种

全市粮食等主要农作物品种经历几次大规模更换，对提高作物产量，改善作物品质发挥重要作用。兴城市农业技术推广中心与农业科研部门联系，引进新品种，采取多作物、多点次、多品种的模式，每年进行品比试验、生产试验的作物有30多种，不同土壤类型试验点10个，促进农作物单产提高和品质改善。有10余个主要农作物品种通过引进种植并推广应用，主要农作物新品种年更换率为12%~13%，优良品种覆盖率95%以上。2001年，引进推广“兴引一号”脱毒马铃薯，提高马铃薯产量和品质。2006年，兴城市人民政府拨专款100万元，引进花育19、20、23和唐油4号花生新品种25.8万公斤，当年繁育种子250万公斤，用于花生品种改良。使花生产量大幅度提高，平均亩产210公斤，最高亩产达400公斤。

### 实施高产高效栽培技术

粮食作物栽培，先后推广地膜覆盖、玉米精量播种、一次性深施肥免追肥、紧凑型玉米高产栽培等多项技术，平均每亩增产47公斤，节省成本增加效益90元。经济作物栽培，推广花生缩垄增行、马铃薯两茬高效栽培、马铃薯地膜覆盖高产栽培、花生高产栽培、大根萝卜高产栽培等多项高产优质高效栽培技术，推广面积2万公顷，实现增产增收。园艺作物栽培，推广棚室蔬菜生产配套技术，使蔬菜供应期分别提前和延后30~40天。

### 科学施肥技术推广

随着“沃土工程”和“测土配方施肥”等项目的实施，兴城市农业技术部门通过对土壤养分测定，明确各种土壤养分的丰缺，并根据作物目标产量确定施肥量，制定施肥方案，从而提高肥料的利用率。2005年开始，实施“测土配方施肥”项目，年推广测土配方施肥面积2.67万公顷，提高肥料利用率3%以上，亩均节本增效25元以上。

### 生物灾害监控技术推广

推广高效、低毒、低残留农药，引进菊酯类、氨基甲维盐类农药取代甲胺磷、甲基对硫磷、对硫磷、磷铵、久效磷等5种高剧毒农药防治农业害虫。应用物理、生物防治农业害虫减少对环境的污染，提高农产品质量。推广物理防治方法防治害虫，利用成虫的趋光性选用杀虫灯诱杀成虫，减少幼虫危害农作物。赤眼蜂防治玉米螟虫等以虫治虫生物防治技术的引进及推广，对推进全市无公害绿色食品基地建设起到积极作用。至2012年，兴城市农业技术部门充分利用现代信息技术，加快病虫害测报信息传递，使重大病虫害长、中、短期预报准确率分别达到85%、90%和95%以上。通过对玉米、花生、蔬菜等作物主要病虫害和蝗虫、农田害鼠等重大生物灾害综合防治技术的集成创新，协调运用农业、物理、生物和化学等防治措施，提出综合配套的防治技术、方法，使植保防灾减灾能力显著提高。

## 第五节 农业植保

兴城市植物保护贯彻“预防为主、综合防治”的方针，树立“绿色植保、公共植保”理念，以农业生物灾害防灾减灾为中心，以保证农业生产安全、提高农产品竞争力为目标，不断加大植物检疫执法力度，确保全市农业快速、健康、持续发展。

2007年，在辽宁省植物保护站的支持下，全省第一个花生安全控害区基地落户兴城市红崖子满族乡。该项工作的开展，填补辽宁省花生安全控害区建设实施方案的空白，为全市花生增产，产品走出国门提供科学植保技术支持。引进国家级项目苹果非疫区建设，对保证全市果树生产安全，生产绿色无公害优质苹果起到重要作用。

2010年，兴城市参与国家农业部“主要农作物有害生物普查”项目，兴城市植物保护站承担苹果、花生、马铃薯、玉米4种作物有害生物的普查。经普查，兴城区域内4种作物发生的病、虫、草、鼠害种类共218种，其中病害40种、虫害68种、草害106种、鼠害2种、检疫性有害生物2种，未发现未知有害生物种类，为全市农作物病虫害防治提供科学依据。

兴城市植物保护站承担全国检疫性有害生物苹果蠹蛾监测项目，利用性诱剂监测苹果蠹蛾，全市在重点苹果产区设置20个监测点，每年8~10月悬挂诱捕器诱杀成虫，以防止检疫性有害生物蠹蛾传入，保证全市苹果生产安全。多年重茬连作，土传病害发生日趋严重，兴城市植保站与辽宁省植保站沟通，攻克土传病害防治难点。2009年，引进垅鑫防治番茄土传病害，防治效果达到90%以上。

2010年，在红崖子满族乡古英花生合作社组建兴城市第一支花生病虫害防治专业机防队，每台拖拉机每天施药13.33公顷，减少劳动强度、降低成本、提高防治效果。推广应用乙草胺、阿特拉津等化学除草剂防治农田杂草，全市每年化学除草面积达3.33万公顷，有效控制杂草对农场的危害。

# 第三章 林业

围绕打造绿色兴城和促进经济发展的目标，兴城市人民政府坚持把发展林业生产与改善生态环境，经营森林资源，开发经济效益结合起来，通过科学技术和管理手段，提升培育、保护和利用森林资源的能力，有效推进全市林业发展。

## 第一节　林木权属

1986年，根据中共中央、国务院关于《保护森林、发展林业若干问题的决定》，兴城县林业局在全县开展稳定山林权属、规划自留山、确定林业生产责任制。全县共发放自留山（滩）证14654个，面积10985.8公顷；发放既有林承包证9279个，面积33963.6公顷。1989年7月，兴城市林业局根据辽宁省《关于限期完成国有林权证发放工作的通知》，抽调林业干部45人，对全市国有林进行林权清理。至1990年5月，全市确权的国有林业面积13111.6公顷，集体林面积1888.4公顷；共发照40720份，其中国有林发照720份，集体林发照40000份。

2006年3月，根据《中共中央国务院关于加快林业发展的决定》和辽宁省人民政府《关于深化集体林产权制度改革的意见》，在白塔满族乡实施集体林业产权制度改革试点工作。6月18日，兴城市人民政府制定《兴城市集体林改革工作方案》，在全市范围内全面推行集体林产权制度改革。2009年，兴城市林业局成立林业综合服务中心，设立林权纠纷调解、法律信息咨询、林业科技服务、森林资产评估、林权交易、“三证”办理服务区。至2010年末，共完成集体林权制度改革面积57333公顷，其中确认面积30000公顷，完善面积8666.7公顷，新改面积18666.7公顷，签订合同3.1万份，合同签订率达100%。林权纠纷调解处理率96%，建档率达100%。

2011年，全市受理林权纠纷18起，接待信访咨询228人次，调处结案16起，调解处理成功结案率88%。完善林权配套改革，新成立林业合作社2家。全年评估林地12宗，与相关金融机构配合开展林权抵押贷款工作，发放贷款600万元。

2012年，全市发放林权证3000册，登记面积4000公顷，实现林权抵押贷款300万元；完成森林保险面积7013.33公顷；建立林权纠纷调处联席会议制度，调解处理林权纠纷180起，提供林业政策、法律咨询286人次；新成立林业专业合作经营组织2个。

## 第二节　植树造林

兴城市植树造林主要以荒山荒地造林、农田林网建设、绿色通道建设工程、新农村绿色家园建设为重点，结合小流域治理、农业综合开发、农田基本建设等工程项目，营造生态防护林、高效经济林等，不断壮大林业产业。

### 育苗

1986年，兴城境内普遍采取国有林场、集体单位、个体户等多种形式育苗，品种多为刺槐、紫穗槐、杨树、柳树、白榆等。南关、青山两个国有林场试行营养杯育苗获得成功，育苗30万株。1988年，兴城市油松种子园开始采用工厂化育苗。1989年，应用刺槐无性繁殖技术育苗被评为辽宁省级科技成果二等奖。1995年，开始应用温室大棚扦插快速育苗繁殖技术。

2002年，羊安满族乡郭山子村与秦皇岛市富东绿化公司建立富东苗木基地，利用塑料大棚优势，采用白桦强化育种技术，培育优良白桦树苗48.5万株。2003年，龙滨农林种植公司采用套袋技术嫁接日本高品质银杏获得成功，成为东北地区唯一采用该技术获得成功的园林企业。2010年，全市育苗面积289公顷，产苗量2203万株。其中国有林场育苗33公顷，产苗量40万株；个体户育苗256公顷，产苗量2163万株，容器育苗700万杯。2011年，全市育苗面积343.66公顷，产苗量2242.5万株，容器育苗700万杯。2012年，全市育苗面积351.35公顷，产苗量2770.04万株，容器育苗200万杯。主要树种苗木有油松、山杏、侧柏、刺槐、杨树、五角枫、柳树、紫穗槐、葡萄及其他阔叶树种等。

### 造林

1986年，中共兴城县委、兴城县人民政府根据“全党动员，全民动手，全社会办林业”的工作计划，组织开展全民性植树造林活动。1987年，全市共完成人工造林6839公顷，飞机播种造林2000公顷。1988年，中共兴城市委、兴城市人民政府与各乡镇签订绿化责任状，并制定岗位任期责任制和奖惩制度，全年完成造林7419.4公顷。1990年，启动全民性争创“绿化杯”活动，造林12796.8公顷。1995年，在全市开展“五、十、百”创建活动，即创建五个科技林示范乡、十个示范村、百个示范户。推广海防林刚松栽培，生态经济型防护林技术和刺槐造林浸泡蘸泥浆技术等。兴城市被评为全国科技兴林示范市。2002年，实施退耕还林项目。按照核定的退耕还林面积，无偿向退耕户提供粮食、现金补助。全市共完成退耕还林1333.3公顷。

2011年，全市完成造林任务5000公顷，其中人工造林2333.33公顷。2012年，深入实施青山保护工程，全市完成造林面积25040公顷，其中人工造林6906.66公顷（栽植榛子面积666.66公顷），飞播造林2200公顷。至2012年，全市累计造林（包括种植、改造和重复造林）面积182844.8公顷，年平均7313.8公顷；“四旁”植树1181.6万株，年平均47.3万株；义务植树4347.6万株，年平均173.9万株。

### 造林种类

**薪炭林** 1986年，境内共有薪炭林9719.67公顷，占全县有林面积的25.83%。兴城县被国家林业部和辽宁省林业厅列为薪炭林试点县，在药王、旧门、郭家、围屏4个乡镇落实试点造林666.66公顷。至2012年，全市薪炭林面积发展到14439.30公顷，占全市有林面积的28.4%。主要分布在西北部山区及丘陵地带。

**用材林** 1986年，兴城县境内共有用材林15696.93公顷，占全县有林面积的41.71%，营造用材林2153公顷。至2012年，全市用材林面积发展到7018.7公顷，占全市有林面积的23.5%。主要分布在六股河、烟台河、兴城河等河流沿岸和公路、铁路两翼以及水田地区的堤坝、渠道上，兼起农田防护作用。

**防护林** 1986年，境内有防护林10823公顷，占全县有林面积的28.76%。营造防护林617.2公顷。至2012年，全市防护林面积发展到41738.4公顷。其中海防林23240.3公顷，农田防护林550.8公顷，水土保持林17947.3公顷，分别占全市有林面积的55.7%、1.3%、43%。

**经济林** 1986年，境内有经济林1390.67公顷，占全县有林面积的3.7%，营造经济林526公顷。至2012年，全市防护林面积发展到8449.5公顷，占全市有林面积的28.3%。主要分布在西北部山区。

### 造林树种

**油松** 为境内绿化荒山的先锋树种。2012年，全市共有油松林11538.7公顷，占全市有林面积的22.7%。主要分布在山区地带，以药王、三道沟、碱厂、南大山、高家岭、白塔、元台子、沙后所、郭家等乡镇和四家屯、华山等街道居多。

**刺槐** 1986年，兴城县引进刺槐苗木，在山区乡镇大面积栽植。2012年，全市共有成片刺槐林10112.3公顷，占全市有林面积的19.9%。主要分布在山区丘陵地带和村庄周围，以三道沟、碱厂、药王、红崖子、旧门、白塔和郭家等乡镇居多。

**杨树** 1986年后，陆续引进辽宁杨、沙兰杨、三倍体毛白杨、沙利杨、368快杨、“天寅”速生杨、“中林46”速生杨、W13、3930、鲁3等优良树种。2012年，全市共有杨树林4144公顷，占全市有林面积的8.1%。主要分布在河流两岸和铁路、公路两旁。

**紫穗槐** 是境内绿化荒沟、荒滩的主要造林树种之一。2012年，全市共有紫穗槐面积63.8公顷，占全市有林面积的0.1%。

**柳树** 是境内护堤、固沙和平原绿化的主要造林树种之一。2012年，全市共有柳树林190公顷，占全市有林面积的0.037%。主要分布在河流、沟渠两侧和村屯旁。

**大扁杏** 1986年从营口县引进，属木本油料树种之一。2012年，全市共有大扁杏林150公顷，占全市有林面积的0.03%。主要分布在西北部山区地带。栽植规模较大的旧门满族乡三道村大扁杏园，占地面积100公顷，有大扁杏树10万株。

其他树种有紫衫、水杉、冷杉、栾树、蒙古栎、法桐、雪松、獐子松、落叶松、侧柏、桧柏、火炬树、枫树、胡枝子、榛子、银杏、山杏、核桃、板栗、大枣、桑树、花椒等。

### 造林方式

1986~2012年，全市主要以人工植苗造林为主，封山育林及飞机播种造林为辅，并兼有杨柳埋干、压条和人工播种等。1986年，对自然条件恶劣的高山、远山等干旱瘠薄地开始试行营养杯造林。1993年，经辽宁省林业厅批准，首次开展人工模拟飞机直接播种造林。1995年，开始利用本地山区资源，采用山枣嫁接大枣营造经济林。1999年，推广杨树伐根嫁接造林。嫁接成活后的年生长量相当于植苗造林成活后3年的生长量。造林时间多为春季、雨季和秋季。2000年，兴城市龙湾园艺场开始试行冬季移苗造林，但数量较少。

从1987年起，中共兴城市委、兴城市人民政府坚持每年开展全民性义务植树活动。至2010年，累计植树4347.6万株，年平均植树173.9万株。2011~2012年，共义务植树600万株。

## 第三节　森林保护

1986年，全县造林保持面积37630.26公顷，宜林荒山面积15745.99公顷，分别占全县林业用地面积的75%和29.5%；完成封山育林面积1733.33公顷，占全县林业用地面积的3.25%。1987~1995年，分别完成封山育林4190公顷、5333公顷、5866公顷、6000公顷、18586公顷、3333公顷、3000公顷、327公顷、135公顷。

1996年，兴城市制定《封山育林规划》，当年落实封山育林面积3333公顷。按照封山育林有关规定，兴城市每年对乡、村层层下达封山育林任务，并制定封山育林公约，设立专职护林员，落实具体责任制。

2010年，全市护林队伍108人，封山育林面积31167公顷，其中死封8133公顷，活封23034公顷。2011年，封山育林2667公顷。兴城市林业局被全国绿化委员会、国家林业局授予“全国绿化先进集体”荣誉称号。

2012年，实施青山保护工程。治理小开荒86.66公顷，完成闭坑矿生态治理项目15个，封山育林5933.33公顷。退耕还林工程配套荒山造林面积666.66公顷，封山育林面积1333.33公顷。兴城市被评为辽宁省林权制度改革先进市。

### 护林防火

1986年，境内普遍建立市、乡、村三级护林防火组织，制定护林防火责任制，并确定每年的10月1日至次年的5月1日为护林防火戒严期；每年的4月1~7日为护林防火周。在重点防火日，乡村干部全员上岗，进行流动巡逻。

1989年3月15日，兴城市人民政府发布封山戒严令。从3月15日~5月15日，对首山实行戒严；对九龙山、大小摸虎山、老黄顶、大青山、铁马山、狼洞沟实行封山。1990年，开始建立市、乡、村三级领导干部分片包干责任制，对护林员采取定地段、定任务、定报酬、定损失率的管护方法。

1996年10月，兴城市人民政府发出通知，将防火戒严期延长至每年的5月31日，严格规定不准上坟烧纸和烧其他迷信用品，不准进山人员带火柴及野外用火取暖，不准在林地放炮采石，不准狩猎。同年，兴城市护林防火指挥部成立两支灭火队，队员60人。每个灭火队配备10台风力灭火机，3台灭火枪。2002年，根据国务院《森林防火条例》，兴城市人民政府制定森林火灾责任追究制度。2007年，成立兴城市森林防火指挥中心。2009年，兴城市人民政府投资30万元，购买森林消防车4辆。

2010年，全市共有专兼职护林员300人，平均189公顷森林配有1名护林员。全市有专职护林员141人，平均153公顷森林配有1名护林员。全市有专职森林消防队3支，队员85人。防火设备有风力灭火机155台，扑火工具1260把，指挥车1辆，运输车8辆，基地台1部，车载台1部，手持对讲机23部，移动电话85部，瞭望台17处，建防火碑牌170个。

2011年，全面落实森林防火责任，把森林火灾发生率控制在0.4‰以下。坚持“预防为主，积极消灭”的方针，全市各级组织层层签订森林防火责任状，加大森林防火宣传力度，组织村民签订《森林防火村规民约》。

2012年，兴城市人民政府投资10万元新购40台风力灭火机、100套森林防火服、5组档案柜，使扑火工具数量增加，森林消防队伍建设增强。加强森林防火宣传教育工作，在防火期出动防火宣传车深入各乡镇街道、村、屯、集市进行巡回防火宣传，在主要地段设置固定防火警示牌。在全市主要林区设立52个临时入山检查站。年内，对23名野外违法用火者进行行政拘留，追究刑事责任2人。兴城市被辽宁省人民政府评为森林防火先进市。

### 病虫害防治

兴城境内有林木虫害6个目60科345种，病害6个目10种。危害最大的虫害是松毛虫和美国白蛾，其次是光肩星天牛、舞毒蛾、白杨透翅蛾、青杨天牛、栗山天牛。病害是杨树溃疡病、杨树烂皮病、杨树黑斑病、杨树锈病、枣疯病、苗木立枯病等。

1986年，全县森林病虫害发生面积11333公顷，防治面积3533公顷，其中防治松毛虫面积1495公顷，防治其他森林害虫666公顷，防治森林病害1372公顷。年内检疫苗木2529.7万株，面积225.8公顷。松毛虫的防治主要采取白僵菌、松毛虫杆菌和赤眼蜂等生物措施，以及人工绑扎毒绳和塑料条等措施进行综合防治。其他森林病虫害均采用化学药剂进行防治。

1988 年 7 月，首次在曹庄满族乡境内发现美国白蛾，普查防治办公室开始采取人工捕捉、烧毁、药杀和绑扎毒绳等方法进行防治。

1992 年，兴城市贯彻落实锦西市人民政府《关于封锁扑灭美国白蛾分类政策目标管理方案》，将全市划分为两大战区，农村战区由市林业局主管，城市战区由市建设委员会主管。各乡镇、街道和市直机关及驻在单位都分别成立普查领导小组和防治专业队，全部采取人工与药剂相结合的方式进行防治。

1993 年，全市普查防治专业队达到 370 个，队员 850 人。全市防治 110 万株，面积 5666 公顷。1994 年后，对美国白蛾的防治主要采取三龄前人工摘网或喷施“灭幼脲”等仿生农药，三龄后采取化学药剂防治。对蛀干害虫采取堵孔、涂拌农药或注射农药。对其他阔叶害虫和杨树溃疡病、白粉病、黑斑病均采取化学药剂进行防治。

2010 年，全市累计防治森林病虫害面积 193151 公顷，年均防治森林病虫害 7726.04 公顷。2010 年，全市防治森林病虫害面积 17600 公顷，防治率达到 100%，其中防治松毛虫面积 1600 公顷，防治美国白蛾 7200 公顷，防治其他森林病虫害 8800 公顷；检疫苗木 290 万株，检疫率达到 100%；全年预测预报 8 次，发布虫情预报 8 次，计 320 份；农情监测率达到 90%以上，建档 4 大类，计 318 卷。

2012 年，兴城市林业有害生物发生面积 18720 公顷，组建防治专业队，采用生物防治与飞机播撒化学药剂防治相结合的方式，飞机和人工防治面积 18720 公顷，防治率达 100%，监测覆盖率为100%，苗木产地检疫率 100%，疫株率控制在 1‰以下。

## 第四节　林政管理

兴城市在不断理顺和完善林政管理关系的同时，认真贯彻落实有关林业法律法规，以“严管”活动为载体，不断提升林业法治水平，营造良好的林业发展环境。

### 工作机构

1987 年 1 月，兴城县林业局更名为兴城市林业局。1988 年，组建乡镇林业站 12 个。1994 年 8 月，增设林业技术推广中心。1997 年 5 月，兴城市林业局与兴城市果树发展总公司合并，改称兴城市林业果树局。1998 年 3 月，林业果树局与农业局、水产局、畜牧局、农机管理总站合并为兴城市农业发展局，内设林果科。2000 年 3 月，恢复兴城市林业局。2001 年 8 月，兴城市林业局成立野生动植物保护总站，在山区乡镇成立 19 个分站。兴城市林业局内设办公室、造林科、林政科、退耕办、产业科、场站科、野保科。所属兴城市森林公安局、兴城市公安局首山森林公安派出所、森林病虫害防治检疫站、林业工作总站、林业基金征收管理站、林政稽查大队、木材检查站、兴城市南关林场、兴城市青山林场、兴城市闻家林场、兴城市林木种苗站和 27 个乡镇、街道林业工作站。2012 年 3 月，成立兴城市青山保护局。

### 行政执法

1986 年，兴城县林业局贯彻执行《中华人民共和国森林法》，不断加大对森林资源保护力度。

县林业公安派出所共查处盗伐案件 35 起，处罚 425 人，行政拘留 2 人。收缴罚款和赔偿经济损失共 1.8 万元。

1987 年，根据辽宁省人民政府《关于立即制止乱砍盗伐林木的紧急通知》，兴城市林业局与兴城市公安局、兴城市人民检察院、兴城市人民法院联合下发《关于开展严厉打击乱盗伐破坏森林资源违法犯罪活动斗争的联合通知》，重点查处滥砍盗伐林木、毁林开荒、违法狩猎、殴打护林员和森林火灾等治安案件。查处各类涉林案件 41 起，处罚 87 人。1988 年，查处盗伐案件 37 起，处罚 91 人。其中受审 3 人，拘留 1 人，行政处罚 87 人，收缴赔偿损失费 16530 元，收缴罚款 1650 元。

1990 年，兴城市林业局成立木材检查站，加大木材市场的监督检查力度。1991 年，拦截非法贩运木材车 187 辆，木材 1035 立方米，收缴罚没款 17080 元，上缴市财政 11970 元。1992 年 6 月，兴城市林业局转发国家林业部《关于发布林业行政处罚程序规定》，进一步规范林业行政处罚案件的管辖分工和执行标准。1993 年，查处非法贩运木材 24 起，罚款 7000 元；查处捕杀野生动物案 3 起，收缴猎物 27 只，没收猎枪 6 支。1994~2001 年，以制止“两乱”为重点，累计查处乱砍滥伐林木案件 182 件，年均 26 件。

2002 年，兴城市人民政府把野生动物植物保护及自然保护区建设工程纳入市长责任状。各乡镇野生动植物保护站挂牌率 100%。救助各类野生动物 1 万只，没收运输和经营各类野生动物 5000 只，没收狩猎网具 150 条（列），办理各种破坏野生动植物资源案件 100 起，处罚违法当事人150 人，挽回经济损失 50 万元。年内，兴城市被辽宁省林业厅评为野生动植物保护先进市。

2006 年，兴城市林业局制定《林业行政执法若干问题的决定》，进一步加强和完善林业系统违法责任人认定及处罚标准。至 2010 年，累计查处各类涉林案件 35 起，行政处罚 34 人，罚款金额 15.62 万元，没收非法所得 2.55 万元，没收木材 102.08 立方米。

2011 年，春季，全力做好候鸟禽流感监测工作。查处非法野生动植物运输案 3 起，救治国家一级保护野生动物东方白鹳 2 只，放飞有经济价值的野生动物 1500 余只。

2012 年，开展大型野生动物保护宣传活动，救助野生动物 12 次。3 月，按照辽宁省、葫芦岛市青山工程建设的要求，成立兴城市青山保护工作领导小组，组建兴城市青山保护局。年内，郭家等 13 个乡镇、街道 46 个行政村完成治理“小开荒”面积 866.66 公顷；三道沟等 4 个乡镇完成退坡地造林 26.66 公顷；药王等 4 个乡镇完成封育工程 200 公顷；实现闭坑矿生态治理工程项目 15 个，面积 46.6 公顷。在闭坑矿治理工作中，全市共栽植侧柏 13279 株、地槿 15800 株、火炬苗 13986 株、刺槐 6509 株，治理工程总投资 2091 万元。6 月 5 日~9 月 30 日，为加大林政执法监督力度，兴城市林业局组织开展严厉打击破坏森林资源违法犯罪专项行动。查处各类案件 36 起，处理违法行为人 38 人，恢复林业生产用地 33.33 公顷，没收非法运输木材 120 立方米。

# 第四章 果蚕业

兴城地区水果、桑蚕生产历史悠久。随着农业产业的调整，果树生产成为发展壮大农村经济的主导产业之一，蚕桑生产成为辽西地区的特色产业。1986 年，兴城县果树管理总站下设果树咨询服务站、东辛庄果树农场和13个乡镇果树技术推广站。作为发展果蚕业的管理部门，承担全县果蚕生产的技术指导、科技培训、市场信息等职能。1987年4月，兴城市果树管理总站改名为兴城市果树局。1997年5月，兴城市果树业务并入林业局，成立兴城市林业果树局。1998年4月，划归兴城市农业发展局，内设果蚕业办公室和果树工作总站。2012年4月，成立兴城市果树局，隶属兴城市农村经济发展局。

## 第一节　果树栽培

兴城市在建立良种苗木繁育基地基础上，进一步实施“优质水果提质增效工程”，提高果树良种率，为促进果业产业化进程奠定坚实基础。

### 育苗

1986年，按照建立优质果品基地的有关要求，兴城县开始推广以山丁子为砧木，以M7、M9、M26、M106为中间砧的矮化栽培技术，嫁接新红星、红富士、金冠等名、特、优果树品种。全县果树育苗45公顷，栽培出圃苗木238万株。1987年，随着果品基地建设总体规划的实施，果树育苗面积增至50公顷，出圃苗木550万株。1989年，果树育苗面积开始减少，至1991年，全市果树育苗面积年平均在13公顷左右。1992年，随着辽西果树带的建设，果树育苗面积逐步增加。至1995年，年均育苗27公顷，年出圃苗木350万株。1996年后，全市育苗面积逐年减少。至2000年，年均育苗面积不足20公顷。2001年后，由于葡萄苗木销路好，境内育苗面积增加，全年育苗35公顷。2002年，育苗40公顷。至2012年，全市果树育苗达到121公顷，出圃苗木1600万株。

### 栽植

1986年，境内果树栽植，仍沿用20世纪70年代推行的大穴定植。一般挖口径和深度各1米，并根据地势合理搭配主栽品种与授粉品种。其栽植比例多为8:1或10:1，株行距多为5米×6米或6米×6米。密植果园株行距3米×4米或4米×5米，0.067公顷栽植果树33~55株。1988年，开始推行挖大沟定植果树。1989年后，新植果园多为矮化品种，株行距2米×3米或3米×4米，0.067公顷栽植果树56~111株。1994年，药王满族乡推广塑料膜桶状穴栽法栽植枣树，为干旱地区果树栽植提高成活率提供新经验。2000年，部分果农开始采取机械挖沟，表土回填，第二年春季挖坑栽植的方式，同时采用树盘覆膜，树干套袋等保温保湿技术，果树栽植成活率明显提高。

### 管理

**改土** 1986年，境内果园大多承包到户，果农利用农闲季节对山坡地果园采取撩壕、叠坎，兴修果树梯田或果树台田，对山地幼龄果园实施深翻改土。其做法是从栽植穴的外沿开始，逐年向外深翻，深度为60~100厘米，直至果树株、行间全部翻通为止。1990年后，开始对果树土壤进行改良。主要采取沙土掺黏土、黏土掺沙土，利用肥土加厚瘠薄地果园活土层等措施，实现改良土壤性状及培肥地力的目的。1986~2012年，全市累计完成各种果树改土面积7500公顷，占全市果树总面积的51.7%。

**灌溉** 1986年，全市仅有少量果园有专用水利设施。有效灌溉面积100公顷，占全市果树总面积的12.5%。加上农业水利设施，全市共有20%的果树可灌溉。水利条件好的果园每年浇灌3~4次；水利条件差的西部山区果园多采用穴口覆盖和雨季中耕等果树栽培技术。1995年后，随着果园电力设施的不断完善，果树灌溉设施更趋完善。1999年，南大山满族乡南大山村骆家果园兴建第一处喷灌系统，喷灌果树1500株，面积2公顷。2000年，望海满族乡余粮村刘家葡萄园建设6.67公顷滴灌系统，成为全市果树节水灌溉样板。随着果园经济效益的不断提高，果农对水利设施投入也逐年增加。部分果农在果园修建贮水池，利用高差进行简易滴灌；山区果园在地表水聚流地投建水窖，贮存流失雨水备用；干旱严重山区应用穴贮肥水技术，有效利用雨水，减少人工灌溉量。2012年，全市果园有效灌溉面积达到4000公顷，占全市果树总面积的27.5%。其中，果树节水滴灌面积80公顷，滴灌果树5万株。

**施肥** 1986年，果树施肥以化肥为主，有机肥为辅。有机肥多采用早秋沟施，化肥采用喷施式追施。喷施以尿素和磷酸二氢钾为主，追施使用果树专用肥或二元、三元复合肥。2000年，开始使用高效微肥，并根据土壤养分含量进行测土配方施肥。2002年后，无公害果品生产不断发展，有机肥施用量明显增加，化肥施用量大幅度减少，基本上以喷施肥为主，侧重于季节性营养调整。

**覆盖** 1986年，境内普遍推广三道沟满族乡总结的果树草物覆盖保温保湿技术。覆盖种类多为杂草、草木樨或豆科作物及稻草等。1990年后，部分果农开始使用塑料薄膜替代草物覆盖。1993年，全市新植果园覆膜120万株，其中国道102线沿途乡镇的新植果园覆膜率达90%以上。2002年，推广无公害栽培技术，部分果园开始采用秸秆粉碎与土粪混合对果树树盘进行覆盖。2012年，全市果园采用塑料薄膜及草物覆盖面积达到2600公顷，占全市果树总面积的17.9%。

**授粉及疏花疏果** 1986年，境内果农沿用20世纪70年代的人工保花保果和疏花疏果技术。1990年，部分果园开始引进角额壁蜂替代人工授粉，并采用西维因、石硫合剂等化学剂进行疏花疏果技术。2000年后，随着果实套袋技术的普及，果树授粉及疏花疏果技术得到普遍应用。2012年，全市人工授粉1800公顷，疏花疏果2000公顷。其中采用角额壁蜂替代人工授粉5000公顷，使用化学药剂疏花疏果350公顷。

**果实套袋** 1994年，为提高果品质量，南大山满族乡后夹山村率先采用日本生产的小林纸袋对苹果树果实进行套袋管理，当年套袋1万个，取得明显效果。1995年在周边乡镇广泛推广。至1996年，全市果实套袋量达到100万个，1999年增至800万个。2000年后，果实套袋由单一苹果套袋发展到梨、桃、葡萄等多树种。果实套袋数量也随之增加。2003年，全市落实果实套袋项目补贴，果实套袋应用量大幅度增加。2009年，全市果实套袋达到9000万个。2012年，由于苹果花芽冻害严重，坐果量减少，全市果实套袋量仅5000万个。

**果树设施栽培** 1993年，红崖子满族乡部分果农开始采用塑料大棚栽植葡萄。栽植品种为乍娜和巨丰。1995年后，城郊乡镇街道也相继发展棚植葡萄生产。栽植品种多为巨丰、无核白鸡心、京玉等。1997年，高家岭满族乡开始发展棚植油桃生产，栽培品种为早红2号、早红株和阿姆肯等。2000年后，棚植果树由葡萄、油桃发展到李子、杏、草莓等品种。大棚结构也由最初的竹木结构大棚向钢筋骨架日光温室转变。2012年，全市共有果树设施栽培面积30公顷，栽植果树33万株。其中栽培葡萄16公顷，24万株；栽培油桃11公顷，6.5万株；栽植其他果树3公顷，2.5万株。

**病虫害防治** 境内果树病害50多种，虫害100多种，天敌资源300多种。其中主要病害有苹果白粉病、腐粒病、轮纹病、早期落叶病、炭疽病、干腐病、花腐病、梨黑心病、黑斑病、毛毡病、桃缩叶病、穿孔病、流胶病、枣疯病等；主要虫害有苹果食心虫、卷叶虫、蚜虫、红蜘蛛、金龟子、潜叶蛾、梨大食心虫、毛虫、象鼻虫、葡萄虎蛾、二点叶蝉、葡萄天蛾、葡萄虎天牛等。

1986年，兴城境内普遍采用化学、物理、生物、人工等综合措施防治果树病虫害。重点防治苹果腐烂病、炭疽病、苹果早期落叶病和食心虫、卷叶虫、红蜘蛛等果树病虫害，防治效果显著。食心虫虫害控制在0.5%以下，苹果早期落叶病的叶片完好率达到80%以上，苹果腐烂病、炭疽病均控制在规定指标以内。1988年9月，四家屯乡周家果园首次发现苹果棉蚜，2000株果树遭受虫害，其中2株果树造成绝产。经采取化学药剂防治，虫害得到控制。1994年，兴城市果树发展总公司针对部分果园出现苹果粗皮病，及时采取整地改土，调整土壤酸碱度，控制负载量和增加土壤有机质含量等技术措施，苹果粗皮病得到有效控制。1998年，在南大山满族乡后夹山村，首次推行果园无公害综合防治病虫害。采取预测预报，应用低毒农药、果实套袋等技术控制打药次数。2000年，开始采用粉虫板、杀虫灯、保护天敌等物理及生物防治技术，减少农药使用量。2012年，全市果树无公害综合防治技术应用面积1200公顷，占全市果园总面积的8.27%。

## 第二节　技术推广

**研究成果**　1989年9月，兴城市从辽宁省果树研究所引进的日本新品种——红富士，经过8年的栽培研究，通过专家鉴定，获县级科技进步奖。

1992~1996年，由锦西（葫芦岛）市果蚕总站主持，兴城市果树局参加的“苹果品种更新技术开发”项目，被葫芦岛市科学技术委员会评为市级科技进步奖。由葫芦岛市果蚕总站主持，兴城市果树局参加的“锦西果树带建设技术开发”项目，获辽宁省级科研成果奖。1998年，兴城市科学技术委员会和兴城市果树总站共同主持“无公害生态果园建设”项目，通过采用防测预报、应用低毒农药、果实套袋等技术，进行无公害果品生产，于1999年被辽宁省果树研究所第六栽培室纳入“苹果病虫害无公害综合防治配套防治技术研究”项目。

1998年，由葫芦岛市果蚕总站主持，兴城市果树总站参加的出口果配套栽培技术，经过3年的推广应用研究于2000年被葫芦岛市评为科技进步一等奖。2006~2008年，兴城市果树总站进行的“苹果革新改造技术集成与推广”项目，于2010年分别获得葫芦岛市科技进步一等奖、葫芦岛市科学技术研究成果奖。

**技术推广**　1986~1989年，为兴城市优质果品基地建设时期，全市重点推广红富士、新红星、乔纳金、金矮生、秋锦苹果和锦丰梨、果酥以及巨丰、黑奥林、乍娜葡萄等名、特、优、新品种，栽植面积4000公顷，共300万株。同期实行果树示范园科技承包和典型园建设，推广自由纺锤形整形修剪、拉枝开角、切梢及更剪技术，促进幼树早产、早丰及结果树提质增效。

1990年，推广使用苹果和锦丰梨、八月红梨等名优品种替代品质低劣和经济效益差的老品种。当年高接换头7万株，1991年高接换头42万株。1994~1996年，按照辽宁省果树“438”工程的要求，对苹果、梨、葡萄3个树种推广8项果树高产高效栽培技术。3年间，全市累计推广面积3000公顷。

1996年，兴城市林果局两次聘请大连市旅顺口区高级农艺师李恩生到兴城传授苹果多侧枝纺锤形模式整形技术，当年推广350万株，为幼树早产奠定基础。1997年，境内开始推广使用ZT-1半拉式喷施果树70万株，增产水果7500吨。1998~2000年，开展优质苹果产业化技术推广，采取改善根系生态环境、规范整形、增大果实及控制隔年结果，促进果实着色、病虫害防治、适时采收、分级包装贮藏加工、果品销售等产业化技术措施，3 年累计推广 5333 公顷。

2001 年，三道沟满族乡把家村和南大山满族乡红旗村无公害果品基地建设通过辽宁省农业厅环境及果品检测，获得无公害产品证书。2002 年，开始推广无公害果园建设。2007 年，三道沟红富士苹果、元台子斗南苹果，经中国绿色食品发展中心审核，被定为绿色食品 A 级产品，获得绿色食品证书，三道沟满族乡生产的 SOD 功能型苹果获“北京奥运会推荐果品”三等奖。

2012 年，全市共建设无公害果园 8 个，面积 1200 公顷，生产无公害果品 1.5 万吨。其中，三道沟、南大山满族乡的红富士苹果，元台子满族乡的斗南苹果获得绿色食品认证。四家屯街道的梨、苹果，望海满族乡的葡萄，沙后所镇的桃，华山街道的梨获得无公害产品认证。

## 第三节　果树发展

1986 年，全县共有果树 280.66 万株，面积 7990.27 公顷，果品总产量 3177 吨。9 月，国家农牧渔业部在兴城召开农产品基地建设会议，确定兴城县为以苹果为主的优质果生产基地，并拨给优质果基地建设经费 20 万元。至 1989 年末，全市超额完成基地建设总体规划。果树实际株数发展到 930 万株。其中新红星、秋锦等新品种果树达到 300 万株，果品产量达到 1.25 万吨。

1992 年以后，依照辽西果树带建设的总体规划，兴城市利用 5 年时间，建成东西宽 40 公里，南北长 80 公里的果树栽植带。新植果树 679.2 万株，面积 9100 公顷。1999~2000 年，连续两年干旱，导致数万株果树死亡，300 万株果树落叶率达 30%~50%。加之农资价格上涨，果品价格下降，境内出现严重的乱砍滥伐果树现象，致使全市果园面积和果树存量锐减。2003 年，全市果树总株数降至 784 万株，果园面积降至 1.7 万公顷，分别比 1998 年下降 34.6%和 39.2%。年末，兴城市人民政府制定《兴城市果树管理办法》，果树的乱砍滥伐现象得到控制。2004 年后，果树栽植数量开始增加，但幅度较小，基本以果园更新为主。2010 年，全市共有果树 812 万株，面积 1.45 万公顷，果品产量 8 万吨。

2012 年，通过实施退耕还林，大力发展经济林，兴城果业发展进入新的黄金期。

### 1986~2012 年部分年份兴城果树发展情况

表 4-4-1

| 年份 | 面积(公顷) | 果树数量（株） | | | | 果品产量（吨） | | | |
|---|---|---|---|---|---|---|---|---|---|
| | | 合计 | 其中 | | | 合计 | 其中 | | |
| | | | 苹果 | 梨 | 其他 | | 苹果 | 梨 | 其他 |
| 1986 | 7990.27 | 2806651 | 1887433 | 621062 | 298156 | 5125 | 3195 | 1786 | 144 |
| 1987 | 13821 | 3402502 | 1871425 | 540744 | 990333 | 5100 | 1650 | 1850 | 1600 |
| 1988 | 19539 | 6719322 | 3856336 | 854482 | 2008504 | 11050 | 6100 | 3050 | 1900 |
| 1989 | 24766 | 9309300 | 5256311 | 1078680 | 2974309 | 12500 | 5600 | 4500 | 2400 |

续表 4-4-1

| 年份 | 面积（公顷） | 果树数量（株） | | | | 果品产量（吨） | | | |
|---|---|---|---|---|---|---|---|---|---|
| | | 合计 | 其中 | | | 合计 | 其中 | | |
| | | | 苹果 | 梨 | 其他 | | 苹果 | 梨 | 其他 |
| 1990 | 26664 | 10438300 | 5943311 | 1163680 | 3331309 | 17500 | 8500 | 5500 | 3500 |
| 1996 | 24344 | 12370000 | 7170000 | 1365000 | 3835000 | 50363 | 25395 | 14250 | 10718 |
| 2000 | 24000 | 12050000 | 7050000 | 1300000 | 3700000 | 70000 | 33000 | 18000 | 19000 |
| 2003 | 17000 | 7840000 | 4210000 | 1510000 | 2120000 | 80000 | 38100 | 20500 | 21400 |
| 2006 | 10642 | 6083000 | 2871000 | 1324000 | 1888000 | 80114 | 44200 | 19670 | 16244 |
| 2008 | 11906 | 7050000 | 3300000 | 1440000 | 2310000 | 82000 | 49000 | 15000 | 18000 |
| 2009 | 14000 | 7840000 | 4100000 | 1650000 | 2090000 | 81000 | 46000 | 18000 | 17000 |
| 2010 | 14500 | 8120000 | 4210000 | 1710000 | 2200000 | 75000 | 40000 | 21000 | 14000 |
| 2011 | 13900 | 7680000 | 4120000 | 1620000 | 1940000 | 80000 | 41000 | 21000 | 18000 |
| 2012 | 13900 | 7680000 | 4120000 | 1620000 | 1940000 | 80000 | 41000 | 21000 | 18000 |

## 种类与分布

1986 年，兴城县境内水果品种主要有苹果、梨、桃、杏、李子、山楂、板栗、大枣、葡萄等。1987 年后，开始大量引进名、特、优新品种，以苹果为第一大宗，梨、葡萄次之，并有桃、李子、杏、山楂、大枣等。2012 年，全市水果共分 3 个科、8 个属，近 200 多个品种。

**苹果** 为境内第一大类水果。2012 年，全市共有苹果树 412 万株，面积 8100 公顷，总产量 4.1 万吨，分别占全市果树总株数、总面积、总产量的 51.8%、55.8%、53.3%。苹果在全市各乡镇街道均有分布，以华山街道和元台子、白塔、南大山、三道沟、药王、旧门、围屏等满族乡居多。其品种以红富士、乔纳金、华红、黄元帅、寒富、国光等品种为大宗，其次是津轻、金矮生、斗南、红王将、嘎拉、藤牧一号、珊夏等 70 多个品种。其中名优品种有无锈金冠、秋锦、乔纳金、金矮生、新红星、北斗、红富士等。1995 年，在第二届全国农业博览会组织的果品评选中，温泉街道胜利村首山果园选送的新红星苹果获金奖。1999 年，在第三届全国农业博览会上，三道沟满族乡选送的红富士苹果被定名为名牌产品。2007 年，三道沟果树专业合作社生产的 SOD 功能型红富士苹果，获得北京奥运会推荐果品三等奖；2009 年，在辽宁省果品展销会上获金奖。

**梨** 为境内第二大类水果。2012 年，全市共有梨树 162 万株，面积 3400 公顷，总产量 2.1 万吨。分别占全市果树总株数、总面积、总产量的 21%、23.4%、28%。梨树在全市各乡镇街道均有分布，以三道沟、碱厂、药王、高家岭等满族乡居多。其品种以锦丰梨、南果梨、早酥梨、秋白梨、京白梨、雪花梨为大宗。其次为锦香梨、八月红梨、安梨、花盖梨、巴梨、五九香梨、苹果梨等 60 多个品种。其中名优品种有秋白梨、京白梨、锦丰梨、五九香梨、雪花梨等。1989 年，药王满族乡选送的锦丰梨，在全国农业博览会上被评为优质果品奖。1999 年，三道沟满族乡选送的秋白梨，在昆明国际园艺博览会上参展并荣获铜牌奖。2001 年，望海满族乡范罗村选送的锦丰梨，在中国国际农业博览会上被评为名牌产品。

**葡萄** 为境内第三大类水果。2012年，全市葡萄树80万株，面积450公顷，分别占全市果树总株数、总面积、总产量的9.8%、3.1%、8%。葡萄在全市各乡镇街道均有分布，以红崖子、南大山、羊安、望海等满族乡和四家屯街道居多。其主栽品种以巨丰、红提子、玫瑰香、美人指、优无核为大宗，其次是京亚、黄意大利、信浓红、乍娜、8621、夏黑、黑奥林、藤稔等40多个品种。其中名优品种有巨丰、黑奥林、藤稔等。1999年，兴城市原种场选送的藤稔葡萄，在第三届全国农业博览会上荣获铜牌奖。

**桃** 2012年，全市共有桃树51万株，面积750公顷，总产量0.7万吨，分别占全市果树总株数、总面积、总产量的6.2%、5.15%、9.3%。主要分布在元台子、南大山、旧门、白塔等满族乡和华山街道。品种以大久宝、金宝、铁桃、秋白桃、油桃为大宗，其次是重阳桃、蟠桃、春阳桃等30个品种。

**杏** 2012年，全市共有杏树40万株，面积650公顷，总产量0.5万吨。分别占全市果树总株数、总面积、总产量的4.9%、4.4%、6.6%。主要分布在旧门、南大山、元台子、三道沟、碱厂、药王等满族乡。品种主要有银白杏、凯特杏、红太阳杏、香白杏、串枝红等20多个品种。其中，碱厂满族乡生产的香白杏，在1996年辽宁省优质果竞赛中被评为优质果奖。南大山满族乡生产的银白杏，在1996年辽宁省优质果评选活动中获金奖。山区一些乡镇还栽植大扁杏，其中旧门满族乡全乡大扁杏面积达213.33公顷。

**李子** 2012年，全市共有李子树32万株，面积500公顷，总产量0.3万吨。分别占全市果树总株数、总面积、总产量的3.9%、3.4%、4%。主要分布在元台子、白塔、三道沟、药王等满族乡和华山街道。品种有秋李、琥珀李、盖大李、梅李、黑宝石、安哥诺李、红宝石、极早红李、金帅李等20多个品种。

## 果品购销

**购销** 1986年，全县果品产量3177吨，主要依靠国营、集体、个体多家收购和本地农贸市场销售。1989年，外地客商开始介入，果品销售范围扩大到黑龙江、吉林等地。1993年，兴城市果树发展总公司与17个乡镇果树站和5000户果农联合成立果树技术经营服务网。年内，助销水果2.5万吨。1996年后，农民代收和果农自寻外地客商直接销售成为境内果品销售的主要渠道。2006年，由果农自行组织的果树生产合作社，开始与客商签订果品销售合同，并组织果农统一销售。2012年，全市果品销售量7万吨，其中市内销售3万吨，市外销售4万吨。

**贮藏** 20世纪80年代中期，随着果树承包生产责任制的不断完善，境内果农开始自建果品贮藏设施。至1989年，全市水果贮藏能力达到4000吨。1990年后，开始兴建大型果窖和恒温库等果品贮藏设施，并以贮藏苹果为最多，梨和葡萄次之。至2012年，全市共有大小果窖800个，恒温库25个，水果贮藏能力4万吨。

## 标准园建设

1987年，为提高果树管理水平，兴城市果树局开始参加全省规模标准园竞赛活动。创建市级标准园6个、县级21个、乡级25个、村级45个，参赛株数8.1万株，面积340公顷。其中碱厂满族乡白庙子村喇叭沟果园获锦州市人民政府奖励，率先迈进市级标准园行列。1988年，元台子满族乡四方村宋家果园经过技术改造后，取得显著经济效益，被评为锦州市高产优质标准园。日本友人后藤勇一先生在高家岭满族乡汤上村建成面积5.33公顷的日本式标准示范园。1989年，元台子满族乡药王果园、西砬果园、白马果园被评为省级标准园。1990年，温泉街道胜利村果园被评为辽宁省级高产优质标准园；1995年10月，又被评为辽宁省级果树示范园。

2001年，根据葫芦岛果业竞赛达标要求，落实国家、省、市级标准园6处。其中国家级标准园为三道沟满族乡小五沟果园，省级标准园为三道沟满族乡把家果园、南大山满族乡红旗果园，市级果园为望海满族乡范罗梨园、南大山满族乡南英葡萄园、围屏满族乡茶家富士苹果园。2006年，三道沟满族乡高家村果园作为境内第一个苹果革新改造先导示范园，经过3年改造，取得较好效果，被葫芦岛市评为优质先导园。

2010年，全市共落实标准果园28处，果园总面积240公顷，果树18万株。

## 第四节　蚕业生产

蚕桑生产是兴城地区的特色产业。1986年以后，为推广桑蚕新品种，蚕业新技术，建设高产优质桑园，兴城市制定相应政策措施，引导蚕农搞好桑园种植和管理，规范养殖，提高产业综合效益。

### 蚕业发展

20世纪60年代初期，兴城县蚕业生产发展较快，全县建成桑园千余亩，每年养蚕达200张，主要分布在三道沟、药王、碱厂、大寨和红崖子等满族乡。年产蚕茧7500公斤，产值达4万元。三道沟满族乡养蚕最多年份达160张，产茧5000余公斤。

进入20世纪70年代，兴城地区养蚕业开始萧条，大片桑园砍伐殆尽。中共十一届三中全会以后，随着农村各项经济政策的落实，兴城市蚕业生产开始复兴。以三道沟满族乡为例，养蚕张数逐年增加。1988年，养蚕30张；1989年，养蚕60张；1990年，养蚕80张；1991年，全市养蚕150张，其中三道沟满族乡养蚕104张；产茧5000公斤，产值近6万多元。每张蚕种平均可产茧45公斤，最高可达60公斤。每公斤蚕茧国家茧站收购价为12.6元，每养1张蚕可收入500~630元。养蚕时间只需28~35天，每张蚕种只需投资16元；设备简单，只需几块秫秸帘子，所需劳力很少，除采桑叶外，一个家庭妇女可承担全部饲养工作。

1991年3月，为推动全市蚕业生产发展，兴城市人民政府专门组织山区乡镇党委书记、乡镇长及市果树局、科委、土地局等单位领导赴全国养蚕重点县浙江省海宁县参观考察。当年春，全市栽植桑树25万株，育桑苗2.66公顷。6月上旬，兴城市人民政府先后两次在三道沟满族乡召开栽桑养蚕现场会，提出栽桑养蚕计划指标和具体要求。为尽快发展蚕业生产，兴城市人民政府特做三条决定：一是从1992年起栽桑所需苗木费用按3:3:4比例承担，即村、乡各负担30%，市财政负担40%；二是计划3年内栽桑600万株，即1992年栽桑100万株，1993年栽桑200万株，1994年栽桑300万株；三是育桑苗13.33公顷，纳入林业育苗计划，给予同等优惠待遇。

放养桑蚕时间短，见效快，每年春蚕生产于5月12日开始孵化蚕种，经过5个龄期共28天的精心饲养，蚕蜕皮4次，5龄末吐丝做茧。除春蚕之外，华山街道养蚕户还饲养秋蚕2张，并于7月下旬结茧。

2012年，药王满族乡冯屯村大苇沟蚕丝线技艺列为葫芦岛市非物质文化遗产。

# 第五章 畜牧业

1986年，兴城县畜牧管理总站内设人秘股、畜牧股、兽医股3个业务机构。1987年12月，兴城市畜牧管理总站改称兴城市畜牧局。1998年3月机构改革，兴城市畜牧局并入兴城市农业发展局，为内设畜牧科。2006年2月，成立兴城市动物卫生监督管理局，内设办公室、医政科、监督科、防疫科、畜产品安全科、畜牧科6个业务机构。2007年，增设畜产品安全科。2008年6月，增设医政科。下辖动物疫病预防控制中心、种畜禽监督管理站、动物卫生监督所、草原监理站、畜产品质量安全监察所、种畜场等6个事业单位和12个乡镇动物卫生监督所。

## 第一节 畜禽饲养

### 家畜饲养

依照人们的生产和生活需要，兴城地区家畜饲养种类主要有牛、马、驴、骡、猪、羊、兔等，其中马、驴、骡为农村生产、运输的大牲畜。

**牛** 兴城境内养牛多为肉用牛和奶牛。主要品种有本地黄牛、草原红牛、朝鲜牛、荷兰奶牛、夏洛来、海福特、英短角、西门塔尔、荷兰黑白花牛、鲁西黄牛、日本和牛、皮埃蒙特牛等。

境内肉用牛多为放养，奶牛多采用圈养和放养相结合的方式。饲草均以野生草为主，作物秸秆为辅，奶牛挤奶期加喂精饲料。1987年，境内推广肉用牛快速育肥新技术。拣金满族乡圈养架子牛22头，使用酒精糟、干草粉加尿素喂牛，年末获利4000元。1989年，推广塑料大棚饲养肉牛100头，并在全市范围内推广秸秆过腹还田肉用牛饲养配套技术，全年共青干贮饲料784万公斤。1994年，推广棚养站牛3100头。1996年，推广肉用牛育肥综合配套技术，采用架子牛强度育肥、放牧加补饲及直线育肥三种方式。推广高产奶牛综合配套技术，粗料多采用玉米秸秆和其他农业副产品或青贮玉米秸秆、微贮玉米秸秆，精料使用饲料厂家生产的40%添加的奶牛浓缩饲料，并严格执行高产奶牛技术操作规程。2010年，应用肉用牛快速育肥综合配套技术达到6000头，应用高产奶牛综合配套技术达到750头。2012年，全市肉用牛快速育肥综合配套技术达到6500头，年存栏200头以上的肉用牛育肥场5家。

**马** 1986年，全县马的存养量7164匹。主要有蒙古马、苏高血马、卡巴金马、三河马、铁岭挽马、本重马、本轻马、阿拉伯马、奥尔洛夫马。多采用座槽喂养方式。夏、秋季以青草为主，冬季以稻草、谷草及作物秸秆为主。使役期加喂精饲料，多以玉米、高粱、豆饼为主。妊娠期减轻使役强度。随着家庭联产承包责任制的不断完善和机械化程度的提高，全市马存养量逐渐减少。1990年，降至5837匹。2000年，降至4022匹。2010年，降至1964匹，占全市耕畜总数的7.65%。2012年，降至1885匹。

**驴** 1986年，全县驴的存养量15706头。主要有本地驴、渤海驴和关中驴。2000年，全市驴的存养量23730头。随着农业机械化水平的不断提高，饲养数量逐渐减少。2010年，全市驴的存养量20798头。2012年养驴14265头。

**骡** 骡子是以当地优良种马与驴杂交而生，具有马和驴的双重特征和习性，多用于农业生产。饲养管理与马相似，但较粗放。1986年，全县养骡10346头。2000年，养骡6542头。2001年后，饲养数量逐渐减少。2010年，养骡2895头。2012年，养骡1962头。

**猪** 1986年，全县饲养的种猪品种以苏白、哈白、克米、金华、内江、约克夏、杜洛克为主，其中三元瘦肉型猪在市场上备受欢迎。1998年，境内饲养的种猪开始向“两白一红”（长白猪、大约克白猪、杜洛克红猪）方向发展。引进丹麦系长白、英系大约克、法系大约克和美系杜洛克猪。全县生猪饲养量242683头，其中出栏80410头，年末存栏162273头。2009年，引进加系、瑞系、英系、丹系、台系、美系、新美系的大约克、长白、杜洛克种公、母猪。2012年，全市“两白一红”良种猪普及率达到95%。

传统饲养方法为“吊架子”育肥法。仔猪出生后1～2周加喂精饲料玉米面、鱼粉、豆饼粉、黑豆等。架子期以青粗饲料为主，禾谷类籽实的副产品糠麸、秕壳等，以促进骨骼、肌肉和内脏的发育。催肥期加喂精饲料玉米面、地瓜干、豆饼粉等。一般饲养8～12个月出栏。

20世纪80年代中期，随着粮食饲料的增多，境内养猪推广直线育肥法，减少育肥时间2～4个月。1987年，境内推广生猪快速育肥法，一般4～5个月育肥出栏。冬季推广塑料大棚养猪，每头猪日平均增重0.76公斤。1991年，全市冬季使用塑料大棚养猪79681头，快速育肥59125头。1993年，华益养猪场引进现代化养猪设备，实现母猪高床饲养，仔猪设保育栏饲养，备有自动饮水器和自由采食槽。1997年后，由于生猪价格上涨，境内出现养猪热。至2003年的6年间，全市生猪饲养量年均在50万头以上。

1998年，推广商品瘦肉型猪综合配套技术。选用优良品种仔猪，建标准化猪舍，利用厂家生产的猪预混料或浓缩料配制全价饲料，每日自由采食，自动饮水，饲养周期为3～4个月。年内，全市应用商品瘦肉猪综合配套技术达到8.43万头。2002年，兴城市华元牧业有限公司开始采取公司加农户的形式，进行无公害生猪养殖。“华元”牌无公害猪肉上市销售后，深受消费者欢迎。

2004年，因生猪价格下降，加之饲料粮价格上涨，全市养猪数量锐减，生猪饲养量降至42.5万头。2007年，根据国务院《关于促进生猪生产发展，稳定市场供应的意见》，兴城市对全市能繁母猪发放补贴资金13.91万元。

2010年，全市生猪饲养量达到109.7万头，应用商品瘦肉型猪综合配套技术养猪29.2万头，占全市生猪饲养量的26.6%。2011年，全市推广微生物发酵床养猪技术。至2012年末，全市推广发酵床养猪户15户，建发酵床面积8953平方米，应用商品瘦肉型猪综合配套技术养猪32万头。

**羊** 1986年，全县羊的饲养量64047只，其中年内出栏10460只，年末存栏53587只。饲养的品种有本地绵羊、本地山羊、波尔山羊、澳洲美力奴羊、东北细毛羊、敖汉羊、斯达夫羊，小尾寒羊，绒山羊等。

20世纪80年代中期，境内养羊以放养为主。1990年，推广舍饲快速育肥技术养羊552只。1996年，全市羊的饲养量达到13.64万只。在西部山区和中部丘陵区乡镇推广“提高低产绒山羊养殖技术”，绒山羊的饲养方式采取梳绒期舍饲管理，梳绒后放牧加补饲料。肉用羊多采用强度育肥法，在肉羊体重达20公斤时进行2～3个月舍饲。饲料多采用玉米秸秆粉、玉米面、麦麸、豆粕、棉籽粕、多种维生素、微量元素等配合后饲喂。至2010年，采用综合配套技术养羊，达到337695只，出栏量175093只。2012年，全市良种肉羊综合配套技术应用15万只，年末存栏达到168278只。

**兔** 1986年，全县兔的饲养量71842只，年内出栏34998只，年末存栏36844只。饲养品种有本地兔、青紫兰兔、长毛兔、加利福尼亚兔、日本白兔、德国花兔、比利时兔、法国山羊兔、德系安格拉长毛兔、美国獭兔、新西兰肉兔、伊普侣兔等。

兴城地区养兔以笼养为主。饲料以树叶、野生草和农作物秸秆为主，加配少量精料。夏季搭棚防暑，冬季覆盖保暖。1992年，兴城市畜牧局推广药王满族乡畜牧站养兔经验，全市迅速掀起养兔热，饲养量达到9.25万只。1993年，达到16万只，为境内历史以来养兔数量最多年份。1994年，推广使用配合饲料养兔。2001年，推广种植紫花苜蓿、沙打旺、菊苣、红穗籽粒苋等优良牧草养兔。2003年，使用全价饲料养兔。2010年，推广自备颗粒饲料机，按照兔的不同生长阶段，自配自制全价颗粒饲料饲喂。后因养兔效益微薄，规模化养兔场大多关闭，致使养兔数量减少。2010年末，全市养兔年末存栏2.19万只。2012年，存栏降至6304只。

### 1986~2012年兴城市家畜存养量

表4-5-1　　单位：头、只

| 年份 | 牛 | 马 | 驴 | 骡 | 猪 | 羊 | 兔 |
|---|---|---|---|---|---|---|---|
| 1986 | 5348 | 7164 | 15706 | 10346 | 162273 | 53587 | 36844 |
| 1987 | 6229 | 6568 | 15997 | 10173 | 150730 | 550292 | 30825 |
| 1988 | 5971 | 6521 | 16463 | 9726 | 170709 | 67936 | 25319 |
| 1989 | 4499 | 6320 | 17188 | 9531 | 174891 | 70654 | 21000 |
| 1990 | 4078 | 5837 | 16329 | 10682 | 169314 | 63844 | 33885 |
| 1991 | 3416 | 5508 | 18316 | 9283 | 180102 | 57927 | 40288 |
| 1992 | 3186 | 5391 | 18333 | 9091 | 188046 | 47164 | 45037 |
| 1993 | 3323 | 5130 | 18328 | 8892 | 192615 | 48388 | 16000 |
| 1994 | 6844 | 4842 | 17815 | 8489 | 188786 | 61963 | 143200 |
| 1995 | 6037 | 4630 | 19259 | 8001 | 196732 | 59063 | 130800 |
| 1996 | 12046 | 4621 | 19269 | 7986 | 180886 | 101845 | 123420 |
| 1997 | 5603 | 4590 | 20982 | 7961 | 143478 | 70891 | 115614 |
| 1998 | 5359 | 4428 | 20807 | 7841 | 212886 | 75198 | 103181 |
| 1999 | 4514 | 4201 | 20406 | 7025 | 251931 | 74568 | 84273 |
| 2000 | 6100 | 4022 | 23730 | 6542 | 225105 | 79809 | 57274 |
| 2001 | 6331 | 3872 | 23054 | 6041 | 191415 | 83170 | 132840 |
| 2002 | 7071 | 3188 | 20947 | 5556 | 121669 | 119355 | 15000 |

续表 4-5-1

| 年份 | 牛 | 马 | 驴 | 骡 | 猪 | 羊 | 兔 |
|---|---|---|---|---|---|---|---|
| 2003 | 8057 | — | — | — | 117723 | 149028 | — |
| 2004 | 8138 | 3100 | 2100 | 3700 | 118901 | 150524 | 30200 |
| 2005 | 11000 | 3000 | 2370 | 4100 | 150350 | 129100 | 33200 |
| 2006 | 8824 | — | — | — | 116943 | 95840 | — |
| 2007 | 9750 | — | — | — | 133623 | 116797 | — |
| 2008 | 10647 | 1518 | 21077 | 3396 | 161596 | 126479 | 19931 |
| 2009 | 19297 | 1938 | 19745 | 2544 | 293371 | 171643 | — |
| 2010 | 19981 | 1964 | 20798 | 2895 | 432777 | 162602 | 21859 |
| 2011 | 22224 | 1966 | 15172 | 2427 | 490879 | 187117 | 7969 |
| 2012 | 21483 | 1885 | 14265 | 1962 | 568630 | 168278 | 6304 |

## 家禽饲养

1986 年，兴城县家禽饲养量 84.64 万只。1990 年后，随着粮食饲料的不断增多，全市家禽饲养量逐年增加，1992 年增至 301.11 万只。2003 年，全市家禽饲养量达到 900 万只。2007 年后，境内牧业小区建设步伐加快，家禽饲养量开始增多。2009 年，全市家禽饲养量达到 815 万只。2010 年，达到 938.2 万只。2012 年，家禽饲养量达 1196 万只。

**鸡** 1986 年，全县鸡饲养量 75.23 万只，占家禽饲养量的 88.9%；1997 年，以秦皇岛正大集团为代表的“合同养殖业”在全市范围内发展迅速，肉食鸡养殖大户和养殖数量逐年增多。2003 年，全市肉食鸡饲养量达到 700 万只，占全市家禽饲养量的 77.78%，比 1986 年增加 9.3 倍。2004 年，因受南方部分城市禽流感的影响，全市养鸡数量开始下降。2005 年降至 850 万只，2006 年降至 647.45 万只。2007 年后，境内牧业小区建设步伐加快，鸡的饲养量开始增多。2010 年，鸡饲养量达 910.4 万只。2012 年，饲养量达 1161 万只。

鸡的品种主要有本地鸡、锦州白鸡、希赛斯、尼克、京白三系、星杂 579、星杂 288、岩谷、罗斯、罗曼、艾维菌、庄河鸡、火鸡、“AA”和乌骨鸡等。1989 年，引进滨白鸡和伊沙褐鸡。2001 年，相继引进美国火鸡、草鸡和日本军鸡。2006 年，引进农大白鸡和农大褐鸡。2010 年，境内饲养的蛋鸡品种有本地鸡、庄河鸡、乌骨鸡、海兰白鸡、海兰褐鸡、农大白鸡、农大褐鸡等。饲养的肉鸡品种有 AA 鸡、艾维菌鸡、罗曼鸡等。

鸡的饲养分为散养和舍养方式。育雏期喂小米、玉米面等精饲料，产蛋期加喂青菜和精饲料。部分养鸡专业户实行笼养和地面平养，定时供料，自由采食，日供配合饲料 2 ~ 3 次。1987 年，推广塑料大棚养鸡，产蛋率比普通散养提高 20% ~ 30%。1989 年，推广氨基酸代替鱼粉喂鸡，平均每公斤饲料降低成本 0.12 元。1992 年，推广高产蛋鸡综合配套技术，建人字型砖混结构鸡舍，内设阶梯式鸡笼，按照高产蛋鸡综合配套技术操作规程养鸡。饲料均采用厂家生产的 40%添加预混料与养殖场自备的玉米面、麸子混合搅拌后喂养。1996 年，推广良种肉鸡综合配套技术，采用厂家生产的全价肉鸡饲料饲喂，饲养周期为 45 天，肉料比为 1：2.3 ~ 2.5。

2001 年，兴城绿色养鸡场开始使用中国农业科学院与江苏正昌农牧研究所共同研制的中草药预混饲料喂鸡，年内生产的“正昌”牌绿色红心蛋，其胆固醇含量明显低于普通鸡蛋，蛋黄增色沉着性、稳定性好于普通鸡蛋。2004 年，开始采用厂家生产的蛋鸡全价饲料饲喂，料蛋比均在 3 ~ 3.1：1。

2010 年，全市采用高产蛋鸡综合配套技术养鸡 78 万只，占全市蛋鸡存栏量的 59.9%；采用良种肉鸡综合配套技术养鸡 460 万只，占全市肉鸡饲养量的 68.9%。2012 年，良种肉鸡综合配套技术养鸡 512 万只，

**鸭** 1986 年，兴城县鸭饲养量 4.71 万只，占全县家禽饲养量的 5.56%。鸭的品种有本地鸭、北京鸭、麻鸭、狄高鸭、樱桃谷鸭、金定鸭和康贝尔鸭。1990 年后，随着粮食饲料的不断增多，全市鸭的饲养量逐年增加。1999 年，沙后所镇南门外村养鸭大户与中国农业用地环保培训中心合作，建起 1 座养鸭场，按照环保无公害绿色食品标准进行无公害养殖。生产的“环海”牌鸭蛋上市后，深受消费者欢迎。2010 年，鸭 15.3 万只，2012 年家禽饲养量达 19.6 万只。

**鹅** 1986 年，全县饲养鹅 4.70 万只。鹅的品种有本地鹅、雁鹅、豁鹅。饲养方式与养鸭相同。2010 年，全市饲养鹅 12.5 万只。2012 年，饲养鹅 15.4 万只。

### 动物驯养

**鹿** 1986年，全县驯养 200 只，年产鹿茸 18 公斤。主要有梅花鹿和马鹿两种，由三道沟满族乡的青山鹿场饲养。1987 年后，境内养鹿数量逐渐减少。1991 年，降至 89 只，年产鹿茸 24 公斤。1994 年，降至 50 只，年产鹿茸 23 公斤。2002 年，围屏满族乡茶家村引进吉林梅花鹿 11 只。全市养鹿数量达到 65 只，年产鹿茸 17 公斤。2012 年，全市养鹿数量 85 只。

**貂** 1986 年，境内养貂 4189 只，年产貂皮 886 张。1988 年，全市养貂数量达到 1.5 万只，年产貂皮 4089 张。1990 年后，全市养貂数量开始减少。

**貉** 1986 年，境内养貉 264 只，其中年出栏 83 只，年末存栏 181 只，品种为乌苏里貉。1987 年，由于貉皮价格上涨，境内养貉数量开始增加。至 1988 年，全市养貉数量达到 1385 只。1990 年以后，由于国际市场貉皮滞销，价格暴跌，养貉数量逐年下降。

**蜜蜂** 1986 年，境内养蜂 1822 箱，蜂蜜产量 56.13 吨，蜂王浆产量 2 吨。饲养品种多为中华蜜蜂、西方蜜蜂和意大利蜂。1987 年 2 月，兴城市畜牧局设养蜂管理站。全市养蜂数量达到 7000 箱，蜂蜜产量 40 吨，蜂王浆产量 3 吨。1988 年，全市养蜂数量开始下降。到 1991 年，全市养蜂量降至 2144 箱，蜂蜜产量 67.67 吨。1994 年，降至 1696 箱，蜂蜜产量 65 吨。2010 年，全市蜜蜂饲养量 2242 箱，蜂蜜产量 145 吨。2012 年，全市共有蜂农 69 户，蜜蜂饲养量 6785 箱，饲养品种多为中华蜂和意大利蜂。

## 第二节 品种改良

**牛** 1986 年，兴城县畜牧技术推广站分别在高家岭满族乡、白塔满族乡和东辛庄镇设立人工授精点。利用法国大型肉用牛“夏洛来”冷冻精液，采用人工输精的方法改良本地牛。全年完成人工输精 157 头，准胎率 92%。同年，选用“海福特”“英短角”和“西门塔尔”等优良种公牛配

种2123头。1989年，人工授精点增至5个，全年完成冷冻精液输精290头，受胎率为74%。1996年，使用细管冷冻精液人工配种240头，准胎率86.2%。1999年，人工授精站点增至6个，全年改配黄牛1555头，受胎率92.5%。2005年，引进“皮埃蒙特”等优良肉牛的冷冻精液改良本地黄牛。2010年，全市牛人工配种站7个，选用“夏洛来”“西门塔尔”“德国黄”“皮埃蒙特”及“荷兰奶牛”等优良种公牛的冷冻精液输精6100头。其中肉牛4453头，奶牛1647头。2012年，全市牛人工配种站5个，完成冷冻精液输精配种6500头。

**马、驴** 1986年，兴城县畜牧技术推广站分别在东辛庄镇、高家岭满族乡、双树乡和县改良站设立马、驴常温人工授精点。利用“苏高血”“澳尔洛夫”优良种马、陕西“关中驴”对本地马（驴）进行品种间的改良。完成马驴常温人工输精500匹（头），准胎率为78%。年内，县畜牧技术推广站采制马、驴冷冻精粒8913粒，并在白塔满族乡、高家岭满族乡和县改良站设立马、驴冷配输精点。完成冷配马、驴193匹（头），产改良马驹、驴驹124匹（头），准胎率为64%。1988年，马、驴冷配授精点全部改为常温人工授精点。完成常温人工输精852匹（头），受胎率为80.1%。1990年，马、驴常温人工授精点增至6处，完成人工输精1103匹（头），受胎率为77.9%。1991~1994年，年均完成马、驴常温人工输精1222匹（头）。1995年后，马、驴常温人工授精数量逐年减少，境内农民多采用优良公马、种公驴改良本地马、驴。2012年全市马、驴常温人工授精只有东辛庄镇付家村一处马、驴人工授精站，每年输配马驴800多头。

**猪** 1986年，兴城县畜牧技术推广站分别在望海、羊安、红崖子、双树、沙后所等乡镇设立人工授精点。完成人工输精1038头，受胎率为95%。选用“克米”“长白”“金华”等优良种公猪配种6303头，受胎率为93%。1991年，人工授精点增至10个，完成人工输精2952头，受胎率为96.8%。随着城乡人民生活水平的不断提高，境内猪的品种改良多采用“约克夏”“长白”“杜洛克”等瘦肉型优良种公猪与本地杂种母猪杂交改良。1998年，全市猪品种改良点增至12个，完成生猪改配8130头，受胎率94%。2007年，全市完成生猪改配5万头。2010年，全市共设猪配种站点60个，人工授精点10个，生猪改配6.5万头。其中人工授精1.57万头，受胎率为90%。全市生猪良种普及率达到95%。2012年，全市共设猪配种站点33个，人工授精点8个，生猪改配6.5万头，其中人工授精6万头，受胎率为95%以上。

**羊** 1986年，兴城县畜牧技术推广站分别在东辛庄、宁远、望海、药王庙、高家岭、曹庄等乡镇设立绵羊人工授精点，利用东北细毛羊改良本地羊。全年完成人工输精1711只，受胎率为87%。采取本交配种方式改良本地绵羊3089只。1987年，改良3687只。其中人工输精1859只，受胎率为95%。1990年，开始利用绒山羊改良本地山羊538只，受胎率为91%。1991年，改良511只，受胎率为97%。1992年，人工授精点全部取消。羊的品种改良全部由养殖户自备优良品种公羊，采取本交配种方式进行改良。2012年，改配9.1万只。

**兔** 1986年，境内兔的品种改良普遍采用人工辅助交配的方法，利用“德国花”“法国公羊”“日本白”“比利时”和“加利福尼亚”等优良种兔改良本地兔或杂种兔。2010年，全市兔的优良品种普及率达到75%。

**鸡** 1986年，境内鸡的品种改良多采用引进优良种鸡改良本地鸡。此后，境内养鸡大户普遍采用引进优良鸡种进行直接饲养。只有少数自繁自育户，仍选择优良种鸡改良本地鸡或杂种鸡。2010年，全市推广良种鸡538万只，占全市鸡饲养量的59%。2012年，全市推广良种鸡598万只，占全市鸡饲养量的51%。

# 第三节 肉蛋奶生产

1986年，境内肉蛋奶产量12840吨。其中肉类产量9996吨，禽蛋产量2716吨，奶产量128吨。畜牧业产值4259万元，占全县农业总产值的16.45%。

1987年，全市的畜牧业生产开始向专业化、商品化、集约化方向发展，涌现出畜牧“两产”1925户。1988年，发展到2346户，全市畜牧业产值达到6736万元；肉类产量达到12829吨，禽蛋产量2289吨，奶类产量200吨。

1990年，根据锦西市农牧渔业局安排，在兴城范围内开展以科技兴牧为核心，以牧业基地建设为重点，以提高牧业产量、产值为目的的“兴牧杯”竞赛活动，促进全市畜牧业的快速发展。实现畜牧业产值6838万元；肉类产量12512吨，禽蛋产量7526吨，奶类产量396吨。

1992年，兴城市人民政府制定农业科技承包实施方案，兴城市畜牧局组织实施畜牧科技承包，畜牧业产值首次突破亿元大关，达到1.056亿元，肉蛋奶总产量达到21996吨。1993年，开展达标竞赛活动，兴城市人民政府对各乡镇街道实行目标管理，并重点培育和扶持畜禽饲养专业户和专业大户。1995年，全市肉蛋奶产量达到28035吨，畜牧业产值达到1.5亿元。分别比1992年提高27.46%和42.05%。

1996年，培育和重点扶持产、销一体化的龙头企业。推行“龙头带基地，基地带农户”的发展模式，全市畜牧业生产开始走出庭院，向工厂化、集约化方向发展。至2002年，全市畜牧业产值达到5亿元，肉蛋奶产量达到71500吨。2010年，全市畜牧业产值首次突破10亿元大关，达到10.24亿元。肉蛋奶产量达到10.31万吨，其中肉类产量7.14万吨，禽蛋产量1.9万吨，奶类产量1.27万吨。

2011年，肉、蛋、奶总产量12.24万吨，比2010年增长21.2%；畜牧业总产值实现18.46亿元，比2010年增长50.8% 。2012年，肉、蛋、奶总产量13.68万吨，比2011年增长23.1%。

# 第四节 疫病防治

## 畜禽防疫

1986年，兴城县畜牧管理总站以县兽医卫生站为中心，以乡、村兽医为骨干，开展17项畜禽防疫灭病工作。其中猪防疫1年2次共4项（猪瘟、猪丹毒、猪肺疫、仔猪副伤寒）；大牲畜防疫共4项（马传贫、破伤风、炭疽、鼻疽）；鸡防疫5项（雏鸡F系滴鼻、I系注射、鸡瘟、马立克氏病注射、禽霍乱预防注射）；牛羊防疫4项（布鲁氏杆菌病、结核病、口蹄疫、羊痘），全部达到省、市要求。兴城被辽宁省畜牧局评为“防制猪瘟先进县（市）”和“防制马鼻疽先进县(市)”。

1988年7月，兴城市畜牧局组织有关人员开展畜禽疫病普查工作。1989年7月，完成《兴城市动物疫病志》编撰，为控制与消灭畜疫病提供科学依据。是年，兴城市畜牧局被评为“辽宁省防疫灭病工作先进集体”。

1991年，兴城市人民政府将畜禽防疫灭病工作纳入各乡镇人民政府工作目标管理和百分考核项目，并专门召开会议布置防疫灭病工作。生猪免疫率达到98.5%，鸡免疫率达到97.7%，大牲畜检免率达到99.7%，狂犬病注射免疫率达到95.9%，并完成省、市布置的牛羊布鲁氏杆菌病的监测任务。

1992年，牛、羊焦虫病开始发生，至1998年，因病死亡牛羊152头（只）。1998年后，采取牛羊圈养和药物灭源相结合的办法，患病牛羊数量逐渐减少。

1996年，红崖子满族乡有38头猪发生口蹄疫，兴城市畜牧局立即采取捕杀灭源和强化免疫结合的办法，有效控制疫情蔓延。

2003年，按照辽宁省和葫芦岛市人民政府的统一部署和要求，兴城市人民政府成立禽流感防治指挥部，制定《兴城市重大动物疫病控制应急预案》，并成立专家组和督察组，严格规范疫情诊断报告制度和防疫督察制度。猪瘟、鸡新城疫、牲畜口蹄疫、禽流感等动物疫病的免疫密度均在99%以上。

2005年10月末，锦州、黑山等周边地区发生禽流感，兴城市人民政府加大禽流感的防控力度，于11月2日在高速公路出口等交通要道设立9个检疫消毒站，在沿海、湿地、山地设立7个观测点，在乡、村路口设立272个检查点，共投入1200人进行疫情监测、消毒灭源和免疫接种工作。至11月30日，共免疫注射禽类235.5万只，免疫率达到100%。

2005年，兴城市动物监督管理部门采取检测与防疫相结合的办法，对检测患有阳性布鲁氏杆菌病的牛羊进行处置，以净化畜群、控制疫情蔓延。

2006年，城东街道新地号村农民饲养的生猪开始发生“无名高热病”。经兽医专家确诊为“猪繁殖和呼吸综合征”（PRRS），俗称“蓝耳病”。兴城市动物卫生监督管理局除及时捕杀切断病源外，采取春秋两季按程序注射疫苗和规范外引猪源相结合的办法进行预防。12月，根据辽宁省动物卫生体制改革文件，将全市24个乡镇畜牧兽医站合并为12个，改称区域动物防疫监督所。

2008年1月，《中华人民共和国动物防疫法》颁布实施，兴城市动物卫生监督管理局开始实行动物疫病强制免疫和免疫抗体监测工作。年内实现“四个不漏”。即：“乡不漏村、村不漏户、户不漏畜（禽），畜（禽）不漏计”，和“五个百分之百”（应免动物免疫率100%，耳环佩戴率100%，免疫卡发放率100%，免疫档案填写合格率100%，免疫效果保护率100%）。动物免后监测的禽流感抗体合格率达到82.5%，口蹄疫抗体合格率达到75.7%，猪瘟抗体合格率达到82.5%，均高于国家规定的70%的标准。

2010年，全市免疫注射禽类331.2万只，猪32万头，牛羊19.2万头（只），免疫率全部达到100%。共发放使用禽流感疫苗262.5万毫升，新禽二联苗200万份，猪口蹄疫疫苗1.73万毫升，牛羊口蹄疫疫苗52.37万毫升，A型口蹄疫疫苗1.73万毫升，猪蓝耳病疫苗95.1万毫升，精瘟疫苗75.4万头份。

2011年，免疫家禽222.6万只，猪19.2万头，牛羊10.2万头只，免疫率、耳标佩戴率、免疫卡发放率、免疫档案填写合格率均达到100%。

2012年，家禽应免226万只，猪应免34万头，牛羊应免14.1万头（只），全部进行强制免疫，免疫率、耳标佩戴率、免疫卡发放率、免疫档案填写合格率均达到100%。全年共发放使用禽流感疫苗211万毫升，新禽二联苗214万羽份，猪口蹄疫疫苗160万毫升，牛羊口蹄疫疫苗45万毫升，A型口蹄疫疫苗1万毫升，猪蓝耳病冻干苗70万头份，猪瘟疫苗95万头份。

### 动物检疫

1986年10月，始设兴城县动物检疫站。1987年3月，成立兴城市动物检疫所。主要负责城内农贸市场的畜禽、肉食的检疫工作。1988年，全市25个乡镇兽医站开始承担所辖区域内的活畜禽交易市场和集贸市场动物产品以及跨市、县外运畜禽的检疫工作。按照辽宁省和锦州市要求，生猪检疫工作由市场检疫开始向产地检疫和屠宰检疫转移。对屠宰、加工、经销畜禽及其产品的单位和个人进行检疫监督1000余次。

1996年11月，根据国务院“定点屠宰、集中检疫、统一纳税、分散经营”的方针，率先在城区实行定点屠宰，集中检疫。1997年，在东辛庄等21个乡镇设立21个定点生猪屠宰场，全部实行集中检疫。《中华人民共和国动物防疫法》颁布实施后，全市产地检疫工作全面展开。每个村配备1名协检员，由村兽医担任。运输检疫、屠宰检疫以及证、章、标志管理等项工作均步入法制化轨道。

2002年2月，兴城市食品公司的生猪屠宰检疫权移交给兴城市动物卫生防疫监督检验所。2003年，按照辽宁省人民政府和葫芦岛市人民政府的统一部署和要求，开展以防治禽流感为中心内容的动物检疫和卫生监督工作。对出入境运输畜禽车辆严格检查消毒，对屠宰场点实施跟踪检疫。

2007年，兴城市动物卫生监督管理局为规范动物产品的产地检疫工作，陆续在全市建立131个村级动物检疫申报点，并配备消毒设备、检验器械以及消毒药品等。主要负责辖区内的畜禽出栏检疫，出具产地检疫合格证；对跨境引进的畜禽进行报批报检；上报动物疫情和畜禽饲养量等工作。

2009年，为维护生猪屠宰市场秩序，对辖区内从事生猪屠宰工作的18个定点屠宰场进行多次监督检查，取缔望海和团山子2个屠宰场。2010年，屠宰检疫生猪7.7万头，禽类46.6万只；产地检疫生猪7.3万头，禽类16.9万只；运输检疫生猪1.9万头，禽类339万只。共检出病害动物产品1320公斤，全部进行无害化处理。依照《兴城市动物卫生监督检疫工作综合整治实施方案》和《2010年畜禽检疫及检疫收费若干规定》，全年共检查畜禽运输车3650辆次，补检畜禽3.9万头（只）；立案处理违法案件19起，罚款2.2万元，结案率为100%。

2011年，加强对牧业小区、规模饲养场的监督和对从事动物及动物产品经营、运输、仓储、加工企业的查证验物工作。取缔3个加工病死鸡窝点，销毁病死鸡400多只。共检查畜禽运输车3800辆次，补检畜禽2.6万头（只）。立案处理违法案件16起，罚款6万元，结案率100%。

2012年，兴城市动物卫生监督管理局强化内外监督，组织召开动物检疫工作警示教育大会，完成规模化养殖场病死猪无害化处理统计工作和检疫收费工作。

## 畜产品安全

2009年7月，兴城市畜产品质量安全监察所成立，主要负责兽药、饲料在生产、经营和使用环节的质量安全监督，畜产品在生产和经营环节的质量安全监督，全市兽药、饲料和畜产品检测，畜产品有害物质残留的检测及进口兽药的质量检验，以及全市畜产品质量安全预警预报工作等。

2011年，开展以“瘦肉精”整治为重点的专项整治工作。在12个动监所发放检测试纸条3080支，抽检生猪2000头、牛200头、羊300只，未发现有使用瘦肉精现象。在各大商场、市场、生鲜肉专卖店抽查猪肉样20份、牛肉样5份、羊肉样5份，在屠宰场采取猪尿样50份，经检测未发现含有瘦肉精成分。开展饲料生产经营企业专项整治。检查饲料生产企业7家，送检产品35个批次，合格率100%。对进入兴城销售的饲料公司的产品送检72份，合格率100%；对58个饲料营销店进行检查，未发现不合格产品。开展兽药及兽药残留专项整治。检查兽药店93家，发现有经营过期、地标药品行为。立案处理10起，罚款2800元。开展生鲜乳专项整治。对2家奶站实行驻厂监督员制度，落实监管责任，防止有害添加。通过专项整治，净化兽药、饲料市场，保证肉品、乳品的安全。

2012 年，根据《辽宁省人民政府关于严禁非法制售和使用“瘦肉精”等有害物质的通告》，对辖区内所有规模养殖场进行监督检查，同时检查兽药店 83 家。配合上级业务部门完成全市畜产品安全网络平台建设工作，完成大型养殖场、集贸市场、药店、屠宰场等地的摄像头安装工作，并建立数据采集点，加强畜产品安全监管力度。

## 第五节　畜区建设

### 草原建设

1986 年6 月，兴城县畜牧管理总站始设草原工作站，旨在推广普及人工种草技术和牧草养畜以及牧草加工利用等技术。年内，共有 18 个乡镇种植牧草 611.67 公顷。1987 年，种植牧草 217.2 公顷。

1989 年 8~10 月，兴城市畜牧局对全市天然及人工草场现状进行调查。调查结果显示：全市天然草场面积为 16282.47 公顷，比 1982 年畜牧区划面积 34119.33 公顷减少 17836.86 公顷。其中，林业占用 15844.53 公顷，农业占用 777.73 公顷，果树占用 604.07 公顷，其他占用 610.53 公顷。7 年间，平均每年减少 2548.12 公顷。人工草场，累计种草 2981.87 公顷，实际保存面积 1334.13 公顷，其中小流域种草 461.87 公顷，林果间种草 508.47 公顷，清种 363.46 公顷，其他 0.33 公顷。

1990 年，贯彻落实《中华人民共和国草原法》和辽宁省实施《中华人民共和国草原法》细则，确定天然草场的所有权和使用权，并核发“草原所有证”和“草原使用证”。种植牧草 706.67 公顷，累计保存面积达到 2040.8 公顷。1991 年，为推动草原开发建设，经辽宁省草原站批准，在药王满族乡莲蓬村东山建立 333.33 公顷的飞播示范草场。兴城市草原工作站在飞机播种牧草推广项目中获得辽宁省科学技术委员会科学技术成果奖。

1992 年，兴城市畜牧局进行第二次草场资源调查，全市天然草场面积 18266.67 公顷，比 1989 年第一次调查的天然草场面积增加 1984.2 公顷，人工草场保存面积 1209.33 公顷，比 1989 年第一次调查的人工草场保存面积减少 124.8 公顷。兴城市草原站开始推广牧草粉加工调制与利用技术，荣获辽宁省科委科学研究成果奖。

2001 年，部分农民开始尝试在农田里种植紫花苜蓿、鲁梅克斯、沙打旺、红穗籽粒苋等牧草喂养牛、羊、鹅、兔等家畜家禽。2002 年，发展到 46.67 公顷。2003 年，达到 93.33 公顷。2008 年，全市种草养畜专业大户发展到 76 户，饲养畜禽 2430 头（只）。

2009 年 5 月，启动天然草场权属确定工作。至 2010 年，共勘测 13 个乡镇 89 个村的 496 块草场，全市勘测总面积 18564.4 公顷，并颁发草原使用证。

2010 年，全市天然及人工草场面积 1.91 万公顷，其中人工草场保存面积 524 公顷。全市种草养畜专业大户发展到 126 户，饲养畜禽 4780 头（只）。2012 年，全市人工草场保存面积 653 公顷。种草养畜专业大户发展到 92 户，饲养畜禽 5400 头(只)。

### 小区建设

1988 年，沙后所满族镇后王村兴建种鸡场，总建筑面积 3500 平方米。饲养方式采用笼上饲养、自动饮水，全价饲料喂饲。1994 年，海滨满族乡刘屯村兴建兴达猪场，占地面积 1 公顷，建有塑料暖棚猪舍11栋，当年饲养育肥猪1500头。同年，羊安满族乡养牛专业户投资21万元，建起3栋牛舍，年养站牛191头。至2001年，先后兴建华益养猪场、红石种猪场、三合养猪场、兴城市种猪繁育中心等。

2002年8月，兴城市第一个无公害养殖小区——华元牧业有限公司成立。占地3.33公顷，建有生活用房、饲料厂及粪污三级处理生物净化设施，总投资316万元。2004年，由美德牧业有限公司投资人投资100万元，在曹庄镇七里村建成美德牧业小区。至2007年，先后建成葫芦岛宏沅牧业、双丰猪业、葫芦岛好旺奶牛场、城东旭光猪场4个畜禽养殖小区和茂源奶牛、国凡肉鸡、同丰绒山羊3个畜禽养殖场。2008年，兴城市人民政府落实国家对标准化养殖小区的奖补政策，并帮助养殖户协调贷款资金，设施牧业发展呈现规模化、现代化、生态化的发展趋势。至2010年，全市畜禽标准化养殖小区达到39个。其中通达牧业有限公司、茂源奶牛养殖专业合作社被评为国家级示范场。2011年，全市新建标准化养殖小区25个。2012年，全市新（扩）建畜禽标准化养殖小区26个，超额完成年初计划建设的目标。

# 第六章 渔业

1986年，兴城县水产局内设人秘股、生产股、财会股和淡海水养殖股，编制14人。1987年1月，兴城县水产局更名为兴城市水产局。1989年6月，兴城市水产局增设企业调研股。1990年7月，成立兴城市海洋管理局，由兴城市水产局代管。1997年4月，兴城市水产局更名为兴城市海洋水产局，1998年3月机构改革，农业局、林业局、畜牧局、海洋水产局、农机管理总站合并为农业发展局，内设水产科，编制4人。海洋办公室划归到国土资源局。

2000年3月，水产科由农业发展局分出，成立兴城市水产局。10月，海洋办公室从国土资源局划出，在兴城市水产局设海洋资源管理办公室。2001年5月，兴城市水产局更名为兴城市海洋水产局。2003年9月，兴城市海洋水产局更名为兴城市海洋与渔业局。2012年，兴城市海洋与渔业局内设5个业务机构，下设6个沿海乡镇街道水产工作站，下辖现代渔业园区管理办公室、中国海监兴城市大队、兴城市渔政管理所、兴城市水产技术推广站、兴城市水产种苗监督管理站、兴城市小坞渔港管理所等6个事业单位和兴城市水产供销公司等国有企业。

## 第一节 渔政管理

1986年，《中华人民共和国渔业法》颁布实施。为保护辽东湾渔业资源，兴城县渔政管理部门开始执行辽宁省人民政府颁布的辽东湾海域每年7月1日~9月15日禁渔的规定，全县办理渔船渔业许可证804本。2月，成立渔政执法船队。

1989年1月1日，辽宁省水产局、财政厅、物价局联合下发《辽宁省渔业资源增殖保护费征收、使用办法》，兴城市开始收缴渔业资源保护费和海蜇专项基金。1990年，开始对违捕船只收缴资源赔偿费。根据渔业法规定，实行全国统一渔业捕捞许可制度，是年，为渔民换发渔业捕捞许可证985本。

2000年10月，海域管理职能从兴城市国土资源局分离，划归兴城市水产局管理，成立海洋管理办公室。业务职能以沿海各乡镇管理为主，实行行政区域管理。2001年11月，兴城市人民政府决定境内用海实行统一管理，成立兴城海洋管理办公室，机构设在兴城市城市建设委员会。2002年，海域管理职能再次划归兴城市海洋水产局。

2002年1月1日，《中华人民共和国海域管理法》实施。8月，中共葫芦岛市委、葫芦岛市人民政府决定对全市的海域情况进行普查登记，清理整顿，统一颁发海域使用权证书。兴城市当年颁发海域使用权证书30本。2003年，开始征收海域使用金，当年征收海域使用金151万元。2004年3月，中国海监兴城市大队成立，对养殖用海、旅游用海、港口码头用海、海底电缆管道用海实行微机化管理。建立用海档案200本，实现档案管理电子化。

2005年后，境内工厂化养殖和海参养殖户增加，为防止乱挖私建等违法用海行为发生，采取全面检查和重点海域严查措施，将各种违法行为消除在萌芽之中。兴城市渔政管理所筹集资金40万元，购置1艘260马力钢质执法船。

2009年，渤海伏季休渔期由6月16日提前到6月1日。兴城市海洋与渔业局为做好该项工作，出动宣传车24辆次，散发传单2000余份，将100余盘（圈）定置网具清理上岸。同时，对违法捕捞渔船加大处罚力度，渔政执法船出海100余航班次，检查出海作业渔船350余艘，处理违规作业渔船300余艘，收取渔业资源赔损费35万元。年内，按照国家“捕捞渔船报废”的有关规定，首批申请报废渔船25艘。至2009年，全市共拆除报废渔船180艘。

2010年，全市用海项目206宗，用海面积6800公顷，发放海域使用证171本，收缴海域使用金815万元。全年共查处违犯渔业法规案件220起，处罚违捕渔船220艘。

2011年，全市用海项目为210宗，用海面积7000公顷，发放海域使用证42本，收缴海域使用金408.2万元。在海域执法检查中，开展以“海盾”“碧海”行动为重点的用海执法检查，处理违规作业渔船（含拖网船）300余艘，收取资源赔损费32万元，签订不越界捕捞保证书165份，发放渔船燃油补贴2572.2万元。审验正式捕捞许可证497本，办理无线电台执照257本，征收渔业资源保护费60.58万元，收取海蜇专项基金35.5万元，审核特定捕捞许可证195本，征收渔业资源保护费21.96万元。

2012年，全市用海项目150宗，用海面积5000公顷，发放海域使用证11本，收缴海域使用金370万元。渔政执法船全年出海200余航次，处理违规作业渔船（含拖网船）300余艘，收取资源赔损费32万元。同213艘大马力渔船签订不越界捕捞保证书。审验正式捕捞许可证490本，办理无线电台执照241本，征收渔业资源保护费60万元，收取海蜇专项基金26万元。审核特定捕捞许可证139本，征收渔业资源保护费16万元。

## 第二节　渔船渔具

### 渔船

**非机动渔船**　1986年，全县非机动渔船85只，载重量41.6吨，随着机动渔船的迅速发展，非机动渔船逐年减少。1989 年，降至 46 只。1996 年，降至 14 只。2003 年后，境内渔船全部机动化。

**机动渔船** 1986 年，全县共有机动渔船 1245 艘，15305.86 千瓦，载重量 11178 吨，多为 16.19 千瓦（22 马力）小功率渔船。1995 年，海口渔业公司开始建造 58.88 千瓦（80 马力）大功率机动渔船 2 艘。1996 年，更新改造 58.88 千瓦（80 马力）以上渔船 23 艘，其中 88.32 千瓦（120 马力）渔船 9 艘。1999 年后，大功率机动渔船逐年增多。

2010 年，全市机动渔船达到 917 艘，31830 千瓦，载重量 22890 吨。最大功率为 442 千瓦（600 马力），最小功率为 4.42 千瓦（6 马力）。

2012 年，全市机动渔船 895 艘，37242 千瓦，载重量 23519 吨。其中，捕捞渔船 852 艘，35145 千瓦，载重量 22890 吨；养殖渔船 42 艘，1897 千瓦，载重量 539 吨；渔业执法船 1 艘，200 千瓦，载重量 90 吨；44.16 千瓦（60 马力）以上渔船 213 艘，23272 千瓦，载重量 13270 吨；44.16 千瓦（60 马力）以下渔船 639 艘，11873 千瓦，载重量 9620 吨。

### 网具

**渔网** 境内生产作业的游动网具主要有鲅鱼流网、鲐鱼流网、鲳鱼流网、对虾流网、锚网、挂网等；定置网具主要有袖网、亮子网、须龙网等。

1986 年，全县共有网具 123840 件。其中游动网具 109226 件，定置网具 14614 件，分别占全县网具总数的 88.2%和 11.8%。1988 年，全市网具数量达到 185947 件；1990 年后，因近海水产品资源逐年减少，网具数量也随之减少。1993 年，降至 162238 件；1998 年，降至 129008 件；2005 年，降至 106245 件；2010 年，降至 96137 件。其中，游动网具 86205 件，定置网具 9932 件。2011 年，根据《渤海生物资源养护规定》，全市定置网具全部清理上岸禁止使用，游动网具降至 80088 件。

**钓具** 有竿钓具、甩绳钓具、手钩钓具、延绳钓具和章鱼螺钓等。1986 年以后，随着网捕技术的提高和鱼类资源的变化，钓具在渔业生产中逐渐淘汰，大多转为休闲运动器具。

**助渔设备** 1986 年，境内机动渔船大多装备收音机、对讲机和控鱼仪。1989 年，开始安装雷达反射器。1994 年，开始安装微导仪。随着远海捕捞渔业的不断发展，开始在 99.36 千瓦（135 马力）以上渔船上安装单边带电台。2009 年，开始安装 AIS 系统。2010 年，全市共有渔业专用对讲机 918 台，卫星导航定位系统 918 部，控鱼仪、航海雷达 55 台，单边带电台 18 部，AIS 系统工程 18 部。2011 年，全市共有渔业专用对讲机 853 台，卫星导航定位系统 853 部，控鱼仪、航海雷达 55 台，单边带电台 18 部，AIS 系统工程 18 部，渔船配备 CDMA 渔业安全通信终端 560 部。2012 年，为海洋捕捞 80 马力以上渔船安装 276 套 AIS 和北斗通讯导航终端，争取财政配套资金 96.3 万元。

## 第三节 海洋捕捞

1986 年，境内共有渔船 1732 艘，15305.86 千瓦。出海作业渔船 1200 艘，投入各种网具有 23686 片（件）。海产品捕捞量达到 15692 吨，占全县水产品总量的 95.69%。1987 年后，对渔船进行大马力改造，并调整近海作业网具，使海洋捕捞量逐年增加。1992 年，捕捞量达到 20126 吨，首次突破 2 万吨大关。1995 年后，远洋捕捞能力发展较快，捕捞产量迅速增长。到 1998 年，全市海洋捕捞产量达到 88509 吨。

2003 年，国家为保护海洋渔业资源，合理规范渔业捕捞市场，采取国家补偿和地方补偿相结合的政策，鼓励渔民弃渔拆船，全市海洋捕捞产量逐年减少。2004 年，捕捞量降至 75790 吨；2008 年，降至 66750 吨；2010 年，降至 48368 吨，占全市水产品总量的 23.84%。2011 年，海洋捕捞产量 48360 吨；2012 年，海洋捕捞产量 48260 吨，占全市水产品总量的 27.3%。

## 第四节　渔业养殖

### 海水养殖

**海水养鱼**　2000 年，沙后所镇与渤海养殖公司、河北昌黎养殖公司合作，共同投资 420 万元，建成 4000 平方米的室内越冬养殖场池，并从河北购进 30 万尾红鳍东方豚鱼苗，进行工厂化养殖。2002 年，全市海水养鱼面积达到 131 公顷，共产鲜鱼 747 吨。随着井盐水养鱼数量的不断增加，海水池塘养鱼量逐年减少。

2010 年，全市共有海水养鱼面积 185 公顷，每公顷鲜鱼产量 90 吨。

2011~2012 年，全市可利用海水养鱼面积 335 公顷，占海水养殖总面积的 1.82%，每公顷产鲜鱼 90 吨。

**海参养殖**　1990 年，兴城边防大队离休干部李宝财在张山子岛周围，利用 33 公顷水域进行海参试养，后因管理不善而停止。2000 年，境内开始改造虾池人工造礁养殖刺参。2003 年，全市海参养殖面积达到 166.67 公顷，累计投放参苗 5000 公斤。2008 年，全市海参养殖面积增至 420 公顷，年产海参 3075 吨。2010 年，全市海参养殖户达到 75 户，养殖面积 858 公顷，海参产量 1812 吨。2011 年，海参养殖面积 1483 公顷，年产鲜参 2250 吨。2012 年，年产鲜参 2640 吨。辽宁省水产技术推广站组织的海参健康养殖示范项目，确定兴城德林海参养殖场等 3 家养殖场为示范核心区，养殖面积 133.33 公顷，每公顷海参产量 1275 公斤。

**对虾养殖**　1986 年，境内共有对虾养殖水面 314.17 公顷，养殖对虾总产量 57.3 吨，平均公顷产量 182.4 公斤。后因虾池淤积日益严重，且排污能力差，连年发生虾病，造成部分对虾养殖户亏损。1990 年，通过改造虾池（改大为小、改浅为深），并配备机械换水设施，对虾产量明显提高。当年，全市 279.5 公顷虾池收获对虾 419.25 吨，每公顷平均产量 1500 公斤。其中海滨满族乡养殖的 172 公顷对虾，每公顷平均产量达到 1800 公斤。1993 年后，因受虾病影响，全市 340 公顷虾池只放养 132.5 公顷，总产量 50 吨，平均公顷产量 377 公斤。2000 年，全市养殖对虾 168 公顷，总产量 19 吨，平均公顷产量 113 公斤。2010 年，全市养殖对虾 100 公顷，总产 150 吨，平均公顷产量 1500 公斤。2011 年，境内停止对虾养殖。

**贝类养殖**　贝类养殖是利用潮间带的滩涂和浅海水域进行看护管养。其种苗可采捕、撒播及引进种苗，实施划区看管，人工采收。1986 年，贝类养殖面积 1900 公顷，占全部浅海和滩涂总面积的 2.08%。年产贝类 265 吨。1990 年后，国际市场对贝类需求量增大，境内滩涂贝类养殖量和浅海筏式养贝量迅速增加。2000 年，全市贝类养殖面积增至 8364 公顷，年产贝类 49830 吨。其中，滩涂贝类管养面积 4298 公顷，总产 15686 吨；浅海筏养面积 4066 公顷，总产 34144 吨。2003 年，全市 5466.67 公顷宜养滩涂全部开发利用，并初步形成三区、四大基地产业化格局。三区为 2666.67 公顷杂交蛤亲贝保护区，133.33 公顷高产示范区和 333.33 公顷育苗区；四大基地为 2000

公顷文蛤养殖基地，2666.67公顷杂色蛤养殖基地，666.67公顷沙蚕养殖基地和133.33公顷青蛤、竹蛏养殖基地。2010年，全市贝类养殖面积达到17300公顷，总产贝类90835吨，占全市水产品总量的43%。2012年，全市贝类养殖面积16595公顷，贝类总产96540吨，占全市水产品总量的51.76%。

**杂色蛤** 1986年，全县管养面积640公顷，总产200吨，占全县贝类养殖产量的75.47%。1991年，兴城市水产供销公司与海滨满族乡联合成立养殖开发公司，兴建境内第一个666.67公顷（1万亩）浅海滩涂贝类养殖基地，投放杂色蛤种贝16公斤。1997年，在菊花岛以东海域建成2666.67公顷（4万亩）杂色蛤亲贝保护区。每年提供贝类苗种2400吨。2000年，全市杂色蛤管养面积达到7333公顷，总产34660吨，占全市贝类养殖产量的69.55%。2010年，全市杂色蛤养殖场户发展10户，管养面积15790公顷，总产量62485吨，占全市贝类养殖产量的68.8%。2012年，管养面积为15370公顷，年产鲜蛤70330吨，占全市贝类养殖产量的72.85%。

**贻贝** 俗称海红。1988~1989年，海口渔业公司试养贻贝获得成功。15台筏贻贝总产量41.6吨，产值2.5万元，获利1.7万元。1996年，全市贻贝养殖面积增至187公顷5600台筏，占浅海筏式养殖总量的93.33%，总产8972吨，占全市贝类养殖产量的72.94%。2010年，全市贻贝养殖面积710公顷，6000台筏，总产量20600吨，产值6000万元。2012年，年产贻贝24000吨，占全市贝类养殖的24.86%。

**扇贝** 1988年，海口渔业公司在四家屯乡四道沟海域试养海湾扇贝获得成功。1989年，扇贝养殖单位增至4处，筏养面积12.67公顷，60台筏，总产鲜贝45吨，平均台产鲜贝750公斤。1992年，引进栉孔扇贝试养成功。全市扇贝养殖面积增至65公顷，1934台筏，总产量1750吨，平均台产904.8公斤。1993年，兴城市水产局在刘台子满族乡龙泉寺建成1000立方米水体的海珍品育苗室1座，培育海湾扇贝苗7000万粒。1994年，培育扇贝苗11亿粒。1995年后，因扇贝销售价格下跌，养殖数量锐减，2000年基本停养。2011年，全市扇贝养殖67公顷，100台筏，年产扇贝500吨，占全市贝类总产量的0.5%。2012年，停止扇贝养殖。

**文蛤** 1986年，兴城县水产局从锦县引进文蛤种苗30吨，分别投放在曹庄、海滨、刘台子3个乡沿海的滩涂放养获得成功。1990年后，文蛤养殖量迅速扩大。1993年，全市管养面积200公顷，收成品蛤50吨。1996年，全市管养面积增至666.67公顷，采收成品蛤345吨。2000年，文蛤管养面积800公顷，总产量4580吨。2010年，全市管养面积800公顷，总产量7750吨，占全市贝类养殖产量的8%。2012年，年产鲜蛤2210吨，占全市贝类养殖产量的2.28%。

**牡蛎** 1989年10月，兴城市水产局从大连引进太平洋牡蛎种苗19万粒，在钓鱼台街道邴家湾海域进行越冬试验获得成功。1990年10月，收获笼养太平洋牡蛎4台筏，总产量12.5吨，平均台产3125公斤。1999年，兴城市农业发展局水产科引进三倍体牡蛎200台筏，一次性试养成功。后因销路不畅，2000年停养。

## 井盐水养殖

2000年，曹庄环海水产公司在1000平方米育苗室，采用地下井盐水养殖牙鲆鱼获得成功。当年，由兴城市水产局牵头在曹庄镇中兴村东侧兴建占地100万平方米，养殖面积40万平方米的井盐水工厂化水产养殖科技园区，投放牙鲆鱼苗30万尾。

2001年3月，井盐水工厂化养殖科技园区建设项目通过专家论证。2002年9月，通过辽宁省人民政府考核，成为辽宁省人民政府确定的首批39个现代农业园区中唯一的现代渔业园区。年内，园区共入住养殖户13家，建成工厂化养殖车间11座，面积2.5万平方米。成功养殖牙鲆鱼、大菱鲆鱼40万尾，每户产商品鱼150吨，实现产值1250万元。园区苗种繁育中心繁育的海参、鲍鱼等海珍品苗种均获得成功。2003年，渔业园区井盐水养殖由曹庄镇辐射到沙后所、刘台子、海滨等乡镇，养殖面积发展到1.65万平方米。年内，大连水产学院实习基地、大连水产管理学院、葫芦岛病害防治中心相继落户园区。

2004年，现代渔业园区建成工厂化养殖车间13.5万平方米，投放大菱鲆、牙鲆300万尾。2009年4月，兴城市被中国水产科学院认定为鲆鲽类健康养殖示范县（市）和海水鱼类养殖基地。年内，8个健康养殖示范小区通过验收。

2010年，全市井盐水工厂化养殖户达到444户，占地面积393.7公顷，养殖鱼棚935个，建筑面积176.9万平方米，全年产鲜鱼2万吨，产值8亿元。2011年，渔业园区在以鲆鲽类为主要养殖品种外，还引进大西洋牙鲆、漠斑牙鲆、半滑舌鳎3个新品种，产值10亿元。2012年，年产鲜鱼2.5万吨，产值12亿元。

### 淡水养殖

1986年，境内淡水鱼养殖面积1063.9公顷，年产鲜鱼650吨，每公顷平均产量611.25公斤。养殖品种主要以鲤鱼、鲢鱼、草鱼为主。

1987年，高家岭满族乡汤上温泉鱼类养殖场直接用当地温泉水对罗非鱼保种育苗和单雄性鱼高产轮养试验获得成功。兴城市被定为辽宁省淡水商品鱼生产基地。

1988年，钓鱼台街道红石碑村农民采用定点、定时投喂现合饵料精养鲤鱼，年末总产量40吨，平均每公顷产量20吨，创全省淡水养殖单产最高纪录。兴城市水产局的“千亩连片池塘”养成鱼高产技术开发试验，荣获锦州市科技进步三等奖。

2011年，境内利用水库、河沟、稻田水面1155公顷，进行草、鲢、鳙、鲤、鲫等鱼类养殖，年产淡水鱼9060吨。

2012年，除以“四大家鱼”为主要养殖品种外，还推广罗非鱼为名优品种进行工厂化养殖。在该基础上引进鲶鱼、鳟鱼等优良品种进行淡水养殖。全市共利用淡水水面1155公顷，年产淡水鱼11310吨。

# 第七章　农机

1986年，随着农业和农村改革不断深入，兴城农机管理部门以提高农业综合生产能力为目标，加快推进农业机械化发展。1994年，兴城市农机局改为农机管理总站。1998年3月，兴城市农机管理总站与兴城市农业局、林果局、水产局、畜牧局合并成立兴城市农业发展局。由农机业务部门负责全市农机生产年度计划，协调指导乡村各类农机服务体系建设，办理农机购置补贴，对农业机械化进行安全监理和新型农用机构的引进与技术推广，为农村经济发展提供机械化服务。2012 年 7 月，兴城市农机管理总站更名为兴城市农机局，隶属兴城市农村经济发展局。

## 第一节 农机监理

1987 年末，兴城市农机监理所成立，每年与乡镇农机站签订安全生产责任书，把安全责任落实到岗、到人。建立健全农机事故应急处理预案和农机事故上报制度，农机事故上报做到及时准确，无漏报、瞒报现象。

兴城市农机监理所按照《农业机械安全监督管理条例》加强安全检查，严查违法、违规行为，开展以拖拉机（含手扶拖拉机）和联合收割机违章载人、无牌无证行驶、脱检漏查、酒后驾驶、疲劳驾驶、拼改装报废车辆上路行驶为主要内容的专项整治活动，排查并消除事故隐患。同时，进村入户，开展拖拉机、手扶拖拉机、联合收割机的源头治理，提高全市农业机械的安全使用水平。

2011 年，兴城市农机监理所围绕“保安全”主线开展安全生产工作。年初，兴城市农机监理所分别与各乡镇农机站签订《2011 年农机安全生产责任状》。根据拖拉机拥有量、乡村道路状况及农机事故发生的概率等因素综合分析，将农机安全生产工作指标分解到各乡镇，使全市农机安全生产监督管理工作更具体、更细化、更落实。在“三夏”和“三秋”农机事故多发期，兴城市农机监理所组织开展农机安全生产宣传月活动，深入田间、场院，对参加作业的农业机械进行重点安全监督检查，纠正违章行为，及时消除农机事故隐患。全市共纠正违章 102 起，排查隐患 23 处，治理“黑车非驾”11 辆。

2012 年，兴城市农机监理所以《中华人民共和国农业机械化促进法》和《中华人民共和国道路交通法》为准则，把农机安全生产作为重点，深入全市乡村，利用集贸等场所，开展宣传活动，组织“安全生产月”活动。为提高驾驶员的安全意识和技术素质，兴城市农机监理所结合保护性耕作补贴机具技术培训，举办 4 次农机驾驶员和农机操作人员学习班，培训人员 300 多人。农机监理人员加大田检路查力度，坚决查处“三无”拖拉机和各类违章行为，纠正违章行为 300 多台次，有效杜绝农机事故的发生。

## 第二节 农业机械

### 农业机械

兴城市农业机械种类有动力机械、耕整地机械、种植施肥机械、田间管理机械、收获机械、收获后处理机械、农产品初加工机械、排灌机械、畜牧水产养殖机械、农田基本建设机械、设施农业设备和其他机械等 12 大类 40 个小类 180 个品目机具。

1986 年，全县拖拉机拥有量 2385 台，总动力 33997 千瓦。其中集体所有 211 台，个体所有 2174 台，主要是履带拖拉机和小四轮拖拉机，动力机械品种单一，农机装备水平较低。“十五”期间，随着农业产业结构调整的深入，设施农业、经济作物、林果生产和畜牧养殖业所需新型农机装备有较快发展。至 2005 年，农业机械总动力 14.93 万千瓦，拥有拖拉机 2639 台。其中小型拖拉机 2287 台，机引农具总计 4219 台，大中型旋耕机 134 台，小型旋耕机 446 台，播种机 819 台。农用机动三轮车 4711 辆，农用四轮运输车 248 辆。

2010年，农业机械总动力达到16.89万千瓦，拖拉机拥有量3212台。拖拉机配套农具4852台，其中大中型1160台。农用排灌设备5091台，其中柴油机1014台，电动机4077台，农用水泵14508台，节水灌溉机械358套。稻麦联合收割机5台，玉米联合收割机7台。其他收获机械3854台，其中花生收获机3840台，秸秆粉碎还田机14台。农用运输车4850辆。农田基本建设设备：推土机45台，推土铲104台，挖掘机14台，装载机17台。设施农业设备转帘机0.17万千瓦。柴油机、电动机1505台。畜牧养殖机械433台，农业机械原值1.36亿元，农业机械净值1.16亿元。

2012年，农业机械总动力达到20.01万千瓦，拖拉机拥有量4070台。拖拉机配套农具5063台（套），其中大中型1324台。农用排灌设备5939台，其中柴油机1504台，电动机4092台，农用水泵14851台，节水灌溉机械863套。稻麦联合收割机5台，玉米联合收割机10台。其他收获机械3894台，其中花生收获机3880台，秸秆粉碎还田机14台。农用运输车5320辆。农田基本建设设备：推土机45台，推土铲104台，挖掘机36台，装载机17台。农业机械原值2亿元，农业机械净值1.86亿元。

### 购置农机具补贴

自2005年，国家实行农机具购置补贴政策。2005~2012年间，兴城市共购置农机具4679台(套)，共计补贴资金2939.52万元。农机补贴政策的实施，调动农民购买农机的积极性，进一步推动兴城市农业机械化进程。

2011年，农机购置补贴总计669.94万元，受益户数555户，机具数量1194台。其中拖拉机179台占补贴金额256.04万元，收获机械9台占补贴金额9.43万元，收获后处理机械69台占补贴金额82.80万元，耕整地机械117台占补贴金额44.47万元，农田基本建设机械10台占补贴金额36.90万元，畜牧水产养殖机械54台占补贴金额111.90万元，排风机104台占补贴金额15.60万元，卷帘机584台占补贴金额58.40万元，其他连栋温室设施设备68台占补贴金额54.40万元。

2012年，农机购置补贴完成698.014万元，受益户数315户，机具数量441台。其中拖拉机182台占补贴金额373.41万元，收获机械48台占补贴金额22.64万元，收获后处理机械62台占补贴金额58.8万元，耕整地机械55台占补贴金额11.3万元，穴播机1台占补贴金额0.08万元，农田基本建设机械35台占补贴金额76万元，畜牧水产养殖机械28台占补贴金额19.2万元，其他连栋温室设施设备30户占补贴金额136.584万元。

## 第三节　农机作业

20世纪90年代以前，兴城市农田作业基本处于翻、耙、压、起垄阶段。2000年以后，逐渐推广玉米精量播种。机覆膜、机种、机收，向玉米全程机械化、花生全程机械化、水稻全程机械化方向发展。

2011年，全市完成农田作业机械整地46667公顷，保护性耕作1333公顷，深松1333公顷。机械播种43333公顷。机械收获23333公顷，其中玉米10000公顷、花生10000公顷、薯类1333公顷、其他2000公顷。2012年，全市农田机械整地50000公顷，保护性耕作1333公顷，深松667公顷。机械播种46800公顷。机械收获35333公顷，其中玉米13333公顷、花生16667公顷、薯类3333公顷、其他2000公顷。

## 第四节 农机科研

20世纪80年代初期，兴城农机科研部门研制开发花生、玉米播种机等小型农机具，深受山区农民欢迎。

1995年，兴城市农业机械化研究所发明的“手推花生点播机”获国家专利。该机同轴连排种盘焊有防滑爪地轮，经轴承接前段和后端分别为套筒和把库的机架，带取种勺并外设护种箱的排种盘和设有调整插板的种籽箱安排在机架的中部和后部，具有结构简单，性能优良，操作方便，作业效率高等优点。

2000年后，全市共推广213H50型手推式花生播种机近10000台，2BH-38型花生播种机120台，花生打药机100台，花生摘角机70台，引进山东万能达花生铺膜机20台，引进中耕机150台，使花生生产逐步实现机械化。2BQ型精量播种机首先在刘台子满族乡进行示范，经兴城市农机推广站多年的总结和改进，完全适用于兴城地区玉米播种，深受农民欢迎。2BQ型玉米播种机与12马力以上四轮拖拉机配套，可用于玉米、大豆、高粱、花生的播种。对于山坡地，只要坡度在30度以下，都可使用该机播种。

2003年，兴城市被列入辽宁省保护性耕作项目县（市），经过3年的示范、推广，建立保护性耕作项目区6个，示范面积达到2666.66公顷。2006年，全市拥有2BQ型玉米精量播种机110台，播种面积达到6000公顷，普及7个乡镇。其中刘台子满族乡玉米全部实现精量播种，曹庄、东辛庄、海滨等乡镇玉米精量播种占玉米播种面积70%，其他乡镇也在逐年增加，为农民节约成本150多万元。花生机械播种完成1.06万公顷，机械整地完成3万公顷。

2007年，兴城市晋升为国家级保护性耕作项目县。全市购置玉米收获机2台，在城东街道、羊安满族乡进行实验、示范、推广。2008年，又增加5台，初步实现全市玉米收获机械化。2009年，兴城市农机研究所制造完成1000台手推式、半自动化花生播种机，全部推向农村市场。推广玉米精量播种机50台。完成机械播种3.8公顷，机械深施肥3.8公顷，其中精量播种6499公顷，完成机械整地4.33万公顷。2010年，全市实现保护性耕作面积6667公顷。

2011年，保护性耕作作业面积1333公顷，其中羊安满族乡533公顷，望海满族乡267公顷，曹庄镇267公顷，高家岭满族乡266公顷。深松作业面积1333公顷，其中羊安满族乡533公顷，望海满族乡267公顷，曹庄镇267公顷，高家岭满族乡267公顷。刘台子满族乡是全市农业机械化程度较高的乡镇之一，全乡有大型拖拉机40多台，大田作业实现整地、播种、喷药全程机械化。

2012年，全市保护性耕作项目面积1333公顷，其中羊安满族乡333公顷，南大山满族乡333公顷，望海满族乡333公顷，刘台子满族乡333公顷。采用秸秆粉碎覆盖模式，玉米人工或机收获→秸秆粉碎还田→秋季浅旋→免耕播种→药剂除草→田间管理→收获。保护性耕作打破传统耕作方式，把农机新技术和农艺新技术相结合，平均每公顷每年可减少生产成本2元。

## 第五节 农机服务

1986年，各乡镇建有农机管理站，在农田基本建设中发挥重要作用。随着农村经济体制改革，农机服务转入以个体农机户为主的作业方式。

2000年以后，农机服务领域不断扩大，除农田作业外，农机在林果业、畜牧业、农产品加工业、治山治水、小流域治理、植树种草、农田水利基本建设中发挥重要作用。2005年，兴城市各种农用排灌动力机械5219台，农用水泵16297台，节水灌溉面积3466公顷，机动拖拉机738台，可加工农产品1.08万吨。林牧副渔各业机械化水平有明显提高，农用航空和激光平地等高新技术得到大面积应用。

2010年，兴城市农机总动力16.89万千瓦，农用排灌动力机械5091台，节水灌溉面积1.55万公顷，年加工农产品1.19万吨，林牧副渔各业农机发展水平大幅提升。全市各类农机服务队伍不断壮大。各类农机科技人员214人，乡镇专业服务组织5个，村级专业服务组织3个，农机户7679户。农机化研究所1个，农机化学校1个，农机推广站1个，农机管理所1个，农机专业合作社5个。开展先进农机技术培训，培训各类农机人员7556人次，培训农机管理人员190人次，培训农机操作人员4190人次，维修拖拉机30台次，维修运输机械8700台次。

2012年，全市各类农机服务队伍不断壮大。各类农机科技人员250人，乡镇作业服务组织5个，村级作业服务组织3个，农机户7811户。成立农机化研究所1个，农机化学校1个，农机推广站1个，农机管理所1个，农机专业合作社5个。鼓励农机跨区作业，提高农机化水平。开展先进农机技术培训，培训各类农机人员7843人次，培训农机管理人员90人次，培训农机技术人员280人次，培训农机操作人员7473人次。维修拖拉机4359台次，维修联合收割机30台次，维修运输机械4245台次，维修其他机械8900台次。充分发挥农机大户和各级农机服务组织的作用，提高农机具的利用率和农机的使用效益。初步形成以市为中心，乡村为基础，农机户为主体的农机社会化服务网络体系。

# 第八章　农经管理

1986年，兴城县农业局所属的农村合作经济经营管理总站（简称农经站），负责全县农村经济管理工作。至1990年，兴城市农经机构1个，乡镇农经机构30个。1992年，国家农业部《乡镇合作经济经营管理站管理办法》颁布后，全市乡镇农经站建设逐步规范，制度建设日趋完善。初步形成以市农经总站为龙头，以乡镇农经站为依托的农村经济经营管理网络。至2012年，全市共有农经机构27个。其中，兴城市农经管理总站1个，乡镇农经站26个。

## 第一节　土地承包管理

第一轮农村土地承包期从1982年开始至1997年到期，期限为15年。第一轮土地承包是以村民小组或生产队为基础，村委会进行发包，由村委会同村民签订承包合同。各村建立土地台账，乡镇农经站对农业承包合同进行鉴证。1993年，中共中央下发11号文件，决定在原定土地承包期15年到期后，再延长30年。

1996年，在第一轮土地承包临近期满时，中共兴城市委、兴城市人民政府以〔1996〕14号文件形式对全市第二轮土地承包工作做出明确规定。全市参加土地调整人口42.5万人，农户11.7万户，耕地面积5.5万公顷，承包期至2026年。承包形式实行“两田制”（口粮田、责任田）。责任田实行先缴纳农业税、负担费的方式。2003年3月1日，《中华人民共和国农村土地承包法》颁布实施。11月18日，中共兴城市委下发《中共兴城市委关于调整和规范农村土地承包关系的意见》，“两田制”废除，全部恢复按人承包的土地承包方式，换发农村承包经营权证书。

## 第二节 农村经济管理

### 会计制度

2003年，依照国家农业部下发的《关于推动农村集体财务管理和监督经常化规范化制度化的意见》和《辽宁省村级集体经济组织财务管理暂行办法》，兴城市改革村级财务管理体制，将村级财务委托乡镇农经站代管，乡镇农经站下设“村财乡代管”办公室，具体负责村级财务审核、审计、记账与管理。解决村级财务管理混乱问题，堵塞村级财务管理漏洞，保证农村集体资金的安全与完整。

### 财务公开

财务公开是村务公开的重点和核心。2003年，农业部、民政部、审计署、财政部下发《关于推动农村集体财务管理和监督经常化规范化制度化的意见》。7月，兴城市人民政府转发兴城市农业发展局《关于推行村级财务代管的意见》，实施村级财务管理体制改革。年末，全市有28个乡镇街道的220个村实行村财务由乡镇街道代管，占全市村级总数的98%。

2004年，实施农村税费改革，对涉及村级“两税附加”及财政转移支付资金的使用进行规范管理。是年，全市27个乡镇街道全部安装统计报表软件，其中4个乡镇财务、村级财务全部实现电算化。2012年，7个乡镇安装村级财务电算化管理软件，全市农村集体经济组织财务公开工作形成制度化。

## 第三节 惠农政策落实

1985年10月，中共中央、国务院第一次专门为农民负担问题发出《关于制止向农民乱派款、乱收费的通知》；1990年2月，国务院发出《关于切实减轻农民负担的通知》；1992年12月，国务院颁布《农民承担费用和劳务管理条例》。明确规定除国家税收外，集体向农民收取的提留统筹费不得超过上年农民人均纯收入的5%。

1996年末，中共中央、国务院做出《关于切实做好减轻农民负担工作的决定》。兴城市人民政府提出在兴城落实减轻农民负担的具体措施，在全市30个乡镇街道、339个村，以乡农民人均纯收入为依据收取乡、村提留统筹费。

1998年7月，依照中共中央办公厅、国务院办公厅《关于减轻农民负担工作的通知》，兴城市人民政府规定“1998年农民负担的提留统筹费的绝对额，不仅要控制在上年农民人均纯收入的5%

以内，而且不得超出1997年的预算额。”11月，为贯彻落实中共十五届三中全会精神，国家农业部下发《关于全面推行农民负担一定三年不变办法的通知》。由于全市农业严重受灾，经辽宁省农民负担监督管理委员会批准，兴城市农民负担的绝对额控制在上年人均纯收入的5%以内。

1999年8月，根据国务院办公厅《转发农业部等部门关于做好当前减轻农民负担工作意见的通知》要求，全市停止审批农村教育集资，停止农村的计划生育达标、修路达标、医疗卫生保健达标、电视广播达标、小康建设及小城镇建设达标等升级活动，切实减轻农民负担。

2003年1月1日，取消统一规定的劳动积累工；调整农业税政策，调整农业特产税政策，改革村提留征收和使用办法。农村税费改革以后，对农民依法承担的税费，将由有关部门通过纳税通知书、农民负担卡或公告等形式通知广大农户。对通知书、监督卡等合法负担以外的乱收费，农民有权拒绝缴纳。5月1日，取消屠宰税。7月27日，辽宁省人民政府印发《关于农村税费改革试点通告的通知》。根据《通知》，兴城市取消现行按农民上年人均纯收入一定比例收取的乡统筹费、农村教育集资等专门面向农民征收的行政事业性收费和政策性基金、集资。根据国务院《关于2005年深化农村税费改革试点工作的通知》，辽宁省全部取消农业税，从根本上减轻农民负担。

2004年，根据中共辽宁省委办公厅、辽宁省人民政府办公厅《转发辽宁省财政厅等部门〈关于调整粮食风险基金使用范围实行对种粮农民直接补贴的实施意见〉的通知》，实行粮食直补政策，对种粮农民进行直接补贴。

2006年，开始对农用柴油等生产资料进行补贴，与粮食直补统称为粮食综合直补资金，补贴依据由原来的按5种粮食作物种植面积改为以第二轮承包面积为准。补贴金额年年递增，2012年，全市粮食综合直补资金达6925.9万元，亩均103.54元。

## 2004~2012年兴城市农业相关数据

表4-8-1

| 项目<br>时间 | 农村惠农政策补贴（万元） | | | | 亩均（元） | | | | 人均补贴 |
|---|---|---|---|---|---|---|---|---|---|
| | 合计 | 粮食直补 | 农资补贴 | 良种补贴 | 粮补 | 综补 | 玉米 | 水稻 | |
| 2004 | 244.4 | 221.4 | — | 23 | 6 | — | — | 15 | 5.63 |
| 2005 | 481.4 | 465.4 | — | 16 | 8.36 | — | — | 15 | 11.14 |
| 2006 | 1086.7 | 573 | 487.3 | 26.4 | 9.37 | 7.97 | — | 15 | 25.8 |
| 2007 | 1206 | 738.2 | 444.9 | 22.9 | 9.62 | 18.83 | — | 15 | 51.7 |
| 2008 | 5123.9 | 738.2 | 4022.8 | 362.9 | 9.16 | 49.95 | 10 | 15 | 113.8 |
| 2009 | 5355.4 | 738.2 | 4023.3 | 593.9 | 9.18 | 50.04 | 10 | 15 | 126.9 |
| 2010 | 5325.3 | 737.8 | 4023.5 | 564 | 9.19 | 50.12 | 10 | 15 | 126.2 |
| 2011 | 5993.9 | 738 | 4620 | 635.9 | 9.19 | 57.57 | 10 | 15 | 142.0 |
| 2012 | 6925.9 | 738 | 5552.4 | 635.5 | 9.19 | 69.35 | 10 | 15 | 164.1 |
| 合计 | 31742.9 | 5688.2 | 23174.2 | 2880.5 | — | — | — | — | — |

# 第四节 农业执法监察

2010年，兴城市成立农业行政综合执法大队，负责组织开展保农专项执法行动。兴城市种子管理站，专门负责全市农作物种子的生产、经营、使用和管理。针对关键季节，每年组织开展以农资打假为重点的打假保农业春季、夏季专项执法行动。即在每年的3~5月开展以种子、肥料为重点的春季行动，在6~8月开展以农药为重点的夏季行动。

2012年，根据农业生产资料打假专项治理行动总体工作部署，市农业行政综合执法大队对城区内27个农业生产资料市场进行综合治理整顿，纠正乡镇农业生产资料市场中的不规范行为。从3月份开始，集中执法30次，出动执法人员90人次，出动执法检查车60辆次，检查整顿经营单位113家。重点针对种子、化肥、农药市场进行执法检查。通过治理整顿，严厉打击制售假劣农业生产资料、坑农害农等违法行为，保障农业生产安全。

# 第五篇　水　务

## 第一章　农村水利

1986年，兴城县水利局内设农田股、工管股、财会股、多种经营办公室、设计队、水保站、水资源办等。1987年1月，兴城县水利局改为兴城市水利局。1989年，成立农田基本建设办公室。1990年，成立水政监察股。1995年，成立兴城市河道管理处。1998年，兴城市自来水总公司划入兴城市水利局管理。2010年，成立兴城市渔业园区收费管理所。2012年，兴城市水利局内设机构有办公室、计划财务科、工程建设与管理科、农田水利科、水政科、水利工作总站、农田基本建设办公室、河道管理处、工会。下属事业单位有兴城市水土保持局、兴城市水利勘测设计队、兴城市水资源管理委员会办公室、兴城市水库移民后期扶持办公室、兴城市防汛抗旱指挥部办公室、兴城市水利工程安全质量监督站、兴城市水行政监察执法大队、兴城市渔业园区收费管理所、兴城市兴城河河道管理所、兴城市六股河河道管理所、兴城市烟台河河道管理所、兴城市海滨灌区管理所、兴城市碱厂水库管理所、兴城市供水总公司等。

### 第一节　水政管理

1988年，《中华人民共和国水法》（以下简称《水法》）颁布，2002年10月1日实施。兴城市水利局在每年7月1~8日“水法宣传周”期间，开展多种形式的宣传活动。

1990年，兴城市被列为辽宁省水政试点县（市）。根据国家水利部和辽宁省水电厅要求，兴城市水利局设置水政执法机构，在乡镇水利站选配专、兼职水政监察员41人。年内，全市发生水事违法案件54起，处理18起，挽回经济损失12万元。1992年，处理水事违法案件95起。其中，查处2起较大案件；调解2起水事纠纷案件，涉及金额分别为1万元、3.1万元。

1994年，兴城市水利局完成全市648项水利工程确权划界任务。其中国家工程65项，地方工程573项，国家、集体共有工程1项，个人水利工程机电井8眼。对国有工程和国家、集体共有工程发放用水使用证。1995年，开展全市范围的水利产业收费政策审计调查工作，及时查处水事案件，依法行政。1999年5月，成立兴城市水政监察大队。年内，处理2起涉水案件，调解3起水事纠纷，制止10起乱采滥挖河沙案件。

2002年10月1日，《中华人民共和国水法》开始实施，兴城市水利局依法进行管理。全年共查处和纠正违反水法和河道采沙案件20起。2006年，查处水事案件7起，调解水事纠纷10起。2009年，相继完成“048工程”老滩村、机场连接路的水利工程核量、临海产业区李沟水利工程核量、核电水利工程核量工作。年内，查处水事违法案件13起，其中河道案件11起，水资源案件1起，移送公安机关案件1起。

2010年，开展汛前工程设施专项执法大检查，确保水库、灌区、河道等水利工程设施的正常运转。按防汛要求，对河道采砂船采取清船上岸等措施，保证安全度汛。对长期拖欠水资源费的用水户按照法律程序进行查处，全年共处理水事案件和拖欠水资源费案件200余起。2012年，查处水事违法案件6起，调解各类水事纠纷4起。为提高行政执法能力，全市水政监察员参加省、市法律业务培训130人次，经考试合格，全部持证上岗。

## 第二节 农田基本建设

1987年，兴城市根据国务院和辽宁省人民政府、锦州市人民政府关于开展农田基本建设的指示，在全市27个乡镇街道因地制宜开展以治山治水、改洼治涝、造林栽果、打井修渠、平整土地和建设稳产高产田以及滩涂开发等为主攻方向的群众性农田基本建设“大禹杯”竞赛活动。是年，全市完成小流域治理面积1929.6公顷（其中果树梯田279公顷），闸谷坊88座，河道内修建丁坝40座，渠道清淤11.5万延长米，修作业路98公里，旱田改水田120公顷。

1988年，根据辽宁省人民政府的有关规定，兴城市建立农田基本建设劳动积累工制度，即每个农村劳动力每年为农田基本建设出义务工15~20个，各种机动车辆以及畜力车辆每年每辆出义务工20辆班。同时建立农田基本建设基金制度，即每年从农民承包的耕地、果树和乡镇、村办企业收入中提取一定数量的资金，作为农田基本建设基金。制定“谁建设、谁经营、谁受益”等优惠政策，有效地推动全市农田基本建设工作的顺利开展。

2003年以后，随着农民义务工的取消，兴城市在开展农田基本建设组织方式上进行调整，由行政命令变成尊重民意，按“谁受益，谁负担”的原则，引导农民自觉地向农田基本建设投工投劳。采取“一事一议”的方式，听取民意，由农民自愿投入义务工。

至2012年，全市农田基本建设累计完成土石方3.3851亿立方米，投入人工13459万工日，投入车工209万辆班。投入资金159179.81万元，其中国家和省级投资26860万元，葫芦岛市级投资8722万元，兴城市人民政府投资48442.7万元，乡级投资7833万元，村级群众投资65941.11万元，民营投资1381万元。累计完成农田基本建设项目有：水土流失治理面积59507公顷，使全市水土保持面积达到81479公顷。打机电井1810眼，修建方塘492座、塘坝72座、提水站点30座、排涝工程14座、引水工程8座、拦河截潜35座，耕地改土72486.67公顷（其中果树改土50066.67公顷），造地面积1213.33公顷，新增保护地2767公顷，修建渠系防渗面积8.47万平方米，改善涝区面积1156.67公顷。增加灌溉面积53360.13公顷，改善灌溉面积2473.33公顷，增加节水灌溉面积19963公顷（其中增加喷滴灌面积14233公顷）。修建人畜饮水安全工程526处，水库除险加固9座，治理河道长度615.37公里，加固堤防长度493.2公里。建设畜牧小区4处，现代农业园区5处，水产养殖1940公顷，增加造林面积65260公顷。完成“大禹杯”工程102项，连续23年蝉联辽宁省农建“大禹杯”。三道沟满族乡头道沟村实施的沟壑截流治理工程，被确定为国家水利示范项目。

## 第三节 水利工程建设

### 河道治理

兴城市境内共有大中小河流151条，均属于季节性河流，雨季河水充沛，遇干旱河水断流，遇洪涝庄田受灾。1986年以后，兴城坚持河道治理。至2012年末，共修筑河道堤防257.871公里，其中2级堤防11.36公里，4级堤防82.24公里，5级堤防94.44公里，5级以下堤防69.831公里。堤防工程主要集中在流域面积较大的兴城河、烟台河、六股河、女儿河等主河道及其支流。

**兴城河治理** 兴城河全长59.3公里，流域面积744平方公里。兴城河及其支流上建有小Ⅰ型水库2座（四家屯水库、三合水库），小Ⅱ型水库2座（老付马水库、韩家沟水库）。兴城河河流特点是径流短，坡度较大，受大气降水补给，流量变化大，大雨后不久，河水迅涨，泥沙俱泄，平时水流缓慢，流量小。

1986年，兴城河支流花园桥至元台子满族乡姜女村地段右岸堤防加高培厚，治理长度1.4公里，干砌石护坡50延长米。修防洪闸2座、丁坝3座。在红石碑村段修建堤防1.2公里，防洪标准为10年一遇。1988年，兴城河修建防洪堤3公里，动用土石方7.72万立方米，工程投资25.67万元。1993年10月，兴城河主流入海口段修建防洪堤3.75公里，其中左岸1.9公里，右岸1.85公里，防洪标准为20年一遇。

1997年，兴城市人民政府发动军民对兴城河支流兴城东河城区段进行治理，治理长度3.49公里，其中修建直立式浆砌块石挡水墙2.26公里，修建高标准橡胶坝1座。清理淤泥5.4万立方米，工程总投资500万元。1999年，兴城军民再次合作，治理兴城河另一条支流温泉河，治理长度5.4公里，其中修建直立式浆砌块石挡水墙5.4公里，清理淤泥10万立方米，使用石方1.59万立方米，投入人工7.38万个。

2004年，兴城河支流旧门东河疙瘩沟段左岸修建堤防1.06公里，防洪标准为10年一遇。2005年，兴城河红崖子满族乡三道边段左岸修建堤防0.85公里。2006年，投资30万元对兴城河红崖子满族乡四道沟段水毁堤防进行修复，建丁坝9座，护坡0.3公里。2007年，兴城河支流兴城东河东二村段修建护岸工程，治理长度0.798公里，采用直墙挡土墙及浆砌石护坡方法，动用土方0.98万立方米，浆砌石0.26万立方米。

2008年，投资100万元，在兴城河支流兴城东河原种场段、红崖子河北河段、兴城东河元台子满族乡姜女村河段、三合水库下游修建浆砌石挡土墙、防洪堤、护岸及砼护坡等防护工程。2009年，投资73万元，对兴城河高速公路至西河桥段、红崖子满族乡南河、元台子满族乡砟山河、郭家镇蔡家至李良峪段修建堤坝护坡，进行生态治理，防洪标准为20年一遇。

2010年，投资180万元，完成兴城河生态治理、兴城河城区段、东河花园段、元台子满族乡刘屯段防洪修复、水毁修复、拦河截潜等工程和郭家镇大石塔村治河工程。

2010年6月~2012年6月，兴城河城区南河大桥——滨海公路桥段进行高标准治理，为全市城区区域防洪安全提供保障，同时改善兴城河自然景观，美化城市环境。工程治理包括防洪堤工程和沿河景观工程，两项工程总投资1.3亿元，防洪标准50年一遇。

2012年末，兴城河共有防洪堤81.348公里，其中左岸48.523公里，右岸32.825公里。兴城河主河道有防洪堤26.591公里，其中左岸15.247公里，右岸11.344公里。兴城河城区段有防洪堤19.676公里，其中左岸11.507公里，右岸8.169公里。

**烟台河治理** 河长47公里，流域面积309平方公里。烟台河及其支流上建有3座水库，分别是中型水库碱厂水库、小Ⅱ型水库狼洞子水库和余粮水库。

1986~1992年，修建防洪堤42公里，左岸从南大山满族乡北英村至烟台河入海口长18公里，右岸从南大山满族乡红旗村至入海口长24公里，总投资1083.6万元。

2005年10月，对烟台河支流碱厂满族乡朱家村右岸段进行治理，修建防洪堤1公里，防洪标准10年一遇。2006年，投资30万元，对烟台河沙后所镇水毁段进行修复治理。

2008年5~6月，投资36万元，对碱厂满族乡的烟台河支流杨树河进行治理，防洪标准为20年一遇。9~10月，投资20万元，对烟台河南大山满族乡北大村至洪屯桥下游水毁段进行修复，治理长度0.54公里。2009年4~6月，投资39万元，对烟台河支流吕匠河进行治理，筑堤1公里，防洪标准为20年一遇。5~7月，投资19.5万元，在烟台河支流碱厂满族乡杨树河筑堤0.5公里。投资19万元，对烟台河支流碱厂满族乡境内四间河进行治理，筑堤0.55公里；投资18.5万元，对烟台河支流潘杜河进行治理，筑堤0.5公里，混凝土护坡0.5公里，防洪标准为20年一遇。

2011年，修建烟台河水毁堤防16处，总长度为3.055公里，动用土方30013.41立方米，石方5508.58立方米，工程投资173.44万元；修建南大山满族乡水口河水毁堤防1处，总长度0.598公里，工程投资55万元。

至2012年末，经过多年的综合治理，烟台河共有防洪堤43.493公里，其中左岸23.030公里，右岸20.463公里。主河道两岸堤防工程共39.593公里，其中左岸从南大山满族乡北英村至烟台河入海口22.53公里，右岸从南大山满族乡红旗村至入海口17.063公里。

**六股河治理** 兴城境内河长67.1公里，流域面积569.5平方公里。六股河河道上游建有一座小Ⅱ型水库——响水河子水库。

1986年，在蛇山附近建丁坝25座，投资14万元。1987年，在大寨满族乡修丁坝15座，在六股河支流张发河修丁坝14座。经过多年的不断建设，至2000年，六股河防洪堤防从大寨满族乡牛彦章村至刘台子满族乡下寺屯全长21公里，防洪标准为20年一遇。

2001年以后，主要对六股河险工、险段和水毁段进行治理，全面除险加固。2004年，高家岭段筑堤并干砌石护坡，治理长度为2.8公里，工程总投资260万元。投资41万元，对刘台子段进行筑堤，治理长度0.3公里；投资51.2万元，对东辛庄镇西地段治理，治理长度0.45公里。

2006年，投资268万元，对高家岭满族乡靳家河段，大寨满族乡边门口河段、老郝大坎子河段，刘台子满族乡下寺屯河段，三道沟满族乡张发河、戏台河段，高家岭满族乡万宝屯至汤上胡屯段进行治理。

2009年，投资152万元，对刘台子满族乡下寺屯段、东辛庄镇兴隆段、高家岭满族乡万宝段、围屏满族乡下铺子屯的六股河支流张发河进行治理。

2010年，在刘台子满族乡段建丁坝7座，维修丁坝6座，工程投资35万元。完成东辛庄镇水毁段修复工程，新建丁坝5座，工程投资20万元。完成高家岭满族乡治河工程，治理长度0.5公里，工程投资35万元。2011年，六股河支流围屏满族乡陈良河水毁段修建堤防1处，总长度0.305公里，工程投资20万元。

经过多年综合治理，至2012年末，六股河共有堤防50.21公里，其中左岸堤防39.350公里，右岸堤防10.858公里，防洪标准均为10年一遇。主河道共有防洪堤30.43公里，均为左岸堤防。

**女儿河治理** 兴城市境内河长20.12公里，流域面积132.27平方公里。女儿河上游堤防在20世纪70年代建成，为10年一遇防洪标准。历经多年，堤坊损毁严重，仅存2.6公里。

2008年10月，在药王满族乡药王村段修建堤防335米，采用混凝土护坡，防洪标准为20年一遇。2009年4月，在药王满族乡药王村段修混凝土护坡530米，为堤路结合工程。9月，在药王满族乡裴屯村段修混凝土护坡770米，为堤路结合工程，在叶屯村段修浆砌石挡土墙232米，防洪标准均为20年一遇。

2010年，完成女儿河裴屯段治河工程，投资30万元，治理长度770米，动用土方5534.65立方米，石方231立方米，混凝土423.5立方米。至2012年末，女儿河主流共建有堤防工程3.7公里，其中左岸堤防2.95公里，右岸堤防0.75公里。

## 海堤治理

兴城市东南濒临渤海辽东湾西海岸，海岸线全长74.3公里，海岸线起点为兴城市与葫芦岛市龙港区双树乡交界处西，终点为兴城市与绥中县交界处六股河口，临海乡镇6个。至2012年，兴城市海防堤建设共有5处，分别是沙后所镇海防堤工程、海滨满族乡海防堤工程、海滨灌区新开河海防堤工程、曹庄镇海防堤工程和兴城河河口海域防潮堤工程，共计30.1公里。保护对象为兴城市城区和沙后所镇、海滨满族乡、曹庄镇、钓鱼台街道。

## 蓄水工程

兴城市蓄水工程包括水库、塘坝和方塘，至2012年末，全市共有10座水库、58座塘坝和265座方塘。

**水库** 兴城市境内有1座中型水库和9座小型水库，分别建于20世纪60～70年代。2012年，在建一座国家大（Ⅱ）型水库。

*碱厂水库* 位于碱厂满族乡碱厂村，始建于1967年4月，是全市唯一一座中型水库，总库容4889.9万立米，设计标准为100年一遇。水库经过几十年的运行，出现多处安全隐患。2007～2011年，对碱厂水库进行除险加固。工程建设内容包括：对水库大坝左岸上游78米高程处干砌石翻修，水库大坝85.67米高程以下的土坝和卵砾层做摆喷灌浆处理，坝段基础渗水带进行帷幕灌浆处理；拆除溢洪道平流段及陡流段底板混凝土，重新浇筑钢筋混凝土；对输水洞洞身闸门井和闸门室进行补强防渗处理，金属结构安装；新建防汛路4.92公里，新建水库管理处办公楼及防汛库房1030平方米。工程总投资1906万元。

*黄家湾水库* 位于药王满族乡金家村，始建于1972年，为小（Ⅰ）型水库，总库容171.3万立方米，设计标准10年一遇。2006年8月，对大坝后坡加高增厚，前坡干砌石翻修重砌，维修防浪墙，工程总投资50万元。2010年3月始，投资195万元，对水库大坝迎水坡翻修护坡，背水坡补

培厚平整，增设面层护坡，坡面和坝脚新建排水体设施；拆除重建溢洪道堰体和左侧导水墙；拆除重建输水洞启闭塔，更换启闭设备和闸门；增设观测设施和新建管理房。

四家屯水库 位于四家屯街道四家村，始建于1966年，为小（Ⅰ）型水库，总库容101.45万立方米，设计标准10年一遇。2001年，投资20万元对护坡拆除重建，修复启闭塔交通桥和溢洪道导流墙。2004年9～10月，投资35万元，对输水洞交通桥和大坝防浪墙拆除重建，填筑溢洪道冲刷坑，新建尾水渠。2010年3～6月，投资214万元翻修迎水坡护坡石，平整背水坡补坡，增设面层护坡，更换坝脚排水体设施，坝顶铺设沙石路面；对堰体进行加固处理，进水口两侧导水墙拆除重建并向库区延伸；更换输水洞启闭设备和闸门，拆除重建启闭塔；增设观测设施和新建管理房。

响水河水库 位于三道沟满族乡黑沟村，始建于1971年4月，为小（Ⅱ）型水库，总库容19.04万立方米，设计标准10年一遇。2008年9～10月，投资50万元对大坝前坡进行翻修重建，加宽增厚后坡，拆除重砌干砌石，拆除重建启闭塔房，更换闸门及启闭设备。

小苇沟水库 位于药王满族乡冯屯村，始建于1970年4月，为小（Ⅱ）型水库，总库容39.25万立方米，设计标准10年一遇。2005年5～7月，投资45万元对大坝后坡加宽增厚，新建输水洞出口消力池和启闭塔交通桥，溢洪道拓宽，拆除重建防浪墙，翻修大坝前坡。

老付马水库 位于红崖子满族乡老付马村，始建于1975年1月，为小（Ⅱ）型水库，总库容52.95万立方米，设计标准20年一遇。1992年4～12月，投资5万元对溢洪道局部下挖，加高溢洪道坝顶，修建输水洞出口消力池。2005年5～7月，投资60万元新建溢洪道出口消力池，修砌大坝前护坡，新建大坝后坡反滤体，维修输水洞出口。

余粮水库 位于望海满族乡黑庄村，始建于1967年，为小（Ⅱ）型水库，总库容15.25万立方米，设计标准10年一遇。2004年7～8月，投资40万元对大坝防浪墙、坝前坡、溢洪道、出口消力池进行翻修。2011年5～6月，投资60万元对溢洪道消力池水毁部分进行修复。

狼洞子水库 位于南大山满族乡接火村，始建于1972年，为小（Ⅱ）型水库，总库容87.51万立方米，设计标准20年一遇。2003年5～6月，投资34万元对大坝后坡加宽增厚，拆除重建输水洞交通桥，翻修坝前坡。

韩家沟水库 位于城东街道韩家沟村，始建于1962年1月，为小（Ⅱ）型水库，总库容15.55万立方米，设计标准10年一遇。2007年9～11月，投资80万元，拓宽溢洪道，新建两侧导流墙及下游消力池，新建交通桥，加高增厚坝后坡，拆除重建坝前坡，维修输水洞启闭塔。

三合水库 位于元台子满族乡英昌村西北，始建于1974年8月，是以城市供水、防洪为主的小（Ⅰ）型水库，总库容800万立方米，设计标准50年一遇。2004年，被辽宁省水利厅平山供水公司接收，成为平山供水系统的备用水源。

青山水库 位于六股河中游兴城、绥中、建昌交界处。2010年3月18日开工兴建，为国家大（Ⅱ）型水库，是辽宁省重点水利工程，葫芦岛市“十二五”规划重点建设项目。总库容6.3亿立方米，防洪标准为500年一遇，控制流域面积1650平方公里。整个工程包括水库枢纽和输水工程，总投资28.3亿元，建设工期44个月。2012年9月19日，大坝截流成功。库区涉及兴城市、绥中县、建昌县3个乡（镇）16个行政村。其中兴城市三道沟满族乡8个村共3108户、8898口人，占青山水库移民总数的58%，分期落实移民动迁2580户。

**塘坝** 至2012年末，全市共建有塘坝58座，总集水面积11.32平方公里，调节水量150万立方米，设计灌溉面积2870公顷，有效灌溉面积1737公顷，实际灌溉面积1075公顷。

## 2012 年兴城市塘坝工程情况

表 5-1-1

| 乡镇 | 塘坝名称 | 始建时间 | 集水面积（平方公里） | 调节水量（万立米） | 灌溉面积（公顷） | | |
|---|---|---|---|---|---|---|---|
| | | | | | 设计 | 有效 | 实际 |
| 白　塔 | 枣山塘坝 | 2001.7 | 0.2 | 3 | 50 | 20 | 10 |
| 白　塔 | 白塔后沟塘坝 | 2002.6 | 0.2 | 3 | 50 | 30 | 10 |
| 白　塔 | 白塔东河沟塘坝 | 2009.7 | 0.15 | 2.5 | 40 | 30 | 10 |
| 白　塔 | 清水广粮塘坝 | 2010 | 0.1 | 1 | 40 | 30 | 10 |
| 白　塔 | 白塔北沟塘坝 | 2012 | 0.1 | 1 | 40 | 20 | 10 |
| 白　塔 | 白塔村道边塘坝 | 2012 | 0.2 | 4 | 50 | 30 | 10 |
| 大　寨 | 卢屯塘坝 | 1998 | 0.1 | 1 | 40 | 20 | 10 |
| 大　寨 | 马蹄塘坝 | 2012.7.12 | 0.2 | 4 | 50 | 30 | 30 |
| 东辛庄 | 孙岭塘坝 | 2002.9 | 0.1 | 2.5 | 40 | 20 | 20 |
| 东辛庄 | 长岭塘坝 | 2008.1 | 0.2 | 4 | 50 | 30 | 20 |
| 东辛庄 | 付家塘坝 | 2009.4 | 0.2 | 2 | 50 | 30 | 20 |
| 东辛庄 | 胡坟塘坝 | 2010 | 0.1 | 1.5 | 40 | 20 | 13 |
| 东辛庄 | 南二台子塘坝 | 2009.6 | 0.15 | 1.1 | 50 | 30 | 20 |
| 东辛庄 | 西地塘坝 | 2012.6.20 | 0.1 | 4 | 40 | 20 | 20 |
| 高家岭 | 汤上塘坝 | 2002.11 | 0.2 | 1.5 | 50 | 30 | 20 |
| 郭　家 | 大石塘坝 | 2009.9 | 0.2 | 2 | 50 | 30 | 20 |
| 郭　家 | 水龙沟塘坝 | 2003.5 | 0.2 | 5 | 50 | 30 | 20 |
| 海　滨 | 厂子沟塘坝 | 2002.1 | 0.3 | 5 | 60 | 30 | 20 |
| 海　滨 | 方安塘坝 | 2002.9 | 0.2 | 2 | 50 | 30 | 10 |
| 海　滨 | 双堆子塘坝 | 2004.6 | 0.2 | 2.5 | 50 | 30 | 10 |
| 红崖子 | 梁屯塘坝 | 2006.1 | 0.2 | 6 | 50 | 30 | 20 |
| 红崖子 | 老烧锅塘坝 | 2006 | 0.1 | 2 | 40 | 20 | 10 |
| 红崖子 | 边壕子塘坝 | 1975 | 0.13 | 2 | 40 | 20 | 10 |
| 红崖子 | 新齐塘坝 | 1982 | 0.1 | 2 | 40 | 20 | 10 |
| 华　山 | 下长茂塘坝 | 2004.7 | 1.2 | 4 | 70 | 40 | 20 |
| 碱　厂 | 蒋家塘坝 | 1999.9 | 0.1 | 1 | 40 | 30 | 10 |
| 碱　厂 | 尚家沟塘坝 | 2006.1 | 0.2 | 2 | 50 | 30 | 20 |
| 碱　厂 | 四间翟屯塘坝 | 2007 | 0.5 | 2 | 60 | 40 | 30 |

续表 5-1-1

| 乡镇 | 塘坝名称 | 始建时间 | 集水面积（平方公里） | 调节水量（万立米） | 灌溉面积（公顷） | | |
|---|---|---|---|---|---|---|---|
| | | | | | 设计 | 有效 | 实际 |
| 碱 厂 | 张家沟塘坝 | 2011.9 | 0.1 | 3 | 50 | 40 | 33 |
| 旧 门 | 三道塘坝 | 2002.6 | 0.2 | 2 | 50 | 30 | 20 |
| 旧 门 | 东沟塘坝 | 2006.9 | 0.2 | 2 | 50 | 30 | 10 |
| 旧 门 | 刘屯塘坝 | 2007 | 0.2 | 2 | 50 | 30 | 10 |
| 南大山 | 红旗塘坝 | 1997.8 | 0.2 | 7 | 50 | 30 | 20 |
| 南大山 | 南英塘坝 | 1999.5 | 0.2 | 2.5 | 50 | 30 | 10 |
| 南大山 | 长垄西山园塘坝 | 1999.4 | 0.1 | 1.5 | 40 | 20 | 10 |
| 南大山 | 后五塘坝 | 2003.7 | 0.15 | 1.5 | 45 | 20 | 10 |
| 南大山 | 接火台塘坝 | 2007.1 | 0.12 | 1 | 40 | 20 | 10 |
| 南大山 | 前夹山塘坝 | 2008.7 | 0.3 | 2 | 60 | 40 | 20 |
| 南大山 | 后夹山塘坝 | 2012.11 | 0.2 | 2 | 70 | 50 | 40 |
| 沙后所 | 龙王塘坝 | 2001.7 | 0.2 | 3 | 50 | 30 | 10 |
| 沙后所 | 乱泥塘坝 | 2002.7 | 0.2 | 2 | 50 | 30 | 10 |
| 沙后所 | 五王塘坝 | 2007.1 | 0.15 | 1.1 | 45 | 20 | 10 |
| 四家屯 | 邴家村秦屯塘坝 | 2009.7 | 0.4 | 2 | 70 | 40 | 20 |
| 望 海 | 望海塘坝 | 1998.9 | 0.1 | 2 | 40 | 20 | 15 |
| 围 屏 | 云台寺肖岭塘坝 | 1998.8 | 0.2 | 2 | 50 | 30 | 20 |
| 围 屏 | 茶家村庙下塘坝 | 2009.6 | 0.15 | 2.6 | 40 | 20 | 13 |
| 围 屏 | 北边村王三屯塘坝 | 2010.4 | 0.15 | 3 | 40 | 20 | 13 |
| 围 屏 | 围屏村烧沟塘坝 | 2010.6 | 0.15 | 7.7 | 40 | 20 | 13 |
| 围 屏 | 陈粮塘坝 | 2010.11 | 0.2 | 2 | 70 | 50 | 40 |
| 围 屏 | 往户塘坝 | 2012.11 | 0.2 | 2 | 70 | 50 | 40 |
| 围 屏 | 围屏石砬沟塘坝 | 2012.6 | 0.2 | 2 | 50 | 40 | 25 |
| 羊 安 | 芹菜沟塘坝 | 2000.11 | 0.2 | 3 | 50 | 30 | 20 |
| 羊 安 | 西岭塘坝 | 2002.8 | 0.2 | 1.5 | 50 | 30 | 10 |
| 羊 安 | 柳蒿塘坝 | 2005.7 | 0.12 | 4 | 40 | 20 | 20 |
| 羊 安 | 龙王嘴子塘坝 | 2012.5 | 0.1 | 4.5 | 50 | 30 | 30 |
| 元台子 | 姜女梁家塘坝 | 1999.6 | 0.2 | 1.4 | 70 | 67 | 67 |
| 元台子 | 姜女村塘坝 | 2009.1 | 0.2 | 3 | 70 | 60 | 53 |

**方塘** 方塘是利用天然地势及条件进行贮蓄水资源的方式。1997 年，东辛庄镇率先开始兴修二台子方塘。当年全市共修建方塘 21 座，新增有效灌溉面积 420 公顷。至 2012 年末，全市累计修建方塘 265 座，设计灌溉面积 4200 公顷，有效灌溉面积 2806 公顷，实际灌溉面积 2794 公顷。其中规模最大、标准最高的是刘台子满族乡李维方塘。

## 引水工程

1986~2012 年，兴城境内修建的渡槽、截潜、水渠等引水工程，由于连续多年严重干旱，降水偏少，导致一些河道断流，多数引水工程报废。2012 年末，全市存有白塔满族乡清水自流引水工程和高家岭有坝引水工程 2 处，仅有清水自流引水工程时有可用。

## 提水工程

**机电井** 1986 年，全市共有机电井 1185 眼，其中有配套的 722 眼；有效灌溉面积 5267.53 公顷，其中机灌 1476.93 公顷，电灌 3790.6 公顷。

1986~2012 年，兴城市结合稻麦开发和农田基本建设“大禹杯”竞赛活动，修建机电井以满足发展高产、稳产田的需要。1997 年，兴城市人民政府发动千井水源大会战，是修建机电井最多的一年。2011 年，兴城市新打机电井 132 眼，新增节水有效灌溉面积 1333 公顷。

至 2012 年，全市共有机电井（包括管井、大口井）4372 眼，其中规模以上配套机电井 899 眼，规模以下机电井 3473 眼。设计灌溉面积 8308 公顷，有效灌溉面积 7499 公顷，实际灌溉面积 4026 公顷。

**2012 年规模以上机电井建设情况**

表 5-1-2

| 单位 | 机电井（眼） | 已配套机电井（眼） | 水泵功率（千瓦） | 灌溉面积（公顷） | | |
|---|---|---|---|---|---|---|
| | | | | 设计灌溉面积 | 有效灌溉面积 | 实际灌溉面积 |
| 兴城市 | 1039 | 899 | 5614.05 | 5850 | 5116 | 2153 |
| 白　塔 | 6 | 6 | 26.05 | 83 | 83 | 50 |
| 曹　庄 | 34 | 34 | 207 | 466 | 466 | 400 |
| 城　东 | 3 | 3 | 15 | 16 | 16 | 10 |
| 大　寨 | 68 | 68 | 1020 | 543 | 543 | 200 |
| 东辛庄 | 264 | 264 | 1817.04 | 730 | 730 | 300 |
| 高家岭 | 68 | 68 | 246.2 | 279 | 279 | 197 |
| 古　城 | 1 | 1 | 1.5 | 3 | 3 | 1 |
| 海　滨 | 115 | 0 | 0 | 279 | 0 | 0 |
| 红崖子 | 48 | 45 | 198.45 | 623 | 623 | 200 |
| 华　山 | 5 | 5 | 161.82 | 61 | 61 | 50 |
| 旧　门 | 2 | 2 | 12.8 | 3 | 3 | 1 |

续表 5–1–2

| 乡镇街道 | 机电井（眼） | 已配套机电井(眼) | 水泵功率(千瓦) | 灌溉面积（公顷） | | |
|---|---|---|---|---|---|---|
| | | | | 设计灌溉面积 | 有效灌溉面积 | 实际灌溉面积 |
| 刘台子 | 64 | 63 | 472.5 | 351 | 346 | 150 |
| 宁 远 | 26 | 26 | 73.14 | 86 | 86 | 56 |
| 沙后所 | 173 | 152 | 637 | 667 | 667 | 170 |
| 望 海 | 33 | 33 | 145.53 | 395 | 395 | 200 |
| 羊 安 | 3 | 3 | 8.2 | 18 | 18 | 18 |
| 元台子 | 24 | 24 | 122 | 320 | 320 | 150 |
| 郭 家 | 40 | 40 | 176.4 | 267 | 157 | 0 |
| 围 屏 | 14 | 14 | 61.74 | 123 | 60 | 0 |
| 南大山 | 18 | 18 | 79.38 | 190 | 80 | 0 |
| 碱 厂 | 20 | 20 | 88.2 | 280 | 130 | 0 |
| 药 王 | 10 | 10 | 44.1 | 67 | 50 | 0 |

## 2012 年规模以下机电井建设情况

表 5–1–3

| 单位 | 机单井（眼） | 灌溉面积（公顷） | | |
|---|---|---|---|---|
| | | 设计灌溉面积 | 有效灌溉面积 | 实际灌溉面积 |
| 兴城市 | 3473 | 2458 | 2383 | 1872 |
| 白 塔 | 86 | 10 | 10 | 3 |
| 城 东 | 443 | 128 | 125 | 103 |
| 大 寨 | 112 | 110 | 105 | 80 |
| 东辛庄 | 47 | 97 | 90 | 67 |
| 高家岭 | 539 | 214 | 210 | 180 |
| 古 城 | 99 | 37 | 36 | 33 |
| 郭 家 | 92 | 60 | 53 | 51 |
| 海 滨 | 810 | 100 | 100 | 64 |
| 华 山 | 33 | 26 | 22 | 14 |
| 碱 厂 | 60 | 173 | 170 | 163 |
| 旧 门 | 229 | 157 | 150 | 122 |
| 刘台子 | 39 | 96 | 90 | 76 |

续表 5-1-3

| 单位 | 机单井（眼） | 灌溉面积（公顷） | | |
|---|---|---|---|---|
| | | 设计灌溉面积 | 有效灌溉面积 | 实际灌溉面积 |
| 南大山 | 92 | 313 | 307 | 200 |
| 宁　远 | 41 | 37 | 30 | 23 |
| 三道沟 | 62 | 487 | 480 | 453 |
| 沙后所 | 305 | 125 | 120 | 106 |
| 围　屏 | 112 | 53 | 53 | 37 |
| 羊　安 | 148 | 55 | 52 | 51 |
| 药　王 | 124 | 180 | 180 | 46 |

**提水站**　1986 年，全县 27 个乡镇共建提水站 46 座，装机容量达 2064 千瓦，平均设计流量 9.87 立方米 / 秒。设计灌溉面积 2461 公顷，其中水田 1257 公顷。有效灌溉面积 1627 公顷，其中水田 696 公顷。实际灌溉面积 1397 公顷，其中水田 262 公顷。至 2012 年，一些小型提水站（点），由于连年干旱无水源以及年久失修等原因，大多未使用。

## 饮水工程

20 世纪 80 年代前，兴城县农村饮水工程主要采用分散式取水形式，有些村屯或多户人家共吃一口井水，人工提取，人力挑担。进入 21 世纪，随着农村饮水安全工程的建设，部分农村居民用上放心的自来水，但还有部分农村居民仍在使用小管井，存在饮水保证率不足等问题。

兴城市人民政府高度重视农村饮水安全，不断加大对农村饮水安全工程的投入力度。“七五”期间全市投资 55.5 万元，打深井 27 眼，解决 0.78 万人和 0.11 万头大牲畜的饮水困难问题。

1986 以后，全市共修建集中式供水工程 415 处，打水源井 315 眼，铺设主管路 500 公里，支管路 642 公里，进户管 500 公里。解决 389 个村的 29.07 万人饮水安全问题。

1991~1995 年，共投资 347.24 万元（其中国家补助 87.6 万元，群众自筹 259.64 万元），打井 15 眼，解决 1.75 万人和 4324 头大牲畜的饮水困难问题。1996~1999 年，全市共完成水源工程 14 处，总投资 164 万元，满足 1.19 万人和 0.34 万头大牲畜饮水。

2000~2004 年，全市饮水安全工程国家及地方各级政府共投资 1174 万元（其中国家补助资金 634 万元），建设和恢复 25 处自来水工程（包括防氟改水工程 2 处），建设 157 处集中供水点工程，满足 7.6 万人和 2.5 万头大牲畜饮水。2005~2009 年，投资 3528 万元，建成农村饮水安全工程 80 处，解决 6.96 万人的饮水安全问题。

2010 年，全市新打饮水井 28 眼，铺设主管路 86 公里、支管路 120 公里、进户管 60 公里。工程投资 1020 万元，解决 6799 户 2.11 万人的饮水问题。

2012 年，建设自来水工程 67 处，其中打井 63 眼，管网延伸 4 处。建井房 63 座，建筑面积 580 平方米；安装潜水泵 63 台；铺设主管路 140 公里，支管路 186 公里，进户管 266 公里；安装供水微机 42 台套，共投入资金 1543 万元。解决全市农村 0.89 万户 2.94 万人的饮水安全问题。输配水管网的农村自来水工程 249 处，覆盖人口 22.57 万人。累计完成农村饮水工程投资 1.022 亿元。

## 第四节 农田排灌

### 排涝工程

1986年，全县共有排水站2座，排水闸10处，其中自动式排水闸9处，插板式排水闸1处，合计过闸流量70.1立方米/秒。1987年后，随着农田基本建设“大禹杯”竞赛活动的开展，全市3293公顷低洼易涝农田，经过逐年治理，排水渠系基本形成。2002年，在钓鱼台街道红石碑村修建排涝工程，建50平方米泵房一座，修排水渠980米，总投资68万元。2004年，在红石碑村修建排涝工程，建排水沟3000米，安装低压线1500米，250千伏变压器一台。至2012年末，全市共有排水站3个，排水闸13处，合计过闸流量260.44立方米/秒。防御5~10年一遇水涝标准的治理面积1930公顷，占应治理面积的58.6%。

### 灌溉工程

1986年，全市共有灌溉工程1826项，有效灌溉面积12173公顷，其中节水灌溉面积30公顷。主要采用IP-C12-100×100-12及IP-D17-150×150-18型移动喷灌设备和滴灌设备进行节水灌溉。1991年，开始采用地下固定式低压管道输水灌溉农田。

1992年，修建烟台河“U”型槽输水渠道，对原有海滨灌区的输水渠道进行防渗处理，有效节约水资源。

1998年，引进美国、奥地利等国家生产的卷盘式喷灌机进行节水灌溉，灌溉方式达到国际领先水平。

2000年，兴城市累计投资4379万元，发展节水灌溉面积5899公顷，其中喷灌5000公顷，管灌600公顷，微喷166公顷，渠道防渗133公顷。建成的6667公顷节水灌溉工程，每年增产粮食1280万公斤，增产水果260万公斤，增产蔬菜480万公斤，年节水2400万立方米，节省渠道占地200公顷，直接经济效益1805万元。

2011年，进行高效节水工程建设。共完成高效节水灌溉面积4150公顷，其中喷灌1230公顷，微灌1780公顷，低压管灌1140公顷。

至2012年末，全市共有灌溉工程4845项，设计灌溉面积16111公顷，有效灌溉面积12333公顷，实际灌溉面积8062公顷。其中节水灌溉面积4150公顷。

## 第五节 水土保持

兴城市总面积2116.46平方公里，原有水土流失面积460平方公里，全市近30年治理水土流失面积810平方公里，现有水土流失面积650平方公里，占总面积的30.71%。

1986年，治理水土流失面积1700公顷。其中工程造林640公顷，一般造林660公顷，果树梯台田200公顷，农田梯田100公顷。年拦蓄径流255万立方米，保土3.4万吨。

1988年，把水土保持工程纳入农建“大禹杯”竞赛项目，全市掀起大搞治山治水高潮，以常年两倍的速度每年治理4000公顷，加大治理水土流失的步伐。至1995年末，根据辽宁省遥感普查结果测定，兴城市水土流失面积下降到91000公顷，占总面积的42.38%，年均增加水土保持面积2655公顷，水土流失面积下降11.14个百分点，年均下降1.24个百分点。

1996~2010年，全市以每年治理水土流失3000公顷的速度建设水土保持设施。据辽宁省第四次遥感普查结果，兴城市水土流失面积由1995年的91000公顷下降到65000公顷，占总面积的30.71%，下降12.29个百分点，年均下降0.76个百分点；14年间建设水土保持工程保存净面积26000公顷，年均1857公顷。修建塘坝52座，植树治沟20条，长度40公里；沟道工程治理3条，长度5公里；修建拦蓄坝53座；修建作业路100公里。年拦蓄径流4000万立方米，保土65万吨。

水土流失治理、沟道治理是兴城市水土保持的重点工作。通过长期坚持开展石质山区沟道多功能治理开发模式研究并不断在示范工程中积累经验，三道沟满族乡头道沟村的沟壑治理工程成为辽宁省沟壑治理示范工程。流域面积14.57平方公里，示范工程从2001年开工建设，共治理沟道3.5公里，修建拦蓄坝44座，其中桥坝结合9座，总坝长1300米，导流墙4900米，石渠1000米，道路硬覆盖7000米，地下截潜350米，总蓄水量13万立方米，年提供灌溉水量90万立方米，灌溉农田100公顷，果树3万株。沟壑治理开发使头道沟村水环境、生态环境得到相应的改善，村容、村貌也随之改观。2005年，沟壑治理项目获辽宁省科学技术成果奖。

至2012年末，兴城市通过开展农田基本建设“大禹杯”竞赛，水土流失治理面积达到59507公顷，水土保持面积达到81479公顷，占原有水土流失面积147300公顷的55.32%。其中基本农田697公顷，水土保持林57400公顷，经济林10300公顷，封禁治理13082公顷，小型蓄水保土工程3511个。拦蓄径流13590万公顷，保土226万吨。在65000公顷水土流失面积中，由于多年封育措施的实施，水土流失的强度逐步下降，由强度转变为中度，由中度转变为轻度。土壤流失量减少，土壤侵蚀模式由过去的1733吨/平方公里/年，下降到1046吨/平方公里/年。

## 第六节　防汛抗旱

兴城境内河流较多，均属季节性河流，雨季逢连绵暴雨易发生水灾。境内在降雨量偏少年份，常发生春旱和秋旱，甚至夏旱。兴城县（市）人民政府高度重视防汛抗旱工作，成立兴城县（市）防汛抗旱指挥部，设在县（市）水利局。立足防大汛、抗大旱，多措并举，综合防治，有效预防灾害，努力降低灾害损失。

### 防汛

20世纪80年代初期，兴城地区的防汛工作重点在于对境内大小河流的治理。1986~2005年，修筑河道堤防200余公里，其中2级堤防10余公里，4级堤防60余公里，5级堤防80公里，5级以下堤防50余公里。堤防工程主要集中在兴城河、烟台河、六股河、女儿河等几条流域面积较大的河流主河道及支流河道两岸上。

2007年，兴城市防汛抗旱指挥部编制《兴城市度汛方案》《兴城市城区防洪预案》《防台风预案》《防山洪泥石流预案》及《八座小型水库防洪抢险预案》，购置防汛编织袋、8#铁线等防汛物资。5月，兴城市投入资金40万元，对兴城河河堤进行维修，修建堤底宽1.5米、顶宽0.6米、高2.8米的浆砌石直墙护堤600延长米；对该河道进行整治，共清淤河道内土沙方8万立方米，提高防洪能力。

2008年，兴城市防汛指挥部编制完成《防洪应急预案》《碱厂水库防洪抢险预案》《六股河防洪抢险预案》。实施行政首长负责制，防汛抗旱指挥部同各乡镇人民政府、街道办事处主要领导签订《兴城市防汛安全责任状》。年内，储备防汛编织袋5万条、8#铁线5吨、无纺布720平方米、木桩10.26立方米、救生衣50件及雨靴、雨衣等防汛物资。2009年，相继实施并按期完成碱厂水库、四家水库、黄家湾水库除险、加固工程。

2010年8月4~5日，兴城市发生50多年罕见的强降雨，城区降雨量达到320毫米，15个乡镇降雨量超过200毫米。大暴雨造成烟台河大桥垮塌60余延长米，各种水利设施遭到严重破坏，全市的工业、农业、水利、交通和城市基础设施遭到严重破坏，人民群众生产生活受到极大影响。中共兴城市委、兴城市人民政府领导亲临一线，组织抢险救灾。由于抗洪抢险准备充分、措施得力、责任到位、组织严密，全市未造成伤亡事件。

2012年6月，总投资3亿元，防洪标准为50年一遇的兴城河城区段防洪堤工程和沿河景观工程完工。年末，兴城河、烟台河、六股河、女儿河等几条流域面积较大的河流主河道及支流河道两岸共建防洪堤178.751公里。

## 抗旱

1986~2005年，兴城县（市）人民政府根据兴城地区发生干旱的特点，突出抗旱基础工程建设。修建水库10座、塘坝40余座、方塘200余座；引河工程3项；打机电井3000余眼（含管井、大口井），其中规模以上机电井600余眼，规模以下2000余眼，有效灌溉面积6000余公顷。

2006年，兴城市防汛抗旱指挥部投资10万元，购置抗旱柴油机泵50台套，购买抗旱柴油2.5吨，支援全市农村春季抗旱；抗旱应急工程投入资金120万元（国家财政补助资金90万元、辽宁省财政补助资金30万元），新建方塘工程1处、蓄水池灌溉工程1处、井灌工程4处，抗旱面积266.67公顷；争取第二批中央特大抗旱补助费40万元，购置抗旱机泵70台套、抗旱大桶180只，发放到各乡镇。

2007年6月1~30日，兴城地区未降一场透雨，气温持续偏高20余天，农作物受灾面积3万公顷，造成近7万人、0.65万头大牲畜饮水困难。兴城市防汛抗旱指挥部启动抗旱预案，按照“先生活、后生产”的原则，合理调度抗旱用水和抗旱物资。在旱情严重阶段，全市每天投入抗旱3.5万人，启用机电井860眼，机动抗旱设备8500台套，机动运水车800辆，抗旱用电4.7万千瓦时、柴油5.8吨，投入抗旱资金160万元；浇灌农田0.75万公顷，临时解决6500人、180头大牲畜的饮水问题。

2009年，兴城地区发生较严重的春旱和夏旱。春旱期间，向各乡镇发放抗旱柴油机泵105台套，抗旱大桶100只，管带1.05万米。夏旱期间，争取辽宁省财政抗旱资金100万元，其中投入32万元建人畜饮水工程1处、抗旱水源工程3处，实现抗旱效益面积150公顷，解决饮水困难人口370人；投入68万元购买抗旱柴油机泵和配套管带200台套、柴油喷灌机组80台套，投向旱情严重、急需提水设备的乡镇，解决群众燃眉之急。夏旱严重时，全市实施科学用水、合理用水的水量调度。

2011年，修订和完善《兴城市抗旱预案》。2012年，争取中央特大抗旱项目资金109万元，维修方塘1座，打井15眼，购置柴油机泵186台，管带3.42万米。争取葫芦岛市抗旱水源项目资金31万元，维修方塘、塘坝各1座，打井3眼。年末，全市共有中、小型水库10座，塘坝58座、方塘265座。

## 第七节 水资源管理

兴城市是水资源贫乏地区，管好用水，节约用水，保护好水资源是实现兴城可持续发展的一项重要战略措施。

在水资源管理方面建立“三条红线”：明确水资源开发利用红线，严格实行用水总量控制；明确水功能区限制纳污红线，严格控制入河排污总量；明确用水效率控制红线，坚决遏制用水浪费。

水资源节约方面一是重点完成城市水资源配置规划；二是推广节水新技术；三是建立节水法规体系，强化执法力度，实现依法管水，依法节水；四是加强水资源统一管理，实行一条龙管水。兴城市人民政府对生产、生活、生态用水严格执行节水政策，农业灌溉用水执行用水定额，控制用水量；生活用水通过增加水价控制用水量，同时普及节水器具。

在水资源管理保护方面，主要是划分水功能区。在兴城河、朗月河、兴城东河、烟台河建立一级和二级水功能区。一级水功能区为兴城河兴城开发利用区 52 公里、朗月河兴城开发利用区 29 公里、兴城东河兴城开发利用区 31 公里，烟台河兴城开发利用区 47 公里。二级功能区为兴城河兴城饮用水源区、农业用水区 52 公里，朗月河兴城农业用水区 29 公里，兴城东河三合水库饮用水源区、农业用水区 10 公里，兴城东河三合水库下游饮用水源区、农业用水区 21 公里，烟台河碱厂水库农业用水区、渔业用水区 14 公里，烟台河兴城农业用水区 33 公里。对水功能区进行保护，严禁污水排入水功能区，对排入河道的污水进行处理。在兴城河修建 1 座污水处理厂，排污大户建有污水处理设备，保护水功能区。

兴城市海岸线较长，尤其是兴城河入海口、曹庄镇海水入侵严重，海水入侵面积达 26 平方公里。兴城市人民政府将海水入侵区设为禁采区，同时在入侵严重的兴城河上修建拦河坝工程。在海水入侵严重的曹庄镇，修建曹庄镇苦咸水自来水改造工程，将其纳入城市管网，停止地下水开采，改善兴城市海水入侵状况，保护地下水资源。

2003 年 10 月，相继实施《辽宁省地下水保护条例》和《辽宁省取水许可和水资源费征收管理条例》，为全市水资源管理事业实现跨越式发展创造历史性的机遇。兴城市水利局执行水资源和取水许可管理制度，严格控制发放取水证，实行计划用水，促进节约用水。2012 年末，全市有效取水许可证共 35 套，全部登记、造册存档，建立规范的取水许可台账，未发生任何越权发放行为。

# 第二章 城区供水

1987 年，兴城市成立水资源管理办公室，负责规划区内水资源管理、收缴水资源费及城市节约用水工作。1997 年 8 月，兴城市供水总公司成立稽查大队，对违反城市供水管理法规行为进行监察管理。1998 年，兴城市实施机构改革，兴城市供水公司（原自来水公司和温泉水公司合并）划归兴城市水利局所属，实现全市水资源的统一管理。

## 第一节 水源建设

1986 年，兴城县投资 700 万元在曹庄乡二台子、沙屯等地打水源井 9 眼，新建配水厂 1 处、加压站 1 座，铺设供水管道 8.5 公里，架设输电线路 4.5 公里。建成后的输配水水源工程，年产水量增至 450 万吨。

1988 年，兴城市自来水公司自筹资金 42 万元，在泡河村、地号村建两口大眼井；在宁远街道南甸子村新建供水加压站 1 座，缓解古城内外供水不足问题。

1991 年，兴城市自来水公司建水源地 5 个，水源井 16 眼，加压泵站 4 座，供水面积达 12 平方公里，居民用水户 10475 户，单位用水户 504 户，疗养院所 57 家。1992 年，投资 40 万元，开辟南河新水源，建南河北岸渗渠大口井 1 眼，日产水量 5000 吨；投资 50 万元，在东山复疗桥东建给水加压泵站 1 座。1994 年 10 月，总投资 1000 万元，历时 1 年多兴建的三合水库新水源工程竣工通水，日供水能力为 1 万吨。工程铺设直径 400 毫米输水管道 13.8 公里，铺设 2 公里 ND400—300 配水管线，建第二水厂 1 座。

1998 年，在新地号新建第三水厂，新建蓄水池 1 座，容积为 1000 立方米，修建泵站 1 座，增加城市日供水能力 7000 吨。2002 年，投资 100 万元，对东山加压站进行改造，扩增面积至 190 平方米，新建容量为 500 吨储水池 1 个。2003 年，兴城市人民政府投资 3297 万元，开工建设烟台河水源工程。在河沿岸新建 15 眼水源井，铺设输水管线 20.6 公里，日供水增至 2 万吨。2004 年，为保证烟台河水到达城区，投资 500 万元，修建一座占地 7000 平方米的配水厂。2005 年，投资 280 万元，扩建二台子水源工程，在 7019 工厂、东华机械厂院内等处打水源井 19 眼，日供水能力 11000 吨。2009 年，投资 590 万元，完成烟台河水源扩建工程。新建大口井 2 眼，集水井 1 座，铺设渗渠 360 延长米。2011 年，兴城市自来水公司利用中央预算内投资 150 万元，在烟台河新建大口井 1 眼，日供水 5000 吨。

2012 年末，兴城市共有兴城河、烟台河两个水源地，两个水厂。年供水量 1150 万吨，用水户约 6.5 万户，其中居民用水户 6.2 万户，单位用水户 0.3 万户。实际供水能力 4 万吨，用水人口 18 万人，人均生活用水量 120 升，用水普及率达 85%。

## 第二节 管网改造

1986 年，铺设兴海路（今兴海南街）南线供水管道 5570 米，增加用水户 550 户，解决玉皇庙大坑、南甸子、东山等地水质污染导致的吃水难问题。

1987 年，投资 35 万元，铺设从酱菜厂路通过循环路至城东区的供水主干线 320 延长米，支线 10000 余延长米，沿途共有 9 个村及街道居民受益。1989 年，自来水管线总长 75 公里，输电线路 25 公里，装机容量 1050 千瓦，日供水能力 2500 吨。1990 年，兴城市自来水公司自筹资金 24 万元，对河东路和古城区总长 2352 延长米的供水管线进行更新改造。2000 年，投资 100 万元，新铺设越河输水线 1200 延长米，将原管径为 300 毫米的铸铁管全部换成管径为 400 毫米的钢管。全市共有供水管线 97 公里，供水总量 126000 立方千米，用水人口 7.4 万人，人均日生活用水量 174 升，用水普及率达 70%。

2004 年，投资 190 万元，改造古城内供水管网，保证 3000 户居民正常用水。2005 年，完成大学城2条DN=300的配水管线铺设工程。2006年，启动城区供水管网改造工程，改造工程分A标段、B标段，铺设管线29公里，投资3600万元。2008年8月，A标段工程开工，总投资1731万元，铺设配水管线12公里，管线东起南河桥北沿临河路至兴海公园北门。2010年6月，开工建设B标段工程，总投资731万元，铺设由物资商场经辛庄桥、雅美大酒店至大学城指挥部置配水管线5.5公里。至2010年末，用于城市管网改造资金3649万元，改造供水管网总长度62.4公里。2011年，兴城市自来水公司利用中央预算内投资840万元、辽宁省地方债券740万元、世界银行贷款1600万元，进行兴城市自来水管网改造工程。经过2年时间，自来水管网改造工程顺利竣工。新增城区自来水用户5000户。

2012年，兴城市人民政府投资65万元，对85公里的管径DN=300管线进行改造，取消东河、二水厂两个被污染的水源地。利用自筹自资经费改造1000户城镇居民用水管网。投资710万元完成七彩城、古城、铁西、南河管网改造工程，改造后水表全部出户。投资30万元恢复启动复疗加压泵站改造工程，保证八吨桥和古城供水；投资300万元在烟台河和兴城河打大口井2眼，管井5眼，日增供水能力1.2万吨。至2012年末，全市共有水厂2个，深井41眼，供水管网295公里；日供水量3.8万立方米，用水户数7.1万户，用水人口18.2万人。同时，将部分农村用户并入城区供水管网，实现同网同价，其中包括曹庄镇海水倒灌严重地区的5063户居民。

## 第三节　用水管理

### 自来水管理

2001年，兴城市供水总公司加大自来水管理力度，为市区所有门市房业户安装直读机、防倒流水表486块，更换新型卫生节水器具1444套。6月，兴城市水利局、兴城市城管综合执法大队、兴城市供水总公司等单位联合行动，取缔22家无计划开采、水资源浪费严重的洗车场。

2009年，设立供水收费大厅，实现微机收费管理，提高水费征收的透明度。至2010年末，城区用水户水表4.8万户，同时将部分农村用户并入城区供水管网，实行同网同价。2010年水费收入1200万元。2012年，水费收入1400万元。水质合格率98%。

### 温泉水管理

兴城温泉开发的温泉带范围：北起温泉后河，南至铁疗二疗区，全长500米；东起工人疗养院第三疗养区，西至温泉大众浴池，全长560米，总面积28万平方米。

1986年末，温泉水公司经营管理的温泉井共有6眼，设4个出水口，日产水量4000吨。1989年，开采矿泉井11穴，日出水量4900吨。2001年，葫芦岛市区及兴城市区使用温泉水浴池增加到34家，日用水量530吨。至2004年，温泉水销售收入293万元。

2005年，兴城市供水总公司投资80万元，购置6辆专用温泉水运送车，取缔不规范送水车辆，实现温泉水营业收入300万元。3月，经辽宁省物价局批准，温泉水收费标准为每吨10元。

2012年，兴城市供水总公司经营管理温泉井2眼，设出水口3个，铺设热水管道约6公里，日供水300吨，供应葫芦岛市区及兴城市区各疗养院、浴池等用水户65家，全部用专用车辆配送，日均供水量1300吨，年供水量49万吨，年营业收入450万元。

# 第六篇 工 业

## 第一章 企业改革

1986年，兴城县人民政府以简政放权、增强企业活力、扩大企业生产经营自主权为目标，在全县工业企业中推行厂长（经理）承包经营责任制和小型企业租赁经营。1996年11月，中共兴城市委 、兴城市人民政府制定《关于企业产权制度改革的若干意见》，确定不受所有制性质限制，不受企业规模限制、不受效益好坏限制、不受隶属关系限制的基本原则，从明晰产权、分清责任、建立现代企业制度出发，以“三个有利于”（有利于发展社会主义社会生产力，有利于增强社会主义国家综合国力，有利于提高人民生活水平）为标准，加快推进兴城市工业经济体制改革步伐。2002年末，兴城市工业企业改制基本完成。被经济界称为“兴城模式”的企业产权制度改革，得到中共辽宁省委、辽宁省人民政府的高度评价，并在全省推广。

### 第一节 市属企业改革

1986年1月，兴城县人民政府在全县工交、财贸系统大规模推广以承包、租赁为主的经济体制改革。相继制定《1986年工交、财贸经营承包奖惩办法》《兴城县租赁合同管理办法（试行）规定》，并在41家县属工业企业中组织第一轮承包、租赁经营。是年，有24家县属工业企业实行厂长（经理）承包经营，有4家实行厂长（经理）任期目标责任制，有13家实行租赁经营。

1987年，兴城市人民政府制定《关于深化改革增强企业活力的若干规定》，对实行承包租赁的市属工业企业，确立厂长（经理）在企业中的中心地位和作用，重新理顺企业党、政、工三方面关系。形成企业厂长（经理）负全责、党组织监督保证、职工民主管理的新型机制。改革企业用工制度，试行选聘结合、优化组合、内部合同制等用工方式，为企业与职工的双向选择提供机遇。改革分配制度，实行工资总额与经济效益挂钩，开始推行浮动工资、联产计酬、联利计酬、费用包干、定额计件等新的分配形式。

1990年，兴城市工业企业第一轮承包、租赁经营届满。兴城市体制改革委员会会同兴城市审计局制定《兴城市承包（租赁）企业1990年合同终结审计实施方案》，确定重点企业由兴城市审计局、兴城市财政局、兴城市税务局联合审计，其他企业由主管部门组织审计；制定《兴城市企业第二轮承包租赁实施方案》，经兴城市人民政府政务会议通过后正式下发，并在《兴城市报》向社会公布。年末，市属80%以上工业企业签订第二轮承包合同，进入第二轮承包、租赁期。

1996年11月始，兴城市市属工业企业实施以售、租、并、破等方式的产权制度改革，旨在进一步明晰产权关系，盘活存量资产，实现政企分开，构筑兴城经济体制新优势。1997年1月12日，兴城市轴承厂作为首家市直工业产权制度改革企业，顺利完成改制，组建民营企业兴城市轴承有限公司。1月15日，第一家国有工业企业兴城市啤酒厂成功改制为民营企业，组建兴城市啤酒有限公司。1月30日，兴城市水泥厂作为第一家采取部分资产出售、部分资产租赁方式进行改制的企业，组建民营企业兴城市水泥有限公司。4月18日，兴城市水泵厂作为第一家破产的集体企业，被葫芦岛银生集团兼并，组建葫芦岛泵业制造有限公司。

1998年3月，兴城市工业局与兴城市集体工业公司合并成立兴城市工业国有资产经营公司(简称兴城市工业公司)，为兴城市人民政府直属工作部门。负责管理国营、集体工业企业产权制度改革后资产，保护改制企业职工合法权益，妥善处理企业改制后职工遗留问题。是年，市属工业企业完成改制125户，占应改制企业的91.9%；完成改制企业总资产79815万元，占市属工业企业总资产的97.1%；安置职工15256人，占应改制企业职工总数的89.5%。

2002年，兴城市工业公司所属的32家国有、集体工业企业基本完成改制，其中出售13家，租赁7家，其他12家。2005年，将第二印刷厂、供销公司出售。2007年，为改制后的14家企业中644名未参加保险的职工解决养老保险问题。2008年，出售兴城市建材厂，解决该厂和兴城市塑料二厂历史遗留问题。2009年，对轮盘厂、塑料二厂、轻工纸箱厂进行改制，解决职工208人养老保险、工伤等问题。2011年，完成电镀厂、薄铁厂改制，安置职工253人，退休125人，为职工补交养老保险金。

2012年，兴城市工业公司对第一服装厂、五金厂、原皮革站3家企业及幼儿园进行改制。按照兴城市人民政府要求，按期完成服装厂、五金厂动迁工作。经工业公司报请兴城市人民政府批准，将停业近20年的工业幼儿园由事业单位改为企业。

## 第二节　乡镇企业改革

改革开放以后，兴城市乡镇企业经济体制形成乡镇级、村级、联办、个体“四个轮子”一齐转，多种经济成分共同发展的新格局。1986年，乡镇工业企业大多采用承包、租赁经营。大体分为超利分成、利润包干、包利分红、毛利分成、以税代利等形式。

1987年，全市有乡镇工业企业298家，其中实行承包经营171家，实行租赁经营41家，其他方式86家。乡镇人民政府与各企业分别签订承包、租赁合同，与全市市属企业同步进入第一轮承包、租赁期。

1990年，乡镇企业第一轮承包、租赁期届满，经合同终止审计后，于1991年进入第二轮承包、租赁期。

1993年8月8日，兴城市乡镇企业中第一家私营股份制企业兴城市宏扬实业有限责任公司正式挂牌成立。该企业由原曹庄建筑公司职工自愿入股，有股东50人，吸纳股金100万元。1996年

12 月 14 日，宁远街道辖属的兴城市粉末冶金厂，作为全市首家产权制度改革试点企业，改制为民营企业，成立兴城市粉末冶金有限公司。

1998 年，全市纳入改制的乡镇工业企业 298 家，完成改制 286 家，占应改制企业的 96%，基本完成乡镇企业产权制度改革。

2006 年 8 月 14 日，辽宁四家村企业集团股份有限公司（简称四家村企业集团）成立。四家村 2100 名村民皆为股东，每股原始股金 22430 元。2007 年，四家村企业集团创利 1160 万元，提取 680 万元作为股东分红派兑。四家村村民第一次以股东身份，从集团公司分得红利。

# 第二章　企业所有制

兴城工业企业按体制划分，主要包括国有企业（也称国营企业、全民所有制企业）、集体所有制企业、乡镇企业（包括乡办企业、村办企业）、民营企业、“三资”（合资、外资、独资）企业。20 世纪 80 年代，国有、集体、乡镇企业等，在兴城经济发展中仍居主导地位。进入 90 年代后期，乡镇企业异军突起，民营企业发展迅速，活力日增。经过招商引资，港、澳、台商投资企业，外商投资企业开始入驻兴城。

## 第一节　国有企业

1986 年，兴城县域有国有（全民所有制）工业企业 29 家，其中县属地方国有工业企业 23 家，驻在国有工业企业 6 家。主要工业门类有机械设备制造、橡胶制品、冶金、机电、化工、纺织、服装、建材等。地方国有工业产品主要有暖气片、工业硅、橡胶隔板、变压器、复合肥、水泥、针织内衣、服装、印刷品、食用植物油、白酒、食品、混合饲料等。全年，地方国有工业总产值 3444 万元，占全部工业总产值的 15.6%。是年，兴城县化肥厂、兴城县磷肥厂因受进口化肥冲击停产后，经辽宁省人民政府和辽宁省冶金厅批准，将化肥厂转产暖气片和工业硅，分别成立兴城县暖气片厂和兴城县冶炼厂。8 月，兴城县暖气片厂建成投产，年末实现产值 69.1 万元。10 月，兴城县冶炼厂建成投产，年末生产工业硅 258 吨，实现产值 18.5 万元。同期，兴城县磷肥厂转产生产复合肥，年末生产复合肥 485 吨，实现产值 18 万元。

1986 年 9 月，位于兴城县华山镇境内的国营 8271 厂划归兴城，迁至兴城县工业局所属的铁西布厂院内。8271 厂为国家中型企业，原隶属锦州市电子局。主要生产高新技术产品反渗透膜元件、组件及水处理装置等，为国内从事膜分离技术和装备的专业生产厂家。该厂研制生产的卷式反渗透膜获辽宁省“金鹰奖”和国家“金箭奖”，被电子工业部批准为替代反渗透仪器进口产品。1997 年 7 月，锦化集团公司兼并 8271 厂，组建葫芦岛北方膜技术工业有限公司。

1988 年 6 月 28 日，总投资 1400 万元的兴城市啤酒厂建成投产。厂址位于曹庄满族乡大甸子村东，紧邻国道 102 线西侧。厂区占地 39600 平方米，厂房建筑面积 11056 平方米。年产啤酒 2

万吨，当年实现产值137.5万元，利税20.8万元。1993年4月，兴城市啤酒厂实行股份制，改称兴城市菊花岛啤酒股份有限总公司。1997年1月，改制为民营企业——兴城市啤酒有限公司。

1990年11月4日，中国人民解放军7019厂迁址兴城。该厂系中国人民解放军沈阳军区后勤部所属大型二级军工企业，原厂址在本溪县泉水乡。新厂址位于兴城西郊，占地22.3万平方米，建筑面积6.2万平方米，有职工1200人。为国家定点生产高频焊接钢管的专业工厂，年生产焊接钢管10万吨。

1996年，兴城市工业局属辖的11家国营企业仅剩3家运营。年末，全系统亏损额1073万元。1997年始，兴城市地方国有工业企业全部纳入产权制度改革范围。至2002年末，基本完成企业改制。

2010年，兴城市境内规模以上国有工业企业2家，拥有固定资产23045万元，从业人员1553人。实现年产值20122万元，利税1689万元。

2012年，全市规模以上国有工业企业只有热电公司1家，拥有固定资产7950万元，从业人员233人。实现年产值18229万元，利税67万元，亏损472万元。

## 第二节　集体企业

1986年，兴城县共有集体所有制独立核算工业企业231家，其中县属企业24家，城镇街道企业8家，乡、村办企业193家，厂办集体企业4家，其他企业2家。拥有固定资产原值4642万元，职工14755人；年创工业总产值9967万元（1980年不变价格），利税165万元；全县集体企业中盈利企业216家，年利润额888万元；亏损企业15家，亏损额95万元。1997年，兴城市集体企业实施产权制度改革，采取出售、租赁、重组等方式，改制为民营或股份制等企业。2010年，兴城市规模以上集体所有制工业企业7家，拥有固定资产2497万元，从业人员357人，实现年产值6860.9万元，利税423万元。2012年，兴城市无规模以上集体所有制企业。

### 市（县）属集体企业

1986年，兴城县集体工业公司辖属集体企业17家，涵盖机械、轴承、五金、电镀、塑料、木器、建材、印刷、服装、棉织、制鞋、中小农具12个行业。拥有固定资产原值1036万元，职工3560人，实现年产值2355万元，占兴城县工业总产值的10.7%，实现年利润59.3万元。

1989年，兴城市属集体工业企业生产轴承212万套、水泵5500台、服装10.38万件、家具1.7万件、机制纸610吨、塑料制品802万吨、布25.2万米，实现工业总产值3605万元，利税662万元。

1991年，兴城市属集体工业企业开发新产品11种、规格60个，其中获辽宁省机械工业评审的优质产品30个。兴城市农机厂研制生产的N70型喷风碾米机，在国家“七五”星火计划博览会上获银牌；兴城市轴承厂生产出口轴承120万套，创汇99万美元。全年，兴城市属集体工业企业完成工业总产值5462万元，比1990年增长11%；销售收入完成3847万元，比1990年提高17.5%。

1994年，兴城市属集体工业企业实施产品结构调整，淘汰一批档次低、效益差的落后产品。年内，实施技术改造项目12项，利用资金3334万元。其中兴城市轴承厂投资1380万元，新上炼钢、轧钢项目各1个，使轴承钢冶炼能力年产2万吨，轧钢能力年产12万吨；兴城市轮盘厂开发自行车链轮系列新产品 8 个，年产量 30 万副；兴城市机械厂研发的榨油机加装多孔补压机，不仅节电，而且比未加装补压机每 50 公斤多出油和饼 3 公斤，深得用户青睐。是年，兴城市属集体工业企业完成工业总产值 14084 万元，为年计划的 111.3%。

兴城市属集体工业企业中，轴承厂、水泵厂、塑料厂（一厂）、塑料二厂曾为骨干企业。1996 年，兴城市集体工业公司重点扶持骨干企业增产增效，使兴城市轴承厂当年产值超亿元。兴城市富斯塑料波纹管材有限公司二期技术改造项目，引进锦化集团资金 1450 万元，被列入辽宁省重点开发项目。全年，市属集体工业企业实现产值 14136 万元，利税 817 万元。

1997 年始，兴城市实施企业产权制度改革。在兴城市轴承厂成功改制为民营企业之后，又相继完成 6 家企业改制。其中资产出售 3 家，宣告破产 1 家，合资 2 家。是年，兴城市属集体工业企业完成工业总产值 15063 万元，利税 868 万元。2002 年，兴城市属集体工业企业 21 家，相继改制为民营企业、股份制企业、合资企业。

**兴城轴承厂** 厂址位于沙后所镇。1986 年，全厂有职工 474 人，拥有各种机械设备 168 台，固定资产原值 238 万元。主要产品为系列圆锥滚子轴承，共有 37 个品种，年产量 88 万套，年产值 440 万元。至 1991 年，46 种型号相继获辽宁省优质产品。产品行销国内 27 个省市，出口到美国、新加坡、印度等国家。1994 年，轴承厂出口产品占总产量的 87.4%，出口产值 3500 万元，创汇额在全国轴承行业 600 家企业中列第 6 位，被国家外贸部门批准为拥有出口自营权企业。1997 年 1 月，轴承厂改制为民营企业，重组为兴城市轴承有限公司。

**兴城市水泵厂** 1974 年成立，厂址位于兴城铁西路南。1986 年，水泵厂拥有职工 358 人。主要生产各种型号离心泵、多级泵、真空泵、漩涡泵等，年生产能力 5000 台，产值 471.3 万元。是年，高效节能 IS 系列单级单吸清水离心泵试制成功，产品质量符合国家标准，并投入批量生产。1989 年，水泵厂达二级计量标准，并获辽宁省机械委颁发的省级标准化定级标准和省级先进企业证书。1990 年 9 月，经国务院企业管理委员会批准，兴城市水泵厂晋升为国家二级企业。水泵厂自行研制的 DTF 多级高压耐腐蚀离心泵、高压油田注水泵填，为国内水泵行业首创产品，获省级新产品开发“金鹰奖”。1996 年，水泵厂资产总额为 775 万元，负债 2712 万元，资不抵债，依法宣告破产。1997 年 4 月，被葫芦岛银生集团兼并。

**兴城市塑料厂** 也称兴城市塑料一厂，主要生产聚丙烯制品、日用塑料制品、管棒异型材等产品。1986 年，同辽宁省塑料工业公司联合，产品种类扩展到 50 种，行销国内 20 多个省市，年创产值 238 万元。1988 年，同锦州市塑料工业公司联合，新上彩印带包装生产线。年末，实现产值 364 万元。1993 年，与德国富朗克斯公司合资生产塑料波纹管材。1994 年，组建兴城市富斯塑料波纹管材有限公司，从德国引进生产线，生产 PVC 板、硬质塑料波纹管材。1995 年 3 月正式投产，产品经辽宁省新产品投产技术鉴定，质量达到国际同类产品水平。年末，实现产值 1900 万元。1996 年，塑料波纹管材获辽宁省科技进步二等奖。1997 年，改制为股份制合资企业。

**兴城市塑料二厂** 1986 年，该厂研制成功双色中空吹塑制品多胶分流工艺，大批量生产双色痰盂、撕裂膜、农用绳、果筐、水桶、贴花盆等产品，年产值达 181 万元。1988 年，在辽宁省民委指导下，按满、朝鲜、蒙古等民族的生活习惯，开发生产具有民族特色的小产品。年内，塑料二厂被国家民族事务委员会、国家轻工业部授予民族工业先进企业称号。1993 年，兴城市塑料二厂与台湾锦运股份有限公司合资组建锦兴塑料制品有限公司。投资 100 万美元，购置先进设备，扩建车间 800 平方米，生产塑料异型材、塑料壁板等。1997 年，经企业产权制度改革，实施租赁经营。2009

年，依法宣告破产。

### 城镇集体企业

城镇集体所有制企业系原兴城镇办街道工业。1986年，城镇集体工业企业共有8家，拥有职工445人，固定资产83.2万元，流动资金94.4万元；工业企业占地17000平方米，建筑面积计5232平方米。主要生产垫圈、暖气片、橡胶、工艺美术品等产品，年产值331万元。1997年，经企业产权制度改革，改制为民营或股份制体制。

### 乡村集体企业

乡村集体企业，为乡、村两级所办工业企业，亦为集体所有制，在第三节“乡镇企业”中述及。

## 第三节　乡镇企业

20世纪80年代，随着改革开放，兴城地区乡镇经济日趋活跃，形成包括乡镇办企业、村办企业、联办合作企业及个体企业等多种形式并存的乡镇企业格局。1986年，兴城县乡镇企业发展到10115家（其中乡级255家，村级906家，联办499家，个体8455家），从业人员46034人。生产门类包括建材、食品、服装、金属冶炼、矿石采选等10大项，60余种产品。其中有4种产品达到省部级优质产品，5种为市级优质产品。年工业产值14136万元，占全县工业总产值的64.3%。

1988年，兴城市乡镇企业增加到15730家（其中乡级316家，村级1041家，联办366家，个体14007家）。全市有12个乡镇全口径工业产值突破1000万元，其中有5个乡镇突破1500万元，有3个乡镇突破2000万元，有2个乡镇突破3000万元。全年，实现工业总产值30205万元；完成利税746万元，占全市地方税收的25.5%，占全市财政收入的25%。

1990年，全市乡镇企业15109家（其中乡级283家，村级871家，个体13955家）。形成金属及非金属矿采选、机械制造、冶金、建材及非金属矿物制品、食品、纺织、服装等27个行业。年末，全市乡镇企业实现产值42585万元，比1989年增长14.5%；完成利税3221万元，比1989年增长10.1%。

1993年，兴城市人民政府在乡镇企业中实施“215”规划，即至1995年末，全市要有20个乡镇工业产值超亿元；100个村超千万元；500家个体企业超50万元。是年，全市乡镇企业增加到21302家（其中乡级企业341家，村级企业1055家，个体企业19906家），行业达40多个，从业人员87430人。年末，全市乡镇工业总产值实现20.17亿元，占全市工业总产值的88.7%。其中产值超亿元的乡镇12个，产值超亿元村2个。

1995年，兴城市乡镇工业总产值实现29.86亿元，比1994年增长76.6%；实现利润3.07亿元，比1994年增长77.9%；上缴税金1.18亿元，比上年增长35.4%。年内，乡镇企业实施新扩改项目64个，总投资4232万元。出口产品总值2.1亿元，交货值1.14亿元。在葫芦岛地区发展乡镇企业评比竞赛中，旧门满族乡、宁远街道被评为“十强乡镇”；四家屯乡四家村、城东街道东一村、古城街道北关村被评为“十强村”；四家村辉煌铜业有限公司被评为“十强企业”。

1998年，中共兴城市委、兴城市人民政府提出“三个一批”（巩固一批、发展一批、引进一批）发展乡镇企业思路。是年，全市“巩固一批”的乡镇企业76家，到位资金1850万元；“发展一批”的企业70家，项目23个，总投资5534万元；“引进一批”的企业共59家，到位资金4578万元。2001年，中共兴城市委、兴城市人民政府出台《兴城市促进乡镇企业发展的若干规定》和《关于发展乡镇企业的奖励办法》。调整市发展乡镇企业工作领导小组，实施“做大做强一批、发展兴起一批、招商引进一批”的发展战略。乡镇企业迅速发展壮大，实现速度与质量同步增长。

2010年，全市乡镇企业19882家，其中集体企业39家，股份合作企业15家，有限责任公司75个，股份有限公司6个。辽宁四家村企业集团改制为辽宁四家村企业集团股份有限公司，成为辽西第一家村级股份制企业。集团旗下有房地产开发、建筑、铜业、混凝土、安全门业、井盐水渔业养殖、旅游等11家企业，有职工2600人，总资产达5.9亿元。四家村企业集团股份有限公司实现产值7亿元，利税7600万元。连续10年成为兴城市纳税先进单位。获“辽宁省小巨人企业”“工业明星村”等殊荣，连续多年保持“葫芦岛发展乡镇企业第一村”称号。

2012年，随着市场经济的不断发展，乡镇企业的合理聚集，产业结构和产品结构的调整，产业经营和社会化服务的转变，乡镇企业逐步向民（私）营企业转型。

## 第四节 民营企业

改革开放以后，兴城除“国有独资”“国有控股”企业外，无国有资本的非公有制企业—民（私）营企业呈逐年快速发展趋势。1986年，兴城县登记注册个体工商户8945户，其中工业个体户666户。1988年，按照有关规定，把具备私营企业条件的个体户分离出来，登记注册为私营企业。是年，共登记注册私营工业企业10家。至1992年，兴城市个体工商业户增加到9357户，从业人员13404人；私营企业44家，从业人员413人。

1995年，在“以公有制为主体，多种经济成分共同发展”政策指导下，兴城市采取“不限制发展比例、发展规模、经营范围、开业条件”等措施，鼓励非公有制企业发展。是年，全市个体工商户达14421户，登记注册私营企业215家。

1997年，兴城市非公有制经济在企业产权制度改革中得以迅速发展。大批国有、集体等公有制企业经改革转制为民（私）营企业。兴城市人民政府出台关于加快发展个体私营经济10项优惠政策，为民（私）营企业发展助力。年内，新增加生产加工户204户，服装加工户217户；登记注册私营企业72家，有限责任公司98家。

1998年，依照辽宁省人民政府《关于加快发展非公有制经济工作的决定》，兴城市人民政府采取“四放”（放心、放手、放胆、放开），“五不限”（不限制发展比例、不限制发展规模、不限制发展速度、不限制经营范围、不限制发展方式）等举措，使全市非公有制经济步入发展快车道。是年，全市登记注册私营企业227家，比1997年增加77.1%。

2000年，全市登记注册民（私）营工业企业410家，初步形成以金属冶炼制造、酒水制造、塑料橡胶制品、针织服装四大支柱产业。年末，全市工业总产值实现18.7亿元，其中民营企业产值4.26亿元，占工业总产值的22.78%。

2002年初，兴城市人民政府制定关于促进私营企业发展的优惠政策，鼓励外埠有一定规模的民营企业到兴城乡镇投资建厂。3月12日，兴城市人民政府召开民营经济工作会议，专门研究、制定促进民（私）营企业发展的相关政策、规定，并设立行政审批便民服务中心，实行“一站式”办公制度；引导民营企业发挥观念新、市场灵、机制活、人才强等优势，营造私营企业发展的良好环境。年内，全市个体、私营企业总户数17357户，从业人员67000人；民营企业增加值实现12.5亿元，出口产品交货值2.2亿元，缴纳税金6674万元。

2004年，全市私营企业增加到2033家，其中纳税超百万元的民营企业19家，纳税超千万元的民营企业5家。

2006年，中共兴城市委、兴城市人民政府提出“全党抓经济，重点抓工业，突出抓民营，首要抓项目”的发展思路，推进工业产业和产品结构调整。全市民营企业在确立构筑金属冶炼制造、酒水酿造、塑料橡胶制品、针织服装四大支柱产业基础上，新增医药化工、石材加工等新兴产业。形成以轴承钢、轴承、粉末冶金制品、啤酒、白酒、饮料、塑料波纹管材、轮胎、服装、泳装、中成药、雷管、花岗岩板材等52个产品的结构框架。全市民营企业15253家，从业人员46384人；其中规模以上工业企业28家。实现产值11.2亿元，纳税4827.6万元。

2010年，全市规模以上工业企业129家，其中民营企业112家，从业人员13318人，固定资产总值22.84亿元。实现产值31.68亿元，占全市规模以上工业企业总产值的80.34%；完成利税1.42亿元，占全市规模以上工业企业纳税总额的110.93%。其中泳装产业形成集群发展优势，全市拥有泳装企业163家，辅料生产企业30家，年产泳装6000万件，销售收入30亿元，出口创汇3000万美元。兴城市首家获“中国泳装名城”称号。

2012年，全市传统工业升级改造进展顺利，规模以上工业企业83家，产业集群建设取得突破，泳装产业园二期建设开工。全市规模以上泳装企业达到19家。凯森蒙制衣有限公司位列世界百强服装企业第59位。兴城市被国家服装协会评为“全国十大服装产业示范集群”。

## 第五节　合资独资企业

中国加入世界贸易组织（WTO）以后，国际经济贸易日益活跃，投资政策和投资环境逐步完善，吸引着更多的外商和港、澳、台商到兴城市投资兴业。

1992年，三道沟满族乡与台湾登实有限公司合资兴办东川石材开发有限公司，成为兴城市第一家与台商合资经营的企业。项目总投资105万元，开发三道沟大理石资源，生产大理石板材等产品。

1993年1月，兴城市第一家外商独资经营企业——兴城市永成毛皮有限公司成立。公司地址在沙后所镇石屯村，系原兴城市造纸厂厂址，有偿转让给韩国永成产业株式会社。项目注册资金100万美元。主要生产绵羊毛皮等产品，年产量30万张，产品主要销往国外。5月，兴城市塑料二厂与台湾锦运企业股份有限公司合资组建兴城锦兴塑料制品有限公司。项目总投资260万美元，其中兴城市塑料二厂以部分设备折款及流动资金和部分贷款形式，投资折合156万美元；台方以现金形式投入104万美元。主要生产PVC板等塑料制品，年产量2500吨，产值2688万元，利税1048.4万元。8月，辽宁省四家实业总公司与台湾鸿琦国际开发有限公司共同投资30万美元，在四家村兴办天力保健饮品有限公司，1994年3月正式投产。主要产品为景天特饮、景天聪明饮、景天醇浆、景天圣露等高山红景天系列饮品。其中景天特饮在辽宁省1994年卫生优质食品、化妆品、保健品评比中获金奖。10月，兴城市塑料厂与联邦德国富朗克斯公司合资生产硬聚氯乙烯双壁波纹管。

1995年3月，兴城市塑料厂与辽宁塑料公司和富朗克斯公司三家共同组建兴城市富斯塑料波纹管材有限公司。1996年6月，塑料波纹管材获辽宁省科技进步二等奖。1997年，改制为股份制民营合资企业。

2004年11月，韩国爱生株式会社在高家岭满族乡拉马村投资2000万元，开发石材，产品主要销往韩国和欧洲。

2006年5月，美国独资企业瓦萨布矿业有限公司落户白塔满族乡老边村。公司占地4万平方米，总投资1200万元人民币。以生产氧化钼、钼铁为主。年产氧化钼6000吨，钼铁2000吨，纳税3500万元。年内，全市引进港、澳、台商及外商投资项目总金额1.32亿元，其中超千万元的投资项目4个，即韩国客商在沙后所镇投资新建的葫芦岛兆瑞沙石开发有限公司、越南客商在红崖子满族乡合资兴建的兴城市泰兴花生有限公司、台湾客商合资兴建的葫芦岛新兴原材料科技投资有限公司、香港汇通合资集团合资建立的兴城市汇丰家园管理公司。

2010年末，兴城市规模以上工业企业中，港、澳、台商投资企业2家，外商投资企业6家，从业人员1538人，实现产值5.05亿元。2012年，兴城市规模以上工业企业中，外商投资企业5家，年实现产值6.5亿元。

# 第三章　工业门类

兴城境内工业生产门类主要依资源配置、生产力水平、市场需求等因素所形成。1986年以后，随着改革开放的不断深化，社会主义市场经济的建立、完善和发展，兴城工业生产门类快速拓展，涵盖社会生产、生活各个领域。在传统主体工业生产门类巩固发展的基础上，开拓、引进医药、化工、风电、太阳能利用、新型建材等科技含量高的新兴工业生产门类，形成立足国内、国外两大市场需求的门类较为齐全的工业体系。

## 第一节　矿石采选

兴城地区矿产资源丰富。1986年，全县建有矿石采选企业68家，其中煤矿10家，铅锌矿9家，金矿4家，锰矿2家，采石场36家，重晶石矿2家，长石矿、萤石矿、白土矿、硅石矿、铀矿各1家。

在整个矿石采选企业中，尤以位于旧门满族乡草白村腰沟的旧门铅锌三矿规模较大。该矿原是兴城县铅锌矿遗留的15号矿井，矿区占地37000平方米，地面建筑面积800平方米，拥有固定资产原值36万元，职工174人。1986年采掘量为1.79万吨，生产金属量铅精864吨，锌精1399吨，产值179万元。

1987年9月，兴城市计划委员会设立矿产资源管理办公室（简称市矿管办），对全市矿产企业进行管理。1988年，全市境内有矿山企业127家，其中驻在国有、集体矿山企业3家，乡村矿山企业 122 家，个体矿山企业 2 家。按照有关规定，对所有矿山企业进行核查登记，颁发采矿许可证 110 个。并对有证矿山企业进行定点划界，结束兴城市采矿企业无证开采的历史。是年，生产原煤 2.1 万吨，金属量铅精 628 吨，锌精 3354 吨。

1991 年，兴城市矿管办划入兴城市乡镇企业管理局。为治理滥采乱挖矿产资源，兴城市有关部门通过年检，对不按规定开采、生产条件低劣、难以维持正常生产和拒不缴纳矿产资源补偿费的矿山企业进行整顿。年内，依规注销采矿许可证 36 个，其中金属矿 10 个，非金属矿 26 个。

1998 年，兴城市矿管办业务划入兴城市国土资源局。1999 年，域内钼矿采选成为兴城市又一优势产业。年末，全市采矿企业 132 家，其中钼矿探、采、选企业 30 家，年生产金属量钼精 392.64 万吨。高家岭满族乡北依大青山，境内蕴藏丰富的“虎皮花”和“青山白”花岗岩矿产资源。2003 年，引进石材开采、加工企业 5 家。全乡境内石材开采、加工企业达 10 家，其中华岗石材有限公司为当地龙头企业。

2004 年始，兴城市按地理和资源分布逐步形成多种矿业开发区。其中有色金属矿开发区：碱厂——郭家——旧门——药王，拥有采矿权 20 家，其中关东钼业有限公司为龙头企业；石材开发区：高家岭——三道沟，拥有采矿权 49 家，其中华岗石业有限公司为龙头企业；有色金属选矿区：华山——旧门——郭家——药王，其中松山选矿厂为龙头企业；建筑用沙开采区：兴城河——曹庄河——烟台河——六股河，拥有采矿权 1 家。

2009 年，因国际市场钼精价格下滑，导致兴城市金属矿资源探、采、选企业部分停产。2010 年，兴城市注册矿山企业 69 家，登记探矿权项目 40 个。其中规模以上有色金属矿采选企业 14 家，从业人员 1404 人，年产值 27155 万元。

2012 年，全市规模以上有色金属矿采选和非金属矿采选共 8 家，从业人员 143 人，年产值 99040 万元。

## 第二节　冶金工业

1986 年，兴城境内有冶金工业企业 29 家，其中地方国有企业 2 家，乡镇企业 19 家，其他企业 8 家。主要产品产量为钢材 729 吨，工业硅 258 吨，暖气片 8 万片。实现年产值 1527 万元。

1989 年 10 月，碱厂满族乡与辽宁省有色金属公司和兴城市工业供销公司合资建立的兴城市冶化厂建成投产。主要由葫芦岛锌厂提供原料，生产高级氧化锌。试车 10 天，生产高级氧化锌 100 吨，经化验，产品理化指标达到部颁标准。

1995 年，兴城市冶金工业企业增加到 31 家，其中黑色金属冶炼及压延加工业 14 家，有色金属冶炼及压延加工业 2 家，金属制品业 15 家。年产值 109993 万元，占全市工业总产值的 28.2%。

2004 年，全市有粉末冶金、钢铁冶炼、钼铁冶炼、铁合金等工业企业 30 家，其中规模以上企业 7 家。主要产品产量为钢材 18800 吨，钼铁 5927 吨，粉末冶金制品 2402 吨，铁合金 616 吨。规模以上冶金工业企业实现产值 118025 万元。

2010 年，规模以上冶金工业企业 14 家，其中黑色金属冶炼及压延加工业 11 家，有色金属冶炼及压延加工业 1 家，金属制品业 2 家。主要产品产量为钢材 3209 吨，粉末冶金制品 2166 吨。实现产值 68084 万元，占全部规模以上工业企业总产值的 17.3%。

2012 年，规模以上冶金工业企业 13 家，其中黑色金属冶炼铸造业 2 家，有色金属冶炼及压延加工业 7 家，金属制品业 4 家，实现产值 252629 万元。

**兴城市粉末冶金有限公司** 是兴城冶金行业的重点企业。其前身为宁远乡办企业粉末冶金厂，主要生产粉末冶金制品。1996 年 12 月改制为民营股份制企业。1998 年，投资 1000 万元，引进汽车精锻行星半轴齿轮生产线，为“一汽集团”等大型汽车制造企业生产配套产品。2003 年 6 月，投资 2000 万元，新上螺旋伞齿轮生产线，生产汽车主传动关键零件——螺旋伞齿轮。2004 年，投资 3000 万元，实施粉末冶金产品技术改造，形成具有国内领先水平的高强度粉末冶金汽车零件生产线。主要产品为粉末冶金制品、精锻汽车齿轮、精锻同步器齿环三大类。2008 年，公司应用、实施国际汽车制造业中最先进的 TSI6949 质量管理体系。全年，粉末冶金产品产量达 2265 吨，纳税 400 万元。产品先后通过 ISO9002 和 ISO9001:2000 国际质量体系认证，成功注册“泉涌”牌商标。公司多次被评为辽宁省地税 A 级纳税企业，省级“AAA”级信用企业。

## 第三节 建材工业

1986 年，兴城有地方国有、乡镇、村、个体、驻在单位等建材工业厂点 400 个。主要产品为水泥、白灰、砖、缸管、建筑石、重晶石粉、理石板、砂子、油毡纸等。年产值 1310 万元，占工业总产值的 6%。2012 年，全市规模以上建材工业企业 11 家，产值 13949.7 万元。

### 白灰

兴城境内西北部山区蕴藏丰富的奥陶纪石灰岩，当地村民采掘石灰石，建窑烧制白灰有悠久历史。1986 年，兴城境内药王庙、华山、旧门等乡镇有烧制白灰生产场点 11 个，年产量 9000 吨。

至 2010 年，全市白灰生产企业规模逐步发展，药王满族乡六家子村有多家白灰厂开始球磨生产袋装白灰。华山街道上长茂松山白灰厂为最大白灰生产企业，年创产值 1057.6 万元，利税 103.6 万元。

### 制砖

兴城地区制砖历史悠久，境内多处古建筑遗址用砖皆出自本地砖窑烧制。制砖以当地黏土为主要原材料，按“GB5101—85”烧结红砖新标准制砖。1986 年，兴城县有羊安北砖厂、羊安南砖厂、曹庄砖厂、白塔砖厂、羊安芹菜沟砖厂、红崖子二道边砖厂等制砖企业 26 家，其中县办集体砖厂 1 家。全年生产红砖总计 17000 万块。1987 年，羊安北砖厂、曹庄砖厂、白塔砖厂、羊安芹菜沟砖厂烧制的红砖，被评为辽宁省优质产品。1989 年，羊安南砖厂、红崖子二道边砖厂烧制的红砖，被评为锦州市优质产品。1995 年，全市建有砖厂 29 家，总占地面积 109.2 公顷，其中占用耕地 63.7 公顷，非耕地 45.5 公顷。

2003 年 6 月，依照国家墙体材料革新建筑节能有关文件及辽宁省人民政府 142 号令，兴城市人民政府确定自 7 月 1 日始，所有建筑单位，均需按规定使用新型墙体材料，禁止使用实心黏土砖，兴城市国土资源局不再核发新的实心黏土制砖企业生产许可证。

2012 年，兴城市有制砖企业 21 家，年生产红砖 42000 万块。

### 水泥及其制品

**水泥生产** 1986 年，兴城县境内有水泥生产企业 4 家，其中兴城县水泥厂为县属国有企业，厂址位于华山镇榆树沟；兴城县宁远水泥厂、兴城县旧门水泥厂、兴城县绿化水泥厂为乡办企业。

1988 年 7 月，兴城市人民政府利用原兴城县化肥厂旧址，投资 410 万元，建立兴城市水泥厂第二分厂。经过多项技术改造，兴城市水泥厂第一、第二分厂生产的 425# 普通硅酸盐水泥、矿渣硅酸盐水泥均达到国家标准。是年，全市生产水泥 78600 吨，产品合格率和富余标号率均达到 100%。

1997 年，进行企业产权制度改革，兴城市水泥厂第一、第二分厂相继出售，分别重组为兴城市水泥有限公司、兴城市九龙水泥有限公司两家民营企业。2002 年 3 月，兴城市水泥有限公司获 ISO9001:2000 国家质量体系认证。

2012 年，全市规模以上水泥生产企业 1 家，全年生产总值 15159 万元。

**水泥制品** 1986 年，兴城县有水泥制品企业 7 家，主要产品有水泥预制件及石棉水泥制品等，年产值 363 万元。

1989 年，兴城市水泥预制件厂生产的水泥预制件被评为锦西市级优质产品。为水利工程建设和民用需要，全市一些乡镇建有多家水泥管、水泥板等预制件厂。2004 年，全市水泥制品产量达 33200 吨。

2007 年，辽宁四家村企业集团与辽宁志达集团合作，组建辽宁煜榩预拌商品混凝土配送中心有限公司。公司固定资产 4280 万元，拥有混凝土搅拌车 15 辆，混凝土输送泵车 2 辆，DM3.0 商品混凝土生产线 1 套。每小时可生产商品混凝土 100 立方米。2012 年，预拌混凝土公司实现产值 3980 万元，利税 500 万元。

### 石材

兴城境内建筑石材蕴藏量较大，分布范围广，从沿海到山区皆有大量石材资源，且开发利用较早，多为建筑及民用。1986 年，兴城共有石材开采、加工企业 17 家，生产毛石 17.12 万立方米，料石 92 万吨，水磨石 8432 吨，理石板 7.5 万立方米；年产值 422 万元。

1992 年，三道沟满族乡与台商合资经营东川石材开发有限公司，主要生产花岗岩板材等产品。

2003 年，兴城市人民政府确定以高家岭满族乡为中心建设石材小区，辐射周边三道沟、碱厂、红崖子、郭家等乡镇。沈阳华岗石业有限公司落户高家岭满族乡，公司投资 1300 万元，购进国内先进石材加工组合机械 14 套，辅助设备 24 套，形成集开采、加工、销售为一体的石材综合开发能力。

2004 年，石材开发首次引进外资企业。韩国爱生株式会社在高家岭满族乡拉马村投资 2000 万元建厂，开发石材，产品销往韩国及欧洲。2006 年，高家岭满族乡石材小区基础设施建设面积达 1.5 平方公里。小区及周边乡镇入驻大型石材开发企业 5 家，中小型石材开采、加工企业 40 家。

2008 年，生产天然花岗石荒料 15.4 万立方米，天然大理石建筑板材 8.7 万平方米，天然花岗石建筑板材 21.81 万平方米。

2012 年，兴城市规模以上石材开采、加工企业 9 家，年产值 11749.5 万元。

### 建筑沙

兴城境内建筑沙分海沙、河沙两种。改革开放以来，随着经济建设不断发展，各种基本建设建筑用沙大量增加，城区及周边乡村相继办起一批采沙场。1986 年，兴城县建有沙场 9 家，年采沙量超 100 万立方米，产值达 260 万元。

1997 年始，通过企业产权制度改革，乡村集体采砂企业相继改制为民营企业，加之一些个体业者加入采沙业，兴城沙资源一度形成无序开采状态。2009 年，兴城市建筑用沙矿业权设置仅为 1 家。

2012 年，兴城市规划在兴城河、曹庄河、烟台河、六股河等主要流域内设置建筑用沙开采区。依据《探矿权采矿权招标拍卖挂牌管理办法》，对兴城辖区内建筑用沙以招标拍卖挂牌的方式，明确采矿权，以调整资源布局，规范有序采沙，满足日益增长的建筑用沙需求，使沙资源得到有效利用。

### 其他建材

**缸管** 即陶瓷耐酸管。始建于 1971 年的兴城市建材厂，为兴城市内唯一一家生产陶瓷制品的厂家。产品有直管、弯头、三通、异型三通、检查口 5 种 37 个规格的缸管，主要用于建筑物下水管道。产品除投放境内市场外，还销往沈阳、抚顺、锦州、盘锦、吉林等地。1986 年，生产缸管 11.84 万节，实现产值 49.8 万元。1997 年，经产权制度改革，建材厂被兴城市塑料二厂兼并，缸管生产随之终止。

**油毡** 油毡主要用于建筑物防水。1986 年，兴城境内建有油毡生产企业 2 家，即宁远街道东二村办油毡厂和驻军 38659 部队办油毡厂。其生产的油毡拉力、吸水、柔度、耐热等理化性能均符合国家 GB—73 标准。1989 年，东二村办兴城市油毡厂生产的“双龙牌”油毡，被评为锦西市级优质产品。油毡年产量 20 多万卷，主要销往沈阳、锦州、辽阳、建昌以及吉林等地。

**玻璃制品** 1986 年，兴城县共有玻璃制品企业 6 家，分别为双树乡办玻璃制品厂，沙后所镇办石英玻璃厂、防爆器材厂、灯泡材料厂、化工玻璃厂，望海乡办防腐玻璃厂。是年，生产玻璃液 438 吨。1987 年，沙后所满族镇办兴城市防爆器材厂生产的防爆白炽灯被评为锦州市级优质产品。1988 年，沙后所满族镇城内村办兴城市化工玻璃厂生产的防腐管道，销往福建、河南、河北、黑龙江、吉林等地。

1990 年，兴城市房产管理处所属兴城市药瓶厂建成投产。生产设备系哈尔滨飞机制造公司生产的安瓶机。生产的 2 毫升易折曲颈（划痕）安瓶，经国家医药局及有关部门对外观规格、理化性能检测，达到国家 GB2627—90、GB12415—90、GB12416—90 标准，符合国家产业技术要求，投入大批量生产。

**珍珠岩** 为新型建筑保温材料。1987 年 11 月，兴城市红崖子满族乡珍珠岩制品厂建成投产。年产珍珠岩粉 3 万吨，产值 100 万元，产品质量符合部颁标准。

**白干土** 兴城境内三道沟、红崖子等满族乡储藏大量白干土资源，并建有多处白干土场。白干土主要用于城乡居民房屋等建筑物防水，既经济又施工简单。20 世纪 90 年代以前，周边居民用量较大。随着新型防水材料的广泛应用，白干土逐渐退出建筑市场。

## 第四节　化学工业

1986 年，兴城县境内有化工企业 13 家，其中地方国有企业 2 家，集体企业 4 家，乡镇企业 7 家。主要有基本化学原料制造、化学肥料制造、有机化学产品制造、日用化学产品制造、涂料及颜料等行业。主要产品有磷肥、复合肥、硫酸钡、小苏打、涂料等。全年化学工业产值 311 万元，占工业总产值的 1.4%。1997 年始，经企业产权制度改革，兴城市的化学工业生产规模不断扩大。至 2009 年，全市规模以上化学工业企业 9 家，从业人员 1014 人，年产值 33593 万元。2012 年，全市规模以上化学工业企业 6 家，产值 30236 万元。

**兴城市化工总厂（甲醇厂）** 1989 年 9 月始建，1992 年 8 月试生产，主要产品为用于化学工业的甲醇和甲醛。规模建设总投资 4300 万元，建筑面积 5722.62 平方米。当年生产精甲醇 3591 吨，粗甲醛 4924 吨，产品质量均达到国家一级品标准。1996 年 9 月，因工艺落后、耗能高、亏损严重而被迫停产。2001 年 7 月，闲置厂房租赁给葫芦岛七星集团，重组的葫芦岛七星集团兴城船舶燃料公司和兴城精细化工公司，投资 2000 万元，新建船舶油和聚醚多元醇 2 个石油化工生产线。2002 年建成投产，年产船舶油 5 万吨、聚醚多元醇 5000 吨，产值 1.5 亿元，上缴税金 220 万元。

**兴城市饲料添加药品厂** 其前身为刘台子满族乡乡办企业。1986 年，转产改为饲料添加药品厂，成为辽宁省农牧厅生产兽药和矿物质饲料添加剂定点厂。主要产品为人工盐添加硒生长素、催蛋剂、硫酸钠、矿物质牡蛎微量元素、鱼粉生长素等饲料添加剂。是年，生产的饲料添加剂被评为辽宁省行业优质产品。

**兴城市苏打厂** 为白塔满族乡乡办企业。主要以石灰石、纯碱、无烟煤为原料，采用固法生产苏打粉。1986 年，生产苏打 3010 吨，创产值 168 万元，获利润 40 余万元。1988 年，产品打入国际市场，出口食用小苏打 500 吨。1989 年，生产的苏打被评为锦西市级优质产品。

**兴城市公略焊业有限公司** 2005 年 11 月，落户白塔满族乡。系兴城市重点建设项目之一，为自主创新发展的高新技术企业。公司占地 1 万平方米，投资 1000 万元，自行设计的焊剂自动生产线，于 2006 年 2 月正式投产。主要产品为高级焊接材料埋弧焊用烧结焊剂，广泛应用于钢管、锅炉、钢结构、铁路机车、石油化工、桥梁、造船、轧钢等生产领域。产品远销法国及东南亚。

**兴城市宝钛化工有限公司** 2006 年，落户羊安满族乡。占地面积 6.7 万平方米，总投资 3000 万元，设计日产量 17 吨。主要产品四氯化钛，在军事上和农业上用途很广。以四氯化钛为原料制造海绵钛、钛金属等产品，用途更广。

**葫芦岛凌河化工集团有限责任公司** 其前身为国营凌河化工厂，1999 年入驻兴城原七五四矿矿区，占地面积 30 万平方米。2000 年，凌河化工厂划归葫芦岛市，改制为国有控股股份制企业，称葫芦岛凌河化工有限责任公司（凌河化工）。2004 年 3 月，改制为民营企业。2007 年，组建集团公司，更名为葫芦岛凌河化工集团有限责任公司，辖八家子炸药厂、朝阳铁厂 2 个分厂。凌河化工拥有专用生产设备 430 台套。主导产品为雷管，均实行编码生产。2007 年 6 月，投资 4000 万元，改扩建刚性电引火元件生产线和导爆雷管生产线。年生产许可能力达到 9000 万发，炸药年生产能力 1 万吨。该厂产品通过 ISO9001 国际质量体系认证，雷管产品均为省优质产品，产品合格率达 99%以上。产品销往辽宁、吉林、黑龙江、河北、内蒙古、山东、山西等 20 多个省、市、自治区，出口到蒙古国。2012 年纳税超过 4000 万元。

## 第五节　机械电器

1986 年，兴城县境内共有机械电器工业企业 45 家，其中国有企业 5 家，集体企业 12 家，乡镇企业 28 家。全年实现产值 2670 万元。2012 年，全市规模以上机械电器制造工业企业 29 家，从业人员 4135 人，实现产值 92016 万元，占全市规模以上工业企业总产值的 23.3%。

**辽宁兴烽轴承集团有限公司** 1986 年，称兴城轴承厂，为市（县）属集体企业。1995 年，企业获产品出口自营权。1997 年，改制为民营企业兴城市轴承有限公司。主导产品为圆锥滚子轴承、轴承钢材及汽车轮毂三种系列产品，注册商标为“XCZ”。1999 年 8 月，获 ISO9002 国际质量体系认证证书。2002 年 7 月，通过 QS—9000 质量体系认证。2004 年，兴城市轴承有限公司更名为辽宁兴烽轴承集团有限公司（简称兴烽轴承集团），在全国机械基础件行业排名第 28 位，系全国机械系统经营业绩 500 强企业之一。2009 年，实现产值 11392 万元，创汇 300 万美元，纳税 737 万元。2010 年，被辽宁省人民政府授予“盈利大户企业”“辽宁百强私营企业”等称号。

**葫芦岛泵业制造有限公司** 其前身为兴城市水泵厂，因企业严重资不抵债，依法宣告破产。1997 年 4 月，由葫芦岛银生集团兼并后，组建葫芦岛泵业制造有限公司，为国家二级企业。主导产品为 SI 水环真空泵、清水泵、SK 水环真空泵及防腐蚀泵等。

**葫芦岛凯斯科技发展有限公司** 其前身为 1996 年原兴城市水泵厂下岗职工成立的水泵销售站。1998 年，更名为兴城泵业有限公司。生产水泵产品达 8 个系列 128 种，应用于造船、石油、化工等行业。当年实现产值 200 万元，纳税 10 万元。2006 年，创建葫芦岛凯斯科技发展有限公司。2007 年，扩大生产规模，在羊安满族乡新建厂房。公司自主研发生产的船用吊篮，产品通过辽宁省质量监督检验院的鉴定。生产的吊篮产品专用提升机安全锁，获国家专利。

**葫芦岛欧科亚机电设备有限公司** 2008 年 7 月，成立葫芦岛欧科亚机电设备有限公司（简称欧科亚公司），坐落于原空军兴城疗养院内。主要生产、销售机电设备、电线电缆等产品。欧科亚公司投资 200 万元，自主研发国内领先、国际同步的高科技机电产品——无齿轮永磁同步线引机。2009 年 5 月，欧科亚公司获国家电梯质量监督检验中心颁发的生产制造许可证。

**葫芦岛北方膜技术工业有限公司** 其前身为国营 8271 厂。1997 年 7 月，锦化集团公司兼并 8271 厂，组建葫芦岛北方膜技术工业有限公司（简称北方膜公司）。1999 年，与广西玉林柴油机（集团）有限公司合资组建葫芦岛玉柴北方膜工业有限公司，年生产能力达 100 万平方米。生产的醋酸纤维素膜、聚酰胺复合膜、海水淡化膜、纳滤膜、超滤膜 5 种产品行销中东、东南亚及国内多家用户。2007 年，国家批准北方膜公司建设“海水淡化设备制造基地”，与解放军某部联合研制“三防”饮水保障方舱，首次将反渗透膜技术应用于野战机动净水装置中，大批量生产装备部队。先后获中国工业（500 项）重大科技产品成果奖，全军科技进步二等奖。

**哈尔滨红光锅炉有限责任公司兴城分公司** 2010 年 3 月，哈尔滨红光锅炉总厂有限责任公司兴城分公司（简称哈红光兴城分公司）风电塔架、节能环保锅炉项目落户兴城临海产业区。项目投资 2.5 亿元，建设年产节能环保锅炉 2000 蒸吨，核电配套部件 1000 吨，风电塔架及附件的生产加工制造基地。2010 年 7 月，哈红光兴城分公司开始进入设备安装和试生产；9 月末，生产出首批风电塔架 33 套。风电塔架单体高 65 米，最大直径 4 米，重达 110 吨。年末，共生产风电塔架 66 套，实现产值 8500 万元。

**首钢东华机械有限公司** 其前身为国营东华机械厂，系原兵器工业部直属大型二类企业。1988 年 6 月，划归首钢集团总公司，称首钢东华机械厂。2000 年 3 月，由郭家镇境内迁址于曹庄镇境内（兴城市南桥路 103 号）。2008 年，组建首钢东华机械有限公司。以转化国外先进技术和研发、承接国内外市场各类机电一体化设备制造为主攻方向，形成机电一体化设备、特殊焊管、铁路专用设备、电磁感应加热器四大主导系列产品，各类产品先后获得国家专利 12 项。2000 年，被辽宁省人民政府授予省级专利产品示范企业。2001 年，获国家安全级和生产现场管理五星级企业，获得进出口企业资格证书。2003 年，获中国新时代质量体系认证中心颁发的 GJB9001A—GJB2001 新版质量体系认证证书。2009 年，成功开发出铁路客运和高铁模具，该产品获得行业绿卡。

**辽宁锦山机电制造有限公司** 其前身为 1970 年 3 月始建的“三线”军工企业国营锦山机械厂，位于兴城市华山街道境内，直属兵器工业部。1992 年 6 月 15 日，经中国兵器工业总公司批准更名为辽宁锦山机械厂。2003 年 11 月 28 日，更名为辽宁锦山工业有限责任公司。2007 年 1 月，改称辽宁锦山机电制造有限公司。具有较强的机加、冲压、表处、检验（国家二级计量单位）等机电制造综合生产能力。1998 年，公司通过中国新时代质量认证中心 GB/T19002-1994 质量认证。2001 年，公司研制生产的钢质薄壁镀铬汽缸套系列产品达到国际先进水平，获第二届国际专利新技术、新产品金奖。

## 第六节　医药制造

医药制造业系兴城新兴工业。1986 年，医药制造业只有驻在单位的小型集体企业 2 家，年生产中成药 15 吨，产值 172 万元。2012 年，规模以上医药制造企业 2 家，产值达 30053 万元。

**葫芦岛海洲药业有限公司** 为集研发、生产、销售于一体的高科技民营企业。2004 年 3 月正式投产，生产符合 GMP 标准的片剂、口服液、胶囊等剂型 16 个品种的中成药。2005 年 5 月，投资 3500 万元，实施二期工程项目建设，年产乳酸菌素粉和奶粉 3000 吨。2010 年，海洲药业拥有固定资产 15000 万元，员工 90 人，实现产值 6169 万元。2012 年，实现产值 13336 万元。

**辽宁海思科制药有限公司** 2005 年，成立辽宁海思科制药有限公司，系曹庄镇和兴城市人民政府办公室招商引资项目。当年 10 月动工兴建，2006 年 11 月竣工投产。一期工程建筑面积 12000 平方米，制剂车间 2 个，生产线 8 条，及原料车间、动力车间、仓库、质检中心、生活中心等。年产冻干粉针剂 1000 万支、水针剂 2200 万支、片剂 2 亿片。2010 年，实现产值 1979 万元。2012 年，实现产值 16717 万元。

## 第七节　食品与酿造

1986 年，兴城食品、酿造专业生产厂共有 28 家（不含村以下及个体），其中国有企业 7 家，集体企业 3 家，乡镇级企业 18 家。主要产品有白酒、啤酒、罐头、糖果、方便主食（饼干、面包等）、肉制熟食、食用植物油、酱油醋等，被国家列为全国 100 个发展食品工业重点县之一。

### 食品加工业

1986 年，兴城食品加工业主要为隶属商业系统的食品厂、酱菜厂、肉联厂，粮食系统的粮油加工厂、植物油厂以及拣金、红崖子、沙后所、宁远等乡镇街道办的糖果厂、食品厂等。其中拣金糖果厂生产的什锦酥糖、软糖，被评为辽宁省级优质产品；国有商办食品厂生产的广东月饼，被评为市级优质产品。1987 年，沙后所饴糖厂生产的橘子瓣硬糖，被评为辽宁省级优质产品。

2002 年，兴城地方特色“菊花女牌海鲜饺子”先后获“辽宁家常名点”和“中国名宴”等称号。2009年，红崖子花生被国家工商总局注册为“红崖子牌”“金豆牌”商标。形成以“正业”“金豆”等集花生生产、收购、加工、销售（出口）为一体的规模企业30家，家庭式花生加工户达2000户，年产销花生5.5万吨。

2010年，全市规模以上食品加工企业14家，创产值54836万元。2012年，全市规模以上食品加工企业18家，创产值225278万元。

**兴城市天益食品有限公司** 1992年11月，兴城市中联实业总公司与上海天云食品厂联办兴城市天云食品厂，主导产品糖果分为4大类50个品种，年产量达400吨。1994年，在辽宁省精品名牌食品评比中，该厂生产的“申宝”牌系列糖果获辽宁省优质产品，出口俄罗斯、乌克兰等国家。1998年，经改制重组为股份制民营企业，除生产糖果外，增加生产果汁饮料、纯净水项目。2005年，天益公司生产的矿泉水、饮料，通过国家QS认证。

**辽宁正业花生产业发展有限公司** 2003年，葫芦岛正业集团在兴城市红崖子满族乡境内成立辽宁正业花生产业发展有限公司（简称正业公司），总投资1.76亿元，2004年10月建成。建立千亩花生种植科技示范基地和万亩良种繁育基地。被辽宁省农业厅确认为“辽宁省无公害基地”，并评为“省级现代农业园区”。2005年，正业公司被评为“辽宁省农业产业化重点龙头企业”。2006年，正业公司实现产值4885万元，利税369.5万元。2007年2月，下属花生深加工企业食品有限公司成立，生产主要产品为炸果类、裹粉类、烤果类三大系列，年生产能力6000吨。2009年9月，正业公司被国家标准化委员会评为“国家级农业标准化示范区”，产品注册商标“红崖子牌”。

## 酒水制造业

1986年，兴城酒水制造企业主要有兴城县酒厂、拣金太白酒厂等白酒酿造企业，以及商业系统、部分乡镇和驻军驻在单位兴办的饮料、冰棍等生产企业。1987年7月，高家岭满族乡与山海关第一关啤酒厂联办兴城市兴泉啤酒厂建成投产，生产“秦海”牌啤酒。是年，生产啤酒400吨。

1988年6月，兴城市啤酒厂建成投产。年末，生产啤酒3050吨，实现产值137.5万元，利税20.8万元。1992年，投资1500万元，进行技术改造和扩建，形成年产啤酒3万吨能力。1997年，改制为民营企业，组建兴城市啤酒有限公司。2003年6月，年产啤酒10万吨改扩建项目投产。是年8月，兴城市啤酒有限公司注册的“菊花”商标，被评为辽宁省著名商标。2007年6月，与华润雪花啤酒（中国）有限公司合资，重组为华润雪花啤酒（葫芦岛）有限公司。

1993年9月，旧门满族乡乡办企业兴城市杏仁乳汁厂建成投产。生产“天波”牌杏仁乳汁，“天波”牌商标在国家工商行政管理总局登记注册。1994年4月，在辽宁省新技术新成果展示会上，“天波”杏仁乳获金奖产品。1994年3月，兴城市天力保健品有限公司正式投产。主要产品为高山红景天系列饮品，其中“景天特饮”获省级金奖。

1996年8月22日，国营8271太空水厂生产的“太空一号”纯净水，在辽宁省饮料食品展示会上，获省经贸委、技术监督局等七厅局推荐产品奖。在2001年“3·15”“关心质量就是关心自己”名优产品展示会上，被评为“消费者放心满意产品”。

2002年，全市共有酒水制造企业60家，总资产达6亿元，从业人员4500人。其中啤酒酿造企业1家；以太白酒厂、古城酒厂为代表的白酒酿造企业20家；饮料制造以小型企业居多，重点企业有天力保健品有限公司、迪力食品公司等；水企业有8271太空水厂、格兰特纯净水公司等。

年内，酒水制造业产值达5000万元，纳税额800万元。

**兴城市酒厂** 为兴城首家酿酒工业企业。1986年，产品达15种，其中“首山老窖”获市级优质产品，“玉米酒”“口杯酒”为辽西地区闻名品牌。1997年，经产权制度改革，企业资产出售。

**兴城市太白酒厂** 始建于1985年，为原拣金满族乡乡办企业。1998年，改制为民营企业。主要产品有太白系列、葫芦岛醇系列白酒。2001年，引进丹麦、美国生产设备，采用地下30米深纯净水，增加生产安梨汁、葡萄汁等产品，在内蒙古、河北、北京等地畅销。

**华润雪花啤酒（葫芦岛）有限公司** 其前身为葫芦岛菊花啤酒有限公司。2007年6月1日，参股华润雪花啤酒集团，重组为华润雪花啤酒（葫芦岛）有限公司。华润雪花啤酒（葫芦岛）有限公司成立后，引入SAB先进的生产技术与管理经验，达到年产12万吨的产能平衡。生产的产品包括雪花、菊花两大系列40余个品种的高、中、低档啤酒。2010年，啤酒产量100550吨，实现产值6260.4万元，利税2000万元。2012年，实现产值5301万元。缴纳税金1797万元。

## 第八节　纺织服装

20世纪80年代初期，兴城县纺织、服装企业规模较小，年产值只有1000多万元。随着改革开放和服装市场的日趋活跃，兴城境内纺织服装业发展迅速，很快成为兴城的支柱产业。2012年，全市纺织服装企业573家，其中规模以上纺织服装企业31家，年产值达31.6亿元。以东辛庄织布、印染、服装加工，沙后所服装加工，城区针织品纺织、印染、加工，凯森蒙高档服装生产，以及遍布城乡的泳装生产等为代表，构成独具特色的兴城服装产业模式。

进入20世纪80年代，依托区位优势，东辛庄镇成为东北地区著名的服装生产、批发销售集散地，辐射浙江、江苏、山东、甘肃、内蒙古等省区。经过十几年的发展，东辛庄满族镇域内形成织布、印染、加工、销售一条龙的服装产业链。其中以斯健达制衣厂、新宇印染厂、宏达织布厂等为代表的具有一定实力的企业10家。

沙后所镇农民家庭从事服装业逐渐形成规模。仅南门外村就有433家，从业人员2000余人，成为远近闻名的服装加工专业村。镇内服装加工经历从分散生产到专业集群生产，从“贴牌生产”到自创品牌的历程。2004年，全镇服装加工业涌现出较有规模的专业服装生产企业70家，并成立兴城市工商联合会沙后所同业商会。各企业纷纷注册商标，打出自己的品牌。“兴达”“利达”“春蕾”“富达”“亿百度”等50多个商标在国家工商总局注册。产品行销全国十几个城市服装市场，尤以在北京动物园附近形成的兴城市沙后所服装市场最有名气。

2010年，全市有规模以上针纺织品企业3家，实现年产值5266万元。2012年，规模以上棉纺织及印染精加工业1家，实现年产值2438万元。纺织服装制造业31家，年产值315794万元，实现利税8417万元。2012年，规格以上纺织服装业企业31家，实现产值315794万元，销售产值320682万元，资产总计166476万元。

**兴城兴羊针织印染有限公司** 简称兴羊公司，1993年建成投产，建筑面积7500平方米，固定资产1600万元，员工200人。拥有先进的生产设备及流水线，生产品种包括化纤、棉、丝、涤纶等各类针纺织品及印染，各种面料运动服、衫等产品上百种，产品质量达部颁标准，畅销国内，远销俄罗斯等国家和地区。在兴羊公司影响带动下，羊安满族乡十八家子村形成针织品加工小区，加工户达50家。

**辽宁凯森蒙制衣集团有限公司** 简称凯森蒙集团，其前身为1990年创建的兴城市北大服装厂，1997年改制为民营企业。2001年，组建辽宁凯森蒙制衣集团有限公司。拥有现代化的机器设备，集开发、设计、制作、销售、服务为一体，系标志服专业生产企业，被公安部确定为警服生产基地。2000年，凯森蒙集团先后被评为“全国诚信守法先进企业”、省级“AAA”企业、消费者满意单位。通过ISO9002国际质量体系认证。2003年，被辽宁省名牌战略推进委员会评为2002~2003年辽宁名牌产品。“凯森蒙”商标被辽宁省工商局评为辽宁省著名商标。2006年12月，“凯森蒙”牌西服（标志服）被国家质量监督检验检疫总局评为“产品质量国家免检”产品。2007年9月，“凯森蒙”商标被国家工商行政管理总局认定为中国驰名商标。2009年2月，凯森蒙集团被辽宁省人民政府授予辽宁省质量管理奖。2010年，产值1.9亿元，缴纳税金1200万元。2012年，产值4.6亿元，缴纳税金2600万元。

## 泳装基地

兴城泳装产业始于1984年，当时兴城北关有业户尝试用家用缝纫机加工泳装，到兴城海滨浴场出售。1990年，兴城第一家泳装厂——兴城市远航泳装厂建成，生产“金帆”“妮梦”泳装产品，兴城泳装业开始走向专业化、规模化生产经营。在“远航”的引领和驱动下，兴城泳装业迅速发展，1994年增加到30家。1997年，远航泳装厂先后分设成立兴城市泳衣有限公司、兴城市益丰制衣有限公司、兴城市延辉泳衣厂。益丰制衣有限公司把自行设计的泳装定名为“金雪儿”“银雪儿”“梦雪儿”。经多年经营，“雪儿”系列泳装达百种，迅速占领大连、沈阳、哈尔滨、西安、天津、北京等地市场。

1999年，兴城市大小泳装企业发展到上百家，年产值超亿元，跻身于中国三大泳装生产基地之一。是年4月21日，成立兴城市工商联合会泳装同业公会。4月28~30日，举办首届“中国·兴城泳装节”。2000年4月28日，举办“中国·兴城第二届泳装节”，把泳装产品推向世界。

2003年始，通过政府引导，泳装生产企业开始以自主经营的方式整合全市泳装资源，一些骨干生产厂家组成行业联合体。葫芦岛德容制衣集团有限公司成为兴城市泳装业首家集团运营企业，采取整合所属分厂生产资源、统一进行生产设备引进更新、集中购入大型通用核心设备，对CAD服装设计等高技术设备实行技术资源共享等方式，实现泳装产业的技术升级换代，带动兴城市泳装生产规模和技术质量整体提升。益丰、天顺、夏蝶、德容等骨干企业，通过招聘高级设计人才和企业自己培养设计人才等方式，建立稳定的专业设计队伍。益丰运动服饰有限公司自主研发的新型的装有浮体的游泳衣获国家专利和“国家科技创新”一等奖。兴城市泳装企业注重品牌建设，益丰运动服饰有限公司的“金雪儿”、天顺制衣有限公司的POLOVI、德容制衣有限公司的“蝶姿”“波尼士”等品牌成为辽宁省名牌产品。波尼士、凯迪龙、蝶姿、POLOVI等品牌在法国、美国、意大利、俄罗斯、德国、澳大利亚、韩国等国家注册。

2010年，兴城市泳装生产企业163家，从业人员达1.5万人，产量6000万件，销售收入30亿元，出口创汇3000万美元。产品销往国内各大中城市及欧、美、非、东南亚各国，国内市场占有率38.7%，国际市场占有率20%。9月5日，在第21届大连国际服装节暨狂欢节和2010中国（大连）国际服装纺织品博览会上，兴城市被中国纺织工业协会、中国服装协会授予“中国泳装名城”称号。

2012年，全市拥有泳装生产企业427家，从业人员5万多人。企业基本保持满负荷生产，泳装产业集群完成销售收入112.5亿元，同比增长100.9%。兴城泳装产业逐渐形成专业化、规模化的泳装产业集群，形成兴城特色支柱产业。

## 第九节　塑料工业

1986年，兴城有塑料工业企业14家，其中县属集体企业2家，乡镇企业4家，村和其他单位企业8家。年生产塑料制品937吨，实现产值472万元。2004年，全市塑料制品工业企业21家，主要产品为塑料板、片及类似型材，塑料管及其附件，塑料条、棒、型材，泡沫塑料，日用塑料制品及网、绳、编织袋等。年产量11387吨，主营业务收入3951万元。2010年，全市塑料制品工业企业25家，从业人员580人，资产总值计5600万元。其中规模以上塑料制品工业企业4家，塑料制品产量7751吨，实现产值9482万元。

**兴城富斯塑料波纹管材有限公司**　前身为兴城市塑料厂。1994年，兴城市塑料厂与德国富朗克斯公司合资组建兴城富斯塑料波纹管材有限公司。从德国引进先进的生产塑料波纹管材生产线，生产塑料波纹管材、PVC板材等。1996年6月，波纹管材获辽宁省科技进步二等奖。1997年，公司改制为股份制民营合资企业。2000年，新上一套国际一流生产设备，生产315毫米、400毫米、500毫米等规格的大口径双壁波纹管，并形成批量生产。2005年，企业纳税132万元。2012年，实现产值2195万元。

**兴城宏亿塑料建材有限公司**　位于四家屯街道四家村，1998年创建，占地2万平方米，注册资金1000万元，职工150人，其中科技人员40人。主要以PVC板材及门窗制作为主导产品。先后被国家、省、市有关部门授予产品质量信得过单位，并一次性通过ISO9001国际质量体系认证。2009年11月，与山东日科化学有限公司联合组建辽宁亿科新型材料有限公司，入驻兴城临海产业区。专业生产制造塑料门窗异型材，年产量5万吨，产品销售收入4亿元，利税2800万元。

## 第十节　其他工业

### 橡胶制品

1986年，兴城橡胶制品工业企业5家，其中地方国有企业1家，为兴城县橡胶隔板厂，集体企业1家，乡（镇）村办3家。年产橡胶制品337立方米，产值181万元。

1998年8月，兴城市中兴轮胎有限公司成立，位于高速公路兴城西出口附近，总投资4000万元。2007年，改称辽宁万来轮胎有限公司（简称万来公司）。主要生产各种规格的天然橡胶汽车内胎和农用车内胎。2003年，万来公司先后投资1.2亿元，建成丁基胶内胎和与之配套的铜制气门嘴生产线，年生产内胎500万条。2007年10月，内胎套接工艺技术通过省专家评审，获辽宁省科技进步三等奖。2008年7月，公司新上3条科技含量高的生产线，产销量创全国第一。2012年，万来公司生产的各类型号的优质内胎，注册商标路易、金奥、兴轮、中兴等10多个名优品牌产品，畅销国内20个省市自治区。依托出口自营权，产品销往阿尔及利亚、伊朗、南非、英国、荷兰、印度等36个国家和地区，年创汇500万美元，实现产值1600万元。万来公司先后被评为“辽宁知名企业”、金融信用等级“AAA级企业”。

## 木器制造

1986年，兴城境内木器制造工业企业29家，其中市属集体企业1家，为兴城市木器厂；乡（镇）办企业9家，村办企业16家；其他单位办集体企业3家。主要生产家具、木制农具及锹镐把等低档、初级产品。全年，实现产值234万元。

2004年，全市木器制造工业企业7家，主营收入520万元。2008年，全市木器制造工业企业8家，从业人员141人，主营收入2719万元。2010年，规模以上木器制造工业企业2家，从业人员194人，固定资产总值8274万元；实现产值4093万元，利税总额278万元。

2012年，规模以上木器制造工业企业1家，从业人员260人，固定资产总值1749万元；实现产值6354万元，利税总额69万元。

**葫芦岛瀚森木业有限公司** 2005年10月，葫芦岛瀚森木业有限公司（简称瀚森木业）落户兴城，厂址位于兴城北关国道102线绕城路南侧，占地面积12.8万平方米。拥有固定资产3019万元，员工1600人。瀚森木业采用欧洲先进的生产工艺，专业生产古代传统、现代时尚高档实木门、实木复合门、各式门套及壁柜门等，年生产能力30万套。先后获得ISO14001：1996国际环境管理体系认证、ISO9001：2000国际质量管理体系认证。产品获“中国门业十大品牌”“辽宁名牌产品”“辽宁省著名商标”称号，企业获“中国木门30强四连冠企业”“全国门（木）业质量放心消费联盟单位”。2007年3月，瀚森木业被中国木材流通协会木门专业评委会评为“国内木门行业30强产品质量售后服务双承诺企业”。2010年，瀚森木业在全国各地有经销商达50家，产品销往全国各大中城市，并出口欧美及东南亚等国家。实现产值7601万元，利税134万元。

## 饲料生产

1986年，兴城饲料生产企业6家，其中国有企业1家，乡（镇）办企业5家。主要生产配混合饲料、鱼虾饵料等，年产配混合饲料177吨，实现产值159万元。

1993年，国营七五O厂与台湾欧林国际食品开发股份有限公司合资成立辽宁欧林饲料开发有限公司，专业生产养成虾饲料，年产能力1万吨。辽宁禾丰牧业股份有限公司兴城分公司、大成农牧（营口）有限公司兴城分公司为兴城地区规模以上饲料工业企业。

1999年7月，辽宁禾丰牧业股份有限公司兴城分公司（简称禾丰饲料）成立。2004年8月，公司进行改扩建，引进先进生产线和管理技术，形成企业管理现代化、网络办公自动化、生产技术科学化、销售服务一体化的体系。主要生产原料玉米均为兴城地产，产品以畜禽、特种动物、反刍动物饲料为主的3大类，品种达100个。除在兴城销售外，大量销往天津、河北等省市。2010年，产销量12万吨，实现产值22586万元。

## 造纸及其制品

1986年，兴城造纸工业企业仅有兴城县造纸厂1家，位于沙后所镇，为县属集体企业。纸制品企业3家，年生产机制纸及纸板等1203吨，产值115万元。

1993年，兴城市造纸厂有偿转让给韩国永成毛皮有限公司，转产生产绵羊皮等。

2004年，全市造纸及其制品工业企业5家，主营业务收入61万元。2008年，全市造纸及其制品工业企业6家，从业人员46人，资产总值计157万元，主营业务收入134.1万元。

## 印刷

1986年，兴城有国有印刷企业1家，即兴城县印刷厂；集体印刷企业3家，分别为兴城县第二印刷厂、兴城报社印刷厂、兴城县教育局胜利印刷厂；个体印刷企业2家。

1993年，兴城市有国有、集体、个体印刷厂共22家。1997年，兴城市印刷厂经产权制度改革，整体出售。全市各类印刷企业发展到42家。2004年，第一次经济普查，全市各类印刷企业12家，占工业行业比重为2.7%；主营业务收入688.4万元，占工业行业比重为0.4%。

2008年，全市各类印刷企业13家，从业人员178人，资产总值计959.5万元，主营收入319.4万元，利润总额80.7万元。

2012年，全市各类印刷企业22家，其中属于集体所有制的印刷企业3家，为国税局印刷厂、教育局印刷厂、财政局印刷厂。其余皆为民营印刷企业，主要有国艺广告设计印刷有限公司、古城印刷厂、兴城市印刷有限公司、兴城市光明印刷厂、兴城市兴海路印刷厂、辽宁省康宁印刷厂、兴城市海源印刷厂等，其中国艺广告设计印刷有限公司规模较大。

**兴城市印刷厂** 位于古城永宁社区北，占地3400平方米，原为第一工业局辖国有企业。1986年，有职工227人，完成产值115万元，利润13万元。1993年，筹资256万元，购置TT—204胶印轮转印刷机。1995年，个体印刷厂增多，该厂面临困境，企业自筹资金174万元，更新设备，购进204型印刷机一台，当年实现产值170万元，利润15万元。1997年，经产权制度改革，由四家村企业集团收购。

**兴城市第二印刷厂** 隶属兴城市集体工业公司，位于西门外道北。主要业务是设计商标、印刷广告等。有厂房600余平方米，职工近100人。1996年，企业亏损停产，经改制出租经营，职工自谋职业。2007年，资产出售给个人，职工缴养老保险。

**兴城报社印刷厂** 原为报社印刷车间，1981年创建。位于古城内永宁街路北。主要印刷出版《兴城县报》。1988年，印刷车间迁到春和街路北（老政府胡同1号），印刷车间300平方米。1990年，《锦西日报》创刊并由兴城报社印刷厂印刷。1991年，新建800平方米二层楼一座。2003年12月，根据国家有关政策，《兴城日报》停刊，报社印刷厂随之停业，依照兴城市产权制度改革，职工分期买断工龄。

**兴城税务印刷厂** 于1990年成立，隶属市国税局的集体企业，主要印制增值发票等票据。位置在老电影公司斜对过，有职工30人。2004年，迁址至四家屯街道公路边。2010年，国家对印制增值发票票据实行改革，业务大减，处于半停产状态。

**兴城市教育局胜利印刷厂** 1986年12月成立，位于兴城第二中学后院，有厂房30间，建筑面积1000平方米。2010年，有职工120人，隶教育局，属大集体。主要设备有印刷机5台，制片改机2台，切刀机2台，磨刀机1台。主要印制学生学习用本、试卷，学校账簿、表册等。2012年停产。

**兴城市财政局印刷厂** 1991年成立，为财政局属劳动服务公司所辖的大集体企业。时利用财政局办公楼北小平房，有房屋2间，职工8人，仅印稿纸、信封、表格等。1996年，迁址兴城市人民医院北胡同。有厂房680平方米，人员23名，固定资产50万元，年产值40万元。主要印制市内党政机关办公用品，费用记账，年末由市财政结算核销。

**兴城市国艺广告设计印刷有限公司** 2000年5月成立，人员12名。位于温泉路东街。拥有大型日本电子分色机、美国苹果计算机等先进设备，有集策划、印刷、装订于一体的彩印生产线，可承制画册、海报、台历、挂历及书刊等。年产值100万元。

### 新能源产品制造

2008年5月，全国民营纳税百强企业——宏跃集团通过竞标收购改制后的原解放军7019工厂。2009年2月，投资2.3亿元，收购太阳能热驰品牌，组建辽宁热驰新能源有限公司，形成一期工程年产太阳能热水器10万台的生产能力。热驰公司为应对全球气候变化，引领低碳新潮流，致力生产新能源产品“热驰牌”太阳能热水器。其产品一次性通过ISO9001国际质量体系认证、ISO14001国际环境体系认证、欧盟CE认证和国家级热水工程资质认证。

# 第四章　企业管理

1986年，兴城延续按所有制性质划分管理范围。工业局（一工局）主管工业系统全民所有制工业企业，其他行业全民工业企业分别由其主管部门管理；集体工业公司（二工局）主管市属工业企业；乡镇企业管理局（三工局）主管乡镇企业。1998年3月，经机构改革，工业局、集体工业公司合并成立兴城市工业国有资产经营公司，主管原一工局、二工局辖全民、集体企业资产经营管理等。4月，兴城市经济委员会与贸易局、乡镇企业管理局、技术监督局等合并，成立兴城市经济贸易发展局。2009年3月，成立兴城临海产业区管理委员会，为葫芦岛市人民政府派出机构，全权委托兴城市人民政府代为管理，负责兴城临海产业区规划、建设、招商引资及服务等业务。

## 第一节　生产规模

1986年，兴城全县独立核算工业企业293家（不含村、村以下及个体），实现产值14070万元，占工业总产值的63.9%。

1988年，兴城市相继建成植物油厂、啤酒厂、冶炼厂、水泥厂、选矿厂等较有实力企业，并形成产能，新增产值840万元，新增利税200万元。是年，全市实现全口径工业总产值41290万元，比1987年增长41.9%。

1991年，全市乡镇企业12580家，其中乡镇办企业307家，村办企业924家，个体企业11349家，从业人员55615人。实现产值87223万元，占全市全口径工业总产值的78.2%。年内，首次涌现出产值超千万元的企业1家，产值超千万元的村1个，产值超亿元的镇1个。1995年，全市乡镇企业14852家，形成有色金属矿采选、非金属矿采选、食品加工、酒水制造、纺织服装制造、化学原料及制品制造、通用机械制造等行业30余个，主要产品40余种，实现产值298550万元，占全市全口径工业总产值的86.7%。

1996年11月，兴城市实施企业产权制度改革，工业企业获得快速、跨越式发展机遇。全市第一家产改企业粉末冶金有限公司，吸收社会资金 160 万元，用以扩展企业生产规模。1998 年，斥资 600 万元，收购兴城市农机修造厂。2010 年，企业拥有厂区 2 处，占地面积计 10 万平方米，资产总值达亿元。粉末冶金制品年产量增至 2500 吨，比改制前增长 5.3 倍；缴税增至 400 万元，比改制前增长 9 倍。

1997 年，兴城市轴承厂改制为民营企业，由建厂初期（1958 年）仅能生产农机配件的集体小厂，快速发展成为轴承专业生产厂，企业实力发展迅速，兼并兴城市木器厂，建成分厂。公司总占地面积 11 万平方米，主要生产设备 500 余台（套），总资产近 2 亿元，年产值 1.2 亿元，缴税 700 万元，出口创汇 300 多万美元。成为中国轴承行业重点生产厂家，辽宁百强私营企业。

2000 年，兴城市形成金属冶炼制造、酒水制造、塑料橡胶制品制造、针织服装制造四大支柱产业。产业户数 223 家，资产总值 9.2 亿元，从业人员 10089 人。其中规模以上企业 17 家，年实现产值 4.32 亿元，占四大支柱产业产值的 67.1%。年内，总投资 1.45 亿元，对四大支柱产业进行新扩改项目 39 项。

2002 年，全市工业企业实施新扩改项目 47 个，投入资金 3 亿元，相继完成丁基胶内胎、年产啤酒 6 万吨改造和粉末冶金扩产等一批重点项目。2005 年，全市工业企业实施新、扩、改项目累计 241 项，总投资 1908 亿元。是年，全市规模以上工业企业 24 家，实现产值 147298 万元。

2009 年，兴城市人民政府以稳定工业为重点，出台政策，扶持工业企业。全年减免企业政策性税收 1900 万元，取消涉企行政事业性收费 9 项、停止征收 10 项。投放工业企业贷款 2.3 亿元，争取企业技改贴息资金 860 万元，争取产业化项目贴息资金 406 万元。完成工业新扩改项目 38 个，总投资 113291 万元，其中千万元以上项目 29 个。年内，规模以上工业企业 136 家，实现总产值 555798 万元，同比增长 57.3%。

2010 年，工业企业实力明显增强。全市争取工业企业技改贴息、专项资金 924 万元，完成 21 家老企业扩改项目。全年纳税超千万元企业 10 家。风力发电运转正常，核电项目获国家发改委批准，并实施前期建设准备。临海产业区升格为国家级经济发展规划，园区基础设施建设投资累计 1.2 亿元，通过招商引资，入驻落户项目 42 个，总投资 75 亿元，开工项目 22 个，总投资 19.3 亿元。

2011 年，全市工业企业实施投资 1000 万元以上的重点项目 39 个，其中投资 1 亿元以上的项目 14 个。2012 年，全市规模以上工业总产值完成 128.4 亿元，比 2011 年增长 52.3%；规模以上工业产品销售收入完成 124.1 亿元，比 2011 年增长 49.2%；规模以上工业利润总额完成 1.76 亿元，比 2011 年增长 174.8%；规模以上工业利税总额完成 3.69 亿元，比 2011 年增长 60.2%；规模以上工业出口产品交货值完成 16.1 亿元，比 2011 年增长 43.4%。

## 第二节　产品结构

1986 年，兴城最大的工业门类为食品工业，占乡以上工业产值的 22.6%；第二位为机械工业，占 14.3%；第三位为金属制品业，占 10.9%；其余依次为建材、纺织、采矿、电子等工业。在轻重工业结构上，轻工业尚占主导地位。乡以上工业产值为 14070 万元，其中轻工业占 58.9%，重工业占 41.1%。

1989 年，乡镇企业在进行产品结构调整中，对产品无销路、原料无来源的企业，停产 12 家，转产1家。对效益好和出口创汇企业27家予以扶持，进行设备更新和技术改造，形成一批小而专、高水平、高效益的骨干企业。

1992年，随着经济形势发展，工业结构发生新的变化，重工业发展较快。重工业产值占乡以上工业产值的53.3%。1996年，重工业产值比重占79%。

2000年，中共兴城市委、兴城市人民政府提出“发挥优势，突出重点，着力进行产业和产品结构调整”的思路，确立以四大支柱产业、十大品牌为主干的产业和产品结构基本框架。构筑金属冶炼制造、酒水制造、塑料橡胶制品、针织服装四大支柱产业。形成轴承钢、轴承、粉末冶金制品、啤酒、白酒、水制品、塑料波纹管材、轮胎、服装、泳装十大品牌。是年，全市规模以上工业企业17家均为四大支柱产业企业，产值4.32亿元，占全市全口径工业总产值的19.4%。

2003年，葫芦岛海洲药业有限公司投资3000万元，兴建生产中成药项目。2006年，辽宁海思科制药有限公司投资5822万元，建成针剂、片剂生产项目，成为兴城市新兴产业。

2008年，铁合金冶炼、农副食品加工、服装制造和通用设备制造成为兴城新四大支柱产业。2010年，全市规模以上工业企业136家，实现产值243586万元，占全市规模以上工业企业总产值的34.8%。

2012年，传统工业行业——机械制造、冶金制品、塑料橡胶制品、服装泳装、酒水制造、建材等产品仍然稳定发展。新能源行业风电、太阳能制品等首次在兴城落户。医药、化工、有色金属矿采选冶炼、非金属矿采选及制品、农副食品加工、木器制造等产品居全市工业主导地位。

## 第三节 科技含量

20世纪70年代以前，兴城工业产品质量基本以合格、堪用为标准，技术含量较低。1986年，兴城工业获市级以上优质产品11个，其中部级优质产品1个，即拣金太白酒厂生产的太白佳酿；省级优质产品3个，分别为刘台子饲料添加剂厂生产的饲料添加剂，拣金糖果厂生产的什锦酥糖、软糖，兴城县轴承厂生产的7307E轴承。1987年，获省级优质产品5个。1988年，获部级优质产品1个，太白佳酿再度当选；省级优质产品7个。1989年，获省级优质产品为轴承1个品种6个规格。1990年，获省级优质产品4个。1991年，获省级优质产品25个。

### 新产品研发

1986年，中共兴城县委、兴城县人民政府推进工业企业加速技术改造。全年，实施技术改造项目75项，投入资金1622万元，产品质量有所提高，新增产值1177万元，新增利税149万元。是年，实施并通过鉴定工业科技项目3个，分别为轴承厂的涤纶膜电蚀印字，塑料二厂的彩色套花暖壶壳、双色中空塑料制品。

1989年，在工业科技重点项目中，被列入国家“火炬计划”的有8271厂的“反渗透CA卷式膜装置试制”，于8月通过省级鉴定，达到国际水平。兴城水泵厂自主研发的“TDF型多级高压耐腐蚀离心泵”，于12月10日通过省级鉴定，填补一项国内空白，先后获全国首届科技成果展览会“金箭”三等奖、省科技进步三等奖、市科技进步二等奖。被列入辽宁省“星火计划”的有双树沥青化工厂研制的“铸铁光亮剂”，于12月通过省级鉴定。

1990年，兴城市全面实施“科技兴市”战略决策。兴城市人民政府批准制发《兴城市科学技术进步奖励办法》《创建科技先导型企业 推动企业技术进步实施意见》等鼓励科学技术发展的政策性文件。是年，实施工业重点科技项目9项，其中农业机械厂的“N—70型喷风碾米机”和公路段沥青站的“沥青混合料稳定度试验仪”通过省级鉴定。农业机械厂的“N—70型喷风碾米机”获“七五”全国星火计划博览会银奖。

1991年，中共兴城市委、兴城市人民政府组织企业开展“质量、品种、效益年”活动，工业企业产品质量不断提高。经对13个重点工业产品的13项主要经济技术指标进行跟踪考核，稳定提高率100%，优质产品产值率3.3%。

1992年，全市工业共有14个项目分别被列入国家、省、市重点科技项目计划。兴城市粉末冶金厂的“精锻汽车同步器齿环”被列入国家“星火计划”，钻卡头螺母、汽车同步器齿环两种产品获国家专利。“DW高级微型离心泵”和“高铝锌基耐磨合金”被列入省级重点科技项目计划，“精锻汽车同步器齿环”“增力可调螺丝松紧器”在国家科委主持的“星火计划”科技成果向中西部转移暨内蒙古技术洽谈会上获金奖，“精锻汽车同步器齿环”获辽宁省“青龙杯”二等奖。

1996年，兴城市粉末冶金有限公司成立技术部，有科研人员4人。2006年，成立技术研发中心。2009年，辽宁省科学技术厅批准建立省级产学研技术联盟和辽宁省科技创新示范企业。公司有专职科技人员22人，先后研发高强度粉末冶金零件、钻卡头齿圈、汽车差速器行星半轴齿轮、一次冲压成型生产电机爪极模具等产品。其中“钻卡头齿圈”被评为国家级新产品。

1998年，辽宁万来轮胎有限公司成立技术中心，科研人员90人。2000年，改称橡胶研究所，专业科技人员20人。2009年，辽宁省科学技术厅批准建立省级产学研技术联盟和辽宁省科技创新示范企业，有科技人员8人，平均每年取得2项新技术成果，投入科技开发经费占销售收入的9%，新产品占销售收入的74%。先后攻克丁基胶内胎套接技术，达到国家“GB7036.1—1997”标准，获国家专利。研发三元乙丙再生胶、丁基再生胶生产、20万条旧子午线轮胎冷翻等项目被列入辽宁省重点科技计划。

2009年，全市被列入国家、省、市重点科技计划项目12个，6家企业被评为高新技术企业，6个产品被评为高新技术产品，高新技术增加值3600万元。截至2012年，全市专利总量累计301项，其中工业155项。

## 技术（设备）引进

1988年，兴城市啤酒厂建厂初期，即引进一条罗马尼亚啤酒生产线。1999年，采用德国、美国、日本的先进工艺与中国传统工艺相结合，研制出独具特色的产品品牌，陆续推出比尔香型“天顺”啤酒、瓶装鲜扎啤、大菊花啤酒等。产品先后被评为省、市优质产品，荣获国家申奥杯金奖、中国第三届国际科技之星博览会金奖，被辽宁省第八届运动会确定为指定用酒。2007年，加入华润雪花集团，引进“华润”先进的生产技术与管理方式和经验，对生产技术、装备水平、管理能力等进行一系列整合、改造、提升，使其产品更具竞争力。

1994年，兴城市富斯塑料波纹管材有限公司从德国引进塑料波纹管材生产线。1996年6月，塑料波纹管材获省科技进步二等奖。1997年，引进第二条生产线，年产量由2000吨增至3000吨。2000年，引进国际一流的生产设备，生产315毫米、400毫米、500毫米大口径双壁塑料波纹管材，填补东北地区空白。

1998年，凯森蒙制衣集团有限公司从日本引进20世纪90年代国际先进的生产设备和一流的西装生产流水线。2003年，先后高薪从原军工企业聘请20多位专家和管理人员，从中国服装协会聘请高级技术人员，为公司员工进行技术培训。2005年，投资先后从日本、瑞士引进自动化生产线。从美国格伯公司引进CAD服装电脑设计排版系统、裁床及国际最新服装生产吊挂流水线和先进的智能信息管理系统。公司被评为辽宁省产品质量信得过单位，被国家质量检验检疫总局评为国家免检产品。

## 标准化质量体系建设

1999年8月13日，辽宁兴烽轴承集团有限公司获得中国进出口商品质量认证中心颁发的ISO9002国际质量体系认证证书，成为兴城首家国际质量体系认证企业。粉末冶金有限公司、啤酒有限公司、凯森蒙集团、万来轮胎有限公司、富斯波纹管材有限公司，及水泥生产、泵业、木业等众多规模以上企业，相继获国际质量体系认证，呈现出工业企业产品质量管理与国际接轨的态势。至2012年，全市获国际质量体系认证企业25家。

## 打造品牌战略

2003年，凯森蒙制衣集团有限公司生产的“凯森蒙”牌服装，被辽宁省名牌战略推进委员会评为2002~2003年度辽宁名牌产品，被辽宁省工商局评为辽宁省著名商标。2007年9月14日，“凯森蒙”商标被国家工商行政管理总局评为中国驰名商标。

2003年12月，兴烽轴承集团有限公司成立创名牌小组，将公司生产的三大系列轴承产品命名为“XCZ”商标，并获辽宁省著名商标称号。2005年，“XCZ”品牌先后被评为葫芦岛市和辽宁省名牌产品。

2004年，辽宁久隆泳装（集团）有限公司成立（简称久隆泳装集团）。设计研发新款泳装300多种，其中主要有“奥德卡”“勇王”“高敏”三大知名品牌。2005年，久隆泳装集团通过ISO9001-2000国际质量体系认证。“奥德卡”泳装在中央电视台第五套节目进行宣传。2006年，“奥德卡”泳装被评为质量、信誉、AAA品牌。2007年，被评为中国驰名品牌。2008年，被评为辽宁省著名商标、辽宁省自主出口品牌。

2005年，兴城市粉末冶金有限公司将粉末冶金制品、精锻汽车齿轮、精锻同步器齿环等产品正式注册“泉涌”牌商标。

2005年4月，兴城市信人体育用品有限公司成立。公司位于城东街道地号村，主要生产和销售泳装、体育用品，自主设计研发“品诺特”品牌泳装。企业拥有自营出口权。2007年，通过ISO9001-2000国际质量体系认证。

2006年，兴城市万来轮胎有限公司创出路易、金奥、兴轮、中兴、金诺、利通、宝硕、建安、鼎立等名优品牌内胎，其中“金诺牌”产品获辽宁省名牌称号。

2008年，泳装行业各生产企业通过内部建立“零缺陷”生产质量管理机制。是年，兴城市泳装全面推进品牌战略。泳装产品合格率达100%，顾客投诉率为零。泳装生产骨干企业先后通过ISO9001、ISO2000国际质量体系认证。其中，益丰运动服饰有限公司的“金雪儿”、天顺制衣有限公司的“POLOVI”、德容制衣有限公司的“波尼士”“蝶姿”等为辽宁省名牌产品。

2012年，泳装生产企业拥有注册商标71个，其中出口注册商标30个。波尼士、凯迪龙、蝶姿、POLOVI等品牌在法国、美国、意大利、俄罗斯、德国、澳大利亚、韩国等国家注册。

# 第四节　产品销售

20世纪80年代初期，兴城县工业产品销售基本限于当地及省内市场。1986年，兴城工业企业注重拓展产品市场，生产适销产品。全县乡以上工业销售收入实现11609万元，产销率为82.5%。

1987年，兴城市工业企业以注重适应国际市场需求为突破口，实施外向牵动战略，把兴城市工业产品推出国门，打入国际市场。兴城市冶炼厂通过外贸部门向日本出口工业硅450吨，成为兴城市首次出口大宗工业产品的企业。1989年，全市工业产品销售收入22914万元，比1987年增长14.2%；销售税金1508万元，比1987年增长30.3%。

1993年，兴城市乡以上独立核算工业企业364家，实现产品销售收入46818万元，比1992年增加11038万元，增长30.8%。销售税金3014万元，比1992年增加832万元，增长38.1%。利税总额为5540万元，比1992年增加1609万元，增长40.9%。1994年，兴城市轴承厂被国家外贸部门批准为轴承出口基地，成为兴城市首家拥有出口自营权企业，轴承产品80%销往美国、南美、东欧及东南亚各国。

1998年，辽宁万来轮胎有限公司自入驻兴城市创业始，即以市场为导向，实施品牌战略，建立国内外市场营销网络。公司产品除在全国各地60多个销售网点销售，产销率居全国领先地位外，利用国际中介机构和企业出口自营权，拓展出口范围，远销至美国、英国、荷兰、南非、阿尔及利亚、伊朗、印度等36个国家，年创汇额500万美元。

2005年，全市规模以上工业企业销售产值实现146646万元，比2004年下降4.6%，产销率99.5%。2008年，全市规模以上工业企业力排国际金融危机影响，产品销售产值实现276290万元，比2007年增长33.6%，产销率98.6%。

2010年，全市泳装产品产量6000万件，不仅畅销国内市场，还远销美国、加拿大、英国、法国、俄罗斯等25个国家和地区，出口创汇3000万美元，成为兴城市对外贸易的拳头产品。是年，全市规模以上工业企业实现产值699905万元，产销率99.4%。

2011年，兴城市成立促进泳装行业发展组织，通过培育展销、国际物流和商务服务，推动产业优化升级。在首届泳装文化节上，签订购销协议24个，协议额1.7亿美元。年末，全市规模以上工业产品销售收入完成83.4亿元。2012年，全市工业经济加快发展，传统工业升级改造，产业集群建设取得突破。规模以上工业企业主营收入124.1亿元，比2011年增长49.2%；产品销售值125.9亿元，比2011年增长52.6%。产销良好，产销率98%。

### 1986~2012年兴城市工业产销情况

表6-4-2　　　　单位：万元

| 年份 | 工业总产值 | | 产品销售 | 产销比（%） | 利税总额 |
|---|---|---|---|---|---|
| | 全口径 | 乡（规模）以上 | | | |
| 1986 | 22035 | 14070 | 11609 | 82.5 | 975 |
| 1987 | 29108 | 17066 | 14375 | 85.3 | 1446 |
| 1988 | 41290 | 21404 | 20062 | 93.7 | 2388 |
| 1989 | 47006 | 21823 | 22914 | 105 | 2056 |

续表 6-4-2

| 年份 | 工业总产值 | | 产品销售 | 产销比（%） | 利税总额 |
| --- | --- | --- | --- | --- | --- |
| | 全口径 | 乡（规模）以上 | | | |
| 1990 | 66600 | 30149 | 13838 | 45.9 | 358 |
| 1991 | 85482 | 36409 | 28335 | 77.8 | 1383 |
| 1992 | 111582 | 45154 | 35780 | 79.2 | 1749 |
| 1993 | 227051 | 66309 | 46818 | 87.9 | 2915 |
| 1994 | 198900 | 88103 | 71874 | 81.6 | 3029 |
| 1995 | 118419 | 55795 | 96036 | 90.3 | –436 |
| 1996 | 125971 | 56000 | 61170 | 99.1 | –1174 |
| 1997 | 149647 | 58361 | 57019 | 97.7 | 5606 |
| 1998 | 179266 | 43566 | 29000 | 88.7 | 2342 |
| 1999 | 198969 | 34286 | 24505 | 71.5 | 436 |
| 2000 | 220000 | 43168 | 41972 | 95.3 | 1876 |
| 2001 | 246081 | 34132 | 29952 | 87.8 | 495 |
| 2002 | 258400 | 37228 | 37142 | 97.1 | 1268 |
| 2003 | — | 52483 | 50344 | 95.9 | 187 |
| 2004 | — | 169046 | 149567 | 95.0 | 6258 |
| 2005 | — | 147298 | 142781 | 96.9 | 7230 |
| 2006 | — | 111785 | 111640 | 99.9 | 4165 |
| 2007 | — | 210534 | 206812 | 98.2 | 3777 |
| 2008 | — | 353126 | 349283 | 98.6 | 12249 |
| 2009 | — | 585246 | 583658 | 99.7 | 14353 |
| 2010 | — | 699905 | 695993 | 99.4 | 12840 |
| 2011 | — | 835900 | 820700 | 98.1 | 27000 |
| 2012 | — | 1340229 | 1312788 | 97.9 | 33383 |

注：乡（规模）以上数据，1998 年以前为乡以上数据，1999 年以后为规模以上企业数据。

## 第五节 安全生产

兴城县安全生产委员会（简称安委会）最初设在县劳动局，主管境内企业安全生产监督检查。1986 年，县属以上企业万人死亡率由 1985 年的 0.6‰下降为零，千人负伤率由 1985 年的 0.17‰下降为0.14‰。

1989年，兴城市建立各级基层安全管理组织215个，配备专职安全员78人，兼职安全员215人。市安委会进行安全生产大检查，检查企业80家，发现安全隐患142件，完成整改140件。年末，全市国营、集体和乡镇直属企业实现死亡事故为零的目标，千人负伤率为4‰。年内，小矿山企业发生事故1起，死亡2人。

1993年5月，开展安全宣传周活动，进行安全生产大检查5次。审批各类矿山开采45处，查封无证开采小煤窑3个。年内，乡镇企业发生事故，死亡2人。市直国营、集体企业实现连续8年无事故。

1996年1月28日，郭家满族镇姚沟铅锌矿发生因坠罐致6死2伤重大事故。兴城市人民政府召开整治矿山安全生产专题会议，查找、反思事故根源，集中整治矿山企业安全生产。对全市60余家矿山企业逐一进行安全隐患排查，责令限期整改，整改率达95%。其中停产封闭煤矿6处，并对不合格的煤矿采取炸封强制措施。

2000年，兴城市进行大规模安全生产检查2次，下达整改指令5份，督促特种作业人员办理特殊工种作业证650人次。7月，安全管理职能由兴城市劳动和社会保障局移交兴城市经济贸易发展局。

2002年5月，兴城市安全生产管理办公室成立，设在兴城市经贸局。11月1日，《中华人民共和国安全生产法》颁布实施，中共兴城市委、兴城市人民政府加大安全生产监管力度，与各单位签订安全生产责任状，建立严格的问责机制，实行安全生产一票否决责任追究制度，把安全生产监管纳入规范化、制度化、法制化轨道。

2003年5月，兴城市开展专项矿山企业治理整顿。全市矿山企业全部停产整顿，逐个进行检查验收。共验收合格井下矿山企业15家，井上矿山企业35家。年内，全市工矿企业未发生人员死亡、重伤事故。有4家企业被辽宁省安全生产委员会授予“安全生产达标单位”。

2005年，兴城市实行安全生产许可证申办制度。年内，通过申办安全生产许可证，对煤矿、非煤矿山、危险化学品、烟花爆竹、水上交通、重大危险源等高危行业，开展安全生产专项整治活动。全年，进行联合检查4次，专项检查28次，下达整改指令书99份，停产整顿企业3家，取缔不符合安全生产条件的矿山企业7家，关闭未申报安全生产许可证的企业13家。兴城市工矿企业连续3年未发生人员死亡、重伤事故。

2006年2月，兴城市安全生产监督管理局（简称兴城市安监局）成立，为正科级单位，设在经贸局。组织全市性安全生产检查5次，专项检查8次，查处事故隐患586处，下达整改指令书622份，停产整顿企业35家。是年，发生死亡事故9起，死亡9人。

2008年6月，依据《中华人民共和国安全生产法》和《辽宁省安全生产条例》，成立兴城市安全生产专家组，按专业领域分为煤矿组、金属与非金属矿山组、危险化学品组、冶金组、职业卫生组等。11月，兴城市安监局从经贸局析出单设。是年，兴城市开展煤矿整治、尾矿库整治、化工企业整治、烟花爆竹生产企业退市的“四大攻坚战”。依据辽宁省人民政府制定的小煤矿复产验收10条标准和辽宁省煤炭管理局制定的煤矿复产验收17条标准，对境内4个小煤矿全部停产贴封。19座尾矿库全部停产，逐一进行检查、验收。经查验，下达强制措施决定书19份，其中8个尾矿库停止供电，摧毁2个小选矿厂。全市取得危险化学品生产经营许可证企业共91家，经查验，责令停产停业企业4家，吊销危险化学品经营许可证1家。全市烟花爆竹生产企业2家，在综合整治中，全部停产注销。

2010年，兴城市安监局、公安局、消防大队等部门联合开展重点行业安全专项整治。检查企业2968家，查出各类安全隐患2908处，整改率为93%。年内，全市工矿企业发生死亡事故4起，死亡4人。

2012年，兴城市安监局与全市26个乡镇街道、40个市直部门签订《安全生产责任状》。举办7期安全生产知识及安全技能培训班，共有720名非煤矿山、危险化学品主要负责人、安全生产管理人员参加培训。对乡镇街道安监站71名工作人员进行集中培训。兴城市安监局加强对煤矿、非煤矿山、危险化学品、烟花爆竹、建筑施工、铁路道口等安全监管，监督检查企业608次，出动检查车608辆次，制作现场检查记录483份，下达责令整改指令书191份，复查意见书180份，行政处罚决定书24份，强制措施决定书10份，累计制作各类法律文书1091份。全年，全市共发生安全生产事故6起，死亡6人，经济损失360万元。

# 第五章　工业园区

兴城工业园区原称曹庄工业园区，2007年3月，调整为兴城工业园区。2008年7月，辽宁省人民政府批准将兴城临海产业区纳入“五点一线”沿海经济带重点支持区域。产业区立足产业基础和发展优势，以龙头企业和重大项目为抓手，围绕输配电产业链条，鼓励大中型企业进行配套和延伸加工，带动研发、设计、物流、服务等行业发展，打造中国北方输配电产业基地。2009年3月17日，依照葫芦岛市机构编制委员会《关于葫芦岛兴城临海产业区管理委员会机构编制的核定意见》，成立兴城临海产业区管理委员会，为葫芦岛市人民政府派出机构，职级为正县级，全权委托兴城市人民政府代为管理。

## 第一节　园区规划

兴城临海产业区位于兴城市区西南临海处。辽宁滨海公路（丹绥线）通贯区内，新建开通的2.41公里进区道路，将临海产业区与国道102线、省道318线、京沈高速公路、沈山铁路、秦沈高速铁路汇接。临海产业区东距葫芦岛港20公里、锦州港和锦州机场50公里，西距秦皇岛港和秦皇岛机场100公里。交通十分便捷。

2006年3月，曹庄工业园区经辽宁省城乡建设规划设计院项目组设计的规划方案，通过由辽宁省专家、葫芦岛市规划局组成的专家组的评审。规划面积20.29平方公里，北起原7019厂，南至曹庄镇曹庄村；西起京沈铁路，东至飞机场。功能定位为综合性、生态型工业园区。空间结构分为7个片区，即机械制造区、综合加工区、医药化工区、物流集散区、石化工业发展预留区、生活服务区和生活发展预留区。2007年3月，调整园区规划，改称兴城工业园区。总面积增加32.2平方公里，分A、B两个片区。兴城市人民政府收购B区内国有和集体盐场266.7公顷，同时完成工业用地储备手续。

2008年7月8日，辽宁省人民政府正式批准命名为兴城临海产业区，为辽宁沿海经济带42个重点园区之一，纳入省“五点一线”战略重点支持区域，为葫芦岛“三点一线”沿海开发开放的重要节点。产业区总规划面积52.49平方公里，分A、B两个区。其中A区位于兴城市中心区以南，东邻军用飞机场，西邻沈山铁路，南至曹庄镇曹庄村，北依兴城河与兴城市中心区隔河相望。规划面积20.29平方公里，侧重于老工业改造。B区与A区相距1公里，西邻滨海公路，南至曹庄镇老滩村杏山，北至曹庄镇南佟屯村，规划面积32.2平方公里，主要侧重于新企业引进。B区起步区11平方公里，由两部分组成：一部分为收购废弃盐田266.7公顷，改为建设用地；另一部分系填海造地，面积为9.38平方公里。起步区内规划建设输配电产业园、新型建材产业园、汽车零部件产业园、中小企业园和泳装产业园，形成产业集群。

2008年8月，兴城临海产业区项目总体规划通过专家评审。2009年11月，兴城临海产业区编制《兴城临海产业区起步区区域建设用海总体规划》（简称《用海规划》）。经国家海洋局审查，原则同意兴城建设用海规划海域使用论证，并委托国家海洋局第一海洋研究所编制《兴城临海产业区起步区区域建设用海规划海域使用论证报告》（简称《海域使用论证报告》）。2010年5月6日，国家海洋局批准《兴城临海产业区起步区区域建设用海总体规划》，用海范围系曹庄镇海域，东北至中兴屯卧牛山，东南界为填海距岸4170米，西南至老滩杏山，西北界为盐田边缘，用海面积为938.32公顷。兴城临海产业区未来拓展C区，即由B区沿滨海公路向西至六股河东岸，将“风电”“核电”纳入C区。

## 第二节　园区建设

2006年，根据辽宁省、葫芦岛市专家组评审通过的曹庄工业园区建设规划方案，兴城市曹庄工业园区开始筹建并实施部分基础设施建设。2008年5月，先期启动的4项基础设施建设项目，投资3200万元，将烟台河水引进园区工程告竣。建设供水厂1座，日供水能力2.5万吨；完成投资1200万元的供电工程，将曹庄变电所移址增容改造，由原主变容量1.5万千伏安增至4万千伏安；投资3665万元，修建园区主、次干道和支路，形成网式道路系统；投资3883万元，实施环保绿化工程。相继建成占地12.6公顷的垃圾处理场。铺设部分截留干管和污水管线，建成污水处理工程。完成园区绿化面积2万平方米。

2008年12月20日，兴城市人民政府与中油昆仑燃气有限公司就产业区天然气综合利用项目达成协议，将秦沈天然气输送管线在兴城市设立出口，供应兴城临海产业区60平方公里区域燃气。

2009年7月，总投资2100万元修建的总长2.41公里，路宽21米的兴城临海产业区至国道102线连接道路工程竣工通车。9月，面积达2.5平方公里的起步区一期回填工程完工。总投资2935万元，规划长度9.69公里的起步区临海一侧的围堰主体工程合龙。年内，总投资5980万元的园区内2.5平方公里的道路、排水管线敷设和路灯安装工程全面完工。

2010~2011年，兴城临海产业区累计投资1.2亿元，进行园区内包括道路、水电暖及绿化、美化、亮化在内的各项基础设施建设。相继完成起步区6平方公里的“七通一平”和350万立方米的土石方回填。热源厂开始供热，服务中心投入使用。完成11.5万平方米主次路的绿化工程，共植树6295株；完成总长5.1公里的道路三期工程，完成生活服务区1公里道路路基工程；消防中队训练馆建成投入使用；日处理污水能力 4 万吨污水处理厂一期工程完成主体建设；启动实施 2×4 万千伏安二次变及线路工程。

2012 年，兴城临海产业区重点实施十项工程：2 平方公里路基回填和填海工程，至年末，完成填方 190 万立方米；起步区 2.5 平方公里主干路的绿化完工；污水处理厂主体工程和主要设备安装完成；2×4 万千伏安二次变电站主体工程和设备安装，输电线路架设快速推进；服务区 1 公里道路铺设工程告竣；3.2 公里给水管网铺设工程竣工；完成 8 个供暖热交换站建设工程；完成研发中心主体工程；架设通信线路 9 公里；完成燃气站主体建设，铺设输气主管道 950 米。金融中心、商务酒店完成主体工程，为入驻产业区企业职工建设住宅楼，新开工面积 8 万平方米；2.36 万平方米青山水库移民新居当年开工建设、当年交付使用。

### 产业区企业入驻

2007 年，先后有华润雪花啤酒（葫芦岛）有限公司、首钢东华机械有限公司、葫芦岛海洲药业有限公司、辽宁海思科制药有限公司、馥源化工有限公司和原 7019 厂破产重组企业入驻兴城临海产业区 A 区。当年形成固定资产投资 9.95 亿元，初步形成以机械制造、医药化工、酒水酿造为主体产业的工业体系。

2009 年 10 月 26 日，河南亚鹰钢结构幕墙工程有限公司（简称亚鹰公司）举行奠基开工仪式，成为入驻兴城临海产业园区 B 区的首家正式开工企业。亚鹰公司钢结构幕墙项目总投资 3.2 亿元，该项目属于环保、节能型产业，国家大力提倡的新型建材行业。

2010 年 3 月 22 日，哈尔滨红光锅炉集团有限公司风力塔架项目开工，8 月中旬投产。项目总投资 2.5 亿元，系入驻兴城临海产业区 B 区的首家达产企业。年末，生产风力发电塔架 66 台套，实现产值 8500 万元。是年，兴城市人民政府和临海产业区管委会先后组织大规模的“走出去”“请进来”招商引资活动 20 次。临海产业区共落户项目 42 个，总投资 75 亿元；开工项目 22 个，总投资 19.3 亿元。

2012 年，兴城临海产业区在建工业项目 44 个，投产企业 16 家。全年，临海产业区生产总值完成 11.72 亿元，比 2011 年增长 56.68%；公共财政预算收入完成 1.37 亿元，比 2011 年增长 124.86%；固定资产投资总额完成 28.51 亿元，比 2011 年下降 19.92%。产业区跻身辽宁沿海经济带重点支持区域，被确定为“辽宁省新型工业化产业示范基地”。

## 第三节 园区政策

2009 年 6 月，兴城市人民政府和临海产业区管理委员会发布《兴城临海产业区招商引资优惠政策》，明确规定入驻临海产业区所享有的相关政策。

### 土地优惠政策

1.入驻园区的工业项目，按 100 万元/亩的投资强度确定用地规模，土地出让金享受成本价。

2.高新技术产业项目，投资强度超过 50 万元/亩，土地出让金享受成本价。

3.纳税形成财政一般预算收入部分连续两年在 5 万元/亩以上的工业企业，企业实缴土地价款全额奖励给企业用于基础设施建设。

## 税费优惠政策

1.固定资产投资5000万元以上的企业，当年纳税超过1000万元，纳税形成财政一般预算收入的50%部分连续三年奖励给企业作为企业发展基金；固定资产投资在1亿元以上企业，当年纳税超过2000万元，纳税形成财政一般预算收入的50%部分连续四年奖励给企业作为企业发展基金；固定资产投资在3亿元以上的企业，当年纳税超过3000万元，纳税形成财政一般预算收入部分的50%连续五年奖励给企业作为企业发展基金。

2.高新技术企业，当年纳税超过500万元，纳税形成财政一般预算收入的50%部分连续五年奖励给企业作为企业技改和科研经费。

3.改扩建的工业企业，新增固定资产投资5000万元以上，新增税收形成财政一般预算收入部分享受新建设企业的税收政策。

4.异地注册、总部经济等“零”占地项目，每年纳税形成财政一般预算收入的50%部分奖励给企业。

5.免收入驻产业区工业企业基本建设期间的行政事业性收费（工商注册费除外），涉及省、国家的基本建设期间的行政事业性收费，由临海产业区财政局承担。

## 奖励政策

1.工业项目固定资产5000万元~1亿元的项目，按投资金额的3‰奖励引资人；工业项目固定资产1~3亿元的项目，按投资金额的4‰奖励引资人；工业项目固定资产3亿元以上的项目，按投资金额的5‰奖励引资人。引进项目奖励引资人最高金额为500万元。

2.引进固定资产投资规模1亿元以上且年纳税1000万元以上的工业项目，可安排引资人的1名子女或亲属（45周岁以下、中专以上学历）到兴城市财政拨款的事业单位工作。

3.入驻企业的外聘专家及各类高级专业人才缴纳个人所得税者，按形成财政一般预算按收入的50%部分连续5年奖励给个人。对园区发展具有重大牵动作用的项目，除享受以上政策外，给予特殊优惠。对大型旅游、酒店、商贸及房地产等服务业项目，采取一事一议。园区实行“封闭式”管理和全程免费协助进区企业办理相关手续。兴城临海产业区被纳入辽宁省“五点一线”战略支持区域后，享受银行贴息贷款等开发区优惠政策。

2010年，兴城市工商、国税、地税、土地、安监、城建、公安等有关部门分别安排专人入驻临海产业园区办公，为落户企业提供“一站式”服务。从企业筹建手续的办理，到企业融资以及企业用工培训等，进行全方位服务。

# 第七篇 电 业

## 第一章 发电

20 世纪 70 年代末，兴城地区菊花岛公社及一些偏远山区生产用电采用柴油发电机发电。1992 年，兴城市热电有限公司实现热电联产，在供暖期内生产热源除向用户供暖外，还安装发电机组并网发电，首开兴城发电生产先河。1995 年，碱厂水库建成季节性小型水力发电站。2007 年 12 月 23 日，中国国电集团公司兴城风电并网发电。2009 年 3 月 27 日，中国核工业集团兴城徐大堡核电项目启动，2012 年前期工程开始建设。

### 第一节 热电

1986 年，兴城县集中供热工程指挥部负责兴城首家集中供热工程建设。1990 年，成立兴城市热电公司。1998 年，兴城市热电公司改称兴城热电有限公司（简称热电公司），以冬季取暖供热为主，兼以发电为辅。公司位于兴海南街五段 5 号，占地面积 7.33 公顷，拥有固定资产原值 5449 万元。1992 年，兴城市热电公司进行 3 千瓦发电机组的安装调试。年末，发电机组正式投入运行，首次实现热电联产。

1992~1993 年供暖期，发电量 231.7 万千瓦时，除公司生产自用外，并入国家电网电量 179.8 万千瓦时。供暖期结束，热力发电生产亦即暂停。1996~1997 年度供暖期，发电量 1100 万千瓦时，上网电量 1071 万千瓦时，为发电量最多年份。2000~2001 年度供暖期，发电量 871 万千瓦时，上网电量 845 万千瓦时。2004~2005 年度供暖期，发电量 841.8 万千瓦时，上网电量 841.8 万千瓦时。

2008 年 7 月，兴城市热电有限公司购置 800 千瓦时汽轮机 1 台，400 千瓦时外网循环泵 1 台，500 千瓦时电动机 1 台，于 10 月 28 日完成安装调试。2008 年 11 月~2009 年 3 月供暖期，发电量 1084.4 万千瓦时，比上一供暖期增加发电量 221.6 万千瓦时。

2010~2011 年供暖期发电量 1047.36 万千瓦时，上网电量 660.95 万千瓦时。2011~2012 年供暖期发电量 781.51 万千瓦时，上网电量 481.13 万千瓦时。

**1992~2012 年兴城热电发电情况**

表 7-1-1　　单位：万千瓦时、万元

| 年度 | 发电量 | 上网电量 | 收入 |
|---|---|---|---|
| 1992~1993 | 231.7 | 179.8 | 106.9 |
| 1993~1994 | 832.1 | 810 | 183.4 |
| 1994~1995 | 735.6 | 715.6 | 194 |
| 1995~1996 | 785.2 | 772.5 | 222.9 |
| 1996~1997 | 1100 | 1071 | 251.5 |
| 1997~1998 | 793 | 772.9 | 253.2 |
| 1998~1999 | 846 | 839 | 261.3 |
| 1999~2000 | 845 | 842 | 278.3 |
| 2000~2001 | 871 | 845 | 267.1 |
| 2001~2002 | 862 | 846.8 | 258.3 |
| 2002~2003 | 834 | 801 | 251.9 |
| 2003~2004 | 796.8 | 796.8 | 249.3 |
| 2004~2005 | 841.8 | 841.8 | 257.8 |
| 2005~2006 | 798.6 | 798.6 | 254.9 |
| 2006~2007 | 817.2 | 817.2 | 275.6 |
| 2007~2008 | 862.8 | 860.8 | 295.8 |
| 2008~2009 | 1084.4 | 767.1 | 279.7 |
| 2009~2010 | 1009 | 855 | 325.4 |
| 2010~2011 | 1047.36 | 660.95 | 198.76 |
| 2011~2012 | 781.51 | 481.13 | 225.75 |

## 第二节　水电

兴城市碱厂水库是兴城地区唯一一座中型水库，总库容 4889.9 万立米。1995 年 9 月 30 日，碱厂水库发电站建成投产。该发电站为坝后式、季节性小型水利发电站。建设投资 56 万元，安装 2 台 75 千伏安发电机组，装机容量计 150 千瓦。1997 年，碱厂水库发电站运行 2 个丰水期，发电量累计 70 万千瓦时。年末，因水库水量不足等诸多原因，停止发电。

## 第三节　风电

兴城市地处“辽西走廊”及沿海地带，属北温带季风区。由于受狭管效应和海陆温差的影响，全区风速随季节变化比较明显，年平均风速为 3 米/秒，风能资源比较丰富。

2005 年 11 月，国电兴城风力发电有限公司（简称兴城风电）成立，系隶属于中国国电集团公司的子公司，担负兴城风电项目投资建设和管理。风电发电场场址东、南部临海，西北部为内陆。场区由海滨满族乡台子里村沿海岸向西南至刘台子满族乡山东村张庄子屯，占地面积 25 平方公里。兴城风力发电有限公司驻地在海滨满族乡台子里村。

2006 年 3 月，辽宁省国土资源厅核准兴城风电项目用地，辽宁省环境保护局、辽宁省发展和改革委员会相继审核批准兴城风力发电项目。风电项目计划总投资 9 亿元，投资回收期为 9.75 年。11 月 24 日，投资 4.53 亿元的兴城风电第一期工程海滨风电场开工建设。安装发电机组 33 台，装机容量计 49.5 千瓦。2007 年 6 月，兴城风电第二期工程刘台子风电场投入建设，工程投资 2.9 亿元，安装发电机组 21 台，装机容量计 31.5 千瓦。12 月 23 日并网发电。2009 年，兴城风电发电量 1.3 亿千瓦时，实现税收 807 万元。

2010 年，兴城风电发电量 1.4 亿千瓦时，实现税收 1400 万元。2012 年，兴城风电发电量 1.1 亿千瓦时，实现税收 890 万元，利润 944 万元。

## 第四节 核电

20 世纪 80 年代初期，东北电力设计院、国家核工业部即开始进行项目可行性论证。2006 年 7 月 30 日，辽宁省人民政府与中国核工业集团公司签订《共同开展核电建设的框架协议》。10 月 20 日，徐大堡核电项目筹建处成立。2009 年 1 月，辽宁省发展改革委员会、中核集团公司联合向国家发改委上报项目建议书。3 月 27 日，中核辽宁核电有限公司成立。核电项目选址兴城市海滨满族乡方安村徐大堡屯南侧海岸，规划建设 6 台百万千瓦压水堆核电机组，总投资 1100 亿元，建设周期 5 年，其中一期工程建设 2 台百万千瓦压水堆核电机组，总投资 267 亿元。是年，启动科普宣传，编制各项专题研究报告，进行编修《厂址安全分析报告》和《环境影响报告》等前期准备工作。

2010 年 12 月 13 日，国家发改委签发《国家发展改革委办公厅关于同意辽宁徐大堡核电一期工程开展前期工作的复函》。厂址预征土地 149.6 公顷，厂址内 107 户居民全部搬迁，厂区全部围挡并加设护栏。连接丹绥线（滨海公路兴城段）进场道路、临时通电通水、气象站、蓄水池泵房等外围工程完工。年末，累计完成投资 5.5 亿元。

2012 年 10 月 24 日，国务院常务会议通过徐大堡核电项目规划。11 月 27 日，中共兴城市委召开会议，专题研究徐大堡核电建设事宜，全力支持核电项目建设。年内，开始启动 220 千伏辅助电源、搅拌站工程、厂区绿化复耕、征地、征海等项前期工程。

# 第二章 供电

兴城境内电力供应由国家电网配置输电。1986~2009 年 11 月，兴城城乡用电由农电、供电分营。兴城农电局担负兴城农村供电管理及服务任务，兴城供电分公司担负兴城市城区及沙后所地区机关、部队、企事业单位、城镇居民供电及服务任务。2009 年 12 月 2 日，兴城市农电局与兴城供电分公司整合为葫芦岛供电公司兴城供电分公司（简称兴城供电），承担管理及服务职能。

## 第一节 电力输送

### 输电线路

1986 年，兴城境内 220 千伏输电线路 1 条，起于锦西一次变电，止于华山一次变电。66 千伏送电线路亘长 201.7 公里，10 千伏配电线路亘长 1769.9 公里。

1988 年 12 月 26 日，新建 220 千伏输电线路“西绥线”投入运行。由锦西一次变电经兴城市元台子、白塔、红崖子、闻家、大寨等满族乡和沙后所满族镇，跨六股河至绥中县一次变电。兴城供电局负责维护 220 千伏和 66 千伏送电线路共 223.6 公里。

2004 年，兴城送电专业成建制划归葫芦岛送电工区。2006 年 1 月，兴城一次变电所建成，将 220 千伏沙绥线开断接入。同时，建设 220 千伏高压输电线路 18 公里，建设相应的光纤通信线路和 66 千伏送电线路。

2009 年 12 月 2 日，兴城市农电、供电合营后，兴城供电分公司有送、变、配电 3 个专业。2010 年，境内 220 千伏输电线路 2 条 51.8 公里，66 千伏送电线路 12 条（含分歧线）174.82 公里。兴城市供电维护 66 千伏送电线路 6 条 77.21 公里，10 千伏配电线路 41 条 1780 公里。

2011 年，兴城供电分公司开展电力市场分析，加快电网改造和建设，完成 10 千伏史树林线新建工程挖坑 28 基，改造 10 千伏高家岭双回线路。年内，新增用电户 1449 户，新增容量 17835.93 千瓦（千伏安）。

2012 年兴城境内输送电线路情况

表 7-2-1 单位：千伏、公里

| 电压 | 线路名称 | 线路长度 | 投运时间 | 起迄点 |
|---|---|---|---|---|
| 220 | 兴绥线 | 33.8 | 1988 年 12 月 | 锦西—绥中一次变 |
| 220 | 沙绥线 | 18 | 2006 年 1 月 | 沙绥线开断接入兴一变 |
| 66 | 锦兴一线 | 15 | 1960 年 12 月 | 团山子—兴城变电所 |
| 66 | 兴八线 | 62 | 1963 年 12 月 | 兴城变电所—八家子 |
| 66 | 兴绥一线 | 26 | 1966 年 10 月 | 兴城变电所—望海 |
| 66 | 华东线 | 13 | 1971 年 12 月 | 华山一变—东华厂 |
| 66 | 华山线 | 7.72 | 1971 年 12 月 | 华山一变—锦华厂 |
| 66 | 815 分歧线 | 4.90 | 1972 年 1 月 | 砬山—815 变电所 |
| 66 | 华锦线 | 2.70 | 1972 年 12 月 | 华山一变—锦华厂 |
| 66 | 兴绥二线 | 27 | 1973 年 10 月 | 兴城变电所—望海 |
| 66 | 围屏分歧线 | 12 | 1974 年 8 月 | 李屯—围屏变电所 |

## 变电所

1986年，兴城供电辖区有变电所5座，其中220千伏变电所1座，即华山一次变电所，位于华山镇灰沟，占地面积3200平方米，主变容量63000千伏安。66千伏变电所4座，分别为兴城二次变电所，位于兴城西山，占地面积2800平方米，主变容量16000千伏安；温泉二次变电所，位于温泉小学北侧，占地面积5800平方米，主变容量8000千伏安；沙后所二次变电所，位于沙后所镇铁道西，占地面积2500平方米，主变容量6300千伏安；绥中二次变电所，位于绥中县县城内，主变容量20000千伏安。

1988年，绥中二次变电所划归绥中县供电局管辖。兴城供电辖区有4座变电所，分别为华山一次变电所、兴城二次变电所、温泉二次变电所、沙后所二次变电所。

1991年，为满足7019工厂及附近曹庄镇工农业生产用电需要，新建1座66千伏河西二次变电所，主变容量8000千伏安。

1994年，河西二次变电所主变容量增至16000千伏安。年内，完成沙后所二次变电所扩建工程，主变容量增至24000千伏安，二次变电设备全部更换为微机保护、微机监控。

1997年，兴城二次变电所主变容量增至32000千伏安，温泉二次变电所主变容量增至16000千伏安。

2000年，华山一次变电所主变容量增至121000千伏安，兴城二次变电所主变容量增至36000千伏安，河西二次变电所主变容量增至20000千伏安，沙后所二次变电所主变容量增至32000千伏安。

2003年，兴城供电辖区有变电所5座，分别为华山一次变电所、兴城二次变电所、温泉二次变电所、沙后所二次变电所、河西二次变电所。配电台区416个，配电变压器445台，总容量77975千伏安；箱占35座，容量17105千伏安。

2004年，兴城供电变电专业成建制划归葫芦岛变电工区。

2006年1月17日，兴城一次变电所建成投入运行，变电所位于元台子满族乡姜女村，占地31648平方米，总投资13300万元，安装12万千伏安无载调压双卷变压器2台，将220千伏沙绥线开断接入，新增容量36万千伏安。

2012年，兴城城区供电有一次和二次变电所6座，低压台区2650个。

### 2012年兴城境内供电变电所情况

表7–2–2　　单位：千伏安、平方米

| 种类 | 名 称 | 主变容量 | 面 积 | 投运年份 |
| --- | --- | --- | --- | --- |
| 一次变 | 华山变电所 | 121000 | 3200 | 1970 |
| 一次变 | 兴城变电所 | 12000 | 31648 | 2006 |
| 二次变 | 兴城二次变电所 | 36000 | 2800 | 1952 |
| 二次变 | 温泉二次变电所 | 16000 | 5800 | 1983 |
| 二次变 | 沙后所二次变电所 | 32000 | 6000 | 1977 |
| 二次变 | 河西二次变电所 | 20000 | 8500 | 1992 |

# 第二节　城区供电

## 电网建设

1986年，兴城供电局及沙后所供电所担负兴城市城区及沙后所地区机关、学校、企事业单位，驻军、驻在单位，工农业生产及居民生活供用电业务。辖区内，有10千伏配电线路16条，亘长427.6公里，220/380伏低压配电线路共97.5公里，营业户数总计15770户，全年售电量13417.2万千瓦时。

1993年7月，成立兴城海滨供电分局。主要担负兴城海口片区疗养院、旅游景点及居民生活供用电的运行、维护、收费及服务等任务。沙后所供电所改称沙后所供电分局。自1994年始，兴城供电局改变过去“坐等用户上门”的做法，变供电为营销，实行用户购买电量管理。

1999年，兴城供电局按照东北电网体制改革的总体部署，建立自主经营、自负盈亏的现代企业市场化运营机制。以签订供电合同为突破口，模拟电力市场运作，实施依法治电，改革居民用户购电方式，改为居民在工商银行联网储蓄所办理购电储蓄，方便居民就近购电。

2000年3月7日，兴城供电分公司开通营销网，开创基层供电企业网上查询电费、办电程序、报修等新领域。同时，开通16825999电费语音查询系统和电费电话提示系统。年内，在大学城新架线路2.4公里，新建变电所2座计5200千伏安。

2001年12月，兴城供电分公司投资1300万元，实施古城电缆进入地下的城网改造工程。安装箱式变电组台7座，架设高压架空电缆7200米，低压架空电缆13000米，敷设高压地下电缆4300米，低压地下电缆9800米。

2003年，实施城乡结合部电网改造工程。总投资1130万元，共改建箱式变电组台46座，线路38.5公里。城乡结合部的电价由原每度电1元降到0.45元,实现城乡同网同价。2005年，实施县城电网改造第一、二批工程。总造价509万元，改造高压配电线路6条，低压台区99个，涉及沙后所镇和宁远、古城、温泉、城东4个街道。

2006年始，兴城供电分公司为地方重大活动提供供电保障。成立保供电小组，建立和随机修订保供电预案和事故紧急处理方案。对线路进行昼夜特巡，装备90千瓦发电机，供电期间始终保持热备用状态。

2012年，兴城供电分公司原城网（含原沙后所分局）10千伏配电线路共20条，架空线路长度301.6公里，电缆线路长度26.626公里。配电变压607台，容量124.782兆伏安。

## 电力营销

1986年，兴城城区电力营业户15770户，销售电量13417.2万千瓦时，电费收入966.3万元。1996年，兴城市城区电力营业户增加到27473户，年销售电量25360.9万千瓦时，电费收入7995.3万元。随着兴城经济社会的不断发展，2006年，全市城区电力营业户达59952户，比1996年增加32479户，年销售电量43461.6万千瓦时，增加71.37%，电费收入达20885.7万元，增加161.22%。

2011年，全年售电量完成65811.33万千瓦时，比2010年增长12.26%。完成全年售电量指标62000万千瓦时的106.15%。售电平均电价完成581.67千瓦时，电费回收40182.98万元，回收率100%，营业收入190.86万元。2012年，售电量完成67848.95万千瓦时，综合损失率累计完成9.55%，比2011年增加3.14%。0.4KV供电量累计完成28062.06万千瓦时，售电量累计完成25678.45万千瓦时，比2011年增加7.86%。

## 1986~2012 年兴城城区电力营销情况

表 7-2-3

| 年度 | 营业数（户） | 设备容量（千瓦） | 售电量（万千瓦时） | 售电电费（万元） | 平均价（元/千千瓦时） | 线损率（%） |
|---|---|---|---|---|---|---|
| 1986 | 15770 | 98032 | 13417.2 | 966.3 | 72.01 | — |
| 1987 | 16602 | 98032 | 17587.7 | 1163.0 | 65.25 | — |
| 1988 | 17557 | 103539 | 17741.7 | 1236.6 | 69.70 | — |
| 1989 | 19438 | 112895 | 15909.3 | 1200.4 | 75.45 | — |
| 1990 | 20321 | 113248 | 16035.8 | 1228.4 | 76.60 | — |
| 1991 | 21861 | 114733 | 17822.3 | 1809.6 | 101.53 | — |
| 1992 | 22492 | 119349 | 20471.1 | 2111.7 | 103.15 | — |
| 1993 | 22981 | 140331 | 22609.9 | 4785.7 | 211.66 | — |
| 1994 | 24558 | 140377 | 24224.2 | 6287.4 | 259.55 | — |
| 1995 | 26334 | 132537 | 25647.4 | 6778.7 | 264.30 | — |
| 1996 | 27473 | 133553 | 25360.9 | 7995.3 | 315.26 | — |
| 1997 | 27758 | 137487 | 24898.7 | 8319.1 | 334.12 | — |
| 1998 | 28073 | 140471 | 23596.6 | 8288.8 | 351.27 | 23.61 |
| 1999 | 21105 | 459660 | 26639.7 | 9312.3 | 349.57 | 16.66 |
| 2000 | 33012 | 149258 | 24686.6 | 9874.4 | 399.99 | 11.93 |
| 2001 | 36648 | 159043 | 22315.9 | 9874.5 | 442.48 | 10.81 |
| 2002 | 39555 | 183312 | 23424.4 | 10304.2 | 439.89 | 9.67 |
| 2003 | 41869 | 202822 | 29839.9 | 12553.6 | 420.70 | 8.00 |
| 2004 | 56311 | 206434 | 31781.4 | 14145.4 | 420.56 | 6.95 |
| 2005 | 55713 | 226436 | 36550.5 | 16630.8 | 430.94 | 6.86 |
| 2006 | 59952 | 281350 | 43461.6 | 20885.7 | 454.60 | 7.56 |
| 2007 | 61581 | — | 42773.0 | 20753.3 | 458.20 | 6.51 |
| 2008 | 65568 | — | 22948.0 | 13970.5 | 608.78 | 7.76 |
| 2009 | 69347 | — | 20686.0 | 13817.4 | 667.96 | 7.02 |
| 2010 | 202918 | — | 58622.5 | 34118.5 | 582.00 | 8.18 |
| 2011 | 204367 | — | 65811.33 | 40182.98 | 602.34 | 6.41 |
| 2012 | 219624 | — | 67848.95 | 44116.9 | 619.29 | 6.45 |

注：1. 1986~1997 年，兴城城区供电“线损率”未统计。

2. 2007~2010 年，兴城城区供电设备移交葫芦岛变电工区管理，“设备容量”数据为单列。

# 第三节　农村供电

## 农村电网建设与改造

1986 年，兴城农电辖区有华（山）郭（家）线 66 千伏送电线路 1 条，亘长 11.9 公里，10 千伏配电线路亘长 1342.3 公里，低压线路 1826.1 公里。

1988 年 7 月 20 日，菊花岛海缆铺设工程开工。海缆西起沙后所满族镇荒地村亮子沟滩头，东至菊花岛大麻山下，全长 10.3 公里。陆地接口为曹庄变电所，岛上接口为新建的 10 千伏开闭所。8 月 20 日，海缆工程全部竣工，总投资 220 万元，8 月 21 日开通送电。

1992 年，兴城市实施低压电网改造（简称“低改”）。至 1993 年，共投入资金 73 万元，改造进户线 204 公里，换低压水泥电杆 1565 基，改造电表计量箱 7000 个。经过“低改”，农村居民用户平均电价每千瓦时降低 0.05 元。

1999 年 9 月，兴城农村电网改造工程（简称“网改”）拉开帷幕。至 2003 年末，相继实施的一、二期“网改”工程全部告竣。整个工程共争取资金 2.17 亿元，新建和改造 10 千伏配电线路亘长 366.9 公里，延伸线路亘长 46.35 公里。低压台区 1249 个，线路亘长 2625.73 公里。菊花岛海缆更换 11 公里，66 千伏主变增容 2865 千伏安及其他送配电设施。经“网改”，兴城农村电网的供电能力和可靠性显著增强，居民生活用电电价降至 0.50 元/千瓦时，实现城乡同网同价。

2005 年，实施县域“网改”专项工程。包括 66 千伏项目 7 项，10 千伏项目 2 项，0.4 千伏低压项目 3 项。

2007 年，完成 66 千伏兴元线送电线路新建工程，66 千伏羊安送变电新建工程线路部分的铁塔组立及导线架线施工。更新改造 66 千伏兴八线与兴城一次变联网工程，正式更名为兴红线。年末，兴城农网二期“网改”工程及专项工程通过辽宁省专家组验收。2008 年 3 月，新增 10 千伏李良线投入运行，4 月新增 10 千伏铸钢线投入运行。

## 变电

1986 年，兴城农电辖区有变电所 6 座，分别为东辛庄变电所、曹庄变电所、围屏变电所、碱厂变电所、郭家变电所、元台子变电所，共配置主变压器 6 台，总容量 15700 千伏安。各用电单位拥有变压器 1225 台，总容量 49245 千伏安。

1987 年 11 月 13 日，红崖子变电所建成投入运行，主变容量 1800 千伏安。设红崖子、拣金等工业出口 3 个，备用出口 2 个。红崖子变电所的建成，改变红崖子、拣金、碱厂、三道沟 4 个乡合用碱厂一座变电所，运行供电半径长，覆盖面积广的状况。1998 年，郭家变电所增容改造，主变容量由原 2000 千伏安增至 5000 千伏安。

2001 年 2 月 26 日，围屏变电所完成改建并投入运行。投资 380 万元，占地面积扩至 4000 平方米，主变容量由原 2000 千伏安增至 5000 千伏安。

2006 年，实施曹庄变电所移址增容改造工程。投资 1200 万元，将原主变容量 1.5 万千伏安增至 4 万千伏安，为兴城临海产业区建设提供电力供应。2007 年 9 月 5 日，66 千伏元台子变电所移址增容改造投入运营。投资 1200 万元，建筑面积 2000 平方米，安装 SZ9-1000 千伏安主变等一次、二次电气设备 2 台。同年，新建 66 千伏羊安变电所，安装 S7-5000 千伏安主变一次、二次电气设备 2 台。

## 兴城农电变电所设置情况

表 7-2-4　　单位：千伏安

| 名 称 | 主变容量 | 电源接引 | 投运年份 | 供电范围 |
|---|---|---|---|---|
| 东辛庄变电所 | 6300 | 兴绥线 349# | 1958 | 东辛庄、大寨、刘台子 |
| 曹庄变电所 | 40000 | 兴绥线 64# | 1964 | 曹庄、临海产业区 |
| 碱厂变电所 | 15000 | 兴红线 125# | 1967 | 碱厂、三道沟 |
| 郭家变电所 | 5000 | 华东线 | 1973 | 郭家、药王 |
| 围屏变电所 | 5000 | 兴红线 136# | 1973 | 围屏、高家岭、南大山 |
| 元台子变电所 | 20000 | 锦兴线 | 1975 | 元台子、白塔、古城、双树、闻家 |
| 红崖子变电所 | 1800 | 兴红线 | 1987 | 红崖子、拣金 |
| 羊安变电所 | 10000 | 兴红线 | 2007 | 羊安、旧门 |
| 华山绿化变电所 | 10000 | 兴绥线 | 2004 | 华山 |

## 营销

1986 年，兴城农电购电量 3604 万千瓦时，售电量 3472 万千瓦时，售电平均单价 91.11 元/千瓦时，趸售收入 102.6 万元。是年，旧门满族乡电管站采取改造电网，降低线损率等措施，全乡平均电价由 1985 年的 0.215 元/千瓦时降至 0.15 元/千瓦时，达到全县农村电费的最低水平。1987 年 7 月始，旧门满族乡连续 3 个月平均电价降至 0.12 元，成为锦州地区农村电价最低的乡镇。

1991 年，全市农电购电量 4461 万千瓦时，售电量 4261.1 万千瓦时，售电单价 124.82 元/千瓦时，趸售收入 162.2 万元。是年，高家岭满族乡电管站实行电费明码标价，开票到户。全乡 14 个村，平均电价稳定在 0.36 元/千瓦时。

1994 年，兴城市农电局完善用电登记运行制度，营业手续的传递、装订、审核、保管达到账、卡、簿一致。电费收缴执行电费保证金制度，全年电费达到“双结零”。

1999 年，兴城市农电局辖属的 22 个供电工区完成微机子表发行，按物价部门批准的电价，做到电量、电价、电费“三公开”，报装接电实行批复、验收、接电一条龙服务。全年完成购电量 6878 万千瓦时，售电量 6674.4 万千瓦时，趸售收入实现 544.5 万元。

2002 年，兴城市农电局调整用电发行方式，严格测算用电业别比例，合理制定发行定比。完成营业 MIS 系统发行程序运行，电力营销实现科学化、规范化。全年，完成购电量 6885 万千瓦时，售电量 6675 万千瓦时，趸售收入 650.6 万元。

2005 年，兴城农电局实现 7 座变电所的“遥控”功能，CIS-2 型低压远程自动抄表系统在羊安供电所试运行。设计应用软件平台，有效解决窃电、电表故障、电费通知等问题。是年，完成购电量 14709.3 万千瓦时，售电量 14173.8 万千瓦时，购售电损失率为 3.64%，趸售收入 1666.1 万元。

2006 年，推行农村生活用电购电制度和工业用户安装预付费计量装置。制定《兴城市农电局预购电费管理办法》，预购电费实行统一管理、统一划拨。落实用电合同签订，统一归档管理。全年，完成购电量 19659 万千瓦时，售电量 19202 万千瓦时，电费收缴率达 100%，趸售收入 2009 万元。

2007 年，兴城市农电局依照国家电网公司“新农村、新电力、新服务”的农电发展战略，挖掘企业潜力，开拓农村电力市场，新增非普工业用户 5 户，变压器容量 2910 千伏安。新增农业生产用户 1 户，变压器容量 30 千伏安。

2008 年，兴城市农电局实施“电费资金核算管理信息化系统”建设工程并投入运行，实现抄表—发行—收费—会计核算—财务管理一体化。全年，完成购电量 25600 万千瓦时，售电量 24600 万千瓦时，趸售收入 3197 万元。

### 1986~2009 年兴城农电营销情况

表 7-2-5　　单位：万千瓦时、万元

| 年份 | 购电量 | 售电量 | 趸售收入 |
|---|---|---|---|
| 1986 | 3604 | 3472 | 102.6 |
| 1987 | 3833.9 | 3675 | 108 |
| 1988 | 4254.7 | 4079.4 | 114 |
| 1989 | 4209 | 4032 | 113.6 |
| 1990 | 4526.6 | 4331.1 | 124 |
| 1991 | 4461 | 4261.1 | 162.2 |
| 1992 | 5319.6 | 5090.4 | 188.2 |
| 1993 | 5471.8 | 5260.1 | 319.7 |
| 1994 | 5516.3 | 5315.4 | 353.8 |
| 1995 | 6196.8 | 5966.7 | 394.9 |
| 1996 | 6019.8 | 5789.4 | 431.6 |
| 1997 | 6517.8 | 6284.6 | 489.2 |
| 1998 | 6277.1 | 6048 | 454.5 |
| 1999 | 6878 | 6674.4 | 544.5 |
| 2000 | 6929 | 6722 | 602 |
| 2001 | 6995 | 6780 | 690 |
| 2002 | 6885 | 6675 | 650.6 |
| 2003 | 8329.2 | 7996.5 | 816.4 |
| 2004 | 10017.9 | 9626.7 | 974.2 |
| 2005 | 14709.3 | 14173.8 | 1666.1 |
| 2006 | 19659 | 19202 | 2009 |
| 2007 | 29000 | 24500 | 2289 |
| 2008 | 25600 | 24600 | 3197 |
| 2009 | 26544 | 25483 | 1840 |

注：2010~2012 年农电数据统计在农电、供电合并后数据内。

# 第四节 供电管理

## 管理机构

**兴城供电分公司** 1986年，称兴城供电局，辖沙后所供电所，隶属锦州电业局。1989年，归属两锦电业局，局址位于兴城火车站南侧。1992年，迁址于兴海南街一段。1993年7月，成立兴城海滨供电分局，沙后所供电所改称沙后所供电分局。2003年10月，兴城供电局迁址兴海南街四段。2004年7月1日，更名为辽宁省电力有限公司葫芦岛兴城供电分公司，隶属两锦供电公司。2007年7月1日，隶属葫芦岛供电公司。2009年12月2日，与兴城市农电局整合为葫芦岛供电公司兴城供电分公司，担负兴城市城乡供电任务。

2012年末，兴城供电分公司下设7个职能部室、15个班组、14个供电营业所，主要负责兴城市城区和20个乡镇7个街道的工业、农业、商业及居民供电任务。

**兴城市农电局** 1986年，兴城县农电局局址位于兴城西关，局机关内设科室12个，局属供电所8个，集体企业2家。1987年，兴城县农电局改称兴城市农电局，受兴城市人民政府和上级农电部门双重领导，先后隶属锦州市农电局、两锦农电局、辽宁省电力有限公司葫芦岛供电公司。1991年3月，成立兴城市乡镇电力管理总站，由兴城市人民政府和农电局双重领导，下辖乡镇电管站23个。1996年，局属供电所与乡镇电管站合署，划分22个供电工区。2002年，合并为14个供电工区，将8个变电所划归所在工区的供电营业所管辖，实现运行、变电、供电一体化。2009年12月，兴城农电、兴城供电整合为葫芦岛供电公司兴城供电分公司。

## 安全生产管理

1986年，兴城供电局、兴城县农电局加强供用电安全管理，开展例行春检、秋检及百日安全活动，所辖送电线路实现安全运行。1988年，兴城供电局实现安全运行连续达500天，被锦州市劳动安全委员会评为安全生产先进单位。兴城市农电局实现送电连续7年无事故。

1993年，兴城供电、农电两家企业依据国家能源部1988年8月下达的1号指令和1992年6月下达的2号指令，开展安全达标和创安全年活动。自8月29日始，累计计数安全生产达标天数。1994年，兴城供电局、兴城市农电局分别制定《安全生产管理措施》及各项规章制度，逐级落实安全生产责任制，强化法规、制度执行力。

1997年，在开展安全达标和创安全年活动中，兴城供电局被国家电力部评为达标单位，并进入东北电力集团公司营业一级标准化供电局行列。

2003年，兴城市农电局所辖14个供电所的规范管理通过省级验收。其中东辛庄供电所、围屏供电所被评为国家级规范管理达标示范窗口，围屏供电所获辽宁省“一百强”供电所称号。

2007年，兴城供电分公司在抗击“3·4”暴风雪中，抢修10千伏线路跳闸8条，配电变压器故障32处，低压断线60处，于3月7日10时25分全部恢复正常供电，分别被中共兴城市委、兴城市人民政府和葫芦岛供电公司授予“抗击暴风雪救灾先进集体”。5月8日，兴城供电分公司和兴城市农电局双双创下安全生产5000天纪录。

2009年6月，兴城供电分公司正式开展10千伏带电作业项目。成立带电作业检修班，到武汉高压研究院进行带电作业培训和参加省公司带电作业培训，取得带电作业资格。至年末，共开展

10 千伏带电作业 22 次，均安全顺利完成作业，免除停电时户数 2746 户，提高供电可靠率 0.0009%。11 月 30 日零时，安全生产累计达 5938 天。实现 3 个百日安全周期，供电可靠年指标达 99.94%，D 类电压合格率指标达 99.6%。

2010 年 1 月 31 日，兴城供电分公司实现安全生产 6000 天，分公司举行活动，印制《光明的丰碑》图集纪念册。

2012 年，兴城供电分公司坚持按照建设“一强三优”现代公司战略目标，以创新变革，提速发展为工作主线，安全生产，优质服务。全年未发生人身伤亡及设备事故，完成各项工作指标。

## 行风建设

1986 年，兴城供电、农电遵循“人民电业为人民”的宗旨，致力纠正行业不正之风，为兴城工农业生产和人民生活提供电力保障。兴城县农电局为 23 个无电村办电，共架设高压配电线路 18 公里，低压线路 42 公里，安装变压器 17 台，新增通电农户 410 户。

1990 年，兴城供电局改变“先用电后付款”方式，在全国率先推出“电量购买证”，用户自行掌握用电量，增加供、用电之间的透明度。

1992 年，兴城供电局推出预约上门服务、特急服务、为客户代购电量、代办手续等系列化一条龙服务举措，全程为客户用电提供方便。在参加“窗口服务竞赛”活动中，被东北电业局授予“窗口服务竞赛”优胜单位。

1994 年，兴城市农电局开展为农业、为农村、为农民的“三为”服务活动，完成“稻麦开发”装机 1210 千伏安。在实施公路网化建设中，降低涉电工程造价 20 万元。对乡村新办企业，派专业技术人员到现场协助安装和调试电气设备，保证企业顺利投产。

1996 年 10 月始，兴城供电、农电开展行风建设。兴城供电相继实施“651”工程（六项承诺、五项建设、一个一流），建立党员服务队，开通服务专线电话和营销网等多种服务方式、措施和项目。兴城农电以“窗口”建设为重点，开展“六种形象”（优质服务、爱岗敬业、清正廉洁、文明办公、科学管理、幽雅环境）、“五快”（咨询解答快、办事手续快、审批证明快、批复报告快、处理问题快）活动，推进行风建设。全局 14 个供电所，软、硬件建设全部通过“省级示范窗口”验收。围屏供电所成为国电公司示范窗口。农、供电联手聘请兴城社会各界行风监督员 72 人，开展民主评议行风。实行“首问负责制”客户中心，24 小时受理电力故障报修、用电咨询、客户投诉等业务。

2000 年 10 月，兴城市农电局被中国社会调查事务所评为“社会公认满意单位”。2005 年，兴城供电、农电双双实现行风建设“十连冠”目标。2006 年，兴城市农电局被辽宁省电力有限公司评为行风建设突出贡献先进单位。2008 年，兴城供电分公司连续两个年度被评为辽宁省行风建设先进基层单位。

2011 年，兴城供电分公司制定《兴城供电分公司依法治企从严自查自纠工作推进方案》和《任务分解表》，开展依法治企从严自查自纠工作。加大负控购电工作力度，对可能发生欠费的大户提前预警，派专人跟踪守护电费进账情况，确保电费按时足额收缴。

# 第八篇　商　业

## 第一章　商业

1986年以后，兴城商业贸易进入改革开放新时期。在国家“调整、改革、整顿、提高”和“对内搞活经济，对外实行开放”的方针指引下，逐步展开对流通体制和管理体制的改革。2012年，兴城市商业百货、五金、交电、化工、烟酒糖类地产工业品零售总额达56.17亿元，比1986年的2.43亿元增加22.1倍。商业工业企业由分散、落后的手工操作，逐步发展为机械化生产，且从生产规模到加工水平都有显著提高。兴城市逐步成为东北沿海地区主要产地市场、集散市场和消费市场之一。

### 第一节　经营体制

1986年2月，兴城县人民政府按照《中共中央关于经济体制改革的决定》的要求，对公有制（国有、集体）商业企业进行经营方式的改革。1997年，兴城市全面实施企业产权制度改革，市属公有制商业企业随之陆续退出商品经营领域。1998年3月机构改革，兴城市商业局与兴城市物资总公司合并组建兴城市商贸国有资产经营公司。2003年8月，撤销兴城市商贸国有资产经营公司，复设兴城市商业局。2011年5月，兴城市商业局更名为兴城市服务业局。

#### 租赁承包经营

1986年，兴城县全面推广小企业租赁、承包经营改革方式。商业系统实行租赁、承包经营的小企业32家。是年，全国小企业改革座谈会在四川召开，兴城县商业局在会上介绍实行小企业租赁、承包改革经验。

1990年，兴城市实行租赁、承包经营的小企业72家，占商业系统小企业总数的79%。

#### 目标管理责任制

1988年，兴城市在百货公司、五金交电化工公司、百货商场、副食品公司、糖酒公司5家一级独立核算企业，实行以利税统算、递增包干为主的企业法人代表任期目标管理责任制。年末，5家企业商品销售总额增长16.2%，利润总额增长23.2%，实现利税超额完成计划的20%。

### 公开招标承包

1989年，兴城市商业局对所辖食品厂、调味品厂、酒厂、肉联厂、第二副食品公司等微利和亏损边缘企业实行招标承包。通过公开招标，择优聘用企业法人代表，增强企业生产活力，促进企业发展。

### 国企个体经营

1992年，兴城市民族贸易商场经扩建改造，营业面积扩大，经营条件改善，成为商业系统零售规模较大的国有企业。兴城市商业局在民贸商场试行国有企业个体经营，企业资金退出，职工租赁柜台，自筹资金、自主经营、自负盈亏，定额上缴税费。是年，出租柜台260个。1993年始，兴城市商业局相继在所属6家企业实行个体经营。

### 股份制经营试点

1993年，兴城市百货商场进行股份制经营试点，组建兴城市百货股份有限公司。经一年试运营，因企业规模、注册资金等尚不具备股份有限公司的基本条件，导致企业运行不规范。1994年，依照《中华人民共和国公司法》等相关法规，兴城市百货股份有限公司改组为兴城市百货有限责任公司，纳入规范运行轨道。1995年，兴城市百货有限责任公司经营连续盈利，成为商业系统唯一不亏损企业。

### 企业产权制度改革

1997年1月，依照中共兴城市委、兴城市人民政府《关于企业产权制度改革的若干意见》，兴城市商业局以明晰产权关系、落实资产责任、转换经营机制、实现政企分开为目标，确定从实际出发、因企制宜、一企一策的原则，采取以公开出售为主、租赁经营为辅等方式，推进企业产权制度改革。是年，商业系统基层独立核算单位72个，出售34个，占47.2%；安置职工1428人，占职工总数的45.2%。

2000年，兴城市副食品公司将大明商都二楼柜台拆除，改造、装修成精品屋80余个，全部出租，收取租金130万元。

2005年，兴城市商业局通过司法途径收回温泉大厦产权，重新评估作价，公开招标、竞价拍卖、整体出售，妥善安置职工100余人。

2006年，兴城市商业局坚持资产评估、公开拍卖、妥善安置职工、合理处置债务、防止国有资产流失的原则，继续推进商业企业产权制度改革。对民族贸易商场评估作价1097万元，委托葫芦岛市拍卖有限公司公开招标，竞价拍卖，以1200万元成交，用于妥善安置职工。是年，相继完成鼓楼百货商店、调味品厂、农房物资公司、兴隆贸易公司等企业的产权制度改革。

2007年，兴城市商业局在依法评估的基础上，邀请兴城市监察局、兴城市人民检察院、兴城市审计局、兴城市国有资产管理局、兴城市公证处参与，公开竞价出售原商业、物资企业的食品公司、农房物资公司、兴隆贸易公司3家企业资产，成交价格710万元，共安置3家企业在册职工324人，退休职工109人。

2008 年，兴城市商业局建立“产改”重要事项通报和重大案件报告制度，设立并公布举报电话及信箱。年内，拍卖、出售原商业、物资企业调味品厂、五交化公司仓库、燃料公司部分资产，成交价格 558 万元，安置在册职工 121 人，退休职工 37 人。

2010 年，兴城市商业局将所辖 11 个一级独立核算企业及其下属 72 个二级独立核算单位资产相继出售。出售资产总计 6846 万元，使 4119 名职工全部得到安置。兴城市商业系统全部完成企业产权制度改革，公有制商业企业退出商品经营领域。

## 第二节 商业网点

随着城市规模的不断发展扩大和交通网络密度的增加，新技术在商业活动中的应用和推广，兴城市各类零售商店、商品交易市场、旧货市场、物流基地、餐饮店及其他生活服务业设施日趋增多，商业网点的组织形式发生新的变化。

### 商品经营网点

1986 年，兴城县商品经营网点 3429 个，从业人员 10917 人。其中全民网点 111 个，从业人员 3527 人；集体网点 356 个，从业人员 3855 人；个体有证网点 2962 个，从业人员 3535 人。

1989 年 7 月，总投资 500 万元，占地面积 9000 平方米，总建筑面积 8532 平方米的兴城商业大厦（亦称温泉大厦）竣工开业。商业大厦内设商场、旅店、浴池、餐厅，总营业面积 3254 平方米。2005 年，经产权制度改革，整体出售。

兴城市民族贸易商店，地处兴城古城南关十字路口东北隅。1991 年，投资 400 万元对商店进行改建、扩建。将原营业面积 800 平方米平房，改建为主体 3 层楼层式商场，营业面积增至 2500 平方米。1992 年 5 月，商店由集体所有制改为全民所有制，重组为兴城市民族贸易商场。2006 年，经产权制度改革，资产出售。

1994 年 10 月，位于古城延辉门外西南隅繁华地带的延辉商业城竣工，12 月 8 日正式开业。工程总投资 400 万元，建筑面积 2725 平方米，营业面积 2565 平方米，置售货柜台摊位 440 个，招租个人经营，经营品种以轻工业商品为主。2005 年，经产权制度改革，整体出售，改制为民营。

1995 年，兴城市副食品公司投资 560 万元，将原南关副食品商店改建成综合性商场——大明商都，建筑面积 3800 平方米。营业大厅分上、下两层，内设售货柜台 420 个和精品屋 30 个，全部招租个人经营。2002 年，经产权制度改革，改制为民营。

兴城市百货商场原系兴城国营百货商店，后改建为兴城百货商场有限责任公司。1998 年 9 月，改制为民营企业兴城福德商贸股份有限公司天福商城。

2001 年 2 月，由中国核工业秦皇岛兴城公司兴建的南门口商业城开业。项目总投资 1300 万元，建筑面积 7800 平方米，主体 4 层，其中营业厅 3 层，营业面积 6000 平方米，为经营百货的综合性商场。

2003 年，锦州中百商厦有限责任公司与南门口商业城联营，投资 1500 万元，改造成锦州中百商厦兴城连锁店。7 月，古城内延辉街、春和街、永宁街、威远街实施仿明代建筑改造完成，沿街商铺换成仿古门窗、牌匾。延辉街成为兴城古城内步行商业街，亦称明代一条街。

2004 年，据全国第一次经济普查统计，兴城市批发和零售业法人企业 326 家，从业人员 2917

人。其中限额以上批发和零售企业 9 家，从业人员 384 人；批发和零售企业资产总计 7.89 亿元，主营业务收入 4.84 亿元，实现利税 379.7 万元。个体经营户 8803 户，从业人员 20143 人，营业收入 13.48 亿元。

2006 年，国家商务部在全国实施“万村千乡市场建设工程”，兴城福德商贸股份有限公司被确定为“万村千乡市场建设工程”龙头企业，承担建设、改造“农家店”及负责连锁配货业务。年末，全市建成第一批“农家店”66 个，均挂牌“为民连锁店”。2008 年，全面完成兴城“万村千乡市场建设工程”，全市建成“农家店”356 个，乡、村覆盖率达 100%。

2008 年，由辽宁万来轮胎有限公司投资兴建的兴城万来商场建成开业。商场地处南关十字路口西北隅，主体 4 层，局部 5 层，柜台全部招租，系集经营百货、餐饮、娱乐等为一体的大型商场。据全国第二次经济普查显示，全市批发和零售企业法人单位 332 个，其中国有企业占 3.92%，集体企业占 16.27%，私营企业占 69.58%，其他类型企业占 10.23%。从业人员 2513 人，资产总计 5.8 亿元，主营业务收入 5.43 亿元。

2010 年 12 月 18 日，总投资 2.7 亿元，建筑面积 4.5 万平方米的兴城兴隆大家庭购物中心建成开业，成为兴城境内集购物、休闲、餐饮、娱乐等多功能于一体的大型购物中心。全市限额以上商品零售企业达 10 家：兴隆大家庭购物中心、福德商贸股份有限公司、美声家用电器商场、新渤海车业有限公司、长荣摩托车销售有限公司、兴茂矿产品销售有限公司、恒利煤炭经销有限责任公司、兴城市新华书店、东兴加油站、温泉水管理公司加油站。营业总面积 64242 平方米，商品购进总额 34525 万元，零售总额 9020 万元。

2012 年，全市限额以上商品零售企业 9 家：兴城市东兴加油站、新华书店、新渤海车业有限公司、温泉水管理公司加油站、兴茂矿产品销售有限公司、兴隆大家庭购物中心有限公司、美声家用电器商场，总营业面积 28893 平方米。全年，商品购进总额 31071 万元，商品零售总额 29205 万元，库存总额 6741.5 万元。

## 饮食服务业网点

1986 年，兴城县饮食服务业网点 949 个，从业人员 2313 人。其中全民网点 48 个，从业人员 625 人；集体网点 18 个，从业人员 234 人；个体有证网点 883 个，从业人员 1451 人。

1987 年 6 月，兴城市城东街道引进 1 套日本产 NP-30 型全自动干洗设备，填补兴城干洗业空白。是年，兴城市饮食服务公司投资 52 万元，引进日本全套照相彩扩设备。

1991 年，兴城金种子宾馆建成开业，是集食宿、洗浴、旅游、娱乐、商务等为一体的饮食服务企业。1995 年被评定为二星级宾馆、旅游涉外定点单位。2005 年，获辽宁省商业服务品牌诚信之星称号。2008 年，金种子宾馆经改扩建，被国家旅游局评定为三星级宾馆。

1999 年 1 月 18 日，锦铁水调歌头大酒店建成开业，占地面积 30914 平方米，建筑面积 11028 平方米。集住宿、餐饮、疗养、洗浴、游泳、娱乐等为一体，内设高标准大型温泉水游泳馆、保龄球馆及豪华宴会厅、高级客房等。2009 年，更名为兴城瑞心商旅水调歌头酒店有限公司。

2002 年，随着到兴城游客的增多，四家屯街道邴家村村民韩尚君开办兴城市第一家旅游家庭宾馆。2003 年，地处旅游景区附近的曹庄镇老滩村、四家屯街道邴家村、沙后所镇荒地村及菊花岛乡，共建起旅游家庭宾馆 100 余家，床位近 1000 张。2008 年，菊花岛乡雷屯村家家开办宾馆，成为海岛“旅游家庭宾馆村”。2010 年，全市沿海乡镇、街道村屯开办旅游家庭宾馆 220 个。

2004年末，据全国第一次经济普查资料，兴城市住宿和餐饮业法人企业58家，从业人员1001人，资产总值计19010.2万元，主营业务收入3502.5万元；个体经营户948户，从业人员2966人，主营业务收入19308.5万元。

2007年，位于兴城南河大桥东南侧的天和大酒店建成开业。酒店建筑面积1.8万平方米，为兴城地区准四星级商务酒店。

2009年12月，兴城富祥海鲜楼开业，系葫芦岛富祥集团开设的分店。营业面积8000平方米，餐位600个。2010年，在兴城市饮食服务行业网点中，有10家酒店被列为星级住宿业和限额以上餐饮业。

2012年，兴城市饮食服务行业网点中，列为星级住宿业和限额以上餐饮业6家。分别为兴城市财政干部培训中心、闯关东餐饮有限公司、顺兴针织有限公司沁源春饭店、海鲜居大酒店、金种子宾馆、宁远府大酒店。共拥有床位503张，客房年收入12779万元，餐位1605个，餐费年收入19472万元。

### 电子商务

在互联网行业的发展驱动下，电子商务作为一种新型网购市场迅速兴起。2005年，兴城小桃泳装网销商店应运而生。短短几年时间，在泳装业市场中具有一定影响力的泳装品牌股东投资兴建的天喜商城，逐渐发展成为一个大型电子商务中心。先后有150多家网销商户入驻商城，常年进行网销泳装业务。随着兴城泳装业的发展，至2012年，全市各类泳装网销商增加到2000多家，全年网销额17.5亿元，占国内电子商务泳装交易额的65%，其中天喜商城网上销售额45亿元。

## 第三节　商品购销

1986年，兴城县国有商业企业从厂家直接进货占总进货量的85%，增加毛利16.8万元。全年，全县社会消费品零售总额为24259万元。在商品购销中，国内纯购进总额为12146万元，其中国合商业国内纯购进为9781万元，占整个流转额相应指标的80.5%，在商品货源及量上居主导地位。全市国内纯销售总额为28234万元，其中国合商业国内纯销售额为13254万元，占全市国内纯销售总额的46.9%，比重呈下降趋势。

1989年，兴城市城乡市场活跃，货源充足，商品流通秩序良好。国有商业仍为主渠道，个体商业有所发展。全年，全市社会消费品零售总额实现39538万元。

1990年，全市社会消费品零售总额实现36932万元，比1989年下降6%。国有商业企业亏损额达314万元，第一次出现亏损局面。

依照商业经营体制实行“四放开”（经营放开、价格放开、分配放开、用工放开）原则，1992年，兴城市社会消费品零售总额实现40033万元，其中国有商业企业零售额实现6590万元，占全市社会消费品零售总额的16.5%，亏损总额388.2万元。国有商业日趋下滑，非国有和个体商业呈上升势头。主要消费品品种中，名、优、新产品成为消费主流。

1995年，兴城全市社会消费品零售总额实现6.95亿元。非国有经济占主导地位，零售总额为6.2亿元，占89.1%；其中个体商业零售额为4.6亿元，占消费品零售总额的65.4%。1997年，兴城市人民政府制定关于加快发展个体和私营经济10项优惠政策。全市社会消费品零售总额实现

9.1 亿元。

2008 年 12 月，兴城市“家电下乡”活动开始启动。首批确定销售网点 49 个。至 2009 年末，审核确定销售网点 58 个，其中直补方式网点 6 个。销售“家电下乡”各类产品计 11866 件，其中彩电2441 台、冰箱 6859 台、洗衣机 1512 台、计算机 412 台、热水器 546 台、电磁炉 59 个、空调 28 台。销售总额 2260 万元，财政补贴 294 万元，补贴率为 100%。汽车、摩托车下乡销售量计 4951 辆，销售额计 6177 万元，补贴 634 万元，补贴率为 90%。

2010 年，兴城市社会消费品零售总额实现 40 亿元。“家电下乡”审核确定备案销售网点 61 个，销售各种家电 22750 件，销售总额 4466 万元。8 月，开展家电以旧换新业务。年末，以旧换新销售各种家电 120 件。

2011 年，商品总销售额实现 8000 万元，比 2010 年增长 6 %，利税实现 265 万元，比 2010 年增长 27.4%。

2012 年末，兴城市商品销售额达 1.22 亿元，比 2011 年增长 50%，实现商品销售利润 120 万元。全市社会消费品零售总额 56.2 亿元，比 2011 年增长 16.4%。按行业划分，批发零售贸易业实现零售额 51.3 亿元，比 2011 年增长 18.1%。住宿业实现零售额 4.8 亿元，比 2011 年增长 0.8%。按城乡区分，城镇实现零售额 37 亿元，比 2011 年增长 20.9%。乡村实现零售额 19.2 亿元，比 2011 年增长 8.6%。

### 1986~2012 年兴城社会消费品零售额

表 8-1-1　　单位：万元

| 年份 | 零售总额 | 销售地区 | | 销售行业 | |
|---|---|---|---|---|---|
| | | 市区内 | 城郊及乡村 | 批发零售业 | 餐饮业 |
| 1986 | 24259 | — | — | — | — |
| 1987 | 25605 | — | — | — | — |
| 1988 | 36091 | — | — | — | — |
| 1989 | 39538 | — | — | — | — |
| 1990 | 36932 | — | — | — | — |
| 1991 | 35869 | — | — | — | — |
| 1992 | 40033 | — | — | — | — |
| 1993 | 46848 | — | — | — | — |
| 1994 | 57577 | — | — | — | — |
| 1995 | 69553 | — | — | — | — |
| 1996 | 79280 | 38348 | 40932 | 75686 | 3594 |
| 1997 | 90981 | 41709 | 49272 | 86284 | 4697 |
| 1998 | 99390 | 48262 | 51128 | 96835 | 2555 |
| 1999 | 109276 | 54420 | 54856 | 106733 | 2543 |

续表 8-1-1

| 年份 | 零售总额 | 销售地区 | | 销售行业 | |
|---|---|---|---|---|---|
| | | 市区内 | 城郊及乡村 | 批发零售业 | 餐饮业 |
| 2000 | 119142 | 60892 | 58250 | 116583 | 2559 |
| 2001 | 129323 | 66105 | 63218 | 126895 | 2428 |
| 2002 | 133173 | 67842 | 65331 | 130441 | 2732 |
| 2003 | 143843 | 76475 | 67368 | 139882 | 3961 |
| 2004 | 156911 | 87999 | 68912 | 152218 | 4693 |
| 2005 | 169482 | 93370 | 76112 | 158669 | 10813 |
| 2006 | 189013 | 105008 | 84005 | 173317 | 15696 |
| 2007 | 221354 | 126919 | 94435 | 203633 | 17721 |
| 2008 | 261653 | 147329 | 114324 | 236923 | 24730 |
| 2009 | 319217 | 180168 | 139049 | 284984 | 34233 |
| 2010 | 408911 | 260871 | 148040 | 365991 | 42920 |
| 2011 | 482515 | 305910 | 176605 | 434513 | 45242 |
| 2012 | 561696 | 369872 | 191824 | 513313 | 48383 |

## 第四节　商品流通管理

1986 年，兴城县国有商业企业将封闭式、少渠道、多环节的批发、零售分营流通体制，逐步改为开放式、多渠道、少环节的批发、零售兼营流通体制。是年，商业系统零售企业批发、零售商品品种达 23013 个，比 1985 年增长 20.5%。

1989 年 4 月，兴城市人民政府为应对生活日用品价格上涨，确定对食糖、火柴、肥皂 3 种商品，由地方财政拨款 86050 元予以补贴。决定由兴城市粮食局调拨平价和议价保本大豆各 1 万公斤，由市调味品厂加工中价豆腐 13 万条，供应市民。

1990 年，兴城市财贸办公室、兴城市工商局、兴城市商业局等职能部门，开展理顺商品流通渠道，整顿流通领域秩序活动。用 8 个月时间，对兴城市城乡商品批发市场进行专项清理整顿。共清理整顿经营批发业务的商业企业 593 家，占应清理整顿总数的 93.8%；注销营业执照 29 个，取消经营批发资格 63 个，调整限制经营品种范围 107 个。

1991 年 1 月，兴城市商业局开展商品质量信得过评比活动，部署整治假冒伪劣商品。翌年 5 月，兴城市百货商场、鼓楼百货商店、五金公司 3 家国有企业被兴城市人民政府授予“质量信得过”牌匾。1994 年，兴城市百货有限责任公司被葫芦岛市人民政府命名为“双信企业”。

1997 年，兴城市商业局制发《关于在商业系统广泛开展“擦亮商业窗口，塑造行业形象”的实施方案》。鼓楼百货商店作为唯一参加“窗口”竞赛的国有企业，售货员按柜台纪律和服务公约为顾客服务，取得明显效益。年末，鼓楼百货商店比 1996 年减亏 20%。

2003 年，成立兴城市餐饮烹饪行业协会、兴城市美容美发行业协会。兴城市商业局组织、引导饮食服务行业开展“打造兴城商业服务品牌”活动。相继推出“兴城全羊席”“海鲜饺子”“葫芦宴”等全国知名品牌；“五豪狮子头”“兰花海参”“花粉香蕈饺子”“太极花生豆腐羹”4 道菜点，被评为“辽宁知名风味”。“兴城全羊席”被葫芦岛市列为第二批市级非物质文化遗产保护名录。2004 年 6 月，成立兴城市商业联合会，为辽宁省成立的第一个县级商业联合会。

2005 年，为扩大对外宣传，“兴城商业之窗”网站开通。2008 年，在全省 140 个地方商务网站中，访问量列第 2 位；在辽宁商业之窗网站选用的 50 条最受欢迎的新闻中，前 15 条均为兴城商业网站新闻。

2009 年 4 月，兴城市人民政府委托中国人民大学商学院编制《兴城市服务业发展规划》，并通过专家评审。2010 年，兴城市商业局设投诉举报电话，畅通社会监督渠道。

## 酒类专卖管理

1986 年，兴城县酒类专卖国有商业企业仅为兴城县糖酒公司 1 家，系商业局所辖政企合一企业。公司下设糖酒批发站、糖酒公司专营商店、糖酒公司云川采购批发站，糖酒公司云川商店 4 家二级独立核算单位。

1992 年，兴城市酒类专卖事业管理局从糖酒公司分离独立，隶属商业局。1997 年，更名为兴城市酒类专卖管理办公室。国有酒类专卖企业全部退出酒类商品经营。

2000 年，成立兴城市啤酒市场管理工作领导小组，组成稽查大队。6 月，兴城市人民政府专项部署啤酒市场管理和整顿，规范市场经营秩序，制止折扣、补贴等不正当竞争行为。2006 年 1 月，依照国家商务部指定的酒类流通批发许可证制度，兴城市商业局行政审批项目增加酒类批发许可证、酒类流通备案登记、酒类出省运输证明等业务。

2012 年，兴城区域内经营酒类商品零售业务的业户有 2900 家，经营酒类批发业务的企业有 41 家，从事酒类生产的企业 10 家。

## 成品油监管

2005 年 1 月，国家商务部发布《成品油市场管理暂行办法》。兴城市成品油市场管理职能由兴城市商业局承担。行政审批项目包括成品油零售企业（加油站）经营资格初审等。是年，兴城域内经营成品油各类加油站 30 个。

2006 年，兴城市商业局组织城乡成品油经营站（点）开展信用体系建设活动，经自检自查和检查验收，推荐申报“辽宁省成品油流通行业诚信经营单位”2 家。

2010 年，开展成品油零售许可证审核、发证、年检工作。兴城市境内经营成品油的各类加油站增加到 60 个，其中中石油 22 个，中油晋东 2 个，辽宁方园 5 个，社会加油站 31 个。经年检全部合格达标。

2012 年，兴城市商业局对全市加油站（点）进行多次安全生产隐患排查。

## 生猪定点屠宰

1996 年 11 月，根据国务院办公厅和辽宁省人民政府下发的《关于加强生猪等畜禽定点屠宰和检疫管理工作的紧急通知》，兴城市人民政府制定《关于实行生猪定点屠宰工作的实施方案》，确定自 11 月 20 日始，市区先行实行生猪定点屠宰，兴城市食品公司肉类联合加工厂为市区生猪定点屠宰场点。至年末，屠宰生猪5855头，其中检出病害猪18头，由食品公司统一处理。

1997年1月，兴城市实行农村生猪定点屠宰。兴城市食品公司设在各乡镇的食品购销站为定点屠宰场点，全市除菊花岛乡外，共设立定点屠宰场（点）21个。

1998年1月，国务院颁布《生猪屠宰管理条例》。为达到国家规定的生猪定点屠宰场标准，兴城市食品公司筹资30万元，购置生产设备，修建急宰间、待宰圈等，经辽宁省生猪定点屠宰管理办公室检查验收合格。1999年，通过国家有关部门的检查验收，成为生猪定点屠宰达标单位。

2001年3月，辽宁省人民政府颁布实施《辽宁省生猪屠宰管理办法》，兴城市生猪屠宰管理部门查处私屠滥宰案件30起，破获生猪屠宰业主私自刻制检疫印章案1起，对当事人除予以罚款外，公安机关给予行政拘留处罚。2003年10月，依照辽宁省人民政府发布《〈辽宁省生猪屠宰管理办法〉修正案》，兴城市商业局牵头，组建兴城市生猪屠宰管理办公室，并建立生猪定点屠宰稽查大队，依法办理设立生猪定点屠宰场手续、屠宰技术工人和肉品质量检验人员资格认定，严厉打击私屠滥宰等违法行为。

2007年，兴城市定点屠宰场点实施产权制度改革，肉类联合加工厂实行租赁经营，为兴城城区内定点屠宰场点。农村21个食品购销站资产全部出售，保留具备屠宰能力的站（点）15个。

2008年8月，兴城市商业局实施“放心食品工程”，公示生猪屠宰日常监督检查程序和措施。2010年，为保障兴城肉食品安全有序，兴城市生猪屠宰管理部门监督、指导生猪定点屠宰租赁企业建立屠宰台账，规范屠宰程序，完善不合格产品召回、追溯制度，明确产品来源、产品流向。防止病死猪、病害肉流入市场。全年，全市屠宰生猪72570头，其中农村19800头。检出病害猪91头，均采取焚烧、深理等方式进行处理。

2012年，兴城市有关部门对包括乡镇集贸市场各零售店在内的肉食品市场实行常态化监管，共查处肉食品违纪案件4起，下达整改通知书4份，并做出相应处理。进一步加强全市生猪定点屠宰管理工作，规范肉食品市场的经营秩序。

# 第二章 供销

供销合作社组织系受地方人民政府和上级供销联社双重领导的农村经济联合组织，是为“三农”生产、生活提供物资物流的服务部门，同时承担各级人民政府委托的重要农副产品购销、农业生产资料储备和供应、防汛和战备物资储存等任务。协调政府部门和社会组织的关系，指导地区供销合作社及行业协会、合作组织、经营网络为农副产品的流通和城乡居民生活提供服务。

## 第一节 体制改革

1986年1月，兴城县供销合作社联合社（简称供销联社）贯彻落实中共中央“巩固、消化、补充、改善”的方针，推行以经营承包责任制为主的改革举措。供销联社对直属7个公司、24个基层社、1 个合作总店统一采取利润包干形式。各公司、基层社、合作总店对辖属的 268 个站（店），自主确定承包形式。其中实行利润包干的占 33.5%，超利分成的占 39.9%，联销计酬的占 23.8%，租赁经营的占 2.8%。

1988 年，推行“一包一租”责任制。一是引入风险机制，全员缴纳风险抵押金，全系统收抵押金 100 万元；二是引入竞争机制，职工由分配上岗改为聘用上岗。实行定岗、定员、定额、定责、定奖惩，与工效挂钩。同时，采取优化组合等内部配套改革措施，强化管理机制。

1991 年，兴城市供销联社落实第二轮经营承包责任制。承包方式由个人承包改为以集体承包为主，确定承包期限 3~4 年，经济指标逐年核定，实行承包风险抵押制度。各企业对辖属的 213 个站、部、厂、店，分别采取不同形式的经营方式。其中实行利润分成 104 个，集体利润包干 33 个，个人利润包干 9 个，联销计酬 57 个。

1992 年，兴城市人民政府财贸办公室、兴城市体制改革委员会等 11 个部门联合制发《关于在国合商业企业实施“四个放开”改革试点的意见》，确定供销系统 24 个基层供销社为“四放开”试点单位。兴城市供销联社制定《关于农村供销社实施“四放开”改革细则》，对经营、价格、分配、用工等“四个放开”做出限定。在供销系统推出“自主经营、自筹资金、自负盈亏”和“承包经营”的“三自一包”改革举措。

1995 年，兴城市供销联社对经营承包责任制实行统放结合，理顺经营机制。对化肥等重要生产资料实行统一经营。把公司、基层社的工业品摊组，饮、服、修业及地点偏僻、规模小、长期亏损的站、店，以柜台出租或站、店整体租赁等形式，放开由职工个人按“三自一包”原则分散经营，全系统实行柜台租赁等经营形式的企业 14 家。1996 年，实施“外围切断、中心收拢、统放结合”的改革举措，将企业库存、资金全部撤回，由经营者自筹资金、自主经营、自负盈亏。

1997 年，按照中共兴城市委、兴城市人民政府《关于企业产权制度改革的若干意见》和《葫芦岛市供销体制改革实施意见》，兴城市供销联社在供销系统实施企业产权制度改革。将竞争性公司、专营公司的部分门点，全部纳入“产改”范围，以资产出售为主。对未出售的门点，实行资产出租，由承租人自行办理独立法人营业执照。按上级要求，农村基层供销社原则上暂不出售资产。对尚能生存的供销社，继续巩固和完善租赁经营责任制；对无生存能力的，实行并社留店。年内，土产公司、日杂公司、果品公司 3 家企业的部分资产出售，白云商场、城郊供销社 2 家企业的 11 个经营网点全部出售，资产出售资金用于安置在职职工和退休职工。

2002 年，推进农村基层供销社的产权制度改革，重点解决产权不清、职责不明和职工后顾之忧等问题。年末，全市 11 个基层供销社出售部分资产，收回出让金 524.7 万元，安置职工 636 人。

2005 年，兴城市供销联社推进供销企业产权制度、企业体制、经营机制“三项转变”改革举措。对土畜产品、农资供应、棉麻和棉花购销 4 个公司及旧门、郭家、碱厂 3 个供销社的资产整体出售，变现总额 1400 万元。同时实施国有控股改制，注册资金 50 万元，成立棉麻有限责任公司。兴城市供销联社作为出资人控股 90%，个人控股 10%；将农业生产资料供应公司、烟花爆竹经营处 2 家专营企业，转为目标管理责任制企业。

2010 年，兴城市供销系统资产全部或部分转换产权的企业达 100%，出售资产变现总额 2172.4 万元，安置职工累计 3100 人。

2012 年，兴城市果品公司大院资产以 750 万元出售，妥善安置职工 216 人。

## 第二节 供销网点

1986年，兴城县供销联社所属企业32家，其中直属公司7个，基层供销社24个，合作总店1个。所属企业下辖站、部、厂、店等经营网点268个。联社社员78216人，吸纳股金52.4万元。全年商品购进总额9005.1万元，商品销售总额10017.4万元，年利润总额134.3万元。

1987年11月，钓鱼台供销社更名为白云商场，宁远供销社更名为城郊供销合作社。1988年，兴城市土产公司分劈成立兴城市日用杂品公司；兴城市联营公司析出兴城市百货五金批发站，成立兴城市供销经销公司，1990年改称兴城市供销联合社购销经理部，1992年改称兴城市供销人民商场。年内，兴城市供销联社辖属企业35家，其中市直企业10家，基层供销社24个，合作总店1个。全年完成商品销售总额11711.9万元，利润107万元。

1992年4月，成立兴城市拍卖行，为隶属兴城市物资回收公司的全民独立核算企业。1995年10月，兴城市农业生产资料总公司分设兴城市农业生产资料供应公司，专营民爆品，兼营农膜等农需生产资料。是年，兴城市供销联社辖属企业达37家，其中市直企业12家，农村基层供销社（总店）25个，城乡经营网点328个。

2001年，刘台子、东辛庄、大寨、红崖子、三道沟等供销社先后成立专业合作组织，建立村级服务站60个，开展玉米、化肥、蔬菜、花生、中草药材购销等业务。是年，供销系统商品销售总额8913万元，划断历史亏损挂账后盈利4.8万元。

2006年，随着社会经济的不断发展，供销业务量的增多，兴城市蔬菜种植协会、兴城市再生资源协会相继成立。大寨供销社建立的蔬菜专业合作社，投资60万元，建恒温库500平方米，为当地农民种植大根萝卜等蔬菜产后加工、储存与销售提供服务。曹庄供销社建立养鱼专业合作社，为井盐水养殖提供服务。红崖子供销社建立花生专业合作社，从事花生加工、恒温存储、出口销售等经营业务。至2007年末，兴城市各类专业合作经济组织发展到29个，其中种植业13个、养殖业9个、加工业5个、服务业2个，入社农户2406户。

2009年，按照全国供销合作总社在全国发起的“新农村现代流通服务网络工程”（简称“新网工程”）及商务部、财政部发起的“万村千乡市场工程”要求，兴城市供销联社在全市乡村展开“新网工程”和“万村千乡市场工程”农资连锁店建设。以基层供销社为龙头，以整合、改造、吸收加盟店为主，自建、联建和改造一批农资连锁农家店132个。建成农业生产资料配送中心、农产品收购加工中心、日用消费品配送和烟花爆竹供应中心、再生资源回收利用中心。

2010年，兴城市供销企业经过产权制度改革、改制，市供销联社所属市直企业6家，基层供销社20个。下辖分支机构（网点）92个，其中市直属企业40家，基层供销社辖属52个。2012年，全市新增村级农业生产资料销售网点8个。

## 第三节 农副产品收购

20世纪80年代初期，兴城地区农副产品收购主要由棉麻公司、果品公司、土产公司及农村供销社负责。收购品种主要有棉花、水果、蜂蜜、粮食、油料、蔬菜等。1986年，全县共收购粮食4563吨，油料2056吨，棉花117.5吨，水果1478吨，羊毛75吨，蜂蜜350吨，秫席3万片，草袋子6.1万条，水产品98吨，鲜菜700吨。收购总金额1194万元。

1988 年，兴城市供销联社发挥农村商业主渠道作用，采取定点收购与流动收购相结合的方式，常年收购农副产品。年内，收购粮食 7842 吨，各种油料 4342 吨（其中花生 1917 吨），棉花 60 吨，水果 2698 吨，蜂蜜 218.9 吨，羊毛 15.6 吨，水产品 12 吨，蔬菜 2250 吨，中药材收购额 56.5 万元。农副产品收购总金额 1233 万元。

1990 年，兴城市供销联社组织企业收购农副产品，全年收购粮食 6540 吨，花生仁 3020 吨，棉花 70 吨，水果 2122 吨，蜂蜜 170 吨，羊毛 125 吨，中草药材 19 吨，草袋子 4 万条，条材 243 吨，海沙蛋 15 吨。收购总金额 1754.5 万元。

随着市场放开，农业产业结构调整，1993 年，全市农副产品收购品种、数量相应减少。农副产品收购总金额 1058.6 万元，比 1992 年减少 90.8%。

1997 年，兴城市棉麻公司到植棉乡村宣传国家对棉花生产优惠政策，为农民提供优良棉花种子。全市种植棉花 66.7 公顷。同年，兴城市水果公司停止收购地产水果。

2005 年，进行企业产权制度改革，兴城棉麻公司资产出售，保留企业法人营业执照。2007 年，兴城市棉麻公司依法破产，棉花购销专营业务终止。

2010 年，兴城市企业产权制度改革后，农副产品收购多由基层供销社兴办的专业合作社承担。大寨供销合作社创办的蔬菜专业合作社及社员经济人，收购大根萝卜条 1000 吨。红崖子供销合作社创办的花生专业合作社，收购、加工、销售花生 1000 吨。2012 年，大寨供销社蔬菜专业合作社收购大根萝卜条 1200 吨。红崖子供销社花生专业合作社收购、加工、销售花生 1250 吨。

## 第四节　农资供销

兴城县农业生产资料公司（简称农资公司）作为农资供销的主营企业，承担农业生产资料购销业务。购进和下摆（批发）化肥、农药、农膜、民爆品及少量中小型农具。1986 年，农资公司购进计划内化肥 7000 吨，采购计划外化肥 2440 吨，购进农药 200 吨，中小型农具购进价值 130 万元。下摆化肥 9500 吨，农药 300 吨，农膜 120 吨，商品总销售额实现 900.6 万元。

1988 年，根据辽宁省人民政府下发的《关于贯彻国务院决定精神对化肥、农药、农膜实行专营的通知》和辽宁省供销合作社联合社《关于认真执行“专营决定”严明纪律搞好服务的通知》，兴城市供销联社加强农业生产资料购销管理，组织供销企业开辟货源渠道，保障农业生产资料供应。是年，购销化肥 19190 吨，其中计划内 7000 吨，计划外 12190 吨。供应粮、肥挂钩兑现化肥 2600 吨，夏秋之际供应农药 318 吨。全系统农资商品下摆总值 1265 万元。

1990 年，为保障农业生产资料供应，兴城市供销联社组织主营企业在省内外建立 9 个化肥货源基地，购进计划外化肥（标准氮）2 万吨。供销系统农资商品下摆总值 2255 万元。

1992 年，兴城市农资公司面对经营市场放开、化肥价格下跌、市场主体多元化竞争的局面，在城乡增设 6 个销售点，采取常年零售、上门推销等做法。年内，销售化肥 2950 吨，实现销售额 86.3 万元。供销系统农资销售总额 1462.4 万元。

1995 年，依照《国务院关于改革化肥等农业生产资料流通体制的通知》，兴城市人民政府批转兴城市供销联社《关于对化肥实行统一管理、统一经营的报告》，开始对化肥等涉农物资实行统管统销。各基层供销社、总店、农资商店销售的化肥，统一由兴城市农业生产资料总公司提供货源。农资总公司在沙后所满族镇、东辛庄满族镇、红崖子满族乡设立 3 个分公司，负责化肥购销集散业务，调控化肥市场，消除假劣化肥危害。全年，下摆化肥 3.2 万吨，实现销售额 4696.5 万元。

1996 年，兴城市农业生产资料总公司在设置 3 个分公司基础上，增设村级销售点 63 个，发挥质量、价格、服务三大优势，控制农村化肥市场。全年，购进化肥 5.2 万吨，销出 3.2 万吨，实现销售额 7600 万元，占供销系统商品销售总额的 50%。是年 7 月，兴城市农资总公司被中华全国供销合作总社授予“全国农业生产资料流通系统先进单位”称号。

2000 年，为保障化肥货源，兴城市农资总公司先后与辽河化肥厂、湖北黄麦岭化肥厂建立总代理关系，共代理化肥 2 万吨，占购进总量的 50%，缓解进货资金不足。在供应旺季，供销系统在城乡设置生产资料供应点 90 个，方便农民购买。供销系统共销售化肥 3.2 万吨，农膜 100 吨，销售农药金额 220 万元。专营民爆品的兴城市农业生产资料供应公司销售炸药 130 吨，导火索 1 万米，雷管 4 万个。全系统农资销售总值 6900 万元。

2005 年，随着市场经济的发展，兴城市农资供销开始由“计划主渠道”向“市场主渠道”转变。兴城市农资总公司自筹资金 2000 万元，先后与 7 个省、区的化肥生产厂家建立代理关系，全年代理化肥 2 万吨。兴城市联社组织供销企业建立以主营公司为龙头、基层供销社为依托、村屯为前沿的农资供应网点 60 个，从业人员达 300 人。全年，销售化肥 30721 吨，农资销售总额达 5000 万元。

2010 年，兴城市供销系统农资零售网点增加到 70 家。全系统年销售化肥总量 3 万吨，农药 300 吨，农资类销售总金额 6700 万元。2011 年，兴城市供销系统销售化肥 3.5 万吨（其中花生、玉米专用肥 1.5 万吨），农药 150 吨，农膜 220 吨，农机具物资金额 100 多万元。2012 年，兴城市供销系统共销售化肥 2.2 万吨，农膜金额 595 万元，农药金额 501 万元。

**1986~2012 年供销商品经营情况**

表 8-2-1 单位：万元

| 年份 | 商品销售额 | 利润额 | 年份 | 商品销售额 | 利润额 |
|---|---|---|---|---|---|
| 1986 | 10017.4 | 134.3 | 2000 | 9334 | -10.2 |
| 1987 | 10498.9 | 68.1 | 2001 | 8913 | 4.8 |
| 1988 | 9342 | 107 | 2002 | 8497.6 | 5 |
| 1989 | 10180.5 | -299.2 | 2003 | 8500 | 25 |
| 1990 | 11050.2 | -576.8 | 2004 | 7606 | 5 |
| 1991 | 11038 | -290.7 | 2005 | 8230 | 18.6 |
| 1992 | 9272.3 | -488.8 | 2006 | 7200 | 50 |
| 1993 | 7732.4 | -707.4 | 2007 | 8100 | 40 |
| 1994 | 6183.1 | -258.6 | 2008 | 6138 | 12 |
| 1995 | 10828.5 | -236.8 | 2009 | 10293.8 | 878.6 |
| 1996 | 13976.3 | -235.6 | 2010 | 6850 | 27.5 |
| 1997 | 12462.5 | -1445 | 2011 | 8314 | 100 |
| 1998 | 10027 | -1216 | 2012 | 12213 | 120 |
| 1999 | 10907.6 | -1121.2 | | | |

# 第三章　集市贸易

集市贸易为境内传统的商品交换形式之一，系城乡物资交流的重要市场。赶集，成为人们日常生产、生活不可或缺的重要活动。随着改革开放，社会主义市场经济的深入发展，兴城境内集贸市场建设和集市贸易日趋繁荣。经过不断调整、改造和建设，逐步形成城区市场群、沿路市场带，城乡结合，布局合理，功能齐全，档次较高的市场体系，成为兴城商品经济发展和繁荣的重要载体。

## 第一节　市场建设

1986年，兴城县城乡集贸市场19处，占地总面积16万平方米，集市贸易成交额5573万元。

1987年，兴城市人民政府投资120万元，启动南关综合农贸市场建设。1988年7月，占地面积24000平方米的市场交付使用。1991年4月，在南关市场开工建设兴城市第一座封闭式农贸大厅，8月13日开业。1992年，总投资75.3万元，相继建成水产品贸易大厅和蔬菜批发市场，使南关农贸市场成为城区功能齐全，规模较大的综合性农副产品购物中心。

1988年2月，沙后所满族镇人民政府、兴城市工商行政管理局和群众共同集资21万元，在国道102线路北新建市场。市场总面积4万平方米，场内设营业门点22间，水泥货台374延长米。是年，兴城市工商行政管理局投资5万元分别与大寨满族乡、元台子满族乡合建市场。

1990年，兴城市人民政府确定“全面规划，合理布局，建设功能齐全、辐射城乡的城区市场群，沿国道102线市场带，形成比较完整的市场体系”总体建设方案。分别对城区北关市场、东关市场、站前市场、望海农贸市场、高家岭农贸市场进行改扩建。

1992年1月，由宁远街道出资承建的兴城市轻工市场开业。年内，位于南河大桥西桥头南侧的兴城家具市场和机动车市场、南关外旧物市场和花鸟鱼市场、南关水果批发市场、城郊生产资料市场相继开业，城东市场、温泉市场、7019市场、郭家市场陆续完成改扩建投入使用。

1993年4月，大寨满族乡投资4万元，建成以土豆营销为主的蔬菜批发市场。6月，红崖子新市场开业，场内建门市房200间，卖台1万个。10月，兴城市第一家由个人投资兴办的药王满族乡盖家农贸市场开业。11月，碱厂满族乡老集市迁碱厂村段路北新址。年内，全市新建、改建、扩建市场11处，总面积20万平方米，总投资1000万元。年末，全市共有各类市场38个，其中集贸市场34个，生产资料市场2个，生产要素市场2个。

1994年，新建延辉商业城、站前轻工市场、东山市场、曹庄市场、围屏市场、拣金市场、拣金团山子石龙寺市场。全市城乡各类市场达44处，形成高、中、低3个档次，全年集市贸易成交额达8.29亿元。

1996年4月，东辛庄市场扩建工程开工，10月竣工营业。新市场在原有占地面积26.7公顷基础上，扩展为53.4公顷，总建筑面积达11.5万平方米，总投资5500万元。

2001年12月，位于兴城市体育场西侧川北路与兴海北街交汇处的东山市场建成开业。该市场为楼层式建筑，由四家村企业集团投资2300万元，建筑面积1.4万平方米。

2004 年 8 月，兴城市建材综合市场建成，业者入驻。该市场位于兴城南河大桥西 300 米、国道 102 线路北侧，由兴通房地产开发有限公司投资 3500 万元兴建，为兴城市招商引资建设的大型生产资料建材市场。

2006 年，为落实辽宁省“万村千乡市场工程”，兴城市开始在农村进行“农家店”建设。至 2010 年，全市建成“农家店”356 个、“农资农家店”132 个。

2012 年，兴城市新建“农家店”22 家。至年末，全市“农家店”增加到 438 家、“农资店”103 家。其中供销系统建“万村千乡市场工程”乡镇级连锁店 24 个，村级农资连锁店有 118 家。行政村覆盖率达100%。

# 第二节　专业市场

兴城专业市场的形成、建设，始于 20 世纪 80 年代中期，兴于 90 年代。进入 21 世纪，不断完善和提升档次，逐步形成生产资料市场、生产要素市场、批发市场、轻工产品市场等功能齐全的各类专业市场。

## 劳务市场

1987年 6 月，兴城市劳务市场成立。为兴城市劳动局主办，系锦州地区第一家县级劳务市场。劳务市场为待业的城镇职业学校毕业生介绍职业，为农村能工巧匠、富余劳动力联系用工单位，为城乡家庭介绍各类生活服务人员等。是年，先后为市内企业、驻在单位及沈阳市输送劳动力 204 人。

1997 年，兴城市实施产权制度改革，企业职工下岗，大批技术工种工人、农民工、外来打工人员走上街头找活干，在古城春和门外自发形成劳务市场。2000 年，经工商、城管、劳动等部门整治，先后迁移到辽宁省复员军人疗养院外桥头、古城威远门外。2010 年，在北关市场西侧新建占地 3000 平方米的兴城市劳务市场。

## 水果批发市场

兴城地产水果批发，在城区主要分散于南关、西关等街头巷尾，影响交通和市容，不便管理。1986 年，兴城县工商局调整固定水果市场，指定南门外交通岗南侧、西关柳城胡同、柳城商店门前、火车站前 4 处。

1992 年 6 月，在南关设立水果批发市场。除兴城本地产水果上市交易外，大量外地水果相继登市。随着南关商贸中心的形成，人流、车流日增，该水果批发市场显现拥堵。1995 年，将水果批发市场迁至兴城四中南兴城河大坝外侧，占地 12400 平方米，称兴城市铁西水果批发市场。1996 年，水果批发市场移址于兴西线公路路北原兴城市木材公司院内。

2009 年，由个人投资在兴西线公路西河大桥桥东路北侧新建水果批发市场，占地面积 2668 平方米，场内建彩钢板货棚 25 间，700 平方米。

## 轻工市场

1992 年 1 月，位于兴城市古城南关十字路口西南隅的轻工市场正式营业。轻工市场建设历时

2年，由宁远街道投资兴建，工程总投资480万元，建筑面积6480平方米，内设摊位730个，租赁个人经营服装、鞋帽、针织、日用品等轻工产品，并配置储蓄、电话、邮政等服务设施。年销售额3000万元。1995年，轻工市场被评为“全国文明市场”。

1999年3月，总投资100万元辟建的轻工市场三楼精品城建成营业，建有精品屋55个，面积1700平方米，主要经营服装、布匹、床上用品等。

2000年4月，轻工市场改扩建工程竣工。建筑面积由最初的6480平方米增至14000平方米，新增摊床150个，精品屋64个。年销售额达2.5亿元。

### 蔬菜批发市场

兴城具有一定规模的蔬菜批发市场2处，分别为兴城南关蔬菜批发市场、大寨蔬菜批发市场。

南关蔬菜批发市场始建于1992年6月，位于南关农贸市场水产品大厅西侧，总投资31.4万元，占地8000平方米。每日8时前，商贩进场进行蔬菜批发、零售交易，日成交量130吨。

1993年4月，大寨满族乡人民政府投资4万元，在乡人民政府西侧兴建蔬菜批发市场，占地2660平方米。主要销售境内及周边乡村出产的土豆、白菜、萝卜等蔬菜，年交易量达15万吨。

### 东辛庄服装市场

1991年，建成东辛庄轻工产品批发大厅，面积9400平方米。自10月4日始，由隔日集改为日集，上市服装、针纺织品等轻工产品上万种，日成交额最高达12万元。

1996年10月，总投资5500万元的东辛庄服装市场建成开业。市场主要销售境内生产的服装产品、针织品等，每天有大批省内外客商参与交易，日客流量达5万人，交易额500多万元。1998年4月，山海关至伊春557/558次列车冠名“东辛庄服装市场号”。1999年6月，天津至通辽587/588次列车亦冠名为“东辛庄服装市场号”。

### 红崖子花生批发市场

1993年6月，红崖子满族乡人民政府填塘造地，建成兴城地区最大规模的农村集贸市场，并逐步发展成为辽西地区最大的花生集散地。省内外一些经营和外贸部门在红崖子满族乡设立花生经营机构。2003年以后，相继有辽宁正业花生产业发展有限公司、金豆花生食品有限责任公司入驻。2009年，当地“红崖子牌”“金豆牌”商标分别被国家工商总局注册。2010年，国家质检总局批准对红崖子花生实施地理标志产品保护。

2012年，全乡具有一定规模的花生企业35家，家庭式花生加工点2000余户。除兴城本地产花生外，尚有省内外及周边县（市）区的花生通过红崖子花生批发市场进行交易，年销售花生达5万吨。

### 建材综合市场

1992年4月，兴城市工商局在南河大桥西桥头南大坝内侧，辟建占地面积12000平方米的家具市场和机动车市场。7月，在桥西佟屯村村部东侧建成占地面积26680平方米的城郊生产资料市场。

2003年6月，引进兴通房地产开发有限公司投资3500万元，将城郊生产资料市场改扩建成大型建材综合市场。总占地面积42000平方米，总建筑面积22883平方米，为院落化楼层式市场。内设钢材、五金电料、装饰材料、家具、卫生洁具、旧物及综合楼7个专营区，容纳经营业户200

家，形成高档次、大规模建材综合专业市场。

### 煤炭交易中心

煤炭交易中心位于市区外环路古城北关村五组地段，由兴城市人民政府投资926万元兴建。占地面积55300平方米，于2012年7月交付使用。共设22个储煤场区，招租17家煤炭经营商。

### 铁西农贸市场

铁西农贸市场是兴城市人民政府投资兴建的惠民工程之一，2012年9月开工建设，总投资2900万元，占地9696平方米，建筑面积10380平方米，其中交易大厅面积7662.9平方米（含东西两侧门市房及二楼夹层面积），市场可容纳商户300余家，经营品种1000余种，提供就业岗位300余个。市场实行分区分类经营，设蔬菜、粮油、水产品、豆制品、干货、禽蛋、熟食、调味品等主要经营区，市场实行严格的产品准入标准，设立农药残留检测系统，对各种农贸产品的价格、产地、品质等信息及时播放。

## 第三节 农村集市

1986年，兴城农村集贸市场有13个。2010年，增至25个，形成以城区为中心、各乡有集市、覆盖全境的集贸市场格局。

### 沙后所集

20世纪80年代初期，沙后所镇城内以路为集，以街为市。后迁址于沙后所南关。1988年，在沙后所南门外村邻国道102线路北新建市场，占地面积4万平方米，农历每月逢三、六、八、十日为集贸市场交易日。经营品种有粮油、饲料、蔬菜、瓜果、海鲜、农具、日用百货等。

### 旧门集

集址设于旧门满族乡人民政府南空地。1993年，省道318兴凌线旧门大桥建成后，于桥西公路北侧新辟集贸市场。市场内设固定卖台，主要有粮油、蔬菜、瓜果、鲜蛋、禽畜肉类、服装、农副产品、日用百货等上市交易。集期为农历每月逢三、六、九日。

### 红崖子集

1986年，在红崖子满族乡红崖子村街面以路为市，并于兴西公路与汤李公路交会处设置大牲畜交易市场。1993年，红崖子满族乡人民政府将老市场迁移，填塘造地6.47万平方米，场内建门市房、卖台等设施。集市以批发花生贸易为主，平常有粮油、瓜果、服装、鞋帽、面料、轻工产品、日用百货、家具、农具等上市交易。集期为农历每月逢二、五、八日。

### 石龙寺集

1994年，由拣金满族乡东沟村投资8万元，在石龙寺附近新建农贸市场，称石龙寺集。市场占地面积6.7万平方米，场内设有固定摊位。集期为农历每月逢三、六、九日。以粮油、花生、水果、蔬菜、肉蛋以及活禽、畜上市交易为主。

### 高家岭集

1986年，集址在高家岭满族乡街内，占地面积6670平方米。1990年，利用废址的2万平方米砖厂，修围墙，置大门，新建成院落式大型农贸市场。场内设卖台1062延长米，辟有生猪、仔猪交易市场和日常交易市场。集期为农历每月逢二、五、八日。

### 碱厂集

1986年，集市在碱厂满族乡所在地碱厂村东路南侧，占地面积3335平方米。1993年，碱厂满族乡人民政府投资30万元，于县道兴西线穿越碱厂村路段北侧新建集贸市场。市场占地面积7000平方米，场内建门市房30间，水泥摊床300延长米，围墙100米。集期为农历每月逢三、六、九日。

### 三道沟集

为兴城西部边缘毗邻建昌、绥中的主要农村集市。集址在三道沟满族乡人民政府所在地街内，占地面积3335平方米。集期为农历每月逢一、四、七日。主要经营地产及邻近建昌、绥中出产的时鲜水果、地产粮油、土特产品、日用品、农具、山货、禽畜等农副产品。

### 药王集

药王满族乡毗邻建昌、连山等县区，为便于农副产品交易，分别建有农村集市3处，主要以地产粮油、蔬菜、水果、禽畜等农副产品和土特产品交易为主。

**裴屯集** 1986年，集址在裴屯村街内。1996年药王满族乡人民政府迁址塔底下屯后，在裴屯村东辟建集市，占地6.8万平方米。集期为农历每月逢一、四、七日。

**盖家集** 1993年10月，由个人投资在原盖家中学新建集市。集期为农历每月逢三、六、九日。

**六家子集** 地处兴城与建昌交界，由药王满族乡六家子村投资兴建。集期为农历每月逢二、五、八日。

# 第四章 粮食经营

兴城县（市）粮食局为兴城县（市）人民政府直属事业单位，具有粮食行政执法资格。主要职能是贯彻执行国家和地方有关粮食工作的方针、政策，担负辖区内粮食流通监督检查，组织和指导国家定购粮、储备粮、保护价粮收购，救灾粮、进出口粮油的调拨、运输和安全储存，检验、监测辖区内粮油质量和安全，制定全市粮食总量平衡计划，管理市、县两级地方储备粮和兴城辖区军粮供应，承担辖区内粮食应急供应的监测及实施。1998年3月机构改革，更名为兴城市粮食贸易总公司，对外挂兴城市粮食局牌子。2006年7月，撤销兴城市粮食贸易总公司，恢复兴城市粮食局。2007年，成立兴城市粮食监察大队、兴城市粮油检验监测站。2012年，兴城市粮食局内设4个业务机构，下辖2个工作单位。

# 第一节 体制改革

## 粮食流通体制改革

1986年，粮食企业延续执行国家合同定购政策，国家对粮食购、销价格倒挂形成的价差予以补贴，并承担企业经营费用。

1992年，锦西市人民政府制发《关于粮食购销体制改革有关问题的通知》，决定从10月1日起，取消粮油定购任务，粮油收购价格原则上随行就市。取消城镇居民（含农村非农）粮油供应，居民供应证和粮票停止使用，国有粮店停业。粮食企业财务实行承包经营体制，财政每年拨给企业一定数额费用补贴，规定“一定三年”不变，补贴后企业自负盈亏。

1995年，依照《国务院关于粮食部门深化改革，实行两条线运行的通知》，国有粮食企业实行政策性业务和商业性经营分开，建立两条线运行机制。政策性业务实行定额补贴包干，企业增盈留用，减盈自补；商业性经营实行独立核算、自主经营、自负盈亏。依照《辽宁省粮食流通体制改革意见》确定对政策性业务实行“四代一定”（委托企业代购、代销、代储、代加工，给予定额补贴费用）政策。

1998年，依照《国务院关于深化粮食流通体制改革的决定》和辽宁省人民政府办公厅印发的《辽宁省深化粮食流通体制改革实施意见》，兴城市粮食企业实施按保护价收购、粮食收储企业（粮库）实行顺价销售、粮食收购资金封闭运行“三项政策”。并建立粮食风险基金，进行清理、审计、剥离粮食政策性财务挂账。经先后两次清理、认定，兴城市粮食企业政策性财务挂账3233万元。随后实施政企分开，粮食企业成为自主经营、自负盈亏的经济实体。

2004年，依照《粮食流通管理条例》及《辽宁省人民政府关于进一步深化粮食流通体制改革的实施意见》，实施放开粮食收购和价格，实现粮食购销市场化、市场主体多元化。实行粮食收购市场准入制度，依法实施对粮食收购企业进入粮食收购市场的资格进行审核，由粮食主管部门核发“粮食收购许可证”。依照《粮食流通管理条例》等相关法规，开展对社会粮食流通的监督检查。实行对种粮农民的直接补贴政策，建立权属兴城市人民政府的地方粮食储备体系。

**减员分流** 1998年，依照《国务院关于深化粮食流通体制改革的决定》《辽宁省深化粮食流通体制改革实施意见》《葫芦岛市深化粮食流通体制改革实施意见》及《辽宁省国有粮食企业减员分流工作的实施意见》，核定兴城市两年内压缩粮库2个，分流人员20%。年内，经兴城市人民政府批准，压缩粮库2个，设“收储库”9个，分流人员850人，占粮食收储企业在册职工人数的66.6%。

**并轨** 2002年6月，依照辽宁省人民政府制发的《辽宁省国有企业下岗职工基本生活保障向失业保险并轨实施意见》（简称“并轨”），经兴城市人民政府批准，由粮食、劳动、财政等部门共同组织对粮食企业实施“并轨”改革。全系统在册职工2034人，纳入“并轨”1982人。自10月30日始，兴城市粮食、劳动、财政等相关部门按程序陆续向职工发放解除劳动关系经济补偿金和失业保险金1945人，保留职工籍或其他原因待后续办理相关手续37人。至2010年，累计解除劳动关系职工1951人，保留职工籍11人，办理退休或调转20人。

**并库** 2003年，依照辽宁省财政厅、粮食局、农发行《关于全面实施国有粮食购销企业财务管理体制改革的指导意见》（亦称“并库”），兴城粮食购销企业（粮库）11家，确定中心粮库6家。

收纳库5家，分别成为望海、旧门、红崖子3家中心库的财务报账制单位。2004年，5家收纳库调整为统归红崖子中心库管理。

**粮食购销企业改制** 2007年12月，依照国务院和辽宁省人民政府有关推进粮食流通体制机制创新的总体要求，兴城市国有粮食购销企业（粮库）有5家完成改制。其中先租后转让1家（东辛庄粮库）；停业、资产待处置2家（沙后所粮库、望海粮库）；国有控股实施租赁经营1家（旧门粮库）；保留1家，重新组建兴城市红崖子粮食储备库，承担市、县两级地方储备粮承储任务。

### 产权制度改革

1997年1月，根据中共兴城市委、兴城市人民政府关于实施企业产权制度改革的部署，相继出售兴城植物油厂、兴城粮食招待所2家企业资产，买断职工工龄、安置职工247人。至2012年，粮食系统相继出售粮库、公司、工厂等企业资产19宗（其中粮库5宗，工厂和车间3宗，粮店7宗，办公楼3宗，其他1宗）。

## 第二节 粮油购销

### 粮油收购

**粮油合同定购** 1986年，兴城县粮食定购任务27500吨，油料（花生）定购任务1000吨。是年，粮食年度收购合同内定购粮食27865吨，油料（花生）992吨，合同外议购粮食34498吨。

1989年，因遭受严重旱灾，省、市调整核定兴城粮食定购任务8854吨，收购完成入库8854吨。油料定购任务86吨，完成收购入库76吨。

1992年，锦西地区率先放开粮油购、销、调，未核定兴城市粮食合同定购任务。全市粮食企业随行就市进行收购，全年共收购粮食65825吨。

1993年，国务院、辽宁省人民政府确定实行粮食保护价合同定购。锦西市人民政府下发《关于落实1993年粮食经济合同任务的通知》，核定兴城市粮食保护价合同定购任务27000吨。兴城市粮食企业收购粮食（玉米）85315吨。

2004年，国家全面放开粮食市场和价格，形成多渠道、市场主体多元化粮食经营格局，国有粮食购销企业担负主渠道。兴城市国有粮食企业收购粮食32293吨。2005年1月，兴城市开始执行粮食收购市场准入制度和社会粮食收购统计制度。

2011年，兴城市持有“粮食收购许可证”的粮食收购企业和业户19户，全市社会收购粮食量2.3万吨。

2012年，兴城市粮食局审验粮食收购资格，准予继续持证收购的企业和业户12户。注销不具备粮食收购资格的业户7户，新核发业户1户。9月，粮食年度收购量达1.6万吨。

**粮食定购“三挂钩”政策** 从1987年粮食年度开始，国务院决定实行农民向国家交售定购粮奖售平价化肥、柴油和发放预购定金政策（简称粮食定购“三挂钩”政策）。规定每50公斤合同定购粮，奖售化肥3公斤，柴油1.5公斤。预购定金按合同定购粮价款总数的20%发放，在农民交粮时扣回，其利息由中央财政负担。年度内，兴城市奖售化肥（标氮）2600吨，柴油975吨，发放预购定金150.6万元。1989年，国务院决定适当提高合同定购粮食的化肥挂钩标准，其中玉米每50公斤奖售标准化肥10公斤。全市共奖售化肥（标氮）5766吨，柴油和预购定金仍按原标准执行。1990年，粮食定购“三挂钩”政策停止执行。

### 粮食销售

**城镇居民口粮供应** 1986年，城镇居民口粮供应延续按工种以人定量的办法，凭证供应。1992年10月1日，锦西市率先放开粮食购、销、调政策，兴城随之取消城镇居民口粮供应，居民购粮证和粮票停止使用。

1995年，应对市场粮价上涨，兴城市人民政府决定对城乡非农人口低收入居民、离退休干部职工、学校住宿学生等供应粮油。经兴城市总工会、民政局、教委、老干部局统计报表，由兴城市粮食局、财政局核定，全市符合条件的供应人口48000人。由粮食局发放临时供应证。是年6月，在城乡设立17个供应点。至1996年7月，共计供应大米、面粉5300吨，食油105吨。供应粮油差价由兴城市财政给予补贴。

2001年，兴城市停办粮食关系迁移、落户业务。2003年8月，为应对市场食油价格过快上涨，兴城市人民政府决定由粮食部门组织食油80吨，通过天福商城超市投放市场，平抑食油价格。销售食油差价由兴城市财政给予补贴。2005年，兴城市人民政府批准实施《兴城市粮食应急供应预案》，建立粮食应急三级预警机制。为应对粮食应急供应，兴城市建立县级储备水稻700吨，食油100吨。

**军粮供应** 1986年，兴城驻军军粮供应由兴城粮库承担，设立军供组。2000年8月，分劈成立兴城市军粮供应站，担负驻兴城部队、军事单位的粮油供应政策性业务。至2012年，兴城市军粮供应站致力拥军窗口建设，依照军粮供应有关法规、政策，采购、供应优质粮油，为驻兴城部队及军事单位提供优质服务。

**农村粮食返销** 1986年，延续执行对农村缺粮人口及种植经济作物人口按统销价格供应口粮政策，也称“返销粮”。供应返销粮基数，依粮食丰歉增减一年一定。是年，省、市核定兴城返销粮基数7000吨。1989年，因遭受严重自然灾害，核定兴城返销粮基数为1万吨。1990年，核定兴城市返销粮基数2万吨。1992年，粮食政策放开，农村返销粮保量不保价。自1994年始，对农村特困户及受灾缺粮户，由返销粮改为救济粮，民政部门提供救济粮数量，政府确定价格，粮食部门组织粮源，差价及费用由地方财政承担。

**商品粮销售** 粮食企业商品粮销售，包括国家调拨及完成定购任务和国家调拨之外的粮食经营(亦称议价经营)。1986年，兴城县粮食系统销售粮食总量123158吨，其中议价经营粮86608吨，其利润按3:7与财政分成，即企业留30%，缴地方财政70%。1992年，兴城市放开粮食购、销、调，粮食销售为商品粮市场化销售。至2007年末，粮食企业商品粮销售量累计166.66万吨。其中东辛庄粮库累计销售商品粮53万吨，创利税920万元，实现连续20年盈利，被辽宁省人民政府授予“小巨人”企业荣誉称号。2011~2012年，执行国家关于粮食市场放开政策。兴城境内粮食销售均实行市场化经营。粮食主管部门依照《粮食流通管理条例》等相关法规及兴城市人民政府制定的《兴城市粮食应急供应预案》，实施粮食市场宏观监控。

## 第三节 粮油加工

**兴城市粮油加工厂** 系国有粮油加工企业，专业加工供应居民口粮玉米面、高粱米、大米、豆油。1986 年，粮油加工总量 14021 吨，产值 159 万元，利润 40 万元。1992 年 10 月 1 日始，居民口粮停供，粮油加工厂停产。2010 年 7 月，经兴城市人民政府决定，粮油加工厂资产出售。2012 年，兴城境内无规模以上粮油加工企业。

**兴城植物油厂** 系国有油脂生产、经营性企业。1984 年，国家商业部拨贷款投资 693 万元建厂，占地面积 38104 平方米，以浸出工艺生产大豆油、花生油。1987 年 7 月竣工投产。年末，加工大豆 2000 吨，生产豆油 270 吨。至 1996 年，累计加工大豆 9 万吨，生产豆油 1.3 万吨，豆粕 7 万吨，产值 8900 万元。植物油厂累计负债 3256 万元，资产负债率 141.5%。1997 年 1 月，实施产权制度改革，资产整体出售。

**兴城市饲料公司** 系集生产、经营饲料为一体的国有企业。1986 年，生产配混饲料 5000 吨，产值 159 万元，生产、经营获利计 20 万元。1992 年 10 月 1 日，粮食政策放开，不再向企业调拨平价饲料加工原料，饲料生产即停产。1999 年 8 月，饲料公司铁北院厂房、设备租赁给辽宁禾丰牧业股份有限公司兴城分公司。2004 年 8 月，出售给辽宁禾丰牧业股份有限公司。

## 第四节　粮油储备

1986 年，兴城县承储储备粮油 5350 吨（其中小麦 5300 吨，食油 50 吨），系属国家储备，分别存储在兴城粮库、东辛庄粮库、旧门粮库。

1990 年 9 月，国务院决定建立国家专项粮食储备体制。兴城市承储的粮油 5350 吨，列入国家专项储备。

1994 年，增加承储省级地方储备粮（玉米）5352 吨，存储于兴城粮库。兴城市承储国家和省级储备粮油计 10702 吨。

1995 年，兴城市粮库被国家粮食局定为辽宁兴城国家粮食储备库。库区总占地面积 13.2 万平方米，储粮容量 5 万吨。配备铁路专用线 1000 延长米，粮食烘干塔 1 套及其他储、保粮配套设施、设备。是年，承储国家、省级储备粮油计 6300 吨。2000 年 5 月，经国家计委批准立项改扩建，工程总投资 1420 万元，总储粮能力扩展为 10 万吨。2002 年 9 月投入使用。

1996 年 5 月，兴城市东辛庄粮库经辽宁省粮食局批准为辽宁省兴城东辛庄粮食储备库。库区总占地面积 7.5 万平方米，储粮容量 3 万吨。配备粮食烘干塔 1 套及其他储、保粮配套设施、设备。是年，东辛庄粮库承储国家和省级地方储备粮 1.4 万吨。

2004 年 9 月，兴城市人民政府批准建立兴城地方储备粮（玉米）6000 吨。12 月，按照国家计委等五部委《关于明确部分新建粮库为中国储备粮管理总公司直属库的通知》，兴城市粮库上收为中央储备粮兴城直属库。资产全部无偿上划，管理权上收。是年，中储粮兴城直属库承储国家储备粮 5 万吨。

2008 年，为应对粮食应急供应，增强粮食市场宏观调控能力，按照省、市人民政府要求，兴城市人民政府批准建立地方储备食油 100 吨，储备大米 500 吨（折储水稻 700 吨）。2009 年 1 月，经兴城市人民政府决定，东辛庄粮库有偿转让给中储粮辽宁分公司兴城直属库。

2010 年，兴城市县级地方储备粮 6700 吨（其中玉米 6000 吨、水稻 700 吨），由兴城市红崖子粮食储备库承储 4700 吨，旧门粮库代储 2000 吨。储备食油 100 吨，委托兴城市军粮供应站代储。

2011 年，兴城市人民政府决定增加兴城市县级地方储备成品粮 200 吨（其中大米 100 吨、面粉100吨），委托市军粮供应站承储。10月，依据兴城市人民政府指令，完成存储到期的储备原粮6700吨（其中玉米6000吨、水稻700吨）轮换出库任务。

2012年1月，兴城市县级地方粮食储备完成轮换出库的储备玉米6000吨、水稻700吨的新粮收购。5月末，全部晾晒达到储藏安全水分和质量标准，入仓存储。年末，兴城市粮油储备总量6900吨，其中葫芦岛市级储备玉米3500吨，兴城市县级储备玉米2500吨，水稻700吨，食油100吨，成品粮（大米、面粉）100吨。

### 储粮基础设施建设

2011年，经辽宁省发展改革委员会、辽宁省农村工作委员会批准，兴城市争取粮食流通业基础设施建设专项资金90万元，其中工程投资50万元，用于红崖子粮食储备库新建储粮立桶仓4座，容量共1000吨；工程投资40万元，用于兴城市军粮供应站改造储备成品粮库房520平方米。是年，兴城市启动农户科学储粮仓入户安装工程，推广钢制矩形储粮仓。粮仓单仓容积12立方米，可穗储玉米5000公斤，粒储玉米6000公斤。兴城市粮食主管部门在红崖子、旧门、白塔3个满族乡入户安装1600个。年内，全市建设农户科学储粮仓2000个，获国家及省补贴资金360万元。

2012年，兴城市向辽宁省发展改革委员会、辽宁省农村工作委员会争取粮食流通业基础设施建设专项资金140万元。其中用于红崖子粮食储备库实施储粮基础设施改造项目3项，用于军粮供应站修缮储备成品粮设施项目1项。年内，建设农户科学储粮仓2000个，在红崖子、海滨、望海、旧门、南大山、曹庄、沙后所、郭家8个乡镇入户安装，获国家和省补贴资金360万元。

## 第五节　粮食流通管理

1986年，延续执行完成国家定购任务后实行多渠道经营政策，粮食流通管理重点控制征购期间粮食收购市场。

1998年6月，国务院颁布实施《粮食收购条例》。依照《条例》规定，在定购粮征购期间（一般为每年的10月至次年2月），兴城市人民政府责成工商、物价、公安、粮食等部门联合组成粮食稽查队，对违规收购、运输粮食的行为进行查处。

2005年1月，兴城市粮食贸易总公司（粮食局）依据相关粮食法规，经授权履行粮食流通监督检查行政管理职能。

2006年7月，兴城市机构编制委员会批复恢复兴城市粮食局，担负兴城市区域内粮食流通监督检查职能。成立兴城市粮食监察大队，行使粮食行政执法职权。成立兴城市粮油检验监测站，担负兴城境内粮食生产、流通各环节粮油质量检验监测职能。

2010年，经辽宁省粮食主管部门培训，兴城市持有“粮食监督检查证”执法人员6人。兴城市粮食局相继开展粮食收购市场准入审核发证并进行年审和随机检查，免费为涉粮企业核发“粮食收购许可证”26户。开展储备粮专项检查和粮食质量专项检查，对粮食收获质量进行调查和质量测报，同时开展社会粮食流通统计和检查等行政执法活动。

2011年4月，按照辽宁省粮食局《关于开展2011年全省粮食库存检查工作的通知》，兴城市粮食局对红崖子粮食储备库和军粮供应站的库存粮食进行全面检查。6月，对兴城储备的食用植物油进行实地检验、测量，并接受辽宁省发改委、农委、财政厅、农发行等部门的复查、检验，均达标。年内，兴城市粮食局对全市 57 户粮食收购业户进行监督检查。

2012 年，兴城市粮食局开展 2011~2012 年粮食年度粮食收购常态监督检查，共检查粮食收购企业和业户 19 户，依法对不具备收购资格的 7 个业户予以注销，收回“粮食收购许可证”。5 月，纪念《粮食流通管理条例》颁布实施 8 周年，开展以“小麦粉的营养与健康”为主题的粮食科技宣传周活动。年内，新核发“粮食收购许可证”业户 1 户。至 9 月末，兴城市境内具备粮食收购资格并持证企业和业户共 13 户。

### 粮油质量检验监测体系建设

2011 年 9 月，兴城市启动粮油质量检验监测站建设。该站址位于河东路翰林园，为新建两层门市楼房，建筑面积 279 平方米，系粮食局追讨债权所形成的资产。兴城市人民政府投资 56 万元，于 11 月按国家规定标准，完成改造、装修及设备购置安装。2012 年 3 月，经辽宁省质监局、粮食局等部门验收，具备粮油质量检测资质。

表 8-4-1

**1986~2012 年粮食购、销、储情况**

单位：吨

| 年份 | 粮食收购 | 粮食销售 | 粮油储备 |
|---|---|---|---|
| 1986 | 62363 | 123158 | 5350 |
| 1987 | 49633 | 124354 | 5350 |
| 1988 | 79179 | 138624 | 5350 |
| 1989 | 44657 | 115631 | 5350 |
| 1990 | 69085 | 110971 | 5350 |
| 1991 | 69048 | 121870 | 5350 |
| 1992 | 65825 | 133192 | 5350 |
| 1993 | 85315 | 76560 | 5350 |
| 1994 | 54781 | 34725 | 10702 |
| 1995 | 40511 | 37563 | 13431 |
| 1996 | 73157 | 29724 | 27350 |
| 1997 | 67037 | 57389 | 49500 |
| 1998 | 42598 | 8281 | 50520 |
| 1999 | 111667 | 87944 | 49170 |
| 2000 | 106000 | 145000 | 49170 |
| 2001 | 48195 | 30935 | 49170 |
| 2002 | 51212 | 98710 | 57670 |
| 2003 | 75489 | 86121 | 56820 |
| 2004 | 32293 | 19411 | 65200 |
| 2005 | 26600 | 29129 | 27200 |
| 2006 | 23300 | 47034 | 27200 |

续表 8-4-1

| 年份 | 粮食收购 | 粮食销售 | 粮油储备 |
|---|---|---|---|
| 2007 | 37720 | 10300 | 6700 |
| 2008 | 56932 | —— | 6700 |
| 2009 | 55000 | —— | 6800 |
| 2010 | 17400 | —— | 6800 |
| 2011 | —— | —— | 6800 |
| 2012 | —— | —— | 6900 |

注：1. 粮食收购：1986~2004 年为粮食企业收购数据；2005~2010 年为兴城社会粮食收购数据。

2. 粮食销售：表中均为国有粮食企业销售数据，社会销售粮食部门未作统计。

3. 粮油储备：1986~2006 年为国家、省级储备数据；2007~2012 年为市、县两级地方储备数据。

# 第五章　盐业经营

兴城近海滩涂平阔，海水浓度在 2.5~3.5 波美度之间。历年春、夏、秋三季日照充足，筑滩采制海盐有着悠久历史。改革开放以后，兴城沿海乡镇相继开拓盐场，采盐生产由人工平晒，逐步发展为半机械化塑晒，海盐质量、产量不断提高。盐政管理也不断完善，海盐生产一度成为发展兴城经济的重要产业。

## 第一节　盐业营销

### 采盐

1986 年，兴城县境内共有采盐企业 10 家，其中国有盐场 1 家，为锦州盐场沙坨子分场。乡镇开办盐场 9 家，分别为海滨第一盐场、海滨第二盐场、海滨盐场、项家盐场、望海盐场、刘台子盐场、沙后所镇五里盐场、曹庄盐场、曹庄满族乡卧牛寺盐场。盐滩田总面积 814 万平方米，年生产原盐 6300 吨。

1990 年，海滨满族乡新建第三盐场，滩田面积 100 万平方米，年生产能力 6000 吨。全市乡(镇)、村开办盐场 13 家，年生产原盐 10871 吨。

1996 年，兴城市沿海乡（镇）、村陆续开垦盐田，建成大小盐场 25 家，滩田总面积达 1032.3 万平方米，其中平晒面积 566.1 万平方米，塑晒面积 466.2 万平方米。滩田面积在 100 万平方米的有海滨第一盐场、第二盐场、第三盐场等。年产 3000 吨以上有 4 家，海滨第一盐场 7500 吨，海滨第二盐场 6500 吨，海滨第三盐场 5500 吨，望海盐场 3500 吨。全年，全市原盐总产量 35800 吨。

2000年，随着海水和井盐水养殖业的发展，一些盐场滩田陆续改作养殖场，仅剩零星分散的小盐场9家。

2005年，沿海乡镇陆续开垦滩田，全市小盐场19家。兴城市盐务管理局将小盐场进行重组，成立兴城市昌盛工业盐有限公司，采用先进的生产技术和科学的经营管理方式，合理开发利用盐业资源。是年，生产原盐15000吨。

## 营销

盐产品属特殊商品，食盐由国家实行指令性专营。1986年，兴城县盐务管理处下设批发部，专营食盐批发。

1987年，盐务处归属商业局，撤销批发部，食盐批发业务并入副食品公司。

1997年，从兴城市副食品公司分流成立兴城市盐业公司，为兴城食盐专营机构。

2005年，兴城市盐业公司改制为兴城市盐业有限责任公司，对食盐实施市场化专营，在兴城市城乡设批发网点23个，批发兼零售食盐。

2010年，盐业公司累计食盐营销量24239吨，利税132.5万元。

2011年，销售食盐1500吨，销售额200万元，上缴税金10万元。

2012年，销售食盐1206吨，销售额205万元，上缴税金11万元，完成利润9万元。

### 1998~2012年兴城市食盐营销情况

表8-5-1　　单位：吨、万元

| 年　度 | 经营量 | 营业收入 | 利　润 | 税　金 |
|---|---|---|---|---|
| 1998 | 1171 | 91 | 3 | 12 |
| 1999 | 2813 | 110 | 2.1 | 9.54 |
| 2000 | 1063 | 112 | 0.5 | 7.27 |
| 2001 | 1805 | 129 | 0.087 | 8.80 |
| 2002 | 2690 | 173 | 0.38 | 7.53 |
| 2003 | 2655 | 154 | 0.07 | 7.04 |
| 2004 | 1397 | 175 | 0.07 | 7 |
| 2005 | 1981 | 197 | 0 | 8.88 |
| 2006 | 2347 | 198 | 0 | 8.62 |
| 2007 | 1616 | 169 | 0.37 | 9.37 |
| 2008 | 1710 | 197 | 0.5 | 11.7 |
| 2009 | 1571 | 178 | 8.2 | 10 |
| 2010 | 1420 | 172 | 1 | 8.5 |
| 2011 | 1500 | 200 | — | 10 |
| 2012 | 1206 | 205 | 9 | 11 |

## 第二节 盐政管理

兴城地区的盐业生产与销售，一直由兴城盐务管理处负责。1987 年 7 月，兴城市盐务管理处由兴城市税务局划归兴城市商业局。1998 年，兴城市盐务管理处及所属公司人员、资产一并移交辽宁省盐务管理局，成立辽宁省盐业公司兴城分公司。2003 年，辽宁省盐业公司兴城分公司复归兴城市，改称兴城市盐务管理局（简称盐务局），隶属兴城市经济贸易发展局。盐务局内设生产专营管理科、盐政稽查大队，专门负责盐业生产销售、盐政管理、盐务稽查等职能。

1990 年以后，国务院先后颁布《盐业管理条例》《食盐加碘消除碘缺乏危害管理条例》《食盐专营办法》，国家轻工业部和辽宁省人民政府也相继颁布实施《盐业行政执法办法》。依照有关法律法规，兴城市盐务管理局依法开展盐业生产、销售管理，对兴城市辖区内盐业市场实施监督和质量监测。

2007 年 5 月，兴城市盐务局在东辛庄公安分局协助下，端掉一个私自购进、贩卖食盐的窝点，对 7 吨私盐依法予以没收，并处罚金 5000 元。至 2010 年，查处盐业违法案件累计 120 件，没收非法盐品 300 吨，收缴罚款 3 万元。

2010 年，兴城市盐务管理局组织稽查人员坚持对全市食盐批发零售单位进行宣传和检查。重点对全市中小学、幼儿园食堂和农村的食盐批发部、集市进行检查，有效杜绝假盐、不合格食盐在境内流通。

2011 年，受日本“3·11”强烈地震引发的核泄漏事件影响，兴城市出现抢购食盐风波。特别是 3 月 17 日，约 700 人涌进兴城市盐务管理局抢购食盐。面对紧急情况，为保证居民买到食盐，兴城市盐务管理局迅速从大连复州湾盐厂调进 120 吨食盐。兴城市盐业有限责任公司特在市内设立两个食盐销售点，农村设 33 个销售点。同时，盐政稽查队与物价部门深入到各市场、批发部进行检查，打击囤积居奇和哄抬物价等违法行为，使食盐市场实现平稳，食盐供求恢复正常。

2012 年，兴城市盐务管理局加大对全市食盐批发零售网店管理力度，重点对农村食品批发部、集市食品点的检查，防止假盐、不合格盐流入市场。

# 第六章 物资经营

1987 年 1 月，兴城县物资局改称兴城市物资总公司。担负兴城区域内执行物资计划、调配、供应及管理等职能，辖属企业 11 家。1998 年 3 月，兴城市进行机构改革，兴城市物资总公司撤销，与兴城市商业局合并组建兴城市商贸国有资产经营公司。

## 第一节 经营体制

1986 年，兴城县物资局在所属物资公司实行经营承包责任制。把原由公司统一管理、统一核算的科、站划分成化轻、机电、建材、水泥、东辛庄物资站5个二级独立核算单位，实行承包管理，自主经营。年末，全县物资系统实现销售额907万元，比1985年增长17.3%。实现利润25.2万元，比1985年增长20%。

1987年，兴城市物资总公司在全系统11家企业全面推行经营承包责任制。1988年，兴城市物资总公司对所属亏损企业兴城市物资生产资料公司（简称物生公司）实行租赁经营。总公司与承租人签署租赁合同，承租人将经济指标分解，分别与职工签订合同。年末，物生公司扭亏为盈，实现销售额400万元，获纯利润11万元。1989年，兴城市化轻机电建材公司（简称化机公司）实施双向选择竞争上岗机制，在物资系统率先实行“破三铁”，即破中层干部的“铁交椅”，实行招标、竞争上岗；破业务人员的“铁饭碗”，实行将点兵、兵选将的双向选择；打破分配上的“大锅饭”，实行百元利润工资含量。年末，化机公司创利润32.7万元，超额完成年度计划承包指标。

1991年，兴城市燃料公司实施行政科室目标管理，业务科室指标承包，液化气站和7个煤场实行独立核算、自主经营等不同方式的经营机制。年末，实现利润46.6万元。1993年，兴城市金属材料公司（简称金属公司）将业务科一分为三，成立3个经营处，分别由公司3名副经理带职承包。年末，金属公司完成销售额4029万元，占全系统当年销售额的56%，实现利润13.2万元。

1997年，依照中共兴城市委、兴城市人民政府《关于企业产权制度改革的若干意见》，先期出售兴城市金属回收公司、兴城市木材公司、兴城市燃料公司、兴城市金属材料公司4家企业资产。至2010年，相继出售兴城市建筑材料公司、兴城化工材料公司、兴城市机电设备公司、兴城市农房物资经销公司、兴城市生产资料服务公司、兴城市兴华物资经销公司及兴城市东辛庄物资供应站7家企业资产。物资系统所属国有企业11家、经营网点9个，资产全部出售，变现资金1600万元，全部用于1071名职工安置、补交养老保险金以及偿还银行部分贷款债务等。

## 第二节　物资购销

1986年，物资购销延续实行计划内调拨为主、计划外自采为辅的“双轨制”运营方式。是年，五大物资品种购进情况如下表。

### 1986年兴城五大物资购进情况

表8-6-1

| 品　种 | 计量单位 | 购进总量 | 计划内 | | 计划外 | |
|---|---|---|---|---|---|---|
| | | | 购进量 | 比例 | 购进量 | 比例 |
| 煤炭 | 吨 | 147058 | 117300 | 80% | 29758 | 20% |
| 木材 | 立方米 | 16093 | 5355 | 33% | 10738 | 67% |
| 钢材 | 吨 | 4670 | 2303 | 49% | 2367 | 51% |
| 水泥 | 吨 | 16767 | 6649 | 40% | 10118 | 60% |
| 玻璃 | 标箱 | 10236 | 4486 | 44% | 5750 | 56% |

1988年，全市国有物资企业11家，销售煤炭112472吨，木材17488立方米，钢材7193吨，水泥20559吨，玻璃17178标箱。全系统实现销售额5651万元，获利润172.1万元。4月，国家将

煤炭补贴由暗补改为明补。1989 年，国有物资企业煤炭、木材、钢材、水泥、玻璃五大主要品种仍保有一定销量。全年，销售汽车 55 辆。至 1994 年，累计销售汽车 512 辆。

1992 年，物资销售量呈下降趋势，由于价格因素销售收入 7759 万元，而利润额全系统仅有 1 万元。1993 年，国家实施计划内、外物资价格并轨，物资购销实行市场调节、市场主体多元化经营。国有物资企业在激烈的市场竞争中，同民营、个体相比处于劣势，购销量锐减，经营日趋萎缩，市场占有率 13%。是年，国有物资企业 11 家，仅 1 家盈利，亏损总额 60.7 万元。

1996 年，国有物资企业销售额 939 万元，亏损额 516.8 万元。1997 年，物资企业实施产权制度改革，陆续退出物资经销市场。

1986~1996 年兴城物资销售情况

表 8-6-2　　单位：万元

| 年 份 | 销售额 | 利 润 |
|---|---|---|
| 1986 | 2450.8 | 72 |
| 1987 | 2958.6 | 87.6 |
| 1988 | 5651 | 172.1 |
| 1989 | 6162 | 120 |
| 1990 | 6562 | 57.8 |
| 1991 | 7759 | 92.7 |
| 1992 | 7759 | 1 |
| 1993 | 7177 | −60.7 |
| 1994 | 2247 | −188 |
| 1995 | 1491 | −523.6 |
| 1996 | 939 | −516.8 |

## 第三节 物资管理

1986 年，国家仍实行物资统配政策，执行计划内、外价格“双轨制”，以计划内为主，计划外为辅。兴城县对煤炭、木材、钢材、水泥、玻璃等主要物资，由计划部门按生产、生活所需，下达分配指标，物资部门负责组织调拨、供应。

1993 年，国家实行物资计划内、外价格并轨，原由国家统一调配的物资全部放开。对煤炭、废金属市场实施宏观调控。

1998 年 3 月，商业、物资机构合并，物资管理由兴城市商贸国有资产经营公司（后改称兴城市商业局）统管。

### 煤炭市场管理

1998 年，兴城市商贸国有资产经营公司为规范煤炭市场资产秩序，利用原兴城市燃料公司西关煤场闲置的储煤场地（占地 1.7 万平方米）、铁路专用线、地中衡等设施，开办煤炭经营市场，吸纳进场经营业户 25 户。

2003 年，兴城市商业局依照《中华人民共和国煤炭法》、国家经贸委发布的《煤炭经营管理办法》和辽宁省人民政府发布的《辽宁省煤炭经营资格审查暂行管理办法》，承办兴城区域内煤炭市场经营资格初审，报葫芦岛市商业局核发煤炭经营许可证。是年，兴城市城乡持证经营煤炭业户 50 户。兴城市商业局结合“煤炭经营许可证”年度检验，对无证经营或一证多点以及擅离经营地点、异地经营的违法经营行为依法予以查处。

2005 年，兴城市商业局重点监管市区煤炭经营业户集中的西关煤场，组织成立由监管人员和业户代表参加的煤炭市场管理委员会。年内，对城乡 50 户煤炭经营场点进行全面检查，依法查处违法经营业户 12 户。

2007 年，兴城市商业局按照辽宁省煤炭工业管理局《关于调整煤炭经营资格登记内容换发新版煤炭经营资格证的通知》，指导和帮助 43 户业户整理、备齐换发新版煤炭经营资格所需数据，上报辽宁省煤炭管理办公室后，全部获批换发新证。

2008 年，兴城市城乡煤炭经营业户 42 户，经审核全部具备煤炭经营资格。兴城市商业局在实施煤炭市场监管中，依法查处违法经营行为 10 起，取缔无证经营业者 8 个。

2010 年，兴城市城乡煤炭经营业户 40 户，经年检全部合格。是年，兴城市商业局开展煤炭市场专项整顿，依法查处违法煤炭经营行为 15 起，处以罚款 20700 元。

2012 年，查处煤炭经营违法业户 11 户，罚款 2.2 万元。

### 废金属管理

1986 年，依照《辽宁省废金属管理暂行规定》，兴城县金属回收公司专营报废汽车回收。其他废金属回收，金属回收公司管辖以外的站、点，须经审核办理“废金属经营许可证”方可经营。至 2000 年，兴城市金属回收公司累计回收报废汽车 900 辆，拆解后，废钢铁定点销往辽宁省凌源钢厂、本溪钢厂。

2001 年 6 月 16 日，依照国务院颁布的《报废汽车回收管理办法》，葫芦岛市各县（市）区报废汽车回收业务归葫芦岛市金属回收公司统一办理，兴城市金属回收公司停办该项业务。其他废金属回收管理，仍由兴城市商业主管部门办理审核和发放“废金属经营许可证”。

2005 年，兴城区域内持证经营废金属站点 60 个。兴城市商业局逐个对经营许可证进行审验并实地重点抽查站点经营情况。

2008 年，兴城市持证经营废金属站点 80 个。兴城市商业局按照商务部关于对再生资源回收经营者备案登记的要求，逐户进行经营资格认证、登记备案和发放登记证。

# 第七章　医药商业

1986 年，兴城县医药公司为国有三级批发企业。1987 年 1 月，改称兴城市医药公司，受锦州市医药管理局和兴城市人民政府双重领导。1989 年 6 月，隶属锦西市（后改称葫芦岛市）医药管理局。2000 年，由葫芦岛市医药公司托管。2003 年 9 月，企业“并轨”，由葫芦岛市国有资产管理委员会管辖。2007 年 8 月 7 日，葫芦岛市人民政府将兴城市医药公司资产出让。

## 第一节 经营体制

1986 年，兴城县医药公司在兴城独家经营医药商品批发业务，下设批发部 3 个。主要经营范围有西药、中成药、中药材、医疗器械、医用玻璃制品、化学试剂 6 大类，品种 3870 种。

1990 年，医药商品开始打破国营医药企业独家经营格局，步入市场化经营。兴城市医药公司发挥国营医药商业主渠道作用，采取走访客户、掌握需求、优质服务、送货上门等措施，赢得经营主动权。全年，药品销售额实现 1400 万元，比 1989 年增长 3%。1991 年，兴城市医药公司实行经济指标承包经营。全年，完成医药商品销售额 1500.4 万元，比承包指标增长 11.14%。完成利润 93.2 万元，比承包指标增长 16.5%。

1997 年，兴城市医药公司实行内部条块分割的改组改制举措，将原中西药合营分割为中西药分营，增设新特药科，自筹资金组织货源，分流人员，减轻企业负担。全年，实现医药商品销售额 1175 万元，比 1996 年增长 14.5%，比 1996 年减亏 20.8 万元。

2003 年 9 月，兴城市医药公司资产划归葫芦岛市国有资产管理委员会。2007 年 8 月，资产出让给原公司法人代表，仍保留企业名称，担负医药批发业务。

## 第二节 药品购销

### 医药商品购销

1986 年7 月 1 日，经上级批准，兴城县医药公司增加经营化学试剂品种。经营医药商品种类达 6 大类 3870 种，实现医药商品系列化。全年，医药商品购进完成 868.8 万元，销售完成 902.4 万元，实现利润 60 万元。1988 年，医药商品销售额首次突破千万，达 1278 万元，实现利润 105 万元，被辽宁省人民政府命名为先进企业。

1989 年，在市场滑坡、资金紧张、客户严重外流的情况下，兴城市医药公司打破传统经营方式，调整与各医疗院（所）的分配利益，对农村卫生院（所）实行全额或部分让利，控制外流。对区外院（所）实行部分让利，吸引区外流入。是年，完成医药商品销售额 1362 万元，实现利润 89 万元。

1992 年，兴城市医药公司实施“品种全、质量好、服务优、价格廉”经营策略，完成医药商品销售额 1621 万元，实现利税 146.1 万元。

1994 年，兴城市医药公司完成医药商品销售额 1310 万元，在完成各项税收后亏损 87.5 万元。至 1999 年，连续 5 年亏损，总额计 283.2 万元。

2000 年，兴城市医药公司实施集约化经营，加大市场开发力度，扩大零售业务，完成医药商品销售额 2098 万元，实现利税 76.1 万元，企业扭亏为盈。

2001 年，受医药商品市场经营主体多元化影响，兴城市医药公司医药商品销售额呈下降趋势，销售额为1526万元。2002年，销售额为1084.6万元。2003年，仅557万元。至2010年，医药商品销售额每年均未超过600万元。

2012年，医药市场全面放开，全国各医药批发企业物流配送纵横交错，药品销售市场逐渐被分割。是年，医药公司药品销售额为800多万元，仅占兴城市医药市场销售的1/10。

## 中药材收购

1988年，兴城市医药公司辖属药材收购站实行集体承包，制定中药材收购奖惩和超收分成办法，收购量大幅度增长。是年，收购中药材49种129056公斤，总值103.7万元，比1987年增长2.05倍；盈利12.5万元，比1987年增长13.8倍。1992年始，收购业务停止。

## 医药零售点

**医药公司网点** 1986年，兴城县医药公司辖属零售药店2家：鼓楼药店、康复药店。1996年，斥资4万元开设南门外大药店，城区零售网点3家。

1998年，兴城市医药公司与医药主管部门协调，增设7家零售药店，公司辖属零售药店10家。1999年，医药公司陆续新开设3家药房。兴城地区国营药房（店）13家，初步形成连锁格局。

2001年，兴城市医药公司先后投资10万元，在市区内新开设零售药店8家，在农村15个乡镇新开设零售药店。公司对辖属零售药店实行统一商号、统一标志、统一配送药品、统一质量标准、统一销售价格、统一管理制度。

2002年，兴城市医药公司顺应医药市场发展的需求，实现零售医药商业企业规模化、集约化、规范化经营管理模式。经辽宁省医药监督管理局批准，将市区零售药房（店）15家、乡镇委托批发站20家，转为兴城益寿堂医药连锁店。

2007年，兴城市医药公司转让后名称不变，其辖属35家连锁店相继改制为民营。

2012年，兴城市医药公司所属的药房有医药公司大药房和南关药房、西关药房。

**“成大方圆”兴城连锁店** 2001年11月12日，辽宁成大方圆医药连锁有限公司兴城分店成立。该店位于兴海南街路南轻工市场西侧，店堂营业面积220平方米。经营各种药品、医疗器械及保健品3000余种，为兴城市“医疗保险定点药店”。是年12月，开设东山分店。2003年5月，辽宁成大方圆兴城分店通过GSP认证，并先后被评为“诚信守法经营单位”和“消费者满意单位”。2004年，经招标，辽宁成大方圆兴城分店成为兴城农村药品供应网络的配送主体。2012年，辽宁成大方圆医药连锁有限公司在兴城城乡开设分店11家。

## 农村“两网”建设

2003年11月，兴城市药品监督管理局依照辽宁省药品监督管理局要求，启动兴城农村药品供应网络和监督网络建设（简称“两网”）。制定“两网”建设实施方案，公开招标药品供货商，确定乡镇街道卫生院为“两网”药品统一配货站。聘请药品监督员、药品协管员、药情信息员。2004年，兴城市药品监督管理局聘请药品监督员11人，药品协管员51人和药情信息员242人，组成农村三级药品监督网络。2005年，兴城市农村监督网络覆盖率实现100%。

2008年，经审核确定兴城市医药公司、葫芦岛医药物资有限公司、沈阳华卫医药有限公司、沈阳铸盈药业有限公司4家药品批发企业为兴城全市农村药品“网络”建设配货主体。

2012年，兴城市药品经营企业98家，其中批发企业1家（兴城市医药公司），零售企业（药房、店）97家。市内零售药房（店）39家，农村零售药房（店）58家，药品零售网点遍布兴城城乡。

## 第三节 药品质量监管

1986年12月31日，兴城县医药公司根据国家卫生部《关于监督销毁淘汰药品的通知》和锦州市医药管理局《关于销毁127种淘汰药品的通知》，将清理出的小儿退热片等13种淘汰药全部销毁。

1989年，兴城市医药公司成立质检、运输、保管“三结合”的验收组，对入库药品质量、数量、包装及批准文号、商标、出厂日期等进行认真验收。购进药品46350件，平均库存12000件，药品检验批号4977个，检验率为97.7%，查出药品质量有问题的批号114个，均按规定进行妥善处理。

1992年，兴城市医药公司与工商、卫生等部门密切配合，对兴城区域内经营药械的医疗院所、供销合作社和个体诊所进行彻底清查。先后清查农村卫生院46个，村级卫生所45个，供销社网点46个，个体诊所9个。查出并没收假冒伪劣药械82种，价值18061元。查封非法开业诊所1个。对查没的假冒伪劣药品、药械收缴后予以集中销毁。在市内繁华区域进行“假冒伪劣药品展览”，宣传假冒伪劣药品的危害，向公众介绍鉴别方法。兴城市医药公司购进药品3079笔、43722件，价值1123万元。其中因质量问题拒收97笔，价值32万元。被辽宁省医药管理局评为“质量管理先进单位”。

1994年，兴城市医药公司针对伪劣药品充斥市场，消费者对药品质量强烈不满的情况，重新制定、完善规章制度，落实责任到人头。严格进货渠道，不采购县级以下药厂生产的药品，只购进大厂家的名牌产品。

### 药品仓储管理

1988年，兴城市医药公司共有药品仓库11个，库房建筑面积3774平方米，年平均储存量11066件310吨。仓库管理形成制度化、商品养护科学化、商品储存档案化，被辽宁省人民政府授予“四好库”。1990年，兴城市医药公司药品仓库连续两年被国家中医药管理局评为“国家医药商业企业四好仓库”。1991年，跨入全国中药商业企业二级库房先进行列。

1991年7月29日，兴城市遭受特大暴雨袭击，兴城市医药公司11个药品仓库被淹，全公司干部职工冒雨涉水抢险护库，从洪水中抢救出上百万元的药品。大雨过后，全力清理库存药品，恢复正常营业。

1993年，兴城市医药公司自筹资金450万元，将原处于低洼处的1630平方米普通平房仓库改建成5层现代化的药品仓储大楼，总建筑面积3081平方米。楼内设中药、西药品和医疗器械等库房9个，医药商品实现立体化存储。

### 医药商业基础管理

1986年，兴城县医药公司试行西药片剂、针剂计算机开票调拨获得成功。7月，又购置PC-9801FC彩色电子计算机1台和日本佳能NP-155复印机1台，将3个批发部的医药商品输入电子计算机内，共5257种。

1988年，兴城市医药公司以争创地区同行业经营、管理、质量“三个一流”为目标，开展四级批发“五上门”（开票上门、送货上门、调剂余缺上门、征求意见上门、结算上门）优质服务活动，推动各项工作位居全省同行业上游，被辽宁省人民政府命名为省级先进企业。

1990年，兴城市医药公司配合物价管理等部门整顿兴城境内医药市场价格，抽查药品876种，价格正确的有744种，占抽查品种的84.9%。是年，被辽宁省医药企业管理协会命名为企业管理优秀单位。

1999年，兴城市医药公司开展“满意在医药，服务创一流”活动。年内，13家国有零售药店销售收入突破600万元。

2003年，“非典”发生期间，兴城市医药公司全力安排防“非典”药品和医疗器械的计划、储备和调动。兴城医药公司所辖益寿堂中心店、兴海分店、康复分店等零售药店延长营业时间至零点以后，满足群众对预防“非典”药品的需求。

2005年，兴城市医药公司被葫芦岛市食品药品监督管理局审定为“两网”批发药品供货主体，应用户所需，免费送药上门。全年，为城乡用户送货150次，累计行程1万多公里。

## 依法行政管理

2002年9月25日，兴城市药品监督管理局成立，承担药品质量管理。

2003年，依照辽宁省药品监督管理局《关于做好2003年度药品专项监督检查工作的通知》，兴城市药品监督管理局重点监督检查兴城区域内药品经销企业和医疗机构，销售、使用过期失效药品、篡改生产批号及使用说明书、邮寄药品等行为。年内，检查药品经销企业56家，医疗单位442家。立案查处158件，没收药品价值1.94万元，没收医疗器械价值1.18万元，没收非法所得1万元，罚款金额12万元。2004年，兴城市药品监督管理局查处案件122起，案值金额17.5万元。公开销毁伪劣药品30件，总值10.2万元。

2005年，兴城市药品监督管理局更名为兴城市食品药品监督管理局。是年，进行药品专项整治6次，查处上级交办案件2起，立案查处群众举报投诉案件3起，监督抽检送检药品80批次，发现伪劣药品8批次，没收货值金额6812元，罚没款金额16825元。

2006年，兴城市食品药品监督管理局针对齐齐哈尔第二制药厂（简称“齐二药”）假药危害，在兴城地区查出“齐二药”9个品种2664盒。根据葫芦岛市食品药品监督管理局《转发国家局关于暂停使用和审批鱼腥草注射液等7个注射剂的通知》，对辖区内199家医疗机构和72家药品经营企业进行检查，现场封存鱼腥草注射液522支。按照辽宁省食品药品监督管理局《关于暂停销售、使用克林霉素磷酸酯葡萄糖注射液的紧急通知》，对兴城区域87家药品经营企业和40家医疗机构进行突击检查。对销售、使用上海华源股份有限公司、安徽华源生物药业有限公司生产的克林霉素磷酸酯葡萄糖注射液进行封存，查清来源、去向，对用药发生不良反应的患者进行重点清查。查出涉及此类药品的经营企业3家，医疗机构8家，封存药品55瓶，用药不良反应报告3例。

2007年，兴城市食品药品监督管理局对辖区90家（城内35家，乡镇55家）药品零售企业的药品分类管理进行专项检查。同时，对辖区内通过GSP认证的75家药品零售企业，进行跟踪检查。其中认证满24个月的32家，认证满12个月的43家。

2010年，兴城市食品药品监督管理局强化药品分类管理，专项检查药品零售企业97家（市内39家，乡镇58家）。

# 第八章 石油产品经营

1986年，兴城石油公司隶属中国石化销售公司辽宁省石油公司锦州分公司和兴城县人民政府双重领导，担负兴城区域内石油产品供应业务。1987年1月，改称辽宁省石油总公司兴城市公司。1990年1月，由辽宁省石油公司锦西分公司辖属。1992年3月，更名为辽宁省石油公司兴城市公司。1999年，兴城石油公司划归中国石油天然气集团公司，为兴城地区唯一执行国家石油配置计划职能的单位。2002年4月，正式组建为中国石油天然气股份有限公司辽宁葫芦岛兴城经营部（简称中油兴城经营部），地址位于兴城市铁西区。

## 第一节 经营体制

1986年，石油产品经营延续实行“两统一定”，即统购、统销，定量供应的计划经营模式。1988年，国家调拨汽油、柴油、煤油、润滑油4大类油品8700吨，兴城市油品市场总需求量1.6万吨，缺口7300吨，兴城石油公司自采8282吨弥补缺口，保障供应。

1990年，兴城石油公司实行联销计酬，销售与奖金挂钩，指标承包到科、库、站。1992年，随着计划经济向市场经济转变，打破石油系统独家经营格局，油品销售逐步走向市场，参与市场调节与竞争。兴城石油公司调整经营机制，先后分离出6个独立核算实体。1993年，增加至10个独立核算实体。

1994年，国家取消油品计划供应，石油产品实行市场化经营。是年9月，兴城市成品油整顿办公室组织整顿兴城油品市场，确定各经营单位的成品油货源由兴城石油公司配置。

1995年，兴城石油公司所属12个独立核算实体无一盈利，全公司亏损总额204万元。1996年，将12个严重亏损的独立核算实体撤销和收回，由公司统一核算。改革用工制度，实行人员分流，定岗定编，职工竞聘上岗；改革业务手续制度，实行岗位责任制。

2002年，中油兴城经营部经营管理按中油集团统一部署实施，引入HSE管理体系和内控管理体系，实施规范化科学管理。至2012年，连续26年安全等级事故为零。

## 第二节 产品经营

### 产品营销

1986年，兴城县油品供应偏紧。汽油、柴油、煤油、润滑油（简称“四大油品”）平价指标基本与1985年持平，计划内议价汽油指标比1985年削减1400吨。县石油公司为缓解供需矛盾，支援兴城经济建设，制定自采、节油等措施，保障油品供应。全年，购入油品总量11983吨，其中平价油品8522吨，计划内议价油品1605吨，企业自采油品1856吨，油品销售总量12183吨（含1985年结存）。

1988年，兴城石油公司油库储油区增建容量1000立方米立罐2个。1991年，新建煤油高架罐1个，地下罐2个。1998年，油库改造接卸油品栈桥，由3个鹤位增加到16个鹤位。新建容量2000立方米的内浮顶储油罐2个。

1995年，兴城石油公司油品购销量锐减，经济效益滑坡。全年购入油品5659吨，销售4490吨，实现销售额1017.5万元，亏损总额204万元。

1996年，兴城石油公司探索和调整经营策略，撤销和收回12个严重亏损的独立核算实体。全年，油品购进总量13453吨，销售12469吨，实现销售额2587.3万元，获利润总额138.8万元，经营跃出低谷。

2000年，兴城石油公司发展沿海、城区、农村3条油品终端销售线，抢占油品终端销售市场。全年，油品购进总量40810吨，销售总量39590吨，实现销售额10493万元，获利税总额495万元。在兴城油品销售市场占有率达到86%。

2002年，中油兴城经营部按照中油集团统一部署，组织管内加油站开展"达标创星"活动。兴城加油站、兴海北路加油站分别被评为"二星加油站"和"达标站"。

2004年，中油兴城经营部实施"批发不放、零售快上、形成优势、打造黄金终端"经营策略。整治低效加油站，实行定销量、定人员、定工资、定费用的"四定"承包经营。全年，油品销售总量35055吨。是年，兴城油库担负葫芦岛地区唯一乙醇汽油储运任务，对乙醇汽油调配质量流量计、付油微机等设备进行反复调试，确保乙醇汽油保质保量投放市场。

2007年，中油兴城经营部相继关停海口、兴宁、井河、台里4座低效加油站。全年共完成油品零售量24822吨。

2008年，中油兴城经营部依照新颁实施的《加油站管理规范》，在柴油资源有限的情况下，合理调配资源，控制销售节奏。同兴城市相关部门协调配合，采取指定加油站的方式，保证农耕、客运以及政府特种车辆的用油需求。全年，完成油品零售量32270吨。

2010年，中油兴城经营部克服市场竞争日趋激烈、销售不畅等困难，采取多项积极措施，争取客户，扩销增量。全年，各类油品销售总量30766吨。15座营业加油站中，有四星级加油站1座、三星级加油站2座、一星级加油站6座，其余6座均为达标站。

2012年，中油兴城经营部加大客户开发力度，与兴城市人民政府采购中心签订《兴城市政府2012年机动车辆定点加油项目政府采购合同》，政府所属预算单位机动车辆均统一在经营部所属15座加油站定点加油。全年油品零售量完成40901吨。按照上级公司要求对龙泉、曲河、老边、拣金等加油站实行驻站承包经营。年内，15座营业加油站中，有五星级加油站2座、三星级加油站1座、二星级加油站4座、一星级加油站8座。

## 销售网点

1986年，兴城石油公司下辖油品经营单位5个，分别为兴城油库、沙后所油库、东辛庄油库、海口加油站、综合商店。

1987年，兴城石油公司新建城东加油站。1992年8月，在兴城南河大桥西侧，建成城西加油站；在东辛庄镇井河村，建井河加油站。1993年6月，在沙后所镇南关村建沙后所加油站。

1997年8月，兴城市双树乡双树村与驻福建武警总队融武发展公司联合建双福加油站。11月，福建省游仙县1家企业与兴城市有关单位合资，在双树乡干柴村建福兴加油站。

1998年10月，兴城石油公司在刘台子满族乡龙泉寺码头建龙泉加油站，铺设输油管道800

米，直接为船只靠近码头加油。

1999年6月，兴城石油公司同时在曹庄镇老滩村、海滨满族乡台里村建老滩加油站、台里加油站。7月，在京沈高速公路兴城出口建兴城加油站。8月，租赁沙后所加油站，并实施改造。是年，收购加油站4座，分别为东辛庄满族镇东新加油站、四家屯乡郈家村四海加油站、东辛庄满族镇周石村周石加油站、望海满族乡曲河村曲河加油站。

2000年，兴城石油公司新建加油站2座，分别为市内兴海北路加油站、拣金满族乡拣金加油站。年内，收购加油站3座，分别为位于白塔满族乡老边村农机加油站，改称老边加油站；沙后所镇南关村加油站，更名为烟台河加油站；飞龙石化油品经销公司位于曹庄镇七里村飞龙加油站，更名为七里加油站。是年，菊花岛乡个人投资建越兴加油站。

2004年11月，中油兴城经营部收购围屏加油站。辽宁省石油总公司将所属兴城职训加油站划转中油兴城经营部管理。

2012年，中油兴城经营部收购滨海路加油站。是年，兴城市境内持有油品零售许可证加油站60座，其中中油兴城经营部加油站22座（营业站15座，关停站7座），辽宁方圆加油站5座，中油晋东加油站2座，社会加油站31座。

## 1986~2012年中油兴城经营部购销情况

表8-8-1 单位：吨、万元

| 年 度 | 销售总量 | 销售额 | 利税额 |
|---|---|---|---|
| 1986 | 12183 | 1066 | 84.2 |
| 1987 | 13542 | 1185 | 93.2 |
| 1988 | 14520 | 1271 | 100 |
| 1989 | 13471 | 1340 | 106 |
| 1990 | 14940 | 1602 | 98 |
| 1991 | 17591 | 1886 | 63.8 |
| 1992 | 18196 | 2512.9 | 67.9 |
| 1993 | 13929 | 3224.2 | 87.5 |
| 1994 | 16986 | 3112.5 | 929 |
| 1995 | 4490 | 1017.5 | -123 |
| 1996 | 12469 | 2587.3 | 93.3 |
| 1997 | 34360 | 6883 | 86 |
| 1998 | 39400 | 7059 | 102 |
| 1999 | 57871 | 11426 | 182 |
| 2000 | 39590 | 10493 | 363 |
| 2001 | 27648 | 7237 | -66 |
| 2002 | 24800 | — | — |

续表 8-8-1

| 年　度 | 销售总量 | 销售额 | 利税额 |
|---|---|---|---|
| 2003 | 31219 | — | — |
| 2004 | 35055 | — | — |
| 2005 | 27336 | — | — |
| 2006 | 24221 | — | — |
| 2007 | 24822 | — | — |
| 2008 | 32270 | — | — |
| 2009 | 28876 | — | — |
| 2010 | 30766 | — | — |
| 2011 | 36526 | — | — |
| 2012 | 40901 | — | — |

# 第九章　烟草专卖

兴城市烟草专卖局（营销部）为兴城地区烟草专卖品管理机构，主要负责辖区内的卷烟配送，烟草专卖品流通领域违法案件查处，市场清理整顿，道路稽查及打假、打私，烟草专卖零售许可证发放和管理等职能。依法净化辖区烟草市场，保证烟草行业宏观调控政策的落实，维护烟草专卖管理体制，维护国家和消费者利益。

## 第一节　经营体制

1983 年，国务院颁布《烟草专营条例》，对烟草的产供销实行集中统一管理。1984 年 4 月，兴城县烟草专卖业务从商业局分出，单独设立兴城县烟草专卖局（公司）。1987 年 1 月，改称兴城市烟草专卖局（公司），由辽宁省烟草专卖局（公司）垂直领导。

1992 年 1 月，《中华人民共和国烟草专卖法》颁布实施，烟草经营实行“统一领导、垂直管理、专卖专营”的体制。兴城市烟草专卖局（公司）隶属于锦西市烟草专卖局（公司）直接管辖。

2003 年，实施烟草行业经营管理体制改革，取消县级局（公司）法人资格，兴城市烟草专卖局（公司）更名为兴城市烟草专卖局（营销部）。

2007 年，依照国家烟草专卖管理局《关于进一步深化烟草行业收入分配制度改革的意见》，兴城市烟草专卖局（营销部）实施以定岗、定员、定薪“三定”为重点的用工制度改革。

2012 年，兴城市烟草专卖局（营销部）配送货范围遍及兴城 27 个乡镇街道，拥有卷烟销售网络零售户1956户。

## 第二节 烟草营销

1986年，烟草营销延续实行省局（公司）下达销售计划，县级局（公司）组织采购、销售。辽宁省局烟草专卖局（公司）下达给兴城县烟草专卖局（公司）销售卷烟计划5400箱。年末，销售卷烟6479箱，超计划20%。

1989年，兴城市烟草专卖局（公司）按照省局（公司）下达的卷烟销售计划5140箱、利润计划19万元等指标，从省内沈阳、营口，以及省外云南大理、楚雄、昭通、曲靖、玉溪及湖南湘潭等地购进卷烟9871箱。全年销售卷烟10433箱（含1988年结存），其中销售省内卷烟5694箱，占总销量的54.6%。实现利税66.7万元，为计划的3.5倍。

1992年，卷烟价格放开。兴城市烟草专卖局（公司）购进卷烟11090箱，销售卷烟10894箱，实现销售额3300万元，实现利润124万元，缴纳税金及罚没款172万元。1995年，卷烟价格调高，兴城市烟草专卖局（公司）销售卷烟7549箱，实现销售额3698万元，利税460万元。

1997年，兴城市烟草专卖局（公司）按照国家烟草专卖局和辽宁省烟草专卖局关于建设覆盖城乡的卷烟销售网络的部署，在兴城农村建成卷烟自营网点6个。是年，销售卷烟1200箱，销售额6100万元，实现利润320万元，缴纳税金120万元。

1999年，卷烟市场过剩，价格下滑。兴城市烟草专卖局（公司）全年销售卷烟8060箱，销售额4024万元，利润仅为7万元。

2002年，兴城市烟草专卖局（公司）按照辽宁省烟草专卖局（公司）的部署，开始实施第一阶段卷烟销售网络建设。3月下旬，先行在城区试点，撤销“城市连销总店”，分别成立“访销中心”和“配送中心”，配置访销员，实现“访送分离”网络建设标准要求。10月上旬，撤销农村6个网点，划分6条主线，分设6个访销经理部，招聘、配置农村访销员。全市城乡初步形成“访送分离、按需供货、全面访销、占领市场”的卷烟销售格局。全年，卷烟销售总计15573箱，销售额总计10206.6万元，实现利润801.4万元。

2004年，实施第二阶段卷烟访销网络建设。建立“电话订货、网上配货、电子结算、现代物流”的营销方式。城乡1923个零售户均纳入网络化管理，卷烟访销率达100%，上门送货率100%。电子结算先行在城区实行，结算户达423户，占城区零售户的40%。

2008年，访销网络建设进入第三阶段，向“做实做精城网，全面提升农网”的目标迈进。调整、优化访送线路，实现“村村通网络”的目标，兴城市城乡烟草访销网络覆盖率达100%。全年，卷烟销量16711.3箱，上缴税金853万元。

2009年8月始，为卷烟销售网络建设第四阶段。兴城市烟草专卖局（营销部）创建“兴城烟草业务群”，完善服务功能，实现客户数据电子化操作。零售客户网上订货333户，占总户数的17%。2010年，兴城市销售卷烟19804箱，销售收入26500万元，利税1100万元。

2012年，兴城市销售卷烟20588箱，销售收入37977万元，利税1518万元。

### 烤烟产购销

1986年，兴城县烤烟生产、收购、销售延续由兴城县烟草专卖局（公司）管理。兴城地区大面积种植新品种“G28”烟叶生产的烤烟，均为上等标准。1987年，兴城市生产、收购、销售烤烟116吨，质量、产值、平均价格名列全省之冠。

1988年，兴城市烟草专卖局（公司）实行发展烤烟生产优惠政策，引进和推广烤烟生产新技术，进行规范化生产管理。全年生产、收购、销售烤烟171吨，总产值51.5万元。

1989年，兴城市有6个乡种植烤烟，面积104公顷。兴城市烟草专卖局（公司）收购、销售烤烟153吨，其中优质烟占25.7%，中等烟占52.1%，总产值41.1万元，实现利润3.6万元，上缴税金15.6万元。

1990年，兴城市种植烤烟66.7公顷，产烟105吨，均由兴城市烟草专卖局（公司）收购、销售。其中上等烟占88.7%，总产值37万元，实现利润1.7万元，上缴税金14万元。

1991年，兴城市有5个乡17个村110户种植烤烟，总面积102公顷。年内，烤烟生产虽遭受2次雹灾，收成尚好。兴城市烟草专卖局（公司）收购、销售烤烟173.5吨，其中优质品占38%，中等品占46%。

1992年，兴城市有7个乡18个村139户种植烤烟，面积133.3公顷。兴城市烟草公司收购、销售烤烟194吨，其中上等烤烟占7%。中等烟占56%，实现产值66.7万元，上缴税金17.1万元。

1993年，兴城市烤烟只有少量种植。当年，兴城市烟草公司停止收购。1994年，烤烟停种。

### 1986~2012年兴城烟草经营情况

表8-9-1　　单位：箱、万元

| 年　度 | 销售总量 | 销售额 | 利税额 |
|---|---|---|---|
| 1986 | 6479 | 848 | 11 |
| 1987 | 8687 | 1137 | 15 |
| 1988 | 8646 | 1263 | 16 |
| 1989 | 10433 | 1521 | 67 |
| 1990 | 11466 | 1671 | 57 |
| 1991 | 12211 | 2769 | 61 |
| 1992 | 10894 | 3300 | 265 |
| 1993 | 9407 | 5000 | 383 |
| 1994 | 8545 | 5260 | 290 |
| 1995 | 7549 | 3698 | 460 |
| 1996 | 8367 | 4100 | 510 |
| 1997 | 12000 | 6100 | 440 |
| 1998 | 37980 | 4520 | 148 |
| 1999 | 8060 | 4024 | 7 |
| 2000 | 14822 | 6685 | 117 |
| 2001 | 12278 | 5707 | 100 |
| 2002 | 15573 | 10207 | 801 |

续表 8-9-1

| 年 度 | 销售总量 | 销售额 | 利税额 |
|---|---|---|---|
| 2003 | 12877 | 8507 | 340 |
| 2004 | 15725 | 10482 | 1088 |
| 2005 | 15609 | 10405 | 1200 |
| 2006 | 15686 | 10456 | 1838 |
| 2007 | 16592 | 11060 | 2836 |
| 2008 | 16711 | 11139 | 853 |
| 2009 | 19264 | 23308 | 734 |
| 2010 | 19804 | 26500 | 1100 |
| 2011 | 20117 | 30546 | 1207 |
| 2012 | 20588 | 37977 | 1518 |

## 第三节 市场管理

按照国家烟草专卖的有关规定，兴城烟草专卖局（公司）加强管理，保护合法经营，打击各类卷烟违法经营活动，查处卷烟无证经营、走私或制售假冒伪劣卷烟行为，有效维护境内烟草市场经营秩序。

1986 年，兴城县烟草专卖局（公司）扣购违法运输省外烟 9685 箱零 30 条，罚没款金额 761 万元。1988 年，兴城市烟草专卖局（公司）与公安、工商、交通等部门协同配合，严厉打击非法贩烟交易活动。查获非法倒卖卷烟案件 278 起，扣购卷烟共 10796 箱，罚没款 19.3 万元。

1989 年，兴城市烟草专卖局开展整治卷烟市场和卷烟走私活动。重点整治兴城火车站、西关市场、海滨等场所，取缔无证经营和乱摆乱放摊点 30 个。逐个清理门市零售卷烟价格标价，为合法经营者审核发放许可证 2393 个。按照辽宁省烟草专卖局关于“打击香烟走私贩私”的要求，成立兴城市打私领导小组。至 1991 年，累计稽查走私卷烟案 123 起，查扣走私卷烟 2837 箱，销毁假烟 550 条，罚没烟款 187.6 万元，全部上缴兴城市财政。

1992 年，《中华人民共和国烟草专卖法》实施。兴城市烟草专卖局（公司）会同公安、工商等部门，重点清理整顿兴城西关和东辛庄卷烟经营密集区，依法取缔个体无证批发网点 2 个，清查无证经营户 48 户。10 月 15 日，端掉在兴城市境内制售假烟窝点 1 个，收缴、销毁制假烟设备及 10 余个品种的假烟 2000 余条，并处以罚款。年内，依照辽宁省烟草专卖局第 2 号令，开展公路设卡堵截集中稽查，查扣走私卷烟 2276 箱，收缴罚没款 62 万元。

1995 年 10 月 23 日，兴城市烟草专卖局与兴城市公安局协同配合，在刘台子满族乡蛇山村查获从海上走私“良友”“黑猫”“万宝路”等品牌香烟 5 万余条。是年，查处走私案 57 起，查扣卷烟 1139 箱，案值 100 万元。兴城市烟草专卖局（公司）被辽宁省烟草专卖局评为先进单位。

1999 年，兴城市烟草专卖局（公司）分别与葫芦岛市烟草专卖局、兴城市工商行政管理局组成联合执法大队，对东辛庄、兴城南关等主要烟草销售市场进行清理整顿。年内，查处涉烟违法案件24宗，查扣假烟、走私烟700件，罚没款20万元。全年共审核、发放卷烟经营许可证1500个。2000年11月，启用“兴城烟草专卖”防伪标志。

2002年6月，兴城市烟草稽查大队与兴城市5个执法部门联合开展卷烟市场专项整治活动。取缔非法经营者6户，刑事拘留1人，行政拘留2人。全年，路查截获非法贩运卷烟766件，案值50余万元。是年，实行烟草零售《户籍化管理办法》，审核、发放证照2406户，形成“一户一证、一户一卡、一户一档”户籍化微机管理网络。

2005年，兴城市烟草专卖局（公司）开展卷烟“百日打假”活动。清理无照零售经营户430户。建立路检、路查制度，设24小时举报电话。查扣假“人民大会堂”等卷烟7000余条。查获各类非法贩运卷烟6000余条，案值17万元。端掉“七彩城”附近制假烟窝点1个，查扣制假烟丝700公斤，收缴、销毁假烟制成品、半成品及制假工具。

2009年，兴城市烟草专卖局（营销部）累计清理无证经营168户，查处案件527件，登记保存卷烟3万箱（条）。端掉窝点9个，打掉售假网络2个，刑事拘留2人，取保候审3人。其中查获的“12·20”无证运输假冒卷烟1070箱的特大案件为列入公安部督办的案件。

2010年，兴城市烟草专卖局（营销部）成立专职打假破网稽查中队。与公安、工商、检察院、高速公路管理部门等建立联席会议制度，形成联动稽私打假机制。全年查处案件230起，查扣卷烟7465条，罚没款7.1万元，端掉窝点13个，查处无证运输案件2件，刑事拘留1人。

2012年，兴城市烟草专卖局（营销部）全年查处案件118起，查扣卷烟14147.7条，罚没款2.56万元。端掉窝点5个，查处非法运输案件7起。与有关部门联合破获“9·04”“3·01”网络案件，共抓捕涉案人员28人。查处无证运输案件9件，刑事拘留17人。

# 第十章　对外贸易

兴城县对外贸易局最初与兴城县对外贸易公司合署办公，为政企合一单位。1987年8月，改称兴城市对外贸易局（简称外贸局）。1988年8月，成立兴城市进出口公司，与外贸局合署。1994年1月，改称兴城市对外贸易总公司。1996年11月，经国家对外经济贸易委员会批准，兴城市对外贸易总公司享有进出口经营权，具有外贸行政管理和开展国际贸易业务双重职能，具备法定授予的经营出口、转口商品和代理产品出口、劳务输出、技术引进或出口、人才培训等业务资质的独立法人单位。

## 第一节　进出口贸易

兴城外贸出口以本地产品为主，主要有矿产品、冶金产品、农副产品、水产品、土畜产品等。1986年，兴城县外贸局（公司）收购高粱、花生仁、花生油、金属垫圈、对虾、沙蚕等13个主导品种，金额2000万元。收购豆粕、赤贝肉、海螺、猪鬃、猪肠衣等小宗品种30多个，金额100多万元。全年，出口商品额2135万元，创汇624万美元。

1987年，兴城市外贸局（公司）在大宗骨干出口商品国际市场需求量减少，价格严重下跌的情况下，不放弃大宗品种，不放松小宗品种，争取新品种和计划外指标，组织出口商品货源。全年，出口商品收购额2318万元，创汇548.8万美元。年内，帮助针织厂设计、试制国内外流行的针织内衣新品种8种，其中被外商选中5种，形成批量生产，出口至波兰、科威特、意大利等十几个国家和中国香港地区，创汇20余万元。

1988年，兴城市出口商品收购额2544万元，创汇605.3万美元。兴城轴承厂生产的轴承远销十几个国家和地区。是年，出口轴承21.5万套，创汇19.8万美元。兴城市金属垫圈厂系仅有60余人的城镇集体企业，专业加工出口金属垫圈。全年出口量400吨，产品销往日本、美国等十余个国家和中国香港地区，创汇额达250万美元。年内，兴城市外贸局（公司）为兴城市啤酒厂从罗马尼亚引进啤酒灌装生产线1条；为兴城市集中供热指挥部（热电公司）从瑞典引进供热关键设备等，金额206万元。

1989年，兴城市外贸局（公司）经国家经贸部批准，在澳大利亚柏斯市与澳籍华人合资开办“兴澳酒楼”，首开辽西地区海外合资的先例。酒楼坐落于西澳省府柏斯市苏比亚克区“中国城”内，1990年4月2日，中方人员接管经营，更名为“华苑酒楼”。至12月，营业收入12.8万澳元，收支略亏损。

1991年，兴城市外贸局（公司）与辽宁省粮油进出口公司联营出口花生加工厂，形成年加工出口花生仁2500吨。外埠采购出口商品额1087.2万元，占兴城全市出口商品总额的17%。全年，出口商品总额6441万元，比1990年增长7.6%。

1997年，兴城市外贸局（总公司）获得进出口经营权，外贸局（总公司）利用进出口经营资质，开展自营出口、代理出口业务。全年，出口商品总额实现17322万元，创汇额在辽宁省县级外贸出口中名列前茅。

2002年，兴城市外贸局（总公司）将兴城钼铁矿、泳装、花生、海蜇皮（头）、大根萝卜等知名产品推出国门，打入国际市场。全年，兴城全市完成出口商品供货总值20895万元，其中供辽宁省外贸部门出口18800万元，生产单位直接出口2095万元。

2003年，兴城市对外贸易总公司实现由经营型向服务型转变，成功促成国内、国际经贸合作项目。年内，引进山东青岛鑫源育苗有限公司高科技海蜇养殖技术，落户兴城红海开发区，养殖面积40公顷；与俄罗斯哈巴罗夫斯克市杰波拉有限公司签订4万吨蔬菜水果供货合同，发货150吨；与俄罗斯哈巴罗夫斯克市木材总公司签订木材供货、联合经营协议；与韩国客商签订600吨腌渍萝卜协议；与日本客商签订16吨大根萝卜干条供货协议；为中日合资企业收购鲜白萝卜500吨。是年，兴城全市完成出口商品供货总值33363万元，其中供辽宁省外贸部门出口31728万元，生产单位直接出口1635万元。

2005年，兴城市外贸局发挥进出口资源和中介作用，以农副产品、泳装、服装、钼精、PVC型材、杂色蛤等50余个品种，组织对俄罗斯供货，形成出口品牌并占据一定出口份额；以地产主导产品花生、大根萝卜等10余个品种，组织对日本、韩国、朝鲜及东南亚国家和地区供货；建立以兴城为基地的玉米出口通道，实施国内外供货。是年，兴城市对外贸易呈现持续攀升的良好态势，全年完成出口商品供货总值48006万元。

2007年，受泳装业迅猛发展的支撑，兴城全市完成出口商品供货总值75682万元，比2006年增长43.2%。2009年，受全球金融危机影响，兴城市全年完成出口商品供货总值为66396万元，比 2008 年下降 11.75%。

2010 年，外贸出口总额实现 72712 万元，比 2009 年增长 8.7%。是年，全市出口企业申报办理出口货物退（免）税共 1152 万元，其中出口退税 752 万元。

2012 年，全年外贸出口供货总值 18.6 亿元，比 2011 年增长 154.8%。

1986~2012 年兴城外贸出口情况

表 8-10-1

单位：万元

| 年　度 | 出口额 | 年　度 | 出口额 |
|---|---|---|---|
| 1986 | 2135 | 2000 | 23700 |
| 1987 | 2318 | 2001 | 23000 |
| 1988 | 2544 | 2002 | 20895 |
| 1989 | 2901 | 2003 | 33363 |
| 1990 | 2658 | 2004 | 45482 |
| 1991 | 6441 | 2005 | 48006 |
| 1992 | 6285 | 2006 | 52858 |
| 1993 | 9853 | 2007 | 75682 |
| 1994 | 12000 | 2008 | 75232 |
| 1995 | 16452 | 2009 | 66396 |
| 1996 | 12607 | 2010 | 72712 |
| 1997 | 17332 | 2011 | 35021 |
| 1998 | 15000 | 2012 | 186000 |
| 1999 | 17811 | | |

## 第二节　外贸管理

1986 年，兴城县外贸延续实行计划出口供货经营体制。依据辽宁省和锦州市外贸部门下达的出口计划，组织出口商品货源，为辽宁省有关外贸出口公司供货。1987 年 8 月，兴城市对外贸易局，对外挂兴城市对外贸易总公司牌子，既是兴城市人民政府管理对外贸易的行政机构，又是经营外贸业务的经济实体。

### 外贸体制

1988 年，兴城市外贸局（公司）实施内部经营体制改革，将内设科室分别改称为兴城市对外贸易粮油食品公司、土畜产公司、工矿公司及综合公司，实行承包经营。

1991 年，国家实施外贸体制改革，市、县外贸实行自负盈亏，一些传统高亏品种出口不予补贴。

1996 年 11 月，兴城市外贸局（总公司）获进出口经营权。兴城外贸具备自主经营外贸商品出口、代理出口、劳务输出、技术引进或出口等业务资质，同时，具有外贸行政管理双重职能。

1998年，兴城市外贸局（总公司）产权制度改革结束，所属10家企业实施改制，资产全部出售。职工解除劳动关系后部分安置于外贸改制企业，一些职工自谋职业，再就业率达75%。

1999年，兴城市外贸局（总公司）以外贸管理、出口自营权资质双重职能，帮助出口企业降低生产成本，提高产品质量，增强国际市场竞争力。协助全市出口企业搞好商检、报关、运输、包装等专业性指导。对企业进出口权的手续和呈报进行初审、申报，对享有自营进出口权企业按规定进行年检。

2003年，兴城市外贸局（总公司）职能转型，由直接经营出口和为省公司供货型转变为服务型。为出口商品生产企业在出口报关、业务咨询、国际贸易规则等方面提供技术帮助；对泳装、钼精矿、花生、水果、大根萝卜以及海产品等20余个出口品种进行调研，为生产企业评估出口产品预期效益；建立与各出口企业回馈制度，将搜集到的国内外出口商品信息经综合后回馈给出口企业。

2009年，兴城市外贸局推出外贸出口资质与产品资源研究共享，为外贸出口企业提供各项服务。编制《进口货物流程图》《出口货物流程图》和《出口货物步骤详解》，首次将出口业务公示于众。

### 出口企业

1995年，兴城轴承厂成为兴城市第一家享有出口自营权企业。1999年，全市享有自营进出口权企业30家。2006年，新增万来轮胎、方圆制衣、凯瑞达制衣等享有自营进出口权企业3家。2010年，兴城市具备出口自营权资质的企业36家，出口产品有轴承、汽车内胎、钼精、泳装、皮衣、花生仁、酱腌菜等品种200余个。

### 出口商品

**花生出口** 兴城生产的花生素以质量优良著称，为兴城出口的大宗产品。1986年，兴城县外贸局（公司）在红崖子满族乡、望海满族乡等花生主产区设收购点39处，收购花生5711吨，金额1120万元。1990年，兴城市外贸局（总公司）与辽宁省粮油食品进出口公司联合建成出口花生加工厂，形成年加工能力2500吨。1991年，在红崖子满族乡、望海满族乡等花生主产区建立花生出口基地。在望海满族乡牛营村开办花生加工厂，年收购、加工花生3500吨。1993年，红崖子花生批发市场扩建完成，成为东北地区最大的花生集散地，省内绥中、连山、凌海等县（市）区的花生和省外河南、吉林等地的花生通过红崖子集中加工外销。2003年始，集花生产品产、供、销为一体的正业花生产业有限公司、金豆花生食品有限公司相继落户红崖子满族乡，成为花生出口龙头企业，红崖子满族乡有花生加工厂30余家，家庭式加工业户2000余户，年购销花生总量5.5万吨，出口至俄罗斯、美国及东南亚国家和地区。

**大根萝卜出口** 1986年，兴城县外贸局（公司）从日本引进白长萝卜（大根萝卜）、山牛蒡、三叶芹等作物，作为出口腌渍菜原料，在大寨满族乡、沙后所镇试种并加工腌渍成功，农民增收5万元。1988年始，兴城市种植大根萝卜以大寨满族乡为中心，辐射至沙后所、望海、高家岭等周边乡镇村屯并逐渐形成规模。兴城市外贸局（公司）在大寨建立以大根萝卜为主的蔬菜出口生产基地，按出口技术质量标准要求，在种植、管理、加工等环节，对农民进行技术培训。1994年，兴城市外贸局（公司）与辽宁省外贸公司在望海满族乡范罗村建出口腌渍菜加工厂，占地面积5350平方米，厂房面积480平方米，加工池面积340平方米，每周期加工腌渍菜500吨，加工大根萝卜干条60吨，产品全部出口日本。

2010年，大寨满族乡相继成立蔬菜种植协会及万顺农产品有限公司，建成储存大根萝卜条600吨的恒温库，成为出口大根萝卜生产、加工和供货基地，产品出口至日本、韩国、朝鲜及其他东南亚国家和地区。

**海产品出口** 兴城沿海海域出产的对虾、海蜇、沙蚕等海产品为出口的传统产品。1986年，兴城县外贸局（公司）将对虾、海蜇、沙蚕作为主导品种组织收购，同时，增加赤贝肉、海螺等品种，为出口提供货源。1988年，引导和组织红石碑、朱家、中兴等沿海村屯农民采捕各种海沙蚕，年出口日本150多吨。在钓鱼台、菊花岛、曹庄、沙后所、海滨、刘台子等沿海乡镇街道组织加工出口海蜇1000余吨，兴城市成为辽宁省海蜇出口重点基地之一。1995年，兴城市外贸局（公司）投资5万元，承租连山区塔山海滩，组织采捕、收购沙蚕，扩大沙蚕出口量。1996年，投资40万元，购置水产品冷库1座，加工、储备出口海产品。1998年始，形成以曹庄镇属兴城市贝类养殖公司为龙头的海产品养殖、出口基地，主导产品为各种海沙蚕、杂色蛤、文蛤、海螺等，通过大连等口岸出口。2000年，沙后所、海滨等沿海乡镇相继建成工厂化养殖场，养殖红鳍东方豚鱼、海参等产品出口至日本等国家。2003年始，引进高科技海蜇养殖技术，发展兴城沿海乡镇海蜇生产，为海蜇出口提供稳定货源。

**水貂皮出口** 1986年，曹庄乡沿海村屯水貂养殖户达350户，乡人民政府组织成立曹庄养貂协会。兴城县外贸局为养貂户引进种貂3000只，种貉1000只，无偿向养殖户传授技术，为养殖户解决饲料及貂笼设备，貂皮由外贸局收购出口。进入21世纪，曹庄镇等沿海乡镇养貂业进入发展高峰期。2009年始，貂皮出口量锐减，养殖户亦大量减少。

**水果出口** 兴城水果出口品种主要为苹果、白梨等。1988年，兴城市外贸局（公司）以收购三道沟满族乡等乡镇地产水果为主，向辽宁省外贸公司供货，向日本、新加坡等国家和中国香港地区出口苹果4500吨，白梨4000吨。1997年始，直接与俄罗斯客商签订水果供货合同。2003年，向俄罗斯哈巴罗夫斯克市杰波拉有限公司发货150吨。

**工业品出口** 20世纪80年代初期以前，兴城县工业品出口以矿石、铅锌精矿、金属垫圈等工矿原料、小五金产品为主。20世纪80年代中期始，针织、轴承等工业产成品先后打入国际市场。1987年，兴城市外贸局（公司）扶持兴城针织厂试制适合国外消费的针织产品。1988年，兴城轴承厂生产的轴承出口21.5万套，销往美国及东南亚国家和地区。1995年，兴城轴承厂成为兴城首家享有自营进出口权企业。轴承产品相继通过IS O9002质量体系认证和QS-9000质量体系认证，80%产品出口，在国际市场占有稳定份额。2004年，全市有17家工业企业成功组织出口，产品包括泳装、钼铁、轴承、铅锌精矿等200余个品种，出口商品额达28385万元。万来轮胎有限公司产品出口至阿尔及利亚、伊朗、南非、美国、荷兰、印度等36个国家和地区。2007年，兴城市外贸局（总公司）按照外贸生产企业扶持资金规定，进行资金申报前期审核、上报，先后为万来轮胎、金豆花生等出口企业申报专项外贸扶持发展资金300万元。

**泳装出口** 2008年，兴城市外贸局（公司）为华达泳装等3家企业办理出口自营权。随着泳装产业的发展，兴城市的泳装以集群产业优势成为兴城出口创汇支柱产业。2012年，兴城泳装出口创汇3000余万美元。

## 出口通道

1988年始，兴城市外贸局（公司）先后在大连、秦皇岛、黑河口岸设办事处3个，作为出口通道。

1992年，利用“中国·兴城七月海会”平台，同辽宁省有关外贸进出口公司、外国驻中国商社洽谈进出口贸易，签订供货合同总值4000万元人民币。

2003年，兴城市外贸局（公司）拓展国际贸易，分别与俄罗斯、韩国、日本等客商签订出口蔬菜、水果、贝类等产品供货协议，总量41116吨。为俄罗斯客商专门组织泳装产品展示和经贸洽谈会。

2005年，开辟以主导产品花生、大根萝卜、玉米、泳装等对日、韩、俄及东南亚国家和地区出口通道。

2006年，邀请辽宁省、葫芦岛市外贸部门参加在兴城召开的泳装企业座谈会。派员赴俄罗斯边贸口岸考察，对泳装、花生、蔬菜、水果等产品出口以及劳务输出等事项进行广泛接触，参加沈阳市对俄出口产品洽谈会，与满洲里宏盛达公司、双合蔬菜公司、博众公司、益达公司及沈阳市农副产品协会等专业进出口企业签订供货合同。在满洲里口岸建立对俄出口通道。

2009年，兴城市外贸局（总公司）完成《关于国家发明专利技术自主创新成果转化暨建立兴城市大根萝卜加工生产企业调查报告》《关于国家发明专利技术自主创新成果转化暨建立兴城植物源性生物农药加工生产企业调查报告》《关于设立对俄边贸口岸办事处的可行性调查报告》的编制。2010年，兴城进出口贸易实施“三地”（工业品基地、农产品基地、水产品基地）“三通”（大连口岸、丹东口岸、满洲里口岸3条对外贸易通道）等经营网络建设。

2011年，兴城市外贸局（总公司）编制进口货物流程图、出口货物流程图和出口货物步骤详解，制作双重职能公示板和监督意见箱，做到服务内容公开，实现办结时限全程监督。在“十二五”期间，建立起完整的“三地”（出口大根萝卜产业化基地、农产品种植基地、泳装加工规模化生产基地），“三通”（大根萝卜产品销往日本、韩国的快捷贸易通道，农产品销往俄罗斯及俄远东地区的基本通道，泳装、服装、轻工产品边境贸易和易货贸易通道）。2012年，全市出口到日本、韩国、俄罗斯、欧洲、美洲等国家和台湾地区的货物总值6404.9万美元，比2011年增长15%。

# 第九篇　城乡建设

## 第一章　城乡规划

为统筹安排城乡发展建设布局、保护生态和自然环境、合理利用自然资源，兴城县（市）始终坚持把城乡规划作为一项全局性、综合性、战略性工作，依照《中华人民共和国城乡规划法》（简称《规划法》），立足当前、面向未来、统筹兼顾、综合布局，制定城市规划、城镇体系规划、乡村规划等。通过加强和改进城乡规划工作，促进城乡健康发展，为人民群众创造良好的生产、生活环境。

### 第一节　机构设置

1986年，兴城县建设委员会负责全县城乡建设规划并履行规划管理职能。1995年7月，兴城市建设委员会与兴城市环境保护局合并，组建兴城市城乡建设环境保护局。1997年4月，撤销兴城市城乡建设环境保护局，分设兴城市城乡建设局和兴城市环境保护局。1998年3月机构改革，两个单位再次合并为兴城市城乡建设环境保护局。2000年7月，兴城市城乡建设环境保护局分为兴城市城乡建设局和兴城市环境保护局。2001年5月，兴城市城乡建设局撤销规划科，成立规划管理处，负责全市城乡建设规划和管理。2002年1月，兴城市城乡建设局更名为兴城市城乡规划建设局。

2012年12月，兴城市城乡规划建设局内设8个工作机构。下辖综合开发办、规划管理处、市政管理处、城市管理综合执法大队、房产管理处、环境卫生管理处、污水管理处、建筑工程质量监督站、园林管理处、规划设计院、开发公司、城市建设投资公司、第二建筑工程公司、公共汽车公司、开发动迁办、景观河管理处。

### 第二节　城区规划

城区规划按对象和功能类别分为总体规划、专项规划、区域规划。按所覆盖时间段分为长期规划和短期规划。

## 总体规划

1985年，依照《国务院关于规划和开发辽宁省兴城旅游区的批复》，由中国城市规划设计院负责，辽宁省城市建设研究院和锦州市建设委员会规划处参加编制的《兴城镇总体规划》（1985~2000），于12月12日经辽宁省人民政府批准实施。

《兴城镇总体规划》（简称《兴城总体规划》）确定兴城城市性质为旅游疗养城市。全县中心城镇人口，2000年规划为13万人，建设总用地控制在26平方公里以内。规划布局分为铁西、古城、温泉、首山、海滨、菊花岛6个功能区。通过南北主轴线，将整个城镇分为城镇居民日常生活生产区和旅游疗养区两大部分。沿主轴线布置城市商业服务和文化设施，与现有行政管理机关形成城镇中心；规划旅游疗养区分为绝对保护区、环境协调区及景观视廊区；城区道路网规划主干道6条，其中东西走向2条：即兴海南路、兴海北路，南北走向4条：即站前路、首山路、滨海路、滨海西路。

依照《规划法》，结合城市建设发展规模，兴城市对《兴城总体规划》先后进行多次修改编制。

1993年初，兴城市建设委员会与辽宁省九三规划设计公司共同对《兴城总体规划》进行修订。在原总体规划基础上，增加发展第二产业职能和市域行政、经济、文化中心职能，突出历史文化名城特色和海滨特点。新编制的2001年版《兴城市城市总体规划》（2001~2020）基期为2001年，近期为2005年，远期为2020年。确定城市性质为风景旅游休闲疗养海滨城市。人口规模2005年17万人，2020年28万人；规划城区建设用地2005年为19.5平方公里，人均125.8平方米，2020年27.7平方公里，人均为108平方米；城市空间规划在优先开发城区内空地和改造区的前提下，逐步向东北部拓展用地。规划兴城市区为古城、温泉、海滨3个主要区域。

2003年，随着兴城城市建成空间的快速拓展和城市规模不断扩大，依照葫芦岛市人民政府提出建设“三位一体”大城区格局的总体目标，兴城市规划处与辽宁省城乡建设规划设计院共同对2001年版《兴城市总体规划》进行调整修订。确定兴城城市性质为中国北方著名海滨历史文化旅游名城。调整人口规模2005年增加到18万人，2020年增加到33万人；调整建成区建设总用地面积2005年增加到21.6平方公里，2020年增加到32.9平方公里。

第3次修订的《兴城市城市总体规划》（2009~2030），由上海同济城市建设规划设计研究院负责编制。2009年12月7日，辽宁省住房和城乡建设厅在兴城召开专家评审会，原则通过该总体规划。2009年版的《兴城市城市总体规划》，确定城市性质为环渤海湾地区重要海滨旅游疗养城市和历史文化名城。规划城市人口规模2015年为26万人，2030年为43万人。近期（2015）城市建设用地规模为31.15平方公里，人均用地指标为119.8平方米；远期（2030）为51.57平方公里，人均用地119.93平方米。规划城市建设用地主要向海滨方向发展，并跨越兴城河开发河南部河口地区、铁路以西地区作适度扩展。兴城市临海工业园区在现有基础上，继续向东南填海用地方向延伸。中心城区空间增长边界，东至渤海湾海岸线，南至兴城河及滨海大道向南延伸至曹庄镇的部分区域，西至102国道，北至首山森林公园边界及东北侧四家屯水库以北部分区域。规划城市空间结构为“主城区+工业组团”的总体布局。

2011年1月，《兴城市城市总体规划》获辽宁省人民政府批准。兴城市以滨海温泉新城建设为牵动，坚持用战略眼光规划城市发展，坚持高起点、高品位、高标准，进一步完善城市总体规划，编制完成《兴城市古城保护规划》《海滨温泉新城基础设施规划》等各项专业规划。

## 专业规划

依照《中华人民共和国规划法》和《兴城市城市总体规划》，兴城市以国民经济和社会发展特定领域为对象，从1986~2012年共编制20余项专业规划。为兴城市人民政府指导各领域发展以及审批、核准重大项目，安排政府投资和财政支出预算，制定相关政策提供依据。

**海滨风景名胜区总体规划** 1989年12月，兴城市建设委员会委托辽宁省城乡规划设计院编制《兴城海滨风景名胜区总体规划》（1995~2010），1990年10月完成，1997年经国家建设部批准执行。该规划确定兴城海滨风景区是以游览海滨、海岛风光、文物古迹以及疗养度假、海水沐浴为主要内容的国家级海滨风景名胜区。景区规划范围为海滨景区、古城景区、首山景区、温泉景区及菊花岛景区。其中海滨景区沿14公里海岸线，规划面积11.8平方公里，主要以海水浴、海上活动及观赏海滨自然风光为特色；古城景区为城市中心，规划面积为2平方公里，其中城墙内面积为0.7平方公里，规划原则是在保护好古城形象特色的前提下，提高古城景区的旅游环境，降低建筑密度，增加绿化面积，城内建筑风格和色彩与古城相协调；首山景区规划面积6.4平方公里，规划结构为三首悬流、云冠峻秀、宝塔生辉、果香芳溢、水光山色5个游览区；温泉景区规划面积0.11平方公里，规划原则是在保护好温泉资源的前提下，开发旅游、疗养区；菊花岛景区规划面积为15平方公里，规划结构为海涯双岛、古洞幽峄、群礁弄潮、海上奇山4个游览区。

**古城区保护规划** 1998年，上海同济大学阮仪三教授等8人，负责编制《兴城市古城区保护规划》。该规划范围为宁远卫城城墙所包围的古城区用地（含城墙）。规划主题内容为“中国典型军事要塞”——保护古城以“城墙、城楼、牌坊、鼓楼、瓮城”为主的人文历史景观；“明清文化昌盛之城”——保护各级公布和待定的文物保护单位和有特色的历史街区，保存“方形城郭、十字大街、鼓楼居中”的城市格局；“民风淳朴生活之镇”——保护古城现有街巷格局，弘扬传统文化，开展民间文艺、民俗民趣活动。规划保护分为一、二、三级，其中一级保护区项目有：古城墙、城门楼、瓮城、魁星楼、鼓楼、祖氏石坊、郜家住宅和郜家花园、城隍庙、周家住宅及优秀传统民居和古树。

**城市绿地系统规划** 2002年8月，编制《兴城市绿地系统规划》。规划年限近期2002~2005年，远期2006~2020年。指导思想是利用城市赖以依托的丰富山水资源，建设完善的城市生态系统，形成点、线、面、带、环、网有机结合，互相衬托，融为一体的绿地生态结构模式，把兴城市建设成为北方园林城市。建设指标2005年人均绿地面积8.2平方米，绿地率30%，绿化覆盖率35%；2020年人均公共绿地面积14.32平方米，绿地率42%，绿化覆盖率45%。规划布局结构为“一山”“三带”“两线”。“一山”即首山公园，在保护自然生态的基础上，补植涵养山体、保持水土的树木，适当增加旅游景点和基础设施；“三带”即兴城河、温泉河、四家河等环水风景带，通过污水截流，修筑护岸，沿河布置乔灌木、园林建筑小品和小型别墅等，提高城市环境质量和城市品位，形成城市开放空间；“两线”即沈山铁路防护林带和海滨防护林带，扩大铁路、海滨防护绿地面积，增设海滨景观游憩设施，形成线形沿海绿化景观。

**曹庄工业园区总体规划** 2006年3月，辽宁省城乡建设规划设计院编制完成《兴城市曹庄工业园区总体规划》（后称兴城临海产业区）。规划区面积为20.29平方公里，具体范围北起7019

工厂，南至曹庄镇驻地，西起京沈铁路，东至飞机场范围形成的用地。坚持生态、弹性和可持续发展原则。园区的功能定位为综合性生态型工业园区。规划从空间结构上将园区分为七大片区，即机械制造区，重点发展精加工、高增值的机械产业，规划用地面积230.36公顷，约占园区规划总面积的11.35%；综合加工区，重点发展机电一体化、环保节能等加工业，规划用地面积173.78公顷；医药化工区，重点发展生物制药、医药化工中间体、精细化工业，规划用地面积133.49公顷；物流集散区，规划用地面积112.27公顷；石化工业发展预留区，规划用地面积371.79公顷；生活服务区，规划用地面积279.12公顷；生活服务发展预留区，规划用地面积247.48公顷。

**城市供热规划**　2009年5月，编制《城市供热规划》。该规划原则是建设热电厂和余热利用优先及区域锅炉房并举。规划近期（2015年），集中供热面积1482万平方米，民用建筑采暖热负荷为948.48兆瓦；远期（2030年）供热面积1840万平方米，民建采暖热负荷为1177.6兆瓦。热源规划古城区、铁西区、兴城河南片区、临海工业园区各新建1个锅炉房，供热能力均为200万平方米。热电公司供热范围内，温泉区新建1个调峰锅炉房；双兴公司供热范围内，古城区新建1个调峰锅炉房。作为热电公司的调峰热源，供热管网采用枝状管网布置形成，供热系统为三环制，第一环在热电厂首站内利用煤燃烧加热120℃~65℃高温水供热，第二环即一级网输送100℃~75℃高温水至各换热站，第三环即二级网供、回水温度75℃~55℃。

**城市环卫规划**　2009年5月，编制《城市环卫规划》。规划环境卫生目标：近期（2009~2015年）、远期（2016~2030年），垃圾无害化处理率分别达到85%和95%；道路清扫机械化分别达40%和60%以上；清扫保洁率达85%~90%和90%~95%；垃圾收集装袋化分别达20%和40%，资源回收利用率达到40%和50%；专用车达45辆和60辆；垃圾处理场封场后全面绿化，设置垃圾焚烧场，集中处理特种垃圾；环卫工人文化程度，大专以上分别达30%和40%，高中以上分别达50%和50%以上。

**城市消防规划**　2009年5月，编制《城市消防规划》。规划公安消防站10个，分别在大学城、海滨码头、古城片区、温泉片区、首山片区、铁西片区、兴城河河南片区和临海工业园区设置。企业消防站2个，即锦山机械厂消防站、锦华机械厂消防站。规划消防用水量标准为：近期（2015年）城市人口26万人，同一时间内火灾次数2次，一次灭火用水量55升/秒；远期（2030年）城市人口43万人，同一时间内火灾次数2次，一次灭火用水量65升/秒。

**城市照明专项规划**　2011年6月，《兴城市城市照明专项规划》由兴城市兴远规划设计院编制完成。该规划是为保证兴城市道路广场等功能照明的全面完善和滨海景观、周边山体景观等夜景照明的整体提升，实现节日化亮灯的管控效果，为兴城市城市发展和城市形象塑造提供可行和完备的体系和制度保障。规划目标：近期（2011~2015年）城市功能照明达标建设，完善小区照明系统，消灭照明盲区；改造光污染严重的工程，架空线路入地与城市道路改造同步实施；建立智能化监控系统，建立绿色照明体系，建设一批节能、绿色照明示范工程。远期（2016~2030年）城市照明形成富有城市特色的景观照明体系；照明功率密度达到节能指标；实现智能化监控及管理系统，并进一步普及绿色照明工程。

**城市排水专项规划**　2011年7月，《兴城市排水专项规划》由兴城市兴远规划设计院编制完成。排水规划与总体规划相一致，从全局出发，统筹安排，满足城镇总体布局要求，并与城镇防洪、供水等专业规划衔接；保证社会经济发展所需要的水质和改善水环境为目标；充分考虑未来发展的新技术、新设备、新工艺、新材料在排水工程中的应用；采用合理的排水体制，结合现况和城镇发展情况，对城镇排水量进行科学预测，合理确定污水处理规模，合理确定雨水系统各设计参数；优化整体方案，在保证排水设施运行可靠前提下，追求最好的性价比。排水规划目标：近中期（2009~2020 年）在规划区内按照分流制建设排水系统；管网率覆盖率达到 80%以上，污水处理率达到 80%以上。污水处理达到二级处理深度；建成区在设计重现期内暴雨时，不发生内涝及积水。远期（2020~2030 年）达到雨污分流；规划末期，管网覆盖率达到 90%以上，生活污水处理率达到 90%以上，工业废水处理率达到 100%。

2011 年，根据《兴城市城市总体规划》，兴城市人民政府以滨海温泉新城建设为牵动，用战略眼光规划城市发展，细化各项专门规划。全年共完成 41 项，占地 103 万平方米，建筑面积 116 万平方米的测绘和规划设计任务。编制完成《海滨温泉新城基础设施规划》《兴城市古城保护规划》，并通过国家文物局批准。

2012 年，编制完成《土地利用总体规划》《滨海温泉新城控制性详细规划》《古城改造利用规划》等。年内，《兴城市古城保护规划》通过辽宁省人民政府批准。各项专门规划的编制完成，用宏观规划引领城市建设，确保城市科学有序发展。

## 第三节　乡村规划

乡村规划主要包括合理布局村庄发展用地、理顺村内道路交通、改造村庄生活环境、营造特色村庄景观、完善基础设施建设和建立新的管理体制等。1993 年 5 月，国务院颁布《村庄和集镇规划建设管理条例》，国家建设部制定《村镇规划编制办法》（试行），兴城市按照村镇规划标准进行乡村规划编制，有效促进村镇建设活动及其管理行为的规范化和法制化。

### 乡镇规划

1993 年，兴城市建设委员会按照国务院颁布的《村庄和集镇规划建设管理条例》和建设部制定的《村镇规划编制办法》，对全市农村乡镇建设分批进行规划。年内，完成东辛庄和双树两个乡镇的经济开发区规划设计工作。

1995 年 2 月，兴城市建设委员会依据有关规定，对全市村镇建设规划管理实行村镇规划选址意见书制度。东辛庄满族镇、沙后所满族镇聘请辽宁省城乡建设规划设计院编制新一轮小城镇总体规划。1999 年，望海满族乡、高家岭满族乡聘请辽宁省建筑学院编制完成新一轮总体规划编制。2002 年，郭家、白塔、红崖子等 11 个乡镇编制完成新一轮总体规划，并通过专家论证。

2012 年末，全市完成沙后所、郭家、东辛庄、曹庄、围屏、高家岭、元台子、三道沟、红崖子、望海、白塔、碱厂、旧门、药王、海滨、南大山和大寨共 17 个乡镇的总体规划。

### 村庄规划

1986 年 4 月，兴城县人民政府批准对 212 个中心村规划编制，全县村庄规划建设用地 1600 公顷，规划建设的原则是布局合理、交通便利、环境优美、设施完善。

自 2007 年始，由兴城市规划设计单位负责对全市 225 个中心村进行新一轮村庄规划的调整编制工作。

# 第二章　市政建设

1987 年，兴城撤县建市后，按照《兴城市城市总体规划》确定的目标，兴城市人民政府不断强化市政工程建设和管理力度，建立和完善各种管理机制及质量保证体系，城市规模不断扩展，城市功能不断提升，城市面貌发生显著变化。

## 第一节　城区交通

随着城市规模不断发展和交通流量的日益增加，兴城市人民政府不断强化城市交通建设和管理力度，建立和完善各种管理机制及质量保证体系，使城市交通基础设施和运输能力不断增强，形成便捷的交通网络。

### 城区道路

1986 年，兴城城区道路 47 条，总长 42 公里，其中古城内巷道 41 条。1987 年，新建、扩建道路 26 条，其中主干道 8 条，次干道 4 条，支路 14 条。

1991 年，全市开始实施公路网化工程。2004 年 5 月，历时 1 年，工程总投资 3500 万元，全长 9.07 公里的国道 102 线绕城路工程竣工通车。

2010 年，全市完成城区道路 74 条（其中古城内巷道 41 条），总长 61.95 公里，人行道 18.8 万平方米。2011 年始，兴城市人民政府累计投入资金 1.6 亿元，修建兴城河防洪工程和道路路基工程。2012 年 8 月，完成临河大街人行步道铺装和路灯安装工程。年末，兴城河景观围堰、临河大街、右侧河岸道路、绿化景观等一期主体工程竣工。临河大街全长 5.7 公里，宽 30 米，双向 6 车道。临河大街的建设，形成兴城“四横八纵”的城市道路整体骨架格局，有效缓解城市交通拥堵，为实现城市发展“南拓战略”奠定基础。

2012 年，兴城市累计投资 4 亿元，完成 6.2 公里龙兴路兴城段和兴海南街等 24 条城市主次干道新建和改扩建工程，完成高速公路出口改造、滨海公路城区绿化等系列工程，铺设人行步道方砖 6.9 万平方米。年末，兴城城区道路共 88 条，其中 1000 米以上主干道 18 条：兴海南街、兴海中街、兴海北街、临河大街、临河南大街、铁西路、铁北路、北出口路、河东路、广场西路、川北路、安居路、首山路、黎明路、友谊路、龙兴路（兴城段）、204 路、纬九路，次干道 29 条，古城内街巷41 条。城区" 四横八纵" 的路网格局基本形成。

### 城区桥涵

1986 年，兴城城区有桥涵 20 座，其中桥梁 11 座，方涵 9 座。2010 年，城区桥涵增至 36 座，其中桥梁 26 座，方涵 10 座。2012 年末，城区桥涵增至 40 座，其中桥梁 30 座，方涵 10 座。

**南河大桥**　1967 年建成通车的南河大桥为 15 孔双曲拱桥，桥长 372.3 米，桥面宽 7 米。1988 年 12 月 1 日，新建成的南河大桥通车。新桥与旧桥平行，相隔 1 米宽，孔数与旧桥相同，为钢筋混凝土结构肋式拱桥。桥长372.3米，桥面净宽11米，两侧各设人行道1.25米。旧桥称南河大桥左桥，新桥称南河大桥右桥。

**茶棚庵公铁立交桥** 于1991年8月竣工通车。该桥位于沈山铁路干线（下行线）309公里268米处。桥梁为钢筋混凝土结构，桥长23.26米，共2孔，桥身距地面高度为5.10米。

**西铁立交桥** 位于兴城市城区西部，于1994年6月26日竣工通车。为三孔立交桥，宽24米。其中，中间一孔为机动车道，两侧孔为人行路或非机动车路。引路总长1000米，宽8米，面积8000平方米，混凝土结构路面。

**川北桥** 坐落在川北路南端，连接兴海南街和北街。1995年3月28日开工，7月10日竣工。该桥长40.7米，宽12米，为钢筋混凝土结构，荷载20吨。

**康宁桥** 位于兴海北街一段，设计载重量为10吨，1986年建成通车。2004年5月，进行修复，修桥墩4座，重新浇预应力混凝土桥面板7块，铺设面层混凝土150立方米。

**北关公铁立交桥** 位于兴城北关，2008年10月20日竣工。结构为铁路在上、公路在下分离式立交桥。跨径总长10.6米，共3孔，中间机动车道1孔，宽为4米，净高5米；两侧分设人行道，宽3.3米，净高4.5米。

**东河桥** 桩号K2+400-K2+520，位于东河城区段南端。桥长120米，宽30米（含4米×2侧人行道），于2012年5月竣工通车。

**温泉河桥** 桩号K4+251.767-K4+371.767，位于温泉河城区段南端。桥长120米，宽30米（含4米×2侧人行道），于2012年5月竣工。

**滨海公路南河大桥** 位于兴城河入海口，贯通辽宁滨海公路。桥梁全长426米，全宽16米，双向四车道。设计桥跨结构为14-30m预应力混凝土T梁连续结构，下部结构采用圆柱墩、肋板台，钢筋混凝土桩基础。2008年8月开工建设，2009年9月竣工。

## 城区客运

城区交通以公共汽车运输为主。1986年以后，随着改革开放和城市发展，交通运输形成国家、集体、个人联动的营运格局。

**公共汽车** 兴城市公共汽车公司位于兴城火车站广场南侧，负责城市及近郊的客运服务与管理。

1986年，公司拥有各种车13辆，其中铰接车1辆、大客车8辆、面包车4辆。运营线路3条（火车站——海滨浴场、火车站——204医院、火车站——元台子满族乡），年运营里程40万公里，年客运量240万人次。

1991年，新开辟火车站——沙后所轴承厂线路，行程22公里；延长204医院——邴家线路。1995年，加开兴城火车站——葫芦岛火车站线路，行程24公里。

1998年，筹集资金30万元在兴海路、河东路两侧建造候车亭22座。1999年，开辟火车站——飞机场、火车站——大海口2条线路，行程分别为4公里和8公里。

2000年12月，开通火车站——北大营线路，行程4公里。2003年，筹集资金500万元，购置、更换车70余辆。

2009年，投资500万元，购进35辆“长安”等牌新型公交车，淘汰31辆老旧公交车。2010年末，全市开通火车站——海滨广场、火车站——邴家、火车站——纪家、火车站——四家、火车站——绿园、火车站——沙后所、火车站——大海口共7条营运线路，总长110公里。沿途设停车场2个，候车亭37个。投入营运车85辆，年营运里程400万公里，年营运收入260万元。

2011年，共有运营车97辆。其中更换新车11辆，新增车12辆，共投入资金730万元。新增线路3条，即：火车站——临海工业园区、火车站——地号——市人民医院、与丰——高速路口。运营线路增加到10条，运营线路总长191公里，年运营里程800万公里，年运营收入320万元。

2012年，更换新车2辆，新增车10辆，共投入资金390万元。年运营里程增加到900万公里，年运营收入520万元。

**出租车** 1996年11月，兴城市进行产权制度改革以后，个体运输业呈逐年上升趋势。1999年，全市拥有各种机动车8895辆，其中个体机动车6000多辆。用于客运出租车500余辆，主要为“夏利”等车型。2012年，客运出租车1189辆。

**三轮车** 2011年5月20日，兴城市人民政府发布通告，依法取缔城区客运三轮车。至6月15日，城区3011辆客运三轮车全部退出客运市场。

## 第二节　广场公园

1986~2012年，兴城市区相继建成首山森林公园、兴城东河带状公园、宁远广场、兴海栈道、河口湿地公园等一批城市公共设施，为城区市民提供休闲娱乐场所。

### 广场

**宁远广场** 位于城东温泉河畔，地处城区中间地带。2003年10月24日建成，总投资4000万元，是一座集历史风貌、现代风格、观光旅游、文化休闲、商业服务于一体的多功能复合型中心广场。广场占地面积5.5公顷，场内建有人造假山、石牌坊、石鼎、石雕像、影壁、中央观景楼、缀花长桥、休闲长亭、喷泉等景观。2005年10月，命名为宁远广场。

**观海广场** 位于兴城海滨风景区第一浴场东部临海处。2000年修建，总面积9200平方米，每年海会期间举行文艺演出活动。

**站前广场** 也称车站广场。始建于20世纪80年代初期，1997年改扩建，总占地面积1.41万平方米。广场中间竖立一座袁崇焕雕像，安置2组25米高的高架灯，建成公共汽车、出租车、私家车3个停车区。

### 公园

**首山森林公园** 位于兴城古城以东2.5公里处，1985年开始修建，1991年经国家林业部批准，首山被定为国家级森林公园。首山是园区主体，海拔329.7米，因平地突起，形似人首而得名。首山主峰顶巅筑有明代烽火台一座，为古时传递军情的设施。首山西麓建有朝阳宫，山上建有多处景点，盘山路总长4.26公里。1986年8月，在进山路口修建四柱三间庑殿式牌坊一座，正额“首山”二字为著名书法家王遐举所题。

**兴海公园** 位于兴海湾浴场北侧，建于1981年，坐落在由2万多株松树构成的松林之中，公园面积6.5公顷。园内建有凉亭、水榭等多处景点。

**东河带状公园** 1997年6月，兴城市人民政府全面动员，军民参战，治理兴城东河。在辛庄桥南300百米处修建橡皮坝拦截蓄水，在河岸中段修建水榭凉亭，河两岸修建成带状公园。

**兴海栈道** 兴海栈道（公园）北起“龙回头”景点，南到海滨第三浴场，全长1670米，占地35公顷，于2012年8月15日竣工。兴海栈道（公园）本着自然生态的理念，因地就势，依次布景，建有木栈桥、飞索桥、听涛亭、清风亭、吟诗亭、瞰海台、观海台、望月台、观潮广场、幽兰谷、阅海长廊等风格各异的景点。

**河口湿地公园** 位于兴城河城区段，东西长11.7公里，南北宽4.4公里，规划总面积1002.96公顷，为省级湿地公园。公园以“河海一色，和谐共生”为主题，分期建设。2012年，兴城市人民政府投资3亿元，完成兴城河城区段景观围堰、临河大街、右侧河岸道路、绿化景观等一期主体工程。整个南河堤坝工程11.8公里，修建主槽护岸12.1公里，橡胶坝243米。沿河建有亲水平台、甬道、音乐喷泉、雕塑等城市园林景观。

## 第三节 供气供暖

保障城区液化天然气供应和冬季供暖，是关系民生、关系企业发展、关系社会稳定的基础工作。兴城市人民政府通过扎实推进，强化管理，使全市的供气供暖覆盖面不断拓展，企业管理水平不断提升，供气供暖质量不断提高，有效地推进市政基础工作的扎实开展。

### 城区供气

**液化气站** 1986年，民用燃气为瓶装液化石油气，主要靠驻在单位和一些疗养院自建的液化气站提供气源。

1991年5月，兴城市燃料公司投资171万元，在兴海北路体育场对面建成一座液化气站，一次储气量为70吨，年经营能力2000吨。1992年后，万隆、宝马、铁西、城东、滨海等液化气站相继建成并投入运营。

2000年，全市建有液化气站8座，年供气量在5000吨以上，市区2万户居民用上液化气，用气普及率达89.47%。各液化气站都制定《液气化站制度》及《液气化站操作规程》等规章制度，并认真执行，确保液气化站安全，从未发生任何事故。2003年管输燃气工程开通后，瓶装液化石油气销售量开始下降。

2012年，兴城市建有液化气站11座，年供气量2800吨。新建的光明液化气加气站营业，城区部分出租车由使用汽油改装成使用液化气。

**管输燃气** 2002年5月，葫芦岛新奥燃气有限公司实施兴城市管输燃气项目首期工程，供气规模为1万户。建设调压站1座，铺设高压管网2.5公里，中压管网32公里，完成室内安装用户2200户。2003年安装3282户。

2010年，供气规模增至5万户，管线总长83.9公里，实现居民用气户21000户，工商用户24户，涉及市内住宅小区及单元楼55个。

2012年，供气规模增至5.5万户，管线总长193.471公里，实现居民用气户29474户，工商用户57户，涉及市内住宅小区100个。

### 城区供暖

1986年，城区部分单位、楼房和各个疗养院主要靠安装小吨位锅炉分散采暖，居民住宅利用火炉取暖。仅风景旅游区内宾馆和疗养院即建有大小锅炉 66 座，总计 215 蒸吨，加之古城、温泉等疗养区和铁西工业区所建的锅炉，总数超过百座。

1990 年 11 月，兴城市热电公司建成并开始供热。城区集中供热面积达 17 万平方米。1993 年，成立兴城市供暖公司，主要担负绿园小区、东山小区、欣和园小区供暖任务。1994 年，为缓解绿园和东山小区供暖不足，分别建锅炉房各 1 座，供暖面积 9.8 万平方米。

2003 年 5 月，葫芦岛渤海热电有限公司投资 6000 万元，在四家屯街道周家村建热源厂 1 座。主要为大学城校区及四家屯街道部分用户供暖，实际供暖面积 34.11 万平方米。11 月，双兴供热有限公司建成运营，集中供热面积 24 万平方米。

2006 年，兴城市供暖公司供暖的绿园、东山两小区的 4100 户供暖户分别划入兴城市热电公司、双兴供热公司供暖。

2010 年 10 月，兴城临海产业区热源厂动工兴建，规划一期容量为 2×58 兆瓦，供热区域为 16.27 平方公里的起步区。2011 年供暖期实际供暖面积 3.7 万平方米。2012 年，供暖期供暖面积 8.1 万平方米。

2012 年末，兴城市区内共有兴城市热电公司、双兴供热有限公司、葫芦岛渤海热电有限公司、兴城临海产业区热源厂集中供热企业 4 家，热源厂 4 座，供暖换热站 120 个，集中供热总量 66 万吉焦，供热能力 136 兆瓦，供热主管网线长 387400 米，入网总面积 704.68 万平方米，实现集中供热面积 385.61 万平方米，占入网总面积的 54.7%。

## 第四节　城区路灯

1986 年，兴城城区共有城市路灯 156 盏，样式有汞灯、瓢灯、吊灯、子弹头灯、玉兰灯等，路灯控制由人工控制逐步改为光控自动开关。至 1996 年，城市路灯光源由低效发展到节能、高效，路灯由光控制发展到电脑模拟日照控制。

2000 年始，全市在实施亮化工程的基础上，注重灯饰工程建设。至 2002 年，在兴城火车站安装高杆灯 2 基 48 盏，该灯杆高 25 米，灯光照程远，入夜后，灯光照明可覆盖整个站前广场；兴海北路 7.55 公里路段安装火箭炮灯 133 基 133 盏、小金星灯 94 基 94 盏、组合灯 63 基 390 盏；绕城路南、北出口安装子弹头灯 27 基 54 盏、琵琶灯 54 基 108 盏；东河公园安装庭院灯 66 基 132 盏；铁西路立交桥至西河桥段安装 D10 灯 44 基 88 盏。

2003 年，完成古城内和四关的路灯改造工程。古城内四街改装仿古灯 104 盏、鼓楼四角组合灯 4 基 20 盏、城外四关改装庭院灯 150 盏。2005 年，在兴海北街体育场至东关交通岗段新装玉兰灯 188 基 188 盏，八一 O 路、安居路新装小白兔灯 73 盏，政府西路安装海鸥灯 10 盏。路灯线路全部从高架线移入地下。

2009 年，在兴海桥和兴城市人民医院新装中华灯 8 基 72 盏；滨海路龙回头至八一疗养院转盘段安装 12 米双壁灯 268 基 536 盏；在龙兴路新装 12 米双臂灯 32 基 64 盏、小白兔灯 21 盏，铺设电缆保护管 1500 米；政府东路安装单臂灯 44 盏，铺设电缆 2500 米；更新改造兴海南街兴城市人民医院至海滨路段路灯 132 基单臂灯 132 盏、河东路双臂灯 38 基 76 盏。

2010 年，新安装海滨浴场 25 米高杆灯 2 基 36 盏；改造火车站 25 米高杆灯 2 基 40 盏。至年末，路灯样式由 1986 年的 5 种增至 17 种，实现由单一照明功能向装点美化功能的演变。全市城区路灯共达1591基，亮灯率达95%，路灯供电线路总长83公里。路灯线路逐步从高架线移入地下。2012年，继续实施城市绿化、美化、亮化、净化工程，新安装路灯871盏。

## 第五节　园林绿化

兴城城区的园林绿化工作主要由兴城市园林管理处负责，依据国务院《城市绿化条例》《兴城市城市园林绿化实施方案》等对兴城园林绿化进行管理与维护。

### 城区绿化

1986年，兴城园林管理处在首山风景区栽植火炬树1000株、花灌木600株、爬山虎1300株、卫茅1000株，在兴城海滨第二、第三浴场岸边植油松1332株，在南关、站前广场、温泉河畔栽植银杏、垂柳、桧柏、快柳、绿篱5718株，在兴海公园栽种灌木、柳树、槐树等1万余株。至年末，全县城镇公共绿地面积50公顷，绿化覆盖率21%，人均占有绿地7.1平方米。

1999年，全市开展创建园林城市活动，按照“城市园林化、园林城市化”的要求，加大绿化、美化力度，先后建设海滨广场、政府广场、兴海公园、东河带状公园、兴海路、兴城北路、海滨路等城市绿化精品。

2001年，兴城市园林管理处组织专业人员开始调查古树名木，共登记一级标准的古树名木53株，二级标准的古树名木81株，其中300年以上树龄20株，兴城文庙内580年以上古树12株。经辽宁省人民政府认定批复后，全部挂牌并建立档案，使具有科研和旅游价值的宝贵林木资源纳入政府管理范围，得到应有的保护。

2003年末，由辽宁省城乡建设规划设计院编制的《兴城市绿化系统规划》通过专家评审，为兴城市园林绿化的近期、远期目标实施提供依据。2005年始，兴城市园林管理处按照《城市园林绿化实施方案》要求和管理标准，对城区绿化进行养护管理，先后开展单位庭院居住小区达标和花园式单位、绿化先进单位、优秀绿色庭院创建活动，提高社会绿化管理水平。

2010年，兴城市人民政府投资875万元，在温泉河两岸、东电交通岗周边、大学城交通岗、兴海南街等处新建公共绿地8.89公顷，栽植各类树木26322株、草坪11000平方米。至年末，全市绿化覆盖面积1189.2公顷，城市绿地1136.6公顷，其中公共绿地面积161.5公顷，绿化覆盖率为41.87%，人均公共绿地11.97平方米。至年末，评选兴城市级花园式单位40家、绿化先进单位23家，葫芦岛市级花园式单位13家、花园式小区8家、绿化先进单位11家，省级花园式单位7家、绿化先进单位9家。全市庭院绿化达标率77%。

2011年，兴城市人民政府投资577.8万元，在兴海北街、桃花源小区、兴城高中、美星花园小区一侧、沈阳军区疗养院至兴城市财政培训中心、铁西路、高速公路出入口等区段实施绿化等系列工程，新增绿地19公顷。共建公共绿地79910平方米，植树7439株，草坪33290平方米，灌木800638棵，全市区公共绿地面积169.54公顷，人均公共绿地12.56平方米。总投资3000万元的兴城兴海栈道景观工程，全长1670米，北起龙回头广场，沿海岸低势向南延伸至邴家。栽植整体风格以自然为主，与周边环境融合，充分与海岸地形地势、山林植被、自然景观、景色结合，形成天然的观海观光休闲公园，面积156公顷。投资262万元对沈阳军区疗养院至邴家路段、首山路口、教工里、政法路口等几十个街边绿地进行扩建新建，增加绿化面积14348平方米，城市公共绿地面积 192.97 公顷，人均公共绿地为 14.84 平方米。

2012 年，兴城市人民政府对兴城河城区段进行全面治理，在完成 11.8 公里堤坝工程、12.1 公里主槽护岸工程、243 米的橡胶坝工程的同时，完成绿化工程 22.3 公顷，植树 58.6 万株，其中大树 1.8 万株，蓄水面积 155 万平方米。

## 古树管理

兴城城区古树名木较多，兴城市园林管理处经过普查，建立古树名木档案，进行严格管理，避免工程施工和人为损毁。

### 2012 年兴城市城区部分古树名木统计

表 9–2–1

| 树种名称 | 科属 | 栽植时间（年） | 胸径（cm） | 树高（m） | 分布地点 | 管理单位 | 批准文号 |
|---|---|---|---|---|---|---|---|
| 侧柏 | 松科，侧柏属 | 1430 | 42.6 | 13 | 兴城文庙 | 兴城文物局 | 葫古 I4008 |
| 梧桐 | 紫葳科，梓树属 | 1430 | 44.9 | 11 | 兴城文庙 | 兴城文物局 | 葫古 I4010 |
| 黑松 | 松科，松属 | 1430 | 43.6 | 8 | 兴城文庙 | 兴城文物局 | 葫古 I4011 |
| 梧桐 | 紫葳科，梓树属 | 1430 | 70.0 | 13 | 兴城文庙 | 兴城文物局 | 葫古 I4012 |
| 梧桐 | 紫葳科，梓树属 | 1430 | 47.7 | 13 | 兴城文庙 | 兴城文物局 | 葫古 I4013 |
| 侧柏 | 松科，侧柏属 | 1430 | 47.7 | 14 | 兴城文庙 | 兴城文物局 | 葫古 I4014 |
| 侧柏 | 松科，侧柏属 | 1430 | 56.6 | 14 | 兴城文庙 | 兴城文物局 | 葫古 I4015 |
| 梧桐 | 紫葳科，梓树属 | 1430 | 49.6 | 11 | 兴城文庙 | 兴城文物局 | 葫古 I4016 |
| 侧柏 | 松科，侧柏属 | 1430 | 51.5 | 12 | 兴城文庙 | 兴城文物局 | 葫古 I4017 |
| 黑松 | 松科，松属 | 1430 | 57.6 | 12 | 兴城文庙 | 兴城文物局 | 葫古 I4018 |
| 黑松 | 松科，松属 | 1430 | 58.9 | 9 | 兴城文庙 | 兴城文物局 | 葫古 I4019 |
| 卧桐 | 紫葳科，梓树属 | 1430 | 49.0 | 3 | 兴城文庙 | 兴城文物局 | 葫古 I4021 |
| 水杉 | 杉科，水杉属 | 1965 | 10.6 | 19 | 兴城党校 | 兴城党校 | 葫古 I4024 |
| 水杉 | 杉科，水杉属 | 1965 | 10.6 | 19 | 兴城党校 | 兴城党校 | 葫古 I4038 |
| 水杉 | 杉科，水杉属 | 1965 | 16.1 | 16 | 兴城南关林场 | 南关林场 | 葫古 I4041 |
| 水杉 | 杉科，水杉属 | 1965 | 30 | 19 | 兴城行政服务中心 | 兴城市政府 | 葫古 I4045 |
| 水杉 | 杉科，水杉属 | 1965 | 33 | 18 | 兴城行政服务中心 | 兴城市政府 | 葫古 I4046 |
| 水杉 | 杉科，水杉属 | 1965 | 31 | 15 | 兴城行政服务中心 | 兴城市政府 | 葫古 I4047 |
| 水杉 | 杉科，水杉属 | 1965 | 33 | 15 | 兴城行政服务中心 | 兴城市政府 | 葫古 I4049 |
| 水杉 | 杉科，水杉属 | 1965 | 31 | 15 | 兴城行政服务中心 | 兴城市政府 | 葫古 I4052 |
| 小叶朴 | 榆科，朴属 | 1936 | 36 | 15 | 农科院兴城果研所 | 果树研究所 | — |
| 家槐 | 蝶形花科，槐属 | 1870 | 67 | 14 | 兴城北关 | 兴城园林处 | — |

续表 9-2-1

| 树种名称 | 科属 | 栽植时间（年） | 胸径（cm） | 树高（m） | 分布地点 | 管理单位 | 备注 |
|---|---|---|---|---|---|---|---|
| 家槐 | 蝶形花科，槐属 | 1870 | 75 | 15 | 北一街 | 兴城园林处 | — |
| 柳树 | 杨柳科，柳属 | 1945 | 96 | 25 | 原东关小学 | 兴城园林处 | — |
| 银杏 | 银杏科，银杏属 | 1936 | 140 | 44.6 | 农科院兴城果研所 | 兴城果研所 | 葫古Ⅱ4021 |
| 银杏 | 银杏科，银杏属 | 1936 | 121 | 38.5 | 兴城果研所球场南 | 兴城果研所 | 葫古Ⅱ4030 |
| 银杏 | 银杏科，银杏属 | 1936 | 140 | 44.5 | 兴城果研所球场南 | 兴城果研所 | 葫古Ⅱ4031 |
| 银杏 | 银杏科，银杏属 | 1936 | 132 | 42.0 | 兴城果研所球场南 | 兴城果研所 | 葫古Ⅱ4032 |
| 银杏 | 银杏科，银杏属 | 1936 | 95 | 30.2 | 兴城果研所球场西 | 兴城果研所 | 葫古Ⅱ4037 |
| 银杏 | 银杏科，银杏属 | 1936 | 123 | 39.2 | 兴城果研所球场西 | 兴城果研所 | 葫古Ⅱ4038 |
| 银杏 | 银杏科，银杏属 | 1936 | 120 | 38.2 | 兴城果研所球场西 | 兴城果研所 | 葫古Ⅱ4039 |
| 银杏 | 银杏科，银杏属 | 1936 | 120 | 38.2 | 兴城果研所球场西 | 兴城果研所 | 葫古Ⅱ4040 |
| 银杏 | 银杏科，银杏属 | 1936 | 90 | 28.6 | 兴城果研所球场西 | 兴城果研所 | 葫古Ⅱ4041 |
| 银杏 | 银杏科，银杏属 | 1936 | 142 | 45.2 | 兴城果研所球场西 | 兴城果研所 | 葫古Ⅱ4048 |
| 银杏 | 银杏科，银杏属 | 1936 | 98 | 31.2 | 兴城果研所球场西 | 兴城果研所 | 葫古Ⅱ4053 |
| 银杏 | 银杏科，银杏属 | 1936 | 171 | 54.5 | 兴城果研所球场西 | 兴城果研所 | 葫古Ⅱ4055 |
| 银杏 | 银杏科，银杏属 | 1936 | 168 | 53.8 | 兴城果研所球场西 | 兴城果研所 | 葫古Ⅱ4056 |
| 银杏 | 银杏科，银杏属 | 1936 | 156 | 49.7 | 兴城果研所球场西 | 兴城果研所 | 葫古Ⅱ4057 |
| 银杏 | 银杏科，银杏属 | 1936 | 145 | 46.2 | 兴城果研所球场西 | 兴城果研所 | 葫古Ⅱ4058 |
| 银杏 | 银杏科，银杏属 | 1936 | 101 | 32.2 | 兴城果研所球场西 | 兴城果研所 | 葫古Ⅱ4059 |
| 银杏 | 银杏科，银杏属 | 1936 | 93 | 29.6 | 兴城果研所球场西 | 兴城果研所 | 葫古Ⅱ4060 |
| 家槐 | 蝶花科，形槐属 | 1900 前 | 89.1 | 15 | 兴城古城部家花园 | 南一小学 | 葫古Ⅱ4070 |
| 垂柳 | 杨柳科，柳属 | 1900 前 | 89.1 | 17 | 兴城古城部家花园 | 南一小学 | 葫古Ⅱ4071 |
| 侧柏 | 松科，松柏属 | 1900 前 | 36.3 | 15 | 兴城古城部家花园 | 南一小学 | 葫古Ⅱ4072 |
| 家槐 | 蝶花科，形槐属 | 1900 前 | 50.3 | 16 | 兴城古城部家花园 | 南一小学 | 葫古Ⅱ4073 |
| 家槐 | 蝶花科，形槐属 | 1900 前 | 50.6 | 16 | 兴城古城部家花园 | 南一小学 | 葫古Ⅱ4074 |
| 银杏 | 银杏科，银杏属 | 1926 前 | 101 | 21 | 铁道部兴城疗养院 | 铁路疗养院 | — |
| 龙爪槐 | 豆科，槐属 | 1926 前 | 92 | 18 | 铁道部兴城疗养院 | 铁路疗养院 | — |
| 枫树 | 槭树科，槭树属 | 1936 前 | 56 | 24 | 农科院兴城果研所 | 兴城果研所 | — |
| 栾树 | 无患子科，栾树属 | 1936 前 | 54 | 26 | 农科院兴城果研所 | 兴城果研所 | — |
| 油松 | 松科，松属 | 1936 前 | 56 | 15 | 农科院兴城果研所 | 兴城果研所 | — |

## 第六节　城区排水

为加强城区排水功能，保障排水系统安全运行，提高城市防汛能力，改善水环境，兴城市人民政府根据《城市排水许可管理办法》，不断加大基础设施建设，有效保障城市的排水功能。

### 城区排水

城区排水设施包括排水管网、城区河道、明沟、暗渠、泵站、污水处理厂及其附属设施等。

1986 年，城区共铺设排水管道 21 条，总长 23115 延长米。2010 年，古城内的排水管线改造完成。市区内有排水暗渠 9 条，长 5863 米，排水出口 17 处。城区排水管道总长 89.2 公里，排水泵站 2 座，检查井 2350 个，雨水井 3210 个，污水处理截污管线 25800 米。

2011 年，投入资金 1658 万元，铺设排水管线 22 公里。

2012 年，结合古城保护和开发工作，完成给排水设施改造。铺设城区给排水管线 56 公里，修建南河堤坝工程 11.8 公里，修建主槽护岸 12.1 公里，修建 243 米的橡胶坝工程，增加排水管线 55861 米，检查井 1003 个。

### 城区防洪

兴城市城区地处兴城河、兴城东河、温泉河交汇处的入海口，为重点防洪城市之一。根据《中华人民共和国防洪法》和国家规定的防洪标准，为使城区减轻洪水灾害，做到有计划、有准备地防御洪水，针对可能发生的各类洪水灾害，兴城市人民政府在制定防洪预案的同时，加强排洪工程建设。2007 年 5 月，兴城市人民政府投入资金 40 万元，对兴城河城区段河堤进行维修，对河道进行整治，共清淤河道内土沙方 8 万立方米，提高排洪能力。同时对城区地势较低，易发生灾害的铁北居民区和南大坑居民区作为重点监控和预防区域。对铁路立交桥排水站机电设备定期检修，确保汛期正常运行。

2011 年 6 月 20 日，经过 100 天的紧张施工，兴城河城区段综合整治工程竣工，工程长度 5.68 公里，包括干流防洪大堤、主槽护岸、橡胶坝和叠水堤堰工程及穿堤排涵工程等，达到 50 年一遇的防洪标准，以及兴城河城区段防汛安全的要求。年内，在铁西区铺设排水管道 3335 延长米，解除该区域没有地下排水系统的历史。

### 污水处理

2010 年 6 月，位于钓鱼台街道红石碑村东侧的兴城市污水处理厂正式投入运行。主要对城区居民的生活污水和工业污水进行净化处理。在排放口安装对水量、pH 值、CODcr（或 TOC）进行在线检测的设备，执行定期对水量、pH 值、CODcr、SS 和氨氮等进行检测和相应的水量、水质检测制度。日均处理污水量为 3.43 万立方米。

## 第七节　市政管理

1986 年，兴城县城市建设管理办公室承担城市管理职能。随着城市建设规模和市政管理业务量的增加，相继组建城市管理监察大队，成立市政管理处、园林管理处、环境卫生管理处，对城市依法依规进行管理。

## 环境卫生

1987年，兴城市城区街道保洁、垃圾清运、公厕管理和环境卫生设施建设、管理、维护工作由兴城市环境卫生管理处负责。

1990年6月，兴城市人民政府制定《兴城市城市环境卫生管理办法》，市容环境卫生工作步入依法管理的轨道。7月，兴城市建设委员会出台《兴城市环境卫生管理违章收费处罚细则》，进一步规范环境卫生监管制度。

1992年6月，国务院《城市市容环境卫生管理条例》颁布后，兴城市人民政府对乱布摊点、乱堆乱倒垃圾、损坏盗窃环卫设施等行为做出具体管理和处罚规定。1996年2月，成立兴城市环境卫生监察大队，执法人员统一着装，持证上岗。1997年，兴城市人民政府投资300万元建起芹菜沟垃圾粪便无害化处理场，可存放城市垃圾5~10年。筹资60万元，购进5辆自卸垃圾车、1辆装载车。

2001年，引入竞争机制，对保洁队路片管理人员实行竞争上岗，职工岗位双向选择。2002年，撤销兴城市环境卫生监察大队，其执法权由兴城市城市管理综合执法局统一行使。2003年，恢复兴城市环境卫生监察大队。2005年，投资300万元，兴建占地12公顷，库容量200万吨的头道沟垃圾处理场，使用年限为15~20年。2009年，筹资75万元建5个地下垃圾转运站。

2010年，全市建垃圾排放点185处，城区各干道两侧更换果皮箱265个；公厕82座，其中水冲公厕3座；各类环卫专用机械车25辆，三轮保洁车185辆，日清运垃圾250吨，年清运垃圾8.4万吨。

2011年，投资126万元购置清扫车一辆、洒水车一辆、2吨吸污车一辆、塑料垃圾桶400个、铁皮垃圾箱25个和监察管理用车，投资47.71万元对公厕进行维修。新增环卫车6辆，新建城市垃圾点117处，清扫保洁人员727人。环卫保洁面积418万平方米。

2012年，投资445.3万元购置清扫车2辆、洒水车1辆、地下箱摆臂车3辆、封闭式餐厨车1辆、吸污车1辆、大型封闭式垃圾清运车2辆、塑料垃圾桶550个、果皮箱680个，建地下垃圾箱25个。投资51.07万元对公厕进行维修和翻建。

## 执法监察

1986年4月，兴城县城市管理监察大队成立，辖6个中队，负责城市规划、市容市貌、环境卫生、市政设施等违法违章行为的查处工作。

1992年2月，兴城市拆迁办公室成立，与兴城市城管监察大队为一套班子两块牌子，下设5个中队。至1994年，每年以城管监察大队为主，从公安、交警、市政、园林、环卫等部门抽调人员组成综合执法队伍。1998年，兴城市城管监察大队更名为兴城市城市管理综合执法大队，系兴城市城乡建设环境保护局下属的副科级事业单位。其职能以市容专项治理为重点，主要解决店外经营、流动摊点、马路堆放、乱设广告标牌等问题。

2002年，成立兴城市城市管理综合执法局，兴城市城市管理综法执法大队并入该局，继续履行其原有职能。2003年，兴城市城市管理综合执法局撤销后，恢复兴城市城市管理综合执法大队，仍隶属兴城市城乡规划建设局，下设9个中队。

2010年，兴城市城市管理综合执法大队按照《兴城市市容和环境卫生管理办法》，开展市容市貌和违章建筑进行整顿和规范。在主次干道实行昼夜巡查，出动大型宣传车，环城宣传城市市容和环境卫生管理办法及有关规定。全年共取缔露天烧烤摊位50处、流动商贩2536人次；清理违章占道3896次；拆除违章建筑49起；规范牌匾50处。

2012年，按照《中华人民共和国城乡规划法》《国务院城市市容和环境卫生管理条例》的规定，依法处理违章建筑150起，取缔新安的落地灯箱牌匾50块，纠正店外加工11户；清理占道洗车30起；有序安排流动商贩58处；清理店面宣传大小招贴1500张。古城西门外长期乱摆乱放的店外经营行为得到治理，古城北门外建立劳务人员休息大厅和营运车辆停车场。

# 第三章 乡村建设

乡村建设是建设美丽乡村、促进农村经济社会科学发展、提升农民生活品质、加快城乡一体化进程的重大举措。依照《村庄和集镇建设管理条例》，兴城市人民政府立足乡村基础设施建设和生态文明建设，统筹推进乡镇、村庄改造和整治，改善农村生产生活条件，增强农村综合发展能力。

## 第一节 房屋建设

农村房屋建设主要包括乡镇、行政村及各机关、学校、企事业单位的办公房舍、公共服务设施建筑和民宅建设。

### 公用建筑

公用建筑主要包括各乡镇街道及村部办公楼，各乡镇街道的卫生院、中小学校，各乡镇街道的公共服务设施及驻在单位建筑等。随着经济的发展，兴城地区各乡镇对公用建筑投资力度逐步加大。1986~2012年，乡镇新建公用建筑面积10.24万平方米。

### 民宅建设

1986年，全县农村有个人住宅38.1万间，使用面积573.84万平方米，人均居住面积21.6平方米。村民住宅大部分为平房，房屋建筑多以砖木结构为主。

1991年，全市30%左右的农民建设新房。新房为“北京平”式，建筑材料为砖、石、沙、水泥、钢筋、木料等；室内宽敞明亮，室外墙表面用水刷石或涂料加以装饰。

2006年，全市村民居住条件有明显改善。平均每户拥有住宅面积85.6平方米，99%的村民拥有个人住宅。其中，居住平房的110477户，占93.4%；居住楼房的1754户，占1.5%。

2010年，全市乡村新建民宅面积38.35万平方米，翻建民宅面积153.94万平方米。乡村民宅总建筑面积1010.08万平方米。

2012年，全市乡村新建民宅面积3.54万平方米，翻建民宅面积7.62万平方米。乡村民宅总建筑面积 1013.62 万平方米。年内，兴城市启动农村危房改造工作，经过调查摸底，C 级改造户数 1369 户，D 级改造户数 936 户，节能示范户 14 户，争取危房改造资金 1624 万元。

## 第二节　小城镇建设

1993 年，兴城市开始小城镇规划建设，以东辛庄满族镇建设为重点，集中规划建设一批有地方特色和具有较强带动力的小城镇。

1995 年，东辛庄满族镇和沙后所满族镇被辽宁省确定为 100 个小城镇总体规划建设试点乡镇。年内，东辛庄、沙后所两满族镇人民政府聘请辽宁省规划设计院专家完成总体规划编制工作。1996 年 3 月 12 日，通过专家评审，并经兴城市人民政府批准实施。1997 年始，东辛庄满族镇用 4 年时间进行小城镇建设。投资5500 万元建成占地 26.67 公顷，建筑面积 11.5 万平方米的服装市场；筹措资金 5700 万元，实施 “一站、一场、一水、二区、四路、五巷、七绿化” 工程，1999 年成为辽宁省小城镇建设试点镇。1997 年，沙后所满族镇被辽宁省建设厅、辽宁省人事厅授予省级村镇建设管理先进单位。

1999 年 3 月，四家屯乡小城镇建设方案出台。以四家村建设为重点，建设一座占地 2.67 公顷的高标准公园和 20 户欧式风格住宅，修建 20 条水泥巷路，安装 100 盏路灯，栽植 1.7 万株风景树，建设总投资 375 万元。

1999~2001 年，高家岭满族乡投资 300 余万元，在乡人民政府所在地进行小城镇建设，建商业网点 30 余个，建筑面积 5360 平方米，新建楼房 60 户。

2007 年，华山街道上长茂村被确定为葫芦岛市新农村建设试点村。该村聘请葫芦岛市、兴城市两级城乡规划设计院编制《上长茂新农村建设规划》，并抓住葫芦岛市杨家杖子经济开发区居民外迁的机遇，取得 3 万户居民新住宅选址该村项目。至 2010 年，共投资 4556 万元实施住宅楼建设、环村公路和巷道铺设、饮用水安全工程、污水处理厂、综合市场、商业一条街、洗浴中心、文化广场、路灯安装 9 个建设项目，年内全部竣工。

2010 年，东辛庄镇张虎村完成新农村调整规划，推进农民新村城镇化土地置换小区建设，投资 1600 万元，占地 6.83 公顷，建筑面积 1.06 万平方米。

2012 年，兴城市沙后所镇西关村、南门外村居民住宅小区建成并投入使用，共 96 户，建筑面积 11735 平方米。年末，高家岭、东辛庄、红崖子 3 个乡镇重点小区开工建设，分别为高家岭满族乡汤上村拉斯维加斯温泉小镇，占地 122081.46 平方米，建筑面积 164969.98 平方米；东辛庄镇紫金佳苑小区，占地 10726.6 平方米，建筑面积 21325 平方米；红崖子满族乡花生加工市场，占地 17538.05 平方米，建筑面积 38721.69 平方米。

## 第三节　建设管理

1987 年 6 月，兴城市建设委员会下发《关于加强乡镇建设管理严格履行建筑手续的通知》，规范乡镇建设管理。1989 年 4 月，兴城市建设委员会出台《关于加强村镇建设管理的通知》，对全市村镇建设中的公共建筑、生产建筑、住宅楼建筑等实行选址定点设计、施工、质检和竣工验收全方位管理。

1992年，兴城市成立村镇建设管理办公室。全年审批公建、民建总面积23.54万平方米。1993年5月，国务院《村庄和集镇规划建筑管理条例》（简称《管理条例》）颁布实施。1994年始，依据《管理条例》规定，兴城市村镇建设管理办公室开展对违章建筑的立案查处工作。共查处违章建筑68起，调解建筑纠纷34起。

1995年，根据辽宁省建设厅《关于在全省范围内开展小城镇建设的通知》，确定东辛庄满族镇、沙后所满族镇为小城镇建设试点单位，并开展建设工作。年内，两满族镇均被列入辽宁省100个小城镇建设综合试点镇。

2003年始，乡镇建设实行统一村镇建设审批程序，即“一书两证”制度；民用建设采取“一书、一表、一建设执照”及土地批复制度。

2012年末，全市村镇新建公用建筑总面积10.24万平方米，新建民宅41.89万平方米，翻建民宅161.56万平方米。处理违章建筑600余件，调解建筑纠纷500余起。兴城市晋升省级小城镇建设单位7家，晋升葫芦岛市级小城镇建设单位5家。

# 第四章　房地产业

随着改革开放，兴城市房地产业以土地开发、房屋建设、土地使用权的有偿划拨、转让，房屋所有权的买卖、租赁，房地产的抵押贷款等形式的房地产市场日趋活跃，成为拉动兴城经济的支柱型产业。

## 第一节　房产建设

兴城房产建设主要分为公用建筑和民用住宅建设，包括办公楼、住宅楼、工业厂房、商业楼以及其他专用房屋等。

### 公用建筑

按照1985年版《兴城镇总体规划》维护古城，扩展新区的原则，多层次楼房建筑多分布在温泉区和海滨区。新建公用建筑大多为4~5层，建筑结构多采用钢筋混凝土。20世纪90年代，兴城市邮电程控电话大楼、兴城市工商银行办公大楼、温泉商业大厦相继建成，楼层高达9~11层。

2000年以后，新建公用建筑一律采用框架结构，地震裂度设防等级达4级以上，楼层多为7层以上。兴城市供电局、地税局、国税局、人民检察院、国土资源局、人民医院、高级中学、第二高中、人民法院、财政局、劳动和社会保障局、司法局、行政办事中心等30余幢办公大楼相继建成，成为兴城市新的亮点。

### 住宅建设

1986年，兴城城镇实有住宅面积58万平方米，居住面积31万平方米，人均居住面积达4.91

平方米。居民住宅以单层平顶房为主。年内，采取新建、翻建、自建公助商品房等办法建成职工住宅12.2万平方米，人均居住面积增至5.66平方米。

1993年始，开展小区建设。在小区开发建设中坚持统一规划、统一开发的原则，打破以往由单位征地、职工集资分散建设住宅格局。居民生活区楼房大多为4~6层，一般为砖混结构，水刷石、水泥涂料外墙，木质或铝合金门窗，每户面积50~140平方米，水、电、暖、电信、闭路电视等管线配套。

2005年以后，楼房结构全部采用框架，墙面装饰华丽，塑钢门窗，地暖铺装，开通管道液化石油气。楼层向高层发展，最高达18层，高层楼房配备电梯设施。生活区内道路、照明、绿化美化、休闲、健身场所、红外线监控等配套设施齐全。

2012年，兴城市城区先后建成东山、安居、温泉豪苑、弘熙园、美星花园、闻涛苑、福苑山庄、塞北家园、水木馨居、东方俪城、温馨家园、水岸绿洲等60余个生活小区，城区居民居住条件得到较大改善。

## 第二节 住房制度改革

1988年6月，根据国务院《关于在全国城镇分期批推行住房制度改革的实施方案》，兴城市人民政府决定全面实行住房制度改革。该次改革主要向个人出售房产部门管理的“公房”和各单位的自管房，实行“四定一改”，一步到位，即定房屋的基本价格、定增减项目、定折旧率、定出售价格，对不购买和不出售的房屋实行租改息。个人购买的房屋产权归已，允许进入房屋交易市场自由买卖。年内，兴城市房产管理处成立房屋交易所，负责公房出售工作。至1992年，出售直管公房983户，共3.56万平方米。

1993年，兴城市住房制度改革领导小组办公室成立，负责全市房改工作。5月13日，兴城市人民政府制定《兴城市住房制度改革实施方案》《公房出售维修办法》《公房租金计算提租补贴和减免补贴照顾暂行办法》《住房债券发行和认购实施办法》《住房公积金管理暂行办法》《集资建房管理办法》《住房资金管理中心章程》《住房资金管理暂行规定》7个配套方案。至1994年末，全市出售公房11.45万平方米，总金额1768万元。实行住房公积金制度的单位61个，职工5233人，归集公积金111万元。2002年9月，撤销兴城市房改办公室，其业务划归兴城市房产管理处管理。

2010年，兴城市有机关、团体、财政拨款事业单位288个、职工9769人缴纳住房公积金。年末，全市机关、团体、企事业单位参加房改累计40家、1871户，建筑面积12.6万平方米。

2012年，兴城市房地产管理处直管公房尚有3.8万平方米。

## 第三节 房地产开发

1993年，绿园小区、东山小区和七彩城、不夜城的开发建设相继启动。

1995年，为贯彻落实国务院、辽宁省房改办《关于实施安居工程的方案》，加快解决兴城市城镇无房户、拥挤户、住房困难户的住房问题，兴城市人民政府制定《兴城市安居工程实施方案》，并实施开发。安居工程位于温泉区，占地 2.87 万平方米，建筑面积 3.8 万平方米，安置居民 414 户。

1999 年，开发欣和园住宅小区，投资 8000 万元，总建筑面积 8.4 万平方米。2000 年，有 6 家房地产开发企业进入兴城房地产市场。全市房地产开发建筑面积达 37.58 万平方米，比 1998 年增加 134.9%。2004 年末，全市有房地产开发经营企业 22 个。其中资质以上企业 7 个，从业人员 489 人。共投资 32289.0 万元，完成土地开发面积 8.07 万平方米，实现竣工面积 4.21 万平方米，商品房屋销售面积 12.09 万平方米。

2010 年，全市房地产开发开工总面积 58.96 万平方米。其中 10 层以上小高层有 50 多栋，竣工验收 14.62 万平方米，完成投资额 60286 万元。年末，市内房地产开发经营企业 35 家，其中二级资质企业 3 家，三级资质企业 11 家，暂定资质企业 21 家。固定资产 81804.8 万元，累计完成投资 134343 万元，房地产开发面积 77.2 万平方米。

2011 年，市内房地产开发经营企业 48 家，其中 37 家在兴城市注册。全年房地产开发开工总面积 108 万平方米。完成投资额 17.5 亿元。年末，实现竣工面积 14.1 万平方米，商品房销售面积（含外埠）36.3 万平方米，销售额达 9.02 亿元。

2012 年，房地产开发开工总面积 125.46 万平方米，完成投资额 18.97 亿元。年末，实现竣工面积 28.33 万平方米。商品房销售面积 38.83 万平方米，其中外埠商品房销售面积 11.6 万平方米，销售额 13.69 亿元。

## 第四节　房屋拆迁

1986 年，城区房屋动迁管理工作由兴城县建设委员会城建科负责。

1992 年 2 月，根据国务院《城市房屋拆迁管理条例》，成立兴城市动迁办公室，隶属兴城市建设委员会，与兴城市城市管理监察大队合署办公。5 月，开始西关“七彩城”、站前“不夜城”和西铁立交桥规划区域的动迁工作。至 1993 年末，共完成动迁民房和商业网点 210 户，房屋 1157 间，面积 1.32 万平方米。1994 年，为工商银行办公大楼、购物中心、延辉商业城等项工程施工动迁民宅 77 户，单位房屋 8 家，共拆除有照房屋 3383 平方米、临时建筑 2543 平方米、围墙 287 米。

1998 年，兴城市动迁办公室配合古城建设，先后动迁北门口、古城内老三行（农行、建行、工商行）、文庙附近、部家住宅前等部分单位和居民 469 户，房屋 1266 间，面积 3.01 万平方米。1999 年 7 月，高速公路兴城城区西出入口道路拓宽改造工程拆除单位和居民住宅共 73 户，有房照房屋 228 间，拆除面积约 0.7 万平方米。2003 年，完成古城外环商业区开发等工程动迁核量面积 6.3 万平方米，实际拆迁 624 户，拆迁面积 6 万平方米，动用拆迁资金 3046 万元。

2005~2010 年，建设凯森蒙工业园区、弘熙园三期、大学城排水、古城内道路改造、东山大型农贸市场等工程，拆迁、动迁 547 户，拆迁、拆除总面积 2.97 万平方米。

2011 年 4 月，完成首山路扩建工程 130 户动迁工作，面积 5800 平方米。7 月实施古城改造建设项目，完成 550 户动迁工作，面积 26400 平方米；8 月实施河东路项目，动迁 150 户，面积 12750 平方米；12 月干疗小区改造，动迁 39 户，面积 1800 平方米。2012 年 6 月，实施新南一小学建设项目，动迁 8 户，面积 950 平方米；实施 810 路拓宽项目，动迁 9 户，面积 400 平方米；7 月实施弘熙园三期工程，动迁 40 户，面积 360 平方米；8 月实施邴家比基尼广场建设项目，完成2 户动迁工作，面积 190 平方米；11 月，兴城市拆迁办公室更名为兴城市人民政府房屋征收管理办公室。

# 第五节 房产管理

兴城市房地产管理处，系兴城市城乡规划建设局所属的副科级事业单位，负责全市房屋产权交易、房产评估、建筑测量、国有房屋、物业、房屋租赁等管理及建筑产权产籍管理监督工作。

## 公房管理

1986 年，兴城县房地产管理处直管公房主要分布在古城内四街和古城外四关，古城内四街作为商铺经营使用，直管公房建设面积 13.58 万平方米。

1987 年，兴城市房地产管理处成立公房管理股，对全市所有公房建立房卡、台账、设备卡和平面图。定期对管辖范围内房屋进行勘察，根据情况做出大、中、小修计划，实施维修。

1988 年 11 月始出售公房，至 1992 年末，直管公房减少至 9.1 万平方米，其中住宅楼面积 1.6 万平方米，平房面积 1.6 万平方米，机关公企用房 5.9 万平方米。

1997 年 6 月，兴城市实施产权制度改革，工业、商业企业实行民营，其所占用的房屋随同企业固定资产一起捆绑式出售，致使直管公房大量减少。

2010 年，全市直管公房面积为 4.8 万平方米。2011 年，直管公房面积减少至 4.48 万平方米。依照《公有房屋管理办法》，兴城市房地产管理处对直管公房进行有序管理。

2012 年，古城改造总体规划拆除机关用房 0.6 万平方米，企业用房 0.1 万平方米。全市直管房屋面积 3.8 万平方米，依据《公有房屋管理办法》，兴城市房产处对直管房屋进行勘察，实施大、中、小维修养护。

## 产籍管理

1986 年，兴城县房地产管理处成立房屋交易所，专门负责房屋交易管理工作。至 1992 年，共办理房屋交易手续 2055 户，核发房照 7505 份。

1995 年 5 月，根据辽宁省人民政府办公厅《关于开展城镇房屋产权验证登记工作的通知》，兴城市开始房屋产权验证登记工作，确定房屋产权归属，颁发产权人产权证书。至年末，共登记公房 126 个单位，验证 2640 件，换发房屋产权证 928 个；登记私产房屋 4856 户，验证换发房屋产权证 4562 个。

2000 年始，发放全国统一制式的房照。至 2006 年，共核发产权证 52678 本，办理产权交易手续 10829 户。

2007 年 5 月，成立兴城市房屋产权交易中心，实现房屋交易与权属登记一体化办公程序。2007~2010 年末，共核发产权证 38690 本，办理产权交易手续 16102 户。

2012 年，兴城市房地产管理处共受理业务要件 6294 份，完成登记面积 122.76 万平方米。其中交易完成 1275 户，12 万平方米；商品房完成 1534 户，18 万平方米；按揭贷款 104 户，1 万平方米。补办房照 65 户，换照 8 户，分照 73 户。

## 档案管理

1986 年6 月，兴城县房地产管理处建立综合档案室。

2010 年，新建标准化档案楼 1 座，建筑面积 1195 平方米，档案库房面积 896 平方米，安装密集架 60 列，保管档案 126250 卷，其中，房屋产权产籍档案 10 万卷、房地产抵押典当等他项权利档案 2 万卷、房屋测绘档案 1250 卷、文书档案 5000 卷，年均提供利用档案 3 万卷。

2011 年，新建的兴城市房地产档案楼投入使用。兴城市房地产管理处着手对房产档案进行数字扫描工作。至年末，共完成整理档案 105000 卷，实现数字化扫描 82560 卷。

2012 年，兴城市房地产管理处档案数字扫描工作全部完成，共完成整理档案 11 万卷，全部实现数字化扫描。年末，兴城市房地产管理处档案馆库藏全市房屋产权产籍档案 11 万卷、房地产抵押、典当等他项权利档案 2.6 万卷、房屋测绘档案 1780 卷、处机关文书档案 5005 卷。

### 物业管理

1999 年6 月，成立兴城市物业管理办公室，隶属兴城市房地产管理处，负责城区内物业管理工作。

2000 年 4 月，兴城市人民政府出台《兴城市住宅小区物业管理暂行办法》，制定修缮基金征收、楼房接管协议、小区物业管理等一系列加强物业管理工作的办法和措施。8 月，兴城市第一家物业管理中心成立，负责管理绿园小区物业工作。 2001 年 5 月，柳园小区物业管理中心成立。9 月，成立安居小区物业管理服务处。10 月 10 日，兴城市阳光物业管理服务中心正式挂牌营业。

2004 年，兴城市物业管理办公室强化物业管理企业的监督、管理，推行物业管理企业主要负责人、业务骨干及从业人员持证上岗制度。组织各小区居民选举产生业主委员会，使居民对物业管理企业的意见建议及时反馈到有关单位，促进物业管理工作的开展。2009 年，美星花园小区被授予“辽宁省优秀小区”称号。至 2010 年末，全市共有物业管理企业 8 家，全部进行工商登记，均具有法人资格，从业人员 266 人。

2011 年，随着城市建设的快速发展，新增物业公司 5 家，均获得三级经营资质，增加物业从事人员 178 人，住宅物业管理费每平方米 0.3~0.8 元。至 2012 年，全市建成 2 万平方米以上的住宅小区 15 个，其中有 13 家实行物业管理。

# 第五章 建筑业

兴城市建筑业发展迅速，勘察设计和监理企业从无到有，建筑施工企业从小到大、从弱到强，施工方法由手工操作逐步向机械化、工厂化过渡，采用新技术、新工艺、新材料，建筑档次不断提高。

## 第一节 设计监理

设计监理是对工程进行勘察设计阶段的项目管理。兴城市建筑设计和工程监理部门依据有关法规，对建设单位提供勘察设计咨询服务，进行项目投资、进度、质量三大目标的控制，以保障工程项目安全、可靠，提高其适用性和经济性。

### 勘察设计

1987年4月，兴城市建设委员会设计室晋升为兴城市建筑设计院，系具有建筑勘察设计丙级资质的专业设计事业单位。设计院内设建筑结构、水暖、电气、勘察、预算及晒图等服务机构，主要承担全市各类民用建筑设计和工程地质勘测工作。

至1990年，兴城市建筑设计院共完成设计项目144个，设计总面积18.61万平方米。其中辽宁省新华书店营业楼荣获辽宁省计划委员会80年代优秀设计奖，兴城市明城宾馆被评为辽宁省优秀设计奖，新华书店疗养院、经济日报社休养所获锦州市优秀设计奖。

1993年，完成工程地质勘察项目31个，226个钻孔，钻探进尺994米。

2000年以后，兴城市建筑设计院面对建筑市场需要，靠设计质量和优质服务赢得用户信赖，不仅承接兴城建筑业95%以上的设计任务，还为葫芦岛市、锦州市和绥中县完成部分建筑设计任务。

2012年，兴城市建筑设计院相继完成兴城市财政培训中心、兴城兴隆大家庭、弘熙园、水木馨居、水岸绿洲、温馨家园等420多个项目的工程勘察及工程设计任务，工程设计面积累计200余万平方米。

### 工程监理

1998年11月，兴城市工程建筑监理所承担工程建设监理、咨询的技术服务。至2002年，兴城市工程建筑监理所开展监理项目65项，受监理面积130万平方米。2003年，开展工程监理项目31项，受监理工程面积65.6万平方米。

2010年，兴城市工程建筑监理所注册资金100万元，具有建筑工程乙级监理资质、市政公用工程丙级监理资质。设有10个工程项目监理部，承担监理工业与民用建筑、装饰、市政、公路等工程及工程造价审计和技术咨询服务业务。

2011年，兴城市工程建筑监理所房屋建筑工程监理资质由丙级升级为乙级，增加市政公用工程监理丙级资质。承揽水岸绿洲小区二期工程、金秋园小区二期工程、兴城市第二高中教学楼、温馨家园二期工程等房屋建筑工程及兴城市道路桥梁工程公司2011年工程项目等市政公用工程，承揽工程50余项。2012年，兴城市工程建筑监理所承揽新的监理项目60余项，面积100多万平方米。

## 第二节　建筑施工

建筑施工是工程建设实施阶段的生产活动，它包括基础工程施工、主体结构施工、屋面工程施工、装饰工程施工等。1986~2012年间，随着城市化进程，兴城地区所属的建筑施工企业、建筑施工技术不断壮大和提高。

### 建筑企业

1986年，全县建筑工程队66个，有建筑工人13000余名，占全县从业劳力7.1%，其中助理工程师以上的技术人员31名，技术工人占建筑工人总数的49%。大部分工程队既能承建现代高层楼房，又可承建各式难度较高的仿古建筑。全市完成建筑面积6.7万平方米，实现总产值4763万元。

1991年，兴城市建设委员会加强施工队伍管理，对4级以上建筑安装企业的施工队伍进行全面复查审核，确认施工队伍28个，其中三级施工队2个、四级施工队16个、无等级施工队10

个。1994 年，全市建筑安装企业发展到 33 家，部分企业实现机械化作业，从业人员达 9203 人，建筑业实现总产值 17052 万元。

2004 年，全市建筑业法人企业 27 家，其中资质等级以上企业 12 家，无等级企业 15 家，从业人员 4190 人。全市建筑业企业资产总计 32103.3 万元，完成建筑总产值 28595.3 万元，房屋建筑施工面积 38.47 万平方米，房屋建设竣工面积 26.52 万平方米，实现利税 1114.9 万元。至 2010 年末，全市具有资质等级的总承包和专业承包建筑业企业 16 家，其中建筑业总承包资质企业共 9 家，从业人员 6065 人。全年房屋施工面积 106.42 万平方米，房屋竣工面积 101.9 万平方米，实现总产值 180358 万元，

2012 年，全市具有资质等级的总承包和专业承包建筑业企业 23 家，其中建筑业总承包资质企业共 9 家，专业承包资质企业 14 家，从业人员达 13162 人。总施工面积达 194 万平方米，房屋竣工面积 126 万平方米，全年创产值 36 亿元。

### 建筑施工技术

1986 年始，建筑施工由手工操作逐步向机械化、工厂化过渡。土建工程逐步使用钢脚手架、钢板、钢模板。市内各类房屋建造，除特殊设计外，一般采用砖混结构，施工以普通黏土砖为主。外墙面装修多采用水刷石、马赛克、瓷砖镶贴，内墙则采用白灰沙浆或水泥沙浆打底，麻刀白灰罩面，或贴瓷砖墙裙及壁纸。框架、排架结构多用于特殊工艺的工程建设项目，如冶金、机械、石油化工、电力等工程项目。

1990 年后，随着城市建设步伐的加快及高层建筑的兴起，地基处理技术有新突破，采用钢筋混凝土箱型基础，预制桩等。高层建筑由砖混结构发展为混凝土框架与加气混凝大块。住宅工程推行大板建筑和装配式大板建筑。室内装修采用刮腻喷涂、塑料壁纸、钙塑天棚，推行细石混凝土滚压地面。外墙面装修，普遍采用机喷石和彩色喷涂、贴釉面砖、大理石等。

1997 年始，普遍使用挖掘机、装载机、大型混凝土搅拌机、混凝土输送泵及大型塔吊。1998 年始，传统的实心黏土砖被煤矸石空心砖、多孔模数砖、加气混凝土砌块等新材料取代。木制脚手杆、板、模板退出市场，被钢架板、钢管、钢模板等材料代替。

2000 年始，兴城市新建住宅强制淘汰铸铁管、镀锌管、实腹胶钢窗，淘汰铸铁水龙头，推广应用陶瓷芯龙头，禁止用原木生产门窗。对使用淘汰、禁用材料的新建住宅，一律不予审批报建。

2005 年始，普遍使用 80 米高架升降机及 QTZ40 塔吊等大型施工设备，墙体保温采用石墨聚苯板。外墙面装饰，办公楼多采用干挂理石板，住宅楼多饰面砖。住宅楼门窗推广塑钢材质，办公楼门窗则采用断桥铝质。混凝土浇筑采用薄膜覆盖或涂膜防护措施，防止水分蒸发。脚手架防护栏杆，采用多功能钢管工具式可调节彩板围挡。

2012 年，兴城市建筑施工单位开始使用包括深基坑技术、高强高性能混凝土技术、高效钢筋和预应力混凝土技术、粗直径钢筋连接技术、钢结构技术、大型构件和设备的整体安装技术等，提高工程施工质量。

## 第三节　建筑管理

建筑管理是对建筑施工过程中的进度、质量、安全、资金、机械设备、材料、人员进行的综

合管理。兴城市城乡建设管理部门严格依法依规对建筑施工过程中各个施工要素进行管理，以保障建筑目标的实现。

### 建筑行业管理

1986 年，兴城县建设委员会负责建筑施工队伍的资质管理及培训、施工许可证审批、建筑市场执法监察、工程劳保费缴拨、工程造价管理等工作。

1987 年，全市建筑业开始全面推行建筑工程招标、投标承包制。企业内部实行经济层层包干责任制，建立奖罚制度，同时改革人事制度和用工制度。1988 年 10 月，兴城市建设委员会和中国人民建设银行兴城市支行联合下发《关于贯彻省建设工程招标、投标管理暂行办法的通知》，并结合全市情况做出 7 项补充规定。

1996 年始，在全市范围内开展建筑执法大检查和住宅工程质量管理年活动。1997 年 11 月，《中华人民共和国建筑法》（简称《建筑法》）颁布。开展《建筑法》宣传活动，并依法对建筑业实施法制化管理，规范建筑业市场行为。

1998 年，兴城市城乡建设局制定《加强建设工程招投标管理工作实施意见》，加大监管力度，促进全市建设工程招投标管理工作的健康发展。2002 年，加强建筑市场管理，建立健全工程报建制度、工程招标管理制度及建筑工程监理制度，工程报建率、工程监理率均达 100%。

2004 年，成立兴城市建设市场交易中心，所有报建工程一律实施进场交易，通过招投标程序，按照公开、公平、公正、科学、择优录取的原则，优选施工队伍，应招标工程招标率达到 100%。

2012 年，兴城市建筑业市场更加规范化、制度化，建筑业管理工作登上一个新台阶。形成工程报建、审批招投标及整个工程质量、安全监督全过程监管，完工后进行多部门整体综合验收，合格后方能交付使用。全年，工程合格率达 100%。

### 建筑安全管理

1988 年 5月，兴城市建设委员会转发锦州市建筑工程管理局《关于贯彻执行〈安全防护标准化管理的暂行规定〉强化安全管理，实行经济处罚的通知》，确保建筑业施工生产安全。

1997 年，兴城市城乡建设局制定《兴城市建筑安全生产监督管理实施办法》，严格按照安全生产责任状量化的各项指标，进行重点考核、检查、评比、严格兑现。理顺建筑施工安全管理体制，建立健全安全管理网络。1999 年，对施工现场进行 5 次例行检查和突击检查，基本做到施工现场优良达标，千人负伤率为零。

2002 年，兴城市城乡规划建设局出台《兴城市建筑安全生产目标管理考核办法》，与施工企业法人代表签订安全生产目标责任书，推行建筑职工意外伤害保险制度，实行激励约束机制。在工程评标中，对工程安全文明施工量化加减分，引导激励企业创建安全文明工地。年内，对 20 个施工现场进行例行检查和突击检查，其中达到市级安全优良等级的现场有 6 个，合格的有 13 个，合格率达 95%。

2004 年，兴城市城乡规划建设局制定《兴城市建筑施工安全管理统一标准》，规范建筑施工现场安全防护标准和施工临时用电配电箱统一标准。至 2010 年，全市共下达安全隐患整改通知书 463 份，停工整改 148 个施工现场，事故隐患整改率达 100%。

2012 年，全市形成“安全第一、预防为主、科学管理、常抓不懈”的建筑施工企业安全生产管理长效机制，以深入开展“安全生产年”为突破口，以开展“文明施工年”为契机，做到建筑安全管理责任落实，监督管控到位。全年在建工程项目 74 个，进行建筑安全检查 1352 次，下发安全隐患整改通知 644 份，下发停工单 210 次，查封施工现场 210 个，处罚 9 起，事故隐患整改率达 100%。

### 建筑质量监督

1986 年，建筑工程质量等级由兴城县质量监督部门核定，工程质量监督方法为眼看、手摸、锤敲等人工检验，只对钢材、沙石、混凝土试块进行简单检测。

1987 年 10 月，成立兴城市建筑工程质量检测中心。该中心购置万能实验机、压力实验机、沙浆振捣台等质量检测设备，用以检测建筑工程项目每道工序的半成品和混凝土沙浆等，为质量监督部门提供科学、准确的检测数据。

2000 年 1 月，国务院《建设工程质量管理条例》颁布实施，兴城市工程质量监督站认真贯彻落实，工程优质品率由 10%提高到 15%。2003 年，投资 23 万元购置窗检测仪和充电材料检测仪器，组织全市各建筑施工主体人员进行技术培训，规范参建各方主体行为。

1993~2010 年，全市共完成建筑工程质量监督项目 693 项，建筑面积 317.43 万平方米，监督覆盖率达 95%，监督到位率 100%。在监督竣工的工程中，有 3 项获辽宁省“世纪杯”工程，3 项创辽宁省优质主体工程，46 项获葫芦岛市优质样板工程。

2012 年，受理监督工程 195 项，建筑面积 118 万平方米，工程竣工验收合格率 100%。其中兴城市行政服务中心 1# 楼、2# 楼，财政劳动保障行政服务中心等 3 项工程被评为辽宁省“世纪杯”工程，兴城市人民法院审判用房等 4 项工程被评为辽宁省优质主体工程。

# 第六章　环境保护

20 世纪 80 年代初期，环境保护与城乡建设协调发展逐渐上升至同等重要地位。1986 年 1 月，刚成立不久的兴城县环境保护局，依照有关法律法规，对城市环境保护进行有效监督和管理。1995 年 7 月，兴城市环境保护局与兴城市建设委员会合并成立兴城市城乡建设环境保护局。2000 年 7 月，重新设立兴城市环境保护局，相继建立自然生态监管、环境污染控制、政策法规宣教，以及环境保护监测站、环境监察局、机动车排气污染防治办等机构。依据国家、省、市环境保护方针、政策和法律法规，对全市环境进行监督管理，有效保护辖区内自然生态资源，提升当地的环境质量。

## 第一节　环境监测

1986 年，兴城县设有环境保护监测站，主要负责城市大气、水体、噪声、污染源及机动车尾气的监测工作。1995 年 8 月，兴城市环境保护监测站通过辽宁省计量监督局的计量认证，并相继配备原子吸收、红外测油仪、微分测汞仪、气相色谱仪、离子色谱仪、烟尘烟气测试仪、大气自动监测系统等大中型仪器设备 10 台套，达到标准化建设三级站仪器配置要求。

## 水质监测

**地表水水质监测** 环境保护监测站建立以后，每年对兴城河水质情况进行监测。兴城河水共有5个监测断面，每个断面设一个监测点。监测点位于榆树沟、狼洞子、郎家窝棚、新地号和红石碑入海口。监测频次为每年枯水期4月份、丰水期7月份和平水期10月份，采样3次，每次连续采样2天。

1988年，地面水监测项目12个，检测数据582个。监测结果：铅含量超过地表水二级标准，铜含量在上游个别点超过地表水二级标准。

1991年，获得地面水监测数据1648个，根据监测数据分析，兴城河水质虽受到一定污染，但基本符合地面水国家二级标准。

2003年，地面水监测项目增至18个。2006年，水质必测项目达到28个。水质采样按照《环境监测技术规范》进行，评价标准按GB /T3838—2002《地下水环境质量标准》执行。从兴城河水质评价结果看，2004年以前，河水水质为重污染。2005年始，综合污染指数明显降低。

2011年，对兴城河进行枯、丰、平3个水期的监测，每个水期连续采样2天，每天采样1次，共布设5个监测断面，每个断面设1个采样点，28个监测项目，全年共获得监测数据840个。至2012年，共测得地表水有效数据18000余个。监测结果表明，兴城河地表水水质符合地面水国家二级标准。

### 兴城河水质监测点位表

表9-6-1

| 河流名称 | 编号 | 点位名称 | （东）经度 | （北）纬度 | 功能区类别 |
|---|---|---|---|---|---|
| 兴城河 | 1# | 榆树沟 | 120°33.083′ | 40°46.687′ | Ⅲ |
| | 2# | 狼洞子 | 120°37.555′ | 40°38.965′ | Ⅲ |
| | 3# | 郎家窝棚 | 120°39.605′ | 40°38.816′ | Ⅲ |
| | 4# | 新地号 | 120°42.407′ | 40°36.823′ | Ⅲ |
| | 5# | 红石碑入海口 | 120°45.208′ | 40°35.731′ | Ⅳ |

**饮用水源地水质监测** 2006年始，对地下水源水质进行监测。全市共4个水厂，分设4个监测点。烟台河为兴城的主要饮用水源地，每月对水质进行监测化验包括：水温、pH值、氨氮、硝酸盐氮、硫酸盐、氯化物、亚硝酸盐氮、总磷、高锰酸盐、溶解氧、生化需氧量、氟化物、挥发酚、石油类、粪大肠菌群、总汞、总氰化物、溶解性铁、总锰、总铜、总锌、非离子氨、凯氏氨、阴离子表面活性剂、化学需氧量、硒、总砷、总镉等28个项目。

地面水饮用水源地每年分别于1、4、7、10月份各采样1次。每次采样1天。地下水源地每年按月采样，每月采样1天。饮用水源地按GB5749—85《生活饮用水卫生标准》进行评价，对于该标准中未列入的项目，地面水水源地采用GB3838—88《地面水环境质量标准》中三类标准评价，其中大肠菌群按10000个/升评价；地下水饮用水水源地采用GB/TI4848—93《地下水质量标准》中的三类标准，其中大肠菌群按1000个/升进行评价。

至2010年，地下水源地水质水厂监测，共测得有效监测数据588个。从监测结果看，一水厂主要超标因子为钼，二水厂和四水厂主要超标因子为氨氮亚硝酸盐和粪大肠群菌群。

2012 年，在烟台河与高铁桥处设水质观测点，对地表水进行全年足月监测，每月采样一次。监测水温、高锰酸盐指数、钼等 30 项指标。监测结果，烟台河水质没有超标现象，达到三类水质标准。

### 兴城河水质主要污染因子监测情况

表 9-6-2 单位：毫克/升

| 年份 | pH 值 | 悬浮物 | 溶解氧 | 高锰酸盐指数 | 生化需氧量 | 石油类 | 挥发酚 | 六价铬 | 总铅 | 氨氮 | 氰化物 | 粪大肠菌群 |
|---|---|---|---|---|---|---|---|---|---|---|---|---|
| 1991 | 8.17 | 75 | 9.19 | 4.44 | 3.67 | 0.17 | 0.001 | 0.004 | 0.002 | 0.232 | 0.002 | 11683 |
| 1992 | 8.67 | 57 | 12.8 | 6.16 | 6.66 | 0.28 | 0.001 | 0.035 | 0.002 | 2.52 | 0.002 | 11800 |
| 1993 | 8.48 | 52 | 12.4 | 6.77 | 4.71 | 0.35 | 0.001 | 0.002 | 0.005 | 2.47 | 0.002 | — |
| 1994 | 8.31 | 35 | 9.16 | 3.23 | 2.51 | 0.24 | 0.001 | 0.019 | 0.005 | 0.643 | 0.003 | — |
| 1995 | 8.11 | 39 | 10.9 | 2.79 | 3.04 | 0.80 | 0.002 | 0.005 | 0.044 | 0.631 | 0.008 | 11297 |
| 1996 | 8.15 | 11 | 11.1 | 4.21 | 3.01 | 0.36 | 0.003 | 0.010 | — | 0.971 | 0.002 | 10895 |
| 1997 | 8.06 | 32 | 10.7 | 4.03 | 3.29 | 1.07 | 0.002 | 0.006 | — | 1.27 | 0.003 | 14300 |
| 1998 | 8.08 | — | 9.79 | 9.68 | 2.79 | 0.98 | 0.007 | 0.049 | — | 1.86 | 0.015 | 16000 |
| 1999 | 7.18 | — | 9.86 | 14.1 | 25.8 | 0.76 | 0.004 | 0.011 | — | 3.43 | 0.002 | 9248 |
| 2000 | 8.01 | — | 9.78 | 13.2 | 13.2 | 0.88 | 0.006 | 0.005 | — | 7.65 | 0.004 | — |
| 2001 | 7.97 | 100 | 8.14 | 13.3 | 7.06 | 0.68 | 0.005 | 0.011 | — | 4.24 | 0.004 | 10368 |
| 2002 | 8.11 | 71 | 7.74 | 9.13 | 13.2 | 0.45 | 0.004 | 0.026 | 0.063 | 6.64 | 0.002 | 11450 |
| 2003 | 7.56 | — | 7.65 | 6.35 | 39.1 | 0.97 | 0.002 | 0.002 | 0.026 | 4.59 | 0.002 | 11515 |
| 2004 | 7.66 | 43 | 7.97 | 6.03 | 12.5 | 0.20 | 0.002 | 0.002 | 0.022 | 1.78 | 0.002 | 12351 |
| 2005 | 7.92 | 52 | 7.80 | 3.73 | 11.2 | 0.028 | 0.001 | 0.018 | 0.006 | 1.23 | 0.002 | 15221 |
| 2006 | 8.32 | 59 | 8.61 | 2.79 | 16.44 | 0.025 | 0.002 | 0.009 | 0.027 | 0.981 | 0.002 | 8639 |
| 2007 | 7.86 | 59 | 8.87 | 3.17 | 8.87 | 0.027 | 0.001 | 0.011 | 0.007 | 0.986 | 0.038 | 5172 |
| 2008 | 7.87 | 35 | 8.10 | 5.05 | 6.04 | 0.038 | 0.001 | 0.002 | 0.013 | 1.680 | 0.002 | 4268 |
| 2009 | 7.62 | 37 | 8.15 | 3.80 | 5.87 | 0.035 | 0.001 | 0.002 | 0.010 | 1.818 | 0.002 | 5035 |
| 2010 | 7.50 | 23 | 8.13 | 5.29 | 8.57 | 0.026 | 0.001 | 0.002 | 0.013 | 0.258 | 0.002 | 642 |
| 2011 | 7.91 | 25 | 8.35 | 3.37 | 1.66 | 0.005 | 0.001 | 0.002 | 0.010 | 0.388 | 0.002 | 9537 |
| 2012 | 7.79 | 24 | 7.67 | 3.41 | 1.50 | 0.005 | 0.001 | 0.002 | 0.008 | 0.410 | 0.002 | 2442 |

## 噪声监测

**城区道路交通噪声监测** 1984 年，全县开始测定城市道路交通噪声，监测时间为 6 月和 11 月，监测点设在兴城县水利局、兴城县林业局、明城宾馆。

2006，城市交通车流量比较平稳，变化不大。2008~2009 年，噪声值有所反弹，但未超过国家规定的 70 分贝标准。2010 年，监测兴海南街、兴海北街、川北路 3 条主要干道 18 个点位的交通噪声，监测点设在兴城市水利局、林业局、明珠宾馆、兴城高中、邮局、四家村路口、沈阳军区疗养院、兴城第二高中、财政培训中心、人民检察院、奥数学校、饺子王饭店、东电疗养院、复员军人疗养院、人民法院、双福酒店、桃花源别墅、市政工程处。监测时间为 5 月，据监测结果，全市交通噪声有所好转。

2010 年，城区道路交通噪声达到四类功能区标准（昼间 70 分贝、夜间 50 分贝），超过 70 分贝路段为兴城市水利局路段、兴城市林业局路段和明珠宾馆路段。

2012 年，交通噪声统计，噪声值为 69.4 分贝，不超标；超过 70 分贝路段占干线总长度比例降至 34.3%，主要在 102 线和东关至东山路段，点位最大值 75.4 分贝在兴隆大家庭路段，最小值 66.3 分贝在沈阳军区疗养院路段。全年与 2011 年相比交通噪声值无明显变化。

**区域环境噪声监测** 1990 年始，监测区域环境噪声。城市区域环境噪声监测点位共 100 个，每年 10 月监测 1 次。监测数据表明，城市区域噪声值有所升高，但升高趋势不太明显，年均值没有超过国家规定的 58 分贝标准，均符合国家标准。超标监测点位于兴城市文化局、工商局、第二高中、广播电视局、公安局、人民法院和温泉大厦。

2012 年，城市区域环境噪声监测统计，城区环境噪声 Ldn55.8 分贝。其中兴城市文化局、工商行政管理局、第二高级中学、广播电视局、公安局、人民法院、温泉商业大厦、非典防治中心和菊花女广场 9 个点位出现超标现象，其他点位没有超标。

**功能区噪声监测** 1986 年，开始对各功能区噪声进行监测。1990 年，开始对一、二、三类区昼间和夜间分别监测。一类区监测点设在八一疗养院，二类区监测点设在兴城市第三初级中学，三类区监测点设在西山变电所。监测时间 3 月、6 月、9 月、12 月，每次监测 1 昼夜。功能区噪声依照功能区划执行城市区域环境噪声标准（GB3096—82），其中噪声以《环境监测技术规范》推荐的控制值为评价标准。从测试结果看，一类、二类、三类功能区噪声平均值达到国家标准。

2012 年，据全年监测数据统计，全市功能区噪声没有出现超标现象，而且Ⅲ类区西山变电所也达到Ⅱ类标准。

## 空气监测

**城市环境空气监测** 1986 年始，对城市环境空气质量进行监测，监测项目为二氧化硫、氮氧化物和总悬浮颗粒物。1988 年 10 月，国家颁布《环境监测技术规范》后，在市区按规范要求实施大气自动连续采样。1993 年，监测点位设在八一疗养院和兴城市水泥杆厂，全年足月监测，每月连续采样 12 天，每天采样 20 小时，同时观测风向、风速等气象参数，准确分析可吸入颗粒物、二氧化硫、二氧化氮等项目。是年，总悬浮颗粒超过二类区标准（二类区环境空气标准：二氧化硫 0.06，二氧化氮 0.08，总悬浮颗粒 0.20，可吸入颗粒物 0.1），二氧化硫、二氧化氮未超过二类功能区标准。至 2010 年，共获得环境空气质量有效监测数据 12000 余个（不包括气象参数）。据监测结果，年均值超标最多的项目为总悬浮颗粒/可吸入颗粒物，除 1996 年、2008 年、2009 年、2010 年外，其余年份均超标。年均值超标最少的项目为二氧化硫，仅 1995 年超标。2009~2010 年，二、三类区 3 项指标均达到环境空气质量标准。全年城市环境空气质量在 2 级以上标准的天数为 339

天，占全年总天数的 93.1%；1 级空气天数达到 51 天，占全年总天数的 15.3%。

2011~2012 年，兴城市城区环境空气三项污染物指标中 PM10 污染较重；其他两项指标年日均值及最大日均值都没有超标。两年环境空气达到Ⅱ级标准以上的天数分别占全年的 93.8%和 96.5%。

**城市大气降尘、降雨监测** 1993 年，开始对降雨、降尘进行检测。大气降雨监测点位设在兴城市环境保护局楼顶，逢雨、雪必测，连续降水超过 24 小时，则每 24 小时测 1 次。监测项目为 pH 值、电导率。在 pH 值小于 5.6 且雨量足够用于测定时，进行 8 项离子测定，不再测混合样，同时记录当时的气象参数。在西山变电所、兴城市水泥杆厂、八一疗养院等 3 个点位监测大气降尘，每月取降尘 1 次，每月采样 30±2 天，进行重量分析，是年，大气降尘为 11.71 吨/平方公里/月。

1993~2010 年，全市没有出现酸性降雨。2010 年，全年降水量 806.8 毫米，pH 值平均 6.99，大气降尘为 7.52 吨/平方公里/月。

2011 年，降尘监测数据表明，兴城市区大气自然降尘均值为 7.49 吨/平方公里/月，未超过省定标准。全年一次最大值出现在 12 月份的居民区，为 12.16 吨/平方公里/月，超标 0.52 倍。市区内各监测点一次值超标率 36.1%，月均值超标率 33.3%，全年一次最低值为 4.27 吨/平方公里/月，出现在清洁区。

2012 年，一年内的降尘监测数据表明，市区大气自然降尘年月均值为 7.47 吨/平方公里/月。未超过省定标准。全年一次最大值为 10.79 吨/平方公里/月，超标 0.35 倍，出现在 12 月份的居民区。市区内各监测点一次值超标率 31.4%，月均值超标率 50.0%，全年一次最低值为 3.95 吨/平方公里/月，出现在清洁区。从功能区看，工业区>居民区>清洁区；从季节看，一季度>四季度>二季度>三季度。从全年监测数据看，共采集样品 42 个，pH 均值为 6.79；pH 在 6.32 至 7.22 之间，无酸雨出现。从每个月的监测数据来看，pH 值无大变化。

## 兴城市城区环境空气监测情况

表 9-6-3　　单位:毫克/立方米

| 年度 | 二氧化硫 | 二氧化氮 | 总悬浮/可吸入颗粒物 | 降尘（吨/平方公里/月） |
|---|---|---|---|---|
| 1993 | 0.020 | 0.033 | 0.217 | 11.71 |
| 1994 | 0.051 | 0.096 | 0.641 | 13.00 |
| 1995 | 0.084 | 0.066 | 1.148 | 10.18 |
| 1996 | 0.038 | 0.019 | 0.196 | 8.59 |
| 1997 | 0.039 | 0.022 | 0.281 | 9.29 |
| 1998 | 0.049 | 0.019 | 0.337 | 11.55 |
| 1999 | 0.036 | 0.030 | 0.382 | 10.30 |
| 2000 | 0.018 | 0.084 | 0.756 | 14.83 |
| 2001 | 0.028 | 0.022 | 0.317 | 16.61 |
| 2002 | 0.035 | 0.016 | 0.330 | 13.34 |
| 2003 | 0.014 | 0.008 | 0.206 | 7.06 |

续表 9-6-3

| 年度 | 二氧化硫 | 二氧化氮 | 总悬浮/可吸入颗粒物 | 降尘（吨/平方公里/月） |
|---|---|---|---|---|
| 2004 | 0.036 | 0.031 | 0.181 | 6.16 |
| 2005 | 0.040 | 0.029 | 0.142 | 7.68 |
| 2006 | 0.033 | 0.035 | 0.137 | 8.60 |
| 2007 | 0.044 | 0.034 | 0.120 | 7.66 |
| 2008 | 0.037 | 0.031 | 0.098 | 7.95 |
| 2009 | 0.036 | 0.028 | 0.094 | 7.36 |
| 2010 | 0.033 | 0.029 | 0.091 | 7.52 |
| 2011 | 0.029 | 0.029 | 0.090 | 7.49 |
| 2012 | 0.029 | 0.029 | 0.089 | 7.47 |

### 污染源监测

1986 年，开始监测大气污染源、工业锅炉黑度，各种锅炉、窑炉（包括水泥窑）二氧化硫浓度和排放量等。

1988 年，对全市取暖锅炉、工业锅炉进行黑度测试，共测得 48 个烟囱黑度在 2 级以上。

2007 年 11 月，开展第一次全国污染源普查工作。经普查，全市工业源 371 家。其中，重点源 140 家，生活源 538 家，集中或污染治理设施 2 家，农业源 3377 家。

2008 年始，开展污染源监督监视性监测，对华润雪花啤酒、万来轮胎有限公司、热电公司、双兴供热及顺兴印染厂等生产企业，兴城市人民医院、核工业二四六医院等医疗机构，新世纪宾馆、渤海公寓、兵器工业疗养院等大中型酒店、宾馆及驻在单位进行监测，主要监测的污染因子有废水污染因子和废气污染因子。其中，废水污染因子为 pH 值、化学需氧量、悬浮物、氨氮、色度、动植物油、总磷、铜铅、锌、镉、钼、硫化物，废气污染因子为烟尘、二氧化硫、氮氧化物、元组织粉尘和厂界噪声。至 2010 年末，共测得污染源监督监视性监测数据 5000 余个。

2011~2012 年，对华润雪花啤酒（葫芦岛）有限公司、万来轮胎有限公司、顺兴印染有限公司、双兴供暖有限公司、热电有限公司等国控和省控企业，及全市的医疗机构、水泥厂等进行监督监视性监测，共获得有效监测数据 800 余个，为全市环境管理等提供可靠依据。

## 第二节　环境治理

### 水污染治理

**工业、医药废水治理** 1986 年，锦山机械厂开始治理含铬废水，改革黄铜药筒纯化工艺（高铬钝化改为超低铬钝化），使废水含铬浓度下降 70 倍。兴城县人民医院和兴城县针织厂共投资 21.7 万元，采用“次氯酸钠法”治理污水。辽宁省复员军人康宁医院采用“臭氧法”治理医疗污水，实现达标排放。

1987年，对排放工业废水的自行车零件厂电镀车间、沙后所南关村电镀厂实行停产治理，实现达标排放。兴城市环境保护局对刘台子硫酸钡厂、旧门铅锌选矿厂、郭家铅锌选矿厂和首山电镀厂下达限期整改意见书。针对旧门铅锌选矿厂和郭家铅锌选矿厂拒不执行整改意见，兴城市人民政府于1988年11月10日，责令其两厂停止生产，限期治理。1989年，两厂各投资28万元修筑尾矿坝，在限期内完成治理任务。

1991年2月始，进行工业废水污染物排放申报登记工作。年内，完成兴城市啤酒厂等11个厂家申报登记任务。全市各医院、疗养院均采取"液氯法、次氯酸钠法、臭氧法及水生植物氧化塘法"对医疗污水进行处理，同时建立20余个污水处理站，使医疗废水达到排放标准。1993年11月，兴城市人民政府组织有关单位共同投资86万元，对兴城火车站前老护城河段臭水沟进行治理。采取集中治理、清污分流、暗渠排放的办法，从根本上解决污水横流、厌氧发臭问题。有2家疗养院投资58万元建污水处理站。1996年，取缔兴城皮革厂，关停15家污染严重的小企业。

2000年3月，按照国务院《关于环境保护若干问题的决定》和辽宁省、葫芦岛市环境保护工作会议精神，兴城市人民政府决定对工业企业超标排放污染源实行限期治理。兴城市啤酒有限公司、顺兴针织印染厂、兴城电镀厂等21家工业废水污染企业列入治理企业名单，并分别与兴城市人民政府签订限期治理责任状。年内，各企业共投资800万元治理污染。年末，限期治理工作圆满完成。2002年，投资60万元，对兴城市人民医院、妇幼保健院的医疗污水和食品公司（屠宰场）的屠宰污水进行治理，经验收监测，达到国家规定标准。

2006年，兴城市渔业园区养殖规模达到20余万平方米，120余家企业从事渔业养殖。为防止渔业园区变成"污染园区"，兴城市环境保护局采取措施推广污水处理设施建设，逐步实现既节约水资源又减少水污染的目标。年内，推广2个养殖户污水处理经验，对40家烟尘排放超标的养殖企业下达限期整治令，并依法处罚14家逾期未完成治理任务的企业。加大城市水源环境治理力度，严格控制兴城河上游钼污染。取缔非法选矿厂7家，停批污染严重的建设项目4个，对建成的日选200吨以上规模大型选矿厂停产治理，补办环保手续。

2007年，对全市现有120平方公里水源保护区进行拉网式排查，取缔饮用水源一、二级保护区内所有直接排污口，禁止在水源地周围地区新改扩建污染项目。兴城市顺兴针织有限公司投入资金80万元，采用铁屑电解法处理工艺废水，可消减COD排放9吨，实现稳定达标排放。

2010年3月，投资9000余万元，建成兴城市污水处理厂，每年可实现减排化学需氧量1000余吨。2012年，污水处理厂再生水回用项目可削减COD排放219吨、氨氮29吨。使兴城河水源地及近岸海域状况得到改善，市区生产及生活废水得到有效治理。

**兴城河流域综合治理**　兴城东河是兴城城内的主要河流，东河沿岸生活污水通过市政管道排入东河，致东河水质严重污染。1997年6月，兴城市人民政府动员全社会力量对东河进行综合治理。沿大坝护坡一侧埋污水排放管道近6000延长米，污水排放能力达万吨；在南辛庄桥下游380米处修建长38.5米、宽2.4米的拦河橡胶滚水坝，提高河水自净能力，减轻河水污染。清运垃圾4.2万立方米，清除河淤7.2万立方米，清淤后河道拓宽至40米。河两岸各留出10米绿化用地，形成"带状公园"。对东河上游鸭场、猪场等污染源进行动迁。综合整理后，东河水质得到改变。

兴城河羊安满族乡八斗村皮甲屯段至南河与东河交汇处为城市居民饮用水水源保护区，该河床上游有直接污染源4个，日排污水量高达5000吨，对供水水源造成极大威胁。2002年，兴城市人民政府投资60万元，安装地下排污管道2200米。2007年6月，铺设沿河管线2600米，跨河管线260米，并将排污管线绕过水源地，直接与下游地区污水管网和污水处理厂连接形成截水管网，收集沿岸排污口5处，南河大桥至铁西段水污染得到治理。

## 大气环境治理

1987年，兴城市环境保护局对全市锅炉、茶炉、窑炉等进行普查登记，市区1吨（包括1吨）以上锅炉182台、茶浴小锅炉85台、食堂、饭店大灶232个。1988年，辽宁省人民政府给兴城市人民政府下达“五二四”工程任务，并确定兴城为全省21个环保示范工程之一。“五二四”工程即在“七五”计划时期的后3年（1988~1990年）完成24平方公里烟尘控制区建设，改造“三炉一灶”，建成集中供热示范工程，完成型煤厂和液化气站建设。至1990年末，全市共改造锅炉63台（把手烧锅炉改为机烧，全部安装消烟除尘设施）、改造窑炉8台、改造茶炉56台（将空心茶炉改用烧型煤的新型茶炉和高效节能多用炉）、改造食堂、饭店大灶232个；市集中供热示范工程建成并投入使用，供暖面积达50万平方米，取消锅炉95台。1991年辽宁省人民政府授予兴城市“辽宁省环境保护示范县镇”称号。

1994年，兴城市环境保护局下发《关于加强烟尘控制管理的通知》，要求各单位新安装2吨以上（含2吨）锅炉或对2吨以上锅炉除尘设施更新的，一律安装除硫装置，对国家明文规定淘汰的手烧锅炉一律停止使用。

2000年，兴城市环境保护局制定《兴城市开展燃煤茶炉烟尘污染专项整治活动实施方案》，对拒不执行治理任务的浴池强制关停，并拆除锅炉。27家酒厂、浴池全部安装消烟除尘设施，保证烟尘浓度、烟气黑度达标排放。

2002年，开展城区内燃煤锅炉及燃煤锅炉烟尘专项整治工作。对全市城区内199台燃煤锅炉，按不同类型提出治理要求。兴城市啤酒有限公司投资70万元更新锅炉及除尘设备，使企业排污全部实现达标。2004年，对集中供热范围内的取暖小锅炉进行清理和取缔。全年共拆除小锅炉43台，新增集中供热面积40万平方米，烟尘排放量减少81吨，二氧化硫排放量减少115.7吨。成立机动车尾气治理办公室，设监理尾气治理点2个，完成8000余辆机动车尾气检测工作。

2006年，兴城市环境保护局围绕打造“碧水蓝天”工程，加大城区大气污染治理力度。万来轮胎有限公司、沥青搅拌厂、针织印染厂等企业的燃煤锅炉全部进行技术改造或更换新型环保锅炉；新增集中供热面积5万平方米，取缔分散锅炉14台，污染控制力度进一步增强，环境空气质量达标率达88.7%。

2007年，对印染、化工、冶炼、水泥等行业的落后设备进行淘汰处理，启动清洁生产工艺，全市列入重点行业企业27家。其中，兴烽轴承有限公司投资220万元，淘汰落后的煅造炉和退火炉，引进清洁生产工艺，减排二氧化硫50余吨；华润雪花葫芦岛啤酒有限公司淘汰老式糖化设备，投资1200万元，引进二氧化碳回收设备，减排二氧化硫20余吨；宁远水泥有限公司投资600万元，拆除水泥窑，改为外购熟料，年减排二氧化硫90余吨、烟尘60余吨。年内，依法对10家涉铅、锌、锰等重金属企业下达限期治理令。

2008年，依法取缔茶浴炉、供暖锅炉18台，对全市4吨以下供暖锅炉进行治理，开展推广使用生物质能锅炉试点工作；检测和整治机动车尾气3700台。根据120次的监测数据显示，兴城市二级以上空气质量天数达274天，环境空气质量得到进一步改善。

2010年，葫芦岛市钼都实业有限公司投资700万元，实施脱硫设施的更新换代，年减排二氧化硫 100 余吨；兴峰耐火材料有限公司投资 600 万元建设烟气脱硫项目，通过煤气发生炉削减二氧化硫排放量 110 余吨。年内，对污染严重的 5 家企业实施关停；依法关闭兴羊针织印染有限公司；取缔 16 家燃煤取暖锅炉，二氧化硫排放量明显降低。至年末，完成化学需氧量削减 249 吨，二氧化硫削减 660 吨。2011 年，关停九龙水泥等落后工艺项目，对全市城区 23 台茶浴炉进行改造，经测算可削减二氧化硫 270 吨，氮氧化物 85 吨。

2012 年，淘汰盛越金属制品厂反射炉、旧门水泥有限公司水泥机立窑，龙辉耐火材料厂进行窑炉改造，经测算 3 个项目可削减二氧化硫 927 吨，氮氧化物 46 吨。

## 噪声功能达标区建设

1988 年，将城区划分为古城居民区、铁西工业区、温泉疗养区和京哈公路两侧 4 个噪声功能区。6 月，兴城市环境保护局下发《关于严禁室外安装使用高音喇叭音箱的通知》，要求市内各商店和服务行业、文化娱乐场所等，一律不准在室外安装使用高音喇叭或音箱。

1989 年 8 月，执行《中华人民共和国城市区域环境噪声标准》，结合城区规划，完成城市区域环境噪声标准适用划分并实施。1991 年 6 月，兴城市环境保护局、兴城市公安局依据《中华人民共和国环境噪声污染防治条例》规定，联合制定下发《关于防治社会生活噪声污染的通告》。

2002 年，对建筑施工噪声和社会生活噪声进行治理，严厉查处夜间施工和噪声超标行为。2009 年，开展“环保宁静”工程，对企业生产噪声、餐饮娱乐噪声及中高考期间干扰噪声等进行监管整治。至2012 年，全市噪声功能达标区 3 个，面积为 24 平方公里。

## 生态环境保护

1986 年，兴城县环境保护局协调农业、林业、水利等部门，开始农业生态环境和自然资源的保护工作。1987 年，兴城市向阳寺自然环境保护区建成。该保护区位于围屏满族乡北部，总面积 1333.33 公顷。保护区内的树种有山榆、柞树、油松、侧柏、秋子树、核桃、椴树、落叶松、桑树、山梨等 30 多种，各种药材几十种。动物有狐狸、狼、狍子、黄羊子、山狸子、松鼠、刺猬等 20 多种，各种鸟类百余种。为开发建设保护区，兴城市环保局一次投资 5000 元，安置 2 名专职监护员，制定《管理办法》，使向阳寺自然保护区得到较好的保护。1988 年，兴城市环境保护局和乡、村共同筹资 4 万元，对保护区进行小流域综合治理。

1993 年，开展生态试点工作。兴城市环境保护局根据市内水面多，适应水生植物生长的特点，以海滨满族乡个体养殖专业户为生态试点，在养猪场附近 0.27 公顷水池中试种水葫芦和细绿萍水生植物，年产量达 30 余万斤，不仅解决水泡死水、厌氧发臭的环境污染问题，而且达到用青饲料喂猪、喂鱼，降低成本提高经济效益的目的。1994 年，向全市推广养殖生态试点经验。

2009 年，按照中共兴城市委、兴城市人民政府关于把生态环保作为结构调整和改善民生的重要决策和部署，兴城市环境保护局组织人员对全市 27 个乡镇街道的生态状况进行调查，完成调查报告 27 篇。委托中国环境管理干部学院编制《兴城市生态市建设规划》，2010 年底编制完成。

2012 年，协调《兴城市生态市建设规划》专家论证工作。经审核全市共有 16 个村完成申报，总投资 6000 多万元，申请中央资金 2000 万元，申请地方财政资金 1960 万元。完成四家屯街道邴家村中央环保专项资金项目的实施及验收前准备工作。并组织实施东辛庄生态镇、曹庄镇老滩村、沙后所镇西关村、南关村的生态村创建工作。

## 第三节　环境监管

### 环保宣传

1988年6月5日，兴城市环境保护局首次开展世界环境日宣传活动，每年6月5日都举行环保宣传会、环保座谈会等活动纪念世界环境日。

1989年5月，兴城市环境保护局举办首届环境知识竞赛，全市有11支工业企业代表队参加活动，6支代表队分获一、二、三等奖和优胜奖。

1991年4月，兴城市环境保护局、兴城市教育委员会联合举办青少年绘画书法比赛。兴城市南一小学、第二初中、第三初中、第四初中的学生当场挥毫在长15米、宽1米的白色麻布上创作12幅书画作品，表达强烈的环保意识。

1992年，在第二次世界环境和发展大会期间，全市举行有市领导参加的群众游行庆祝活动，游行队伍绕市区一周，并发放宣传单5000张。举办环境保护知识有奖竞赛活动，市领导、机关干部、工人、农民、学生等共2000人参加竞赛活动，收到良好的宣传教育效果。根据1994年世界环境日的“一个地球、一个家园”主题，开展“爱我家园、公众参与”的环境保护活动。在全市7所中小学校举办环保知识讲座和“保护环境、人人有责”专题报告。

1997年，宣传《中华人民共和国噪声污染防治法》和《中华人民共和国水污染防治法》。10月，组织企业法人代表和管理人员参加葫芦岛市环保局举办的环保法制培训班。2003~2012年，全市共举行各类宣传活动22余次，发表各类环保新闻稿件41篇，发放各种宣传材料1万余份。

### 环保制度

**建设项目“三同时”制度**　1986年3月，国家计划委员会、经济委员会和国务院环境保护委员会重新颁发《建设项目环境保护管理办法》，要求未经环保部门批准的建设项目，一律不得批准建设。经批准的建设项目要严格执行“三同时”（一切新建、扩建、改建的建设项目与技术改造项目的污染防治设施必须与主体工程同时设计、同时施工、同时投产使用），不执行“三同时”规定造成环境污染的追究有关单位或个人的经济责任。

1987年，改革新上项目审批制度。新上项目的审批先由环境保护部门审查，根据环保部门的审批意见，计划等部门再按有关规定办理手续。年内，审批新项目2个，“三同时”执行率100%。

1993年，完善《关于加强建设项目环境保护管理办法的实施意见》，规定建设项目要符合国家产业政策，“三同时”执行率达100%。

2001年，兴城市环境保护局依据辽宁省环境保护局关于建设项目环境保护管理程序和权限划分的规定精神，开展对1996~2001年的审批项目的全面验收和清理工作。经验收和清理，2000年以前的审批项目验收率100%；2001年具备验收条件的审批项目全部验收，验收备案率100%。

2007年，按照国家产业政策、环境影响评价法和建设项目“三同时”制度，严把项目审批关。对不符合环境法律法规、国家产业政策、行业准入条件的建设项目不批，对与城市总体规划不符、布局不合理、低水平重复建设的项目不批，对饮用水源保护区等环境敏感地区产生不利影响、群众反映强烈的项目不批，对环境质量不满足环境功能要求、增加排污量严重影响生态环境的项目不批，对高污染、高效能、资源浪费严重、污染物排放不达标的项目不批。

至2012年，全市共审批符合国家产业政策，符合城乡建设环境保护规划的建设项目446个，建设项目“三同时”执行率达100%。

**环境影响评价制度** 1987年，对郭家铅锌选矿厂、8271厂、兴城市水泥厂、兴城市啤酒厂、7019厂等建设项目做出环境影响评论和技术论证，有效地控制新污染源的发生。1990年，国家环境保护局《建设项目环境保护管理程序》颁布实施后，全市开始执行环境影响评价制度。2003年9月，《中华人民共和国环境影响评价法》颁布实施后，至2012年末，全市共完成247个项目的环境影响评价审批工作。

**排污收费制度** 兴城市排污收费管理所成立于1984年10月，主要负责污水超标、污水超标水量、污水、废气、废渣、烟尘、工业企业与建筑施工噪声超标等排污费的征收工作。

1987年，落实国务院超标排污费征收标准，根据企业排放污染物的数量和浓度对其征收一定的费用。排污费纳入财政预算，列入环境保护专项资金进行管理，主要用于重点污染源的防治、区域性的污染防治等项目的拨款补助或贷款贴息。年内，全市征收超标排污费23.7万元。

1991年7月1日，执行国家环境保护局、国家物价局、财政部《关于调整超标污水和统一超标噪声排污费征收标准的通知》，全市征收排污费50.4万元。1994年，兴城市环境保护局实行“四定”目标责任制，加强对275家排污单位的排污费征收工作。

2003年7月1日，按照国务院《排污费征收管理条例》及国家发展计划委员会、财政部、国家环保总局、国家经济贸易委员会令（第31号），征收污水、污水超标、废气、固体废污、危险废物及噪声超标等6种类型排污费。2005年5月1日始，停止征收固体废物排污费。

2008年6月1日起，污水超标排污费停止征收。至2012年，全市共征收排污费2698万元。

## 环境信访

1994年，白塔满族乡东沟村村民集体上访油渣沥青厂造成空气污染问题，兴城市环境保护局会同市信访办公室亲临现场处理。经查实，该厂既未办理环保审批手续，又没有治理污染设施，属非法生产，及时做出停止生产的决定。

1998年，全市开展环境信访工作。当年受理涉及噪声、污水、烟尘等污染案件29件次，处理完成27件次。

2001年，兴城市环境保护局制定《环境信访工作程序》《环境污染纠纷处理工作程序》，健全办信、接待、接访、呈报、立案、查办、审理等工作制度，建立人民来信、群众来访、举报电话等登记簿，实行文明接访。

2002年，兴城市环境保护局加大行政处罚力度，聘请1名专职法律顾问，对新出现的处罚案件均严格按照法定程序和要求办理。共办理行政处罚案件30余起，无一起上访或败诉现象发生。2007年受理信访案件97件，其中大气污染占50.5%，水污染占30%，其他污染占19.5%。

2012年，全市共受理环境信访案件1130件次，信访处理率达100%，群众满意率达98%以上。

# 第十篇　交　通

## 第一章　交通设施

兴城市境内交通便捷，国道 102 线、省道 318 线、沈山铁路、魏塔铁路、京沈高速公路、秦沈高速铁路、辽宁滨海公路（丹绥线）通贯境内。2012 年 3 月，动工修建的建（昌）兴（城）高速公路，成为兴城通往北京的第二条大通道，也是连接辽西、蒙东的重要枢纽。境内海滨通泊港口有小坞港、菊花岛港、陆岛交通码头、娘娘顶港、东翔避风港、台子里东港等，开辟多条海上运输航线。以兴城市区为中心兴建的县、乡、村级公路辐射全境，构成四通八达的交通网络。

### 第一节　公路

20 世纪 80 年代初期，随着改革开放，兴城的交通事业得到迅速发展。1986 年，兴城县境内共有各级公路 162 条，全长 1260.69 公里。2012 年，境内有各级公路 248 条，全长 1664.47 公里（含城管 1.26 公里）。其中国家级公路 2 条，113.95 公里；省级公路 3 条，160.25 公里；县级公路 5 条，160.14 公里；乡级公路 65 条，549.55 公里；村级公路 173 条，680.58 公里。公路密度 78.6 公里/百平方公里。等级公路里程 1614.43 公里，其中一级路 78.57 公里，二级路 308.86 公里，三级路 1009.84 公里，四级路 217.16 公里，等外路 5.07 公里。有路面里程 1204.14 公里，其中高级路面 78.57 公里，次高级路面 859.56 公里，低级路面 266.01 公里。全市 27 个乡镇街道的 239 个行政村全部通柏油路或水泥路。

#### 国家级公路

**京哈公路** 编号 G102，即北京——哈尔滨公路，简称京哈公路（亦称国道 102 线）。兴城境内全长 56.95 公里，起点桩号为 371+001，终点桩号为 427+955。西起与绥中县交界的六股河，途经大寨、东辛庄、望海、海滨、沙后所、曹庄、宁远、城东 8 个乡镇街道，终点与连山区接壤。102 线兴城境内晴雨通车里程 56.95 公里，为平原微丘区二级公路。

1987 年 10 月，K424—K425 段拓宽工程竣工。工程历时 5 个月，全长 1 公里，路面拓宽至 20 米，工程造价 45 万元。1989 年 9 月，历时 4 个月的 K414 处南河大桥引线工程竣工通车，工程全长 0.75 公里，路基宽 32 米，路面宽 20 米，总造价 103 万元，技术标准汽—20，挂—100。

1990 年 9 月，K426+000—K427+801.6 段茶棚庵立交桥引线工程竣工通车。工程全长 1.8 公里，总造价 330 万元。

1997 年 10 月，历时 5 个月的 K387+820—K388+551、K388+676—K389+380 段望海公铁立交桥（两侧）引道工程竣工通车，工程全长 1.44 公里，路基宽 16 米，路面宽 15 米，技术标准汽—20，挂—100。工程总造价 1699.26 万元。

1998 年 8 月，历时 3 个月的 K413+666—K414+366、K417+500—K419+472 段 102 线兴城西出口扩建工程竣工通车。工程全长 3.27 公里，技术标准汽—20，挂—100。

2004 年 5 月，历时 1 年的 K412+680—K421+750 段 102 线环城公路竣工，2005 年 12 月正式通车。工程全长 9.07 公里，起点与 102 线佟屯公铁立交桥引线相接，途经佟屯、刘八斗、皮甲屯、花园村、山崴子、茶棚庵，止于 102 线。线段内建大桥 2 座，其中西河大桥长 344.6 米；东河大桥长 144.6 米；小桥 1 座，涵洞 7 道。工程总投资 3500 万元。

2011 年 4 月 20 日，京哈公路（G102）国检中修工程开工，工程总长 45.10 公里，工程总投资 600 万元，2012 年 6 月竣工。

**京沈高速公路** 编号为 G025。1995 年 11 月 9 日，京沈高速公路兴城段建设正式启动。兴城境内通过地段全长 57 公里，贯穿大寨、东辛庄、望海、沙后所、闻家、羊安、宁远、白塔、元台子 9 个乡镇街道。1998 年，完成京沈高速公路兴城境内路段 11 个村近百户村民动迁任务。

1998 年，相继实施沙后所公路立交桥引道路基和路面 1.16 公里、沙后所出口路面 0.32 公里、兴城西出口路面 2.74 公里、老和台（葫芦岛西）出口路面 1.2 公里等工程，总投资 3872.78 万元。

1999 年 9 月 26 日，京沈高速公路正式通车。兴城境内设有沙后所、兴城西、老和台（葫芦岛西）3 个出入口，并在兴城西路段内置生活区。2006 年 3 月，双树乡划归龙港区后，京沈高速公路兴城段有沙后所和兴城西 2 个出入口。

## 省级公路

**兴凌线** 路线编号 S318，即兴城至凌源公路，全长 52.77 公里（含兴城城管 1.26 公里），起点为 102 线茶棚庵，桩号 K0+000，终点桩号 K52+770。所辖路面均为晴雨通车，平原微丘区二级公路。兴城境内途经宁远、古城街道及白塔、旧门、药王等乡所辖村屯，由药王满族乡六家子村西山口入建昌县境至凌源。

1986 年，称兴玲线，路线编码 XE08，即从兴城至建昌境内玲珑塔，属于县级公路。全长 47.71 公里。起点桩号 K0+000，终点桩号 K47+708。时路基宽 9 米，路面宽 7 米，为大车道经逐年养护拓宽而成，技术标准较低，均为三级或四级砂土路面。

1989 年 3 月，兴城西北柏家坟撤岭工程竣工。工程全长 1.28 公里，完成土石方量 2.5 万立方米。1992 年 5 月，兴玲线黑色路面工程开工，1995 年 9 月全部告竣。路基宽 12 米，路面宽 9 米，其中 K0—K10 段 10 公里为省级优质工程。

2000 年，兴玲线路线调整，从建昌县玲珑塔延伸至凌源市，并更名为兴凌线，提升为省级公路。2001 年，兴凌线路线调整，兴城养护里程为 45.43 公里，终点桩号为 K45+425。

2006 年 5~9 月，兴凌线 K0+000—K9+950 段进行大修改造，工程全长 10.45 公里，其中 K0+000—K1+600 处路基宽 13.5 米，路面宽 12.00 米，其余均为路基宽 11.50 米，路面宽 10.0 米。工程总造价 700 万元，结构为 20 厘米水泥稳定沙砾基层，5 厘米中粒式沥青混凝土，面层铺 5 厘米橡胶沥青混凝土。

2008 年，兴凌线再次调整，改起点为国道 102 线茶棚庵处，途经兴城市区与原起点衔接。兴凌线兴城段养护里程增至 52.77 公里。

**丹绥线** 路线编码 S327，即东起丹东市东港市，西至绥中县的沿海省级公路（亦称滨海公路），全程 1443 公里。兴城境内全长 62.51 公里，东起四家屯街道龙回头，西至六股河东刘台子满族乡山东村张庄子屯，通贯四家屯、城东、钓鱼台、曹庄、沙后所、海滨、刘台子 7 个乡镇街道。

2008 年 6 月，滨海公路兴城段开工，2009 年 9 月竣工通车。兴城区段内建一级公路 9.88 公里，二级公路 52.63 公里。建桥梁 41 座，总长 2497.74 米。其中大桥 6 座，长 1770.40 米；中桥 7 座，长 328.90 米；小桥 28 座，长 398.44 米。建涵洞 75 道，长 1756 米。兴城段工程总造价 50400 万元。

**建兴高速公路** 起于建昌县石佛乡省道朝青线，止于兴城市元台子满族乡，全长 90.03 公里。兴城境内经药王、郭家、红崖子、旧门、白塔、元台子、古城、四家屯等乡镇街道，并在药王、白塔、元台子乡建出入口。兴城境内全长 52.1 公里，其中主线 44.97 公里（药王满族乡大苇沟——元台子满族乡白马石），连接线 7.13 公里（元台子满族乡白马石——四家屯街道郦家）。建兴高速公路在兴城境内跨越魏塔铁路、秦沈高铁、京沈铁路，与京沈高速公路枢纽互通，连接国道 102 线和滨海公路。建兴高速公路前期工程于 2010 年 3 月动工，2012 年 4 月开始修建。建兴高速公路标准双向四车道，包括隧道、互通立交、分离式立交和服务区多处。

## 县级公路

1986 年，兴城境内有县级公路 4 条，分别为兴梨线、沙高线、汤李线、老杨线。1989 年，增加锦兴线为县级公路，1994 年，改称葫兴线。

2012 年，兴城市境共有县级公路 5 条，分别为兴西线、沙上线、汤李线、老杨线、葫兴线，总长 160.14 公里。其中一级公路 6.73 公里，二级公路 141.09 公里，三级公路 12.32 公里。铺装路面 160.14 公里，其中高级路面 6.73 公里，次高级路面 153.41 公里。

**兴西线** 路线编码为 XE04。起点位于国道 102 线头台子，桩号 K0+000；终点在三道沟满族乡西门村，桩号 K62+982。沿途经羊安、红崖子、碱厂、三道沟 4 个满族乡 15 个自然村屯。养护里程 62.98 公里，建有一级公路 3.59 公里，二级公路 59.39 公里，晴雨通车里程 62.98 公里。全程共有桥梁 69 座，总长 2559.90 米。其中大桥 8 座，总长 1645.50 米；中桥 3 座，总长 149 米。

1986 年，称兴梨线，即由兴城铁西至三道沟满族乡梨树沟门，起点桩号 K0+000，终点桩号 K59+917。1996 年，延至西门，遂更名为兴西线，并进行全线路基改造和铺筑柏油路面工程。2001 年 3 月竣工，累计投资 2472.60 万元。建成一级路 3.593 公里，路基宽 23 米，路面宽 20 米；二级路 36 公里，路基宽 12 米，路面宽 9 米。

2008 年，进行路线调整，将 102 线头台子至兴城物资岗 2.68 公里划入兴西线。兴西线起点改为 102 线头台子，公路里程变为 62.98 公里。

2012 年 6 月，历时 8 个月的兴西线西河大桥新建工程竣工通车。桥长 263.70 米，桥宽 28 米，工程总投资 625 万元。

**沙上线** 路线编码为 XE05。起点 102 线沙后所镇石屯，桩号 K0+000；终点大寨满族乡上王村，桩号 K53+047。途经 5 个乡镇 25 个自然村屯，为京沈高速公路沙后所出口的必经之路。路线全长 53.05 公里，路面为平原微丘区晴雨通车二级公路。共有桥梁 52 座，全长 1713.80 米。其中大桥 5 座，总长 927.90 米；中桥 8 座，总长 365.90 米。

1986 年，称沙高线，起点 102 线沙后所镇石屯，桩号 K0+000，终点高家岭满族乡高家岭村，桩号 K33+020，全长 33.02 公里。

1999 年，高家岭至上王段修筑柏油路。将上王线乡级路提为县级公路并划入沙高线，遂更名为沙上线，管辖里程 55.20 公里。2001 年，进行路线调整，沙上线管辖里程确定为 53.05 公里。

2012 年 5 月，沙上线路面大修工程开工（高家岭满族乡高家岭村至大寨满族乡吴家屯），工程总长 27.70 公里，2012 年 9 月竣工，总投资 2850 万元。

**汤李线** 路线编码为 XE06。起点红崖子满族乡汤屯，桩号 K0+000，终点郭家镇李屯，桩号为 K23+125。1986 年 9 月提升为县级公路，途经汤屯、红崖子、蔡家、李良峪、程屯、孙家、李屯、东华机械厂，总里程 18.23 公里。

2011 年 9 月，历时 4 个月的汤李线路西大修工程竣工，工程总长 23 公里，其中水泥路面 5.80 公里、沥青路面 17.20 公里，工程总投资 2254 万元。

2012 年，养护里程为 23.13 公里，均为晴雨通车。其中，二级公路 22.53 公里，三级公路 0.60 公里。全线共建有桥梁 10 座，总长 335.20 米。其中中桥 4 座，长 251.10 米；小桥 6 座，长 84.10 米。涵洞 10 道，总长 108 米。

**老杨线** 路线编码为 XE07。起点白塔满族乡老边村，桩号 K0+000，终点杨家杖子，桩号 K17+850。途经白塔、摸虎山、锦山机械厂、樊屯、上长茂、下长茂、磨盘山、榆树沟、莲花山，路线全长 17.85 公里。其中二级公路 6.131 公里，三级公路 11.72 公里；晴雨通车里程 17.85 公里。全线建有桥梁 8 座，总长 286.40 米。其中大桥 1 座，长 104.20 米；中桥 1 座，长 84.20 米。

1986 年，老杨线北段（锦山桥至杨家杖子）拓宽路基、路面 7 公里。下长茂修建钢筋混凝土矩形板桥 1 座，长 25.5 米；过水路面 1 处，长 109 米。老杨线路面达三级公路标准，管辖里程全长 17.79 公里。9 月，老杨线提升为县级公路。

**葫兴线** 路线编码为 XE03。1989 年，称锦兴线。起点锦西，桩号 K7+147；终点兴城市双树乡，桩号 K21+100。兴城管辖里程 13.953 公里，路面宽 7 米，均为柏油路面，属四级公路。1990 年，对公路进行改造，双侧各加宽 1 米，路面宽达 9 米。1994 年 9 月，锦西市更名葫芦岛市，锦兴线更名为葫兴线。

2007 年 5 月，辽宁省人民政府批准将兴城市双树乡划葫芦岛市归龙港区。K7+160 至 K17+90 段划入龙港区交通局。兴城管辖起点桩号 K17+910，终点桩号 K21+050。兴城管辖里程 3.14 公里，属二级公路，晴雨通车。全线有桥梁 2 座，总长 51 米。其中中桥 1 座，长 43 米。

2012 年，葫兴线 3.14 公里全部提升为一级公路。

## 乡级公路

1986 年，兴城共有乡级公路 25 条，总长 245.24 公里。大部分为砂石路面，春季易翻浆，夏季雨量大易遭水毁，影响通车。

1989 年 7 月，东辛庄至东关站之间铺筑柏油路面，全长 3.2 公里，路面宽 6 米，时为兴城第一条乡级柏油公路。

1991 年始，为实施公路“网化”工程和村村通油路工程，相继对乡村公路进行路基改造、路面铺筑柏油或水泥混凝土、修建桥涵等基础设施建设，绝大部分路面技术等级提高至三级，全部路线实现晴雨通车。

2009 年，40 条村级公路提为乡级公路，全市乡级公路增加到 65 条，总长 513.90 公里。

2011 年 10 月，历时 5 个月的乡村公路大修工程全部完工。公路全长 132 公里，中修工程 50.60 公里，维修险桥 2 座，计 162.50 米，工程总投资 4380 万元。

2012 年，完成农村公路新建柏油和水泥路面 140 公里，新建桥梁 24 座，计 235.60 米，总投资 5054.10 万元。完成农村公路重修改造工程 72.10 公里，其中大修 30.30 公里，中修 41.80 公里，投资 1327 万元。年内，兴城乡级公路 65 条，总长 549.56 公里。其中二级公路 2.80 公里，三级公路 531.67 公里，四级公路 15.09 公里。有路面里程 512.51 公里，其中水泥混凝土路面 335.37 公里，简易铺装路面 177.14 公里，沙石路面 37.05 公里。晴雨通车里程 549.56 公里。

### 村级公路

1986 年，兴城县人民政府同各乡镇签订责任状，要求各乡镇组织沿线村民投工出劳，修建村级公路。由兴城县交通局负责规划设计和技术指导。

2003 年 6 月，兴城市实施“村村通油路”工程，在兴城市交通局设村村通柏油路工程建设办公室。是年，全市新铺设村级公路黑色路面 42.26 公里。

2009 年，兴城市基本完成村村通柏油路工程。新建村级公路累计 213 条，总里程 835.42 公里；修建过水路面 117 处，总长 7653 米；村级公路相继提升为乡级公路 40 条，总里程 249.06 公里。

2012 年，兴城共有村级公路 173 条，总里程 680.58 公里。等级公路里程 675.51 公里，其中二级公路 7.58 公里，三级公路 465.85 公里，四级公路 202.08 公里，等外公路 5.07 公里。有路面里程 302.26 公里，其中水泥混凝土路面 274.35 公里，简易铺装柏油路面 27.91 公里，砂石路面 378.32 公里。晴雨通车里程 680.58 公里。全市 239 个行政村，全部实现“村村通”（水泥路）工程。境内基本形成以国道、省道为主干，以县道为骨架，以乡村道为网络，布局合理，畅通无阻的公路网。兴城市被辽宁省人民政府授予“公路网化工程建设文明县（市）”。

## 第二节　桥梁

1986 年，兴城境内各级公路共有桥梁 118 座，总长 3420.51 米。2012 年，境内各级公路桥梁 618 座，总长 17282.57 米。建有涵洞 700 道，总长 8616.60 米。按桥梁规模划分，百米以上大桥 34 座，总长 6587.35 米；中桥 71 座，总长 3802.97 米；小桥 513 座，总长 6892.25 米。按桥梁所处路线划分，国家级公路（102 线）兴城境内共有桥梁 27 座，总长 1840.89 米；省级公路共有桥梁 94 座，总长 3962.73 米；县级公路共有桥梁 141 座，总长 4946.30 米；乡级公路共有桥梁 267 座，总长 5176.1 米；村级公路共有桥梁 89 座，总长 1356.55 米。

### 大桥

1986 年，兴城境内各级公路建有百米以上大桥 4 座，总长 978.50 米。其中国家级公路（102 线）大桥 3 座，总长 851.90 米。县级公路大桥 1 座，桥长 126.60 米。1986 年以后新建百米以上公路大桥 31 座，总长 5608.85 米。

2012 年，兴城境内各级公路大桥共 34 座，总长 6839 米。按桥梁所在路线划分，国家级公路（102 线）5 座，总长 1132.62 米，其中新建 2 座，重建 1 座，调整路线大桥 2 座；省级公路大桥 12 座，总长 2445.93 米，均为新建；县级公路桥 15 座，总长2929.60 米，均为新建；乡级公路桥 3 座，总长 331.20 米，其中新建 2 座。

**兴城南河大桥** 也称 102 国道兴城南河大桥，位于 102 线 K414 公里处，横跨兴城南河。1988 年 10 月，在南河大桥（旧桥）右侧新建第二座大桥。桥长 372.3 米，桥面净宽 11 米，两侧各设人行道 1.25 米，技术荷载汽车—超 20 级。设计洪水频率为 1%，流量为 2.57 立方米/秒。工程总造价 416.9 万元。时与旧桥成上下两线分流车辆。2008 年，线路调整，兴城南河大桥（左、右）划入县级公路兴西线。

**烟台河大桥** 位于国道 102 线 K391+648.25 公里处，横跨烟台河，原桥建于 1969 年，结构为 13 孔双曲拱桥，每孔跨径 20 米，全长 298.60 米，宽 7 米。

1990 年 9 月，历时 5 个月的烟台河大桥加宽工程竣工。桥面加宽至 11 米，两侧各设人行道 0.75 米。桥梁各孔采用纵向沉降缝方法，以无纺布加 309 胶作伸缩缝。工程造价 228.1 万元。

2010 年 8 月 4~5 日凌晨，特大暴雨引发洪峰，冲毁烟台河大桥。8 月 25 日大桥复建工程开工，11 月 19 日竣工通车。新桥全长 335.92 米，为钢筋混凝土结构。桥面净宽 15 米，技术荷载为公路 I 级，工程总投资 1664.70 万元。

**东河大桥** 2003 年 5 月，建成兴城绕城路东河大桥、西河大桥。2004 年，绕城路建成通车。国道 102 线不再穿过兴城市区，两座南河大桥调整为县级公路兴西线大桥。

**滨海公路大桥** 也称滨海公路南河大桥，位于兴城河入海口，横跨兴城南河，桥梁全长 426 米，全宽 16 米，双向四车道。设计桥跨为 14~30 米预应力混凝土 T 梁连续结构，下部结构采用圆柱墩、肋板台，钢筋混凝土桩基础。工程于 2008 年 8 月 3 日开工，2009 年 9 月 30 日竣工。

## 2012 年兴城境内各级公路大桥情况

表 10–1–1 单位：米

| 路线级别 | 路线名称 | 桥梁名称 | 桥梁长度 | 桥面净宽 | 技术荷载 | 建成年份 |
|---|---|---|---|---|---|---|
| 国家级公路 | 京哈线 | 望海立交桥 | 126.5 | 9 | 公路 II 级 | 1997 |
| | 京哈线 | 烟台河大桥 | 335.92 | 15 | 公路 I 级 | 2010 |
| | 京哈线 | 东沙河大桥 | 181 | 10.5 | 公路 II 级 | 1977 |
| | 京哈线 | 西河大桥 | 344.6 | 12 | 公路 II 级 | 2008 |
| | 京哈线 | 东河大桥 | 144.6 | 12 | 公路 II 级 | 2008 |
| 省级公路 | 兴凌线 | 首阳大桥 | 100.88 | 12 | 汽 20 级 | 1990 |
| | 兴凌线 | 老边西河大桥 | 104.2 | 12 | 公路 II 级 | 2009 |
| | 兴凌线 | 清水大桥 | 114.45 | 7 | 公路 II 级 | 1992 |
| | 兴凌线 | 旧门大桥 | 116.2 | 9 | 汽 15 级 | 1993 |

续表 10-1-1

| 路线级别 | 路线名称 | 桥梁名称 | 桥梁长度 | 桥面净宽 | 技术荷载 | 建成年份 |
|---|---|---|---|---|---|---|
| 省级公路 | 兴凌线 | 塔下大桥 | 131.8 | 9 | 公路Ⅱ级 | 1994 |
| | 兴凌线 | 小赵屯大桥 | 108 | 9 | 公路Ⅱ级 | 1994 |
| | 丹绥线 | 南河大桥 | 426 | 15 | 公路Ⅰ级 | 2009 |
| | 丹绥线 | 渔业二号大桥 | 105.2 | 15 | 公路Ⅰ级 | 2009 |
| | 丹绥线 | 渔业一号大桥 | 185.2 | 15 | 公路Ⅰ级 | 2009 |
| | 丹绥线 | 柳河大桥 | 185.2 | 15 | 公路Ⅰ级 | 2009 |
| | 丹绥线 | 东沙河大桥 | 504.4 | 15 | 公路Ⅰ级 | 2009 |
| | 丹绥线 | 烟台河大桥 | 364.4 | 15 | 公路Ⅰ级 | 2009 |
| 县级公路 | 兴西线 | 南河大桥左 | 372.3 | 7 | 汽 15 级 | 1967 |
| | 兴西线 | 南河大桥右 | 372.3 | 11 | 汽–超 20 级 | 1988 |
| | 兴西线 | 西河大桥 | 263.7 | 28 | 汽车 20 级 | 2012 |
| | 兴西线 | 榆树林大桥 | 100.2 | 10.5 | 公路Ⅱ级 | 1999 |
| | 兴西线 | 白甸子大桥 | 132.2 | 10.5 | 公路Ⅱ级 | 1998 |
| | 兴西线 | 朱家大桥 | 108.2 | 10.5 | 公路Ⅱ级 | 1999 |
| | 兴西线 | 腰屯大桥 | 132.4 | 10.5 | 公路Ⅱ级 | 1998 |
| | 兴西线 | 三道沟大桥 | 164.2 | 10.5 | 公路Ⅱ级 | 2000 |
| | 沙上线 | 沙后所立交桥 | 260 | 10.5 | 公路Ⅱ级 | 1998 |
| | 沙上线 | 洪屯大桥 | 279 | 9 | 公路Ⅱ级 | 1993 |
| | 沙上线 | 高速公路跨线桥 | 164.8 | 9 | 汽车Ⅱ级 | 1997 |
| | 沙上线 | 往户大桥 | 116.1 | 10.5 | 公路Ⅱ级 | 1998 |
| | 沙上线 | 靳家大桥 | 108 | 7 | 公路Ⅱ级 | 1993 |
| | 老杨线 | 白塔大桥 | 104.2 | 7 | 公路Ⅱ级 | 2009 |
| 乡级公路 | 兴英线 | 花园大桥 | 126.6 | 7 | 公路Ⅱ级 | 1979 |
| | 羊洪线 | 桃园大桥 | 104.6 | 7 | 公路Ⅱ级 | 2001 |
| | 羊洪线 | 龙王嘴子大桥 | 100 | 7 | 公路Ⅱ级 | 2002 |

## 中桥

2012 年，兴城境内各级公路共有中桥 71 座，总长 3802.97 米。其中国家级公路（102 线）桥 8 座，长 492.60 米；省级公路桥 14 座，长 691.27 米；县级公路桥 17 座，长 893.20 米；乡级公路桥 29 座，长 1570.9 米；村级公路桥 3 座，长 155 米。

## 小桥

2012年，兴城境内各级公路共有小桥513座，总长6892.25米。其中国家级公路（102线）桥14座，长215.67米；省级公路桥68座，长825.53米；县级公路桥110座，长1375.5米；乡级公路桥235座，长3274米；村级公路桥86座，长1201.55米。

## 涵洞

2012年，兴城境内各级公路共有涵洞700道，总长8616.6米。其中国家级公路（102线）50道825米，省级公路149道2676米，县级公路164道2294.60米，乡级公路325道2719米，村级公路12道102米。

## 立交桥

随着城市规模的不断发展，自1991年8月兴城境内第一座立交桥——茶棚庵公铁立交桥开通后，在重要交通交汇点建立上下分层、多方向行驶、互不相扰的现代化陆地桥多座。

**茶棚庵公铁立交桥** 1991年8月，兴城境内第一座铁路与公路立交桥建成。该桥位于兴城火车站东茶棚庵，桥中心位于沈山线（下行线）309公里+268米处。全桥长23.26米，共2孔，每孔净空7.50米，高度为5.10米，桥梁为钢筋混凝土结构。

**西铁立交桥** 1992年11月，兴城西铁立交桥破土动工。1994年6月建成通车。该桥位于兴城铁西公路与铁路交叉道口，系铁路在上、公路在下三孔立交桥。桥宽24米，中间一孔为机动车路，两侧各一孔为非机动车和人行路。其引路向西延伸至原市化工总厂，全长1000米。

**沙后所立交桥** 1994年竣工。该桥位于沙上线2.74公里处，为公路在上、铁路在下分离式立交桥。桥梁全长260米，跨径总长259米，共15孔，单孔最大跨径35米。桥梁全宽11.50米，净宽10.50米。桥梁高15米，桥下净空14.20米。

**望海立交桥** 1997年竣工。该桥位于京哈线，桥梁中心桩号388公里+696米处。结构为公路在上、铁路在下分离式立交桥。桥梁全长126.50米，跨径总长120米，共4孔，单孔最大跨径30米，桥梁全宽10米，桥下净空9米。

**兴凌线高速公路跨线桥** 1998年竣工。该桥位于兴凌线9.38公里处。桥梁全长93米，跨径总长86米，共4孔，单孔最大跨径25米。桥梁全宽10米，净宽9米，桥梁高9.5米，桥下净空8.80米。

**沙上线高速公路跨线桥** 1998年竣工。该桥位于沙上线5.40公里处。桥梁全长164.8米，跨径总长160米，共7孔，单孔最大跨径25米。桥梁全宽10米，桥面净宽9米，桥梁高13米，桥下净空12米。

**东辛庄立交桥** 2004年6月，历时2年的东辛庄立交桥工程竣工。该桥位于乡级公路东张线东辛庄处，为公路在上、铁路在下分离式立交桥。共6孔，其中铁路2孔，单孔跨径30米；公路4孔，单孔跨径20米。桥面净宽10.50米，高6.50米。

**小刘屯立交桥** 2002年7月开工，2004年6月竣工。该桥位于东辛庄镇小刘屯。结构为公路在上、铁路在下分离式立交桥。跨径总长70米，共3孔，铁路1孔，跨径30米，公路2孔，单孔跨径20米。桥面净宽9米，高6.50米。

**北关公铁立交桥** 2008年3月开工，10月竣工。该桥位于兴城北关。结构为铁路在上、公路在下分离式立交桥。跨径总长10.60米，共3孔，中间机动车道1孔宽为4米，净高5米。两侧分设人行道宽3.30米，净高4.50米。

**佟屯立交桥** 2008年建成通车。该桥位于京哈线412公里处（绕城路段），为公路在上、铁路在下分离式立交桥。全长71米，跨径总长65米，共3孔，单孔最大跨径25米。桥面全宽13米，净宽12米，桥高9.90米，桥下净空8.80米。

# 第三节 铁路

贯穿兴城境内国有铁路3条，分别为沈山线、魏塔线、秦沈客运专线（秦沈高速铁路）。兴城地方铁路专用线3条，分别为化肥线、粮库线、木材线。驻军、驻在单位铁路专用线3条，分别为飞机场专用线、采石场专用线、沙场专用线。另锦华机械厂、锦山机械厂、东华机械厂亦有与魏塔线相接的铁路专用线。

## 国有铁路

**沈山线** 管内由东辛庄姚家湾（路标296公里）处入兴城境，穿越东辛庄、望海、沙后所、曹庄、羊安、宁远、古城7个乡镇街道，至古城街道韩家沟（路标为355公里）出境，境内全程59.27公里。区间设有东辛庄、望海、沙后所、白庙子、大甸、兴城、韩家沟7个火车站。

1987年，沈山线兴城境内段全部更换为60公斤/米重型无缝钢轨。

1993年，兴城火车站改造，整修客运站舍1857平方米，货运站舍751平方米，旅客通行地道60延长米，连接1、2站台。1997年7月2日，由锦州铁路分局投资420万元，兴城市人民政府投资100万元的兴城火车站改扩建工程奠基。新客站总建筑面积由原1857平方米扩展至2675.88平方米，站前广场拓展为4万平方米。

2003年8月始，管内望海、白庙子、大甸子、韩家沟4个车站相继关闭，东辛庄、沙后所站仍保留货运营业。

2008年2月25日，沈山线电气化铁路兴城牵引变电站投入运营。

2010年，兴城火车站内线路站场面积13.60万平方米，线路15条，其中正线2条，到发线5条，货物线3条，专用线5条。2012年，兴城火车站调整为三等站，办理客、货业务。

**魏塔线** 系沈山、锦承两铁路间的联络线，西起锦承线魏杖子站，东至沈山线塔山站，全长247.69公里。1971年始修筑，1976年全线正式营运。该线路兴城境内长34公里，从药王满族乡叶家屯夹道沟入境，经药王、郭家、旧门、华山4个乡镇街道，至华山街道上长茂村出境。区间设大徐屯、串子沟、刘屯、郭家屯、长茂5个站。2003年始，各站相继停办客货运输业务。

**秦沈客运专线** 亦称秦沈高速铁路。1999年8月，兴城段始建。2003年10月12日正式通车。秦沈客运专线系双线电气化铁路，设计时速200公里/小时，预留提高到250公里/小时，试运行期间曾创造321公里/小时的铁路最高时速。兴城境内线路长59公里，途经大寨、东辛庄、望海、沙后所、羊安、白塔、元台子7个乡镇。于兴城市元台子满族乡灰山屯东1公里处设葫芦岛北站，距兴城23公里。

## 地方铁路

境内地方铁路包括兴城市属铁路专用线共3条，全长3.10公里。

**化肥线** 由兴城火车站货场第10道线路接轨，经原棉麻公司、燃料公司、土产公司等单位的货位，终点至原化肥厂货位，全长1.60公里。

**粮库线** 由棉麻货运道岔接轨，至原兴城粮库货位，于1986年延伸至植物油厂货位，全长1.09公里。

**木材线** 由原燃料公司货位道岔接轨，经原石油公司货位，至木材公司货位止，全长0.41公里。

### 其他铁路

兴城境内驻军驻在单位有铁路专用线3条，全长5.55公里。

**飞机场专用线** 由大甸子车站接轨至飞机场，全长3公里。

**采石场专用线** 位于兴城古城东北窟窿山东北麓，由沈山线307公里处接轨，全长1.83公里，系锦州铁路分局兴城采石场专用线。

**砂场专用线** 位于古城西南兴城河左岸，由兴城火车站接轨，全长0.72公里，系锦州铁路分局兴城砂场专用线。

## 第四节 水路

兴城境内河川洪枯相差很大，唯海上交通开发较早。兴城沿海东起邴家海湾，西迄六股河口，天然泊船海湾有十几处。其中邴家、钓鱼台、朱家、老滩、荒地、焦家、李金、东沙嘴、台子里、徐大堡、长山寺、龙泉寺、娘娘顶等海湾均系天然泊船之所。

### 港口

**小坞港** 位于兴海湾与小坞港口之间的岬角处，港湾水域面积2.50万平方米，港区内底质为砂泥质。港池水深高潮位3.50米，低潮位1.25米。港区附近常风向为西南、西北、东南、东北向，风力一般为3~4级，最大达7~8级。港湾外一般浪高3米，湾内最大浪高1.50米。港池最大吃水吨位为百吨，可泊渔船300余艘。

1986年，小坞港渔、客、货船混泊。1991年12月，海口栈桥码头（陆岛交通码头）建成后，小坞港一般只泊渔船。

**菊花岛港** 位于菊花岛龙脖子，距兴城小坞港9海里。港湾防波堤长90米，堤头段内侧码头长70米，宽6.60米。港湾水域面积2万平方米，高潮位水深4.50米，低潮位水深1.5米。1986年，该港渔、客、货船混泊。1993年6月，菊花岛陆岛交通码头改建后，原港泊渔、货船。

**陆岛交通码头** 即陆地侧海口码头。1991年12月，于小坞港西侧建成长153米，宽6.50米的栈桥码头。2001年10月，在码头基础上实施改、扩建。2003年6月竣工。码头全长288米，宽9.60米，客船泊位4个，东西两侧各设货船泊位1个。2005年，建成候船大厅，总占地面积800平方米。

**菊花岛码头** 1993年，在原渔码头基础上成L型延伸110米建成。码头宽6.90米，客船泊位1个。2003年6月，改、扩建成码头，长214米，宽7米，泊位3个。

**娘娘顶港** 位于刘台子满族乡龙泉寺。1996年7月，由刘台子满族乡人民政府与天津万盛达国际贸易公司合资400万元兴建，时称兴城港。1998年10月建成，2000年3月通过验收。港口防波堤长390米，宽8米，码头长100米，堤头货场宽18米。港区水域1.90万平方米，高潮位水深6米，低潮位水深2.50米，平均水深4米。码头设3000吨泊位1个，设计年吞吐能力20万吨。系以水产品、砂石等散货装卸为主的综合性小型港口。2010年，改称娘娘顶港。

**东翔避风港** 位于刘台子满族乡闫家村海滨，为渔、货散装港。1999年建成。护岸5000米，港长400米，宽70米。港区水域面积3.30万平方米，高潮位水深4.5米，低潮位水深2.50米。可纳泊渔、货船110艘。码头泊位可泊3000吨级货船，日装卸能力500吨。

**长山寺港** 位于海滨满族乡台子里村南，亦称南港，为渔、货散装港。2004年12月，由私人投资9700万元建成。港区水域面积110055平方米，航道长80米，宽45米，平均水深6.50米。港长1180米，宽40米。码头宽50米，护岸230米，防波堤180米。港池高潮位水深4.30米，低潮位水深2.50米，码头泊位水深6米。可泊5000吨级货船，日装卸能力1万吨。

**台子里东港** 位于海滨满族乡台子里村东，亦称东港，为渔、货散装港。2005年5月，由私人合资1700万元建成。港长880米，宽20米。港区水域面积3万平方米，航道长60米，宽40米。高潮位水深4米，低潮位水深1.60米。可泊100吨级渔、货船，日装卸能力20吨。

### 航线

兴城沿海海域通往各类港口无固定航线。1982年7月，为方便菊花岛乡居民出入和发展旅游业，兴城海运管理部门开辟由小坞港至菊花岛港直达航线1条，全长6.75海里。

# 第二章　交通运输

兴城境内运输主要为公路、铁路、水路运输。1986年以后，境内运输事业快速发展，形成公路、铁路、水路运输网，以汽车、火车、船舶等为主要运力的客、货运输全方位运营模式。

## 第一节　公路运输

### 客运

1986年，兴城公路客运以国有运输企业为主。全县共有营运客车95辆，线路17条，营运里程1363公里，全年客运量150万人次，客运周转量4276万人/公里。其中，国有企业兴城县运输公司拥有客运汽车25辆，营运线路13条，营运里程856公里，年客运量135万人次，客运周转量3839万人/公里；个体、联户拥有客运线路汽车70辆，营运线路4条，营运里程507公里；出租车189辆，年客运量15万人次，客运周转量437万人/公里。年内，外市县通过和到达兴城的客运汽车，每天达21辆次。

1989年，兴城市公路客运逐步呈现国有运输企业与社会运力平分运营的格局。全年，总客运量300.54万人次，其中国有企业客运量174.09万人次，占总客运量的57.9%；社会运力客运量

126.45 万人次，占总客运量的 42.1%。1990 年，总客运量 288.8 万人次，其中国有企业客运量 144.5 万人次，社会运力客运量 144.30 万人次，基本各占一半。

1994 年，菊花岛开通环岛旅游客运线路 1 条，配置中型出租客车 20 辆。历年 4 月份至 10 月份，专司运输登岛游客，年客运量 16.80 万人次。

1997 年，公路客运市场放开。兴城营运客车及挂靠营运出租车总计 794 辆，从业人员 1035 人。其中兴城市运输公司拥有长途客车 68 辆，从业人员 75 人；个体客车 114 辆，从业人员 262 人；出租车 465 辆。全年，总计客运量 141 万人次，客运周转量 5492 万人/公里。

2001 年，新增开客运线路 8 条，兴城全市公路客运线路达 58 条，营运里程 4510 公里，营运客车 196 辆，其中社会新增营运挂靠车 150 辆，出租车 724 辆。是年，公路总客运量 165 万人次，客运周转量 6910 万人/公里。

2003 年，兴城公路新开客运线路 5 条 ，新增挂靠车 5 辆。是年，兴城市长途客运站改造中、高级客车 54 辆。完成公路客运量 150 万人次，客运周转量 7274 万人/公里。

2005 年，兴城市长途客运站更新客车 40 辆，新增客车 1 辆。全市完成公路客运量 184 万人次，客运周转量 9960 万人/公里。

2007 年，兴城全市线路客车 246 辆，出租车 960 辆。完成公路客运量 228 万人次，客运周转量 8496 万人/公里。

2012 年，兴城公路客运形成运营主体多元化、长短途结合、城乡连接、相互依托的旅客运输网络。全市营运线路达 82 条，其中省际线路 5 条，市际线路 14 条，县际线路 10 条，兴城市区域内线路 53 条，营运里程 7505 公里。共有客运班车 247 辆，其中国有企业 93 辆，民营企业 75 辆，社会个体班车 79 辆。出租车 1189 辆，其中挂靠兴城市运输服务站 762 辆，挂靠兴城市客运总公司 427 辆。全年，公路客运量 390 万人次，客运周转量 15610 万人/公里。营运总收入 9732 万元，其中客运站收入 212 万元，线路客车收入 1200 万元，出租车收入 8320 万元。

**市长途客运站** 1988 年，兴城市长途客运站建成投入使用。站址位于兴城火车站站前广场西南侧，占地面积 18200 平方米，建筑面积 2600 平方米，候车大厅容纳旅客上千人，设检票口 7 个，置旅店、饭店、商店等配套服务设施。2004 年，累计投资 100 万元，将客运站改造成为一级标准客运站。2006 年，兴城市交通局投资 1500 万元，对客运站进行大规模改扩建，建筑面积增至 3789 平方米，候车大厅装置空调、电视、电子显示屏，实行微机售票、检票等服务。2003 年，长途客运站被交通部评为“文明客运站”。2005 年，被国家交通部、全国妇女联合会联合授予“巾帼文明岗”客运站。

**乡镇客运站** 2005 年，兴城市交通局投资 100 万元，将三道沟客运站改扩建为四级标准客运站。2007 年，兴城市交通局投资 61 万元，建成郭家镇四级标准客运站，占地面积 1858.50 平方米，建筑面积 460.20 平方米。2009 年，兴城市交通局投资 85 万元，建成东辛庄镇四级标准客运站，占地面积 3000 平方米，建筑面积 300 平方米，候车厅 150 平方米。

### 货运

1986 年始，兴城公路货运市场开始活跃，呈现国有、集体、民营、个体“四个轮子”一起转的运输格局。国有、集体在货运市场中的主体地位受到冲击，主导作用逐步削弱，最终退出货运市场。民营、个体发展迅速，逐步成为兴城货运市场主要运力构成要素。

**国有运输企业** 1986年，兴城地方国有公路货物运输企业5家，主要为交通、商业、粮食等行业的运输公司、车队等。商业、粮食等行业的货物运输企业，主要承担本行业运输任务，少有承揽社会运输业务。兴城市交通局辖属的第一运输公司则专业承担社会货物运输业务。1990年，兴城市第一运输公司拥有货运汽车9辆，挂车9辆，油罐车1辆，年货运量4.20万吨。是年，社会货运车辆迅速增加，货运市场竞争激烈，国有企业货运量锐减。兴城市交通局决定，将第一运输公司的货运汽车9辆、挂车9辆，租赁给局属集体运输企业兴城市第二运输公司。国有企业兴城市第一运输公司退出货运市场，主营客运，改称兴城市汽车客运总公司。

**集体货运企业** 隶属于交通系统的集体运输企业3家，分别为兴城市第二运输公司、兴城市交通货运公司、兴城市运输服务站。1987年，兴城市第二运输公司改装柴油车和配置少量货运汽车作主要运力。1990年，淘汰改装的柴油车，配置各类型汽车26辆，总吨位244吨，年货运量2~3万吨，周转量400~500万吨公里，在岗从业人员119人。1993年，营运收入54万元，入不敷出，企业亏损16万元。1996年，因企业不堪重负，退出货运市场后解体。1994年5月，兴城市交通货运公司成立，为交通局属集体企业。拥有货运汽车12辆，总吨位108吨，年均货运量1.50万吨。1996年9月，在货运市场竞争中，因经营不善，企业亏损严重而解体。是年，兴城市运输服务站成立，为兴城市运输管理所属辖集体企业，专吸收私人客货车挂靠经营。成立之初，挂靠货运车128辆，总吨位223吨。2012年，挂靠货运车166辆，总吨位451吨。

**民营货运企业** 兴城民营货运企业产生于21世纪初，成为兴城公路货物运输新生力量。至2012年，拥有货运车计1019辆，总吨位达12275吨，运输货物通达全国各地。在民营企业中，拥有20辆以上货运车辆的企业共有4家，分别为兴城市天顺运输有限公司，拥有货运车50辆，总吨位625吨；兴城市渤兴汽车销售有限公司运输车队，拥有货运车529辆，总吨位5720吨；兴城市经纬运输有限公司，拥有货运车284辆，总吨位3520吨；兴城市新恒源运输有限公司，拥有货运车156辆，总吨位2410吨。

**个体货运** 1986年，兴城个体运输户有66户，运输工具多为拖拉机，汽车甚少，从业人员大多为农民。1997年，兴城全市个体运输户增至389户，各种车辆393辆，拖拉机作运具减少，汽（柴）油货车增多，从业人员除农民外，城镇下岗、待业人员加入其中。2012年，兴城全市个体货运经营户1160户，各种车辆1240辆，从业人员1300人，拖拉机作运具甚少，农用柴油汽车、三轮车（俗称“三马子”）及各吨位汽车大量增加。小吨位小型车大多在兴城市区域内从事营运，大吨位大型车多从事长途货物运输。

## 第二节　铁路运输

兴城境内铁路运输包括国有铁路旅客运输、货物运输及地方铁路货物过轨运输。

### 国有铁路客运

1986年，兴城火车站昼夜停旅客列车40列。全年，从兴城站上车旅客达132万人次，下车旅客达164万人次。

1988年6月5日，经沈阳铁路局批准，在旅游旺季增开沈阳——兴城、锦州——兴城临时列车。原不在兴城站停车的沈阳——北京12次特快列车，破例在兴城站停车并预留一节车厢。在

290、323 两次客车上各加挂一节硬席卧铺，在 498、546 两次客车上加挂车厢。

1989 年，兴城站停客车 42 列。旅游旺季，每逢星期日加开锦州——兴城 285/286 次普通客车。在山海关——沈阳 323 次快车尾部加挂硬座车厢 3 节，供兴城站乘客对号入座。

1990 年，旅游旺季加开锦州至兴城 601/602 次客车，逢星期日加开 301/302 次客车。

1991 年始，历年春节、暑期加开的列车，在兴城站停车达 8~10 列。

1998 年 4 月 1 日始，山海关——伊春的 557 次列车在东辛庄站停靠，东辛庄站停靠快车达 5 个车次。是年 4 月 22 日，山海关——伊春的 557/558 次列车冠名“东辛庄服装市场号”。1999 年 6 月，天津——通辽的 587/588 次列车冠名“东辛庄服装市场号”。

2000 年，全国铁路列车自 10 月 21 起第三次提速，在兴城站停车由 60 列减至 42 列。通化——北京 538 次改为 2538 次；山海关——沈阳游 239 次改为 K667 次，延伸至本溪；原兴城——大连 245 次改为 459 次特快；增开兴城——锦州城际列车 601/602 次，605/606 次。

2003 年，春运期间加开列车在兴城站停车 10 对 20 列，暑运期间因“非典”未加开列车。至 2012 年，各年春运、暑运加开列车在兴城停车达 20 列。

### 国有铁路货运

1986 年，兴城站发送货物 26.50 万吨，到达货物 31.30 万吨。1994 年，兴城站发送货物 22.90 万吨，到达货物 18.80 万吨。2012 年，兴城站发送货物 17.58 万吨，到达货物 18.54 万吨。

**1986~2012 年兴城火车站客货运输情况**

表 10–2–1　　　　单位：万人次、万吨

| 年 份 | 客 运 | 货 运 | |
|---|---|---|---|
| | | 发送 | 到达 |
| 1986 | 132 | 26.5 | 31.3 |
| 1987 | 83 | 26.3 | 29.2 |
| 1988 | 79.5 | 25.6 | 28.6 |
| 1989 | 78.7 | 15.4 | 29.8 |
| 1990 | 103.8 | 14.7 | 29.9 |
| 1991 | 85.6 | 16.3 | 29.5 |
| 1992 | 85.6 | 17.8 | 26.5 |
| 1993 | 84.3 | 18.7 | 25.6 |
| 1994 | 81.5 | 22.9 | 18.8 |
| 1995 | 77.8 | 16.8 | 16.2 |
| 1996 | 66.4 | 14.2 | 12.8 |
| 1997 | 66.8 | 16.7 | 17.1 |
| 1998 | 66 | 22 | 20.2 |

续表 10-2-1

| 年　份 | 客　运 | 货　运 | |
|---|---|---|---|
| | | 发送 | 到达 |
| 1999 | 68.1 | 15 | 19.8 |
| 2000 | 65 | 17 | 19.4 |
| 2001 | 60.7 | 18 | 18.9 |
| 2002 | 64.3 | 11 | 18.5 |
| 2003 | 49.4 | 12 | 16.4 |
| 2004 | 57.5 | 28.5 | 15.5 |
| 2005 | 73.2 | 26.3 | 15.1 |
| 2006 | 64.7 | 24.8 | 17.1 |
| 2007 | 65 | 28.5 | 14.8 |
| 2008 | 81 | 29.8 | 22 |
| 2009 | 82.4 | 25.1 | 19.2 |
| 2010 | 89.2 | 58.5 | 11.5 |
| 2011 | 67 | 22.5 | 14.76 |
| 2012 | 99.94 | 17.58 | 18.54 |

## 兴城地方铁路过轨运输

1986 年，兴城地方铁路过轨量 3326 车，货运量 19.70 万吨，过轨费收入 14 万元。2007 年，过轨量 449 车，货运量 2.30 万吨，过轨量呈下降趋势。至 2012 年，过轨费收入累计达 329 万元，年均 12.18 万元。

### 1986~2012 年兴城地方铁路过轨货运情况

表 10-2-2　　单位：辆、万吨

| 年　份 | 过轨量 | 货运量 | 年　份 | 过轨量 | 货运量 |
|---|---|---|---|---|---|
| 1986 | 3326 | 19.70 | 2000 | 1730 | 9.70 |
| 1987 | 3300 | 18.30 | 2001 | 1140 | 6.50 |
| 1988 | 2621 | 15.10 | 2002 | 614 | 3.50 |
| 1989 | 2543 | 14.60 | 2003 | 877 | 6.80 |
| 1990 | 3512 | 16.20 | 2004 | 1018 | 5.80 |
| 1991 | 2945 | 16.80 | 2005 | 600 | 3.30 |
| 1992 | 2305 | 12.70 | 2006 | 435 | 2.60 |

续表 10-2-2

| 年 份 | 过轨量 | 货运量 | 年 份 | 过轨量 | 货运量 |
|---|---|---|---|---|---|
| 1993 | 2065 | 11.60 | 2007 | 449 | 2.30 |
| 1994 | 2185 | 12.60 | 2008 | 711 | 3.80 |
| 1995 | 1053 | 6.10 | 2009 | 782 | 4.10 |
| 1996 | 1403 | 5.80 | 2010 | 514 | 2.60 |
| 1997 | 859 | 5.90 | 2011 | 575 | 2.90 |
| 1998 | 1105 | 7.30 | 2012 | 867 | 4.80 |
| 1999 | 1736 | 9.90 | | | |

## 第三节 水路运输

兴城境内水路唯海上运输。20 世纪 80 年代初期，随着兴城社会经济和旅游业的发展，海上客、货运输得以长足发展。

### 客运

1982 年 7 月，兴城首开兴城海口至菊花岛航线。每年正常于 3 月中旬开航，11 月底停航。通常日航 2 个班次，旅游旺季增至 4 个班次。

1986 年，往返海口至菊花岛旅游交通客船 23 艘，总吨位 310 吨，总牵引力 810 马力。载客能力 745 人次，旺季日客运量 2000 人次以上。全年客运量 10 万人次，周转量 71 万人/海里，总航程 9100 海里。是年 11 月 10 日，菊花岛乡“菊花 1 号”船首次开航。该船由兴城水产造船厂制造，系木质机动船，牵引力 109 马力，船体长 18 米，宽 5.80 米，设客舱 2 个，货舱 1 个，客运定员 120 人，货运定额 6 吨。主要用作菊花岛居民往返陆岛交通航运。

1990 年，在航的 31 艘船舶经技术检验、审验，24 艘合格准予营运。总牵引力 672 马力，载客能力 681 人/次。随着旅游业的发展，先后有多艘木质、铁质客船投入海上营运。其中有海鸥 1 号、2 号，高阳 1 号、2 号，以及岛字号、顺风号等。

1999 年，豪华游艇“金海号”和旅游客船“高阳 3 号”相继投入运营。是年 3 月，兴城市兴海海上客运有限公司成立，公司拥有钢质旅游客船 4 艘和货船 1 艘，客船为高阳 1 号、2 号、3 号和四家村 1 号，共 1700 客位，年运输能力 50 万人。

2003 年 5 月，兴城市菊花岛海上客运有限公司成立，系省内重点私营水运企业。公司拥用钢质旅游客船 4 艘，客滚船 1 艘，货船 1 艘。客船为交通 1 号、2 号、3 号和顺风 1 号，客滚船为交通 6 号，共 2000 客位，年运输能力 60 万人。

2012 年，兴城海上客运船共 9 艘，3750 个客位，木质船相继淘汰。其中旅游交通客船 8 艘，客滚船 1 艘，均为钢质船体，总吨位 3078 吨，总功率 4514 千瓦，平均航速 11 节，客位共 3750 个。是年，客运量 22 万人次，客运周转量 299.2 万人/海里。旅游客运于历年 3 月中旬开航，11 月停航。通航期间，每天由海口码头起航，时间为 8 点 30 分、10 点、14 点、16 点，返航时间由觉华岛码头每天 12 点、14 点、17 点。

## 货运

兴城海上货物运输，主要是菊花岛内居民运出海产品、农副产品、花岗岩石等，从陆地运入生产资料、建筑材料及粮食、盐、煤等生活日用品。沿海天然港湾诸如娘娘顶港、东翔避风港、长山寺港等，运出砂石、运入海产品等散货。

1986 年以前，菊花岛内居民生产、生活所需物资均由渔船运输，单船运载量少，运输安全系数小。是年 11 月，菊花 1 号船置货舱 1 个，载货定额 6 吨，主要用作岛内运入运出物资。

1990 年，菊花岛乡人民政府购置海军退役登陆艇 1 艘，载重量 30 吨，可载 10 吨汽货车 1 辆。运力增加，运输安全系数增大。

2003 年始，交通 6 号客滚船、越兴 1 号货船相继投入海上货物运输。交通 6 号隶属兴城市菊花岛海上客运有限公司，载重 136 吨。越兴 1 号隶属兴城市兴海海上客运有限公司，载重 66 吨。

2012 年，兴城海上货运船只 3 艘，年吞吐量 2.35 万吨。

### 1986~2012 年兴城市公路水路运输情况

表 10–2–3

| 年　份 | 公路运输 | | | | 水上客运 | |
|---|---|---|---|---|---|---|
| | 客　运 | | 货　运 | | 客运量（万人次） | 周转量（万人/海里） |
| | 客运量（万人次） | 周转量（万人/公里） | 货运量（万吨） | 周转量（万吨/公里） | | |
| 1986 | 150 | 4276 | 195 | 4276 | 10 | 136 |
| 1987 | 175 | 5250 | 224 | 7840 | 15 | 204 |
| 1988 | 161 | 5581 | 241 | 8436 | 20.50 | 278.80 |
| 1989 | 300.50 | 11676 | 183 | 2575 | 17.50 | 238 |
| 1990 | 288.80 | 10119 | 147 | 2835 | 18.80 | 255.70 |
| 1991 | 148.70 | 5564 | 262 | 9178 | 18.50 | 251.60 |
| 1992 | 160.90 | 5700 | 275 | 9626 | 19.30 | 262.50 |
| 1993 | 105.60 | 3989 | 286 | 12021 | 17.10 | 232.60 |
| 1994 | 115.40 | 3874 | 291 | 13980 | 16.80 | 228.50 |
| 1995 | 132 | 5014 | 324 | 14760 | 18.40 | 250.30 |
| 1996 | 138 | 5253 | 351 | 17325 | 21 | 285.60 |
| 1997 | 141 | 5492 | 368 | 20240 | 19.20 | 261.10 |
| 1998 | 145 | 5736 | 390 | 21450 | 14.20 | 193.10 |
| 1999 | 151 | 6010 | 405 | 32325 | 12.70 | 172.70 |
| 2000 | 157 | 6570 | 412 | 30960 | 6.10 | 83 |
| 2001 | 165 | 6910 | 426 | 31910 | 13 | 176.80 |
| 2002 | 172 | 7200 | 439 | 32850 | 17 | 231.20 |
| 2003 | 180 | 7536 | 451 | 33920 | 11 | 149.60 |

续表 10-2-3

| 年 份 | 公路运输 | | | | 水上客运 | |
|---|---|---|---|---|---|---|
| | 客 运 | | 货 运 | | 客运量（万人次） | 周转量（万人/海里） |
| | 客运量（万人次） | 周转量（万人/公里） | 货运量（万吨） | 周转量（万吨/公里） | | |
| 2004 | 188 | 7875 | 470 | 35250 | 6 | 81.60 |
| 2005 | 196 | 8240 | 492 | 46740 | 13.50 | 183.60 |
| 2006 | 207 | 8625 | 515 | 57680 | 15.20 | 206.70 |
| 2007 | 215 | 8987 | 531 | 61065 | 15.70 | 213.50 |
| 2008 | 228 | 9541 | 550 | 63250 | 18 | 244.80 |
| 2009 | 245 | 11020 | 640 | 75240 | 23 | 312.80 |
| 2010 | 273 | 12285 | 760 | 91200 | 22 | 299.20 |
| 2011 | 325 | 14128 | 798 | 93220 | 20.60 | 280.20 |
| 2012 | 390 | 15610 | 890 | 101657 | 21.70 | 294.50 |

# 第三章 交通管理

兴城市交通局是兴城市交通行政主管部门。主要职责是贯彻执行国家、省、市有关交通行业法规和方针、政策，结合兴城实际，制定行政措施并组织实施。负责兴城区域内各级公路建设、养护和路政管理，公路、地方铁路、水路运输行业管理，汽车维修业管理，交通规费征收及交通基础设施建设等。

## 第一节 公路养护

兴城境内县级以上公路养护，由兴城市公路管理段养护公司承担，养护总里程 332.37 公里，其中国道（102 线）56.95 公里，省道 115.28 公里，县道 160.14 公里。乡道 549.55 公里，村道 680.58 公里，养护由各乡镇街道负责。

### 养护体制

1986 年，兴城境内县级以上公路养护为专业养护。公路段设置 4 个养路工区，分辖养护道班 23 个。养护体制为计划统筹模式，即由公路段编汇计划，工区组织道班具体实施专业养护生产。

1996 年，依照辽宁省交通厅下发的《辽宁省公路系统体制改革实施意见》，兴城公路段适时调整养护体制，实施企业化管理，推进养护生产专业化、机械化、市场化机制。成立段属养护公司，撤销养路工区，组建养护分公司 4 个，实行大道班（中心道班），将原 23 个道班重组为 17 个道班；依据路况、地理环境、交通量等划分路段，实行养护招投标；核定定额人员，将原单公里0.9人减至单公里0.5人；实行工效挂钩，责任到人。加强养护稽查、检查和考核、评比，完善公路养护从计划实施到内业管理、质量检查等各种机制，营造“畅、安、舒、美”的交通环境。

### 养护作业

公路养护分为大修工程、中修工程、改善工程、小修和保养工程等。其中小修保养是公路养护工程的重点，主要分为路基养护、路面养护、桥梁养护、人工构造物养护和公路绿化等项目。

**养护方式** 20世纪80年代初期，县级以上公路路面尚未全部达到黑色路面时，对砂石路面的养护以养好路面为主，兼顾路基、排水构造物、路树、行车标志等养护为辅，主要养护方法为回砂养护。黑色路面养护，主要针对严重龟裂、拥包、啃边、坑槽、松散等病害的处理，养护方法为局部处理病害法。2005年始，对路面网裂等病害采取先进的玻璃纤维布面处理法。

**养护机具** 1986年，兴城县公路养护机具主要为手扶拖拉机、四轮拖拉机，多用于砂石路面回砂养护。90年代，随着黑色路铺装的扩展，养护机具逐步增添沥青洒布车、坑槽修补车、压路机、多功能挖掘机等养护机械。2004年，添置铲车1辆、大型运输车4辆。2005年，中心道班配置农柴运输车5辆，中修队配置剪草机17台、绿篱机4台、平板夯4台、轧路机4台、路面切缝机2台、灌缝机1台，公路养护逐步实现机械化。

**质量评定** 公路养护质量分为优、良、次、差4个等级。2005年始，增加路面评定、桥梁评定2项路况评定系统，公路养护技术状况检测和评定更趋科学化、规范化、标准化。2010年，兴城境内国家级、省级公路好路率100%，县级公路好路率97.59%，乡村级公路好路率80.9%。

**GBM工程** 即硬路肩工程。系为防止雨水冲毁路肩，采用缘石和水泥混凝土将急弯陡坡公路路肩加固的工程。1992年，国道102线实施GBM工程，起点桩号K371+001，终点桩号K427+095，共60.78公里。1998年，沙上线桩号K0+450—K1+607段实施GBM工程，共1.16公里。1999年，兴西线桩号K0+000—K2+481段实施GBM工程，共2.48公里。2000年，葫兴线实施GBM工程，起点桩号K7+147，终点桩号K21+100，共13.89公里。

**公路绿化** 20世纪80年代，兴城境内各条线路绿化建设发展较为缓慢。90年代，公路绿化建设有所发展。进入21世纪，公路绿化建设快速发展，各线不同性质的绿化比例达80%~90%以上，达到绿化、美化效果。公路绿化实施科学植树、因路制宜、适地适树。绿化品种多样化，常青与落叶，木本与草本、花卉相结合，注重生态效益、社会效益和经济效益。国道102线、省道兴凌线、县道沙上线，多以杨树、柳树、桧柏、灌木为主体；兴西线、汤李线、老杨线以杨、柳、榆树为主体；葫兴线以草坪、花卉为主体，丰富公路绿化景观。2003年6月，启动高速公路兴城西出口绿化工程；共分4个单项工程，即西河双桥东、西三角地，加油站附近三角地和半月形地块。总投资65万元，面积9390平方米。是年，龙兴路（葫芦岛龙湾路南延段）绿化带全长8000米，总投资300万元。

2011年，补植102国道两侧路树2500株，滨海公路种植路树3245株，栽种灌木32万株。

2012年，京哈线种植柳树1700株、火炬4500株、地锦1500株、紫穗槐等3297株，兴凌线种植柳树1400株、紫穗槐2万株，滨海公路种植火炬6000株、地锦35000株、紫穗槐119.20万株。

**公路抗灾** 1986年，兴城境内因降水量大，持续时间长，公路翻浆、水毁较严重。翻浆总面积达20270平方米，水毁受害线路7条。经治理和修复，根治翻浆面积9950平方米，水毁受害线全部抢修恢复通车。

1989年7月，因雨量过于集中，公路水毁严重。冲毁路基共15.36公里，路面0.50公里，涵洞4道，护坡3处，挡土墙2处，过水路面2处，滑坡坍方2处。雨后及时抢修，保证路况质量和安全畅通。

1991年7月28日，兴城地区暴雨成灾，致公路水毁严重。大小桥梁全部被冲毁的有11座，局部被冲毁的有12座。冲毁涵洞31道，冲毁路基351.80公里，冲毁路面314.40公里。损失金额1169.40万元，好路率下降至40%。经养路工人两个月抢修，水毁路段和桥涵全部恢复，好路率上升至95.20%。

2006年6月29日，兴城连降大雨，线路多处遭水毁，尤其102线公铁立交桥泵站部分设备被水淹没致损坏，立交桥下积水不能及时排出，交通受阻。兴城市公路段养护公司组织冒雨抽水。雨后，组织养护人员修复水毁路基路面，保证公路畅通。

2007年3月4日，兴城遭50年不遇特大暴雪袭击。兴城市公路段养护公司启动除雪抗灾应急预案，出动人工389人次，设备79台次，撒除雪剂60吨、盐60吨、防滑剂1750立方米，排除暴雪所致灾害，保障管养的7条受害线路安全通车。

2010年8月4日，兴城遭暴雨侵袭，冲毁各级公路310公里，过水路面178处1987米，桥梁182座1410米，涵洞166道，路基塌方7万立方米，最严重处为国道102线烟台河大桥。境内公路交通路线中断86条，直接经济损失9100万元。灾后，修复全部水毁公路设施，保障道路畅通。

**危桥改造** 1993年，改造沙上线洪屯桥，将原桥65.55米增至279.05米。2004年，102线关站西桥桥面板损坏，实施上部拆除重建，双侧各加宽2.50米。2007年，兴凌线苏柏桥拱圈病害严重，实施上部拆除重建，双侧各加宽2.50米。2008年，沙上线汤上桥浇混凝土大板裂缝，实施上部拆除重建。

**安保工程** 2004年，在国家级、省级干线公路启动以“消除隐患，珍视生命”为主题的“安全保障工程”，重点对急弯、陡坡、边缘下坡、路侧险要、桥头（宽路窄桥、弯路直桥等）、平交叉口、路面抗滑能力不足、路面标志线等方面进行综合整治。2007年始，兴城市养护公司相继在国道102线关站西桥、曲河拱桥、望海立交桥、烟台河大桥、绕城路佟屯立交桥引线加装钢护栏累计3404延长米；在省道兴凌线对山岭路段、沿河路段及桥梁引线，加装钢护栏累计6766延长米；在县道沙上线公铁立交桥加装钢护栏750延长米；各村屯、道口、弯道均设置标志。

## 文明样板路建设

1993年，公路管养以“标准化、规范化、提高质量及通车能力”为准则，公路养护水平跃上新台阶。全市实现标准化公路185公里，占公路养护总里程的35%。年终公路检查，县级以上公路好路率98.2%，优路率50.90%。经辽宁省交通厅验收，达到辽宁省“公路文明县”标准。

1996年，国道102线实施创建文明样板路建设。兴城市公路管理段按文明样板路建设标准，在102线兴城段开展全面治理。年末，经交通部公路管理局验收合格，获国家级文明样板路。

2000年，公路管养达到标准路278公里，省级样板路61公里，市级样板路196公里。兴城市乡级以上公路路况质量，居葫芦岛地区之首。

2005年，处治道路翻浆2022.20平方米，补修坑槽17715.80平方米。年内，全市各级公路好路率达91%。2008年，102线兴城段实现样板路61.50%，各项指标均达到文明样板路验收标准。

2010年，开展“公路养护质量年”活动。年内，整修各级公路路基614.10公里，处治道路翻浆8108平方米，补修坑槽14292平方米，维修桥梁护栏11座，重要路段设置钢质防护栏2042延长米，备冬季防滑料811立方米。是年，在关王线等5条乡道，开展文明示范路建设，美化路容路貌，安装里程碑、百米桩等。

### 养护科技

兴城市公路管理段相继实施技术革新9项，发明创造6项，先后5次在辽宁省交通系统、东北三省交通系统、国家交通部科技工作会议上进行交流。

1986年，兴城市公路管理段沥青拌合站职工齐万青发明塑料薄膜封闭式储油池，利用太阳能预热沥青。1987年，利用油锅烟道余热，预热储油池。该项发明经辽宁省交通厅、公路局技术鉴定为省内首创，具有省内先进水平。1988年，发明苯回收器。年节约苯30万公斤，节省费用390万元，增效9.50万元，为国内首创，达到国内先进水平，并在全国推广。1989年，研制成功“ZY—A型”智能式压力试验机。该项科研成果能及时测量工程质量，节省运力和人力。1990年，通过辽宁省交通厅技术鉴定。

1989年9月，研制成功沥青节能加热器。该项成果工艺简单，降低劳动强度，提高沥青使用性能，节约大罐保温费用。被专家鉴定为“国内首创，具有国内先进水平”，获辽宁省交通厅科技发明二等奖，1991年5月被国家专利局授予专利权。1990年，研制成功沥青混合料稳定度试验仪，通过辽宁省交通厅技术鉴定。被推广应用到国内公路、城建等部门的试验中心，并获辽宁省交通厅科技进步二等奖。

1998年，引进国内外路面新材料——玻璃纤维网混凝土。经在国道102线桩号K428+200—429+200处1公里路段进行路面试验，取得成功后，在县级以上公路路面施工中广泛应用，增强路面的强度和抗压能力，效果良好。

## 第二节　路政管理

兴城境内路政管理由兴城市路政管理所承担，隶属兴城市公路管理段，具备执法资格人员32人，依法维护路产路权不受侵犯，确保公路设施不遭毁坏，保障公路安全畅通。

1986年5月，依照国务院《关于加强路政管理保障公路安全畅通的通知》和锦州市人民政府颁发的《锦州市公路路政管理试行条例》，兴城县公安局、交通局、工商局联合制发《兴城县公路路政管理办法》，建立路产档案和桥梁、标志号、路标、公路用地及路产动用等登记。全年共处理路产案件22起，收缴赔款5.5万元；清除违规招牌55块，沙石、粪堆共1317立方米，杂物743处；制止违章建筑9起。

1989年，路政管理人员深入各条线路，宣传《中华人民共和国公路管理条例》，对影响交通、毁坏公路设施及非法占路行为进行查处。全年，依法处理路政案件22起，收缴赔偿费15万元。

1992年，兴城市路政管理所依法对影响交通、毁坏公路设施及非法占路行为进行查处。全年，清除路障193处100公里，摘除牌幌81块；查处路产案件44起，收缴赔偿费15万元。

1996年4月，兴城市人民政府办公室制发《关于加强公路路政管理工作的通知》。兴城市交通局组织开展路政宣传月活动，向公路沿线群众宣传公路管理法规，受教育面达85%以上。全年，开展大型联合清障行动2次。配合创建文明样板路，重点清理、查处国道102线兴城段违章建筑、临时建筑，达到无违建、无乱堆乱放，线路标志标线齐全、视野清晰、畅通无阻。年末，国道102线兴城段被交通部评为国家级文明样板路。

1998年，建立段、养护公司、道班三级路政管理网络和沿路群众协管体系，形成与路政管理人员专业管理相结合、行业内部层层负责制、社会举报、全民参与的路政管理长效机制的新格局。年内，开展大型联合清障行动5次，共清理“堆占”200平方米，摘除牌幌1000个，清除摊棚60处，清理晒粮占路1500平方米，拆除违章建筑4户160平方米，清出控制线内5户165.50平方米，停建控制线内施工5户245.40平方米，新设道口3处，拆除未经批准设立道口2处，查处路产案件47起，路产恢复率100%。

2006年，依照新颁布的《辽宁省公路管理条例》，集中对公路沿线进行专项整治，规范骑路市场2处，查处路产案件5起，收缴路产赔偿款162万元。

2010年，路政管理累计实施综合治理行动27次，解决难点578件；清理“堆占”8755处27684平方米；摘除、收缴违规牌幌6171个；拆除违章建筑1853处；规范道口353处；查处路产案件709起，收缴路产赔偿款663.57万元。县级以上各级公路设置标志共284块，标线共368公里，覆盖面100%。

## 第三节 规费征收

兴城市交通局规费征收相继有6项，包括养路费征收、港务费征收、运输管理费征收、地方铁路过轨费征收、农拖费征收、公路路桥费征收。

### 养路费征收

1986~1991年，兴城区域内养路费征收业务由时隶属兴城市交通局的交通征稽所承担，累计征收养路费2480.65万元。1992年，交通征稽所划归锦西征稽处，兴城市交通局不再管辖兴城区域内养路费征收业务。

### 港务费征收

1997年起征港务费，由隶属兴城市交通局的兴城港航监督站承担征收业务。至2000年，累计征收港务费78万元。2001年，兴城港航监督站移交国家交通部直辖，隶属兴城市交通局新成立的水上交通管理站不再承担港务费征收业务。

### 运输管理费征收

由兴城市运输管理所负责运输管理费收缴业务。征收对象为兴城市域内从事客、货运输的车辆，实行月定额收费。其收费标准：

货车 1吨以下每月每辆按定额22元收费，载货1~3吨每月定额22元，载货8吨以上每月定额16元。

出租车 按微型出租车每月每辆定额30元收费，轿车每月每辆定额37元。

中型客车 按定员9~10人每月每辆定额52元，定员14~15人每月定额67元，定员21~30人每月定额 100 元。

大客车　定员 31~40 人每月每辆定额 120 元，定员 41~50 人每月定额 142 元，定员 61~70 人每月定额 210 元。

三轮车　人力三轮车每月每辆定额 10 元，动力三轮车每月每辆定额 15 元。

1986~2008 年，累计收缴 3786.30 万元。2009 年 1 月 1 日始，实行费改税，停止征收道路运输管理费，改由运输主管部门代征道路运输营业税。

### 地方铁路过轨费征收

由兴城市地方铁路管理站承担地铁过轨费征收业务。收费标准为 2 元/吨，1986~2012 年，收取过轨费累计 329 万元。

### 农拖费征收

1987 年，兴城市交通局农托股根据国家计委、经委、交通部、财政部联合下发的〔1987〕交公路字 64 号文件规定，对领有牌证的拖拉机、摩托车以及从事营业性运输的畜力车，按核定的载重吨位和规定的费额标准征收农托费。征收标准是拖拉机按其拖带的挂车标载吨位计征。城市（含县城）企事业单位、个人和农村企事业单位的拖拉机按每月每吨位 165 元征收，全年征收不得少于 8 个月。农村个人、联户的拖拉机按每月每吨位 115 元征收，其中手扶拖拉机每年按 3 个月计征；小四轮拖拉机每年按 4 个月计征；20 马力以上的拖拉机每年按 5 个月计征。各种后三轮摩托车按半吨位计征，征收标准为每月每吨位 165 元，全年报停不得超过 4 个月。侧三轮摩托车全年按 165 元征收，双轮摩托车全年按 83 元征收，轻骑摩托车全年按 55 元征收。畜力车按每月 10 元征收。

2006 年 1 月，由兴城市运输管理所承担征收业务。至 2008 年末，共征收农拖费 4257 万元。2009 年 1 月 1 日始，实行费改税制。

### 公路路桥费征收

1988 年，经锦州市人民政府批准，在兴城南河大桥设收费站，收费站设上行、下行共 4 个收费口，分 4 个收费班，用于偿还公路建设贷款。

1989 年 2 月，依据辽宁省人民政府《关于同意对鞍山、锦州新建桥、路收取车辆通行费的批复》和锦州市交通局《关于印发锦州市贷款修建公路桥梁收取车辆通行费管理办法的通知》，执行省定标准开始收费，用于偿还公路建设贷款。

1997 年，更名为南桥收费站，站址迁至 102 线 K393+800 处，占地面积 49519.92 平方米。收费区设 8 车道、6 个收费亭及收费大棚、监控、安全岛等设施。1998 年 2 月，正式启用。收费标准依据辽宁省人民政府 1997 年 12 月 20 日下发的《关于调整全省公路路桥车辆通行费收费标准的通知》执行。对固定装置的警车、囚车、消防车、救护车，成建制执行紧急军事任务、军事演习、抢险救灾、换防的军用车及其他抢险救灾车辆，两轮和侧三轮摩托车、畜力车、人力车等免征通行费。至 2009 年 4 月，累计收费 22771.70 万元。

2009 年 5 月 1 日，依照国务院令，南桥收费站撤销，兴城境内不再征收公路路桥费。

# 第四节 运输管理

## 道路运输管理

兴城市运输管理所担负兴城区域内运输行业管理职责，经授权依法设立道路运输经营行政许可，按法定程序向申请人做出是否行政许可决定。对符合条件的申请人出具《道路运输经营许可决定书》，颁发“道路运输经营许可证”（简称营运证）。每年一次对营业性客货运输车辆经营行为、服务质量、车辆技术状况等进行审验。经审验合格，加盖年审合格印章方可继续从事营运。不合格者则吊销营运证。2012年，经年审合格营运车共5583辆，其中货运车4190辆，线路客运车204辆，出租车1189辆。客运车辆年审合格率100%，货运车辆年审合格率97%。

**车辆技术管理** 1998年10月，成立兴城市机动车综合性能检测站，为A级检测站，担负兴城区域内营业性机动车辆综合性能检测业务，每年一次对营运机动车辆进行检测。至2010年，累计检测营运机动车5万辆次。营运机动车辆的驾驶员、乘务员，须经道路运输主管部门培训考核，并取得从业资格证，方可从事营运。从业资格培训考核每月进行一次，考核内容为职业道德、法律法规常识、道路运输相关知识等。年内，兴城境内取得从业资格证人员共8072人，其中客运车辆（含出租车）驾驶员1478人，乘务员247人；货运车辆驾驶员及押运员3731人，农用三轮车驾驶员2616人。2011年，204辆客运车全部建立车辆技术档案，按要求进行定期维护，综检不达标的车辆，严禁上线运营，客运车辆按日填写行车日志，驻站办每日对班线客车进行一次出车前安全例检，消除安全隐患。2012年，消除安全隐患85辆次。

**车辆维修业管理** 1986年始，伴随机动车辆迅猛增长，各种机动车维修厂（点）应运而生，兴城境内机动车维修厂（点）最多时达185家。兴城市运输管理部门历经不懈治理，依法相继取缔占道修车、扰民修车、无证经营、以店代修等行为。对资质不达标业主，吊销经营许可，向全市一、二类维修资质达标厂点核发全省统一的维修标志牌。从业人员技术水准和维修质量有所提高，二级维护杜绝只收费不维护或漏项维护的不规范行为，兴城区域内维修市场秩序明显改善。2007年，整顿机动车维修市场，查处违章经营业户38家，取缔无照修车户24家，警告4家，限期整改10家。2010年，兴城境内维修企业达标经营的共41家。年内，查处无照修车点18家，纠正扰民修车点37家。

2012年，对全市维修业进行一次全面治理整顿，共查出72家无照经营户，对其进行关停处罚、对16户资质不足的业户，降低或取消部分营业范围2户，责令整改。

**道路运输整治** 兴城市运输管理所稽查大队专司道路运输的稽查整治。针对道路运输车辆超范围经营、车辆改型、不按期维护检测、不随车携带营运证件、不按期缴纳营业税、从业资格证不按期年检，客运车辆改装加座、超员运输，出租车跑线、并客、宰客等时有发生的现象，稽查大队不断加强稽查、整治力度。至2010年，累计稽查违章车辆10万辆次。

1990年5月10日，兴城市人民政府发布《关于治理整顿公路客运市场的通告》，兴城市交通局制定《公路客运市场管理暂行办法》，规范公路客运市场秩序。

1992年，实施个体中型客车营运线路放开，有偿招标经营，52辆车中标。经市场化运作，有效地治理乱跑线、乱停车、乱要价行为，客运市场进一步规范。

1996年，实施综合治理运输市场秩序，开展《辽宁省道路运输管理条例》宣传月活动。兴城市运输管理所建立健全执法队伍，依法整治非法经营，严格审验、核发营运证照。年内，有证经营车3514辆，其中客车584辆，货车890辆，农柴车326辆，三轮等“三小车”1714辆。

2000年，开展整治、打击无证经营专项活动。年内，查处各种违章营运车2400辆次，查扣无证经营车660辆次。

2001年4月，兴城市运输管理所会同兴城市物价局对货运场站、信息点、配货点等无证经营和垄断货源、欺行霸市等违法行为进行查处。是年，兴城境内有货运代理点22个，存车场8个；查处无证经营或乱收费的业户4户。

2004年，在进行营运车辆、线路客车、出租车、拖拉机、三轮车年审的同时，加大查处违章车辆力度，全年共查处违章车1750辆次。2007年，开展专项打击无证经营行动，查扣非法经营出租车65辆，货车28辆。年内，外挂大货车回迁120辆1400吨位，新增大货车325辆6000吨位。

2010年，兴城市运输管理所查处客运车60辆；查处违章危险品运输车21辆次，查扣5辆；查处无证经营客车13辆。2012年下半年，集中整治货车改装机超载运输等违法行为，共查处违章车450辆次。

**超限运输治理** 2003年9月，依据辽宁省交通厅制发的《辽宁省普通公路超限运输长期治理设施方案》，成立兴城超限运输检测站（简称超限站），站址设于国道102线394公里处。从事检测、执法人员48人。超限站实施24小时连续定点监测，并组织稽查队不间断在公路上巡查。

兴城境内治理超限分为三个阶段：2003年9月8日~2004年6月20日，为初级阶段。治理对象为总重和轴载超出标准规定限值50%以上的车辆。2004年6月20日~2005年7月10日，为集中治理阶段。即在第一阶段的基础上，全面开展治理超限，逐步走上规范化、制度化、科学化的轨道。处理方式以劝返、卸载为主，罚款为辅。2005年7月10日~2008年末，为严厉打击阶段。以源头治理为重点，加大路面治理力度，依法严管重罚。该阶段，兴城车辆超限率控制在2%。

2009年12月，超限站撤销。兴城境内累计检测运输车100402辆，其中超限车5862辆，按规定罚款685.4万元。检测率、超限车辆处理率、卸货率均达100%。

**客运服务管理** 1999年，兴城市交通局组织开展创建文明窗口活动。长途客运站实行服务承诺制，实现服务标准化、管理规范化、工作程序化、形象军事化。年末，长途客运站达到省规定的二级站标准，成为兴城文明窗口标兵单位。

2000年，兴城市交通局开展创建“文明客运线路”活动，兴城至高家岭客运线路被辽宁省交通厅评为葫芦岛地区唯一一条“文明客运线路”。年内，全市评选出优质服务车192辆，占参评车辆总数的20%。2002年，兴城市运输管理所被评为辽宁省级文明“窗口”单位，兴城市客运总公司被交通部评为文明服务单位。

2003年，兴城市运输管理所在全省率先建立运管“110”中心，设举报电话，24小时受理投诉、举报、求助；建立运管女子巡逻队，骑摩托车执勤；与兴城人民广播电台“阳光出租车热线”联办节目。2004年始，兴城市运输管理所组织出租车行业在每年高考期间，免费接送考生，并形成规制。

2005年，成立兴城市出租车同业公会，开展创“优质服务车”活动，评选出优质服务车10辆。2008年1月，召开2007年度优质服务出租车表彰大会，兴城出租车行业50名司机被评为优质服务标兵，并受表彰。至2010年，评选出优质服务出租车累计180辆次。

2010年10月1日，兴城市实行出租车使用计价器收费。运输管理所稽查大队派出8个稽查小组上路巡查，查处出租车不按计价器收费行为，遏制出租车运营秩序混乱、欺客宰客现象。

2012年，兴城市客运出租车1189辆。

## 水上运输管理

兴城水上运输管理唯海上运输管理，由兴城市港航管理处负责管理。1986年10月，兴城县交通局航政股与锦州港航监督兴城监督站合署办公。2001年，港航监督职能上收交通部后，管理职能划归地方，成立兴城市水上交通管理站，隶属兴城市交通局。2010年5月，改称兴城市港航管理处。主要职能为担负兴城海域内的客货运输管理、旅游运输管理、渔船载客查处以及规费征收等业务，重点为海上运输安全管理。

**港口管理** 1988年，兴城市港航管理处对小坞渔港兼营客运存在的安全隐患排查上报后，经中共兴城市委、兴城市人民政府多方努力，相继建成及改建海口和菊花岛陆岛交通码头，专用于停泊客船。港航管理部门对进入码头的车辆严格监控，规定驶入码头的车辆载重量限于2吨以下，以确保码头设施安全。对易燃、易爆、危险“三品”，除3艘货运船在指定货运泊位上船运输外，严禁携带“三品”进入码头和上船。

**航道管理** 1991年，陆岛交通码头建成后，置固定航线1条6.80海里，即兴城海口码头（E120°47′45″，N40°35′50″）——菊花岛码头（E120° 49′40″，N40°31′10″），营运船舶务须在该固定航线上航行，不得无故驶离航线。旅游快艇航线设置浮标，务须在规定的航区内航行。

**航政管理** 依据《中华人民共和国海上交通安全法》《中华人民共和国水路运输管理条例》等法规，港航监督管理部门对兴城海上客货运船舶、船用产品及船员实施管理。

**船舶管理** 为船舶技术性能检验。历年开航前，对海上运输各类船舶进行检验，合格者核发适航证书，允许投入航运。不合格者，不准营运或限期修缮，经再次检验合格后，核发适航证书，准予投入航运。营运期间，港航工作人员深入现场随机监督检查，发现问题及时处置。至2012年，兴城历年船检合格率达100%，无一艘船舶因技术状况不良而发生航运事故。

**船用产品管理** 港航管理部门从开航至停航，对船舶的救生、消防、通讯、机电、导航等主要设备随机进行严格查验，对不合格或数量不足的设备，下达整改通知书，限期更换或添置备齐后方准予出航。

**船员管理** 历年开航前，港航管理部门用一周时间对船员进行培训，内容包括航运知识、法律知识、驾驶技术、安全技能等。经考试合格后持证上岗，不合格者须经再次培训直至合格后方准予上岗。1989年，因无持证船员，虽船检合格但仍被取缔航运资格的船舶1艘。

**水运安全管理** 为水上运输管理重中之重。为确保兴城海上运输安全，兴城市人民政府成立以主管副市长为组长的兴城市水上运输安全管理领导小组，由交通局负责日常管理，港航管理处具体实施，现场严看死守。建立水上运输安全管理责任制，落实各项安全保卫措施。开展水上安全运输大检查，进行水运企业安全生产评估。制定并实施《兴城市水上运输险情事故应急预案》和《兴城市陆岛交通码头特大事故应急预案救援预案》，建立海上搜救中心，每年定期组织船舶、船员进行海上搜救演习。1992年，兴城市港航管理处被国家交通部授予“全国地方水上交通安全先进单位”称号。至2012年，兴城海上航运未发生重大责任事故。

# 第十一篇 邮 电

## 第一章 邮政

兴城境内邮政主营业务包括邮务类业务、代理速递业务、代理金融业务三大类。改革开放以后，随着邮政通信能力、通信质量、服务水平的提高，邮政网点的增加，全市基本形成集信息处理、传递、物品运递和资金流通为一体的现代化通信网络。

1986年，兴城县邮电局是兴城境内管理和直接经营寄递各类邮件（信件或物品）的通信部门，属邮政、电信合营的国有企业，具有通政、通商、通民的特点。有职工456人，其中邮政行业职工121人。

1988年10月，兴城市邮电局首先对大寨邮电支局实行个人承包经营。承包者交纳保险金500元，为邮电系统第一家。1994年，兴城市各邮电支局（所）实施收支差额承包经营、各类人员工作量与岗位工资、资金挂钩等改革举措。年末，亏损支局（所）由1987年的15家减至7家。

1998年10月，实行邮政、电信业务分营，组建兴城市邮政局，隶属葫芦岛市邮政局。内设综合办公室、经营服务部、财务部、储汇业务部。2000年，财务部撤销。2008年4月，邮政与邮政储蓄业务分营，设立邮政储蓄银行，邮政代理金融业务。邮政内设办公室、市场部。2009年9月，邮政与速递物流分营，邮政代理速递业务。2012年，邮政从业人员共221人，其中全民职工75人，劳务人员117人，代办员30人。

### 第一节 邮政业务

依据省、市邮政局关于着力推进邮政经济方式转变和业务结构调整的总体思路，兴城邮政局依靠市场营销、项目运作及客户开发，实现代理金融类、邮务类、代理速递物流类“三大板块”业务协调发展。

#### 邮件收寄

邮件收寄为邮政传统业务，主要包括包裹、信件收寄等。1986年，兴城邮政收寄函件296万件，进口函件 306 万件；收寄包裹 6.30 万件，进口包裹 5.70 万件；开发汇票 6.90 万件，兑付汇票 9 万件；订阅报刊 2147 种 14520 万份，流转额 127.50 万元。

1988 年 5 月，兴城邮政首开竞争性业务，包括特快专递和物流等。邮政部门选用快速有效的运邮工具，按照全程时限规定，传递用户邮寄急需物品，系快捷、安全、先进的邮件传递新型业务。国内特快运递时限为 1 天，国际特快一般为 2~5 天，速度比普通邮件提高 10 倍。年内，受理特快专递 95 件。

2000 年，兴城市邮政部门相继开展城区普通包裹免费投递到户服务，开办国际包裹业务。8 月，兴城市邮政局制定投递高考录取通知书方案，开办高考录取通知书特快专递业务。

2002 年，开发东辛庄服装市场商包业务。年内，包裹业务收入 58.78 万元。邮政业务收入首次突破千万元，达 1017.20 万元，比 2001 年增长 17.20%。

2005 年，开发“凯森蒙”服装、泳装等企业商包业务，开发辽宁工程技术大学校园包裹项目。全年，收寄包裹计 3.70 万件，包裹业务收入实现 95.60 万元。

2007 年始，开发邮购、速递种子业务。制定邮购、运递种子方案，广泛联系农户，及时将受理的邮购种子发递至兴城乡村农户手中。年内，运递种子 10.60 万公斤，实现业务收入 10.62 万元。

2010 年，包件业务收入实现 45.07 万元。2012 年，包件业务收入实现 60.37 万元。

### 报刊订阅

1998 年 10 月，国家调整邮电体制，实行邮政、电信分营。兴城市邮政局依照国家邮电部统一部署，开展“邮电服务年”活动。制作胸卡、桌牌，实行窗口业务人员统一着装，挂牌服务；实行首问负责制，用户有理由申告下岗制度、文明用语制度、缺报少刊补送制度等；聘请社会监督员，公开服务监督电话等。

1999 年始，开办代收电话费、代售 SIM 卡、汇兑短信、储蓄短信、集邮短信、速递短信、福利彩票、航空机票、火车票、“世博会”门票、七天交通意外险、便民服务站等代办业务。

2004 年，针对国内一些报刊社实行自办发行，兴城市邮政局采取措施，扩大自费订阅报刊渠道。年内，自费订阅报刊比例达 30%，实现订阅报刊 389.70 万份，流转额 280 万元。

2010 年，报刊流转额完成 339 万元，实现业务收入 118.62 万元。2012 年，报刊流转额完成 326.70 万元，实现业务收入 116.09 万元。

### 集邮

1989 年，开拓集邮业务。兴城市邮电局牵头组织成立兴城市集邮协会，并召开第一次会员代表大会，全市集邮爱好者达 5000 人。

1994 年，兴城市邮电局成立集邮公司，除组织流动售票外，在大楼营业厅、古城鼓楼设集邮门市部，在东辛庄、沙后所、双树、南大山、海口、华山、李屯等邮电支局（所）设集邮售票点。全年销售邮票计 163.80 万枚，销售收入实现 161 万元。

2001 年，随着兴城旅游发展，利用国家邮政局专用图案政策，发行“兴城古城”特种邮资明信片。年内，发售“兴城古城”个性化特种邮票 46.5 万枚，实现收入 33.12 万元。

2003 年，开发“中邮广告”代投和企业明信片业务。年内，发行“中邮广告”4 期，为兴城 14 家企业制作邮资封、明信片 14 套，为宣传兴城企业产品、提高企业知名度提供有效载体。

2004 年，兴城邮政制作校园邮资封 3.20 万枚，实现业务收入 2.68 万元；制作金卡贺卡 15 套，实现业务收入 7 万元。

2010 年，集邮实现业务收入 25 万元。2012 年，实现业务收入 32.26 万元，新邮预定完成 24.47 万元。

### 其他

1993 年，开发商业信函、贺年有奖明信片、企业名片等函件业务。是年，兴城邮电业务总量、业务收入突破千万元，分别达 1400.40 万元和 1235.70 万元，分别比 1992 年增长 42.80% 和 39.50%，跃居全省同行业一流水平，列辽宁省“十强县局”之一。东辛庄、沙后所邮电支局进入辽宁省“百强支局”行列。

1994 年，邮政部门面对函件、包裹、汇兑、报刊发行等传统业务发展滞后的现实，充分利用邮政网络信息技术，相继推出邮政储蓄、特快专递、移动话费代收、礼仪服务、税务专递和法律文书等新型业务，为用户提供不同层次的服务。

2002 年，发挥邮政网点遍布城乡、投递员深入千家万户的优势，拓展邮政服务市场。相继开发代收电话费、代售 SIM 卡、代办保险、代发工资、养老金等中间业务。

2009 年，开展中国速递快件业务、国内收件人付费业务（第三方）、国际 EMS 承诺服务业务、同域快递业务、国内经济快递业务、国内 E 邮宝业务、东北区域次晨达业务等，合计传递 25 万件。

2010 年，实现业务收入 2643 万元，其中邮务类业务收入 404.60 万元，代理金融类业务收入 2198.09 万元，代理速递物流类业务收入 40.31 万元。

2012 年，兴城市邮政局邮政生产经营运行稳中有升，三大板块业务基本上保持平稳发展态势，经营运行质量和效益进一步提高。全年实现邮政业务总收入 3368.4 万元，其中邮务类业务收入 511.03 万元，代理速递物流类业务收入 40.09 万元，代理金融类业务收入 2793.10 万元。

## 第二节　邮政网络

### 基础设施

1986 年，兴城邮政通信专用设备共有汽车 5 辆，摩托车 2 辆，自行车 78 辆，信筒、信箱 100 个，信、报格口 350 个。

1994 年，兴城市邮电局投资 34 万元，购置邮政专业终端机 6 台，建电子化窗口 3 个，实现电子储蓄单位 4 个；投入资金 70 万元，在全市各营业网点增设微机，实现营业窗口电子化。

1999 年，投资 70 万元，完成东辛庄、曹庄邮政支局新建工程；投资 40 万元，对古城、海口邮政支局按全国统一模式的邮政营业厅格局进行装修。

2010 年，累计投资 2100 万元，进行邮政基础设施建设。兴城邮政营业、办公等基础设施的房屋建筑面积由分营时的 476 平方米增至 7526 平方米。配置汽车 10 辆，ATM 机 5 台，微机 25 台，终端机 96 台，打印机 112 台。兴城区域内所有网点全部实现电子化联网。

2012 年，配置汽车 9 辆，ATM 机 15 台，计算机 17 台，终端机 131 台，打印机 156 台。

### 邮政网点

1986 年，兴城地区设置邮电支局（所）29 个，分布于兴城城区及各乡镇，为邮政、电信合营网点。全县建邮政社会发行站 69 个，招聘报刊发行员 71 人。1987 年，全市设报刊零售网点 8 处，实现零售额 17.44 万元。

1998 年 10 月，根据国家有关规定，实行邮政、电信分营，全市设置邮政支局（所）25 个。2000 年，调整邮政布局，撤销碱厂、围屏、旧门、白庙子、李屯 5 个邮政支局（所），在城区增设大楼邮政支局。2002 年，增设西关邮政支局。

2010 年，全市设有邮政支局（所）22 个。其中全功能邮政业务及邮政金融代理业务网点 16 个，邮政基本业务网点 6 个。邮政辖区内 244 个行政村全部通邮。2012 年，兴城地区邮政支局（所）增加到 24 个。其中，全功能邮政业务及邮政金融代理业务网点 16 个，包括海口邮政支局、东山邮政支局、西关邮政支局、古城邮政支局、南门口邮政支局、东辛庄邮政支局、沙后所邮政支局、双树邮政支局、红崖子邮政支局、望海邮政支局、南大山邮政支局、大寨邮政支局、曹庄邮政支局、羊安邮政支局、白塔邮政支局、华山邮政支局。邮政基本业务网点 8 个，包括大楼邮政支局、高家岭邮政支局、三道沟邮政支局、郭家邮政支局、药王邮政支局、南山邮政所、财贸学院邮政支局、辽工大邮政支局。城乡邮政妥投点 1464 个，邮政辖区内 244 个行政村全部通邮，在农村设立便民服务站 30 个。邮政分销网点 17 处，其中农村 15 处，城乡邮政妥投点 1473 个。

## 邮路投递

1986 年，兴城境内有邮路 16 条，总长度 320 公里。其中兴城邮电局自办汽车邮路 5 条（兴城城区内 3 条，农村 2 条），长度为 233.5 公里；委托汽车客运农村邮路 1 条，长度为 55.5 公里；委托水路至菊花岛邮路 1 条，长度为 13 海里；农村邮局站间接车的自行车邮路 9 条，长度为 18 公里。城区内投递段 10 个，长度（单程）350 公里；农村投递路线 32 条，投递里程（单程）2078 公里。

1999 年，葫芦岛市邮政局对邮路进行改革，取消兴城自办汽车邮路及农村局站间接车的自行车邮路 9 条，由葫芦岛市邮政局邮车统一转递。年内，兴城市邮政局有邮路 3 条，总长度 47.50 公里。其中委托办汽车邮路 2 条（市内），长度为 29.50 公里；委托办水路邮路 1 条，长度为 13 海里。城区内投递段 13 个，长度（单程）350 公里；农村投递路线 36 条，投递里程（单程）2078 公里。

2007 年，开展邮路普查。行程计 255.30 公里，写实 1335 户，绘制完整的城区内邮路原表。2010 年，兴城市邮政局邮路无变化。城区内投递段 14 个，长度（单程）295 公里；农村投递路线 59 条，投递里程（单程）1794 公里。

2012 年，兴城市邮政局新增投递段道 37 个，其中城区内投递段 15 个，自行车投递长度（单程）329.50 公里。汽车投递长度（单程）110 公里，农村投递路线条数 59 条，投递里程（单程）增加到2819 公里。投递总里程（单程）3258.50 公里。

## 快递物流

电子商务的迅速发展，既拓宽经营市场，也为快递物流提供先决条件。2008 年，兴城市先后有 10 家物流快递公司入驻天喜商城，开始兴起快递业务。至 2012 年，全市建有 20 多家申通、圆通、中通、汇通、韵达五大民营快递公司旗下的业务网点。快递范围遍及除边远山区以外的城区各个角落。投递业务除泳装网购及各类包裹、信件等通常邮件外，还包括电视机、微波炉等家用电器，树苗、种子等农用物资。以行业规模小、投递成本低、中间环节少、快递业务面广等优势，越来越为广大客户所认可。

2012年，为适应国内外物流市场的迅速发展，投资3亿元的兴城物流中心前期基础工程开始建设。

## 第三节　邮政储蓄

1987年5月，兴城市邮电局在程控大楼营业厅设立邮政储蓄窗口，始开邮政储蓄业务。年末，兴城邮政储蓄网点增到5个，储蓄余额39.7万元。1988年，邮政储蓄网点增至15个，储蓄余额258.7万元，比1987年增长5.5倍。1990年，邮政储蓄网点19个，储蓄余额突破千万元，达1661.20万元。

1992年，邮政储蓄净增额594.10万元，余额2762.60万元。1994年，邮政储蓄净增额2771.60万元，为年计划的277.20%，余额6392万元。1996年，邮政储蓄余额首次突破亿元，达10192.40万元。

1999年，邮电分营后邮政独立运营的第一年，邮政储蓄作为支柱业务，储蓄网点达20个。在发展储蓄、汇兑两项主营业务的同时，增加代收代付、代办保险等中间业务。随着中国邮政储蓄推出“绿卡”工程，兴城市邮政局在邮政大楼营业厅和东辛庄邮政支局设立“绿卡”网点，实现系统内全国异地通存通兑。年内，“绿卡”用户达到1007户，年末，实现储蓄余额14526.8万元。

2000年，兴城市邮政支局（所）21个，均设储蓄窗口，其中邮政储蓄联网网点9个，异地通存通兑网点2个。配置邮政储蓄专用汽车4辆，在102国道沿线6个支局（所）开通“运输专线”，实现当天收付由专车押运，确保运输安全。是年，储蓄余额达19549.20万元。

2002年，发挥邮政网点遍布城乡、投递员深入千家万户的优势，拓展邮政金融市场。相继开发代收电话费、代售SIM卡、代办保险、代发工资、养老金等中间业务，邮政金融业务在兴城市场占有率8.80%。年末，储蓄余额30560.50万元。2003年，开发银邮汇款、国际汇款、保险等金融业务。2006年，开发基金业务。2007年，开办“商务通”“淘宝卡”业务。

2008年4月22日，中国邮政储蓄银行辽宁省兴城市支行成立（简称邮储银行兴城支行），与邮政业务分营，邮政代理金融业务。是年，邮储银行兴城支行金融业务品种拓展为绿卡通、人民币理财业务、外币储蓄、网汇通汇款、结售汇、电话银行6大类30余种中间业务。拥有兴城居民储蓄存款账户23万户，银联标志绿卡账户14万户，持绿卡可在世界22个主要国家和地区银联网刷卡消费。年末，实现储蓄余额97252.90万元。

2010年，邮储银行兴城支行开办网上银行、移动商易通、QQ联名卡等新型业务。年末，储蓄余额突破10亿元大关，达115632万元。

2012年，兴城市邮政局认真贯彻落实各项规章制度，加强业务制度和合规经营培训，认真履行稽查检查职责。年末，邮储余额达到160291万元。

### 1987~2012年邮政储蓄余额情况

表11-1-1　　单位：万元

| 年份 | 储蓄余额 | 年份 | 储蓄余额 |
|---|---|---|---|
| 1987 | 39.70 | 2000 | 19549.20 |
| 1988 | 258.70 | 2001 | 25411.10 |

续表 11-1-1

| 年份 | 储蓄余额 | 年份 | 储蓄余额 |
|---|---|---|---|
| 1989 | 667.60 | 2002 | 30560.50 |
| 1990 | 1661.20 | 2003 | 33748.60 |
| 1991 | 2168.30 | 2004 | 33382.70 |
| 1992 | 2762.60 | 2005 | 43922.40 |
| 1993 | 3312.60 | 2006 | 58956 |
| 1994 | 6392 | 2007 | 70256.10 |
| 1995 | 8652.60 | 2008 | 97252.90 |
| 1996 | 10192.40 | 2009 | 98085.90 |
| 1997 | 10725.90 | 2010 | 115632.00 |
| 1998 | 12473.20 | 2011 | 141889.00 |
| 1999 | 14526.80 | 2012 | 160291.00 |

# 第二章 电信

20 世纪 80 年代初期，兴城邮电和电信一直合营。随着改革开放，1995 年 8 月，移动通信兴城分公司成立。1998 年 10 月，兴城邮电系统实行邮政、电信分营，组建兴城市电信局，先后改称兴城市通信公司、兴城市网通公司、中国联合网络通信有限公司兴城市分公司。2003 年 10 月，中国电信兴城分公司成立。兴城电信业随着经济社会和科学技术的发展，实力不断增强，成为服务和推动地区经济社会发展的重要行业。2012 年，兴城境内电信业呈现联通、移动、电信鼎立发展格局。

## 第一节 电信企业

### 中国网通公司兴城市分公司

中国联合网络通信有限公司兴城市分公司（简称兴城联通），其前身为兴城市邮电局。1998 年 10 月 1 日，实行邮政、电信分营，成立兴城市电信局。2003 年，称兴城市通信公司。2005 年，更名为兴城市网通公司。2008 年 10 月，与中国联通重组兴城联通，隶属中国联通葫芦岛市分公司。2012 年，兴城联通有职工 286 人。

1986 年，兴城境内市话电缆皮长 23 公里，长途电话电路 36 条。其中，兴城至锦州半自动拨号3条，农村电话电路65条。载波设备有二级干线12路4端，二级支线3路2端，电话12路1端，电报电路1条。市内电话容量1600门，实装1214门，其中市话私人安装电话2部，农话私人安装电话7部。7月11日，兴城至菊花岛使用WTG02四路特高频电话通信机通话成功。10月5日，东辛庄镇正式开通HJ905型纵横式自动交换机，容量200门，成为兴城县第一个开通自动电话的乡镇。

1988年5月，革新收发电报技术，将兴城用户假报直接汇入沈阳BJC-256路全国微机程控转报网并试验成功。以前，兴城发往全国各地的电报，需凿成带孔后再经多个报局转发，每经过一个报局需耗时90分钟。新发报技术经微机处理发出，仅需3~5分钟即可发到对方报局。

1989年7月，兴城市邮电局从深圳购进HAE-100型程控电话小交换机投入使用。小程控交换机与锦州市开通的大程控交换机接口、并网，容纳用户63个，兴城少量用户可对国内国际用户的电话直拨。8月17日，沙后所镇安装HJ—905型400门自动电话交换机设备。

1989年9月，历时2年修建的兴城程控电话综合大楼竣工。程控大楼位于兴海南街三段91号，为点式裙房造型，灌浇混凝土框架结构。工程总投资2189万元，总建筑面积5889平方米。大楼总控制高度为70米，主楼上耸立1座高21.9米的钟楼，顶部竖立高10米的航标灯，内部安装由上海钟厂特制直径为4.5米的四面显示报时大钟。1991年1月，从瑞典爱立信有限公司引进AXE-10型程控交换机及其配套设备安装完毕，并进行内循环整机试运行。2月24日零时，程控电话全部割接一次成功，开通程控电话4000门。

1991年12月29日零时，拣金满族乡程控电话开始割接、开通，成为锦西地区使用程控电话第一乡。1992年7月12日，兴城市程控电话首先进入北京、上海、广东、河南、河北以及东北三省通信网，7月19日进入全国网。

1993年3月，兴城市邮电局从深圳宝丰公司购进香港和美国联合生产的150兆无线寻呼系统（亦称“BP”机发射基站设备）开通。11月8日，从日本NEC公司引进移动电话（时称“大哥大”）设备开通。该设备拥有15个话音信道，1个控制信道，可容纳用户350户。是年，兴城市邮电局又投资230万元，从瑞典爱立信有限公司购进2000门AXE-10型程控交换机，并首次组织自行安装进口交换机设备。兴城程控电话增至6000门。

1994年5月22日，兴城市电话纳入锦西市地区网，使用新的长途区号“0429”。是年，兴城开通移动电话B网，实现市话“114”自动查号和“112”自动受理，电话号码升至7位。1995年，实施和完成通信建设项目51项。全市各乡镇的电话交换机设备全部实现程控化，无线寻呼全省联网开通。架设光缆140.7公里，光端18端，完成由城区至乡镇的光缆传输。

1997年，建成菊花岛、四家屯2个电话乡，华山镇四合村等10个电话村。全市交换机总容量达44512门，电话安装户数达32137户，市内电话普及率27.2部/百人。

1998年，兴城市电信、邮政分营，兴城市电信局设立西关电信分局。10月24日，西关电信分局8000门程控电话交换机正式开通，原1920户电话用户割接入网，改号全部采用计算机，在兴城尚属首次。1999年，进行“软件”更新换代，完成“2000年时钟”过渡。全市交换机型号实现统一升级，将中心局应用软件版本从29级升至49级，提高通信能力，增加新功能。9月，葫芦岛地区首座车载式移动交换机房落户兴城并投入使用。

2001年，兴城实施辖区光传输设备从PDH到SDH改造，将原传输网建成12个节点622兆SDH环形网。2003年，兴城网通公司建“小灵通”基站200个，基本实现沿国道102线、兴城市郊无缝覆盖。2005 年，兴城网通公司新建“小灵通”基站 36 个，更换基站 28 个。是年 6 月，无线寻呼网撤销。

2006 年，新建固定电话接入网 2 个，一体机网点 28 个，完成接入网设备改造 6 个，市话、农话线路建设工程 93 项。实施“小灵通畅通”工程，新建“小灵通”基站 33 个，更换 S8 基站 24 个。完成公安视频监控、电子警察、农行 DDN 改造等工程。

2008 年，兴城市通信公司与联通公司合并，成立新联通公司。全面推进农村信息化建设，实施“光进铜退、光缆进村”接入网、一体机建设等工程。总投资 663.10 万元，实施通信网路建设项目 154 个，铺设光缆 360 公里，电缆 1000 公里。2009 年 10 月，中国联通率先采用第三代移动通信技术 WCDMA，实施 3G 工程建设。将原联通传输网与原网通传输网合并接割，将市内原 622 兆传输网进行拆分，在农村新建 622 兆传输网 1 个，新建波分传输网 1 个。

2010 年，兴城联通在国道 102 线、高速铁路沿线、沿海观光路等主要通信线路，建设 3G 移动基站，确保 3G 信号全覆盖。

2011 年，兴城联通完成农村一体机线路配套工程，完成驻地网公建、民建签约项目。新建 2G 基站、3G 基站，扩大移动网络覆盖面。

2012 年，兴城联通结合集团公司 AAA 达标工作，对机房进行改造，对线务员进行 IPTV 业务培训，并进行实地演练。

## 辽宁省移动通信兴城分公司

1995 年 8 月，辽宁省移动通信有限责任公司兴城分公司成立。2000 年 5 月，改称辽宁省移动通信公司兴城分公司。2010 年，兴城移动与兴城铁通合并，改称中国移动通信集团辽宁有限公司兴城分公司（简称兴城移动），具有以移动通信业务为主，移动电话、固定电话、互联网、企业信息化解决方案及以“G3”为品牌、TD-SCDMA 为制式的 3G 通信服务和国际漫游业等全业务运营资质，拥有“全球通”“动感地带”“神州行”三大品牌。在兴城区域内设有营业厅 5 个，农村营业厅 6 个，指定专营店 50 个。建有中心机房 1 个，传输机房 1 个，基站 230 个，网络覆盖率 100%。

1998 年，兴城移动相继投资 1800 万元，新建移动通信基站 9 个，移动电话用户达 7664 户。连续两年被评为辽宁省移动通信“十佳县”。1999 年，新增移动通信用户 6500 户，被辽宁省移动公司授予移动电话放号优胜单位。

2004 年，兴城移动按照上级公司的部署，启动 GSM 九期工程。以乡镇、高速公路为重点，手机信号、GPRS 覆盖由原“乡乡通”延伸到城区周边村屯、铁路公路沿线。在菊花岛、海滨风景区、大学城、高速铁路等重点区域新建基站。在平山水源监测站，投资 200 万元专门建基站，保障监测站汛期向辽宁省水利厅报告水情的通信畅通。是年，兴城区域内移动基站 71 个，城乡移动网络覆盖率达 92%。通信服务营销网络，有自有营业厅 3 个，乡镇级合作营业厅 5 个，代理商 40 余家。拥有“全球通”“动感地带”“神州行”三大品牌。移动号段为 139、138、137、136、135、134，用户超过 8 万户，占兴城全市移动用户总数的 80%。

2005 年，兴城移动启动 GSM 十期工程，在重点区域新建基站，移动基站总数达 78 个，网络覆盖率 93%。营销网络拥有自有营业厅 3 个，乡镇级合作营业厅 7 个，代理商 50 余家。开设“1860”服务专线，“1861”话费查询专线，提供话费查询及清单打印等免费服务项目。是年，兴城移动总收入 6100 万元，创利税 240 万元。

2006年，兴城移动基站总数86个，网络覆盖率达94%以上。自有营业厅3个，乡镇级合作营业厅8个，指定专营店15个，代理商50余家。年内，原“1860”服务专线及“1861”话费查询专线合并升级为“10086”服务专线接入号码，简化服务流程，方便客户。为加强营销渠道建设，兴城移动与各乡镇合作成立指定专营店，具备缴费、账单查询、办理入网手续等一系列业务，基本实现“一乡一店”。是年，为增强企业和用户环保意识，启动“绿箱子”工程，在市内及农村各合作营业厅设置“绿箱子”22处，回收废旧电池、废旧手机。

2007年，兴城移动推进农村移动通信网路建设，搭建服务于新农村建设的信息服务平台。在全市优惠提供农村信息机33部，用于农业信息搜集和发布服务。年内，在药王满族乡冯屯村建成全市第一个农村信息化“示范村”，在东辛庄镇组织发展农村信息化“示范镇”。是年，移动基站100个。移动通信服务营销网络拥有自有营业厅、乡镇级合作营业厅、指定专营店30余家，代理商50余户。开发集团彩铃、集团内部电话、车辆定位、手机邮箱、企业信息化解决方案等各类型集团业务，网络号段新增159、158、150，用户10万余户。

2008年，兴城移动构建由通信设备制造商、网络运营商、信息内容提供网、移动产品经销商、移动客户和社会相关行业组成的合作共赢产业价值链，实现移动办公、移动商务、移动生活一体化模式，增加信息通达管道，提高人们的工作效率和生活质量。年内，全市移动基站新增20%，总数达120个，网上用户达20万户。

2009年，兴城移动以“移动信息专家”为目标，构建通达全国的绿色优质网络。在市内新建功能全、设备好、服务设施完善的城东营业厅，在主要乡镇购置自有营业厅。形成以自有营业厅为依托，农村“一乡两店”的营销管理格局，农村网点覆盖率达100%。年内，开拓以“G3”为品牌，TD-SCDMA为制式的3G通信服务等全业务。推出集团V网、综合VPMN、集团彩铃、企业建站、集团专线、移动OA、校讯通、农信通、车务通、关爱通、手机邮箱等精品业务。兴城移动信号市内覆盖率99.5%，乡镇覆盖率96.7%。固话号段为24、38、39，移动号段为134、135、136、137、138、139、147、150、151、152、157、158、182、188，网络客户21万户。全年实现收入达亿元，创利税800万元。

2011年，兴城移动不断强化服务规范，公司内部开展自查及满意度提升和服务短板改善活动。为完善营业监督服务，对服务现场进行远程实时监控。

2012年，兴城移动以“校讯通”业务为抓手，联合教育系统大力推进校讯通业务发展，深化教育行业信息化进程，为学校搭建“校讯通”业务平台，进一步提高学校信息化管理建设的水平，改进学校的管理模式，更好的针对学生进行个性化的辅导。同时，建立现代化家校沟通方式，促进学校和家长的沟通，便于动态的、全面的对学生进行教育和管理，网络号段新增183。

### 中国电信兴城分公司

2003年10月，成立中国电信集团公司辽宁省兴城分公司（简称兴城电信分公司），系中国电信集团公司葫芦岛市分公司的分支机构。兴城电信分公司在兴城区域内设营业厅5个，分别为西关营业厅、东山营业厅、河东营业厅、红崖子营业厅、东辛庄营业厅，代办点41个。建有机房5个，基站90个。2004年，兴城电信分公司在兴城范围内经营固定电话及宽带业务。

2008年10月1日，原中国联通CDMA的经营主体正式变更为中国电信。兴城电信分公司按集团和省、市分公司确定的信息化创新发展战略，开始进入全业务运营阶段。兴城区域内配置业务类型主要有移动电话、固定电话、宽带、互联网专线、IDC、E视星空、全球眼、新视通（视频会议）等业务。

2010年，兴城电信分公司各类业务用户3万户，经营固定电话网号段为“35”，移动电话号段为133、153、180、189等。拥有天翼、我的e家、电信商务领航、增值业务等服务品牌。

2011年，随着兴城电信分公司业务的持续发展，各项业务指标趋于稳定，综合实力不断增强，年内，实现全业务收入1500万元。公司紧抓政企用户，不断寻找新的合作伙伴，在保有中求发展，加快新建及待建小区进线工程，让用户体会电信全新的服务。

2012年，兴城电信分公司在大学校园发展用户2700余户，实现校园内考勤、食堂、门禁一站式服务，建立师生V网，WIFI覆盖全校区。年末，全业务经营收入完成1614.86万元，比2011年增长21%。

## 第二节 经营业务

随着互联网的高速发展，通信业务、宽带业务、电子商务及快递物流，成为现代城市发展和繁荣的重要标志。

### 通信业务

1986年，兴城邮政、电信合营。年内，新安装电话191部，受理长途电话（去话）252055张，电报73251份。电信业务总量完成131.20万元。

1989年，市话放号162户，农话放号75户。通信总量完成186.60万元，比1988年增长21%。

1992年，相继在南关市场、延辉街、春和街、永宁街、温泉及主要旅游景点和宾馆等，增设公用电话24部；开设电报、长途电话业务代办点30个。电信业务总量完成566.40万元。

1993年，电话放号1524户，无线寻呼放号634户。电信业务总量完成937.80万元，电信业务收入806.80万元。主营业务（合营）经济指标高于全省同行业平均增长速度，成为辽宁省“十强县局”之一。

1994年，全市电话放号3604户，无线寻呼放号2000户，移动电话（大哥大）放号367户。是年，长途人工无线寻呼126台实现本地、省内联网寻呼，无线寻呼125台实现国内联网寻呼。开辟传真电报、礼仪电报等新业务，在程控大楼营业厅安装磁卡电话2部。

1998年，实行邮政、电信分营。年内，兴城市电信局电话放号10020户，移动电话达7674户。开辟电信新业务：转移呼叫亦称电话跟踪、闹钟服务；设特服号1640为数据业务咨询台，1649为数据障碍受理台。全年，电信业务总量完成3194万元，业务收入实现2900.20万元。

1999年，电话放号8690户，总装机数达17456户。建成电话乡4个，电话村31个，全市电话主线普及率达8.81%。无线寻呼用户2万户，移动电话用户8000余户。销售电话卡103万元。是年5~6月份，集中整顿公用电话，统一更换旧式单体计费器，全市城乡公用电话代办户1300户，更换新式计费器900户。8月，开办电话来电显示业务。全年，电信业务总量完成3304.90万元，业务收入实现3424万元，利税210万元。

2000年，发掘大用户、集团用户电话市场，把校园电话、军营电话、医院电话作为主要方向。全年，完成装机受理量114701户，完成ISDN放号104户，163业务1006户，来电显示业务

15618户，无线寻呼业务5096户。开通“121”气象信息自动查询业务，开通“1258”人工接续业务和“1259”自动接续业务。

2001年，国家对电信资费进行大幅度调整，实行城乡电话费同价，取消电话初装费等政策。兴城市电信局适时启动农村电话放号市场，3月21日~8月21日，农村新增电话4217部，全年农话放号12423户，占全市城乡电话放号总量的80.20%。

2005年，兴城通信公司实施巩固固定电话、发展宽带业务、小灵通业务“三管齐下”的经营方式。通过推广“智能电话”“来话通”“小灵通”与固话捆绑优惠等措施，发展新客户。在8月份开展的“灵通月”活动中，发展“小灵通”3219户。

2009年10月，兴城通信公司获得WCDMA制式3G牌照，正式开通3G手机业务，实现手机高速上网、视频通话。全年利税额实现177.20万元。

2011年，兴城联通公司采用多种营销模式。随着“小灵通”退市，转网工作全面展开，兴城联通公司采取存话费赠手机、转网2G号码实现零月租等优惠政策，确保原有小灵通用户资源平稳过渡到2G市场。

2012年，兴城联通主营业务收入实现过亿元目标。兴城移动成为兴城地区移动通信主导运营商，移动电话市场占有率超过70%。兴城电信分公司完成全业务收入1614.86万元，比2011年增长21%。

### 宽带业务

多媒体计算机网络系统的引进，为网络信息建设和新业务的开发提供了巨大的发展潜力。网通、移动、通信部门积极利用和引进新技术，凭借高科技通信平台发展宽带业务，在多媒体信息时代赢得更多的发展空间。

1998年，兴城市电信局开通中国公用internet网（因特网）。1999年，因特网用户达220户。

2005年，兴城市网通公司实施并完成辖内27个局点宽带网设备安装、改造、扩容工程。2006年，开通菊花岛宽带业务。年末，宽带网络覆盖兴城农村21个乡镇。

2008年，兴城联通实施“光进铜退、光缆进村”接入网工程，全市95%自然村屯可实现宽带接入。

2010年，兴城联通实施宽带提速工程。对原宽带入户住宅小区实施“PON＋AD”改造，对新建住宅小区实施光纤入户，提高客户上网速率。

2012年，兴城联通公司适时调整宽带网络结构，推行普通宽带向光纤宽带的改造进程。新增宽带能力3744线，农、市话宽带设备减容740线，窄带设备减容11350线，新建小区光纤入户15000户。兴城电信分公司在乡镇开通合作宽带业务，完成12个乡镇光纤宽带入村建设，实现宽带业务在乡镇零的突破。兴城移动以建设“无线城市”为目标，加强WLAN无线宽带建设，形成以“TD+WLAN”为核心的无线宽带网络，通过无线城市门户，向全市提供社会管理、产业支撑、民生服务等专项信息服务。

# 第十二篇 财政税务

## 第一章 财政

中共十一届三中全会以后，兴城财政随着国民经济的不断发展，财政体制的不断完善，逐步由供给型向建设型转变，成为取之于民、用之于民的社会主义新型财政。1986~2012 年，历经 27 个预算年度的财政执行，兴城财政成为组织收入、供应支出、支持工农业生产、提高人民生活水平，实现保稳定、保增长、保民生，推进兴城经济社会又好又快、持续稳定发展的经济基础。

### 第一节 管理体制

20 世纪 80 年代初期，依照国家及省市“下管一级”的财政管理体制，兴城财政管理依然实行行政权力集中体制下的分税（按税种分享）或分成（按比例分享）模式。1986 年，兴城县财政将乡镇范围内的产品税、营业税、集体企业所得税、其他工商税等全部下放到乡镇，由乡镇财、税两所联合征收，并采取与乡镇按档分成办法。

1987 年 1 月，兴城县财政局改称兴城市财政局。在各乡镇设财政所。1993 年，成立财政干部培训中心，隶属兴城市财政局。1994 年，成立农业综合开发办公室，挂靠兴城市财政局农业投资公司。2001 年，实行市对乡镇分税制财政体制及财政支农专项资金县级报账制，成立兴城市财务会计核算中心、兴城市人民政府采购中心。2003 年，实行农业综合开发资金报账制。财务会计核算中心、兴城市人民政府采购中心，均升格为副科级事业机构，仍隶属财政局。2005 年 1 月，实行省级补助资金直拨到县的财政管理办法。

2006 年，成立财政国库收付中心，为财政局内设副科级事业机构，与财务会计核算中心合署办公。6 月，兴城国库集中支付系统建成，并实现财政预算内资金、预算外资金、专户资金、政府采购资金等进入国库集中支付系统一次性上线运行成功，完成县级国库集中支付的平稳转型。2007 年，取消“乡金库”，实行“乡财县（市）管”，将乡镇行政、事业人员工资纳入财政统发范围。

2010年，成立兴城市财政监督检查局，为隶属于兴城市财政局的副科级单位。兴城市支农周转金办公室更名为兴城市财源建设办公室，文财科分劈为行政政法科、教科文科。是年，兴城市建成“乡财县管”远程审批网络。2011年，成立兴城市农村综合改革办公室，为隶属于兴城市财政局的副科级单位，增设土地收益管理科和信息教育科。2012年，成立兴城市人民政府金融工作办公室，为隶属兴城市财政局的正科级单位。9月，兴城市乡镇财政规范化建设受到辽宁省财政厅表彰。

## 第二节　财政收入

历经改革开放，兴城城乡经济发展较快，财政收入逐年递增。1986年，财政预算收入1656.20万元，实际完成1813.10万元，超收156.9万元，增长9.47%。

1988年，兴城市财政先后从中央、省、市三级财政部门筹集资金300万元，用于发展乡镇工业，建设财源基地。经考察筛选，确定扶持17个乡镇的19个项目。年末，有13个项目竣工投产，新增产值521万元，新增税金146.3万元。全年，财政收入计划2468.70万元，实际完成2989.20万元，比1987年增加869.40万元，增长41%。

1990年，兴城市财政收入计划3395万元，实际完成3739万元，增长10.10%；比1989年超收495万元，增长15.30%。全年，乡镇财政总收入1423万元，超过计划31.60%，比1989年增长5.90%。

1995年，兴城市财政收入首次突破亿元大关。全年，财政收入计划10165.30万元，实际完成10724.4万元，比计划超收559.10万元，超额5.50%；比1994年超收2030.8万元，增长23.6%。实现财政收支平衡、略有结余的目标。

1998年，兴城市全口径财政收入实现15025万元，为年度预算的101.80%；比1997年增收2670万元，增长21.60%；一般预算财政收入计划9448万元，完成10117万元，实现历史性突破，跨入全省亿元县。

2004年，全市地方财政收入完成16530万元，为预算的91.40%，比2003年增收381万元，增长2.4%。一般预算财政收入完成16347万元，为预算的92%，比2003年增收419万元，增长2.60%。

2007年，全市全口径财政收入66447万元。一般预算财政收入完成18126万元，为年度预算的118.10%，比2006年增收4783万元，增长35.80%。走出一般预算财政收入连续两年在全省44个县区同比增幅位居排尾的困境。全年，全市预算外收入完成9767万元，为年度预算的139.50%。

2010年，全口径财政收入实现116531万元，为年度预算的272.40%，比2009年增收20394万元，增长21.20%。地方财政一般预算收入首次突破5亿元大关，完成54144万元，为年度预算的125.50%，比2009年增收24051万元，增长79.90%。实现两年翻一番的目标。

2012年，全市地方财政收入286675万元（不含菊花岛乡），完成年度预算的162.13%，比2011年增收69966万元，增长32.29%。其中公共财政预算收入完成115005万元，完成预算的103.97%，比2011年增长35.16%，增收29916万元；基金预算收入完成171670万元，完成预算的259.32%，增收40050万元。

## 第三节　财政支出

1986年，全县财政支出控制指标经调整为4736.50万元，年末，实际支出4312.80万元，比控制指标减少423.70万元，占年度控制数的92%；比1985年支出增加1495.60万元，增长53.10%。总体支出超出财政承担能力。

1988年，兴城市财政支出计划4794万元，实际支出4598万元，占计划的96%。比1987年增加支出744万元，增长19.30%。1992年，全市农业、文教卫生、行政管理、公检法司等财政硬性支出有所增加。全年，财政支出计划5088.80万元，实际支出7437.90万元，比计划多支出2349.10万元，增加46.20%。比1991年增加支出832.30万元，增长12.50%。

1995年，兴城市财政支出首次突破亿元。全年计划支出9339万元，实际支出11063万元，比1994年增加1302万元，增长13.30%。1999年，财政一般预算支出16509万元，为应支出的98%。全年，收支相抵滚存结余173万元，结转下年168万元，净结余5万元。

2004年，实施新财政体制。按照"一保工资、二保稳定、三保建设"的"三条线"财政支出顺序，确保财政运行基本平稳。全年，全市地方财政支出35607万元，为预算的102.10%；财政一般预算支出35562万元，为预算的102.50%。2006年，地方财政支出40330万元，为年度预算的98.80%；一般预算支出40293万元，为年度预算42047万元的95.80%，比2005年增长13.30%。

2008年，财政一般预算支出77503万元，为年度预算79265万元的97.80%，比2007年增加12602万元，同比增长19.40%。当年财政支出用于滨海公路建设、铁北立交桥建设、兴城高中新校区建设及普九教育等财政重点项目支出合计为14753万元。在财政收支矛盾较为突出的情况下，仍筹措资金4658万元，兑现公务员和义务教育教师津（补）贴；筹措资金333万元，一次性解决12个乡镇干部拖欠多年的工资；筹措资金16183万元，确保全市11163名企事业离退休人员养老金、42409人城乡最低生活保障金、3022人优抚救济对象补助费的按月足额发放等刚性支出的落实。

2010年，兴城地方财政支出176507万元，为年度预算的126.40%，比2009年增支57.73%。一般预算支出126269万元，为预算的111.50%，比2009年增支20.10%。财政支出基本保证兴城经济和各项事业的资金需求，对农业、科教和社会保障等法定支出的投入比2009年增长24%。

2012年，兴城地方财政支出416233万元，为年度预算的232.49%，比2011年增长33.65%，增支104809万元。其中公共财政预算支出239191万元，为预算的211.99%，比2011年增长34.16%，增支60901万元。

## 第四节　财政管理

### 财政预算管理

1986年始，兴城县建立向人民代表大会报告财政预算和预算执行情况的制度。1988年，兴城市财政实施扶持企业，建设财源基地措施，保预算内收入。年内，全市预算内国有工业企业总产值比1985年增加20.6%，利润比计划增加216.5%，财政收入比计划增加24.4%。

1994年，依据中央对地方实施分税制财政体制，兴城推进有创收能力的事业单位逐步实现自收自支，减轻财政支出压力。

1995年，严格编审财政预算、决算，重点审计全市640户行政机关、部门及企事业单位1994年的财务决算。严把1995年预算编制关，按保工资、保稳定，努力消化各种工资性欠账，保支农、保教育，控制非生产性开支的原则，编制预算支出。全年，仅文化、行政部门经费预算，按1994年可比口径压缩180万元。

1997年，严格预算管理，开源节流。全年，财政收入完成12324万元，一般预算财政收入实际完成7950万元。财政支出14216万元，为预算支出的99.6%；收支相抵，年终结余776万元。

2000年，依据兴城市人民代表大会通过的年度财政预算，兴城市财政局严格支出核拨，依法理财。局内成立工资管理办公室，自11月始，全市行政人员工资实行专户发放。2001年，将市直20所学校的人员工资纳入财政专户管理，实行核拨委托银行入工资卡发放。

2002年，兴城市财政在编制和执行预算时，针对法定刚性支出承受压力大的态势，依照“加强征管、堵塞漏洞、惩治腐败、清缴欠税”的16字方针，采取“实事求是、适当调整、逐年递增”的办法，科学安排财政收入计划。兴城市人民政府同乡镇签订目标责任状，并组织财政、国税、地税等部门，采取行政、法律等措施，督办、稽查、催缴税款征收入库，保障完成年度预算。

2004年，兴城市财政局在财政预算框架内，依据公共财政的要求，规范财政供给范围，调整财政支出结构，建立支出预算监督体系，实行“收支两条线”，完善专项资金管理办法；规范政府采购行为，提高综合财力的整合效益和资金的运行质量。

2006年，围绕规范财政预算编制和执行，兴城市财政局实施并完成辽宁省财政厅确定的县级财政国库集中支付制度改革试点，上收乡级金库归中国人民银行兴城支行代办，规范非税收入管理体制。

2010年7月始，兴城市财政局对财政体制进行调整，实行新体制运行。财政预算管理重点采取依法计征，督促全社会依法纳税，应收尽收，不收过头税；实行科学化管理，进行税收分析、预测、源头控制、堵漏促收、均衡入库等措施。确保兴城财政收入首次突破5亿元。

2012年，兴城市财政工作以“稳增长、惠民生”为出发点，以综合经济实力进入全省发达县（市）行列为目标，强化管理、增收节支。公共财政预算收入突破11亿元，跨入辽宁省超10亿元县行列。

### 预算外资金管理

1992年8月14日，兴城市人民政府下发《关于加强预算外资金管理的通知》。兴城财政对有预算外收入的53个单位，逐一查清收支情况。扩大专户存储，全市预算外资金专户存储由原43户增加到53户，存款额总计2150.60万元。兴城财政投放预算外资金40万元，用于城市基础设施建设，项目准确、流向合理、专款专用。

1993年9月8日，兴城市人民政府下发《关于进一步加强预算外资金管理的通知》，对预算外资金实行收支两条线，分收统管、专户存储、审批使用，扭转预算外资金使用各自为政的局面。全市清理预算外资金银行账户227个，取消85个。年内，依照中共中央办公厅、国务院办公厅《关于治理乱收费的规定》，全市清理行政性收费598项，取消不合理收费项目31项。

1994年2月，兴城市成立预算外资金管理办公室，为隶属兴城市财政局副科级事业单位。负责全市行政事业性收费、所有非税收入以及预算外资金的合理调控。1996年，全市纳入第二预算（预算外）资金收支单位117家、职工3110人。全年，预算外资金收入完成4200万元，超计划

7.50%，完成沉淀资金 422 万元。

1998 年，依照葫芦岛市人民政府《关于对预算外收入实行票款分离取消执收单位收入过渡户的通知》，兴城市自 7 月 1 日始，撤销执收单位预算外收入过渡户 117 户，实行“收支两条线”管理。全年，预算外收入完成 4974.70 万元，支出 4482.60 万元，调控财力实现 1078 万元。

2001 年，对全市 60 户预算外执收单位财力实行规范管理，实行以票管费，完善收费程序，做到应收尽收。自 10 月份始，把 59 户农村中小学收费纳入财政专户，实行票款分离，严格执行“收支两条线”，集中游离财政的闲散资金。全年，预算外资金收入完成 6107 万元，为年度计划的 152.7%；支出完成 5258 万元，为年度计划的 131.5%。政府调控财力实现 684 万元，为年度计划的 114%。

2002 年，兴城市财政局制定《兴城市预算外资金管理暂行办法》，建立并实行外部稽查、内部约束等预算外资金监督机制。年内，查处违纪金额 500 余万元。2004 年，行政事业性收费全额缴入国库或财政专户。全年，预算外资金收入完成 8000 万元。

2007 年，依照国家非税收入（预算外资金收入）管理相关规定，对已实行“收支两条线”管理的国有资本经营、海域使用金、罚没款、水资源费、排污费等非税收入及行政性收费，实行“收支脱钩”，收入全部缴入国库，支出由财政部门按需要及财力给予安排。对当年新发生的矿产资源补偿费、探矿权采矿权使用费及价款等各种专项收入，根据省、市规定的上解比例解缴。

2010 年，兴城市财政局设票据科，管理非税收入。全市行政事业性收费票据、罚没票据、财政三联票据全部实行集中管理源头控制，遏制乱收费，促进非税收入应收尽收。年内，非税收入完成 13758 万元，比预算增收 1598 万元，增长 113.10%；比 2009 年增收 2792 万元，增长 25.50%。

2011 年，兴城市作为辽宁省非税收入收缴改革试点单位，非税收入收缴系统与葫芦岛市同步上线，实现非税收入精细化、科学化、信息化管理。

2012 年，兴城市财政局对现有的收费项目进行全面清查整顿。对全市的收费项目进行逐一清查，严格审核收费项目和标准，对于未执行依据的收费项目坚决取缔。组成票据检查小组，深入执收单位对票据的领用、缴库情况进行系统检查，坚持以票管收，源头控制。

### 专项资金管理

1986 年，国务院提出要把兴城建设成为中国北方沿海风景旅游区，中央、省、市三级财政增加对兴城投资。兴城县全年财政支出 4312.80 万元，其中用于旅游开发城市建设的专项投资 287.10 万元，占兴城财政支出总额的 6.70%。

1988 年，兴城市财政局安排 300 万元专项财政周转金，用于发展乡镇工业。经考察、论证、筛选，确定扶持 17 个乡镇的 19 个项目。

1990 年，兴城市财政局投放支农周转金 162 万元，用于扶持 6 个乡镇的兽医站和 8 家乡镇企业。年内新增产值 644 万元，新增利税 79.60 万元。年末，回收支农周转金 228 万元。

1993 年，兴城市财政筹措支农周转金 1270 万元，重点用于市（县）、乡财源建设。扶持市属及乡镇企业 10 家 22 个项目。年末，新增产值 4047 万元，新增利税 429 万元。全年，回收到期支农周转金 272 万元。

1994 年 2 月，兴城市成立支农周转金办公室，为隶属兴城市财政局副科级事业单位，负责支农周转金的投放、本金和利息的回收，以及对支农周转金使用进行管理和监督。1995 年，兴城市财政投放支农周转金 141.50 万元，扶持乡镇工业项目 12 个，新增产值 790 万元，新增利税 676 万元；投放农业综合开发资金2732万元，新增产值2400万元，新增利税1200万元；筹集、安排支农资金1015万元，发展“两高一优”农业。

1997年，兴城市财政投入800万元，支持“海上兴城”“山上兴城”建设，实施滩涂养殖、海水养殖、稻麦开发、中低产田改造、栽植经济林及果树等项目。

2002年，兴城市财政争取国债资金2026万元，用于古城基础设施建设、退耕还林工程、人畜饮水工程及教学楼建设等；争取农业综合开发专项资金352万元，用于农业产业结构调整和发展农村经济；争取国家、省、市三级专项补助资金530.40万元，确定重点支农项目22项，主要有原种场新品种繁育、大寨满族乡脱毒马铃薯繁育、农业结构调整综合项目、兴城西北部山区生态林建设、高家岭灌区工程等。2004年，兴城财政争取上级专项资金8500万元，实施古城三期改造、污水处理、烟台河改造、小学危房改造、渔业园区、农牧业小区建设等项目50余个。

2007年，兴城市财政局携同市直相关部门及乡镇，合力协调争取上级专项资金计25619万元，比2006年增长61%。2009年，兴城财政融资5亿元，争取上级专项资金2518万元，用于临海产业区基础设施建设。

2010年，兴城市人民政府制发《兴城市农业产业化项目建设实施方案》。是年，兴城市申报小型农田水利重点县项目，获国家连续3年补助资金2400万元（每年800万元）。成功申报海滨满族乡农业综合开发高标准农田建设项目，财政投资金额为1320万元。

2011年，兴城市财政局“抢抓机遇用足政策”，争取“一事一议”财政奖补资金14316万元，实施项目898个，促进全市村级公益事业落后面貌的改变。成功申报红崖子满族乡、沙后所镇1733.33公顷农业综合开发高标准农田建设项目，财政投资额为2970万元。

2012年，兴城市财政局在加强地方收入的基础上，利用自身优势，与各业务部门合作，协调争取各类财政补助资金15.60亿元，比2011年增加4.1亿元，弥补地方财政财力不足。

## 政府采购管理

1995年，依照国家财政部《关于继续做好控制社会集团购买力工作的通知》，兴城市落实葫芦岛市下达集团购买指标1500万元，年末完成1400万元，占控制指标的93.3%。对专控商品轿车，执行先审后批；对拖欠教师工资和税款的单位，一律停批。全年，比上年少批购轿车25辆，减少支出400万元。

2001年，依据《辽宁省政府采购管理规定》，成立兴城市人民政府采购中心。兴城市人民政府制发《兴城市政府采购管理暂行办法》，兴城市财政局下发《兴城市政府采购资金运作程序》《兴城市首批政府采购目录》《兴城市政府采购财务会计核算暂行办法》。年内，政府采购发生金额188.70万元，节约采购资金22.50万元，节支率为10.63%。

2002年，兴城市财政局针对不同采购业务，分别采用招投标、竞争性谈判、询价采购等方式，实施采购业务程序管理。全年，采购业务发生119项（次），采购资金发生额543.7万元，节约采购资金53.60万元，节支率为10.60%。

2007年，兴城市财政政府采购规模逐步扩大。通过直接招投标、竞争性谈判、网上询价等方式，发生政府采购金额近1000万元，节约资金近100万元。

2008年，兴城市财政政府采购形成网上公开招标、召开竞标会，纪检、审计、检察部门直接参与监标机制。全年，政府采购业务发生30项（次），采购金额1400万元，采购平均节支率

14.3%，达到省内政府采购成本平均降低率先进水平。

2010年，兴城市财政通过网上招标，实施政府采购项目20余项，涉及货物、工程、服务三大类。采购预算金额3638万元，实现采购金额3085万元，较项目预算节约资金553万元，节支率为15.20%。

2011年，兴城市财政局与纪检、审计、检察等部门，通过公开、公平、公正的采购方式确定全市公务用机动车辆的保险定点。全年共计实施大的采购项目17项。全年采购总预算金额5014.94万元，实际采购金额4468.24万元，节支额546.70万元，节支率10.90%。

2012年，兴城市财政政府采购在继续完善全市公务用机动车辆保险定点工作的同时，又确定全市公务用机动车辆燃油、维修的定点工作，以及燃煤定点项目的采购工作。全年共计实施大的采购项目19项。总预算金额4820万元，实际采购金额4458万元，节支额362万元，节支率7.52%。

## 财务会计管理

1986年，兴城县财政局依据有关政策，对国有工商企业扭亏增盈采取“独立经营、自负盈亏、超亏不补、确保上缴”的财务包干举措。分别对23家小型工商企业继续完善“租赁制”“经营承包制”，对重点粮库试行“栈租制”，对亏损企业实行“两定一补”和“减亏奖励”等。年末，全县国有工业企业实现无亏损户。

1988年，在全市分阶段开展财务大检查。财务自查单位204个，自查面达98.60%；重点抽查单位59个，查处违纪单位55个，违纪金额76.60万元；查处违反控购单位28个，违控轿车98辆，违控金额16.38万元；查处乡镇契税瞒价行为155件，隐瞒产价31万元，税额1.86万元；查处瞒价户22户，补交税款5960元。

1989年，对全市行政事业单位压缩社会集团购买力控制指标进行重新核定，对购买19种专控商品开征20%的地方教育调解税。对13个单位着装进行检查，清理滥着装389人。

1991年，兴城市财政局对粮食企业粮油销售和粮食财务进行检查，查出违纪金额57万元，做抵亏处理。年内，由财政局牵头抽调30人，组成清财工作队，对曹庄、羊安、望海、海滨、沙后所5个乡镇财务进行清查，查处违纪金额297.9万元。

1993年7月，在全市企业贯彻《企业财务通则》和《企业会计准则》。9月，开展财务大检查。全市抽调业务骨干110人，组成检查组21个，检查企业248家，检查面达95%，查处违纪金额1094.60万元，入库32.90万元，入库率91.40%。检查、清理着装部门和单位68个，清理滥着装人员1148人，其中全部脱装1130人。年内，清查、精简轿车13辆，全部作价处理，减少车燃费13万元。依照中共中央办公厅、国务院办公厅《关于治理乱收费的规定》清理行政性收费598项，经兴城市人民政府取消不合理收费项目26项，取消兴城自定不合理收费项目5项。

1995年，依照国务院和省、市部署，开展清理“小金库”行动。全市查出各种账外资金84.30万元，财政收缴20万元。

2001年7月24日，兴城市人民政府制定《兴城市行政事业经费实行财政统管暂行办法》。7月31日，全面启动兴城行政事业经费由财政统管，成立兴城市财务会计核算中心（简称核算中心）。年内，全市一次性纳入核算中心的预算单位172户。年末，核算中心经半年运行，避免不合理支出54笔，金额312万元。

2002年9月30日，兴城市人民政府制定《关于撤销部分行政事业单位银行账户的通知》，全市取消银行账户231个，精简财会人员154人。年内，兴城市核算中心退回不合理票据58笔，金额计289.40万元。全市预算单位的会议费、招待费、车燃费等公务费支出同比减少98万元，按可比口径，行政事业运行成本降低率平均为12.8%。

2007年，兴城市人民政府制定《兴城市乡镇财务管理暂行办法》《兴城市财政涉农资金暂行办法》。2010年，兴城市人民政府制定《兴城市行政机关、事业单位、各乡镇街道和团体组织车辆统一保险管理办法》，兴城财政为全市预算拨款的214辆公交车统一保险，保费由财政统一扣缴，统一险种，节约保费30%。

2011年，兴城市财政非税收入管理职能得到进一步加强，改革非税收入收缴方式，实行“票款分离”。财务会计监管职能得到进一步加强，全年实现各类财务会计检查11项，查出各类违纪事项1117.60万元，并根据相关财务会计法规进行严肃处理。

2012年，兴城市人民政府制定《兴城市加强乡镇财政规范化建设工作实施方案》，全面推进乡镇财政组织机构规范化、业务工作精细化、内部管理科学化、队伍建设常态化和便民政策优质化，并取得较好成效，获辽宁省财政厅“全省乡镇财政规范化建设工作先进单位”。

### 社保资金管理

**企业职工养老保险** 1997年始，兴城企业职工养老保险实行收支两条线，基金纳入财政专户管理。2001年，财政补助352万元（全部为省级）。2003年，全市参保职工20078人，养老金征缴实收3191万元，其中省级财政补助981万元，兴城财政配套70万元。

2007年，全市企业养老保险、事业养老保险、医疗保险、工伤保险、女职工生育保险、新型农村合作医疗保险6项基金征收合计18066万元，较上年增加3362万元。年内，争取省级社会保险专项资金2100万元。

2009年，兴城市财政筹措资金22280万元，保障企事业离退休人员待遇及时发放，保障城镇职工、城乡居民、困难企业退休人员及离退休人员医疗保险费支出。年内，争取省级社会保险专项资金1360万元。2010年，争取省级社会保险专项资金1000万元，兴城财政配套资金31万元。

2012年，争取省级社会保险专项资金3792万元，兴城财政配套资金408万元。

**失业保险** 2000年7月，兴城失业保险纳入财政专户管理。2001年7月，失业保险费由地方税务局按单位2%、个人1%的比例征收。

2004年，失业保险实行市（地）级统筹，专户资金全部上解葫芦岛市财政。

**城镇职工基本医疗保险** 2002年，兴城市启动城镇职工基本医疗保险。缴费比例为工资总额的6%，其中单位按4%、个人按2%缴纳。

2003年，全市医疗保险参保人数达12430人，财政对保险基金实行财政专户管理。医保中心同定点医院计算机联网，参保人员人手一卡，持卡到定点医院就医、结算。年末，医保基金收入525万元，累计支出267万元，滚存结余308万元。

2005年，全市财政供养人员参加医疗保险，财力安排资金324万元。2006年始，每年财力安排均为543万元，同时对军队无军籍退休职工参加医疗保险进行补助。2010年，参加医疗保险缴费比例提高到7%，其中单位按5%、个人按2%缴纳，财力安排539万元。2011年，财力安排901万元。

2012年，开始实行市级统筹，各业务科室下达所辖单位医疗保险指标。

**新型农村合作医疗** 2006年，兴城市启动新型农村合作医疗保险，筹资额120元/人，全市参合353570人，财政补助1180万元（其中兴城财力配套190万元）。2007年，参合369926人，财政补助1493万元（兴城财力配套327万元）。2009年，参合379379人，财政补助2906万元（兴城财力配套588万元）。2010年，参合388158人，财政补助4781万元（兴城财力配套1036万元）。2011年，参合400798人，财政补助8067万元（兴城财力配套1776万元）。2012年，参合399724人，财政补助9893万元（兴城财力配套1339万元）。

**城镇居民基本医疗保险** 2008年，实行城镇居民医疗保险，参保29483人，兴城财政安排资金35万元。2009年，参保45851人，财政补助收入157万元（其中兴城财力配套66万元）。2010年，参保50099人，财政补助收入322万元（其中兴城财力配套41万元）。2011年，参保53673人，财政补助收入289万元（其中兴城财力配套301万元）。2012年，实行市级统筹，兴城配套56万元。

**城镇最低生活保障** 1998年，兴城市实行城镇居民最低生活保障制度（简称城镇低保）。1999年，城镇低保资金支付72万元，全部由兴城财政支付。2001年，支付252万元（其中兴城财政82万元）。2003年，支付1196万元（其中兴城财政272万元）。2007年，支付1386万元（其中兴城财政290万元）。2009年，支付2918万元（其中兴城财政290万元）。2010年，支付2953万元；2011年，支付4148万元；2012年，支付3458万元；全部为省级拨付。

**农村最低生活保障** 依照《葫芦岛市农村最低生活保障暂行办法》，兴城实行农村最低生活保障制度（简称农村低保），由兴城市财政局社保科负责发放。2007年，发放农村低保资金802万元（其中兴城财政73万元）。2008年，发放1015万元（其中兴城财政144万元）。2009年，发放2037万元（其中兴城财政144万元）。2010年，发放2031万元；2011年，发放3475万元；2012年，发放3606万元；均为省级拨付。

**“三方面人员” 生活补贴** 对建国前参加革命的老战士在企业工人岗位退休人员、参加抗美援朝的志愿军复员转业分配到企业人员和部分在企业工作的军队转业干部（统称“三方面人员”），自2003年始，每年定期发放生活补贴金。是年，兴城财政补贴48万元。2004年，补贴58万元。2006年，补贴60万元。2008年，补贴71万元。2009年，补贴154万元。2010年，补贴179万元。2011年，补贴183万元。2012年，补贴112万元。

**下岗职工小额贷款** 2005年，发放下岗失业人员小额担保贷款，兴城市人民政府下达任务150万元（其中银行、本级、上级财政各配套50万元）。每人2万元，贷款期限不超过2年，展期不超过一年。对从事微利项目的贷款予以贴息，展期不贴息。2006年，获小额担保贷款人数75人。2007年，获小额担保贷款的有40人。2010年，获小额担保贷款的有35人；发放小企业贷款80万元。2011年，发放小额担保贷款96万元，小企业贷款105万元。2012年，发放小额担保贷款200万元。

**城乡医疗救助** 2005年，兴城财力安排资金11万元，对优抚对象医疗保险补助。2007年，兴城财力安排40万元。2009年，兴城财力安排47万元。2010年，兴城财力安排54万元。2011年，兴城财力安排96万元。2012年，兴城财力安排85万元。

2006年，兴城市财政开展城市低保对象及农村医疗救助，其中农村医疗救助财力补助60万元（全部为省级财政）。2007年，城乡医疗救助财力补助98万元（其中兴城财政90万元）。2009年，补助477万元（其中兴城财政126万元）；2010年，补助504万元；2011年，补助895万元；2012年，补助801万元；全部为省级财政拨付。

2008年，兴城市财政实行对困难企业退休职工医疗保险补助。年内争取省级财政补助905万元。2009年，省补助759万元。2010年，省补助774万元，兴城财政配比100万元。2011年，省财政补助484万元，兴城财政配套100万元。2012年，兴城财政配比80万元。

## 第五节　国有资产管理

### 国有资产管理机构

1990年，成立兴城市国有资产管理局，为隶属兴城市财政局的副科级事业单位，负责全市国有资产经营管理、监督、投资、处置等。1994年2月，兴城市国有资产管理局改称兴城市国有资产管理办公室。2008年10月，复设兴城市国有资产管理局，与兴城市财政局合署办公。

### 国有资产管理

1990年6月30日，兴城市国有资产管理局开展国有资产调查，历时40天，查明全市国有资产总存量为50625万元。

1994年2月，兴城市国有资产管理办公室依照辽宁省人民政府关于认真开展清产核资工作的部署，结合兴城实际，在全市范围内开展清产核资。经核查，查清全市国有企业资产总额63785万元，其中固定资产净值23704万元，净损失324万元；流动资产38767万元，净损失8780万元；递延资产1314万元，损失额为241万元。全市资产损失总额9345万元。

1996年，完成行政事业单位产权登记230户。国有资产产权变动33项，其中处置资产21项，价值48.30万元；无偿调拨5项，价值26.50万元；报损报废6项，价值22万元；汽车转让54辆，价值135万元。资产评估7项，确认4项，评估总值555万元。

1997年，在企业产权制度改革中，兴城市国有资产管理办公室下发《关于转制企业有关财务问题处理意见》，规范转制企业的财务制度和财务行为。及时、客观、公正地进行国有资产评估，避免国有资产流失。1998年，在兴城市机构改革和干部人事制度改革中，国有资产管理部门提前介入，摸清国有资产底数，确保国有资产不流失，保障全市机构改革顺利实施。

2007年，对全市227个行政事业单位国有资产进行清查，清理、界定账面资产总额53000万元，并建立健全国有资产管理台账。2010年，兴城市国有资产管理局通过公开、公平、公正的市场运作程序，完成18宗国有资产处置事项，实现国有资产处置收益6305.30万元。

2011年，国有资产处置收入8640万元。2012年，国有资产处置收入18971万元。按照省市相关文件要求，结合兴城市实际，重新核定全市行政事业单位公务用车和执勤、执法车辆编制。

# 第二章　国家税务

1994年，国家实施大规模、大范围的结构性税制改革。依照分税制改革，省及其以下地方各级分设国家税务局和地方税务局，按税种分别征收管理。9月16日，兴城市国家税务局成立，负责国家税务在兴城开征的5个税种及国家能源交通重点建设基金、国家预算调节基金的征收管理工作。至2012年，征管范围历经调整，国家税务在兴城开征税种为5个（兴城国税局负责征收管理4个、葫芦岛市国税局车购税分局负责征收管理1个）。

## 第一节 机构设置

1986年，兴城县税务局有税务工作人员166人。下设2个分局，5个税务所。1988年3月，兴城市税务局增设钓鱼台税务所。1989年5月，增设兴城火车站税务检查站。1990年3月，增设城区市场税务所。1992年，增设稽查队、税务治安值勤室、征收申报科及羊安、曹庄、望海、刘台子、双树、四家屯6个税务所。

1994年9月，国家税务、地方税务机构分设，兴城市国家税务局（简称国税局）成立。内设13个科室，下设2个基层分局，8个基层税务所，共有在编干部职工185人。

1998年3月，增设稽查局（二级局），监察科更名为监察室，兴城分局更名为城镇分局，各基层税务所均改称中心税务所。2002年4月，钓鱼台中心税务所更名为四家屯中心税务所。2003年7月，碱厂中心税务所迁址高家岭满族乡并更名为高家岭中心税务所。2004年6月，撤销城区个体中心税务所和征收三科，新设纳税服务中心。原城镇分局、东辛庄分局分别改称宁远税务分局、东辛庄税务分局，华山中心税务所改称为华山税务分局，其他中心税务所改称税务所。

2005年12月，撤销票证管理所、纳税服务中心、征收一科、征收二科、红崖子税务所；新设办税服务厅、征收管理科、税源管理一科、税源管理二科；稽查局协查科改为稽查三科，各税务所均改称为税务分局。2007年1月，计划财务科改称计划统计科。2008年，增设纳税评估中心。

2010年7月，对机构进行部分调整，下设古城税务分局、四家屯税务分局、宁远税务分局、曹庄税务分局、华山税务分局、沙后所税务分局、东辛庄税务分局、高家岭税务分局，负责全市27个乡镇街道共4400余户各类纳税人的国税征收管理工作。2012年11月，高家岭税务分局迁至红崖子满族乡。

## 第二节 税制改革

1986年，兴城延续实行国有企业利改税制。兴城境内国营企业划为大、中型企业21家，划为小型企业33家。

1993年12月，国务院发布《关于实行分税制财政管理体制的决定》，批转国家税务总局报送的《工商税制改革实施方案》，相继发布一系列新的税收条例。自1994年1月始，国家实施大规模、大范围的结构性税制改革。按照统一税法、公平税负、简化税制、合理分权的原则，兴城市开始实行规范的以增值税为主体、消费税和营业税并行，内外统一的流转税制度。实现内资企业所得税和个人所得税制度的统一。对资源税和某些特别目的税、财产税、行为税等做出较大调整，保留、转化、合并、取消和新开征税种。其中遗产税、证券交易税未征，国家能源交通重点建设基金、国家预算调节基金、教育费附加继续征收。初步建立以流转税和所得税为主体，其他税种辅助配合，多税种、多层次、多环节调节的复合税制体系。

1995 年 2 月，第八届全国人大常委会第十二次会议修订《中华人民共和国税收征收管理法》。1997 年以后，国务院陆续颁布《关于调整金融保险业税收政策有关问题的通知》《批转国家税务总局〈深化税收征管改革方案〉》《关于加强个体私营经济税收征管强化查账征收工作的意见》《关于地方税务机构管理体制问题的通知》等。1998 年 3 月，国务院发出《关于加强依法治税严格税收管理权限的通知》。2000 年 3 月，中共中央、国务院发出《关于进行农村税费改革试点工作的通知》，对税收制度改革做出明确规定。

2003 年，依据中央打破按隶属关系和税目划分税收办法，实施所得税分享体制的精神，兴城市人民政府实施农村税费改革，并在大寨满族乡进行试点。

2005 年，依照国家有关规定，兴城取消农业税和农业特产税。2008 年 10 月 9 日，兴城开始停征城乡居民个人储蓄存款利息所得税。

## 第三节　税种税率

1986 年，按利改税政策，在兴城境内开征税种 27 种。全年，兴城县税务局完成各项税收总额 2279.8 万元。

1993 年，兴城税务局负责征收 6 类 32 个税种，以及国家能源交通重点建设基金、国家预算调节基金和教育费附加的征收管理。

1994 年，全国设税种 25 个，其中，遗产税和证券交易税未开征。国家税务在兴城开征增值税、消费税、营业税、内资企业所得税、外商投资企业和外国企业所得税以及国家能源交通重点建设基金、国家预算调节基金。1998 年，国家能源交通重点建设基金、国家预算调节基金停征。

1999 年 11 月起，兴城开征城乡居民个人储蓄存款利息所得税（简称个人利息所得税），税率 20%；2007 年 8 月 15 日始，调减为 5%。

2001 年 1 月 1 日始，开征车辆购置税，税率 10%。兴城境内购置车辆的单位和个人需到葫芦岛市国家税务局车购税分局办理纳税申报事宜。2004 年，国家税务在兴城开征增值税、消费税、内资企业所得税、外商投资企业和外国企业所得税、个人利息所得税、车辆购置税。

2008 年 1 月 1 日，内资企业所得税、外商投资企业和外国企业所得税合并为内外资统一的企业所得税。

2012 年，国家税务在兴城开征增值税、消费税、企业所得税、个人利息所得税（仅就 1999 年 11 月 1 日~2008 年 10 月 9 日期间孳生的利息征税）、车辆购置税（在葫芦岛市国家税务局车购税分局办理纳税申报事宜）。年末，兴城在国税局办理税务登记的各类纳税人户数达 5004 户。

## 第四节　税收征管

### 税源管理

1986 年，对重点税源实行重点监控，同时对零散税源加强管理。是年，实现各税收入 2280 万元，为年计划的 106.50%，比 1985 年增长 8.70%。1990 年，重点对租赁企业和医疗卫生系统进行监控，查补税款 100 余万元。全年，实现各税收入 4139 万元。

1992年，对建筑安装企业营业税实施重点监控。兴城市税务局与兴城市计划委员会、建设委员会、银行等部门协调，对不能出具固定资产投资方向调节税和营业税完税凭证的建筑安装企业，不予办理投资许可证和基建开工证，银行不予贷款。年内，征收建筑安装企业营业税258.30万元，比1991年增加87.40万元。全年，实现各税收入4322万元。

1995年，实行纳税申报制度，管户申报率达98%。年内，对红砖生产行业继续实行定额征收；对个体机动车营业税继续实行代扣代缴，全年实现代扣税220万元；对集市贸易税收定额进行调整。全年，实现各税收入5640万元，比1994年增长2.80%。

1996年，推进征管改革。兴城市国税局成立办税大厅，城区纳税人集中到办税大厅申报缴税，实现由税务机关派人上门征收向纳税人自行申报缴税的变革。全年纳税申报率平均达到96%；实现各税收入5132万元，比1995年下降9%。1997年始，采取“征、管、查”分离的税收征管方式。全年，完成各税收入5361万元，比1996年增长4.27%。

1999年，兴城市国税局按纳税数额编排兴城纳税户百名榜，在兴城电视台和《兴城日报》等媒体公示，公布举报电话，监督纳税人及税务执法。全年，接到举报个体工商户偷税12件，查补税款4万元。是年，完成各税收入4541万元，比1998年下降8.70%。

2000年，对兴城市城区业户，改变按经济性质划分管理范围，实行按业户生产经营所在地税务管理机构统一管理，堵塞征收漏洞。年内，城区清理漏征漏管户124户，增加税收18万元。全年，完成各税收入5391万元，比1999年增长18.70%。

2002年，全市56户加油站安装税控加油机，1438户个体定额户纳入计算机管理。对6户民政福利企业、8户“三废”资源利用企业、1户欠税企业进行重点监控，发现问题企业3户，补税（少退）5.87万元。对泳装厂、红砖厂、酒厂、集贸（旧物）市场税收整治，新增税收105万元。全年完成各税收入6230万元，比2001年增长7.7%。

2005年，兴城市国税局推行税收管理员制度，将全市划分为39个征管责任区，实现“区域管理、责任到人”。年内，把年纳税额100万元以上或年销售收入3000万元以上企业纳入重点监控范围。对全市2242户不足起征点户，特别是临界点户实行动态管理。对小石材厂、小煤窑、小石灰石矿、小铅锌矿进行专项治理，新增税收57.1万元。全年，完成各税收入20035万元。

2007年，加强房地产开发企业管理，对房地产开发企业所得税实行核定征收，全年入库房地产企业所得税1189万元，比2006年增长202%，增收795万元。制定《兴城市国税局纳税评估工作规程》，成立纳税评估办公室，实现纳税评估常态化。全年累计完成纳税评估企业754户，评估入库增值税400万元，企业所得税133万元。

2009年，兴城市国税局实施“三个园区”监控。在轻工市场、南门口至南辛庄桥路段两侧商铺，建立个体税收示范园区，区内共有个体工商户818户，全部实现亮证经营，新增税收40余万元。对煤炭、石材、冷库、泳装、砂石、红砖、医药等9个行业进行专项整治，实现税收125.36万元，比2008年增长204.70%。

2010年，兴城市国税局把年纳税额50万元以上或年销售收入500万元以上的企业纳入重点监控范围，其中年纳税数额超百万元的22户，纳税总额12098万元，占全市全年税收总额的67.20%。对砖厂、手机专卖店、医药零售店、小泳装厂、网绳加工厂、网络销售企业进行治理，对低税负企业和免税企业进行评估分析，增加税收35万元。

2011年，兴城市国税局建立50万元以上企业税收分析预测报告制度，重点税源企业监控数由

15 家增加到 25 家，促进税收持续增长。加大红砖厂、石材厂和医药零售店监管，增加税收 69 万元。推行税源专业化管理，部分取消税收管理员管户制度，变个人“管户”为集体“管事”，优化人员配置，节约管理成本。加强网络销售企业管理，新增税收 76.50 万元。

2012 年，兴城市国税局把年纳税 50 万元以上的企业作为重点监控对象，建立年纳税 100 万元以上企业税收分析预测报告制度，实行差异化、针对性管理。同时，加强临海产业区招商引资企业、大型在建项目监管，寻找税源增量，确保税收平稳足额入库。加强企业所得税管理，全市 781 户企业参加年度汇算清缴，通过“专家会诊”发现问题企业 26 户，调增应纳税所得额 659 万元，调减亏损额 423 万元，查补入库税款、罚款、滞纳金合计 225.40 万元。开展税源一体化分析，对有色金属矿采选业、餐饮业、房地产业、汽车配件零售业、非金属矿物制品业、批发业、家电下乡企业及低税负工业企业共 8 个行业 97 户纳税人进行纳税评估，发现问题企业 54 户，入库滞补罚收入 110 万元。

## 发票管理

1994 年，实行增值税新税制。兴城市国税局举办增值税发票知识培训，组织全员学习增值税专用发票使用、填开方法。增值税专用发票实行专人管理、专人填开、专柜存放。

1995 年，兴城市国税局与全国各地国税机关密切合作，开展增值税专用发票交叉核对核查，处理增值税专用发票违章案件 15 起，罚款 5.10 万元。

2000 年，兴城市国税局对管内 10 个行业 899 户企业使用普通发票进行分专项检查，共取得交叉核对函件 1380 份，发现违章案件 29 起，查补增值税 12.78 万元，加征滞纳金 5326 元，罚款 14073 元。

2001 年，兴城市国税局推行剪贴发票，缴销原版发票 1659 组。制定发票缴销制度，规定各基层税务所按月上报《发票缴销报告单》，全年作废销毁 19700 组。全年窗口代开发票税金 13.29 万元，比 2000 年增长 53%。发票超定额补税增加 6 万元。

2004 年，兴城市国税局使用增值税专用发票企业开通防伪税控系统，完成防伪税控计算机软件安装和金税卡发行及企业开票人员培训。全年，上传增值税存根联数据 17804 笔，增值税抵扣联数据 24451 笔，无差错。

2005 年，兴城市国税局将废旧物资发票、海关完税凭证、货物运输发票、农副产品收购发票等“四小票”纳入“一窗式”管理稽核系统，并印制《农副产品收购查验申请表》等 4 种辅助表格，监控企业购进免税农副产品或废旧物资业务。年内，累计领取电脑版专用发票 30000 组，发售 26000 组。领取普通发票 30000 本又 122400 组，发售 24376 本又 116220 组，无差错。

2008 年，兴城市国税局制发《兴城市国家税务局关于规范窗口代开发票管理的通知》，对窗口代开增值税专用发票和普通发票所需证件、资料做出规范性设定。同时，对 38 户农副产品收购企业的收购行为进行审核验证，涉及金额 36400 万元，防范发生虚列收购业务骗抵进项税的违法行为。

2010 年，兴城市国税局开展运费发票专项检查，筛查 2009 年度全部运费信息 5736 条，重点检查 32 户，发现问题企业 17 户，补缴税款 5 万余元；开展普通发票专项检查，重点检查 54 户，发现问题企业 14 户，入库税款、滞纳金、罚款合计 12 万元。

2011 年，兴城市国税局贯彻实施国家修订后的发票管理办法，开展运费发票专项检查，对 32 家运费发票使用存疑企业重点检查；对发票验旧购新环节进行清理，对发票正常填开、验旧金额为 0，税额为 0 情况进行检查；对 2006~2008 年 326 户未验旧发票进行核查；严格发票审批、领购、验旧手续，对有严重违规行为、符合暂停供应发票规定的企业，坚决予以停票。在自来水公司及 3 户供暖企业推广使用网络版普通发票。

2012 年，兴城市国税局对 2010 年以后全市普通发票使用情况进行专项检查，共检查普通发票领购企业 1574 户，查处问题企业 175 家，滞补罚收入 28.98 万元；针对发票验旧数据与申报数据不一致情况，延伸抽取风险纳税人 62 户，查补税款、滞纳金 8.30 万元。与公安经侦部门联合开展流失发票专项整治，对 2006 年 CTAIS 系统上线以后 25 户纳税人 125 组流失发票进行全面清查，直至水落石出，实现滞补罚收入 13 万元。

### 信息化建设

2002 年，兴城市国税局研发超定额管理软件，建立内部网站。2003 年 9 月，兴城市城区 455 户个体户纳入税银联网代征系统。

2004 年 3 月，兴城市国税局电子版《税收征管业务规程》投入使用。5 月，计算机公文处理系统开通。7 月，网络审批系统开通。

2006 年 1 月，兴城市国税局中国税收管理信息系统（CTAIS 2.0）一次上线成功，投入使用。9 月，税收管理员管理信息系统开通。2008 年 11 月，兴城市国税局税收数据质量管理信息系统开通。

2010 年 1 月，兴城市国税局税收执法信息管理系统开通。9 月，个体计算机定额管理系统投入运行。12 月，税收征管电子档案管理系统正式运行。

### 纳税服务

1987 年，兴城市税务局对兴城市水泵厂、锦华冲压厂、红崖子糖果厂 3 家企业，采取缓缴税款，年终一次交清的办法，缓解企业流动资金不足，3 家企业共缓缴税金 23.05 万元；为 15 家企业筹措资金及下发小额贷款共 53 万元；为企业推销产品、购进紧缺原材料、提供产品信息等服务。

1989 年，兴城市税务局帮扶企业 90 家，筹集资金 19 万元，下拨小额贷款 47 万元，为企业办实事 118 件，为困难企业减免税 400 万元。促使重点扶持的轴承厂、啤酒厂、印刷厂、水泵厂、创新机械厂、白塔苏打厂 6 家企业新增产值 700 万元，利润 200 万元，税金 60 万元。

1991 年，兴城市税务局制定“支、帮、促”规划，帮助企业促产增收，稳定税源。帮助 7 家企业制定扭亏增盈措施，为重点税源企业解决资金 71 万元，原料钢材 2500 吨。年内，帮扶的重点税源企业 15 家，新增产值 2743 万元，利润 825 万元，税金 66 万元。

1999 年，兴城市国税局推行税务登记管理、纳税申报、税收定额有关政策、发票使用有关规定、发票违章责任“五公开”，汇编成公告，印发给纳税人。编制《年税收定期定额执行情况表》，在办税服务厅内公示。

2000 年 7 月 1 日，在兴城域内推行邮寄纳税申报，方便偏远地区申报纳税。年内，兴城市国税局属 7 个农村税务所，实行邮寄纳税申报的企业 618 家，纳税申报率 99%。2003 年，兴城市国税局推行“一窗式”管理，制定首问负责、服务承诺、限时服务、监督评议等制度，推出预约服务、上门服务等方式。

2004 年 2 月，兴城市国税局推出延时服务、错时休息等服务方式。开辟下岗再就业职工和残疾纳税人绿色快速办税通道，免费办理税务登记 136 户，金额 5440 元。

2008 年，兴城市国税局依据管理权限，精简办税流程。推出一次性综合告知、一次性综合申请、“一窗式”综合受理、一次性调查评估、一次性审批办结、“一户式”数据共享的“六个一”工作机制，节省办税时间。是年，招募 18 名在校大学生作为纳税服务志愿者，开展主题为“纳税服务志愿者在行动”的系列税收宣传活动，架起税企交流第三方通道。

2009 年，兴城市国税局推出五项纳税服务举措：一是开展纳税服务走进企业系列活动。制定《领导帮扶企业实施意见》《优化纳税服务工作实施方案》，全年累计帮助企业拆借资金 7250 万元，缓解 14 户企业资金周转困难。二是办税窗口建设。规范、完善办税服务大厅和政府行政审批中心办税窗口，在城区轻工市场设置纳税服务站。三是开展“纳税服务志愿者在行动”税收宣传系列活动。招募大学生志愿者，宣传税法。开辟网上税收论坛、服务需求调查等系列活动。四是纳税公开。全年公示税务法规、规章 104 部，公示税收完成情况 12 个月次，公示纳税排名前 20 名企业 240 户次。编发《纳税公开动态》12 期。五是落实优惠政策。对国家支持鼓励的基础产业、支柱行业，用好用足各项税收优惠政策。全年办理民政福利企业退税 8 户 129 万元，办理资源综合利用企业增值税优惠 561 万元，增值税抵免退税累计 4500 万元。

2011 年，兴城市国税局全面落实国家关于农产品加工及农业产业化、节能减排、资源利用、自主创新等方面的税收优惠政策，办理各项退库 6988 万元。

2012 年，兴城市人民政府主办，兴城市国税局与兴城市地税局、兴城市工商联及辽宁工程技术大学合作，于 3 月 31 日成功举办“蓝色情怀”税收宣传月专场文艺演出。年内，开展旅行社行业税收培训、个体纳税人培训、所得税专题培训、纳税人学校主题培训等系列活动，培训各类纳税人 1100 人次。简化办税程序，取消税务登记及发票工本费，取消发票审批，全年免收税务登记及发票工本费 16 万余元。落实有关税收优惠政策，办理各项退库 5228 万元。

## 第五节　税务稽查

1986 年，开展税收大检查。在企业自查基础上，兴城县税务局组织 40 个检查组重点检查。查出偷税、漏税款 113.20 万元，入库 99.70 万元，入库率 93.10%。其中处理偷税、漏税项目 15 起，查补税款 1.30 万元。

1988 年，依法实施税务稽查，查处偷税、漏税案 24 件，追缴税款 16 万元。进行专业检查，相继检查代扣代缴税款、房产税、建筑税、工业企业所得税、乡村砖厂定额税等专业税种共134 家，补缴税款 140.20 万元。

1989 年，兴城市税务局稽查偷税、漏税案 69 件，追缴税款及罚款 55.40 万元。检查纳税户 483 户，有偷税、漏税行为的 362 户，占检查户数的 83%，补缴税款 220.24 万元。1992 年 12 月 10 日，兴城市召开“打击偷税、抗税犯罪”公开处理大会，兴城市人民检察院依法公开处理偷税、抗税行为人 7 人，其中逮捕 2 人。

1994 年，实施税制改革，新税制开始运行。兴城税务机关采取多种形式宣传新税制。1998 年，兴城市国税局设稽查局（二级局）。稽查各类企业 1881 户次，定案、结案 270 户，查补各税 1030 万元，入库滞纳金及罚款 252.60 万元。

1999 年，兴城市国税局针对兴城企业产权制度改革，大批国营、集体企业转制为民营企业，将税务稽查重点转移到个体私营经济，侧重稽查不设账、设假账、隐匿收入等违法、违规行为。

对砖厂、酒厂、泳装厂、砂石场等进行专项稽查，查补入库税款、滞纳金、罚款合计451万元。

2002年，兴城市国税局税务稽查由收入型向执法型转变。建立“选案”“稽查”“审理”“执行”四环节既相互分离又相互制约的机制。全年，选案稽查144户，发现违规企业58户，查补入库税款、滞纳金及罚款计132万元。受理各种举报案件9件，查补税款、滞纳金、罚款计3.40万元。

2004年，兴城市国税局稽查企业469户，发现违规30户，查补入库税款、滞纳金、罚款合计163.90万元。委托异地协查案件4件，受理异地协查案件8件，查补入库税款23.30万元。

2006年，兴城市国税局推行调账稽查限期结案和稽查回避制度。稽查各类企业54户，发现违规25户，查补入库税款、滞纳金及罚款计133.50万元；调减2户企业账面亏损61.08万元；项目稽查5户，发现违规企业3户，入库税款、滞纳金及罚款3.70万元；清理废业企业103户，发现违规企业2户，查补入库税款8.50万元；受理异地委托协查案件16件，查补入库税款2.67万元，进项税额转出2.09万元。

2007年，兴城市国税局实施选案稽查企业58户，税收清理废业企业96户及专项整治东辛庄镇纳税户41户，查补入库税款、滞纳金及罚款计300万元。

2009年，兴城市国税局专业稽查企业79户，发现违规55户，其中偷税53户。查补入库税款、罚款及滞纳金计608.80万元。8月始，拉网检查企业2236户，占纳税人总数的53%，查补入库税款、罚款及滞纳金计458万元。

2010年9月，县级国税局不再享有税务稽查权，兴城市国税稽查局撤销，兴城地区的国税稽查划归葫芦岛市国家税务局第二稽查局管辖。

### 1986~2012年兴城国税税收情况

表12–2–1　　单位：万元

| 年　份 | 各税收入 | 比上年增长（%） |
|---|---|---|
| 1986 | 2280 | 8.7 |
| 1987 | 2780 | 21.9 |
| 1988 | 3283 | 18.1 |
| 1989 | 3538 | 7.8 |
| 1990 | 4139 | 17.0 |
| 1991 | 4466 | 7.9 |
| 1992 | 4322 | –3.2 |
| 1993 | 7298 | 68.9 |
| 1994 | 5485 | –24.8 |
| 1995 | 5640 | 2.8 |
| 1996 | 5132 | –9.0 |
| 1997 | 5361 | 4.5 |
| 1998 | 4971 | –7.3 |

续表 12-2-1

| 年　份 | 各税收入 | 比上年增长（%） |
|---|---|---|
| 1999 | 4541 | -8.7 |
| 2000 | 5391 | 18.7 |
| 2001 | 5784 | 7.3 |
| 2002 | 6230 | 7.7 |
| 2003 | 6909 | 10.9 |
| 2004 | 14472 | 109.5 |
| 2005 | 20035 | 38.4 |
| 2006 | 11800 | -41.1 |
| 2007 | 13800 | 16.9 |
| 2008 | 17548 | 27.2 |
| 2009 | 17648 | 0.6 |
| 2010 | 18000 | 2 |
| 2011 | 22898 | 27.2 |
| 2012 | 24532 | 7.1 |

注：1986~1993 年统计数据，为兴城市税务局税收资料。1994~2012 年统计数据为兴城市国家税务局税收资料。

# 第三章　地方税务

1994 年，依照国家实施分税制改革的决定，成立兴城市地方税务局。依照国家有关税收法规、政策，实施税收征管；组织兴城地方财政收入，调节经济等职能。负责征管税种 18 个，以及教育费附加等。

## 第一节　机构设置

1994 年 9 月，依照国家分税制改革方案，兴城市实行国税、地税分设，成立兴城市地方税务局（简称地税局），行政隶属兴城市人民政府，业务归葫芦岛市地方税务局。内设 8 个科室，人员编制 87 人。1995 年 4 月，兴城市地方税务局增设个人所得税科。成立乡镇地税机构，城区 5 个街道合设一个中心税务所，25 个乡镇各设一个税务所。干部职工编制人数 164 人。1997 年，兴城市地税局内设机构 11 个。撤销城区中心所，分别在古城、宁远、城东、温泉、钓鱼台 5 个街道设地税所。

1998年1月，依照国务院关于进一步深化税收征管改革的部署，兴城市地税局机构、人员编制、干部管理划归辽宁省地方税务局垂直管理。撤销“一乡一所”，组建11个中心税务所，分别为城区中心税务所、四家屯中心税务所、双树中心税务所、曹庄中心税务所、沙后所中心税务所、高家岭中心税务所、望海中心税务所、东辛庄中心税务所、红崖子中心税务所、郭家中心税务所、华山中心税务所。2002年，兴城市地税局成立稽查局。

2005年5月，依照辽宁省地税局关于农村税务所整合的要求，兴城市地税局将原11个中心税务所整合为宁远、菊花岛、四家屯、曹庄、东辛庄、沙后所、华山、红崖子8个税务分局，撤销稽查局。

2010年，兴城市地税局复设稽查局。2012年7月，菊花岛税务分局更名为钓鱼台税务分局。12月，增设临海产业区税务分局。年末，兴城市地方税务局内设8个科室，辖属宁远、钓鱼台、四家屯、曹庄、沙后所、东辛庄、红崖子、华山及临海产业区9个税务分局。

## 第二节 税种税率

1994年，地方税务按国家新税制划分的征管范围，征收税种18个（含共享税种），分别为营业税、城市维护建设税、房产税、契税、固定资产投资方向调节税、城镇土地使用税、土地增值税、车船税、企业所得税、外资企业所得税、个人所得税、印花税、资源税、屠宰税、农业税、农业特产税、耕地占用税、筵席税（未开征），以及教育费附加等。

1998年末，根据国家政策规定，停征固定资产投资方向调节税。1999年，兴城市地税局开始代征河道维修建设费，征收文化事业建设费、价调基金及残疾人保障金。

2003年，依照辽宁省人民政府《关于明确地方税务机关为全省社会保险费唯一征收主体的通知》，兴城境内县、市级基本养老保险、医疗保险、失业保险、工伤保险、生育保险（简称社保“五险”）征缴，由社会保险经办机构转至兴城市地税局征收。2005~2010年，累计征收社会保险费36816万元。

2004年始，相继停征屠宰税、农业税和农业特产税。

2012年，地方税务征收税种12个，征收费用5种。兴城市地税局登记各类纳税人4600余户，实现税收40567万元。

## 第三节 税收征管

1995年，兴城市地税局实行征收任务按税种和征收单位双向分解，层层落实。重点突出个人所得税、资源税、纳税大户税、舞厅饭店行业税的征收，清理出租出售房产应纳各税、开发项目、建筑安装企业、古城内四街建筑及欠税等。年末，税款入库5007万元，比计划超收474.80万元，增长15.50%。

1998年，兴城市开展“地方税收管理年”活动。协调、指导乡镇地方税收征管，实行征管体制、征收办法、奖惩措施“三不变”，调动乡镇积极性。全年，全市乡级地税收入实现4156万元，比1997年增收614万元，增长17.30%。年内，兴城市地税局投资百万元建办税服务厅。厅内设置税务登记、发票领购、纳税申报、税款征收、涉税文书、税务咨询6个窗口，工作人员着装挂牌上岗。年末，办税服务大厅运营5个月，接待各类办税人员3000余人次，收缴税款630万元。

1999年，突出对重点税源、重点行业、重点税种征管，清理漏管户50户，换发税务登记业户3000余户，并按行业和区域建税源台账。年末，地方各税入库8915万元，其中营业税征收入库4559万元，比1998年增长24.30%。

2000年，将城区税务所、四家屯税务所、局征收科按行业划分的征管范围，调整为按属地管理，避免各所之间在同一区域交叉征管，防止漏征漏管。全年，实现各税收入8955万元，比1999年增长0.50%。

2003年，对城区个体工商户纳税定额管理实行办税公开。兴城市地税局组织有征管人员、街道、个体工商户代表等参加的评税议税小组，对城区个体工商户纳税定额进行公开评定和调整，并将调整结果在《兴城日报》公布。年内，农村税费改革平稳过渡。按照省、市地税局和中共兴城市委、兴城市人民政府的统一安排，完成农村税费改革后农业税征收任务，实现农业税收1745万元。全年，完成各项税费收入10659万元，比2002年增收1455万元，增长15.8%。社保“五险”费开始由地税局征收，收缴4290万元。

2005年，兴城市开展发票专项检查。在兴城市公安局经侦大队协助下，破获倒买、倒卖假发票案1起，涉案嫌疑人3人，查获倒卖服务（娱乐）业假定额发票面额80万元；收缴服务（娱乐）业假定额发票9434组，面额207 .20万元。年内，完成地方各税收入12345万元，为年计划的102%。比2004年增收976万元，增长8.60%。

2006年，兴城市地税局建立税收管理制度和能级管理制度，实行目标管理。对局征收科、党办、工会、办税服务厅等机构进行调整；对征收、稽查工作人员全部实行能级管理，共设置税收管理员和稽查员岗位85个。

2007年，兴城市地税局实施“金税三期”工程（辽宁省地税局开发的税收管理系统）。利用“金税三期”计算机网络多功能集中数据处理优势，对税收管理的每个环节进行全程监控和处理，提高征管工作运行质量和效率，税收征管工作步入法制化、规范化、信息化轨道。是年，对300户零散小户和临时经营户全部登记纳入正常征管；对2700余户个体纳税户纳税定额进行合理调整，进一步公平税负。

2009年，针对兴城房地产开发和“二手房”交易“热”，加强办税窗口代开发票环节的日常管理，严格把关，严密审批程序和手续制度，堵塞漏洞。全年，税收收入突破2亿元大关，入库各项地方税收收入23416万元，比2008年增长18.9%。完成社会保险费收缴5562万元。

2010年，兴城市地税局完成地方各税收入40567万元，比2009年增长73.2%。全市纳税额度50万元以上户63户，纳税额计16677万元。

2011年，为加强房地产税收管理，兴城市地税局于年初进行调整，管理科专门负责城区内房地产行业的征收管理，全年完成全口径税收2亿元，比2010年增长104.10%，完成年度计划的110%，占全局税收的30.40%。

2012年4月，兴城市地税局对房地产企业和建安企业强力推行“办税通”项目管理，把被动收税变为主动掌控，并利用电脑软件计算税款，实现电子信息网络实时监控。同时在全市餐饮、洗浴、娱乐和旅店4个行业达到起征点的纳税人推行具有税控功能的“发票管家”系统，加强零散税收的管理。年末，全年推广使用“发票管家”纳税人136户。全年，入库各项税收收入76611万元，比2011年增长35.60%，累计征收社会保险费13578万元，比2011年增长25%。

1994~2012 年兴城地税税收情况

表 12-3-1　　单位：万元

| 年　份 | 实际完成 | 比上年增长（%） |
|---|---|---|
| 1994 | 3679 | — |
| 1995 | 5007 | 36.1 |
| 1996 | 5616 | 12.2 |
| 1997 | 6584 | 17.2 |
| 1998 | 8096 | 23 |
| 1999 | 8915 | 0.1 |
| 2000 | 8955 | 0.5 |
| 2001 | 9377 | 4.7 |
| 2002 | 9204 | –1.8 |
| 2003 | 10659 | 15.8 |
| 2004 | 11369 | 6.7 |
| 2005 | 12345 | 8.6 |
| 2006 | 13383 | 8.4 |
| 2007 | 15722 | 17.5 |
| 2008 | 19700 | 25.3 |
| 2009 | 23416 | 18.9 |
| 2010 | 40567 | 73.2 |
| 2011 | 56500 | 39.3 |
| 2012 | 76611 | 35.6 |

## 第四节　税务稽查

1994 年，兴城市地税局将综合素质较高的税务干部选配到稽查岗位。1996 年，兴城市地税局依法稽查、清理全市城乡个体工商户“黑户”20 余户、“钉子户”10 余户，清理欠税及罚款 2 万余元。开展对房地产业、建筑业、采矿业、金融保险业、交通运输业、娱乐业、个人所得税和税收优惠政策等专项稽查，查补税款 50 万元。1999 年，依法稽查偷税、逃税、漏税 43 户，查补入库税款 281.40 万元，比 1998 年增长 42.40%。

2002 年，成立稽查局，为兴城市地税局内设机构，司大案要案查处。年内，专项稽查房地产业、建筑安装业、个人所得税等重点税源行业，检查纳税户 56 户，查补税款 542 万元。2003 年，试行稽查工作业绩量化考核积分制。对房地产开发企业和城区内门市房应纳契税进行专项稽查，全年共查补税款、加收滞纳金及罚款 510 万元。

2004 年，开展对个人所得税、房地产开发企业和金融企业的专项检查，共检查各类纳税户 48 户，查补税款、加收滞纳金 365 万元。2006 年，稽查专项检查查补入库税款 91.40 万元，与警方配合清理歌厅行业欠税及滞纳金 26 万元。

2008 年，实施稽查与监督并重举措。对外，稽查纳税人纳税，规范纳税行为，减少偷逃税现象发生；对内，通过稽查纳税，透视税收征管中的漏洞和死角，对各征管责任区税收管理人员的执法行为及征管质量进行监督，把好税收的最后一道关口。

2011 年，为加强对稽查的管理，兴城市地税局成立稽查局，对稽查实行统一调度管理。年内，查处违法、举报案件 12 起，入库税款 1584 万元，其中税补 1127 万元，罚款 190 万元，滞纳金 267 万元。

2012 年，兴城市地税局以房地产、建筑安装业、餐饮、矿产企业和部分泳装加工行业为稽查重点开展税收检查，全年共选案 16 户，根据纳税户类型，结合行业特点，对被选定企业进行广泛的调查研究，再进入企业进行有效稽查，确保稽查质量，同时节省税收稽查成本。全年入库税款、滞纳金、罚款等 3000 万元。

# 第十三篇　金融保险

## 第一章　金融

兴城境内金融机构包括中国人民银行、商业银行、政策性银行所设分支机构及信用合作社等。依照“改善宏观控制，微观搞活”的方针和国家货币政策，担负区域内资金调配、信贷、储蓄存款、货币回笼等金融业务，发挥金融在支持兴城地区工农业生产，促进商品流通，改善和提高人民生活，维护社会稳定、和谐，推进经济社会发展的作用。

### 第一节　金融机构

1986年，兴城境内设有中国人民银行兴城县支行、中国工商银行兴城县支行、中国农业银行兴城县支行、中国人民建设银行兴城支行、兴城县农村信用合作联社5家金融机构。随着改革开放和经济社会的不断发展，各类商业性银行和政策性金融机构陆续落户兴城，至2012年末，兴城地区有各类金融机构15家，遍布城乡的金融分支机构100余家。

#### 中国人民银行兴城市支行

1986年8月，中国工商银行兴城县支行业务分劈，成立中国人民银行兴城县支行（简称人行兴城支行），隶属中国人民银行锦州市中心支行，行使中央银行职能，内设8个科室。1987年，改称中国人民银行兴城市支行。

1989年12月，人行兴城市支行隶属中国人民银行锦西市中心支行。1994年，隶属中国人民银行葫芦岛市中心支行，人行兴城市支行内设科室增加到10个，兼管辽宁省人民银行干部培训中心。

2002年4月，人行兴城市支行货币发行库撤库，业务划归中国人民银行葫芦岛市中心支行。2004年3月，银行业监督机构从人民银行中分出。

2009年11月，人行兴城市支行实施一体化内部机构改革，设两部一室，即综合部、营业部、办公室。2012年，人行兴城市支行共有干部职工23人。

## 中国工商银行股份有限公司兴城市支行

1986年8月，中国工商银行兴城县支行（简称工商行兴城支行）内设10个科室，下设12个营业网点，共有干部职工163人。

1996年3月，工商行兴城支行所属的工商城市信用社与工商银行脱钩。工商行兴城支行内设机构精减为三部一室，即业务部、营业部、储蓄部、办公室。

2005年10月，工商行兴城支行更名为中国工商银行股份有限公司兴城市支行。内设存贷部、营业部、个金部、办公室4个业务机构。2010年，工商行兴城市支行将内设机购调整为综合营业部、综合办公室，下设4个储蓄所，全行共有干部职工167人。

2012年，工商行兴城市支行下设4个储蓄所，全行共有干部职工84人。

## 中国农业银行股份有限公司兴城市支行

1986年，中国农业银行兴城县支行（简称农行兴城支行），内设12个科室，辖11个营业所，26个基层信用社。

1996年10月，农行兴城支行分离出农业发展银行兴城支行和兴城市信用联社。

2009年12月，中国农业银行股份有限公司兴城市支行正式挂牌。农行兴城支行内设4部，下设1个营业室，2个二级支行，5个分理处。2012年，农行兴城市支行共有职工245人。

## 中国建设银行股份有限公司兴城市支行

1986年，中国人民建设银行兴城支行（简称建行兴城支行），内设3个业务科室，干部职工19人。1987年，建行兴城支行成立城市信用社，开办城镇居民储蓄及个体工商户小额信贷业务。

1993年，实施政策性业务分离，转变为国有商业银行。1994年，建行兴城支行成立信用卡部，开办储蓄通存通兑及龙卡业务。在东辛庄满族镇设办事处。

1996年，建行兴城支行更名为中国建设银行兴城市支行，分离城市信用社。1998年，撤销建行兴城支行东辛庄满族镇办事处。2004年，建行兴城支行更名为中国建设银行股份有限公司兴城市支行。

2010年，建行兴城市支行设3个业务部，下辖3个储蓄所，1个储蓄专柜。全行共有干部职工46人。2012年，建行兴城市支行所属的个人银行部并入经营部，全行共有干部职工59人。

## 中国银行股份有限公司葫芦岛兴城支行

1990年9月，筹建中国银行兴城支行（简称中行兴城支行），11月1日挂牌营业，隶属中国银行锦西市支行。内设3个业务科室，员工19人。1991年5月，成立中城储蓄所。

1992年5月始，相继成立中兴储蓄所、劳动服务公司、柳城城市信用社、中信储蓄所、中达储蓄所、中发储蓄所。1995年10月，撤销劳动服务公司。11月，柳城城市信用社与中行兴城支行脱钩。

2001年11月，中达储蓄所撤并至中兴储蓄所，中信储蓄所升格为西关街分理处，中兴储蓄所升格为南关街分理处。2003年2月，中城储蓄所并至南关街分理处。7月，中发储蓄所并至西关分理处。2004年，中国银行兴城支行更名为中国银行股份有限公司葫芦岛兴城支行。2009年12

月，西关分理处并至营业部。

2012 年，中行兴城支行内设综合管理科、业务发展部、营业部，下设南关分理处。全行共有干部职工47 人。

## 兴城市农村信用合作联社

1986 年，兴城县农村信用合作社隶属中国农业银行兴城市支行。1996 年 11 月，兴城市农村信用合作联社从农行兴城支行分离单设。

2007 年 8 月，经中国银监会辽宁监管局批准，更名为兴城市农村信用合作联社（简称兴城市信用联社），隶属辽宁省农村信用社联合社。兴城市信用联社设营业部、信用社、信用分社、稽核分局等 41 家分支机构，营业网点遍布全市城乡。在编在岗职工 464 人。

2012 年 4 月，兴城市信用联社启动农村商业银行筹建工作，在履行筹备各项法律程序的基础上，经营管理各项监管指标全部达到组建农村商业银行的市场准入标准，并顺利通过银监部门的考核验收。

## 中国农业发展银行兴城市支行

1996 年 10 月，中国农业银行兴城支行分劈并成立中国农业发展银行兴城市支行（简称农发行兴城支行），为国家政策性业务银行。主要职责是按照国家的法律、法规和方针、政策，以国家信用为基础，筹集资金，承担国家规定的农业政策性金融业务，代理财政支农资金的拨付业务，为农业和农村经济发展服务。农发行兴城支行内设会计结算部、信贷管理部和办公室。人员编制 17 人。

2002 年 3 月，撤销信贷管理部改设客户业务部。2012 年，农发行兴城支行内设两部一室，即会计结算部、客户业务部、办公室。人员编制 20 人。

## 葫芦岛银行股份有限公司柳城支行

1996 年 4 月，成立兴城市柳城城市信用社，内设会计科、储蓄科、信贷科、办公室，辖中实储蓄所、中意储蓄所，共有职工 34 人。

2001 年 9 月，更名为葫芦岛市商业银行柳城支行，内设会计结算部、公司业务部、办公室，辖中实、中意两家储蓄所。2006 年 2 月，中实储蓄所与中意储蓄所合并成立二级支行，称葫芦岛商业银行中实支行，设储蓄、会计专柜。

2009 年 12 月，更名为葫芦岛银行股份有限公司柳城支行，设营业部、业务部、办公室及中实二级支行。2012 年，全行有员工 46 人。

## 葫芦岛银行股份有限公司兴城支行

2001 年 9 月，成立葫芦岛市商业银行兴城支行，其前身为兴城工商城市信用社，内设会计科、储蓄科、信贷科、办公室 4 个科室。

2010 年 3 月，更名为葫芦岛银行股份有限公司兴城支行（简称葫芦岛银行兴城支行）。内设办公室、公司业务部、营业部，辖兴海路和诚信 2 个二级支行。

2012 年，内设办公室、公司业务部、营业部，辖兴海路和诚信 2 个二级支行，全行员工 43 人。

## 葫芦岛银行股份有限公司古城支行

2001 年 9 月，成立葫芦岛商业银行古城支行，其前身为兴城城市建设信用社。

2009 年 12 月，经中国银监会批准，葫芦岛商业银行古城支行更名为葫芦岛银行股份有限公司古城支行，设营业部、办公室、业务部、市场部，下设东方支行（二级行）。2012 年，全行有员工 41 人。

## 中国邮政储蓄银行兴城市支行

2008 年 4 月，成立中国邮政储蓄银行兴城市支行（简称邮储银行兴城支行），与邮政分营单设。内设综合管理部、信贷部、综合业务部、会计核算部。辖有东辛庄、河东路 2 个支行（二级行），全行共有员工 57 人。

2010 年，邮储银行兴城支行增设温泉支行（二级行）。2012 年，邮储银行兴城支行内设公司业务部、综合管理部、个人金融部、三农金融部，辖海口、东山、沙后所、温泉、古城、曹庄、望海、南门、东辛庄 9 个支行，有员工 140 人。

## 兴城市长兴村镇银行股份有限公司

2011 年4 月 25 日，兴城市长兴村镇银行股份有限公司挂牌成立，是在国家完善农村服务体系、促进金融多元化发展背景下成立的兴城市首家村镇银行。以服务“三农”和中小企业、个体工商户为主旨。经营范围包括吸收公众存款，发放短期、中期和长期贷款，办理国内结算，办理票据承兑与贴现，从事同业拆借，从事银行卡业务，代理发行、代理兑付、承销政府债券，代理收付款项及代理保险业务，以及经银行业监督管理机构批准的其他业务等。内设办公室、营业部、业务部、审计部、营销部。2012 年，有员工 48 人。

## 兴城市农户自立服务中心

经中共兴城市委、兴城市人民政府争取，中国扶贫基金会与辽宁省扶贫办发起成立兴城市农户自立服务中心。

兴城市农户自立服务中心于 2010 年 12 月 30 日注册，有员工 16 人，负责全市 26 个乡镇街道项目区域的小额信贷放收款业务。为服务农村百姓，发展繁荣农村经济提供小额贷款支持。至 2012 年末，兴城市农户自立服务中心累计向全市近 5000 户农户发放小额贷款 3700 余万元，回收率保持 100%。农户自力服务中心小额信贷扶贫项目覆盖全市 26 个乡镇街道、220 个行政村，使农村 2 多万人从中受益。

## 连山农村商业银行兴城支行

2012 年 3 月，葫芦岛市连山农村商业银行股份有限公司兴城支行成立（简称连山农商行兴城支行），是一家跨县区设置的分支机构，内设营业部、信贷部、综合办公室。有员工 19 人。

连山农商行兴城支行以服务城乡广大居民、企事业单位为宗旨，以服务“三农”和中小企业为重点，以服务地方经济为己任。开办的主要业务有：人民币存取款业务，与全省各家信用社（包括农村）联网，通存通兑，设置 2 台 ATM 机，24 小时为客户服务；办理企事业单位和个体工商户的开户、结算业务，参与人民银行联网系统，保证汇兑、安全到账；办理个人及企事业单位贷款业务；办理代发工资，代售国债业务，代收取暖费业务等。

# 第二节 金融业务

## 存款

1986年，全县各项存款余额20738万元。其中城乡储蓄存款余额12535万元，比1985年增长40.2%。

1989年，全市各项存款余额34904万元，比1988年增长24.6%。其中城乡储蓄存款余额30689万元，比1988年增长31.3%，占全市各项存款余额的87.9%。

1993年，各项存款余额首次突破10亿元大关，达105614万元，比1992年增长11.9%。其中城乡储蓄存款余额80089万元，比1992年增长15.9%。

1996年，全市金融机构各项存款余额19.75亿元，比1995年增长34%。其中居民储蓄存款余额16.76亿元，比1995年增长33%。1999年，各项存款余额达30亿元，比1995年增长7.9%。其中居民储蓄存款余额26.60亿元，比1995年增长7.7%，占全市各项存款余额的88.7%。

2003年，各项存款余额418000万元，比2002年增长11.8%。其中居民储蓄存款余额346000万元，比2002年增长6.8%。2008年，各项存款余额76.99亿元，比2007年增长19.4%。其中储蓄存款余额61.11亿元，比2007年增长23.4%。2009年，各项存款余额92.33亿元，比2008年增长19.9%。其中城乡居民储蓄存款余额72.60亿元，同比增幅17.5%。

2010年，全市金融机构各项存款余额超100亿元，达103亿元，比2009年增长11.6%。其中储蓄存款余额83.3亿元，比2009年增长14.7%。

2012年，全市金融机构各项存款余额达144.15亿元，比2011年增长16.3%。其中储蓄存款余额11.91亿元，比2011年增长20.44%。

## 贷款

1986年，全县金融机构发放各项贷款余额26123万元，比1985年增长33.6%。其中工业流动资金贷款余额22419万元，农业贷款余额1922万元，固定资产贷款余额1622万元，其他专项贷款余额160万元。

1989年，全市发放各项贷款余额34967万元，比1988年增长16%。其中工业贷款余额12976万元，商业贷款余额16214万元，农业贷款余额1544万元。非银行金融机构信贷规模为2064万元，占全市年度信贷规模的5.9%。

1991年，发放各项贷款余额78785万元，比1990年增长30.4%。其中银行贷款余额61014万元，用于工业贷款余额21900万元，商业贷款余额26900万元，农业贷款余额3185万元，固定资产贷款余额6200万元。

1993年，全市金融机构各项贷款余额突破10亿元，达110289万元，比1992年增长14.7%。其中银行贷款余额82538万元，比1992年增长13.8%；农村信用社贷款余额24783万元，比1992年增长20.1%；城市信用社贷款余额2968万元，与1992年持平。贷款投放主要方向为：工业贷款余额26781万元，商业贷款余额32382万元，农业贷款余额5044万元，乡镇企业贷款余额2990万元。农业贷款余额中，国有农业贷款余额1495万元，农村集体贷款余额1597万元，农户贷款余额222万元，扶贫贴息贷款余额60万元，开发性贷款余额1670万元。

2002年，全市各项贷款余额242000万元，比2001年增长11%。依照中国人民银行总行下发的《农村信用合作社农户小额信用贷款管理指导意见》，在信合系统开展创建信用村、乡（镇）和推广农户小额信用贷款工作。全年，全市创建信用乡1个，信用村27个，评出信用农户27625户。年内，兴城农信联社投放信用贷款余额54479万元。

2004年，依照《兴城市金融部门执行稳健的货币政策推动经济发展的意见》，全市金融机构投放各项贷款120717万元。其中工业贷款23816万元，商业贷款35143万元，农业贷款40789万元，其他贷款20969万元。兴城农信联社发放支农再贷款21000万元。

2006年，全市各项贷款余额278000万元，比2005年增长20.3%。是年，人行兴城支行实施推动征信业务，改善兴城金融生态环境。组织农村信用社、城市商业银行等金融机构，在城区商业区开展征信宣传活动；完善信用乡（镇）制度建设；搜集农村个人征信信息，全市农村信用社搜集个人信用信息73100户；增补贷款卡信息录入范围，审核贷款卡90余户；搜集、建立中小企业信用信息档案125户。

2007年，全市各项贷款余额突破30亿元，达333374万元，比2006年增长20%，其中农业贷款余额105637万元，比2006年增长58.1%。是年，人行兴城支行合理运用人民银行支农再贷款，支持农业产业结构调整及新农村建设。全年，全市农村信用社占用人民银行支农再贷款21000万元。

2008年，全市各项贷款余额297509万元，比2007年下降10.7%。其中农业贷款111960万元，比2007年增长5.9%。

2010年，各项贷款余额超过40亿元，达490000万元，比2009年增长34.1%。

2012年，各项贷款余额759393万元，比2011年增长26.33%。

## 银行结算

1986年，全县金融机构推行以票据信用为主体的规范化结算制度，建立现代化的支付结算体系。银行结算方式主要有托收无承付、汇兑、付现委托书、支票（转账、现金）托收承付、特种汇票结算等。

1989年，各金融机构执行中国人民银行制定的《银行结算办法》，结算种类有银行汇票、商业汇票、银行本票、支票、汇兑、委托收款6个种类。同时废止付委托书、托收无承付、托收承付等。同城结算方式，多使用支票和委托收款，银行本票很少使用；异地结算方式，多使用汇兑、银行汇票及委托收款。

1995年，实行电算化票据清算交接，简化手续，缩短交接时间，提高资金利用率。1996年，各金融机构执行《中华人民共和国票据法》，银行汇票、银行承兑汇票、贴现、再贴现等业务逐年开展。1997年12月1日，各金融机构执行中国人民银行颁布的《支付结算办法》。结算方式有银行汇票、商业汇票、银行本票、支票、信用卡、汇兑等。

2002年，兴城市金融机构开通全国电子联行清算系统，各金融机构均开通电子汇划系统，实现辖区“无地对接”资金汇划实时到账。

2005年6月，人民银行建成大额实时支付系统，并实现人民银行与各银行业金融机构内支付系统、中央债券综合业务系统、银行卡支付系统、人民币同业拆借及外汇交易系统等连接，为银行业金融机构及金融市场提供安全高效的支付清算服务。

2006年，小额支付系统在兴城地区顺利推广。现代支付体系在各银行业金融机构经营网点全面实现电子化，各银行以网络为基础，为客户提供跨行、跨地区服务。2007年，人民银行开始运行全国支票影像交接系统，实现支票全国通用，便利异地转账结算。在人行兴城支行协调和推动下，兴城农村信用社建立城乡信用社网络，改造综合业务系统，提升信用社支付系统整体水平。

2010 年，人行兴城支行的清算中心系统，在提供多样化服务，满足市场多样化需求方面发挥重要作用。

2012 年，人行兴城支行着力改善辖区支付结算秩序，加强管理与监管，建立助农服务点，满足农民支付要求。

## 1986~2012 年兴城金融业务情况

表 13-1-1　　单位：万元

| 年份 | 存款余额 | | 贷款余额 | 货币收支投放 | | |
|---|---|---|---|---|---|---|
| | 各项存款 | 储蓄存款 | | 现金收入 | 现金支出 | 净投放 |
| 1986 | 20738 | 12535 | 26123 | 35651 | 38214 | 2563 |
| 1987 | 21347 | 17206 | 26935 | 47288 | 50530 | 3242 |
| 1988 | 27962 | 23378 | 30146 | 69805 | 80376 | 10571 |
| 1989 | 34904 | 30689 | 34967 | 77136 | 84731 | 7595 |
| 1990 | 45878 | 43219 | 46088 | 77855 | 87374 | 9519 |
| 1991 | 76940 | 56342 | 78785 | 93535 | 104588 | 11022 |
| 1992 | 94368 | 69114 | 96163 | 128063 | 144830 | 16766 |
| 1993 | 105614 | 80089 | 110289 | 185060 | 202558 | 17498 |
| 1994 | 123779 | 96377 | 117229 | 262595 | 282672 | 20077 |
| 1995 | 147335 | 126000 | 157707 | 322503 | 344704 | 22201 |
| 1996 | 197500 | 167600 | 182900 | 519108 | 532846 | 13738 |
| 1997 | 245000 | 216100 | 197800 | 415200 | 434919 | 19719 |
| 1998 | 278000 | 246000 | 208 000 | 719790 | 748195 | 28405 |
| 1999 | 300000 | 266000 | 211000 | 995237 | 1030592 | 35355 |
| 2000 | 319000 | 281000 | 200000 | 1213000 | 1251000 | 38000 |
| 2001 | 342000 | 293000 | 217861 | 1420000 | 1437000 | 17000 |
| 2002 | 372000 | 321000 | 242000 | 6230 | 9204 | 2974 |
| 2003 | 418000 | 346000 | 279700 | 6909 | 10659 | 3750 |
| 2004 | 450000 | 355000 | 220857 | 1855734 | 1856477 | 743 |
| 2005 | 503176 | 400795 | 230976 | 2318723 | 2318490 | — |
| 2006 | 609000 | 465000 | 278000 | 2941594 | 2939194 | — |
| 2007 | 644918 | 495066 | 333374 | 3501444 | 3502438 | 994 |
| 2008 | 769966 | 611072 | 297509 | 2845024 | 2846762 | 1738 |

续表 13-1-1

| 年份 | 存款余额 | | 贷款余额 | 货币收支投放 | | |
|---|---|---|---|---|---|---|
| | 各项存款 | 储蓄存款 | | 现金收入 | 现金支出 | 净投放 |
| 2009 | 923300 | 726000 | 365385 | 76134 | 171547 | 95413 |
| 2010 | 1030000 | 832515 | 490039 | — | — | — |
| 2011 | 1239222 | 988926 | 601083 | — | — | — |
| 2012 | 1441531 | 1191116 | 759393 | — | — | — |

## 第三节　金融管理

### 金融监管

1986年，依照《中华人民共和国人民银行法》，人行兴城支行履行金融监管职责，防范和化解金融风险，保障兴城金融业平稳运行，促进经济发展。监管方式由合规性监管模式向风险性监管模式转变。年内，开展农村信用社信贷、城市信用社盈亏及内控制度执行、政府借款使用等专项检查。

1988年，人行兴城支行依照专项贷款管理原则，重点支持出口创汇企业。先后为金属垫圈出口生产贷款30万元，为羽绒服装出口生产贷款20万元。依照保证重点贷款原则，为兴城粮食收购季节资金需求，拆借资金2000万元，缓解兴城市粮食收购资金紧张局面。

1991年，人行兴城支行针对市场出现假币现象，在金融领域展开反假币行动。责成各专业银行防范假币，各储蓄窗口仔细查验、辨别真伪。年内，查收假币19起，计960元。其中面额100元券1起，50元券17起，10元券1起。查获贩卖假银元案1起，收缴假银元134块。

1994年，审批新增各类金融机构11个，其中金融办事处3个，营业所1个，储蓄所7个。全市金融机构184个。

1996年，人行兴城支行履行金融行政管理职能。严把金融市场准入关，全年只批准新设城市信用社储蓄所2个。合理调整金融机构布局，撤销金融机构16个，批准变更营业地址9个，更改名称4个。对1995年注册的187个金融机构进行年检，经年检合格，重新登记，换发“金融机构法人许可证”和“金融机构营业许可证”。对个别金融单位吸收股金，擅自提高利率违规行为进行通报和纠正。对兴城拍卖行典当业务进行检查，对全市8个内部集资金额较大的企业进行调查。

1998年，人行兴城支行在实施金融管理上，以防范和化解金融风险为重点。年内，对各类金融机构进行年检抽查71个，抽查率为43.5%。依法清理、撤销储蓄机构6个、营业所2个、办事处1个，降格办事处为储蓄所2个，金融机构迁址5个。在防范和化解农村信用社金融风险上，制定《兴城市农村信用合作社改革三年规划》《兴城市农村信用合作社化解金融风险三年规划》《兴城市防范和化解农村信用社风险指导意见》，将12个农村信用社合并为6个。年内，共受理利率方面举报10起。将4个金融单位采取“先付利差”办法变相提高储蓄存款利率吸收的存款，划转至人行兴城支行无息专户。在保险行业监管上，对两家保险公司的“无赔款退费”进行专项检查，对相关问题提出改进意见。

2001年，人行兴城支行推出八项监管新举措。一是向各金融机构分解监管指标及重点和措施，二是制定《中国人民银行兴城市支行与金融机构工作联系制度》，三是建立金融机构高级管理人员业绩考核手册，四是建立国有独资商业银行、政策性银行、城乡信用社不良贷款监控制度，五是对农村信用社实施八项优惠措施，六是与农村信用联社及各基层信用社签订监管目标责任状，七是制定《兴城市农村信用社综合治理方案》，八是实行现场检查、复查及整改。

2004年2月1日，新修订的《中华人民共和国银行法》实施，人民银行监管职责，由原“制定和执行货币政策，实施金融监管，提供金融服务”调整为“制定和执行货币政策，维护金融稳定，提供金融服务”。人行兴城支行依照《中国人民银行假币收缴鉴定管理办法》，对各金融机构进行现场抽查。年内，新增卡户42户，全市发卡量248户。建立中小企业信用信息档案，搜集中小企业信用信息125户，录入总行数据库。

2004年3月，成立中国银行业监督管理委员会葫芦岛银监分局兴城监管办事处，隶属中国银行业监督管理委员会葫芦岛银监分局，为国家银行业监督管理机构派出的事业单位。主要职责是根据葫芦岛银监分局的授权，依法开展对兴城辖内银行业的市场准入的审核、高级管理人员任职资格核准以及现场检查等银行业机构及业务活动的监督管理工作。

2006年，人行兴城支行制发《兴城市金融支持地方经济发展指导意见》，督促辖内各金融机构执行国家货币政策，支持地方经济发展，捕捉经济金融信息，分析辖内经济金融发展趋势；与各金融机构签订《金融统计信息共享协议》，建立辖区金融统计信息共享平台。

2009年，制定《执行适度宽松货币政策支持兴城经济发展指导意见》，引导金融机构把握信贷支持方向，重点加大对兴城基础设施、民生工程、“三农”、重点项目和消费信贷的支持。

2012年，加强金融稳定和风险防范工作，继续执行货币信贷报告制度，大力开展社会诚信体系建设，优化县域金融生态环境，与地方政府联合，依法打造维护金融安全体系。

## 现金管理

1986年，人行兴城支行现金管理重点从控制货币供应量过快增长、抑制通货膨胀，转向以防范和打击利用现金结算从事违法犯罪活动、防范和化解现金结算风险。管理方式从主要依靠事前审批，逐步转向以事后监督、备案。是年，现金收入35651万元，支出38214万元，净投放2563万元。

1988年，贯彻执行国务院《现金管理暂行条例》及中国人民银行《现金管理暂行条例实施细则》。针对一些企业利用银行允许多头建户之便，套取现金，人行兴城支行、工商行兴城支行、农行兴城支行、建行兴城支行联合下发《关于清理企业现金结算户的通知》，规定凡在银行开立现金结算账户的企业，均由人民银行统一批准并登记入册。

1989年，人行兴城支行对36家金融机构清理企业现金结算户进行抽查，有18家企业未办理现金结算户审批手续，责令停止支付现金。年内，对企业内部集资进行管理，未履行审批程序的集资款，按人民银行锦州中心支行《关于加强集资企业现金存款管理的通知》，予以冻结，经补办审批手续后方可支取。全年，批准企业集资6家，金额387万元。

1992年，人行兴城支行对现金指标实行一次性下劈各专业银行，严格执行现金出库登记制度，对各专业银行现金增减变化跟踪调查。年内，进行两次现金大检查，检查企、事业453家，信用社21家，查处违纪单位287个，违纪金额800万元。是年，现金收入128063万元，现金支出

144830 万元，净投放 16766 万元。

1994 年，人行兴城支行对 11 家金融机构进行稽核，查出有问题资金 1986 万元，分别责令有关金融机构整改。全年，现金收入 262595 万元，现金支出 282672 万元，净投放 20077 万元。

1997 年 7 月 1 日始，实行《大额现金支付登记备案规定》。大额现金支付起点为 5 万元，提取现金 5~8 万元报开户银行计划部门批准；8~10 万元经开户银行分管行长审批；提现超过 10 万元、签发现金汇票和银行本票超过 20 万元的，报人行兴城支行计划科审批；超过 50 万元的经人行兴城支行分管行长审批。开户银行要逐笔记入《大额现金支取登记台账》，于月后 15 日内报送人民银行备案。

1998 年 4 月，全市开始实行信用卡、银行卡、支付卡。规定持卡单位需要转入资金的，必须从基本存款账户转入，不能交存现金，不能将贷款存入。任何部门和单位不得将卡款转入个人信用卡、银行卡、支付卡账户内。

2003 年 9 月始，中国人民银行实施《人民币银行账户管理办法》，规定一日内对同一存款人签发两张以上现金银行汇票或银行本票的，在大额现金支付账中反映并加以注明。个人储蓄账户一日一次性支取 50 万元以上的（含 50 万元）或一日数次支取累计超过 50 万元（含 50 万元）现金的，开户银行大额现金支付登记台账于月后 10 个工作日内报人民银行备案。

2005 年，人行兴城支行依照《大额现金支付登记备案规定》，细化各金融机构大额现金报备表格，建立金融机构大额现金报备档案，并进行 3 次大额现金报备季度检查。

2007 年，现金管理重心从传统的现金投放，抑制通贷膨胀向规范现金流通秩序和防范利用现金结算进行经济犯罪方面延伸。人行兴城支行在中央银行上调法定存款准备金率后，重点对城市商业银行古城支行、柳城支行、兴城支行及兴城农信联社实时监测，随机提出风险警示，维护兴城金融稳定。

2008 年，人行兴城支行协助兴城财政国库集中支付业务。全市纳入财政国库集中支付管理预算单位 228 家，全年办理直接支付和授权支付业务 4946 笔 ，金额 26706 万元。

2009 年，实施货币政策执行动态跟踪监测，随机掌握金融机构货币政策执行情况。全市现金收入 76134 万元，现金支出 171547 万元。

2010 年起，人行兴城支行发行库业务停止。2012 年，人行兴城支行加强人民币流通管理，及时准确掌握金融结构货币政策执行和风险控制情况。

## 银行账户管理

1986 年，执行中国人民银行 1977 年制定的《银行账户管理办法》。1989 年，人行兴城支行完善会计核算和发行库、国库管理。资金清算，全年提出票据 18.06 万笔，金额 95.23 亿元，资金抵用率达 55%。发行基金管理，建立“库房及钱捆标准化”“档案数据规范化”“基金核算制度化”“调查分析货币需求量经常化”等规章制度，全年调入资金 5418 万元，调出资金 13022 万元，联行间拨款 10634 万元。执行国家金库管理条例和细则，做好税款入库及各种债券发行兑付。

1991 年，人行兴城支行在全市金融机构实行“开户许可证”管理办法，核发企、事业单位“开户许可证”3409 个，解除多头账户 1000 余户。

1994 年 10 月 9 日，中国人民银行颁布《银行账户管理办法》，规定存款账户分为基本账户、一般存款账户、临时存款账户和专用存款账户。

1995 年，人行兴城支行开通与全国 400 家联行并网电子联行系统，实现会计记账、国库核算、非现场稽核、账户管理微机化，初步建立以人民银行为中心的金融电子化、网络化服务体系。

1997 年，人行兴城支行开展账户专项检查，撤销不合格账户 187 户，补办“开户许可证”62 个；纠正个别信用社将一般性企业存款列入应解汇款科目，逃避人民银行监督的行为；处理拒票、压票及结算收费行为；监督、辅导特约联行单位，防范出现漏洞和差错。

2003 年 9 月 1 日，中国人民银行制定《人民币银行结算账户管理办法》。人行兴城支行实施国库柜台监督，执行柜面监督有关规定，对不符合手续、要素不全、级次有误、用途不当、无批文的票据一律予以退票。全年，审核拨款退票 10 笔，税款退票 133 笔，合计金额 850 万元。

2007 年，人行兴城支行建立《兴城市支库内部控制和风险防范责任制》，协调理顺各金融机构间关系，对因同城清算退票、乱拉账户等引起纠纷，协调解决。建立与国税、地税横向联网，确保各项税收及时准确入库。依法审批开立、撤销“开户许可证”，全年审批开立单位银行结算账户 529 户，清理、撤销不合格各类账户 195 户。

2008 年，规范辖区各金融机构人民币结算账户的开立、使用、变更、撤销，保证银行结算账户系统有效运行。执行国库业务法规，人行兴城支行全年对不合规拨款退票 43 笔，金额 708 万元；退回填写有误各类税票 313 笔，金额 602 万元；退回不合规退库 56 笔，金额 640 万元；更正不合规退库 5 笔，金额 183 万元。

2009 年，人行兴城支行对招商引资项目、重点工程项目，优先办理金融许可事项。全年核准开立各类账户 637 户；清理、撤销不合规各类账户 397 户。

2010 年，兴城市单位银行结算账户 834 户，其中基本账户 615 户，一般账户 140 户，专用账户 51 户，临时账户 28 户。清理、撤销账户 303 户，其中基本账户 185 户，一般账户 46 户，专用账户 49 户，临时账户 23 户。

2012 年，兴城市单位银行结算账户 1001 户，其中基本账户 672 户，一般账户 205 户，专用账户 70 户，临时账户 54 户。清理、撤销账户 622 户，其中基本账户 420 户，专用账户 59 户，临时账户 42 户，一般账户 101 户。

# 第二章 保险

1986 年，兴城境内保险企业只有中国人民保险公司兴城县支公司，隶属于中国人民保险公司锦州市分公司，为非独立核算的局级单位。随着保险业务的拓展，兴城市多家从事人寿保险、财产保险业务的保险企业及其他保险公司设立的分支机构，通过开展保险业务为地区经济社会发展提供服务和保障。

## 第一节 保险机构

根据《中华人民共和国保险法》规定，保险公司在被核定的保险业务范围内从事保险经营活动，经金融监督管理部门核定，保险公司可以经营分出保险、分入保险的再保险业务。至2012年末，兴城市有保险公司及其他保险公司设立的分支机构9家。

## 中国人民财产保险股份有限公司兴城支公司

中国人民财产保险股份有限公司兴城支公司（简称中保财险兴城支公司），其前身为中国人民保险公司兴城县支公司（简称兴城保险公司）。1986年，兴城保险公司设办公室、宣传科、计财科、财产险科、人身险科、理赔科，在编干部职工32人。

1990年，兴城保险公司下设代办所增至7个，专兼职代办员500人。

1996年4月，财产保险、人寿保险分业独立经营，成立中国人民财产保险公司兴城支公司。2003年7月，改革为股份制，称中国人民财产保险股份有限公司兴城支公司。

2012年，中保财险兴城支公司内设综合部、业务部、承保理赔服务部、营销部。辖曹庄、沙后所两个中心营销部，全市设保险代办站28个。

## 中国人寿保险股份有限公司兴城支公司

中国人寿保险股份有限公司兴城支公司（简称中保寿险兴城支公司），前身为中国人民保险公司兴城支公司。1996年4月，实行财产保险、人寿保险分业独立经营，成立中国人寿保险有限公司兴城支公司，内设团险科、个险科、办公室3个业务机构。

2002年，中保寿险兴城支公司内设银行保险部、客户服务部、团体意外险部、个人寿险部、办公室5个业务机构。2003年3月，改革为股份制，称中国人寿保险股份有限公司兴城支公司。

2010年，中保寿险兴城支公司员工36人，营销员120人。2012年，中保寿险兴城支公司有员工143人，其中劳动合同制13人，代理制员工130人。

## 中国太平洋人寿保险股份有限公司兴城营销服务部

2001年，设立中国太平洋人寿保险股份有限公司兴城营销服务部（简称太平洋寿险兴城营销部），系隶属葫芦岛中心支公司直辖的分支机构。开办险种180余个，涵盖人寿保险、年金保险、健康保险、意外伤害保险等领域。

2012年，太平洋寿险兴城营销部有内外勤员工46人。

## 中国太平洋财产保险股份有限公司兴城支公司

2008年4月，中国太平洋财产保险股份有限公司兴城支公司（简称太平洋财险兴城支公司）挂牌成立，隶属中国太平洋财产保险股份有限公司葫芦岛中心支公司。主要经营人民币和外币的各种财产保险、短期健康保险、意外伤害保险等业务。

2012年，太平洋财险兴城支公司有员工6人，在兴城主要开办机动车辆保险、企业财产保险、家庭财产保险、个人意外伤害保险等险种及代收车船使用税等业务。

## 中国平安人寿保险股份有限公司兴城营销服务部

2003年4月，设立中国平安人寿保险股份有限公司兴城营销服务部（简称平安寿险兴城营销部），系隶属中国平安人寿保险股份有限公司葫芦岛中心支公司直辖的分支机构。

2012年，平安寿险兴城营销部拥有内外勤员工270余人，在兴城开办主要险种15个。

### 泰康人寿保险股份有限公司兴城支公司

2002年，设立泰康人寿保险股份有限公司兴城支公司（简称泰康寿险兴城支公司），系隶属泰康人寿保险股份有限公司辽宁分公司的分支机构。

2009年11月，泰康人寿保险获中国保险行业第一个养老小区投资试点资格。

2010年，泰康寿险兴城支公司在兴城开办人寿保险、健康保险、企业年金、资产管理及养老小区投资等业务板块。

2012年，泰康寿险兴城支公司拥有内外勤员工33人。

### 中华联合财产保险股份有限公司兴城营销服务部

2006年，设立中华联合财产保险股份有限公司兴城营销服务部（简称中华财险兴城营销部），系隶属中华联合财产保险股份有限公司葫芦岛中心支公司的分支机构。

2010年，中华财险兴城营销部在兴城开办主要险种有财产险、货物运输险、机动车辆险、一般责任险、个人意外险、团体意外伤害险、个人短期健康险、团体短期健康险等21种。

2012年，中华财险兴城营销部有内勤员工8人。

### 生命人寿保险股份有限公司兴城支公司

2006年，经中国保险监督管理委员会批准，成立生命人寿保险股份有限公司。在兴城设立分支机构，称生命人寿保险股份有限公司兴城支公司（简称生命寿险兴城支公司），隶属于生命人寿葫芦岛中心支公司，内设客服部、个险部、培训部、银保部、综合内勤部。2012年，有内外勤员工6人，业务员100余人。

## 第二节　保险业务

保险公司是采用公司组织形式的保险人，经营保险业务。保险关系中的保险人，享有收取保险费、建立保险费基金的权利。同时，当保险事故发生时，有义务赔偿被保险人的经济损失。

### 险种

1986年，兴城保险公司经办企业财产险、人身险等险种28个。1987年，增开农村家庭财产保险、乡镇职工养老保险、种植业保险等7个险种，全市开办险种增至35个。1989年，增开母婴安康保险、人工流产保险、独生子女双全保险等，险种达38个。

1990年，保险服务领域逐步拓宽，由城市拓展至农村，由承保国营企业财保险拓展至乡村企业财产保险，由城市居民财产保险拓展至农村居民财产保险，由短期人寿保险拓展至长期人寿保险，承保险种由单一拓展为多种类多险种，主险种由企业财险、人身险拓展为财产险、人身险、责任险三大类险种并存。全市险种达41个，其中财产险类有23个，占各险种的56.1%。

1994年，开办险种70个，比1993年增加2个。1996年4月，财产险、人寿险分业。险种依市场变化，贴近企业及人民群众需求而开设。年内，中保财险兴城支公司开办险种20个，中保寿险兴城支公司开办险种27个。

2002 年，中保财险兴城支公司、中保寿险兴城支公司开办险种计达 112 种，其中财险 62 种，寿险 50 种。2010 年，中保财险兴城支公司、中保寿险兴城支公司与商业银行、农村信用社合作开办借款人意外伤残保险业务。年内，开办险种达 221 种，其中人寿保险 138 种，财产保险 83 种。

2012 年，中保财险兴城支公司、中保寿险兴城支公司开办险种达 239 种，其中人寿保险 142 种，财产保险 97 种。

## 保费

1986 年，兴城保险公司承保户数达 60590 户，保险金额 7.1 亿元。保费收入 192.8 万元，其中财险 154.7 万元，占 80.2%，比 1985 年增长 55%；寿险 38.1 万元，占 19.8%，比 1985 年增长 48.8%。

1989 年，承保户数增加到 69596 户，保险金额 102144 万元，比 1988 年增长 12.7%。保费收入 401 万元，比 1988 年增长 9.3%。其中财险收入 325 万元，比 1988 年增长 13.4%；寿险收入 76 万元，比 1988 年下降 5.6%。

1991 年，保费收入 659.7 万元，比 1990 年增长 34.5%，创历史新高。其中财险收入 527.3 万元，比 1990 年增长 34.6%；寿险收入 132.4 万元，比 1990 年增长 34%。1993 年，险种 62 个，承担风险金额达 17.5 亿元。业务总收入 1086.6 万元，其中财险收入 882.3 万元，寿险收入 204.3 万元。

1997 年，财险、寿险分业经营独立运行后的第一年，保费收入合计 2490.4 万元，比分营前增长 103.2%，比 1996 年增长 27%。其中寿险增长幅度较大，保费收入实现 1020 万元，比分营前增长 5.6 倍，比 1996 年增长 82.1%；财险收入 1470.4 万元，比分营前增长 37.3%，比 1996 年增长 5%。

2002 年，中保财险兴城支公司、中保寿险兴城支公司各类保费收入实现 4622.4 万元，比 2001 年增长 23.3%。其中寿险收入 3400 万元，比 2001 年增长 29.8%；财险收入 1222.4 万元，比 2001 年增长 8.2%。

2007 年，中保财险兴城支公司、中保寿险兴城支公司全年保费总收入达 7312.6 万元，比 2006 年增长 23.4%。其中财险收入 1212.6 万元，比 2006 年增长 46.7%；寿险收入 6100 万元，比 2006 年增长 20%。

2010 年，中保财险兴城支公司、中保寿险兴城支公司全年保费总收入达 10296.4 万元，比 2009 年增长 23.4%。其中财险收入 2896.4 万元，比 2009 年增长 53.3%；寿险收入 7400 万元，比 2009 年增长 18.2%。

2012 年，中保财险兴城支公司、中保寿险兴城支公司全年保费总收入达 19105.4 万元，比 2011年增长 26.21%。其中财险收入 7794.34 万元，比 2011 年增长 3.43%；寿险收入 11311.06 万元，比 2011 年增长 48.47%。

## 理赔

1986 年，兴城保险公司处理赔案 1790 件，理赔支出 78.7 万元，其中财产险理赔 74.4 万元，人身险支付 4.3 万元。综合赔付率 40.8%。

1988 年，兴城市财产、人身两类保险业务，发生保险责任范围内的出险案件 3460 件，结案率 97%。赔付总金额 173.8 万元，其中财产险 2230 件，支付赔款 153 万元，结案率 93.7%；人身险 1230 件，支付金额 20.8 万元，结案率 95%。年内，财险拒赔 6 件，注销 88 件，涉案金额计 20 余万元。

1991 年，各险种出险案件 8840 件，比 1990 年增长 39.6%；结案 8475 件，结案率 95.9%。赔付总金额 848.7 万元，其中财产险赔付 830.5 万元，占赔付总金额的 97.9%；长期人身保险期满给付 18.2 万元。是年，兴城遭遇“7·28”特大暴雨袭击，兴城保险公司迅速到灾区查勘投保户出险现场，并依据灾情，把原报案时间不得超过 2 天，延长至 21 天。同时，对投保户 14 家企业给予先行支付赔款 142 万，使其尽快恢复生产。因水灾支出赔付金 617 万元，占全年赔付总金额的 72.7%。

1994 年，全年处理保险理赔案 11959 件，赔付总金额 1004.8 万元。其中财产险赔付 970.7 万元，占赔付总金额的 96.6%；人身险给付 34.1 万元。

1996 年 4 月，兴城市保险公司分设中保财险兴城支公司、中保寿险兴城支公司，财险、寿险分业经营。全年共处理财险、寿险案 3217 件，理赔总支出 851.2 万元，其中财险赔付 642.5 万元，占赔付总金额的 75.5%；寿险给付 208.7 万元，占赔付总金额的 24.5%。

2000 年，处理保险理赔案 5155 件，赔付总金额 1235.3 万元，其中财险赔付 970.4 万元，赔付率 78.6%；寿险给付 264.9 万元，赔付率 21.4%。2002 年，中保财险兴城支公司、中保寿险兴城支公司在保险责任内理赔总金额 879.5 万元，其中财险赔付 519.5 万元，赔付率 59%；寿险给付 360 万元，赔付率 40.9%。

2005 年，中保财险兴城支公司、中保寿险兴城支公司在保险责任内理赔总金额 1076 万元，其中财险赔付 533.2 万元，赔付率 48.8%；寿险给付 542.8 万元，赔付率 40.1%。2009 年，中保财险兴城支公司、中保寿险兴城支公司在保险责任内理赔总金额 1812.4 万元，其中财险赔付 1302.4 万元，寿险给付 510 万元。

2010 年，中保财险兴城支公司、中保寿险兴城支公司在保险责任内理赔总金额 1483.3 万元，其中财险赔付 923.3 万元，寿险给付 560 万元。

2012 年，中保财险兴城支公司、中保寿险兴城支公司在保险责任内理赔总金额 3990.6 万元，其中财险赔付 3990.6 万元。

## 1986~2012 年兴城保险收支情况

表 13–2–1　　　　单位：万元

| 项目／年份 | 保费收入 | | | 理赔支出 | | |
|---|---|---|---|---|---|---|
| | 合计 | 财险收入 | 寿险收入 | 合计 | 财险赔付 | 寿险支付 |
| 1986 | 192.8 | 154.7 | 38.1 | 78.7 | 74.4 | 4.3 |
| 1987 | 56.2 | 28.1 | 28.1 | 118.9 | 98.9 | 20 |
| 1988 | 367 | 286.2 | 80.8 | 173.8 | 153 | 20.8 |
| 1989 | 401 | 324.6 | 76.0 | 222.7 | 221.6 | 1.1 |
| 1990 | 490.6 | 391.7 | 98.9 | 188.6 | 187.4 | 1.2 |
| 1991 | 659.7 | 527.3 | 132.4 | 848.7 | 830.5 | 18.2 |
| 1992 | 1158.0 | 814.3 | 343.7 | 454.8 | 450.5 | 4.3 |
| 1993 | 1086.6 | 882.3 | 204.3 | 670.7 | 608.9 | 61.8 |
| 1994 | 970.1 | 854.4 | 115.7 | 1004.8 | 970.7 | 34.1 |
| 1995 | 1225.8 | 1070.7 | 155.1 | 872.1 | 864.9 | 7.2 |

续表 13-2-1

| 项目<br>年份 | 保费收入 | | | 理赔支出 | | |
|---|---|---|---|---|---|---|
| | 合计 | 财险收入 | 寿险收入 | 合计 | 财险赔付 | 寿险支付 |
| 1996 | 1960.7 | 1400.7 | 560.0 | 851.2 | 642.5 | 208.7 |
| 1997 | 2490.4 | 1470.4 | 1020.0 | 1152.7 | 629.9 | 522.8 |
| 1998 | 2524.3 | 1484.3 | 1040.0 | 2039.5 | 724.4 | 1315.1 |
| 1999 | 3684.4 | 1484.4 | 2200.0 | 1262.4 | 730.7 | 531.7 |
| 2000 | 6512.1 | 1112.1 | 5400.0 | 1235.3 | 970.4 | 264.9 |
| 2001 | 3750.2 | 1130.2 | 2620.0 | 830.2 | 490.2 | 340.0 |
| 2002 | 4622.4 | 1222.4 | 3400.0 | 879.5 | 519.5 | 360.0 |
| 2003 | 4750.1 | 1150.1 | 3600.0 | 1086.7 | 676.7 | 410.0 |
| 2004 | 5032.2 | 932.2 | 4100.0 | 838.2 | 418.2 | 420.0 |
| 2005 | 5489.0 | 1089.0 | 4400.0 | 1076.0 | 533.2 | 542.8 |
| 2006 | 5927.6 | 827.6 | 5100.0 | 864.3 | 544.3 | 320.0 |
| 2007 | 7312.6 | 1212.6 | 6100.0 | 840.2 | 560.2 | 280.0 |
| 2008 | 8734.8 | 1334.8 | 7400.0 | 1010.7 | 560.7 | 450.0 |
| 2009 | 8489.2 | 1889.2 | 6600.0 | 1812.4 | 1302.4 | 510.0 |
| 2010 | 10296.4 | 2896.4 | 7400.0 | 1483.3 | 923.3 | 560.0 |
| 2011 | 15137.37 | 7518.69 | 7618.68 | 3129.28 | 3129.28 | — |
| 2012 | 18846.98 | 7535.92 | 11311.06 | 3990.6 | 3990.6 | — |

注：1986~1995 年，为兴城保险公司数据；1996~2010 年，为中保财险兴城支公司、中保寿险兴城支公司数据；2012 年为行业数。

# 第十四篇 经济管理

## 第一章 计划管理

1986年，兴城县计划委员会承担县域经济计划管理，并代管兴城县基本建设前期工作、兴城县旅游疗养公共设施建设管理、兴城县农业区划、兴城县饲料工业等项工作。1998年3月机构改革，兴城市计划委员会与兴城市统计局、兴城市招商局合并，成立兴城市计划统计局。2002年3月，兴城市计划统计局更名为兴城市发展计划局。2005年，兴城市发展计划局改为兴城市发展和改革局，其职能是监测全市宏观经济和社会发展态势，研究全市宏观经济运行、总量平衡、经济安全和总体产业安全等重要问题并提出宏观调控政策建议。

### 第一节 计划体制

1986年，贯彻执行国务院批转的国家计划委员会《关于改进计划体制的若干暂行规定》。进一步缩小指令性计划范围，扩大指导性计划和市场调节范围，对关系国计民生的重要经济活动，实行指令性计划，对大量的一般经济活动实行指导性计划。对饮食企业、服务业和小商品生产等方面，实行市场调节。

1987年，依照国家计划体制有关政策，兴城市计划工作形式开始由指令性计划为主，转变为指导性计划为主；计划范围由原来只管计划内的事，转变为全社会经济发展和综合平衡；计划重点由编制年度计划，转变为编制中长期计划，重视开展经济和社会战略发展研究；计划手段从单纯靠行政手段分钱、分物下达计划，转变为综合运用经济杠杆、经济信息，开展经济协调和平衡。

1993年，开始建立社会主义市场经济体制，逐步打破传统的计划管理模式，计划指标全部改为指导性计划，工业产品产量计划取消。绝大部分物资实行“单轨制”，价格由市场调节。基本建设投资转变为以建设单位自筹为主，国家补贴为辅。

2002年3月，兴城市计划统计局更名为兴城市发展计划局。基本职能从偏重于微观经济活动干预转到宏观调控。2005年，兴城市发展计划局改为兴城市发展和改革局，基本职能也随之改变。

每年除编制计划和规划外，重点开展调查研究，进行经济分析和预测，为兴城市人民政府制定重大决策提供参考意见。按照国家相关政策，搞好固定资产投资项目管理。根据兴城市经济和社会发展要求，搜集和整理重点建设项目，建立项目库，并争取项目建设资金。

## 第二节　计划编制

计划编制分为长期计划、中期计划和短期计划。1986~2012 年，相继制定兴城市（县）八年规划 1 个，十年规划 1 个，十五年规划 1 个。其中国民经济和社会发展规划 2 个，专业规划 1 个。制定中期计划 26 个，其中国民经济和社会发展计划 5 个，专业发展计划 21 个。制定短期计划 27 个，全部为国民经济和社会发展年度计划。

### “七五”计划（1986~1990 年）

1986 年 4 月3 日，兴城县第十届人民代表大会第三次会议审议通过《兴城县国民经济和社会发展第七个五年计划纲要（草案)》。

“七五”计划确定的主要奋斗目标是：到 1990 年末，全县工农业总产值达到 5.16 亿元，平均年递增 10.7%。其中农业总产值达到 2.06 亿元，平均年递增 7.1%。工业总产值达到 3.1 亿元，平均年递增 7%。固定资产投资计划达到 2.1 亿元，比“六五”时期增长 3.1 倍。农村人均收入达到 650 元，平均年递增 7.5%。城镇职工年人均工资达到 1100 元，平均年递增 3%。1990 年，全县人口计划控制在 51 万人以内，自然增长率控制在 14.1‰以下。

经过 5 年艰苦努力，截至 1990 年末，兴城市工农业总产值实现 7.5 亿元，平均年递增 9%。其中农业总产值实现 2.1 亿元，平均年递增 8%；工业总产值实现 5.2 亿元，平均年递增 8%。财政收入实现 3693 万元。固定资产投资累计完成 33025 万元。农村人均收入实现 529 元；城镇职工年人均工资达到 1700 元。全市人口达到 52.6 万人，人口自然增长率控制在 13.5‰以下。

### “八五”计划（1991~1995 年）

“八五”计划确定的主要奋斗目标是：到 1995 年，国民生产总值达到 15.4 亿元，工农业总产值达到 19.69 亿元。其中农业总产值达到 6 亿元，工业总产值达到 13.69 亿元，社会商品零售总额达到 7.87 亿元。农民人均收入达到 1650 元，城镇职工年平均工资达到 2700 元。

1995 年末，全市国民生产总值实现 15 亿元，平均年递增 17.2%。农业总产值实现 6 亿元，平均年递增 6.2%。工业总产值 34.5 亿元，平均年递增 38.8%。财政收入实现 10724 万元，平均年递增 18.2%。财政支出 9468 万元，平均年增长 16%。固定资产投资累计完成 40580 万元，是“七五”时期 33025 万元的 1.2 倍。社会商品零售总额从 1990 年的 3.7 亿元增至 6.8 亿元，年递增 13%。农民人均收入从 1990 年的 529 元增至 1650 元；城镇职工年平均工资从 1990 年的 1700 元增至 2771 元。

### “九五”计划（1996~2000 年）

“九五”计划的主要奋斗目标是：到 2000 年，全市国民生产总值达到 30 亿元，比 1995 年翻一番，平均年递增 14.9%。全市工农业总产值达到 87.1 亿元，平均年递增 12.8%。其中农业产值达到 12 亿元，平均年递增 14.9%。工业总产值达到 75.1 亿元，平均年递增 21.8%。出口商品收购额实现5亿元，平均年递增30%。出口创汇额371美元，平均年递增30%。“九五”期间全市财政预算内收入年递增15.5%，财政支出年递增16%，到2000年分别达到2.2亿元和2亿元。2000年，农村人均收入达到3500元，城镇职工年平均工资达到7000元。

截至2000年“九五”规划期末，全市国内生产总值实现26.5亿元，平均年增长率为12.01%。其中第一产业增加值为4.5亿元，平均年增长率为7.74%；第二产业增加值为10.5亿元，平均年增长率为17.89%。GDP内部构成由1995年的20.6:48.7:30.7发展成为17:43.4:39.6。全市农业总产值实现8.3亿元，平均年增长率为3.42%。工业总产值实现22.2亿元，平均年增长率13.5%。利税总额实现0.8亿元，平均年增长率14.7%。财政收入实现1.56亿元，平均年增长率7.9%。招商引资实现2.37亿元，平均年增长率7.5%。固定资产完成3.12亿元，平均年增长率57.9%。社会消费品零售总额实现11.9亿元，平均年增长率11.32%。城镇职工年人均工资达到6360元，平均年增长率18.08%；农民人均收入2030元，平均年增长率3.4%。

## “十五”计划（2001~2005年）

“十五”计划的主要奋斗目标是：到2005年，全市国内生产总值达到42.7亿元，平均年递增10%。三次产业在国内生产总值的比重由“九五”期末的17:43.4:39.6调整为15:40:45。固定资产投资达到4.65亿元，平均年递增8.3%。社会消费品零售总额达到24亿元，平均年递增15%。外贸出口供货总额达到3.6亿元，平均年递增8.7%。全口径财政收入达到2.51亿元，平均年递增10%。农民人均收入达到3500元，平均年递增8%。城镇职工年人均工资收入达到9345元，平均年递增8%。

截至2005年“十五”规划期末，全市累计完成国内生产总值179.43亿元，平均年增长8.9%。其中第一产业增加值累计完成27.03亿元，平均年增长10%。第三产业增加值累计完成75.13亿元，平均年增长7.5%。三次产业结构分别由2000年的17:43.4:39.6调整为2005年的13:46:41。地方财政府收入“十五”期间累计实现7.46亿元，平均年增长16.2%。社会消费品零售总额累计实现72.7亿元，平均年增长5.1%。“十五”期末，农民人均纯收入达到3108元，比2000年增加1078元。城镇在岗职工年人均收入9732元，比2000年增加3372元。

## “十一五”规划（2006~2010年）

“十一五”规划的主要奋斗目标是：到2010年，全市地区生产总值达到54.66亿元，年平均增长15%。出口商品供货总值达到9.6亿元，年平均增长14%。社会消费品零售总额达到21.5亿元，年均增长5%。固定资产投资达到12亿元，年均增长12%。年招商引资额达到5亿元，地方财政收入达到3.07亿元，年均增长15%；经过努力，力争实现4亿元，进入全省44个县（市）区地方财政收入前10位。农民和城镇居民人均纯收入，年均增长10%以上。城镇登记失业率控制在4%以内。人口自然增长率和计划生育率分别为3.92‰和99.9%。

截至2010年末，全市地区生产总值完成58亿元，年均增长16.4%。三次产业结构比重由“十五”期末的13:46:41调整为19:34:47。地方财政一般预算收入完成5.4亿元，年均增长26.5%。全社会固定资产总额完成60亿元，年均增长55%。社会消费品零售总额完成40亿元，年均增长14.8%。农民人均纯收入达到6008元，年均增长13.8%，在岗职工年人均工资达到1.9万元，年均增长14.8%。

### “十二五”规划（2011~2015年）

“十二五”规划的主要奋斗目标是：到2015年，全市生产总值达到184.2亿元，年均增长26%。人均地区生产总值达到32735元，年均增长25.98%。地方财政一般预算收入达到17.1亿元，年均增长26%。全社会固定资产投资总额达到269亿元，年均增长35%。社会消费品零售总额达到99.53%亿元，年均增长20%。在岗职工人均工资达到38216元，年均增长15%。农民人均纯收入达到12083元，年均增长15%。初步建成集产业、口岸商贸、旅游等多功能为一体的，出口加工业为主导的，现代物流集散为特色的新型产业基地，形成新兴城市基本框架。

2012年，是兴城市实施“十二五”规划的第2年，全市GDP完成1280672万元，按可比价格计算，比2011年增长15.6%。其中第一产业增加值197410万元，比2011年增长1.8%；第二产业增加值599936万元，比2011年增长26.3%；第三产业增加值483326万元，比2011年增长10%；产业结构比为15.4:46.8:37.8。全市公共财政预算收入11.8亿元，比2011年增长38.1%；地方财政一般预算收入28.9亿元，比2011年增长33.2%。全社会固定资产投资总额实现113.1亿元，比2011年增长43%。社会消费品零售总额完成56.2亿元，比2011年增长16.4%。农民人均纯收入达到8995元，比2011年增长16.1%；在岗职工年人均工资达到27043元，比2011年增长15.2%。

## 第三节　项目管理

1986年，兴城县计划委员会在项目管理工作中，对重点工程项目的管理主要从项目前期工作开始，实行全程跟踪服务。

1993年，按照建立社会主义市场经济体制的要求，兴城市计划委员会开始放宽新办企业审批权和经营范围，简化基本建设计划审批手续。对新上的“三资”企业项目，予以审批和报批立项，对手续不健全的帮助完善手续，凡是能采取临时批办计划审批手续的，均给予临时批复。

2003年，兴城市发展计划局确立“经济要发展、项目要先行、资金作保障”的思想，简化办事程序，提高办事效率。对投资在100万元以下，不需要征用土地、不需要争取资金的项目，一次性下达基本建设计划。对大项目、急项目特事特办，即采取“先上车后补票”“先开工后完备”“先开便函后补计划”等措施，保证项目及时开工。年内，兴城市发展计划局将全部建设项目分为农业、交通能源科技、社会经贸、利用外资、基本建设五大类，并将项目审批程序，按“申请、受理、审核、现场勘察、批复”五个步骤进行分解。

2008年，兴城市发展和改革局组织编制《兴城市2008~2010年重点固定资产投资项目手册》。项目总计108个，其中上报葫芦岛市项目56个，储备项目52个，项目总计需投资828亿元。

2010年，兴城市发展和改革局审批项目32个，总投资92572万元；核准项目35个，总投资133115万元；备案项目35个，总投资134057万元。重点完成兴城河城区段综合治理、兴城污水管网改造、兴城滨海温泉新城基础设施建设、兴城临海产业区基础设施建设、公检法基础设施建设和兴城市人民医院病房综合楼等公共服务设计建设等。

2011年，兴城市发展和改革局权限内审批、核准、备案项目96个，总投资43.8亿元。申请上级审批、核准、备案项目21个，总投资11.87亿元。

2012年，兴城市发展和改革局编制《兴城市2012年重点项目手册》，包括重点项目179个，总投资495.3亿元。其中续建项目69个，总投资107.1亿元；新建项目110个，总投资388.2亿元。在项目审批上，优化流程，为项目单位提供优质服务。全年共审批、核准、备案项目119个，总投资686528.07万元。请示上级审批、核准项目10个，总投资34380.6万元。

## 第四节　计划执行

兴城市发展和改革局把争取项目资金作为发展改革工作的重中之重。2010年，争取国家和省市投资1.2亿元，其中中央专项资金8050.4万元，省财力374.1万元，省地债3556万元，市级现套资金73万元。

2011年，兴城市发展和改革局争取上级资金12986.01万元，其中中央预算内投资11309.6万元，省财力1395万元，市财力40万元，工业贴息241.41万元，涉及项目32个。

2012年，兴城市发展和改革局共争取中央预算内投资、省财力项目31个。总计争取上级资金15384.02万元，其中中央预算内投资14506万元，省财力845万元，葫芦岛市财力33万元。主要包括兴城临海产业区起步区海防堤工程项目3313万元、兴城河入海口海防堤工程2500万元、兴城市农村饮水安全工程926万元、兴城市沿海防护林工程1385万元、兴城市海滨风景区保护设施建设项目1000万元等。

# 第二章　统计管理

1987年，兴城市统计局成为独立的统计机构，各乡镇人民政府和街道办事处设置专职统计员。1998年3月机构改革，兴城市计划委员会与统计局合并，成立兴城市计划统计局。2002年3月，兴城市统计局从兴城市计划统计局分出单设。主要依据《中华人民共和国统计法》（简称《统计法》）制定全市统计规划、基本统计制度和统计标准；指导和检查各部门、各乡镇街道的统计工作；建立全市国民经济核算体系和统计指标体系，管理统计信息自动化系统与统计数据库；组织实施全市行业统计调查，整理和提供基本统计数据；监督检查统计法律、法规的实施，定期发布兴城市国民经济和社会发展统计公报；组织、协调有关部门完成国家、省、市规定的各类重大国情国力普查或抽样调查。

## 第一节　统计报表

1986年，全县定期报表有工业、农业、科技、商业、劳动工资、物资、基建、平衡8个专业。数据统计以算盘和计算器，数据传输以人工报送、邮寄、电话报送为主。

1987年，兴城市统计局开始推行“三化两全”的统计管理办法，即统计资料档案化、台账化、图表化，原始记录齐全、统计制度健全。1988年始，兴城市统计局采用微机汇总，处理农业、工业、基建、商业、劳动工资等统计报表。

1994年，兴城市统计局推行以基层为中心的统计改革，在统计范围、统计内容、指标设置及上报时间等方面相应做出补充和调整。1995年，兴城市统计局执行国家新统计报表制度。

2007年，全市各乡镇街道用于统计的计算机配备一机率实现100%。各专业年报、定期报表由过去的手工汇总、层层上报改为计算机汇总、审核，网上传输直报。2010年，全市定期统计工作达10个专业、130多个表种，其中主要统计专业是农业、工业 、建筑业、投资、商业等。各个专业的统计指标少则几十个，多则数百个。

2012年，兴城市统计局按时保质完成GDP平衡核算、工业、固定资产、商贸业、房地产、劳动工资等各专业的月报、季报及年度定期统计报表。

## 第二节　统计调查

### 工业普查

1984年12月~1986年12月，兴城县统计局参与第二次全国工业普查。普查范围是乡及乡以上独立核算工业企业、村办工业、个体工业、私营工业、“三资”工业等。1986年末，完成对全县217个工业企业的数据汇总工作，审核后计算机录入。年内，兴城县统计局工业普查工作在国家评比中获“银杯”奖。

1995年8月，兴城市统计局参与第三次全国工业普查工作。普查范围：兴城市境内的全部工业企业，包括国有企业、集体企业、私营及个体企业、合营企业、“三资”企业和附营工业生产活动单位。普查内容：查清1994年、1995两个年度主要工业情况，包括工业企业的基本状况、财务、劳动生产、销售、原材料、能源、技术、经济等17个方面指标。1996年12月，兴城市统计局圆满完成第三次全国工业普查工作。兴城市统计局被评为第三次全国工业普查工作先进单位。

### 人口普查

1986~2012年，兴城经历3次全国人口普查，即1990年的第四次人口普查、2000年的第五次人口普查和2010年的第六次人口普查。

**第四次人口普查**　以1990年7月1日零时为标准时间，进行全国第四次人口普查。普查内容共21项，其中按人填报内容15项，按户填报内容6项。

7月1~10日，全市普查员2000余人参加普查登记工作。随后采用不同方式进行登记复查和抽样检查，各项指标均达到质量要求。

1991年10月，完成第四次全国人口普查资料复录及汇总，兴城市人口普查办公室编印《兴城市1990年人口普查电子计算机汇总资料汇编》。

**第五次人口普查**　根据《国务院关于进行第五次全国人口普查通知》，以2000年11月1日零时为标准时间，进行第五次全国人口普查。

第五次人口普查较第四次人口普查增加相关内容，即在总户中抽选出10%的户填报长表，其他90%户填报短表的方式。长表户项目23个，包括住户情况、居住情况、人口情况、住宅情况、住房建筑层数、墙体材料、厨房情况、炊事燃料、饮用水、洗浴设施、住房来源、购建房费、月租房费等情况。短表户项目10个，包括住户情况、居住情况、人口情况、住宅情况等。

11 月 1~10 日，进行第五次人口普查登记，随后进行复查工作。该次人口普查首次采用光电录入技术，建立人口地理信息系统。2002 年 9 月，根据机器汇总资料整理编印《兴城市第五次人口普查资料汇编》。兴城市统计局荣获“第五次人口普查国家级先进单位”。

**第六次人口普查** 根据《全国人口普查条例》和《国务院关于开展第六次全国人口普查的通知》，以 2010 年 11 月 1 日零时为标准时间，进行第六次全国人口普查。

第六次人口普查登记的内容较第五次人口普查内容有变化。通过普查，查清 10 年间兴城市人口在数量、结构、分布和居住环境等方面的变化。普查中利用卫星遥感影像图作为底图来绘制普查区域图，同时，利用微机处理校验摸底数据和普查数据，实现逻辑审核和快速汇总数据机器化，最大限度降低完整性误差和内容性误差。

## 第三产业普查

1993 年 10 月，兴城市统计局参与第一次全国第三产业普查。普查范围：1991 年、1992 年、1993 年3 个年度全市行政区域内从事第三产业的企业、事业、行政单位、社会团体和个体户。普查内容：第三产业发展规模及其结构，第三产业经济效益与劳动就业情况。

1995 年3 月，兴城市统计局圆满完成第一次全国第三产业普查工作。

## 基本单位普查

1996 年 10 月~1997 年 8 月，兴城市统计局参与第一次全国基本单位普查。普查的标准时间为 1996 年 12 月 31 日。普查内容主要有单位的经济类型、所属行业、从业人员、企业规模、营业状态等各类单位的基本属性和主要标志。

2001 年 9 月~2002 年 9 月，兴城市统计局参加第二次全国基本单位普查。普查的标准时间为 2001 年 12 月 31 日。普查范围为全市的法人单位及其所属的产业活动单位、个体经营户。普查结果：摸清全市各类单位的底数，查清基本单位的组织形式、经济成分构成、规模结构、生产要素的配置及地区分布、行业分布。

## 农业普查

1996 年 9 月~1998 年 12 月，兴城市统计局参与第一次全国农业普查。普查的对象和范围是所有农村住户、其他类型的农业生产经营单位、乡镇企业、村民委员会和乡镇人民政府、街道办事处。现场调查时间是 1996 年 12 月 15 日~1997 年 1 月 15 日。普查结果：摸清农业和农村经济家底，掌握农业资源和生产要素等基本数据，取得一整套完整的、系统的反映农业和农村经济发展状况的基础材料。

2006 年 8 月~2008 年 5 月，兴城市统计局参与第二次全国农业普查。普查的标准时间节点为 2006 年 12 月 31 日零时，时期资料为 2006 年度。普查对象为辖区内的农村住户、城镇农业生产经营户、农业生产经营单位、村民委员会和乡镇人民政府、街道办事处。普查主要内容为农业生产条件、农业生产经营活动、农业土地利用、农村劳动就业、农村基础设施、农村社会服务、农村居民生活以及乡镇人民政府、街道办事处、村民委员会和社区环境等方面情况。全市共组织普查员、普查指导员和各级普查机构的工作人员 2500 人，调查 27 个乡级行政单位，239 个村、118700 个住户，填报普查表 23 万张。兴城市统计局被授予“第二次全国农业普查国家级先进集体”。

### 经济普查

2004年4月，兴城市统计局参与第一次全国经济普查。普查的标准时间为2004年12月31日，时期资料为2004年度。普查对象和范围是境内从事第二产业和第三产业的法人单位、产业活动单位和个体经营户（不包括农、林、牧、渔、铁路运输业、邮政电信业、金融业和部分企事业单位）。普查内容为单位标志、从业人员财务收支、资产状况及企业的主要生产经营活动、生产能力、主要原材料和能源消耗、科技开发的投入等状况。2006年3月，完成第一次全国经济普查工作。

2008年11月，兴城市统计局参与第二次全国经济普查。普查对象是境内从事第二产业和第三产业的全部法人单位、产业活动单位和个体经营户。普查的标准时间是2008年12月31日，普查时期资料为2008年度。普查主要内容：单位基本属性、从业人员、财务状况，生产经营情况、生产能力、能源消耗、科技活动等情况。2010年5月，兴城市统计局完成第二次全国经济普查工作，并获得国家级先进集体称号。

### 抽样调查

1986~2012年，兴城市统计局进行多次抽样调查。主要有农村住户抽样调查、农户种田效益抽样调查、1%人口抽样调查、非公有制企业职工抽样调查、小型批发零售贸易与餐饮业抽样抽查、城镇劳动力抽样调查、城镇私营企业劳动工资抽样调查、工业企业创新抽样调查、企业人力资源抽样调查、群众安全感抽样调查、贸易统计抽样调查、农村小康村监测等。

### 重点调查

1986~2012年，全市共进行重点调查14次。主要有：重点投产项目跟踪调查、小型工业科技调查、房地产开发建设及经营情况快速调查、第三产业快速调查、固定资产投资项目快速调查、农业产业化调查及R&D资源清查等。

## 第三节　统计服务

兴城市统计局按月、季、年编制统计资料和分析报告，较为全面、系统、准确地反映全市社会经济发展的进程、效果、规律等情况，为各级党政领导部门制定政策、编制计划和科学管理经济工作提供依据。

### 统计资料

**统计资料汇编**　1986年始，兴城统计局将每年全市基本情况，包括工业、农业、财贸、劳动工资、基建、物资、教育、卫生和农村基本情况等，编制成《统计资料汇编》。

1987~2012年，兴城市统计局先后编印《第二次工业普查资料汇编》《第四次全国人口普查资料汇编》《第五次全国人口普查资料汇编》《第一次全国第三产业普查资料汇编》等。

**统计公报**　1986~2012年，兴城市统计局共发布《兴城市国民经济和社会发展统计公报》27次。内容包括经济总量、农业、工业和建筑业、固定资产投资、交通和邮电通信业、内外贸易、财税与金融、城市建设和环境保护、科技、教育、文化、卫生和体育、人民生活、社会保障与安全生产等。

**统计资料整理** 1986年，兴城县统计局组织整理统计资料，定期发送到各级领导和有关部门。全年共编发定期统计资料12期，1987年编发9期。至2012年累计编发定期统计资料138期。

1990年编制《兴城统计综合手册》，为省、市《统计年鉴》提供相关资料。2003年，兴城市统计局完成国家统计局要求的《城市大全（兴城部分）》的编写工作。

2006年，按照国际惯例和国家统计局的统一要求，兴城市统计局采取数据离差法对全市1993~2004年12个年度的GDP历史数据进行系统修订。

### 统计分析

自1986年始，兴城县（市）统计局始终围绕各个时期党和人民政府的中心工作以及社会所关注的热点、焦点等问题，广泛开展统计分析工作。至2012年，共编写统计分析875篇，被国家、省、市级报纸、杂志、广播、电视采用及领导批示22篇，采用率为2.5%。

### 统计信息

1986年，兴城县统计局组织专人编写统计信息，为各级媒体提供资料。1987年，启动农村统计信息网络建设。1990年，全市设专兼职统计信息员1850人。2003年，为加快统计信息化进程，制作兴城统计信息网页，链接“中国·兴城”网站。

2010年5月，兴城市统计信息网站改版升级，由专人负责对网站内容进行及时更新和完善。2012年，兴城市统计局统计信息网站从软硬件添置和人员管理方面得到进一步加强。

## 第四节　统计培训

1986年，为提高全县统计人员素质，兴城县统计局举办3次专业知识培训班，培训统计人员310人次。1987年，全市培训340人次。

1990年，兴城市统计局按照国家统计局的部署，对不具备统计专业学历的统计人员进行上岗培训，先后辅导《统计学原理》《中华人民共和国统计法》和《统计专业知识》3门课程，共培训150人。年内参加全国统一考试，及格率99%。

1991年后，统计培训工作步入制度化。至2012年，兴城市统计局通过举办各种类型学习班和以会代训等方式，共培训统计人员3990人次，年均190人次。

## 第五节　统计监督

1986~1989年，兴城县（市）统计局根据《中华人民共和国统计法》，着力抓好基层单位统计数字的准确性、及时性和可信性。通过统计执法检查，对基层单位存在技术性和逻辑性错误的数字质量问题，及时给予技术性指导，帮助纠正。对漏报、迟报、拒报的基层单位给予通报批评，并限期完成整改。

1995年，《辽宁省统计管理条例》公布后，兴城市统计局的统计执法检查工作逐步制度化。至2012年，累计开展统计执法大检查18次，查处统计违法案件71件，其中经济处罚18件，通报批评53件。

# 第三章　工商管理

工商行政管理局是政府主管市场监管和行政执法的工作部门。负责各类企业、农民专业合作社和从事经营活动的单位、个人等市场主体的登记注册并监督管理，承担依法查处取缔无照经营的责任。依法规范和维护各类市场经营秩序，监督管理市场交易行为。组织开展有关服务领域消费维权工作，依法实施合同行政监督管理，广告活动的监督管理工作。1986 年，兴城县工商行政管理局内设 7 个科室，下设兴城、东辛庄两个工商行政管理分局和 12 个工商行政管理所，人员编制 182 人。1998 年 3 月，兴城市工商行政管理局、兴城市物价局合并，成立兴城市工商物价局。1999 年 6 月，兴城市工商行政管理局单设。2012 年，兴城市工商行政管理局内设 13 个科室，下设古城、南关、城东、钓鱼台、曹庄、东辛庄、沙后所、红崖子、旧门 9 个工商行政管理分局。

## 第一节　企业登记管理

1986 年，全县登记企业 2816 户。其中，全民企业 301 户，分支机构 144 户；集体企业 1956 户，分支机构 346 户；联营企业 69 户。年内发展企业 576 户。其中全民企业 67 户，集体企业 482 户，联营企业 27 户。

1987 年，兴城撤县建市，变更企业名称，更换营业执照，共登记工商企业 3418 家。其中全民企业 488 户，集体企业 2844 户，合营企业 86 户。经兴城市人民政府批准，兴城市工商行政管理局为企业搞活经济放宽政策 30 条，提供改进措施 28 条。

1988 年，根据中共中央、国务院关于清理整顿公司的决定和辽宁省、锦州市人民政府的部署，兴城市工商行政管理局对公司级企业进行清理整顿。至 1989 年 8 月，全市 257 家公司，撤、并、降 116 家，保留 141 家。对 869 户不具备经营资格的企业调整经营范围，重新换发营业执照。

1992 年，兴城市工商行政管理局进一步放宽经营范围，为企业发展制造宽松的外部环境。全年为 348 户企业办理变更登记。其中，变更企业名称 57 户，变更经营范围 119 户，变更经营方式 42 户，变更法人代表 85 户，变更经营场所 45 户。

1993 年，改革企业登记管理工作，推行“三弱化、五放开、两简化”的企业登记管理办法，即：弱化行业专项审批环节，弱化企业主管部门审批环节，弱化政府授权部门审批环节；放开对重要生产资料经营单位的限制，放开对各类物资供销企业的限制，放开对经营项目的限制，放开对经营方式的限制，放开对重要生产资料经营环节的限制；简化登记程序，简化登记手续。全年新发展企业 778 户，办理变更登记 349 户。

1998 年，兴城市工商物价局强化企业管理规范化建设，并按照《企业法人登记管理条例》，严格把好企业登记注册关。年末，全市企业户数比 1997 年减少 234 户。1999 年，新发展企业 70 户，办理变更登记 163 户，办理注销登记 358 户。全年清理假集体企业 325 户，有 186 户转为私营和个体工商户。企业户数比 1998 年下降 12.2%。

2003 年，兴城市工商行政管理局开始推行“一审一核”制度。除被葫芦岛市工商行政管理局授权的 5 个偏远地区工商行政管理所有企业登记初审权外，其他工商行政管理所的企业登记初审统一由兴城市人民政府设立的行政审批中心服务大厅受理，实行“并联审批”。

2006年，兴城市工商行政管理局登记注册科进驻兴城市行政审批中心，实行一站式办公，并制定《兴城市整治和优化经济发展环境工作方案》。在建立信用体系中，按照企业“一档、一卡、一台账”，实行动态、分级、分类监管。

2009年，实施“扶企惠民”工程。帮扶成立农民专业合作社41个，帮扶被吊销企业恢复经营2户，帮助设立招商引资企业5户，帮助企业解决各类困难25件，帮助融资2800万元。2010年，兴城市登记注册的各类企业1768户。其中，内资企业539户，公司企业113户，个人独资企业297户，企业集团2户，合伙企业22户，农民专业合作社68户。

2012年，兴城市工商行政管理局把服务县域经济发展作为首要任务，采取简化登记环节、提供延伸服务、增强企业品牌意识等方式为企业推行“一站式”服务。全年为临海产业区重大项目提供设立、变更登记及档案查询70余次，受理咨询100余次，办理新登记企业10户，成功帮助企业冠省名2户，指导产业区企业办理股权质押登记2户，股权出资额7000万元，担保债权总额2.15亿元。

## 第二节 个体工商业管理

1986年，兴城县有个体工商户5242户，从业人员6606人。其中工业、手工业666户，运输业351户，商业2928户，饮食业476户，服务业392户，修理业400户，修缮业21户，其他8户。

1988年，贯彻执行《城乡个体工商户暂行管理条例》和《中华人民共和国私营企业暂行条例》，积极发展个体经济。当年全市个体工商业发展到7511户，从业人员10884人，分别比1986年增长30.2%和39.3%。

1991年，为支持少数民族发展经济，对少数民族个体工商户、私营企业实行“四有”（扶持少数民族企业有对象、有项目、有措施、有效益）。全年，共为少数民族个体工商户优先办理营业执照239次，优先安排摊床84次，优先安排场地85次，酌情减免管理费和摊床费1.7万元。

1993年，兴城市工商行政管理局下发《关于放宽政策促进个体私营经济发展的若干意见》，再次放开对经营项目、经营方式和经营环节的限制，加快个体经济的发展速度。至1995年，兴城市个体工商户发展到14421户，年平均增加1688户。

1997年，兴城市工商行政管理局制定《关于加快发展个体私营经济10项优惠政策》，加强对生产加工、种植业的发照管理，全年新登记生产加工户204户，种植业34户。同年，兴城市工商行政管理局开展文明个体工商户竞赛活动。评选出省级文明个体标兵1户，市级文明个体户标兵22户，市级“户户讲道德、店店无假货”活动先进个人22名，市（县）级明星个体户10户，最佳个体工商户100户，文明个体工商户1000户。

2000年，扩大个体私营经济发展空间，拓宽登记范围。对以盈利为目的的培训班、托儿所、游戏活动室等纳入登记管理。加强对私有经济的监督管理，注销小炼油厂2户，检查游戏厅、歌厅、洗浴等场所46户，注销4户，限期整改15户。限期关闭小水泥厂2户，为私营企业及时补办审批手续800份。

2002年，进行收费方式改革，将传统的管理员上门收缴管理费的收费方式改为业户每户一卡，定点、定时、定额主动缴费，增强业户缴费、管理员收费的透明度，有效地防止“人情费、关系费、权力费”的发生。

2006年，兴城市工商行政管理局制定《兴城市整治和优化经济发展环境工作方案》。全年安置下岗职工再就业1200人，对534户个体户给予政策扶持，免收各种费用76.9万元。年内新登记个体工商户1065户，为个体户补办营业执照800户。

2009年，完成“两费”退付工作，退付“两费”149.4万元，退费户数5268户。年内，兴城市工商行政管理局加强个体私营经济管理，引导个体户升级为企业8户，扶持成立农民专业合作社41户。

2012年，全市新发展个体工商户5937户、农民专业合作社54户，推进具有一定规模的个体工商户“转企升级”927户。

## 第三节　经济合同管理

1986年，兴城县有经济合同企业915户，签订13种经济合同共计109157份，金额19726万元，合同履约率达98.7%。1988年，兴城市工商行政管理局对重点经济合同实行备案制度。全年备案管理经济合同399份，其中建筑安装合同112份，租赁合同159份，承包合同128份。重点经济合同备案率达100%。

1989年，兴城市工商行政管理局加强合同监管，打击合同欺诈行为。全年共检查各类经济合同1183份，处理各类经济合同案件15起，确认无效合同5起，为企业挽回经济损失29.5万元。1990年，检查各类经济合同894份，受理合同纠纷27件，为合同当事人挽回经济损失870万元。

1991年，兴城市工商行政管理局成立仲裁委员会，调解仲裁合同纠纷59件，争议金额52万元。1995年，兴城市工商行政管理局开展“重合同、守信用”活动，命名“重合同、守信用”单位28个。

1999年始，兴城市工商行政管理局贯彻执行《中华人民共和国合同法》，合同管理工作开始步入规范化轨道。至2012年，累计检查各类经济合同5055份，规范合同1074份，查处违法合同70件，收缴罚没款15.6万元；培养国家级“守合同、重信用”企业4家，省级“守合同、重信用”企业47家，市级“守合同、重信用”企业50家；为企业办理动产抵押登记132件；帮助农民签订农业订单2400份，帮助企业建立合同管理制度120项。

## 第四节　商标广告管理

### 商标管理

1986年，兴城县工商行政管理局新办注册商标5件，兴城县累计共有注册商标53件。查处商标侵权案1件。1987年，兴城市工商行政管理局为6户企业核转注册商标。

1989年，兴城市工商行政管理局为3户企业核准注册商标。对冷饮行业的商标标志进行全面检查，共检查59户，其中冰棍厂34户、冰淇淋厂4户、汽水厂20户、酸奶厂1户，销毁违反《中华人民共和国商标法》的商标标志3.36万张。

1992年，兴城市工商行政管理局加强对商标印制、生产和流通领域的全方位监管。至2002

年，累计查处侵权商标和假冒商标86件，上缴罚款2.6万元。

2003年，兴城市工商行政管理局实施“品牌兴企”战略。先后为凯森蒙制衣有限公司的“凯森蒙”牌、兴城市啤酒有限公司的“菊花”牌商标办理辽宁省著名商标。2006年，组织驰名商标和著名商标的申报工作，全年培育发展著名商标梯队2个，著名商标续展3个，驰名商标申报1个。

2007年，国家工商行政管理总局发布2007年认定的130件驰名商标名单中，凯森蒙制衣集团有限公司的“凯森蒙”商标榜上有名，成为兴城市第一个中国驰名商标。2008年，兴城市工商行政管理局重点培育8户企业为商标升级发展对象。查处商标侵权案件1件，冒充注册商标案件1件，违法使用“奥运”标志案件1件。

2011年，指导并成功申办辽宁省著名商标8件，葫芦岛市著名商标9件。扶持引导获辽宁省示范园区称号的兴城市兴源奶牛养殖专业合作社成为国家立项项目。

2012年，兴城市工商行政管理局实施品牌战略，协助办理“兴城土豆”“兴城大根萝卜”“红崖子花生”地理标志证明商标，帮助三道沟果业合作社申办农产品集体商标，加强与兴城市泳装行业办公室协调沟通，帮助泳装企业申办“兴城泳装”集体商标。全年新增国家驰名商标1件，地理标志集体商标1件，省著名商标11件，市著名商标12件，商标梯队建设渐成规模。

### 广告管理

1986年，兴城县有广告经营单位4户，全年经营额11万元。

1988年，开始贯彻执行国务院颁布的《广告管理条例》及实施细则。1990年，进行广告经营单位的主体资格整顿。对符合条件的广告经营单位重新核发广告经营许可证，从事广告业务人员全部达到持证上岗要求。

1996年，开始对户外广告实行登记管理。拆除户外虚假广告牌2块。2000年，全面治理发布虚假广告行为。对医疗保健品店、药店、个体诊所进行检查，拆除户外医疗广告牌26块，收缴违法印刷品广告20万张。

2001年，根据《中华人民共和国广告法》的有关规定，对群众反映强烈的医疗、保健品广告市场进行清理整顿。对内容庸俗、低下的牌匾广告予以取缔，收缴违法印刷品广告4000张。对14户广告经营单位进行验照，对户外的250个灯箱广告、34个路牌广告、6个店堂广告进行登记管理，查处违法广告9起。2004年，立案查处虚假广告15起，收缴违法印刷品21万份，收缴罚款1.8万元。

2008年，加大对广告市场的监管力度。年内，审查新闻媒体广告业务，查处违法经营印刷品1户，查处违法刊发广告案件9件，罚没款入库3.3万元。

2009年，强化对广告发布环节的监管，严格广告经营主体资格审查，开展针对媒体发布的药品广告、医疗广告和食品、保健品广告的检查和监测工作。2010年，共监测各类广告2160条，监测到违法广告18条，查处广告违法案件23起，收缴罚没款8.85万元。2012年，加大打击虚假广告力度，取消所有“祖传秘方”类电视药品广告。

## 第五节 市场监督管理

1986年，兴城县有各类交易市场19处，占地面积16万平方米，全年集市贸易成交额5573万元。年内，开始重点查处危害计划经济的倒卖物资、骗买骗卖等违法行为。至1989年，累计查处违章违法案件 762 件，罚没款总额 68.97 万元。

1987 年，兴城市工商行政管理局进行 4 次市场秩序整顿活动。共检查企业单位和个体户 4234 个，取缔无证经营 80 个，没收霉变食品 428 公斤、不合格衡器 95 台（件）、假烟 538 条。

1990 年，兴城市工商行政管理局整顿市场和流通领域秩序，清理市场外交易和乱摆摊点 974 处，取缔无证经营摊点 342 个，拆除影响市容和交通的营业棚亭 140 个，没收不合格计量器具 271 台(件)，查处投机案件 47 起，罚款 19.8 万元。查处制售假冒伪劣商品 140 种 500 件，罚款 8144 元。

1991 年，兴城市工商行政管理局开展打假大会战，共检查企业和个体户 1428 户，查处案件 167 件，罚没款总额 1791 元，举办假冒伪劣商品展览 2 次。1995 年，兴城市工商行政管理局举办以市场设置、场容场貌、经营规范、价格规范为主要内容的“创建文明市场竞赛”活动，兴城轻工市场被评为全国文明市场。

1999 年，兴城市工商行政管理局开展“打假护农”活动。检查经销农资单位 166 家，依法立案 9 起，收缴劣质种子 650 公斤、假化肥 15 吨、假农药 124 瓶、劣质农机配件 14 个品牌 23 个品种。

2000 年，兴城市工商行政管理局开展民用工业“重点商品、重点市场”的专项整治工作，查处各类违章违法案件 90 起，罚款 260 万元。打击非法传销和变相传销活动。端掉传销点 2 个，遣送外埠到兴城的传销人员 100 余人。

2002 年，根据国家工商行政管理局关于“对各类市场要进行管办脱钩”的要求，兴城市工商行政管理局对所属市场进行公开拍卖。清理整顿成品油市场，重点检查 53 家加油站的主体经营资格、成品油进货渠道、加油机的计量标准和油品标号质量。查封有问题加油机 8 台，查处无照经营 2 家，立案 11 件，收缴罚没款 9500 元。

2003~2006 年，兴城市工商行政管理局重点加强食品安全和农资市场的监管工作。依法取缔非法经营网点 109 个，清理无照经营食品摊点 297 个，查处生猪屠宰黑窝点 3 个，捣毁生产假肥料窝点 1 个，查扣伪劣化肥 10.5 吨、假农药 160 公斤、假种子 1000 公斤。

2008 年 10 月，兴城市工商行政管理局停止收取市场和个体管理费，对已经预收到年末的多收部分予以清退。年内，以建立健全食品市场安全监管网络为重点，规范食品市场经营行为。设立 73 个示范店、11 个农村大集示范点，查处违法经营农资 11 户，立案 1 起，收缴罚没款 7 万元。

2009 年，兴城市工商行政管理局加强农资市场监管，开展“打假保春耕”行动。抽检种子、化肥 41 个品种 800 余次，查处经营农资中的非法案件 129 件。检查食品经营户 1350 户，查扣假冒伪劣和不符合食品安全标准的食品 1800 公斤。打掉传销窝点 18 个，遣散传销人员 350 余人。

2010 年，兴城市工商行政管理局加大对农资市场违法行为的查处力度，取缔农资行业无照经营 28 户，抽检化肥 28 个批次，查办经营农资中的非法案件 96 件。开展流通环节食品安全专项整治活动，检查食品经营户 72000 户次，组织食品快速检测 8910 批次，查处各类食品案件 144 件。

2012 年，兴城市工商行政管理局以食品安全、红盾护农、打击侵犯知识产权为重点，全面加强市场监管，查办一般程序案件 502 件。与兴城市公安局等单位密切配合，严厉打击传销非法活动，工商干部有 2 人获辽宁省“打击传销”先进个人。

## 第六节　消费者权益保护

1989 年，兴城市消费者委员会成立。当年受理投诉案件 186 起，结案 184 起，为消费者挽回经济损失10.21万元。1990年，兴城市消费者委员会在全市24个工商分局、工商所和大型商业企业及城区街道居委会，建立55个消费者监督站，聘任义务监督员270人，具体负责辖区内消费者的投诉及处理日常工作。

1991年，兴城市工商行政管理局、兴城市消费者委员会会同兴城市标准计量管理局，在兴城工人文化宫门前广场和东辛庄、高家岭农贸市场举办假冒伪劣商品展览。展览假冒伪劣商品70多种，发放宣传单2600份。1992年，兴城市消费者委员会开展"消费者满意商店"和"无假冒伪劣商品商店"的评选活动。全年，受理消费者投诉53起，提供咨询服务112次，为消费者挽回经济损失3.3万元。

1997年，兴城市工商行政管理局成立"3·15"投诉中心，在基层工商行政管理所成立"3·15"投诉站22个。全年共受理消费者投诉153起，提供咨询服务221次，为消费者挽回经济损失12.4万元。

2004年，兴城市消费者委员会共受理消费者咨询190件、投诉298件、申诉39件、举报63件，调解纠纷168件，为消费者挽回经济损失16.4万元。

2008年，兴城市消费者委员会加强"一会两站"建设，进一步保护消费者合法权益。受理消费者投诉230起，提供咨询服务310次，为消费者挽回经济损失13万元。

2010年，消费者投诉站增至293个，兼职工作人员达到765人。全年受理消费者咨询182件、投诉255件、申诉26件、举报51件，调解纠纷132件，为消费者挽回经济损失10.5万元。

2012年，在"3·15"国际消费者权益日，举行以"消费与安全"为主题的大型宣传纪念活动，进一步畅通维权渠道。年内，开展"放心消费示范店"认定工作，为5家"放心消费示范店"挂牌，引导诚信经营，扩大维权网络覆盖面。全年共受理消费者投诉、申诉、举报、咨询856次，为消费者挽回经济损失20.39万元。

# 第四章　物价管理

物价管理是贯彻落实国家物价方针政策，制定和调整商品价格及收费标准，负责兴城区域内的价格管理、市场监督检查、涉案物品价格认证，查处价格违法案件，负责副食品价格调节基金的征收和管理及价格信息咨询服务等。1998年3月机构改革，兴城市物价局与兴城市工商行政管理局合并，成立兴城市工商物价局。1999年6月，物价局从工商物价局分出，划归兴城市计划统计局，对外挂兴城市物价局牌子。2000年5月，兴城市物价局从兴城市计划统计局分出单设，为兴城市人民政府直属事业单位，核定内设机构5个。2010年11月，兴城市物价局所属的物价检查所更名为兴城市物价检查局。

## 第一节　商品价格管理

1986年，价格管理由计划经济体制向市场体制转轨，消费品价格逐步实行市场调节。7月，放开二类工业消费品价格，14 种商品由企业定价。9 月，放开名牌自行车、黑白电视机、电冰箱、洗衣机、收录机、80 支以上棉纱及针织物、中长纤维等 7 种工业消费品价格。在全县统一旅店等级和客房收费标准，实行浮动价格。取消苹果、白梨等派购任务。放开鲜肉价格，政府只对剔骨冻猪肉及部分熟肉制品价格进行管理。议价粮油价格和餐饮业价格逐步放开。用电实行国家定价，由省、市物价局直接管理。药品实行国家定价。

1987 年，放开毛巾、袜子等轻纺品物价，市场零售价格大幅上涨。提高冻猪肉销售价格，放开除酱猪肉和香肠以外的其他熟肉制品销售价格。生猪收购和猪肉销售价格实行最高限价管理。6 月，活猪平均收购价为每公斤 1.92 元，猪肉销售价为每公斤 3.4 元，比 1986 年同期分别上涨 40% 和 26%。

1988 年，兴城市物价局对放开价格的主副食品、耐用消费品实行提价申报制度。市场零售物价总指数上涨。停止出台新的提价项目，对已放开价格的主要商品适当扩大提价申报范围，对食盐、火柴、肥皂、洗衣粉等商品进行计划管理，实行国家定价或指导价。

1990 年，兴城市物价局对 89 种关系群众生活的重要商品价格，实行重点监控。适当调整个别商品品种价格，稳定人民生活必需品的价格及非商品价格，供应居民的粮食、食油、盐、酱油、糖、苏打和学生笔记本等 12 种商品的价格保持平稳。按物价管理权限和规定，结合兴城市的实际，提高旅游旺季旅店、宾馆、招待所床位收费标准，提高幅度为 30%，平均每个床位上调 1.5 元。

1991 年，受市场销售疲软的影响，许多商品的价格不能到位，耐用消费品价格稳中有降。6 月，放开百货、五金交电等 9 类 78 种商品价格，取消电冰箱、洗衣机、自行车、黑白电视机的提价申报和差率控制。8 月，全部放开小商品价格。12 月，放开卷烟零售价格。

1992 年，加强宏观调控，推进价格市场化，对服务行业收费及绝大多数物价实行市场调节。转变职能，扩大价格认证服务范围，价格管理工作向司法领域延伸。放开进口手表、花布、毛线、火柴等 100 种商品价格。采取国家定价、国家指导价和市场调节价 3 种形式，对生物制品价格实行统一领导分级管理。放开民用棉絮价格，棉花票退出流通领域。1995 年，调整温泉水价格，医疗用水每吨 1.7 元不变，非医疗用水调至每吨 3 元。

1996 年，调整工业盐、食盐、居民生活用电和粮食购销价格。治理整顿农村电价。再次调整温泉水价格，医疗单位计划内用水每吨 1.7 元，医疗单位计划外用水每吨 3 元。鉴于煤、电等原材料涨价，适度提高取暖费标准，即从 1996 年 10 月起，由每平方米 18 元提高到每平方米 20 元，居民个人取暖费标准仍执行每平方米 14 元。市场零售价鸡蛋每公斤 1.45 元，猪肉每公斤 10 元，肉蛋价格呈下降趋势。

1997 年，调整城市供水价格，居民用水由每吨 0.7 元调至 1 元。温泉水医疗用水，由每吨 1.7 元调至每吨 3 元；非医疗用水由每吨 3 元调至每吨 5 元；兴城市区外及蒸汽浴等用水为每吨 10 元。

2000 年，粮食定购价格和保护价格执行同一标准。根据上级文件精神，实行商品房销售价格证书制度。由兴城市物价局对普通商品住宅进行价格管理和审批，各开发单位到物价部门办理商品房销售价格证书，方可进行销售。经济适用房价格实行政府定价，商业经营用房、办公用房及其他非住宅用房价格实行市场调节价，由房地产开发经营企业根据建设成本及市场情况自行定价，报物价部门备案。

2002 年，价格管理体制由具体商品服务价格管理向间接管理、宏观调控过渡，居民消费价格总水平逐步回升。医疗单位自制药剂价格实行报批备案、年审制度。供暖公司和热电公司对国家机关、居民用户供暖收费为每平方米 16 元，对企事业单位、商业网点供暖收费为每平方米 18 元。

2008 年，兴城市物价局将供暖价格分居民和非居民两种：居民类最终到户价格由每平方米 22 元调至每平方米 25 元；非居民类最终到户价格由每平方米 23.5 元调至每平方米 31 元。

2009 年，兴城市物价局再次调整自来水价格，居民生活用水由每吨 1.5 元调至每吨 1.8 元，工业用水由每吨 2 元调至每吨 2.7 元，商业用水由每吨 4.5 元调至每吨 5 元，特种行业用水上调至每吨 8 元。

2012 年，兴城市物价局对粮、油、肉、蛋、菜等农副产品价格实时监测。共监测 76 次，形成上、下半年实时监测分析报告。完成对 21 户 3 个品种（蛋鸡、玉米、花生）的 7 次农调报表及存售粮、农资购买情况调查。

## 第二节 收费管理

1986 年，明确中小学学杂费标准：每生每学期，城市高中 3 元，初中 2.5 元，小学 1.5 元；农村高中 2 元，初中 1.5 元，小学 0.5 元。

1989 年，执行国家义务教育规定，统一中小学收费标准。每生每学期杂费：小学，城市 6 元、农村 4 元；初中，城市 12 元、农村 8 元；高中（农业、职业中学），城市 15 元、农村 10 元。每生每学期住宿费：城市 10 元、乡镇驻地 6 元。每生每学期借读费：小学不超过 20 元、初中 30 元、高中 60 元。1996 年，兴城市物价局对旅游景点门票价格、停车场收费等实行收费许可证制度和明码标价制度。

2000 年，向社会公布 1997 年后国家、省、市、县取消的 834 项收费和基金、集资项目，接受群众监督。两次调整中小学收费标准，上调幅度为 37.5%。放开营利性医疗机构收费，对非营利性医疗机构医疗服务继续实行政府定价或政府指导价管理，调整医疗收费结构，提高医务人员劳务价值，降低大型医疗设备收费标准。

2001 年，放开宾馆、招待所、汽车修理服务收费。兴城市物价局对城市住宅小区物业管理公共性服务收费实行等级管理制度，收费等级每年评定一次，按服务内容、服务质量分为甲级、乙级、丙级、丁级。

2009 年，开始征收污水处理费。居民按用水量每吨征收 0.45 元，特种行业按用水量每吨征收 1.10 元，其他按用水量每吨征收 0.80 元。

2011 年，兴城市物价局对全市几百项收费项目、上千个收费标准进行审核，形成《兴城市常见收费明细表》，收录 30 个收费部门、235 个执收单位、216 项收费。

2012 年，兴城市物价局开展收费许可证及服务价格年审换证工作，从源头上制止乱收费。对广电局、动监局、城建局、中医院、油田疗养院、自来水公司、温泉水公司等 33 家单位进行年审，并形成年审报告。

## 第三节 物价监督检查

1986 年，重点监督检查市场商品价格。1990 年，兴城市物价局组织开展医疗、教育等收费检查。1996 年，兴城市物价局开展以反暴利、反欺诈和明码标价为主要内容的市场价格行为规范整顿和行业专项检查。对生产资料、公用电话、汽车维修、农村电价等收费或价格进行专项检查。

1997 年，兴城市物价局开展涉农、涉企、邮电、金融、保险、中小学收费及城建、农业生产资料、成品油价格等专项检查。开展对“一不三乱”（不明码标价，公用电话亭、停车场、出租车乱收费）集中整治。1998 年，兴城市工商物价局召集社会各界人士进行可行性论证，制定和调整公用事业收费标准。

2002 年，兴城市物价局开通“12358”价格举报电话，落实国家价格和收费政策，为经济发展提供良好的外部环境。2005 年，兴城市物价局对医疗、教育、城建、交通等系统 26 家收费单位进行专项检查，处理价格违法案件 38 起，查出价格违法金额 32 万元，经济制裁总金额 21.32 万元。

2006 年，兴城市物价局依法对相关单位未经价格主管部门批准，擅自对村民收取占地费、建房费、沙石管理费、计划生育管理费、有线电视管理费等收费问题进行纠正；对个别医疗单位擅自提高医疗收费标准、提高一次性医疗用品价格等问题进行纠正；对已取消收费项目而继续收费的个别行政事业单位进行查处。

2011 年，兴城市物价局对兴城市管辖的 12 家停车场进行治理，复核发证 11 家。开展农副产品流通环节收费和幼儿园收费专项调查。年内，查处价格违法案件 26 件，罚没违法所得金额 23.7 万元，受理各类价格咨询和投诉 30 件，办结 30 件。

2012 年，兴城市物价局规范房地产市场价格行为，妥善处理开发企业与业主的关系，接访 30 次，责令城区 7 家开发企业退还 2300 户金额 497 万元。对兴城市人民医院、妇女儿童医院及农村 25 个卫生院（所）进行价格检查，收缴罚没款 35000 元；对金融机构和电信部门侵害消费者权益问题进行集中整治，罚没 27000 元，责令退还顾客 3000 元。

## 第四节　价格调节基金征收

1992 年，根据国务院和省、市通知，兴城市人民政府于 8 月成立价格调节基金领导小组，并下发《关于征集副食品价格调节基金的通知》。

2007 年，施行《兴城市价格调节基金管理办法》，进一步明确征收范围和标准。2011 年，兴城市物价局征收价调基金 110 余万元。

2012 年，兴城市物价局大力开展价格形势宣传和政策教育，协调各相关单位，调动代征单位的积极性和被征收对象的主动性，加大征收力度，年内征收价调基金 130 余万元。

## 第五节　价格信息服务

1994 年，兴城市物价局成立价格事务所，为企业提供价格政策和价格信息。年内出具《估价鉴定书》140 份，估价总额 70 万元。开展为司法等部门办案所涉物品的估价鉴定工作。

2000 年 9 月，价格事务所更名为价格鉴证中心。为辖区内司法等部门办案所涉案件物品开展估价鉴定工作。

2011 年，兴城市物价局共受理各类委托案件 229 起，估价金额 7555 万元，其中刑事案件 127 起，估价金额 104 万元；经济案件 2 起，估价金额 12 万元；事故定损案件 63 起，估价金额 185

万元；价格认证案件25起，估价金额1414万元；配合政府动迁工程12起，估价金额5700万元。

2012年，兴城市物价局共受理各类委托案件239起，估价金额1530万元。其中刑事案件126起，估价金额768万元；事故定损案件99起，估价金额713万元；价格认证案件14起，估价金额49万元。

# 第五章 审计监督

兴城市审计局是兴城市人民政府的工作机构，是维护国家财政经济秩序、促进政府宏观调控、保障国民经济健康发展、加强廉政建设的综合性经济监督部门。依据《中华人民共和国审计法》等法律法规，对市（县）级财政预算执行情况和其他财政收支情况进行审计监督。1998年3月机构改革后，兴城市审计局内设5个科室。2010年6月，成立固定资产投资审计中心。

## 第一节 国家审计

1986年，兴城县审计局对兴城县公安局、水利局等19个行政事业单位进行财务收支审计，对30个企业的财务收支情况进行审计，共查出违规资金157.3万元，上缴财政24.7万元。

1988年，兴城市审计局审计42户，审计金额4216万元，查出违纪金额121万元，上缴财政2万元。1991年，兴城市审计局审计66户，审计出违纪违规金额886万元，上缴财政106万元。1998年，兴城市审计局审计81户，查处违纪违规金额1800万元，上缴财政170万元。

2002年，兴城市审计局审计45个单位，查处违规金额450万元，上缴财政61万元。2004年，兴城市审计局审计60户，查出违纪违规2100万元，管理不规范金额2653万元，归还原渠道资金217万元。

2008年，兴城市审计局完成审计项目10项，审计和审计调查18个单位（个人），查出违规资金320万元，管理不规范资金4933万元，政府投资基建审计核减工程款126万元。

2010年，兴城市审计局审计5项48个单位。主要进行财政预算执行审计、2009年农民“四项补贴”跟踪审计、部分乡镇街道财政决算审计、部分乡局级领导干部的经济责任审计。共审计出违纪违规金额150万元，管理不规范金额850万元，固定资产投资竣工决算审计核减工程款1562万元。

2012年，兴城市审计局完成各项审计29个项目，查出违规金额5899万元、管理不规范金额2371万元，上缴财政91万元，移交税务部门收缴应缴未缴税金782万元。固定资产投资审计完成208个工程项目，其中招标控制价审计32个，工程决算审计176个。

### 财政审计

1991年，兴城市首次开展乡级财政的财务收支审计，全年审计3个单位，审计资金总额271

万元，查出违规金额 20 万元，上缴财政 1 万元。

1995 年，根据《中华人民共和国审计法》，兴城市审计局首次开展财政预算执行情况同级审计，实施"账户入手，下审一级"。延伸审计 8 个单位，查出违纪金额 184 万元，其中隐瞒截留转移收入 18 万元，预算内转预算外 2 万元，虚列财政支出 3 万元，其他违纪金额 161 万元。

1996 年，兴城市审计局对乡镇财政实施财政决算审计。共审计 12 个单位，查出违纪金额 463 万元，其中隐瞒截留转移收入 47 万元，预算内转预算外资金 2 万元，虚列财政支出 4 万元，其他违纪金额 410 万元，上缴财政 11 万元，其中罚款金额 5000 元。

2006 年，兴城市审计局通过同级财政预算执行审计与地税系统审计，利用效益审计手段，发现并解决县域经济发展中存在的一些问题，提高市财政经费收支的规范化与税收经费征管的系统化。

2008 年，兴城市审计局围绕财政体制改革，自主适应建立国库集中支付核算的要求，开始加大财政非税收入的审计力度，查出管理不规范金额 339 万元。

2011 年，兴城市审计局加强对市直部门及所属单位的部门预算审计，共审计 36 个单位，查出违规金额 4324 万元、管理不规范金额 26787 万元。上缴财政 55 万元，移交税务部门收缴应缴未缴税金 99 万元。

2012 年，兴城市审计局对财政预算资金收支情况及水利、支农、林业、教育等专项资金使用情况进行全面审计。共审计 29 个项目，查出违规金额 5899 万元、管理不规范金额 2371 万元，上缴财政 91 万元，移交税务部门收缴应缴未缴税金 782 万元。

## 企业审计

1986 年，兴城县审计局对 30 家企业的财务收支情况进行审计。查出违纪金额 156.6 万元，其中乱挤乱摊企业成本费用 29.8 万元，虚列和隐瞒销售收入 4.5 万元，化预算内为预算外 8.9 万元，乱拉资金搞基本建设 39.1 万元，滥发奖金 2000 元，其他违纪金额 74.1 万元，上缴财政 24.3 万元。

1988 年，兴城市审计局对兴城市百货公司、城郊供销社、温泉水公司、薄铁厂 4 个单位的经济效益、损失浪费、乱拉乱摊成本费用等违反财经纪律问题进行审计，查出违纪金额 2 万元，上缴财政 6197 元。

1990 年，兴城市审计局开展 21 家企业承包（租赁）合同兑现审计。经审计鉴定，有 18 家企业完成合同规定指标，兑现奖金。其余 3 家未完成合同规定指标，予以罚款。

1997 年，兴城市审计局为配合兴城市企业产权制度改革，对 90 家商贸企业进行资产评估。评估总额 3 亿元，挽回资产流失 270 万元，增加转让土地使用权收入 90 万元。2006 年，兴城市审计局进行国有企业资产、负债、损益审计。

2012 年，兴城市审计局查出应缴未缴税金 782.14 万元，其中：兴城市交通局滨海公路项目办未缴纳代扣税金 345.41 万元，兴城市公路段未缴税费合计 8.44 万元，兴城市道桥公司未缴税费合计 423.31 万元，兴城市第二建筑工程公司未缴税费合计 3.29 万元，兴城市房地产管理处出租房屋收入未缴税费 16791.45 元。对以上应缴未缴税费问题，审计部门按《中华人民共和国审计法实施条例》规定，移交税务部门做收缴处理。

## 行政事业单位审计

1986 年，按照辽宁省审计局、锦州市审计局下达的审计任务，兴城县审计局先后对兴城县公安局、水利局等 19 个行政事业单位进行财务收支审计，查出违纪金额 7000 元，上缴财政 4000 元。1998 年，兴城市审计局对有执收执罚职能的 10 个行政事业单位进行审计，查出预算外收入未缴 116 万元。

2005 年，根据中共兴城市委、兴城市人民政府安排，兴城市审计局对行政事业单位的债务进行审计。截至 2005 年 6 月 30 日，市直 62 个行政事业单位共欠债 54032.76 万元，其中陈欠债务 52995.88 万元，新发生债务 1036.88 万元，偿还债务 813.05 万元，尚欠债务 53219.71 万元。

2012 年，兴城市审计局对兴城市民防局、动监局、经济和信息化局、粮食局、党校、残疾人联合会、殡仪馆、工业公司、兴城高中 9 个行政事业财政收支单位进行审计。根据《财政违法行为处罚处分条例》，对未使用的财政粮食专户拨付的粮食企业亏损挂账资金 1240.5 万元如数收缴财政。

## 经济责任审计

1988年，兴城市审计局对兴城市印刷厂、冶炼厂、暖气片厂、工业安装队、百货商场、饲料公司、副食品公司 7 个单位的厂长、经理进行经济责任试点审计。审计总金额 1106 万元，查出违纪金额 26 万元。其中 1 人有严重经济责任问题，建议其主管部门给予免职处理。

1992 年，兴城市审计局开始围绕企业财务收支和企业承包（租赁）合同兑现等问题对企业厂长、经理进行经济责任审计和离任审计。

2000 年，兴城市审计局开始围绕乡局级单位经济指标完成情况、资产负债情况、专项资金使用情况以及财经法规执行情况等，对其主要领导干部进行离任审计。2008 年，兴城市审计局开始从项目引进、软环境建设两大项总体表现以及房租费、旅游费、招待费、车燃费、机关工作经费等多项具体指标入手，对乡局级主要领导干部进行离任审计。至 2012 年，兴城市审计局在国家审计工作中，共完成乡局级领导干部和企业厂长、经理经济责任审计和离任审计 130 个单位，涉及 150 人，查出违纪违规金额 1155 万元。

## 专项资金审计

1986 年，兴城县审计局首次开展专项资金审计，查出兴城县水利局挤占挪用国家专项资金 67.3 万元。1987 年，对农业、水利等部门“两专”资金实行专项审计，查出挤占挪用和收入不记专用资金账等违纪资金 4.5 万元。

1998 年，兴城市审计局对全市住房资金、林业资金、松辽平原农业开发项目资金及救灾款等进行审计。对挤占挪用 406 万元住房资金进行处理，保证住房制度改革健康进行。

2011 年，兴城市审计局进行农业综合开发专项资金、2010 年度就业专项资金、中小学义务债务化解、普通高中债务化解（交叉）审计、发改局等 5 个单位的财务收支审计。

2012 年，兴城市审计局查出兴城市水土保持局和第三高级中学挤占挪用专项资金 61 万元，查出兴城市农村经济管理总站截留农业保险赔偿款，将拨付给 4 个乡镇用于种植榛子林补助结余资金 49 万元上缴市财政。年末，兴城市审计局共审计 36 个单位，查出违纪违规金额 952 万元。

## 固定资产投资审计

1987 年，兴城市审计局为促进国家有限资金的合理使用，防止高估冒算和损失浪费，首次开展固定资产投资审计。全年共审计 4 个基建项目，查出违纪违规金额 28.3 万元。

1997 年，兴城市审计局审计 5 个基建项目，查出违纪违规金额 55 万元，为投资者节约资金

35 万元，追回被侵占挪用资金 15 万元。2006 年，兴城市审计局受 5 个市直部委办局委托，完成固定资产投资项目竣工决算审计，审计工程总造价 274 万元，核减工程造价 3 万元。

2011 年，兴城市审计局共完成 304 个工程项目的预算、决算审计，其中工程预算审计 78 个，工程决算审计 197 个，编制重点工程拦标价 29 个，投资审计总额 83531 万元，审计核减工程造价 2869 万元。

2012 年，兴城市审计局共完成 208 个固定资产投资审计工程项目，其中招标控制价审计 32 个，工程决算审计176 个。审前总造价 10.74 亿元，审后总造价 10.29 亿元，核减工程造价 0.45 亿元。

### 金融保险审计

1989 年，兴城市审计局首次对工商银行兴城支行、农业银行兴城支行、建设银行兴城支行的信贷资金运用情况进行试点审计。1991 年，兴城市审计局对 20 个金融、保险单位进行审计，审计金额 19336 万元。查出违纪违规金额 314 万元，其中隐瞒截留 62 万元，乱计成本 2 万元，虚列支出 1 万元，挪用信贷资金 249 万元。

1998 年，兴城市审计局对中保兴城支公司和人寿保险兴城支公司的资产负债、损益情况进行审计。按有关规定，收缴款项 15000 元，提出合理化建议 5 条。2006 年，兴城市审计局查出社保资金欠费额 4517 万元。

2010 年，共审计金融保险单位 55 个，查出违纪违规金额 905 万元，上缴财政 160.6 万元。

### 外资运用项目审计

1995年，兴城市审计局为进一步加强外资使用管理，提高外资利用的透明度，首次开展外资运用项目试点审计。全年审计 3 户，审计投资额 256 万元，其中，审计兴城市结核病防治所利用世行贷款控制结核病项目 15 万元，兴城市种子公司利用世行贷款支农服务项目 17 万元，松辽平原开发项目利用世行贷款 224 万元。

1999 年，兴城市审计局改变往年只是抽查的办法，组织精干力量，利用两个月时间，对全市世行贷款运用涉及的 21 个乡镇、8 家企业进行全面审计。至 2010 年，兴城市审计局共审计 38 个单位，审计外资总额 5578 万元，纠正违规金额 327 万元，其中归还挪用外资 234 万元，纠正其他违规金额 93 万元。

## 第二节　内部审计

1989 年，根据国家审计署《关于内部审计工作的若干规定》和辽宁省审计厅《关于建立和开展乡镇企业内部审计工作的通知》，兴城市审计局在乡镇企业和交通企业组建内审机构 3 个，配备内审人员 17 人。年内，审计 53 个单位，查出损失浪费金额 21 万元，纠正违纪违规金额 59 万元，促进增收节支 10 万元。

1990 年，兴城市内审机构增至 9 个，配备内审人员 20 人。全年审计 237 个单位，查出损失浪费金额 48 万元，纠正违纪违规金额 51 万元，促进增收节支 38 万元，向司法机关移送案件 4 件，移送司法处理 4 人，建议给予行政处分 18 人。

1991 年，兴城市审计局扩大业务范围。增加建筑工程开工前的资金来源审计和财务决算审计业务。全年共审计 417 个单位，其中财务收支审计 378 个单位，经济责任审计 4 个单位，基建项目审计 2 个单位，其他审计 33 个单位。共查出损失浪费金额 530 万元，纠正违纪违规金额 374 万元，促进增收节支 60 万元，移送司法机关处理 6 人。财务决算审计 37 个单位。

1995 年，兴城市审计局内审机构增至 43 个，配备内审人员 153 人，内部审计 42 个单位。进行财务收支审计 355 个单位，财务决算审计 339 个单位，经济效益审计 2 个单位，经济责任审计 2 个单位，基建项目审计 53 个单位，其他审计 14 个单位。查出损失浪费金额 38 万元，纠正违纪违规金额 204 万元，促进增收节支 166 万元。移送司法机关处理 2 人，建议给予行政处分 3 人。

1998 年，兴城市审计局对 361 个单位进行审计，查出损失浪费资金 176 万元，促进增收节支 82 万元，提出建议 18 条。

1999 年，内部审计工作停止。

## 第三节　社会审计

1989 年，兴城市审计师事务所成立，隶属兴城市审计局。是年，接受兴城市工商行政管理局委托，开展对企业注册资金验证的审计工作。全年审计验证新办全民和集体企业 319 家，审计验证原有公司级经营企业注册资金 113 家。

1991 年，兴城市审计师事务所开始增加企业财务收支和企业厂长（经理）离任审计业务。1992 年，兴城市审计师事务所新增经济案件鉴定和验资年检业务。1993 年，兴城市审计师事务所增加基本建设开工前验资审计业务。

1999 年，根据辽宁省注册会计师协会的有关规定，兴城市审计师事务所与兴城市审计局脱离隶属关系，变为民间中介服务组织。

## 第四节　调查审计

1987 年，兴城市审计局首次开展调查审计工作。7 月，根据中共兴城市委、兴城市人民政府领导批示，会同中共兴城市纪律检查委员会、兴城市经济犯罪打击办公室组成联合调查组，对物资生产资料服务公司的群众信访所反映的问题进行审计调查，查出违纪金额 2.37 万元。

1991 年，兴城市审计局开始开展专项调查审计工作，对农业发展基金到位和使用情况、发票使用情况和第一轮工业企业承包届满的有关情况开展专项调查审计。1992 年，先后对全市粮食合同定购改革执行情况，粮、棉、油收购资金管理与运用情况，乡自筹资金提留和使用情况，乡镇企业产权制度改革情况进行调查审计。同时，对全市 309 个村的负债情况进行调查审计。

2000 年，配合葫芦岛市审计局对葫芦岛公汽客运大厦的基建投资进行调查审计，历时 3 个月完成任务。

2012 年，兴城市审计局完成兴城市人民政府交办的化解基层医疗卫生机构债务审计、文化局下属事业单位改制遗留问题审计、广播电视局改制资产负债审计、公汽公司资产负债审计、2011 年度农业综合开发资金管理使用情况审计、惠农资金大排查审计等工作。

# 第六章　质量技术监督

1986年，兴城行政区域内的质量、标准化、计量、特种设备管理与监督工作由兴城县标准计量管理局主管。1995年7月，兴城市标准计量管理局更名为兴城市技术监督局。1999年10月，兴城市技术监督局更名为兴城市质量技术监督局，属省以下垂直管理。2012年，兴城市质量技术监督局内设9个科室，下设4个技术检验机构。

## 第一节　计量检定

1986年，兴城县强制检定计量器具共10类、33项、64229台（件）。年内检定18190台（件），占全县强检计量器具总数的28.30%。1988年，全市强检计量器具增至65645台（件），其中，65180台（件）与计量检定测试所建立检定关系，占强检计量器具总数的99.29%。

1992年，兴城市标准计量管理局建立光度计标准、酸度计标准、光电比色计标准、定量灌装机标准装置。1997年，兴城市技术监督局新上电话计整器、压力机和眼镜片测试仪。2000年，兴城市质量技术监督局对新建住宅安装的水表首次强制检定。年内，检定水表和其他计量器具9974台（件）。

2001年，兴城市质量技术监督局对全市粮库的计量器具（地中衡、地上衡、台秤）进行普查检定，对48家加油站加油机进行周期检定，对社会公用计量标准、企事业单位使用的最高计量标准以及用于贸易结算、安全防护、医疗卫生、环境监测等强制检定的计量器具进行检定。

2003年，兴城市质量技术监督局更新标准电流互感器、数字校验仪、负载箱、调压器等设备，全年共检定计量器具19776台（件）。

2011年，兴城市质量技术监督局投资27万元，购置出租车计价器检测仪、台式水压泵检定仪、血压计检定仪、电流电压互感器和水表检定装置等，年内，完成检定任务18540台（件），检定合格率为100%。

2012年，兴城市质量技术监督局完成强检计量器具23200台（件），合格率为100%，完成非强检计量器具3600台（件），合格率为100%。

## 第二节　计量管理

1986年，兴城县标准计量管理局推行国家法定计量单位，更换国标台秤、案秤、法定计量单位标尺1250台（件），更换市制竹木直尺和杆秤等非法定计量器具2500件。组织企业开启计量定级、升级工作。

1988年，兴城市标准计量管理局成立计量监督检查所和计量案件审理委员会，负责计量监督执法工作。年内，组织执法检查21次，查处违法案件25件，没收不合格计量器具15台（件），查处违法计量器具25台（件），收缴非法所得及罚款10000元。制定《兴城市计量监督管理办法》，并完成法检机构计量认证1家。改制压力表850块，台案秤1450台（件），容量提442个，直尺500支，杆秤2814支。

1990年，兴城市标准计量管理局组织4次大检查，收缴不合格计量器具569台（件），查处计量违法案件23起，立案1起。1991年，对全市36家企事业单位法定计量工作验收，完成14家工商企业的计量定级、升级，完成4家法检机构计量认证。全年共查处计量违法案件100起，立案14起，处理投诉案件1起，收缴非法所得7210.90元，没收不合格计量器具176台（件）。

1992年，兴城市标准计量管理局检查8个农贸市场计量器具的改制情况，没收非法定计量器具289台（件），处理投诉案件24起，收缴罚没款24000元。是年，兴城市标准计量管理局荣获"辽宁省贯彻《中华人民共和国计量法》先进单位"称号。1993年，兴城市被国家技术监督局评为"全国土地面积计量单位改革先进市"。

1995年，根据国家和省、市技术监督局关于在农贸市场禁止使用杆秤的要求，全市更换双面字盘秤402台。

1999年，辽宁省技术监督局委托葫芦岛市技术监督局对兴城市中型企业进行计量合格确认验收，凯森蒙制衣有限公司和红景天保健饮品有限公司顺利通过，成为境内首批计量合格确认单位。

2005年，按照辽宁省、葫芦岛市质量技术监督局的工作部署，兴城市质量技术监督局开展粮食、煤炭、棉花计量专项检查。全年共检查6家粮库、33家粮店、7家煤矿、5家棉花收购加工点、4家棉花销售点。2007年，帮助轴承厂等5家企业制定节能降耗实施方案，并对全市22个集贸市场、33家电子汽车衡使用单位建立计量器具电子档案。

2008年，兴城市质量技术监督局组织人员对全市医疗网点进行普查和登记建档。对全市在用的商贸衡器、加油机、定量包装商品计量、液化气站、汽车安检线和煤矿计量器具等进行检验，对个别超过检定周期和超过计量允差的使用单位进行处罚。

2009年，按照《辽宁省用水计量管理办法》的规定，兴城市质量技术监督局指导兴城市自来水公司建立水表档案。年内，开展对联通、电信、铁通3家通信运营公司公用电话计价器的登记注册和备案工作。

2012年，兴城市质量技术监督局结合"5·20"世界计量日，深入开展计量宣传咨询活动，现场发放宣传单，为市民提供咨询服务。

## 第三节　质量监督

### 产品质量检验与管理

1986年，兴城县标准计量管理局首次对冷饮制品和豆制品进行检验，全年签发产品质量合格证101个。依据《产品质量监督管理办法》，配合有关部门，对种子、冷饮、豆制品、水泥、红砖、家用电器等产品进行监督检查。查封不合格电熨斗等家用电器4种632台件，查封不合格玉米种子79.82吨。对经销质次价高饲料的单位和个体户进行监督检查，没收非法收入4700元。

1988年，兴城市标准计量管理局编制《兴城市1988年受检产品目录》。71种产品被定为重点监督产品，主要有出口创汇、优质名牌和关系人身健康安全的重要产品。全年共检验379家企业生产的448个产品，合格率为71.5%。开展优质产品的复查验收工作，完成11种产品的复查，对

4种优质产品进行验收。

1989年，兴城市标准计量管理局增设物理室、化学室等检测机构。年内，检验201家企业生产的58种产品，合格率为71%。1991年，兴城市标准计量管理局对生产关系人身健康和安全的食品、建材、轻工等产品为重点的248家企业进行监督检验。共检验479批次，监督检验收入6.8万元。对商业企业进行商品质量整顿，验收11家商业企业，其中有8家合格。

1996年，兴城市技术监督局在工商企业中开展质量信得过和商品质量承诺活动，为6家工商企业颁发“质量信得过”牌匾，完成8家企业质检机构认可换证工作。

2000年，兴城市质量技术监督局重点抓质量信誉形象工作，对“质量信得过”单位进行全面的整顿和规范，对4家企业作摘牌处理。在天福商城开展“百城万店无假货”示范工作。

2004年，兴城市质量技术监督局落实食品安全市场准入制度，对食品生产企业进行全面普查。掌握全市218家食品生产企业的从业人员数量、设备状况和产品质量控制手段等要素，并建立动态管理档案。

2006年，兴城市质量技术监督局制定兴城市食品质量安全专项整治工作方案和巡查计划，修改完善食品安全监管责任追究制度和食品安全突发事件应急预案。全年巡查企业190家，回访50家，处理案件60起。天顺制衣有限公司、中兴轮胎有限公司、兴城市啤酒有限公司生产的产品相继获得辽宁省名牌。凯森蒙集团有限公司申报国家免检产品获得成功。

2007年，根据兴城市人民政府关于整顿学校周边食品环境的要求，兴城市质量技术监督局对全市58家学校的卖店、食堂及周边的33家超市进行检查。处罚2家，封存和扣押各类无证和不合格饮料、水123箱。

2011年，兴城市质量技术监督局筹措资金46万元，建立食品微生物P2实验室，购置气相色谱、原子荧光光度计、原子吸收光度计、生物安全柜等食品检验仪器6台（套），完善食品检测手段。

2012年，为改造建材检测环境，提升检测能力，兴城市质量技术监督局投资35万元，扩建建材检测实验室60平方米，增添建材放射性检测仪、微控电液压力机2台（套）。年内，检验产品645批次，泳装法检127批次。开展对食品企业的巡查、检查，共检查食品企业154家（次），办理案件26起，抽查饮用水、饮料、雪糕、白酒、熟食、粉条、豆制品45批次，检验45批次，合格38批次，合格率为85%。

## 质量“打假”

1989年，贯彻《工业产品质量责任条例》，打击生产领域和流通领域的伪劣假冒产品和商品，全年共检查工商企业和个人摊点763家，有82个单位和个体户受到不同程度的处罚。

1990年，兴城市人民政府成立打击假冒伪劣商品领导小组，组织有关单位，打击生产和经销伪劣商品及在商品中掺杂使假行为。全年共监督检查377家企业、产（商）品1819批次，合格率为62%。

1994年，兴城市标准计量管理局检查企业960家，查出并销毁超期变质食品及伪劣商品300种，捣毁地下生产黑窝点11个，处罚生产和经销劣质产（商）品企业34家，收缴罚没款7885元。

1996年，兴城市技术监督局开展“打假保春节”“打假保春耕”“打假保名优”等专项活动，全年共查处劣质种子5000公斤、劣质饮料2878瓶、假酒37箱。并在双树乡捣毁假冒北京牌酱油窝点1个。1997年，依法整治生产和经销假冒伪劣产（商）品企业。全年共查处各类案件253起，其中立案处理55起，收缴罚没款30多万元。

2003年，兴城市质量技术监督局开展“查食品保两节”“查农资保春耕”“查建材保建设”“查设备保安全”及对泳装生产企业的专项治理整顿，出动执法人员1486人次，检查工商企业1280家、泳装生产企业39家、农贸市场53个、建筑工地28处、在用特种设备96台（件）。查处产品质量和特种设备案件152起，其中万元以上案件3起。

2004年，兴城市质量技术监督局制定《落实从源头打假责任制》《重点区域重点产品打假责任制》，对辖区内的重点区域和重点产品实行动态管理。成立重点区域、重点产品打假执法小组和打假监控组28个。实行月报告、月例会制度，确保从源头打假、严格把关，杜绝产品质量责任事故出现。

2007年，兴城市质量技术监督局开展“农资打假下乡”活动，深入农村向农户宣传国家法律法规和有关政策，讲解识别真假农资产品常识，并发放宣传单1000余份。在“3·15”和“质量月”活动中，制作“打假”展台，开展业务咨询。

2012年，兴城市质量技术监督局开展农资打假和专项整治活动，维护广大农民利益。3月15日~4月15日为集中农资打假专项整治活动月。共出动执法人员185人次，对农资生产企业进行拉网式检查，深入8家生产企业、62家经销企业，检查许可证及标志，对存在问题的企业进行查处和限期整改。在“3·15”活动中，与兴城市工商管理局等部门在兴隆大家庭商场门前广场进行打假宣传，发放宣传单3500份，接受打假知识咨询40人次。

## 第四节　标准化管理

### 企业标准化管理

1986年，兴城县标准计量管理局协助兴城市黏合剂厂、机械二厂和金属家具厂制定《AC-01单组分强力氯厂胶》《液压榨油机》《全铜分解式炭火锅》三项产品技术标准草案。经锦州市标准计量管理局批复，正式列入锦州地区企业标准。

1989年，《中华人民共和国标准化法》颁布实施，标准化工作由行政管理转为依法管理。是年，完成10个企业、13种产品的鉴定工作。1990年，兴城市标准计量管理局利用3个月的时间，对26个乡镇街道的近百家企业执行产品标准情况进行摸底调查，帮助企业索取标准29个，转化标准24个，协助企业制定标准10个。1993年，兴城市标准计量管理局开始建立并实施统一代码标志制度，办理代码证书1500个。

1998年，兴城市技术监督局集中对眼镜、白酒、铝合金装修产品等生产加工企业专项标准实施监督检查。共检查眼镜装配企业11家、铝合金加工企业14家、白酒生产企业21家。检查中对39家无标企业，限期制定并索取标准，进行登记，对产品不合格企业进行处罚。

2000年，代码证书的复核换证工作正式启动。年内检证、发证780户，推荐使用条形码的企业有6家，审定备案企业产品标准7个，搜集索取有效标准150个，完成企业标准注册103个。

2004年，兴城市质量技术监督局为企业索取标准70个，指导帮助企业制定、修订产品标准25个，标签备案20个，新办代码证书273份，IC卡860份，推荐使用商品条形代码证书483份，复审条形码2家。

2007年，开展采用标准普查工作，共调查企业376家，登记74家。有2家水泥制造企业采用国际标准。

2011年，全市标准登记备案90家，办理组织机构代码证书615户，换证355户，变更30户，年检1200户。

2012年，兴城市质量技术监督局办理组织机构代码证593户，换证313户，变更48户，年检1700户，标准登记备案105户。葫芦岛市凯斯科技发展有限公司被辽宁省批准为第二批企业标准化示范单位。

### 农业标准化管理

1986年，兴城县标准计量管理局重点抓玉米、高粱“两杂”繁育制种的实施标准以及羊毛、烤烟等技术标准的贯彻执行。1987年，兴城市标准计量管理局在沙后所镇开展农业标准化示范工作。1989年，沙后所镇被评为辽宁省农业标准化示范镇。

2000年，兴城市质量技术监督局着重加强对种子的监督管理。全年检查种子经销单位30家，并针对种子质量问题，查处14家。年内，完成《大根萝卜栽培技术规范》。

2002年，中国农函大食用菌生态培训科研示范基地的食用菌和兴城市华元牧业有限公司的猪肉，分别取得标志证书，填补兴城市无公害农产品的空白。2004年，兴城市质量技术监督局对兴城市华元牧业有限公司和兴城市农函大食用菌野训繁育基地的农业标准实施跟踪检查，对辽宁正业花生产业发展有限公司着手制定花生农业标准。

2007年，兴城市质量技术监督局帮助中国农函大食用菌生态培训科研示范基地建立健全标准体系。申报《食用菌菌种繁育系列标准》和《黄伞》两个地方农业标准的立项工作，申报辽宁正业花生产业发展有限公司为第六批国家农业标准化示范区。

2010年，辽宁正业花生产业发展有限公司经过3年示范区工作，通过辽宁省技监局专家组考核验收，荣获辽西地区第一名。年内，国家质检总局批准“红崖子花生”实施地理标志保护。

2011年，兴城市“红崖子花生技术规程”申报辽宁地方标准获批准。2012年，辽宁正业花生产业发展有限公司“红崖子花生”地理标志投入正常使用。

## 第五节　特种设备监察

2001年3月，兴城市质量技术监督局成立安全监察科（特种设备）和锅炉压力容器检验所。年内，检验锅炉240台，检验压力容器180台，检验液化石油气钢瓶6500只。

2002年，兴城市质量技术监督局投资30万元，重新建立钢瓶检验站。全年检验钢瓶6500只，报废超期钢瓶600只。检查液化气站13家，发现有4家液化气站存在超检验周期未经检验的钢瓶充装，对其进行责令改正和处罚，收缴罚款5000元。

2003年，兴城市质量技术监督局为做好“一瓶工程”工作，继续加强液化气站充装的管理工作，积极推行液化气钢瓶的产权转移和托管工作。先后检查26家（次），处罚3家，并对其进行限期整改。是年，检验锅炉156台，报停14台；检验压力容器93台，报停31台；检验钢瓶118万只，报废690只。

2005年，以服装加工企业为重点，开展“土锅炉”的治理整顿工作。下达《特种设备安全监察意见书》150份，更换不合格锅炉20台。在“五一”“十一”期间对电梯、大型游乐设施使用单位和气体充装站与有资质的单位签订维保协议，制定应急预案，落实保障制度。

2007年，兴城市质量技术监督局检查起重设备使用单位65家（次），检查设备160台。下达《特种设备安全监察指令书》13份，检查电梯使用单位26家，检验电梯46部，签订维保协议26份；检验锅炉215台，下达《特种设备安全监察指令书》45份，查封“土锅炉”28台。年内举办特种设备作业人员培训班6期，培训人员289人。

2009年，兴城市质量技术监督局检查特种设备126台，发现隐患26处，现场整改20处，下达特种设备安全监察指令书11份。

2011年，兴城市质量技术监督局开展起重机械专项整治工作，检查企业65家，下达特种设备安全监察指令书13份，责令整改13家。年内，出动执法人员300余人次，进行特种设备安全大检查。共检查冷库70家，压力容器300台（件），液化石油气、氧气、乙炔气充装站及钢瓶检验站30家次。检查各类气瓶1000余只，各类电梯70余部，起重机械40余台（件）。

2012年，兴城市质量技术监督局出动执法人员325人次，监督检查403家次，检查各类特种设备650台（件）。其中锅炉130台次，起重机械210台次，电梯80台次，压力容器、管道200台次，大型游乐设施20台次，厂内机动车10辆次，取缔兴城市海滨游乐园大型游乐设施9台。

# 第七章 食品药品监督

2002年3月，兴城市药品监督管理局成立。2005年5月，依照《辽宁省人民政府办公厅关于成立市、县（市、区）食品安全委员会有关问题的通知》，更名为兴城市食品药品监督管理局，为兴城市人民政府工作部门。主要负责全市食品、药品、化妆品及医疗器械的安全监管，保障人民群众饮食、用药安全有效。2012年内设办公室、食品安全管理科、保化科、药品安监科、药品稽查科5个科室，下辖兴城市食品药品监督所。

## 第一节 食品监督

2005年4月，兴城市食品安全委员会成立，办公室设在兴城市药品监督管理局。2006年，兴城市食品药品监督管理局会同卫生、质量监督等食品安全委员会成员单位检查重点酒店、餐厅、饭店278家，超市、副食品店57家，食品加工厂点98家。检查经营环境卫生、设施设备卫生、人员健康状况，卫生监测1839件食品餐具，监测合格率69%。依据《中华人民共和国食品卫生法》取缔非法食品加工户1家，吊销卫生许可证1家，罚款2家，对兴城16家糕点生产企业进行全面技术标准检查。

2010年，兴城市食品药品监督管理局组建食品药品安全稽查监管小队，在重大节日期间，加强对大型宾馆和医疗场所的监督检查力度。9 月，成立 4 个专项整治检查组，对辖区各大学、高中、初中、小学食堂进行全面的食品安全专项检查。共检查 21 家，对存在问题的单位提出整改意见，督促其限期改正。

2011 年 6 月，兴城市食品药品监督所成立，隶属于兴城市食品药品监督管理局，行使全市餐饮服务行业及保健食品、化妆品的监督执法职能。

2012 年，兴城市食品药品监督管理局开展餐饮服务单位食品安全专项整治、打击食品加工过程中非法添加和滥用食品添加剂专项整治、餐饮服务环节与厨餐废弃油脂专项整治、一次性餐具及集中消毒餐具专项整治等工作。

## 第二节　药品监督

2002 年 10 月，兴城市药品监督管理局对全市药品经营企业、医疗机构、药品和医疗器械市场进行摸底调查，查明全市有药品经营企业、医疗机构共 505 家。11 月，对全市中药材及中药饮片质量进行专项检查。11 月 23 日，对古城北门外 1 家无证开业的个体诊所进行查处，当场将违法药品全部没收。12 月 11 日，对兴城古城宾馆 302 客房存有的价值 50 万元违法药品进行查处，对违法者处以 2 万元罚款。

2003 年 4 月，全国出现 “非典” 疫情，兴城市药品监督管理局专门成立 “防非” 工作领导小组、“防非” 市场监督组和 “防非” 工作信息投诉组，开通 5481529、5481311 两部投诉举报电话，实行 24 小时值班、值宿制度，编制、印发《防非工作简报》。在整个 “防非” 工作期间，兴城市药品监督管理局共出动检查 1847 人次，查处案件 113 件，涉案物品货值金额 14.4 万元，罚没款 8.02 万元，取缔无证经营者 8 家，捣毁制假窝点 1 个。

2004 年 5 月，兴城市人民政府召开兴城市农村药品监督网络和供应网络（简称 “两网”）建设工作动员大会，成立由主管副市长任组长的 “两网” 建设工作领导小组。建立由社会监督员、药品协管员和药情信息员组成的三级药品监督网络。年内，成立 GSP（药品经营企业统一的质量管理标准）认证工作的专门领导机构，制定工作规划，对全市 30 余家药店逐一审查，严格实行按标准认证。

2007 年 7 月，兴城市食品药品监督管理局成立 2 个检查组，出动 200 余人次，与企业 GSP 认证跟踪检查相结合，对辖区内 90 家药品零售企业的药品分类管理工作进行专项检查。举办全市药品零售企业法人代表、质量负责人培训班，对药品流通环节兴奋剂进行规范治理。

2009 年，兴城市食品药品监督管理局对辖区 27 家涉及药品零售企业实施新一轮药品经营许可证换发。年内完成专项检查 25 项，专项工作 10 项，执法出动 1500 余人次，检查医疗机构、药品经营企业 230 余家，立案 180 余件，收缴罚没款 14.4 万元。

2011 年，兴城市内两家药店因销售 “羚贝喘速康胶囊” “清肺定喘王胶囊” 等 6 种假药，被吊销药品经营许可证，并将相关责任人移送司法机关追究刑事责任。

2012 年 4 月始，根据辽宁省食品药品监督管理局《转发国家局关于进一步做好铬超标药用胶囊查处工作的通知》（简称《铬超标查处通知》），兴城市食品药品监督管理局出动执法人员 1120 人次，检查全市医疗机构 200 家、药品经营企业 107 家。检查中，未发现《铬超标查处通知》中所列的铬超标药用胶囊品种。对涉及的通便灵胶囊、头孢克肟胶囊、布洛芬缓释胶囊等 6 个生产企业生产的11个品种（340盒）药品进行先行登记保存，暂停销售和使用。

# 第八章　国土资源管理

1986年11月，兴城县土地管理局成立。1998年3月机构改革，成立兴城市国土资源局，其职能是负责兴城市土地资源、矿产资源、海洋资源等自然资源的规划、管理、保护与合理利用。2012年，兴城市国土资源局内设9个科室，下辖土地开发整理中心、土地收购储备中心、地价咨询中心、监察大队、测绘大队和7个基层国土资源管理所。

## 第一节　土地使用制度改革

### 农村土地使用制度改革

1986年，依照国家统一征用土地规定，兴城农民建房用地由个人提出申请，村集体研究上报，土地无偿使用。

1991年1月，根据国务院文件，兴城市人民政府制定《兴城市农村宅基地有偿使用暂行办法》。11月，在旧门满族乡开展农村宅基地有偿使用试点工作后，全市各乡镇街道宅基地有偿使用工作全面展开。1992年，全市农村宅基地有偿使用面积共3238.86公顷，户均246.67平方米，人均76平方米。收取有偿使用费96.94万元，户均8.76元，人均2.29元。退回耕地2024.3公顷。疏通道路720条，拆除院墙4265.6延长米，拆除违章建房80间，收罚款26.41万元。

1997年，全市30个乡镇街道完成土地流转制度改革。把过去一家一条垄的分散承包改为土地集中连片承包，每户最多3块地，即口粮田、责任田和经济田，承包期30年不变。

### 城镇土地使用制度改革

1986~1991年，国家统一征用土地，行政事业单位、国有企业用地实行无偿、无限期、无流动使用，形成城镇国有土地谁征谁有、谁占归谁的状况，造成土地资产的大量流失，国有土地使用权在经济上得不到体现。

1992年8月，兴城市人民政府发布《兴城市城镇国有土地使用权出让和转让实施细则》，规定凡是公司、企业、其他经济组织和个人，均可以通过出让、转让、出租、抵押的办法在兴城市市区、建制镇、工矿区范围内取得属于全民所有制的土地使用权，进行合理开发、利用、经营。年内，兴城市土地管理局对全市规划区域内569户商业网点占地实行有偿使用，收费面积11949平方米，收取占地使用费9.16万元。是年，兴城市首次将钓鱼台街道13.8公顷国有土地转让给航空航天工业部第三研究院和西安飞机制造公司，转让年限为50年，收取土地出让金61.45万元。

1993年9月，兴城市人民政府做出《关于进一步加快城镇国有土地使用制度改革的决定》。强化政府对土地一级市场的高度垄断，实行有偿使用，培育和规范土地市场，建立健全新的土地管理体制。年内，兴城市土地管理局对城区内国有土地隐形市场进行清理整顿。分别对驻军驻在、机关、企事业单位的土地权属来源、占地面积、土地使用情况进行全面清查，至1995年，共清查2268宗土地，强制执行92户，收地价款252.4万元。

2000年，兴城市人民政府在葫芦岛市率先公开拍卖城市用地。3月15日，首次国有土地使用权拍卖落槌，该宗土地位于兴海北街石油公司住宅楼前，面积0.15公顷，拍卖底价80万元，在拍卖会上以200万元成交，增值120万元。

2001年，兴城市人民政府实行土地收购储备制度。5月，成立兴城市土地收购储备管理委员会，设立土地收购储备中心，制定《兴城市土地收购储备暂行办法》。根据兴城市土地利用总体规划、城市规划及土地开发利用规划，建立建设用地储备库，由市土地收购储备中心依法把国有土地资产推向市场，以招标、拍卖的形式通过市场配置国有土地资源，实行政府对土地一级市场的高度垄断。

2011年，兴城市出让国有土地58宗174.1831公顷，其中，以“招、拍、挂”方式出让土地34宗81.6478公顷；盘活存量土地24宗，协议出让面积92.5353公顷，出让金总额125256万元。

2012年，兴城市人民政府进一步加大政府储备土地力度，落实土地征收方案，强化土地收储，投资57340万元收购储备土地21宗320.7574公顷。特别是在钓鱼台村、红石碑村、邴家村，村庄以外的土地全部储备。挂牌出让土地11宗，面积86.40公顷，出让金69286万元；协议出让土地19宗，面积51.7738公顷，出让金18812.69万元。总计出让土地155.2980公顷，出让金总额117144.69万元。

## 第二节　地籍管理

### 地籍管理

1986年，《中华人民共和国土地管理法》颁布后，兴城县土地管理局开始加强地籍管理工作。

1988年6月，兴城市土地管理局开始进行城镇地籍调查。至1990年末，共完成市区24平方公里、1873宗地的外业调查和权属调查，绘制宗地图和地籍图184份，解决土地权属纠纷100件。完成独立工矿企业近30平方公里的地籍测量和1.6万宗地的外业测绘和权属调查。

1990年5月始，兴城市土地管理局在开展土地利用调查的同时，进行土地权属变更登记工作。凡土地权属发生转让、改变用途、出租、抵押分割、继承等，均列入土地权属变更登记范围。至1992年7月，共完成城镇国有土地建设用地使用权登记18540宗地，面积5886.7公顷。农村集体土地建设用地使用权登记116071宗地，面积9482公顷，其中农民建住宅104521宗地，面积9183公顷。

1993年，依照国家土地管理局《城镇土地定级规程》，兴城市土地管理局开展城区土地分等定级工作。兴城市城区土地总面积1310公顷，共划分4个等级。

1996年，兴城市土地管理局为彻底整顿国有土地隐形市场，对土地出租、土地用途改变、土地转让进行清理登记。共完成146964宗地，面积219124公顷土地的调查。其中完成城镇国有土地5724公顷、18514宗地的调查，登记率为97.24%。完成213400公顷、128450宗农村土地的变更调查，登记率为93.8%。

1999年，兴城市国土资源局被定为省级地籍管理科学化、现代化试点单位。当年，实行地籍微机管理，对全市发生变更的 390.93 公顷土地的地类、数量进行调查、测绘和统计，修正图幅 30 余张，更新土地台账 30 余本。

2001 年，全市共确权发证 361 件，登记面积 108.75 公顷。完成土地变更调查 151.65 公顷。地类确认 58 宗 255.12 公顷，处理土地权属争议 8 起，调解规划用地 7 宗 18.37 公顷。年内，兴城市国土资源局荣获“全国地籍管理工作先进单位”。

2003 年，土地权属管理和土地变更调查全部实现微机化，增强地籍管理数据的科学性、准确性和规范性。建立 1:100000 的土地利用数据库，利用数据库的数据对全市 4145 块基本农田保护地逐个核准面积，新填基本农田保护地块登记卡和登记表 9044 张。开展土地登记 1285 宗 1992 公顷。处理土地权属争议 15 宗，明确争议土地权属 113.3 公顷。

2005 年，兴城市国土资源局开展土地发证工作。年内，共办理国有土地登记 612 宗 578.25 公顷，集体土地使用权登记 216 宗 19.59 公顷。处理权属争议 4 件，土地变更调查 90 宗 11.99 公顷。

2009 年，兴城市国土资源局参与开展第二次全国土地调查工作。年内，完成城镇 1:500 数据库，城市地籍测绘 45 平方公里，农村新开垦耕地 5000 余块 4667 公顷，并建立耕地资源后备库。

2011 年，兴城市国土资源局投资 100 余万元，购置测绘设备，在农村布设 6000 多个地籍测绘控制点。基本完成农村地籍草图绘制，编排宗地号，使农村地籍测绘和土地登记稳步推进。

2012 年，兴城市国土资源局围绕加快开发开放、建设现代化海滨城市，保障重点工程、主导产业、民生项目等建设用地，坚持开源与节流并重、保护与保障并举、管理和服务并行的原则，开辟重点工程建设用地审（报）批“绿色通道”。

### 土地评估

1994 年，成立兴城市土地评估事务所，制定和完善土地评估方案、工作程序。兴城市人民政府制发《兴城市城镇土地基准地价标准》，规范土地评估行为。1995 年，共完成 26 宗地出让底价评估，24 宗地抵押贷款土地价格评估，205 宗地股份制企业改造及单位土地资产核查的土地价格评估。

2000 年，兴城市土地评估事务所共进行地价评估 79 宗 57.5 公顷，确认总地价 1.03 亿元。

2005 年，兴城市完成土地出让评估 22 件，面积 26.2 公顷，地价额 0.62 亿元。办理抵押评估 24 件，面积 43.13 公顷，地价额 1.4 亿元。

2011 年，兴城市土地评估完成以出让为目的备案 89 件，以抵押为目的备案 102 件。2012 年，完成以出让为目的备案 61 件，以抵押为目的备案 202 件。

## 第三节　用地管理

### 土地利用规划

1997 年11 月，兴城市开展土地利用总体规划的编制工作。成立兴城市土地利用总体规划领导小组，下设规划编制办公室。兴城市人民政府转发兴城市土地管理局制定的《全市各级土地利用总体规划修编工作方案》。1998 年，土地利用总体规划修编工作全面展开，乡级规划与市级规划同步进行。年内，形成全市“土地利用总体规划”文本，编制土地利用现状图、土地利用总体规划图、城区总体规划图27幅，形成各项专题研究报告6份。

1999年5月，辽宁省人民政府批准《兴城市土地利用总体规划》。该规划期限以1996年为现状年，1997年为基期年，2000年为近期规划年，2010年为规划目标年，2020年为展望年。

2008年，《兴城市土地利用总体规划（2006~2020年）》修编工作正式启动。2012年，经过修订的《兴城市土地利用总体规划（2006~2020年）》，获辽宁省人民政府批准。

### 农村宅基用地管理

1986年始，兴城县（市）土地管理局依照《中华人民共和国土地管理法》和兴城县人民政府《关于重新颁发〈兴城县土地管理细则〉》的有关规定，对农村宅基用地进行依法管理。农民或在农村居住的非农户建房占用耕地和菜田的，由乡镇人民政府审核，报兴城县（市）人民政府批准；占用非耕地和院内翻、改、扩建的，由村委会审核，乡镇人民政府审批，报兴城县（市）土地管理部门备案。

1998年8月29日，第九届全国人民代表大会常务委员会第四次会议修订的《中华人民共和国土地管理法》颁布，兴城市农村村民住宅用地，由乡镇人民政府审核，报兴城市人民政府批准，其中涉及占用农用地的，报辽宁省人民政府批准。

### 国家建设用地管理

1986年6月，《中华人民共和国土地管理法》颁布后，国家建设征用耕地0.2公顷以下或者其他土地0.66公顷以下，由县（市）人民政府批准。

1993年，落实锦西市《关于建设用地管理办法》，在审批用地上做到“四严”，即严格控制指标、严格控制占用耕地、严格审查报批手续、严格进行检查验收。

1998年，新修订的《中华人民共和国土地管理法》颁布后，国家建设征用基本农田以外的耕地35公顷以下或其他土地70公顷以下，由辽宁省人民政府批准，并报国务院备案。

2012年，省、市、县三级政府共审批国家建设用地243.2360公顷，其中耕地110.5826公顷，非耕地132.6434公顷。

### 农村企事业建设用地管理

1986年6月，《中华人民共和国土地管理法》颁布后，农村企事业建设用地，由用地单位持县级以上人民政府批准的设计任务书或其他批准文件，向土地管理部门提出申请，经审查核准后，报县级以上人民政府批准。

1998年新修订的《中华人民共和国土地管理法》颁布后，农村企事业建设用地，经乡镇人民政府审核后，报县级以上人民政府批准，其中涉及占用农用地的，报辽宁省人民政府批准。

### 划定基本农田保护区

1995年，兴城市土地管理局依照国务院《基本农田保护条例》及兴城市人民政府《关于在全市开展基本农田保护区划定工作意见》，在全市范围内开展基本农田保护区的划定工作。至5月末，全市58815.73公顷耕地，共划定基本农田4578块，保护面积45760.68公顷，保护率为77.8%。同时绘制基本农田保护区分布图，设立保护标志牌，建立地块档案，编制《基本农田保护区规划》。

1997年，中共中央、国务院《关于进一步加强土地管理，切实保护耕地的通知》下发后，兴城市土地管理局召开耕地保护工作会议，在 1995 年划定基本农田保护区的基础上，将基本农田保护任务分解到乡镇街道、村、户，落实到具体地块，并层层签订耕地保护责任书。

2010 年，全市总耕地面积 59929.79 公顷，基本农田保护地块 4578 块，保护面积 50820.00 公顷，其中旱田 49110.16 公顷、水田 1230.20 公顷、菜田 479.64 公顷，保护率为 84.80%。

2012 年，全市耕地保有量 59788 公顷，基本农田面积 49590 公顷，保护率为 82.94%。

### 土地开发复垦

1989 年，辽宁省《土地复垦实施办法》颁布后，兴城市土地管理局针对砖厂毁田烧砖问题，加强土地复垦工作。年内，沙后所镇的烟台、城内、乱石 3 个砖厂复垦还田 7.97 公顷。

1990 年，根据国务院《关于土地开发复垦的规定》，依“谁破坏谁造地、谁复垦谁受益，开源与节流并重”的原则，努力开发土地资源。全年开发耕地 35.8 公顷，非耕地 406.6 公顷，砖厂复垦还田 17.8 公顷。

1997 年，兴城市土地管理局开始编制《土地开发复垦计划与实施方案》，设计“平地造田，缓坡营造果园，陡坡林草覆盖，沟壑乔灌锁边”的开发方式。制定《兴城市耕地保护与土地开发复垦实施办法》，建立开发复垦基金，实施优惠政策。当年在海滨、望海、双树、沙后所等乡镇开发复垦水田 173.33 公顷、旱田 20.67 公顷。是年，按照中共中央、国务院文件要求，冻结非农业建设占用耕地的审批，有效地保护耕地。

2000 年，兴城市国土资源局成立土地开发整理中心，由专人负责造地工作。年内，先后从辽宁省土地开发整理中心争取土地开发专项基金 584 万元，在沙后所、羊安、南大山等 8 个乡镇开发复垦水田 140 公顷、经济田 33.3 公顷、旱田 56.7 公顷，整理滩涂、荒坡，增加耕地，实现年度占补平衡。

2001 年，为保护耕地，停止砖厂取土场用地的审批。

2011 年，全市共完成 48 个土地开发项目的实地踏勘工作。实地踏勘涉及 12 个乡镇，面积 968.68 公顷，同时及时完成立项申报工作，并将以上耕地后备资源纳入省库，为兴城的耕地“占补平衡”打下坚实的基础。

2012 年，兴城市实施土地开发项目 45 个，整理土地 823.17 公顷，通过验收新增耕地 785.32 公顷。确立增减挂钩项目 7 个，复垦建设用地 389.40 公顷，可新增耕地 377.43 公顷。

## 第四节　矿产管理

### 矿产资源管理

1987 年 9 月，兴城市矿产资源管理办公室（简称兴城市矿管办）成立，为兴城市计划委员会下属副科级事业单位。兴城市矿管办调查摸清矿产企业状况，全市共有矿山企业 127 家，其中国营、集体采矿企业 3 家，乡、村采矿企业 122 家，个体采矿企业 2 家。至 1989 年颁发采矿许可证 145 个，其中金属矿 44 个、贵金属矿 24 个、煤矿 4 个，收缴矿产资源补偿费 29.9 万元。

1993 年，兴城市矿管办在药王、南大山、元台子等乡镇进行金矿点踏勘，掌握大量资料，为兴城市金矿的发掘开采提供有价值的数据。

1994年，对全市矿山企业进行清理整顿，解决重大矿业纠纷4起，确保矿业生产健康有序进行。1998年3月，兴城市矿管办划归兴城市国土资源局。年内，核发、换发采矿许可证16件。

1999年，兴城市矿管办开展矿产资源普查，探察新矿种、新矿区，编制《兴城市地质矿产十年发展规划》。进行采矿许可证的年检工作，全年共审查采矿单位或个人132家，换发许可证100件，收缴采矿费、资源补偿费30万元。

2000年，兴城市招进4家地勘单位，在白塔、旧门等乡镇完成11个项目的勘察工作，勘察面积达50平方公里，探出稀土、铅、锌等新矿种和新矿区。年内，完善矿产资源管理档案100宗300卷，绘制地质勘察图、矿区位置图1000余份。

2003年6月，国土资源部《关于探矿权、采矿权招标拍卖挂牌管理办法（试行）的通知》发出后，兴城市矿管办严格按照该办法规定，认真开展采矿权有偿使用工作。全年受理甲类矿山出让手续4个、乙类矿山出让手续42个。处理无证开采矿山9起，越界开采3起，以探代采1起。

2004年，兴城市矿产资源管理工作完全步入市场管理轨道。矿业权市场的兴起，带动全市矿业经济的发展。全年，共受理甲类矿山出让手续11个、乙类矿山出让手续27个，收取采矿权价款49万元，采矿使用费4.1万元。

2008年，兴城市矿管办对全市矿山企业进行排查，依法关闭和取缔非法钼选厂29家，拆除厂房2处，铲平尾矿库1处。

2010年，兴城市实行探矿权县级审批网上报件，全市登记采矿企业69家，分别为地下开采和露天采矿，登记探矿权项目40个。会同辽宁省专业测绘队伍对全市矿山企业进行矿业权核查，并下发核查成果。

2011年，兴城市矿管办开展多种形式巡查，严格按矿山地质环境管理的要求，督察各企业开展地质环境恢复整治工作。2012年，年检矿山企业103家，合格100家，抽检率33.3%，合格率占总数的95.2%。通过年检工作进一步规范矿山企业的勘察开采行为。

### 地质灾害防治

2008年，兴城市人民政府投资10万元在四家屯街道邴家村东南海岸带设立地质灾害隐患警示标志牌，在其他景区、景点树立标志牌，随时监控地质灾害险情。

2010年，兴城市国土资源局编制完成《兴城市地质灾害防治规划（2010~2020年）》。2011年，兴城市国土资源局编制《兴城市2011年地质灾害防治方案》，加强对探矿和采矿企业的监督与检查，确定并标明地质灾害隐患点，明确地质灾害危险点的监测、预报、预警、应急工作责任人，层层签订防灾责任状，开展多种形式巡查监测。

2012年，兴城市国土资源局组织全市矿山企业法人代表观看国内一些矿山出现滑坡与泥石流灾害录像，进行地质灾害防治教育。在首山风景区组织相关单位参加突发性地质灾害应急演练。

## 第五节 执法监察

1987年，兴城市土地管理局设立土地监察股，对1962年以后非农业建设用地进行执法检查，共查出82家单位、189起个人违法占地294.47公顷，罚款46万元。

1990年，兴城市土地管理局组织土地管理人员，对全市非农业建设用地进行联合大检查，查出 1212 起个人违法占地 12.26 公顷，责令退回土地 3.25 公顷，罚款 23.57 万元。

1995 年，兴城市土地管理局组织检查组对全市建设用地、国道 102 线两侧经营型用地和东辛庄镇等开发区用地及曹庄等 5 个乡镇进行土地执法大检查。对不履行审批手续非法占地、未经批准非法转让土地、个别乡镇农民建房失控等问题，都分别进行严肃查处和纠正。

1997 年，兴城市土地管理局对 1991 年 1 月 1 日~1997 年 4 月 15 日期间的非农业建设用地进行"四查"，即查建设用地是否符合规划、用地手续是否合法、土地利用理由是否充分、土地交易是否依法。至年末，共查处各类违法建设用地 2800 起，拆除违法建房 2540 平方米、违法占地围墙 1230 延长米，收回拆除违法建筑后的土地 3.38 公顷，收回征而未用土地 1.76 公顷，收缴罚没款 30 万元。

1999 年，聘用土地监察员，加强城乡土地监察工作。查处违法用地、用海案件 110 起，涉及土地 14 公顷，罚款 25.4 万元。

2006 年，辽宁省国土资源厅开始利用卫星遥感技术开展土地执法检查工作。通过卫星拍摄的影像资料，对地面新增建设用地实施监控，及时有效地发现国土资源违法行为。至 2010 年，辽宁省卫星影像资料显示兴城市用地图斑 410 个，兴城市国土资源局共检查卫星影像变化图斑 400 多处，并将调查处理结果逐级上报主管部门。

自 2007 年始，兴城市国土资源局对全市土地市场实行动态监督、规范管理。"监管体统"可及时获取交地、开工、建设、竣工等相关信息，为批后核查、供后监管提供直接依据，同时对矿山违法案件也进行查处。

2011 年，运用遥感监测全市疑似变化图斑 196 个，涉及土地 116.93 公顷。经过现场勘察，确定合法用地或军事用地 193 个，违法用地 3 宗，违法占用耕地率为 4.75%。查处各类土地违法违规案件 10 件，且全部结案，收缴罚款 204406 元。

2012 年，兴城市国土资源局制定《兴城市打击矿产资源违法行为专项行动实施方案》，开展"安全生产月活动"，对 64 家采矿企业（甲类 20 家、乙类 44 家）、39 家勘察单位进行拉网式排查。获得的排查情况逐一登记，建立排查台账，做到不留死角，不遗漏排查对象。执行矿产执法动态巡查制度，对矿山企业按期进行动态巡查，依法查处矿产违法案件 2 件，结案 2 件，罚没款 104000 元。查处土地违法案件 12 宗。

# 第九章　安全生产监管

2002 年 5 月，成立兴城市安全生产管理办公室，为隶属兴城市经贸局的副科级机构。2006 年 2 月，成立兴城市安全生产监督管理局，设在兴城市经贸局。2008 年 11 月，兴城市安全生产监督管理局（简称兴城市安监局）从兴城市经贸局分出单设。主要职能是依照国家、省、市有关安全生产的法规、规章、规程和标准，制定兴城地区具体实施办法及规程并组织实施；指导、协调企、事业单位安全生产；对不具备安全生产基本条件的生产经营活动进行查处和限期整改。2012 年，内设业务机构 6 个，下辖职业卫生监督管理所、安全生产执法监察大队。

## 第一节 监督管理

2006年，兴城市人民政府为进一步加强安全生产管理工作，制定《兴城市安全生产责任制目标考核办法》，实行分级管理、考核、奖惩，纳入各部门、各单位政绩考核和干部任期目标考核内容，实行重奖重罚、奖罚兑现。针对部分矿山企业存在的实际问题，兴城市安监局制定《矿山运输提升系统管理规定》《井巷掘进工程安全管理规定》《矿山通风系统管理规定》《爆破作业安全管理规定》《人行通道安全设施管理规定》和《探矿项目安全条件审查程序的规定》等规定，并在全市范围内开展代号为“铁腕”的安全生产执法行动。年内，深入企业检查1854人次，制作笔录384份，查出事故隐患724处，经济处罚43万元，下达整改指令书622份，责令停产停业整顿企业35家，关闭企业15家，取消经营资格30家。

2007年6月，职业卫生监管职能由兴城市卫生局划转到兴城市安监局，遂成立职业卫生监督管理所，开始履行职业卫生监管职能。兴城市安监局制定《露天采石场安全生产管理若干规定》和《高危行业安全检查工作规定》。年内，对全市煤矿、非煤矿山、危险化学品、烟花爆竹、建筑安装、铁路道口等生产经营单位开展安全生产隐患排查治理行动。全年检查企业1450家，查出隐患1184处，整改1160处，停产停业整顿企业46家，关闭煤矿2家。

2008年，兴城市安监局落实“隐患排查年”各项措施，制定实施《井下矿山竖井提升系统安全管理规定》《斜井安全生产安全管理规定》《尾矿库安全管理规定》《兴城市烟花爆竹生产企业退出生产领域实施方案》及《兴城市安全生产委员会成员单位安全生产工作职责》，建立安全生产预警信息报告制度。开展煤矿整治、尾矿库整治、化工企业整治、烟花爆竹生产企业退市“四大战役”，责令停产、停业、整顿的有小煤矿4家、尾矿库19处、化工企业4家，拆毁小选矿厂2家。全市2家烟花爆竹生产企业全部退出生产领域。协同公安局、消防大队等有关部门，开展“百日督察行动”。对5230家企业进行安全检查，发现隐患1008处，查封取缔186家，行政拘留26人，罚款17.19万元。

2009年，为搞好“安全生产责任落实年”活动，兴城市人民政府制发《兴城市市直部门安全生产目标考核细则》，并与各乡镇街道和市直有关部门签订安全生产目标管理责任状。将安全生产控制指标纳入乡镇街道和市直有关部门年度目标考核。兴城市安全生产监督管理局制定《安全生产责任落实年方案》，加大专项整治和监督检查力度。责令非煤矿山企业停业整顿11家，取缔烟花爆竹非法经营业户4家。累计检查生产经营单位252户，监察覆盖率达到100%。

2011年，兴城市安全监局制定《兴城市生产经营单位班组安全生产管理建设标准》和《班组长培训手册》，对全市煤矿、非煤矿山、危险化学品、烟花爆竹、建筑安装、铁路道口等生产经营单位开展安全生产专项行动。检查生产经营建设单位1664家，排查事故隐患1486处，下达整改指令161份，整改1362处，整改率为91.7%，投入隐患治理资金24.8万元。

2012年，兴城市安监局强化责任落实，建立健全安全生产“三级网络”，与各乡镇街道、市直有关部门签订《安全生产责任状》。年内，共监督检查企业安全生产608次，制作现场检查记录483份，下达责令整改指令书191份、行政处罚决定书24份、强制措施决定书10份，累计制作各类法律文书1091份。加强铁路道口安全管理，召开道口监护员动员会，与监护员签订《安全防护目标管理责任状》，与基层运输企业签订《安全通过铁路道口责任状》。强化对监护员的岗位培训，开展应急演练活动，增强安全生产责任意识。

## 第二节　检测检验

2006 年，兴城市有 56 家企业通过安全评价机构和葫芦岛市安全生产监督管理局的审查验收，取得安全生产许可证。

2009 年，兴城市安监局按照国家安监总局和省、市安监局的要求，开始推行企业标准化和安全生产状况评估工作。年内，完成葫芦岛市级安全标准化达标企业 4 家。2010 年，兴城市安监局对正在生产的 25 家非煤矿山企业进行职业危害因素检测和职业危害现状评价，对 31 家企业 900 余名从业人员进行职业健康检查。

2011 年，兴城市安监局全面推进职业病危害因素检测与现状评价工作，对存在职业病危害因素的非煤矿山企业和地面重点企业进行检测与现状评价。对 32 家重点企业进行职业病危害因素检测与评价，完成岗中体检 600 余人，为从业人员建立健康监护档案。对临海产业区 19 家备案企业的厂房建设等重点在建工程，进行现场指导和监督检查，确保工程安全。

2012 年，兴城市安监局对多家企业的 1000 多名从业人员进行职业健康体检和复检，指导企业建立健全职业健康监护档案。辖区内 64 家非煤矿山和使用高毒原材料的生产企业全部进行网上申报。

## 第三节　宣传培训

### 安全生产培训

2006 年，兴城市安监局创办《兴城安监动态》刊物，及时报道全市安全生产的典型经验、重大事项、工作成果、事故案例等。组成 2 个培训组，历时 10 天，深入 16 个乡镇街道的 78 家非煤矿山企业进行安全知识培训，共培训企业负责人和职工 3000 余人。成立煤矿安全技术培训中心，全年培训煤矿职工 342 人。

2009 年，兴城市安监局组织 5 期安全生产知识培训班，培训 409 人。其中，举办非煤矿山主要负责人、安全生产管理人员培训班 2 期，培训 198 人。危险化学品主要负责人、安全生产管理人员培训班 1 期，培训 54 人。特种作业人员培训班 2 期，初培 82 人，复培 58 人，送其他单位代培 17 人。2011 年，举办安全知识和安全技能培训 7 期，共培训 702 人。

2012 年，兴城市安监局对非煤矿山、危险化学品生产经营的主要负责人、安全生产管理人员进行安全生产知识及安全技能培训，共举办培训班 7 期，培训 720 人。组织乡镇街道安监站工作人员进行集中培训，共培训 71 人。编印《安全生产法律法规及安全生产事故案例分析汇编》，指导企业安全生产。

### 安全生产月活动

2008 年，兴城市安监局以“安全生产月”活动为契机，宣传安全文化。活动中，发放宣传单 3000 余份，解答群众安全咨询 100 余人。先后到凝聚矿业、凌河化工、关东钼业 3 个重点企业播放安全生产影视宣传片。年内，共发送安全文化手机短信 300 余次，举办“安康杯”安全生产知识演讲比赛，编印《兴城安监动态》简报 33 期，在兴城电视台开办“安全警钟长鸣”专栏。

2009年，兴城市安监局在“安全生产月”活动期间，精心组织开展“安全短信传递”“安全宣传咨询日”“安全生产万人签名”“安全生产知识竞赛”“送安全文化、书籍到企业”等一系列形式多样、内容丰富、成效显著的活动。在兴城电视台滚动播出安全生产公益性广告，播放52集电视连续剧《平安是福》，大力普及安全文化，提升市民安全意识。

2011年，兴城市安监局牵头联合有关部门制定《兴城市安全生产月活动方案》，开展以“安全责任，重在落实”为主题的“安全短信传递”“安全宣传咨询日”“安全生产万人签名”“安全伴我行歌咏比赛”等一系列活动，营造安全生产舆论氛围。

2012年，兴城市安监局开展以“科学发展，安全发展”为主题的“安全生产月活动启动仪式”“安全生产月咨询日”“安全生产万人签名”活动。召开安全文化建设示范企业创建推进会、开展安全文化进企业、进矿山等一系列活动。发送安全生产短信10000余条，向群众发放宣传单5000余份、《安全生产月专刊》3000本，悬挂安全宣传挂图50多张，当场解答群众咨询40余条。

## 第四节　事故查处

2006年，兴城市安监局对企业累计检查302次，制作现场检查笔录548份，下达整改指令书548份，罚款40万元，责令停产、停业、整顿企业35家次。对煤矿企业下井检查82次，查出事故隐患46处，下达指令书15份，整改率100%，停止作业7户次，对所属4家煤矿企业罚款5.8万元。全年，发生各类生产事故8起，死亡8人。其中井下矿山发生5起，死亡5人。露天采石场发生3起，死亡3人，4名责任人被追究刑事责任。2008年，全市工矿企业发生4起事故，死亡4人，比2007年增长400%。

2009年，全市工矿商贸企业发生事故2起，死亡3人，经济损失75万元，与2008年相比事故率、死亡率有所下降。2010年，全市工矿商贸企业发生事故4起，死亡4人，与2009年相比，事故率和死亡率有所上升。

2011年，全市发生生产安全事故7起，死亡11人，直接经济损失59.36万元。

2012年，全市发生生产安全事故6起，死亡6人，经济损失360万元。

# 第十章　招商引资

1986年，兴城县无招商引资的专门机构。为处理对外经济合作业务，曾在黑龙江省黑河市设立对外经济工作办事处。1992年，兴城市设立对外经济工作办公室，其工作范围限于对外经济合作。1997年10月，兴城市招商局成立。1998年3月机构改革，兴城市招商局并入兴城市计划统计局。2002年4月，兴城市招商局从兴城市发展计划局分出，在兴城市经贸局挂兴城市招商局牌子，为兴城市人民政府直属事业单位。负责在兴城投资的外资项目和内资项目的接待、洽谈、审批及协调服务，开展兴城与外地的经济技术交流与合作。

# 第一节 招商引资政策

1997年，兴城市人民政府制定《关于招商引资优惠政策的若干规定》。规定到兴城投资企业在获得利润前按照国家有关规定向地方缴纳的各种税款，均采取先征后返、即征即返的办法返还给企业。到兴城投资企业从获得利润年度开始，前5年免征地方所得税，第5年至第10年减半征收地方所得税。对生产性投资企业，经营期在10年以上的，从获得利润年度开始，第1年和第2年免征企业所得税，第3年至第5年减半征收企业所得税。林业、牧业、水果深加工、水产养殖等农业开发项目和当时仍为先进技术项目的，可延长5年减半征收地方所得税和企业所得税；出口产品产值占企业当年产值70%以上的出口创汇项目，继续减半征收地方所得税和企业所得税。到兴城投资企业用地，土地使用权可以一次性转让或临时出租、转让，一次性转让期限最长不超过70年；土地出让金和土地使用费按规定标准的60%缴纳，一次性缴纳有困难的，可以分期缴纳；属未开发土地及闲置场地，土地出让金和土地使用费可以按照最低标准缴纳。

1999年，兴城市人民政府对《关于招商引资优惠政策的若干规定》进行修订。修改后优惠政策共10条，内容涉及税收、土地费用、行政事业性收费等优惠政策，但没有涉及对引荐人的奖励。5月，兴城市人民政府制发《关于招商引资奖励政策的补充规定》，共6条，主要内容是对引荐人和企业法人代表在子女落户、入学和工作安排等方面给予的特殊政策。

2000年，兴城市人民政府将优惠、保护和奖励政策融为一体，制定《兴城市人民政府关于招商引资鼓励政策的若干规定》，共20条。具体内容涉及对招商引资企业的行政事业性收费政策、土地政策、税收政策，对企业暂住人口的管理政策，对企业法定代表人在家属或子女工作安排上的特殊政策，对企业的各种保护及服务政策，以及对引荐人的各项奖励政策。

2003年，对2000年制定的招商引资奖励政策进行修订，以适应国家的相关税收政策，同时制定关于西部山区石材资源开发的优惠政策。

2009年，兴城市人民政府再次制定《兴城市招商引资优惠奖励政策》，共9条。内容涉及土地优惠政策、税费优惠政策、奖励政策，文件还涉及重大项目和一些特殊行业引进的奖励政策。

2011年，兴城市人民政府对招商引资奖励政策进行修订。2012年再次修订的《兴城市招商引资优惠奖励政策》规定，凡在兴城市规划区内投资兴办符合国家产业政策、固定资产投资在500万元人民币以上的工业项目，均享受所规定的政策（入驻兴城临海产业区的项目执行产业区政策）。

## 土地优惠政策

一、工业项目，按100万元/亩的投资强度确定用地规模，土地出让享受成本价。

二、高新技术产业项目，投资强度超过50万元/亩，土地出让享受成本价。

三、纳税形成财政一般预算收入部分连续两年在5万元/亩以上的工业企业，从第三个年度开始，每年纳税形成一般预算收入部分的20%奖励给企业用于基础设施建设，奖完土地价款为止。

## 税费优惠政策

一、固定资产投资5000万元以上的企业，投产后年纳税超过1000万元，纳税形成财政一般预算收入的50%部分连续三年奖励给企业作为企业发展基金；固定资产投资在1亿元以上的企业，投产后年纳税超过2000万元的，纳税形成财政一般预算收入的50%部分连续4年奖励给企业作为企业发展基金；固定资产投资在3亿元以上的企业，投产后年纳税超过3000万元，纳税形成财政一般预算收入部分的50%连续5年奖励给企业作为企业发展基金。

二、高新技术企业，投产后年纳税超过500万元，纳税形成财政一般预算收入的50%部分连续五年奖励给企业作为企业技改和科研经费。

三、改扩建的工业企业，新增固定资产投资5000万元以上，新增税收形成财政一般预算收入部分享受新建企业的税收政策。

四、异地注册、总部经济等“零”占地项目，每年纳税形成财政一般预算收入的50%部分奖励给企业。

五、免收工业企业基本建设期间的行政事业性收费（工商注册费除外），涉及省、国家的基本建设期间的行政事业性收费，由兴城市财政承担。

### 奖励政策

一、工业项目固定资产5000万元~1亿元的项目，按投资金额的3‰奖励引资人；工业项目固定资产1亿元~3亿元的项目，按投资金额的4‰奖励引资人；工业项目固定资产3亿元以上的项目，按投资金额的5‰奖励引资人。引进项目奖励引资人最高金额为500万元。

二、引进固定资产投资规模1亿元以上且年纳税1000万元以上的工业项目，可安排引资人的1名子女或亲属（45周岁以下、中专以上学历）到兴城市财政拨款的事业单位工作。

三、入驻企业的外聘专家及各类高级专业人才缴纳个人所得税者，按形成财政一般预算收入的50%部分连续5年奖励给个人。对兴城市发展具有重大牵动作用的重大项目，除享受以上政策外，给予特殊优惠。对大型旅游、酒店、物流、商贸及房地产等服务业项目，采取一事一议办法。

## 第二节　招商引资活动

1999年4月，在“中国·兴城首届泳装节”期间，兴城市人民政府筹划召开兴城市招商引资新闻发布会，组织经贸合同签约仪式，当场签订合同金额1300万元。在《兴城日报》《葫芦岛日报》《辽宁日报·海外版》《中国企业报》上刊登兴城市招商引资鼓励政策，印制集兴城市情、各项优惠政策、办事程序及通讯联系为一体的《投资指南》50000册。

2000年4月，在第二届“泳装节”期间，兴城市人民政府组织国内外客商座谈会，洽谈项目，介绍兴城。6月，组织经贸招商代表团赴香港和深圳招商。7月，在第十四届“中国·兴城七月海会”期间开展招商引资活动。8月，赴广州洽谈海滨码头投资项目。9月，举办“中国首届菊花节”招商引资签约仪式。12月，将招商局电脑联入国际互联网，实现网上招商。印制集兴城风光、各类资源、招商项目、鼓励政策于一书的兴城《投资指南》画册20000册，印制《兴城市投资项目册》5000册，印制用中韩文字对照的《投资项目》500册。

2001年，兴城市人民政府派员赴韩国参加招商活动，在汉城成功举办兴城市投资环境说明会。2002年，兴城市人民政府派员到南京、沈阳、北京、山东等地参加经贸洽谈活动，在山东省莱州市举办兴城市石材资源开发新闻发布会。

2009年，兴城市人民政府在原有专业招商局的基础上，新成立47个招商引资工作组。对全市86个市直部门进行招商引资任务指标分配，市领导招商指标责任到人，分别承包单位，亲自参与承办单位项目的考察、洽谈、跟踪服务，直至项目落户。多次赴黑龙江、吉林两省和温州、深圳、南京等地组织或参加招商说明会。

2010年，在“长三角”“京津冀”设立2个招商办事处，开展定点招商。分别赴香港地区、黑龙江、吉林两省和福州、温州、宁波等城市举办6次招商引资推介会。邀请黑龙江、吉林、河北、北京、天津等省和直辖市以及温州等城市客商和中国汽车零部件工业公司到兴城开展以电气、新型材料和汽车零部件制造为主题的招商引资推介会。

2011年，兴城市人民政府组织招商代表团分别赴日本、韩国等国家和中国台湾、香港地区及北京、温州、深圳、成都、海宁、宁波等城市举办不同形式、不同规模的招商引资推介会12次。其中，邀请省级以上领导参加的“请进来”活动1次，邀请市级领导参加的活动2次，邀请重点企业到兴城考察、洽谈的活动9次。8月，成功举办首届“中国（葫芦岛·兴城）国际泳装文化节”经贸洽谈会，邀请国内外300余位企业家参会。

2012年，兴城市人民政府组织“走出去，请进来”招商活动40余次，引进内资项目38个，到位资金125.16亿元，比2011年增长106.5%；引进外资项目25个，到位资金10328万美元，比2011年增长29.1%。

## 第三节 招商引资效益

1996~2000年，兴城市达成招商引资项目470个，协议金额15.2亿元，到位资金9.34亿元。引进国（境）外投资企业11家，投资总额893万美元，合同外资额397万美元，实际利用外资额266万美元。

1999年，兴城市确定为招商引资年，全年引进项目252个，协议金额7.9亿元，到位资金4.1亿元，形成固定资产3.2亿元，企业运作率95.2%，安置就业5913人。招商引资企业共实现产值14087万元，销售收入实现9463万元，缴纳税金500万元。

2006年，兴城市引进外资项目7个，合同外资额1645万美元。2007年，引进国电电力发展股份有限公司投资的国电兴城电力发电有限公司，投资合同总额9亿元，第一期投资4.5亿元。

2009年，兴城市共引进内资项目35个，总投资32.36亿元，实际到位资金15.39亿元，其中超亿元项目10个。全市引进外资项目2个，总投资4765万美元，实际到位600万美元，比2008年增长21%。2010年，是兴城市招商引资年。全年共引进外资项目11个，总投资8490万美元，实际到位4016万美元，比2009年增长569.3%。全年引进内资项目19个，总投资84.7亿元，实际到位资金47.1亿元，比2009年增长206.3%。内资项目中，超亿元以上项目18个。

2011年，兴城市引进内资项目21个，总投资102.75亿元，实际到位60.6亿元。新引进并办理工商注册的外资项目23个，总投资4.7亿美元，利用外资合同额1.13亿美元，实际利用外资到位8000万美元。

2012年，兴城市共引进内资项目38个，总投资212.81亿元，实际到位资金125.16亿元，比2011年增长106.5%。其中园区内共计31个项目，实际到位资金88.7亿元；园区外共计7个项目，实际到位资金36.4亿元；全市共引进外资项目25个，实际到位10328万美元，比2011年增长29.1%。其中合资项目6个，实际到位696万美元。引进独资项目19个，实际到位9632万美元。在引进的38个内资项目中，工业项目31个，到位资金88.7亿元；商业项目2个，到位资金3.7亿元；房地产开发项目5个，到位资金32.7亿元。

# 第十五篇　党派群团

## 第一章　中共兴城市地方组织

中共十一届三中全会以后，中共兴城县（市）委员会贯彻落实党的路线、方针和政策，坚持以邓小平理论、“三个代表”重要思想为指导，以科学发展观为统领，紧紧围绕经济建设中心，加强党的组织建设、思想建设和纪律作风建设，发挥各级党组织的战斗堡垒作用和广大党员的先锋模范作用，团结各民主党派和人民团体，同心同德、改革创新、锐意进取，使全市物质文明、政治文明和精神文明取得显著成效，促进兴城经济社会的又好又快发展。

### 第一节 党员队伍

1986 年，中共兴城县委根据中共中央组织部《转发共青团中央书记处〈关于认真做好推荐优秀团员做党的发展对象工作的报告〉的通知》，为进一步优化党员队伍的年龄结构和文化结构，在共青团员和青年中发展中共党员 206 人，其中高中以上文化程度占发展党员总数的 34.4%。

1989 年，按照中共中央提出的“坚持标准，保证质量，改善结构，慎重发展，从严治党”的要求，中共兴城市委注重在生产第一线发展青年入党，规定入党积极分子至少要有一年的培养时间。全年，发展新党员 363 人，其中一线工人、农民、知识分子党员 334 人。新党员中具有高中以上文化程度的 191 人，占发展党员总数的 52.6%。

1995 年，把生产一线的中青年骨干作为发展党员对象。全年，发展党员 428 人，其中生产一线 306 人，占发展党员总数的 71%。1996 年以后，为解决部分农村党支部党员队伍老化、文化偏低，特别是长期不发展党员的问题，注重在农业生产一线的中青年骨干中发展新党员。全年，发展党员 518 人，比 1994 年增加 21%。

2000 年，发展党员实行公示制度，即基层党支部在召开党员大会讨论发展对象为预备党员前，将其基本情况在一定范围内公示，加强对发展党员工作的监督，减少工作中的失察和失误。

2008 年，全市发展新党员 342 人，其中女党员 131 人，占发展党员总数 38.3%；35 岁以下

190 人，占发展党员数 55.6%；大专以上文化程度 169 人，占发展党员数 49.4%。2010 年，兴城市发展新党员 370 人，其中发展女党员 134 人，占发展党员总数的 36.2%；发展 35 岁以下党员 238 人，占发展党员总数的 64.3%；发展大专以上文化程度党员 215 人，占发展党员总数的 58.1%。

2012 年，兴城市发展新党员 558 人，其中发展少数民族党员 324 人，占发展党员总数 58%；发展农村党员 273 人，占发展党员总数 48.9%；发展学生党员 33 人，发展教师党员 45 人，发展非公企业职工党员 42 人。在发展的新党员中，具有大专以上文化程度有 270 人，占发展党员总数 45.9%。

## 第二节　党员代表大会

兴城县（市）历次中共党员代表大会，均由基层党组织和党员推荐提名，由所在选举单位召开的党代会选举产生的党员代表参加，部分离退休老党员列席会议。会议主要听取审议中共兴城县（市）委工作报告和中共兴城县（市）纪律检查委员会工作报告并做出决议。选举产生新一届中共兴城市委和中共兴城市纪律检查委员会；选举出席上一级党员代表大会代表。

### 中共兴城县第七次代表大会

1984 年 6 月 29 日~7 月 1 日召开。出席会议代表 351 人。大会审议通过中共兴城县第六届委员会工作报告，审议通过中共兴城县纪律检查委员会工作报告。大会中心内容是统一思想，继续贯彻中共十二大和十二届二中全会精神，全面搞好整党和改革，加强和改善党的领导，加速文明县建设。大会选举产生中共兴城县第七届委员会委员 34 人、候补委员 6 人；选举中共兴城县第七届纪律检查委员会委员 12 人；选举出席锦州市第六次党员代表大会代表 34 人。

1987 年 1 月，兴城撤县建市。中共兴城县委员会改为中共兴城市委员会；中共兴城县纪律检查委员会改为中共兴城市纪律检查委员会；中共兴城县第七次代表大会代表改为中共兴城市代表大会代表。

### 中共兴城市第一次代表大会

1987 年6 月 25~27 日，中共兴城市第一次代表大会在兴城市人民政府后楼大会议室召开。出席会议的代表 351 人。会议听取和审议王恩福代表中共兴城县第七届委员会所作的《认真抓好两件大事，促进两个文明建设深入发展》的工作报告；听取和审议张福顺代表中共兴城县第七届纪律检查委员会所作的工作报告。大会提出要深入开展坚持四项基本原则、反对资产阶级自由化的斗争。加强对改革、开放、搞活的宣传教育，大力推进社会主义精神文明建设。深入开展“双增双节”运动，促进兴城经济建设长期稳定发展。大力加强党的建设，切实改进工作作风。会议以无记名投票方式选举产生中共兴城市第一届委员会委员 31 人、候补委员 6 人；选举中共兴城市纪律检查委员会委员 13 人。

### 中共兴城市第二次代表大会

1990 年 3 月 5~8 日，中共兴城市第二次代表大会在兴城市人民政府后楼大会议室召开。出席会议代表 335 人。大会审议通过毕玉田代表中共兴城市第一届委员会所作的《振奋精神，开拓前进，为完成党的各项任务而努力奋斗》的工作报告。审议通过刘忠海代表中共兴城市纪律检查委员会所作的工作报告。大会提出深入学习贯彻中共十三届四中、五中全会精神，进一步贯彻治理整顿和深化改革的方针，促进全市城乡经济持续稳定协调发展。1990 年，全市工农业总产值达到 6.8 亿元，实现工农业总产值 10 年翻两番的奋斗目标。大会要求把农业放在首位，努力繁荣农村经济；搞好结构调整，增强工业发展后劲；整顿秩序，控制物价，搞活市场，安排好人民生活；继续坚持对外开放方针，推进对外经济持续稳定发展；深化改革，强化管理，搞活企业，提高效益。大会选举产生中共兴城市第二届委员会委员 30 人、候补委员 6 人；选举产生中共兴城市纪律检查委员会委员 15 人；选举产生出席中共锦西市代表大会代表 39 人。

### 中共兴城市第三次代表大会

1995 年 4 月 10~12 日，中共兴城市第三次代表大会在兴城市工人文化宫召开。全市各条战线的党员代表 346 人出席大会。大会审议通过刘忠伦代表中共兴城市第二届委员会向大会所作的《开拓进取，勇往直前，为全面夺取我市各项工作的新胜利而奋斗》的工作报告。审议通过刘忠海代表中共兴城市纪律检查委员会向大会作的工作报告。

大会部署 1995 年至 20 世纪末的发展战略和阶段性奋斗目标。提出以邓小平建设有中国特色社会主义理论为指导，坚定不移地贯彻执行党的基本路线，坚持以经济建设为中心，把握抢抓机遇、深化改革、全方位对外开放的工作大局。大力发展“两高一优”农业，集中创办大、高、外型乡镇企业，加快发展“三资”企业，全面搞活市属工业，不断繁荣第三产业，真正实现具有兴城特色的全方位、多层次、高科技、外向型，一二三产业共同繁荣发展的宏伟目标。大会选举产生中共兴城市第三届委员会委员 31 人、候补委员 5 人；选举产生中共兴城市纪律检查委员会委员 15 人；选举出席中共葫芦岛市第一次党员代表大会代表 46 人。

### 中共兴城市第四次代表大会

2000 年 5 月 29~30 日，中共兴城市第四次代表大会在辽锦疗养院召开。出席会议代表 340 人。大会听取并审议通过芮柏苓代表中共兴城市第三届委员会向大会所作的《把握新机遇，创造新业绩，全面开创我市经济建设和社会发展的新局面》的工作报告；审议通过刘忠海代表中共兴城市纪律检查委员会所作的工作报告。大会提出高举邓小平理论伟大旗帜，全面贯彻党的基本路线和基本纲领，以“三个代表”重要思想为指导，以建设和发展为主题，突出旅游开发、外向牵动、结构优化三大重点，全面振兴兴城经济。确定未来 5 年主要奋斗目标是：国内生产总值达到 42 亿元，年递增 8.5%；地方财政收入达到 1.8 亿元，年递增 10.12%，三次产业比例由 18:43:39 调整到 13:42:45 左右。旅游业社会消费效益达到 6 亿元以上。年招商引资额达到 6 亿元，外贸出口额年递增 20%。农村和城镇居民人均收入年分别递增 10%和 5%以上。大会选举产生中共兴城市第四届委员会委员 31 人、候补委员 5 人；选举产生中共兴城市纪律检查委员会委员 15 人。

### 中共兴城市第五次代表大会

2005 年 10 月 22~24 日，中共兴城市第五届代表大会在兴华剧场召开。出席会议代表 344 人。大会审议通过杨瑞祥代表中国共产党兴城市第四届委员会所作的《同心同德，励精图治，全面开创我市经济和社会发展的新局面》的工作报告；听取并审议蔡成利代表中共兴城市纪律检查委员会向大会作的工作报告。大会提出高举邓小平理论和“三个代表”重要思想伟大旗帜，全面落实科学发展观，认真贯彻党的十六大精神，以经济建设为中心，以繁荣兴城、富裕人民为目标，大力实施农业立市、工业强市、旅游兴市三大战略，积极推进物质文明、政治文明和精神文明，开创兴城经济和社会发展的新局面。大会确定今后5年奋斗目标：全市GDP达到94.94亿元，年增15%；地方财政收入达到3.33亿元，年递增15%；对外开放全面推进，年招商引资额达到5亿元。农村和城镇居民收入年递增10%以上。大会选举产生中共兴城市第五届委员会委员31人、候补委员6人；选举中共兴城市纪律检查委员会委员15人。

### 中共兴城市第六次代表大会

2011年3月22~24日，中共兴城市第六次代表大会在兴华剧场召开。出席会议代表341人。大会听取并审议通过孙志浩代表中共兴城市第五届委员会向大会所作《坚定信心，真抓实干，为全面开创经济社会发展新局面而努力奋斗》的工作报告。大会以书面形式印发骆忠山代表中共兴城市纪律检查委员会所作的工作报告。大会号召全市党员、干部、群众以邓小平理论和“三个代表”重要思想为指导，以科学发展观为统领，认真贯彻落实中共十七大和十七届四中、五中全会精神，全面把握兴城市未来5年经济和社会发展的战略重点和主攻方向，充分发挥区位、资源、环境三大优势，加快推进“工业化、城市化、农业产业化”三大进程。不断强化党的建设、精神文明建设、民主法制建设，用更大的决心和更有力的举措，实现经济综合实力进入全省发达县（市）行列目标。大会选举产生中共兴城市第六届委员会委员35人、候补委员7人；选举中共兴城市纪律检查委员会委员15人；选举出席中国共产党葫芦岛市第四次代表大会代表45人。

## 第三节　全委会议

### 中共兴城县第七届委员会全委会议

根据《中国共产党章程》关于“党的地方各级委员会全体会议，每年至少召开一次”的规定，中共兴城县第七届委员会在任期内召开1次全委会议，4次全委（扩大）会议。

**中共兴城县七届一次全委会议**　1984年7月1日，在兴城县人民政府后楼小会议室召开。中共兴城县委委员、县委候补委员出席会议。会上采取无记名投票方式，选举中共兴城县第七届委员会常务委员会委员7人；选举曹福佩为中共兴城县委书记，选举王泽民、王俊杰、刘忠伦为中共兴城县委副书记。

**中共兴城县委七届五次全委（扩大）会议**　1986年3月21~22日，在兴城县人民政府后楼会议室召开。中共兴城县委委员、县委候补委员出席会议，各乡镇党委书记和县直部、委、办局主要领导参加会议。中共兴城县委书记王恩福在会上作《认清形势，总结经验，把两个文明建设推向新高潮》的工作报告。会议讨论并通过中共兴城县委和兴城县人民政府《关于进一步端正党风和机关作风的规定》。

### 中共兴城市第一届委员会全委会议

中共兴城市第一届委员会在任期内召开1次全委会议，5次全委（扩大）会议。

**中共兴城市委一届一次全委会议**　1987年6月27日，在市委党校会议室举行。出席会议的中共兴城市委委员 28 人、候补委员 4 人。会议采取无记名投票方式，选举产生中共兴城市第一届委员会常务委员会委员 9 人，选举王恩福为中共兴城市委书记，王泽民、王俊杰、刘忠伦为中共兴城市委副书记。会议通过中共兴城市委《关于进一步加强党的建设的决定》。

**中共兴城市委一届二次全委（扩大）会议** 1988 年 1 月 15~16 日，在兴城市人民政府后楼大会议室召开。市委委员、候补委员、市纪委委员出席会议，各乡镇街道，市直各部、委、办、局主要领导参加会议。会上传达中共辽宁省六届五次全委（扩大）会议和中共锦州市六届九次全委（扩大）会议精神。会议审议并通过《关于深入学习党的十三大文件的决议》。会后，中共兴城市委、兴城市人民政府制定《关于鼓励机关干部科技人员到农村承包领办乡镇企业的若干规定》。

**中共兴城市委一届三次全委（扩大）会议** 1988 年 8 月 2~3 日，在兴城市人民政府后楼大会议室召开。会议传达中共锦州市六届十次全委（扩大）会议和中共辽宁省委召开的宣传部长会议精神。会议要求广大党员干部要树立迎着风浪、闯过难关的必胜信心。

**中共兴城市委一届四次全委（扩大）会议** 1988 年 11 月 4 日，在兴城市人民政府后楼会议室召开。会议传达贯彻中共十三届三中全会和省、市委全委（扩大）会议精神，会议提出抓好治理经济环境，整顿经济秩序，全面深化改革，为把兴城市改革开放和经济建设推向前进创造条件。通过《关于治理经济环境，整顿经济秩序，全面深化改革的实施意见》的决议。

**中共兴城市委一届五次全委（扩大）会议** 1989 年 7 月 14 日，在兴城市人民政府后楼会议室召开。会议传达贯彻中共十三届四中全会精神，传达贯彻中共辽宁省委六届八次全委会议和中共锦州市委六届十二次全委（扩大）会议精神。会议通过王泽民作的《坚持四项基本原则，坚持改革开放，为实现中共十三届四中全会提出的各项任务而奋斗》的报告。

**中共兴城市委一届六次全委（扩大）会议** 1989 年 12 月 25 日，在兴城市人民政府后楼会议室召开。会议传达贯彻中共辽宁省委六届九次全委会议和锦西市党员领导干部会议精神，确定 1990 年兴城市经济工作总的指导思想：以中共十三届五中全会精神为指针，集中力量，突出重点，抓好治理整顿和深化改革；以提高经济效益为中心，大力推进科技进步；发挥骨干企业作用，引导乡镇企业健康发展；进一步强化农业基础地位，深化农村改革，稳定农村政策；继续发展旅游事业，稳定市场，控制物价，压缩社会需求，增加有效供给，逐步使兴城市经济走上长期持续稳定协调发展的轨道。

## 中共兴城市第二届委员会全委会议

中共兴城市第二届委员会在任期内召开 1 次全委会议，6 次全委（扩大）会议。学习贯彻党的方针政策，研究部署兴城市党的中心工作。

**中共兴城市委二届一次全委会议** 1990 年 3 月 8 日，在兴城市人民政府后楼中会议室召开。中共兴城市委委员 30 人、候补委员 6 人出席会议。会议选举产生中共兴城市第二届委员会常务委员会委员 8 人，选举毕玉田为中共兴城市委书记，刘忠伦、王俊杰、史殿杰为中共兴城市委副书记。

**中共兴城市委二届二次全委（扩大）会议** 1990 年 9 月 14 日，在兴城市人民政府后楼大会议室召开。市委委员、候补委员，市纪委委员出席会议，各乡镇街道和市直各部、委、办、局主要领导参加会议。会议贯彻落实中共辽宁省第七次代表大会和中共锦西市一届二次全委（扩大）会议精神，进一步统一思想，振奋精神，增强信心，克服困难，把第四季度的工作做好，努力完成全年工作任务。

**中共兴城市委二届三次全委（扩大）会议**　1991 年 8 月 20 日，在兴城市人民政府后楼会议室召开。会议学习贯彻江泽民“七一”讲话、朱镕基视察辽宁的指示精神，学习中共辽宁省委、中共锦西市委召开的全委会议精神，分析兴城市经济形势，动员全市广大党员、干部和人民群众，振奋精神，团结奋斗，集中精力解决好经济工作中的突出问题，推动全市经济尽快发展，为胜利实现“八五”计划奠定基础。

**中共兴城市委二届四次全委（扩大）会议**　1992 年 1 月 9 日，在兴城市人民政府后楼会议室召开。会议的中心议题是深入学习中共十三届八中全会精神，贯彻落实中共辽宁省委七届五次全委会议精神；确定兴城市农业和农村工作的基本任务和主要工作，努力开创农业和农村工作的新局面。会上，毕玉田代表市委作题为《坚定信心，励精图治，努力开创我市农业和农村工作的新局面》的报告。

**中共兴城市委二届五次全委（扩大）会议**　1993 年 1 月 8 日，在兴城市人民政府后楼会议室召开。会议学习贯彻中共十四次全国代表大会和中共辽宁省委七届七次全会以及中共锦西市委一届七次全委会议精神；总结 1992 年工作，制定 1993 年奋斗目标、工作任务和政策措施。听取并通过中共兴城市委书记刘忠伦所作题为《解放思想，真抓实干，开创我市改革开放和经济建设新局面》的工作报告。会后，中共兴城市委、兴城市人民政府出台《关于进一步加快发展第三产业的暂行规定》《关于加快对外开放，促进外向型经济发展的若干规定》，制定土地出让，兴办“三资”企业，引进人才、项目、资金等方面的奖励及优惠政策。

**中共兴城市委二届六次全委（扩大）会议**　1994 年 1 月 31 日，在兴城市人民政府后楼大会议室召开。会议提出为完成 1994 年各项经济指标，抓好三项工作：重视农业和农村工作，加速发展“两高一优”（高产、优质、高效）农业；采取有效措施，加快发展市乡工业；调动全社会积极性，加快发展第三产业。

**中共兴城市委二届七次全委（扩大）会议**　1994 年 12 月 12 日，在兴城市人民政府后楼会议室召开。会上，市委副书记陈凤池宣读《中国共产党兴城市第二届委员会第七次全体会议关于召开中国共产党兴城市第三次代表大会的决定（草案）》。决定 1995 年 3 月中旬召开中国共产党兴城市第三次代表大会。决定成立筹备工作领导小组。市委书记刘忠伦报告兴城市政治、经济形势，通报机构改革的设想和进展情况。

### 中共兴城市第三届委员会全委会议

中共兴城市第三届委员会在任期内召开 1 次全委会议，8 次全委（扩大）会议，1 次全委（扩大）会议和兴城市人民政府第三届第六次全体会议，1 次全委（扩大）会议暨纪检、宣传、组织、政法工作会议。

**中共兴城市委三届一次全委会议**　1995 年 4 月 12 日，在兴城市人民政府后楼会议室召开。中共兴城市委委员 31 人，候补委员 5 人出席会议。会议选举产生中共兴城市第三届委员会常务委员会委员 11 人，选举刘忠伦为中共兴城市委书记，陈凤池、赵化明、李久林为中共兴城市委副书记。

**中共兴城市委三届二次全委（扩大）会议**　1996 年 1 月 8 日，在兴城市人民政府后楼会议室召开。市委委员、候补委员、市纪委委员出席会议，各乡镇街道和市直各部委、办、局领导参加会议。会议审议通过市委副书记赵化明所作《关于制定国民经济和社会发展“九五”计划和 2010 年远景目标的建议》的说明。市委书记刘忠伦发表题为《开拓务实，团结奋进，为全面完成“九五”

各项任务而努力奋斗》的讲话。

**中共兴城市委三届三次全委（扩大）会议** 1996年9月12日，在兴城市人民政府后楼会议室召开。市委副书记张竞强作《审时度势，真抓实干，确保全年各项工作的完成》的工作报告。市委书记赵化明发表《振奋精神，负重拼搏，不断开创我市各项工作新局面》讲话。会议通过《中共兴城市委、兴城市人民政府关于加强机关作风建设的规定》。

**中共兴城市委三届四次全委（扩大）会议** 1997年1月8日，在兴城市人民政府后楼会议室召开。该次会议与兴城市人民政府第三届第四次全会、全市经济工作会议、刹风整纪工作会议、科普之冬工作会议合并举行。市委书记赵化明作《把握主流，负重拼搏，迅速开创我市经济和各项工作新局面》的讲话，会议通过《第九届“科普之冬”活动方案》和《中共兴城市委1997年工作要点》。年内，中共兴城市委、兴城市人民政府做出《关于进一步加快个体经济发展的决定》。

**中共兴城市委三届五次全委（扩大）会议** 1997年7月29日，在兴城市人民政府后楼会议室召开。会上，传达中共葫芦岛市委第一届第八次全委（扩大）会议精神，市委书记赵化明作《解放思想，努力做好下半年工作》的讲话。

**中共兴城市委三届六次全委（扩大）会议** 1997年12月31日，在兴城市人民政府后楼会议室召开。市委副书记、市长张竞强作《抓住机遇，扩大优势，为完成1998年各项工作而努力奋斗》的工作报告。报告提出全面贯彻落实中共十五大精神，以改革统揽全局，以发展作为主旋律，解放思想，实事求是，努力开创农村工作新局面，再造经济体制新优势，推动民营经济大发展，创造招商引资新环境，实现城市建设新飞跃，保持社会稳定求发展，争取财政收入超亿元，推进精神文明建设，切实加强党的领导，继续开创兴市富民的新局面。市委书记赵化明作总结讲话。

**中共兴城市委三届七次全委（扩大）会议** 1998年8月11日，在兴城市人民政府后楼会议室召开。会上，赵化明作《坚定信心，团结奋进，全力开创我市经济建设新局面》的讲话。动员全市广大党员干部和人民群众，进一步认清形势，统一思想，振奋精神，真抓实干，紧紧围绕经济建设中心，以发展乡镇企业为重点，全面完成各项工作任务，全力开创经济建设的新局面。

**中共兴城市委三届八次全委（扩大）会议** 1999年2月25日，在兴城市人民政府后楼会议室召开。会上，贯彻落实中共十五届三中全会、中央农村工作会议精神，总结1998年兴城市农业和农村工作，表彰先进，研究和部署1999年上半年兴城市农业和农村工作。

**中共兴城市委三届九次全委（扩大）会议** 1999年8月4日，在兴城市人民政府后楼会议室召开。会议系统地总结兴城市上半年工作，客观地分析面临形势，部署下半年的工作任务。会议以举手表决方式通过中共兴城市委副书记、市长芮柏苓所作的《抓住机遇，乘势而上，为胜利实现我市跨世纪发展目标而努力奋斗》的工作报告。

**中共兴城市委三届十次全委（扩大）会议暨纪检、宣传、组织、政法工作会议** 2000年2月22日，在兴城市人民政府后楼会议室召开。会议的主要任务是：认真贯彻落实中共辽宁省委和中共葫芦岛市委有关会议精神，分析面临的形势，确定工作指导思想、重点任务和主要措施。会议分别听取市纪委、市委宣传部、市委组织部、市委政法委主要领导所作的工作报告。表彰1999年度纪检监察、宣传思想、政法工作先进集体、先进个人。签订纠正部门和行业不正之风责任状、社会治安综合治理目标管理责任书。

**中共兴城市委三届十一次全委（扩大）会议** 2000年5月22日，在兴城财政干部培训中心会议室召开。市委副书记康伟作《中共兴城市第四次代表大会筹备工作报告》，并就提请第四次党员代表大会选举的市委委员、市纪委委员候选人预备人选作说明；市委书记芮柏苓发表讲话，强调要以“三个代表”重要思想为指导，开好兴城市第四次党员代表大会。

### 中共兴城市第四届委员会全委会议

中共兴城市第四届委员会在任期内召开 1 次全委会议，9 次全委（扩大）会议，2 次全委会暨全市经济工作会议。

**中共兴城市委四届一次全委会议** 2000 年 5 月 30 日，在兴城市人民政府后楼会议室召开。中共兴城市委委员、候补委员出席会议。会议选举产生中共兴城市第四届委员会常务委员会委员 11 人，选举芮柏苓为中共兴城市委书记，选举王英杰、申景广、康伟、王维仲为中共兴城市委副书记。

**中共兴城市委四届二次全委（扩大）会议** 2000 年 8 月 1 日，在兴城市人民政府后楼会议室召开。会议总结上半年工作，部署下半年任务，动员兴城市广大党员干部和人民群众进一步统一思想，振奋精神，确保完成年初确定的各项任务指标，为新世纪发展奠定坚实基础。会议审议并通过市委书记芮柏苓所作《以“三个代表”重要思想为指导，全面完成今年各项任务，为跨世纪的新发展奠定坚实基础》的工作报告。

**中共兴城市委四届三次全委（扩大）会议** 2000 年 12 月 18 日，在兴城市人民政府后楼会议室召开。会议传达贯彻中共十五届五中全会和中共辽宁省委、葫芦岛市委召开的全委会议精神，总结“九五”时期兴城市经济和社会发展的基本经验，研究“十五”时期兴城市经济和社会发展的总体思路、指导原则、奋斗目标和主要任务。会议审议通过市委书记芮柏苓所作《总结“九五”，规划“十五”，努力实现我市经济和社会的跨越式发展》的报告；审议并通过市委四届三次全会《关于兴城市国民经济和社会发展“十五”计划的决议》。

**中共兴城市委四届四次全委（扩大）会议** 2001 年 3 月 12 日，在兴城市人民政府后楼会议室召开。会议的中心议题是推选兴城市出席中国共产党葫芦岛市代表会议代表。市委委员、候补委员出席会议。市委副书记康伟作《关于中共葫芦岛市党员代表会议代表推选工作的说明》，经过与会委员举手表决，推选出席中共葫芦岛市党代会代表 3 人。

**中共兴城市委四届五次全委（扩大）会议** 2001 年 8 月 30 日，在兴城市人民政府后楼会议室召开。会上，市委书记范越林作题为《抓住机遇，乘势而上，为我市新世纪的大开发、大建设、大发展奠定坚实基础》的工作报告。市委副书记、市长王英杰发表《同心同德，发奋工作，努力开创全市经济工作新局面》的讲话。

**中共兴城市委四届六次全委会暨经济工作会议** 2002 年 1 月 17 日，在兴城市人民政府后楼会议室召开。市委书记范越林作《与时俱进，奋力拼搏，全力打赢大开发、大建设、大发展攻坚战》的讲话；通过《兴城市机构改革人员定岗实施办法》和《党政机关改革人员分流实施办法》。会议号召全市人民积极行动起来，努力把兴城建设成为全国文明城、国家级历史文化名城、中国优秀旅游城、国家级园林城，最终建成最适合人类居住的范例城市。

**中共兴城市委四届七次全委（扩大）会议** 2002 年 8 月 9 日，在兴城市人民政府后楼会议室召开。会议的主要任务是贯彻中共辽宁省委、中共葫芦岛市委会议精神，动员全市上下，解放思想，营造环境，提高效率，迎接挑战，实现新崛起，确保高标准、高质量、高水平地完成各项任务目标，为兴城市大开发、大建设、大发展奠定坚实基础。会上，市委书记范越林发表关于解放思想、营造环境、提高工作效率的讲话。

**中共兴城市委四届八次全委（扩大）会议** 2003年3月14日，在兴城市人民政府后楼会议室召开。会议的主要议题是：认真贯彻中共中央、中共辽宁省委、中共葫芦岛市委有关会议精神，研究部署全面建设小康社会奋斗目标和措施。市委书记杨瑞祥发表《开拓创新，真抓实干，为全面建设小康社会而努力奋斗》的讲话。

**中共兴城市委四届九次全委（扩大）会议** 2003年9月29日，在兴城市人民政府后楼会议室召开。会上，市委书记杨瑞祥作《大力发展民营经济，加快全面建设小康社会进程》的报告。会议的主要任务是以“三个代表”重要思想和中共十六大精神为指导，认真贯彻落实中共辽宁省委、中共葫芦岛市委全会精神，研究部署兴城市大力发展民营经济，动员全市广大党员干部和人民群众，与时俱进、开拓创新、牢牢把握发展民营企业的主题，为开创改革开放和现代化建设新局面，全面建设小康社会而努力奋斗。

**中共兴城市委四届十次全会暨全市经济工作会议** 2004年3月12日，中共兴城市委第四届第十次全会暨全市经济工作会议召开。会议的主要议题是：以“三个代表”重要思想和中共十六大精神为指导，坚持科学发展观，紧紧围绕建设国家级、国际性旅游文化名城的奋斗目标，以大力发展民营经济为重点，深入实施“农业立市、工业强市、旅游兴市”三项战略，全面加强党的组织建设、精神文明建设和民主法制建设，进一步保持社会稳定，努力开创全市各项工作的新局面。会上，市委书记杨瑞祥作《艰苦创业，加快发展，努力开创我市各项工作的新局面》的讲话。决定选拔优秀民营企业家担任乡镇领导职务。

**中共兴城市委四届十一次全委（扩大）会议** 2004年8月19日，在兴城市人民政府后楼会议室召开。会议主要议题是：审议并通过市委书记杨瑞祥作的《以项目建设为重点，以招商引资为载体，全力实现我市经济和社会发展的新突破》的报告。贯彻落实中共葫芦岛市委二届十三次全会和重点项目拉练检查汇报会精神，研究部署全市招商引资、加快项目建设的具体措施，进一步动员全市广大党员干部和人民群众，认清形势、迎难而上、转变作风、真抓实干、全力实现兴城市经济和社会发展的新突破。

**中共兴城市委四届十二次全委（扩大）会议** 2005年1月18日，在兴城市人民政府后楼会议室召开。会上，市委书记杨瑞祥宣读《中国共产党兴城市第四届委员会第十二次全体会议关于召开中国共产党兴城市第五次代表会议的决议》并讲话。

## 中共兴城市第五届委员会全委会议

中共兴城市第五届委员会在任期内召开5次全委会议，6次全委（扩大）会议，3次全委会暨全市经济工作会议，1次全委会暨党务工作会议。

**中共兴城市委五届一次全委会议** 2005年10月24日，在兴城市政府后楼会议室召开。会议选举产生中共兴城市第五届委员会常务委员会委员13人，选举杨瑞祥为中共兴城市委书记，韩平、康伟、蔡成利、马华生、王小峰为中共兴城市委副书记。补选出席中共葫芦岛市第三次代表大会代表3人。

**中共兴城市委五届二次全委会暨全市经济工作会议** 2006年3月10日，在兴城市人民政府后楼会议室召开。会议的主要任务是：贯彻落实上级有关会议精神，研究部署全市经济工作，动员广大党员干部和人民群众进一步认清形势、振奋精神、抢抓机遇、加快发展，为实现兴城经济“一年有起色，两年有变化，三年大变样”的奋斗目标奠定坚实基础。

**中共兴城市委五届三次全委会议** 2006年6月9日，在兴城市人民政府后楼大会议室召开。中共兴城市委书记杨瑞祥主持会议并发表讲话。会上，中共兴城市委常委、组织部部长李兴玉对市委常委会提名的两名乡长拟任人选的有关情况进行说明。会议以无记名投票方式表决通过市委常委会提名的两名乡长拟任人选。

**中共兴城市委五届四次全委会暨全市经济工作会议** 2007年2月26日，在兴城市人民政府后楼会议室召开。会上，中共兴城市委书记杨瑞祥作《经济发展争速度，综合实力争位次，全面开创我市经济发展和社会和谐的新局面》的报告。

**中共兴城市委五届五次全委会议** 2007年8月8日，在兴城市人民政府后楼大会议室召开。市委书记杨瑞祥作工作报告。报告总结上半年的工作，对下半年兴城市经济社会发展提出总体要求，以学习贯彻胡锦涛总书记重要讲话精神为动力，全面落实中共葫芦岛市委第三届第七次全会和中共兴城市委第五届第四次全会的各项部署，确保完成年初确定的各项任务指标。会议表决通过杨瑞祥所作的报告。通过《中共兴城市委关于学习贯彻胡锦涛重要讲话精神，加速实现“双争”目标的决议》。

**中共兴城市委五届六次全委会暨全市经济工作会议** 2008年1月3日，在兴城市人民政府后楼大会议室召开。会议主要任务是：总结2007年工作，确定2008年市委工作总体思路、任务目标和主要措施，进一步动员全市广大党员干部和人民群众，解放思想、真抓实干、全面开创兴城市经济发展和社会和谐的新局面。会上，市委书记杨瑞祥作《以党的十七大精神为指导，高起点高标准高效率做好全年各项工作》的报告，市委副书记、市长韩平对具体工作进行部署。

**中共兴城市委五届七次全委（扩大）会议** 2008年9月17日，在兴城市人民政府后楼后议室召开。会议主要任务是：贯彻落实中共辽宁省委全委会及全省县域经济工作会议精神，总结上半年工作，安排部署下半年任务，进一步动员全市广大党员干部和人民群众，解放思想、开拓创新、求真务实、埋头苦干，为圆满完成全市年初确定的各项任务而努力奋斗。

**中共兴城市委五届八次全委（扩大）会议** 2008年12月19日，在兴城市人民政府后楼会议室召开。会议的主要任务是：进一步动员全市广大党员干部和人民群众，坚定信心，迎难而上，全力推动兴城市经济社会平稳较快发展。

**中共兴城市委五届九次全委会议** 2009年1月16日，在兴城市人民政府后楼会议室召开。市委书记杨瑞祥代表中共兴城市委向全会报告2008年度兴城市干部选拔任用工作情况。会议对报告进行审议，并以无记名投票方式，对2008年度兴城市干部选拔任用工作及年度新提拔的乡镇党政正职和市直部门正职领导干部进行评议和测评。

**中共兴城市委五届十次全委（扩大）会议** 2009年8月21日，在兴城市政府后楼会议室召开。市委书记孙志浩作《迎难而上，加快发展，确保全面完成今年各项任务目标》工作报告。

**中共兴城市委五届十一次全会暨党务工作会议** 2010年3月23日，在兴城人民政府后楼大会议室召开。会议的主要任务是：总结2009年工作，部署2010年任务，进一步动员全市广大党员干部和人民群众，统一思想，开拓创新，求真务实，埋头苦干，确保完成“十一五”各项任务目标，为“十二五”高起点开局奠定坚实基础。市委书记孙志浩作《乘回升向好之势，发提速赶超之力，为全面完成“十一五”各项目标而努力奋斗》的工作报告。

**中共兴城市委第五届第十二次全委（扩大）会议** 2010年8月17日，在兴城市人民政府后楼会议室召开。会议的主要任务是：贯彻落实中共辽宁省委和中共葫芦岛市委全会精神，认真总结上半年工作，研究部署下一个时期任务。市委书记孙志浩作《乘势而上，加快发展，确保高标准完成“十一五”各项任务目标》的工作报告。

**中共兴城市委五届十三次全委会议** 2010年12月20日，在兴城市人民政府后楼小会议室召开。会上，市委副书记马华生宣读《关于召开中国共产党兴城市第六次代表大会的决议（草案）》，会议讨论并通过该项决议。

**中共兴城市委五届十四次全委（扩大）会议** 2010年12月20日，在兴城市人民政府后楼会议室召开。会议的主要任务是：认真贯彻落实中共十七届五中全会和中央经济工作会议精神，回顾总结全年工作，明确“十二五”全市经济社会发展的总体要求，全面部署2011年工作任务，进一步动员全市党员干部广大群众树立更远大目标，采取更有力的举措，努力实现经济社会发展的更大突破。市委书记孙志浩作工作报告。

**中共兴城市委五届十五次全委会议** 2011年3月22日，在兴城市人民政府后楼会议室召开。会议由兴城市委书记孙志浩主持。会议听取并通过《关于中国共产党兴城市第五届委员会工作报告的说明》《关于中国共产党兴城市纪律检查委员会工作报告的说明》。听取并表决通过中共兴城市第六届委员会委员（候补委员）、兴城市纪律检查委员会委员及出席中共葫芦岛市第四次党员代表大会代表候选人预备人选建议名单。市委书记孙志浩就换届选举工作提出要求。

## 中共兴城市第六届委员会全委会议

中共兴城市第六届委员会自2011年3月~2012年12月，召开1次全委会议，2次全委（扩大）会议，1次全委会暨社会稳定工作会议。

**中共兴城市委六届第一次全委会议** 于2011年3月24日下午举行。与会委员以无记名投票方式，选举产生中共兴城市第六届委员会常务委员会委员9人，孙志浩为中共兴城市委书记，选举于学利、金玉枝为中共兴城市委副书记。

**中共兴城市委六届二次全委（扩大）会议** 于2011年8月2日召开。中共兴城市委委员、候补委员、市纪委委员、各乡镇街道党政主要领导、市直及驻在单位主要领导参加会议。中共兴城市委书记孙志浩作工作报告，总结上半年各项工作进展情况，部署下半年工作任务。要求贯彻落实胡锦涛总书记“七一”重要讲话精神，坚定不移地推进“工业化、城市化、农业产业化”三大进程，突出“加快发展、改善民生、维护稳定”三项重点，全面提升党的建设科学化水平，确保高标准完成“十二五”开局之年各项任务目标。

**中共兴城市委六届三次全会暨社会稳定工作会议** 2012年1月11日，在兴城市人民政府后楼大会议室召开。中共兴城市委委员、候补委员，市纪委委员，兴城市人大常委会、兴城市人民政府、兴城市政协领导和各乡镇街道党政主要领导、市直及驻在单位主要领导参加会议。中共兴城市委书记孙志浩作《立足新起点，再求新突破，加速向全省发达县（市）行列迈进》的工作报告。孙志浩代表市委与部分单位领导签订《为党的十八大召开创造稳定和谐有序的社会环境责任书》；市委副书记、市长于学利就信访稳定、安全生产、民生保障、护林防火、招商引资以及项目开工等重点工作进行部署。

**中共兴城市委六届四次全委（扩大）会议** 2012年11月27日，在新落成的兴城市会议中心第四会议室召开。中共兴城市委委员、候补委员，市纪委委员，兴城市人大常委会、兴城市人民政府、兴城市政协领导，各乡镇街道党政主要领导、市直及驻在单位主要负责人，临海产业区中层以上干部，重点企业负责人参加会议。会议的主要议题是：进一步动员全市广大党员干部和人民群众，以学习贯彻中共十八大精神为动力，统一思想，坚定信心，继续保持经济社会发展的强劲态势，加速向全省发达县（市）行列迈进。中共兴城市委书记于学利作题为《以学习贯彻党的十八大精神为动力，加速向全省发达县（市）行列迈进》的工作报告。

## 第四节　组织机构

### 领导机构

中共兴城市（县）地方组织为中共兴城市（县）历次党员代表大会选举产生的委员会及其基层各级党组织。1984 年 6 月~1987 年 1 月，为中共兴城县第 7 届委员会任期。1987 年 1 月，兴城撤县建市，中共兴城县委员会更名为中共兴城市委员会；原中共兴城县第七届委员会委员、常委、书记、副书记，改为中共兴城市委员会委员、常委、书记、副书记。

中共兴城市委员会从 1987 年 6 月召开的中共兴城市第一次党员代表大会选举时起届，截至 2012 年末，先后经历 6 届。

**中共兴城市（县）历届委员会书记 副书记名录**

表 15–1–1

| 届次 | 职　务 | 姓　名 | 性别 | 民族 | 籍　贯 | 任职时间 | 任职方式 |
|---|---|---|---|---|---|---|---|
| 兴城县第七届委员会 | 书　记 | 曹福佩 | 男 | 汉族 | 辽宁辽中 | 1984.6~1985.3 | 选举 |
| | 书　记 | 王恩福 | 男 | 汉族 | 辽宁锦州 | 1985.3~1987.1 | 任命 |
| | 副书记 | 王泽民 | 男 | 汉族 | 辽宁兴城 | 1984.6~1987.1 | 选举 |
| | 副书记 | 王俊杰 | 男 | 汉族 | 辽宁兴城 | 1984.6~1987.1 | 选举 |
| | 副书记 | 刘忠伦 | 男 | 汉族 | 辽宁黑山 | 1984.6~1987.1 | 选举 |
| 兴城市委 | 书　记 | 王恩福 | 男 | 汉族 | 辽宁锦州 | 1987.1~1987.6 | 更名 |
| | 副书记 | 王泽民 | 男 | 汉族 | 辽宁兴城 | 1987.1~1987.6 | 更名 |
| | 副书记 | 王俊杰 | 男 | 汉族 | 辽宁兴城 | 1987.1~1987.6 | 更名 |
| | 副书记 | 刘忠伦 | 男 | 汉族 | 辽宁黑山 | 1987.1~1987.6 | 更名 |
| 兴城市第一届委员会 | 书　记 | 王恩福 | 男 | 汉族 | 辽宁锦州 | 1987.6~1988.3 | 选举 |
| | 书　记 | 王泽民 | 男 | 汉族 | 辽宁兴城 | 1988.3~1990.1 | 任命 |
| | 书　记 | 毕玉田 | 男 | 满族 | 辽宁兴城 | 1990.1~1990.3 | 任命 |
| | 副书记 | 王泽民 | 男 | 汉族 | 辽宁兴城 | 1987.6~1988.3 | 选举 |
| | 副书记 | 王俊杰 | 男 | 汉族 | 辽宁兴城 | 1987.6~1990.3 | 选举 |
| | 副书记 | 刘忠伦 | 男 | 汉族 | 辽宁黑山 | 1987.6~1990.3 | 选举 |
| | 副书记 | 史殿杰 | 男 | 汉族 | 辽宁兴城 | 1990.1~1990.3 | 任命 |

续表 15-1-1

| 届次 | 职　务 | 姓　名 | 性别 | 民族 | 籍　贯 | 任职时间 | 任职方式 |
|---|---|---|---|---|---|---|---|
| 兴城市第二届委员会 | 书　记 | 毕玉田 | 男 | 满族 | 辽宁兴城 | 1990.3~1992.11 | 选举 |
| | 书　记 | 刘忠伦 | 男 | 汉族 | 辽宁黑山 | 1992.11~1995.4 | 任命 |
| | 副书记 | 刘忠伦 | 男 | 汉族 | 辽宁黑山 | 1990.3~1992.11 | 选举 |
| | 副书记 | 王俊杰 | 男 | 汉族 | 辽宁兴城 | 1990.3~1993.2 | 选举 |
| | 副书记 | 史殿杰 | 男 | 汉族 | 辽宁兴城 | 1990.3~1991.5 | 选举 |
| | 副书记 | 陈凤池 | 男 | 汉族 | 辽宁锦西 | 1991.5~1995.4 | 任命 |
| | 副书记 | 李久林 | 男 | 汉族 | 辽宁兴城 | 1992.5~1995.4 | 任命 |
| | 副书记 | 范越林 | 男 | 满族 | 辽宁兴城 | 1992.11~1995.3 | 任命 |
| 兴城市第三届委员会 | 书　记 | 刘忠伦 | 男 | 汉族 | 辽宁黑山 | 1995.4~1996.8 | 选举 |
| | 书　记 | 赵化明 | 男 | 汉族 | 辽宁黑山 | 1996.8~1998.11 | 任命 |
| | 书　记 | 芮柏苓 | 女 | 汉族 | 山东临朐 | 1999.9~2000.5 | 任命 |
| | 副书记 | 陈凤池 | 男 | 汉族 | 辽宁锦西 | 1995.4~1996.12 | 选举 |
| | 副书记 | 李久林 | 男 | 汉族 | 辽宁兴城 | 1995.4~1996.8 | 选举 |
| | 副书记 | 赵化明 | 男 | 汉族 | 辽宁黑山 | 1995.4~1996.8 | 选举 |
| | 副书记 | 张竞强 | 男 | 汉族 | 辽宁锦西 | 1996.8~1998.10 | 任命 |
| | 副书记 | 芮柏苓 | 女 | 汉族 | 山东临朐 | 1996.8~1999.9 | 任命 |
| | 副书记 | 王英杰 | 男 | 满族 | 辽宁兴城 | 1997.6~2000.5 | 任命 |
| | 副书记 | 周　力 | 男 | 汉族 | 辽宁营口 | 1998.8~1999.12 | 任命 |
| | 副书记 | 王春奇 | 男 | 汉族 | 辽宁兴城 | 1998.10~2000.4 | 任命 |
| | 副书记 | 张振勤 | 男 | 汉族 | 辽宁锦西 | 1999.9~2000.1 | 任命 |
| | 副书记 | 申景广 | 男 | 汉族 | 辽宁绥中 | 2000.4~2000.5 | 任命 |
| | 副书记 | 康　伟 | 男 | 汉族 | 辽宁开源 | 2000.4~2000.5 | 任命 |
| | 副书记 | 王维仲 | 男 | 满族 | 辽宁兴城 | 2000.4~2000.5 | 任命 |
| 兴城市第四届委员会 | 书　记 | 芮柏苓 | 女 | 汉族 | 山东临朐 | 2000.5~2001.5 | 选举 |
| | 书　记 | 范越林 | 男 | 满族 | 辽宁兴城 | 2001.5~2002.12 | 任命 |
| | 书　记 | 杨瑞祥 | 男 | 汉族 | 黑龙江七台河 | 2002.12~2005.10 | 任命 |
| | 副书记 | 王英杰 | 男 | 满族 | 辽宁兴城 | 2000.5~2002.12 | 选举 |
| | 副书记 | 申景广 | 男 | 汉族 | 辽宁绥中 | 2000.5~2001.12 | 选举 |
| | 副书记 | 康　伟 | 男 | 汉族 | 辽宁开源 | 2000.5~2005.10 | 选举 |
| | 副书记 | 王维仲 | 男 | 满族 | 辽宁兴城 | 2000.5~2002.12 | 选举 |

续表 15-1-1

| 届次 | 职　务 | 姓　名 | 性别 | 民族 | 籍　贯 | 任职时间 | 任职方式 |
|---|---|---|---|---|---|---|---|
| 兴城市第四届委员会 | 副书记 | 刘建超 | 男 | 汉族 | 黑龙江哈尔滨 | 2000.5~2001.5 | 挂职、任命 |
| | 副书记 | 陈利众 | 男 | 满族 | 辽宁北镇 | 2002.1~2005.10 | 任命 |
| | 副书记 | 王绍军 | 男 | 汉族 | 山东黄县 | 2002.12~2005.9 | 任命 |
| | 副书记 | 蔡成利 | 男 | 满族 | 辽宁兴城 | 2003.8~2005.10 | 任命 |
| | 副书记 | 王小峰 | 男 | 汉族 | 辽宁沈阳 | 2004.6~2005.10 | 挂职、任命 |
| 兴城市第五四届委员会 | 书　记 | 杨瑞祥 | 男 | 汉族 | 黑龙江七台河 | 2005.10~2009.2 | 选举 |
| | 书　记 | 孙志浩 | 男 | 汉族 | 辽宁朝阳 | 2009.2~2011.3 | 任命 |
| | 副书记 | 韩　平 | 男 | 汉族 | 辽宁兴城 | 2005.10~2010.3 | 选举 |
| | 副书记 | 康　伟 | 男 | 汉族 | 辽宁开源 | 2005.10~2006.12 | 选举 |
| | 副书记 | 蔡成利 | 男 | 满族 | 辽宁兴城 | 2005.10~2006.12 | 选举 |
| | 副书记 | 马华生 | 男 | 汉族 | 辽宁兴城 | 2005.10~2011.2 | 选举 |
| | 副书记 | 王小峰 | 男 | 汉族 | 辽宁沈阳 | 2005.10~2008.10 | 挂职、选举 |
| | 副书记 | 金玉枝 | 女 | 汉族 | 辽宁锦西 | 2006.12~2011.3 | 任命 |
| | 副书记 | 于学利 | 男 | 汉族 | 辽宁建昌 | 2010.3~2011.3 | 任命 |
| | 副书记 | 马　升 | 男 | 满族 | 辽宁兴城 | 2010.3~2011.3 | 兼职、任命 |
| 兴城市第六届委员会 | 书　记 | 孙志浩 | 男 | 汉族 | 辽宁朝阳 | 2011.3~2012.5 | 选举 |
| | 书　记 | 于学利 | 男 | 汉族 | 辽宁建昌 | 2012.5~2012.12 | 任命 |
| | 副书记 | 于学利 | 男 | 汉族 | 辽宁建昌 | 2011.3~2012.5 | 选举 |
| | 副书记 | 金玉枝 | 女 | 汉族 | 辽宁锦西 | 2011.3~2011.5 | 选举 |
| | 副书记 | 赵家鹏 | 男 | 满族 | 辽宁岫岩 | 2012.7~2012.12 | 任命 |

## 中共兴城市（县）历届常委会委员名录

表 15-1-2

| 届次 | 姓　名 | 性别 | 民族 | 籍　贯 | 任职时间 | 任职方式 |
|---|---|---|---|---|---|---|
| 兴城县第七届委员会 | 曹福佩 | 男 | 汉族 | 辽宁辽中 | 1984.6~1985.3 | 选举 |
| | 王泽民 | 男 | 汉族 | 辽宁兴城 | 1984.6~1987.1 | 选举 |
| | 王俊杰 | 男 | 汉族 | 辽宁兴城 | 1984.6~1987.1 | 选举 |
| | 刘忠伦 | 男 | 汉族 | 辽宁黑山 | 1984.6~1987.1 | 选举 |
| | 毕玉田 | 男 | 满族 | 辽宁兴城 | 1984.6~1987.1 | 选举 |
| | 张殿臣 | 男 | 汉族 | 辽宁辽阳 | 1984.6~1986.8 | 选举 |

续表 15-1-2

| 届次 | 姓　名 | 性别 | 民族 | 籍　贯 | 任职时间 | 任职方式 |
|---|---|---|---|---|---|---|
| 兴城县第七届委员会 | 张福顺 | 男 | 满族 | 辽宁兴城 | 1984.6~1987.1 | 选举 |
| | 王恩福 | 男 | 汉族 | 辽宁锦州 | 1985.3~1987.1 | 任命 |
| | 李久林 | 男 | 汉族 | 辽宁兴城 | 1985.4~1987.1 | 任命 |
| | 史殿杰 | 男 | 汉族 | 辽宁兴城 | 1985.11~1987.1 | 任命 |
| | 陈国文 | 男 | 汉族 | 黑龙江肇东 | 1986.8~1987.1 | 任命 |
| 兴城市委 | 王恩福 | 男 | 汉族 | 辽宁锦州 | 1987.1~1987.6 | 更名 |
| | 王泽民 | 男 | 汉族 | 辽宁兴城 | 1987.1~1987.6 | 更名 |
| | 王俊杰 | 男 | 汉族 | 辽宁兴城 | 1987.1~1987.6 | 更名 |
| | 刘忠伦 | 男 | 汉族 | 辽宁黑山 | 1987.1~1987.6 | 更名 |
| | 毕玉田 | 男 | 满族 | 辽宁兴城 | 1987.1~1987.6 | 更名 |
| | 张福顺 | 男 | 满族 | 辽宁兴城 | 1987.1~1987.6 | 更名 |
| | 李久林 | 男 | 满族 | 辽宁兴城 | 1987.1~1987.6 | 更名 |
| | 史殿杰 | 男 | 汉族 | 辽宁兴城 | 1987.1~1987.6 | 更名 |
| | 陈国文 | 男 | 汉族 | 黑龙江肇东 | 1987.1~1987.6 | 更名 |
| 兴城市第一届委员会 | 王恩福 | 男 | 汉族 | 辽宁锦州 | 1987.6~1988.3 | 选举 |
| | 王泽民 | 男 | 汉族 | 辽宁兴城 | 1987.6~1990.1 | 选举 |
| | 王俊杰 | 男 | 汉族 | 辽宁兴城 | 1987.6~1990.3 | 选举 |
| | 刘忠伦 | 男 | 汉族 | 辽宁黑山 | 1987.6~1990.3 | 选举 |
| | 毕玉田 | 男 | 满族 | 辽宁兴城 | 1987.6~1990.3 | 选举 |
| | 张福顺 | 男 | 满族 | 辽宁兴城 | 1987.6~1990.3 | 选举 |
| | 李久林 | 男 | 汉族 | 辽宁兴城 | 1987.6~1990.3 | 选举 |
| | 史殿杰 | 男 | 汉族 | 辽宁兴城 | 1987.6~1990.3 | 选举 |
| | 陈国文 | 男 | 汉族 | 黑龙江肇东 | 1987.6~1990.3 | 选举 |
| | 范越林 | 男 | 满族 | 辽宁锦西 | 1990.1~1990.3 | 任命 |
| | 刘忠海 | 男 | 满族 | 辽宁兴城 | 1990.1~1990.3 | 任命 |
| | 毕玉田 | 男 | 满族 | 辽宁兴城 | 1990.3~1992.11 | 选举 |
| | 刘忠伦 | 男 | 汉族 | 辽宁黑山 | 1990.3~1995.4 | 选举 |
| | 王俊杰 | 男 | 汉族 | 辽宁兴城 | 1990.3~1993.2 | 选举 |
| | 史殿杰 | 男 | 汉族 | 辽宁兴城 | 1990.3~1991.5 | 选举 |
| | 李久林 | 男 | 汉族 | 辽宁兴城 | 1990.3~1995.4 | 选举 |

续表 15-1-2

| 届次 | 姓 名 | 性别 | 民族 | 籍 贯 | 任职时间 | 任职方式 |
|---|---|---|---|---|---|---|
| 兴城市第二届委员会 | 陈国文 | 男 | 汉族 | 黑龙江肇东 | 1990.3~1995.4 | 选举 |
| | 范越林 | 男 | 满族 | 辽宁兴城 | 1990.3~1995.4 | 选举 |
| | 刘忠海 | 男 | 满族 | 辽宁兴城 | 1990.3~1995.4 | 选举 |
| | 邵清凯 | 男 | 汉族 | 辽宁锦西 | 1990.8~1995.4 | 任命 |
| | 陈凤池 | 男 | 汉族 | 辽宁锦西 | 1991.5~1995.4 | 任命 |
| | 赵化明 | 男 | 汉族 | 辽宁黑山 | 1992.11~1995.4 | 任命 |
| | 张秀云 | 女 | 满族 | 辽宁兴城 | 1992.11~1995.4 | 任命 |
| | 崔志义 | 男 | 满族 | 辽宁兴城 | 1993.6~1995.4 | 任命 |
| | 王维仲 | 男 | 汉族 | 辽宁兴城 | 1994.8~1995.4 | 任命 |
| 兴城市第三届委员会 | 刘忠伦 | 男 | 汉族 | 辽宁黑山 | 1995.4~1996.8 | 选举 |
| | 陈凤池 | 男 | 汉族 | 辽宁锦西 | 1995.4~1996.12 | 选举 |
| | 李久林 | 男 | 汉族 | 辽宁兴城 | 1995.4~1996.8 | 选举 |
| | 赵化明 | 男 | 汉族 | 辽宁黑山 | 1995.4~1998.11 | 选举 |
| | 王英杰 | 男 | 满族 | 辽宁兴城 | 1995.4~2000.5 | 选举 |
| | 陈国文 | 男 | 汉族 | 黑龙江肇东 | 1995.4~1996.3 | 选举 |
| | 刘忠海 | 男 | 满族 | 辽宁兴城 | 1995.4~2000.5 | 选举 |
| | 张秀云 | 女 | 汉族 | 辽宁兴城 | 1995.4~2000.5 | 选举 |
| | 崔志义 | 男 | 汉族 | 辽宁兴城 | 1995.4~1996.8 | 选举 |
| | 王维仲 | 男 | 汉族 | 辽宁兴城 | 1995.4~2000.5 | 选举 |
| | 邵清凯 | 男 | 汉族 | 辽宁锦西 | 1995.4~1996.8 | 选举 |
| | 裴双彦 | 男 | 汉族 | 山西运城 | 1996.7~1999.9 | 任命 |
| | 张竞强 | 男 | 汉族 | 辽宁锦西 | 1996.8~1998.10 | 任命 |
| | 芮柏苓 | 女 | 汉族 | 山东临朐 | 1996.8~2000.5 | 任命 |
| | 王春奇 | 男 | 汉族 | 辽宁兴城 | 1996.9~2000.4 | 任命 |
| | 马华生 | 男 | 汉族 | 辽宁兴城 | 1997.8~2000.5 | 任命 |
| | 康 伟 | 男 | 汉族 | 辽宁开源 | 1997.11~2000.5 | 任命 |
| | 周 力 | 男 | 汉族 | 辽宁营口 | 1998.8~1999.12 | 任命 |
| | 申景广 | 男 | 汉族 | 辽宁绥中 | 1998.10~2000.5 | 任命 |
| | 张振勤 | 男 | 汉族 | 辽宁锦西 | 1999.9~2000.1 | 任命 |
| | 王景新 | 男 | 汉族 | 辽宁阜新 | 1999.9~2000.5 | 任命 |

续表 15-1-2

| 届次 | 姓　名 | 性别 | 民族 | 籍　贯 | 任职时间 | 任职方式 |
|---|---|---|---|---|---|---|
| | 赵德恩 | 男 | 汉族 | 辽宁锦西 | 2000.4~2000.5 | 任命 |
| 兴城市第四届委员会 | 芮柏苓 | 女 | 汉族 | 山东临朐 | 2000.5~2001.5 | 选举 |
| | 王英杰 | 男 | 汉族 | 辽宁兴城 | 2000.5~2002.12 | 选举 |
| | 申景广 | 男 | 汉族 | 辽宁绥中 | 2000.5~2001.12 | 选举 |
| | 康　伟 | 男 | 汉族 | 辽宁开源 | 2000.5~2005.10 | 选举 |
| | 王维仲 | 男 | 汉族 | 辽宁兴城 | 2000.5~2002.12 | 选举 |
| | 张秀云 | 女 | 满族 | 辽宁兴城 | 2000.5~2001.1 | 选举 |
| | 马华生 | 男 | 汉族 | 辽宁兴城 | 2000.5~2005.10 | 选举 |
| | 王景新 | 男 | 汉族 | 辽宁阜新 | 2000.5~2001.2 | 选举 |
| | 赵德恩 | 男 | 汉族 | 辽宁锦西 | 2000.5~2005.10 | 选举 |
| | 张儒林 | 男 | 满族 | 辽宁兴城 | 2000.5~2005.10 | 选举 |
| | 蔡成利 | 男 | 满族 | 辽宁兴城 | 2000.5~2005.10 | 选举 |
| | 刘建超 | 男 | 汉族 | 黑龙江哈尔滨 | 2000.5~2001.5 | 挂职、任命 |
| | 熊玉辉 | 男 | 满族 | 辽宁兴城 | 2001.1~2005.10 | 任命 |
| | 王　毅 | 男 | 汉族 | 辽宁锦州 | 2001.2~2005.10 | 任命 |
| | 范越林 | 男 | 满族 | 辽宁兴城 | 2001.5~2002.12 | 任命 |
| | 陈利众 | 男 | 汉族 | 辽宁北镇 | 2002.1~2005.10 | 任命 |
| | 杨瑞祥 | 男 | 汉族 | 黑龙江七台河 | 2002.12~2005.10 | 任命 |
| | 王绍军 | 男 | 汉族 | 辽宁锦西 | 2002.12~2005.9 | 任命 |
| | 姜海山 | 男 | 汉族 | 辽宁锦西 | 2002.12~2005.10 | 任命 |
| | 崔海明 | 男 | 汉族 | 辽宁黑山 | 2003.8~2005.10 | 任命 |
| | 王小峰 | 男 | 汉族 | 辽宁沈阳 | 2004.6~2005.10 | 挂职、任命 |
| 兴城市第五届委员会 | 杨瑞祥 | 男 | 汉族 | 黑龙江七台河 | 2005.10~2009.2 | 选举 |
| | 韩　平 | 男 | 汉族 | 辽宁兴城 | 2005.10~2010.3 | 选举 |
| | 康　伟 | 男 | 汉族 | 辽宁开源 | 2005.10~2006.12 | 选举 |
| | 蔡成利 | 男 | 满族 | 辽宁兴城 | 2005.10~2006.12 | 选举 |
| | 马华生 | 男 | 汉族 | 辽宁兴城 | 2005.10~2011.2 | 选举 |
| | 姜海山 | 男 | 汉族 | 辽宁锦西 | 2005.10~2006.12 | 选举 |
| | 张儒林 | 男 | 满族 | 辽宁兴城 | 2005.10~2011.3 | 选举 |
| | 熊玉辉 | 男 | 满族 | 辽宁兴城 | 2005.10~2009.5 | 选举 |

续表 15-1-2

| 届次 | 姓　名 | 性别 | 民族 | 籍　贯 | 任职时间 | 任职方式 |
|---|---|---|---|---|---|---|
| 兴城市第五届委员会 | 王小峰 | 男 | 汉族 | 辽宁沈阳 | 2005.10~2008.10 | 挂职、选举 |
| | 王　毅 | 男 | 汉族 | 辽宁锦州 | 2005.10~2006.10 | 选举 |
| | 崔海明 | 男 | 汉族 | 辽宁黑山 | 2005.10~2011.3 | 选举 |
| | 李兴玉 | 男 | 汉族 | 辽宁锦西 | 2005.10~2011.2 | 选举 |
| | 赵宜洋 | 男 | 满族 | 辽宁兴城 | 2005.10~2011.2 | 选举 |
| | 王德利 | 男 | 汉族 | 北京市 | 2007.8~2008.8 | 挂职、任命 |
| | 邢文忠 | 男 | 汉族 | 辽宁朝阳 | 2006.10~2011.3 | 任命 |
| | 金玉枝 | 女 | 汉族 | 辽宁锦西 | 2006.12~2011.3 | 任命 |
| | 樊大成 | 男 | 汉族 | 辽宁锦西 | 2006.12~2009.2 | 任命 |
| | 孙志浩 | 男 | 汉族 | 辽宁朝阳 | 2009.2~2011.3 | 任命 |
| | 于学利 | 男 | 汉族 | 辽宁建昌 | 2009.5~2011.3 | 任命 |
| | 赵兴华 | 男 | 满族 | 辽宁兴城 | 2009.11~2011.3 | 任命 |
| | 马　升 | 男 | 满族 | 辽宁兴城 | 2010.3~2011.3 | 任命 |
| | 张学军 | 男 | 汉族 | 辽宁兴城 | 2010.6~2011.3 | 任命 |
| | 骆忠山 | 男 | 满族 | 辽宁绥中 | 2011.2~2011.3 | 任命 |
| | 李　肖 | 男 | 满族 | 辽宁凌海 | 2011.2~2011.3 | 任命 |
| 兴城市第六届委员会 | 孙志浩 | 男 | 汉族 | 辽宁朝阳 | 2011.3~2012.5 | 选举 |
| | 于学利 | 男 | 汉族 | 辽宁建昌 | 2011.3~2012.12 | 选举 |
| | 金玉枝 | 女 | 汉族 | 辽宁锦西 | 2011.3~2011.5 | 选举 |
| | 张学军 | 男 | 汉族 | 辽宁兴城 | 2011.3~2012.12 | 选举 |
| | 崔海明 | 男 | 汉族 | 辽宁黑山 | 2011.3~2012.12 | 选举 |
| | 骆忠山 | 男 | 满族 | 辽宁绥中 | 2011.3~2012.12 | 选举 |
| | 邢文忠 | 男 | 汉族 | 辽宁朝阳 | 2011.3~2012.3 | 选举 |
| | 赵兴华 | 男 | 满族 | 辽宁兴城 | 2011.3~2012.12 | 选举 |
| | 李　肖 | 男 | 满族 | 辽宁凌海 | 2011.3~2012.12 | 选举 |
| | 杨洪斌 | 男 | 汉族 | 吉林梅河口 | 2012.5~2012.12 | 任命 |
| | 赵家鹏 | 男 | 满族 | 辽宁岫岩 | 2012.7~2012.12 | 任命 |

## 工作机构

1986 年 1月，中共兴城县委工作机构设有县委办公室、组织部、宣传部、纪律检查委员会、统战部、经济工作部、直属机关党委、党史办、机要室、政法委、老干部局、精神文明建设办公室、党校、报社 14 个工作部门。3 月，撤销经济工作部。

1987 年 1 月，兴城撤县设市，中共兴城县委工作机构更名为中共兴城市委工作机构。5 月，中共兴城市委设专职秘书长。

1989 年 3 月，中共兴城市委政法委更名为兴城市政法领导小组。1990 年 6 月，恢复中共兴城市委政法委，同时设立社会治安综合治理办公室。9 月，设立中共兴城市委政策研究办公室。

1995 年 5 月，进行机构改革。中共兴城市委工作机构保留办公室、组织部、宣传部、统战部、机关党委、政法委、党史办、党校、报社 9 个部门。8 月，市直机关党委更名为市直属机关工作委员会。

1998 年 3 月，中共兴城市委实施机构改革。兴城市人事局、市直机关工委、老干部局并入中共兴城市委组织部；中共兴城市委统战部、兴城市工商联与兴城市政协合署办公；中共兴城市委政法委与兴城市司法局合并；撤销党史办公室，其职能转档案馆。中共兴城市委工作机构保留办公室、组织部、宣传部、党校、报社 5 个部门。7 月 1 日，《兴城市报》更名为《兴城日报》，兴城市报社随之更名为兴城日报社。

2000 年 3 月，中共兴城市委统战部与兴城市工商联从兴城市政协分出单设，恢复中共兴城市委政法委。5 月，中共兴城市纪律检查委员会与兴城市监察局合署办公。

2002 年 1 月，根据《兴城市党政机构改革方案》，中共兴城市委工作部门设置办公室、组织部（市老干部局、市直机关工委与其合署办公）、宣传部、统战部、政法委（司法局、社会治安综合治理办公室与其合署办公，维护社会稳定工作领导小组办公室挂靠在市委政法委）。设立中共兴城市委、兴城市人民政府信访办公室。5 月，兴城市社会治安综合治理办公室升格为正科级。恢复中共兴城市委老干部局，为中共兴城市委直属正科级单位。

2003 年 9 月，恢复中共兴城市委党史办公室，隶属市委办公室，为正科级事业单位。12 月，《兴城日报》停刊，兴城日报社撤销。2004 年 3 月，成立兴城时讯社，为兴城市委直属正科级事业单位。

2004 年 4 月，中共兴城市委机要室更名为机要局。5 月，成立兴城市非公有制经济组织党的工作委员会，职级为正科级，挂靠在中共兴城市委组织部。2006 年 3 月，中共兴城市委机要局加挂兴城市国家密码管理局牌子。9 月，设立兴城市信息中心，与市委机要局合署办公。

2007 年 4 月，成立兴城市组织员办公室，为正科级建制，由中共兴城市委组织部代管。2008 年 9 月，成立人才工作办公室，为实职正科级，设在中共兴城市委组织部。2010 年 3 月，增设国家安全领导小组办公室，职级正科级。5 月，中共兴城市委机要局与兴城市信息中心整合，升格为正科级单位，与市委办公室合署办公。

2011 年 2 月，撤销专职市委秘书长建制。4 月，成立中共兴城市代表大会代表联络工作办公室，设在中共兴城市委组织部，为正科级建制。2012 年 12 月，中共兴城市委行政工作机构 7 个，即中共兴城市委办公室、组织部、宣传部、纪委机关、统战部、政法委、信访局；直属事业单位 3 个，即老干部局、党校、兴城时讯社。

## 基层机构

**市（县）直属机构党组织** 中共十一届三中全会以后，为加强党对地方政权组织的领导和改革开放的需要，中共兴城县（市）委在所辖直属行政工作部门、群众团体分别设立党组织。1986 年

1 月，中共兴城县委下辖兴城县人大、人民政府、政协、人民法院、人民检察院、计划委员会、公安局、民政局、司法局、科学技术委员会、财政局、税务局、乡企局、建设银行兴城支行、保险公司、总工会 16 个党组；辖兴城县劳动局、物资总公司、党校、教育局、卫生局、文化局、建设委员会、农业委员会、林业局、水利局、水产局、农机管理总站、农电局、商业局、粮食局、供销联社、工业局、集体工业公司、交通局、邮电局、县人民武装部、工商银行兴城支行、农业银行兴城支行共 23 个直属机构党委。年内，撤销兴城县民政局、乡镇企业局党组，建立兴城县民政局、经济委员会党委和兴城县农业委员会党组。

1987 年 1 月，兴城撤县设市。中共兴城县委所辖直属机构党组织均更名为中共兴城市直属机构党组织。

1988 年 6 月，兴城市农机总站党委改为兴城市农机局党委。1989 年 3 月，成立兴城市劳动局党委；兴城市教育局党委改为兴城市教育委员会党委。7 月，成立兴城市风景区管理局党总支，隶属中共兴城市委。

1990 年 4 月，建立兴城市财贸办公室党组；撤销兴城市公安局党组，改设兴城市公安局党委。

1995 年 7 月，兴城市文化局与兴城广播电视局合并，建立兴城市文化广播电视局党委；同期，成立兴城市风景旅游局党委；撤销兴城市建设委员会党委，成立兴城市城乡建设环境保护局党委。

1997 年 4 月，撤销兴城市农业委员会党组，与兴城市农业局合并成立党委；撤销兴城市水产局党委，成立兴城市海洋水产局党委；5 月，撤销兴城市林业局党委，合并成立兴城市林业果树局党委。

1998 年 3 月，党政机构改革。撤销兴城市农业委员会、海洋水产局、畜牧局、农机局、林业果树局党委，合并成立兴城市农业发展局党委；兴城市计划委员会党组改为兴城市计划统计局党组；兴城市劳动局党委改为兴城市劳动和社会保障局党委；兴城市教育委员会党委改为兴城市教育局党委；兴城市文化广播电视局分出广播电视业务，成立兴城广播电视台，文化与旅游合并成立兴城市文化旅游局党委；成立兴城市风景区管理处党委。撤销兴城市财贸办党组，成立兴城市贸易局党组；撤销兴城市经济委员会党组、兴城市工业局党委、兴城市集体工业公司党委、兴城市乡镇企业局党总支，成立兴城市经济贸易发展局党委、兴城市工业国有资产经营公司党委；10 月，兴城市邮电局党委更为兴城市邮政局党委。

2000 年 7 月，兴城市水产局党委成立。2001 年 5 月，兴城市水产局党委更名为兴城市海洋水产局党委。2002 年 1 月，兴城市农业发展局党委更名为兴城市农村经济发展局党委；兴城市计划统计局党组更名为兴城市发展计划局党组；兴城市城乡建设环境保护局党委更名为兴城市城乡规划建设局党委。3 月，兴城市药品监督管理局党组成立；5 月，兴城市文化旅游局党委更名为兴城市文化局党委。

2003 年 4 月，兴城市财政局党总支改设为兴城市财政局党委；8 月，兴城市商贸国有资产经营公司党委更名为兴城市商业局党委；9 月，兴城市海洋水产局党委更名为兴城市海洋与渔业局党委。

2004 年 8 月，兴城市风景区管理处党委更名为兴城市风景区管理局党委。

2005 年 5 月，兴城市药品监督管理局党组更名为兴城市食品药品监督管理局党组；6 月，兴城市发展计划局党组更名为兴城市发展和改革局党组；兴城市经济贸易发展局党委更名为兴城市经济贸易局党委。

2006 年 2 月，兴城市动物卫生监督管理局建立党组；3 月，兴城市国土资源局党总支改建为兴城市国土资源局党委；7月，兴城市粮食贸易总公司党委更名为兴城市粮食局党委。

2010年5月，兴城市经济贸易局党委更名为兴城市经济和信息化局党委。11月，根据中共兴城市委《关于调整市直部门党组织设置的通知》，成立共青团兴城市委党组、兴城市妇女联合会党组、兴城市残疾人联合会党组、兴城市科学技术协会党组。同时，兴城市信访局党支部、兴城市民族宗教事务委员会党支部、兴城市物价局党支部、兴城市审计局党支部、兴城市旅游局党总支、兴城市安全生产监督管理局党支部、兴城市人口和计划生育局党支部、兴城市经济和信息化局党委、兴城市环境保护局党总支、兴城市人事局党支部、兴城市档案局党支部、兴城市统计局党支部、兴城市工业公司党委、兴城市粮食局党委、兴城市民防局党支部、兴城市对外贸易局党总支等均改建为党组。兴城市国家税务局党总支改建为兴城市国家税务局机关党委，隶属中共兴城市委。

2011年1月，兴城市广播电视局党总支改建党组。5月，兴城市商业局党委更名为兴城市服务业局党委。

2012年末，中共兴城市委所属政府工作机构及直属工作部门党组（党委、党总支）39个。葫芦岛市直属部门驻兴城机构党组（党委、机关党委）9个。

**乡镇街道党组织** 1986年1月，中共兴城县委下辖宁远、元台子、白塔、双树、羊安、曹庄、望海、海滨、闻家、刘台子、大寨、围屏、高家岭、南大山、红崖子、拣金、碱厂、三道沟、药王庙、旧门、菊花岛21个基层乡党委（其中满族乡党委11个），兴城、钓鱼台、沙后所、东辛庄、郭家、华山6个镇党委（其中满族镇党委1个）。年内，羊安、曹庄、海滨、闻家、药王庙5个乡党委改为满族乡党委，沙后所镇党委改为沙后所满族镇党委。

1987年2月，撤销兴城镇、钓鱼台镇和宁远乡党委，建立古城、宁远、城东、温泉、钓鱼台街道党委，增设四家屯乡党委。

1988年3月，东辛庄镇党委更名为东辛庄满族镇党委；6月，碱厂乡党委更名为碱厂满族乡党委。1991年6月，药王庙满族乡党委更名为药王满族乡党委。

2002年3月，撤销闻家满族乡行政建制，将其所辖区域分别划归南大山满族乡和沙后所镇；中共闻家满族乡党委随之撤销。撤销拣金满族乡，将其所辖区域并入红崖子满族乡，中共拣金满族乡党委随之撤销。东辛庄满族镇党委更名为东辛庄镇党委，沙后所满族镇党委更名为沙后所镇党委，郭家满族镇党委更名为郭家镇党委。撤销华山镇，设立华山街道，华山镇党委更名为华山街道党委。撤销四家屯乡，设立四家屯街道，四家屯乡党委更名为四家屯街道党委。

2006年3月，双树乡行政区域（除5个村外）划归葫芦岛市龙港区，双树乡党委随之划归中共龙港区委。

2012年末，中共兴城市委下属16个乡党委（其中15个满族乡党委），4个镇党委，7个街道党委。

## 第五节 组织建设

中共兴城市（县）委组织部是中共兴城市（县）委主管组织工作和干部工作的职能部门。1986年，内设5个科室。1987年以后，相继成立组织员办公室、人才工作办公室、农村党员干部现代远程教育管理办公室、党代表联络工作办公室。1998年3月机构改革，兴城市委组织部与人事局、市直机关工委、老干部局合并为市委组织部，各单位职能不变。

## 基层组织建设

1986年，中共兴城县委组织部以加强党的基层组织建设为重点，对农村党支部进行全面改选。改选后农村党支部成员平均年龄降低到39.2岁，具有初中、高中文化的比改选前增加259人，年龄结构和知识结构进一步优化。为提高党支部书记党务工作能力，市委组织部先后举办2期共158名新当选的村党支部书记培训班。

1989年，调整村党支部和村委会领导班子，有23人担任村党支部领导工作，有14名村党支部书记免职。

1991年，全市30个乡镇街道党员参加民主评议活动。评出一类党支部195个，二类党支部134个，三类党支部9个。

1992年，中共兴城市委组织部落实中共兴城市委《关于加强基层单位党政领导班子建设的意见》，在农村开展“建设标准化党支部达标升级活动”，并按期完成党支部换届选举工作，共调整党支部书记42人。1993年，共调整村党支部班子71个，调整党支部书记44人。同时，在基层企业党组织建设中，进一步完善厂长负责制，全市有85%的基层企业领导班子为党政领导一人兼任。

1994年，中共兴城市委组织部下发《关于在农村党支部和党员中开展“双带奔小康”活动方案》。共调整33个村党支部班子，调整党支部书记26人。1996年，中共兴城市委组织部制定《党建工作目标管理方案》《党建工作八项制度》《党委书记、副书记抓党建工作责任制》。对18个后进村党支部进行整顿，调整村党支部书记9人。帮助6个村党支部新建办公房，协调帮扶部门为18个村投入经济发展资金60余万元。

1998年，根据企业党建形势的变化，中共兴城市委组织部在企业离岗党员组织关系转移上采取“三见面”办法，开展“爱心互助”活动。全市共有533名在岗党员同下岗党员结成帮助对子。该做法得到中共中央及省、市委组织部门的高度评价。1999年，中共兴城市委组织部按照党管干部原则，在全市133家企业建立党组织。相继组建出租车行业党支部、海上轮船运输业党支部。

2002年，根据中共辽宁省委《关于以“三个代表”重要思想为指导，深入开展农村基层党组织建设“三级联创”活动的意见》，制定《兴城市“三级联创”活动实施方案》，开展“六个好”乡镇街道党委和“五个好”农村党支部创建活动。年内，有2个乡镇党委被中共辽宁省委授予“六个好”乡镇党委，6个村党支部被中共辽宁省委授予 “五个好”村党支部标兵。

2005年，为强化村党支部管理，制定《兴城市村党组织书记管理细则》。2007年，结合村党组织换届选举工作，实行村党支部书记、村委会主任“一肩挑”和“两委”成员交叉任职制。全市有144个村实行村书记、村主任“一肩挑”，有495人是两委交叉任职。

2009年始，为深入开展基层党组织信息化建设，中共兴城市委组织部在每个乡镇街道建立2~3个优秀终端站点和电教中心户，进一步完善村党组织信息库、非公经济党组织信息库管理。

2010年，中共兴城市委组织部规范市直机关党组织建设，调整43个市直部门党组织设置。在城乡党组织间开展“四共建”活动，即市直机关党组织与村党组织共建，企业党组织与社区、村党组织共建，社区党组织与村党组织共建，先进村的党组织与后进村的党组织共建。

2012年，中共兴城市委组织部以“基层组织建设年”为契机，以提高素质和党建创新为重点，对全市20个处于破旧状态的村级组织活动场所进行维修，并争取资金对在暴雨中损毁的10个场所进行重建。组织和指导各乡镇街道党委开展社区党建示范点创建活动，温泉街道兴海桥社区被中共辽宁省委确定为党建工作示范点。

## 党员教育与管理

1986年，中共兴城县委组织部为加强党员党的性质、纲领、宗旨、奋斗目标、组织原则及党风党纪教育，采取集中培训、上党课、坚持党日活动等形式，进行形象化教育。先后组织67个基层党总支（支部）的党员参观辽沈战役纪念馆，进行革命传统教育和爱国主义教育。18个党委（总支）举办党的知识竞赛活动。

1990年，中共兴城市委组织部实行党员行业对应管理，按就近、就便、就行业原则设置党的基层组织。村办企业党员由村党支部管理，镇办企业党员由镇经济管理委员会党总支下设的企业党支部管理，个体工商业党员由工商局对口管理，党政机关、事业单位党员实行部门党组织管理。对流动党员发放流动证，在乡镇建立流动党员支部，并健全相关教育管理制度。

1998年11月，中共中央提出在党政领导班子和领导干部中深入开展“讲学习，讲政治，讲正气”为主要内容的党性、党风教育。兴城市各级党组织制定“三讲”教育实施方案，开展“三讲”教育活动。市直机关实施“双千”帮扶工程，即千名党员联系千名贫困户，结成帮扶对子，向贫困户捐款捐物、提供致富信息、发展特色农业项目等。

2001年，按照中共中央和中共辽宁省委的统一部署，中共兴城市委对全市党员分期分批开展“三个代表”重要思想学习教育活动。第一批参加单位94个，参加党员3200人，其中副科级以上领导干部363人，一般干部2837人。第二批选定望海满族乡作为村级“三个代表”重要思想学习教育活动试点单位。总结经验后，第三批“三个代表” 重要思想学习教育活动在全市234个行政村全面铺开。

2007年，为落实中共中央《关于加强和改进流动党员管理工作的意见》，中共兴城市委组织部在全市各基层党组织建立流动党员登记制度和流动党员联系制度，对509名流动党员颁发“流动党员活动证”。

2008年始，为贯彻落实中共中央《关于保持共产党员先进性长效机制》的要求，兴城市建立由组织、纪检、宣传、党校等部门组成的党员教育联席会议制度，充分利用各部门的人才、信息、设备等资源优势，开展党员教育活动。组织党员干部与农村贫困户和城市低保户开展“结穷亲，手拉手，奔小康”活动。

2009年，中共兴城市委深入开展第二批、第三批学习实践科学发展观活动。全市参加第二批学习实践活动单位74家，党组织419个（其中党委30个、党总支22个、党支部367个），参加党员6591人。第三批参加学习实践活动的单位有411家，党员14361人、流动党员527人。活动中，中共兴城市委组织部开通“12371”党员服务电话。

2010年，在认真做好第二、三批集中学习实践科学发展观活动总结基础上，继续组织做好“回头看”工作，把整改工作落到实处。开展党员远程教育，建立实地检查站点101个，现场培训管理员94名。在辽宁省远程教育检查验收中，兴城市以96分通过验收，总成绩居葫芦岛市各县区前列。

2012年5月，中共兴城市委组织部对乡镇街道党委副书记和组织委员，村党组织书记和村委会主任480人进行集中培训。结合领导干部政德教育，组织各级理论中心组专题学习90次。开展函授培训服务业务，培训组工干部900余人。

## 非公经济组织党建工作

1999年，兴城市有133家非公有制企业建立党组织。2003年，中共兴城市委决定在非公有制企业采取因企制宜、分类指导、规定时限、跟踪检查的办法，采用独立组建、联合组建、派人组建等形式，加大党组织的组建力度。兴城市有62家非公有制经济单位建立党组织。

2010年，中共兴城市委组织部通过健全制度、选派党建工作联络员、典型带动等措施，开展新经济组织和新社会组织党建工作。兴城市在非公有制经济组织中组建党支部115个。其中成立独立党支部76个，成立联合党支部39个，覆盖企业382家，组建率达53.9%。在58个新社会组织中成立党支部7个，组建率达29.2%。

2011年，全市非公有制经济组织中建立党组织94个，其中单独组建67个，联合组建27个。

2012年，中共兴城市委组织部在非公有制企业中，单独组建党组织89个，联合组建党组织41个，覆盖企业709家。

## 干部任用与管理

1987年，中共兴城市委组织部建立全市党政领导干部政绩考核制度，建立干部政绩档案。对党政机关干部实行目标化管理，对乡镇干部实行任期目标责任制，对市直机关部门实行岗位责任制。年内，按照干部“四化”标准，对市直部门和乡镇街道班子进行调整，涉及领导干部93人，其中由副职提为正职20人，新提拔任用28人，平职调动45人。调整后，市直部门和乡镇街道领导干部平均年龄46.3岁。同年，党政机关干部确定正、副科级调研员443人。

1988年，为更好地贯彻选任干部“注重实绩、鼓励竞争、机会均等、民主监督”的原则，中共兴城市委、兴城市人民政府对选任干部做出五项规定，即市委管理推荐的干部实行委任制和选举制；兴城市人民政府管理的政府序列干部，在实行委任的基础上逐步实行选聘制；市直各单位一般干部实行考任制；市直各单位股级干部实行招聘制；企业副局级及股级干部实行承包租赁制和厂长（经理）负责制。是年，按照自愿报名、公开答辩、组织考查、择优录用的原则，公开选聘兴城市广播电视局局长。

1990年，中共兴城市委组织部实行农村干部规范化管理，建立选拔任用、岗位培训、考核、奖惩、工作待遇、退休制度、档案管理等制度；建立干部谈话制度；建立干部交流轮换和回避制度；建立干部试用期制度。在乡镇街道领导班子中配备妇女干部、纪委书记。年内，对全市基层领导班子进行4次调整，共调整209名领导干部，其中异地交流67名。为16个工业产值超1000万元的乡镇配备经委主任和经委副主任。

1991年，中共兴城市委组织部按照从实际出发原则，制定《严格控制外地干部、工人调入兴城市的若干规定》，确保干部队伍稳定。制定《加强干部使用管理若干规定》，促进领导干部转变作风，提高工作效率。

1993年，为加强干部管理，中共兴城市委组织部对全市510名副科级以上领导干部出生年龄、学历等情况进行审查，对档案年龄记载不一致的40多名干部进行甄别审定，对5名干部的学历进行更正，并将干部的自然情况输入微机，进行科学管理。同时，为市直党群系统和乡镇街道党委460名工作人员建卡。中共兴城市委组织部制定《加强领导班子建设十条意见》，对全市各乡镇街道和市直部门领导班子进行调查评议。同年，选派百名优秀机关干部到乡镇街道任职锻炼。

1996年，中共中央《关于党政领导干部选拔任用工作暂行条例》颁布后，为进一步深化干部人事制度改革，兴城市按照公开、平等、竞争、择优的原则，采用考试与考查相结合的方法，经过单位组织推荐、资格审查、统一笔试、面试答辩、组织考查、市委决定等程序，面向社会公开选拔兴城市招商局等单位副局长9名。在连续两年对市直部门"一把手"进行的"选优评差"活动中，对1名得"差票"率为90%的"一把手"调任他职，对1名得"差票"率为65%的给予黄牌警告。

1998年3月，按照中共兴城市委、兴城市人民政府《兴城市机构改革方案》，中共兴城市委组织部制定《兴城市干部人事制度改革方案》《兴城市干部人事制度改革副职领导干部选拔任用实施细则》，明确领导干部选任条件、资格和分流政策。依照领导干部竞聘实行个人自荐、民主评议、选优评差、正职提名、竞职演说、市委决定的方法和步骤，从自荐报名竞聘市直部门正职的65名干部中，选用45名正职领导干部。对自荐报名竞聘乡镇街道党政正职的59名干部和自荐报名竞聘副职的345名人员进行选优评差。依照竞争择优、注重实绩的原则，从参加竞聘的442名干部中，选用334名领导干部。

1999年，为进一步规范领导干部管理制度，中共兴城市委实行市直部门之间相互评议制度，并相应制定《兴城市署名推荐乡局级领导干部制度》《兴城市新提拔乡局级副职领导干部试用期制度》《兴城市局级领导干部述职报告制度》《兴城市乡局级领导干部离任审计制度》《兴城市民主评议乡局级领导班子和领导干部制度》等。规定在年内民主评议中获不称职票超过40%、政绩考核低于75分的领导干部进行诫勉警告、降职使用或就地免职。

2001年，中共兴城市委组织部建立党政领导干部重大事项报告制度，对党政领导干部和国有、集体企业领导人员实行任期经济责任审计，对选拔任用党政领导干部实行试用期和任前公示制度。为优化乡局级领导班子结构，配备35岁以下的年轻干部。

2002年，中共兴城市委出台关于促进私营企业发展的相关优惠政策，鼓励外埠有一定规模的民营企业家到兴城乡镇投资建厂，对有贡献的企业家破格任命为乡镇领导职务。

2004年始，中共兴城市委为优化领导班子结构，做出"男年满55周岁，女年满50周岁的党政正副职领导干部离职"的决定。年内，对乡局级领导班子先后进行8次调整，涉及领导干部166名，其中副职提为正职21名，一般干部提升为领导干部50名，交流67名，安置军转干部2名。有12名领导干部改任同级非领导职务。

2007年始，根据中共中央组织部《体现科学发展观要求的地方党政领导班子和领导干部综合考核评价试行办法》，中共兴城市委组织部对拟调整、选拔的正副职领导干部实行任前公示制。是年，中共兴城市委组织部对乡局领导干部和领导班子年度履行工作情况进行考核，评出优秀领导班子25个，良好领导班子53个，较差领导班子1个。

2011年始，依据中共中央组织部有关文件要求，兴城市恢复领导干部法定退职年龄规定。

2012年，兴城市干部选拔任用工作以市乡人大、人民政府和市政协换届为重点，结合部分乡镇街道、市直部门职位空缺等情况，按照"大稳定、小调整、注重班子搭配、适当交流调整"的原则，先后4次任免党政领导干部145人。调整后，全市乡局级领导干部共451人，其中妇女干部47人，非中共党员干部12人，平均年龄46.94岁。大专以上学历447人，学士学位54人。

## 后备干部管理

1988年，依据中共中央《关于进一步做好优秀年轻干部的工作意见》，中共兴城市委组织部制定公开选拔后备干部的条件和办法，通过考试、考核、民主测评等方式，建设年轻的后备干部队伍。制定结合年度考核推荐后备干部制度，确定农村后备干部按正职1职1备，副职1职2备的比例配备。后备干部由中共兴城市委组织部统一管理、培养并建立档案。

1992年，中共兴城市委组织部举办后备干部培训班，组织参加培训的30名后备干部，到辽南经济开发区学习考察。是年，有29名后备干部走上乡局级领导岗位。

1994年，中共兴城市委组织部调整后备干部队伍，充实36名政治素质和文化水平较高的青年干部进入后备干部队伍。年内，兴城市共有后备干部59名，平均年龄34岁，具有中专以上学历55名。1999年，中共兴城市委组织部公开选拔任用兴城市招商局副局长。经笔试、面试、考查，从41名报名的后备干部中选拔出3人任兴城市招商局副局长。

2000年，中共兴城市委组织部制定《公开选拔后备干部方案》，面向社会公开选拔50名优秀年轻后备干部。其中，大学本科毕业生21名（有学士学位19名）、大专毕业生29名。

2009年，本着“考试考查，平等竞争，择优录用”的原则，中共兴城市委组织部面向全市公开选拔后备干部。从500名报名者中，选拔51名进入后备干部队伍。经过短期培训，有39名后备干部被充实到相关部门进行岗位实践锻炼，以丰富后备干部的任职经历，增长才干。

2011年，确定优秀党外后备干部19名。2012年，针对部分农村党支部成员老化、后继乏人的状况，确定村级后备干部14名。

## 老干部工作

1986年，兴城县老干部局内设3个业务机构。1987年1月，兴城撤县设市，兴城县老干部局更名为兴城市老干部局。1998年3月机构改革，撤销市老干部局，其业务并入中共兴城市委组织部，设老干部工作办公室。2002年5月，按照中共中央和中共辽宁省委有关老干部工作机构设置的规定，恢复兴城市老干部局，列为中共兴城市委直属正科级单位，业务归口中共兴城市委组织部。

**落实老干部待遇** 1986年11月，中共兴城县委根据中共辽宁省委、中共锦州市委关于落实老干部“两个待遇”（政治待遇、经济待遇）的规定，通过8项决议。同时确定聘用离休干部担任老干部工作联络员，以监督“两个待遇”的落实。

1988年，根据上级有关文件精神，中共兴城市委对离休干部的生活福利待遇做出5项补充规定：老红军每月基本工资额不足138元的，采取生活补贴的方式，补到138元；老红军、抗日战争时期参加革命、年龄70岁以上并享受市级以上待遇的离休干部，每人每月发51元护理补助费；1956年定级以后一直到离休，工资一次未上调的老干部，上调一级工资额，作为生活补贴；上调离休干部的乘车费和交通补助费，老红军和享受市级以上待遇的老干部由每人每月20元调到30元；上调老干部遗属生活补贴费。

1996年，兴城市设立离休干部生活待遇预备金，每年10万元。在涉及26家企业、91名离休干部的企业产权制度改革中，按每位离休干部4.5万元的标准（其中3万元为离休费，1万元为医疗费，5000元为丧葬费和遗属生活费），从企业转制变现资金中，一次性向社会保险局投标。离休干部的工资、医疗等一切生活待遇均由社会保险局负责。是年，在工业、粮食、供销、农机、卫生、城建、公安、法院、外贸、东辛庄满族镇、公路段、兴城二高中等单位，建立12个独立的离退休干部党支部。

2000年3月，中共兴城市委组织部制定《关于加强离退休干部党支部建设的意见》，兴城市教育局、商贸公司、外贸公司、城建局、司法局等部门和单位相继成立离退休干部党支部。

2001年，兴城市建立离休干部离休费保障机制、医疗费保障机制和财政支持机制，一次性清理拖欠医药费310余万元、工资20余万元。2002年，清欠离休干部药费208万元。2003年7月，根据中共兴城市委《常委会议纪要》，将全市乡镇街道离休干部离休费全部纳入市财政统筹统发，避免新拖欠问题的发生。

2006年，兴城市593名离休干部全部参加葫芦岛市医疗保险。确定兴城市人民医院、公费医院、中医院为离休干部定点医院，离休干部可凭医疗卡免费就医。兴城市老干部局为每位老干部订阅《晚晴报》和《老同志之友》，在兴城市老干部局图书室设立老干部时讯专柜。

2011年，根据上级文件精神，中共兴城市委老干部局为376名离休干部每人每年增加一个月基本离休费的生活补贴。年内，离休干部的取暖费问题得到解决。2012年，接收并易地安置离休干部1人。代为老干部发放医疗保险门诊结余费用22万元。

**活跃老干部生活** 1986年，兴城县老干部局在古城内东街建立老干部活动室，设有棋类、球类活动室和图书阅览室等。

1988年，第一个敬老日，中共兴城市委老干部局举办大型庆祝活动，组织离退休干部举行门球、乒乓球、象棋比赛等活动。老干部文艺队、夕阳红艺术团、老年大秧歌队、老年健身操队、老年京剧队、老年门球队、老年台球队和老年乒乓球队等进行文体表演。

2001年7月，中共兴城市委老干部办公室搬迁城外，临时租用大明商都健身俱乐部作为老干部活动室，设有球类、棋类、健身等5项活动设施。后将原兴城市财政核算中心办公楼作为兴城市老干部局办公楼，恢复建立老干部活动中心。

2004年，老年节期间，中共兴城市委老干部局组织老干部参观乡镇企业、渔业园区和大学城。改革开放的可喜成果，使老干部深受鼓舞。

2009年，开办老干部大学，配备兼职教师。学校设有时政、文史、音乐、舞蹈器乐、书法美术、卫生保健等专业，同时开通互联网远程教学，学员达80多人。2010年9月，组建兴城市老干部大学艺术团。年末，艺术团在葫芦岛地区文化广场演出活动中，被评为“优秀表演队”。

2011年，兴城市老干部大学举办“庆七一书画作品展”，共展出老干部学员日常优秀书法作品17幅，美术作品24幅；组织离休干部参加中共兴城市委党史办和兴城历史文化学会举办的“忆党史、话发展”征稿活动。重阳节前夕，在老干部大学会议室举办“老人节联欢活动”，离休干部和老干部大学党员学员150人参加；与民政局、老龄委等多家涉老单位在宁远广场举办“九九话重阳，浓浓敬老情”专场文艺演出。

2012年，中共兴城市委老干部局对阅览室进行室内装修，更换组合书架和桌椅，购置价值30000元的新书，举办“兴城市老干部重阳节联欢会”，为老年群众性文艺组织“海之韵”合唱团提供活动场所。

**关心下一代工作** 1991年3月，兴城市成立关心下一代工作委员会（简称关工委），挂靠老干部局。市委副书记兼任市关工委主任，聘任市退休老干部担任常务副主任，同时在各基层单位成立以老干部为主体的关心下一代工作协会或领导小组，当年发展会员113人。

2000年，兴城市关工委聘请中共十五大代表、白求恩奖章获得者、兴城市妇幼保健院原院长由景瑶，全国人大代表、四家村企业集团董事长张文成，中国人民解放军第40军119师原副政委、抗美援朝老战士赵德文等10人为关心下一代工作宣传报告员，组成5个教育宣讲报告团，深入乡镇街道及城乡中小学作巡回报告和图片展出。

2005年，兴城市关工委会同兴城市文化局、兴城市公安局、兴城市工商局，从离休老干部、老战士、老教师、老专家、老模范中，聘请100名文化市场义务监督员，对全市网吧、书摊、歌厅、录像制品销售部等文化场所进行有效监督检查。2007年，老干部文化市场义务监督员劝阻未成年人进入经营性网吧835人。兴城市关工委动员社会力量为青少年办实事，各单位累计捐资助学98万元，资助贫困学生1675人。

2010年，兴城市关工委和东辛庄镇、沙后所镇等15个基层单位关工委开展“勿忘国耻‘九一八’，强我华夏、振兴中华”的主题活动，受教育人数达15000多人。10月25日，兴城市关工委和兴城市教育局关工委在三高中开展纪念抗美援朝60周年活动。兴城市关工委全年共组织老干部到学校上法制课250多次，受教育学生16500多人次。

2011年，以纪念中国共产党建党90周年和辛亥革命100周年为契机，组织中小学生举行红歌演唱会、诗朗诵，举行感恩教育报告会，法制报告会等近百场。兴城市关工委发出《关于家庭网吧监管问题致全市中小学生家长的一封信》，在《葫芦岛日报·兴城新闻》和兴城电视台刊播。动员社会各方面力量捐资助学。

## 第六节　宣传教育

中共兴城市委宣传部是中共兴城市委主管意识形态方面工作的综合职能部门。主要负责规划和部署全市宣传思想工作；组织进行党的路线、方针、政策的宣传，国际国内形势的宣传，以及政治、经济、文化活动的宣传；主管新闻外宣工作；会同有关部门负责对群众进行思想教育工作。2003年，成立国防教育办公室。2007年，建立兴城新闻信息中心（中国·兴城网站）。2012年，内设机构7个。

### 政治理论教育

1986年，中共兴城县委宣传部为抓好形势政策教育，编印《形势和政策问题解答（50题）》，整理印发《关于我国农村发展商品经济的几种模式》宣传材料。组织相关人员对全县农村发展商品经济的几种模式进行调查，举办2次形势政策知识竞赛。

1988年，中共兴城市委宣传部组织各级干部，特别是乡局级以上领导干部学习社会主义初级阶段的理论，并结合实际进行理论研究，写出论文58篇。理论学习室组织市领导干部学习14次，系统学习中共十三大和十三届三中全会文件。组织基层干部参加正规化教育及党政干部自修大学学习。年末，经过4门课程系统学习，全市1000余名干部取得正规化教育结业证书。

1989年，中共兴城市委宣传部组织编写《关于当前形势几个问题的认识》《形势教育宣传提纲》等宣传材料，向基层印发6500多份形势教育材料。组织30多场形势报告会，并在《兴城市报》上开设专版，宣传改革开放10年兴城发生的巨大变化。

1994年，中共兴城市委宣传部把《什么是社会主义市场经济》和《当前几项重大经济体制改革决定》作为基本教材和辅导教材，组织全体党员干部进行专题学习。1996 年，学习宣传中共十四届五中、六中全会精神，结合兴城市进行企业产权制度改革和农村土地流转制度改革的重大决策，有针对性地进行形势政策教育。

2001 年，组织中共兴城市委中心学习组集中学习 12 次，撰写理论文章 52 篇，下基层调查 100 多次。结合学习宣传中共十五届六中全会精神和《公民道德建设实施纲要》的学教活动，制定《兴城市乡局级党委（党组）学习中心组活动规范》等制度，对乡局级领导干部理论学习的原则、内容、方法、激励和约束机制做出详细规定。为全市 769 名领导干部建立学习考核档案，定期组织参加理论学习考试。全市农村党员以乡为单位集中开展夏训和冬训活动。

2009 年，为扎实推进理论武装工程，兴城市委宣传部在 68 个乡局级党委（党组）建立理论宣讲员队伍，深入 824 个基层党支部进行社会主义科学发展观理论学习。邀请中央党校、东北财经大学教授为兴城市党员干部作科学发展观、次贷危机等方面的专题辅导。

2010 年，为强化领导干部理论学习管理，对全市 100 多个单位的 414 名副科级以上实职领导干部的理论学习档案进行重新登记，建立电子文档。

2012 年，中共兴城市委宣传部进一步加强市、乡两级宣讲体系建设，组织理论骨干参加葫芦岛市“稳中求进、稳中求快、好中求快”理论骨干培训班；深入开展先进理论下基层活动，推动理论武装工作向村屯、社区、企业、学校等基层组织延伸。全年共宣讲 32 场次，受教育达 7000 余人次。

## 社会宣传教育

1986 年，中共兴城县委宣传部总结、宣传四家村党支部书记张文成带领群众共同致富、兴城县商业系统租赁承包小企业中加强思想政治工作、兴城县糖果厂教育职工爱厂如家等 10 个典型经验，均收到良好的宣传效果。

1989 年，为广泛深入开展形势教育，中共兴城市委宣传部组织编写《关于当前形势的报告》等材料，组织形势教育演讲竞赛。以新中国成立 40 周年为契机，举办庆祝国庆 40 周年文艺演出大会，演出歌颂党、歌颂祖国，歌颂社会主义的文艺节目；举办革命历史歌曲演唱比赛和书画、摄影展，开展“伟大的 40 年”征文和新中国成立 40 周年电影周活动。

1990 年，面对急剧变化的东欧形势和国内的经济形势，组织学习和贯彻中共辽宁省委有关文件精神，采用典型引路的办法，在兴城市广泛深入开展形势教育。1991 年初，在 17 个乡镇街道、84 个村开展社会主义思想教育试点。11 月，在 29 个乡镇街道的 192 村开展第二批社会主义思想教育。

1999 年，围绕以美国为首的北约袭击中国驻南斯拉夫联盟大使馆、“台独”势力抛出的“两国论”和揭批“法轮功”三场重大政治斗争，在全市开展抵御外侮、强化爱国主义教育，进行马克思主义世界观、唯物论、无神论教育和维护民族团结、实现祖国统一教育。

2002 年，在全市开展以“应对入世挑战、抢抓机遇发展”为主题的新一轮解放思想学习教育活动，在《兴城日报》、兴城人民广播电台、兴城电视台开辟《市贸知识》《解放思想大看台》《解放思想看四家》等专题、专栏和专版。

2003 年始，为深入学习贯彻中共十六大精神，全市广泛开展以“解放思想，提高效率，优化环境，加快发展”为主题的大讨论活动。

2008年，为纪念改革开放30周年，中共兴城市委宣传部召开座谈会，编辑“纪念改革开放30周年”系列丛书，举办兴城市第二届文艺汇演活动，责成兴城电视台拍摄《改革开放铸辉煌》专题片，在《葫芦岛日报·兴城新闻》和兴城电视台开设“百姓身边看变化”“兴城30年发展”等专题节目。

2011年，中共兴城市委宣传部配合上级宣传部门采取“媒体宣传攻势、理论讲堂宣讲、书报杂志学习、形势政策报告”四项措施，展开全方位、多层次的“迎全运、爱家乡、建辽宁”主题宣传教育活动，使纪念建党90周年社会宣传工作更加有声有色。

2012年，中共兴城市委宣传部面向全社会开展征集“兴城精神”表述语活动，共征集表述语40多条。

## 新闻与外宣

1986年，为加强新闻工作队伍和通讯网络建设，中共兴城县委宣传部建立培训制度和通讯员汇稿制度，形成以乡镇报道员为基础，以报社、电台编采人员为骨干的新闻报道网络。

1990年，加强通讯网络建设，各乡镇街道配齐专职通讯报道员，市直各单位配备兼职通讯报道员。全市形成新闻通讯报道网络。

1991年，按照新闻宣传工作要为改革开放和经济建设服务的要求，中共兴城市委宣传部制定方案，组织新闻单位以强化农业为基础，以经济建设为中心，集中进行坚持党的基本路线和加强中国共产党领导的宣传。在国家、省市级新闻单位刊发稿件再创新高。

1998年初，中共兴城市委宣传部制定《兴城市报道规划》和《关于加强新闻宣传纪律的意见》。坚持新闻工作每月例会制度，定期编制新闻宣传工作计划。先后邀请新华社、《人民日报》、中央电视台和省、市报社、电台、电视台等40多个新闻单位记者到兴城市采访，对兴城市的文化旅游、典型人物及产权制度改革等做深层次报道。

1999年，为扩大影响，塑造兴城形象，兴城市依托第13届“中国·兴城七月海会”和首届“中国·兴城泳装节”等重大活动，邀请辽宁电视台“共度好时光”节目组录制“海会”实况专题节目；举办“海上兴城”建设新闻发布会。通过中国国际广播电台、中央电视台等媒体，宣传兴城市得天独厚的旅游资源。

2000年，为加大对外宣传工作力度，中共兴城市委宣传部制定新闻外宣奖励政策，下达外宣稿件任务。年内，接待新华社、《人民日报》、中央电视台等新闻媒体记者100多人次。其中上海电视台拍摄的《独轮车逛兴城》专题片，在中央电视台第四频道、上海电视台、辽宁电视台等多家电视台播放；香港《大公报》发表采访市长专访；《中国特区时报》专版介绍兴城；中央电视台第一频道早间气象预报节目每天播放“兴城海滨”画面。辽宁电视台摄制的《时代托起的希望》，黑龙江电视台制作的《银屏往事——兴城》等10部专题片陆续播出。

2006年，兴城市人民政府网站《中国·兴城》交由中共兴城市委宣传部负责，当年进行两次改版，并实施动态管理。为各单位建立子站，形成80多家子站参与的网站群。随着网站访问量逐渐递增，将原有的数据库空间更换成服务器，并将原有域名www.xc-online.gov.cn更换为www.zg-xc.gov.cn。《中国·兴城》网站进行整体改版，点击率创新高。

2008年，为深入宣传中共兴城市委、兴城市人民政府的决策部署，在《葫芦岛日报·兴城新闻》版开辟《高起点，高标准，高效益做好全年各项工作》专栏，报道全市城乡各单位的新思路、新做法、新典型、新经验。为纪念改革开放30周年，组织兴城电视台拍摄《改革开放铸辉煌》专题片，在报纸和电视台开设《百姓身边的变化》《兴城30年的发展》等专栏和专题。7月，配合中央电视台海外节目中心《走遍中国》栏目两个摄制组摄制《崇焕出关》《古城秘器》和《秘境菊花岛》节目；接待中央电视台第7频道，摄制大寨满族乡特色产品“大根萝卜”专题片。

2010年，中共兴城市委宣传部协助新华社、中央电视台等媒体对兴城市春节民俗活动进行专题报道，并在菊花岛做现场连线报道。4月18日，蓟辽督师府竣工剪彩，邀请新华社、辽宁日报、辽宁电视台、辽沈晚报、葫芦岛日报、葫芦岛电视台等媒体进行专题报道。9月28日，接待辽宁电视台33人采访组进行专题采访，录制40分钟《我要上电视》等专题节目。11月，辽宁电视台对兴城区域经济发展，尤其是兴城泳装产业发展进行专访。

2012年，接待新华社、中央电视台、《光明日报》社、《经济日报》社、辽宁电视台、香港凤凰卫视等多家媒体到兴城市采访；辽宁电视台在《珍藏辽宁》栏目中播放兴城古城专题片；协助央视国际频道《远方的家》沿海行摄制组在兴城拍摄专题片，中国日报海外版记者采访兴城泳装生产情况，宣传兴城泳装的竞争力和发展势头。

## 文教干部管理

1989年12月28日，中共兴城市委常委会研究决定，宣传系统干部归中共兴城市委宣传部管理。其管理范围：宣传系统各局下属单位的党总支（支部）副职以上领导干部。中共兴城市委宣传部、卫生局、文化局、广播电视局、报社等单位的机关股级干部及直属单位副职以上干部。

1990年，按照中共兴城市委决定，中共兴城市委宣传部制定方案，对宣传系统副股级以上干部进行全面考核。共考核基层领导班子17个，考核干部43名，对兴城市文化局的基层领导班子进行调整。共调配任免干部82名，宣传系统干部管理走向规范化、制度化的轨道。

1994年，对兴城市广播电视局、兴城市文化局、兴城市教育委员会等单位年龄偏大、素质偏低、工作能力偏弱的基层干部进行调整，调配任免干部52名。完成兴城新华书店承接，由葫芦岛市新华书店辖属，划归为兴城市文化局管理的副科级单位。

2000年，按照政治强、业务精、作风正、纪律严的要求，加强宣传干部队伍建设和管理。对35家基层单位领导班子进行考核测评，调配干部27名，有效地改善领导班子的知识结构和年龄结构。2005年，对宣传系统基层领导班子进行考核调整，考核干部137人次，任免干部37人次。

2006年，根据中共兴城市委《关于进一步加强宣传系统基层党组织建设的意见》，中共兴城市委宣传部制定《宣传系统干部管理细则》，进一步明确干部管理办法。教育系统党组织建设归口管理后，中共兴城市委宣传部部管干部达到190名。中共兴城市委宣传部对所有干部年度考核情况汇总，建立干部管理档案。

2010年，继续完善宣传系统干部归口管理体制。根据上一年度考核结果，中共兴城市委宣传部先后4次对有问题的领导班子和个人进行调整。为落实中共中央提出的干部选拔任用四项监督制度，中共兴城市委宣传部制发《宣传系统中层领导干部选拔任用工作意见》，要求各单位严格按文件规定任用调整干部。

2011年，根据中宣部、中组部等六部委联合下发的《关于加强地方县级和城乡基层宣传文化队伍建设的若干意见》，加强宣传系统领导班子建设，定期考核中层干部履职情况。2012年，完善干部管理制度，更新干部档案信息。年内，任免中层干部116人次。

## 精神文明建设

20世纪80年代初期，在全社会普遍开展以“讲文明、讲礼貌、讲卫生、讲秩序、讲道德”，做到“心灵美、语言美、行为美、环境美”和“热爱祖国、热爱社会主义、热爱中国共产党”为内容的“五讲四美三热爱”活动。1986年，中共兴城县委召开工作会议，专门部署开展以“五讲四美三热爱”为内容的文明礼貌活动。中共十二届六中全会通过的《关于社会主义精神文明建设指导方针的决议》发表后，在全市进行广泛宣传贯彻。

1988年3月，成立兴城市社会主义精神文明办公室（简称兴城市文明办）。制定《兴城市精神文明建设总体规划》，提出加强理想教育、思想道德建设，加强文明乡村、文明单位建设等方面具体目标和要求。同时，对省、市、县三级文明单位进行全面整顿。是年，有两个单位跨入省级文明单位行列。15个团级以上驻地部队同兴城市乡镇街道结成对子，建立军民共建点78个。

1989年，根据《辽宁省文明单位建设管理条例》，中共兴城市委决定取消创建文明单位永久制，采取一年一评定，对各级文明单位坚持标准，严格复查，不允许文明单位不文明的现象存在。是年，在粮食、商业、旅游等系统开展思想品德和职业道德“两德”教育，并在旅游旺季，开展“百日优质服务竞赛”活动。

1991年，中共兴城市委、兴城市人民政府做出《关于开展争创精神文明先进市活动的决定》，明确创建目的、内容和标准，全力创建省级精神文明建设先进市。1992年，中共兴城市委、兴城市人民政府制定《兴城市“八五”期间社会主义精神文明建设规划》，明确精神文明建设工作目标和任务。全市开展争当文明市民活动。共举办报告会27场、讲演会20场、演唱会10场。结合学雷锋、树新风教育活动，树立“十大标兵”典型。

1994年，根据中共中央下发的《爱国主义教育实施纲要》，中共兴城市委制定《兴城市爱国主义教育实施细则》，对开展爱国主义教育提出具体要求，并设立精神文明建设奖励基金会。12月，在旧门满族乡召开“兴城市爱国主义教育现场经验交流会”。

为纪念中国抗日战争胜利50周年，中共兴城市委确定1995年为精神文明建设年，组织开展爱国主义教育活动。并在全市商业、金融、供销、粮食、物质、保险、电业、医疗卫生、饮食服务、车站公交10大窗口服务行业开展“百日优质服务竞赛”活动。是年，建成省级文明单位11个，葫芦岛市级文明单位110个，兴城市级文明单位130个。

1996年，中共兴城市委制定《兴城市“九五”期间社会主义精神文明建设规划》，着力在清理市容环境和绿化、美化城区上下功夫。兴城市工商局、建设银行兴城市支行，兴城市供电局率先实行服务承诺制，实施服务规范化，改善服务环境，推行优质服务等措施500余项。是年，全市被评为省级文明单位13个，葫芦岛市级文明单位104个，兴城市级文明单位109个。兴城市人民政府表彰“十佳”文明个人，树立一批先进典型。

1998年，中共兴城市委下发《兴城市1998~2002年市民文明素质教育活动实施意见》，兴城市人民政府出台《关于开展创建文明城市活动的意见》，在全市推行以抓“三制”（社会服务先进行业承诺制、行政执法部门和党政机关公示制、生产单位信誉制），创“三优”（环境优美、秩序良好、服务优质），建“二城”（省级文明城、全国双优模范城）为目标的精神文明建设创建活动。兴城市国税局等6个单位被中共辽宁省委、辽宁省人民政府命名为文明单位，东山小区被评为省级文明小区，四家村被命名为全国精神文明示范村。

2002 年，依照《兴城市 2001~2005 年市民文明素质教育规划》，全市开展市民文明乘车、文明行路、文明讲话、文明护绿和出租车文明服务五项实践活动。中共兴城市委宣传部组建普及文明知识宣讲团，深入基层巡回宣讲，谱写歌唱兴城的歌曲，编写《公民道德建设读本》，开展争创全国文明城市和中国优秀旅游城市、城乡共建、创建辽西文明走廊和“形象 3·15 工程”活动，培养树立精神文明建设典型。

2003 年，兴城市文明办会同共青团兴城市委、兴城市妇联、兴城市教育局等部门，开展知识竞赛、“做十佳小公民”“当青年志愿者”“公民道德”进社区等活动。制作“公民基本道德规范”牌匾，组织学习“纲要”知识答卷，组建 115 对军民精神文明共建对子，树立见义勇为、爱岗敬业、家庭美德等先进典型 30 个。

2007 年始，以立足和谐，突出践行的原则，稳步推进示范村、文明小城镇与和谐社区创建活动。在全市 27 个社区中开展争创“品牌社区”活动。2008 年，开展“我推荐、我评议身边好人”活动。在开展“迎奥运、讲文明、树新风”活动中，组织进行“迎奥运礼仪知识答题”，在兴城媒体上开设专栏，在全市出租车行业开展“迎奥运，争当文明使者”活动。

2009 年，在农村实施道德信贷工程，将信用贷款与文明结合，全市评出 8353 户“十星级文明户”，发放 428 个贷款证，为兴城市农村信用社发放贷款做好前期准备工作。

2011 年，组织开展“学习道德模范，提升文明素质”主题教育实践活动。各机关、学校、企事业单位、街道社区、农村乡村，通过宣传栏、板（壁）报等载体，广泛宣传全市道德模范的先进事迹。深入开展“我推荐、我评议身边好人”活动，树立和宣传见义勇为、诚实守信、乐于奉献、孝老爱亲的先进典型。兴城市推荐的碱厂满族乡村民常桂芹获全国“第三届道德模范”提名奖。

2012 年，加强对中小学生的爱国主义教育和集体主义教育，组织 8000 余次进行网上献花、网上献歌、网上留言、浏览网上革命纪念馆，学习革命人物先进事迹。以迎接第十二届全运会为契机，进一步开展“迎全运、爱家乡、建辽宁”主题教育实践活动，深入开展“大兴文明礼仪之风行动”“文明交通行动”“我们的城市，我们的家园”“优质服务行动”等城市环境综合整治活动。城区共成立 27 个社区志愿服务队，开展关爱困难群众、留守儿童、残疾人的“三关爱”活动。

## 第七节　纪检监察

1986 年，中共兴城县纪律检查委员会受中共锦州市纪律检查会和中共兴城县委双重领导。其主要工作是维护党的章程和其他党内法规，检查党的路线、方针、政策和决议的执行情况，协助党的委员会加强党风建设和组织协调反腐败工作。1988 年 3 月，撤销兴城市打击经济领域犯罪活动领导小组办公室，成立兴城市监察局，隶属兴城市人民政府。1993 年 7 月，中共兴城市纪律检查委员会与兴城市监察局合署办公，实行一套班子两个牌子，履行党的纪律检查和行政监察两种职能。2012 年，兴城市纪检监察机关内设机构 10 个。

### 党风党纪教育

1986 年 ，中共兴城县纪律检查委员会下发《党风党纪教育意见》，对广大党员进行以理想、宗旨、纪律、法制和职业道德为主要内容的党性教育；进行坚持四项基本原则、反对资产阶级自由化教育，教育广大党员在思想上、政治上同中共中央保持高度一致。

1989年初，中共兴城市纪委召开市直机关领导干部廉政工作会议。组织党员干部观看《船案》《风雨同行》等5部警示教育片，开展以廉政建设为中心的纪律作风教育。

1992年，中共兴城市纪委在党风党纪教育中，着眼于提高党员干部的拒腐防变能力，以《中国共产党章程》《中国共产党党内政治生活若干准则》和中纪委颁发的党纪条规为主要内容，把党规党纪教育作为党风和廉政建设的重要内容。1993~1995年，中共兴城市纪委先后举办党风廉政建设学习班12期，培训副科级以上党员干部510人。购进17部配合反腐败斗争的党风党纪教育片，巡回播放165场，受教育者达10000多人次。在兴城电视台播放3部党风党纪教育内容的连续剧，在报纸、广播等媒体上刊发反腐倡廉文章多篇。

1996年，中共兴城市纪委购置电化教学设备82套，购置反腐倡廉教育片200余部，建立电教资料库12个、播放点63个，初步形成电化教育网络。

2001年，中共兴城市纪委以沈阳市慕绥新、马向东案件为反面教材，在全市党员领导干部中开展多种形式的警示教育活动。编发《学习资料汇编》500多册，中共兴城市纪委领导先后同乡镇街道、部委办局424名副科级以上领导干部进行警示谈话。

2004年，中共兴城市纪委在开展警示教育活动中，组织党员学习廉政典型任长霞、汪洋湖、梁雨润先进事迹。为基层党组织提供《两个条例辅导报告》光盘，发放《中国共产党党内监督条例》《中国共产党纪律处分条例》学习资料。

2008年，中共兴城市纪委对新任职的81名领导干部进行廉政教育。在古城督师府举办“廉政文化书画展”，倡导廉洁、弘扬正气。2010年，向领导干部发放《领导干部廉洁从政若干准则》，讲解党纪条规和反腐倡廉形势，增强领导干部廉洁自律意识。

2011年，中共兴城市纪委制定方案，确定15个廉政文化进机关活动试点单位。在市区设立廉政公益广告。中共兴城市委两次召开领导干部警示教育大会。组织党员干部观看廉政话剧《木匠村官》。

2012年，对62名拟提拔和重用人员进行任前廉政知识测试。利用廉政短信平台，向各级党员领导干部发送廉洁自律、加强换届纪律等短信2.7万条。

## 党风廉政建设

1987年，中共兴城市纪委发出通知，要求党员干部及其子女、配偶不准利用职权经商办企业，不准用公款公物请客送礼，禁止党政机关干部经商办企业。1988年，中共兴城市纪委就保持党政机关廉洁、加强制度建设做出规定。支持兴城市人事制度改革，公开招聘广播电视局局长、副局长。在“农转非”等事项上，要求有关部门实行“政策公开，指标公开，群众评议，简化手续”，增强透明度。

1990年，为着力解决群众反映强烈的热点问题，中共兴城市纪委牵头，在全市清理干部住房问题，核实收缴不合理建房补助款110万元。1992年，为狠刹党政机关干部借办红白喜事敛财、赌博等不正之风，中共兴城市纪委查处赌博案件4起，18名党员干部受到相应的党纪政纪和免职处理。

1994年，中共兴城市纪委下发《关于进一步加强领导干部廉洁自律的通知》，重点查处公务活动大吃大喝、铺张浪费等问题。1995年，查处违反规定用公款下舞厅4人，处罚用公车办婚事5人，总计罚款1万余元。

2001年12月，中共兴城市委常委会做出规定：“对大操大办者，要给予相应的处分，有领导职务的，免去其领导职务，追究其所在单位领导的责任。”2002 年，中共兴城市纪委出动 300 人次，查处 13 起大操大办敛财案件，共有 18 名党员干部受到党纪政纪处分，8 名当事人被免去领导职务，共收缴违纪礼金 2 万多元。对参与赌博、嫖娼等违纪行为严肃查处，有 3 名科级干部受到党纪政纪处分。

2006 年 10 月，中共中央纪委召开全国农村基层党风廉政建设工作座谈会，中共兴城市纪委作《“四方会诊，开门办案”切实维护农民群众的根本利益》经验介绍。2007 年 3 月，中央纪委把兴城市确定为农村党风廉政建设工作联系点。

2008 年，对由于失职渎职造成严重后果的 3 名正科级、4 名副科级领导干部追究责任，给予纪律处分。同时，中共兴城市纪委安排专人到酒店、歌厅、洗浴场所进行检查，到兴城市公安局查阅卷宗，搜集领导干部赌博线索，查处 5 起顶风违纪案。制止超标和挪用专项资金购车 9 起，纠正公款旅游 7 起。

2010 年，为确保党风廉政建设责任到人，严格责任追究，中共兴城市委、兴城市人民政府与 27 个乡镇街道党委和 65 个市直机关部门签订党风廉政建设责任状。确定监督检查、考核评价等制度，建立“第一责任人”和“一岗双责”的党风廉政建设责任体系。聘请 15 名党风廉政建设监督员。年内，查处敛财案件 4 起，处分 4 人，查处违规车 5 辆。

2011 年，中共兴城市纪委对全市党政机关和所属事业单位公务用车问题进行专项整治。通过审查核实，对公务用车上存在的超标、借用、调用、换用下属单位、企事业单位或其他服务管理对象的车辆等问题逐一进行处理。

2012 年，中共兴城市纪委多措并举，组织有关部门走村入户，逐一排查各乡镇街道和行政村资产、资源、债权、债务，完成清查任务和台账登记工作。在华山街道试点基础上，中共兴城市委、兴城市人民政府制定《关于在全市农村实行村务监督委员会制度的实施意见》，至 11 月全市村务监督委员会全部完成组建工作。

### 依法监察

1986 年，中共兴城县纪律检查委员会加强对各单位改章建制的督促检查。指导农业银行、建设银行以及工商、税务等部门健全各项管理制度。参与有关部门在“三招”（招工，招干，招生）和“三转”（农转非，农村青年转城市下乡知识青年，临时工或合同工、民办教师转为正式职工）执行相关政策，严明纪律，堵塞工作中的漏洞。

1989 年，兴城市监察局会同兴城市工商、税务、财政、审计等部门，对各类公司进行清理整顿。全市原有 226 家公司，经整顿，撤销、合并、降格移交、脱钩开办 81 家。其中党政群团、事业单位不合理经办的 50 余家全部注销营业执照。机关干部退出经营 23 人，离退休干部退出经营 8 人。共查处经济违纪案件 28 起，收缴罚没款 18 万余元。

1993 年，兴城市监察局对市直有关部门招聘干部工作进行执法监察。会同相关部门对全市农民负担问题进行监察，取消 10 项不合理收费项目。对全市征兵工作进行执法监察，严把体检、政审、定兵关，避免违纪问题发生。1994 年，兴城市监察局对运输管理部门乱罚款、中小学乱收费、个别乡镇不按政策规定批建房等问题调查处理。对农业银行、税务局、啤酒厂、公安系统、粮食系统进行法纪监察，确保政令畅通，保证经济发展。

1998 年，兴城市监察局查处 3 起无照经营和倒卖农用物资案件。对围屏中学教学楼、古城东门瓮城2起劣质建设工程案件进行查处，挽回经济损失80余万元。

1999年，兴城市监察局开展对粮食流通体制改革情况的执法监察，处理2起长期占用购粮专款和虚列收购保护价玉米，套取财政补贴案件。对13户无照经营者做出限期整改决定，对3户不具备经营条件的业户予以取缔，对违规经营者批评教育。对国营东华机械厂绿园小区家属住宅工程的第二次招投标进行全面监督，给国家挽回重大经济损失。开展对中共中央和各级人民政府农村有关政策、法规贯彻执行情况的执法监督，查处城东街道东一村主要领导严重超标滥发奖金的行为。

2001年，中共兴城市纪委和兴城市监察局，加强对市直机关、乡镇街道政务公开和各行政村村务公开的检查验收。对侵占、挪用扶贫资金的3名党员干部给予相应处分。对涉及高速公路、高速铁路和“平山水源”工程的占地补偿资金问题进行专项执法监督检查，查出挤占、挪用、私分农民占地补偿资金案12件，处分12人，挽回经济损失80多万元。

2002年，兴城市监察局对社会保障“四项资金”、国债资金、扶贫帮困资金的管理使用和粮食改革政策落实等情况进行专项监督检查，查处7起侵占、挪用专用款问题，处分4人。查处2家粮库弄虚作假、骗取财政补贴15万元的违纪行为。针对城区和城郊建设动迁过程中存在办假房照问题进行清查核实，清理出假房照或无档案房照10户，立案2件，为国家挽回经济损失100多万元。2003年，中共兴城市纪委、兴城市监察局对社会保障扶贫帮困资金管理使用情况进行执法检查，立案查处3起在发放最低生活保障资金中严重失职问题，处分3人；查处2起侵占和骗取最低生活保障金问题，处分2人。对31宗经营性土地使用权招标拍卖进行监督检查。

2004年，中共兴城市纪委、兴城市监察局对兴城市粮食局所属企业改制过程进行监察。立案9件，处分9人，为兴城市粮食局避免损失500多万元。对兴城市城建局审批和批准建设的执行程序进行效能监察，发现3起批与建不相符问题，5名直接责任人受到纪律处分。

2005年，中共兴城市纪委、兴城市监察局治理整顿土地市场秩序。依法纠正在征收征用土地过程中损害农民群众利益的行为，督促相关部门严格按照法定程序、权限批准用地和占用土地。主动参与17项、总造价12772万元的工程招投标监督检查。加强对产权交易和国有资产处置情况的监督检查，联合兴城市财政局、兴城市审计局对11个局的19宗国有资产出售及其资金使用情况进行清理检查，理顺国有资产管理体制，制定《兴城市国有资产管理暂行办法》，防止国有资产流失。

2009年，中共兴城市纪委、兴城市监察局加强重点项目的监督检查。开展环保执法监察3项，立案7件，查封并拆除3家企业非法排污设备，责令限期整改3家。对“4·14”药王满族乡立兴店村黄花山森林火灾责任进行调查处理，责令兴城市森林防火指挥部6名相关责任人写出深刻检查。通报批评3名违规违纪的乡人民政府领导干部。组织兴城市国土局、兴城市城建局、兴城市水利局、兴城市公安局、旧门满族乡人民政府，对个别村干部擅自在旧门集贸市场附近违规建房问题进行查处，拆除违规建房，6名相关干部受到纪律处分。

2010年，中共兴城市纪委、兴城市监察局加强对中央、省、市新增投资项目，临海产业区基础设施建设、城市农村基础设施建设等政府投资建设项目，国有资产扩大内需项目进展情况和资金管理使用情况进行监督检查。对4起违规违法问题及时纠正，4名责任人受到纪律处分或通报批评。对重大安全事故进行责任追究，有12名党员干部受到党纪政纪处分。对兴城市公安局招考警务人员，公办教师招聘，中考、高考、海蜇保护等进行全程监督检查。有13名不符合报考条件，弄虚作假者被取消考试资格，对责任人给予纪律处分。

2011年，中共兴城市纪委、兴城市监察局继续深入开展工程领域突出问题专项治理工作。重点对2008年以来新立项、开工和竣工的政府投资项目和国有资金项目特别是扩大内需项目，进行排查，及时纠正3起违规违法问题。查处违法占用土地和乱批乱建案件7件，处分党员干部7人。

2012年，中共兴城市纪委重点查办建设领域的突出问题，其中有滨海国际花园小区严重违反规划，擅自提高容积率，非法超建问题；芳园里小区违章建车库，非法超建问题；城东街道韩家村个别村民以及外埠人员严重违法违规乱搭乱建问题。查处党政机关工作人员失职渎职等案件，有1人移送检察机关依法处理。

## 信访举报受理

1986年，中共兴城县纪委认真抓好信访工作，信访案件结案率由1985年的94%上升到100%。1988年，兴城市初信初访结案率100%，全年做到无重信重访，连续3年无积案，连续4年无进京上访。中共辽宁省纪律检查委员会授予中共兴城市纪委“纪检信访工作先进集体”称号。

1990年，中共兴城市纪委受理控告申诉信访232件。其中检举控告信访228件，申诉信访4件，接待来访22人次。通过信访查处党内违纪案件36起，处理违纪党员18人，其中副科级以上领导干部4人。当年结案率和上级要结果结案率均达到100%，重信重访和越级信访均为零，受到中共中央纪委领导的表扬。

1991年，中共兴城市纪委受理群众来信106件，接待来访10人次。在116件信访中，属纪检范畴的77件，其中党员干部违法违纪案件73件，均进行严肃处理，实现控申工作连续达标创优。中共辽宁省纪委授予中共兴城市纪委“纪检控申工作先进集体”称号。1996年10月，中纪委、监察部授予中共兴城市纪委、兴城市监察局“全国纪检监察基层信访工作先进集体”称号。

2000年，中共兴城市纪委和兴城市监察局受理信访举报156件。其中来信136件，来访14件，电话举报6件；联名信25件，署名举报59件，集体访9件21次（580人次），中共中央、省市索要结果案件3件，跟踪督办6件。2003年，中共兴城市纪委和兴城市监察局受理信访举报106件。其中来信79件，联名信19件，署名信9件，涉及群众利益的70件，集体访立案6件，涉及科级以上领导干部25件，上级索要结果来信2件。

2007年，针对由于村级“两委”（党支部委员会、村委会）换届，来信来访骤然增多的问题，中共兴城市纪委积极应对，妥善处理。年内共处理9起农民集体上访，受理信访举报案件99起。

2010年，中共兴城市纪委和兴城市监察局共受理信访举报案件183件次，其中来信82件，来访75件（其中集体访13件），电话举报26件，共办结180件。2012年，中共兴城市纪委和兴城市监察局共受理群众来信来访及举报电话205件次，其中来信104件，来访85件，电话举报9件，网络举报8件，集体访15件。

## 违纪案件查处

1986年，中共兴城县纪委查处违纪案件19件。其中大要案6件，处理党员干部29人，受到党纪处分的12人。其中开除党籍的8人，留党察看的1人，撤销职务的1人，党内严重警告的2人。收缴各种赃款和偷漏税款40余万元。

1989年，中共兴城市纪委查处33起党员违纪案件，违纪党员22人受到处分，其中开除党籍10人，留党察看4人，党内严重警告2人，党内警告6人。1991年，中共兴城市纪委把“眼光下移”，加强对农村清理财务工作的监督检查，立案7件，查处违纪党员8人，挽回经济损失112万元。

1993 年，中共兴城市纪委成立纪检监察室，以反腐败为重点，着重查处领导机关、领导干部以及经济管理、执法监督部门及其工作人员的严重以权谋私、贪污受贿、腐化堕落等行为。中共兴城市委、中共兴城市纪律检查委员会下发《全市党政机关干部廉洁自律“五条规定”的实施意见》。全市立案查办各类违法违纪案件 58 件，全部结案。受到党纪处分的有 36 人，其中开除党籍 17 人，留党察看 13 人，撤销职务 1 人，党内严重警告 4 人，党内警告 1 人；受政纪处分 12 人，15 人被移送司法机关追究刑事责任。

2001 年,中共兴城市纪委和兴城市监察局，查办案件工作实现连续 5 年超百件，重点狠刹大操大办、借机敛财等不正之风。全年共查处违法违纪案件 110 件，全部结案。其中经济案件 54 件，嫖娼和两性关系案件 7 件，赌博案件 26 件，责任追究 3 件，“法轮功”案件 6 件，其他案件 14 件，为国家和集体挽回经济损失 122 万元。

2007 年，中共兴城市纪委和兴城市监察局立案查处违纪违法案件 76 件，党纪政纪处分 104 人，移交司法机关 1 人，挽回经济损失 200 多万元。2010 年，中共兴城市纪委和兴城市监察局立案 125 件，结案 117 件。处分党员干部 119 人，其中党纪政纪双重处分 2 人。开除党籍 2 人，留党察看 6 人，撤销党内职务 2 人，撤销行政职务 1 人，开除公职 1 人。挽回经济损失 600 多万元。

2011 年 10 月，中共兴城市纪委在中纪委审理工作座谈会上介绍《积极探索“乡案县审”审理模式，全面提高案件审理水平》的工作经验。

2012 年，中共兴城市纪委和兴城市监察局共审结案件 201 件，处分党员干部 212 人。其中处分乡科级领导干部 7 人，开除党籍 9 人，追究刑事责任 9 人，挽回经济损失 1123 万元。

### 纠风与专项治理

1986 年，为落实中共中央纪律检查委员会《端正党风纠正不正之风三十条规定》，中共兴城县纪委成立专门调查组，对县直 10 个系统、33 个单位进行调查，针对行业不正之风的具体表现，制定下发纠正不正之风的文件。走访 23 个乡镇，召开 36 次乡镇企业职工和农民群众座谈会，征求意见，解决群众用电方面存在的 21 个问题。

1991 年，中共兴城市纪委清查用公款出国出境旅游问题，狠刹党政机关存在的不正之风。处理赌博案件 4 起，18 名党员干部受到党纪政纪处分和免职处理，通报 2 起用公车办喜事案件。

1993 年，中共兴城市纪委狠刹乱收费不正之风。全市共清理各类收费规定 407 项，其中辽宁省级以上规定 376 项，锦西市级规定 6 项，兴城市自定 25 项，第一批行文公布 28 项予以取消。向群众清退不合理收费 40 万元。清理党政机关兴办的经济实体，查明中共中央明令禁止不允许办企业的党政机关 12 个，涉及 22 个企业，停办 16 个，划转 6 个。

1995 年，中共兴城市纪委开展清理小金库和“两清”工作。在清理小金库中，对 129 个行政机关和事业单位进行清查，共查出各种账外资金 84.3 万元，全部收归入库。在“两清”工作中，查出党政机关及其工作人员和村干部占欠企业财物 65.5 万元，全部退还。对 2048 户集资建房进行清理，共清退 130 户、总计 40 多万元的不合理补助。

1996 年，中共兴城市纪委对 94 户有预算外资金的单位进行重点清理，查出违纪金额 80 万元，清出小金库资金 10 万元。对 9132 名一般干部住房情况进行调查核实，建立干部住房档案。检查 15 个医疗单位，8 个单位有采购药品回扣问题，将回扣款 6626 元全部上缴财政。

2001 年，中共兴城市纪委聘请 20 名行风民主评议代表，对被评单位进行调查、监督、评议和表决。加大对司法机关不正之风的检查处理力度，对11名执法人员受贿、弄虚作假、玩忽职守等问题进行严肃处理。查出兴城市农电局在低压电网改造工程中超收的14万元，责令全部退还给农民，3名电管站站长受到纪律处分。

2002年，中共兴城市纪委分成3个评议小组，先后向被评议单位领导班子反馈意见15次，提供问题线索100余条。对中、小学乱收费问题进行专项治理，查处乱收费案件6起，处分6人，清退乱收费款10余万元。监察审计28个乡镇、85个村，查出违纪资金41.4万元，挽回经济损失20万余元，化解村级债务843万元。督促实施行政事业经费财政统筹制度，联合兴城市财政局、兴城市审计局、人民银行兴城支行对181个预算单位的银行账户进行全面清理，共撤销核算中心以外账户85个。

2004年，查处和纠正5所中小学乱收费问题，处分2人，免去校长职务1人，向学生返还乱收费款4.3万元。查处医疗服务中违规违纪案件5起，相关人员受到党政纪处分。

2005年，中共兴城市纪委、兴城市监察局和兴城市人民政府纠风办、兴城电视台联合开办“行风面对面”专题节目，让群众直接参与纠风，监督评议政风行风。全年，受理各类咨询、投诉86件，治理2所学校乱收费和3名教师乱补课问题，处分4人。解决拖欠农民工工资问题21件，为264名农民工索回工资58万余元。

2009年，围绕强农惠农政策的落实、新农村建设项目、乡村资产资源资金管理使用处置等情况进行重点监督检查。查处违纪案件30起，处分46人。严厉打击侵害农民工合法权益行为，为524名农民工追回欠薪127万元。加强对社保基金、扶贫救灾救济资金和新型农村合作医疗资金、城镇基本医疗保险基金管理使用情况监督，查处纠正34起违纪违规行为。

2010年，中共兴城市纪委对涉农专项资金和乱收费问题进行检查。查出挪用、侵占粮食直补资金、整村推进资金、占地补偿资金等行为7起，处分8人，收缴违纪资金3.5万元。查出涉农乱收费问题2起，处分2人。对教育乱收费问题进行检查，查出教育乱收费问题3起，处分4人。对扶贫专项资金使用和管理情况进行检查，查出挪用、侵占低保金、扶贫助困资金行为2起，处分3人。

2011年，全面推进审批部门“阳光工程”建设，全市有29个具有行政审批职能的部门实现网上审批，受理审批业务1338笔，办结1286笔，办结率96%，年内，在乡镇街道设立20个社情民意联系点，拓展诉求渠道。办结民心网交办件43件。

2012年，中共兴城市纪委从群众关注热点问题入手，开展惠民政策大排查“回头看”活动，重点对农机具补贴、减轻中小学生负担等情况进行检查。采取明察暗访、查账、与家长座谈等方式对2所高中、7所中小学收费情况进行抽查，清理59所学校小卖店，整改6所学校食堂存在的问题。查办民心网交办案件176件，查处违纪案件5件，处分6人，收缴违纪资金3.1万元，清退违规资金45万元。围绕临海产业区建设、古城保护开发、建兴高速公路、青山水库等重点项目，加大监督检查力度。对相关部门在土地使用、征占拆迁、招标投标、政府采购等方面进行全程监督。对违规操作或不合法定程序等情况，实施停拍废标，全年共取消11家企业的报标资格。

## 第八节　政法委工作

1982年4月，中共兴城县委政法委员会成立。为中共兴城县委领导和管理政法工作的职能部门。1989 年 3 月，改名为兴城市政法领导小组。1990 年 6 月，恢复中共兴城市委政法委员会名称。主要职能是根据党的路线、方针、政策和市委的部署，统一全市政法部门的思想和行动；分析全市社会治安形势，组织开展“严打”斗争和专项治理，组织、协调、指导维护全市社会稳定工作；定期不定期地检查政法各部门执行法律、法规和党的方针、政策的情况，指导和协调政法各部门密切配合，督促推动大案要案的查处工作。2001 年 3 月，兴城市成立维护社会稳定工作领导小组办公室。2003 年 10 月，兴城市成立反邪教协会。2012 年，中共兴城市委政法委员会内设 7 个综合部门。

## 政法队伍建设

1986 年，在兴城县政法系统内加强行风建设。1987 年，在兴城县公安局内开展警纪、警风整顿，查处 5 起违纪行为，调整 7 名中层领导职务。

1992 年 4 月，中共兴城市委政法委员会（简称兴城市政法委）与有关部门联合下发《关于调离不适合做政法工作人员的通知》，经过考评有 4 名不适合做政法工作的干警被调出政法系统，38 名不适应人员参加培训学习。8~9 月，兴城市公安局对干警进行组织、思想、纪律、作风整顿，查处 41 名干警，调整交流中层领导 67 人次。

1998 年，在政法系统内全面开展教育整顿和执法执纪大检查，成立教育整顿办公室，设立举报电话、举报信箱。通过揭摆，查出 37 个方面 1000 多条问题。对违纪的 14 名政法干警给予严肃处理。在全市政法系统深入开展“争创人民满意单位和人民满意干警”活动。开展“严格执法、热情服务”教育，着重解决“为谁执法、怎样执法”的问题，收到显著成效。

2003 年，中共兴城市委下发《关于加强政法系统领导干部管理的意见》，明确兴城市政法委协助市委组织部管理政法系统领导干部的职能。是年，中共兴城市委政法委配合中共兴城市委组织部对兴城市公安局 100 多名中层干部进行考核。

2006 年，在政法队伍中深入开展“社会主义法治理念教育”，开展以“抓基层，打基础，苦练基本功”为主要内容的“基层基础建设年”活动。2008 年，制发《兴城市政法系统工作人员“十不准”》，并落实到行动上，全市政法干警的公众形象得到进一步提升。解决多年遗留的中央和省、市交办的涉法涉诉信访疑难案件 13 件。

2009 年，在政法系统开展深入学习实践科学发展观活动，结合工作实际开展“以案析理”“以案释法”，开展“解百案”和集中清理执行积案活动，使 14 起多年未结的涉法涉诉疑难案件息访 11 件；14 起积案清理执行 12 件。兴城市有 2 名政法干警被中共辽宁省委政法委授予“辽宁省人民满意政法干警”，1 人获辽宁省“五一”劳动奖章。

2010 年，在全市政法各部门开展“我的岗位我负责，我的工作请放心”主题实践活动。开展办案质量年和服务质量年活动、“百案评查”实践活动，清理执行积案。

2011 年，按照中共辽宁省委政法委部署，兴城市政法系统开展“发扬传统、坚定信念、执法为民，争做雷锋式政法干警”主题教育实践活动。2012 年，开展“忠诚、为民、公正、廉洁”政法干警核心价值观教育实践活动，表彰 10 名“雷锋式政法干警”，促进全市政法干警队伍建设。

## 法学理论研究

2007 年 6 月，成立兴城市法学会。旨在掌握并准确适用法律、法规和司法解释，正确处理政法工作中出现的新情况、新问题和新类型案件，提高审判质量和效率。

2008 年 9 月，兴城市法学会举办首届兴城法治论坛，共有 46 篇法学论文参加学术研讨。2010 年 10 月，举办兴城市第二届法治论坛，共征集论文 76 篇。

2011 年，在“葫芦岛第五届法治论坛”上，兴城市有 2 篇论文获二等奖，3 篇论文获三等奖，兴城市法学会获优秀组织奖。截至 2012 年，兴城市法学会共有 21 人次在辽宁省、葫芦岛市级法治论坛上获奖。

## 维护社会稳定工作

1999 年，兴城市政法机关发挥职能作用，对全市 30 个乡镇街道、28 个市直单位、12 个驻在单位的“法轮功”组织及活动情况进行详细盘查。各级党政主要领导深入基层做耐心、细致的教育转化工作。全市1524 名“法轮功”练习者，绝大多数人与“法轮功”组织划清界限，转化率达 87%。

2001 年 3 月，兴城市维护社会稳定工作领导小组办公室成立。年内，举办 4 期“法轮功”习练者法制教育学习班。全市有 10 万多中、小学师生参加反邪教签名活动。

2003 年 10 月，兴城市成立反邪教协会，开展反邪教宣传，在媒体上发表揭批文章40 余篇。2005 年，兴城市各中小学校开展反邪教警示教育活动。各相关部门加大工作力度，在追查和打击现行分子中强化网上斗争。

2008 年，对重点“法轮功”人员建立帮教小组，及时回访帮教对象，向确实贫困的“法轮功”人员发放救助金及实物折款 10000 多元。协助有关部门侦破 “法轮功”破坏案件，对涉案人员依法进行处理。

2010 年，为做好上海世博会“安保”工作，对“法轮功”习练者等重点人员进行动态摸排和有效监控。公安机关会同电信、广电等部门加强监控，对网上各类有害信息进行全面监测、封堵。公安干警每天 24 小时上岗，确保兴城市敏感时期的社会政治稳定。

2011 年，中共兴城市政法委采取“用小手拉大手”的形式，发动全市中小学生开展家庭拒绝邪教活动，形成全社会抵制邪教的浓厚氛围。2012 年，兴城市政法委协调各政法部门，动员相关职能单位，制定有效措施，积极化解社会矛盾，有效消除社会隐患，保证中共十八大期间地区的社会政治稳定。

## 社会治安综合治理与防范

1986 年初，针对 102 国道兴城境内发生哄抢过往车辆物资案件，兴城县公安局经缜密侦查，将 7 名犯罪嫌疑人收容审查，对较轻微的 19 人给予行政拘留处罚。望海满族乡人民政府将参与哄抢人员集中办班，进行遵纪守法教育。兴城县政法委组织沿路 8 个乡镇的干部群众在望海召开现场会，用典型案例以案说法。兴城县政法委、兴城县公安局、望海满族乡人民政府领导亲赴丹东，将被抢物资折款送还失主。

1987 年，兴城市公安局与各乡镇街道和机关企事业单位共同开展社会治安综合治理工作。在城镇居民区设立 146 名专职治安员，在全市 292 个村设立轮流护村小组。1989 年 6 月，兴城市社会治安综合治理办公室成立，全市建立 363 个治保会和 194 个治保小组。成立有 3204 人参加的治安联防队、4 个群众巡逻队，设立 2971 名专（兼）职治安员。

1991 年，兴城市在农村设立 80 个联勤站，组织 132 个巡逻队，设有专兼职义务治安员 1176

人。在城区，由市直各部门抽调 147 名干部、职工组建联防大队。1994 年，兴城市各乡镇街道建立社会治安综合治理委员会。古城街道以离退休老党员、老干部、老职工为主体，建立专兼职义务治安员防范体系。东辛庄满族镇大搞群防群治，强化基层第一道防线，其做法在全市推广。是年，全市建立专职联防队 37 个、治安联防小组 3586 个、调委会 410 个，完善村民自我教育、自我管理、自防自治机制。1995 年，兴城市各乡镇街道党委配备专职政法副书记。全市建立专兼职联防队、组 110 个，有治安员 1200 多名。

1998 年，兴城市成立城区治安联防大队，下设 5 个中队、35 个小队。共有专职治安联防员 76 名、兼职治安联防员 195 名、更警人员 507 名、义务治安员 170 名。全市乡镇建有联防中队 30 个、小队 342 个，专职人员 526 人、兼职人员 2874 人。2000 年，兴城市在铁路沿线建立路地联防领导小组，设 7 个巡逻小队，配置 22 名专职队员、108 名义务联防员。2001 年，兴城市开展“创建安全文明小区、校园、企业、单位”活动，有 71 个单位、2 个小区达标。

2003 年，兴城市社会治安综合治理委员会下发《关于乡镇街道配备综治干部的通知》，对乡镇街道综治机构、人员编制予以明确。乡镇街道综治委主任由同级党委书记兼任，综治办主任由同级党政副职兼任，每个乡镇街道配备专职综治干部 1 名。

2004 年，全市在村或小区普遍建立人民调解委员会的基础上，又在乡镇建立人民调解委员会。全市有人民调解委员会 294 个，调解人员 1580 人。在小区建警务室，各物业小区实行封闭管理。在农村，由各村治保主任、民兵连长组成联防队，开展护秋保收、护林防火、维护社会治安等项工作。在村和自然屯之间建立“十户联防”“治安中心户”“党员治安责任区”等。

2005 年，开展创建“平安兴城”工作，包括创建平安单位、平安乡镇（街道）、平安小区（村屯）等一系列平安创建活动。推广大寨满族乡李相村通过“听证制”，把矛盾化解在基层的经验，在铁路沿线乡镇，由铁路派出所统一管理，配备铁路专职护路员，建成以公安干警为主，专职护路员为辅的治安防范网络。

2006 年，在全市 239 个村、22 个小区全部建立综治工作站，由村（小区）党支部书记任站长。全市累计投入 110 余万元在城区各交通岗及重点旅游景区安装闭路电视监控设备。

2007 年 7 月，全市各乡镇、街道综治办增设 1 名副主任编制。投入 80 多万元，在城区新建 3 个警务平台。在大寨满族乡沙河村召开现场会，推广其“疑难案件听证会制度”的经验。2009 年 4 月，全市 27 个乡镇（街道）全部建立社会治安综合治理工作中心，在每个乡镇街道党委增设一名政法综治委员。全年，完成 110、119、122 报警平台的整合，建成一级监控中心总控室 1 个、二级分控中心 7 个，初步搭建全市覆盖面更大的视频监控系统。

2010 年，为落实辽宁省、葫芦岛市关于综治信访维稳中心建设的要求，兴城市政法委以创建“平安兴城”为核心，加强社会治安综合治理。全市各乡镇、街道成立社会治安综合治理工作中心，市公安局抽调 30 名警察进驻城区和城郊的 30 个社区（村）警务室，并兼任综治工作站站长。

2012 年，进一步开展平安兴城创建活动，创新社会治安管理模式。年末，被辽宁省综治委评为“省级平安示范县（市）区”。铁路护路工作成绩突出，被辽宁省综治委评为“四无县（市）”，羊安满族乡被辽宁省综治委评为“基层平安示范单位”。

## 表彰“见义勇为”行为

兴城市政法委在不断夯实社会治安基础建设的同时，大力倡导见义勇为行为，对有关人员给予表彰，在社会上树立正气。

1990年，兴城市人民法院法警王仲华下班时遇见一伙歹徒殴打一男子，上前制止不法行为，被歹徒打成重伤。其见义勇为事迹受到兴城市人民政府和兴城市人民法院表彰，被锦西市中级人民法院荣记三等功。

1999年4月，中共兴城市委、兴城市人民政府做出决定，授予曹庄镇综合商店经理杜振福“见义勇为先进分子”称号，并号召广大干部群众向杜振福学习。

2001年11月，为表彰刘利国捣毁“法轮功”窝点、维护社会稳定所做出的突出贡献，中共兴城市委、兴城市人民政府授予刘利国“见义勇为勇士”称号。

2003年，兴城市人民政府出台《兴城市奖励见义勇为人员暂行规定》，对见义勇为的确认、报批、奖励等做出明确规定。12月，兴城市人民政府表彰南大山满族乡水关村村民李洪岩见义勇为行为。

2011年3月30日晚，东辛庄镇村民程国生乘汽车回家，途经西辛庄村附近遇其他车辆发生交通事故。程国生停车救人时又一辆汽车肇事，撞飞的摩托车砸中程国生的右腿，造成膝关节粉碎性骨折，程国生仍坚持安排其他伤者去兴城就医。程国生被兴城市人民政府授予“见义勇为积极分子”称号。

2012年6月19日晚10时许，一名歹徒在市区抢劫一女青年后乘出租车逃走。出租车司机李路东、李志龙、刘春雷、任宝伟、宋国臣、王玉恩见状立即追赶，将抢劫者乘坐的那辆车紧紧围住，歹徒被随后赶到的警方带走。经兴城市综合治理委员会提请，中共兴城市委、兴城市人民政府授予6名出租车司机为“见义勇为公民”称号。

## 第九节　统一战线

中共兴城市委统战部是中共兴城市委主管统一战线工作的职能部门。主要是宣传贯彻统战方针、政策，团结联络各民主党派和无党派人士，联系海外有关社团及人士，开展经济领域统战工作。1998年3月机构改革，中共兴城市委统战部与政协兴城市委员会合署办公。2000年，中共兴城市委统战部从兴城市政协划出单设。2012年，中共兴城市委统战部内设2个业务机构。

### 统战理论宣传

1986年，中共兴城县委统战部深入各乡镇、县直各单位调查对台工作情况，制定相关制度，为中共各级党组织宣传中共对台政策，提供有力保障。

1988年6月，兴城市统一战线理论研究会成立。主要任务是致力于兴城统战工作的理论研讨。8月，中共兴城市委统战部会同中共兴城市委宣传部、市直机关党委召开新时期统战理论政策报告会。会同相关部门组织30人的统战政策理论宣讲团，深入到各乡镇和市直单位宣讲，受教育人数达5000余人。

1990年，中共兴城市委统战部贯彻落实全国统战工作会议精神，在接待台胞、台属工作中，宣传中国共产党“实现和平统一”“一国两制”的方针政策。先后两次召开由市直部委办局和乡镇街道领导参加的全市统战和对台工作会议，贯彻中共中央、省、市对台工作精神。发放《大陆赴台须知手册》《客从台湾来》等刊物。中共兴城市委下发《关于加强台胞、台属、赴台人员宣传教育有关规定的通知》，中共兴城市委统战部会同政协兴城市委员会，召开有政协祖国统一工作组、黄埔同学会成员和部分台属参加的台湾形势和中共对台方针政策报告会。

1992年，为认真学习贯彻中共中央统战部制定的《九十年代统一战线工作纲要》，进一步增强党员干部统战意识，提高统战工作的积极性和自觉性，中共兴城市委统战部编写《统战基础知识问答》，在《兴城市报》上发表统战理论文章等，宣传中共统战工作方针政策。

1996年7月，结合香港、澳门即将回归祖国，中共兴城市委统战部举办“迎香港、澳门回归”非中共人士、政协委员座谈会，宣传祖国大好形势，理解中国共产党“祖国和平统一”“一国两制”方针的重大意义，促进对台工作开展。

2000年6月，中共兴城市委统战部组织领导干部学习《中国台湾问题（干部读本)》和《一个中国原则与台湾问题的白皮书及问答》，进行涉台政策教育。了解台湾局势发展和政策走向，掌握中共中央对台工作方针政策，提高涉台工作政策水平和处理涉台问题的能力。

2002年初，为普及统战理论和中共统战方针政策，中共兴城市委统战部组织开展统战知识竞赛活动。召开台胞、台属座谈会，围绕台湾政局及中国共产党的对台政策，进一步认清形势，做好在台亲属工作。5月，中共兴城市委召开对台工作小组会议，传达中共辽宁省委、中共葫芦岛市委对台工作会议精神。兴城市委统战部对台胞、台属开展“和平统一、一国两制教育”。

2006年，中共兴城市委统战部《兴城统战》网站开通，成为辽宁省首家向海内外宣传中国共产党统战政策和地方统战工作的官方网站。

2009年，中共兴城市委统战部组织统战成员参与“共克时艰求发展”的调研活动，开展“树信心、保稳定、促发展”的教育活动。多次召开民主党派、无党派人士、非公有制经济人士参加的通报会、座谈会，组织学习统战理论、方针政策和民族、宗教、侨务、对台等相关法律法规，提高非中共人士的政治理论素质和参政议政能力。

2012年，中共兴城市委统战部配合上级统战部门做好2012年基层统战工作调研。撰写《兴城市民主党派情况调研报告》。参加民主党派和各方面人士组织的活动，进行统战理论宣传，推动民主党派组织发展工作健康有序地进行。

## 对台工作

1986年，台胞与在兴城的亲属联系日益增多，在兴城的台属去香港或国外与在台亲友会面的情况不断出现。先后有5名台胞到兴城探亲访友、旅游观光，中共兴城县委统战部都给予热情的接待。

1987年，根据对台工作需要，中共兴城市委统战部会同兴城市政协深入基层调查，掌握全市台胞、台属状况。年内，接待到兴城探亲的台胞5人次，中共兴城市委统战部按规定在车辆、食宿、观光等方面提供方便。

1988年，中共兴城市委统战部再次对兴城市台胞台属情况进行调查摸底。接待台胞46人，接待外省、市、县的台胞、台属10人次到兴城寻亲会友。帮助30多名台胞寻亲，代写书信，进行通信和会亲指导。年内，中共兴城市委统战部召开由旅游、交通、粮食、公安、卫生、烟草等部门有关人员参加的台胞接待工作协作会，进一步明确接待的具体任务和方式。

1990年，《人民日报》、中国红十字会、北京国际旅行社转来5名台胞寻找在兴城亲人的信息，中共兴城市委统战部全力帮助寻亲。备耕期间，中共兴城市委统战部专门走访在兴城台胞、台属，送去种子、化肥、农药等农用物资，帮助解决春耕生产中的问题。协助在兴城的4名台胞子女解决就业问题，为2名台属按有关政策办理城镇户口。

1991年初，中共兴城市委统战部为台胞陈先生在郭家满族镇找到失散40多年的妻子，为台胞王先生在东辛庄满族镇找到义父，协助2名到兴城探亲的台胞与离散40多年的亲人重逢，为1位台属解决婚姻家庭方面的问题，协助1位台属解决接受在台父亲财产问题。

1992年，兴城市成立台胞、台属联谊理事会，加强海峡两岸经济、文化交流交往，吸引台湾资金、技术和人才，发展兴城经济。

1993年，第七届“中国·兴城七月海会”期间，兴城市委统战部向海外发出40封邀请信，有20名侨胞、海外华人、港澳同胞和台湾同胞到兴城参加海会。台胞宋文仲先生回乡期间突发下肢瘫痪，为帮助其返回台湾治疗，中共兴城市委统战部两次派人去沈阳购买飞机票，并冒雨将台胞送上火车。帮助3位台胞办理回大陆定居手续。

1995年7月，兴城市成立对台工作办公室，隶属于中共兴城市委统战部和兴城市人民政府，主要加强对台胞重点人物开展工作。原籍兴城的台胞、国民党高级将领徐忠企，以往对大陆对台政策了解很少，回兴探亲有顾虑。兴城市委统战部委托台属、黄埔军校同学会兴城活动组长、徐忠企的儿时同学写信邀请徐先生回乡探亲。经多次联络，徐忠企终于重返家乡，受到中共兴城市委和兴城市人民政府的热情接待。徐忠企深受感动，表示回台后一定向朋友介绍大陆的大好形势，为家乡建设多做贡献。

自2000年始，中共兴城市委统战部为多位台胞台属协调解决房产证照、家庭用电等方面问题，为2位台属解决下岗再就业和办理继承在台亲人遗产公证手续问题。为多位台胞、台属、黄埔军校同学会成员解决房屋动迁、台胞丧葬等实际困难和问题。

2007年，中共兴城市委统战部相继开展春季走访、台胞台属联谊和亲情互动活动。筹集20万元资助20位生活困难的台胞台属。帮助“菊花女渔村”、大成公司等台资企业解决实际困难。协助台商投资的仁富青山石材公司办理相关手续。全年共接待台胞、侨胞、外籍华人到兴洽谈创业投资、扶贫捐款50多人次。接待台湾8个电视媒体到兴城市采访，协助3名台胞办理回乡定居手续，为1名台属解决在台亲属遗产继承问题。

2009年，中共兴城市委统战部走访台属10人，捐赠慰问金3000元。为台属、台商协调城建、民政、公安等部门解决办理房照、低保、赴台奔丧、继承遗产、领取亲人骨灰等事宜10件次。处理台属受台湾和大陆骗子合谋诈骗案件6起。为黄埔军校同学会3名会员和2名国民党起义投诚人员办理生活费。接待回乡探亲台胞6人次。推介在国家涉台重点网站——《华夏经纬》网上发布兴城市和兴城临海产业区招商引资相关资料，加大对台宣传和招商引资力度。

2011年，中共兴城市委统战部为台胞回乡探亲办理相关手续7项，接待10名台胞回乡探亲；协助6名台属赴台探亲，为李文有等3名台属赴台领取亲人骨灰办理相关手续；为两名台胞寻找家乡亲人。

2012年，中共兴城市委统战部与有关部门沟通、协商，为在兴台属王宜军解决孩子在签订就业合同时遇到的实际问题；为2名黄埔军校同学会会员争取并发放生活费。

## 统战工作

1986年，中共兴城县委统战部依据有关文件精神，督促兴城县文化和卫生系统解决在“文化大革命”中停发和减发知识分子工资等问题，总计补发12000余元。中共兴城县委统战部与兴城县民委，对宗教房产被占问题进行调查核实，与占房单位达成协议，全部做妥善处理。协助为3名原国民党起义投诚人员恢复公职，办理家属变户手续。

1991年，为认真落实《中共中央关于坚持和完善中国共产党领导的多党合作和政治协商制度的意见》，中共兴城市委统战部把举荐培养非中共干部纳入工作日程。在广泛了解和考察的基础上，建立2支队伍：一支是建立非中共后备干部队伍240人，从中选拔配备副局级非中共干部5人；另一支是中共干部与非中共干部交友队伍。中共兴城市委、兴城市人大常委会、兴城市人民政府、兴城市政协主要领导和19名非中共干部一对一结成交友对子，全市党员领导干部共交友256人。

1998年，中共兴城市委统战部依据相关政策，帮助解决红崖子望海寺寺院建设占地与当地村民发生纠纷问题；妥善处理望海满族乡基督教会活动场所建设与当地村民发生纠纷问题。

2001年，根据兴城市政协部分委员变动情况，中共兴城市委统战部及时做出调整，增补12名市政协委员。协助中国民主同盟在兴城市成立民盟直属小组，协助农工党兴城市支部培养积极分子2人，组织召开2次民主党派和民主人士座谈会。选送6人参加葫芦岛市非中共干部培训班学习，并向中共兴城市委推荐9名非中共副科级后备干部。

2007年，中共兴城市委统战部帮助民主党派发展民革党员2人，民盟盟员2人。引导非公有制经济人士投身“扶贫帮困”活动，组织18家非公有制企业与18个贫困村，10家非公有制企业与10家贫困户结成帮扶对子。

2008年，中共兴城市委统战部加大民族宗教工作力度，申报5个基督教堂点，查封私建寺庙1处，取消私设宗教聚会点2处。组织非公有制企业、民主党派、三胞眷属、信教群众捐款救助四川地震灾区。协助民主党派发展民革党员1人，民盟盟员2人。协助成立民进党兴城市支部。

2010年，中共兴城市委统战部积极参加各民主党派组织的活动，协助民主党派做好组织发展工作，将民主党派活动经费纳入年度财政预算。协助成立民盟兴城总支部，发展民革党员2名，民进会员3名。9月，按照上级文件要求，中共兴城市委统战部恢复设立兴城市归国华侨联合会，并筹备召开兴城市侨联第一次代表大会。

2011年，由中共兴城市委统战部牵头，成立由19家相关单位主管领导为成员的综合评价工作领导小组，开展非公有制经济代表人士综合评价工作。2012年，中共兴城市委统战部与兴城市工商联召开全市重点出口企业座谈会。协调相关部门帮助企业解决困难，推动企业健康发展。召开由中共兴城市委宣传部、兴城市委政法委、兴城市公安局、兴城市民委、兴城市教育局等相关部门领导参加的宗教工作会议，专门协调相关管理机制，部署抵御和防范“校园传教渗透”工作。

### 非中共知识分子工作

1986年，中共兴城县委统战部通过走访、召开座谈会、发放非党知识分子情况调查表和征求意见等方式，对非中共知识分子工作情况、专业知识、家庭状况进行调查，建立档案。并配合组织人事部门解决专业对口、夫妻两地生活等问题。从知识分子比较集中的教育、文化、卫生、科技等单位，选聘非中共知识分子联络员，加强非中共知识分子工作。

1991年，中共兴城市委组织部、统战部将教育、培养、选拔非中共知识分子纳入重要工作日程，联合制定培训选拔非中共知识分子领导干部工作规划。对副科级以上非中共知识分子领导干部进行走访、考核，做到政治上关心，工作上支持，生活上照顾。中共兴城市委统战部深入文化、教育、体育、卫生和城建部门调查，确定人选，加强培养推荐，形成一支非中共知识分子后备干部队伍。是年，全市有109名非中共知识分子干部参加省、市、县（市）培训，从中推荐提拔18名后备干部为中层领导干部。

1994年，中共兴城市委统战部在各乡镇街道和文化、教育、体育、卫生、司法、城建等部门对非中共知识分子进一步调查摸底，确定一支文化层次高、代表面广的非中共知识分子后备干部队伍，并采取措施加强对任职和后备干部的培训。推荐5名市（县）级非中共干部参加辽宁省委党校学习，推荐19名乡局级非中共后备干部到市、县（市）两级党校参加培训。先后推荐19人为葫芦岛市人民政协委员，34人为兴城市人大代表候选人，30人为兴城市工商联会员，3人为兴城市工商联副会长，有18名经过锻炼的非中共后备干部得到相应的安排。

1995年，中共兴城市委统战部与中共兴城市委组织部联合制定《兴城市关于培养、安排、使用非党干部三年规划》，选送17名非中共干部参加省、市委党校学习，有19人被增补为政协兴城市委委员。

1996年，中共兴城市委统战部和中共兴城市委组织部共同制定《兴城市1996~2000年统一战线两支干部队伍教育培训规划》。至1999年，按革命化、年轻化、知识化、专业化的干部“四化”标准要求，有46名非中共干部成为兴城市人大代表、政协委员后备人选。其中16人被选为葫芦岛市政协委员，9人被选为葫芦岛市人大代表，5人被提拔为副乡长、副局长。

2003年，全市有148名非中共知识分子、非中共干部当选为兴城市政协委员（其中常委19人），63人当选为兴城市人大代表（其中常委2人），2人当选为葫芦岛市人大代表，1人当选为辽宁省人大代表，1人当选为辽宁省政协委员，1人被提拔为副科级领导干部。

2006年，在非中共知识分子后备干部中，有7人被提拔为副科级领导干部，有2名副科级领导干部转为正职。中国国民党革命委员会兴城支部委员常青被任为兴城市人民医院院长。非中共干部在政府职能部门任职比例达到20%。

2011年，经中共兴城市委统战部推荐，中共兴城市委任用2名党外人士分别担任兴城市财政局、兴城市药监局副局长。2012年，中共兴城市委统战部提名推荐33名非公有制经济代表人士和27名新社会阶层人士担任政协委员，为非公人士和新社会阶层搭建参政议政平台。

## 第十节　直属机关工作

中共兴城市直属机关工作委员会是中共兴城市委领导的市直机关党务工作部门。1995年8月，中共兴城市直属机关党委改为中共兴城市直属机关工作委员会（简称中共兴城市直机关工委），并进一步明确中共兴城市直机关工委的领导、管理、监督等项职能，调整市直机关工委与市直各单位党组织的隶属关系。1998年3月机构改革，兴城市直机关工委并入中共兴城市委组织部，对外挂市直机关工委牌子。2012年，市直机关工委内设2个科室。

### 组织建设

1986年，中共兴城县直机关党委制定党小组会、党课和民主生活会等项制度，制定县直机关岗位责任制及考评方法。实行入党积极分子培训制度，每期5~7天，培训结束后，由中共兴城县委党校统一组织考试。

1987年，中共兴城市直机关党委制定《党务工作指标考核细则》。1988年，中共兴城市直机关党委按照“坚持标准，保证质量，改善结构，慎重发展”的原则，发展新党员40人,其中大专以上文化25人，年龄30岁以下18人。审批预备党员转正50人。1989年，发展新中共党员48人，其中少数民族中共党员8人，中专以上文化程度31人。审批预备党员转正78人。

1991年，中共兴城市直机关党委制定《市直机关党员领导干部民主生活会的实施意见》，要求市直机关各部委办局党员干部参加单位党支部、党小组生活会和参加不定期的党员领导干部生活会。1992年，中共兴城市直机关党委建立和完善各项制度，抓好机关党支部建设,有37个市直单位党支部进行换届选举。

1994年，中共兴城市直机关党委通过深入调查，制定《关于充实调整基层党组织领导班子的意见》，要求有50名以上中共党员的单位，经市直机关党委批准可建立党总支，党总支下设若干个党支部。有正式中共党员3人以上，50人以下的基层单位，经批准可建立党支部。正式党员不足3人的可与邻近单位党员建立联合党支部。中共兴城市直机关党委把所属各级党组织的反腐倡廉纳入党务工作目标管理，制定《党员干部廉洁自律守则》《党风党纪责任制》《1994年组织工作目标管理方案》。在基层党组织中开展目标管理，对思想政治、业务工作实行双百分考核制度。

2000年，中共兴城市直机关工委发展中共党员实行公示制度。组织市直机关单位学习贯彻《中国共产党和国家机关基层组织工作条例》，着重抓好机关党组成员和各党总支（支部）的专题学习。

2004年，中共兴城市直机关工委以优化党组织结构为重点，加强市直机关党组织建设。5月，对各基层党总支（支部）进行换届选举，新组建7个党支部。按照中共兴城市委《基层组织建设检查评比以及乡局班子考核方案》的要求，对基层党组织进行抽查和考核。针对个别未及时换届、党建记录不规范、党费收缴不足等问题及时进行指导。

2010年，中共兴城市委组织部、中共兴城市直机关工委在市委党校举行培训班，市直机关有50名入党积极分子参加培训。7月1日，组织25名机关新中共党员参加宣誓仪式。市直机关工委按照中共中央和中共辽宁省委、葫芦岛市委的部署，制发《市直机关创先争优活动实施意见》，扎实推进创先争优活动。

2012年，中共兴城市直机关工委严把入党人员思想关、政审关、培训关、公示关，全年发展的38名新中共党员，以大专文化程度、35岁以下的机关干部为主体，使机关中共党员结构得到改善，质量得到保障。

## 党员教育

1986年，中共兴城县直机关党委落实中共锦州市委在锦县（今凌海市）召开的机关党委工作会议精神，贯彻中共兴城县委“巩固整党成果，整顿机关纪律”的要求，健全定期召开党支部大会、党支部会、党小组会，按时上好党课的“三会一课”制度，对中共党员进行党的基本知识教育。对县直机关单位党风建设进行检查验收，合格率达95%以上。

1987年9月，中共兴城市直机关党委总结推广党员教育的10种方法：即上党课、党员讲评、树立典型、谈心、形象化教育、考试、忆比、党内监督、批评与自我批评、政治学习。同时，通过召开市直机关党总支、党支部工作汇报会，全面检查、督促市直机关党务工作。

1994年，中共兴城市直机关党委组织学习《邓小平文选》，举办有100多人参加的辅导班。1995年，中共兴城市直机关工委组织开展“纪念抗日战争胜利和世界反法西斯胜利50周年”活动，举办“庆‘七一’，学党章，做奉献”讲演等市直机关中共党员教育活动。

1997年，中共兴城市直机关工委在市直机关中开展“选优评差”活动，共评出优秀单位27个，一般单位32个，较差单位3个。

2000年，中共兴城市直机关工委组织纪念中国共产党成立79周年基层优秀党员事迹报告会。为迎接中共建党80周年，中共兴城市直机关工委开展“我是共产党员”的教育活动，进行“当年入党为什么？现在工作干什么？将来身后留什么？”的讨论。

2004年，中共兴城市直机关工委以建设“高效、廉洁、务实、文明”党政机关为目标，以贯彻《中国共产党纪律处分条例》《党内监督条例》为重点，加强机关中共党员思想建设。

2007年，中共兴城市直机关工委以开展多种学习和教育活动为载体，加强思想建设。结合学习贯彻“十七大”精神，组织对机关干部进行抽考，获90分以上的占85%。2009年，中共兴城市直机关工委在党员干部中开展“我为兴城发展献一计”活动，共收到市直机关48个单位中共党员干部的320条建议。

2010年，中共兴城市直机关工委结合机关中共党员的思想实际，抓学习，强信念，组织开展多种形式的学习教育活动。举办机关党务知识讲座，培训党务干部60多人。指导各个党支部开展定期学习活动，要求每个党支部每个月组织学习不少于4次，每个党员写2000字以上的读书笔记和1篇体会文章。

2011年，中共兴城市直机关工委以传唱红歌的形式激励机关干部爱国主义、集体主义和革命英雄主义精神。2012年，中共兴城市直机关工委在市直机关中共党员中掀起学习党的知识热潮，举办市直机关党的知识竞赛。

### 目标管理

自1991年始，中共兴城市直机关党委对所属党总支、党支部开展目标管理工作。组织22个基层党支部书记到锦县学习党支部目标管理经验。

1994年，中共兴城市直机关党委对各基层党总支、党支部在思想政治、业务工作上实行双百分考核制度，创新开展目标管理活动。评选出兴城市税务局等14个先进党总支、党支部，表彰30名优秀党务工作者和44名优秀共产党员。

2004年，中共兴城市直机关工委进一步完善《市直机关工作目标责任制实施方案》，在测评人员中增加市人大代表、政协委员和企业家代表。有70家市直机关单位参评，30家被确定为市直机关目标责任制活动优秀单位。

2005年，中共兴城市直机关工委制定《市直机关重要活动检查减分标准》《市直机关2005年工作目标责任书》《2005年市直机关工作目标责任制实施方案》，考评内容扩至4大类21项，涵盖市直机关各方面工作。

2007年，中共兴城市直机关工委进一步规范考评标准，将考评内容细化加减分标准，增强考评的透明度。开展季度评最佳实事活动，作为年终考评的重要依据。同时规定凡年内发生1件破坏经济发展环境案件的，不能评为优秀单位；发生2件以上破坏经济发展环境案件的，取消达标资格；在党风廉政建设责任制检查考核中不达标的，不能评为优秀单位；没有完成年初确定的主要工作目标的，取消达标资格。

2009年，中共兴城市直机关工委以目标责任制为载体，针对机关作风现状，狠抓“学习型、效能型、服务型”机关建设。结合上级文件精神和兴城市经济社会发展现状，增加创建节约型机关等内容，使考评内容达到5大类22项，成为考评市直机关运行的有效载体，并对各单位目标责任制工作进行经常性检查监督，随时根据检查所掌握的情况下发通报，以推动各项工作。

2012年，中共兴城市直机关工委将目标责任制活动考评内容进一步细分为5大类23项，涵盖机关建设各个方面，促进市直机关学习型、效能型、服务型整体建设。是年，兴城市评选出市直机关目标责任制活动先进单位29家、达标单位40家，市直机关先进工作者15人。

## 第十一节 其他党务

### 党务督查

2002年8月，按照中共辽宁省委办公厅的要求和“两个文明”建设任务的需要，成立中共兴城市委督查室，设置在市委办公室。主要职责是围绕中共兴城市委中心工作及各级领导交办的任务，组织有效的督促检查，推动中共中央各项方针、政策以及各级党委重大决策、重要工作部署的贯彻落实。

2010年，根据党务督查工作政策性、时效性比较强的特点，中共兴城市委督查室在督查工作中，严格执行《督察工作条例》，围绕市委工作重心，认真开展决策督查；会同中共兴城市直机关工委对市直单位纪律作风建设进行检查；对社会上反映的热点难点问题及领导批示件进行专项检查，批办结案率达100%。深入基层开展调研活动30次，完成上级市委政研室布置的调研课题8个，完成兴城市领导交办的调研项目6个，形成调研报告40篇，计23万字，为中共兴城市委决策提供参考依据。2011年，兴城市委督查室被中共辽宁省委办公厅评为督查工作先进单位。

### 党史研究

1983年，成立中共兴城县党史资料征集领导小组，下设办公室，与兴城县志办合署办公，隶属县委办公室。主要为中央、省、市编纂各类专史征集、提供资料。1985年4月，党史工作从兴城县志办析出，成立中共兴城县委党史办公室。1998年3月机构改革，撤销党史办，工作职能划归兴城市档案馆。2003年9月，恢复中共兴城市委党史办，隶属中共兴城市委办公室，为正科级事业单位。

1985年，中共兴城县委党史办在全县27个乡镇和81个部委办局成立中共党史资料征集小组，共征集各类资料250多件。其中，抗日战争和解放战争时期兴城人民革命斗争史料23篇。创办《兴城党史信息》，编纂印刷《兴城党史资料》第一辑。

2006年，中共兴城市委党史办征集到《中国共产党组织史资料》（中央卷）共13卷19册，约1500万字。全书收录时限从1921年7月中国共产党创建至1997年9月中共十五届一中全会，对各个时期中国共产党组织以及党领导的政权、军事、统战、群团组织的历史概括叙述。完整地收录中央和地方各级党、政权、军事、统战、群团组织机构及其领导成员任职情况，具有较高的史料价值。

自 2007 年始，中共兴城市委党史办坚持搜集、编写兴城党史大事记。根据省市党史研究室《关于开展抗战时期辽宁人口伤亡和财产损失课题调研的通知》，中共兴城市委党史办下乡入屯进户，搜集大量翔实的档案资料和口述资料，填写人口伤亡和财产损失的各种表格 12 份，并形成调研报告及录音资料 2 盒、照片 30 多幅。

2008 年，征集纪录改革开放 30 年兴城所走过的光辉历程和取得的辉煌成就的图片 40 多幅。开展“建设社会主义新农村带头人口述历史”的专题研究。以全国人大代表、兴城市四家村党支部书记张文成的口述资料，整理出 15000 多字的材料，并形成音像资料。

2011 年，适值建党 90 周年，中共兴城市委党史办与兴城时讯社开辟 “历史丰碑”专栏。共发表专栏党史人物 18 篇，其中由中共兴城市委党史办编写 16 篇。2012 年，中共兴城市委党史办编写的《巩固辽西大后方的梨树沟门大捷》刊登在《党史纵横》杂志 2012 年第 8 期，国防部网《军事历史》栏目全文转载。

### 党务信息

党务信息工作由中共兴城市委办公室信息科负责，其职责是围绕落实各级党委重大决策和重要工作部署，及时有效地搜集、整理各类信息，为领导掌握情况、科学决策、指导推进工作，提供优质高效的服务。指导和培训全市党委办公室系统信息工作，并对全市党委办公室系统信息工作进行考评。

党务信息工作包括全市政治、经济、文化和社会发展等方面的重要信息搜集、整理和报送工作。为及时向上级党委办公室（厅）报送信息，反映全市政治、经济、文化和社会发展等方面的重要情况，编报全市重大紧急信息，建立健全全市党委办公室系统信息报送网络，编印《兴城信息》《重要情况报告》。围绕中共辽宁省委、中共葫芦岛市委部署的重点工作，每天上报不少于 4 条层次分明、目的性强的信息。报送的《兴城市开展城乡低保专项检查工作成效显著》《兴城市成功举办北京、遵化、石家庄、保定、廊坊华北五市避暑旅游经贸推介会》《中央专门发文要求领导干部带头在公共场所禁烟的基层反映》等信息均被中共辽宁省委办公厅《辽宁信息》《每天动态》《今日重要信息》刊物采用。2012 年，兴城市委办信息科被评为“辽宁省党委系统信息工作优秀单位”。

## 第十二节　党校教育

中共兴城市委党校（简称市委党校）是中共兴城市委直属事业单位。主要承担兴城市基层领导干部、青年后备干部及国家公务员等教育培训任务；承担党政机关、事业单位一般中共党员干部的理论辅导任务；承担中共兴城市委中心组学习的理论辅导任务；围绕国内外出现的新问题和兴城市情进行科学研讨，并通过专题教学、理论辅导、知识讲座等形式宣传党的路线、方针和政策；承担全市在职中共党员干部、国家公务员、企事业单位管理人员的函授学历教育工作等。2012 年，市委党校内设 5 个业务科室。

### 干部培训

1986，中共兴城县委党校教师分别为中共兴城县委、兴城县人大常委会、兴城县人民政府、兴城县政协、中共兴城县纪委领导讲授政治经济学、经济体制改革理论。此外，县委党校承担辽宁刊授党校大专班教学任务，招收培训学员 338 人。

1987 年，中共兴城市委党校举办乡局领导干部学习中共十三大文件轮训班、中青年干部培训班、村党支部书记培训班等 15 期，培训干部 1901 人。1990 年，中共兴城市委党校举办入党积极分子培训班、党建理论研讨班、学哲学辅导员培训班、企事业党支部书记培训班、首次非中共领导干部培训班，培训干部 519 人次。

1991 年，中共兴城市委党校举办 2 期青年后备干部培训班，2 期乡局级领导干部进修班，以及乡镇街道组织委员、宣传委员培训班、党校教员培训班、村党支部书记培训班及纪委委员短训班共 12 期，培训干部 1054 人。

1994 年，中共兴城市委党校举办 2 期乡局级领导干部培训班，3 期青年后备干部培训班，1 期妇女干部、非中共干部培训班，2 期村党支部书记培训班，5 期入党积极分子培训班，7 期公务员培训班，共培训 2110 人。

1998 年，中共兴城市委党校举办 2 期入党积极分子培训班，5 期乡局级领导干部培训班及村党支部书记、村主任培训班、团干部培训班等，共 10 期，培训干部 958 人。

2001 年，中共兴城市委党校举办领导干部“三个代表”重要思想培训班，组织骨干教师分成 4 个组深入城乡各单位专题辅导 54 次，培训干部 2000 人次。

2003 年，中共兴城市委党校先后举办村党支部书记培训班、乡镇党委副书记、组织委员培训班、要求入党积极分子培训班。抽调骨干教师参加由兴城市委宣传部组织的“宣讲团”，深入城乡各单位做辅导讲课 30 余次，受教育面达 2000 余人次。并选派党校教师，多次为中共兴城市委中心组学习做理论辅导。

2006 年，中共兴城市委党校举办 4 期乡局级领导干部培训班，2 期青年后备干部培训班，2 期村党支部书记培训班，2 期要求入党积极分子培训班，与兴城市林业局共同举办 2 期林业干部培训班。按照中共辽宁省委组织部和省委党校的部署，完成农村基层干部参加的“农业经济与管理专业”函授大专班的教学与管理工作。全年培训各级各类党政干部 1309 人次。

2008 年，中共兴城市委党校与中共兴城市委统战部联合举办 2 期“民主党派和无党派代表人士培训班”“企业界代表人士培训班”，与兴城市林业局共同举办 2 期林业干部培训班，共培训干部 970 人次。2009 年，中共兴城市委党校与中共兴城市委组织部举办 2 期要求入党积极分子培训班，2 期青年后备干部培训班。

2011 年，中共兴城市委党校举办 1 期新任领导干部培训班， 2 期村党支部书记、村委会主任培训班，2 期要求入党积极分子培训班，培训干部 570 人次。与兴城市安监局共同举办 6 期安全生产培训班。在教学过程中，除校内教师授课之外，聘请外地专家教授和兴城市有实践经验的综合部门领导到校讲课，突出干部培训的针对性和实效性。并利用现代教学手段，进行多媒体课件教学，采用研讨式、案例式教学，提升教学水平。

2012 年，中共兴城市委党校贯彻落实《党校工作条例》和《中共中央干部教育培训工作条例》，共举办 2 期村党支部书记、村委会主任培训班，2 期要求入党积极分子培训班，与中共兴城市委组织部、宣传部共同举办正副科级领导干部学习党的十八大精神报告会，培训各级各类干部 1210 人次。

## 教学工作

1986 年，中共兴城县委党校开办 2 年制中专班，招收学员 54 人，开设哲学、政治经济学、语文、数学、法学和时事政策 6 门课程。同时，举办中专考生补习班，招收学员 55 人。举办锦州地区成人高考补习班，招收学员 54 人，经全省统一成人高考，学员被中共锦州市委党校和省内 8 所高等院校录取 49 人，升学率 90%。

1990 年，中共兴城市委党校突出抓好教学工作，使党校干部培训向中高层次和基层延伸。党校教育从以国民教育性质的学历教育为主转到培训现职中共党员干部，尤其是中共党员领导干部上，实现党校办学的转轨定向。

1995 年，中共兴城市委党校规范设置各类主体班次：即乡镇街道科级党员干部培训班、中青年后备干部培训班、妇女干部和非中共干部培训班。严格落实培训制度和学制、学历制度，使各级中共党员干部和理论骨干分期分批得到培训。

2000 年，中共兴城市委党校围绕中共兴城市委、兴城市人民政府的中心工作，结合兴城市改革发展中的热点问题，开设中国加入“世界贸易组织”（WTO）的形势、知识经济与中国的战略选择、国防军事发展与国防建设等知识讲座。

2005 年，中共兴城市委党校教学内容突出中共中央十六届五中全会精神、“三个代表”重要思想和社会主义科学发展观的最新理论研究，新专题所占比重 60%以上。为引导干部关注市情，中共兴城市委党校就全市“十一五”规划、环境保护、党风廉政建设等问题进行讲解。在教学方法上，积极尝试组合式、团队式教学。在培训形式上，注重学员理论联系实际能力的提高，扩大研讨、调研的空间。组织学员开展中国共产党执政能力建设研讨活动，参观高家岭、南大山、大寨等乡镇农业产业化龙头企业。

2006 年，中共兴城市委党校以全面落实科学发展观、构造和谐社会、加强党的执政能力建设为教学重点，突出马克思主义中国化的最新成果和“十一五”规划内容，突出市情研究与讲解，把“三个代表”重要思想的学习引向深入。为加强学员的素质和能力培训，对不同班次学员，采取问卷调查和学员座谈等方式，了解学员的状况、需求。对教学培训的各个环节进行有针对性的调整，对教学方式、方法进行改革，科学合理地设计班次，缩短办班时间，加大办班频率。

2008 年，中共兴城市委党校实施人才强校战略，采取下派骨干教师到基层挂职锻炼，选送教师到上级院校参加培训，组织教师到市内外做专题调研，举办校内师资培训班，提高教师掌握前沿培训理念。2009 年，中共兴城市委党校在教学中确定 45 个专题，除安排校内教师授课外，聘请 13 名上级党校教师和兴城市有实践经验的综合部门领导到校讲课，收到良好效果。

2010 年，中共兴城市委党校与中共兴城市委组织部等单位配合，先后举办 7 期乡局级副职领导干部培训班、要求入党积极分子培训班、村干部培训班、公务员初任培训班等。加强农村干部参加的“农业经济与管理专业”函授大专班学员的培训工作。

2012 年，兴城市委党校以学习宣讲中共十八大精神为教学重点，举办全市正副科级领导干部学习十八大精神报告会，组织骨干教师深入各乡镇街道、机关单位，为全市干部职工宣讲中共十八大精神，受教育面达 1000 人次。

### 理论研究

1986 年，中共兴城市县委党校给每位教师安排科研课题，开展理论研究工作。1987 年初，中共兴城市委党校成立科研工作领导小组，确定由一名副校长负责，设置理论研究机构。制定科研计划，落实科研任务，组织开展科研活动。至年末，党校教师撰写论文 27 篇，其中在《中央党校通讯》发表1篇，省级刊物发表4篇，在市县级理论研讨会上宣读19篇。

1988年，中共兴城市委党校在教学科研工作中，开展社会调查和专题研究，组织教师深入围屏、东辛庄、宁远、四家屯等乡镇街道，到兴城市农委、兴城市经委、兴城市工业局、兴城市农业局、兴城市棉织厂等11个委办局以及基层单位进行社会调查，了解改革开放经验及成果，写出关于党的组织建设、廉政建设、兴城市的工业发展、旅游开发等方面的调查报告和论文30篇。其中1篇在《中央党校通讯》上发表，9篇在中共辽宁省委党校《教学研究》上发表，3篇在省级学术讨论会上交流。

1989年，中共兴城市委党校教员参与编写教材3部，发表论文16篇。教师文海荣编写的《干部写作概论》《农村经济管理》出版发行。中共兴城市委党校以举办理论研讨会为主要形式，注重理论研究。1996年，被评为辽宁省党校系统"'上台阶，创一流'达标活动先进单位"。

1998年，中共兴城市委党校注重加强理论研究为实践服务，为中共兴城市委、兴城市人民政府决策服务。把开展理论研究、政策研究、实践研究作为党校工作的重要内容。确定产权制度改革后企业的运行机制问题、机构改革和政府职能转变问题、非公有制经济发展等问题，作为理论攻关和社会调查的重点。共完成科研论文、调查报告24篇，其中有2篇在国家级刊物发表，7篇在省、市级刊物发表。中共兴城市委党校常务副校长金景山撰写的《兴城市产权制度改革的理性思考》一文，获"全国卓达杯论文大赛"二等奖。

2001年，中共兴城市委党校把兴城市改革和发展中的热点问题作为理论探讨、调研工作的重要课题。撰写学术论文和调查报告13篇，其中有6篇在各级刊物上发表，3篇在葫芦岛市党校系统理论研讨会上交流。

2006年，中共兴城市委党校划分几个课题组，就加强党的先进性建设、推进社会主义新农村建设、构建社会主义和谐社会、牢固树立社会主义荣辱观等问题进行专题研究，全校出版理论专著2部，在国家级刊物上发表理论文章9篇，在省级刊物上发表7篇。党校教师曹志琴参与的《葫芦岛地区新农村建设调查与思考》调研课题获辽宁省党校系统科研成果一等奖。

2007年，中共兴城市委党校教师在《人民日报》《光明日报》《中国前沿》《辽宁党校报》《辽宁社会科学》等报刊上发表理论文章28篇。党校常务副校长金景山撰写的理论文章《社会主义和谐社会的基本特征》在《光明日报》发表，获辽宁省党校系统科研成果一等奖。

2010年，中共兴城市委党校抓住改革、发展、稳定中的重大理论问题，开展理论研究、政策研究和实践研究。主要领导撰写的《兴城民营经济发展现状及对策研究》调研报告，为兴城市领导科学决策提供参考依据。

2012年，中共兴城市委党校围绕兴城的"工业化、城镇化、农业产业化和民生保障"四大战略，深入开展理论研究、政策研究和实践研究，在《辽宁党校报》《葫芦岛日报》等报刊发表理论文章9篇。党校主要领导就兴城市的城镇化问题开展专项调研，撰写《加快城镇化进程推动县域经济快速发展》的调研报告，为兴城市领导决策提供参考依据。

## 学历教育

1986年，中共兴城县委党校开设2年制中专班，承办辽宁刊授党校设立的大专班、中专班的教学任务。

1987年，中共兴城市委党校开办3年制中专函授班，招收学员192人。1989年，中共兴城市委党校承办中共辽宁省委党校函授大专班、本科班 270 名学员的教学任务。承担辽宁刊授党校大专班483 名学员的教学任务。

1990 年，中共兴城市委党校举办经济管理大专班 2 个，招收学员 133 人；招收函授、刊授本科和专科班 9 个，学员 418 人。1992 年，兴城市委党校承办函授、刊授本科和专科班 7 个，招收学员 1028 人。

1993 年，中共中央做出《关于党校教育正规化的决定》，提出“争取在七五计划期间逐步做到担任各级领导干部职务的干部经过相应的党校培训”的要求。中共兴城市委党校招收 349 名专科、本科学员。

1994~1997 年，兴城市委党校共招收辽宁省函大大专生 601 人，招收中函大本科生 248 人。被评为辽宁省党校系统“十佳函授站”

1999~2008 年，中共兴城市委党校共招收各类函授大学本科和函授专科学员共 2717 人。在葫芦岛地区县（市）区党校学历教育中名列第一。

2009 年以后，兴城市委党校停办函授、刊授教育，工作重点转向领导干部短期培训。

## 第十三节　兴城报社

1980 年 4 月，中共兴城县委决定组建兴城县报社，编辑出版《兴城县报》。报社总编辑由中共兴城县委宣传部部长兼任。1987 年 1 月，兴城撤县建市，兴城县报社改称兴城报社。1990 年 12 月，兴城报社由永宁街（西街）二层小楼搬迁到春和街（东街）路北的中共兴城市委党校院内办公。1995 年 5 月，实行社长负责制，社长兼任总编辑。1998 年 7 月 1 日，经国家新闻出版署批准，《兴城市报》更名为《兴城日报》，兴城市报社更名为兴城日报社。报社内设 6 个工作部门，下辖印刷厂、广告部 2 个企业。

2003 年 12 月 31 日，根据中共中央统一部署，《兴城日报》停刊。2004 年 3 月，兴城日报社改称兴城时讯社，为中共兴城市委直属的正科级事业单位。

### 报业发展

**报纸规模** 1980 年 7 月 1 日，中共兴城县委机关报《兴城县报》正式创刊，国内统一刊号 CH21—0017，代号 7—105，全国公开发行。《兴城县报》为 4 开 4 版，其中 1 版为要闻，2 版为经济新闻，3 版为社会新闻，4 版为副刊，每周 1 期。1982 年，增为每周 2 期。每期发行 5000 份。

1987 年 1 月，《兴城县报》更名为《兴城报》。1990 年 7 月 1 日，《兴城报》更名为《兴城市报》由每周 2 刊增为每周 3 刊。

1994 年，随着采、编、印能力的不断增强，在辽宁省报业评比中，《兴城市报》由 1993 年第三季度的第 13 位上升到第 7 位。1997 年 1 月，《兴城市报》由每周 3 刊增加到每周 5 刊。

1998 年 7 月，《兴城市报》更名《兴城日报》，中共辽宁省委书记闻世震为《兴城日报》题写报头。2000 年 1 月，《兴城日报》增加周末版，成为每周 6 刊报纸。年内，报纸发行量增加到 1.1 万份，创历史发行新高。

2003 年 7 月，根据中共中央办公厅、国务院办公厅关于“县（市、旗）和城市区不再办报刊，已办的要停办”的要求，中共兴城市委于 10 月 30 日做出决定，《兴城日报》至 2003 年末停刊，同时决定成立兴城时讯社，负责组建网站和创办《兴城时讯》内部资料。

2004年3月2日，《兴城时讯》创刊。为4开4版，每周二、周四出版。

2007年8月，葫芦岛日报社与兴城时讯社协定共同编辑出版《葫芦岛日报·兴城新闻》。11月8日，由兴城时讯社主办编辑的《葫芦岛日报·兴城新闻》创刊，报纸版面改为对开4版，每周三出版，被列为《葫芦岛日报》的第9、10、11、12版，年发行量4000份。2009年，改为彩色印刷。

**报纸印刷**　《兴城县报》创刊之初，印刷任务由兴城县印刷厂承担。1981年6月，从兴城县印刷厂抽调部分铸字、拣字、排版、印刷、装订工人，购买印刷设备，成立兴城报社印刷车间。

1985年初，成立兴城报社印刷厂，报纸正文字号由原老五号字改用新五号字，使每期报纸的文字量增加8000字。

1989年，兴城报社印刷厂从永宁（西）街搬迁到春和（东）街北老政府胡同原兴城市人民武装部院内。

1990年，《锦西日报》创刊并交由兴城报社印刷厂印刷。报社印刷厂增加人员和设备，改进印刷工艺。1991年，建起800多平方米的微机楼。1993年6月，实现激光照排、胶版印刷。1997年，改平版胶印为轮转胶印。兴城报社印刷厂成为设备比较完善、技术力量较为雄厚的中型印刷企业，一度对外承揽书刊等大宗印刷业务。1998年8月，兴城报社印刷厂实行产权制度改革。2002年10月1日，兴城报社印刷厂停产。

2004~2012年，《兴城时讯》及《葫芦岛日报·兴城新闻》由葫芦岛日报社印刷厂承印。

## 宣传报道

**新闻报道**　作为中共兴城市委机关报，始终遵循团结、稳定、鼓劲、正面宣传为主的办报方针，紧紧围绕全市中心工作，坚持正确的舆论导向，及时准确地宣传党的路线、方针、政策以及各条战线取得的成功经验和涌现出的先进人物。大力传播先进文化，为经济社会发展创造良好的舆论环境。除抓好报纸的要闻、城乡经济、社会新闻等常规性报道外，每年都紧密围绕中共兴城市委、兴城市人民政府的中心工作，以及“精神文明建设”“城市建设”“经济建设”“旅游开发”“招商引资”“兴城七月海会”“产权制度改革”“抗洪救灾”等进行战役性报道和重点宣传。

1991年6月，兴城市报社与兴城市民族事务委员会联合发起“少数民族专题采访千里行”活动。报社两位记者骑着自行车，深入白塔、华山、三道沟等20个乡镇街道进行采访，历时73天，发表消息、通讯、专访47篇。

1992年初，围绕全市“解放思想大讨论”活动，《兴城市报》通过专版和专栏，共发表系列报道及评论员文章20多万字。8月，开展《兴城黄金海岸行》系列采访活动，报社记者深入乡村和渔民家中，写出30多篇专访稿件。

1996年11月，中共兴城市委、兴城市人民政府做出决定，在市直工商企业和乡镇企业推行产权制度改革。《兴城市报》开辟5个专题、8个专栏，组织记者深入一线采访，发表200余篇有关稿件。

2001年，为配合兴城创建全国文明城市和中国优秀旅游城市，《兴城日报》推出《旅游环境整治》专版，重点报道旅游环境整治和城市建设与管理工作。2002年10月，根据辽宁省人民政府省长办公会议精神，兴城市加大对兴城古城和海滨的开发建设力度，《兴城日报》全方位跟踪报道。

2003 年 12 月，中共兴城市委决定《兴城日报》停刊。2004 年 3 月 2 日，《兴城时讯》创刊。按照办报宗旨不变、任务不变、风格不变的原则，兴城时讯社坚持抓管理、抓队伍，做好新闻宣传工作。

2007 年 11 月 8 日，由葫芦岛日报社与兴城时讯社共同编辑出版的《葫芦岛日报·兴城新闻》创刊，报纸为对开 4 版，其中 1 版为要闻，2 版为综合和经济新闻，3 版为社会和专题新闻，4 版为摄影、副刊。

2010 年 8 月 4~5 日，特大暴雨使兴城市城区和 15 个乡镇受灾，直接经济损失 10 亿元。兴城市党政军领导靠前指挥，转移安置群众 1 万余人次，无一人伤亡。《兴城新闻》增加“抗洪救灾专刊”，及时报道全市抗洪救灾和生产自救情况。

2011 年 1 月，兴城时讯社推出“落实政府工作报告，确保‘十二五’高起点开局”系列访谈活动，对各乡镇、街道党委书记和部分市直及驻在单位领导进行专访，勾画出兴城市未来五年经济、社会和民生等方面的发展蓝图，受到读者关注。2012 年 3 月，《兴城新闻》推出“全面振兴县域经济，实现三年倍增计划”专栏，对兴城市重点工程建设和取得的阶段性成果进行深入报道，为兴城市县域经济实现跨越式发展营造浓厚的舆论氛围。

**采编队伍** 兴城报社成立以后，始终坚持以人为本的办报理念，按照高标准、严要求原则抓好新闻队伍建设。为保证新闻宣传的真实性和时效性，严格执行党的新闻纪律，建立和完善“来稿登记制度”“稿件送审制度”“编辑出版制度”，《编辑记者量化考核办法》《总编室目标管理及考核办法》等出版管理制度。在管理中注重采编人员政策水平、文化知识、业务能力及职业道德教育。

在鼓励和支持采编人员学习的同时，采取请专家讲课、组织到基层实地考察、以老带新、轮岗代训等形式，提高编采人员的业务能力。开展评选“好新闻”和先进新闻工作者等活动，增强采编人员爱岗敬业、勤于奉献精神，鼓励深入一线采访。

1990 年 7 月，为培养建立一支活跃的通讯员队伍，兴城报社指导各单位配备专职或兼职报道员，建立城乡通讯员网络，创办《通讯员之友》专刊，沟通信息，交流经验。1994 年，兴城报社成立群工部，专门负责基层通讯员的管理和培训。各项制度的制定，使兴城报社的管理工作逐步走上规范化、制度化的轨道。报社连续 4 年被中共葫芦岛市委、葫芦岛市人民政府评为“文明单位”。

# 第二章 民主党派

民主党派是各自所联系的一部分社会主义劳动者和一部分拥护社会主义的爱国者的政治联盟。中国共产党领导的多党合作和政治协商制度作为中国的基本政治制度，在社会主义民主政治建设中具有重要的地位和作用。

中共十一届三中全会后，随着中国共产党多党合作思想的丰富和发展，民主党派在中国公民政治参与中的作用日益突显。各民主党派、无党派人士相继在兴城市恢复建立的地方组织，在中共兴城市委的领导下，参与政治协商、参政议政和民主监督活动，为兴城市的政治经济和文化建设做出突出贡献。

## 第一节　中国国民党革命委员会兴城市支部

中国国民党革命委员会，由中国国民党民主派和其他爱国民主分子创建的具有政治联盟特点的政党。2005年4月，中国国民党革命委员会兴城市支部委员会（简称民革兴城市支部）成立。

### 代表会议

**民革兴城市第一次党员大会**　2006年4月27日，民革兴城市第一次党员大会召开。大会选举民革兴城市第一届支部委员会。选举吕伟为民革兴城市支部主委。

### 主要活动

民革兴城市支部注重加强自身建设，加强政治理论学习。党支部成立伊始就制定理论学习制度，每季度组织党员集中学习一次。有多人先后参加民革辽宁省委和民革葫芦岛市委组织的各种理论学习班。

组织开展纪念辛亥革命100周年座谈会和外出学习考察、辽宁民革成立60周年摄影征集、博爱牵手困难群众等活动，增强民革组织的凝聚力和号召力。

民革兴城市支部全体党员立足本职工作，发挥党员优势，积极服务社会。经常组织党员到敬老院慰问老人，定期为老人免费体检。帮助下岗职工再就业168人。针对我市农村不发达地区的儿童因经济原因失学的情况，从2005年起，民革兴城市支部对碱厂满族乡和药王满族乡的11名贫困学生进行长期资助，使他们安心学业。党员们还跟贫困家庭结对子，帮助解决实际困难。

### 参政议政

民革兴城支部充分发挥党员中人大代表和政协委员的作用，认真履行参政议政职能，服务全市经济发展。至2012年末，党员中有2人当选兴城市人大代表，2人当选市人大常委会委员；有8人当选兴城市政协委员（其中常委3人），有1人当选担任政协兴城市委员会副主席；有1人当选葫芦岛市人大代表，有1人当选葫芦岛市政协委员。先后有5名党员被葫芦岛市、兴城市相关部门聘请为人民监督员、民主监督员等。

民革兴城市支部经常组织党员深入到社会生活的各个领域就群众关心的热点问题、民生问题进行调研，每年至少完成3份以上有价值的调研报告和多份议案、提案。民革兴城支部一向重视提案工作，积极撰写提案，力求多提出精品提案，自支部成立以来共提出政协提案、人大议案、意见和建议80余件，社情信息和工作信息120余条，其中优秀提案9件。民革兴城市支部党员多次应邀参加中共兴城市委、兴城市人民政府召开的各种民主协商、征求意见大会，对兴城市精神文明、社会经济发展等提出许多有价值的意见和建议，被有关部门采纳。

民革兴城市支部多次受到民革辽宁省委、民革葫芦岛市委表彰。2010年被民革辽宁省委员会评为先进基层组织。

## 第二节　中国民主同盟兴城市总支部

中国民主同盟，主要由从事文化教育以及科学技术工作的高、中级知识分子所组成，具有政治联盟特点的政党。2000年，民盟兴城市直属小组成立，成为兴城市第一个民主党派基层组织。

### 代表会议

**民盟兴城市第一次盟员大会** 2002年7月24日，民盟兴城市第一次盟员大会召开，成立民盟兴城市支部，大会选举张亦喆为民盟兴城市支部主委。

**民盟兴城市第二次盟员大会** 2009年12月26日，民盟兴城市第二次盟员大会召开，成立民盟兴城市总支部委员会，大会选举产生第一届民盟兴城市总支部委员会领导机构。民盟兴城市总支部由5人（后补选1人）组成，张亦喆当选为主委。

### 主要活动

民盟兴城市总支部委员会有盟员20人，下设3个基层支部。民盟兴城市总支部注重组织盟员开展政治理论学习活动，盟员多次参加中共各级组织举办的培训班和非中共领导干部培训班，参加民盟葫芦岛市委组织到民盟中央、民盟省委的参观考察活动。组织开展新中国成立60周年、人民政协成立60周年书画征文活动，增强民盟兴城市总支部的凝聚力和号召力。

兴城市民盟组织立足本职，热心社会公益事业，经常组织盟内各界别盟员开展社会服务活动。通过文化、科技、医疗和卫生下乡，进行医疗咨询、普及农村科技知识、技术指导服务。多次参加扶贫救助、捐资助学活动。组织盟员到老年公寓看望孤寡老人，深受群众的欢迎和好评。

反映社情民意是民盟兴城市总支部的重要工作之一。民盟兴城市总支部先后向全国政协、辽宁省政协、民盟辽宁省委、中共葫芦岛市委、中共兴城市委、葫芦岛市人民政府、兴城市人民政府和葫芦岛市政协、兴城市政协报送信息30余条，被采用15条，受到有关部门和领导的高度关注。2011~2012年，盟员撰写的3篇建议性文章被《人民政协报》刊发。

### 参政议政

民盟兴城市总支部认真履行参政议政职能，截至2012年末，盟员中先后有6人担任兴城市政协委员（其中常委4人），2人担任葫芦岛市政协委员。有1人担任政协兴城市委副主席，有1人担任兴城市人大常委会副主任。先后有2名盟员被葫芦岛市、兴城市两级政协和相关政府部门特邀为民主监督员、行风评议员、巡视员，盟员在各自的岗位上尽职尽责，认真履行参政议政职能。

民盟兴城市总支部充分发挥盟员中人大代表和政协委员的作用，参加各级人大和政协组织的视察、调查活动，提出许多有价值的提案、意见和建议，受到中共兴城市委和兴城市人民政府的重视和采纳。

民盟兴城市总支部积极参与民主监督工作。多次参加中共葫芦岛市委统战部、政协葫芦岛市委员会和中共兴城市委、兴城市人民政府、兴城市政协、中共兴城市委统战部及有关部门举行的民主协商会、情况通报会、专题座谈会、征求意见会。

民盟兴城市总支部紧紧围绕中共兴城市委和兴城市人民政府的中心工作，深入开展调查、视察和考察活动。关心政治、经济、文化和社会各项事业的发展，关注社会和人民群众关心的热点、难点问题，撰写提案、意见和建议，充分发挥参政党的职能。

2003年，民盟兴城市总支部被民盟辽宁省委授予“四个一”活动先进集体。2005年，被民盟辽宁省委授予“2001~2003年度先进集体”。

## 第三节　中国民主促进会兴城市支部

中国民主促进会，是以从事教育、文化、出版工作的高中级知识分子为主、具有政治联盟性质的政党。2007 年 11 月，中国民主促进会兴城市支部委员会成立。

### 代表会议

**中国民主促进会兴城市第一次会员大会**　2007 年 11 月 9 日召开，大会选举产生中国民主促进会兴城市支部委员会（简称民进兴城支部），纪红茹当选为民进兴城市支部委员会主委。

### 主要活动

民进兴城市支部注重加强政治学习，提高会员政治素质和业务水平。2008 年，组织会员参加民进葫芦岛市委举办的多党合作讲座、《坚定政治信念、严于律己，不断完善自我》专题讲座。2011 年，听取中共葫芦岛市委统战部领导所做《以“七一”讲话为指导，努力建设高素质参政党》讲座。

2012 年，听取中央党校丁元竹教授的《努力提高社会管理科学化水平》专题报告和葫芦岛市政协人类资源环境委主任的《做一个精神明亮的人》讲座。并常年有计划地组织会员学习《人民政协报》《民主》杂志、《辽宁民进》杂志刊登的主要文章。

### 参政议政

2012 年，民进兴城市支部 11 名会员，其中担任葫芦岛市第四届政协委员 4 人，担任兴城市第六届政协委员 5 人（其中常委 1 人），担任兴城市第七届政协委员 7 人（其中常委 2 人）。民进会员积极开展调研活动，相继提交提案 119 件，立案 117 件，递交信息 145 条。会员潘建为报送的信息《关于高中实施新课改中出现的几个问题》被辽宁省人民政府采用，得到辽宁省人民政府副省长鲁昕的批示。会员张伟报送的《让昂扬向上的歌曲占领校园文化阵地》《扎实推进限塑工作》两条信息在《友报》上发表，《加强教科书管理》信息被民进中央和中共辽宁省委统战部采用，信息《建议将课间 10 分钟延长至 15 分钟》被全国政协采用。

### 社会服务

2007 年，民进兴城市支部先后两次到郭家镇、碱厂满族乡送文化下乡，进行文艺演出。

2008 年，民进兴城市支部组织会员前往菊花岛，慰问戍守边疆的解放军战士。2009 年，多次组织会员到旧门、拣金、望海、碱厂、郭家等乡镇开展送教、送课下乡活动。2011 年，民进会员到白庙子驻军 8623 部队进行慰问演出。2012 年，到高家岭满族乡送文化下乡。

从 2007 起，民进兴城市支部先后 4 次组织会员赴药王满族乡中小学校，开展“手拉手情系贫困学子，心连心爱满药王校园”和“手牵手，共沐阳光”主题爱心助学活动。2012 年，被资助的 5 名贫困学子中有两名学生以优异的成绩考入大学，有两名学生分别考入兴城市高中、兴城市第二高中。民进兴城市支部跟踪助学，为被资助学生送去钱款和学习用品。

2008 年，“5·12”汶川地震后，民进兴城支部全体成员情系灾区灾民，积极捐款捐物和开展义演。会员王铁军参加民进中央组织的书画义卖赈灾活动，被民进辽宁省委评为“社会服务工作先进个人”。会员范国志为抗震救灾创作歌曲《鲜红的党旗，绿色的军衣》并亲自演唱，倾诉民进会员对中国共产党的热爱和对中国人民解放军的崇敬心情。

2010年8月4~5日，兴城市15个乡镇街道遭受60年不遇的特大暴雨，蒙受巨大经济损失。民进兴城支部积极参加中共兴城市委宣传部主办的“爱的奉献”——抗洪赈灾大型义演活动，向灾区捐款2000元。

2007年，民进兴城市支部被民进辽宁省委评为“先进支部”。2009年12月，民进兴城市支部被民进辽宁省委评为“社会服务先进支部”。2010年11月，民进兴城市支部被民进中央评为“民进全国先进基层组织”。2011年12月，被中共辽宁省委统战部授予辽宁省民主党派“同心”工程“四个一”活动“基层组织奖”。

## 第四节　中国农工民主党兴城支部

中国农工民主党，是以医药卫生、人口资源和生态环境领域高中级知识分子为主、具有政治联盟特点、致力于建设中国特色社会主义事业的政党。2011年11月，中国农工民主党葫芦岛市委兴城支部成立。

### 组织建设

2011年11月23日，中国农工民主党葫芦岛市委兴城支部召开第一次支部大会。会议选举李秋艳为支部主任。农工民主党兴城支部成立之初由5名党员组成，截至2012年末，农工民主党兴城支部党员发展到9人。其中有葫芦岛市人大代表2人，葫芦岛市政协委员2人（常委1人），兴城市人大常委1人，兴城市政协委员5人（常委2人）。

农工党兴城支部成立以后，加强自身建设，党员的思想素质不断提高。通过学习统战理论知识，学习中共十八大和农工党中央十五大会议精神，进一步了解和掌握新时期国家的大政方针，明确作为民主党派基层组织要更加坚定地拥护中国共产党领导的政治信念和共同致力于小康社会建设的奋斗目标。

农工党兴城支部创建“农工党之家”，为支部开展工作提供有利条件，并不断完善支部各项制度，建立政治学习计划，进行调研考察、社会服务等活动，有效地发挥参政党的职能作用。

### 参政议政

农工党兴城支部党员多数是人大代表和政协委员，在葫芦岛市和兴城市人大、政协“两会”上，农工党兴城支部党员代表、委员共提交21份提案与议案，其中《关于兴城铁西居民用水》等2份提案被列为重点提案并得到落实。农工党兴城支部党员代表、委员还积极搜集整理社情民意信息，共向有关部门提交10份，为政府做出正确决策提供重要参考资料。

### 社会服务

农工党兴城支部发挥党员的自身优势积极开展社会服务活动。2011年始，多次开展扶贫义诊、科技支农活动。

2012年春节前夕，农工党兴城支部党员走访兴城市敬老院，为老人送去米、面、油等生活用品，为敬老院的医务室捐赠价值2000多元的常用药品，为老人们的保健和医疗当场提供咨询与服务。多次到农村讲解农业科技知识，帮助解决农作物病虫害问题，无偿向农民赠送无公害农药、有机化肥等农用生产资料，并精心指导使用方法。

农工党兴城支部组织党员考察徐大堡核电项目，帮助党员明确核电的安全性、环保性以及对家乡经济建设作出贡献，每位党员都成为核电项目的宣传者，让家乡人打消疑虑，积极支持核电项目建设。年内，农工党兴城支部有 2 名成员被农工党葫芦岛市委评为优秀党员。

# 第三章　群众团体

群团工作是中国共产党群众工作的重要组成部分。随着改革开放和兴城经济社会的不断发展，兴城市总工会、共青团、妇联等群众团体组织，认真履行职能，充分发挥各自优势，积极参加和服务于经济建设、改善民生、保障群众权益等项工作，为推动兴城经济社会平稳较快发展发挥重要作用。

## 第一节　兴城市总工会

兴城市总工会是中共兴城市委领导的全市产业工人自愿结合的群众组织，是会员和职工利益的代表。其基本职责是维护职工合法权益。通过广泛开展职工建功立业活动，大力实施职工素质建设工程，充分地发挥工人阶级主力军作用。2003 年 6 月，兴城市总工会机关由古城南门外东侧搬迁至位于兴海北街二段 29 号新楼办公。2012 年，兴城市总工会内设 13 个工作机构。

### 代表会议

**兴城市总工会第一次会员代表大会**　1988 年 6 月 21~22 日，在兴华影剧院召开，与会代表 350 人。会议听取并审议王洛代表上届总工会委员会所作的工作报告，审议通过上届工会经费审查委员会的工会财务工作审查报告。大会选举由 31 人组成的兴城市总工会第一届执行委员会，选举王洛为第一届兴城市总工会主席。

**兴城市总工会第二次会员代表大会**　1996 年 1 月 22~24 日，在兴城文化宫召开，与会代表 259 人。大会听取并审议马华生代表市总工会第一届委员会所作的工作报告，听取审议兴城市总工会第一届委员会财务工作报告。大会选举产生兴城市总工会第二届执行委员会，选举马华生为第二届兴城市总工会主席。

**兴城市总工会第三次会员代表大会**　2002 年 6 月 21~23 日，在辽锦疗养院召开，与会代表 179 人，列席代表 30 人。大会听取审议并通过熊玉辉代表兴城市总工会第二届委员会所作的工作报告，听取审议兴城市总工会第二届委员会财务工作报告，听取审议兴城市总工会第二届委员会经费审查委员会工作报告。大会选举产生兴城市工会第三届委员会，选举熊玉辉为第三届兴城市总工会主席。

## 工会组织

1986年，兴城县工会在沙后所、红崖子、白塔、宁远等乡镇的企业中组建起工会，第一次把农民工吸收到工人阶级队伍中来，全县建立基层工会组织239个，工会专职干部114人，会员24892人。

1988年，兴城市总工会通过指导和协商，恢复组建兴城市直机关单位的基层工会组织，全市建立基层工会组织243个，工会会员25953人，基层专职工会干部122人。

2000年，按照辽宁省总工会、葫芦岛市总工会部署，兴城市总工会在全市开展“基层工会组织整顿建设年”活动，在27家符合建会条件的企业中，组建24个基层工会。为切实加强基层工会干部的选拔和管理，2005年，兴城市总工会建议中共兴城市委组织部下发《兴城市基层工会主席管理暂行办法》。

2007年，兴城市总工会按照建会建制的要求，全年新建基层工会70个，新发展会员3471人。其中，在新兴泳装行业企业建会40家。

2008年3月，为加快乡镇组建工会工作，做到“党建带工建、工建服务党建”，兴城市总工会召开乡镇街道建会工作会议。年内，全市各乡镇街道25人以下小企业均组建工会，并有50家泳装企业、5000多名行业职工被纳入工会组织。

2010年，兴城市总工会实行建企与建会、入会同步运作，推动非公企业组建工会工作。全年共完成新建工会17个，发展会员1500余人，扩大工会组织覆盖面。2011年，兴城市总工会组建26家区域性工会和泳装、旅行社、高家岭石材、沙后所服装4家行业工会，将567家小微企业全部涵盖其中。

2012年，兴城市总工会将符合独立建会条件的81家企业（25人以上）全部批准建会。在新建非公企业工会组织中，对区域性工会和行业性工会主席全部实行直选，独立建会企业有9家实行直选。

## 工会活动

**劳动竞赛** 1986年，兴城县总工会组织开展“优秀企业家竞赛”活动，推进企业发展。全县37家工业企业利润比1985年提高12%。

1988年，兴城市总工会深入开展以提高经济效益为中心，以增产节约、增收节支为主要内容的多种形式的劳动竞赛活动。在公交系统开展“目标管理赛”“技术协作赛”“班组升级赛”；在财贸系统开展“三好、六好窗口”赛，在教育系统开展“优质课赛”，兴城水泵厂一家企业就开展5种形式的劳动竞赛。

1990年，兴城市总工会在全市企业中开展“百千万”竞赛活动：即评选100名生产能手、提出2000条合理化建议、增收节支300万元。竞赛中，兴城市32000余名职工提出合理化建议2400余条，被采纳1300余条，增收节支价值303万元。完成33个技术攻关项目、100余项小改革，创经济效益25.7万元。

1996年，兴城市总工会在全市企业中开展“建功创三优”竞赛活动。要求企业单位要以提高产品质量、优化产业结构、开发新产品、提高经济效益为重点，并与开展合理化建议、技术改造、“双增双节”、学邯钢经验相结合。通过该次活动，实现增收节支402万元。实施技术革新、技术改造项目28项，累计创效益521万元。活动中涌现一大批先进集体和模范人物。

2001 年，兴城市总工会在全市企业中开展“建设新兴城、十五建功勋、创业立功”竞赛活动，全年实现“双增双节”850 万元。收到合理化建议 12215 条，开展技术攻关、技术改造 27 项，创经济效益 210 万元。

2003 年，兴城市总工会在全市企业中开展学一门专业、练一门绝活、提一条合理化建议、搞一项技改、掌握一门外语或计算机知识的“五个一”活动。全年，实现技术攻关 17 项、重大技术革新项目 25 项，提合理化建议 15000 余条，创造经济效益近 1000 万元。

2006 年，在全市企业开展班组竞赛活动中，涌现出兴城市菊花啤酒有限公司“柏德志班组”的“节能降耗”、兴城市轴承厂的“名师带高徒”、兴城市轮胎厂的“循环生产，清洁生产”3 个典型。参加创建活动的 80 余家企业，职工提合理化建议 9000 余条，被采纳 3190 条，实现增收节支价值 1200 万元。实现技术革新、技术攻关 30 余项，创经济效益 2100 余万元。

2008 年，为贯彻落实中华全国总工会关于开展“工人先锋号”创建活动的要求，兴城市总工会下发《创建“工人先锋号”实施方案》，组织全市企业单位广泛深入开展创建活动。兴城市移动通信公司工会获得辽宁省总工会颁发的“工人先锋员”称号。华润雪花啤酒公司、凯森蒙制衣有限公司、四家村企业集团被葫芦岛市总工会评为“创建‘工人先锋号’先进单位”。

2010 年，兴城市总工会以创建“工人先锋号”为载体，开展“同舟共济保增长、建功立业促振兴”竞赛活动。组织职工广泛参与技术革新、发明创造、提合理化建议，推行“首席工人”和“星级员工”制度。并把开展竞赛活动与职工提素质、晋职级、增收入相结合，开展劳动模范推荐选树活动，有 27 名职工被授予葫芦岛市级劳动模范。

2011 年，全市 12 家金融单位员工参加“金融系统职工出纳技能大赛”，评选出金融系统首席员工 18 人、明星职工 54 人。

2012 年，兴城市总工会录制“劳模风采录”专题片，对各级劳动模范先进事迹进行大力宣传。开展“十大杰出技术工人”评选表彰活动。

**困难帮扶**　1986 年，兴城县总工会领导亲自出面，解决兴城县第一建筑公司 100 多名女职工“放长假”，失去工资收入造成家庭生活拮据等问题，使女职工重新上岗。

1994 年，兴城市开展“温暖工程”活动。6 月 28 日，召开全市党政机关、企事业单位领导参加的“温暖工程”动员暨捐款大会，共收到捐资 65 万元。兴城市总工会设立专项救助困难职工的“温暖工程”基金，用于扶贫解困，救助困难职工。

1998 年，兴城市总工会牵头，组织实施全市“副科级以上领导干部包扶”和“百名工会基层干部包扶”活动，共包扶特困职工 518 户，投入包扶资金 15 万元。

2003~2005 年，兴城市总工会开展“爱心助学”“金秋助学”等活动，资助近 100 名困难职工子女上大学。

2006 年，兴城市总工会建立特困职工帮扶中心，为特困职工提供困难帮扶、信访接待、法律咨询、职业介绍、技能培训。兴城市总工会组织建立“扶贫超市”，开办“惠民医院”，开展“送温暖进社区”、为农民工“送清凉”等系列活动。2008 年，兴城市总工会在全市企业中开展“扶贫帮困解难事，工会温暖送万家”活动。全市工会组织走访困难职工 780 户，投入资金 23 万元，发放大米 7500 公斤。投入资金 10 万元，资助 85 名困难职工子女上大学。

2010 年，兴城市总工会全年提供资金 35 万元，救助困难职工 1300 多户；捐资 15 万元，扶助 100 名困难职工子女上大学；投入资金 5 万元，开展为农民工“送温暖、送清凉、送亲情”等活动。

2012 年，兴城市总工会走访、救助困难职工 1485 人次，投入帮扶救助资金 90 余万元，为 1100 名女职工办理安康保险。

## 维护职工权益

切实维护广大职工群众的合法权益，积极化解矛盾，是工会组织的主要职能。1986 年，兴城县总工会接待职工上访 154 人次，结案 22 件。1989 年，兴城市总工会在全市企业中贯彻落实《全民所有制工业企业转换经营机制条例》，对企业职工住房、医疗、保险等情况进行调查，帮助解决实际问题，维护企业职工的合法权益。

1991 年，兴城市总工会加大力度监督有关部门落实国家工资政策，对企业工资、奖金分配问题提出建议 28 条。1992 年，兴城市总工会成立职工物价监督中心站，并组建锦山、锦华 2 个分站，有效地维护国家物价政策和职工消费者利益。

1994 年，兴城市总工会机关增设法律工作部，专门负责维护职工合法权益。1995 年，兴城市总工会在 100 家企业中推行平等协商签订集体合同制度。为特困职工办理“特困职工证”，对特困职工从事个体经营享受优惠政策和减免子女学杂费等情况进行监管。

1997 年，兴城市总工会积极参与产权制度改革，制发《关于工会参与产权制度改革及加强改制后企业工会工作的若干意见》，维护改制企业职工的合法权益。

2003 年，兴城市总工会在全市企业中推行和完善职代会制度，强化维权机制建设。进一步深化以职代会为主要形式的厂务公开、院务公开、校务公开制度，充分发挥职代会职权，维护职工合法权益。2004 年，兴城市总工会建立法律援助中心，聘请专业律师，为职工提供免费法律服务。

2007 年，兴城市总工会致力于维权机制建设，积极参与兴城市人大、兴城市政协有关劳动关系、职工利益的检查和视察活动。会同兴城市劳动和社会保障局、兴城市城建局等部门对拖欠农民工工资情况进行大检查。联合开展对小微企业劳动用工的检查。就城市低保等情况进行调研，参与劳动争议调解和仲裁工作。兴城市总工会法律服务中心耐心接待职工上访，妥善处理和化解矛盾，参与劳动争议仲裁，使劳动争议结案率达 95%，维护职工合法权益。

2010 年，兴城市总工会在全市企业中深入贯彻《辽宁省集体协商和集体合同规定》，以就业和工资为重点，进一步扩大集体协商集体合同的覆盖面，集体合同签订率达 80%。在签订集体合同的企业，女职工权益保护和劳动安全卫生专项集体合同实现全覆盖。

2012 年，兴城市总工会联合兴城市司法局、兴城市劳动争议仲裁院成立兴城市劳动争议调解委员会。在各乡镇、街道和 22 家非公企业建立劳动争议调解委员会，建立专职和兼职劳动争议调解员队伍。

## 女职工工作

1986年，兴城县总工会积极同各企业磋商，促成企业单位从行政费用中列支，核销拖欠 1482 名女职工妇科病普查费用。

1992 年 6 月 24 日，兴城市总工会召开女职工委员会成立大会，建立女工领导机构。兴城市女工组织积极发挥作用，组织女职工参加各项优质服务活动。1994 年，女职工委员会解决、调处家庭纠纷 122 件，同有关部门协商，给 17 名基层专职女工干部落实待遇。兴城市总工会女职工委员会被辽宁省总工会评为先进单位。

1996年，兴城市总工会女职工委员会开展“女职工双文明建功立业竞赛”活动，要求女职工立足岗位比贡献，爱岗敬业讲道德，争创“三八”标准化岗位、“巾帼建功”示范岗。开展“强素质、多贡献”活动，提高女职工整体素质。

1999年，“三八”妇女节前夕，兴城市总工会召开下岗女职工再就业标兵事迹报告会，宣传树立陆艳君等10名再就业标兵。2002年，兴城市总工会在机关增设女工部，专门负责女职工工作。2008年，兴城市总工会组织开展女职工“安康保险”活动，为全市女职工办理安康保险2000多人次，使女职工特殊权益得到进一步维护。

2009年，“三八”妇女节期间，兴城市总工会开展慰问单亲困难女职工活动，共走访45户，发放慰问金1.5万元。2011年，兴城市总工会组织女职工开展安康保险和特殊疾病保险活动。2012年，完善集体合同制度，将女职工的特殊利益作为集体合同的一项内容，规定女职工劳动保护的各项措施。对单亲女职工子女上大学及对困难女职工家庭给予救助。

## 第二节　中国共产主义青年团兴城市委员会

1986年，中国共产主义青年团兴城县委员会（简称共青团兴城县委）内设6个工作部门。1987年1月，兴城撤县建市，共青团兴城县委员会改称共青团兴城市委员会。

### 代表会议

**共青团兴城市第一次代表大会**　1987年12月1日，在兴华影剧院召开，出席大会代表400名。大会听取并审议崔海明代表上届委员会所作的工作报告。大会选举产生共青团兴城市第一届委员会。在一届一次全委会上，选举崔海明为共青团兴城市委书记。

**共青团兴城市第二次代表大会**　1991年3月28~29日召开，出席会议代表400人。会议审议并通过崔海明代表第一届委员会所作的工作报告。大会选举产生共青团兴城市第二届委员会，在二届一次全委会上，选举崔海明为共青团兴城市委书记。

**共青团兴城市第三次代表大会**　1994年5月4日召开，参加会议代表398名。大会听取和审议徐铁军代表共青团兴城市第二届委员会所作的工作报告。大会选举产生共青团兴城市第三届委员会。在三届一次全委会议上选举徐铁军为共青团兴城市委书记。

**共青团兴城市第四次代表大会**　1997年12月15日召开。大会审议并通过熊玉辉代表共青团兴城市第三届委员会所作的工作报告。大会选举产生共青团兴城市第四届委员会。在四届一次全委会议上，选举熊玉辉为共青团兴城市委书记。

**共青团兴城市第五次代表大会**　2006年5月16日召开，参加会议代表152名。会议审议并通过单新宇代表共青团兴城市第四届委员会所作工作报告。大会选举产生共青团兴城市第五届委员会委员、候补委员。大会通过关于共青团兴城市第四届委员会工作报告的决议。在五届一次全委会议上，选举单新宇为共青团兴城市委书记。

### 组织建设

1986年，为适应共青团工作的前移和下移，共青团兴城县委新成立1个直属团总支，筹建1个团委、2个团支部。共青团兴城县委带领全县各级团组织，积极参加共青团辽宁省委开展的“活跃团支部”竞赛活动。沙后所满族镇团委被共青团辽宁省委评为先进团委。

1990年，共青团兴城市委下发《兴城基层团干部目标管理责任制评比实施方案》，并在旧门满族乡进行试点。在全市非公有制企业中采取直接建团、联合建团、属地管理等方式设置企业团组织，并根据教育体制改革和实施素质教育的需要，强化学校团组织作用，加强新形势下基层团组织建设。

2002年，共青团兴城市委首次通过公开竞聘方式选拔村级团支部书记。为活跃少年儿童业余生活，共青团兴城市委与四家村企业集团联合成立兴城市青少年宫。2007年，共青团兴城市委在全市开展“特殊儿童群体快乐成长”工作，共建立10个特殊儿童群体工作站，有750名农民工子女在工作站的服务下健康成长。

2009年，全面启动产业建团工作。在玄宇实用菌专业合作社建立产业化模式的共青团组织，组织农村团员青年提高生产技能，积极投身农业产业化建设。2010年，共青团兴城市委着力在规模以上非公有制经济组织进行共青团组织建设，使全市非公有制经济组织中共青团组织建设工作机制进一步完善。共青团兴城市委在规模以上非公组织共建50多家团组织。

2011年，共青团兴城市委在全市27个社区进行团组织统一换届。全年完成新经济组织和新社会组织建团98家，新建驻外团工委1个，各乡镇街道新配团委班子成员10人，平均年龄32岁。

2012年，共青团兴城市委举办基层团干部培训班，对全市72名农村、学校、企业和机关的团委书记进行为期3天的培训。在19个乡镇中开展乡镇实体化大团委建设工作，新建农业合作社团组织56个，结成青年农民带头人帮扶对子52个，为农村困难青年解决实际困难200余个。至年末，全市完成新建乡镇街道直属团组织780个。

## 组织活动

1986年，共青团兴城县委组织全县青年职工参加“超定额达标”和“优质服务达标”竞赛活动，创造价值431万元，优质服务达标率为90%。开展以“小发明、小创造、小设计、小革新和小建议”为内容的“智慧杯”竞赛，取得优秀成果18项，创造价值519万元。

1989年，共青团兴城市委开展“爱国储蓄”活动，号召兴城市团员青年将手中的零用钱存入银行，共吸纳存款10万余元。在全市窗口行业开展“文明服务达标”活动，在中小学生中开展“知我兴城，服务社会”教育活动，促进精神文明建设。

1990年始，共青团兴城市委坚持开展“学雷锋精神，树时代新风，做‘四有’新人”教育活动。相继在少先队组织中开展“寻找渤海湾的赖宁”学习活动，教育青少年学先进、爱家乡、爱祖国。沙后所满族镇中心小学少先总队被共青团中央少工委授予“全国学赖宁先进集体”。1991年，共青团兴城市委在全市开展“营造青年林、少年林绿化家乡”活动，取得明显成效。

1998年，共青团兴城市委开展“争创红旗团支部竞赛”活动。分批分期对乡镇街道团委书记、中学团支部书记、小学少先队辅导员、企事业单位“青年文明号”负责人进行科学社会主义理论、思想品德等内容的培训。

1999年，共青团兴城市委开展以“迈向新世纪，创造新业绩”为主题教育活动。相继召开“五四”纪念大会、举办“迎国庆歌咏比赛”“迎澳门回归讲演比赛”等活动。开展遵纪守法、助人为乐、爱岗敬业、奉献社会、尊老爱幼、勤俭节约等教育活动，帮助青少年养成良好的思想品德、社会公德、职业道德、家庭美德，开创社会文明新风。

2003年，共青团兴城市委开展“青年文明号”创建活动，将“青年文明号”单位的先进事迹制成专题片在兴城电视台播放，进一步激发全市团员青年的社会主义积极性。

2007年，共青团兴城市委组织全市青少年以建团86周年、香港回归10周年为契机，开展“民族精神代代传”“相聚团旗下”“奉献助和谐”等多种形式的志愿服务活动。为碱厂满族乡“希望小学”争取建设资金40万元。争取到省、市扶助资金5万元，帮扶弱势群体。资助15名贫困家庭大学生顺利入学。帮助17名特困家庭子女进入锦西工业学校、葫芦岛鸿文职业技术学校，接受为期3年的技能培训。

2009年，以QQ为载体，创建“兴城真爱公益空间QQ群”，招募志愿者200余名，开展志愿活动30余次。开展“春雨行动”爱心储蓄活动，存款235万元，救助121名贫困学生，提供66100元助学金。共青团兴城市委以“关注贫困学生，爱心成就梦想”为主题，开展希望工程爱心助学活动。2010年，资助95名贫困学生，提供助学金18900元。兴城市创建国家级“青年文明号”3家、辽宁省级“青年文明号”6家、葫芦岛市级“青年文明号”156家、兴城市级“青年文明号”237家。

2011年，以“建党90周年”为契机，共青团兴城市委对全市团员青年进行爱党爱国、爱社会主义的思想教育活动。为在青年中倡树新风，在兴隆大家庭成功举办百对新人新婚大典。组织青年志愿者和团干部走访慰问30家农村困难户，总计捐赠财物折款2万余元。全年筹集善款5万余元，为郭家镇蔡家小学更换门窗桌椅，改善办学条件；对50名农民工子女和20名贫困大学新生进行资助。从中国青少年发展基金会争取资金5万元，为碱厂满族乡中心小学建立“快乐音乐教室”。

2012年5月，共青团兴城市委组织“闪光的青春，高举团旗跟党走”大型文艺演出，举办“我与共青团共成长”主题征文活动。组织团干部和青年志愿者走访慰问20家农村困难户。筹措“希望工程”助学金16.5万元，资助全市292名家庭经济困难的大中小学生。启动2012年希望工程“圆梦大学”行动，为33名家庭贫困的大学新生圆上大学梦。为农村创业青年提供资金扶持，协助67人办理贷款210万元，带动就业158人。依托新农村建设专家服务团，开展青年农民技能培训10次，培训青年农民1700余人次，发放农业科普资料2000余份。红崖子满族乡青年农民陆双玉被授予辽宁省农村青年致富带头人标兵。共青团兴城市委被评为“辽宁省先进团委”，羊安满族乡被评为“全国农村基层团建示范乡镇”。

## 第三节　兴城市妇女联合会

兴城县（市）妇女联合会（简称妇联），是兴城各界妇女的群众组织。其基本职能是团结、动员广大妇女投身改革开放和社会各项事业建设，教育、引导广大妇女增强自尊、自信、自立、自强精神，全面提高素质，维护妇女儿童合法权益。1987年1月，兴城县妇女联合会更名为兴城市妇女联合会，内设3个工作机构。2012年，内设4个工作机构。

### 代表会议

**兴城市第一次妇女代表大会**　1991年9月27日，兴城市第一次妇女代表大会召开，出席会议代表240名。大会审议并通过王功书代表兴城市（县）妇女联合会第九届执行委员会所作的工作报告，选举产生由35人组成的兴城市第一届妇女联合会执行委员会，选举苗盛华为兴城市妇女联合会主任。

1993 年 6 月，中国妇女第七次全国代表大会后，各级妇联“主任”改称“主席”。

**兴城市第二次妇女代表大会** 2003 年 9 月 17 日，兴城市第二次妇女代表大会召开，出席会议代表 201 人。大会听取审议宋丹代表第一届执委会所作的工作报告。会议选举产生由 39 人组成的第二届兴城市妇联执行委员会，选举宋丹为兴城市妇联主席。

## 宣传教育

兴城市妇联坚持对广大妇女进行政治思想教育，引导广大妇女积极参加社会各项活动。1987 年，兴城市妇联在广大妇女中开展“知昨天，看今天，想明天”的“三对比”教育，开展“讲思想，学榜样，做能人，当强者”活动，评选自强自立的 “三八”红旗手 50 名、巾帼状元 20 名。

1992 年，在“三八”妇女节，兴城市妇联首次举办“巾帼颂社会主义演唱会”，有 200 余人登台演出。在《兴城市报》开辟“巾帼在闪光”专栏，在兴城人民广播电台开办“巾帼天地”专题节目，宣传“双学双比”和“巾帼建功”活动中涌现出的先进妇女典型。

2001 年，兴城市妇联在全市开展“争做文明妇女”活动，实施“六个好工程” （好婆婆、好媳妇、好母亲、好儿女、好丈夫、好妻子），弘扬社会新风。举办首届“菊花女渔村杯”社区女子健身操大赛，1000 多名妇女参加比赛。

2008 年，兴城市妇联开展“女性创业在路上”宣传展示活动，录制介绍自强不息女强人的专题片《铿锵玫瑰》，宣传在经济社会发展中涌现出的优秀农村妇女典型。

2011 年，兴城市妇联开展“低碳家庭·时尚生活”主题活动，倡导“以小家带大家，社会文明我先行”的新理念、新风俗、新气象。通过向群众发放宣传材料、环保水杯和环保袋等，宣传“低碳”生活常识，提高广大妇女掌握“低碳”生活知识，倡导低碳节俭生活。

2012 年，兴城市妇联开展十佳特色家庭评选活动，评选出 “爱心家庭”“创业家庭”“和睦家庭”等“十佳”特色家庭标兵，激励更多家庭积极参与和谐兴城建设。

## 争创活动

**“双学双比”活动** 1989 年 3 月，全国妇联联合共青团中央等 12 个部门在农村妇女中开展“学文化、学技术，比成绩、比贡献”竞赛活动，兴城市成立由妇联牵头，会同共青团兴城市委、农业局、果树局等 12 个单位组成的“双学双比”协调小组，制发《兴城市农村妇女双学双比竞赛活动五年规划》，组织全市妇女积极参加“双学双比”竞赛活动。涌现出以妇女为主的科技示范户 3700 余户、专业村 100 余个、专业街 170 条和“女状元”、女能手、女科技骨干。兴城市“双学双比”协调小组获辽宁省“先进协调小组”称号。

1994 年，兴城市人民政府制发《1994~1995 年双学双比二年规划》，以种粮、植棉、蔬菜、林果、养猪、养鸡、庭院经济为主攻方向，开展“千亩高产田”“种粮魁首赛”“养殖能手赛”等活动。兴城市在辽宁省“增收致富项目进家庭”活动评比中，获“最佳业绩”奖。

2000 年，兴城市妇联把“双学双比”活动同加快农业结构调整和农业产业化进程有机结合起来，动员和组织农村妇女积极参加“学科技，学经营，比效益，比发展”的新一轮“双学双比”活动。

2007 年，兴城市妇联根据“双学双比”活动规划，注重搞好领办致富项目，打造 “妇字号”

农产品品牌，领跑农业经济。协调发放小额贷款50多万元，帮助农村妇女创业。兴城市妇联开展各类农技培训班20期，有5000余名农村妇女参加技能培训。

2010年，为进一步提高农村妇女的文化素质、科技技能，兴城市妇联加大培训力度。组织25名专家进行果树栽培、棚菜种植、花生病虫害防治等项目的专题授课，并采取实名对接、联保帮扶等形式，上门做好技术服务，确保产业发展无技术盲区。

2011年，兴城市妇联录制《巾帼映红半边天》“双学双比”专题片，在兴城电视台开设“巾帼风采”专栏，宣传32名妇女创业典型的先进事迹。

2012年，兴城市妇联把科学种田作为“双学双比”新的突破口，10个蔬菜生产基地举办温室蔬菜种植技术培训班；在玉米生产区开展高产玉米种植技术培训班5期。

**巾帼建功活动** 1991年，全国妇联、国家教委、人事部等12家单位发起“巾帼建功”活动。兴城市妇联分别在全市教育系统开展“说课联赛”，在卫生系统开展医德医风评比，在凯森蒙制衣公司开展裁剪技术比武，在美声家电公司开展“最佳售货员”评选活动。

1999年，兴城市妇联与兴城市劳动局共同举办5期下岗女职工转岗技能培训班，2500余人得到培训。先后有240人在美容美发、饮食行业就业，1500余人在其他私营企业就业。完善“家政服务”体系，安置下岗女工300余人就业。

自2004年始，兴城市妇联实施“巾帼再就业工程”和“巾帼创业带头人培训工程”，80%的妇女参加培训结业后成功就业。

2009年，兴城市妇联在海滨满族乡建立“辽宁省巾帼科技致富示范基地”，形成以海滨满族乡为中心，包括高家岭、三道沟、大寨、曹庄等10个乡镇构成的蔬菜种植基地。建立巾帼棚菜种植专业合作社，吸收200余名农村妇女为合作社成员。确定100余户入围“农村妇女创业小额贷款项目库”，协助申请贷款40万元。

2012年，兴城市妇联一体化推进科技致富工程和巾帼扶贫工程，联合药王满族乡人民政府到河北省滦县考察冷棚香菇项目，在谷屯村新建香菇基地6.67公顷，协调农村信用社投放贷款200万元，扶持农村妇女建香菇冷棚50座。

**“双文明”创建活动** 1997年，兴城市妇联在全市妇女中深入开展“争创文明家庭，争做文明妇女”活动。在农村评选出“五好文明家庭”85640户、“五好文明家庭标兵户”89户、“十星级文明标兵户”312户，“文明妇女标兵”62人、“好母亲”91人、“敬老好儿女”102人。

2006年，以美德教育、文明行为、文化知识、健康娱乐、环境美化、节约消费“六进家”为主要内容，开展家庭美德、家庭文化、家庭环保、家庭节约、家庭教育、家庭平安、家庭助廉宣传教育活动。兴城市被辽宁省妇联评为“‘平安家庭’创建工作先进县（市）”。

2011年，兴城市妇联以“女性让家园更美好”为主题开展绿色家庭创建活动。依托和谐社区建设开展家庭美德进社区活动，家庭美德知晓率90%。

2012年，兴城市妇联组织开展“学习型家庭”“低碳家庭”“和谐家庭”等文明家庭创建评选活动，承接全国妇联开展的“全国家庭道德建设”万户调查活动，组织20名乡镇妇联主席深入全市300个家庭，对不同行业、不同年龄的人群进行入户调查。

## 母亲安居工程

2009年，按照辽宁省妇联、葫芦岛市妇联关于“母亲安居工程”的要求，兴城市妇联为3户贫困母亲家庭申请辽宁省妇联援助建房补助资金1.6万元。协调市扶贫办落实“单亲贫困母亲移民安居工程”，为8户单亲贫困母亲家庭各补贴建房款1万元。

2010年，兴城市妇联申请辽宁省妇联援助兴城单亲贫困母亲35户，为新建（购）房者每户援助1万元，危房维修每户援助7580元。2011年，兴城市妇联承办葫芦岛市“母亲安居工程”启动仪式，兴城市人民政府拨付专款28万元，作为2011年度40户农村单亲贫困母亲安居工程的配套资金。

2012年，兴城市妇联争取辽宁省援建单亲贫困母亲安居工程项目资金55万元，兴城市人民政府拨付配套资金55万元，援助55位单亲贫困母亲户建（购）房。

## 儿童少年工作

1986年，兴城县妇联为解决兴城镇部分儿童少年放学后无人照料的问题，协调镇人民政府，在所辖的8个居委会聘请离退休教师任辅导员看护孩子。兴城县妇联帮助县图书馆设儿童阅览处，在县妇幼保健院开办育儿咨询站。

1989年，兴城市儿童少年工作协调委员会召开“儿少工作先进个人、优秀家长经验交流会”，表彰20名儿少工作先进个人、30名优秀家长。兴城市妇联、兴城市教育委员会、兴城市文化局联合举办“祖国花朵演唱会”，评出8个优秀节目。

1994年，兴城市妇联在城镇中学师生中开展“伸出一双手，奉献一片爱心”活动。为山区贫困中小学生捐赠衣物、图书、玩具、文具、作业本等。

1996年5月，兴城市领导在红崖子满族乡中心小学召开“慰问失学儿童座谈会”，为20名失学女童捐资6000元，并拨款1万元给学校购置音乐教学设备及教具。“六一”儿童节期间，全市各乡镇街道开展“送温暖、献爱心”救助失学孩子活动，为孩子们捐赠实物折合人民币9500元，发动社会捐款2.3万元，救助失学儿童32名，维修校舍36间。

2003年5月，兴城市妇女儿童工作委员会走访高家岭满族乡中学和白塔满族乡中心小学校，为10名成绩优秀的贫困儿童送去慰问金。6月，在全市中小学校中开展以“我做合格小公民”为主题的大讨论，开展“征集小公民道德建设格言”活动，并与兴城电视台联合录制《我参与，我发展，我做合格小公民》世纪论坛录像。

2007年始，兴城市农村基层妇女组织在“六一”儿童节，开展“牵手留守儿童，留住童年记忆”特别行动，让留守儿童度过终生难忘的节日。

2011年，兴城市妇联在“六一”儿童节开展“百名山村女童高校行暨爱心妈妈与贫困女童结对帮扶”活动，组织100名贫困女童参观大学校园。携手葫芦岛市妇产医院到红崖子满族乡中心小学捐资助学，为20名贫困儿童送去文具和助学金。

2012年，“六一”儿童节期间，兴城市妇联在曹庄中心小学举行“爱心妈妈、爸爸与留守贫困儿童结对”仪式，40名“爱心妈妈、爸爸”与留守贫困儿童结成帮扶对子，为留守儿童无偿配备电子游艺设备19台。为完善留守儿童关爱服务体系，兴城市妇联争取辽宁省妇联12万元的建设资金及3万元的配套设施，在南大山满族乡建设儿童成长乐园。

## 维护妇女儿童权益

1986年，兴城县妇联会同相关部门对全县妇女儿童权益保护情况进行两次大检查。

1992 年，《中华人民共和国妇女权益保障法》颁布后，兴城市妇联出动宣传车 80 辆次，设咨询点，展览图片；利用《兴城市报》、兴城人民广播电台、兴城电视台开办专版、专栏等形式广泛进行宣传。

1999 年，兴城市妇联组织各乡镇街道 1562 名妇女做妇科病检查、乳腺病普查，使 60%患病妇女得到及时治疗。5 月，结合“三五”普法教育，加大《中华人民共和国妇女权益保障法》的宣传力度。协同兴城市公安、司法部门，对菊花岛乡一位老母亲因长期受虐待跳海自尽案进行查处，为受害妇女伸张正义。

2004 年，兴城市妇联选聘 376 位巡访员，加强维权网络建设。与兴城市公安局联合成立“反家庭暴力 110 报警中心”；在温泉派出所成立“反家庭暴力投诉站”。

2007 年，兴城市妇联建立网站，开通亲情电话——5153470。与司法部门联合成立“妇女法律维权志愿者服务团”。各乡镇街道以妇联为中心，联合成立妇女儿童维权站，在行政村和社区成立妇女儿童维权所。

2009 年，兴城市妇联在全市各行政村、社区公设立 292 个“妇女权益诉求接待站”，减少妇女越级上访的发生。兴城市妇联被评为“辽宁省维护妇女儿童权益工作先进集体”。

2011 年，兴城市妇联联合兴城市综治办建立市级维权示范站 20 个，在日常维权中做好来电来访的接待处理工作。全年共受理来信来访来电案件86 件，调处率 97%。

2012 年“三八”妇女节，兴城市妇联组织法律志愿者在兴隆大家庭商场、劳动就业服务大厅、轻工市场门前等人员密集地段开展妇女维权知识宣传，发放法制宣传资料，现场提供法律咨询。推行信访代理员制度，聘请信访员 32 名。兴城市妇联被评为“辽宁省平安家庭建设先进集体”。

## 第四节　兴城市工商业联合会

兴城市工商业联合会是中共兴城市委、兴城市人民政府联系非公有制经济人士的桥梁和纽带。其主要职责是贯彻执行党的各项方针、政策，加强和改进非公有制经济人士的思想政治工作；维护会员的合法权益，积极参政议政；做好非公有制经济代表人物政治安排推荐工作；组织和团结广大会员为地方经济社会建设发挥作用。

1987 年 7 月，兴城市工商业联合会恢复成立。1994 年，兴城市工商联与中共兴城市委统战部合署办公。1998 年 3 月机构改革，兴城市工商联并入兴城市政协。2000 年从兴城市政协析出，归属中共兴城市委统战部。2011 年 10 月，兴城市工商业联合会（简称工商联）恢复单设，为正科级群团组织建制。2012 年，内设 3 个业务科室。

### 代表会议

**兴城市工商联第一届会员代表大会** 1987 年 7 月 24 日召开，出席会议代表 65 人。会议听取兴城市工商联筹备工作报告和下一步工作意见，选举产生兴城市工商业联合会第一届执行委员会。选举杨遇春为市工商联执委会主任委员。

**兴城市工商联第二届会员代表大会** 1990 年 4 月 18 日召开，出席会议代表 80 人。会议听取兴城市工商联第一届执行委员会工作报告，选举产生由 23 人组成的兴城市工商联第二届执行委员会。选举王明宇为兴城市工商联执委会主任委员。

**兴城市工商联第三届会员代表大会** 1993年12月23日召开，出席会议代表68人。会议审议并通过王明宇代表市工商联第二届执委会作的工作报告。会议选举产生兴城市工商联三届执行委员会。选举王明宇为兴城市工商联会长。

**兴城市工商联第四届会员代表大会** 2001年12月14日召开，大会总结8年中的工商联工作情况，确定新的工作目标，选举产生兴城市工商联四届执行委员会。选举陈希林为兴城市工商联会长。

**兴城市工商联第五次会员代表大会** 2006年9月15日召开，参加会议代表191人。会议听取并审议兴城市工商联四届执委会工作报告，并通过决议。会议选举产生第五届执行委员会。选举李玉环为市工商联会长。

**兴城市工商联第六次会员代表大会** 2011年9月29日召开，参加会议代表355人。会议听取并审议兴城市工商联第五届执委会工作报告。会议选举产生第六届执委会。选举李玉环为市工商联主席。

## 社会公益活动

1994年4月，中共辽宁省委在建昌县召开“发展辽西贫困县光彩事业招商引资大会”，兴城市工商联联合会员和民营企业家积极响应，带头帮扶办企业。

1997年，兴城市工商联积极引导非公有制经济人士参与光彩事业，先富帮后富，走共同富裕之路。兴城市工商联副会长、“社会光彩事业”带头人马世宇，投资15万元为元台子、钓鱼台等乡镇街道发展食用菌生产，义务培训1000余人掌握食用菌栽培技术。民营企业家刘烽、翟文梓投资20万元支持东河治理工程。兴城市钼业有限公司张树杰为学校建设、扶贫等捐款20万元。

2002年以来，兴城市非公有制经济人士在扶贫帮困、投资助学等公益活动中，共投入100余万元。

2004年，兴城市关东钼业有限公司、中兴工业有限公司、菊花啤酒有限公司、兴城市粉末冶金有限公司、凯森蒙制衣有限公司、天顺泳装厂、金种子宾馆等9家民营企业，扶贫帮困投资24万元，助学投资40万元，公益事业投资298万元，安排就业2350人。

2007年，中共兴城市委统战部、兴城市工商联组织会员为贫困农村青年提供学习机会。选送22人到沈阳学习实用技术。在“光彩事业”活动中，兴城市工商联服装同业商会组织百余名非公有制经济人士扶贫帮困100余户。捐资助学30余万元，为南大山满族乡陈胖小学捐建校舍。为修路、架桥、赞助海会等公益事业捐款200万元。

2009年，中共兴城市委统战部、兴城市工商联组织28家非公有制企业扶贫帮困。凯斯科技有限公司帮扶羊安满族乡佟屯村，追加投资500万元，增加厂房，购置专用设备，解决近百人就业。帮助改造村道1000米。年内，兴城市工商联会员和非公有制经济人士资助贫困学生60人，捐赠扶贫资金8万余元，提供公益事业捐款50余万元。

2010年，中共兴城市委统战部、兴城市工商联深入开展以百企帮百村为内容的“双百工程”活动和“光彩事业五项工程”活动，引导非公有制企业致富思源，回报社会，为全市经济发展与和谐社会建设做贡献。工商联会员共投入捐资助学、扶贫帮困资金43万元，增加就业300余人。2010年8月4日和5日，兴城市遭受多年罕见的暴雨灾害。中共兴城市委统战部紧急召开有工商联会员及非公企业界代表人士参加的抗洪救灾捐款会议，30余位会员和企业家慷慨解囊，募集资金96.8万元。

2012 年，兴城市工商联响应中共兴城市委、兴城市人民政府号召，开展“送温暖、献爱心”扶贫捐款活动。组织非公有制经济人士分别到药王满族乡、海滨满族乡和钓鱼台街道开展现场扶贫捐赠活动，对接扶贫户 58 家。

## 参政议政

兴城市工商联履行参政议政职能，发挥民主监督作用，为促进兴城市国民经济健康发展，维护非公有制经济合法权益，围绕企业难点和热点问题提出提案和建议。1988 年，兴城市工商联会员、兴城市政协委员、东辛庄市场业主刘敏等提出《铁路、公路为东辛庄市场服务》的提案，得到兴城市人民政府和有关部门的重视和采纳，投资兴建的东辛庄市场客货运输中心投入运营。东辛庄服装市场与锦州火车站兴城车务段联合举办成立“铁路货物快件代办处”，有 4 列火车在东辛庄站停车。非中共人士、兴城市政协委员张万里提出《强化公检法力量，重点打击暴力犯罪和带有黑社会性质的团伙犯罪》提案，被兴城市公安局采纳，进而开展“压帮头，掐苗头，整治城区和 102 国道治安秩序统一行动”的严打整治行动。

1994 年，兴城市工商联推荐兴城市蘑菇生产规模化的农民科技人员马世宇当选为锦西市人大代表，推荐兴绥集团董事长田伟光担任锦西市政协委员。2006 年，有 25 名工商联会员当选为兴城市人大代表（其中常委 3 人），65 名会员当选为兴城市政协委员（其中常委 15 人），有 5 人当选为葫芦岛市人大代表（其中常委 1 人），1 名当选为辽宁省人大代表，2 人担任葫芦岛市工商联副会长。

2007 年，围绕非公有制经济发展的重大问题，兴城市工商联组织工商联会员深入调查研究，积极参政议政。各级担任人大代表、政协委员的兴城市工商联会员向兴城市人大、兴城市政协提交议案 40 余件。兴城市工商联被评为葫芦岛市“参政议政先进单位”。

2010 年，中共兴城市委统战部和兴城市工商联组织民营企业开展“为兴城经济发展献计献策”活动，经过梳理，搜集整理出有价值的意见建议 14 条。向全体工商联会员发出“推介兴城，招商引资”倡议书，鼓励会员在做大做强自身企业基础上，积极开展以商引商、以商招商活动。有多位工商联成员依托自己的企业吸引外来资金追加投资或进行技术改造。其中，实施规模以上资本增加项目 10 余项，实际增加投入 3 亿元。

2011 年，兴城市工商联在非公有制企业中开展争当“优秀中国特色社会主义事业建设者”活动，组织部分会员赴北京参加“企业可持续发展”高级培训班。

2012 年，兴城市工商联有 51 名会员当选兴城市政协新一届委员会委员（其中政协常委 11 人）；在葫芦岛市工商业联合会第四届会员代表大会上，兴城市工商联会员有 2 人当选副主席，有 2 人当选为常委；在辽宁省工商联换届大会上，兴城市工商联主席李玉环当选为辽宁省民间商会副会长、辽宁省工商联副主席，兴城市工商联副主席李海峰当选为辽宁省工商联执委。

## 服务经济

1992 年，兴城市工商联进一步明确新时期对个体、私营、民营等非公有制经济的基本方针政策，调整工商联工作思路，与工商、税务、个体劳协等部门联系，掌握全市非公有制经济宏观状况。深入基层调查，重点走访 12 个乡镇街道，详细了解非公有制经济的现状、存在的问题，并写出调查报告，为市领导决策提供可靠依据。

1993 年 5 月，兴城市工商联总公司创建兴城市新兴彩窗厂，生产加工彩色铝合金门窗、钢窗。

投资 20 万元，创建中联经贸公司，经营冷库和养殖基地，贮藏加工蛏、对虾等，产品远销日本及我国香港地区。

1999 年 4 月 21 日，兴城市工商联成立泳装同业公会。7 月 18 日，成立兴城市出租车同业公会。

2003 年，兴城市工商联对工商业发展和企业文化进行调研，改选兴城出租车同业公会，成立兴城市工商联法律维权中心。

2004 年，按国家“提高原工商业者工资待遇”政策精神，兴城市工商联为 37 名符合条件的原工商业者向劳动部门提供身份证明，使其提高工资待遇。帮助企业解决经济纠纷 2 起，帮助 1 家企业得到银行信贷，将沙后所 76 家服装生产加工户组建成沙后所服装同业商会，使无序竞争得以解决。帮助关东钼业有限公司从连山区迁到兴城市碱厂满族乡，投资 4800 万元，新开矿井 13 眼。

2005 年，兴城市工商联制定《兴城市劳动培训和劳动力转移就业实施方案》，引导非公有制经济参与扶贫开发和搞好农村劳动力培训与转移就业，经各乡镇街道报名，核实后实施救助，有 40 名贫困农家子女被送到职业高中、技术学校学习技能。年内，兴城市工商联获“辽宁省推动农村劳动力就业转移先进单位”称号。

2008 年，中共兴城市委统战部、兴城市工商联积极引导非公有制经济组织帮扶贫困村发展经济。华山街道上长茂选矿厂捐资 10 万元，帮助上长茂村完成村路改造工程。兴城市粉末冶金有限公司捐款 2 万元，帮扶古城街道花园村改造村容村貌。金种子有限公司捐赠价值 1.2 万元的优良种子,提供给刘台子满族乡进行品种改良。

2011 年，兴城市工商联鼓励和引导会员通过增加资本投入等途径实现企业转型升级做大做强，不断提升竞争力，凯森蒙集团等十几家会员企业，共实施规模以上资本增加项目 13 项，实际增加投入 8.7 亿元。

2012 年，兴城市工商联针对企业发展资金不足，融资困难等问题，帮助德容制衣、益丰制衣等多家企业无抵押贷款 1400 万元。解决晟业地产公司缓交配套资金 400 万元，帮助兴城忠厚服装有限公司退税20 万元。

## 第五节　兴城市科学技术协会

1986 年，兴城县科学技术协会为独立建制，是全县科技工作者的群众组织。1987 年，称兴城市科学技术协会。1998 年 3 月机构改革，兴城市科学技术协会与兴城市科技局合署办公。2003 年 7 月，兴城市科学技术协会从兴城市科技局析出，恢复兴城市科学技术协会（简称兴城市科协）。2012 年，兴城市科协内设 5 个业务机构。

### 代表会议

**兴城市科学技术协会第一次会员代表大会** 1988 年 2 月 3~4 日在中共兴城市委党校会议室召开。出席会议代表 170 人。会议听取和审议工作报告，选举 39 人为兴城市科协第一届委员会委员，在市科协一届一次全委会选举 13 人为常务委员。

**兴城市科学技术协会第二次会员代表大会** 1990 年 4 月 10~11 日召开。出席会议正式代表 180 人，列席代表 20 人。会议听取和审议科协第一届委员会工作报告。选举 48 名委员组成的兴城市市科协第二届委员会。在兴城市科协二届一次全委会选出常委18 名，选举牛锋为主席。

## 科普工作

1986年，兴城县科协会同各有关部门举办各种类型的技术培训班，培训学员5万多人次。组织“科技扶贫报告团”到郭家、碱厂乡等乡镇传授脱贫致富的农业科学技术。

1988年，兴城市科协建立和完善农村专业组织。建立各级农民专业研究会26个，会员810人。曹庄满族乡养貉研究会3年创外汇400万元。白塔满族乡蒜苗研究会实行集约化生产，统购蒜种，育苗方式由室内转向室外扣棚，产量逐年增加，40余户会员冬季获利40余万元。兴城市科教电影队巡回放映《快速养猪法》《防治苹果腐烂病》《绒山羊饲养》《庭院经济》等10多部科教片。

1989年，兴城市科协工作重点放在农村普及科学技术和科普乡镇达标活动上。在“科普之冬”活动中，全市共举办科普大集121次、科普展览243次，放映科教电影、科普录像763场，发放科技资料4万多份，举办有7个乡镇街道5300多人参加的科技知识竞赛。是年，白塔满族乡被中国科协评为“农村科普先进集体”。

1994年，在开展第六届“科普之冬”活动中，兴城市以科普市场为主要形式，共设立和完善“科普服务实体”149个、出动“科普大篷车”570辆次，组建“科普轻骑队”419个。推广“兴棉1号”种植、食用菌生产及深加工等新技术182项，推广“广谱丰产素”“ABT增产灵”等新品种化肥62种，举办科技兴农论证会9次、科普知识竞赛16次。兴城市涌现各类科技致富典型500多人。兴城市“科普之冬”活动受到中国科协和辽宁省科协的重视，经验被刊登在《辽宁科技报》《辽宁科协》和中国科协主办的《科协论坛》上。

2001年，兴城市科协将“科普之冬”与春耕备耕生产、产业结构调整、“三下乡”活动有机结合起来，举办实用技术培训班1254期，培训人数达5.6万人；组织高级农艺师深入田间、果园、大棚进行技术咨询50余次，推广新品种22个，引进推广新技术62项；组建专家服务团23个，相继在各乡镇街道成立科技服务站，巡回到各乡镇街道讲课41场，受益人数达1.5万多人次。兴城市科协被中国科协评为科普工作先进集体。

2002年，兴城市科协把科普工作由以农村为重点，延伸到城区街道社区，各街道都成立领导小组和科普志愿者服务队。在首阳、欣和园等居民小区，多次举办大型科普宣传图片展和崇尚科学文明，反对封建迷信活动，提高广大市民科技意识，净化社会风气，维护社会稳定。在全省科协系统综合评比中，兴城市科协被评为辽宁省级先进单位和“辽宁省第十五届‘科普之冬’活动先进集体”。

2004年，兴城市科协聘请辽宁省农科院、中国农科院兴城果树研究所、沈阳农业大学、山东农科院专家和葫芦岛市农业部门科技人员，成立专家服务团，开展“百名专家进百村”科技下乡活动。从山东农科院引进早熟抗虫棉花新品种“鲁棉9”和“鲁棉21”，在高家岭满族乡汤上村进行示范种植。从辽宁省北方水稻研究所引进杂交稻新品种12个。建立兴城市现代渔业园区井盐水工厂化养殖示范基地，千亩莱心繁育基地，建立兴城市农函大食用菌培训科研示范基地。兴城市科协农业新技术试验示范基地被定为葫芦岛市“农民科普增收工程”示范基地。兴城市被授予“辽宁省‘科普工作’达标县（市）”。

2006年，兴城市科协引进辽宁省水稻区域试验中晚熟系列优质品种26个。从大连、锦州引进特种花生“南非红宝石”以及“黑花1号”“花玉17”“花20”等花生新品。引进大豆新品种

“高油中作983”“高蛋白中作975”等。同时还引进黄瓜、番茄等特色蔬菜系列新品种，实用农业新技术30余项。

2009年，兴城市科协协助各乡镇街道在重点社区和行政村建立“科普大学，在城区开展“科普知识在我身边”便民服务活动，宣传节约资源能源的基本知识及食品安全知识，发放科普图书，开展义务医疗咨询等为民服务活动，举办《饮食与健康》讲座。是年，举办专业实用技术培训25期，为各乡镇街道培训技术骨干4500人，展出宣传板报120块。组织参加辽宁省22届“科普之冬”暨优质农产品进超市活动，组织8个“科普惠农兴村计划”项目获奖产品、优质绿色无公害农产品进入“兴隆大家庭”商场。

2011年，日本发生“3·11”大地震及海啸引发的核泄露事故，兴城市科协通过科普宣传栏、科普画廊、科普网站，发放宣传资料等形式，宣传核能利用、核辐射、食品安全等方面科学技术知识，提高群众的科普素质，维护社会正常的生产生活秩序。“科普之冬”活动期间，到旧门、红崖子、高家岭等乡镇开展科技下乡活动，普及推广农业实用技术30项，举办科普大集8次，发放科普宣传资料1万余份。有2个乡、6个街道设置专职科普宣传员，羊安满族乡被葫芦岛市定为专职科普宣传员试点乡。兴城市科协配合辽宁省“中国农民创新与民生”课题组在兴城调研。年末，兴城市荣获“全国科普示范县”称号。

2012年，以“食品安全与公众健康”为主题，积极开展科普答题竞赛活动。在南门口轻工市场门前举办食品安全科普知识宣传。在兴城人民广播电台和兴城电视台播放科普宣传专题节目；在农村巡回放映电影同时播放由科协提供的《科普与生活》《科技致富》等科技光盘85套。宁远街道老马路社区在国家“基层科普行动计划”中，被评为优秀科普示范社区，获得国家专项奖补资金。南大山满族乡嘉星果树蔬菜种植专业技术协会的科普示范活动，入选辽宁省“基层科普行动计划”资助项目，获得省科普专项资金。兴城市科协被辽宁省人力资源和社会保障厅、辽宁省科协、辽宁省公务员局授予“辽宁省科协系统先进集体”称号。

## 青少年科技活动

1986年1月，兴城县科协率18名小学生组成的兴城县代表队，参加锦州市小学生“各显神通”比赛，获团体总分甲组第二名，有10名小学生获个人奖。在锦州市召开的青少年科技发明、小论文作品表彰会上，兴城县胜利小学学生任亚琼制作的“不再前移的踏板”，获锦州市一等奖、辽宁省科技小发明三等奖。

1988年，兴城市青少年科技选送的4件青少年科技作品和3篇科技小论文，获辽宁省二等奖1份，获锦州市一、二、三等奖各1份。

1990年，兴城市青少年科技活动，被中国科协与联合国儿童基金会合作列入“联合国儿童基金援建项目计划”。1991年，兴城市科协与兴城市教委联合发出通知，号召全市中小学学生参加全国、省、市“生物百项”竞赛活动。选送8名中小学校共青团团委书记、少先队总队辅导员参加辽宁省青少年科技中心举办的培训班。选出13项青少年科技成果，代表锦西市参加辽宁省首届青少年“生物百项”竞赛。兴城市获6项一等奖，为锦西市获团体总分第二名。有3名教师被授予“省优秀科技辅导员”称号。兴城市科协被评为“青少年科技工作先进集体”。

1993年，在辽宁省第二届青少年“生物百项”科技活动评选中，兴城市代表锦西地区选送12个项目，获省一等奖2项，二等奖2项，三等奖7项。古城小学获全国青少年“生物百项”活动先进集体的荣誉称号。

随着青少年科技活动的开展，兴城市科技辅导员队伍也不断壮大，至 1994 年末，全市科技辅导员协会会员达 248 人，其中有 22 名辅导员被辽宁省青少年科技辅导员协会吸收为会员。胜利小学获“辽宁省青少年科技活动先进集体”称号，古城小学获全国“开展课外小组活动，培养科技人才优秀活动奖”。

2003 年，在辽宁省第十八届青少年科技创新大赛中，温泉小学的《线形虫的观察与分离》科技论文和高家岭满族乡中心小学校的《光控温室大棚》小发明、南一小学校和温泉小学校 20 幅科幻绘画作品分获一、二、三等奖。高家岭满族乡中心小学校的青少年科技活动获省优秀科技活动奖。

2006 年，兴城市科协成立青少年科技辅导员办公室，专门指导全市开展青少年科技教育活动，有 6 项青少年科技作品分获“辽宁省第 21 届青少年科技创新大赛”一、二、三等奖。2008 年，在大连市举办的第二十三届“辽宁省青少年科技创新大赛”上，兴城市选送的青少年参赛作品，获得科技论文一等奖 1 篇、科技小发明二等奖 3 件。

2011 年，兴城市科协在高家岭满族乡中心小学举办首届青少年科技节。在辽宁省青少年科技创新大赛中，兴城市参赛的 50 件科技作品有 45 项作品获奖。其中获优秀科技实践活动一等奖 1 项，小发明二等奖 2 项，三等奖 4 项。在第 26 届辽宁省青少年科技创新大赛上，高家岭满族乡郭家小学郭旭同学的“配有擎重臂喷雾器”获得银奖。温泉小学种植小组的课题《繁育中原单 32 号玉米杂交种》获得“辽宁省十佳优秀实践活动”项目奖和全国青少年优秀科技实践活动三等奖。

2012 年，在城乡中小学校开展“流动科技馆”进校园、科普剧排练演出等活动。高家岭满族乡靳家小学冯洁琼科技作品获第 27 届辽宁省青少年科技创新大赛银奖。高家岭满族乡郭家小学“辽西地区小农机具开发与利用联合调查科技实践活动”被评为辽宁省“十佳优秀科技实践活动”和全国青少年科技创新大赛三等奖。高家岭满族乡中心小学被评为“2011~2012 年度辽宁省青少年科技教育示范学校”。

## 科学技术成果

1989 年，兴城市科协各学会撰写交流学术论文 325 篇，其中有 170 篇论文获国家、省、市级学会一、二、三等奖。

1991 年，农业系统学会组织 120 名会员参加农业技术集团，承包农田 2 万公顷，推广新技术 11 项，增产粮食 6000 余万公斤，创经济效益 4321 万元；水产学会引进魁蚶新品种；果树学会推广果树高接换头技术等技术。

1994 年，兴城市科协交流学术论文 325 篇，其中有 11 篇论文获省级一、二、三等奖。1997 年，兴城市科协交流学术论文 97 篇，评出优秀论文 50 篇，8 篇获辽宁省级奖。

2008 年，兴城市科协面向全市各行业广泛征集自然科学学术成果，向辽宁省上报参评成果 6 项。

2011 年，兴城市科协广泛征集自然学术成果。卫生、畜牧、环保等专业学会上报的学术论文，有 8 篇获葫芦岛市级自然学术成果奖。兴城市有 13 名各个领域的高级专家被列入葫芦岛市级高级专家库。获得省市级优秀奖的科普示范项目被纳入葫芦岛市级科普惠农项目库。

2012 年，兴城市有 27 个乡镇街道科协组织，17 个自然学科学会，69 个农村专业技术协（研究）会。兴城市科协利用广泛密集联系科技工作者的优势，做好党内外科技人员、知识分子及科学技术界政协委员推荐工作。

# 第六节　兴城市文学艺术界联合会

兴城市文学艺术界联合会（简称兴城市文联）是中共兴城市委领导下的文艺界群团组织。其主要职责是：坚持党的文艺为人民服务，为社会主义服务的“二为”方向，贯彻“百花齐放，百家争鸣”的“双百”方针，组织引导各文艺家协会的艺术工作者按照党的文艺方针，积极开展创作和学术交流活动，繁荣社会主义文艺事业，满足人们文化生活。1987 年 1 月，兴城县文联改称兴城市文联。1998 年 3 月机构改革，兴城市文联与兴城市文化旅游局合署办公。2012 年，兴城市文联内设 2 个机构，下辖 11 个艺术协（学）会。

## 代表会议

**兴城县第一次文学艺术界工作者代表大会**　1985 年 9 月 24 日召开，出席会议代表 43 人。大会听取兴城县文学艺术界联合会工作报告，审议通过兴城县文学艺术界联合会章程。选举产生兴城县第一届文学艺术界联合会主席团，选举李久林为兴城县文联主席。

**兴城市第一次文学艺术界工作者代表大会**　2010 年 7 月 15 日在兴城市人民政府后楼大会议室召开，到会代表 155 人。会议听取并通过王晓平代表市文联所作的工作报告，通过兴城市文学艺术界联合会章程。大会选举产生兴城市第一届文学艺术界联合会主席团，选举王晓平为兴城市文联主席。

## 组织发展

1994 年，兴城市文联有 6 名摄影家被辽宁省摄影家协会批准为会员，有 2 名书法家被辽宁省书法家协会批准为会员，兴城市商业系统离休干部、书法家赵序初被“中国中原书画研究院”聘为高级书画师。

1998 年机构改革后，兴城市文联辖 9 个协会：分别为作家、曲艺家、美术家、书法家、摄影家、音乐家、舞蹈家、戏剧家、民间文艺家协会。2003 年，兴城市文联下辖 9 个协会，有会员 508 人，其中有中国摄影家协会会员、书法家协会会员 6 人，辽宁省摄影家、书法家、作家协会会员 45 人。2007 年，兴城市有 12 人加入辽宁省书法家协会。2008 年，兴城市文联所属各协（学）会完成换届选举。

2010 年 7 月兴城市第一次文代会后，兴城市文联在加强自身建设的同时，注重加大对各个协（学）会的管理及服务。建立和完善各项管理制度，表彰先进，鼓励创作人才，培养和壮大各艺术门类的队伍。

2012 年，兴城市文联所属协（学）会增加到 11 个：作家、曲艺家、民间文艺家、音乐家、舞蹈家、书法家、摄影家、美术家、戏剧家协会、历史文化学会、老年书法家学会。共有各类会员 1699 人。其中中国作家协会会员 2 人；中国音乐家协会会员 1 人；中国书法家协会会员 4 人；中国摄影家协会会员 8 人。

## 文联工作

**艺术创作**　1986 年，兴城县专业和业余文艺工作者在省、市以上报刊发表的各类作品有 130 余篇。入选省级以上美术、书法和摄影作品 27 幅，市级以上入选 100 余幅。

1988 年，兴城市文联开展“兴城解放四十周年文学大奖赛”“轴承杯业余歌手大奖赛”、“兴城风光摄影展”“六一少年儿童书画展”等 8 次活动。

1990 年，兴城市文联组织“兴城美术、书法、摄影作品展”，兴城市第四次人口普查书画展，组织 3 次书法作品观摩和 1 次书法讲座，为参加辽宁省临帖展览选送优秀作品。组织 2 次摄影作品展和 1 次摄影作品研讨会。海会期间，举办“兴城风光美术作品展”。

1998 年，兴城市文联举办“纪念毛泽东同志《在延安文艺座谈会上的讲话》发表 56 周年笔会”。12 月，由兴城市文化旅游局、兴城市文联和兴城日报社联合举办“纪念兴城解放 50 周年”文学作品征文活动。

2000 年，举办兴城市首届“中青年书法篆刻展”、兴城市第二届“青少年书画展”、兴城市“菊花节书画展”。2005 年，兴城市文联举办“中国·兴城七月海会书法、美术、摄影展”，参展作品 264 件。举办“纪念抗日战争和世界反法西斯战争胜利 60 周年书法、美术展”“菊花杯老年书法展”。

2006 年，全市有 52 篇（首）文学作品发表在国家级刊物，有 208 篇（首）发表在省级刊物。兴城市舞蹈家协会在东山文化广场举办 3 次大型汇报演出。兴城市音乐家协会开展音乐普及活动，先后开办竹笛、二胡、小提琴、小号、长号、萨克斯学习班，培养学生 3000 余人。

2007 年，兴城市书法家协会举办 2 期书法临帖展。7 月，兴城市摄影家协会举办“兴城七月海会大型书画展览”，有 150 幅书画作品在海会期间展出。2008 年，兴城市文联与兴城市卫生局举办庆祝国际护士节文艺演出，与中共兴城市纪委联合举办“廉政建设书画展”，与兴城市文化局联合举办庆祝兴城解放 60 周年、纪念改革开放 30 周年暨“兴城市第二届文艺汇演”。

2009 年，兴城市文联举办“庆祝新中国成立 60 周年大型群众歌咏比赛”“庆祝新中国成立 60 周年大型美术作品展览”“书法大赛”“少儿才艺大赛”和“知识竞赛”等活动。

2011 年 6 月 28 日，为庆祝中国共产党建党 90 周年，“兴城之夏”文化广场开幕式暨“唱支山歌给党听”红歌演唱会活动在宁远中心广场举行。兴城市音乐家协会组织为参加红歌演唱会的各机关代表队进行辅导和登台指挥。至 9 月 29 日，共举办 19 场大型专场文艺演出活动。7 月 21 日，由兴城市书法家协会和山海关区书法家协会联合举办的“关城风韵”暨庆祝建党 90 周年书法联展在兴城市职专体育馆开幕。两地书法家及书法爱好者、兴城职专师生等100 人参加开幕式。

2012 年 6 月，以“大地情深”为主题的“兴城之夏”文化活动在宁远中心广场举行，活动至 9 月末结束，共演出 14 场。7 月，由中国摄影家协会主办，兴城市摄影家协会承办的“第 23 届全国摄影艺术展览获奖作品和首届全国农民摄影大展”先后在兴城古城内和红崖子满族乡大集巡展。8 月，由兴城市文联、兴城市书法家协会和陕西韩城市文联、韩城市书法家协会共同举办的“双城墨韵”书法作品联展分别在兴城和韩城两地举行，受到两地领导和社会各界人士的高度重视。是年，兴城市音乐家协会 30 多名会员参加中央电视台举办的《歌声与微笑》节目，分别在央视 1 套、3 套、4 套节目播出，宣传兴城的对外形象。

**文艺下基层** 自“科普之冬”活动开展以来，兴城市文联积极参与，选派文艺工作者到农村科普大集上演出。

2008 年，兴城市音乐家协会组织部分会员到辽宁省军区兴城干休所进行慰问演出。2011 年，兴城市舞蹈家协会多次下基层进行文艺辅导。

2012 年 1 月，兴城市文化局、兴城市文联和兴城市书法家协会、兴城市音乐家协会到高家岭等乡镇举行送文化下乡活动。兴城市作家协会组织 30 余名会员，采访 30 位先进青年典型，写出

36篇报告文学。兴城市作协还参与市直机关工委牵头主办的“爱家乡，爱兴城”征文，组织40多名作者到临海产业区、城市建设重点工程和古城采风，写出50余篇（首）作品。年内，市作协组织全市10多家文学社的90多名师生，攀登大青山，进行“首届文学社采风活动”，提升作者的创作视野和写作能力。

**举行赈灾义演** 2008年5月汶川地震发生后，兴城市文联采取多种形式参与抗震救灾。7月，组织10位书法家进行现场书画义卖，将全部所得寄往灾区。

2010年8月，兴城市遭受历史上罕见特大洪灾，全市多个乡镇的桥梁、房屋倒塌，造成重大经济损失。8月16日晚，由兴城市文化局和市文联举办的主题为《爱的奉献》大型赈灾义演在宁远中心广场举行。兴城市文联所属的作家协会、书法家协会、美术家协会、音乐家协会、戏剧家协会、舞蹈家协会、民间文艺家协会、历史文化学会率先捐款14750元，现场观众深受感动，纷纷为家乡救灾捐款，该次赈灾活动共捐得善款128.249万元。

### 建立艺术平台

为建立文艺工作者展示和交流的平台，2010年12月，兴城市文联创办会刊《古城文艺》。《古城文艺》是综合性艺术刊物，被批准为辽宁省内部刊号。每季1刊，设有“艺术家简介”“协会动态”等栏目，文图并茂，彩色插页。至2012年末，出版9期。与《古城文艺》同期建立的《兴城文学艺术界》网站，是兴城市文联的官方网站。开设的“文化”“文化市场”“文化产业”“精品工程”“协会动态”等栏目，及时向外界宣传兴城的文学艺术成就，展示兴城的文化资源优势，不仅为广大文艺工作者提供展示才能的平台，也成为兴城对外宣传的窗口。

2005年，兴城市书法家协会创办《古城书苑》报纸，刊发每次书展的会员获奖作品，展示创作成就。2007年1月，兴城市摄影家协会创办的《兴城摄影》网站开通。会刊《兴城摄影》杂志问世。每年出版1期，彩色胶版印刷。2009年9月，兴城历史文化学会建立《兴城历史文化》网站。2010年8月，学会会刊《兴城文史》出版。2010年8月，兴城市作家协会创办的《宁远文学》期刊出版。9月，《兴城作家》网站开通。

### 打造地区品牌

2008年，中国书法家协会在全国开展并命名“中国书法之乡”活动，对照“中国书法之乡”选定条件，中共兴城市委、兴城市人民政府决定成立“中国书法之乡”申报工作领导小组。兴城市书法家协会搜集整理各种文字及图片资料，并于2009年3月先后向辽宁省书协、中国书协报送申请报告。2009年11月28日，中国书法家协会副主席吴善璋等一行8人到兴城检查验收。12月11日，中国书法家协会正式批准兴城市为“中国书法之乡”。

2012年9月18日，辽宁省文联、辽宁省摄影家协会领导为“辽宁省兴城摄影创作基地”挂牌。

## 第七节　兴城市残疾人联合会

1986年，兴城县残疾人工作由兴城县民政局和兴城县盲人聋哑人协会管理。1987年4月，兴城市残疾人联合会（简称残联）成立，隶属于兴城市民政局管理的副科级事业单位。1998年机构改革，残联工作由民政局内设机构管理。2004年，兴城市残疾人联合会调整为中共兴城市委直接领导的正科级群团单位。

## 代表会议

**兴城市残疾人第一次代表大会**　1989年4月17日召开，选举产生兴城市第一届残联执行理事会。选举韩柏顺为市残联理事长。

**兴城市残疾人第二次代表大会**　1992年5月12日召开，选举产生兴城市第二届残联执行理事会，选举王连吉为市残联理事长。

**兴城市残疾人第三次代表大会**　2002年9月2日在兴城交通疗养院大会议室召开，会议选举产生兴城市第三届残联执行理事会，选举田景宏为兴城市残联理事长。

**兴城市残疾人第四次代表大会**　2007年12月26日在铁道部疗养院水调歌头酒店大会议室召开，大会选举产生兴城市第四届残联执行理事会，选举田景宏为兴城市残联理事长。

## 残联工作

**组织建设**　1991年，兴城市残联在各乡镇、街道和残疾人集中的福利厂、敬老院组建基层残联组织，乡镇街道成立残疾人理事会，民政助理兼残联理事长。

1992年，兴城市残联在各村委会、居委会成立帮残、助残小组，全市初步形成市、乡、村三级残联组织体系。

1994年2月，兴城市残联内设康复办公室、宣教办公室，下设残疾人劳动服务所。年内，成立由中共兴城市委宣传部、兴城市公安局、民政局、劳动局、卫生局、人事局等成员单位组成的兴城市残疾人工作协调委员会，办公室设在兴城市残联，主要负责协调解决残疾人工作、生活中的问题，开展扶残、助残活动。

2004年，兴城市残联成为兴城市人民政府直接领导的社会团体，经费纳入财政预算。2008年始，兴城市残联在编人员统一参照国家公务员序列管理。

**康复工作**　1987年，兴城市残联对以小儿麻痹后遗症矫治、白内障复明、聋儿语训为主要内容的有“三项康复”需求的残疾人进行调查摸底，登记造册。

1989年，兴城市人民政府成立康复工作领导小组，组织、协调、实施残疾人康复工作。确定兴城市人民医院为白内障复明手术点，专门拨付白内障患者复明手术费。1990年始，兴城市3年间共为269名白内障患者成功进行手术，有69名小儿麻痹后遗症患者得到康复，17名聋哑儿童得到手语训练。

2005年，兴城市残联在曹庄镇、东辛庄镇的曹庄村、四城子村、关站村、东辛庄村4个村搞试点，建立康复指导站和康复服务站，安排专兼职工作人员，配备必要的康复设备和器械以及康复知识普及读本等，推动康复进社区，服务到家庭。

2007年，兴城市残联配合相关部门在各乡镇街道、村屯社区都建立康复指导站和训练室，开展贫困精神病免费服药、智残日间照料、托养康复服务、盲人定向训练工作。帮助130位白内障患者成功做复明手术。普及型假肢安装大腿1例、小腿5例。

2008年，兴城市残联以彩票公益金救助项目免费解决100名贫困精神病人医药，提供免费住院救助6人。为81名白内障患者施行复明手术，为11人安装普及型假肢。

2010年，兴城市残联实施“光明行动”。全年白内障复明任务65例，实际为85名白内障患者施行复明手术，人工晶体植入率95%，脱盲率达100%。

2011年，兴城市残联开展“阳光家园”托养服务，对145名残疾人实行居家托养。为81名白内障患者施行复明手术，人工晶体植入率95%，脱盲率达100%；为残疾人购买25个轮椅，给10户残疾人修复入户台阶，方便肢体残疾人出行。

2012年，兴城市残联协调兴城市二级以上医院全部设立康复科室，完善市级康复指导站3处，巩固加强乡镇街道康复指导站7处，建立村（社区）康复站130个。对54名不同残疾类别的残疾儿童实施康复救助；对398名有康复需求的听力、智力、肢体残疾人开展康复训练与服务；进行肢体残疾儿童免费矫治手术9例；发放辅助器具70件。年内，协调有关专家为81名白内障患者施行复明手术，人工晶体植入率95%，脱盲率达100%。为成年智力残疾人和稳定期精神病患者提供心理咨询，为盲人提供定向行走训练。利用彩票公益金救助项目免费为150名贫困精神病患者服药，免费住院救助8名。共为54名残疾人装配假肢。

**扶贫工作** 1990年，兴城市残联投入资金6.3万元，救济贫困残疾人390名，将11名年龄较大且家庭贫困的残疾人送往敬老院，实行集体供养。年内，兴城市残联被辽宁省残联授予“先进残疾人之家”称号。

1993年，兴城市残联给贫困残疾人发放救济款4.32万元。2009年，为残疾人发放救济金4.1万元，衣物1万余件。

2010年，兴城市残联为残疾人发放救济款4.1万元，为农村残困户送去粮食百万斤，衣物近万件。与医保部门协调，对残疾人实行医疗救助。2011年，对全市4名贫困残疾大学生和10名贫困残疾人家庭在校子女进行救助。

2012年，兴城市残联进一步实施残疾人扶贫解困工程，协调全市党政机关、事业党员干部对1800名残疾人开展社会化“帮、包、扶、带”活动。以新年春节走访和救济救灾活动为契机，协调民政部门做好残疾人解困工作，全年为残疾人发放救济款9万元，发放粮物折合人民币25万元，为30户农村贫困残疾人危房进行改造。

**残疾人教育** 1986年，兴城县成立特残教育中心，在宁远小学开设聋哑班，招收学员9人。1987年，增设智障班，招收学员8名。

1993年，兴城市人民政府批准成立兴城市聋哑学校，教职员工编制18人。1994年，兴城市聋哑学校有教学班4个，在校学生33人，开设语文、数学、常识、音乐、美术、体育、思想品德、劳动技能等课程。1996年，兴城市聋哑学校停办，委托葫芦岛特殊教育学校接办。1998年，兴城市教育局成立特殊教育办公室。

2001年，兴城市残联制定“贫困残疾学生学费补助标准”，对考入大、中专院校和接受义务教育的贫困残疾学生给予学费补助。

2007年，兴城市残联联合兴城市劳动和社会保障局、兴城市农业发展局、兴城市科技局等单位及各乡镇街道，为残疾人举办各种实用技术培训班，有180人受益。2008年，除在校教育外，兴城市残联还对残疾人加强职业教育，联合有关部门和各乡镇街道，举办电脑操作、手机维修、医疗按摩等各培训班，培训残疾人130名。

2010年，兴城市残联联合劳动和社会保障局、妇联、农发局、科协及各乡镇街道等单位举办电脑、手机、盲人保健按摩、医疗按摩、家电维修等各种培训班，有120名残疾人接受培训。有42人参加计算机培训；有10人到盲人按摩点学习。高考中，有4名残疾考生进入录取分数线，兴城市残联及时将情况上报有关部门，确保高考上线残疾考生全部录取。

2012年，兴城市共有7名残疾考生、6名贫困残疾人子女考上大学，全部得到资助。兴城市残联联合兴城市劳动和社会保障局、兴城市妇联、兴城市农发局、兴城市科协等单位，举办盲人保健按摩、医疗按摩、家电维修等各种培训班，有120多残疾人参加培训和教育。利用残联定点蔬菜大棚培训基地，对农村残疾人进行集中培训。选送3名残疾人选手参加辽宁省残疾人技能大赛，其中1人获得服装制作类大赛亚军。

### 关怀与维权

1989年，兴城市22家福利厂安排185名残疾人就业。1990年，兴城市残联新办福利厂点12个，安置残疾职工130名。兴城市残联与兴城市民政局共同扶持210名残疾人从事个体经营活动，帮助197名从事个体经营。1993年，兴城市残联组织助残13900人次，为残疾人办实事900余件，各乡镇街道办福利企业20余家，安排210名残疾人就业。

1999年，根据辽宁省人民政府文件，兴城市在全市企事业单位依法推行残疾人按比例安排就业，达不到比例的单位，按差额人数缴纳残疾人就业保险金。该款用于残疾人就业技术培训，奖励安置残疾人就业做出贡献的单位，扶持残疾人集体从业或个体经营。兴城市人民政府对残疾人从事个体劳动实施税收减免，优先发放营业执照，免征工商管理费等优惠政策。

2007年，兴城市残疾人联合会确立接待、登记、审查、法律介入、解决、反馈的全方位工作机制，构建为残疾人提供政策与法律服务的“绿色通道”。全年共接待残疾人上访90人次、来电来信120件，结案率95%。为残疾人提供法律咨询48次，免费为残疾人代理民事诉讼案件2件，到法庭听取残疾人诉讼案5件。兴城市残联被辽宁省人民政府残疾人委员会授予“辽宁省残疾人信访工作先进单位”称号。

2009年，兴城市残联为残疾人提供法律咨询32次，免费为残疾人代理民事诉讼案件3件，接待残疾人上访65人次、来电来信46件，结案率达95%。

2010年，兴城市残联接待残疾人上访25人次，处理来电来信66件，结案率达95%。为残疾人提供法律咨询36次，免费为残疾人代理民事诉讼案件2件，到法庭听取残疾人诉讼案3件。与兴城市信访局、公安局、人民法院、司法局等部门建立工作联系制度，有效地做好残疾人信访维权工作。

2012年，兴城市残联采取集中就业、分散就业相结合的方式，多渠道、多形式安置残疾人稳定就业。征收残疾人就业保障金100万元，按比例安置残疾人就业。巩固建设残疾人就业扶贫基地5处，安置64名残疾人从业。为168名肢体残疾人代步车发放燃油补贴43680元。完成总建筑面积678平方米，造价199万元的市残疾人综合服务楼建设。面向残疾人扩大医保和社保范围，农村残疾人全部优惠参加新型农村合作医疗，80%农村和城镇残疾人参加养老保险，并享受到比正常人更加优惠的政策。开展信访维权工作，受理残疾人来信来访、网上民声、市长热线50余次，办结率达到100%。

## 第八节 兴城市归国华侨联合会

归国华侨联合会，是由全国归侨、侨眷组成的全国性人民团体。1986年，兴城县外事侨务工作由兴城县人民政府办公室分管，无独立机构。1992年，成立兴城市对外经济工作办公室，负责外经、外事、侨务工作。1995年，侨务、外事职能转到市人民政府办公室。2000年5月，兴城市人民政府办公室设外事侨务股。2003年3月，更名为外事侨务办公室，2010年6月批准恢复兴城市归国华侨联合会，为正科级群团组织，由市委统战部代为领导。

### 代表会议

**兴城市归侨侨眷第一次代表大会** 2011年1月7日召开，归侨侨眷代表40人参加会议，会议选举产生兴城市第一届侨联委员会，选举侨联委员15人、常务委员5人，选举吕英为侨联主席。

### 普查侨情

2008年，兴城市开展侨情普查和认定身份工作。兴城市人民政府下发《侨情普查通知》，规定普查认定身份的对象、范围、内容、程序、时间及要求，通过普查，确认兴城市有归侨侨眷236户848人，定居在海外的侨胞和外籍华人161人，分别居住在朝鲜、日本、泰国、新加坡、英国、德国、俄罗斯、美国、巴西、加拿大、澳大利亚等国家。

2011年和2012年，兴城市侨联分别开展侨情普查。通过电视台播发侨情普查通知，向政府机关、市直部门、乡镇街道及社区下发侨情普查通知文件，侨联干部到社区、乡村走访调查，对侨情进行普查登记，截至2012年末，查清兴城市有归侨、侨眷1045户，3110人，海外侨胞209人，并按照国籍、职业、居住地点等情况对普查对象进行登记归档。

### 参政议政

2011年，兴城市侨联组织恢复后，推荐优秀的归侨侨眷2人作为政协委员人选。2012年，推荐包括侨联常委在内的5名优秀侨眷代表成为新一届政协委员，使兴城市侨界政协委员由原来的2人增加到7人。年内，组织侨界政协委员开展2次学习活动，以提高其参政议政水平。兴城市侨联为侨界政协委员开展调研、视察、建言献策搭建平台。兴城市侨界政协委员共提出涉及城市建设、环境保护、教育资源配置等方面提案12件，均受到中共兴城市委和兴城市人民政府的重视，对所提提案逐一进行答复和落实。

### 维护侨益

兴城市侨联落实《中华人民共和国归侨侨眷权益保护法》，召开“侨法”学习座谈会5次，开办学习“侨法”培训班2期，印发宣传手册800份。每年10月份，集中开展“侨法”宣传活动，充分利用新闻媒体，向社会宣传《中华人民共和国归侨侨眷权益保护法》，营造全社会“尊侨、爱侨、护侨”的浓厚氛围。中共兴城市委制定《实施“侨法”责任制方案》，建立工商、劳动、民政、公安等部门联席会议制度，分解职能，明确责任。兴城市侨联为归侨侨眷办实事，解难题，共接待归侨侨眷及海外侨胞来信来访120件（次），为侨胞、侨眷办好事、实事30件；妥善处理2起涉侨案件，走访慰问贫困侨眷20户，发送慰问金5.5万元。

### 服务经济建设

兴城市侨联发挥自身优势，为兴城市对外开放牵线搭桥，共接待日本、韩国、泰国、美国、澳大利亚等国家和中国香港地区客商48人，推介项目8个。兴城市侨联关注社会热点问题，通过侨界政协委员调研撰写提案，为兴城经济发展出谋献策。侨联委员和归侨侨眷通过信函、贺卡、电子邮件等方式向亲属和海外朋友介绍兴城人文地理、投资环境，多渠道牵线搭桥，招商引资，荐人引智，为兴城市经济社会发展做贡献。

兴城市侨联利用接待华人华侨回国探亲时机，向其介绍兴城市的发展变化，陪同他们游览各个旅游景区、工业园区，宣传兴城市投资优势和招商引资的优惠政策，并向其赠送宣传兴城市人文景观和自然风光的光盘《魅力兴城》，扩大兴城市的知名度和影响力，促进引资引智工作。

# 第十六篇　政权政协

## 第一章　政权组织

中共十一届三中全会以后，党的工作重点开始转移到经济建设轨道。随着党的路线、方针、政策的贯彻执行，法制建设不断加强，政权建设日趋完善。1987 年 1 月 21 日，兴城县第十届人民代表大会第四次会议根据《国务院关于辽宁省撤销兴城县设立兴城市的批复》《中华人民共和国地方各级人民代表大会和地方各级人民政府组织法》（简称《组织法》）有关规定，通过《关于审议决定撤销兴城县设立兴城市有关重大问题的决议》。兴城市人民代表大会自 1987 年 4 月换届选举时起届。兴城市历届人民代表大会及其常委会，依照宪法等法律赋予的各项职权，切实履行职责，积极开展工作，不断推进社会主义民主法制建设，推动兴城经济社会全面发展。

### 第一节　人民代表

人民代表大会代表是国家权力机关组成人员。地方各级人民代表大会代表是地方各级国家权力机关组成人员。人民代表大会代表的产生，要经过严格的法律程序，人民代表肩负相应的法定职责。

#### 兴城县（市）各届人代会代表

根据第五届全国人大第二次会议通过的《全国人民代表大会及地方各级人民代表大会选举法》修正案和辽宁省第五届人大常委会第四次会议通过的《辽宁省县乡两级人民代表大会选举实施细则》，兴城县（市）、乡两级人大代表均实行差额选举。即按人口数将代表名额分配到选区，正式代表候选人应多于应选代表候选人，由选区选民实行差额选举产生。

**兴城县第十届人民代表大会代表**　1984 年 1 月 18 日~4 月 2 日，进行兴城县第十届人民代表大会换届选举工作。依照《辽宁省县乡两级人民代表大会选举实施细则》规定，成立兴城县选举委员会，下设办公室。按照选举工作方案，全县划分 170 个选区。通过召开选举工作会议、培训选举工作骨干、进行宣传发动、协商确定正式代表候选人、投票选举、代表资格审查等工作程序，选举产生兴城县第十届人民代表大会代表346名。1987年1月21日，兴城县第十届人民代表大会第四次会议决定将兴城县第十届人民代表大会代表改为兴城市人民代表大会代表。

**兴城市第一届人民代表大会代表** 1987年1月15日~4月13日，兴城市分阶段、分步骤进行兴城市第一届人民代表大会代表选举工作。兴城市人大代表名额基数为100名，按全市总人口数每5000人增加1名代表和农村每1名代表所代表的人口数4倍于城镇代表所代表的人口数的原则，通过民主协商，确定正式代表候选人320名。4月10日，全市统一进行投票选举，产生兴城市第一届人民代表大会代表203名。

**兴城市第二届人民代表大会代表** 1989年12月1日~1990年2月8日，进行兴城市第二届人民代表大会换届选举工作。按照换届选举实施方案的安排，选举工作分为五个阶段进行，全市共划分121个选区，于1990年2月6日统一组织选民进行投票选举，产生兴城市第二届人民代表大会代表246名。

**兴城市第三届人民代表大会代表** 1992年10月15日~1993年1月14日，进行兴城市第三届人民代表大会换届选举工作。按照换届选举实施方案的安排，选举工作分阶段进行，全市按人口及城区和乡镇代表的比例划分121个选区，于1993年1月12日统一进行投票选举，产生兴城市第三届人民代表大会代表271名。

**兴城市第四届人民代表大会代表** 根据第八届全国人民代表大会第一次会议通过的《宪法修正案》关于县级人民代表大会每届任期改为5年的规定，兴城市第三届人民代表大会至1998年2月届满。依照重新修订的《全国人民代表大会及地方各级人民代表大会选举法》（简称《选举法》）中有关人大代表名额、代表素质的规定，兴城市对人大代表和人大常委会组成人员的知识结构和年龄结构做出规定，并于1997年11月13日开始，进行兴城市第四届人民代表大会代表换届选举工作，经选民投票选举，产生兴城市第四届人民代表大会代表239名。

**兴城市第五届人民代表大会代表** 2002年12月6日~2003年1月7日，进行兴城市第五届人民代表大会代表换届选举工作。经选民投票选举，产生兴城市第五届人民代表大会代表239名。

**兴城市第六届人民代表大会代表** 2007年9月8日~10月20日，进行兴城市第六届人民代表大会代表换届选举工作。经选民投票选举，产生兴城市第六届人民代表大会代表241名。

**兴城市第七届人民代表大会代表** 2012年10月20日~11月20日，进行兴城市第七届人民代表大会代表换届选举工作。全市共44.3万选民参加投票，选举产生乡镇街道人民代表1006名，选举产生兴城市第七届人民代表大会代表239名。

## 锦州、锦西（葫芦岛）市各届人代会代表

**锦州市第九届人民代表大会代表** 1983年4月，兴城县选举产生锦州市第九届人民代表大会代表58名。1986年3月3日，兴城县第十届人大常委会第十二次会议补选曹福佩、王泽民为锦州市第九届人民代表大会代表，代表总数增至60名。

**锦州市第十届人民代表大会代表** 1987年12月3日，兴城市第一届人民代表大会第二次会议，选举产生锦州市第十届人民代表大会代表38名。1988年兴城市第二届人民代表大会第三次会议补选毕玉田为锦州市第十届人民代表大会代表，代表总数增至39名。

**锦西市第一届人民代表大会代表** 1989年11月16日，兴城市第一届人民代表大会第五次会

议，选举产生锦西市第一届人民代表大会代表57名。

**葫芦岛市第一届人民代表大会代表** 1995年1月18日，兴城市第三届人民代表大会第三次会议选举产生葫芦岛市第一届人民代表大会代表66名。兴城市第三届人大常委会召开会议补选张竞强、侯宗璞为葫芦岛市第一届人民代表大会代表，代表总数增至68名。

**葫芦岛市第二届人民代表大会代表** 2000年1月8日，兴城市第四届人民代表大会第三次会议选举产生葫芦岛市第二届人民代表大会代表76名。兴城市第四届人大常委会召开会议补选王志清、黄庆宇、宋连友、陈永武为葫芦岛市第二届人民代表大会代表，代表总数增至80名。

**葫芦岛市第三届人民代表大会代表** 2005年1月8日，兴城市第五届人民代表大会第三次会议选举产生葫芦岛市第三届人民代表大会代表62名。兴城市第五届人大常委会召开会议补选冬梅、孙洪昌、李积浩、康伟、王文志、王英鹤为葫芦岛市第三届人民代表大会代表。

**葫芦岛市第四届人民代表大会代表** 2009年12月28日，兴城市第六届人民代表大会第三次会议选举产生葫芦岛市第四届人民代表大会代表59名。

## 第二节　代表大会

兴城县（市）人民代表大会作为兴城地方国家权力机关，通过代表大会依法行使选举权、被选举权、罢免权和管理权，并监督“一府两院”及所属部门的工作。自1986年4月至2012年12月，兴城县（市）人民代表大会先后召开7届共31次代表会议。

### 兴城县第十届人民代表大会

**兴城县第十届人民代表大会第三次会议** 1986年4月1日在兴华影剧院召开。出席会议代表281名。会议听取和审议《兴城县人民政府工作报告》《兴城县1985年国民经济和社会发展计划执行情况与1986年计划安排的报告》《兴城县财政决算和1986年财政预算的报告》《兴城县人大常委会工作报告》《兴城县人民法院工作报告》《兴城县人民检察院工作报告》，并通过相应决议。会议产生选举兴城县人民政府副县长1名，选举产生兴城县人民法院院长1名。

**兴城县第十届人民代表大会第四次会议** 1987年1月21日在兴华影剧院召开，出席会议代表338名。会议根据《国务院关于辽宁省撤销兴城县设立兴城市的批复》和《组织法》的有关规定，通过《撤销兴城县设立兴城市有关重大问题的决议》。决定将原选举产生的兴城县第十届人民代表大会代表改为兴城市人民代表大会代表，将原选举产生的兴城县第十届人民代表大会常务委员会主任、副主任、委员改为兴城市人民代表大会常务委员会主任、副主任、委员，将原选举产生的兴城县人民政府县长、副县长改为兴城市人民政府市长、副市长，将原选举产生的兴城县人民法院院长和兴城县人民检察院检察长分别改为兴城市人民法院院长和兴城市人民检察院检察长。会议决定兴城市人民代表大会自1987年换届选举时起届。

### 兴城市第一届人民代表大会

**兴城市第一届人民代表大会第一次会议** 1987年4月23~25日在兴华影剧院召开，出席会议代表194人。会议听取和审议《兴城市人民政府工作报告》《兴城市1986年国民经济和社会发展计划执行情况与1987年计划安排意见的报告》《兴城市1986年财政决算和1987年财政预算（草案）的报告》《兴城市人大常委会工作报告》《兴城市人民法院工作报告》《兴城市人民检察院工作报告》，并通过相应的决议。会议选举产生兴城市人大常委会主任1名、副主任4名、委员12名，选举产生兴城市人民政府市长1名、副市长6名，选举产生兴城市人民法院院长和兴城市人民检察院检察长各1名。

**兴城市第一届人民代表大会第二次会议** 1987年12月3日召开。大会选举产生锦州市第十届人民代表大会代表39名，选举产生兴城市人民检察院检察长1名。

**兴城市第一届人民代表大会第三次会议** 1988年4月20~23日召开。会议听取和审议兴城市人民政府、兴城市人大常委会、兴城市人民法院、兴城市人民检察院工作报告及其他报告，并做出相应决议。选举产生兴城市人民政府市长1名，选举产生兴城市人民法院院长1名，补选出席锦州市第十届人民代表大会代表1名。

**兴城市第一届人民代表大会第四次会议** 1989年3月21~24日在兴华影剧院召开。会议听取和审议兴城市人民政府、兴城市人大常委会、兴城市人民法院、兴城市人民检察院工作报告及其他报告，并做出相应决议。

**兴城市第一届人民代表大会第五次会议** 1989年11月16~17日召开。会议听取和审议兴城市人民政府、兴城市人大常委会、兴城市人民法院、兴城市人民检察院工作报告及其他报告，并做出相应决议。选举产生锦西市第一届人民代表大会代表56名。

## 兴城市第二届人民代表大会

**兴城市第二届人民代表大会第一次会议** 1990年2月25~28日在工人文化宫召开。出席会议代表241名。会议听取和审议《兴城市人民政府工作报告》《兴城市1989年国民经济和社会发展计划执行情况与1990年计划安排（草案）的报告》《兴城市1986年财政决算和1987年财政预算（草案）的报告》《兴城市人大常委会工作报告》《兴城市人民法院工作报告》《兴城市人民检察院工作报告》，并通过相应决议。会议选举产生兴城市第二届人民代表大会常务委员会主任1名、副主任3名、委员15名，选举产生兴城市人民政府市长1名、副市长5名，选举产生兴城市人民法院院长和兴城市人民检察院检察长各1名。

**兴城市第二届人民代表大会第二次会议** 1991年3月14~16日召开。会议听取和审议兴城市人民政府、兴城市人大常委会、兴城市人民法院、兴城市人民检察院工作报告及其他报告，并做出相应决议。

**兴城市第二届人民代表大会第三次会议** 1992年2月27~29日召开。会议听取和审议兴城市人民政府、兴城市人大常委会、兴城市人民法院、兴城市人民检察院工作报告及其他报告，并做出相应决议。

## 兴城市第三届人民代表大会

**兴城市第三届人民代表大会第一次会议** 1993年2月24~26日在工人文化宫召开。出席会议代表270名。会议听取和审议《兴城市人民政府工作报告》《兴城市1992年国民经济和社会发展计划执行情况与1993年计划安排（草案）的报告》《兴城市1992年财政决算执行情况和1993年财政预算（草案》的报告》《兴城市人大常委会工作报告》《兴城市人民法院工作报告》《兴城市人民检察院工作报告》，并通过相应的决议。会议选举产生兴城市第三届人大常委会主任1名、副主任 4 名、委员 14 名，选举产生兴城市人民政府市长 1 名、副市长 6 名，选举产生兴城市人民法院院长和兴城市人民检察院检察长各 1 名。

**兴城市第三届人民代表大会第二次会议** 1994 年 3 月 9~11 日在工人文化宫召开。会议听取和审议兴城市人民政府、兴城市人大常委会、兴城市人民法院、兴城市人民检察院工作报告及其他报告，并做出相应决议。会议依法补选兴城市人大常委会副主任 1 名、委员 1 名。

**兴城市第三届人民代表大会第三次会议** 1995 年 1 月 18~20 日在工人文化宫召开。会议听取和审议兴城市人民政府、兴城市人大常委会、兴城市人民法院、兴城市人民检察院工作报告及其他报告，并通过相应决议。会议选举产生葫芦岛市第一届人民代表大会代表 66 名。

**兴城市第三届人民代表大会第四次会议** 1996 年 1 月 17~19 日在工人文化宫召开。会议听取和审议兴城市人民政府、兴城市人大常委会、兴城市人民法院、兴城市人民检察院工作报告及其他报告，并通过相应决议。会议选举产生兴城市人民政府市长 1 名，补选兴城市人大常委会委员 2 名。

**兴城市第三届人民代表大会第五次会议** 1997 年 1 月 17~19 日在工人文化宫召开。会议听取和审议兴城市人民政府、兴城市人大常委会、兴城市人民法院、兴城市人民检察院工作报告及其他报告，并通过相应决议。会议选举兴城市人民政府市长 1 名，选举兴城市人大常委会副主任 3 名，补选委员 1 名，选举兴城市人民检察院检察长 1 名。

### 兴城市第四届人民代表大会

**兴城市第四届人民代表大会第一次会议** 1998 年 1 月 12~14 日在工人文化宫召开。参加会议代表 238 名。会议听取和审议《兴城市人民政府工作报告》《兴城市 1997 年国民经济和社会发展计划执行情况与 1998 年计划（草案）的报告》《兴城市 1997 年财政决算执行情况和 1998 年财政预算（草案》的报告》《兴城市人大常委会工作报告》《兴城市人民法院工作报告》《兴城市人民检察院工作报告》，并通过相应决议。会议选举产生兴城市人大常委会主任 1 名、副主任 5 名、委员 17 名，选举产生兴城市人民政府市长 1 名、副市长 5 名，选举产生兴城市人民法院院长和兴城市人民检察院检察长各 1 名。

**兴城市第四届人民代表大会第二次会议** 1999 年 1 月 14~16 日在工人文化宫召开。会议听取和审议兴城市人民政府、兴城市人大常委会、兴城市人民法院、兴城市人民检察院工作报告及其他报告，并通过相应决议。会议选举产生兴城市人民政府市长 1 名。会议期间收到代表议案 8 件，建议、意见 22 件。

**兴城市第四届人民代表大会第三次会议** 2000 年 1 月 8~10 日在工人文化宫召开。会议依法选举兴城市人民政府市长。代市长张振勤作为等额候选人落选，王英杰当选为兴城市人民政府市长。选举产生葫芦岛市第二届人民代表大会代表 76 名。

**兴城市第四届人民代表大会第四次会议** 2001 年 1 月 15~17 日在中国人民解放军总装备部兴城疗养院俱乐部召开。会议听取和审议各项工作报告，听取兴城市人民政府《关于国民经济和社会发展第十个五年计划（草案）的说明》，并通过各项决议。选举产生兴城市人大常委会副主任 2 名，补选兴城市人大常委会委员 1 名，选举产生兴城市人民法院院长 1 名。会议期间，收到代表建议、批评和意见 29 件。

**兴城市第四届人民代表大会第五次会议** 2002 年 1 月 22~24 日在中国人民解放军总装备部兴城疗养院俱乐部召开。参加会议代表 228 名。会议听取和审议各项工作报告，并通过相应决议。

会议期间，共收到代表建议、批评和意见23件。

## 兴城市第五届人民代表大会

**兴城市第五届人民代表大会第一次会议** 2003年1月16~18日在中国人民解放军总装备部兴城疗养院俱乐部召开。参加会议代表237名，缺席2名。会议听取和审议各项工作报告，并通过相应决议。会议选举产生兴城市人大常委会主任1名、副主任6名、委员15名，选举兴城市人民政府市长1名、副市长6名，选举兴城市人民法院院长和兴城市人民检察院检察长各1名。

**兴城市第五届人民代表大会第二次会议** 2004年1月11~13日在中国人民解放军总装备部兴城疗养院俱乐部召开。参加会议代表239名。会议听取和审议各项工作报告，并通过相应决议。会议补选兴城市人大常委会委员4名。

**兴城市第五届人民代表大会第三次会议** 2005年1月7~9日在兴华影剧院召开，参加会议代表229名，缺席10名。会议选举产生兴城市人民法院院长1名，选举产生出席葫芦岛市第三届人民代表大会代表62名。

**兴城市第五届人民代表大会第四次会议** 2006年1月6~8日在兴华影剧院召开。参加会议代表232名。会议选举产生兴城市人民政府市长1名。

**兴城市第五届人民代表大会第五次会议** 2007年1月10~12日在兴华影剧院召开。参加会议代表238名。会议选举产生兴城市人大常委会主任1名。

## 兴城市第六届人民代表大会

**兴城市第六届人民代表大会第一次会议** 2007年12月18~20日在兴华影剧院召开，参加大会代表234名，缺席7名。会议听取和审议《兴城市人民政府工作报告》《兴城市2007年国民经济和社会发展计划执行情况与2008年计划（草案）的报告》《兴城市2007年财政决算执行情况和2008年财政预算（草案）的报告》《兴城市人大常委会工作报告》《兴城市人民法院工作报告》《兴城市人民检察院工作报告》，并通过相应决议。会议选举产生兴城市人大常委会主任1名、副主任5名、委员21名，选举产生兴城市人民政府市长1名、副市长5名，选举产生兴城市人民法院院长和兴城市人民检察院检察长各1名。

**兴城市第六届人民代表大会第二次会议** 2008年12月22~25日在兴华影剧院召开。会议听取和审议各项工作报告，并通过相应决议。

**兴城市第六届人民代表大会第三次会议** 2009年12月28~30日在兴华影剧院召开。会议选举产生葫芦岛市第四届人民代表大会代表59名，补选兴城市人大常委会委员4名，选举产生兴城市人民法院院长1名。

**兴城市第六届人民代表大会第四次会议** 2010年12月28~30日在兴华影剧院召开。出席会议代表240人，缺席1人。会议听取和审议各项工作报告，并通过相应决议。

**兴城市第六届人民代表大会第五次会议** 2012年2月28日~3月1日在兴城市人民会堂召开。参加会议代表227人，缺席14人。会议听取和审议各项工作报告，并通过相应决议。

## 兴城市第七届人民代表大会

**兴城市第七届人民代表大会第一次会议** 2012年12月4~7日在兴城市行政中心人民会堂召

开。出席会议代表238名。会议听取和审议《兴城市人民政府工作报告》《兴城市2012年国民经济和社会发展计划执行情况与2013年国民经济和社会发展计划的报告》《兴城市2012年财政预算执行情况和2013年财政预算的报告》《兴城市人民代表大会常务委员会工作报告》《兴城市人民法院工作报告》《兴城市人民检察院工作报告》，并通过相应决议。会议选举产生兴城市人大常委会主任1名、副主任4名、委员21名，选举产生兴城市人民政府市长1名、副市长5名，选举产生兴城市人民法院院长和兴城市人民检察院检察长各1名。

## 第三节　常委会议

兴城县（市）人民代表大会常务委员会两个月召开1次会议（特殊情况除外）。分别听取和审议"一府两院"（兴城市人民政府、兴城市人民法院、兴城市人民检察院）关于工业、农业、计划生育、城乡建设、文教、卫生、旅游、社会治安等方面的工作报告，做出重大事项的决议、决定，任免国家机关工作人员等。

### 兴城县第十届人大常委会会议

1986年1月~1987年3月，兴城县第十届人大常委会共举行12次会议。听取和审议"一府两院"有关工作报告，做出重大事项的决议、决定，任免国家机关工作人员。

**兴城县第十届人大常委会第十一次会议**　于1986年1月17日召开。会议听取和审议兴城县人民政府《关于1985年普法工作情况和1986年安排意见的报告》《减轻农民负担工作情况的报告》和《1985年扶贫工作情况和1986年安排意见的报告》，通过《兴城县人大常委会1986年工作要点》，决定人事任免事项。

**兴城县第十届人大常委会第十二次会议**　于1986年3月3日召开。会议补选曹福佩、王泽民为锦州市第九届人民代表大会代表，决定人事任免事项。

**兴城县第十届人大常委会第十六次会议**　于1986年6月19~20日召开。会议期间，视察拣金满族乡和双树乡的乡办企业，听取和审议兴城县人民政府《关于乡镇企业发展情况的报告》和《关于贯彻"从严治警"方针，干警队伍党风警纪情况的报告》，讨论通过《加速乡镇企业发展的决议》和《关于"从严治警"的决议》，讨论并原则通过《兴城县温泉水管理暂行办法》《产品质量监督管理办法》和《租赁合同管理办法暂行规定》，决定人事任免事项。

**兴城县第十届人大常委会第十八次会议**　于1986年10月25日召开。会议传达中共锦州市委关于人大工作会议精神，听取和审议兴城县人民政府关于审计工作情况、关于《渔业法》执行情况和关于调整财政预算指标3个报告，讨论并通过兴城县人大常委会《关于加强审计监督的试行办法》和《关于颁发县十届人大代表视察证的决定》。

**兴城县第十届人大常委会第二十一次会议**　于1987年1月15日召开。会议传达省、市有关县乡两级换届选举的会议精神，讨论通过《兴城县换届选举工作方案》，任命兴城县选举委员会组成人员，审议通过《兴城县人大常委会1987年工作要点》，决定人事任免事项。

**兴城县第十届人大常委会第二十二次会议**　于1987年3月27日召开。会议学习全国人大常委会《关于加强社会主义法制教育，维护安定团结的决定》，传达锦州市第九届人大第五次会议精神，听取兴城市换届选举工作情况汇报，通过相应决议，决定人事任免事项。

## 兴城市第一届人大常委会会议

1987年5月~1990年2月，兴城市第一届人大常委会共举行25次会议。听取和审议“一府两院”有关工作报告22项，做出重大事项的决议、决定18项，依法任免政府组成人员66名，任免兴城市人民法院审判人员和兴城市人民检察院检察人员45名。

**兴城市第一届人大常委会第一次会议** 于1987年5月9日召开。会议学习《中华人民共和国宪法》和《组织法》。常委会成员围绕地方人大常委会的性质、地位、作用和职权，结合人大常委会工作实际，交流学习体会。

**兴城市第一届人大常委会第二次会议** 于1987年6月30日召开。会议听取和审议兴城市人民政府《关于普及九年义务教育规划的报告》《关于普法工作情况的报告》，通过兴城市人大常委会《关于乡镇人民代表大会主席团、主席团主席、联络员工作职责和任务（试行）的规定》，决定人事任免事项。

**兴城市第一届人大常委会第三次会议** 于1987年8月31日召开。会议听取和审议兴城市人民政府《关于1987年上半年财政预算执行情况的报告》《关于贯彻执行新〈治安管理处罚条例〉情况的报告》，审议并通过《兴城市征地动迁补偿暂行办法》，决定人事任免事项。

**兴城市第一届人大常委会第七次会议** 于1988年3月30日召开。会议听取和审议兴城市人民政府《关于农业春耕备实情况的报告》，审议通过《兴城市人大常委会工作报告》和代表资格审查委员会《关于代表资格变动情况和增选、补选代表资格审查情况的报告》。

**兴城市第一届人大常委会第八次会议** 于1988年4月11日召开。会议讨论决定关于召开兴城市第一届人民代表大会第三次会议的相关事宜，同意王泽民辞去兴城市人民政府市长职务的请求，决定毕玉田为兴城市人民政府代理市长。

**兴城市第一届人大常委会第十一次会议** 于1988年8月12日召开。会议听取和审议兴城市人民政府《关于城市建设与管理情况的报告》和《关于依法治市总体规划的报告》，决定人事任免事项。

**兴城市第一届人大常委会第十二次会议** 于1988年10月22日召开。会议听取和审议兴城市人民政府《关于〈环境保护法〉〈文物保护法〉贯彻执行情况的报告》和《关于市一届人大三次会议代表建议、批评、意见处理情况的报告》，通过相关决议，决定人事任免事项。

**兴城市第一届人大常委会第十四次会议** 于1988年12月17日召开。会议听取和审议兴城市人民政府《关于农田基本建设情况的报告》《关于物价工作情况的报告》《关于工商行政管理工作情况的报告》，审查批准兴城市人民政府《关于财政预算部分变更的报告》。

**兴城市第一届人大常委会第十五次会议** 于1989年1月14日召开。会议通过《兴城市人大常委会同代表联系暂行办法》，补选出席锦州市第十届人民代表大会代表，会议还决定人事任免事项。

**兴城市第一届人大常委会第十七次会议** 于1989年4月18日召开。会议听取和审议兴城市人民政府《关于当前社会治安形势和1989年治安保卫工作的报告》和《关于抓好“菜篮子”，努力改善城市蔬菜供应的报告》，决定人事任免事项。

**兴城市第一届人大常委会第二十次会议** 于1989年8月25日召开。会议听取和审议兴城市人民政府关于《1989年上半年财政预算执行情况的报告》《关于贯彻落实〈辽宁省计划生育条例〉情况的报告》和《民族、宗教工作情况的报告》，决定人事任免事项。

**兴城市第一届人大常委会第二十二次会议** 于1989年12月4日召开。会议通过《关于兴城市乡（镇）两级人民代表大会换届选举工作的决定》《关于市、乡（镇）两级人民代表大会换届选举方案》，决定兴城市选举委员会组成人员。

**兴城市第一届人大常委会第二十三次会议** 于1989年12月13日召开。会议补选锦西市第一届人民代表大会代表，任命乡镇选举委员会成员，决定人事任免事项。

**兴城市第一届人大常委会第二十四次会议** 于1990年2月4日召开。会议决定兴城市第二届人民代表大会第一次会议召开的时间，任命刘忠伦为兴城市人民政府代理市长，决定其他人事任免事项。

**兴城市第一届人大常委会第二十五次会议** 于1990年2月21日召开。会议决定召开兴城市第二届人民代表大会一次会议的相关事项，通过《市人大常委会工作报告》，听取兴城市人大常委会代表资格审查委员会关于代表资格的审查报告。

## 兴城市第二届人大常委会会议

1990年3月~1992年12月，兴城市第二届人大常委会共举行22次会议。听取和审议“一府两院”有关工作报告45项，做出重大事项的决议、决定17项，任免国家机关工作人员163名。

**兴城市第二届人大常委会第一次会议** 于1990年3月9日召开。会议通过兴城市人大常委会代表资格审查委员会组成人员名单，决定任命王时伟、杨坤汉为兴城市人民政府副市长。

**兴城市第二届人大常委会第三次会议** 于1990年5月29~30日召开。会议听取和审议兴城市人民政府《关于五年来执行兴城近期规划情况的报告》《关于对杨春海等10名代表联名提出的“城市建设问题多”议案处理情况的报告》《关于城市规划管理暂行办法等7个规范性文件的报告》《关于贯彻执行〈档案法〉情况的报告》，并通过相应决议，增补陈士田为锦西市第一届人民代表大会代表，决定人事任免事项。

**兴城市第二届人大常委会第四次会议** 于1990年7月26~27日召开。会议听取和审议兴城市人民政府《关于加强中小学德育教育工作情况的报告》《关于〈土地管理法〉实施情况的报告》《关于1990年上半年财政预算执行情况的报告》《关于兴城市社会经济综合发展总体规划的报告》《关于闻家满族乡在村民委员会选举工作中违法情况的报告》以及兴城市人民法院《关于执行工作情况的报告》，并通过相应决议，决定人事任免事项。

**兴城市第二届人大常委会第六次会议** 于1990年11月24日召开。会议听取和审议兴城市人民检察院《关于严惩严重经济犯罪情况的报告》，兴城市人民政府《关于“科技兴市”工作情况的报告》《关于广播电视工作情况的报告》《关于代表议案、批评、意见和建议处理情况的报告》，决定人事任免事项。

**兴城市第二届人大常委会第七次会议** 于1991年1月17日召开。会议听取和审议兴城市人民政府《关于1990年农业生产情况和1991年安排意见的报告》，兴城市人民检察院《设立税务、农村经济、农行金融检察室的决定》，通过《兴城市农村宅基地有偿使用暂行办法》，决定人事任免事项。

**兴城市第二届人大常委会第八次会议** 于1991年3月7日召开。会议通过召开兴城市第二届人民代表大会第二次会议的时间、建议议程，通过大会主席团和议案审查委员会组成人员建议名单，通过《兴城市人大常委会工作报告》，通过关于接受刘成功辞去兴城市人大常委会副主任职务的请求决定，通过《关于代表议案、建议、批评和意见办理情况的报告》，决定人事任免事项。

**兴城市第二届人大常委会第十一次会议** 于1991年10月25~26日召开。会议听取和审议兴城市人民政府《关于开展“质量、品种、效益年”活动情况的报告》，组织全体与会人员视察兴城市水泵厂、针织厂、啤酒厂等企业，通过《关于深入开展“质量、品种、效益年”活动的决议》。

**兴城市第二届人大常委会第十四次会议** 于1992年2月19日召开。会议听取和审议兴城市人民政府《关于1991年乡镇企业发展情况的报告》和《关于“二五”普法宣传启动工作情况的报告》，决定关于召开兴城市第二届人大第三次会议相关事项，决定人事任免事项。

**兴城市第二届人大常委会第十五次会议** 于1992年2月29日召开。会议通过张国臣辞去兴城市人大常委会副主任职务请求的决定。

**兴城市第二届人大常委会第十六次会议** 于1992年4月21~22日召开。与会人员视察兴城市打击制售伪劣假冒商品活动开展情况。会议听取和审议兴城市人民政府《关于加速发展果树生产和强化科技管理的决议执行情况的报告》《关于我市社会治安综合治理情况的调查报告》，通过《关于批准兴城市人民检察院〈关于成立市人民检察院驻东辛庄镇检察室的请示〉的决定》，决定人事任免事项。

**兴城市第二届人大常委会第二十次会议** 于1992年11月11日召开。会议听取和审议兴城市人民政府《关于认真贯彻实施〈文物保护法〉〈加强文物保护工作的决议〉执行情况的报告》和《关于人大代表评议公安工作意见落实情况的报告》，审议通过兴城市人民检察院《关于设立兴城市人民检察院驻宁远街道、沙后所满族镇和旧门满族乡检察室的请示》，任命市、乡（镇）选举委员会组成人员，通过《兴城市换届选举实施方案》。

**兴城市第二届人大常委会第二十一次会议** 于1992年12月4日召开。会议批准刘忠伦辞去兴城市人民政府市长职务请求，决定任命范越林为兴城市人民政府代理市长。

**兴城市第二届人大常委会第二十二次会议** 于1992年12月19日召开。会议决定人事任免事项。

## 兴城市第三届人大常委会会议

1993年3月~1997年11月，兴城市第三届人大常委会共举行33次会议。听取和审议“一府两院”有关工作报告62项，做出重大事项的决议、决定16项，依法任免国家机关工作人员212人。

**兴城市第三届人大常委会第二次会议** 于1993年5月18日召开。会议听取和审议兴城市人民政府关于《农民承担费用和劳务管理条例》执行情况的报告，通过《关于减轻农民负担的决议》。

**兴城市第三届人大常委会第六次会议** 于1993年11月23日召开。会议听取和审议兴城市人民政府《关于医疗卫生工作情况的报告》，决定菊花为兴城市市花。

**兴城市第三届人大常委会第七次会议** 于1994年1月20日召开。会议补选德静怡为锦西市第一届人民代表大会大代表。

**兴城市第三届人大常委会第十二次会议** 于1994年10月14日召开。会议听取和审议兴城市人民政府《关于〈村民委员会组织法〉贯彻执行情况的报告》和《关于〈教师法〉贯彻执行情况的报告》，并通过相应决议。

**兴城市第三届人大常委会第十四次会议** 于1995年3月14日召开。会议接受张景泉辞去兴城市人大常委会副主任职务的请求。

**兴城市第三届人大常委会第十五次会议** 于1995年3月24日召开。会议接受范越林辞去兴城市人民政府市长职务的请求，决定任命赵化明为兴城市人民政府代理市长。

**兴城市第三届人大常委会第二十五次会议** 于1996年9月6日召开。会议决定接受赵化明辞去兴城市人民政府市长职务的请求，决定任命张竞强为兴城市人民政府副市长、代理市长，决定任命王维仲为兴城市人民政府副市长，决定免去邵清凯、崔志义兴城市人民政府副市长职务。

**兴城市第三届人大常委会第二十七次会议** 于1996年12月26日召开。会议听取和审议兴城市人民政府《关于计划生育情况的报告》和《市三届人大四次会议代表提出的“关于加强水源污染处理力度”议案办理情况的报告》，并通过相应决议。

**兴城市第三届人大常委会第二十八次会议** 于1997年1月13日召开。会议决定接受焦希云辞去兴城市人民检察院检察长职务的请求。

**兴城市第三届人大常委会第三十三次会议** 于1997年11月10日召开。会议通过《兴城市换届选举方案》，听取和审议兴城市人民政府《关于落实“三五”普法的决议》和《关于搞好农村文化活动的决议执行情况的报告》，并通过决议。

## 兴城市第四届人大常委会会议

1998年3月~2003年1月，兴城市第四届人大常委会共举行36次会议。听取和审议兴城市人民政府和兴城市人民法院、兴城市人民检察院工作报告46项，做出重大事项的决议6项，依法任免国家机关工作人员224名。

**兴城市第四届人大常委会第二次会议** 于1998年5月22日召开。会议听取和审议兴城市人民政府《关于1997年财政决算、预算外财力决算和1998年预算外财力安排意见的报告》《关于公安交警队建设和交通秩序管理情况的报告》《关于中小学素质教育情况的报告》，并通过相应决议。

**兴城市第四届人大常委会第三次会议** 于1998年7月28日召开。决定任命杨献忠为兴城市人民政府副市长。

**兴城市第四届人大常委会第四次会议** 于1998年9月22日召开。会议听取和审议兴城市人民政府《关于民营经济发展情况的报告》，听取和审议兴城市人民法院《关于错案追究制度和〈赔偿法〉执行情况的报告》。

**兴城市第四届人大常委会第五次会议** 于1998年10月29日召开。会议决定接受张竞强辞去兴城市人民政府市长职务、王春奇辞去副市长职务的请求，决定任命芮柏苓为兴城市人民政府副市长、代理市长。

**兴城市第四届人大常委会第十一次会议** 于1999年9月14日召开。决定任命张振勤为兴城市人民政府副市长、代理市长。

**兴城市第四届人大常委会第十二次会议** 于1999年9月23日召开。会议听取和审议市反贪工作情况的报告，听取和审议兴城市人民政府《关于四届人大二次会议代表建议、批评和意见办理情况的报告》和《关于市人大常委会所作决议执行情况的报告》，并通过相应决议。

**兴城市第四届人大常委会第十五次会议** 于2000年3月24日召开。会议听取和审议兴城市人民政府《关于市人大常委会所作的“旅游体制、河沙管理、世行贷款回收、环境保护”等决定贯彻落实情况的报告》，并通过相应决议。

**兴城市第四届人大常委会第十九次会议** 于2000年9月28日召开。会议听取和审议兴城市人民政府《关于〈村民委员会组织法〉执行情况的报告》和《关于农业自然灾害、生产自救及灾民生活安排情况的报告》，并通过决议。

**兴城市第四届人大常委会第二十二次会议** 于2001年1月8日召开。会议决定任命朱宝平为兴城市人民政府副市长，决定免去朱开平的兴城市人民政府副市长职务。

**兴城市第四届人大常委会第二十三次会议**　于2001年3月27日召开。会议决定任命韩庆春为兴城市人民政府副市长。

**兴城市第四届人大常委会第二十九次会议**　于2002年2月9日召开。会议决定任命谷玉彬为兴城市人民政府副市长。

**兴城市第四届人大常委会第三十五次会议**　于2002年12月20日召开。会议决定任命王绍军、姜海山为兴城市人民政府副市长，张学军为兴城市人民检察院副检察长；同意王英杰辞去兴城市人民政府市长职务，王维仲辞去兴城市人民政府副市长职务，秦汉武辞去兴城市人民检察院检察长职务；决定任命王绍军为兴城市人民政府代理市长，张学军为兴城市人民检察院代理检察长。

**兴城市第四届人大常委会第三十六次会议**　于2003年1月10日召开。会议通过兴城市第五届人民代表大会第一次会议议程，通过兴城市第五届人民代表大会第一次会议主席团组成人员和议案审查委员会组成人员名单，决定兴城市五届人大一次会议列席人员，通过《市人大常委会工作报告》，听取兴城市第四届人大常委会代表资格审查委员会《关于代表资格审查的报告》。

## 兴城市第五届人大常委会会议

2003年1月至2007年12月，兴城市第五届人大常委会共举行39次会议。听取和审议"一府两院"涉及人大代表议案、建议、批评和意见办理以及相关各项工作情况的报告70项，做出决议9项、决定43项，评议所任命干部的述职报告、评议葫芦岛市人大代表等事项3项，依法任免国家机关工作人员236名。

**兴城市第五届人大常委会第一次会议**　于2003年2月27日召开。会议听取兴城市人大常委会任命的部分干部述职报告，通过兴城人大常委会《议事规则》和《人事任免办法》。

**兴城市第五届人大常委会第四次会议**　于2003年7月9日召开。会议讨论通过兴城市人大常委会《关于成立特定问题调查委员会的议案》。

**兴城市第五届人大常委会第七次会议**　于2003年9月23日召开。会议听取和审议兴城市人民政府《关于文化市场管理工作情况的报告》和《关于农业立市、工业强市、旅游兴市"三项战略"进展情况的报告》，评议葫芦岛市人大代表，听取和审议兴城市人大常委会《关于特定问题的报告》。

**兴城市第五届人大常委会第八次会议**　于2003年11月27日召开。会议对兴城市教育局、兴城市工商局、兴城市人民法院进行工作评议，对兴城市人大常委会任命的部分干部进行述职评议，会议决定任命解宇立为兴城市人民政府副市长。

**兴城市第五届人大常委会第十四次会议**　于2004年6月24日召开。会议通过兴城市人大常委会《关于在城区设立人民代表办公室的决定》，听取和审议兴城市人民政府《关于变更城市规划区局部用地性质的报告》和《关于事业单位社会保险运行情况的报告》，听取审议兴城市人民检察院《关于不批捕、不起诉案件处理情况的报告》，并做出相关决议，补选葫芦岛市第二届人大代表。

**兴城市第五届人大常委会第十六次会议**　于2004年9月29日召开。会议听取和审议兴城市人民政府《关于民营经济发展情况的报告》《关于古城保护开发和海滨风景区建设管理情况的报告》和《关于"三农"工作情况的报告》。

**兴城市第五届人大常委会第十七次会议**　于2004年11月25日召开。会议听取和审议兴城市人民政府《关于2004年度市人大常委会所作部分决议和视察意见落实情况的报告》，听取和审议兴城市人民法院《关于判处缓刑和单处罚金案件办理情况的报告》，并通过相应决议。

**兴城市第五届人大常委会第十八次会议** 于2004年12月31日召开。会议通过《兴城市人大常委会工作报告》，通过兴城市第五届人大第三次会议主席团和秘书长建议名单、会议建议议程、议案审查委员会组成人员名单，通过《代表资格审查及代表变动情况的报告》，决定人事任免事项。

**兴城市第五届人大常委会第二十次会议** 于2005年5月24日召开。会议听取和审议兴城市人民政府《关于广播电视工作情况的报告》《关于2004年财政预算执行情况和其他财政收支审计情况的报告》《关于城市建设详规制定及执行情况的报告和关于兴城市地名工作开展情况的报告》，决定人事任免事项。

**兴城市第五届人大常委会第二十一次会议** 于2005年6月2日召开。会议通过兴城市第五届人大常委会《关于暂时停止王绍军执行代表职务的决定》。

**兴城市第五届人大常委会第二十三次会议** 于2005年9月29日召开。会议听取和审议兴城市人民政府《关于农业产业化发展、土地政策落实及减轻农民负担工作情况的报告》《关于老企业改造和招商引资情况的报告》和《关于办理“水源环境保护，关爱人民身体健康”议案落实情况的报告》，并通过相应决议。

**兴城市第五届人大常委会第二十四次会议** 于2005年10月12日。会议决定接受陈利众辞去兴城市人大常委会主任职务，任命朱开平为兴城市人大常委会代理主任；决定接受王绍军辞去兴城市人民政府市长职务，任命韩平、王杰、白晓民为兴城市人民政府副市长，任命韩平为兴城市人民政府代理市长；会议决定接受王绍军辞去兴城市第五届人民代表大会代表职务的请求，接受陈利众辞去葫芦岛市第三届人民代表大会代表职务的请求。

**兴城市第五届人大常委会第二十六次会议** 于2005年12月23日召开。会议通过兴城市第五届人大第四次会议相关事宜，补选出席葫芦岛市人民代表大会代表。

**兴城市第五届人大常委会第二十七次会议** 于2006年3月22日召开。会议通过《兴城市人大常委会2006年工作要点》，听取和审议兴城市人民政府《关于2005年财政决算情况的报告》和《关于2006年城市建设规划情况的报告》，并做出决议，决定人事任免事项。

**兴城市第五届人大常委会第二十八次会议** 于2006年5月18日召开。会议听取和审议兴城市人民政府《关于新型农村合作医疗工作进展情况的报告》《关于城市饮用水源污染治理情况及新水源建设情况的报告》，会议决定接受韩庆春辞去兴城市人民政府副市长职务的请求。

**兴城市第五届人大常委会第二十九次会议** 于2006年6月20日召开。会议听取和审议兴城市人民政府《关于城市水资源污染治理情况的报告》。

**兴城市第五届人大常委会第三十一次会议** 于2006年9月27日召开。会议听取和审议兴城市人民政府《关于城市土地市场经营情况的报告》《关于工业园区建设情况的报告》《关于局部调整城市规划区用地情况的报告》，会议通过罢免王绍军葫芦岛市第三届人民代表大会代表的议案。

**兴城市第五届人大常委会第三十三次会议** 于2006年12月22日召开。会议决定接受姜海山辞去兴城市人民政府副市长职务的请求，决定任命樊大成、赵兴华为兴城市人民政府副市长，补选葫芦岛市人民代表大会代表。

**兴城市第五届人大常委会第三十四次会议** 于2007年3月27日召开。会议听取和审议兴城市人民政府《关于调整双树乡行政区划的报告》，并通过相应决议，通过《兴城市人大常委会人事任免及监督办法》，决定接受朱开平辞去兴城市第五届人大常委会副主任职务的请求。

**兴城市第五届人大常委会第三十五次会议**　于 2007 年 6 月 4 日召开。会议决定任命卢广金为兴城市人民政府副市长，决定免去付连刚的兴城市人民政府副市长职务。

**兴城市第五届人大常委会第三十七次会议**　于 2007 年 9 月 6 日召开。会议听取和审议兴城市人民政府《关于全市社会保险基金收缴管理和使用情况的报告》《关于村委会换届选举工作开展情况的报告》《关于兴城市旅游工作情况的报告》，并通过相应决议。通过市乡两级人大换届选举相关事宜。

**兴城市第五届人大常委会第三十九次会议**　于 2007 年 12 月 3 日召开。会议补选葫芦岛市第三届人民代表大会代表，决定接受王忠平辞去兴城市人民政府副市长职务的请求。

## 兴城市第六届人大常委会会议

2008 年 1 月~2012 年 11 月，兴城市第六届人大常委会共举行 36 次会议。听取和审议“一府两院”涉及人大代表议案、建议、批评和意见办理及相关各项工作的报告 70 项，做出相关决议、决定 32 项，审议意见 22 件，依法任免国家机关工作人员 550 名。

**兴城市第六届人大常委会第一次会议**　于 2008 年 1 月 4 日召开。会议决定接受朱开平辞去葫芦岛市第五届人民代表大会代表职务的请求，补选王英鹤为葫芦岛市第五届人民代表大会代表，任命王德利为兴城市人民政府副市长。

**兴城市第六届人大常委会第三次会议**　于 2008 年 6 月 26 日召开。会议听取和审议兴城市人民政府《关于旅游景区管理情况的报告》，听取和审议兴城市人民法院《关于 2007 年案件改判情况的报告》，通过兴城市人大常委会执法检查组《关于贯彻实施〈辽宁省河道管理条例〉情况的检查报告》，通过《关于许可兴城市人民检察院对市六届人大代表朱玉玺采取强制措施的报告》。

**兴城市第六届人大常委会第四次会议**　于 2008 年 7 月 29 日召开。会议通过兴城市人大常委会《关于设立街道工作委员会的决定》，通过《关于撤销朱玉玺、梅连营的兴城市第六届人大代表当选资格的决定》。

**兴城市第六届人大常委会第六次会议**　于 2008 年 11 月 21 日召开。会议听取和审议兴城市人民政府《关于贯彻实施〈辽宁省信访条例〉情况的报告》《关于贯彻实施〈劳动合同法〉情况的报告》，通过《关于接受裴刚等同志辞去兴城市第六届人大代表职务的决定》，决定任命王建华为兴城市人民政府副市长。

**兴城市第六届人大常委会第七次会议**　于 2008 年 12 月 5 日召开。会议决定接受王德利辞去兴城市人民政府副市长职务的请求。

**兴城市第六届人大常委会第八次会议**　于 2009 年 3 月 18 日召开。会议听取和审议兴城市人民政府《关于兴城临海产业区等项目贷款融资情况的报告》，通过《关于接受樊大成、鲁秀红辞去兴城市人民政府副市长职务的决定》，任命吴少军为兴城市人民政府副市长。

**兴城市第六届人大常委会第九次会议**　于 2009 年 5 月 27 日召开。会议听取和审议兴城市人民政府《关于拉动内需，促进经济平稳较快发展情况的报告》《关于 2009 年重大建设项目资金筹措和使用情况的报告》，并做出相应决议。通过《兴城市人大常委会讨论决定重大事项的规定》等 10 项规章制度，任命于学利、刘希杰为兴城市人民政府副市长。

**兴城市第六届人大常委会第十一次会议**　于 2009 年 9 月 28 日召开。会议听取和审议兴城市人民政府《关于河道整治，海滨浴场违法建筑治理情况的报告》《兴城市 2009 年城市基础设施建设情况的报告》《关于兴城市九年一贯制学校建设情况的报告》，通过《关于许可葫芦岛市公安局对兴城市第六届人大代表安茂全采取刑事拘留强制措施的报告》。

**兴城市第六届人大常委会第十二次会议** 于2009年11月24日召开。会议听取和审议兴城市人民政府《关于〈道路交通安全法〉贯彻实施情况的报告》，会议同意赵兴华辞去兴城市人民政府副市长职务，同意刘众辞去兴城市人民法院院长职务，任命赵志民、宗明轩为兴城市人民政府副市长。

**兴城市第六届人大常委会第十三次会议** 于2009年12月17日召开。会议决定召开兴城市第六届人民代表大会第三次会议相关事宜，通过《关于代表变动情况和补选代表资格的审查报告》，通过兴城市人民政府《关于申请菊花岛更名的报告》，任命项雷为兴城市人民法院代理院长。

**兴城市第六届人大常委会第十六次会议** 于2010年7月28日召开。会议任命张学军为兴城市人民政府副市长，同意宗明轩辞去兴城市人民政府副市长职务。

**兴城市第六届人大常委会第十九次会议** 于2010年12月19日召开。会议决定兴城市第六届人大第四次会议相关事宜，通过《兴城市人大常委会工作报告》，同意吴少军辞去兴城市人民政府副市长职务。

**兴城市第六届人大常委会第二十三次会议** 于2011年7月28日召开。会议听取和审议兴城市人民政府《关于2010年兴城市财政预算执行和其他财政收支审计情况的报告》《关于2010年上半年预算执行情况的报告》《关于2011年上半年国民经济和社会发展计划执行情况的报告》《关于依法取缔城区内营运三轮车情况的报告》，并通过相应决议，决定人事任免事项。

**兴城市第六届人大常委会第二十五次会议** 于2011年11月30日召开。会议听取和审议兴城市人民政府《关于2010年财政预算执行和其他财政收支审计有关问题整改情况的报告》《关于全市供暖管理情况的报告》《关于中小学布局调整工作情况的报告》，通过《关于召开兴城市第六届人民代表大会第五次会议时间的决定》，决定人事任免事项。

**兴城市第六届人大常委会第二十七次会议** 于2012年2月14日召开。会议审议通过兴城市第六届人大第五次会议相关事宜，审议通过《兴城市人大常委会工作报告》，审议通过《兴城市人大常委会2012年工作要点》。

**兴城市第六届人大常委会第二十九次会议** 于2012年5月30日召开。会议听取和审议兴城市人民政府《关于2011年兴城市财政预算执行和其他财政收支审计情况的报告》《关于贯彻实施〈中华人民共和国安全生产法〉情况的报告》和《关于兴城市医疗卫生工作情况的报告》，并通过相应决议。任命袁虎迪为兴城市人民政府副市长。

**兴城市第六届人大常委会第三十次会议** 于2012年7月13日召开。会议通过《兴城市市乡两级人民代表大会换届选举工作实施方案》《兴城市选举委员会组成人员名单》，并决定兴城市市乡两级人民代表大会换届选举工作于7月1日开始，至12月10日结束，届时选举产生第七届人民代表大会代表241名，选举产生乡级人民代表大会代表1006名。会议决定任命赵家鹏为兴城市人民政府副市长，接受于学利辞去兴城市人民政府市长职务，任命赵家鹏为兴城市人民政府代理市长。

**兴城市第六届人大常委会第三十一次会议** 于2012年7月27日召开。会议听取和审议兴城市人民政府《关于2012年上半年财政预算执行情况的报告》《关于2012年上半年国民经济和社会发展计划执行情况的报告》和《关于贯彻实施〈中华人民共和国消防法〉情况的报告》，通过兴城市人大常委会《关于任命各乡镇选举委员会组成人员的决定》。

**兴城市第六届人大常委会第三十五次会议** 于2012年11月9日召开。会议通过关于召开兴城市第七届人民代表大会第一次会议时间的决定，通过接受卢广金辞去兴城市人民政府副市长职务的决定，通过关于接受康伟等分别辞去兴城市、乡两级选举委员会职务的决定，通过任命刘星、王月娟为兴城市人民政府副市长的决定，补选赵家鹏、叶蓬为葫芦岛市第四届人民代表大会代表，通过关于接受沈连营辞去葫芦岛市人大代表的决定。

**兴城市第六届人大常委会第三十六次会议** 于2012年11月21日召开。会议决定召开兴城市第七届人民代表大会第一次会议有关事项，通过《兴城市人大常委会工作报告》，通过兴城市第七届人大常委会代表资格审查委员会《关于代表资格审查的报告》。

## 第四节 组织机构

### 领导机构

1980年8月12~15日，兴城县第九届人民代表大会第一次会议召开，会议决定撤销兴城县革命委员会，恢复兴城县人民政府，成立兴城县第九届人民代表大会常务委员会，作为县人民代表大会的常设机构，并选举产生兴城县第九届人民代表大会常务委员会主任、副主任、委员。

1987年1月，根据《国务院关于辽宁省撤销兴城县设立兴城市的批复》和中华人民共和国《组织法》的有关规定，通过撤销兴城县、设立兴城市的决定，并将原兴城县第十届人民代表大会常务委员会主任、副主任、委员更改为兴城市人民代表大会常务委员会主任、副主任、委员。

兴城市人民代表大会自1987年4月换届选举时重新起届。

**兴城市（县）历届人大常委会主任 副主任名录**

表16-1-1

| 届次 | 职 务 | 姓 名 | 性别 | 民族 | 籍 贯 | 任职时间 | 任职方式 |
|---|---|---|---|---|---|---|---|
| 县十届人大常委会 | 主 任 | 时国卿 | 男 | 汉族 | 内蒙古赤峰 | 1984.5~1987.1 | 选举 |
| | 副主任 | 王国栋 | 男 | 汉族 | 辽宁兴城 | 1984.5~1987.1 | 选举 |
| | 副主任 | 杜玉民 | 男 | 满族 | 辽宁兴城 | 1984.5~1987.1 | 选举 |
| | 副主任 | 伊俊祥 | 男 | 满族 | 辽宁兴城 | 1984.5~1987.1 | 选举 |
| | 副主任 | 王崇武 | 男 | 汉族 | 辽宁兴城 | 1984.5~1987.1 | 选举 |
| | 副主任 | 杨景春 | 男 | 满族 | 辽宁兴城 | 1984.5~1987.1 | 选举 |
| 市人大常委会 | 主 任 | 时国卿 | 男 | 汉族 | 内蒙古赤峰 | 1987.1~1987.4 | 更名 |
| | 副主任 | 王国栋 | 男 | 汉族 | 辽宁兴城 | 1987.1~1987.4 | 更名 |
| | 副主任 | 杜玉民 | 男 | 满族 | 辽宁兴城 | 1987.1~1987.4 | 更名 |
| | 副主任 | 伊俊祥 | 男 | 满族 | 辽宁兴城 | 1987.1~1987.4 | 更名 |
| | 副主任 | 王崇武 | 男 | 汉族 | 辽宁兴城 | 1987.1~1987.4 | 更名 |
| | 副主任 | 杨景春 | 男 | 满族 | 辽宁兴城 | 1987.1~1987.4 | 更名 |

续表 16-1-1

| 届次 | 职　务 | 姓　名 | 性别 | 民族 | 籍　贯 | 任职时间 | 任职方式 |
|---|---|---|---|---|---|---|---|
| 市一届人大常委会 | 主　任 | 杜玉民 | 男 | 满族 | 辽宁兴城 | 1987.4~1990.2 | 选举 |
| | 副主任 | 王崇武 | 男 | 汉族 | 辽宁兴城 | 1987.4~1990.2 | 选举 |
| | 副主任 | 杨景春 | 男 | 满族 | 辽宁兴城 | 1987.4~1990.2 | 选举 |
| | 副主任 | 陈士田 | 男 | 汉族 | 辽宁兴城 | 1987.4~1990.2 | 选举 |
| | 副主任 | 张振刚 | 男 | 汉族 | 辽宁兴城 | 1987.4~1990.2 | 选举 |
| 市二届人大常委会 | 主　任 | 陈士田 | 男 | 汉族 | 辽宁兴城 | 1990.2~1993.2 | 选举 |
| | 副主任 | 张景泉 | 男 | 汉族 | 辽宁葫芦岛 | 1990.2~1993.2 | 选举 |
| | 副主任 | 周有志 | 男 | 汉族 | 辽宁兴城 | 1990.2~1993.2 | 选举 |
| | 副主任 | 刘成功 | 男 | 汉族 | 辽宁兴城 | 1990.2~1991.3 | 选举 |
| | 副主任 | 杨国卿 | 男 | 汉族 | 辽宁义县 | 1991.3~1993.2 | 选举 |
| | 副主任 | 张国臣 | 男 | 汉族 | 辽宁兴城 | 1991.3~1992.2 | 选举 |
| 市三届人大常委会 | 主　任 | 王俊杰 | 男 | 汉族 | 辽宁兴城 | 1993.2~1998.1 | 选举 |
| | 副主任 | 侯宗璞 | 男 | 汉族 | 辽宁兴城 | 1993.2~1998.1 | 选举 |
| | 副主任 | 张景泉 | 男 | 汉族 | 辽宁葫芦岛 | 1993.2~1995.1 | 选举 |
| | 副主任 | 周有志 | 男 | 汉族 | 辽宁兴城 | 1993.2~1995.1 | 选举 |
| | 副主任 | 张守增 | 男 | 汉族 | 辽宁兴城 | 1993.2~1997.1 | 选举 |
| | 副主任 | 周普诒 | 男 | 满族 | 辽宁兴城 | 1994.2~1998.1 | 选举 |
| | 副主任 | 邱福顺 | 男 | 满族 | 辽宁兴城 | 1995.2~1998.1 | 选举 |
| | 副主任 | 王文奇 | 男 | 满族 | 辽宁兴城 | 1995.2~1998.1 | 选举 |
| | 副主任 | 李　健 | 男 | 汉族 | 吉林敦化 | 1997.1~1998.1 | 选举 |
| | 副主任 | 张兴北 | 男 | 满族 | 辽宁兴城 | 1997.1~1998.1 | 选举 |
| | 副主任 | 张文成 | 男 | 汉族 | 辽宁兴城 | 1997.1~1998.1 | 选举 |
| 市四届人大常委会 | 主　任 | 侯宗璞 | 男 | 汉族 | 辽宁兴城 | 1998.1~2003.1 | 选举 |
| | 副主任 | 王文奇 | 男 | 满族 | 辽宁兴城 | 1998.1~2003.1 | 选举 |
| | 副主任 | 张秀云 | 女 | 满族 | 辽宁兴城 | 1998.1~2003.1 | 选举 |
| | 副主任 | 朱开平 | 男 | 汉族 | 辽宁绥中 | 1998.1~2003.1 | 选举 |
| | 副主任 | 邱福顺 | 男 | 满族 | 辽宁兴城 | 1998.1~2003.1 | 选举 |
| | 副主任 | 李　健 | 男 | 汉族 | 吉林敦化 | 1998.1~2003.1 | 选举 |
| | 副主任 | 张兴北 | 男 | 满族 | 辽宁兴城 | 1998.1~2003.1 | 选举 |
| | 副主任 | 张文成 | 男 | 汉族 | 辽宁兴城 | 1998.1~2003.1 | 选举 |

续表 16-1-1

| 届次 | 职　务 | 姓　名 | 性别 | 民族 | 籍　贯 | 任职时间 | 任职方式 |
|---|---|---|---|---|---|---|---|
| 市五届人大常委会 | 主　任 | 陈利众 | 男 | 汉族 | 辽宁北镇 | 2003.1~2005.10 | 选举 |
| | 代主任 | 朱开平 | 男 | 汉族 | 辽宁绥中 | 2005.10~2007.1 | 推选 |
| | 主　任 | 康　伟 | 男 | 汉族 | 辽宁开原 | 2007.1~2007.12 | 选举 |
| | 副主任 | 朱开平 | 男 | 汉族 | 辽宁绥中 | 2003.1~2007.2 | 选举 |
| | 副主任 | 邱福顺 | 男 | 满族 | 辽宁兴城 | 2003.1~2007.12 | 选举 |
| | 副主任 | 张文成 | 男 | 汉族 | 辽宁兴城 | 2003.1~2007.12 | 选举 |
| | 副主任 | 王英鹤 | 男 | 汉族 | 辽宁兴城 | 2003.1~2007.12 | 选举 |
| | 副主任 | 董永开 | 男 | 满族 | 辽宁兴城 | 2003.1~2007.12 | 选举 |
| | 副主任 | 徐荫萱 | 男 | 汉族 | 辽宁黑山 | 2003.1~2007.12 | 选举 |
| 市六届人大常委会 | 主　任 | 康　伟 | 男 | 汉族 | 辽宁开原 | 2007.12~2012.12 | 选举 |
| | 副主任 | 王英鹤 | 男 | 汉族 | 辽宁兴城 | 2007.12~2010.12 | 选举 |
| | 副主任 | 邱福顺 | 男 | 满族 | 辽宁兴城 | 2007.12~2010.12 | 选举 |
| | 副主任 | 张文成 | 男 | 汉族 | 辽宁兴城 | 2007.12~2012.12 | 选举 |
| | 副主任 | 董永开 | 男 | 满族 | 辽宁兴城 | 2007.12~2012.12 | 选举 |
| | 副主任 | 田克明 | 男 | 满族 | 辽宁兴城 | 2007.12~2012.12 | 选举 |
| | 副主任 | 张亦喆 | 女 | 满族 | 辽宁兴城 | 2010.12~2012.12 | 选举 |
| | 副主任 | 马宝元 | 男 | 满族 | 辽宁兴城 | 2010.12~2012.12 | 选举 |
| 市七届人大常委会 | 主　任 | 张学军 | 男 | 汉族 | 辽宁兴城 | 2012.12~ | 选举 |
| | 副主任 | 董永开 | 男 | 满族 | 辽宁兴城 | 2012.12~ | 选举 |
| | 副主任 | 张亦喆 | 女 | 满族 | 辽宁兴城 | 2012.12~ | 选举 |
| | 副主任 | 田克明 | 男 | 满族 | 辽宁兴城 | 2012.12~ | 选举 |
| | 副主任 | 韩维邦 | 男 | 满族 | 辽宁兴城 | 2012.12~ | 选举 |

## 工作机构

1986 年1 月，兴城县人大常委会设有综合办公室、财政经济工作办公室、法制工作办公室、科教文卫工作办公室。

1987 年 1 月，兴城撤县设市，兴城县人大常委会内设机构更改为兴城市人大常委会内设机构。

1988 年 8 月，兴城市人大常委会增设人事代表工作办公室。1991 年 3 月，设专职人大常委会秘书长。

1998 年 3 月，兴城市机构改革，兴城市人大常委会法制工作办公室与人事代表工作办公室合并为法制人事工作办公室，财政经济工作办公室与科教文卫工作办公室合并为财经科教工作办公室。

2007 年 4 月，兴城市人大常委会增设信访工作办公室。8 月，财经科教工作办公室分设财经工作办公室和科教文卫工作办公室，法制人事工作办公室分设法制工作办公室与人事代表工作办公室。

2011 年 1 月，撤销兴城市人大常委会秘书长、副秘书长建制。3 月，兴城市人大常委会科教文卫工作办公室改为科教文卫工作委员会，法制工作办公室改为法制工作委员会，财政经济工作办公室改为财政经济工作委员会，人事代表工作办公室改为人事代表选举工作委员会，信访工作办公室改为信访工作委员会。

2012 年 9 月，兴城市人大常委会增设研究室、老干部工作办公室。

### 基层工作机构

**乡镇人大主席团** 乡镇人民代表大会制设立于 1954 年。按照《中华人民共和国宪法》（简称《宪法》）和《组织法》的规定，乡镇人民代表大会每届任期 2 年。根据 1982 年施行的《宪法》第十八条规定：乡镇人民代表大会每届任期 3 年。2004 年 3 月 14 日第十届全国人大第二次会议通过《宪法修正案》，将乡镇人民代表大会每届任期改为 5 年。

1990 年，兴城市乡镇人民代表大会换届时，根据中华人民共和国《组织法》和《辽宁省乡镇人民代表大会工作条例》的规定，全市 25 个乡镇均配备人大主席团常务主席，并明确乡镇人大主席团为常设机构，主席团常务主席为正科级。由于相关法规的修改，自 1996 年始，各乡镇人大主席团常务主席改称乡镇人民代表大会主席。1998 年机构改革，全市各乡镇人大主席均由乡镇党委书记兼任，同时撤销人大主席团的兼职工作人员。2002 年，乡镇人民代表大会举行换届选举，重新配备乡镇人民代表大会专职主席或副主席。

根据《辽宁省乡镇人民代表大会工作条例》规定，乡镇人民代表大会每年年初举行一次，听取并审查乡镇人民政府工作报告、人大主席团工作报告，并通过相关决议。乡镇人民代表大会闭会期间，乡镇人民代表大会主席团负责日常工作。

**市人大派驻机构** 根据中华人民共和国《组织法》“人大常委会根据工作需要，设立办事机构和其他工作机构”的规定，2004 年 6 月 24 日，兴城市第五届人大常委会第十四次会议通过，决定在全市 7 个街道设立 4 个代表工作办公室（简称“街道代表办”），分别为宁远街道代表办、城东街道代表办、钓鱼台街道代表办、华山街道代表办，由街道办事处党委书记或主任兼任街道代表办主任。

2008 年 7 月 29 日，兴城市第六届人大常委会第四次会议通过，决定撤销 4 个街道代表工作办公室，设立兴城市人大常委会街道工作委员会（简称“人大街工委”），即：宁远人大街工委、古城人大街工委、城东人大街工委、温泉人大街工委、钓鱼台人大街工委、四家屯人大街工委、华山人大街工委。设立专职人大街工委主任，职级为正科级。

## 第五节　人大工作

依照《中华人民共和国宪法》中华人民共和国《组织法》，通过召开兴城县（市）人民代表大会、兴城市人大常委会和主任会议等形式，讨论决定行政区域内的政治、经济、科教、卫生、环境与资源、民政、民族等方面的重大事项，行使决定权；监督兴城市人民政府、人民法院、人民检察院的工作，行使监督权；决定任免本市国家机关工作人员，行使任免权；根据市情和实际需要，制定地方规范性文件，保证《宪法》等法律、法规和上级人大及其常委会决议决定的遵守和执行。

## 决议决定

兴城县（市）历届人大及其常委会围绕经济建设中心，对改革开放进程中事关全局性、长远性、根本性的重大事项，以及全市人民反映强烈的热点、难点问题，经过调查研究，在职权范围内，按照一定程序，及时做出决议、决定。

兴城县（市）人大常委会在历届历次人民代表大会上听取和审议同级政府工作报告、人大常委会工作报告、人民法院工作报告、人民检察院工作报告，审查和批准行政区域的国民经济和社会发展计划、预算以及其执行情况的报告；提出全县（市）的长远发展规划和发展目标；根据党的中心工作及重大决策和国家重要法律、法规实施的需要，及时做出决议、决定。号召全市各单位、各部门和全县（市）人民认真执行。对于促进经济建设、民主与法制建设的重大事项和与群众利益密切相关的问题，兴城市人大常委会也及时做出相应的决议、决定，并支持与监督“一府两院”认真贯彻实施，促进全县（市）的经济发展和社会进步。

1987 年 1 月 21 日，兴城县第十届人民代表大会召开第四次会议，审议通过撤销兴城县设立兴城市有关重大问题的决议。决定兴城市人民代表大会自 1987 年换届选举时重新起届。

2003 年 9 月 23 日，兴城市第五届人民代表大会常务委员会召开第七次会议，表决通过《关于“兴城市红崖子粮库对兴城市人民法院执行提出异议一案”的决议》。决议指出，2003 年 7 月 7 日，兴城市人大常委会依法成立关于“兴城市红崖子粮库对兴城市人民法院执行提出异议一案”的特定问题调查委员会。经过两个多月的调查、取证、核实，查明兴城市人民法院在办理粮库一案过程中没有做到公正、合理，明显违反法律程序，导致国有资产流失。针对该问题，兴城市人大常委会做出决议：建议兴城市人民法院以该案为借鉴，切实加强队伍建设，公正执法，秉公办案，避免该类问题再度发生；责成兴城市人民法院撤销相关案件的民事裁定书，并对该执行案件按法律程序重新办理；责成兴城市人民法院对涉案的主要责任人、相关办案人员及主管领导做出严肃处理。

2007 年 3 月 27 日，兴城市第五届人民代表大会常务委员会召开第三十四次会议，听取和审议兴城市人民政府《关于双树乡行政区划的报告》，同意将双树乡人民政府及双树村、东砬山村、兴北村、老和台村、东窑村共五个村、3358 户、34.2 平方公里划归葫芦岛市龙港区管辖，将东八里村划归古城街道管辖，将韩家村、干柴村划归城东街道管辖。

2008 年 7 月 29 日，兴城市第六届人民代表大会常务委员会召开第四次会议，通过《关于设立街道工作委员会的决定》。明确设立人大街道工作委员会的性质和归属、设置、组成和任期、人员的任免、街工委的职责、会议汇报制度、办公地点和设施及时间安排等事项。

2009 年 12 月 17 日，兴城市第六届人民代表大会常务委员会召开第十三次会议，批准《关于菊花岛更名的决定》，同意将菊花岛更名为觉华岛；撤销菊花岛乡，成立菊花街道，加挂“觉华岛旅游开发管理委员会”牌子。

2011 年 5 月 31 日，兴城市第六届人民代表大会常务委员会召开第二十二次会议，听取兴城市人民政府《关于临海产业区 2011 年资金计划安排使用情况的报告》，并决定批准该报告。

## 制定法规

为保障和规范人大常委会依法行使职权，更好地围绕中心，服务大局，兴城市人大常委会依法制定实施相关规定和办法，维护宪法等法律的尊严。

2003年2月，兴城市人大常委会制定《兴城市人大常委会议事规则》。

2006年5月，为加强人大宣传工作，兴城市人大常委会专门制定《兴城市人大常委会宣传工作奖励办法》。2007年3月，为依法实施对国家工作人员任免，加强对“一府两院”的依法监督，兴城市人大常委会制定《兴城市人民代表大会常务委员会人事任免监督办法》《兴城市人大常委会贯彻实施〈监督法〉的意见（试行）》。

2009年5月，兴城市人大常委会为进一步健全和完善工作机制，相继制定《兴城市人民代表大会常务委员会讨论决定重大事项的规定》《兴城市人民代表大会常务委员会关于进一步提高常委会议审议质量的意见》《兴城市人民代表大会常务委员会工作评议办法》。制定《兴城市人大常委会监督司法工作的办法》和《兴城市人民代表大会常务委员会关于对“一府两院”办理人民代表大会及其常委会决议决定、审议意见的督办办法》。制定《兴城市人民代表大会常务委员会重要事项督察反馈暂行办法》。为充分发挥人大代表的作用，倾听广大人民群众意愿，兴城市人大常委会注重与人大代表联系，切实加强人大信访工作，制定《兴城市人民代表大会代表工作若干规定》《兴城市人民代表大会常务委员会办理人民群众来信来访工作制度》《公民旁听兴城市人民代表大会会议和常委会会议试行办法》。制定《兴城市人民代表大会常务委员会组成人员守则》，进一步加强和规范人大常委会的自身建设。

## 依法监督

兴城县（市）历届人民代表大会及其常委会认真履行宪法等法律赋予的职责，依法行使对“一府两院”的工作监督，并在工作中不断探索，拓宽监督渠道，加大监督力度，提高监督效果。

兴城县（市）人民代表大会对各项工作报告的审议，以代表团审议为主，辅以专题审议和大会审议。在代表大会闭会期间，人大常委会通过听取和审议“一府两院”工作汇报、听取和审议法律法规贯彻实施情况和执法情况汇报及有关专题调查报告，及时组织人大代表开展执法检查、视察和调查活动，还通过个案监督和受理人民群众来信来访、申诉、控告等渠道，督促“一府两院”及时纠正有法不依、执法不严和违法不究现象，确保公民合法权益得到保护。

兴城县（市）历届人大及其常委会十分重视对计划、财政经济工作的监督，推动建立公共财政体制，对财政预算、决算监督具体化，实现县（市）财政公开、透明、法制、高效的“阳光财政”。加强对政府投资计划及重点项目监督，组织代表视察政府重点项目建设情况，推动政府职能转变和经济社会持续健康发展。

1986年，兴城县人大常委会按照国务院和辽宁省人民政府《关于兴城市总体规划的批复》，对城市建设情况进行3次视察，针对存在的问题，提出意见和建议。1987年6月，兴城市人大常委会对城乡中小学校舍情况进行视察，提出建议和解决办法。8月，兴城市人民政府共筹集资金159.4万元，维修翻建校舍513间。1988年，兴城市人大常委会提出限期治理企业环境污染的建议，兴城市人民政府决定对污染严重的旧门选矿厂、郭家选矿厂、兴城市造纸厂、兴城市电镀厂等进行停产整顿和限期治理处理。1989年，兴城市人大常委会针对城区违章建筑问题进行视察，帮助兴城市人民政府研究解决办法，政府部门及时将违章建筑拆除。

1991年，兴城市人大常委会视察农田基本建设情况，提出4条建议，均被兴城市人民政府采纳。1995年，兴城市人大常委会对工商行政管理工作开展评议，促进工商行政管理工作。1999年，兴城市人大常委会视察招商引资、旅游兴市和海上兴城建设工作，做出《关于进一步做好招商引资工作的决议》和《关于加强旅游开发管理的决议》。

2002 年 9 月，兴城市人大常委会视察城市建设与管理工作，建议兴城市人民政府解决脏、乱、差问题。问题经各方面努力得以解决。2009 年 9 月，兴城市人大常委会视察海洲药业有限公司、海思科制药有限公司、污水处理厂、屠宰场、海滨浴场的排污及治理情况，督促政府部门加大治理力度，筹措更多资金投入环保工程。海滨浴场排污管网铺设、温泉河治理等保护生态、治理环境工程相继开工。2010 年，针对“看病贵”“药价高”等问题，兴城市人大常委会对药品市场和药品价格执行情况进行调研，提出审议意见，督促兴城市人民政府加强医药市场监管，科学合理调整医疗收费价格，切实维护群众利益。

2011 年 11 月 30 日，兴城市第六届人民代表大会常务委员会召开第二十五次会议，听取和审议兴城市人民政府《关于我市中小学布局调整情况的报告》，会议通过该报告，并提出审议意见。2012 年，兴城市人大常委会对古城规划和开发建设情况进行调研，从资金投入形式、规划编制执行、理顺工作机制等方面提出建议。

## 人事任免

兴城市人大常委会坚持党管干部和人大依法任免干部相统一的原则，对提请任免的公职人员，既充分发扬民主，又严格依法办事，既严格法定程序，又注重探索创新，不断加大对干部任前考察和任命后的监督力度，人事任免工作日趋规范。1986~2012 年期间，依法任免国家机关工作人员 1557 人次，从组织上保证地方国家机关的正常运转。

1986 年，兴城县人大常委会按照干部“四化”标准，根据《组织法》的规定，依法任命兴城县人民政府副县长 2 人。1988 年，兴城市人大常委会通过《兴城市人事任免办法》，使人事任免工作进一步规范化、制度化、法制化。

1993 年，兴城市人大常委会人事任免采取无记名投票的方式，依据中共兴城市委建议和呈报部门的考核，广泛听取意见，通过颁发任命书，对任职人员进行公仆教育。1999 年，兴城市人大常委会对所任命的地方机关工作人员进行述职监督。

2003 年，兴城市人大常委会通过新的《兴城市人事任免办法》，增加法律考试，对任免程序做出修订。2007 年，兴城市人大常委会通过《兴城市人民代表大会常务委员会人事任免及监督办法》，完善人事任免制度。

2010 年，兴城市人大常委会坚持任前审核、任前考试、任免审议、任免表决、任免公示 5 个环节，人事任免工作更加科学、规范。2011 年，兴城市人大常委会按照《监督法》的规定，实现依法任命干部与日常动态监督相辅助，采取听述职、访群众、开展工作评议等形式，加强监督管理，形成选举任免权与监督权的有机统一，为兴城市经济社会发展提供人力保障。

2012 年，兴城市人大常委会坚持党管干部和人大依法任免相结合的原则，对人事任免工作始终在政治上高度重视，程序上规范严谨。依照《党政领导干部选拔任用工作条例》和《兴城市人大常委会人事任免规则》，切实把好任职提请、资格审查、任前考试、公示和常委会表决等各个关口，增强被任命人员的公仆意识和法制意识，为兴城市国家机关高质量建设提供组织保证。

## 服务代表

兴城县(市)人大常委会高度重视代表工作，积极探索代表工作的新机制和代表活动的新方式，努力为代表发挥作用创造条件、提供服务，推进代表工作的有效开展。

1986年，兴城县人大常委会组建70个代表小组，制定关于同人民代表联系的暂行办法，通过《关于向人民代表颁发代表视察证的决定》。

1988年，兴城市人大常委会向代表发出《关于做好人民代表工作的通知》，将203名代表划分成42个小组。10月，兴城市人大常委会编写《代表培训提纲》，对市、乡两级人大代表进行培训。

1991年，兴城市人大常委会建立主任接待日制度。1994年，兴城市人大常委会邀请部分代表和"一府两院"主要领导一同走访，直接对话。

1995年，兴城市人大常委会组织代表对"两高一优"农业发展情况、东辛庄开发区建设情况及城乡防汛情况进行视察和调查。1997年，兴城市人大常委会组织人大代表对《环境保护法》和《食品卫生法》的落实情况和防汛工作进行视察，组织四级人大代表就企业产权制度改革、加强农业科技队伍建设和农业生产资料市场管理等工作提出意见和建议。

2000年，兴城市人大常委会组织代表对招商引资、旅游开发、"海上兴城"建设、防汛、土地管理、生产自救及城市建设管理等工作进行视察、调查和检查。

2004年，兴城市人大常委会给代表订阅、发送刊物和学习资料，为代表发挥作用创造条件。

2008年，兴城市人大常委会制定实施《邀请人大代表列席市人大常委会会议和参加"三察（查）（检查、视察、考察）"活动的意见》。2011年，全年有30名代表列席常委会会议，51名代表参加常委会组织的执法检查、调研和视察活动。2012年，是兴城市、乡人大换届选举之年，也是《选举法》修改后兴城市首次实行城乡按相同人口比例选举人大代表。兴城市人大常委会在市乡两级人大换届前，调整配备专职街工委主任，为7个街道辖区内的100余名县级以上人大代表开展日常活动，提供组织保证。

## 信访工作

兴城县(市）人大常委会从坚持立党为公、执政为民的高度，不断增强做好信访工作的责任感和使命感，认真处理人民群众来信来访，维护社会稳定。

1986年，兴城县人大常委会建立接待人民群众来信来访制度，全年接待人民群众来信来访52件。1987年以后，兴城市人大常委会不断加强和完善接待人大代表和选民来信来访制度，年内共接待和处理来信来访40件。

1988~2006年期间，兴城市人大常委会共接待人民群众来信来访6506人（件），均得到有效处理。

2007年，兴城市人大常委会成立信访工作办公室。年内，共受理群众来信来访270件、500余人次，通过信访渠道督促解决典型个案15起。2008年，兴城市人大常委会建立常委会领导接访包案处理制度，对重大案件和重大疑难涉法涉诉案件举行联席会议，集体研究解决。制作"信访案件交办单""来信转件单""信访接洽介绍信"等信访文书，规范信访工作流程，实现人大常委会接访和交办、转办、督办的规范化、制度化。年内，共接待人民群众来访399件、1100余人次，办理人民群众来信11件。2009年5月，兴城市人大常委会制定《办理人民群众来信来访工作制度》，全年共接待人民群众来信来访225件、209人（次）。

2010年，兴城市人大常委会共接待人民群众来信来访148件，处理涉法涉诉信访案件80件。2011年1月，兴城市人大常委会信访工作办公室改为信访工作委员会。年内，共接待人民群众来信来访117件、460余人次。2012年，兴城市人大常委会共接待人民群众来信来访58件、200余人次。

## 议案办理

兴城县（市）人大常委会高度重视代表议案办理工作，探索代表议案督办新途径，推动办理工作由“答复型”向“落实型”转变、由办结向办成转变。1986~2012年期间，办理代表10人以上联名提出的议案共6件，涉及城市建设、民生等诸多领域。

1990年2月，杨春海等10名代表在兴城市第二届人民代表大会第一次会议上，联名提出《城市建设问题多》的议案。兴城市人民政府领导高度重视，召开有关部门负责人会议，采取改进措施。为支持政府工作，兴城市人大常委会及时批准兴城市人民政府关于城市规划与管理、环境卫生管理、市政设施管理、城市建筑物间距管理、市容管理等方面6个规范性文件。

1996年1月，杨景芳等10名代表在兴城市第三届人民代表大会第四次会议上，联名提出《加大水源污染处理力度》的议案。兴城市人大常委会会同兴城市人民政府及有关部门到水源地核查，确定位于地号村的大口井由于受养殖畜禽粪便的污染，对人民健康造成危害。兴城市人民政府决定关闭养殖场，并投资20万元，开辟日产水2000吨的新水源。

1997年1月，赵景文等10名代表在兴城市第三届人民代表大会第五次会议上，联名提出《关于加大殡葬管理力度》的议案。兴城市人大常委会经调查研究提出整改意见，兴城市人民政府责令有关部门认真整改，使议案得到妥善处理。

2000年1月，冯宝良等10名代表在兴城市第四届人民代表大会第三次会议上，联名提出《加强环境保护，治理大气污染》的议案。兴城市人民政府于2000年6月召开常务会专题研究，决定取消或限期改造燃烧原煤的小锅炉，浴池使用温泉水，散户取暖推广型煤或燃油小锅炉，楼房集中且分散供暖区域实行集中供暖。专门组织兴城市环保局、公安局、工商局进行大规模综合执法整治。全市42家浴池、8家小酒厂中有11家改用温泉水，12家被关停，27家进行改造，空气污染得到控制。

2004年1月，吴海忠等10名代表在兴城市第五届人民代表大会第二次会议上，联名提出《山区中小学代课教师多、素质低，影响教学质量，要求合理配置师资》的议案。兴城市人民政府采取5项措施：1.加大财政投入，全员聘用师范类院校毕业生顶替代课教师。2.清理城内和城郊超编教师，鼓励他们到山区学校任教。3.从2006年起，每年合校并点6所，清退部分代课教师。4.做好留用代课教师的培训工作。5.逐步建立城乡教师流动机制。

2005年1月，杨雅琴等10名代表在兴城市第五届人民代表大会第三次会议上，联名提出《加强水源环境保护，关爱人民身体健康》的议案。兴城市人民政府督促锦山机械厂对排污进行治理，取缔非法小选矿，清除8271厂的尾矿砂。2006年，兴城市人民政府投入资金1200万元，加快烟台河引水工程进度。

2010年，取消第二水厂和东河两个不达标取水井，开展兴城河治理工作，把关闭兴城市松山选矿厂尾矿库纳入议事日程。

2011~2012年，兴城市人大常委会认真督办人大代表建议的落实，针对代表提出的“提高城市供暖质量”的建议，常委会组织人员多次赴小区、进住户、到泵房，实地测温查表，分时段采集数据，促动承办单位工作的改进，使事关群众切身利益的热点问题得到较好解决。

# 第二章　人民政府

兴城县（市）人民政府作为兴城县（市）人民代表大会的执行机关，兴城行政区域内的国家行政机关，在中共兴城市委的领导下，在兴城县（市）人民代表大会及其常务委员会依法监督和政协兴城县（市）委员会的民主监督下，肩负兴城县（市）行政区域内经济建设、民生保障、社会事业、城乡建设等各领域的领导、管理和服务职责，坚持以毛泽东思想、邓小平理论、“三个代表”重要思想和科学发展观为统领，认真贯彻落实党在不同时期的路线、方针和政策，带领全县（市）人民，以改革开放和科技进步为动力，以加快经济发展方式转变为主线，以经济综合实力进入全省发达县（市）行列和全面建成小康社会为目标，加快推进工业化、城市化、农业产业化和民生保障四大战略，促进兴城经济协调增长、人民生活水平持续提高、社会更加和谐稳定。

## 第一节　组织机构

### 政府领导机构

1980 年 8 月12~15 日，兴城县第九届人民代表大会第一次会议召开，会议决定撤销兴城县革命委员会，恢复兴城县人民政府。

1983 年 11 月，设兴城县人民政府顾问，协助政府领导工作。1987 年 4 月撤销。

1987 年 1 月，兴城撤县设市。兴城县人民政府改为兴城市人民政府。原兴城县第十届人民政府县长、副县长，改为兴城市人民政府市长、副市长。原兴城县人民政府工作机构改为兴城市人民政府工作机构。11 月，设兴城市人民政府市长助理，协助领导处理业务工作。

兴城市人民代表大会于 1987 年 4 月换届选举，兴城市人民政府起届。

**兴城县（市）历届人民政府领导名录**

表 16-2-1

| 届次 | 职　务 | 姓　名 | 性别 | 民族 | 籍　贯 | 任职时间 | 任职方式 |
|---|---|---|---|---|---|---|---|
| 兴城县第十届人民政府 | 县　长 | 王泽民 | 男 | 汉族 | 辽宁兴城 | 1984.5~1987.1 | 选举 |
| | 副县长 | 毕玉田 | 男 | 满族 | 辽宁兴城 | 1984.5~1987.1 | 选举 |
| | 副县长 | 苗会田 | 男 | 汉族 | 辽宁兴城 | 1984.5~1987.1 | 选举 |
| | 副县长 | 侯宗璞 | 男 | 汉族 | 辽宁兴城 | 1984.5~1987.1 | 选举 |
| | 副县长 | 张秀云 | 女 | 满族 | 辽宁兴城 | 1984.5~1987.1 | 选举 |
| | 副县长 | 任贵友 | 男 | 满族 | 辽宁兴城 | 1985.11~1987.1 | 任命 |
| | 副县长 | 范越林 | 男 | 满族 | 辽宁兴城 | 1986.3~1987.1 | 任命 |

续表 16-2-1

| 届次 | 职　务 | 姓　名 | 性别 | 民族 | 籍　贯 | 任职时间 | 任职方式 |
|---|---|---|---|---|---|---|---|
| | 副县长 | 赵长儒 | 男 | 汉族 | 吉林德惠 | 1986.11~1987.1 | 任命 |
| 兴城市人民政府 | 市　长 | 王泽民 | 男 | 汉族 | 辽宁兴城 | 1987.1~1987.4 | 更名 |
| | 副市长 | 毕玉田 | 男 | 满族 | 辽宁兴城 | 1987.1~1987.4 | 更名 |
| | 副市长 | 苗会田 | 男 | 汉族 | 辽宁兴城 | 1987.1~1987.4 | 更名 |
| | 副市长 | 侯宗璞 | 男 | 汉族 | 辽宁兴城 | 1987.1~1987.4 | 更名 |
| | 副市长 | 张秀云 | 女 | 满族 | 辽宁兴城 | 1987.1~1987.4 | 更名 |
| | 副市长 | 任贵友 | 男 | 满族 | 辽宁兴城 | 1987.1~1987.4 | 更名 |
| | 副市长 | 范越林 | 男 | 满族 | 辽宁兴城 | 1987.1~1987.4 | 更名 |
| | 副市长 | 赵长儒 | 男 | 汉族 | 吉林德惠 | 1987.1~1987.4 | 更名 |
| 兴城市第一届人民政府 | 市　长 | 王泽民 | 男 | 汉族 | 辽宁兴城 | 1987.4~1988.3 | 选举 |
| | 市　长 | 毕玉田 | 男 | 满族 | 辽宁兴城 | 1988.4~1990.1 | 任命 |
| | 副市长 | 毕玉田 | 男 | 满族 | 辽宁兴城 | 1987.4~1988.4 | 选举 |
| | 副市长 | 侯宗璞 | 男 | 汉族 | 辽宁兴城 | 1987.4~1990.2 | 选举 |
| | 副市长 | 张秀云 | 女 | 满族 | 辽宁兴城 | 1987.4~1990.2 | 选举 |
| | 副市长 | 任贵友 | 男 | 满族 | 辽宁兴城 | 1987.4~1990.1 | 选举 |
| | 副市长 | 范越林 | 男 | 满族 | 辽宁兴城 | 1987.4~1990.2 | 选举 |
| | 副市长 | 赵长儒 | 男 | 汉族 | 吉林德惠 | 1987.4~1989.5 | 选举 |
| | 副市长 | 王时伟 | 男 | 汉族 | 山东龙口 | 1989.5~1990.2 | 任命 |
| | 副市长 | 杨坤汉 | 男 | 汉族 | 广西桂平 | 1989.8~1990.2 | 任命 |
| 兴城市第二届人民政府 | 市　长 | 刘忠伦 | 男 | 汉族 | 辽宁黑山 | 1990.2~1992.12 | 选举 |
| | 代市长 | 范越林 | 男 | 满族 | 辽宁兴城 | 1992.12~1993.2 | 任命 |
| | 副市长 | 范越林 | 男 | 满族 | 辽宁兴城 | 1990.2~1993.2 | 选举 |
| | 副市长 | 侯宗璞 | 男 | 汉族 | 辽宁兴城 | 1990.2~1993.2 | 选举 |
| | 副市长 | 张秀云 | 女 | 满族 | 辽宁兴城 | 1990.2~1992.12 | 选举 |
| | 副市长 | 佟玉田 | 男 | 汉族 | 辽宁兴城 | 1990.2~1993.2 | 选举 |
| | 副市长 | 崔志义 | 男 | 汉族 | 辽宁兴城 | 1990.2~1993.2 | 选举 |
| | 副市长 | 王时伟 | 男 | 汉族 | 山东龙口 | 1990.2~1991.10 | 选举 |
| | 副市长 | 杨坤汉 | 男 | 汉族 | 广西桂平 | 1990.2~1992.9 | 选举 |
| | 副市长 | 王兴民 | 男 | 汉族 | 辽宁本溪 | 1991.10~1993.2 | 任命 |
| | 副市长 | 赵化明 | 男 | 汉族 | 辽宁黑山 | 1992.12~1993.2 | 任命 |

续表 16-2-1

| 届次 | 职　务 | 姓　名 | 性别 | 民族 | 籍　贯 | 任职时间 | 任职方式 |
|---|---|---|---|---|---|---|---|
| 兴城市第三届人民政府 | 市　长 | 范越林 | 男 | 满族 | 辽宁兴城 | 1993.2~1995.3 | 选举 |
| | 代市长 | 赵化明 | 男 | 汉族 | 辽宁黑山 | 1995.3~1996.1 | 任命 |
| | 市　长 | 赵化明 | 男 | 汉族 | 辽宁黑山 | 1996.1~1996.8 | 选举 |
| | 代市长 | 张竞强 | 男 | 汉族 | 辽宁葫芦岛 | 1996.9~1997.1 | 任命 |
| | 市　长 | 张竞强 | 男 | 汉族 | 辽宁葫芦岛 | 1997.1~1998.1 | 选举 |
| | 副市长 | 赵化明 | 男 | 汉族 | 辽宁黑山 | 1993.2~1996.1 | 选举 |
| | 副市长 | 崔志义 | 男 | 满族 | 辽宁兴城 | 1993.2~1996.9 | 选举 |
| | 副市长 | 佟玉田 | 男 | 汉族 | 辽宁兴城 | 1993.2~1998.1 | 选举 |
| | 副市长 | 王春奇 | 男 | 满族 | 辽宁兴城 | 1993.2~1998.1 | 选举 |
| | 副市长 | 朱开平 | 男 | 汉族 | 辽宁绥中 | 1993.2~1998.1 | 选举 |
| | 副市长 | 王兴民 | 男 | 汉族 | 辽宁本溪 | 1993.2~1995.2 | 选举 |
| | 副市长 | 李荣希 | 男 | 汉族 | 辽宁盖县 | 1995.2~1997.3 | 任命 |
| | 副市长 | 邵清凯 | 男 | 汉族 | 辽宁葫芦岛 | 1995.3~1996.9 | 任命 |
| | 副市长 | 张竞强 | 男 | 汉族 | 辽宁葫芦岛 | 1996.9~1997.1 | 任命 |
| | 副市长 | 王维仲 | 男 | 满族 | 辽宁兴城 | 1996.9~1998.1 | 任命 |
| 兴城市第四届人民政府 | 市　长 | 张竞强 | 男 | 汉族 | 辽宁葫芦岛 | 1998.1~1998.10 | 选举 |
| | 代市长 | 芮柏苓 | 女 | 汉族 | 山东临朐 | 1998.10~1999.1 | 任命 |
| | 市　长 | 芮柏苓 | 女 | 汉族 | 山东临朐 | 1999.1~1999.9 | 选举 |
| | 代市长 | 张振勤 | 男 | 汉族 | 辽宁葫芦岛 | 1999.9~2000.1 | 任命 |
| | 市　长 | 王英杰 | 男 | 满族 | 辽宁兴城 | 2000.1~2002.12 | 选举 |
| | 代市长 | 王绍军 | 男 | 汉族 | 山东黄县 | 2002.12~2003.1 | 任命 |
| | 副市长 | 王春奇 | 男 | 满族 | 辽宁兴城 | 1998.1~1998.10 | 选举 |
| | 副市长 | 王维仲 | 男 | 满族 | 辽宁兴城 | 1998.1~2002.2 | 选举 |
| | 副市长 | 朱开平 | 男 | 汉族 | 辽宁绥中 | 1998.1~2001.1 | 选举 |
| | 副市长 | 王忠平 | 男 | 满族 | 辽宁绥中 | 1998.1~2003.1 | 选举 |
| | 副市长 | 付连刚 | 男 | 满族 | 辽宁兴城 | 1998.1~2003.1 | 选举 |
| | 副市长 | 杨献忠 | 男 | 汉族 | 辽宁昌图 | 1998.6~2002.2 | 任命 |
| | 副市长 | 伊效民 | 男 | 满族 | 辽宁兴城 | 1998.10~2000.3 | 任命 |
| | 副市长 | 芮柏苓 | 女 | 汉族 | 山东临朐 | 1998.10~1999.1 | 任命 |
| | 副市长 | 张振勤 | 男 | 汉族 | 辽宁葫芦岛 | 1999.9~2000.1 | 任命 |

续表 16-2-1

| 届次 | 职　务 | 姓　名 | 性别 | 民族 | 籍　贯 | 任职时间 | 任职方式 |
|---|---|---|---|---|---|---|---|
| | 副市长 | 韩庆春 | 男 | 汉族 | 辽宁锦州 | 2001.3~2003.1 | 任命 |
| | 副市长 | 谷玉彬 | 男 | 汉族 | 辽宁葫芦岛 | 2002.2~2003.1 | 任命 |
| | 副市长 | 王绍军 | 男 | 汉族 | 山东黄县 | 2002.12~2003.1 | 任命 |
| | 副市长 | 姜海山 | 男 | 汉族 | 辽宁葫芦岛 | 2002.12~2003.1 | 任命 |
| 兴城市第五届人民政府 | 市　长 | 王绍军 | 男 | 汉族 | 山东黄县 | 2003.1~2005.9 | 选举 |
| | 代市长 | 韩　平 | 男 | 汉族 | 辽宁兴城 | 2005.10~2006.1 | 任命 |
| | 市　长 | 韩　平 | 男 | 汉族 | 辽宁兴城 | 2006.1~2007.12 | 选举 |
| | 副市长 | 姜海山 | 男 | 汉族 | 辽宁葫芦岛 | 2003.1~2006.12 | 选举 |
| | 副市长 | 王忠平 | 男 | 满族 | 辽宁绥中 | 2003.1~2007.12 | 选举 |
| | 副市长 | 付连刚 | 男 | 满族 | 辽宁兴城 | 2003.1~2007.6 | 选举 |
| | 副市长 | 朱宝平 | 男 | 满族 | 辽宁兴城 | 2003.1~2006.12 | 选举 |
| | 副市长 | 韩庆春 | 男 | 汉族 | 辽宁锦州 | 2003.1~2006.5 | 选举 |
| | 副市长 | 谷玉彬 | 男 | 汉族 | 辽宁葫芦岛 | 2003.1~2006.12 | 选举 |
| | 副市长 | 鲁秀红 | 女 | 汉族 | 辽宁建平 | 2003.8~2007.12 | 任命 |
| | 副市长 | 解宇立 | 男 | 汉族 | 辽宁沈阳 | 2003.11~2005.9 | 任命 |
| | 副市长 | 王　杰 | 男 | 汉族 | 山东烟台 | 2005.10~2007.12 | 任命 |
| | 副市长 | 白晓民 | 男 | 汉族 | 辽宁沈阳 | 2005.10~2006.12 | 任命 |
| | 副市长 | 韩　平 | 男 | 汉族 | 辽宁兴城 | 2005.10~2006.1 | 任命 |
| | 副市长 | 樊大成 | 男 | 汉族 | 辽宁葫芦岛 | 2006.12~2007.12 | 任命 |
| | 副市长 | 赵兴华 | 男 | 满族 | 辽宁兴城 | 2006.12~2007.12 | 任命 |
| | 副市长 | 范立民 | 男 | 满族 | 辽宁葫芦岛 | 2006.12~2007.12 | 任命 |
| | 副市长 | 卢广金 | 男 | 汉族 | 辽宁辽阳 | 2007.6~2007.12 | 任命 |
| | 副市长 | 王德利 | 男 | 汉族 | 河北任丘 | 2007.8~2007.12 | 挂职、任命 |
| 兴城市第六届人民政府 | 市　长 | 韩　平 | 男 | 汉族 | 辽宁兴城 | 2007.12~2010.3 | 选举 |
| | 代市长 | 于学利 | 男 | 汉族 | 辽宁建昌 | 2010.3~2010.12 | 任命 |
| | 市　长 | 于学利 | 男 | 汉族 | 辽宁建昌 | 2010.12~2012.7 | 选举 |
| | 代市长 | 赵家鹏 | 男 | 满族 | 辽宁岫岩 | 2012.7~2012.12 | 任命 |
| | 副市长 | 樊大成 | 男 | 汉族 | 辽宁葫芦岛 | 2007.12~2009.3 | 选举 |
| | 副市长 | 鲁秀红 | 女 | 汉族 | 辽宁建平 | 2007.12~2009.3 | 选举 |
| | 副市长 | 赵兴华 | 男 | 满族 | 辽宁兴城 | 2007.12~2009.11 | 选举 |

续表 16-2-1

| 届次 | 职　务 | 姓　名 | 性别 | 民族 | 籍　贯 | 任职时间 | 任职方式 |
|---|---|---|---|---|---|---|---|
| 兴城市第六届人民政府 | 副市长 | 范立民 | 男 | 满族 | 辽宁葫芦岛 | 2007.12~2012.12 | 选举 |
| | 副市长 | 卢广金 | 男 | 汉族 | 辽宁辽阳 | 2007.12~2012.11 | 选举 |
| | 副市长 | 王德利 | 男 | 汉族 | 河北任丘 | 2008.1~2008.8 | 挂职、任命 |
| | 副市长 | 王建华 | 男 | 满族 | 辽宁兴城 | 2008.11~2012.12 | 任命 |
| | 副市长 | 吴少军 | 男 | 汉族 | 辽宁阜新 | 2009.3~2010.12 | 任命 |
| | 副市长 | 于学利 | 男 | 汉族 | 辽宁建昌 | 2009.5~2010.12 | 任命 |
| | 副市长 | 刘希杰 | 男 | 汉族 | 辽宁兴城 | 2009.5~2012.12 | 挂职、任命 |
| | 副市长 | 赵志民 | 男 | 满族 | 辽宁兴城 | 2009.11~2012.12 | 任命 |
| | 副市长 | 宗明轩 | 男 | 汉族 | 辽宁朝阳 | 2009.11~2010.7 | 挂职、任命 |
| | 副市长 | 张学军 | 男 | 汉族 | 辽宁兴城 | 2010.7~2012.12 | 任命 |
| | 副市长 | 项继飞 | 男 | 汉族 | 辽宁建昌 | 2010.12~2012.12 | 任命 |
| | 副市长 | 袁虎迪 | 男 | 汉族 | 陕西铜川 | 2012.5~2012.12 | 挂职、任命 |
| | 副市长 | 赵家鹏 | 男 | 满族 | 辽宁岫岩 | 2012.7~2012.12 | 任命 |
| | 副市长 | 刘　星 | 男 | 满族 | 辽宁兴城 | 2012.11~2012.12 | 任命 |
| | 副市长 | 王月娟 | 女 | 满族 | 辽宁本溪 | 2012.11~2012.12 | 任命 |
| 兴城市第七届人民政府 | 市　长 | 赵家鹏 | 男 | 满族 | 辽宁岫岩 | 2012.12~ | 选举 |
| | 副市长 | 范立民 | 男 | 满族 | 辽宁葫芦岛 | 2012.12~ | 选举 |
| | 副市长 | 王建华 | 男 | 满族 | 辽宁兴城 | 2012.12~ | 选举 |
| | 副市长 | 刘　星 | 男 | 满族 | 辽宁兴城 | 2012.12~ | 选举 |
| | 副市长 | 王月娟 | 女 | 满族 | 辽宁本溪 | 2012.12~ | 选举 |
| | 副市长 | 刘晓军 | 男 | 满族 | 辽宁兴城 | 2012.12~ | 选举 |

## 政府工作机构

1986 年 1 月，兴城县人民政府设工作机构 51 个。

1987 年 1 月，兴城撤县设市，兴城县人民政府改为兴城市人民政府，原兴城县人民政府工作机构转为兴城市人民政府工作机构。5 月，兴城市人民政府设专职秘书长。年末，兴城市人民政府工作机构 65 个。1988 年 3 月，成立兴城市监察局，撤销打击经济领域违法犯罪活动领导小组办公室、兴城市人民政府接待处。8 月，成立兴城市年鉴办公室。11 月，成立兴城市人民政府督学室。1989 年 2 月，撤销兴城市职工教育办公室，职能并入兴城市教育局。3 月，撤销兴城市教育局，成立兴城市教育委员会。6 月，成立兴城市财贸办公室。

1990 年 4 月，兴城市旅游开发办公室改为兴城市城市管理开发办公室，兴城市旅游事业管理局与兴城市风景局合并为兴城市风景旅游管理局；9 月，分开单设。年内，成立兴城市人民政府法制办公室，与兴城市人民政府办公室合署办公。1993 年 4 月，兴城市果树局改为兴城市果树发展总公司。兴城市年鉴办公室改为兴城市地方志办公室。8 月，兴城市监察局与中共兴城市纪律检查委员会合署办公。1994 年，兴城市信访办公室成为独立机构，受中共兴城市委、兴城市人民政府双重领导。撤销兴城市税务局，成立兴城市国家税务局和兴城市地方税务局。

1995 年，成立兴城市贸易局，撤销兴城市财贸办公室，其职能划归兴城市贸易局。兴城市广播电视局与文化局合并，成立兴城市文化广播电视局。撤销兴城市对外经济办公室，其侨务、外事职能转到兴城市人民政府办公室。撤销兴城市经济体制改革委员会，其职能转到兴城市经济委员会。撤销兴城市建设委员会、环境保护局，组建兴城市城乡建设环境保护局。撤销兴城市体育运动委员会，其职能划归兴城市教育委员会。撤销兴城市海洋局，其职能划归兴城市科学技术委员会。兴城市民族宗教事务委员会并入兴城市人民政府办公室，兴城市信访办公室并入兴城市人民政府办公室，兴城市司法局与中共兴城市委政法委员会合署办公。兴城市计划生育委员会更名为兴城市计划生育局，兴城市标准计量管理局更名为兴城市技术监督局。

1996 年，成立兴城市人民政府接待办公室、兴城市招商局，兴城市劳动服务公司更名为兴城市劳动就业局。1997 年，成立兴城市农村工作办公室，设在兴城市人民政府办公室。兴城市农业委员会并入兴城市农业局，兴城市乡镇企业管理局并入兴城市经济委员会，兴城市果树发展总公司与兴城市林业局合并，成立兴城市林业果树局。撤销兴城市水产局和科学技术委员会内设机构海洋办公室，组建兴城市海洋水产局。撤销兴城市城乡建设环境保护局，组建兴城市城乡建设局。兴城市地震监测站改为兴城市地震监测局。恢复兴城市环境保护局、兴城市民族事务委员会。

1998 年 3 月，落实中共辽宁省委、辽宁省人民政府关于在兴城市进行机构改革的指示精神，中共兴城市委、兴城市人民政府制定《兴城市机构改革方案》。撤销的机构：撤销兴城市地方志办公室，工作职能划归兴城市档案馆；撤销兴城市文化广播电视局，其文化职能划归兴城市文化局，宣传职能划归兴城市广播电视台；撤销兴城市海洋水产局，其海洋保护、开发职能划归兴城市国土资源局，行业管理职能划归兴城市农业发展局；撤销兴城市风景旅游局，其风景名胜区管理职能划归市风景区管理处，旅游职能划归兴城市文化旅游局。合并的机构：兴城市人事局并入中共兴城市委组织部，对外挂兴城市人事局牌子。兴城市计划委员会与统计局、招商局合并，成立兴城市计划统计局，对外挂兴城市招商局牌子。兴城市经济委员会与工业局、集体工业公司、贸易局、商业局、物资局、技术监督局、乡镇企业局合并，成立兴城市经济贸易发展局，对外挂兴城市质量技术监督局牌子。兴城市农业局与林果局、农机局、畜牧局、海洋水产局合并，成立兴城市农业发展局。兴城市科学技术委员会与地震监测局合并，成立兴城市科学技术局；兴城市科协与科学技术局合署办公，对外挂兴城市科协牌子。兴城市司法局与中共兴城市委政法委合并，成立兴城市司法局，对外挂中共兴城市委政法委牌子。兴城市工商行政管理局与物价局合并，成立兴城市工商物价局。兴城市城乡建设局（其城市供水职能划归水利局）与环境保护局合并，成立兴城市城乡建设环境保护局。新成立机构：兴城市人民政府直属行政机构有兴城市劳动和社会保障局、国土资源局、文化旅游局、水利局。直属事业单位有兴城市对外贸易公司、广播电视台、粮食贸易总公司、风景区管理处。成建制转为经济实体机构：兴城市热电公司（原市人民政府直属事业单位）成建制转为企业，成立兴城市热电有限责任公司。更名机构：兴城市教育委员会更名兴城市教育局；兴城市档案局更名兴城市档案馆。

兴城市机构改革后，兴城市人民政府直属行政机构共 20 个：兴城市人民政府办公室、计划统计局、经济贸易发展局、农业发展局、科学技术局、劳动和社会保障局、民政局、财政局、审计局、城乡建设环境保护局、水利局、国土资源局、公安局、司法局、交通局、工商物价局、文化旅游局、教育局、卫生局、计划生育局。兴城市人民政府直属事业单位5个：兴城市对外贸易局、粮食贸易总公司、广播电视台、档案馆、风景区管理处。

1999年，兴城市物价局从兴城市工商物价局分出，并入兴城市计划统计局，对外挂兴城市物价局牌子，独立行使职能；兴城市工商物价局改称工商行政管理局；兴城市技术监督局从兴城市经济贸易局分出，改称兴城市质量技术监督局。

2000年，恢复兴城市林业局；恢复兴城市司法局，与中共兴城市委政法委合署办公；成立兴城市水产局、兴城市环境保护局；兴城市城乡建设环境保护局更名为兴城市城乡建设局；兴城市老龄委办公室与兴城市民政局合署办公。

2001年，成立兴城市法律援助中心、政府采购中心、政府法制办公室、社会福利院、古城管理综合执法办公室；兴城市水产局更名为兴城市海洋水产局。

2002年1月，中共兴城市委、兴城市人民政府制定《兴城市党政机构改革方案》，兴城市人民政府设置工作机构22个，议事协调机构1个。年内，成立兴城市农机管理站、兴城市安全生产管理办公室、兴城市开发动迁办公室

2003年，成立兴城市行政复议办公室，与兴城市人民政府办公室、法制办公室合署办公。成立兴城市行政审批管理办公室，与兴城市人民政府办公室合署办公。恢复兴城市科学技术协会独立建制；成立现代渔业园区管理办公室、行政审批管理办公室、盐务管理局；撤销兴城市综合执法局，增设兴城市海洋渔业局和兴城市文化局；兴城市人民政府外事侨务股更名为外事侨务办公室，设置民族宗教办公室；撤销兴城市公共设施管理办公室，成立兴城市墙体材料改革办公室；恢复兴城市商业局、兴城市档案局；兴城市海洋水产局更名为兴城市海洋与渔业局。

2004年，恢复兴城市民族宗教事务委员会，成立兴城市农业承包合同仲裁委员会办公室。2005年，成立兴城市安全生产监督管理局。

2006年，成立兴城市动物卫生监督管理局、兴城市农机管理总站；成立兴城市信息中心，与中共兴城市委机要局合署办公；兴城市档案局加挂文件服务中心牌子。成立兴城市人民政府突发公共事件应急管理办公室，为兴城市人民政府办公室所属副科级事业单位。粮食贸易总公司恢复为兴城市粮食局。2007年，成立兴城市水库移民后期扶持办公室、兴城市职业卫生监督管理所、兴城市人民政府督察室。

2008年，兴城市城镇职工基本医疗保险管理中心更名为医疗保险管理中心，兴城市工业国有资产经营公司更名为兴城市工业局，兴城市人才中心更名为兴城市人才管理办公室，成立兴城市招标投标管理办公室、出租房屋和流动人口综合管理办公室，兴城市档案局加挂兴城市人民政府信息查询中心牌子，成立兴城市污水管理处，兴城临海产业区管委会。

2009年，成立兴城市统计普查中心；将兴城市劳动就业局等4家单位整合为兴城市城乡就业管理局。

2010年，兴城市事业单位登记管理办公室更名为兴城市事业单位登记管理局。2011年，撤销兴城市农业承包合同仲裁委员会办公室，相关职责划归兴城市农业发展局；兴城市商业局更名为兴城市服务业局。

2012年，成立兴城市核电项目办公室、青山水库兴城市移民安置工作领导小组办公室；成立兴城市人工影响天气办公室，由兴城市气象局代管；将兴城市城建局指导管理城市客运职责划归兴城市交通局。年末，兴城市人民政府设置正科级工作机构43个。

### 乡镇街道行政机构

1986年1月，兴城县人民政府下辖宁远、元台子、白塔、双树、羊安、曹庄、望海、海滨、闻家、刘台子、大寨、围屏、高家岭、南大山、红崖子、拣金、碱厂、三道沟、药王庙、旧门、菊花岛共21个乡人民政府（其中满族乡人民政府11个），兴城、钓鱼台、沙后所、东辛庄、郭家、华山6个镇人民政府（其中满族镇1个）。年内，羊安、曹庄、海滨、闻家、药王庙5个乡改为满族乡，沙后所镇改为满族镇。乡镇人民政府乡镇长、副乡镇长均由乡镇人民代表大会选举产生。

1987年2月，撤销兴城镇、钓鱼台镇和宁远乡建置，设立古城、宁远、城东、温泉、钓鱼台5个街道办事处，增设四家屯乡人民政府。1988年3月，东辛庄镇人民政府更名为东辛庄满族镇人民政府；6月，碱厂乡人民政府更名为碱厂满族乡人民政府。1989年6月，刘台子乡人民政府更名为刘台子满族乡人民政府。

1990年9月，中共兴城市委、兴城市人民政府相继在各乡镇街道设立经济委员会，选配专职经济委员会主任，职级为正科级。1998年3月，机构改革时撤销。

1991年6月，药王庙满族乡人民政府更名为药王满族乡人民政府。1994年5月，曹庄满族乡人民政府更名为曹庄镇人民政府。

2002年6月，沙后所满族镇人民政府更名为沙后所镇人民政府，东辛庄满族镇人民政府更名为东辛庄镇人民政府，郭家满族镇人民政府更名为郭家镇人民政府。撤销闻家满族乡行政建制，将其所辖区域分别划归南大山满族乡和沙后所镇。撤销拣金满族乡，将其所辖区域并入红崖子满族乡。撤销华山镇，设立华山街道，华山镇人民政府更名为华山街道办事处。撤销四家屯乡，设立四家屯街道，四家屯乡人民政府更名为四家屯街道办事处。

2006年3月，中共葫芦岛市委、葫芦岛市人民政府对兴城市双树乡行政区划进行调整。2007年5月，经辽宁省人民政府批复，将双树乡人民政府及所辖的5个行政村划归葫芦岛市龙港区管辖。

2010年2月，经辽宁省人民政府批准，将菊花岛更名为觉华岛，菊花岛乡更名为菊花街道。至2012年末，菊花岛乡行政体制暂未变更。兴城市人民政府下辖16个乡人民政府（其中15个满族乡人民政府），4个镇人民政府，7个街道办事处。

## 第二节　常务会议

政府常务会议作为政府集体议事决策性会议，一般由政府主要领导主持召开，原则上采取每月例会制，特殊情况需要临时加开的，由政府主要领导决定召集，政府组成人员或议题涉及部门和单位主要负责人参加会议。会议内容主要传达上级党委、政府的重要指示、决定，讨论提出贯彻落实意见；涉及本级人民政府工作全局的重要事项；需提请人民代表大会及其常委会审议的事项；制定和公布人民政府的重大决定、命令等重要文件；政府主要领导认为其他需经常务会议决定的事项等。

## 兴城县第十届人民政府常务会议

1986 年 1 月~1987 年 1 月，兴城县第十届人民政府共召开 9 次常务会议。讨论决定重大事项，研究部署相关工作。

**第十届第十四次常务会议** 于 1986 年 3 月 10 日在钓鱼台镇会议室召开。主要议题：审议兴城县《政府工作报告》《兴城县国民经济和社会发展第七个五年计划（草案）》，讨论曹庄满族乡人民政府《关于将朱家村划为 2 个村的请示》。

**第十届第十五次常务会议** 于 1986 年 5 月 5 日在兴城县风景区管理处会议室召开。主要议题：通报国务院《关于规划和开发辽宁省兴城旅游区的批复》和辽宁省人民政府《关于兴城风景旅游区总体规划的批复》，研究办技工学校、成立物价局事宜，讨论加强畜牧等工作。

**第十届第十六次常务会议** 于 1986 年 6 月 5 日在兴城县人民政府后楼小会议室召开。主要议题：研究落实国务院和辽宁省"两个《批复》"，搞好旅游旺季服务问题，讨论《温泉水管理条例》等有关旅游开发工作的暂行规定，审议兴城县建设委员会关于组建市政工程公司的请示，讨论 1986 年工交、财贸经济承包奖罚办法，研究新建兴城县人民政府招待所事宜。

**第十届第十八次常务会议** 于 1986 年 7 月 13 日在兴城县人民政府二楼接待室召开。主要议题：研究兴城撤县设市机构设置问题，研究关于国家旅游局和辽宁省旅游局拨款使用问题。

**第十届第十九次常务会议** 于 1986 年 9 月 19 日在兴城县人民政府五楼会议室召开。主要议题：听取兴城县农电局关于菊花岛办电问题的汇报，审议兴城县畜牧管理总站关于成立兴城县动物检验站的请示，审议兴城县计划委员会关于成立兴城县饲料工业办公室的请示。

**第十届第二十次常务会议** 1986 年 10 月 21 日在兴城县人民政府楼后会议室召开。主要议题：研究兴城县人事局科技干部楼的分配原则，讨论兴城县劳动局《关于农村非农子女就业安置工作暂行办法》，研究为兴城县报社解决办公楼和厂房征地款事宜。

**第十届第二十二次常务会议** 于 1986 年 12 月 30 日在兴城县风景区管理处会议室召开。主要议题：讨论城乡经济体制改革问题，听取关于职业高中毕业生分配、退休职工退休金统筹和筹建老干部休养所等有关工作的汇报，听取关于程控电话大楼筹建工作的汇报，听取关于菊花岛海底电缆敷设工程的汇报，听取关于集中供热工程进度的汇报，审议兴城县计划委员会关于编制兴城县社会经济综合发展规划的请示，研究兴城县农机、果树、畜牧管理总站和标准计量管理所的恢复行政局问题，研究建设优质果品基地县问题。

## 兴城市第一届人民政府常务会议

1987 年 1 月~1990 年 2 月，兴城市第一届人民政府共召开 33 次政府常务会议。

**第一届第一次常务会议** 于 1987 年 2 月 16 日在兴城市人民政府五楼会议室召开。主要议题：听取兴城市民政局关于撤县设市后兴城市人民政府所在地区划设置方案的汇报，研究关于撤县设市后的机构设置和人员编制问题，研究退休职工统筹基金的有关问题。

**第一届第二次常务会议** 于 1987 年 4 月 2 日在兴城市税务局会议室召开。主要议题：研究紧缩开支事宜，听取关于劳动制度改革有关问题的汇报，研究成立兴城市蔬菜办公室有关事宜，研究将盐务处移交兴城市商业局有关事宜。

**第一届第四次常务会议** 于 1987 年 5 月 3 日在兴城市人民政府五楼会议室召开。主要议题：

讨论兴城市人民政府办公室关于精简文件及加强印信管理的意见，讨论兴城市民族事务委员会关于落实宗教团体房产政策情况及落实意见的报告，讨论精简非常设机构问题。

**第一届第六次常务会议** 于 1987 年 8 月 21 日在兴城市税务局会议室召开。主要议题：研究征地动迁补偿暂行办法，审议兴城市标准计量管理局制定的《关于颁布兴城市种子标准化管理暂行办法》，听取关于兴城市中小学勤工俭学情况的汇报，听取关于兴城市技工学校筹建情况的汇报，讨论关于修建温泉游泳馆等有关事宜。

**第一届第九次常务会议** 于 1987 年 11 月 16 日在南苑宾馆会议室召开。主要议题：讨论兴城市农业委员会提请的关于评选兴城市农民企业家的意见，听取关于宁远、温泉、钓鱼台等街道增设居委会的汇报，听取关于兴城市 1986 年职业高中毕业生安排落实情况、社会统筹工作、老龄工作的汇报，听取关于体育场迁建工作的汇报，研究市文物管理委员会关于拆除文庙院内公有平房及私人所建防震棚的请示，讨论报社印刷厂搬迁、程控电话集资、急救中心开业、电视台增添设备等事项。

**第一届第十二次常务会议** 于 1988 年 4 月 9 日在海鸥宾馆召开。主要议题：调整兴城市人民政府领导分工，讨论集中供热工程指挥部机构性质问题，研究科技、市志、民航通信等方面工作。

**第一届第十五次常务会议** 于 1988 年 6 月 4 日在兴城风景区管理处会议室召开。主要议题：听取关于兴城市程控电话工程进展情况的汇报，听取关于城市公有住宅产权改革问题的汇报。

**第一届第十七次常务会议** 于 1988 年 8 月 23 日在兴城市人民政府招待所会议室召开。主要议题：讨论市住房制度改革领导小组提出的《兴城市住房制度改革实施方案》，听取关于兴城市物价、机关工作作风、农民负担等问题的汇报。

**第一届第十八次常务会议** 于 1988 年 10 月 15 日在兴城市人民政府五楼会议室召开。主要议题：审议兴城民政局关于花园村划分为花园村和半道子村的报告，审议兴城市劳动局关于待业青年实行养老保险金制度的请示。

**第一届第十九次常务会议** 于 1988 年 10 月 27 日在兴城市人民政府五楼会议室召开。主要议题：研究兴城市人大常委会对环境保护、文物管理工作提出的具体意见，研究兴城市人大常委会《关于走访市人民代表情况的通报》事宜，传达锦州市清理固定资产投资在建项目会议精神。

**第一届第二十次常务会议** 于 1988 年 11 月 26 日在兴城市人民政府五楼会议室召开。主要议题：审议兴城市文化局《关于解决 1989 年电影预收费问题的报告》，审议兴城市税务局《关于城镇土地使用税实施办法的报告》。

**第一届第二十二次常务会议** 于 1989 年 2 月 12 日在兴城市人民政府五楼会议室召开。主要议题：研究组建公共设施费收缴小组事宜，审议兴城市卫生局《关于职工公费医疗与个人挂钩意见的报告》。

**第一届第二十五次常务会议** 于 1989 年 4 月 4 日在兴城市计划委员会会议室召开。主要议题：研究人大代表、政协委员对电力问题提出的建议，研究人大代表、政协委员对物价问题提出的建议，研究人大代表、政协委员对农业生产资料供销问题提出的建议，研究建立电视台等有关事宜。

**第一届第三十次常务会议** 于 1989 年 7 月 20 日在兴城市人民政府第一招待所会议室召开。主要议题：听取关于全市防汛工作情况的汇报，传达锦州市“工效挂钩”会议精神，听取关于建立市长信访值班制度问题的汇报。

**第一届第三十二次常务会议** 于 1989 年 8 月 29 日在兴城市人民政府五楼会议室召开。主要议题：审议关于建立农业发展基金的方案，听取民用天然气工程领导小组办公室关于天然气前期工程工作情况的汇报。

**第一届第三十三次常务会议** 于1989年10月26日在兴城市人民政府五楼会议室召开。主要议题：研究第四次人口普查问题，研究适当提高计划生育干部福利待遇问题，研究8271厂生产资金问题，听取中澳合资兴办酒楼进展情况的汇报。

## 兴城市第二届人民政府常务会议

1990年2月~1993年2月，兴城市第二届人民政府共召开常务会议24次。

**第二届第二次常务会议** 于1990年3月30~31日在兴城市人民政府第一招待所六楼会议室召开。主要议题：研究将古城、温泉、钓鱼台等3个街道和东辛庄、沙后所、华山、郭家镇7个劳动服务公司上收兴城市劳动局事宜，研究成立街道卫生队事宜，审议《兴城市人民政府工作细则》，讨论《机关工作人员守则》。

**第二届第三次常务会议** 于1990年5月16日在兴城市人民政府第一招待所六楼会议室召开。主要议题：研究南门瓮城修复问题，研究程控电话工程进度及集资问题，复议海滨公园门票涨价问题，研究旅游、园林、水产3个局职能划分事宜。

**第二届第四次常务会议** 于1990年7月2日在兴城市人民政府第一招待所六楼会议室召开。主要议题：听取关于第四届“中国·兴城七月海会”筹备情况的汇报，听取关于实行生猪定点屠宰意见的汇报，听取关于整顿医药市场的意见，研究关于五金公司建住宅楼问题，研究成立中国农函大兴城分校有关事宜，调整市长助理分工。

**第二届第五次常务会议** 于1990年8月7日在兴城市人民政府第一招待所六楼会议室召开。主要议题：听取关于贯彻锦西市人民政府《关于征收机动车养路费附加费的通知》工作情况的汇报，研究建设铁西立交桥事宜，研究兴城第二高中、第三高中合并事宜，讨论《兴城市关于加强计划生育工作的若干规定》和《兴城市关于创建民族团结进步先进市规划》，研究将8月份确定为兴城市“卫生突击月”事宜，听取住房制度改革情况的汇报，听取关于上级拨款水利工程费用使用情况的汇报，审议加强中小学德育教育的意见，审核部分财政经费报告。

**第二届第六次常务会议** 于1990年9月6日在兴城市人民政府第一招待所六楼会议室召开。主要议题：听取兴城市建设委员会关于河东公园规划情况的汇报，听取关于改建城区综合市场的汇报，听取关于兴城市糖酒公司审计情况的汇报，研究兴城市财政局、兴城市粮食局制定的关于减轻粮食亏损措施的报告，研究兴城市民政局关于殡葬改革的规定。

**第二届第十次常务会议** 于1991年3月28日在兴城市人民政府第一招待所六楼会议室召开。主要议题：审议1991年“大禹杯”“丰收杯”“绿化杯”竞赛方案，审议《兴城市种子标准化管理暂行办法》，审议兴城市建设委员会《关于缴纳城市建设综合开发费用的意见》和《统一开发建设城市住宅小区的意见》，研究提高公费医疗的费用标准问题。

**第二届第十一次常务会议** 于1991年4月3日在兴城市人民政府二楼会议室召开。主要议题：研究部分调整粮食基数问题，研究调整乡镇财政基数问题，听取兴城市审计局关于审计环保、水族馆、污水处理厂工作情况的汇报。

**第二届第十三次常务会议** 于1991年6月25日在兴城市人民政府二楼会议室召开。主要议题：听取兴城市计划委员会关于公共设施配套费收缴及使用情况的汇报，审议兴城市计划生育委员会关于1992年度兴城市人口计划指标的落实方案，审议兴城市水利局起草的《关于沿海养殖区划分暂行规定》，审议兴城市教育委员会关于将原兴城市第三高中改建成兴城市第二职业高中的报告，听取关于当年复员兵安置工作情况的汇报。

**第二届第十四次常务会议**　于1991年7月26日在兴城市人民政府第一招待所六楼会议室召开。主要议题：研究兴城市体育馆主体工程再拨款、城内电影院翻建工程、集中供热西线管网延伸工程等有关事宜，听取关于农业后备资源调查的报告，研究水族馆基建、铁西立交桥立项、污水处理厂等问题。

**第二届第十六次常务会议**　于1991年9月16日在兴城市人民政府第一招待所二楼会议室召开。主要议题：听取清理规范性文件情况的汇报，审议《兴城市村卫生所管理暂行办法》《兴城市供水管理办法》，研究调整温泉水价格有关事宜，研究兴城市财政局返回罚没款，用于继续改建南关综合市场事宜，研究兴城市民政局搬迁事宜。

**第二届第十七次常务会议**　于1991年11月16日在兴城市人民政府第一招待所六楼会议室召开。主要议题：研究成立首山森林公园管理处事宜，研究兴城市劳动局在部分全民企事业单位中对离退休职工医疗费实行统筹管理的试点工作，研究在兴城市农村供销社和部分国营商业企业中实行经营、价格、用工、分配“四放开”的改革试点工作，审议《兴城市防治地方病“八五”规划》和《兴城市社会力量办学管理暂行办法》，讨论兴城市财政局、兴城市粮食局修改《关于调整有关粮油政策减轻财政负担的通知》的意见，听取关于兴城市审计局缴款留成意见的汇报，听取关于兴城果树农场扩建万亩果园问题的汇报。

**第二届第十八次常务会议**　于1992年3月14日在兴城市人民政府第一招待所六楼会议室召开。主要议题：研究召开兴城市全民运动会事宜，研究对属兴城市管理的军队离、退休干部增补医疗费事宜，研究兴城市水族馆开馆问题，审议兴城市人民政府《拟定地方规范性文件暂行办法》，研究兴城市外经工作由兴城市经济委员会代管事宜，研究兴城市海洋局归口管理问题，研究地名及门牌管理问题，研究菊花岛乡申请提高驻岛职工补助标准问题，研究乡镇街道奖金发放办法。

**第二届第二十次常务会议**　于1992年5月30日在兴城市人民政府第一招待所六楼会议室召开。主要议题：研究兴城市广播电视局筹集广播电视事业经费问题，研究在全市实行副食品价格调节基金制度事宜，研究动用兴城市财政机动财力事宜，研究兴城市第一幼儿园的迁建问题，研究8271厂的归属问题，讨论《兴城市人民政府关于进一步加快发展水产业的决定》和《兴城市拍卖业务管理暂行规定》。

**第二届第二十一次常务会议**　于1992年7月31日在兴城市人民政府第一招待所六楼会议室召开。主要议题：审议《兴城市开展农村初级卫生保健工作的实施意见（草稿）》《一九九二年初级卫生保健工作计划》《兴城市浅海滩涂渔业生产养殖管理暂行办法》和《兴城市城镇国有土地使用权出让和转让实施细则》4个文件，研究清理城镇非法占用国有土地、道路的建筑问题，研究兴城市财政局关于加强预算外资金管理的意见。

**第二届第二十二次常务会议**　于1992年9月12日在兴城市人民政府第一招待所六楼会议室召开。主要议题：研究在沙后所满族镇建设大型综合批发市场事宜，研究兴城市建设委员会调整冬季统一供暖收费标准的意见，研究兴城市建设委员会改造站前广场、在海滨风景区建设公共汽车停车场的意见，审议《兴城市所辖海域、滩涂使用区域的划分原则及方法》和《关于引荐外资、扩大出口的若干奖励政策》，听取兴城市粮食局关于粮食销售放开实施意见的汇报，听取兴城市建设委员会关于铁西立交桥立项进展情况以及辟建城市用水新水源的汇报。

**第二届第二十三次常务会议** 于1992年10月9日在兴城市人民政府第一招待所六楼会议室召开。主要议题：审议《兴城市浅海滩涂管理暂行办法》和《关于鼓励外商投资的规定》，听取兴城市商业局关于扩建南门口商店意见的汇报，听取兴城市财政局关于1~9月份预算执行情况的汇报。

**第二届第二十四次常务会议** 于1992年12月31日在兴城市人民政府第一招待所六楼会议室召开。主要议题：讨论兴城市农业委员会提出的《关于减轻农民负担的几点意见》，研究兴城市民政局关于申报曹庄满族乡变制建镇的意见，讨论《一九九三年财政预算安排（草案）》，研究废止与《全民所有制工业企业转换经营机制条例》相抵触的12个文件事宜。

### 兴城市第三届人民政府常务会议

1993年2月~1998年1月，兴城市第三届人民政府共召开常务会议34次。

**第三届第一次常务会议** 于1993年4月28日在兴城市建设委员会后楼会议室召开。主要议题：听取关于公路网化建设情况的汇报，听取关于清理小汽车和清理滥着装情况的汇报，研究加强预算外资金管理问题，审议《关于加强城市规划区内建设管理工作的通知》，研究兴城市教育委员会关于建设兴城市幼儿园的方案。

**第三届第二次常务会议** 于1993年6月12日在兴城市人民政府第一招待所六楼会议室召开。主要议题：研究兴城市卫生局提出的《兴城市卫生工作改革方案》，研究对建设“七彩城”“不夜城”实施优惠政策事宜，讨论《关于对蓝印户口育龄妇女计划生育情况的调查及管理意见》，讨论兴城市教育委员会提出的《兴城市教育发展与改革实施意见》，讨论《兴城市人民政府工作规则》，研究二类森林资源清查事宜，研究机关车辆精简事宜。

**第三届第四次常务会议** 于1993年10月6日在兴城市人民政府第一招待所六楼会议室召开。主要议题：研究香港益升集团到红海新区进行房地产开发事宜，研究对辽宁国发集团在红海新区进行房地产开发实行优惠政策事宜，研究华荣公司在钓鱼台街道辖区内进行第二期开发计划，研究城东街道和兴城市民政局对城东路口小区进行商业性开发计划，研究《关于放宽外地来兴人员落户政策的意见》和《关于进一步放宽蓝印户口政策的意见》，研究《“绿叶杯”竞赛实施方案》。

**第三届第九次常务会议** 于1994年3月25日在兴城市人大常委会四楼会议室召开。主要议题：讨论《兴城市1994年乡镇财政体制意见》和《公费医疗改革方案》，审议《兴城市行政事业单位申请用款报批程序规定》，审议《1994年工业生产、乡镇企业“效益杯”竞赛方案》，研究调整人民教育基金和中小学生杂费收取标准，研究自来水和温泉水管理办法，研究市内机动车按标准统一收取南河大桥通行费有关事宜，研究提高民师待遇和利用世界银行贷款治疗农民肺结核病事宜。

**第三届第十次常务会议** 于1994年6月27日在兴城市人民政府五楼会议室召开。主要议题：听取全市工业改革方案执行情况的汇报，研究1994年海会问题，研究政府机构改革方案。

**第三届第十四次常务会议** 于1995年2月15日在兴城市人民政府后楼小会议室召开。主要议题：听取和审议《关于1995年工业生产安排意见》《关于1995年农业和农村经济总体规划》、《兴城市机关事业单位社会保障实施方案》《兴城市粮、油、肉、菜价格管理办法》和《兴城市水土保持实施细则》，研究兴城市《支农医疗队活动安排意见》，研究召开兴城市第二届全民运动会事宜，听取兴城市教育委员会《关于兴城市第一幼儿园房舍险情和妥善安置幼儿办法的报告》，研究兴城市地税局下设乡镇地税所，实行财税分开事宜，研究对完成和超额完成1995年农业“四税”（包括农业税、农村特产税、耕地税和契税）任务的乡、镇、街道实行奖励政策事宜，研究曹庄镇总体规划。

**第三届第十五次常务会议**　于1995年3月30日在兴城市人民政府后楼小会议室召开。主要议题：讨论《兴城市1995年乡镇财政体制管理办法》，讨论《兴城市利用松辽平原农业开发世行贷款项目资金管理使用办法》，听取兴城市体育运动委员会关于争创“全国体育先进市”工作开展情况的汇报，听取关于民办教师转正指标分配问题的汇报。

**第三届第十六次常务会议**　于1995年5月15日在兴城市人民政府后楼小会议室召开。主要议题：讨论《兴城市乡镇企业工业小区发展政策》，研究对农村重灾户口粮给予补贴事宜，研究兴城市民政局《关于安置1994年冬季城镇退役士兵的意见》，研究实施“安居工程”事宜，讨论《兴城市开展农村初级卫生保健工作的实施意见（草稿）》，研究村委会换届选举事宜，研究城镇房屋产权验证登记事宜。

**第三届第十七次常务会议**　于1995年7月7日在兴城市人民政府后楼小会议室召开。主要议题：听取兴城市水利局关于防污工作安排意见的汇报，研究关于世界银行贷款的使用办法，讨论关于开发菊花岛的有关政策。

**第三届第二十二次常务会议**　于1996年3月29日在兴城市人民政府后楼小会议室召开。主要议题：听取关于《兴城市住房制度改革实施方案》《兴城市河道管理暂行办法》《兴城市计划生育暂行办法》的汇报。

**第三届第二十六次常务会议**　于1996年11月30日在兴城市人民政府后楼小会议室召开。主要议题：研究《兴城市人民政府关于招商引资优惠政策若干规定》，讨论创建文明城市方案。

**第三届第二十八次常务会议**　于1997年1月25日在兴城市人民政府后楼小会议室召开。主要议题：听取《兴城市人民政府关于招商引资优惠政策若干规定》《关于兴城市财政第二预算管理暂行办法》《关于农村有线工程方案》的汇报，研究赴香港举办经贸洽谈会方案。

**第三届第三十次常务会议**　于1997年4月23日在兴城市人民政府后楼小会议室召开。主要议题：审议《兴城市城市环境综合整治方案》和《兴城市人民政府关于整治城市环境的通告》，研究进行城市环境综合整治事宜。

**第三届第三十一次常务会议**　于1997年5月24日在兴城市人民政府后楼小会议室召开。主要议题：听取兴城市水利局关于兴城东河防洪规划、兴城市环境保护局关于兴城东河水质情况、兴城市城建局关于兴城东河污染治理规划的报告，听取兴城市水利局关于防汛准备工作及险工险段情况的汇报，研究成立兴城市城市规划委员会事宜。

**第三届第三十三次常务会议**　于1997年8月31日在兴城市人民政府后楼小会议室召开。主要议题：听取兴城市教育委员会关于兴城市第二届全民田径运动会筹备情况的汇报，审议《兴城市开展农业科技进步年活动实施方案》《兴城市杂色蛤亲贝保护区管理办法》《兴城市耕地保护和土地开发复垦实施办法》《兴城市城市供水管理办法》《中共兴城市委、兴城市人民政府关于卫生改革与发展的实施意见》《关于建设兴城市经营性公墓的请示》，听取兴城市消防工作汇报。

**第三届第三十四次常务会议**　于1997年12月2日在兴城市人民政府后楼小会议室召开。主要议题：听取兴城市教育委员会关于争创全国体育先进市情况的汇报，审议《兴城市创建国家卫生城市实施方案》《兴城市关于企业职工富余人员自谋职业有关优惠政策的通知》。

## 兴城市第四届人民政府常务会议

1998年1月~2003年1月，兴城市第四届人民政府共召开常务会议43次。

**第四届第三次常务会议** 于1998年5月11日在兴城市人民政府后楼小会议室召开。主要议题：审议《中共兴城市委、兴城市人民政府关于进一步改革与发展卫生事业的意见（讨论稿）》《兴城市人民政府关于加快发展个体私营经济优惠政策的若干规定》，听取兴城市劳动和社会保障局关于社会养老保险和再就业工作情况的汇报，听取兴城市民政局关于建立城市居民生活最低保障制度情况的汇报。

**第四届第五次常务会议** 于1998年8月27日在兴城市人民政府后楼小会议室召开。主要议题：审议《关于清理规范行政事业性收费情况的报告》《兴城市城市市容管理暂行办法》《兴城市旅游管理暂行办法》《兴城市海滨风景区管理暂行办法》《关于成立群防群治治安联防的报告》《兴城市扶贫攻坚计划实施方案》。

**第四届第八次常务会议** 于1998年12月11日在兴城市人民政府后楼小会议室召开。主要议题：听取兴城市人事局关于调整工资情况的汇报，听取兴城市经济贸易发展局关于改制企业债务落实情况的汇报。

**第四届第十二次常务会议** 于1999年3月20日在兴城市人民政府后楼小会议室召开。主要议题：听取《关于对我市社会保险管理中心收取的改制企业职工一次性安置费纳入财政管理的建议》的汇报，审议《兴城市建设工程招标投标管理实施办法》。

**第四届第十三次常务会议** 于1999年5月6日在兴城市人民政府后楼小会议室召开。主要议题：听取兴城市计划统计局关于招商引资情况的汇报，听取兴城市民政局关于建立拥军优属保障金和实行优待金社会统筹工作的汇报，审议关于招商引资优惠政策的补充规定，审议《兴城市旅游管理暂行办法》《兴城市浅海滩涂管理暂行规定》《关于鼓励大中专毕业生到企业就业和自谋职业的暂行规定》。

**第四届第十六次常务会议** 于2000年2月12日在兴城市人民政府后楼小会议室召开。主要议题：审议《关于加强国有资产管理的若干规定》《关于招商引资鼓励政策的若干规定》，听取《关于加强流行性出血热防治工作的意见》《关于调整城市低保政策、扩大保障面的报告》《关于规范我市教育费附加征收标准的报告》的汇报，研究讨论《关于兴城第一幼儿园、兴城第二高中宿舍楼工程短缺资金解决办法的请示》，研究《关于成立兴城第三高中的请示》，听取农村工作会议筹备情况和农村工作的汇报。

**第四届第十七次常务会议** 于2000年3月20日在兴城市财政培训中心五楼会议室召开。主要议题：研究讨论当前亟待解决的信访案件，听取兴城市人大常委会所作决议中关于旅游管理体制、河沙管理、环境保护等情况的汇报，听取世界银行贷款、支农周转金回收等工作情况的汇报。

**第四届第十八次常务会议** 于2000年5月23日在兴城市财政培训中心会议室召开。主要议题：研究成立兴城市国土资源监察大队、兴城市土地开发整理中心和婚姻登记处有关事宜，研究城市用水问题及兴城市人大代表关于城市环境污染治理议案的落实情况，研究制定“十五”规划有关事宜，研究“6·14香港招商”项目准备情况事宜。

**第四届第十九次常务会议** 于2000年7月3日在兴城市人民政府后楼小会议室召开。主要议题：研究毕业生安置意见，研究锦山、锦华、东华3个军工企业公安处的接收问题，研究沙后所供销社产权制度改革问题。

**第四届第二十一次常务会议** 于2000年9月21日在兴城市人民政府后楼小会议室召开。主要议题：研究建立高科技园区有关事宜，研究民办教师转正问题，研究海洋管理体制问题，研究关于东山农贸市场和佟屯综合市场建设事宜，审议《关于房地产开发管理的意见》。

**第四届第二十三次常务会议** 于2000年11月26日在兴城市人民政府后楼小会议室召开。主要议题：审议兴城市住宅小区物业管理暂行办法，听取关于编纂《兴城市志》的请示，听取关于转业兵安置问题的汇报，研究建立城乡最低生活保障线问题，研究加强社区建设问题。

**第四届第二十七次常务会议** 于2001年4月10日在兴城市人民政府后楼小会议室召开。主要议题：审议兴城市教育局、财政局、计划统计局、城建局关于农村中小学教育结构布局调整和危房改造计划及实施方案。

**第四届第二十八次常务会议** 于2001年5月8日在兴城市人民政府后楼小会议室召开。主要议题：听取陆岛交通码头筹建情况的汇报，听取井盐水工厂化养殖科技园区筹建情况的汇报，审议海鲜西街临时建筑的拆迁、补偿实施方案，审议兴城市土地收购暂行办法。

**第四届第三十一次常务会议** 2001年8月13日在兴城市人民政府后楼小会议室召开。主要议题：讨论《兴城市2000年冬季退役士兵安置工作实施方案》，研究《关于维修扩建社会福利院的请示》，审议《关于加强菊花岛土地房屋管理的暂行规定》。

**第四届第三十八次常务会议** 于2002年3月14日在兴城市人民政府后楼小会议室召开。主要议题：研究成立兴城市海域管理办公室有关事宜，审议《兴城市海域使用管理暂行办法》《兴城市房地产开发经营管理规定》和《关于加强动物防疫工作的通报》，听取关于落实曹庄井盐水养殖办公会议精神的汇报，听取1999~2000年师范类院校大专毕业生招聘准备情况的汇报，通报东方文艺中心进展情况。

**第四届第三十九次常务会议** 于2002年4月30日在兴城市人民政府后楼小会议室召开。主要议题：审议兴城市引进优秀人才暂行规定，审议红海开发区国有土地清理整顿意见，研究出售大明商都的请示，研究收取城市污水处理费和成立行政审批便民服务中心事宜。

**第四届第四十三次常务会议** 于2002年8月14日在兴城市人民政府后楼小会议室召开。主要议题：研究综合执法局分流人员上访事宜，研究开展劳动就业年活动有关事宜。

## 兴城市第五届人民政府常务会议

2003年1月~2007年12月，兴城市第五届人民政府开常务会议49次。

**第五届第二次常务会议** 于2003年3月3日在兴城市人民政府后楼小会议室召开。主要议题：听取兴城市风景区管理处关于出售海鲜东街门市房请示说明的汇报，听取兴城市城乡规划建设局关于出售房屋管理处大院请示说明的汇报，听取兴城市供暖公司改制出售请示说明的汇报，审议《兴城市房屋拆迁管理实施办法》《兴城市人民政府廉政建设若干规定》《兴城市行政执法责任制实施办法》《兴城市重大行政处罚决定备案暂行办法》。

**第五届第三次常务会议** 于2003年4月7日在兴城市人民政府后楼小会议室召开。主要议题：研究关于加强海滨风景区门票管理的实施方案，听取将海滨拦海大坝西移、恢复2400公顷滩涂、建设海水养殖基地情况的汇报，审议关于成立兴城市中小企业信用担保中心的请示，审议关于批准李春海、杜忠禄为革命烈士的请示，审议关于恢复“城市基本建设统一收费标准”的请示。

**第五届第四次常务会议** 于2003年6月24日在兴城市人民政府后楼小会议室召开。主要议题：审议关于举办第十七届兴城海会的实施方案，审议关于兴城市自收自支事业单位职工社会养老保险暂行办法的补充规定，审议关于扩大企业养老保险覆盖面的实施意见，审议关于粮食部门离退休职工遗属生活费发放的请示，审议关于在全市农村卫生院实行体制改革的请示，审议关于恢复兴城市商业局理顺行政职能的请示，审议关于收缴施工用水水费的报告，研究韩家沟果树农场土地划拨事宜。

**第五届第五次常务会议** 于2003年9月19日在兴城市人民政府后楼小会议室召开。主要议题：审议《兴城市古城管理暂行办法》，审议兴城市引进优秀人才规定，审议《兴城市果树管理暂行办法》，审议兴城市临街建筑立面装饰规定，审议关于双兴供热有限公司覆盖区内集中供暖问题的请示，审议关于兴城市供销联社土产、日杂两公司建商业服务楼一次性安置职工的请示，研究关于减免中国农业科学院兴城果树研究所建综合实验楼各种收费事宜，听取农村税费改革配套措施落实情况的汇报。

**第五届第八次常务会议** 于2003年12月30日在兴城市人民政府后楼小会议室召开。主要议题：研究兴城市人事局关于1998年乡镇机构改革中落聘的聘用制公务员重新安置的意见，讨论药王粮库转让事宜，传达辽宁省安全生产紧急会议精神。

**第五届第十次常务会议** 于2004年2月24日在兴城市人民政府后楼小会议室召开。主要议题：听取关于落实辽宁省人民政府要求，进一步治理整顿土地市场秩序工作情况的汇报，听取“村村通”柏油路工作汇报，审议兴城市啤酒有限公司、兴城市轴承有限公司、兴城市粉末冶金有限公司关于土地划拨转为出让的请示，审议关于筹建兴城市药监局办公楼用地的请示，研究葫芦岛军分区建机械库房占用土地事宜，研究兴城市水泵厂土地出让金减免问题，研究在羊安满族乡新建垃圾处理场选址事宜，研究古城外环开发带建设事宜，研究兴城市人大常委会批转的《关于山区中小学代课教师多、素质低、影响教学质量，要求合理配置师资的议案》。

**第五届第十一次常务会议** 于2004年3月8日在兴城市人民政府后楼小会议室召开。主要议题：审议关于鼓励民营企业发展的若干规定，审议关于招商引资政策的若干规定，审议关于加强海洋与渔业发展的实施意见，研究兴城市自来水公司改制问题。

**第五届第十二次常务会议** 于2004年4月8日在兴城市人民政府后楼小会议室召开。主要议题：研究兴城市广电局关于对兴城辖区有线电视实施规范管理的请示，研究兴城市粮食局关于出售粮食企业资产相关事宜的请示，研究兴城市农发局关于减免农机监理所与兽医卫生站联合建办公楼基本建设费的请示，研究兴城市卫生局关于改造兴城市人民医院门诊、外科病房楼有关问题的请示，研究葫芦岛九洲房地产开发公司关于泳装城建设几个问题的请示，研究重新测量海域使用面积问题，听取兴城市海洋与渔业局关于兴城市现代渔业园区建设情况的汇报，听取兴城市国土局关于城市中心广场建设资金平衡情况的汇报，讨论关于学习贯彻《行政许可法》的实施意见。

**第五届第十三次常务会议** 2004年5月31日在兴城市人民政府后楼小会议室召开。主要议题：研究古城街道建立古城电瓶车队的请示，研究兴城市消防大队关于兴城市水上消防站规划用地的申请，研究兴城市粮食局关于清理资产租赁经济补偿的请示，研究兴城市商业局关于温泉浴池职工欠缴养老保险费问题的请示，研究围屏满族乡关于建设刺嫩芽生产基地的报告，研究兴城市文化局关于文庙广场南侧建仿古式临街店铺的请示，研究四家屯街道关于郕家村集中经营管理家庭宾馆的请示，审议兴城市粮食局关于出售三道沟粮库资产的请示，审议兴城市供销联社关于出售棉麻公司经营场地购置新的经营场所和一次性安置职工的请示，讨论兴城市粮食局关于围屏粮库拖欠并轨债务情况的报告，通报涉农信访案件情况。

**第五届第十五次常务会议** 于2004年9月16日在兴城市人民政府后楼小会议室召开。主要议题：听取兴城市劳动和社会保障局关于兴城市财政供养人口参加医疗保险方案的报告，听取兴城市经贸局关于奶牛养殖考察情况的报告，审议兴城市劳动和社会保障局《关于城镇灵活就业人员参加医疗保险暂行办法》，审议兴城市海洋与渔业局关于《兴城现代渔业园区管理暂行办法》，审议兴城市粮食局关于建立市（县）级粮食储备的请示，审议兴城市经贸局关于安全生产的预案，审议兴城市财政局关于原辽宁省文化厅疗养院职工安置工作的实施意见，审议兴城市水利局关于龙兴饭店职工和水利设备材料公司职工买断工龄解除身份的报告，通过聘请兴城市人民政府法律顾问。

**第五届第十七次常务会议** 于2004年12月3日在兴城市人民政府后楼小会议室召开。主要议题：听取兴城市教育局关于成立职教中心的汇报，研究兴城市旅游局关于海鸥宾馆职工集体上访问题解决方案的请示，研究兴城市人事局关于1998年机构改革中乡镇事业单位落聘人员有关遗留问题的处理意见，审议《兴城古城保护暂行办法》，审议《兴城市防空作战预案》，讨论兴城市人民政府《政府工作报告（讨论稿）》。

**第五届第十八次常务会议** 于2005年2月3日在兴城市人民政府后楼小会议室召开。主要议题：研究兴城市广播电视局关于农村有限电视网络升级改造的报告，讨论兴城市2005年城区绿化方案，研究温泉大厦议标出售有关问题，审议《兴城市粮食应急供应预案》，审议《兴城市突发公共事件应急总体预案》，讨论兴城市创建中国优秀旅游城市表彰大会方案。

**第五届第二十一次常务会议** 于2005年3月22日在兴城市人民政府后楼小会议室召开。主要议题：审议关于鼓励招商引资的若干规定，审议关于民营企业发展的若干规定，研究关于成立乡镇、街道司法所有关事宜。

**第五届第二十二次常务会议** 于2005年4月6日在兴城市人民政府后楼小会议室召开。主要议题：研究兴城市热电公司《关于部分单位纳入集中供热的报告》，研究菊花岛乡《关于菊花岛大龙宫寺落成庆典相关事宜的请示》，研究兴城市文化局《关于兴城古城头道牌楼东胡同民居改造的请示》《关于图书馆置换有关问题的请示》，研究兴城市粮食局《关于出售局机关办公楼的请示》，研究兴城市商业局《关于出售延辉商业城的请示》，研究兴城市劳动和社会保障局《关于我市财政供养人口参加医疗保险缴费方案的报告》，研究兴城市卫生局《关于食检问题的处理意见和建议》，研究兴城市民政局《关于贯彻上级进一步加强社区建设文件解决我市社区建设几个重点问题的请示》《关于对城区中心敬老院暨滴绿山庄老年公寓给予一定政策待遇的请示》，讨论兴城市热电公司《关于取暖费价格上调的报告》。

**第五届第二十三次常务会议** 于2005年4月26日在兴城市人民政府后楼小会议室召开。主要议题：研究兴城市交通局《关于出售海运办公楼的请示》，研究兴城市文化局《关于“古城节”实施方案的请示》，研究兴城市教育局《关于新建兴城市高级中学分部和兴城第三初级中学的请示》，研究兴城市水利局《关于全市自备水源井管理的请示》，研究兴城市城建局将供暖公司承担二次加压供水的住宅楼移交自来水公司管理的请示。

**第五届第二十七次常务会议** 于2005年6月23日在兴城市人民政府后楼小会议室召开。主要议题：研究兴城市卫生局关于在兴城市实施新型农村合作医疗制度问题，研究关于成立美嘉复合肥有限公司问题。

**第五届第三十次常务会议** 于2005年10月20日在兴城市人民政府后楼小会议室召开。主要议题：研究关于向社会征集兴城市街、路、广场名称问题和关于落实企业退休军转干部基本医疗保障待遇问题，审议《关于加强村镇供水工程管理的意见》，审议《兴城市全面推进依法行政工作规划（2005~2009年）》。

**第五届第三十三次常务会议** 于2005年12月16日在兴城市人民政府后楼小会议室召开。主要议题：讨论兴城市发展改革局制定的《兴城市国民经济和社会发展"十一五"规划纲要（草案）》，研究兴城市国土资源局关于调整兴城市城区和乡镇土地级别与基准地价标准。

**第五届第三十七次常务会议** 于2006年4月26日在兴城市人民政府后楼小会议室召开。主要议题：讨论兴城市教育局民办教师转正、师范类和非师范类毕业生聘用、高中教师人才招聘方案，审议曹庄工业园区总体规划，研究兴城市经贸局拟定的招商引资优惠政策，研究兴城市劳动和社会保障局关于成立清理欠缴社会养老保险费工作领导小组的有关问题，通报兴城高中外迁征地事宜。

**第五届第三十九次常务会议** 于2006年7月30日在兴城市人民政府后楼小会议室召开。主要议题：审议兴城市安监局制定的兴城市地方煤矿重特大安全事故应急救援预案，研究四家村企业集团改制有关问题，研究兴城市教育局2000~2003年师范类毕业生入编问题。

**第五届第四十一次常务会议** 于2006年9月27日在兴城市人民政府后楼小会议室召开。主要议题：研究关于东辛庄镇整改东辛庄服装市场火灾隐患问题，讨论兴城市动物卫生监督管理局制定的兴城市动物卫生管理体制改革方案。

**第五届第四十二次常务会议** 于2006年12月20日在兴城市人民政府后楼小会议室召开。主要议题：研究原兴城市交通局公安人员转制问题，讨论《兴城市见义勇为人员表彰奖励办法》，讨论兴城市物价局制定的《兴城市工业企业收费手册》，听取调整企业退休人员养老金情况汇报，听取赴浙江省温州市所属乐清市考察报告，通报兴城市监察局关于给予熊某某、张某某开除公职处分的决定。

**第五届第四十三次常务会议** 于2006年12月20日在兴城市人民政府后楼小会议室召开。主要议题：讨论兴城市海洋与渔业局制定的《兴城市突发海洋自然灾害应急预案》，讨论兴城市安监局制定的《兴城市危险化学品生产安全事故灾难应急预案》，讨论兴城市劳动和社会保障局制定的《困难企业退休人员参加基本医疗保险办法》。

**第五届第四十五次常务会议** 于2007年4月4日在兴城市人民政府后楼小会议室召开。主要议题：研究凌河化工厂扩建租用七五四矿退役土地问题，研究兴城市公安局关于看守所、拘留所新建工程问题，审议《兴城市高致病性禽流感等重大动物疫病防控应急预案》。

**第五届第四十七次常务会议** 于2007年6月22日在兴城市人民政府后楼小会议室召开。主要议题：听取兴城市水利局关于兴城市农村饮水安全工程安排情况和兴城市2007年防汛工作安排情况的汇报，审议《兴城市人民政府突发公共事件总体应急预案》并听取应急工作汇报，研究兴城市商业局关于兴城市调味品厂申请破产问题。

**第五届第四十八次常务会议** 于2007年9月12日在兴城市人民政府后楼小会议室召开。主要议题：审议修订《兴城市非煤矿山安全生产事故灾难应急预案》，研究兴城市工业公司关于塑料二厂和电镀厂出售问题。

**第五届第四十九次常务会议** 于2007年11月20日在兴城市人民政府后楼小会议室召开。主要议题：审议兴城市旅游局关于《兴城市旅游突发公共事件应急预案》，研究兴城市农发局关于三轮车、低速载货汽车牌证及驾驶证等相关职能由农机监理所移交给交警队问题，研究兴城市教育局关于民办教师转正问题，讨论兴城市人民政府办公室起草的《政府工作报告（讨论稿）》。

## 兴城市第六届人民政府常务会议

2007年12月~2012年12月，兴城市第六届人民政府共召开常务会议29次。

**第六届第一次常务会议**　2008年1月28日在兴城市人民政府后楼小会议室召开。主要议题：研究城镇居民基本医疗保险实施方案，听取2007年安全生产情况和2008年安全生产工作安排的汇报。

**第六届第二次常务会议**　于2008年4月13日在兴城市人民政府后楼小会议室召开。主要议题：研究兴城市监察局关于给予李长光行政开除处分问题，研究兴城市安监局关于在白塔等11个乡镇、街道成立安全生产监督管理机构和设立安全生产专项资金问题，研究兴城市教育局关于普及九年义务教育达到“提高水平”标准所需资金问题。

**第六届第三次常务会议**　于2008年7月12日在兴城市人民政府后楼小会议室召开。主要议题：研究兴城市卫生局关于婴幼儿计划免疫经费问题，研究兴城市教育局关于实施兴城市高级中学搬迁和城内部分学校布局调整问题，讨论兴城市热电有限公司股权及债权无偿转让和兴城市招商引资优惠政策若干规定，审议《兴城市防洪预案》等六项预案，审议《兴城市行政机关行使行政处罚自由裁量权暂行办法》。

**第六届第六次常务会议**　于2008年11月30日在兴城市人民政府后楼小会议室召开。主要议题：研究兴城市监察局关于给予王明伟行政开除处分问题，研究烟花企业退出补偿问题，听取兴城市财政局关于兴城市融资平台建设情况的汇报，审议《兴城市人民政府依法行政工作制度》。

**第六届第七次常务会议**　于2009年3月2日在兴城市人民政府后楼小会议室召开。主要议题：研究关闭兴城市顺心煤矿事宜，研究成立兴城市恒信小额贷款有限责任公司事宜，研究兴城临海产业区招商引资优惠政策事宜，讨论菊花岛营城子遗址保护利用规划。

**第六届第八次常务会议**　于2009年6月7日在兴城市人民政府后楼小会议室召开。主要议题：研究幼师转正问题和给予闫世凯行政撤职处分问题，研究授予刘玉权、李久俊“见义勇为公民”事宜，研究关闭5座尾矿库事宜，讨论《兴城市行政事业单位国有资产处置管理办法》。

**第六届第九次常务会议**　于2009年9月3日在兴城市人民政府后楼会议室召开。主要议题：研究与葫芦岛晟世芳华旅游开发有限责任公司解除国有土地使用权出让合同征用土地事宜，讨论《关于落实服务承诺制、首问负责制和限时办结制实施方案》，讨论《兴城市农业产业化项目建设实施方案》。

**第六届第十次常务会议**　于2009年12月23日在兴城市人民政府后楼小会议室召开。主要议题：审议《兴城市生产安全事故灾难应急预案》《兴城市危险化学品生产安全事故灾难应急预案》《兴城市非煤矿山生产安全事故灾难应急预案》，研究兴城市有线电视整合和增上数字电视事宜，讨论《兴城市新华书店转企工作实施方案》，讨论《兴城市农业产业化项目建设实施方案》。

**第六届第十二次常务会议**　于2010年5月14日在兴城市人民政府后楼小会议室召开。主要议题：研究关闭兴城市华山街道四合村煤矿问题，研究给予中核辽宁核能有限公司引进人才奖励事宜，研究种子公司由经营性事业单位转为企业单位事宜，通报招录社区警务服务中心工作人员情况。

**第六届第十五次常务会议** 于2010年8月23日在兴城市人民政府后楼小会议室召开。主要议题：研究出租车使用计价器问题，研究“国防工程”失地农民养老保险问题，研究2010年公开择优聘用教师问题，研究给予李某行政处分事宜。

**第六届第十六次常务会议** 于2010年12月27日在兴城市人民政府后楼小会议室召开。主要议题：研究兴城市松山选矿厂尾矿库关闭问题，研究兴城市兴华影剧院和兴城市文化馆办公楼出售问题，研究实行住房公积金制度问题，研究城乡低保户冬季取暖救助问题，审议兴城市高级中学教学楼等建设工程决算。讨论《政府工作报告（讨论稿）》和《兴城市国民经济和社会发展第十二个五年规划纲要（草案）》。

**第六届第十八次常务会议** 于2011年5月12日在兴城市人民政府后楼小会议室召开。主要议题：通报5月11日发生的兴城江恒房地产开发公司拆解楼房（原锦州市财政培训基地）事故处理情况，专题研究全面加强安全生产工作事宜。

**第六届第十九次常务会议** 于2011年6月7日在兴城市人民政府后楼小会议室召开。主要议题：听取河道采沙治理工作、吃“空饷”治理整顿工作、城乡低保核查清理工作情况汇报，研究取缔城区运营客运三轮车和残疾人营运三轮车问题，研究实施新型农村社会养老保险事宜，调整兴城市人民政府部分领导分工。

**第六届第二十次常务会议** 于2011年7月7日在兴城市人民政府后楼小会议室召开，主要议题：会议听取城区运营客运三轮车取缔后城市公共交通、出租车运力调整和被取缔三轮车残疾人车主安置工作，兴城市食品安全治理整顿工作，部分项目征地搬迁工作，四家屯街道部分村民上访情况以及重点工程项目建设情况的汇报。

**第六届第二十一次常务会议** 于2011年8月21日在兴城市人民政府后楼小会议室召开，主要议题：听取兴城市基层医疗卫生体制改革工作、烟台河河口鱼棚违法占用河道情况、机关事业单位住房公积金制度落实情况、2011年教师招聘工作、乡镇动物卫生监督所招聘工作人员情况的汇报。

**第六届第二十二次常务会议** 于2011年9月6日在兴城市人民政府后楼小会议室召开，主要议题：研究兴城市民政、司法服务中心建设、古城拆迁改造、企业基本养老保险费征收、海滨风景管理局改制事宜，审议新增出租车和公交车经营管理办法和城镇居民基本医疗保险门诊统筹管理暂行办法。

**第六届第二十四次常务会议** 于2012年2月27日在兴城市人民政府后楼小会议室召开。主要议题：听取兴城市重点工作情况汇报并对下一步工作进行安排和部署，研究临海产业区建设、联合中学和实验学校建设工作、渤海船院搬迁工作、城市基础设施建设、城建重点项目动迁工作、重点交通项目建设工作、古城开发利用工作、原商业疗养院接收工作、觉华岛旅游度假区社会管理职能调整工作、民政司法服务中心建设工作事宜。

**第六届第二十五次常务会议** 于2012年5月8日在兴城市人民政府后楼小会议室召开。主要议题：听取兴城蓝德温泉房地产公司温泉旅游项目事宜、海滨风景区管理局工作情况、温泉路和宁海街占用锦铁疗养院用地补偿情况、新农合工作情况、实施高中寄宿制困难学生伙食补助、货运车辆超限超载运输治理整顿、看守所和拘留所工程决算、温泉水经营管理情况、供水总公司经营管理及供水工程建设情况、河道采沙管理情况、“小开荒”还林工作情况，听取兴城市民政局关于东一村贿选案件的处理意见、社会保障对象救助标准调整等情况汇报。

**第六届第二十七次常务会议** 于2012年7月8日在中共兴城市委办公楼三楼常委会议室召开。

主要议题：听取兴城市重点工作情况汇报并对下一步工作进行安排和部署，研究古城保护开发工作、首山丽汤温泉项目建设、滨海温泉新城建设、城市供暖设施改造、兴城河城区段综合治理工程、城区道路工程建设、大型服务业项目招商引资优惠政策、原商业疗养院北院土地出让、上半年企业职工养老保险基金征收、农村中小学（幼儿园）非公办教师发放养老金、校车安全管理、红麦坊温泉旅游度假村项目建设等事宜。

**第六届第二十八次常务会议** 于2012年8月22日在中共兴城市委办公楼三楼常委会议室召开。主要议题：研究滨海大道等6条街路命名、事业单位公开招聘工作人员和公开招聘教师、庆祝教师节活动方案、成立城乡规划委员会和地价管理委员会等事宜，审议《兴城市地名管理实施意见》，调整兴城市人民政府领导分工。

**第六届第二十九次常务会议** 于2012年10月25日在兴城市人民政府三楼常务会议室召开。主要议题：研究减免东兴汽车维修中心项目城市基础设施建设配套费、城市社区居民委员会建设、城市公共交通行业管理职能交接、曹庄镇老滩新村建设、城市供热规划、兴城市人民政府绩效考评等事宜，审议《发展房地产业暂行办法》，通报兴城市年内前三季度主要经济指标完成情况，并对重点工作进行安排和部署。

### 兴城市第七届人民政府常务会议

**第七届第一次常务会议** 于2012年12月9日在兴城市人民政府三楼常务会议室召开。主要议题：研究大红门物流商贸城项目建设、减免兴城市水泵有限公司办理厂房所有权涉及的相关费用、关闭刘台子满族乡铁合金厂钨钼生产线、乡镇街道无编制退伍军人退休费纳入兴城市财政统筹、给予方某某行政开除处分等事宜，审议《兴城市妇女发展规划》和《兴城市儿童发展规划》，调整市人民政府领导分工。

## 第三节　政府决策

1986年，兴城县人民政府采取措施，切实减轻农民负担。精简乡镇自用人员，乡、村干部奖励不准自定自奖和从农民手中收钱发奖，不准向农民摊派订阅报刊任务并强行收费。立即停止各种不合理着装，已着装的，向农民收取的费用一律退还给农民。严格禁止滥摊派、乱收费，乡镇合理负担需经乡镇人民代表大会审议公布执行，不准由村委会向农民摊派。

1987年，兴城市人民政府推进经济体制改革，按照企业所有权与经营权分离的原则，全面推行“一包一租”为主要形式的经营责任制。

1988年，兴城市人民政府出台住房制度改革方案，重点是将房地产管理处管理的国有住宅和各单位的自管公房住宅出售给个人。

1990年，兴城市人民政府贯彻《中华人民共和国土地法》，对城市土地实行统一管理，明确赋予土地管理部门权力，划分土地部门、规划部门和城管部门的职能和工作范围，结束城镇土地管理政出多门、抢权批地的混乱局面。

1991年，兴城市人民政府根据城市建设总体规划，为城市居民办成10件实事：开辟新水源地2处，完成河东路善后工程，完成东河带状公园主体工程，建成南关市场封闭式农贸大厅并投入使用，建成轻工市场并投入使用，重建的电影院竣工，兴城市体育馆建成，兴城市妇幼保健院和兴城市人民医院儿科病房、传染科病房建成使用，兴城市液化气站建成营业，兴城市中波广播电视台设备安装结束。

1992年，兴城市人民政府在国有商业企业中，引进个体经营机制，进一步搞活经营，南关百货商场建成兴城市第一家股份制企业。3家企业与外商、台商合资，引进资金43万美元，实现出口商品供货值6285万元。

1993年，兴城市人民政府出台《兴城市住房制度改革实施方案》和其他7个配套文件。有61家单位实行住房公积金制度，人数达5233人，总金额20万元。出台《兴城市卫生工作改革方案》，将药王卫生院移交药王满族乡人民政府管理。兴城市血栓医院进行股份合作制试点，兴城市公费医院转换机制向社会开放，兴城市妇幼保健院实行部分科室承包。批准华丰外科医院和城郊医院两家私人医院开业。

1994年，兴城市人民政府成立企业产权制度改革领导小组，加强对产权制度改革工作的领导。改制后，兴城市共有股份制企业14家、股份合作制企业161家、国有民营企业31家、出租使用权企业17家、转属企业1家、划小核算单位企业6家、嫁接改造企业16家、兼并企业3家、拍卖企业3家。出台《兴城市公费医疗管理办法（试行）》，加强对享受公费医疗单位、患者及医疗单位的制约。

1996年11月25日，中共兴城市委、兴城市人民政府制发《关于企业产权制度改革的若干意见》。28日，在兴华影剧院召开全市企业产权制度改革动员大会。组织实施以出售、出租、破产、兼并、股份制改造为主的大规模企业产权制度改革。至1997年末，全市完成改制企业327家，占列入改制企业总数的88.8%。

1998年3月，依照中共兴城市委、兴城市人民政府制定《兴城市机构改革方案》，兴城市人民政府全面启动机构改革试点工作，出台《兴城市行政事业单位富余人员分流安置实施细则》《兴城市党政机关、事业单位富余人员安置意见》，共分流2358人。

1999年，兴城市人民政府出台《关于加快“海上兴城”建设的实施方案》《兴城市浅海滩涂养殖管理暂行规定》。“海上兴城”建设形成全民、集体、股份制、中外合资、私营、个体等多种所有制并存的大开发格局。

2001年，兴城市成立土地收购储备中心，以招标拍卖为主要方式的管理模式日趋成熟，基本杜绝划拨土地非法入市，实现兴城市人民政府对土地一级市场的控制。

2002年，兴城市人民政府召开民（私）营经济工作会议，制定促进民（私）营企业发展的政策、规定；营造民（私）营企业发展的良好环境。年末，全市民（私）营企业17357家，其中纳税超百万元的民（私）营企业19家，超千万元的民（私）营企业5家。民（私）营企业增加值实现12.5亿元，出口产品交货值2.2亿元，缴纳税金6674万元。

2003年，中共兴城市委、兴城市人民政府确定实施“农业立市、工业强市、旅游兴市”三项战略，推动兴城经济快速发展。兴城市人民政府出台《关于推行村级财务乡代管的意见》，并于7月15日召开推行村级财务乡代管动员大会，年内有28个乡镇、街道的220个村实行村财乡代管，占全市行政村的98%。

2007年，按照中共兴城市委“全党抓经济、重点抓工业、突出抓民营、首要抓项目”的总体要求，兴城市人民政府组织开展“远学山东、近学建昌，全力推进工业强市”活动，加强软环境建设，营造经济快速发展良好环境。

2008年，兴城市人民政府紧紧抓住东北老工业基地振兴和沿海开发开放双重机遇，充分发挥区域、资源、环境三大优势，扩大对外开放。实施招商引资目标责任制，引进内资7.8亿元，引进超千万元项目14个。加快对外开放平台建设，开展兴城临海产业区起步区基础设施建设，实施“七通一平”工程。

2009年，兴城市人民政府应对国际金融危机的冲击造成兴城经济发展陷入前所未有的困境的严峻形势，坚持短期措施与长远规划相结合，变压力为动力，化挑战为机遇，扭转经济下滑居面。全年，减免兴城市人民政府事权内企业政策性税收9项，停止征收10项。协调银行投放工业企业贷款2.3亿元，争取企业技改贴息资金860万元，争取产业化项目贴息资金40万元。

2010年，兴城市人民政府大力实施城市建设“东移北上南拓”战略，启动滨海温泉新城建设，投入资金1.7亿元，收储土地133.3公顷。加快临海产业区建设，完成9.38平方公里的区域用海土石方回填。开展“招商引资年”活动，产业区全年共落户项目42个，开工项目22个，投资19.3亿元。推进泳装企业发展，荣获国内首家“中国泳装名城”称号。

2011年，兴城市人民政府制发《兴城市对“吃空饷”问题清理整顿实施方案》，清理财政拨款单位涉及，“吃空饷”人员58人，其中停发工资27人，办理病休31人。5月20日，兴城市人民政府发布《关于依法取缔城区内营运三轮车的通告》，依法取缔营运三轮车3011台。编制完成《滨海温泉新城控制性详细规划》，启动滨海温泉新城建设，加快行政办公资源整合步伐。

2012年，兴城市人民政府大力实施“农业产业化、工业化、城市化和民生保障”四大战略，强力推进经济和社会发展进程。实施农业产业化。落实节水滴灌2333公顷，完成千亿斤粮食田间工程1667公顷，建设农业设施小区480个、畜禽养殖小区26个、花生良种繁育基地2000公顷。提升工业化水平。以临海产业区建设为载体，围绕主导产业引进综合实力强、科技含量高的落户项目38个，引进资金125亿元，实际利用外资1亿美元；壮大泳装产业集群，泳装企业发展到573家；实施工业节能减排，化学需氧量削减219吨、二氧化硫削减927吨。推进城市化建设。完善城市总体规划，以重点项目为牵动，拉大城市框架，完善城市功能，提升城市品位。全面展开滨海温泉新城建设，完成总投资3亿元的兴城河城区段综合治理一期工程，完成兴海栈道一期工程；完善古城保护开发系列规划，完成古城内北二街公共建筑拆除和527户居民搬迁，改造古城内给排水、供电、供暖、燃气等基础设施；发展城市公共交通，投资3亿元，完成龙兴路兴城段、兴海南街等24条城市道路修建工程。加强民生保障。发展社会事业，新增实名制就业7361人，城镇登记失业率控制在3.2%以内，农村劳动力转移就业8.2万人，实现在岗职工年平均工资27043元，比2011年增长15.2%，农民年人均收入8995元，比2011年增长16%；扩大城乡基本养老、基本医疗、失业、工伤、生育五项保险覆盖面；新型农村合作医疗参合率达97%；推进教育资源整合，投资1.7亿元建设兴城二高中校园，投资1亿元建设联合中学和实验学校。

## 第四节　综合政务

### 政府法制

1990年，兴城市人民政府法制办公室成立，与兴城市人民政府办公室合署办公。1998年，兴城市人民政府机构改革，法制办公室并入兴城市人民政府办公室。2001年7月20日，兴城市人民政府法制办公室恢复成立。2003 年 3 月 7 日，兴城市人民政府行政复议办公室成立，为兴城市人民政府部门，与政府办公室、法制办公室合署办公。

2003 年，兴城市人民政府法制办公室在全市范围内推行“两制”工作，即各行政执法部门初步建立行政执法责任制和考核评议制。年内共制发规范性文件 9 件，涉及城市管理、农业生产、招商引资、卫生防疫等方面。办理行政执法监督案件 3 件，承办行政应诉案件 5 件，胜诉 5 件。受理行政复议申请 30 件，办结率 100%。

2004 年，兴城市人民政府法制办公室贯彻《中华人民共和国行政许可法》，全年共收到行政复议案件申请 39 件，受理行政复议案件 37 件，全部办结。2005 年 11 月，《兴城市全面推进依法行政工作规划（2005~2009 年）》经兴城市人民政府第三十次常务会通过，发布实施。兴城市人民政府法制办公室办理行政执法监督案件 3 件，办理行政复议案件 16 件，案件涉及林权纠纷、土地权属争议、房屋产权管理等方面。

2006 年，兴城市人民政府法制办公室共承办行政复议案件 15 件。对兴城市行政执法人员持证情况进行统计、检审和登记备案，共检审行政执法证件 648 本，收回过期证件 49 本。2007 年，兴城市人民政府法制办公室在全市范围内开展行政执法案卷评查工作，共调阅评查案卷 111 卷，提出整改意见和建议 89 条。兴城市人民政府建立行政复议联席会议制度，受理行政复议案件 18 件。举办首次行政执法人员执法资格考试，检验辽宁省行政执法证件 316 本，收缴无效证件 22 本。

2008 年，兴城市人民政府法制办公室认真贯彻落实《国务院关于加强市县政府依法行政的决定》，建立 17 项依法行政工作制度，开展规范行使行政处罚自由裁量权工作。年内共承办行政复议案件 14 件。2009 年，兴城市人民政府法制办深入贯彻实施国务院《全面推进依法行政实施纲要》和《政府信息公开条例》，通过网站公开政务信息 976 条，编制公布《政府信息公开目录》《政府信息公开指南》。依法处理国防工程征地拆迁、渔业园区地下水养殖整顿治理等工作。建立第三人参加行政复议制度，全年共办理行政复议案件 24 件，有效化解群众争议，无一例上访事件发生。

2010 年，兴城市人民政府制定《兴城市全面推进依法行政五年规划（2010~2014 年）》，建立 17 项兴城市人民政府依法行政工作制度，严格执行罚缴分离和收支两条线管理制度，防止乱罚款、乱收费行为发生，进一步建立和完善以行政机关主要负责人为重点的行政问责和绩效管理制度。兴城市人民政府法制办公室着手建设覆盖全市的依法行政工作网络，加强基层法制机构设置和法制队伍建设力度。兴城市林业局、公安局、档案局等行政执法部门和乡镇人民政府，分别设立法制科室，明确负责法制的工作人员。白塔、四家屯等乡镇街道在不增加编制的情况下，配备专职或兼职法制助理。

2011 年，兴城市人民政府法制办公室根据《兴城市行政执法案卷评查标准》，从各执法单位调阅行政处罚和行政许可案卷进行评查。8 月 12 日，为切实解决四家屯街道两个村之间发生的重大土地权属争议，兴城市人民政府法制办公室采取公开举行听证会方式依法确权。听证会邀请兴城市人大代表、政协委员、检察官、法官等专业人士参加，取得令人满意的质辩效果。年内共办理行政复议案件 5 件，行政诉讼案件 28 件。

2012 年，兴城市构建覆盖全市的依法行政工作联系网络。对全市 44 家机关单位及具有行政职能的事业单位的行政权力、内部权力和外部权力进行全面清理，分类编制职权目录，共审核各项权力 4888 项，保留 4131 项。按照辽宁省人民政府、葫芦岛市人民政府的要求，形成《兴城市城市管理领域相对集中行政处罚权工作实施方案》和《兴城市城市管理相对集中行政处罚权实施办法》。12 月 19 日，兴城市人民政府调整全面推进依法行政工作领导小组，年内共办理行政复议案件 19 件，行政诉讼案件 34 件。

## 信访工作

1986 年，兴城县信访办公室隶属兴城县人民政府办公室。2000 年 12 月，兴城市信访办公室从市人民政府办公室列出单设，为中共兴城市委、兴城市人民政府双重领导的工作部门。2006 年 5 月，兴城市信访办公室更名为兴城市信访局。

**信访接待**　1986 年始，群众的信访内容明显改变，要求落实政策、解决个人问题的案件减少，而反映农村果树、土地承包合同纠纷，企业破产、亏损等遗留问题，占地招工，干部经济不清等问题呈上升趋势。全县全年共受理群众来信来访 1659 件次。

1987 年，根据信访特点在全市建立三级信访网络。在市直机关和乡镇街道配备专职信访干部 54 人、兼职信访干部 181 人，并设立信访工作领导小组，定期研究处理本级信访工作。确定每周二为市政府领导信访接待日。全年，市政府领导接待群众来访 209 人次，批阅来信 214 件。

1996 年，兴城市信访接待工作体现出“两增、三降、一平、一回落”的特点。“两增”即来信量增多、重信量增多，全年共受理群众来信 490 件，占年度信访总量的 16%，比 1995 年增加 15%。“三降”即接待群众来访 2401 人次，减少 3.29%，其中集体访 102 批 2127 人次，批次、人次分别下降0.97%、6.9%。“一平一回落”即进京上访 11 人次，控制在指标 12 人次以内，与 1995 年持平；去省城上访 12 人次，控制在指标 37 人次以内，回落 67.5%。

1997 年，兴城市企业产权制度改革和农村土地流转制度改革的实施，使传统的利益格局受到冲击，因而产生一些新矛盾，引发大量信访事项。信访总量突破 1 万次，集体访 442 批 10383 人次，批次和人次分别比 1996 年增加 433%和 488%，集体访占来访总量的 94.5%。兴城市信访办公室面对大批量的集体访，一方面热情接待，一方面采用跟踪接谈的办法，使一大批涉及企业产权制度改革、拖欠买断工龄款、农村土地流转制度改革中承包不合理及城市综合治理中的诸多信访问题得到及时妥善处理。

1998 年，中共兴城市委、兴城市人民政府制定《群众逐级上访分级受理实施办法》，规范群众上访、信访接访工作。2000 年，兴城市信访办公室开展处理电话访工作，对群众电话访，及时沟通协调予以解决，并用电话给予答复。

2003 年，兴城市开展“依法治访年”活动。兴城市信访办公室充分尊重保护人民群众的信访权利，依法接访，教育群众依法信访，维护正常的信访秩序。年内，在全国“两会”、抗击“非典”等特殊时期未发生越级到省或进京上访现象。

2005 年，兴城市信访办公室以宣传《中华人民共和国信访条例》为契机，向广大群众宣传党的方针政策、法律法规，做好上访群众的思想工作，信访量明显减少，信访形势有所好转。2007 年，建立健全信访联系机构。各乡镇街道和市直部分单位建立信访办公室，配备专兼职信访员；乡村两级成立矛盾调处中心，在全市范围内形成信访工作网络。2008 年，进一步完善市领导接待日制度，由原每周二为市领导接待日改为市领导工作日轮流接待群众信访制度，每个工作日均有一名市政府领导到信访部门接待群众来访。

2011 年，为进一步完善和规范接访处置机制。兴城市建立以市领导代理为示范，乡镇街道、社区（村）代理为重点的三级联动信访代理网络。有 2 个市直部门、4 个乡镇设立信访代理室和信访代理员，全市共有信访代理员 26 名。8 月，兴城市信访局成立兴城市社会矛盾调处中心。兴城市信访局将市本级接访信息和市领导大接访信息全部录入全国信访信息系统，并按限期办理回复。全年信访总量 6535 件次。其中集体访 301 批 5458 人次，个人访 601 批 971 人次，信访 106 件。

2012 年，兴城市信访总量 4668 件次。其中集体访 232 批 3727 人次，个人访 598 批 917 人次，信访 24 件。年内，市本级群众上访全部实行计算机登记，实现无纸化办公。

**案件处理** 1986 年，曹庄满族乡人民政府将沿海滩涂承包个人经营。1989 年沿海贝类价格上涨，引发沿海群众上访，要求重新划分滩涂，并发生上千群众哄抢贝场事件。兴城市人民政府责成有关部门联合调查，并召开政府办公会议研究处理办法，决定将贝场收回交由乡人民政府管理，成立由乡、村领导和村民代表参加的理事会，协调各村贝类开发养殖。实行集体管理贝场后，集体和个人收入明显增加，上访群众对该案的处理非常满意。

1995 年，兴城市共发生集体访 104 批、2285 人次，比 1994 年分别增长 108%和 136%。主要是由于企业停产、亏损等原因拖欠职工工资，村民建房、乡村建砖厂等占用耕地等一些涉及群众切身利益问题。兴城市人民政府采取“分级负责，归口办理，就地解决”“谁主管谁负责”及领导包案等措施，将集体访及时化解在当地，稳定在基层。

1999 年，全市召开信访办公会议 43 次，研究、协调信访案件 68 件，实行市、乡局部门领导两级包案制度。在国庆 50 周年及全国“两会”等重大活动期间，兴城无一人进京上访。是年，立案查处案件 792 件，占来信来访案件的 86.5%。其中，上三级要结果 3 件，本级自办案 429 件，交办案 360 件，全都按期结案。

2001 年，双树乡老和台村村民集体上访反映村干部经济问题，严重影响春耕播种。中共兴城市委、兴城市人民政府主要领导，进行调查核实，市直有关单位的 120 名干部挨家挨户做工作，使这起集体访案件得到解决，53.3 公顷耕地得以顺利播种。

2004 年，建立处理信访突出问题及群体性事件联席会议制度，成立信访工作联席会议办公室，集中时间、集中力量对一批疑难信访案件和越级上访案件进行专项治理。对越级进京上访案件，按照中央“人要回去、事要解决”的要求，耐心细致地做上访人员的思想工作，将其劝返，并对所反映的问题及时处理解决。

2009 年，兴城市确定为“信访积案化解年”。对 22 件信访积案分别落实到责任部门，实行包案领导及包保责任制，使大部分积案得到落实，息案率达 80%。明城宾馆 120 名职工社会养老保险问题得到解决，曹庄镇大河口村 300 多名村民反映村干部违纪问题得到查处。年末，中共辽宁省委、辽宁省人民政府授予兴城市“信访工作先进县（市）区”荣誉称号。

2010 年，兴城市建立风险评估机制，对重大项目特别是涉及群众利益的项目在建设前，由决策实施部门牵头，信访等相关单位参与，进行社会稳定风险评估。为进一步畅通和拓宽信访渠道，全面推行网上受理群众信访业务，完成视频接访的安装调试工作。年内，受理上三级立案案件 18 件，全部结案。受理网上信访案件 5 件，并全部回复。

2011 年，兴城市继续实行市领导接待群众来访工作日制度。年内，共办结上级交办的信访积案 19 件，化解终结 13 件，完成网上信访案件办理 32 件。

2012 年，办结上级交办信访积案三批 24 件，完成上三级交办案件 5 件，完成网上信访案件回复 52 件。年内，兴城市信访救助金支出 481.9 万元，用以解决工业公司职工改制信访和个别上访户工资等具体问题。兴城市被中共辽宁省委、辽宁省人民政府授予“十八大安保工作先进集体”称号。

## 外事侨务

1986年，外事侨务工作由兴城市人民政府办公室分管。1992 年，兴城市对外经济工作办公室成立，负责外经、外事、侨务工作。1995 年，兴城市对外经济工作办公室撤销，其侨务、外事职能转移到兴城市人民政府办公室。

2003 年 3 月，兴城市人民政府办公室设立外事侨务办公室，主要负责因公到兴城的外国人士、香港和澳门特别行政区人士、台湾同胞及海外侨胞的接待、活动安排等事项；审查出国任务和出国人员资格，办理出国批件及对外事干部、涉外及出国人员进行教育、培训和纪律检查；审批、监督辖区内涉外宾馆、饭店；负责对外友好联络、涉外事件的调查处理。

**友好交流** 1992 年 9 月 10 日，兴城市与日本川北町建立友好关系。10 月 25 日，兴城市南一小学 1 名教师 3 名小学生应日本国川北町的邀请，随辽宁省少年舞蹈团赴川北町进行文艺演出。

1993 年 8 月 26 日，以日本川北町教育长喜多孝政为团长的日中友好少年使节团一行 6 人到兴城市访问。9 月 11 日，日本川北町副町长宫田丘率领川北町“手取亢龙大鼓演出团”到兴城市进行友好演出。10 月 21 日，中共兴城市委书记刘忠伦率经济贸易代表团一行 10 人访问日本川北町。

1994 年 10 月 24 日，日本川北町西田耕丰町长一行 3 人到兴城参加“川北路”竣工典礼，川北町为“川北路”的修建向兴城市捐资折合 20 万元人民币。在竣工仪式上，西田耕丰町长被兴城市人民政府授予“兴城市荣誉市民”。10 月 31 日，兴城市人民政府常务副市长王春奇率文化教育访问团一行 4 人访问日本川北町。1995 年 8 月 3 日，兴城市教育局副局长李希录率领中学生一行 7 人赴日本川北町进行文化教育访问。

1995 年 8 月 16 日，日本川北町副町长村本亮卫率领川北町经贸考察团一行 17 人到兴城市访问，1996 年 8 月 1 日，兴城市人民政府市长赵化明一行 9 人赴日本川北町进行友好访问。1997 年 8 月 24 日，日本川北町教育委员长池田昭一率领川北町文化教育访问团一行 6 人到兴城市访问。

1996 年 11 月 11 日，兴城市与韩国南济州郡（西归浦市）建立友好城市，两市日后多次组团互访，进行友好交往。

1997 年 10 月 12 日，兴城市人民政府市长张竞强率领兴城市经贸考察团一行 8 人赴日本川北町访问。1998 年 9 月 14 日，兴城市教育局副局长王国昌率中小学生教育访问团一行 8 人赴日本川北町访问。1999 年 10 月 28 日，日本川北町町长西田耕丰率领川北町友好访问团一行 15 人到兴城访问。向兴城市南一小学捐资 200 万日元，用以购置电教设备。

2000 年 8 月 4 日，以兴城市人大常委会主任侯宗璞为团长的经贸考察团一行 7 人赴日本川北町访问。2001 年 8 月 2 日，兴城市教育局督学室主任金锡海率中小学代表团一行 10 人访问日本国川北町。2002 年 6 月 2 日，兴城市人民政府常务副市长王维仲率经贸招商团一行 5 人赴日本川北町访问。2004 年 8 月 6 日，中共兴城市委书记杨瑞祥率经贸考察团一行 10 人访问日本川北町。

2005 年 6 月 26 日，日本川北町町长西田耕丰一行 15 人到兴城访问，再次向兴城市南一小学捐资 200 万日元。2009 年 6 月 22 日，日本川北町町长西田耕丰一行 12 人到兴城访问。向温泉小学捐资 200 万日元。

2009 年 9 月 24 日，兴城市人民政府市长韩平率项目考察团一行 4 人访问日本川北町。

2012 年 6 月 25 日，日本川北町新任町长前哲雄率友好访问团一行 12 人访问兴城，并向兴城市第二初级中学捐资200万日元。

**侨务工作** 1992年，兴城市侨务工作由市对外经济工作办公室主管。1995年后，其职能转移到兴城市人民政府办公室。

兴城市分别于2003年、2008年先后两次进行侨情普查，归侨侨眷人数呈逐年上升趋势。2010年末，兴城有归侨侨眷236户、238人，其中归侨8人、侨眷111人、外籍华人眷属65人、港澳眷属27人、一般亲属27人。上述人员中，有县处级领导干部1人，省市县三级人大代表1人，葫芦岛市政协委员2人，兴城市政协委员2人，城市户口121人，农村户口117人。海外华人华侨158人，分布在韩国、朝鲜、日本、俄罗斯、新加坡、泰国、澳大利亚、美国、巴西、英国、德国等国家。其中有教授8人、博士7人，其他大部分从事教育、卫生和服务工作。

1990年，《中华人民共和国归侨侨眷权益保护法》颁布实施，兴城市侨务办公室进行广泛宣传，组织走访归侨侨眷，帮助解决生活、工作中问题。

2008年，通过侨务部门的协调，为贫困侨眷杨丽萍家解决其丈夫养老保险遗漏问题及企业买断问题，并通过葫芦岛市侨联组织向辽宁省侨联为其申请救助资金1万。

2012年，兴城市侨务办公室对城乡贫困归侨情况进行普查。据统计，2012年末，兴城市共有归侨侨眷238户、244人、其中归侨8人，困难归侨侨眷12户、12人，低保人数8人、纳入当地扶贫规划9人。年末，兴城市侨办随同葫芦岛市侨务部门有针对性地走访贫困、患病归侨侨眷，送去慰问金。

## 政务信息

2000年，兴城市人民政府开展政务公开工作，先后下发《关于印发兴城市政府信息公开保密审查办法的通知》《关于落实服务承诺制、首问责任制和限时办结制实施方案的通知》和《关于做好政府信息公开目录及指南更新工作的通知》，建立政务公开考核办法、政府信息主动公开、依法申请公开、保密审查、责任追究、监督保障、年度报告等工作制度。

2001年，兴城市人民政府申请www.xc~online.gov.cn政府网站域名，建成“兴城市人民政府网站”。网站设有“兴城概况”“党政机构”“党政信息”“政府公文”“企业之窗”“招商引资”“旅游风光”7个栏目，日最高点击量达1000余人次。至2010年12月，有40万人点击浏览。

2006年始，开展办公自动化和电子政务建设，建立电子公文传输系统，实现信息报送网络化、电子化，提高信息工作效率和信息共享水平。

2008年3月，在兴城市档案馆建立兴城市人民政府信息查询中心，兴城市直各部门设立45个政务信息查询室，44家行政部门全部完成《公开目录》和《公开指南》的编制工作，保证公权力在阳光下以透明的状态运行。

2010年，兴城市全面开展规范性文件清理工作，进一步落实公共机构节能减排目标。2011年，兴城市人民政府向辽宁省人民政府及时报送政务信息，其中被门户网站采纳的有268条，在辽宁省44个县（市）中位居第5名。2012年，兴城市乡镇便民服务中心分类设置服务窗口，提供“一站式”办公和“一条龙”服务，并设立村级服务代理点，形成点面结合、便民利民的服务机制。

## 政务督察

2007年10月，兴城市人民政府督察室成立，为正科级单位，其机构设在兴城市人民政府办公室，主要负责兴城市人民政府各项决定落实情况的督察，负责人大代表和政协委员建议、批评、意见的办理工作。

2008年，兴城市人民政府督察室收到人大代表建议44件、政协委员提案129件。2010年，收到人大代表建议、批评和意见43件，政协委员提案140件。根据领导批示，兴城市人民政府督察室采取现场督办、电话催办、协调帮办等方式确保提案办理完结，代表、委员满意率达100%。

2012年，兴城市人民政府督察室认真做好建议、提案的组织实施、跟踪落实和及时反馈，做好督办落实工作。督察室收到人大代表建议、批评和意见31件，政协委员提案98件。根据领导批示，督察室采取现场督办、电话催办、协调帮办等方式确保提案办理完结，代表、委员对办理工作的满意度达到100%。

## 其他政务

**应急工作** 2006年12月，根据国务院下发的《关于全面加强应急管理工作的意见》，兴城市人民政府成立兴城市突发公共事件应急总指挥部，由市长担任指挥部总指挥，同时成立兴城市应急管理办公室（以下简称应急办），协调和调动突发公共事件应急处置队伍，负责兴城市突发公共事件预警信息的管理、搜集、分析、上报和发布等工作。应急办组建应急工作专家组，共有应急工作专家19名，涵盖卫生、环保、动监、水利、矿山等部门。相关部门、乡镇街道设立信息员，兴城市在应急办备案的信息员有31人。

应急办自成立后参与编制《兴城市突发公共事件应急总体预案》，完成专项应急预案30件、部门应急预案30件。组织人员在校园、街头、居民区、旅游景点向群众发放《公众应急防灾手册》《突发事件应对法》5000余册、应急知识宣传单1万余份。

2011年，兴城市应急办公室紧急重大事件及时报告，领导的批示和指示精神及时进行传达和督察，保证突发事件、重大情况和敏感事件及时决策、及时处置。组织重新修订专项应急预案6件、部门应急预案4件，积极扩大应急预案的覆盖面，市以下27个乡镇、街道都制定乡一级应急预案，95%的所辖村屯社区也根据各自的实际情况制定相应的应急预案。兴城市应急办还组织中小学生安全教育日主题教育暨疏散演练活动，会同兴城消防大队组织易燃易爆单位进行3次应急演练。

2012年，兴城市应急办公室督促全市各行政村及社区结合实际制定应急预案。并深入到学校和企业，制定各类应急预案300余件，形成城乡应急预案体系。年内，兴城市应急办组织人员参加兴城市卫生局食物中毒应急处置演练、兴城市国土资源局地质灾害应急演练等多次应急演练。组织副科级后备干部集中学习《突发事件应对法》，向基层单位发放宣传手册。

**政府热线** 2007年4月，兴城市人民市政府成立"市民投诉中心"，安排5名专职人员，实行全年24小时工作值班制。开设"政府热线"——市民投诉电话5111111，年内接待市民投诉超过5000余件，办结率98%。2011年，政府热线共接待群众来电5300余件，其中主要有求助类、举报类、咨询类、批评建议，办理方式为电话转办和电话直办，办结率达到98%。

2012年，政府热线接待市民投诉5400余件，其中求助类3970件、举报类330件、咨询类980件、批评建议295件，电话转办4430件、电话直办1045件，办结率为98%。及时解答辽宁省96515政策咨询热线转办的咨询事项14件。政府热线实行电话接待责任制，谁接的电话谁负责处理，提高工作人员的责任心和办事效率，使群众的呼声第一时间传达给领导，为领导迅速解决问题提供必要的信息。

**行政服务中心** 2002年7月，兴城市行政审批便民服务中心成立。2005年10月，兴城市行政审批便民服务中心更名为兴城市行政服务中心。中心办公面积900平方米，进驻部门20家，进入项目181项，窗口工作人员45名。

2007年，兴城市行政审批便民服务中心设立交警大队办事大厅、房产处办事大厅、运管所办事大厅、劳动就业办事大厅、社会保险办事大厅和医疗保险办事大厅6个分中心，坚持按指导协调与管理监督相结合的原则开展工作。

2010年，兴城市行政审批便民服务中心和分中心办理项目共有208项，办结率为99.9%。2011年行政服务中心撤销，便民服务由各部门分头进行。

# 第三章　人民政协

中共十一届三中全会确立解放思想，实事求是的思想路线，人民政协进入新的历史发展时期。人民政协兴城县（市）委员会，在中共兴城县（市）委的领导下，围绕党和人民政府的中心工作，团结各界人士，积极履行政治协商、民主监督和参政议政职能，为推进兴城社会经济和各项事业健康发展发挥积极作用。

## 第一节　政协委员

人民政协委员，是参加人民政协的各党派、各团体和各族各界的代表人士，在社会上享有较高声誉。人民政协委员的产生，首先由各党派、各人民团体和无党派人士提名推荐；中共党委有关部门对推荐的名单进行综合评定，并同各推荐单位协商，形成建议名单；经同级人民政协常务委员会通过，成为政协委员，政协委员的任期为5年。

政协委员的权利：了解和反映群众的愿望和要求，参加政协组织的会议和活动；在委员会议上有表决权、选举权和被选举权；对委员工作提出批评和建议；通过委员会议和组织充分发表各种意见、参加讨论国家大政方针和该地方重大事务；对国家机关工作人员的工作提出建议和批评；对违纪违法行为检举揭发、参与调查和检查；政协组织依法维护政协委员履行职能的民主权利。

### 政协兴城县（市）历届委员会委员

**政协兴城县第五届委员会委员** 1984年5月，政协兴城县第五届委员会产生，共有委员134名。1987年1月，兴城县撤县建市。政协兴城县委员会更名为政协兴城市委员会，政协兴城县委员会委员更名为政协兴城市委员会委员。

**政协兴城市第一届委员会委员** 1987年4月，政协兴城市第一届委员会产生，共有委员155名。其中中共党员委员60名，占委员总数38.7%；党外委员95名，占61.3%；妇女委员28名，占18.1%；少数民族委员44名，占28.8%；委员中大专以上文化的委员59名，高中、中专文化的委员63名。

**政协兴城市第二届委员会委员**　1990年2月，政协兴城市第二届委员会产生，共有委员197名。其中中共党员委员75名，占委员总数38.1%；党外委员122名，占61.9%；妇女委员46名，占23.4%，少数民族委员68名，占34%；委员中大专以上文化的委员75名，高中、中专文化的委员79名；有专业技术职称的委员128名（其中高级技术职称11名）。

**政协兴城市第三届委员会委员**　1993年2月，政协兴城市第三届委员产生，共有委员212名。委员中中共党员委员84名，占委员总数39.6%；党外委员128名，占60.4%；妇女委员42名，占19.8%；少数民族委员85名，占40%；大专以上文化的委员100名，高中、中专文化的委员73名；有专业技术职称的委员112名（其中高级技术职称9名）。

**政协兴城市第四届委员会委员**　1998年1月，政协兴城市第四届委员会产生，共有委员219名。委员中中共党员委员88名，占委员总数40.2%；党外委员131名，占59.8%；妇女委员48名，占21.9%；少数民族委员94名，占42.9%；委员中大专以上文化的委员136名，有专业技术职称的委员122名（其中高级技术职称12名）。

**政协兴城市第五届委员会委员**　2003年1月，政协兴城市第五届委员会产生,共有委员247名。委员中中共党员委员99名，占委员总数40%；党外委员148名，占60%；妇女委员67名，占27%；少数民族委员108名，占44%；委员中大专以上文化的委员188名，有专业技术职称的委员113名（其中高级技术职称26名）。

**政协兴城市第六届委员会委员**　2007年12月，政协兴城市第六届委员会产生，共有委员262名。委员中中共党员委员105名，占委员总数40%；党外委员157名，占60%；妇女委员81名，占30%；少数民族委员113名，占43%；委员中大专以上文化的委员203名（其中研究生以上学历的委员10名）,有专业技术职称的委员114名（其中高级技术职称31名）。

**政协兴城市第七届委员会委员** 2012年12月，政协兴城市第七届委员会产生，共有委员247名。其中,中共党员委员100名，占委员总数38.3%；党外委员161名，占委员总数61.7%；妇女委员81名，占委员总数31%；少数民族委员130名，占委员总数49.8%；大专以上文化的委员218名（其中研究生以上学历委员10名），高中、中专及以下文化的委员43名，有专业技术职称的委员86名（其中高级技术职称36名）。

## 第二节　政协会议

政治协商的主要形式是各级政协举行的各种协商会议，其中包括政协委员会全体会议、常务委员会会议、主席会议以及各界爱国人士参加的协商座谈会等。政治协商的主要内容，除对地方的大政方针及政治、经济、文化和社会生活中的重要问题进行协商以外，还包括对贯彻落实中共中央和国家以及地方领导机关的大政方针和重大决策进行协商。

1986年1月~2012年12月，政协兴城县（市）委员会全体会议先后历经8届，共召开29次全体会议。

### 政协兴城县第五届委员会全体会议

**政协兴城县第五届第三次全体会议**　1986年3月31日~4月2日在中共兴城县委党校礼堂召开。113名委员出席大会。大会听取并审议兴城县政协常务委员会工作报告，听取并审议兴城县政协五届二次会议提案审查处理情况的报告，听取和审议兴城县政协第五届第三次会议关于提案审查的报告，通过各项决议。与会委员列席兴城县人大第十届第三次会议，听取和讨论兴城县人民政府工作报告和其他有关报告。

**政协兴城县第五届第四次全体会议** 1987 年 1 月 21 日在兴城县劳动服务培训中心召开。会上，根据国务院关于撤销兴城县设立兴城市的批复，与会委员一致通过《关于撤销政协兴城县委员会，设立政协兴城市委员会的决议》。与会委员列席兴城县人大第十届第四次会议，听取和讨论有关报告。

设立政协兴城市委员会后，原政协兴城县委员会主席、副主席、常务委员、委员改为政协兴城市委员会主席、副主席、常务委员、委员。下次召开政协兴城市全体会议时起届。

## 政协兴城市第一届全体会议

**政协兴城市第一届第一次全体会议** 1987 年 4 月 22~24 日在中共兴城市委党校大会议室召开，出席会议委员 155 名。会议听取并审议《兴城市政协常务委员会工作报告》和《政协兴城市委员会关于提案工作情况的报告》，选举产生政协兴城市第一届委员会主席、副主席、常务委员，通过相关决议。与会委员列席兴城市人大第一届第一次会议，听取和讨论《兴城市人民政府工作报告》及其他报告。

**政协兴城市第一届第二次全体会议** 1988 年 4 月 19~22 日在中共兴城市委党校大会议室召开。会议听取和审议《政协兴城市一届委员会常务委员会工作报告》和《政协兴城市一届委员会提案工作情况的报告》，增选政协兴城市第一届常委委员，通过政协兴城市第一届第二次全委会议决议。列席兴城市人大第一届第三次会议，听取和讨论《兴城市人民政府工作报告》及有关报告。

**政协兴城市第一届第三次全体会议** 1989 年 3 月 21~23 日，在兴城市人民政府第一招待所会议室举行，出席会议委员 140 名。会议期间，政协委员听取、审议《政协兴城市第一届委员会常务委员会工作报告》和《关于兴城市政协一届二次会议以来提案处理情况的报告》，通过政协兴城市第一届第三次全委会议决议。会议期间，政协委员列席兴城市人大第一届第四次会议，听取《兴城市人民政府工作报告》及其他报告。

## 政协兴城市第二届全体会议

**政协兴城市第二届第一次全体会议** 1990 年 2 月 24~27 日，在兴城市人民政府第一招待所大会议室召开，出席会议委员 197 名。会议听取并审议《政协兴城市一届委员会工作报告》和《关于兴城市政协一届一次会议以来提案工作的报告》。选举产生政协兴城市第二届委员会主席、副主席和常务委员。兴城市政协委员列席兴城市人大第二届第一次会议，听取和讨论《兴城市人民政府工作报告》及其他报告。

**政协兴城市第二届第二次全体会议** 1991 年 3 月 6~8 日在兴城市人民政府第一招待所大会议室召开，出席会议委员 189 名。会议听取《政协兴城市二届常委会工作报告》和《兴城市政协二届一次会议以来提案工作情况的报告》，通过《关于兴城市政协二届二次会议常委会工作报告的决议》《关于兴城市政协二届一次会议以来提案工作情况报告的决议》。列席兴城市人大第二届第二次会议，听取和商讨《兴城市人民政府工作报告》及其他报告。委员对兴城市工农业生产、城市建设和文教卫生等工作提出意见和建议 200 余条、提案 92 件。

**政协兴城市第二届第三次全体会议** 1992 年 2 月 20~22 日在兴城市人民政府第一招待所大会议室召开，出席会议委员 178 名。与会委员听取和审议《政协兴城市第二届常委会的工作报告》、

《兴城市政协二届二次会议以来提案工作情况的报告》，并通过对两个报告的决议。兴城市政协委员列席兴城市人大第二届第三次会议，听取并协商讨论《兴城市人民政府工作报告》及其他报告，提出23条修改意见，对兴城市工农业生产、城市建设和文教卫生等方面工作提出221条意见和建议。

## 政协兴城市第三届全体会议

**政协兴城市第三届第一次全体会议**　1993年2月23~25日，政协兴城市第三届第一次全委会议在兴城市人民政府第一招待所大会议室召开，212名委员出席会议。会议听取和审议《政协兴城市第二届常委会工作报告》《兴城市政协政协二届一次会议以来提案工作情况的报告》，并通过决议，选出政协兴城市第三届委员会主席、副主席、常务委员、秘书长。列席兴城市人大第三届第一次会议，听取并协商讨论《兴城市人民政府工作报告》及其他报告。政协委员提出意见和建议200余条，提出提案100余件。

**政协兴城市第三届第二次全体会议**　于1994年3月1~3日在兴城市人民政府第一招待所大会议室召开，出席会议委员192名。与会委员听取《政协兴城市第三届委员会常务委员会工作报告》《兴城市政协三届一次会议以来提案工作情况的报告》，通过《关于政协兴城市第三届常委会工作报告的决议》和《关于兴城市政协三届一次会议以来提案工作情况报告的决议》。兴城市政协委员列席兴城市人大第三届第二次会议，听取并协商讨论《兴城市人民政府工作报告》及其他报告，对兴城市工农业生产、城市建设和文教卫生等提出200余条意见和建议。

**政协兴城市第三届第三次全体会议**　1995年1月12~14日在兴城市政府后楼大会议室召开，204名委员出席会议。会议听取和审议《政协兴城市第三届常委会工作报告》《兴城市政协三届二次会议以来提案工作情况的报告》，增选政协兴城市第三届委员会副主席、常务委员，表奖委员优秀提案，听取《兴城市政协三届三次会议提案审查情况的报告》，审议并通过各项决议。兴城市政协委员列席兴城市人大第三届第三次大会，听取并商讨《兴城市人民政府工作报告》及其他报告。

**政协兴城市第三届第四次全体会议**　1996年1月10~12日在兴城市人民政府后楼大会议室召开，参加会议委员189名。会议期间，政协委员听取《政协兴城市第三届常务委员会工作报告》《兴城市政协三届三次会议以来提案工作情况的报告》，增选政协兴城市第三届常务委员4名，表奖优秀委员提案和先进承办单位。兴城市政协委员列席兴城市人大第三届第四次大会，听取并商讨《兴城市人民政府工作报告》及其他报告。

**政协兴城市第三届第五次全体会议**　于1997年1月16日~18日在兴城市人民政府后楼大会议室召开。会议听取并审议《政协兴城市第三届常委会工作报告》《兴城市政协三届四次会议以来提案工作情况的报告》，审议并通过各项决议；选举兴城市政协主席1名，补选兴城市政协副主席2名，选举兴城市政协秘书长1名。兴城市政协委员列席兴城市人大第三届第五次会议，听取商讨《兴城市人民政府工作报告》及其他报告。

## 政协兴城市第四届全体会议

**政协兴城市第四届第一次全体会议**　于1998年1月11~13日在兴城市人民政府后楼会议室召开，200名委员出席会议。会议听取讨论中共兴城市委书记赵化明的讲话，听取和审议《政协兴城市第三届常委会工作报告》和《兴城市政协第三届第一次会议以来提案工作情况的报告》，听取兴城市政协第四届第一次会议提案审查情况的报告；审议并通过大会各项决议和工作报告。选举政协主席、副主席、常务委员、秘书长、常务委员。列席兴城市人大第四届第一次会议，听取协商《兴城市人民政府工作报告》及其他报告。

**政协兴城市第四届第二次全体会议** 于1999年1月13~15日在兴城市人民政府后楼大会议室召开。会议主要议程：听取和审议《政协兴城市第四届常委会工作报告》《兴城市政协四届一次会议以来提案工作情况的报告》，会议通过政协兴城市四届委员会工作报告和兴城市政协四届一次会议以来提案工作情况的报告，增选兴城市政协常务委员2名。列席兴城市人大第四届第二次会议，听取协商讨论《兴城市人民政府工作报告》及其他报告。

**政协兴城市第四届第三次全体会议** 于2000年1月7~9日在兴城市人民政府后楼大会议室召开，223名政协委员出席会议。会议听取和审议《政协兴城市第四届委员会工作报告》《兴城市政协四届二次会议以来提案工作情况的报告》，审议并通过大会各项决议，增选兴城市政协第四届常务委员4名。政协委员列席兴城市人大第四届第三次会议，听取协商《兴城市人民政府工作报告》及其他报告。政协兴城市第四届第三次会议表彰市政协第四届第一次会议以来的优秀提案、先进承办单位和先进承办工作者。

**政协兴城市第四届第四次全体会议** 于2001年1月14~17日在兴城市人民政府后楼大会议室召开，出席会议的政协委员228名。会议听取和审议《政协兴城市第四届常委会工作报告》《兴城市政协四届三次会议以来提案工作情况的报告》；听取兴城市政协第四届第四次提案审查情况的报告，审议通过大会各项决议，补选政协兴城市委员会副主席2名，补选兴城市政协秘书长1名，补选政协兴城市四届委员会常务委会2名。大会共收到提案80件。会议期间，政协委员列席兴城市人大第四届第四次会议，听取协商《兴城市人民政府工作报告》及其他报告。

**政协兴城市第四届第五次全体会议** 于2002年1月22~24日兴城市人民政府后楼大会议室召开，出席会议委员212名。会议听取讨论中共兴城市委书记范越林的讲话，听取和审议《政协兴城市第四届常委会工作报告》《兴城市政协四届四次会议以来提案工作情况的报告》，审议通过政协兴城市第四届第五次会议提案审查情况的报告及各项决议。大会共收到委员提案16件。表彰委员优秀提案、先进承办单位和先进承办工作者。列席兴城市人大第四届第五次会议听取协商《兴城市人民政府工作报告》及其他报告。

## 政协兴城市第五届全体会议

**政协兴城市第五届第一次全体会议** 于2003年1月15~17日召开，出席会议政协委员242名。大会听取并审议《政协兴城市四届常委会工作报告》《兴城市政协四届一次会议以来提案工作情况的报告》，听取提案审查情况的报告，审议通过大会决议，选举政协主席、副主席、秘书长和常委。与会委员列席兴城市人大第五届第一次会议，听取商讨《兴城市人民政府工作报告》及其他报告。

**政协兴城市第五届第二次全体会议** 于2004年1月11~13日召开，出席会议委员253名。大会听取讨论中共兴城市委书记杨瑞祥的讲话；听取并审议《政协兴城市第五届常委会工作报告》和《兴城市政协五届一次会议以来提案工作情况的报告》，审议通过大会各项决议。会议收到委员提案110件。增选兴城市政协常务委员5名。与会政协委员列席兴城市人大第五届二第次会议，听取协商《兴城市人民政府工作报告》及其他报告。

**政协兴城市第五届第三次全体会议**　于2005年1月7~9日召开，245名委员参加会议。会议听取并审议《政协兴城市第五届常委会工作报告》《兴城市政协五届二次会议以来提案工作情况的报告》，听取并审议通过两个报告的决议。与会委员列席兴城市人大第五届第三次会议，听取商讨《兴城市人民政府工作报告》及其他报告。政协兴城市第五届第三次会议表彰优秀提案8件、先进承办单位8个、先进承办工作者8人。大会收到委员提案102件。

**政协兴城市第五届第四次全体会议**　于2006年1月5日在兴城市人民政府后楼大会议室召开，参加会议委员235名。大会听取并审议《政协兴城市第五届常委会工作报告》《兴城市政协五届三次会议以来提案工作情况的报告》，通过两个报告的决议。与会政协委员列席兴城市人大第五届第四次会议，听取协商《兴城市人民政府工作报告》及其他报告。政协兴城市第五届第四次会议收到委员提案121件。

**政协兴城市第五届第五次全体会议**　于2007年1月9~11日在兴城市人民政府后楼大会议室召开，出席会议委员251名。与会委员听取并审议《政协兴城市第五届委员会常务委员会工作报告》，《兴城市政协五届四次会议以来提案工作情况的报告》，补选市政协主席1名，副主席1名。与会委员列席兴城市人大第五届第五次会议，听取并协商《兴城市人民政府工作报告》及其他报告。会议期间收到委员提案102件，立案95件。

## 政协兴城市第六届委员会全体会议

**政协兴城市第六届第一次全体会议**　于2007年12月17~19日在兴城市人民政府后楼大会议室召开，出席会议委员256名。会议听取并审议《政协兴城市第五届委员会常务委员会工作报告》《政协兴城市第五届委员会常务委员会关于提案情况的报告》，通过两个报告的决议。会议选举兴城市政协主席、副主席、秘书长、常委。与会委员列席兴城市人大第六届第一次会议，听取协商《兴城市人民政府工作报告》及其他报告。会议期间，政协兴城市第六届第一次会议共收到委员提案135件，立案132件。

**政协兴城市第六届第二次全体会议**　于2008年12月22日~24日在兴城市人民政府后楼大会议室召开，出席会议委员257名。会议听取并审议通过《政协兴城市第六届常委会工作报告》和《兴城市政协六届一次会议以来提案工作情况的报告》，通过两个报告的决议；听取兴城市政协第六届第二次会议提案审查情况的报告。政协兴城市第六届第二次会议补选秘书长1名，补选常务委员1名。与会委员列席兴城市人大第六届第二次会议，听取协商讨论《兴城市人民政府工作报告》及其他报告。

**政协兴城市第六届第三次全体会议**　于2009年12月27~29日在兴城市人民政府后楼会议室召开，出席会议政协委员241名。会议听取并审议通过《政协兴城市第六届常委会工作报告》和《兴城市政协六届二次会议以来提案工作情况的报告》，听取兴城市政协第六届第三次会议提案审查情况的报告，通过有关决议。列席兴城市人大第六届第三次会议，听取协商《兴城市人民政府工作报告》及其他报告。

**政协兴城市第六届第四次全体会议**　于2010年12月27~29日在兴城市人民政府后楼会议室召开，出席会议委员233名。会议听取并审议《政协兴城市第六届常委会工作报告》《兴城市政协六届三次会议以来提案工作办理情况的报告》，听取兴城市政协第六届第四次会议提案审查情况的报告，补选兴城市政协第六届委员会副主席1名。大会一致通过兴城市政协第六届第四次常务委员会工作报告和提案工作报告的决议。会议共收到委员提案78件，立案75件。与会委员列席兴城市人大第六届第四次会议，听取协商讨论《兴城市人民政府工作报告》及其他报告。

**政协兴城市六届五次全体会议** 于2012年2月28~29日在新启用的兴城市行政中心会堂召开，出席会议委员235名。会议听取并审议《政协兴城市六届委员会常务委员会工作报告》《兴城市政协六届四次会议以来委员提案工作情况的报告》，听取兴城市政协第六届第五次会议提案审查情况的报告，审议通过兴城市政协第六届第五次会议关于常务委员会工作报告和关于提案工作办理情况报告两个决议，表彰优秀政协委员、优秀提案、提案承办先进单位和先进个人。与会委员列席兴城市人大六届五次会议，听取并商讨《兴城市人民政府工作报告》及其他报告。

### 政协兴城市七届全体会议

**政协兴城市第七届第一次全体会议** 2012年12月4~6日，政协兴城市第七届第一次会议召开，出席会议委员247名。会议听取并审议《政协兴城市第六届委员会常务委员会工作报告》《兴城市政协六届一次会议以来政协委员提案工作办理情况的报告》；选举产生政协兴城市第七届委员会主席、副主席、秘书长、常委委员。会议听取兴城市政协第七届第一次会议提案审查情况的报告；审议通过有关决议。与会委员列席兴城市人大第七届第一次会议，听取并商讨《兴城市人民政府工作报告》及其他报告。

## 第三节　常委会议

根据《中国人民政治协商会议章程》规定，政协兴城市委员会全体会议闭会期间，政协兴城市常委会定期召开会议，组织实施上级政协和政协兴城市委员会全体会议的决议；审议通过提交中共兴城市委、兴城市人大常委会和兴城市人民政府的重要建议案，决定政协兴城市委员会工作机构的设置和变动，并任免其领导成员；联系和领导各专门委员会和界别委员联络组工作。

### 政协兴城县第五届常委会会议

1986年1~11月，政协兴城县第五届常务委员会共召开6次常委会议。

**政协兴城县第五届第十一次常委会议** 于1986年1月21日召开，出席会议常委27名。会议的主要议题是听取兴城县科委《关于兴城县1985年科技工作情况的报告》，讨论通过兴城县政协1985年工作总结和1986年工作计划。

**政协兴城县第五届第十四次常委会议** 于1986年6月19日召开，会议的主要内容是听取政协兴城县委副主席苏玉琨汇报赴河北太行山区进行经济开发考察情况。会议研究决定，6月下旬至7月末，组织农业、教育、卫生、财贸、工业工作组分别赴碱厂满族乡开展社会调查和咨询服务。

**政协兴城县第五届第十六次常委会议** 于1986年11月7日召开。会议的主要内容是传达政协锦州市委第七届第二十二次常委会议精神，传达中共兴城县委常委（扩大）会议精神，学习中共十二届六中全会决议。

### 政协兴城市第一届常委会会议

1987年4月~1990年2月，政协兴城市第一届常委会共召开17次常委会议。

**政协兴城市第一届第一次常委会议** 于1987年4月25日召开，出席会议常委27名。会议的主要议题是贯彻落实政协兴城市第一届第一次会议各项决议。会议通过兴城市政协主席、副主席的工作分工，通过政协13个工作组和16个委员活动小组负责人名单，确定各组成员构成。

**政协兴城市第一届第五次常委会议** 于1988年3月28日召开，出席会议常委27名。会议听取兴城市风景旅游区开发建设的全面情况介绍和城市建设项目、资金、管理等情况安排计划，针对旅游开发建设方面群众普遍关心的重大问题与兴城市人民政府展开协商对话。

**政协兴城市第一届第六次常委会议** 于1988年4月9日召开。会议决定政协兴城市第一届委员会第二次全体委员会议的召开时间，审议通过《政协兴城市第一届委员会第二次全体委员会议议程（草案）》《政协兴城市第一届委员会常务委员会工作报告》《政协兴城市第一届委员会第一次会议以来提案处理情况的报告》，审议并通过《政协兴城市第一届委员会第一次全体委员会议增选常委、委员名单》。

**政协兴城市第一届第十三次常委会议** 于1989年5月20日召开。会议听取兴城市人民政府副市长侯宗璞关于兴城市治理整顿存在问题及下步打算的通报，并座谈讨论，对治理整顿工作提出5点建议。

**政协兴城市第一届第十五次常委会议** 于1989年7月20日召开。会议通过政协兴城市委员会《关于政治协商、民主监督的暂行规定》，传达邓小平讲话和中共兴城市委扩大会议精神。

**政协兴城市第一届第十七次常委会议** 于1990年2月7日召开。会议听取政协兴城市第二届委员会筹建工作的汇报，讨论通过第一届常委会工作报告、提案处理工作报告和第二届第一次会议的其他有关事宜。

### 政协兴城市第二届常委会会议

1990年3月~1992年10月，政协兴城市第二届常委会共召开16次常委会议。

**政协兴城市第二届第一次常委会议** 于1990年3月14日召开。会议组织认真学习《中共中央关于坚持和完善中国共产党领导的多党合作和政治协商制度的意见》、中共十三届六中全会公报，审议通过《兴城市政协常委会工作规则（试行）》和《兴城市政协组（委）工作简则（试行）》。

**政协兴城市第二届第二次常委会议** 于1990年6月27~28日召开。与会常委视察城市管理情况，听取并讨论兴城市城市管理办公室《关于兴城市城市管理情况的报告》，听取并讨论兴城市政协宣教办《关于小学设点布局情况的调查报告》，通过《关于调整兴城市农村小学设点布局问题的建议案》，通过政协党组呈报中共兴城市委的《关于充发发挥政协委员作用的九点意见的报告》。

**政协兴城市第二届第五次常委会议** 于1990年12月4日召开。会议听取兴城市计划委员会通报的兴城市“八五计划十年规划”草案和兴城市科学技术委员会通报的“科技兴市”工作开展情况。

**政协兴城市第二届第七次常委会议** 于1991年12月29日召开。会议传达学习中共十三届七中全会精神，学习全国政协第七届第十二次常委会议通过的《全国政协提案工作条例》，协商讨论增补兴城市政协第二届委员会委员和提案委员会成员等人事问题，就召开兴城市政协第二届第二次全委会议的时间、议题、日程安排进行审议，听取和讨论兴城市政协常务委员会工作报告和提案委员会关于兴城市政协第二届第一次会议以来提案工作情况的报告。

**政协兴城市第二届第十次常委会议** 于1991年8月2日召开。会议听取兴城人民政府通报的兴城市上半年经济工作情况、兴城市爱国卫生运动委员会通报的争创辽宁省和全国卫生城活动情况，与会常委视察部分城区环境改造、卫生管理状况。

**政协兴城市第二届第十二次常委会议** 1992年2月13日召开。会议传达中共兴城市委第二届第四次全委（扩大）会议和市委工作会议精神，讨论和审议兴城市政协常务委员会工作报告和提案委员会《关于兴城市政协第二届第二次会议以来提案工作情况的报告》。

**政协兴城市第二届第十五次常委会议** 于1992年7月28日召开。会议通报兴城市经济工作情况，传达政协锦西市第二届第十次常委会议精神。

## 政协兴城市第三届常委会历次会议

1993年3月~1997年9月，政协兴城市第三届常委会共召开20次常委会议。

**政协兴城市第三届第一次常委会议** 于1993年3月27日召开。主要议题是通过兴城市政协《常务委员会工作规则》，传达贯彻全国政协第八届第一次会议和政协锦西市第一届第四次会议精神。

**政协兴城市第三届第二次常委会议** 于1993年6月26日召开。主要议题是讨论通过兴城市政协第三届第二次全体会议上常委会工作报告，确定兴城市政协第三届第二次会议举行的时间、议程和日程。

**政协兴城市第三届第六次常委会议** 于1994年2月28日召开。主要议题是协商通过增补政协兴城市第三届委员会委员，确定优秀委员提案表奖名单，通过大会执行主席、秘书长建议名单。

**政协兴城市第三届第八次常委会议** 于1994年9月15日召开。主要议题是听取并讨论兴城市人民政府公费医疗制度改革情况的通报，听取新闻、文化、工商、财贸工作组视察、调查的工作报告。

**政协兴城市第三届第十二次常委会议** 于1995年10月19日召开。会议听取兴城市政协考察组关于赴外地考察的汇报，听取个体私营经济代表座谈会情况的汇报，审议并通过“关于加快全市个体私营经济发展的建议”的报告，通报兴城市人民政府关于兴城市政协建议的书面反馈情况，讨论通过《政协兴城市委员会关于加强同政协委员联系的暂行办法》。

**政协兴城市第三届第十三次常委会议** 于1995年12月20日召开。会议的主要内容是确定兴城市政协第三届第四次会议日程、议程，讨论兴城市政协第三届委员会常务委员工作报告，增补兴城市政协第三届委员会委员。

**政协兴城市第三届第十四次常委会议** 于1996年3月28日召开。会议学习全国政协主席李瑞环在全国政协第八届第四次会议上的讲话，审议通过《政协兴城市委员会关于政治协商、民主监督、参政议政的实施细则（草案）》。

**政协兴城市第三届第十五次常委会议** 于1996年7月26日召开。会议听取市政协工业工作组关于赴山东诸城、辽宁海城两市考察企业改革情况，听取兴城市人民政府《关于实行乡村卫生机构一体化管理和农村初级卫生保健达标工作情况的通报》，听取兴城市公安局关于开展“严打”斗争工作情况的报告。

**政协兴城市第三届第十七次常委会议** 于1997年1月6日召开。会议通过兴城市政协第三届第五次会议议程、日程、工作报告，增补兴城市政协第三届委员会委员，通过大会主席、秘书长建议名单。

**政协兴城市第三届第十九次常委会议** 于1997年6月20日召开。会议听取《关于兴城市1997

年1~5月份财政预算执行情况的报告》和《兴城市企业产权制度改革工作情况的报告》。

## 政协兴城市第四届常委会历次会议

1998年3月~2002年9月，政协兴城市第四届常委会共召开19次常委会议。

**政协兴城市第四届第一次常委会议** 于1998年3月31日召开。会议通过兴城市政协《关于政治协商、民主监督、参政议政的工作条例》和《提案工作实施细则》，增补第四届委员会委员。

**政协兴城市第四届第二次常委会议** 于1998年7月3日召开。会议审议通过《规范税费收缴，营造有利于个体私营经济健康发展的宽松环境》建议案，听取兴城市人民政府《关于我市素质教育情况的通报》，审议通过《关于我市素质教育情况的视察报告》。

**政协兴城市第四届第四次常委会议** 于1998年12月22日召开。会议研究如何搞好兴城市的旅游开发工作，研讨产权制度改革后企业运营问题，补选兴城市政协第四届政协委员，通过第四届第二次会议议程、日程、工作报告和大会执行主席、秘书长、副秘书长名单。

**政协兴城市第四届第六次常委会议** 于1999年6月23日召开。会议听取兴城市农业发展局关于兴城市农村经济发展情况的通报，审议兴城市政协关于《发展农村经济，提高农民生活水平》的建议案。

**政协兴城市第四届第九次常委会议** 于2000年4月6日召开。会议讨论通过《关于政协常委2000年调研工作的安排意见》，研究决定任命兴城市政协综合办公室副主任1名，听取兴城市农业发展局代表兴城市人民政府所作《关于中央农村工作会议落实情况和备耕春耕生产进展情况的报告》，审议通过兴城市政协《关于我市农业产业结构调整的调查报告》。

**政协兴城市第四届第十次常委会议** 于2000年7月12日召开。会议的议题是研究兴城市城市建设与管理工作。兴城市政协常委现场办公，先后到古城北门口、古城步行街、站前广场、兴海路二段、海滨广场、海滨风景区、海滨景观路、兴海北路等地对兴城的城市建设与管理工作进行视察。

**政协兴城市第四届第十一次常委会议** 于2000年9月22日召开。会议听取兴城市人民政府《关于政协委员提案办理情况的通报》和兴城市财政局《关于1~8月份财政预算执行情况的通报》，决定任命兴城市政协宣教办公室副主任1名、兴城市政协经济办公室副主任1名，决定增补兴城市政协委员15名，审议通过《关于我市工商企业发展情况的调查报告》和《关于旅游兴市的调查报告》。

**政协兴城市第四届第十二次常委会议** 于2000年12月25日召开。会议审议通过兴城市政协四届委员会常务委员会工作报告（草案）、提案办理情况的报告（草案），审议通过兴城市政协四届二次会议议程、日程，秘书长、副秘书长名单以及执行主席、提案审查委员会名单。

**政协兴城市第四届第十三次常委会议** 2001年3月27日，会议听取《关于古城保护与开发和菊花岛整体开发有关情况的汇报》，讨论通过《关于开展选派民主监督员工作的安排意见》《市政协民主监督员活动规范》，传达中共葫芦岛市委召开的政协工作会议精神，增补兴城市政协第四届委员会委员。

**政协兴城市第四届第十四次常委会议** 于2001年6月21日召开。会议的议题是研究兴城市农业产业结构调整工作。会前，政协常委到四家屯、钓鱼台、曹庄、望海、刘台子、东辛庄等乡镇街道对工厂化养猪、养鸡，井盐水养鱼和小麦开发等示范区进行视察。

**政协兴城市第四届第十五次常委会议** 于2001年9月26日召开。会议听取兴城市人民政府《关于政协提案办理情况的报告》《兴城市人民法院工作报告》和《兴城市人民检察院工作报告》，审议通过兴城市政协《关于农业发展情况的调查报告》。

**政协兴城市第四届第十六次常委会议** 于2001年12月27日召开。会议审议通过兴城市政协第四届委员会常务委员会工作报告，通过召开兴城市政协第四届第五次会议的决定，通过兴城市政协第四届第五次会议议程和日程，通过兴城市政协第四届第五次会议秘书长、副秘书长、执行主席和提案审查委员名单。

**政协兴城市四届第十八次常委会议** 于2002年6月25日召开。会议审议通过兴城市政协《关于我市私营企业发展情况的调查报告》，决定任命兴城市政协宣教办主任1名。

## 政协兴城市第五届常委会历次会议

2003年3月~2007年12月，政协兴城市第五届常委会共召开21次常委会议。

**政协兴城市第五届第一次常委会议** 于2003年3月21日召开。会议审议提案工作条例和表彰办法，确定专门委员会和委员工作组划分，任命兴城市政协经济办公室主任1名，听取兴城市人民政府重点工程项目进展情况的通报。

**政协兴城市第五届第二次常委会议** 于2003年7月9日召开。会议听取兴城市人民政府《上半年财政预算执行情况及下半年预算情况的报告》，审议兴城市政协《关于兴城市税费收缴工作的调研报告》。

**政协兴城市第五届第三次常委会议** 于2003年9月26日召开。会议听取兴城市人民政府通报提案办理情况，审议兴城市政协《关于城市建设的视察报告》和《关于招商引资的调查报告》。

**政协兴城市第五届第四次常委会议** 于2003年12月22日召开。会议确定兴城市政协第五届第二次会议的召开时间、地点、议程和日程，增补政协委员，决定政协常务委员人选，审议《常委会工作报告（征求意见稿）》和《审议提案工作报告（征求意见稿）》。

**政协兴城市第五届第八次常委会议** 于2004年12月10日召开。会议的议程是，研究决定兴城市政协第五届第三次委员会召开的时间、地点，研究决定第五届第三次会议议程和日程，研究决定第五届第三次会议执行主席和秘书长、副秘书长名单，审议决定关于表彰优秀提案、先进承办单位、先进承办工作者的决定，审议《常委会工作报告》，审议《提案工作报告》。

**政协兴城市第五届第九次常委会议** 于2005年1月6日召开。会议的议程是研究增补兴城市政协第五届政协委员，研究决定兴城市政协第五届第三次会议增选政协副主席候选人，审议通过选举办法。

**政协兴城市第五届第十二次常委会议** 于2005年9月6日召开。会议期间，兴城市政协常委视察兴城市旅游工作，听取兴城市人民政府关于旅游工作情况的通报，听取兴城市政府通报政协委员提案办理情况，审议《关于兴城市社会保障体系的视察报告》。

**政协兴城市第五届第十五次常委会议** 于2006年7月7日召开。会议审议《关于对全市经济发展状况的调查与建议》，增补政协委员。

**政协兴城市第五届第十六次常委会议** 于2006年10月18日召开。会议学习《中共中央十六届六中全会公报》，听取兴城市人民政府《关于兴城市政协第五届第四次会议以来提案办理情况的通报》，听取和审议兴城市政协《关于我市新型农村合作医疗工作的视察报告》。

**政协兴城市第五届第十七次常委会议**　于2006年12月22日召开。会议研究决定兴城市政协第五届第五次会议召开的时间、地点、议程、日程，通过兴城市政协第五届第五次会议执行主席、秘书长、副秘书长名单，讨论第五届政协常委会工作报告，讨论政协兴城市第五届第四次会议以来提案工作情况的报告，协商增补兴城市政协第五届政协委员。

**政协兴城市第五届第十八次常委会议**　于2007年3月29日召开。会议审议通过《政协兴城市委员会常务委员会工作规则（讨论稿）》。

**政协兴城市第五届第二十次常委会议**　于2007年10月11日召开。会议听取兴城市人民政府《关于市政协第五届第五次会议以来政协委员提案办理情况的通报》，审议通过《关于兴城市民族宗教工作的调研报告》和《关于我市教师队伍状况的调研报告》。

**政协兴城市第五届第二十一次常委会议**　于2007年12月4日召开。会议审议通过兴城市政协六届政协委员名单，审议通过政协六届一次会议主席团名单，审议通过政协第六届第一次会议议程、日程，审议兴城市政协第六届第一次会议提案审查委员会提名名单，审议通过兴城市政协第六届第一次会议秘书长、副秘书长名单，审议通过五届政协常委会工作报告，审议通过第五届政协提案办理工作报告。

## 政协兴城市第六届常委会会议

2008年3月~2012年11月，政协兴城市第六届常委会共召开15次常委会议。

**政协兴城市第六届第一次常委会议**　于2008年3月26日召开。会议通过中共兴城市委提名的张跃进任兴城市政协秘书长。

**政协兴城市第六届第二次常委会议**　于2008年8月1日召开。会议审议通过《关于进一步推进我市广播电视村村通工作进程的意见和建议》，审议通过《关于兴城市农村居民最低生活保障工作的调研报告》。

**政协兴城市第六届第三次常委会议**　于2008年12月10日召开。会议主要议程是，听取兴城市人民政府通报关于兴城市政协第六届第一次会议政协委员提案办理情况，审议兴城市政协第六届常委会工作报告，审议第六届政协提案办理工作报告，审议政协第六届第二次会议秘书长、副秘书长名单，执行主席名单，提案审查委员会名单，审议关于表彰优秀提案、先进承办单位、办理提案先进工作者的决定，审议第六届第二次会议补选的政协秘书长、常务委员名单，增补政协委员。

**政协兴城市第六届第五次常委会议**　于2009年9月15日召开。主要议程是：听取兴城市人民政府关于兴城市政协第六届第二次会议以来提案办理情况的通报，审议通过《关于兴城市规模以上工业发展情况的调查报告》，审议通过《关于兴城市社会治安综合治理工作情况的视察报告》。

**政协兴城市第六届第九次常委会议**　于2010年12月21日召开。会议听取兴城市人民政府《政协兴城市六届三次会议以来政协委员提案办理情况》，审议通过市政协常委会工作报告和提案办理情况报告，审议通过《关于兴城市区域性中心敬老院建设情况的调研报告》，增补田中林等为政协兴城市六届委员会委员，同意张亦喆辞去兴城市政协委员、常委和副主席职务。

**政协兴城市六届十二次常委会议**　于2011年11月25日召开。会议听取兴城市人民政府《关于政协六届四次会议以来政协委员提案办理情况的通报》，审议通过《关于我市果业发展情况的调研报告》，审议通过《关于兴城基督教发展情况的调研报告》。

**政协兴城市六届十三次常委会议** 于2012年2月16日召开。会议审议通过政协第六届第五次会议相关文件《常委会工作报告（草案）》《提案工作报告（草案）》及会议议程、日程、工作机构、秘书长、副秘书长名单，执行主席名单，提案审查委员会名单，审议通过兴城市政协2012年工作要点。

**政协兴城市六届十四次常委会议** 于2012年7月5日召开。会议审议通过《关于校车安全的调研报告》和《关于蔬菜保护地生产情况的调研报告》。

**政协兴城市六届十五次常委会议** 于2012年11月28日召开。会议听取兴城市人民政府《关于市政协六届五次会议以来提案办理情况的通报》，审议通过政协第七届委员会主席、副主席、秘书长和常务委员提名名单，审议通过第七届政协委员名单，审议通过第七届政协第一次会议主席团、秘书长、执行主席建议名单，审议通过政协第七届第一次会议议程、日程，审议政协第七届第一次会议提案审查委员会提名名单，审议通过政协第七届第一次会议副秘书长名单，审议通过《六届政协常委会工作报告（草案）》，审议通过《六届政协提案办理工作报告（草案）》，审议通过《关于兴城市农村贫困妇女生存和发展状况的调研报告》《关于兴城市民主党派情况的调研报告》《关于我市生态旅游发展情况的调研报告》，通过人事任免事项。

### 政协兴城市第七届常委会会议

2012年12月6日，选举产生政协兴城市第七届常务委员会，至年末召开1次常委会议

**政协兴城市第七届常委会第一次会议** 于2012年12月12日召开。与会人员听取中共兴城市委党校常务副校长金景山关于学习中共十八大精神辅导讲座，会议就深入学习贯彻中共十八大精神做出部署。

## 第四节　政协机构

### 领导机构

1979年12月10日，中国人民政治协商会议兴城县委员会恢复工作。1980年8月11~14日，政协兴城县第四届第一次会议召开，会议选举兴城县政协主席、副主席、常务委员会委员。1987年1月21日，政协兴城县第五届委员会第四次会议根据国务院关于兴城撤县设市的批复，一致通过《关于撤销政协兴城县委员会，设立政协兴城市委员会有关问题的决议》，原政协兴城县第五届委员会主席、副主席、常务委员会委员更改为政协兴城市委员会主席、副主席、常务委员。1993年2月，根据《中国人民政治协商会议章程》规定，政协兴城市委员会设秘书长。

**政协兴城市（县）历届主席、副主席名录**

表16-3-1

| 届次 | 职　务 | 姓　名 | 性别 | 民族 | 籍　贯 | 任职时间 | 任职方式 |
|---|---|---|---|---|---|---|---|
| 兴城县 | 主　席 | 杜玉青 | 男 | 满族 | 辽宁兴城 | 1984.5~1987.1 | 选举 |
| | 副主席 | 赵树声 | 男 | 汉族 | 辽宁兴城 | 1984.5~1987.1 | 选举 |
| | 副主席 | 赵德满 | 男 | 汉族 | 河北丰润 | 1984.5~1987.1 | 选举 |

续表 16-3-1

| 届次 | 职 务 | 姓 名 | 性别 | 民族 | 籍 贯 | 任职时间 | 任职方式 |
|---|---|---|---|---|---|---|---|
| 五届政协 | 副主席 | 孙焕文 | 男 | 汉族 | 辽宁兴城 | 1984.5~1987.1 | 选举 |
| | 副主席 | 佟玉田 | 男 | 汉族 | 辽宁兴城 | 1984.5~1987.1 | 选举 |
| | 副主席 | 苏玉琨 | 男 | 汉族 | 辽宁兴城 | 1984.12~1987.1 | 选举 |
| 兴城市政协 | 主 席 | 杜玉青 | 男 | 满族 | 辽宁兴城 | 1987.1~1987.4 | 更名 |
| | 副主席 | 赵树声 | 男 | 汉族 | 辽宁兴城 | 1987.1~1987.4 | 更名 |
| | 副主席 | 赵德满 | 男 | 汉族 | 河北丰润 | 1987.1~1987.4 | 更名 |
| | 副主席 | 孙焕文 | 男 | 汉族 | 辽宁兴城 | 1987.1~1987.4 | 更名 |
| | 副主席 | 佟玉田 | 男 | 汉族 | 辽宁兴城 | 1987.1~1987.4 | 更名 |
| | 副主席 | 苏玉琨 | 男 | 汉族 | 辽宁兴城 | 1987.1~1987.4 | 更名 |
| 兴城市一届政协 | 主 席 | 王俊杰 | 男 | 汉族 | 辽宁兴城 | 1987.4~1990.2 | 选举 |
| | 副主席 | 苏玉琨 | 男 | 汉族 | 辽宁兴城 | 1987.4~1990.2 | 选举 |
| | 副主席 | 孙焕文 | 男 | 汉族 | 辽宁兴城 | 1987.4~1990.2 | 选举 |
| | 副主席 | 佟玉田 | 男 | 汉族 | 辽宁兴城 | 1987.4~1990.2 | 选举 |
| | 副主席 | 周有志 | 男 | 汉族 | 辽宁兴城 | 1987.4~1990.2 | 选举 |
| | 副主席 | 周普诒 | 男 | 满族 | 辽宁兴城 | 1987.4~1990.2 | 选举 |
| | 副主席 | 董启凤 | 女 | 汉族 | 浙江绍兴 | 1987.4~1990.2 | 选举 |
| 兴城市二届政协 | 主 席 | 苏玉琨 | 男 | 汉族 | 辽宁兴城 | 1990.2~1993.2 | 选举 |
| | 副主席 | 孙焕文 | 男 | 汉族 | 辽宁兴城 | 1990.2~1993.2 | 选举 |
| | 副主席 | 周普诒 | 男 | 满族 | 辽宁兴城 | 1990.2~1993.2 | 选举 |
| | 副主席 | 李 言 | 男 | 汉族 | 江苏常州 | 1990.2~1993.2 | 选举 |
| 兴城市三届政协 | 主 席 | 陈凤池 | 男 | 汉族 | 辽宁葫芦岛 | 1993.2~1997.1 | 选举 |
| | 主 席 | 李久林 | 男 | 汉族 | 辽宁兴城 | 1997.1~1998.1 | 选举 |
| | 副主席 | 苏文华 | 男 | 汉族 | 辽宁兴城 | 1993.2~1998.1 | 选举 |
| | 副主席 | 李 言 | 男 | 汉族 | 江苏常州 | 1993.2~1997.1 | 选举 |
| | 副主席 | 邱福顺 | 男 | 满族 | 辽宁兴城 | 1993.2~1995.1 | 选举 |
| | 副主席 | 徐志斌 | 男 | 满族 | 辽宁兴城 | 1994.3~1997.1 | 选举 |
| | 副主席 | 付连刚 | 男 | 满族 | 辽宁兴城 | 1995.1~1998.1 | 选举 |
| | 副主席 | 卢满春 | 男 | 汉族 | 山东菏泽 | 1997.1~1998.1 | 选举 |
| | 副主席 | 滕 林 | 男 | 满族 | 辽宁兴城 | 1997.1~1998.1 | 选举 |
| | 主 席 | 李久林 | 男 | 汉族 | 辽宁兴城 | 1998.1~2003.1 | 选举 |

续表 16-3-1

| 届次 | 职 务 | 姓 名 | 性别 | 民族 | 籍 贯 | 任职时间 | 任职方式 |
|---|---|---|---|---|---|---|---|
| 兴城市四届政协 | 副主席 | 苏文华 | 男 | 汉族 | 辽宁兴城 | 1998.1~2001.1 | 选举 |
| | 副主席 | 佟玉田 | 男 | 汉族 | 辽宁兴城 | 1998.1~2001.1 | 选举 |
| | 副主席 | 卢满春 | 男 | 汉族 | 山东菏泽 | 1998.1~2001.1 | 选举 |
| | 副主席 | 滕 林 | 男 | 满族 | 辽宁兴城 | 1998.1~2003.1 | 选举 |
| | 副主席 | 张亦喆 | 女 | 满族 | 辽宁兴城 | 1998.1~2003.1 | 选举 |
| | 副主席 | 王英才 | 男 | 汉族 | 辽宁兴城 | 2001.1~2003.1 | 选举 |
| | 副主席 | 焦希云 | 男 | 汉族 | 辽宁兴城 | 2001.1~2003.1 | 选举 |
| 兴城市五届政协 | 主 席 | 康 伟 | 男 | 汉族 | 辽宁开源 | 2003.1~2007.1 | 选举 |
| | 主 席 | 蔡成利 | 男 | 满族 | 辽宁兴城 | 2007.1~2007.12 | 任命 |
| | 副主席 | 王英才 | 男 | 汉族 | 辽宁兴城 | 2003.1~2007.12 | 选举 |
| | 副主席 | 佟玉田 | 男 | 汉族 | 辽宁兴城 | 2003.1~2007.12 | 选举 |
| | 副主席 | 滕 林 | 男 | 满族 | 辽宁兴城 | 2003.1~2007.12 | 选举 |
| | 副主席 | 张亦喆 | 女 | 满族 | 辽宁兴城 | 2003.1~2007.12 | 选举 |
| | 副主席 | 秦汉武 | 男 | 汉族 | 辽宁兴城 | 2003.1~2006.1 | 选举 |
| | 副主席 | 周汉臣 | 男 | 满族 | 辽宁兴城 | 2006.1~2007.12 | 选举 |
| | 副主席 | 姜 力 | 男 | 满族 | 辽宁兴城 | 2007.1~2007.12 | 选举 |
| 兴城市六届政协 | 主 席 | 蔡成利 | 男 | 满族 | 辽宁兴城 | 2007.12~2012.12 | 选举 |
| | 副主席 | 姜 力 | 男 | 满族 | 辽宁兴城 | 2007.12~2012.12 | 选举 |
| | 副主席 | 滕 林 | 男 | 满族 | 辽宁兴城 | 2007.12~2012.12 | 选举 |
| | 副主席 | 张亦喆 | 女 | 满族 | 辽宁兴城 | 2007.12~2010.12 | 选举 |
| | 副主席 | 张永杰 | 男 | 满族 | 辽宁兴城 | 2007.12~2012.12 | 选举 |
| | 副主席 | 田中林 | 男 | 满族 | 辽宁兴城 | 2010.12~2012.12 | 选举 |
| 兴城市七届政协 | 主 席 | 崔海明 | 男 | 汉族 | 辽宁黑山 | 2012.12~ | 选举 |
| | 副主席 | 赵志民 | 男 | 满族 | 辽宁兴城 | 2012.12~ | 选举 |
| | 副主席 | 王晓章 | 男 | 汉族 | 辽宁兴城 | 2012.12~ | 选举 |
| | 副主席 | 吕 伟 | 女 | 汉族 | 辽宁兴城 | 2012.12~ | 选举 |
| | 副主席 | 王华松 | 男 | 汉族 | 辽宁兴城 | 2012.12~ | 选举 |

## 工作机构

1979年12月10日，政协兴城县委员会恢复工作，同时设立政协兴城县委员会办公室，处理政协日常事务。

1987 年 1 月 21 日兴城撤县设市，政协兴城县委员会办公室改为政协兴城市委员会办公室。1987 年 4 月，政协兴城市委员会机关增设宣教办公室、经科办公室。

1998 年 3 月机构改革，政协兴城市委员会与中共兴城市委统战部、兴城市工商业联合会合署办公，对外仍挂中共兴城市委统战部、兴城市工商联牌子，成立统战办公室。同时撤销政协宣教办公室，工作职能转移到办公室，

2000 年 3 月，中共兴城市委统战部、兴城市工商联不再与政协兴城市委员会合署办公，内设的统战办公室随之撤销，重设政协兴城市宣教办公室。

2006 年，政协兴城市委员会增设提案工作办公室。

2012 年，政协兴城市委员会内设办公室、经济办、提案办、宣教办 4 个工作机构。

## 第五节　政协工作

兴城市政协在中共兴城市委的领导下，把握团结和民主两大主题，坚持围绕中心，服务大局，组织和带领全体委员，履行政治协商、民主监督、参政议政职能，不断拓宽政协工作的渠道和领域，提高履职质量，使兴城市的政协工作在改革发展和社会稳定中发挥重要作用，为推进兴城经济发展、社会进步做出积极贡献。

### 建言献策

兴城市政协始终坚持围绕中心、服务全市工作大局，通过全体会议、常委会议、主席会议及专委会议和其他专题协商会议等形式，就兴城市大政方针及经济建设和社会发展中的重大问题进行协商讨论，积极建言献策，促进党政决策的科学化和民主化。坚持把不同时期党政工作的重点作为政治协商的重要内容，着力于促进全市改革开放和经济社会建设。围绕全市重点工作、重要事项、重大决策，认真进行决策前的协商讨论，提出建设性的意见和建议，得到中共兴城市委、兴城市人民政府采纳。充分利用每年一次全体会议、每季度一次常委会议、每月一次主席办公会议，开展政治协商，内容涉及推进农业产业结构调整、促进非公有制经济发展、实施旅游兴市战略、抓好素质教育等重要问题。每次全体会议期间，中共兴城市委、兴城市人民政府主要领导到会听取委员们的意见和建议，许多意见、建议得到中共兴城市委、兴城市人民政府及有关部门的重视和采纳。同时，兴城市政协立足全市经济社会发展目标，就全市经济建设和社会发展中的一些重要问题进行调查研究，经过常委会议和主席会议审议通过的调研报告报送中共兴城市委、兴城市人民政府决策参考，大部分意见、建议得到兴城市人民政府及相关部门的重视和采纳，有的还出台相关文件予以落实。兴城市政协还通过其他专题协商座谈会，对经济社会发展过程中群众普遍关心的热点、难点问题及重要行政措施的出台进行协商讨论，积极建言献策，充分发挥参政议政的作用，形成多层次、多形式协商议政格局。

### 民主监督

兴城市政协根据政协《章程》的有关规定，围绕国家法律、法规及中共兴城市委、兴城市人民政府重大决策的贯彻执行情况，在有关部门的配合下，组织开展专题视察活动，认真履行民主

监督职能。形成的视察报告经过主席办公会议、常委会议审议通过后，报送中共兴城市委、兴城市人民政府参考，许多建议得到中共兴城市委、兴城市人民政府领导的肯定，促进相关部门的工作。兴城市政协把做好提案工作作为履行民主监督职能的重要内容，常委会议每年都要听取兴城市人民政府主管领导对提案办理工作情况的通报，主席会议经常专题研究提案工作，坚持主席会议成员分工促办重点提案制度，加强提案工作与政协其他工作的有机结合，不断提高提案工作信息化管理水平，使政协提案在推动全市经济和社会的协调发展中发挥应有的作用。兴城市政协努力探索特邀监督员工作的有效机制，加强对特邀监督员工作的领导。坚持推荐政协委员担任公安局、人民法院、人民检察院、司法局等执法执纪部门和单位的特邀监督员、机关作风民主评议员，为政府部门转变作风、提高效率、改进工作做大量工作。兴城市政协不断探索开展民主监督工作的新形式，鼓励和支持委员依法行使民主权利，为推进民主法制建设发挥积极作用。

### 专题调研

兴城市政协把搞好调研活动作为履行职能的前提和基础，作为履行职能的关键环节，注重对关系经济社会发展全局和人民群众关注的重大问题的研究。兴城市政协成立以来，坚持把专题调研作为开创政协工作新局面的重要工作来抓，自觉服从服务于改革、发展、稳定的大局，充分发挥政协人才荟萃、智力密集的优势，按照“精、深、实、新”的要求，精心选择经济社会发展中具有综合性、全局性、前瞻性的课题，积极开展调研活动，并及时形成调研报告，在经过常委会审议通过后，报送中共兴城市委、兴城市人民政府。兴城市政协调研报告提出的不少意见和建议被中共兴城市委、兴城市人民政府采纳，在重大决策过程中起到重要参考作用，得到中共兴城市委、兴城市人民政府的高度评价和充分肯定。在调研、视察活动中，委员们深入基层，深入群众，倾听群众呼声，做到知实情、讲实话、出实招，努力为中共兴城市委、兴城市人民政府科学决策提供有价值的参考意见。

1993 年，兴城市政协抓住制约经济发展的重点问题，开展调研活动。组织到福建省石狮，浙江省温州、义乌，河北省白沟等地进行考察。会同兴城市工商行政管理局调查兴城市城乡各类市场情况，就兴城的个体、私营企业不合理负担问题，向兴城市人民政府提出“依法纳税、清理收费、搞活市场经济”的建议案。兴城市人民政府及时做出制止乱收费的决定，促进市场经济的发展。

1996 年，兴城市政协委员和兴城市有关部门负责人赴山东诸城、辽宁海城学习考察后，对兴城市 28 户市直工业企业进行调查，结合考察、调查的实际情况，向中共兴城市委、兴城市人民政府提出“企业改制，时不我待”的建议案和“加大兴城市产权制度改革工作力度”的建议，有力地促进全市企业改制工作的有序进行。

2003 年，兴城市政协组织委员开展关于税费收缴调查活动，写出调查报告。报告翔实列述和分析兴城市税源不足、税款流失的原因和收费工作不规范的现状，提出“大力发展民营经济，开辟税源；鼎力创造良好环境，培植税源；协力加强税收征管，建立体系；尽力排除人为干预，防止漏税；努力规范收费行为，应收尽收”5 个方面建议，得到中共兴城市委、兴城市人民政府的高度重视。

2004 年，兴城市政协组织委员对兴城市文物保护工作进行调研，形成《关于文物保护工作的调研报告》，提出“增加文物保护专项经费，健全各级文物保护组织，正确处理文物保护与城市建设的关系”等 4 点建议，有的被列入兴城市党政领导部门决策中。

2007 年，兴城市政协围绕兴城市经济工作的总体战略，组织委员开展 4 次调研活动。对兴城市矿产资源开发利用情况进行调研，形成《关于我市矿产资源开发利用情况的调查报告》；政协常委、委员视察司法所建设情况，形成《关于兴城市司法所建设情况的调查报告》；组织委员对民族宗教工作进行调研，形成《关于兴城市民族宗教工作的调研报告》；政协委员对教师队伍进行调研，形成《关于兴城市教师队伍状况的调研报告》，报告中特别指出在择优录用师范类毕业生和引进教育人才上要舍得投入，提高民师待遇等问题亟待解决。中共兴城市委和兴城市人民政府认真研究和采纳上述报告，报告中所提意见和建议得到落实。

2008 年，兴城市政协对林权制度改革、有线电视发展、农村最低生活保障等工作开展调研；对重点民营企业发展、学校校舍建设、创建平安兴城工作进行视察。每项调研或视察工作，全部用书面报告形式，报送中共兴城市委、兴城市人民政府。中共兴城市委、兴城市人民政府对报告内容高度重视并予以采纳。2009 年，兴城市政协在工业经济、旅游产业、新农村建设、城镇建设、构建和谐社会等重大领域，开展深入细致的调研，对兴城市经济运行情况，重点项目建设情况等进行视察，提出意见和建议，为党政领导部门决策提供有益参考。

2010 年，兴城市政协为助推农村经济发展、增加农民收入，在组织委员调查研究的基础上，提出建立健全有效的工作机制，加强农村基层组织建设，按照特色化、生态化、标准化走“一乡一业、一村一品”的发展模式，培育壮大支柱产业等建议，得到市、乡、村各级领导的重视和好评。

### 凝心聚力

加强与各民主党派、工商联、人民团体和各界人士的合作。兴城市政协认真贯彻落实“长期共存、互相监督、肝胆相照、荣辱与共”的方针，利用多种形式听取意见、沟通情况、协调工作、增进感情，发挥政协合作共事、参政议政的平台作用，注重与各民主党派、工商联的合作，积极主动邀请各民主党派、工商联共同参与政协组织的各种调研、座谈、视察活动，认真听取、反映他们的意见、建议，维护民主党派、工商联履行职责的民主权利。坚持高举爱国主义和社会主义旗帜，积极主动地做好海外联络与联谊工作，巩固和壮大最广泛的爱国统一战线。贯彻中国共产党的民族宗教政策，通过组织民族宗教界委员参与政协的相关活动，较好地发挥民族宗教界委员在促进和谐社会建设中的重要作用。

### 传递民声

做好信息工作，及时反映社情民意，是政协履行职能的重要基础和关键环节。兴城市政协历届领导班子始终把了解和反映社情民意作为一项重要工作来抓，通过制定、出台相关规定及措施，畅通信息渠道，扩大信息来源，倡导政协委员利用工作或各种活动，深入基层、深入群众，倾听群众呼声，反映群众意愿。兴城市政协办公室将每次全会、常委会上委员们对当前群众关心的热点、难点问题提出许多好的意见和建议，报送中共兴城市委、兴城市人民政府有关领导参考，使一些群众关注的问题得到解决，在维护群众利益，理顺群众情绪，密切党群、干群关系和维护社会稳定方面起到积极作用。

### 自身建设

开展政协机关中共党组织建设，中共党员先锋模范作用得到进一步发挥。兴城市政协把开展机关党组织建设，作为新时期进一步加强和改进政协工作的重要内容，结合工作特点，制定具体措施，进行安排、部署，使政协机关中共党组织建设得到进一步加强，中共党员先锋模范作用得到进一步发挥，推进政协各项工作的开展。

以学习为先导，不断提高委员履职能力。兴城市政协把学习《中共中央关于进一步加强人民政协工作的意见》《政协章程》和中共兴城市委重要文件作为重点，围绕中国共产党的统一战线和人民政协理论、经济形势、招商引资政策等内容，组织委员进行学习。利用各种会议、活动，组织委员学习履行职能的相关知识。通过各种学习活动，政协委员素质普遍提高，履行职能的积极性和能力明显增强。

完善规章制度，进一步加强政协机关作风建设。兴城市政协适应新形势、新任务要求，以创建学习型、服务型、创新型、效能型、节约型、和谐型机关为目标，完善落实机关内部管理机制，加强相互之间的协调与配合，使政协机关干部队伍提高服务质量和水平，改进工作作风，增强廉洁自律意识，提升思想政治素养。

# 第十七篇 军 事

## 第一章 军事机构

1986年以后，随着中国人民解放军现代化建设和军队体制编制的调整以及新时期任务的需要，兴城境内的驻军、地方武装等军事组织多数调转、合并或撤销。截至2012年，境内军事机构有武警兴城市公安边防大队、武警兴城市公安消防大队、武警兴城市中队、军队勤务保障单位、军队离职干部休养所和中国人民解放军兴城市人民武装部等。

### 第一节 地方武装

1986年6月，根据中共中央、国务院、中央军委《关于县（市）人民武装部改归地方建制有关问题的通知》，兴城县人民武装部移交中共兴城县委、兴城县人民政府，为副团级单位。其工作性质、任务不变。中共兴城县委书记兼任兴城县人民武装部党委书记。兴城县人民武装部既是中共兴城县委的军事部门，又是兴城市人民政府的兵役工作机关，接受中共兴城县委、兴城县人民政府和锦州军分区的双重领导。兴城县人民武装部内设3个工作机构，下辖30个乡镇和4个驻在企业人民武装部。

1987年1月，兴城县人民武装部改称兴城市人民武装部。1989年6月，锦西市升格为地级市，兴城市人民武装部仍归锦州军分区领导。

1990年7月，根据中共辽宁省委、辽宁省人民政府、辽宁省军区《关于进一步加强县（市）区人武部建设有关问题的补充规定》，兴城市人民武装部对机构和人员编制作调整，将军事科分为作训科和动员装备科，同时增设民兵训练基地。

1993年7月，沈阳军区批准组建锦西军分区，兴城市人民武装部划归锦西军分区管辖。

1996年4月，根据中共中央、国务院、中央军委《关于县（市）人民武装部收归军队建制的通知》和中国人民解放军沈阳军区关于《颁发人武部编制表》的命令，兴城市人民武装部收归军队建制，称中国人民解放军辽宁省兴城市人民武装部，执行团级权限。内设军事科、政工科、后勤科，职级为正营级。受中国人民解放军葫芦岛军分区和中共兴城市委、兴城市人民政府双重领导。中共兴城市委书记兼任兴城市人民武装部党委第一书记。2012 年，武装部内设 3 个工作机构，下辖 27 个乡镇街道人民武装部。

## 第二节 驻军

1986 年以后，兴城驻军调整频繁，变化较大。主要有边防、消防、部队司机培训、医疗卫生、军休干部服务管理、副食品生产等单位。

### 勤务保障单位

兴城驻军勤务保障机构主要由医疗卫生、司机培训和副食品生产基地等单位构成。

**沈阳军区兴城疗养院** 原为辽东军区第 3 后方医院。1951 年，医院大部分人员参加抗美援朝战争，其余人员从吉林省辉南县迁到兴城海滨。1954 年称解放军八一疗养院。1968 年，改称国防科学技术委员会兴城疗养院。1982 年 11 月，改称国防科工委兴城疗养院。1998 年 4 月，改称总装备部兴城疗养院。2004 年 5 月，改称沈阳军区兴城疗养院，执行副师职权限，隶属沈阳军区联勤部领导。下辖温泉疗养院（原空军兴城疗养院）、海军第 313 医院。

**陆军第 204 医院** 原为西南军区直属医院。1954 年 10 月，以解放军第 30 陆军医院为基础，组建第 204 医院，从佳木斯迁至兴城首山脚下。1957 年 4 月，第 204 医院与先期入朝鲜的志愿军后方勤务部第 513 医院对换，赴朝执行医疗保障任务。志愿军后方勤务部第 513 医院，原是西北野战军第 4 野战医院。换驻兴城后改称中国人民解放军第 204 医院，隶属辽宁省军区领导。1965 年 5 月，划归沈阳军区后勤部第 4 分部。1994 年 11 月，改称沈阳军区兴城医院。1998 年 2 月，撤销 204 医院建制。营房由沈阳军区房管局接管，医务人员分流到锦州第 205 医院。

**陆军司机卫生员训练大队** 其前身为解放军第 40 集团军训练大队。2000 年 11 月，在兴城组建。内设训练处、政治处、后勤处、装备处，下设司训营、卫训队、卫生队、修理所和直属警通连。

**308 工程指挥部副食品生产基地** 原为解放军工程兵建筑第 53 师兴城望海农场，1978 年 11 月在兴城组建。1982 年 10 月，划归第二炮兵 308 工程指挥部建制。2001 年 11 月，改称 308 工程指挥部副食品生产基地，内设生产处、政治处、管理处，下辖生产连、机运连、副业队。

### 离职干部休养

1966 年，为给抗日战争时期的团职和解放战争时期师职以上离职休养干部创造良好的学习、生活、娱乐、休养环境，中国人民解放军在兴城县成立 2 个军队离职干部休养所，执行团级权限，专门负责军队离休干部的服务、管理工作。

**辽宁省军区兴城离职干部休养所** 1966 年 11 月组建，1969 年改称辽宁省军区五七干校。1975 年 12 月，恢复辽宁省军区兴城离职干部管理所。1979 年 9 月，改称辽宁省军区兴城离职干部休养所。1987 年 7 月，辽宁省军区决定将兴城第 2 离职干部休养所并入兴城离职干部休养所，称辽宁省军区兴城离职干部休养所。

**辽宁省军区兴城第 2 离职干部休养所** 原铁道兵兴城离职干部休养所。1983 年 3 月，根据总参谋部命令，在兴城组建。1986 年 12 月，该休养所移交给辽宁省军区，改称辽宁省军区兴城第 2 离职干部休养所。1987 年 7 月，并入辽宁省军区兴城离职干部休养所。

### 武警部队

**武警兴城市边防大队** 1980年4月，成立武警兴城县边防大队（对外称边防保卫科，所属人员转为现役军人），为正营级建制。下辖海口、大英堡子、荒地、东沙嘴、龙泉寺、菊花岛6个边防派出所。1989年12月，武警兴城市边防大队划归锦西（葫芦岛）市边防支队。2000年5月，武警兴城市边防大队所辖的大英堡子、东沙嘴、荒地边防派出所分别改称中兴、徐大堡、石屯边防派出所。2001年，武警兴城市边防大队级别为副团级单位，下辖的边防派出所为副营级单位。

**武警兴城市消防大队** 武警兴城市消防大队于1992年10月组建，级别为营级，隶属武警葫芦岛市消防支队。2000年5月，设立消防监督科、消防中队。2005年6月，级别为副团级单位。主要担负兴城市防火监督和灭火及抢险救援等任务，辖二级列管消防安全重点单位197家。2011年6月，设置消防科，下辖兴城市消防中队、临海产业区消防中队、东辛庄消防中队3个作战中队。

**武警兴城市中队** 原为兴城县民主政府于1945年组建的公安队。1963年，改称中国人民公安部队兴城县武警中队，隶属辽宁省公安厅武警总队。1966年，改称中国人民解放军辽宁省兴城县中队，隶属兴城县人民武装部。1989年，划归葫芦岛市武警支队。

# 第二章 兵役

1986年，实行以义务兵为主体的义务兵和志愿兵相结合、民兵与预备役相结合的兵役制度。兴城县（市）人民政府和兵役机关严格执行征兵政策，积极做好兵役登记、宣传发动、体格检查、政治审查、审批定兵、交接新兵和招收飞行学员、军校招生等项工作。

## 第一节 兵员征集

### 现役士兵征集

人民解放军士兵征集工作一般每年进行一次，时间多在秋冬季节。1988年未征兵，1990年为春、秋两季征兵。每次征兵之前，兴城县（市）人民政府都要成立征兵领导小组，组长由县（市）人民政府县（市）长或主管副县（市）长担任，下设办公室，负责征兵工作。

**宣传动员** 1986~1989年冬季征兵期间，兴城市（县）人民武装部邀请老八路、老英雄为适龄青年作报告，进行以“有国才有家，当兵守国防，扛枪保家乡”为内容的艰苦奋斗和革命传统教育。三道沟满族乡凉水泉村原党支部书记、全国民兵英雄孙义为适龄青年先后讲革命传统课10次，受教育的适龄青年和群众达1万多人。辽宁省军区兴城干休所10余名参加过抗日战争、解放战争的离休老干部深入工厂、学校、农村，为适龄青年作40余次“发扬革命传统，保持艰苦奋斗精神，立志军营建功立业”为主要内容的依法服兵役专题报告，受教育达5万人。

1990年，兴城市人民武装部坚持从提高兵员素质基础工程抓起，通过开展“双休日做一日军人”“依法服兵役宣传周”等活动，激发广大适龄青年应征入伍的光荣感，涌现出一批大学生、小老板、“白领族”要求参军的动人场面。

1993年11月，兴城市人民武装部和锦山机械厂联合举办“当兵尽义务，依法服兵役”教育报告会，请雷锋生前所在团原副政委刘家乐为厂内和临近乡镇的170名应征青年介绍当年战斗经历和雷锋的先进事迹，使青年们深受教育和鼓舞，纷纷报名应征。

1994~1998年，针对市场经济条件下一些应征青年产生的拜金主义思想和国防观念淡薄的实际问题，兴城市人民武装部和中共兴城市委宣传部门密切配合，采取征兵宣传与国防教育相结合的方法，大力宣传《中华人民共和国兵役法》《中华人民共和国国防教育法》《中华人民共和国征兵工作条例》，并坚持常态化。

2001年11月，针对部分适龄青年挑兵种，不愿到艰苦地方去服役的问题，兴城市人民武装部出动宣传车，举办国防教育图片展览和“国防教育典型报告会”，发放《致全市适龄青年及家长的一封信》等，开展人民军队光荣传统教育，教育适龄青年到最艰苦的地方去，到祖国最需要的地方去。古城街道盲人夫妇常守纯、孟永霞主动送子到西藏阿里戍边，在2002年中央电视台举办的《心中有长城》特别节目现场，受到中共中央政治局委员、中央军委副主席、国防部部长迟浩田的接见。

2004年，根据中共葫芦岛市委宣传部《关于进一步加大征兵宣传工作的通知》要求，兴城市有关部门召开适龄青年和家长座谈会，大力宣传《中华人民共和国兵役法》和有关征兵政策，有针对性地搞好服役前培训。通过经常性、全方位的征兵宣传教育，提高适龄青年和广大群众的思想觉悟，出现父母替儿子、爷爷替孙子、姐姐替弟弟、老师帮学生、适龄青年自己报名参军的动人场面。

2010年，兴城市在征兵工作中，开展召开一次座谈会、给每名新兵买一份纪念品、走访一次军属、召开一次退伍老兵座谈会的“四个一”活动。加大宣传力度，营造氛围。

2012年，征兵宣传突出抓四项工作：召开退伍军人座谈会，营造“当兵光荣、当兵划算”氛围；通过新闻媒体在电视台播放军事题材影视剧，播放《兴城士兵在军营》专题片，在《葫芦岛日报·兴城新闻》上报道兴城籍入伍战士事迹；抓住关键时机和关键群体进行宣传发动，分别在5月份民兵整组集中点验，6月份3所高中高考后，8月、9月份2所大学新生入校期间，通过悬挂宣传图板、条幅、标语，发放传单和现场进行解答政策等方式进行集中宣传；充分利用手机用户发送征兵宣传短信、在公汽和出租车上打广告字幕、城区街面的LED大屏幕插播征兵宣传广告、主要交通路口悬挂条幅等宣传手段，成功地营造宣传氛围，为圆满完成新兵征集任务打下良好基础。

**兵役登记** 根据《中华人民共和国兵役法》《辽宁省兵役登记办法》的规定，从1984年开始，兴城县人民武装部每年于9月30日前对符合服兵役年龄（12月31日以前满18周岁）的男性公民进行兵役登记。人武部每年派人到管辖内的高中（含职业高中、技校）抄录本年度应届毕业生情况，要求各乡镇人武部到当地派出所登记年底前满18~20周岁男性适龄青年名单，掌握具有初中以上文化程度的适龄青年情况。

1988年以后，为便于适龄青年就地就近参加登记，以村民委员会和居民委员会为单位设立兵役登记站。对常年在家的青年，统一时间，集中登记。对集体外出做工的，派员登记。对零散在外务工、经商的发函返乡，实在回不来的，由直系亲属代替登记。登记中，查验适龄青年户籍、年龄和文化程度，将符合应征条件的适龄青年确定为应征公民。同时，根据《中华人民共和国兵役法》关于应征、缓征、免服兵役或不得服兵役的规定，坚持“适度、择优、公开”的原则，按照预征条件和1:3的比例，挑选政治思想好、身体素质好、文化程度好、家庭经济条件好、父母和本人参军态度坚决的公民确定为当年预征对象。市、乡镇街道人武部对确定为预征对象的应征公民进行跟踪教育和考查，确保兵役等级质量。

**体格检查** 1986~1989年，兴城县（市）人民政府征兵办公室统一安排应征公民到指定地点进行体格检查。按照国防部《应征公民体格检查标准》和征兵体检工作有关规定，由兴城市卫生部门统一抽调政治思想好，工作认真负责，具有一定专业技术的医务人员组成体检组，设立体检站，按照1:2或1:3的征集人数与上站体检人数比例，对应征公民进行体格检查。对“条件兵”（潜水兵、特殊岗位兵等）按规定进行全面复查，复查工作由当地专科医师和接兵医师负责。

1990年，针对适龄青年报名人数多的特点，兴城市征兵体检组抓好目测合格后应征公民的身体检查，严格执行体检标准，层层签订体检责任状，将任务落实到人头。

1991年，根据国防部制发的《应征公民体格检查标准》，兴城市征兵办公室增加肝、尿检查项目。

1997年，征兵体检实行市卫生局、医院、医生三级承包责任制。2005年后，为提高体检质量，兴城市人民武装部抽调武警战士维护体检秩序，实行封闭式管理。严把目测、初检、复检三关，确保体检质量。

**政治审查** 根据国防部对征兵政审工作要做到“严而又严，细而又细”的要求，兴城市和乡镇、街道征兵办公室设立政审组，以公安部、总参谋部、总政治部《关于征集兵员政治条件的规定》为依据，搞好应征公民初审和复审。

1986年始，对应征公民政审主要采取“四四审查”（四审、四查、四滤、四清）方式，抓好新兵政治审查工作。做到入伍动机清、现实表现清、家庭历史清、原现地情况清。对异地报名和不符合征兵条件的人员不予政审，对群众举报反映应征青年有问题的，迅速组织查证。

1995年，兴城市征兵办公室把征兵政审工作纳入人民警察岗位责任制，并按照“优中选优、择优征集、把好四关、保证质量”的要求，扎实抓好新兵政审工作。

1999年，兴城市加大征兵政审力度，落实村、乡镇、市联审制度，建立公安、武装、纪委、教育、接兵干部组成的政审网络，做到“六个见面”（本人、家长、教师、同学、邻居、领导），真正把政审工作落到实处。

2005年，按照征兵原则，兴城市以人户分离、外出打工、异地经商人员为主要审查对象，以应征青年政治表现、入伍动机为审查重点，确保新兵质量。兴城市人民政府征兵办公室及政审组分别被辽宁省人民政府、辽宁省军区评为“征兵政审先进单位”。

**审批定兵** 1986年，兴城县执行“择优定兵”的原则，坚持集体审批、集体定兵，防止以感情代替政策。

1992~1998年，兴城市征兵领导小组坚持定兵标准，严把审批定兵关。做到“八个优先”（中共党员共青团员优先、大中专院校学生优先、身体素质好优先、革命烈士和伤残军人子女优先、有一定技术专长的优先、企事业单位职工优先、本人和家属参军态度坚决的优先、家庭劳动力充足的优先）。

2005年以后，兴城市在预定新兵的基础上，适时召开定兵会议，审定新兵。被批准入伍的青年，由兴城市人民武装部办理入伍手续，兴城市人民政府发给《应征公民入伍通知书》和“非农入伍安置证”，其家属凭入伍通知书到户籍管理部门注销应征公民户口，享受军属待遇。

**交接新兵** 新兵交接工作最初由部队派人到地方兵役机关接收并带回部队。1985年，根据上级有关文件，由兴城县人民政府征兵办公室工作人员把新兵送到部队，在军营举行新兵交接仪式。

1989年以后，恢复部队派人接兵。在《应征公民入伍通知书》发放后，以乡镇街道为单位，为新兵集中发放服装。新兵着装入伍前，兴城市征兵办公室召开欢送大会。新兵起运时，兴城市征兵办公室在兴城火车站前广场实施交接新兵。交接双方按新兵花名册当场点交清楚，并在新兵花名册上签字盖章。交接后，兴城市征兵办协助接兵干部做好新兵起运前的管理工作，并组织欢送活动。

**廉洁征兵** 1991年，兴城市人民武装部认真落实国务院、中央军委《征兵工作条例》，采取有力措施，强化廉洁征兵教育，提高征兵人员遵纪守法的自觉性。

1993年，兴城市以葫芦岛市“4·20”假兵案为反面教材，加强对征兵工作人员廉洁征兵和党纪、政绩、法规教育。从1994年开始，落实中共葫芦岛市委、葫芦岛军分区制发的《关于廉洁征兵的有关规定》，建立人大代表、纪律检查机关、人民群众、征接兵双方监督制度，严格执行征兵政策规定。

2000年，兴城市人民武装部制定《机关廉洁征兵措施》，在新闻媒体上公示批准入伍人员名单，接受各界群众监督。2005年，在征兵中收到群众举报456起，经过认真核实，在1127名适龄青年中确定578名上站体检。2012年，建立健全廉洁征兵机制，在征兵过程中严格坚持标准、把握原则，确保征兵质量。

## 招收飞行员

1986年，飞行学员从地方高中毕业生中招收。届时，兴城县成立招收飞行学员领导小组，下设招收飞行学员办公室，具体负责当年4~7月应届高中毕业生招飞工作。

1996年，招收飞行学员纳入全国高等学校统一招生序列。招收飞行学员的宣传教育、体格检查、政治审查等工作步骤和程序，与征集普通兵基本相同，但政治审查和体格检查的标准更高，要求更严。1997年，葫芦岛市将飞行学员预备班从绥中县调整到兴城市高级中学，开设3个层次（高1、高2、高3）飞行学员早期培训基地。

1998年5月30日，中国人民解放军总政治部、空军司令部和国家教育部、公安部在兴城高中召开“空军飞行学员早期培训基地建设会议”，肯定兴城市高中培训飞行学员工作模式。空军司令部参谋长何为荣中将代表中央军委、空军司令部和教育部、公安部为飞行学员早期培训基地揭匾。

按照空军飞行学员选拔标准，兴城飞行学员早期培训基地开展全方位文化、身体、心理素质、思想品德等方面的“育苗”工作，使招飞工作由“自然生成”模式变为“培养生成”模式。2001年，兴城市高级中学被中国人民解放军空军司令部授予“招收飞行学员工作全国第一”称号。至2010年，兴城市共为空军输送252名飞行学员，飞行学员录取率超过80%。

2011年和2012年未招收飞行学员。

## 军校招生

1986年，兴城县报考军队院校的高中学生，在考生所在高中或市招生办报名，填报军队院校志愿，参加全国统一考试。由兴城县（市）人民武装部进行政治审查。军队院校面试考生合格后，提前下发录取通知书。高中毕业生被军队院校录取后，由兴城县（市）人民武装部协调军队院校和兴城市（县）招生办，组织考生到驻军医院按照报考军队院校体检标准进行身体检查。政审、体检合格后，由兴城县（市）人民武装部办理相关手续。

1986~2012 年，兴城县（市）高中毕业生考入军校、国防生共 367 人。

## 第二节　士兵优抚

根据国家有关政策规定，兴城市人民政府和基层单位，采取有效措施，落实对现役军人及其家属的优抚工作，鼓励安心服役，现身国防事业。

### 农村义务兵优抚

1986 年，兴城县人民政府提高农村义务兵优抚标准。沿海经济较发达乡镇由年人均 600 元增加到 800 元；经济条件中等乡镇由年人均 400 元增加到 600 元；经济条件较差乡镇由年人均 250 元增加到 400 元。

自 1989 年开始，兴城市人民政府为农村义务兵上人身、养老保险，奖励在部队立功受奖者。投保 200~1500 元不同数额的养老金，存满 40 年后，每月可领取 50~379 元的保险金。白塔满族乡白塔村对现役军人家属免除农业税和农建工；在同等条件下，优先安排退伍军人、现役军人家属进村办企业工作；优先审批建房；按其立功等级奖励 300~500 元。

2000 年，增加农村义务兵优抚金额，数额最高乡镇的优待金每年每人达到 4500 元。对确有困难的军属减免农业税。扶持农村义务兵家属从事个体经营，兴办经济实体。工商部门优先办理营业执照，税务、金融、农资等部门制定具体的优惠政策，为农村义务兵家属提供优质服务。

2006 年，农村义务兵优待面扩展到 100%，其标准为当地上年人均收入的 70%。2010 年，农村义务兵的优待金提高到每人每年 5400 元，半年发放一次。服役两年享受优抚金最多的乡镇每人 10800 元，两年的津贴费和退伍费达 5000 余元。

2011 年，实行城乡一体化，优待金提高到每人每年 8000 元。2012 年，按 2011 年城乡在岗人员平均工资给付，每人 2 年服兵役期间给付 23485 元。

### 非农义务兵优抚

1987 年，兴城市人民政府采取有效措施，落实对非农义务兵的优抚政策。各企事业单位结合实际，制定优抚待遇。一是凡在城镇企事业单位入伍的职工（包括全民职工、集体职工、全民合同制职工、集体合同制职工），在部队服役期间由原所在单位照发基本工资，工龄连续计算，服役期满后按有关规定重新确定工资；二是凡服役期满的退伍战士，属于全民企事业单位固定工（含合同制职工），原则上回原单位安排，属于集体所有制职工（含合同制职工），由市人民政府统一安排；乡镇企事业单位的入伍士兵，凡在部队荣立三等功以上或超期服役者，退伍后安排工作时适当照顾。

1998 年，根据葫芦岛市人民政府、葫芦岛军分区联合制发的《葫芦岛市优待金社会统筹管理暂行办法》，兴城市人民政府为非农义务兵每人每年发放 300 元优待金。入伍前办理“蓝印”户口的，按城镇户口对待。

2006年，非农义务兵优待面达100%，标准从每人每年300元提高到800元，每年发放一次。2008年始，非农义务兵优待金每半年发放一次。

2011年，优待金每人每年8000元。2012年，每人2年服兵役期间给付23485元。

### 进藏义务兵优待

1998年，为西藏阿里等地征集新兵。年内，执行葫芦岛市民政局、计划委员会、公安局、粮食局、农村工作办公室、征兵办公室联合制发的《关于对1998年冬季征集进藏兵实行特别优待的通知》，一是为进藏兵颁发“特别优待安置证”（由辽宁省民政厅印制）；二是农业户口的，由公安机关办理“蓝印”户口，退役后转为非农户口；三是退役后优先安置工作，原则上安置到较好的企业、事业单位或行政机关工作；四是义务兵服役期间，其家属享受特别优待金；五是入伍前系农业户口的，按上年度义务兵优待标准的3倍（不低于4200元，高的不限）发给；入伍前系城镇户口的，按城镇职工上年度平均工资的1.5倍优待；入伍前系单位职工的，除原单位继续发给工资外，另外享受其他进藏兵的同等优待。

2001年，对于进藏新兵在落实原有的优抚待遇基础上，又给每人增加5000元优抚金，减免其家属一切税收。2003年，规定进藏新兵除享受辽宁省人民政府标准外，退役后可获兴城市财政发放的一次性自谋职业生活补助金1.5万元。

# 第三章　民兵建设

1986年以后，兴城市各级人民武装部门认真贯彻落实《民兵工作条例》和“服从国家经济建设大局，适应国防建设需要”的指导思想，适应政治经济体制改革和社会主义市场经济的发展形势，以提高战斗力为标准，以民兵工作“三落实”（组织落实、政治落实、军事落实）和装备管理为重点，全面加强民兵建设，充分发挥民兵在兴城市经济建设中的主力军作用。

## 第一节　队伍组建

兴城市人民武装部按照“减少数量、合理布局、突出重点、分类建设”的原则，以及便于领导、便于生产、便于开展活动的要求，抓好不同时期的民兵编组工作。

### 基干民兵组建

1986年，兴城县组建一个基干民兵团，下设28个基干民兵营、150个基干民兵连、444个基干民兵排，其中退伍军人和经训人员占77.5%。

1988年，按照中共辽宁省委辽委发〔1988〕4号文件要求和“服从大局、深化改革、建守兼备、富边强兵”的指导思想，兴城市改革以往的基干民兵编组形式，扩大组建范围。在四家屯、沙后所、刘台子、菊花岛等乡镇分别组建沿海守备连。

1991年，兴城市人民武装部根据形势发展需要，突出重点，增加沿海基干民兵数量，减少山区基干民兵数量。为便于统一领导和单独开展民兵活动，以农村乡镇和厂矿企业为单位组编基干民兵营（连），以行政村和厂矿车间为单位组编基干民兵排（班）。

1994年，兴城市人民武装部结合生产性质和人员流向，为适应改革开放、市场经济发展、生产需要和军事训练的要求及编组程序，抓好基干民兵连建设。1995年4月，葫芦岛军分区在城东街道召开为期2天的基干民兵连建设现场会。

2001~2005年，按照“五编入”（复退军人、党团员和积极分子、具有初中以上文化程度的、企业技术骨干、不在生产一线的人员编入）和“五不编”（长期在外推销采购人员、初中以下文化程度的、身体素质不好的、思想落后的、有前科劣迹的人员不编入）要求，抓好基干民兵历年编组。从组织上做到“召之即来，来之能战”。

2010年，做好“改革试点”中的民兵政治工作改革。通过反复调研论证，探索性地率先在4个民兵建制连队建立党支部，并对新建民兵连队党支部应当具备条件、报批程序、工作制度、议事范围等进行规范，制定《争创先进民兵班组和争当优秀民兵活动标准》。

2011年，全市基干民兵由原作战、勤务保障、应急、其他四大类和人防、交战两类，精简整合为应急救援、勤务保障、作战支援三大类和人防、交战专业队伍，并按照实战要求，进行调整和编组，建立适应多样化军事任务需要的民兵组织体系。

2012年，依托兴城市林业局、卫生局、民防局、交通局和中国移动、中国联通、凯森蒙集团、粉末冶金有限公司等企事业单位，编组基干民兵应急救援、勤务保障和作战支援3大类54个分队，确保及时有效应对各种突发事件。

### 专业技术分队

1986年，针对专业技术兵分布面小，个别单位训练过重等问题，兴城县人民武装部采取一套装备编多种人员和就近连片组建的办法，适当扩大组建面。

1987年6月，兴城市人民武装部在导弹发射退伍专业技术兵中组建第二炮兵51基地兴城预补大队。1996年8月，辽宁省军区在兴城市召开现场会，推广兴城民兵通信分队组织建设经验，被《中国民兵》《东北后备军》等报刊发表。1997年，兴城组建7个民兵专业技术分队。

2002年，根据葫芦岛军分区整组方案，兴城市人民武装部在锦华机械厂、啤酒有限公司、粉末冶金有限公司组建民兵高炮营。4月，兴城市民兵高炮营参加葫芦岛军分区民兵高炮团集结点验暨成立大会。2004年，兴城市人民武装部注重挖掘技术人员潜力，在中国网通、移动兴城分公司和城郊乡镇，编组民兵专业技术分队。

2005年，为保证高炮连队的参演率，兴城市人民武装部将高炮营编组在3个经济效益好、适龄民兵多的粉末冶金有限公司、7019厂和宁远街道，较好地解决劳武结合问题，提高高炮分队组织建设质量。2007年，民营企业凯森蒙制衣集团有限公司组建女子地空导弹民兵连。

2008年，兴城民兵、海军预编人员李晓龙等2人参加海军组织的“预编兵员快速动员，海上士兵拉动演练”，取得优秀成绩。兴城市人民武装部坚持“三编三不编”，即在人员相对集中、退伍军人多的单位编兵，在经济效益好、党团员多的单位编兵，在科技含量高、技术人员多的单位编兵；政治审查不清、有遗留问题的不编；自控能力差、性格孤僻的人不编；工作不固定、流动性大的人员不编。把退伍军人、经过训练人员编入基干民兵组织，使退伍军人比例超过30%，经过训练的人员达34%，专业对口率达65%。

2010年，辽宁省军区和东三省动员部门首长观摩凯森蒙集团民兵分队连部，给予较高评价。年内，兴城市人民武装部对全市27个乡镇街道、17个部委办局和17家企业民兵工作进行调研。对基干民兵进行编组。对民营企业民兵分队连部设置和基层武装部规范化建设进行试点，制定《基层民兵营连建设标准》。

2012年，在民营企业建立民兵组织的经验、措施和基层武装部、基层民兵营（连）建设标准规范得到上级认可，建设标准位居葫芦岛市前列。

### 民兵应急分队

1988年，为贯彻落实全国边防民兵工作会议精神，加强海防民兵组织建设，提高沿海防卫和应付突发事件能力，兴城市在兵员数量充足、人员相对稳定、便于召集的企业和沿海乡镇组建民兵应急连。1990年，组建8个乡镇民兵应急分队。1991年，在7019厂组建一支民兵应急分队。

1995年，根据“处理突发事件”任务的需要，兴城市人民武装部为应急分队购置服装、防爆器材、防弹衣、头盔等训练装备，提高民兵应急分队遂行应急任务的能力。

1999年，制定民兵应急分队建设标准，拟制应付突发事件预案，提高分队建设水平。2001年以后，在抓好原有民兵应急分队组织建设基础上，又在经济效益好、适龄青年相对集中的四家屯街道、兴城市城管大队、锦华机械厂编组民兵应急分队，组织集结点验，抓好应付突发事件演练。

2006年，兴城市民兵高炮分队进行3次军事训练，并受命代表葫芦岛军分区参加辽宁省军区在大连市组织的战术演练，完成集结、组训、机动、设营、阵地伪装、实弹射击、撤离阵地、综合演练等项任务，取得优秀成绩。

2008年，经过整顿，兴城市民兵组织设有高技术分队、应急分队、专业技术分队、高炮分队、二炮专业分队、82迫击炮连、支援保障分队、民兵信息分队。强化各分队骨干和对口专业分队训练，提高民兵队伍的整体素质。2010年，对防化分队、高炮分队、应急分队进行重点调整和编组训练。

2011年，将兴城市民兵精减压缩整合为应急救援、勤务保障、作战支援三大类的人防、交战队伍。在兴城市体育场组织民兵携带装备参加整组点验工作，得到军地领导好评。兴城民兵多次勇敢地奔赴抗击台风和扑灭山火第一线，保护人民群众的生命和财产安全。

2012年，凯森蒙女子民兵连作为葫芦岛市唯一一家民营企业编兵代表多次接受辽宁省军区和省、市领导的检查指导，受到高度评价。兴城召开千名民兵携装备的整组点验大会，在辽宁省军区没有提前通知的情况下，兴城市人民武装部按规定1小时内完成民兵应急分队的集结，到点率达到90%以上，受到辽宁省军区首长的表扬。

### 民兵对口专业分队

1997年，兴城市人民武装部探索民兵工作特点和规律，依据科技产业分布，拓宽编组渠道，在沿海沿路一线、高新技术密集型企业、新建国营企业、新兴民营企业、街道和与军事相关的行政事业单位中组建民兵对口专业分队。

1998年，兴城市人民武装部在兴城市人民医院、164医院、246医院、兴城市邮政局、兴城移动通信公司、核工业750厂、754矿、锦山机械厂、东华机械厂等单位组建民兵对口专业分队。

1999年，按照就地、就近、稳定、快速的原则，在7019厂组建对口支援保障分队。2000年，在广播电视局、教育局、气象局、卫生局、交通局、科技局等行政事业单位组建海军、空军和第二炮兵民兵对口专业分队，实现由国有企业向行政事业单位的拓展。

2003年，在沿海一线厂矿、乡镇编组海上预警、海上游猎等防控作战支援保障分队，使沿海民兵组织布局与城市防控作战相一致。2004年，在全市退伍军人中编组海军、第二炮兵预编预备役人员。

### 民兵信息分队

1999年3月，兴城市组建民兵信息站，下辖8个沿海沿路乡镇民兵信息点。

2001年，兴城市人民武装部在菊花岛乡建立民兵预警报知点，定期召开会议，制定民兵信息站（点）工作制度，建立信息员数据库。开辟信息渠道，掌握辖区安全形势、边防守卫和社会动态，上报情报信息，提高信息获取和在第一时间突发事件报警能力，形成重点突出、布局合理、点面结合的民兵信息网络。

## 第二节　军事训练

1986年以后，根据民兵装备发展变化，兴城各级人武部门以提高战斗力为标准，认真抓好民兵干部、步兵分队、应急分队、专业技术分队和对口专业分队训练，从由简单的军事常识训练发展到比较正规的技术、战术训练，由单一步枪手发展到多种技术兵训练，由小型分散的群众性练武活动发展到以训练点、训练基地、教导队为主要形式的规范化训练，全市民兵军事训练走向正规化、制度化、规范化的轨道。

### 训练科目

1986年，兴城县人武部调整民兵训练内容，认真抓“五大技术”（射击、投弹、刺杀、土工作业、战术）和“五会”（会射击、会投弹、会利用地形地物、会站岗放哨、会放空）内容的军事训练。1987年7月，兴城市民兵侦察分队参加锦州军分区在太和区组织的轻武器射击、侦察捕俘技术、无线电通信3个科目的汇报表演，均取得良好成绩。

1988年以后，组织实施侦察分队、通信分队、炮兵分队训练；组织步兵班、排攻防战术演练，提高民兵遂行各种任务能力。1991年，进行民兵应急分队擒敌拳、军体拳、快速反应、占领制高点、守卫重要目标等科目的训练。

1994年，兴城市人民武装部组织开展民兵干部树立人民战争思想、民兵整组程序方法、军事训练成绩评定、装备安全管理、战备方案拟制、连排进攻战斗组织实施和各种情况处置等内容的训练，提高指挥作战能力。2001年，组织民兵应急分队进行警棍使用、爆破与反爆破、捕俘技术和固定目标设计内容训练。

2003年5月，举办新任职民兵通信干部集训班，进行连排长职责、通信联络基本原则、通信装备器材使用与管理、通信训练组织实施等内容的训练，提高民兵干部业务素质。

2005年8月，组织海军预编预备役人员参加旅顺保障基地举办的海军专业知识训练班，经基地训练团考核，及格率达100%，优良率达63%。

## 训练方法

1986年，根据总参谋部制发的《关于调整改革民兵军事训练的试行意见》和辽宁省军区关于“民兵连排长、民兵专业技术分队每年训练1/3，基干民兵每年训练1/6”的要求，兴城县人民武装部采取以乡镇联训为主、县人武部集中训练为辅的方法，抓好民兵干部教学法、基干民兵“五大技术”和专业技术分队技能培训。

1987年7月，兴城市人民武装部利用半个月时间，对6个专业技术分队进行考核验收，均取得良好成绩。曹庄满族乡民兵通信连报话班在辽宁省军区组织的竞赛考核中获得优秀，被辽宁省军区评为“军事训练先进单位”。

1993年，依据《民兵军事训练若干规定》，兴城市人民武装部深入开展民兵规范化训练。采取理论讲解、集中辅导、分片联训、综合考核的方法，抓好民兵干部攻防战术和民兵枪手、炮手、投弹手训练。

1994年开始，根据葫芦岛军分区训练指示，采取以训练基地集中组织为主，分片分批轮训为辅和跨县联训、部队带训等方法，针对不同专业和不同训练对象，突出抓好民兵干部、专业技术分队、应急分队和对口技术分队的军事训练。

2000年，兴城市人民武装部采取与地方科研单位“挂靠”和驻军“对口”训练的方法，重点抓好高技术条件下局部战争民兵参战支前、后方防卫、勤务保障、应急救援等课题和新“三打”“三防”战法的研究，使生产、科研和民兵对口专业训练相一致。

2004年7月，民兵海上侦察分队参加葫芦岛军分区组织的带有战术背景的专业技术考核和综合演练，取得优秀成绩。

2010年，兴城人民武装部先后完成专职武装干部集训、专职武装干部军事素质论证考核以及新任专职武装干部到部队封闭强化训练；完成民兵应急分队教导队训练，完成防化分队成建制到鞍山教导队轮训。完成运输保障、卫生勤务、网络电子等自训任务。还选派2名标图员到铁岭进行20天训练，其中1人取得全优成绩，辽宁省军区给予通报表扬。兴城市人民武装部选派专职武装干部到大连参加高炮专业集训。圆满完成民兵高炮分队参加大连实兵实弹演练，命中拖靶、夺得三面流动红旗、取得全省军分区系统总分第一名的好成绩。

## 训练保障

**训练经费保障** 1986年，针对农村实行联产承包责任制后出现的新情况，兴城县将民兵训练误工补贴改为由乡镇统筹，兴城县人民武装部收缴。

1998年3月，兴城市改革训练经费收缴办法，将由乡镇统筹、兴城市人民武装部收缴改为由市财政统收，并一次性拨给兴城市人民武装部，按照《民兵工作条例》的规定管理和使用民兵训练经费，保证民兵军事训练任务的完成。

**教材器材保障** 1986年，兴城县民兵军事训练使用总参谋部、沈阳军区、辽宁省军区配发下拨的民兵训练教材和器材。

1987年以后，根据民兵规范化训练的需要，兴城市人民武装部购买、自制部分训练器材。锦山机械厂、锦华机械厂、东华机械厂革新一部分器材，满足民兵训练的需要。2005年，以科技练兵为契机，开发研制多媒体教学软件和购进大屏幕投影仪、民兵训练示范教学课件，建立民兵训练数据库，适应高科技条件下民兵训练的需要。

**武器弹药保障** 1986年，民兵武器弹药由各乡镇、厂矿人民武装部集中管理，设专人执勤。参训民兵的武器弹药均由乡镇武装部保障。1987年后，民兵武器弹药改为兴城市人民武装部统一集中保管。按照年度训练计划、民兵参训人数和武器弹药所需数量进行领取。2000年后，民兵武器弹药改为军分区集中保管，民兵训练时经军分区领导批准领取。

**训练基地保障** 1988年，根据辽宁省军区指示，各乡镇相继建成民兵训练点，达到有教员、有训练器材、有射击场、有战术场、有综合演练场的要求。1992年，建成集教学、训练、食宿、娱乐为一体的1300平方米的民兵训练基地，被辽宁省人民政府、辽宁省军区评为“民兵预备役训练基地建设先进单位”。1998年，根据教学需要，有重点地抓好基地电教、模拟训练配套设施建设，初步形成不同层次、不同专业相结合的训练网络。

# 第四章 政治工作

兴城县（市）人民武装部认真落实中共中央、国务院、中央军委关于加强国防后备力量建设的方针政策，努力抓好民兵政治教育，不断提高卫国守边责任感和使命感，充分发挥民兵政治工作服务保障作用。

## 第一节 国防教育

### 形势战备教育

1986年始，根据中央军委要求，兴城县人民武装部将形势战备教育作为民兵政治教育的主要内容。1991年，海湾战争爆发后，在民兵中开展“保持高度警惕，时刻准备打仗”教育。

1996年，针对台湾当局推行“台独”政策，组织民兵揭批“两国论”，使民兵在严峻政治斗争中保持清醒头脑和坚定立场。

2001年，美国发生“9·11”事件后，兴城市人民武装部认真抓好居安思危、加强战备的政治思想教育，把民兵思想统一到中共中央决策上。

2003年，针对民兵普遍关注伊拉克战争的实际，把民兵爱好和平的良好愿望引导到全面贯彻中共十六大精神上。

2005年，为纪念抗日战争胜利60周年，组织民兵开展以“牢记历史，不辱使命，积极做好军事斗争准备”为内容的形势战备教育，提高民兵战备观念，坚定民兵“打赢”的信心。

2011年，坚持以爱国主义为核心，以提高全民国防观念为出发点，以国防理论、国防战略、国防历史、国防精神、国防法规、国防动员、国防义务为内容，以《全民国防教育》《国防教育干部读本》《中国民兵》《国防博览》《国防报》为主要教材，采取灵活多样的教育形式，认真抓好全民国防教育。

### 形势任务教育

兴城各级人民武装部门充分利用建军节、国庆节等重大节日，邀请老民兵英雄、老复退军人讲革命斗争史，在民兵中开展“认真履行职责，争做劳武标兵”教育，提高民兵做好本职工作的自觉性。

1991年，根据新《民兵工作条例》，兴城市人民武装部在民兵中深入开展以民兵工作地位与作用、任务职责和指导原则为主要内容的民兵性质任务教育。1993年，兴城市成立国防教育领导小组，下设国防教育办公室，设在中共兴城市委宣传部。1996年，兴城市开展国防教育达标创先活动。首钢东华机械厂获“辽宁省国防教育先进单位”称号。1997年，在民兵中开展“强我国防，兴我中华”国防知识竞赛活动，有3000多人参加。

2000年，结合民兵训练，请中共兴城市委、兴城市人民政府领导上国防教育课。韩家沟果树农场退休干部张焕荣自费搜集照片近万张，制作20多部国防教育图板，深入机关学校展出被中共辽宁省委、辽宁省人民政府、辽宁省军区授予“情系国防十佳人物”称号。

2002年，纪念《中华人民共和国国防教育法》颁布一周年，兴城市国防教育办公室组织干部群众参加葫芦岛市举办的“双拥杯”国防知识竞赛，参赛人数达27542人。

2003年，兴城市国防教育领导小组更名为兴城市国防教育委员会，在中共兴城市委宣传部设国防教育办公室。

2007年，兴城市把国防教育纳入中共兴城市委中心组学习、党员培训计划和干部考核内容，建立领导干部一日兵制度和国防教育报告会制度。结合纪念建军八十周年、《中华人民共和国国防法》颁布实施十周年、第七个国防教育日（每年9月的第3个星期六），通过广播电视台播放爱国主义教育片，开展“爱国拥军、情系国防”系列活动。9月18日，在中小学举办千人“勿忘国耻、强我国防”签名仪式。

2010年，在兴城市人民政府网站上开通“国防信息”专页，“八一”建军节组织市内各级领导干部近千人过“军营一日兵”生活，组织开展“富国强军，共筑长城”国防教育公益广告征集活动。组织开展第十个全民国防教育日活动，参加活动达3万人。2011年4月，组织开展全民国防教育宣传月活动，兴城市国防教育办公室向农家书屋赠送国防教育书籍。

2012年，组织开展领导干部国防教育有奖征文活动，开展“热爱人民军队，共筑钢铁长城”主题宣传教育活动。6月20日，中共兴城市委理论学习中心组举办《当前的国际形势与我国的周边安全环境》专题讲座。

## 第二节　创先争优

1986年，兴城县各级人民武装部和民兵组织始终把创先争优活动作为促进民兵建设的一件大事来抓，涌现出一大批民兵工作先进集体和个人。1987年2月，在辽宁省召开的第五次民兵代表大会上，中共羊安满族乡党委被评为辽宁省民兵工作先进单位。1990年1月，白塔满族乡人民武装部在中共辽宁省委、辽宁省人民政府、辽宁省军区召开的表彰大会上，被授予“先进基层武装部”。

1996~2012年，兴城市人民武装部组织民兵积极参加“百项工程”、科技扶贫、“科普之冬”等活动，坚持在经济建设主战场上练兵用兵，为振兴兴城经济建功立业，涌现出许多甘于国防事业的优秀人武干部和一大批勇于奉献的优秀民兵典型。兴城市人民武装部7次荣获“辽宁省先进人武部”称号。

# 第五章　人民防空

1986年，兴城县人民防空（战备）委员会下设办公室。1991年12月，按照辽宁省人民防空委员会要求，兴城市成立人民防空委员会，下设人防办公室，隶属兴城市建设委员会。2002年1月，兴城市人民防空办公室定编为兴城市国防动员委员会常设机构。同年6月，成立兴城市民防局，与兴城市人民防空办公室合署办公，受兴城市人民政府、兴城市人民武装部双重领导。主要职能是贯彻落实《中华人民共和国人民防空条例》《中华人民共和国人民防空法》，坚持“长期准备、重点建设、平战结合”的方针，贯彻与经济建设协调发展、与城市建设相结合的原则，按照“全面规划、统一领导、分级实施、全面提高”的要求，抓好人防机构、人防通信、人防教育、人防保障和应急救援工作。2012年，内设5个工作机构。

## 第一节　人防通信

### 警报通信

20世纪80年代初期，在兴城县古城内新华书店楼顶设立防空瞭望哨。1991年，根据人防战备需要，在兴城市古城钟鼓楼顶安装电动防空袭警报器，在城区音响覆盖率达45%；1996年，在城区重要地段安装电声、电动警报器，扩大通信范围，鸣响率达95%，音响覆盖率超过70%。

1998年，根据国家人民防空委员会关于《城市人民防空音响警报设备使用管理的通知》和警报鸣放规定（预先警报：鸣36秒，停24秒，反复3遍为1个周期，时间为3分钟。空袭警报：鸣6秒，停6秒，反复15遍为1个周期，时间为3分钟。解除警报：连续鸣放3分钟），兴城市人防办抓好音响警报设备的使用和管理。2004年，购置1辆人防指挥车和车载防空警报。

2008年，制定《兴城市区人民防空通信、警报建设规划》，固定防空警报器达到8部，城区警报覆盖率95%以上。2010年，新增1台电声防空警报器。2012年，电声防空警报器增加到7台。每年9月18日，全市警报器试鸣3分钟，告诫全市人民勿忘国耻，居安思危。

### 人口疏散体系

2004年，按照葫芦岛市人民政府制发的《关于制定城市防空袭作战预案的通知》要求，完成制定兴城市《城市防空作战预案》。

2008年，兴城市人民政府下发疏散体系建设工作方案。在全市27个乡镇街道建立人民防空工作领导小组，成立市、乡、村三级疏散体系建设领导小组。2009年，兴城市人防局成立城区疏散组、乡村接收安置工作组、保障协调组、综合工作组4个疏散工作组。2012年，加强基层人防组织专业技能培训。

## 第二节　人防教育

1986年以后，兴城县（市）人防办、兴城县（市）教育局在城区中学开设“三防”常识课，运用人防知识挂图、电影、防空常识演练等形式，引导学生和广大群众掌握警报信号识别空袭防护知识。

2002年，兴城市人防办采取多种形式搞好人防知识教育。印发人防法律法规小册子、下发人防宣传提纲，邮寄人防宣传明信片，在《兴城日报》开辟2期专版，11次人防专栏。走上街头、建筑工地散发人防宣传单，扩大人防知识宣传范围。

2003年，结合伊拉克战争，编制3套《美伊战争动态》资料，分送市领导。在抗击“非典”中，兴城市人防办认真贯彻“战时防空，平时防灾”的人防职能，深入城区主要工地发放宣传单，宣传预防“非典”常识。2004年“七一”“十一”前夕，会同全国国防教育先进个人张焕荣举办国防人防教育图片展。10月29日，在《中华人民共和国人民防空法》颁布日，利用报纸、电台、电视台开展一系列宣传活动。

2008年，通过放映电影、发放宣传手册、宣传单，开展纪念《中华人民共和国人民防空法》颁布12周年活动。

2010年，开展人防宣传周活动，以展板、宣传条幅、宣传单、放映电影等形式宣传人防知识，受教育人数达到5万人。2012年，在兴城二中对学生进行人防知识培训，发放千余份问卷进行测评。

## 第三节　人防保障

根据人防战备和高技术条件下局部战争的需要，兴城市人防办制定完善城市防空袭预案，积极抓好人防结建和人防队伍训练，努力提高人防保证能力。

### 城市防空预案

2004年，为做好防空袭准备，组织防空袭斗争，兴城市人防办制定城市防空作战预案（包括敌情判断、决心与任务、重点目标防护、人口疏散与隐蔽、消除空袭后果、组织指挥）、5个配套案（重点目标防护方案、人口疏散方案、人员紧急隐蔽方案、消除空袭后果方案、防空抢险救灾方案）、6个保障计划（情报保障计划、通信保障计划、工程保障计划、灯火管制计划、交通管制计划、物资保障计划）和76幅地形图，形成完整的城市防空作战方案。2011年，编制兴城“十二五”期间人防建设规划，完成战时城市人民防空预案的修订工作。

### 城市人防结建

兴城市人防办认真履行人防职能，分组化片，深入建筑工地和有关部门，宣传人防法律法规，提高相关单位人员依法履行人防义务的责任意识。

2002年下半年，贯彻葫芦岛市人民防空办公室下发的《关于加强结合民用建筑修建防空地下室工作的通知》，对修建防空地下室的条件、标准等，提出要求。同时，按照辽宁省物价局、财政厅、建设厅、人民防空办公室联合制发的《转发国家计委、财政部、国防动员委员会、建设部印发〈关于规范防空地下室易地建设收费的规定的通知〉》，坚持“以建为主，以收促建”的原则，审批建筑工程，按规定收结建设费（即易地建设费）。

2002~2010 年，全市总计审批工程 309.4 万平方米，收缴结建费和人防四项费用 2348 万元。2011 年，收缴结建费 1281.44 万元。2012 年，收缴人防结建费 1063.09 万元，并对古城内早年修建的人防工程，进行修缮，加强管理。

### 人防训（演）练

2004 年，根据《人防专业队伍训练大纲》和城市防空袭预案，兴城市人防办采取集中训练、以会代训、在职培训、岗位练兵等方法，认真抓好人防专业技术分队训练和防空袭演练，努力提高人防组织指挥、综合保障和消除空袭后果能力。根据年度培训计划，组织通信人员参加上级人防部门举办的培训班。

2005 年，参加葫芦岛市人防办组织的指挥通信演练，参演人员严格遵守通规通纪，主台与属台、属台与属台、固定台与移动台之间交叉进行无线短波数传网收发、信号传递和收发报文，达到及时、准确、无误，无漏听、漏收、漏发、漏传现象，受到上级有关部门的好评。

# 第六章　拥政爱民

兴城驻军时刻牢记“全心全意为人民服务”的宗旨，在完成部队作战、训练、医疗、司训、“处突”等任务的前提下，发扬人民军队的光荣传统，自觉服从和服务于经济建设大局，有组织、有计划地参加地方重点工程建设，带头完成急、难、险、重任务，积极开展拥政爱民和军民共建活动，加强军政军民团结，为促进兴城经济社会发展做出重大贡献。

## 第一节　支援地方建设

兴城驻军以建设繁荣、富庶、美丽兴城为己任，积极参加各种急、难、险、重任务，为改善旅游环境，振兴第二故乡经济贡献力量。

### 烟台河灌渠工程

烟台河灌渠工程是辽宁省重点水利建设项目。工程总长 21 公里，纵贯 6 个乡镇，计划保障 3335 万平方米稻田用水，建设规模大，对促进当地农村经济发展，起到至关重要作用。1992 年，驻军 81222 部队主动承担南大山满族乡段挖运土方和修筑水渠堤坝任务。出动 4 个连队，汽车 14 辆，推土机 1 台，完成劳动日 6170 个，修筑灌渠堤坝 1000 延长米，动用土石方 4.1 万立方米，运输回填土 4700 立方米、石头 510 立方米。

### 参加东河治理

兴城东河贯通兴城市区，由于疏于管理，沿岸居民及 40 多家企事业单位向河内排污，不仅造成河道堵塞，影响排洪，而且各种卫生指数严重超标。1997 年 6 月 3 日，东河治理工程开工，兴城驻军主动请战。武警某部清理河道 900 延长米，占整个工程的 1/4。八一兴城疗养院、空军兴城疗养院、204 医院除派机械车辆参加会战外，还担负参战官兵的卫生保障工作。在连续 13 天的治河会战中，驻军共计出动 2 万人次，机械、车辆1270 余辆，共清淤 2.4 万立方米，动用土方 4.5 万立方米、石料 2.3 万立方米，碎石 2300 立方米，铺设排水管线3100 延长米。

### 参加其他活动

1999 年4 月，兴城驻军某部参加温泉河治理。连续奋战 6 天，出动兵力 1.8 万人次，修筑河道 2059 延长米，清理淤泥 2.1 万立方米。

2000 年，驻军某部出动官兵 1 万人次，运输车 500 余辆次，清理兴城市区主要街道和兴城火车站广场等场所积雪 2600 立方米、垃圾 4800 立方米。国防科工委兴城疗养院为当地学校出车 10 余辆次，清理街道卫生 3 万平方米。

2004~2005 年，兴城驻军出动 1.2 万人次，运输车 2 万辆次，植树 324.3 万株，清运垃圾 4900 立方米，动用土石方 3.4 万立方米，平整场地 5 万平方米，清理道路积雪 48 公里、4 万立方米。

2011 年，兴城驻军出动 1500 余人次，在兴城沿海公路两侧海滨段 12 公里沿线，植树 20 万株。参加小型绿化工程 20 余次。

## 第二节 抢险救灾

兴城驻军一直把参加抢险救灾作为部队应尽的责任和义务。坚持人民的利益高于一切的原则，以完成急难险重任务为己任，以保护人民的利益为根本出发点。每当出现洪灾、旱灾、火灾、地震等灾害，兴城驻军官兵都会迅速出动，奋力抢救，充分发挥人民军队在抢险救灾中的突击队作用。

### 灭火救灾

1988 年 4 月 19 日，羊安满族乡龙王嘴子村西南沟发生山林火灾，驻军某部紧急出动，与当地群众一起将山火扑灭。

1994 年 4 月 12 日，武警葫芦岛市支队 1、3、4 中队和机关部分官兵 242 人，参加扑灭首山特大火灾战斗。驻军某部领导带领 1500 余官兵迅速投入灭火战斗。至 1996 年，当地驻军官兵共参加扑灭山火 121 次，出动机动车 230 辆次、兵力 2 万余人次。1999~2005 年，兴城驻军参加扑灭大小火灾 535 次、出动兵力 1.2 万余人次，保护森林资源 1046.3 万平方米，挽回经济损失 4936 万元。

### 抗旱救灾

1988 年，兴城市春耕播种期间一直久旱无雨，尤其是拣金满族乡，至 5 月中旬尚有 530 公顷花生地没有播种。武警某部得知情况后，立即决定延期开办驾驶员培训班，调集 13 辆汽车，挑选 15 名干部战士，迅速赶往拣金满族乡，帮助村民拉水抢种花生，支援抗旱播种。

### 抗洪救灾

2010年8月4~5日，兴城市普降特大暴雨，24小时降雨量超过325.4毫米，全市27个乡镇街道266个村和社区受灾，兴城驻军各单位主动请战，先后出动2000多人次参加抗洪抢险。

### 铁路线救灾

1995年5月，一列沈山线货车行驶至兴城段茶棚庵立交桥时，因路轨护板松动造成火车脱轨，12节车皮翻滚到国道102线两侧，直接影响铁路和公路交通安全。武警某部在凌晨2时接到险情报告后，立即派出300余名官兵火速赶到现场，黑夜顶雨奋战4个小时，排除路障，恢复沈山线铁路和102线公路通车。

### 抢救遇险群众

1998年11月，菊花岛乡渔民驾船出海捕鱼作业。因气候骤变，9名渔民迷失方向，在海上漂流2天，面临生命危险。海军兴城驻岛官兵闻讯后，立即启动雷达，为渔民导航，使渔船得以安全返回。

2004年，武警某部汽车连战士宋鹏等抢救被汽车撞伤的闻家满族乡村民的事迹，在中央电视台综合频道《整点》栏目播放。全年有官兵15人见义勇为，保护人民生命财产安全，受到当地人民政府的表彰奖励。

## 第三节 军民共建

根据中共中央、中央军委关于做好拥政爱民工作的指示，兴城驻军始终把开展物质文明、精神文明建设作为军民共建的重要内容来抓，制定军民共建标准，落实军民共建制度，积极做好军民共建工作。

### 共建精神文明

1986~1989年，兴城驻军官兵积极参加以建设文明村、文明街、文明学校、文明家庭、文明青年为内容的军民共建社会主义精神文明活动。不断扩大“军民共建”成果，从部队机关到连队，各级都有共建对子。武警某部把驻地旅游区环境作为精神文明建设的重点，每逢节假日，都派出干部战士参加火车站、汽车客运站、海滨浴场、城区主要街道巡逻执勤，维持交通秩序。同时，在各旅游景点设立理发、修表和补鞋等多个学雷锋服务点。

古城街道花园村地处城乡结合部，过去赌博、偷盗、封建迷信、打架斗殴、婚丧大操大办“五风”一度盛行。武警某部与花园村结成共建对子后，首先从法制教育入手，会同村干部组成14个帮教小组，专门负责对重点人的帮教工作。在村民中举办“共产主义思想就在我身边”讲座，大力宣传先进典型，成立30个学雷锋小组，举办“村史展览”，开展评选“五好家庭”和“遵纪守法光荣户”活动，使村民精神面貌发生可喜变化，花园村一跃成为葫芦岛市精神文明建设先进单位。

1990年，在巩固和发展“智力拥军”“拥军支前”成果基础上，军地联合开展“教子育兵”活动。共同制定军民共育方案，发动社会各界，尤其是现役军人家属给服役的兴城籍战士写信，勉励安心服役，刻苦学习，为国防建设做贡献。建立部队、政府和战士家庭经常性联系制度，定期走访慰问，密切军政、军民关系。

1995年开始，海军兴城场站汽车连与曹庄镇大英堡子小学建立军民共建联系点。每逢学校开学，连队党支部都要组织党员骨干对学生进行军训和爱国主义教育。每逢士兵退伍，学校师生都要到连队慰问演出，一起欢送。

2000年，武警某部3连为羊安满族乡柳蒿村购买科技书籍，指导村民学习掌握科技知识。村党支部帮助连队建图书室、娱乐室。连续3年被葫芦岛市评为军民共建先进单位。国防科工委兴城疗养院与驻地6所小学，1所中学和3个村开展军民共建精神文明活动。派出9名官兵担任校外辅导员，坚持抓好学生革命传统教育，引导学生从小立志建设国家。为抢救危重病人，疗养院组织37名官兵无偿献血7400CC，受到当地人民政府和群众的称赞。

武警某部3连连续10年帮助身体高位截瘫的农民侯锦利一家的事迹，在当地传为美谈。2001年，其事迹被中央人民广播电台、《解放军报》等新闻媒体刊播。

2005年，武警某部组织“五组三队”（理发组、医疗组、修车组、修鞋组、家电维修组，学雷锋宣传队、文艺演出队、科普知识宣传队），坚持开展精神文明建设活动，派出校外辅导员1183人次，军训学生1.32万人，为驻地群众做好事6400余件。

2011年，驻军武警8620部队为海滨满族乡台子里村送去价值10万元的体育器材。为台里小学更换180平方米的塑钢窗，11块玻璃黑板、铺设9000余块地砖，配备9台电视机和影碟机。为校图书室送去书籍5000册。建立电教室，送去电脑23台。2012年，为海滨满族乡敬老院送去衣物被褥1000件。

驻兴各部队经常开展送医送药下乡活动，沈阳军区兴城疗养院的疼痛医院，送医送药下乡达58次，送去药品价值11.6万元；8620部队武警医院，先后为兴城政府机关、敬老院、疗养院、学校、企事业单位义务巡诊，共减免医疗费用24万元。

2011年，驻兴各部队和贫困地区的特困户结成帮扶对子，发放各类扶贫物资75吨，捐款12万余元，资助特困户学生就读。支持地方扶贫超市建设，捐款16万元，捐赠物资折合人民币36万元。

2012年，92302部队为沙后所镇、曹庄镇所辖小学送去桌椅等办公学习用品，价值11万元。

### 共建物质文明

1986年，根据争创“全国卫生城”的要求，驻军某部和兴城县直单位联手对城区重点部位落实卫生定点分片包干制。部队首长亲自带队，多次到城区街道清扫环境卫生，共清除垃圾5000余立方米，铺垫土沙2000余平方米。协助兴城县人民政府为50条街巷铺设水泥步道方砖。与兴城县人民政府共同筹资6万元，在兴海路两侧修建花池，栽植绿化苗木。

1991年，兴城驻军本着就地就近、自愿结合的原则，依据各自特点，制定共建标准，确定共建任务。武警某部与兴城市广泛开展军民共建“五个一”工程活动。即：1片千亩林（红崖子千亩桑林）、1条爱民河（烟台河）、1条文明街（古城明代1条街）、1条拥军路（部队驻地—102国道公路）、1座拥军桥（拥军路—102国道载重桥）。部队领导亲自参加“五个一”工程建设。参战官兵与地方干部群众一起，不辞辛苦，加班加点，提前完成“五个一”工程建设任务。驻军连队在66个军民共建点中，有33个连队分别被辽宁省人民政府、锦西（葫芦岛）市人民政府评为“军民共建先进单位”。

1994 年，兴城军民积极参加“十大共建工程”建设。即：共建 1 条拥军路（驻军营区—102 国道公路）、共植 1 片友谊林（红崖子满族乡黑凤山）、共建 1 条文明街（古城街道延辉街）、共建 1 所文明学校（南一小学）、共建 1 座文明市场（南关农贸市场）、共建 1 个文明楼院（邮电局家属楼院）、共建 1 个国家级文明单位（四家村）、共同改造 1 条河（温泉河）、共同完善 1 个优抚基地（碱厂满族乡张家沟优抚基地）、共同栽植 1 万亩林。经过军地双方共同努力，至 1995 年末，“十大共建工程”建设任务圆满完成。

2003 年，军民共建工作由部队、机关、学校逐渐向社区延伸发展，并在每个社区设置共建联络员，深入开展军民共建活动。

2011 年，驻军各单位积极支持地方经济建设和发展。海军某部出资数千万元支持兴城海滨公路建设；武警某部拿出 10 余万元用于海滨满族乡中心希望小学建设；武警支队出动官兵 70 人，人工破除海滨浴场 3 处礁石，为旅游创造良好环境。

92313 部队四中队与兴城第五中学结成共建对子，开展活动成绩显著，四中队被辽宁省人民政府授予“拥政爱民先进连队”。

武警 8620 部队后勤部与古城街道结成共建对子，在开展共建文明一条街活动中，派出官兵执勤，维护街道环境，居委会帮助部队搞蔬菜基地建设。军民共建事迹受到上级有关部门的表彰。

温泉街道首阳社区聘请辽宁省军区兴城干休所老首长做校外辅导员，定期到学校为师生进行革命传统教育。

92419 部队与辽宁工程技术大学结成共建对子，学校新生入学后，部队派出官兵定期为学校新生进行军训，培养良好作风。辽工大定期开设微机辅导班，为驻兴部队各连队培养电脑操作人员。

2012 年，兴城市人民武装部扎实开展“帮建一批村党支部、帮立一批致富项目、帮带一批民兵致富带头人、帮扶一批困难学生、帮助一批困难军烈属”的“五个一”工程。年内，部党委和曹庄镇小英堡子村党支部结成帮扶对子，多次下乡调查，与乡、村干部和群众座谈，了解他们在生产和生活中存在的突出困难，帮助出主意、想办法、找门路，为家庭困难的老党员送去慰问金 2000 元。

# 第十八篇　公安司法

## 第一章　公安

兴城市公安局是兴城市人民政府的工作部门。其主要职能是贯彻执行党和国家有关公安工作的方针、政策、法律法规，研究部署全市公安工作。掌握影响稳定、危害国家安全和社会治安的情况，分析形势、制定对策。负责全市的公安侦查工作，侦破各种重大刑事案件和协调处置辖区的各种突发事件、重大治安事故。依法管理户籍、枪支弹药、危险物品和特种行业。依法管理中国公民出入境和外国人在中国境内居留、旅行等。指导、管理、监督全市消防工作。管理全市的道路交通安全、维护交通秩序。负责对全市机关、企事业单位和重点建设工程的治安保卫工作以及群众治安保卫组织的治安联防工作。负责对社会公共信息网络安全监察，负责对全市公安科技工作的规划，研究制定并组织实施信息技术、刑事技术等公安科技项目的方案和措施。

### 第一节　机构设置

1986 年，兴城县公安局内设 11 个工作机构。下辖 17 个公安派出所，以及属于武警序列的公安消防中队、武警兴城中队、大英堡子边防派出所。1987 年，兴城县公安局改为兴城市公安局。在基层建立一乡（镇）一个派出所。

1992 年，兴城市公安局刑警队改为刑警大队。1997 年 3 月，兴城市公安局成立巡警大队。2000 年，组建治安行动大队。2002 年，增设城市巡逻大队。2005 年，治安行动大队更名为巡警大队。2007 年，兴城市公安局交通警察大队更名为兴城市交通管理大队，兴城市巡警大队更名为兴城市巡逻防暴大队，兴城市公安局政治处更名为兴城市公安局政工监督室，兴城市经侦大队更名为兴城市经济犯罪侦查大队。2008 年 5 月，在巡警大队的基础上成立巡特警大队。2009 年，增设网络警察大队，巡警大队更名为巡特警大队。2010 年，增设临海产业区公安分局。2011 年，兴城市公安局法制室更名为兴城市公安局法制大队。2012 年，兴城市公安局增设食品药品犯罪侦查大队、江河流域管理大队、产业园区边防派出所。年末，兴城市公安局内设机构 17 个，下辖派出所

34个，其中边防派出所8个。

## 第二节 治安管理

治安管理是公安机关依照国家法律法规，依靠人民群众，运用行政手段，维护社会治安秩序，保障社会生活正常进行的行政管理活动。其主要业务包括户政人口管理、出入境管理、公共秩序管理、特种行业管理、危险物品管理、交通安全管理、消防工作、边防工作、外国人管理和中国公民出入境管理等工作。

### 户政管理

1986年，兴城县公安局为户口登记管理机关，各乡镇派出所掌握管理《常住人口登记表(册)》。居民持有户口簿，申报出生、死亡、迁出、迁入及户口项目变更、更正等事项，继续由乡(镇)、村两级掌管，乡（镇）人民政府签发由县公安局统一印制的户口簿及迁移证。

1987年，在全市开展颁发居民身份证工作。发证范围是年满16周岁以上的男女公民。身份证有效期分为10年、20年和永久3种。1989年7月1日起，根据国家公安部规定，启用由辽宁省公安厅统一印制的户口迁移证和户口准迁证。

1990年，为加强城镇建设，增加城镇人口，进行户籍制度改革。对从事城镇务工、经商、办企业的农业户口人员，放宽限制，交纳一定的城市建设费即可办理“蓝印”户口，享受非农户口待遇。1991年，兴城市人民政府相继制发《关于放宽外地来兴人员落户政策的通知》《关于进一步放宽蓝皮蓝印户口政策的通知》，进一步打破农村户口迁移落户限制，鼓励市内外农业人口到兴城市落户，城镇人口逐渐增多。

1994年，兴城市对境内流动人口进行全面调查和清理。制定“一簿”“三表”“一卡”，形成信息网络，进行规范管理。1995年10月，兴城市人民政府制定《进一步完善蓝印户口政策的补充规定》。年内，开展一村一图、一户一牌、一家一簿（户口簿）、一人一证（居民身份证）“四位一体”的户籍管理活动。

1997年，实施《流动人口管理暂行办法》。共发放居民暂住证27000个，从中获取案件线索300条，侦破各类案件266起。年内，按照葫芦岛市公安局《关于做好居民身份证编号清理纠错工作实施方案》，换发10年期满的居民身份证。

1998年，为落实国务院《关于小城镇户籍管理制度改革方案和完善农村户籍管理制度的通知》，对已经在城镇就业、居住并符合一定条件的农村人口，准予办理城镇常住户口。8月，兴城市公安局户政科和城区派出所进行试点，配备计算机，进行人口信息系统输入。年内，为基层32个派出所配备计算机，录入人口信息53万条。

2000年，根据国务院《关于解决当前户口管理工作中几个突出问题的通知》，兴城市对户口管理政策进行重大改革。其中对违背计划生育政策出生的婴儿，准予落户；对两地分居夫妻一方要求投靠城市配偶的，条件放宽，办理落户；老年人（男60周岁、女55周岁）身边无子女，投靠城市子女的，准予落户；在城市有合法固定住所的公民及其直系亲属，有生活来源的，准予在城市落户。2000~2003年，共办理“农转非”、乡进城户口4152人。

2006年，兴城市开始换发第二代居民身份证。年内，对出租房屋和暂居人口进行有效管理。

规范人口管理台账，进一步预防和减少犯罪。2007~2010年，审批办理户口主项业务780户，为群众办理第二代居民身份证21000张，其中军人身份证260张，临时身份证1080张。办理出国护照600本。

2012年，全市总户数194544户，总人口548193人，其中非农业人口132581人，农业人口415612人。

## 娱乐场所管理

1986年，兴城县公安局依法对全县15家娱乐场所进行普查，对影剧院、俱乐部、曲艺社随意增加的各种项目，提出警告和整改措施，对违反法规的3人予以行政拘留。

1989年，按照辽宁省人民政府制定的《对公共场所治安管理办法暂行规定》，兴城市公安局对19家娱乐场所进行3次大检查，6次抽查。通过检查，罚款停业整顿录像厅2家，取缔无照书摊3家、曲艺社1家，罚款4300元，行政拘留1人。

1993年，兴城市公安局对8家歌舞厅、7家录像厅进行检查，将违反规定的2家进行罚款，禁止无证演出人员5名，批评教育歌舞厅服务人员17人。1994年，核发公共场所"安全许可证"，查封、取缔55家歌舞厅、录像厅，清退陪侍小姐210人。1996年，兴城市公安局与文化部门配合，查封3家电子游艺厅，拆除扑克赌博机104台。清除室外无照经营的卡拉OK演唱摊点22家。

1999年，兴城市公安局开展对公共场所的全面清理整顿工作。处理各种违反规定的场所15家，其中取缔2家，停业整顿5家，限期整改8家，查处嫖娼卖淫案件32起。

2001年，兴城市公安局与监察、文化、工商等部门相配合，对全市239家歌舞娱乐服务场所开展大检查，对存在问题的49家进行处理。其中取缔2家，停业整顿8家，限期整改17家，罚款处理22家；行政拘留47人，罚款24万元。

2005年，兴城市公安局与文化等部门合作，取缔距离学校不足200米的网吧12家，查处有未成年人进入的网吧13家，停业整顿的网吧14家，罚款7万元。

2010年，兴城市公安局对全市歌舞厅、桑拿浴、麻将馆等娱乐服务场所进行专项整顿。与其他单位配合，对全市152家娱乐场所进行整治，共开展大检查280次。其中，停业整顿2家，限期整改80家。

2011年，兴城市公安局对全市歌舞厅、桑拿浴等场所进行专项整顿，开展各项拉网式大检查130次，查处各类场所720家次，其中取缔11家，责令停业整顿38家，限期整改55家，警告280人次。2012年，对全市155家娱乐场所进行整治，开展拉网式大检查400余次，并对存在突出问题的场所做严肃处理。其中，停业整顿19家，限期整改110家。

## 特种行业管理

1986年，全县纳入特种行业管理的单位345家，其中旅馆业216家，废旧金属收购业95家，印刷复印业19家，刻字业15家。兴城县公安局制定《关于加强特业管理的实施方案》，对特业进行整顿。查封121个废品收购点，破获盗窃锦山机械厂生产用铜的团伙1个。

1988年3月始，兴城市公安局历时3个月组织各派出所及相关部门对旅馆业进行清理整顿，罚款7家，警告18家。与兴城市工商局联合成立清理整顿办公室，分成两组对城内和乡镇废品收购站进行检查，共没收生产性废旧金属167.66吨，铝841公斤，取缔7个无照经营摊点，罚款4人，拘留1人。1989年，在对特种行业和公共场所清查的基础上，发放“安全许可证”305个。

1994年，兴城市公安局重新核发特种行业和公共场所的“安全许可证”，依法查封、取缔废品收购站2家。1997年，取缔废旧品收购点18个，没收生产性废旧金属8.5吨。2000年，开展专项行动2次，检查特业场所152家，取缔4家，停业整顿3家，限期整改31家。查处卖淫嫖娼案件50起，处罚141人。

2003年，特种行业管理由审批发放许可证制改为备案登记制（旅馆业除外），填写备案登记表。2004年，兴城市公安局联合工商、文化、新闻等部门对特种行业进行清查、整改。年内，共查处110家次，其中对废旧金属收购业停业整顿15家；对印刷业、旅馆业限期整改29家，取缔2家，治安处罚15家次、30人次。

2010年，兴城市公安局出动警力30000余人次、警车2000余辆次，对全市500家旅店、宾馆（包括有住宿条件的洗浴场所）进行集中整治。其间，对102家存在登记住宿旅客信息不规范的旅店进行警告教育，停业整顿26家，罚款15家，取缔2家，行政拘留2人。整治后，实现旅馆业管理覆盖率和信息传输率100%。年内，对全市39家废旧金属收购点、6家印刷厂、7家二手手机卖店、22家个体机动车修理业户、1家刻字及6家开锁业户等场所进行整顿。对2家不符合要求的予以取缔。2011年，对全市麻将馆、旅店、废旧金属收购等场所进行专项整顿，开展拉网式大检查150次，查处各类场所5431家次，取缔2家，责令停业整顿36家，限期整改55家。

2012年，兴城市公安局检查旅店宾馆（含有住宿业务功能的洗浴场所）6540家次，对164家存在登记住宿旅客信息不规范的旅店进行警告教育，停业整顿40家，罚款5000元，取缔1家。

## 危险物品管理

1989年，兴城市公安局对全市84个生产、销售、储存、使用爆炸物品的单位进行整顿。查处5起违章作业和2起私自买卖炸药案件，收缴924公斤炸药、5185枚雷管，处罚违规的管理人员22人。指导新建5座炸药库，改造、扩建7座库房。举办爆破员、安全员技术培训班，有104人参加。

1994年，根据辽宁省公安厅《关于强化枪支弹药管理的通知》，开展统一收缴行动，收缴钢珠枪、小口径枪、气枪及自制枪共157支，炸药1500公斤，雷管2500枚，导火索3000米，管制刀具1200把。对生产、经销、储存、使用爆炸物品的单位进行3次大检查和12次抽查，处罚一批违法者。1997年，整治使用爆炸物品单位62个。缴获非法购进的导火索20万条，非法生产的炸药288公斤、雷管1095枚。收缴黑枪369支，管制刀具308把。

1998年，收缴导火索1628米，炸药987公斤，雷管475枚，子弹70发，收缴枪支140支。1999年，收缴枪支86支。收缴兴城市人民医院早年遗存的违禁“红矾”51.72公斤。

2001年，开展“治爆缉枪”统一行动，全年收缴枪支351支，子弹144077发，炸药129公斤，雷管282枚，导火索1520米。2004年，按照《公务用枪管理规定》，对民警配枪、用枪严格管理，制定《关于涉枪、涉爆、涉毒、放射性同位素工作制度》，及时检查、整改。2008年，收缴炸药1.2公斤，雷管22500枚，各种枪支3支，军用子弹805发，民用子弹24发，仿真枪136支，管制刀具1把，弓弩2具。

2010年，对全市的危险品、爆炸品管理使用单位进行一次“地毯式”隐患排查。为进一步推进“治爆缉枪”专项行动，2011 年，兴城市公安局检查涉危单位 194 家次，发现涉危安全隐患 6 起，立即整改 6 起，办理行政处罚案件 1 起。对涉危企业及单位视频监视系统，共安装摄像头 471 个。储存、使用剧毒化学品的储存仓库安装防盗报警和视频监控系统，设置防盗门窗，24 小时双人值班守护。

2012 年，兴城市公安局共检查涉枪涉爆涉危单位 463 家次，收缴民用枪支 5 支、仿真枪 71 支、管制刀具 30 把、各类子弹 58 发；收缴炸药 3382 公斤、索类爆炸物 6285 米、雷管 125 枚。

### 社会治安管理

1997 年 3 月，兴城市公安局巡警大队成立。1998 年 7 月，成立“110”报警服务台，设在巡警大队。分设 4 个处警队，主要负责市区和城乡结合部的警情处置。年内，共出警 10857 次，处警率 100%。破获刑事案件 151 起，查处政治案件 135 起，为群众做好事 669 件。1999 年，兴城市公安局巡警大队接处警 12947 人次，查处各类违法案件 314 起，为群众做好事 208 件。

2006 年，按照国家公安部和辽宁省公安厅的要求及社会需求，投资 100 万元，建成“110、119、122”三台合一的接处警指挥中心。同时，在城区的主要交通路口和繁华商业区设立视频监控。年内，增加警车 21 辆，达到辽宁省公安厅关于城区派出所配置警车的要求。新增计算机 217 台，PDA 手机 113 部。

2008 年 5 月 1 日，在巡警大队的基础上成立巡特警大队，并正式出警巡逻。巡特警大队担负市内城区巡逻、群体性事件、突发事件处置和全局民警轮值轮训工作。年内，全市刑事案件发案率同比下降 28%。2009 年，制定《兴城市公安局处置恐怖袭击事件工作预案》，巡特警大队开展战术演练。

2010 年，兴城市人民政府制发《关于大力加强全市社会治安视频监控系统建设的意见》，兴城市财政出资 600 万元，用于市内“三区三口”（商业区、金融区、住宅区，重要路口、交通路口、城区卡口）视频监控系统的建设和联网工作，设置视频监控摄像头 4465 个。

2011 年，兴城市公安局加强对校园周边环境秩序整顿，对城区内的 4 所重点中小学、幼儿园进行校园周边秩序整顿。夜间 18 时至次日凌晨 2 时对城区主要居民小区、重点部位进行巡逻。

2012 年，为进一步强化社会面巡逻防控工作，根据全市社会治安形势和警情态势，研究制定 8 条巡逻路线，确定 32 个重点部位。全年共出动车 3460 辆次、参与巡逻 10000 余人次，盘查可疑人员 1215 人次，可疑车 600 余辆，移交案件 12 起，消除治安隐患 13 起，帮助群众解决困难 243 次。

## 第三节　交通管理

1986 年，根据国务院《关于改革道路交通管理体制的通知》，按照国家交通安全统一管理的要求，兴城县交通局监理所划归兴城县公安局，成立兴城县公安局交通警察大队。内设 4 个业务机构，下设交通警察分队、二台子交通检查站。1992 年，撤销交通检查站。建立交警机动中队、岗勤中队（由城区 5 个交通岗组成）、桥南中队、二台子中队。1997 年，兴城市公安局交通警察大队设岗勤中队、公路巡警桥南中队、公路巡警二台子中队。2007 年，兴城市公安局交通警察大队改称兴城市公安局交通管理大队。

## 管理设施

1986年，城市交通管理设施处于落后状态，各交通岗使用老式信号灯，城关5个岗区共设置水泥隔离墩300延长米，城市入口和弯道路口仅设有简易指示标志。1991年始，按照国家道路交通信号灯和标志标线标准要求，逐年更换国际信号灯，更新岗亭，增设交叉路口交通信号灯，安装标志牌，设置铁制护栏。

2006年，在市区主要交通道口安装电子“警察”和电子监控系统。至2009年，兴城市区共安装电子“警察”36个，高清视频监控点5处，电子监控范围基本覆盖城区和城郊主要路口。

2010年，兴城市公安局交通管理大队在城区10所中小学门前两侧路段安装减速带80延长米，为12所中小学门前路段施划振荡标线1200延长米。改造南关交通岗区道路中央隔离带近300米，在城乡道路重要路口和路段增设各类交通标志牌51块，太阳能警示灯6处，增设高清视频监控点7处。在国道、省道主要干道安装交通技术监控设备6处，完善提示和警告标志51块，为一线执勤民警配备警务E通通话设备33部。

2011年，兴城市公安局交通管理大队在城区3所中小学门前两侧路段安装减速带60延长米，为9所中小学门前路段施划标线1200延长米。在城乡道路重要路口和路段增设各类交通标志牌142块，太阳能警示灯3处，交通信号灯2处。同时，在国道、省干道安全隐患多和事故多发地段，增设交通技术监控设备2处，完善提示和警告标志24块，配套蓝牙打印机10部。

2012年，兴城市公安局交通管理大队在全市安装道路交通标志标牌144块，施划道路交通标线里程40公里，设置斑马线22处，安装路口交通信号灯9处，更新改造路口交通信号灯6处，安装道路电子监控设备6处。

## 车辆管理

1986年，兴城县公安局交通警察大队采取人工检验，对全县机动车辆进行春检和年检。

1991年，对市内车辆进行整顿，符合运营条件的有238辆，其中大中型客车17辆，面包车158辆，轿车34辆，微型车29辆。制定《兴城市个体出租车辆违章处罚暂行办法》，增设东门口、兴城市人民医院、南门口、物资商场等7个停车站点。

1993年，整顿交通秩序，纠正各种违章12.6万辆（人）次，扣留严重违章车2939辆次，消除交通隐患89辆次。

1998年，成立2个公路巡警中队，24小时值班。境内全年查扣无牌无证车726辆次，发生交通事故692起，死亡68人，与1997年相比，交通事故下降32%，死亡下降20%。

兴城地区机动车牌照的办理，经历“辽宁14式”和“九二式”两种机动车牌照的办理和更换。兴城市公安局交通警察大队坚持标准，执行政策，拒绝走私和手续不全以及大吨小标车的牌证办理，及时清理报废车辆。

2006年，在较大摩托车销售单位设立代办员，负责牌照的办理业务。在农村，中队增设车管分所，与乡镇派出所联手办理机动车牌证，为群众办理机动车牌证提供方便。

2011年，兴城市公安局交通管理大队到觉华客运车队、嘉信商砼有限公司进行上门检车服务，到农村派出所现场办理摩托车驾驶证，到摩托车销售点现场办理摩托车牌照。对冬季取暖运煤车进入城区开辟绿色通道，提供引导服务。

在2012年城乡警务改革工作中，兴城市公安局交通管理大队在农村建立5个驻所中队，配备民警20人、协警40人、警车5辆。全年办理机动车驾驶证10838人，比2011年增加5660人。

### 驾驶人管理

1986年以后，兴城县（市）交通管理部门重视驾驶人员的教育和管理工作。多次出动宣传车，开展“122”交通安全宣传日活动。并利用各种媒体广泛进行宣传教育，增强驾驶员的安全行车意识。

1994年，强化对驾驶员安全教育和培训。全年共发生交通事故1124起，死亡96人，受伤367人，比1993年有所下降。1998年，加强驾驶人的管理，定期或不定期地深入运输单位和个体驾协检查安全工作和管理制度落实情况，给驾驶人上交通安全课，签订安全行车协议书。纠正交通违章53457人次，吊扣驾驶证112个，拘留12人，返还被害人钱款6700元。

2003年，全年发生交通事故116起，直接经济损失81万元，与2002年相比分别下降45%和41%。2006年，加大路面巡逻和管控力度，重点对7座以上客车超员、机动车超速超载、无证、酒后和疲劳驾驶、农用车载人等严重违法行为进行查处，对违法违规记满12分的驾驶人停止驾驶，重新考试。2009年，处罚酒后驾车15起，无证驾驶548起，暂扣驾驶证84本，行政拘留555人次，违法记分3718人次。

2010年，兴城市公安局交通管理大队出动警力15500人次，警车5260辆次。查处交通违法行为20704起，其中客车超员41起，超速行驶4354起，货车超载（超载30%以上）78起，酒后驾驶29起，故意遮挡号牌45起，不悬挂号牌73起，伪造、变造和使用伪造、变造机动车号牌13起，收缴假牌87副，驾（行）驶证21本，行政拘留945人，违法记分7647人次。

2012年，兴城市公安局交通管理大队先后开展违规驾车集中整治、涉牌涉证专项整治、酒后驾车专项整治、道路交通安全大检查等行动。现场查处交通违法行为37870起，其中涉牌涉证1405起，饮酒驾车30起，醉驾55起。其他交通违法行为19279起，行政拘留188人，刑事拘留71人。全年共发生道路交通事故1128起，受伤1048人，死亡59人，直接经济损失28万元，

## 第四节　消防工作

1986年，兴城县境内发生火灾13起，直接经济损失5万元。其中乡村企业发生5起，城乡居民发生4起。1989年，全市发生火灾11起，经济损失52.48万元。

1992年，中国人民武装警察部队兴城市消防大队正式建队，为副团级建制。1993年，兴城市消防大队开展专项治理，对重点单位提出整改意见1954条，消除火险隐患105处。落实消防责任制，扩大防火承保范围。年内，发生火灾5起，损失9.3万元。

1995年4月，兴城市人民政府向各单位下发《关于进一步强化消防安全责任制的通知》，加强消防工作。11月，会同兴城市报社、兴城人民广播电台、兴城电视台进行“119”防火宣传。贯彻“预防为主、防消结合”的工作方针。1998年，强化消防监督管理，在大检查中消除260处火灾隐患。

2000年，兴城市人民政府先后投资近200万元购置登高平台消防车、中低压泵水罐消防车、冲锋舟、抢险救援车、破拆工具和个人防护等装备，重修大门、装修营房、更新营房设备。

2004年11月，制定东辛庄镇和沙后所镇消防规划，增加消防设施。年末，消防大队有官兵

23 人，执勤战斗车 8 辆，其中水罐消防车 5 辆，泡沫消防车 1 辆，抢险救援车 1 辆，登高平台车 1 辆。总载水量 27 吨，载泡沫量 1.5 吨，登高平台车最大升起高度 22 米。

2007 年 1 月，兴城市人民政府与各乡镇街道和市直有关部门领导签订消防工作目标责任状。6 月，兴城市人民政府下发《关于进一步加强消防安全工作的通知》。年内，全市共发生火灾 27 起，死亡 1 人，直接经济损失 37.9 万元。

2008 年，消防工作坚持“谁主管谁负责”的原则，强化火灾隐患排查整改工作。年内，全市发生火灾事故 27 起。

2010 年 3 月，兴城市公安消防大队组建应急救援大队。兴城市财政拨款 63.48 万元，新建市政消火栓 60 个，消防水鹤 1 个。投入资金 50 万元，购置消防车辆。全年共检查社会单位 734 家次，发现火灾隐患 192 项，及时进行整改。查封取缔单位 15 家，临时查封 11 家，拘留 12 人，累计罚款 301 万元。全年共发生火灾 6 起，经济损失 26.15 万元，无人员伤亡。

2011 年，兴城市人民政府筹措资金 700 万元新建兴城临海产业区消防站。兴城市人民政府投入配套资金 1120 余万元，用于购置消防车辆、器材装备和办公设备。兴城市公安局以宾馆饭店、商场市场、旅游景点、娱乐场所、交通枢纽等人员密集场所，生产、经营、储存易燃易爆化学危险品的单位和场所为重点，采取日常检查与“错时制”检查相结合方式开展消防安全工作。共检查单位 3631 家次，督促整改火灾隐患 1627 处，临时查封 195 处，行政拘留 12 人，有效遏制火灾发生。

2012 年，兴城市公安局深入开展“清剿火灾隐患”战役和中共十八大消防安保攻坚战，共检查单位 35491 家次，发现火灾隐患 189623 处，督促整改火灾隐患 189520 处，下发责令改正通知书 19541 份，行政拘留 123 人，行政警告 128 人，罚款 164.29 万元，责令“三停”78 家，查封单位 245 家。全市建成大网格 27 个、中网格 261 个、小网格 1210 个。火灾起数与 2011 年相比下降 8%，火灾伤亡人数连续两年保持零纪录。

## 第五节 安全保卫

随着国际国内形势的发展变化，公安机关承担的对敌斗争任务日益艰巨繁重。兴城市公安局为适应工作需要，进一步强化安全保卫工作在管理体制、运行机制、机构设置等方面的改革，充分发挥安全保卫工作职能作用。

### 安全保卫

1986 年以后，随着改革开放和兴城经济社会的不断发展，党和国家领导人多次莅临兴城视察工作，大批国际友人陆续到兴城工作或观光考察，兴城市公安局依照有关规定做好安全保卫工作。

1986~1987 年，全国政协副主席王首道、国务委员康世恩、国务院副总理田纪云、全国人大常委会副委员长王任重、中央军委副主席杨尚昆、中共中央顾问委员会副主任王震、全国政协副主席马文瑞、国务委员谷牧等先后到兴城视察。其间，以城区为重点，开展整顿夏季治安秩序的专项治理活动，组织专职治安巡逻队和安全防范组，做好安全保卫工作。

1988 年，成立海滨派出所，加强旅游景点安全保卫工作。年内，完成全国人大常委会副委员长班禅额尔德尼·确吉坚赞、阿沛阿旺晋美，全国政协副主席谷牧、王任重，国务委员宋健、王丙乾，中共中央顾问委员会副主任宋任穷在兴城视察期间的安全保卫工作。

1991年7月，孟加拉国高级军事代表团游览古城，全国政协副主席程思远莅临兴城七月海会，兴城市公安局认真做好安全保卫工作。1994年，兴城市公安局制定方案，妥善处理“3·26”白塔满族乡苏柏村部分村民因土地发生的闹事事件和药王满族乡叶屯村五股泉屯部分村民破坏河道案件。完成国务委员李铁映视察兴城期间的安全保卫工作。

1999年7月，贯彻《中华人民共和国民政部关于取缔法轮功大法研究会的决定》和《中华人民共和国公安部通知》，及时掌握“法轮功”人员动态，坚持打击与教育相结合，维护社会稳定。年内，遣返“法轮功”进京人员67人。2001年，确保在“4·15”“6·4”“7·22”及国庆节等敏感时期安全保卫工作。兴城市公安局加大安全保卫工作力度，共拦截越级进京人员52人，并做好国家领导人在兴城视察期间的安全保卫工作。2002年，坚持长年在火车站、高速公路出口、102国道等地部署警力，实行24小时设卡，劝阻法轮功习练人员。

2005年，完成辽宁省人大、政协会议和党代会期间的安全保卫工作。年内，完成国家领导人及省部级领导在兴城视察的一、二、三级警卫任务6次。

2008年，对北京奥运会期间的安全保卫工作，兴城市公安局召开18次局党委会、局长办公会，召开全局性专题会23次。成立领导小组，局领导明确分工，进行防控，实现辽宁省公安厅下达的安保目标。

2011年，兴城市公安局完成兴城市、葫芦岛市、辽宁省、全国“两会”及“2·20”维稳等安全保卫工作任务。2012年，兴城市公安局先后开展2012年元旦、春节和兴城市、葫芦岛市、辽宁省、全国“两会”、中共十八大等安全保卫工作。全年完成警卫任务18次。其中一级警卫1次，二级警卫3次，三级警卫14次。

## 反邪教斗争

1996年，兴城市公安局会同有关部门，依法取缔刘台子满族乡的“陪灵会”、药王满族乡“呼喊派”等非法邪教组织。1997年，依法查处非法宗教“蒙头派”“呼喊派”的非法活动，处理128人，教育信徒441人。

1999年7月22日，国家将“法轮功”予以取缔和坚决打击。兴城市公安局经过“4·25”“6·27”“7·22”“10·28”4次斗争，把全市72个“法轮功”习练点全部取缔。收缴大量经书、画像等，逮捕2人，行政拘留117人，劳动教养13人。取缔“呼喊派”“门徒会”非法活动点2个，处理骨干分子71人。

2002年，兴城市公安局在火车站、高速公路出口、102国道等地部署警力，实行24小时设卡，防止“法轮功”人员到处串联、上访。配合有关部门举办“法轮功”痴迷者法制学习班6期，转化率96.4%。

2008年，对“法轮功”重点人员建立帮教小组，经常回访帮教对象；给生活贫困的“法轮功”人员发放救济金、实物折合人民币1万元。2009年，兴城市维护社会稳定办公室对“法轮功”重点人员进行排查，加大防范打击力度。共开展大规模专项行动2次，出动巡查人员3万余人次，清除、收缴宣传品4000余张，书籍、光盘、磁带4000多本（盒）。

2011年，严密防范“法轮功”等境内外敌对势力非法活动，共端掉制作、散发非法宣传品窝点5个，侦破“法轮功”等案件8起。2012年，兴城市公安局继续加大对“法轮功”等境内外敌对势力非法活动的打击，共端掉制作、散发非法宣传品窝点 2 个，侦破“法轮功”等案件 6 起，打掉团伙2 个，打击处理 7 人。

## 第六节　经济侦查

1986 年，兴城县公安局在严厉打击严重刑事犯罪斗争（简称“严打”）中，打击盗窃动力裸铝线、钢材、胶轮车、各种机动车轮胎的团伙。

1988 年，兴城市公安局在京哈公路上，破获扒车案 58 起，摧毁两个重大扒车团伙，涉案人员 22 人，追缴彩电、布匹等赃物，折款 10 万余元。1990 年，开展“打击公路犯罪活动”，打击“车匪路霸”。挖出扒车盗窃团伙 4 个，破获案件 182 起，抓获犯罪嫌疑人 53 人。

1997 年初，配合兴城市的产权制度改革，成立产权制度改革保卫工作领导小组，对产权制度改革的企业法人代表实施重点保护，对干扰、阻碍破坏改革以及趁改革之机盗窃企业财物等违法行为予以严厉打击。其间，成功地制止 70 余起群众集体上访事件，破获 23 起破坏企业改制的刑事案件，查处治安案件 14 起，治安处罚 19 人。

2000 年，经济案件犯罪侦查大队成立。受理案件 214 件，结案 176 件，结案率 82%。其中调解 27 件，判决 171 件，标的总额 684 万元。2003 年，税务案件侦查大队成立。协助国税局、地税局联合办案，查处偷税漏税案件 124 件，追缴税款 450 万元。

2004 年，兴城市公安局制定《兴城市整治金融营业场所周边治安秩序实施方案》，明确警戒区域，有 26 家安装监控设施。2008 年，经侦大队与税侦大队两队合并为经济案件侦查大队。至 2009 年末，共受理经济案件 41 起，刑事拘留 22 人，行政拘留 7 人，提请批准逮捕 11 人，挽回经济损失 2300 万元。

2010~2011 年，受理经济案件 62 起，刑事拘留 47 人，提请批准逮捕 22 人，直接移送起诉（简称直诉）1 人，取保候审 35 人，为国家挽回经济损失 6000 余万元。

2012 年，共受理案件 32 起，立案 32 件，破获案件 26 起，抓获网上逃犯 5 人，刑事拘留 15 人，提请批准逮捕 7 人，移送起诉 27 人，取保候审 25 人，全部案件涉案金额 1000 余万元，挽回经济损失 800 余万元。完成上级公安机关和兴城市人民政府交办的多起案件，涉案金额达1000 万元。

## 第七节　刑事侦查

1986 年，兴城县公安局刑警队开展以深挖犯罪团伙为重要内容的“严打”斗争。挖出犯罪团伙 25 个、成员 118 人。侦破各类刑事案件 203 起，其中侦破重特大案件 46 起。打击处理 307 人，收缴赃款赃物折合人民币共计 191077 元。

1989 年 3~6 月，开展集中打击抢劫盗窃专项斗争。共侦破刑事案件 486 起，其中重特大案件 144 起，打击处理 501 人，收缴赃款赃物折合人民币 90 余万元。10 月，妥善处理曹庄满族乡朱家村千人哄抢蚶子事件。利用技术手段侦破单某伪造石油公司领导字迹，骗买汽油、柴油案件，并为 124 起刑事案件提供犯罪证据。

1992 年，刑警队更名为刑事警察大队。全年共侦破各类刑事案件 559 起，其中重特大案件 242 起。共收缴赃款赃物折合人民币 62 万元，打击处理 678 人。成功侦破“5·22”羊安满族乡十八家子爆炸案，望海满族乡因封建迷信引发的30起纵火案，“5·24”特大杀人抢劫案，“6·22”特大持枪抢车杀人案，“7·28”沙后所满族镇特大盗窃现金案，“8·14”特大盗窃摩托车案，“11·2”特大抢车案和“12·16”杀人案。

1993年，针对兴城市境内破坏案件、盗窃案件、刑事案件接连发生的态势。兴城市公安局建立以刑警大队为骨干，派出所为依托，其他科室为侧翼的刑侦大格局。从4月初~5月末，开展“严厉打击车匪路霸、反盗窃、反破坏”专项斗争，使治安形势得到好转。10月初~12月末，开展以“破大案，查要犯，打团伙，抓逃犯”为重点的战役。刑警大队破案428起，其中重特大案件131起，打击处理573人。侦破“1·11”乡企业局综合公司34万元诈骗案，“3·23”特大杀人犯，“3·12”盗窃党政机关61起系列案，“10·14”发生在海滨满族乡4名歹徒抢劫案等。1994年，共破获各种案件314起，其中，重特大案件96起。抓捕望海满族乡杀人后潜逃8年的郭某，侦破望海满族乡信用社19.8万元被盗案、754矿电视差转台特大被盗案、“6·11”147万元特大诈骗案等案件。

1995年，在“春季严打攻势”和“秋季百日会战”专项斗争中，刑警大队破案340起，打击处理320人，其中重特大案件91起。成功侦破轰动拣金满族乡的敬老院投毒案和站前柳城饭店爆炸案。铲除为害一方的棍霸35人，摧毁犯罪团伙95个，缴获赃物折款140余万元。

1998年，根据辽宁省公安厅“侦审合一”的要求，改革侦查管理体制和运行机制。取消预审，由各大案中队直接移送起诉（简称直诉）。以刑警为龙头，组织4次统一行动，共侦破各类刑事案件301起，其中重特大案件98起。成功侦破“12·30”特大入室抢劫杀人案，“1·16”系列抢劫强奸案，“4·28”特大杀人案件，打击处理500人。

2000年，开展扫黑除恶、破大案、拐卖妇女儿童专项斗争。刑侦大队破案416起，其中重特大案件132起，打击处理580人。破获“7·3”菊花岛特大杀人、纵火案及“4·17”鑫鑫歌厅杀人案、“12·30”海滨特大绑架杀人案等。2001年，制定工作方案，组织治安行动大队，专门打击黑恶势力组织和团伙。年内，打掉有黑社会性质的组织1个，黑恶势力团伙35个，侦破涉黑涉恶案件225起。破获东辛庄镇路霸案、海滨满族乡东沙嘴村村民常某被黑恶势力伤害案和“4·4”在白塔满族乡发生的歹徒抢劫出租车案。

2003年，刑事警察大队更名为刑事案件侦查大队。全年侦破刑事案件1129起，抓获网上逃犯136人，提请批准逮捕、直诉、教养397人。侦破“4·30”华山街道系列盗窃放火案。2005年，在开展侦破命案、打击“两抢一盗”、打击刑事犯罪“百日攻坚会战”战役中，刑侦大队破案254起，其中重特大案件120起，打击处理396人，其中提请批准逮捕138人，移送起诉209人。侦破“1·27”海滨满族乡杀死2人杀伤2人案，系列抢劫出租车案，“11·6”双树乡抢劫出租车并杀害警察案。

2008年，成功侦破辽宁省公安厅督办的盗窃计算机系列案和沙后所镇“7·28”雇凶杀人案。2009年，刑事立案990起，刑侦大队破案595起，其中命案6破8（积案2起），破获“6·30”系列蒙面抢劫案、盗窃汽车牌照案、古城街道“6·05”杀人案等一批有影响、危害大的刑事案件。

2010年，开展打击现行侵财犯罪专项行动和保卫春耕生产打击刑事犯罪专项行动，共破获刑事案件670件（含积案287件），其中重特大案件49起。提请批准逮捕234人，移送起诉362人，劳动教养22人，抓获各类网上逃犯126人，抓获吸毒人员13人，刑事拘留5人，行政拘留8人。

2011年，集中开展打击现行侵财犯罪专项行动、保卫春耕生产、“打四黑除四害”和“清网行动”等专项行动。共破获刑事案件785件，提请批准逮捕265人，移送起诉577人，劳动教养11人，刑事拘留423人，行政拘留552人。

2012年，兴城市公安局共立各类刑事案件1096起，破获690起，移送起诉639人，劳动教养17人，刑事拘留552人，行政拘留831人。其中侦破涉毒刑事案件32起，移送起诉28人，取保候审2人，行政处罚33人。吸毒管控人员153人（强制戒毒4人，社区戒毒4人）。

### 第八节　预审看守

1986年，兴城县看守所位于兴海南街三段路北，有办公楼和17个监室。

1989年，兴城市公安局预审科和看守所工作人员从在押人员中发现案件线索434条，从中查破大案12起，一般案件120起，追诉嫌疑犯12人，治安处罚40人，收缴赃物折款4万元。是年，重点抓执法规范和安全防范工作，自检56次，与兴城市人民检察院联合检查18次，发现并解决不安全因素160件，对重点嫌疑人教育48次，经教育有32人检举他人。

1994年，兴城市看守所自筹资金，扩建1栋新监房，共14间监室，5个放风场院，5个管教室，1个监内值班室。1995年末，为即将实行的武警警戒“内转外”，经兴城市人民政府批准，为兴城市看守所增加狱警编制14人。1997年3月，成立预审监管大队，下辖看守所、拘留所、预审科。3月25日，正式实施“内转外”，武警负责监区外部警戒，监区内的日常警戒由看守所负责。年内，被辽宁省监管总队五处评为“二级看守所”。

1998年2月，按照上级公安机关“刑侦大格局”的要求，预审科划归刑事侦查部门管辖。1999年夏，由辽宁省公安厅监管处派专业人员在看守所各监室安装针孔式摄像头，监内值班室安装电视监视显示屏。2003年4月，监管大队撤销，看守所和拘留所分别提格为副科级单位。

2009年，兴城看守所与兴城市人民检察院召开联席会议3次，对犯罪嫌疑人进行体检、治病、司法鉴定6人次，同被监管人员谈话45次，上法制课3次。11月，重新建立监管大队，为正科级单位，辖看守所、拘留所。兴城市公安局与兴城市人民检察院共同制定《兴城市看守所监管执法专项活动实施方案》，规范执法行为。

2010年，监管大队组织犯罪嫌疑人到医院进行身体检查。11月10日，看守所搬迁到大甸子火车站南侧。2011年，看守所全年羁押量427人，拘留所拘留513人。2012年，兴城市看守所全年羁押量491人，拘留所拘留647人，全年无事故。兴城市看守所被辽宁省公安厅评为二级看守所。

## 第二章　检察

兴城市人民检察院是受中共兴城市委和上级人民检察院领导、兴城市人民代表大会及其常务委员会监督的依法行使法律监督职能的国家法律监督机关。兴城市人民检察院立足于法律赋予的监督职能，坚持以经济建设为中心，推进社会矛盾化解、社会管理创新、公正廉洁执法三项重点工作，不断强化法律监督、自身监督、队伍建设，为兴城市经济发展、社会和谐稳定提供有力的司法保障。1986 年，兴城县人民检察院内设 7 个工作机构。1990 年，先后在 4 个乡镇街道和 4 个涉及经济部门设立检察室。1998 年 2 月，成立兴城市反贪污贿赂侦查局。7 月，相继撤销在基层设立的 8 个检察室。成立兴城市反渎职侵权局。2008 年 5 月，兴城市人民检察院迁新址。2012 年，兴城市人民检察院内设反贪污贿赂局、反渎职侵权局和 13 个工作机构。

## 第一节　刑事检察

1986 年，兴城县人民检察院与公安机关、人民法院密切配合，开展打击刑事犯罪第三战役，依法从重从快打击严重刑事犯罪。经审查批捕案件 118 件 157 人，审查决定起诉案件 109 件 133 人。

1988 年，刑事案件批捕 166 件 196 人，起诉 120 件 182 人，批捕、起诉准确率均达 100%。

1991 年，坚持依法从重从快打击严重破坏社会秩序和危害人民群众生命财产安全的刑事犯罪。受理公安机关提请批准逮捕案件 175 件 228 人，经审查起诉 122 件 170 人。依法不批捕 27 人，追捕犯罪嫌疑人 7 人，依法追诉犯罪嫌疑人 8 人，免予起诉 8 件 11 人。

1996 年，全年受理提请批捕案件 273 件 379 人，经审查批捕 225 件 294 人。在“严打”工作中，重点打击严重危害社会治安和人民群众生命财产安全的杀人、放火、抢劫等暴力犯罪和团伙犯罪。其间，受理批捕案件 273 件 379 人，批捕 225 件 294 人。协助公安部门侦破锦山机械厂失窃 6 万多元稀土金属案，打掉 1 个犯罪团伙。1999 年，开展打黑除恶、治暴缉枪、整顿和规范市场经济秩序等一系列专项打击和整治行动。全年共批捕重大特大犯罪嫌疑人 68 件 76 人，起诉 40 件 8 人。依法快捕快诉震惊全国的“5·6”特大金融盗窃案件的犯罪嫌疑人王某、赵某。

2005 年，受理自侦部门和公安部门提请批捕刑事案件 154 件 196 人，决定批准逮捕 123 件 146 人。移送审查起诉案件 182 件 223 人，代表国家提起公诉 160 件 209 人。2008 年，重点打击影响群众安全的黑恶势力和抢劫、抢夺、盗窃等多发性侵财犯罪，依法快捕快诉，适时介入侦查 22 件。受理公安部门提请批捕刑事案件 171 件 241 人，批准逮捕 137 件 183 人。受理移送审查起诉案件 242 件 392 人，提起公诉 154 件 232 人。

2009 年，受理公安部挂牌督办的席某等 44 名犯罪嫌疑人、涉嫌 13 个罪名的组织、领导、参加黑社会性质组织犯罪案件。该案侦查卷宗 60 余册，犯罪嫌疑人异地羁押在数个看守所。开庭历时 8 天，检察长出庭支持公诉，使案件依法公正处理。

2010 年，重点办理葫芦岛市公安局指定管辖的“6·19”敲诈勒索案，涉案人员多达 46 人，在法定时限内迅速依法批准逮捕。办理公安部挂牌督办的蒋某等犯罪嫌疑人 36 人、涉嫌 14 个罪名的组织领导参加黑社会性质组织犯罪案件，庭审历时 7 天，主管副检察长出庭指控犯罪。

2011 年，共受理公安机关提请批准逮捕案件 263 件 388 人。批准逮捕 211 件 313 人。其中，重点办理贺某某等人非法经营、段某某等人强迫交易和王某为首的南票“9·30”专案，涉案 40 人，在法定时限内迅速依法批准逮捕。在所有审查终结的案件中，法院均做出有罪判决。适用简易程序审理案件 152 件，追诉漏犯 5 人，开展观摩庭 4 次，检察长支持公诉出庭 11 件，按二审程序提出抗诉 1 件 2 人。

2012 年，共受理公安机关提请批准逮捕案件 251 件 347 人，批准逮捕 220 件 298 人；经审查起诉 454 件 648 人。在所有审查终结的案件中，法院均做出有罪判决。适用简易程序审理案件 136

件，追诉漏犯 13 人，开展观摩庭 2 次，提出抗诉 3 件 4 人，提出抗诉并获得上级院支持并改判的 1 件 1 人。

## 第二节　职务犯罪检察

1986 年，依照最高人民检察院“关于把严重经济犯罪嚣张气焰压下去”的指示，坚持把经济检察放在首位，全力以赴查处大案要案。兴城县人民检察院重点查处建委系统以副主任巴某某为首的贪污、受贿窝案。其中 11 人以贪污、受贿罪定性，61 人有一般贪污、行贿受贿行为，分别由有关部门做出处理。

1989 年 8 月，按照最高人民法院、最高人民检察院《关于贪污、受贿、投机倒把等犯罪分子必须在限期内自首坦白的通告》，兴城市人民检察院在经济检察科设接待、举报中心。至年末，接待群众举报 51 人次，信件 126 封。当年，法纪检察科受理侵犯公民民主权利、玩忽职守和重大责任事故等案件 20 件 23 人，立案 5 件 7 人。

1994 年，全市共立贪污、行贿受贿案件 11 件 11 人，办理一批挪用公款案件。通过办案，挽回经济损失 98 万元。查处 246 医院药剂员潘某贪污药品 3.4 万元案，兴城市兽药厂厂长阎某贪污公款 14.78 万元、挪用公款 3.62 万元案。查办钓鱼台税务所所长于某受贿，兴城市服装厂厂长刘某、大寨满族乡副乡长聂某贪污案件。履行监督职责，对公安部门、法院执法情况依法实行监督。受理法纪案件 22 件，立案 3 件 4 人。对公安干警刘某、汪某徇私舞弊案提起公诉，分别被判以有期徒刑 2 年和 2 年 6 个月。

1995 年，贯彻中共中央关于惩治腐败的部署，把惩治贪污贿赂列为重点。审查立案贪污贿赂案件 9 件，挪用公款 8 件。其中协助大连市中山区检察院抓获贪污 1700 余万元的李某，追缴赃款 100 余万元；侦破东辛庄满族镇周石村原党支部书记赵某、村民委员会主任温某挪用公款案。1998 年，新成立的反贪污贿赂侦查局查办“三机关一部门”中的贪污贿赂案件 3 件，处理科级干部 3 人。查处国家工作人员渎职侵权犯罪案件 2 件。2002 年，查处贪污案件 2 件 3 人，挪用公款案件 6 件 6 人。其中，10 万元以上大案 4 件 4 人，特大案 1 件 1 人，处级干部受贿 1 件 1 人，追缴赃款 12 万元。查办兴城市交通局财务股股长马某特大挪用公款案，经兴城市人民检察院侦查终结依法提起公诉，被兴城市人民法院判处有期徒刑 13 年。

2004 年，成立由中共兴城市委主要领导任组长的职务犯罪预防领导小组，建立预防职务犯罪联络员制度、例会制度、定期检查指导制度，在中共兴城市委党校建立预防职务犯罪教育基地。全年共受理贪污、行贿受贿线索 23 件 24 人，立案侦查 6 件 7 人，其中移送起诉 6 件 6 人，法院做出有罪判决 2 件 2 人，为国家挽回经济损失 60 余万元。年内，开展“严肃查办国家机关工作人员利用职权侵犯人权”的专项活动，共排查案件线索 3 件，立案侦查 1 件 7 人，其中移送起诉 6 人，兴城市人民法院均做出有罪判决。

2006 年，成立反渎职侵权局，加强职务犯罪预防网络建设，先后在卫生、工商、税务及电业、教育、城建等部门开展重点预防和专项预防。2008 年，立案侦查贪污、贿赂案件 2 件 2 人，其中依法查办由葫芦岛市公安局“5·11”专案组移送的绥中县交通局副局长兼公路段段长席某涉嫌贪污案，侦查终结并移送起诉。立案侦查渎职侵权案 4 件 7 人，其中被判有罪 4 人。在查办渎职侵权案中，有涉嫌执法和司法不公的职务犯罪案涉及司法工作人员 1 人，利用职权破坏选举案 3 人，依法查办绥中县广播电视局局长李某和葫芦岛市国土资源局地产交易所原所长张某、办事员孙某的重大玩忽职守案。

2010年，全年侦查涉嫌贪污贿赂犯罪线索17人，立案10人。办结率、移送起诉率均达100%。办理“6·19”案件，查处某管理局副处长1人、科长2人、站长2人的受贿案件。在查处渎职侵权犯罪中，全年立案3件4人，重点查处全省首例发生在动物检疫领域渎职犯罪案件。某动物卫生监督所原所长在任期间，滥用职权违法出具动物检疫证明，造成畜主偷逃动物检疫费3万余元，使未经检疫的生猪流入屠宰市场，危害严重。该案诉至兴城市人民法院，做出有罪判决。年内，开展“防犯罪、保增长、保民生、保稳定”专项活动，重点对临海产业区起步区工程项目、兴城市人民医院综合楼、九年一贯制教学楼等重大工程立项、工程质量、资金使用方面进行同步预防，提出预防对策40余条。

2012年，共立案侦查贪污、行贿、受贿案件5件11人，共立案查办各类渎职侵权案件11件11人。查办重、特大案件4件4人，其中重大案件3件3人，特大案件1件1人。依法查办原八家子镇国土资源所所长李某造成矿产资源流失1000余万元的玩忽职守案，立案查办董某等4人涉嫌动植物检疫徇私舞弊案。

## 第三节　民事行政检察

1990年，兴城市人民检察院成立民事行政检察科。对法院民事、行政裁判依法履行监督职能。对国家机关、企事业单位存在制度隐患或其工作人员严重违背职责，应当追究其责任的，提出检察建议。1994年，查处司法机关、行政执法部门中工作人员刑讯逼供、徇私舞弊、玩忽职守承担重大事故责任、非法拘禁的案件。共受理22件法纪案件，立案3件3人。对公安干警刘某、汪某2人的徇私舞弊案提起公诉，2人均被判刑。

1997年，接待群众申诉20人次，参加法庭监督10次；受理案件9件，其中提请抗诉和建议抗诉5件。2000年，受理民事行政申诉案件20件，立案审查12件，向法院提请抗诉3件。

2004年，根据群众举报依法查办温泉大厦国有资产流失案，依法认定温泉大厦买卖合同违法，及时向有关部门提出检察建议，得到纠正，为国家挽回经济损失近千万元。向兴城市人民法院依法提起刑事附带民事诉讼案件4件。2008年，受理申诉案件11件，审查立案2件；提出抗诉和检察建议2件。经法院再审，依法改判2件。

2011年，受理申诉案件24件，提请葫芦岛市人民检察院抗诉4件，支持4件。2012年，受理申诉案件28件，立案16件，其中提请葫芦岛市人民检察院抗诉3件，葫芦岛市中级人民法院支持2件。

## 第四节　控告申诉检察

1986年，兴城县人民检察院共接到来信、接待来访149件次，均妥善处理。

1988年，共接到来信62封，来访147人次。属于刑事案件77件，民事案件43件，经济案件21件，法纪案17件，其他案51件。通过信访为有关部门提供案件线索30条，向锦州市人民检察院反映信息14条。深入农村进行法律宣传和咨询13次，受教育人数达5万多人。1992年，共接待信访 107 件（次），受理举报 41 件，提供案件线索 34 条，为群众排忧解难 6 件，受理申诉案 4 件，法律咨询 40 次，深入乡镇集市进行法律宣传和咨询 12 次。

1995 年，实行挂牌服务，随时接待来访人。全年共受理举报线索 107 件，为群众排忧解难 19 件，进行宣传、咨询 123 次。2000 年，共接待来信来访 118 件次，其中对属于检察机关管辖的 98 件，全部依法进行办理。

2003 年，实行检察长接待日、远程便民预约接待、专人办理控申举报、首办负责制等制度。接待群众来信来访 59 件次，其中检察长接待 51 人次，妥善处理集体上访 4 次。年内，清理控告申诉积案 8 起。控告申诉工作在葫芦岛地区评比中获第一名，并被辽宁省人民检察院授予“文明接待室”称号。

2007 年，坚持检察长接待日、预约接待、专人办理等控告申诉和举报制度，加快处理申诉、举报的工作节奏，受理群众涉法来访 53 件，均作妥善处理。2008 年，兴城市人民检察院控告申诉科被最高人民检察院授予“全国文明接待室”。

2010 年，共接待来信 34 件，来访 48 人次，解决涉检信访积案 3 件。通过来信来访，掌握苗头性的诉求。防止矛盾激化，防止越级、进京上访，连续 6 年无涉检赴省进京上访事件。

2012 年，受理群众来信、来访 41 件，其中受理控告、举报 30 件，受理一般来信、来访 11 件。办理初查案件 4 件，移送立案 3 件，奖励举报人 5 人次，受理刑事申诉案件 4 件，开展检察长接待日接待 24 次，检察长接待日批办案件 12 件。开展法律宣传活动 2 次，开展带案下访活动近 10 次。

## 第五节　监所检察

1986 年，在刑罚执行和监管活动检察监督中，兴城县人民检察院监所检察科同看守所联合检查 24 次，提出纠正违法行为 5 次，消除不安全因素 14 件。在押人犯经教育感化立功 1 人，阻止、避免自杀事故 1 起。处理再申诉案 6 件，依法对保外人犯收监 1 人。

1989 年，对监管场所执法和安全防范检查 56 次。对重点人犯加强教育，提供线索 210 条，破积案 41 起，缴获赃款 3 万余元。

1997 年，联合检查 36 次，对监外执行的五类人犯，即管制、剥夺政治权利、缓刑、假释、暂予监外执行（含保外就医）五类，考核 18 次，提出纠正建议 12 次。在参加上级监所部门组织开展的驻所检察室达标竞赛中，成绩优异，受到辽宁省高级人民检察院表彰。2000 年，联合检查 38 次，对监外执行五类人犯帮教考核 132 人次，排除不安全因素共 11 件。2003 年，对在押人犯集体教育 6 次，进行安全检查 13 次，纠正违法 5 件 5 人，对五类人犯进行帮教考核 37 人次，对 1 名在押人员脱逃案进行查处。

2005 年，重点对减刑、假释、保外就医案件进行监督，督促有关部门纠正违法问题 3 起，其中对不符合保外就医条件的罪犯重新收监 2 人。

2007 年，集中开展核查、纠正监外执行罪犯脱管漏管问题专项检查，共清理检查监外执行罪犯 185 人，对发现的违法问题提出纠正意见 8 件次，发出检察建议 2 份。开展纠正超期羁押专项活动，实现在检察环节无超期羁押的目标。

2009 年，与公安机关联合制定《兴城市看守所监管执法专项活动实施方案》，共同在网上发布

《关于加强监外执行犯罪监管的通知》。年内，发现和纠正缓刑犯不适用缓刑 1 人，发现和纠正刑期计算错误 1 人、暂予监外执行决定无期限的 1 人。开展对 31 个公安派出所监管的 223 名监外执行罪犯考核，发现缓刑犯刘某有新的犯罪嫌疑，经公安机关核实后予以刑事拘留。

2011 年，开展减刑、假释、暂予监外执行“百案检察”专项活动。通过开展专项活动，发现脱管案件 20 人，发出纠正违法通知书 6 份，收监 3 人。开展“全国看守所械具和禁闭使用情况专项检察活动”，发现看守所共有不符合规定的械具 25 副，提出整改建议后，兴城看守所将不符合规定的械具全部封存。年内，书面纠正混押 2 件 7 人，发现和纠正刑期计算错误 3 人。

2012 年，兴城市人民检察院、兴城市司法局、兴城市公安局组成联合检查组，对全市 26 个司法所的社区矫正工作进行检查，清查发现法院做出暂予监外执行决定后未能及时将法律文书抄送检察机关，向法院提出书面纠正违法 2 件。发现缓刑犯在缓刑期间又犯新罪，发出书面纠正违法通知书 5 份，其中 5 人已收监执行。开展“双查双保”专项检察活动，纠正 1 起兴城市人民法院做出的《暂予监外执行决定书》没有暂予监外执行具体期限问题。

## 第六节　法律调研

1990 年，兴城市人民检察院成立法律政策研究室。1992 年，撰写调研稿件 480 篇，被国家、省、市、县各级采用、转发 393 篇。1996 年，撰写各类文章 481 篇，其中国家级采用 20 篇，省级 22 篇。兴城市人民检察院被评为葫芦岛市检察系统调研先进单位。兴城市人民检察院干警 5 人被辽宁省法学会吸收为会员。

2000 年，深入乡镇集市开展宣传、调研、咨询活动，发放宣传单、调研文章共 7000 多份，受教育群众达 1 万多人。2007 年，深入机关、企业，开展调研、法律咨询、专题座谈 15 次。研究、撰写重大工程建设项目的犯罪预防措施 11 项。2008 年，在各级报刊发表调研、宣传稿件 138 篇，其中国家级 19 篇，省级 11 篇，葫芦岛市级 108 篇。至 2010 年，兴城市人民检察院开展法律调研，有 56 项研究成果获省级以上表彰。2012 年，撰写调研稿件 50 篇，其中省级 32 篇，葫芦岛市级 10 篇，县级 8 篇。

# 第三章　法院

兴城市人民法院是受中共兴城市委领导和上级人民法院的业务指导、兴城市人民代表大会及其常务委员会监督，依法独立行使审判权的国家基层人民审判机关。依法管辖兴城区域内除法律法规另有规定的案件外，审理刑事、民商事和行政的第一审案件，以及上级人民法院指定审理的案件；指导人民调解委员会的工作。1986 年，兴城县人民法院内设 7 个工作机构，下设 10 个基层人民法庭。1997 年成立法警大队。2006 年 10 月，根据《中华人民共和国人民法院组织法》，人民法院独立行使审判权。2012 年，兴城市人民法院内设 17 个工作机构，下设 4 个基层人民法庭。

## 第一节　刑事审判

1986年，在“严打斗争”的第三战役中，兴城县人民法院对杀人、放火、抢劫、重大盗窃等严重危害社会治安犯罪及重大经济犯罪，依法从重从快严厉打击。全年受理刑事案件141件，审结139件，结案率96.9%。

1989年，召开公判大会11次，对杀人、放火、强奸、抢劫、重大盗窃等7个方面的严重刑事犯罪分子严厉打击，依法判处各类罪犯218人。1991年，受理刑事案件158件，审结157件，结案率98%。其中属于杀人、强奸、抢劫等严重危害社会治安的刑事犯罪案件52件64人；审结经济犯罪案件21件，挽回经济损失12万元。1995年，全年审结刑事案件302件，判决罪犯335人。其中审结杀人、放火、强奸、抢劫等严重刑事犯罪案件71件，判决罪犯88人。审结贪污、受贿、挪用公款等经济犯罪案件8件，挽回经济损失共32万元。

1997年，兴城市人民法院将纠问式庭审方式改为控辩式庭审方式，依法进行公开审判。全年召开公判大会5次，宣判案件21件27人。判处缓刑17人，占处刑总人数的9.5%，罪犯服判率达95%。2000年，受理刑事案件116件，审结107件，结案率90%。生效判决罪犯103人，其中从重判处5年以上有期徒刑的17人。审结利用邪教组织破坏法律实施的案件1件，对2名被告人依法做出刑事判决。

2003年，依照《中华人民共和国刑法》《中华人民共和国刑事诉讼法》的有关规定，兴城市人民法院加大司法领域的人权保障。全年对90名罪行较轻、有悔罪表现、不至于再危害社会的罪犯依法判处缓刑、管制和免予刑事处分，并落实监管措施。

2006年，开展“打黑除恶”专项斗争，重点打击有组织的犯罪、黑恶势力犯罪。生效判决罪犯235人，其中从重判处5年以上有期徒刑的15人。刑事案件无超期羁押、超审限发生，无上诉发回重审和改判案件发生。

2009年，严厉打击对黑恶势力犯罪、严重暴力犯罪、多发性侵财犯罪、涉众型经济犯罪、毒品犯罪。全年审结刑事案件227件，生效判决罪犯347人，其中从重判处5年以上有期徒刑的26人，占处刑总人数的7.5%。审结绥中县席某等45名被告人组织领导参与黑社会性质组织犯罪案件，对其中的首要犯罪分子从重判处15年以上有期徒刑。

2010年，兴城市人民法院配合公安、检察机关开展“打黑除恶”专项斗争。全年，受理并审结各类刑事案件281件，生效判决罪犯459人。其中从重判处5年以上有期徒刑的罪犯17人，占处刑总人数的3.9%。成功审理最高人民检察院、公安部挂牌督办的蒋某等36名被告人涉黑犯罪案件，对其中的首要犯罪分子分别从重判处10年以上20年以下有期徒刑并处罚金或没收财产。年内，成立少年法庭。坚持“寓教于审、惩教结合”的原则，加强对未成年罪犯的教育、感化、挽救工作。全年，受理、审结未成年人犯罪案件10件17人，其中免予刑事处分2人。

2011年，受理各类刑事案件406件，审结377件，结案率93 %。生效判决被告人561人，给予刑事处分的515人，其中从重判处5年以上有期徒刑的18人。审结兴城市首起危险驾驶刑事犯罪案件，有效发挥刑罚打击、教育、震慑功能。

2012年，兴城市人民法院将故意伤害、抢劫等严重危害社会稳定案件作为打击重点，依法快审快判。审结该类案件61件，判处5年以上有期徒刑20人。按照量刑规范化标准对被告人裁量刑罚，确保量刑结果均衡和过程公开透明。同时加强对刑事附带民事案件的调解工作，审结刑事附带民事诉讼案件 8 件，民事赔偿部分调解结案 7 件，占 87.5%。对未成年人犯罪案件，坚持寓教于审、惩教结合的方针，在量刑上多适用缓、减、免，给未成年人以改过自新的机会。全年共审结未成年犯罪案件24 件，其中判处缓刑的 40 人。

## 第二节 民商事审判

1986 年，兴城县人民法院民事审判深入基层，就地办案，着重调解，防止矛盾激化。收案 593 件，结案 574 件，结案率 96.8%。其中调解 503 件，占 84.8%。经济审判收案 67 件，结案 60 件，结案率 89.6%。1989 年，兴城市人民法院受理民事案件 1001 件，审结 1019 件（含旧存积案），结案率 99.5%。程序合法率 100%，事实准确率 98.4%，文书合格率 98%。

1992 年 11 月，辽宁省高级人民法院授权兴城市人民法院审理海事海商案件，兴城市人民法院在经济审判庭设立一个合议庭，受理锦西、锦州海域的海事海商案件。

1995 年，审结民事案件 1606 件，结案率 96.6%，其中判决结案 551 件，占结案总数的 37.7%。根据“自愿合法”的调解原则，进行疏导工作。经过调解，当事人主动撤诉结案 904 件，占结案总数 61.8%。审结行政案件 10 件，其中判决维持 3 件，撤销具体行政行为的 3 件，裁定驳回起诉和原告主动撤诉的 4 件。

2000 年，民事案件收案共 1401 件，结案 1415 件（含 1999 年旧存 39 件），结案率 98.3%。在审理婚姻家庭等方面的 653 件案件中，注重保护妇女、儿童和老年人的合法权益。在审理债务和赔偿案件中，运用调解手段平息纷争。审理金融部门的借贷案件，为农业银行清收逾期贷款 115 万元。2002 年，依据有关规定，将经济、知识产权等案件的审理纳入民事审判，称民商事审判。年内，撤销经济巡回审判庭、民事审判庭、经济审判庭，设立民事审判第一庭、第二庭、第三庭。全年受理民商事案件 1458 件，审结 1421 件，结案率为 97.5%。

2008 年，审结民商事案件 1996 件，其中调解撤诉解决 1512 件，调撤率达 76%；简易程序使用率达 77%；案件审限内结案率达 99.8%。推出便民、利民服务举措，巡回就地办案，设立午间、假日法庭，方便当事人诉讼。2010 年，审结婚姻家庭、合同、侵权及其他民事纠纷案件 1945 件。其中，涉企案件 211 件，确保企业及时运用法律手段保护合法权益。涉农、涉医和各类人身损害赔偿案件 122 件，保障群众基本诉求，维护公民合法权益。涉及房地产开发、建设工程合同等案件 39 件，保障重大投资项目顺利实施。

2011 年，受理民商事案件 1976 件，审结 1595 件，结案率 80.7%。判决结案的案件 591 件，占结案总数的 37.1%。以“社会矛盾化解年”为载体，实行人民调解、行政调解、司法调解“三调联动”有效衔接，全年有 732 件民商事案件经调解撤诉结案，占结案总数的 45.9%。

2012 年，受理民商事案件 2287 件，审结 1905 件，依法保护各方当事人特别是妇女、儿童和农民工的合法权益。坚持“和谐诉讼”理念，强化调解工作，做到简易案件快速调，复杂案件细心调，疑难案件耐心调，全年调解民商事案件 453 件，撤诉 383 件，调撤率 43.7%。

## 第三节 行政审判

1988 年，兴城市人民法院设行政审判庭。1991 年 5 月，审结第一起行政案件——林业行政处罚争议。受理治安裁决伤害赔偿、拒绝颁发工商执照、道路裁决争议、城管处罚争议、治安行政处罚争议等案件8件，审结8件。结案中，维持行政机关处罚3件，部分维持、部分变更1件，撤诉3件，撤销行政处罚1件。

1992年，受理行政诉讼案件12件，审结12件。1995年，受理和执结土地、计量、计划生育、食品卫生、城建、公路等非诉行政执行案件140件，执行标的总金额30余万元。

1997年，受理行政案件6件，审结6件。撤销和变更具体行政行为的3件，裁定驳回和原告撤诉3件。受理和执结非诉行政执行案件129件，执行标的总金额达15万元。

1999年，受理行政案件26件，审结25件。其中判决维持行政机关具体行政行为9件，撤销和变更具体行政行为8件，准予原告撤诉6件，裁定驳回和原告撤诉2件。在审理中，强化当事人举证，特别是强调被告举证，认真审查被告做出具体行政行为的合法性。受理和执结城建、林业、土地、食品卫生等非诉行政案件43件。

2003年，受理行政案件44件，审结44件。受理非诉行政执行案件276件，执结272件，执行标的总金额33.8万元。2006年，受理行政诉讼案件26件，审结26件。受理和执结各类非诉行政执行案件176件。

2010年，受理和审结各类行政案件41件。审查各类非诉行政执行案件288件，裁定准予进入执行程序的231件。在开展行政非诉执行案件“百日会战”中，执结水资源费、排污费和土地罚金等案件221件，执行标的总金额达500万元。

2011年，受理各类行政案件36件，审结30件。其中判决维持具体行政行为8件，占26.6%；判决撤销具体行政行为4件，占13.3%。全年受理和审查各类非诉行政执行案件159件，裁定准予进入执行程序70件。

2012年，兴城市人民法院坚持行政审判以保障行政相对人合法权益为主导，促进依法行政。审结行政诉讼案件42件，审理非诉行政案件299件。探索非诉行政案件协调机制，妥善化解行政争议，协调处理行政案件150件。

## 第四节 案件执行

1986年5月，兴城县人民法院成立执行庭。1988年，收受执行案件87件，执结82件，执行标的额15万元。

1992年，兴城市人民法院在执行中，坚持把疏导工作放在第一位。全年受理执行案件331件，执结313件，执结率94.6%。执行标的额共237万元。1995年，执结民事、经济执行案件321件，其中当事人自动履行83件，和解执行144件。对于反复说服教育仍不履行的当事人，依法采取强制措施执行的案件有105件，占32.7%。

1999年，按照最高人民法院关于开展执行年的部署，兴城市人民法院针对执行案件多且疑难案件比重大的实际，制定执行工作方案，为执行庭增配人员，配置交通工具及警具，突击执行影响较大的案件。受理执行案件621件，执结595件，执结率95.8%。对反复疏导教育无效者，采取划拨、以物抵债等强制措施执结的272件，占45.7%。

2003年，兴城市人民法院依照中共中央关于解决“执行难”的部署和全国人大常务委员会的立法解释，建立统一管理、协调指挥的执行机制，制定《执行工作细则》《执行案件法律文书审核签发制度》《执行员消极办案责任追究制度》等，规范执行行为。全年受理执行案件 598 件，执结 418 件。

2005 年 3 月，兴城市人民法院执行庭改称兴城市人民法院执行局。2008 年，依照辽宁省高级人民法院关于“清理积案”的部署，兴城市人民法院开展执行大会战，集中清理执行积案 51 件。新收执行案件 819 件，执结 768 件，执结率 93.8%。执行标的额 4726.49 万元。

2010 年，巩固集中清理执行积案成果，加大执行力度，推进综合治理执行难机制建设，探索破解执行难方式，加强公安机关协助执行、特殊主体通报督促执行等机制，开创执行工作新局面。受理执行案件 674 件（含旧存 53 件），执结 622 件，执结率 92.3%，执行标的额2000 万元。

2011 年，兴城市人民法院破解“执行难”，采取执行大会战的方式，突击执行，集中执行。全年受理执行案件 734 件，执结 707 件，执结率 96.3%，执行标的总金额达 8269.8 万元，执行到位总金额 7500.6 万元，执行到位率达 91%。

2012 年，执行工作多措并举，保障当事人合法权益。执结各类案件 592 件，执结率为 96.7%，标的额 5587 万元，其中当事人自动履行和双方和解的 340 件，占结案总数的 57.4%。在反规避执行专项行动中，有效清理积案，对 10 余件案件进行诚信通报。

## 第五节　审判监督

1987 年，根据中共中央办公厅〔1986〕6 号文件，结合申诉信访实际，兴城市人民法院对 1956~1966 年判处的反革命案件和其他政治性案件 520 余件进行复查，其中改判 60 件，宣告无罪 60 件。

1988 年 1 月，兴城市人民法院将信访、刑事二庭合并，成立告诉申诉审判庭。年内，接访 1032 人次；处理非诉讼和解答法律咨询 181 件；处理简易纠纷 13 件；受理刑事自诉和民事、经济、行政告诉案件 58 件，其中庭内自办 16 件，立案后转有关庭审理 42 件。

1991 年，接访告诉申诉 1702 人次，涉及案件 1508 件。其中，移送有关审判庭审理 1293 件，告诉申诉审理 25 件，说服息诉 82 件，处理非诉讼和解答法律咨询 123 人次。在审理 25 件审判监督案件中，有 7 件 9 人改判，改判中宣告无罪 3 人，免予刑事处罚 2 人，减轻刑罚 4 人。

1995 年，兴城市人民法院实行“立审分开”“审执分开”方式，强化内部监督和制约机制。解决群众“告状难”，加强告诉申诉信访工作。全年接待告诉申诉信访 262 人次，符合立案标准的 84 件，说服息诉的 30 件。坚持“有错必纠”的原则，强化审判监督职能。共审结审判监督案件 23 件，其中改判 7 件，驳回 12 件。

2000 年，兴城市人民法院坚持“依法纠错”原则，公开办事程序，完善院长接待日等各项信访工作制度。全年共收当事人申诉、检察机关抗诉和该院发现提起的再审案件 62 件，审结 61 件。在审结审判监督案件中，维持原判的 10 件，撤销原判的 12 件，裁定驳回申诉 33 件。年内，接待群众信访 2051 件次，接待非诉访信 539 件次。

2005 年，兴城市人民法院构建“大立案、精审判、强执行、严审监”的格局，推进审判制度改革，实行接访“首问制”“倒查制”；改扩建立案大厅，实行立案柜台式的“一条龙”服务。每位庭长、主管副院长、院长备有接待登记簿。全年接待访信 3173 人次，受理申诉复查案件 35 件，进入再审并审结的案件 23 件，其中改判的 8 件，比 2004 年下降 57.9%。

2007 年，兴城市人民法院每月召开一次信访工作会议，总结信访接待工作，提出处理意见限期解决。在审判监督工作中，认真审查当事人申诉、检察机关抗诉和该院提起的再审案件。全年受理申诉复查案件 59 件，进入再审并审结的 16 件。兴城市人民法院被辽宁省高级人民法院记集体二等功一次。

2010 年，按照辽宁省高级人民法院开展“司法管理年”活动的部署，兴城市人民法院成立审判管理办公室，建立审判质量评查制度。全年，符合再审条件进入再审程序以及启动院长发现程序再审的案件 17 件，原判有错误再审改判 7 件。

2011 年，受理涉诉信访、来访和申诉复查案件 68 件，结案 63 件，结案率达 92.6%。其中辽宁省高级人民法院和中共兴城市委政法委交办的进京上访案件，全部息访。全年，受理上级人民法院指令再审和兴城市人民法院进入再审程序审理的案件 24 件，审结 15 件。其中判决维持 3 件，改判 6 件，其他方式处理和解决 6 件。

2012 年，兴城市人民法院重视立案信访工作，积极调处纠纷。共受理信访和申诉复查案件 29 件，审结 29 件，结案率达 100%。将涉诉信访工作纳入审判绩效考评中，努力提升案件质量和效率，共受理各类再审案件 14 件，审结 10 件，依法纠正不当裁判，维护司法公正。

### 第六节　基层法庭建设

兴城县（市）人民法院为缓解审判压力，在强化法院审判工作机制的同时，注重抓好基层人民法庭建设。在日常工作中，构建“诉调对接”机制。基层法官加强与村委会、司法所、人民调解委员会等基层组织的沟通和联系，力求把矛盾纠纷化解在诉讼前，化解社会矛盾，促进社会和谐。

1986 年，兴城县人民法院设立 10 个基层人民法庭。

1988 年，撤销华山、拣金、围屏、钓鱼台和兴城镇 5 个基层人民法庭，设立旧门、碱厂、沙后所、东辛庄、温泉、宁远 6 个基层人民法庭。1993 年，经锦西市中级人民法院同意和兴城市编制委员会批准，撤销温泉、宁远 2 个人民法庭，成立城郊人民法庭。1995 年，撤销城郊人民法庭，复设温泉、宁远、旧门、碱厂、沙后所、东辛庄 6 个基层人民法庭。

2005 年，沙后所等 4 个人民法庭开展巡回办案。法官在农民的炕头上、学校的教室里开庭，产生良好影响。

2010 年，撤销温泉、宁远 2 个人民法庭，碱厂人民法庭改设红崖子人民法庭。2012 年，兴城市人民法院辖旧门、红崖子、沙后所、东辛庄 4 个基层人民法庭。

## 第四章　司法行政

司法行政是围绕司法活动展开的对司法机关以及监狱、劳动教养、公证、律师、调解等组织中的行政管理活动的保障和服务。1987 年，兴城县司法局更名为兴城市司法局。1998 年 3 月机构改革，兴城市司法局与中共兴城市委政法委合署办公。2002年，兴城市司法局与中共兴城市委政法委分开单设，为兴城市人民政府工作部门。主要职能是贯彻执行国家和省、市有关司法行政工作的方针政策和法律法规，编制司法行政工作计划，组织实施和指导全市普法宣传教育及依法治理工作；负责全市社区矫正工作和刑满释放人员、解除劳教人员的安置帮教工作；管理、指导和监督全市基层司法所、公证处、律师事务所、法律援助中心、基层人民调解组织及其他社会法律服务机构工作。

## 第一节 基层建设

1986年，兴城县各乡镇全部配齐司法助理员，建立基层司法组织。

1989年，全市有26个乡镇街道法律事务所改建为法律服务所，服务所主任由司法助理员兼任。1991年，全市27个法律服务所为99家乡、村、企事业单位担任常年法律顾问。是年，古城街道法律服务所被辽宁省司法厅授予最佳法律服务所。兴城市司法局对全市95个村（居）民委员会的人民调解委员会进行调整，对393名人民调解委员会主任分4期进行培训。年末，达到一类人民调解委员会309个，二类84个。

1996年，兴城市司法局对基层28个法律服务所进行整顿，其中达到一级标准的1个，二级1个，三级6个，限期整顿的10个，休业整顿的7个，撤销3个。依照相关规定，东辛庄满族镇和红崖子满族乡司法所实行自收自支管理。

1997年，基层法律服务所进一步完善帮教组织，保证每名“两劳”（劳改与劳教）释解人员至少有2名帮教人员承包负责。是年，温泉法律服务所被评为辽宁省基层法律服务“窗口”单位。

2000年，根据司法部《乡镇法律服务业务工作细则》，对基层法律服务所及工作人员进行整顿和资格考试，将不合格的法律工作者予以辞退。

2001年，整顿基层法律服务市场，取缔私自挂牌营业13家。在全市各乡镇、街道成立司法调解中心，并在三道沟满族乡和东辛庄满族镇进行规范化调解庭建设试点。年末，全市调解庭建设达到80%。2005年，红崖子满族乡司法所被国家司法部授予“全国优秀司法所”称号。

2008年，在创建“五好司法所”的基础上，围绕机构设置、人员配备、硬件改善、软件配备，整合提升标准，创建“样板司法所”。宁远街道司法所、东辛庄镇司法所被评为辽宁省先进司法所。

2010年，复查整顿人民调解组织291个，有140个达到一类调委会标准，有144个达到二类标准。2011年，兴城市司法局举办三期《人民调解法》培训班，参加培训人数达600余人。

2012年，兴城市司法局在全市范围内公开招聘社区矫正助理员27名，加强基层矫正工作队伍力量。兴城市公证处办理各类公证6912件，无一差错，被辽宁省司法厅评为“省级优秀公证处”。

## 第二节 普法教育

普法教育就是紧密结合国家民主法制建设的新进展、新成果，通过深入扎实的法制宣传教育和法治实践活动，进一步提高全民法律意识和法律素质，提高各级政府和社会组织依法行政能力，提高依法管理和服务社会的水平。

1986～2012年，依照全国统一部署，兴城开展6次普法教育活动。

### “一五”普法

“一五”普法，即第一个五年普法教育活动。1986年，是普及法律常识教育的第一年。兴城县有普法对象435995人，通过组织学习，受教育392395人，受教育面90%。全县4738名村级以上干部中，有85%初学《刑法》《经济合同法》《治安管理条例》。副科级以上干部有391人受到较系统的法律知识教育。1988年，在全市开展《中华人民共和国宪法》《中华人民共和国刑法》《中华人民共和国婚姻法》《中华人民共和国经济合同法》《中华人民共和国民法》《中华人民共和国兵役法》《中华人民共和国民事诉讼法》《中华人民共和国刑事诉讼法》《中华人民共和国森林法》《中华人民共和国治安管理处罚条例》等法律法规教育。市领导干部带头学习，科级干部90%以上系统地学习上述法律。是年，对副科级以上干部进行考试验收，平均分数达95分。

1990年，兴城市司法局、公安局、检察院、法院等单位，通过举办培训班、开展知识竞赛、以案释法及举办图片展览、讲法制课、典型经验介绍等方式，完成对专业法律法规的学习。

### “二五”普法

“二五”普法时间段为1991～1995年。1991年初，为保证普法教育活动开展，全市调整部委办局和乡镇街道普法领导小组121个，基层单位和村级普法领导小组988个。按照新的普法要求制定方案，组织实施。全市普法对象44万人，其中重点21万人。

1993年，兴城市司法局会同兴城市妇联组织学习宣传《妇女权益保障法》《计划生育条例》《民法通则》《婚姻法》；与沿海乡镇和渔政部门联合，宣传《中华人民共和国渔业法》《中华人民共和国水产资源法》；与山区的乡镇联合，宣传《矿产资源法》《林业法》《土地管理法》；在相关企业宣传《产品质量法》等。利用报纸、电视、有线广播等形式宣传法律常识。在学校、集市、街头，开展法律咨询1250次。张贴标语4500条，出墙报1850期，出动宣传车135辆次。

1995年，深入宣传《公司法》《产品质量法》《反不正当竞争法》《消费者权益保障法》等。对47名副处级以上、400多名副科级以上干部和600多名执法人员进行培训。

### “三五”普法

1996年为“三五”普法的第一年。兴城市在总结“二期”普法基础上，进一步改进宣传教育形式，深入开展普法教育。1998年，组织市领导集中听法制讲座3次，学习《中华人民共和国选举法》《中华人民共和国行政诉讼法》《中华人民共和国行政处罚法》等，31名副县级以上领导干部参加法制培训班并通过考试验收。中共兴城市委党校分3期对乡镇街道和市直机关领导干部进行法制培训。举办3期有各局、乡镇主管政法的副书记、司法助理、法律工作者参加的培训班。对200多名村党支部书记、村民委员会主任分两期进行法律培训。

2000年，兴城市依法治市办公室专门对市直及乡镇副科级以上领导干部进行“一书一法五条例”考试。对领导干部和执法人员履职行为提出法律要求。

### “四五”普法

2001年，兴城市司法局对380多名副科级以上干部和1500名公务员进行普法考试，涉及《宪法》《行政法》《行政处罚法》《民法》《刑法》《合同法》等内容，合格率达100%。在“普法下乡”活动中，到各乡镇中小学讲法制课7场，受教育群众达8000人。与《兴城时讯》联合开办法制教育专版。

2002 年，举办 3 期有各乡镇街道司法助理、法律工作者、村党支部书记、村民委员会主任等参加的法律骨干培训班；共举办乡、村两级党员骨干培训班 30 期，3000 人次。

2004 年，利用农村集市、农建工地开展普法宣传活动。先后举办不同层次的普法培训班 30 次。举办新任副科级干部法制培训班，重点学习《行政法》《行政处罚法》《行政复议法》《行政许可法》等；举办乡村级干部培训班，学习《村民委员会组织法》《辽宁省村民委员会选举办法》，有 400 人参加。2005 年 7 月，组成 5 个检查组对 88 个单位普法、依法治理工作进行检查验收。全市各单位全部落实执法公示制、执法责任制和错案追究制。依法建章立制 459 种，有 20%的村（小区）达到“民主法治示范村”标准。经省、市检查组验收，对兴城的“四·五”普法、依法治理工作给予充分肯定。年末，四家村被国家司法部和民政部评为“全国民主法治示范村”。

### “五五”普法

按照国家和省市“五五”普法要求，兴城市司法局组织开展“法律六进”（进机关、进乡村、进小区、进学校、进企业、进单位）活动，推动普法依法治理工作。

2007 年，成立“五五”普法专家服务团，依托中共兴城市委党校加强领导干部法制教育，开展法律知识竞赛，组织市直机关干部参加网上法律知识考试，建立学校青少年法制宣传教育基地等。

2008 年，邀请葫芦岛市、兴城市法律专家到城东街道宣讲《物权法》；组织专家团到郭家镇进行普法宣传、法律咨询。全年共开展法律进小区活动 50 次，送法律下乡 28 次，进校园 21 次。

2010 年 6 月，举办“五五”普法总结验收法律知识考试，司法行政系统共有 83 人参加考试。9 月 15 日，“五五”普法检查组历时 1 个月时间，通过听取汇报、查看数据等方式对全市各乡镇街道、市直及驻在单位共 90 家单位进行全面考核，并根据百分制评分标准打分。12 月，33 名副县级领导干部参加并通过“五五”普法验收考试。

### “六五”普法

2011 年，是“六五”普法开局之年，也是《中华人民共和国人民调解法》颁布实施的第一年。兴城市司法局采取多种形式，开展学习和宣传活动。组织编排以宣传“人民调解”在化解基层矛盾、促进社会和谐中的重要作用为题材的小评剧《接妈》和快板《人民调解进万家》等，在东辛庄集市和宁远中心广场公开演出。编印《农村常用法律法规知识问答 100 题》，发至各司法所。全年，开展法律宣讲活动 228 场（次），发放《人民调解法》宣传资料 1.1 万份。

2012 年，兴城市司法局在全市中小学生中开展“六五普法进学校”活动，重点宣传《中华人民共和国道路交通法》，发放《中小学生交通安全常识宣传手册》60000 册。10 月，兴城市司法局选派的 5 名人民调解员参加辽宁省首届“人民调解员、法律明白人”风采大赛，获第三名。年末，兴城市被辽宁省依法治省领导小组办公室授予“法治文化示范基地”。

## 第三节 人民调解

1986 年，兴城县在各乡镇建立人民调解组织 423 个，配备调解干部 2069 名。1988 年，全市调解民事纠纷 2851 件，调解成功 2653 件，占 93 %。评出 29 名优秀司法助理、调解员。

1993 年，全市调解各类纠纷 3025 件，其中村（居）人民调解委员会受理婚姻、生产经营、债务、房屋宅基地等纠纷1873件，调解成功率94.5%；乡镇法律服务所调解209件经济纠纷，506件其他民事纠纷；司法助理员调解民间纠纷437件。

1995年，结合村（居）委会换届选举，调整人民调解委员会主任275人，人民调解委员会委员727人，达到一类人民调解委员会310个，二类57个，无三类调委会。全年，全市受理民事纠纷4848件，调处成功率95%。1996年，全市选配纠纷信息员1711人，初步健全“十户调解员制度”，基层调解工作形成网络。年末，有3名人民调解员获辽宁省司法厅“防止矛盾激化”一等奖，温泉街道居委会主任裴瑛被评为“全国优秀人民调解员”。

2003年，全市开展民间纠纷大排查，排查、调处各类纠纷171件，调处成功率达95%。

2006年，建立定期排查矛盾纠纷制度。居民小组每周进行一次矛盾纠纷排查，村和小区每半月进行一次矛盾纠纷排查，乡镇街道调解组织每个月进行一次矛盾纠纷排查。实行人民调解员定时、定点、定责任、定调处的“四定”调处机制。通过灵活多样的方法，全市排查出各类较大的矛盾纠纷210件。全年，调处各种矛盾纠纷963件，成功率98%；防止群体性上访6件，制止群众性械斗5件（次），避免民事转刑事3件。

2009年，兴城市司法局组织各级人民调解组织和人民调解员集中开展矛盾纠纷“百日大排查”活动，排查调处各类纠纷1031件，成功调处991件。

2010年，排查出各类社会矛盾纠纷544起，成功调处518起，调处成功率95%。发现治安隐患21条，治安案件线索1条。重点整治非正常上访3起，制止群体性上访28起，制止群体性械斗9起，全年，全市调解各种纠纷1468件，成功调处1432件。

2012年，开展“促和谐、保稳定、大排查、大调处”活动，全市各级调解组织排查调处各类矛盾纠纷2860起，调处成功率97.6%，比2011年提高2.6个百分点。涉及土地、林地、建房、家庭等矛盾纠纷被化解在基层，有效地维护社会稳定。

## 第四节 社区矫正

2001年，兴城市对234名“两劳”释解人员采取组织帮教、家庭帮教、社会帮教，使其有饭吃、有收入、有事儿干。2003年，对年内接收的23名刑释解教人员，帮助19人落实责任田，有4人从事个体经营。

2011年11月，按照国家、省、市司法部门的部署，兴城市司法局开展社区矫正人员调查摸底、社区矫正工作人员培训、社区矫正知识宣传等项工作。至年末，完成170名社区矫正人员接管和建档工作。协调有关部门帮助刑满释放、解除劳动教养27名农村户籍人员落实承包田，8名非农户籍人员从事个体经营、3名从事个体运输。为使“两劳”释解“三无”人员找到工作、生活之处，将原旧门空心砖厂作为过渡性安置帮教基地。

2012年，由兴城市司法局牵头，与兴城市人民检察院监所科和兴城市公安局户政科组成联合督察组，对全市26个司法所社区矫正工作逐一进行督察。对派出所交接不到位的，由监所科责令限期交接完毕。对监管机构要求必接的刑释解教人员，由司法所与其亲属到监管机构接回。全年，全市接收社区矫正人员533名。按照最高人民法院、最高人民检察院、公安部、司法部联合制发的《社区矫正实施办法》，兴城市各司法所对社区矫正人员定期开展集中教育、个别谈话教育、组织参加公益劳动、进行心理辅导和听取矫正人员思想汇报等管理工作，及时掌握矫正人员的思想和生活状况，做好各项档案记录，作为考核、奖励依据。协调有关部门组织开展技能培训、指导就业或就学的具体帮扶工作。帮助农村户籍的矫正人员全部落实承包田，指导就业或就学 19 人次，组织参加技能培训 22 人次，落实低保 2 人。新增沙后所养鱼场作为安置帮教基地，安置“两劳”释解人员 5 名就业。

## 第五节 公证工作

1986 年，兴城县公证处有公证员 5 名，助理公证员 1 名。公证处遵循真实、合法的公证原则，坚持便民利民、服务群众、奉献社会的宗旨，为社会各界群众依法办理关于合同、委托、遗嘱、继承、财产、收养、身份、学历、出生、婚姻和死亡等项公证证明。

1989 年，兴城市公证处办理公证业务 4177 件，其中计划生育合同 1820 件，房屋买卖合同 645 件，劳务合同 581 件，其他合同 1131 件。是年，首次开办涉外公证业务。

1993 年，兴城市公证处改革内部管理机制，实行目标管理。成立 3 个业务室，将全市划分为 3 个片区，责任到室，任务到人。取消公证人员的补助，实行收费提取分成奖励的办法。

1997 年，兴城市公证处围绕企业产权制度改革和农村土地流转制度改革，搞好法律服务。先后 50 多次无偿为企业的租赁、招标、拍卖、破产等重大经济活动进行公证，涉及金额数千万元，免收公证费 4 万余元。

2004 年，兴城市公证处实行目标管理，对工作质量、数量、收费等规定指标。与兴城市婚姻登记处联合开展婚前财产公证新业务，拓展法律服务市场。

2008 年始，兴城市公证处为进一步加强办证出证过程的公开、透明度，建立和实行公证人员错证、假证追究制度，树立公正执法的良好形象。全年，办理各类公证 2600 件，均无错证。

2010 年，兴城市公证处严格规范公证服务项目秩序、规范办证程序、规范公证处运行机制。加强案件质量检查工作，全面落实监督措施，坚持每月组织公证员对每起案件进行互查，确保案件质量。全年，办理各类公证 1987 件，其中国内公证 1815 件，涉外公证 172 件。

2012 年，兴城市法律公证处办理各类公证 6912 件，无一错证、假证，为兴城市改革、发展、稳定提供优质高效的公证法律服务，被辽宁省司法厅评为“省级优秀公证处”。

## 第六节 律师工作

1986 年，兴城县法律顾问处有律师和实习律师 3 人，专兼职法律工作者 7 人，为兴城县原种场等 6 个单位担任常年法律顾问。全年，承办刑事辩护案件 34 件，接受民事代理 51 件，避免经济损失 4 万元。

1989 年，兴城市有 7 人取得律师资格，其中女律师 3 人。二级律师李勇平、三级律师谢英华，受聘兴城市人民政府首任法律顾问。

1991 年，有 7 名律师为 28 家机关和事业单位担任常年法律顾问。为聘用单位草拟规章制度 46 件、审查合同 61 份，参与谈判 26 次，提供法律建议 99 条，代理解决纠纷 49 件，索回拖欠款55 万元。

1993 年，兴城市法律顾问处改为兴城市律师事务所。是年，兴城市第二律师事务所成立。

1994 年，兴城市司法局组织全体律师学习律师职业道德规范，制定廉洁自律措施，教育律师讲究职业道德。各律师事务所免费为生活困难的当事人代理诉讼，拒收当事人礼金。全年办案 504 件，设顾问点 50 个，为当事人避免经济损失 60 万元。

1996 年 3 月，《中华人民共和国律师法》颁布，明确律师是社会法律工作者，律师事务所属社会中介服务组织，其行为不再是政府行为。在春季开展的严打斗争期间，兴城市司法局专门成立刑事辩护指导小组，配合司法机关从重从快打击犯罪分子。

1997 年，兴城市律师事务所更名为葫芦岛明城律师事务所，兴城市第二律师事务所改为葫芦岛劲声律师事务所，并作为葫芦岛市窗口单位，参加社会活动。年内，两个律师所共办理刑事案件 140 件，民事案件 280 件，经济案件 105 件，行政案件 9 件，非诉讼代理案件 87 件；为 45 家单位担当法律顾问，代写法律文书 244 份，挽回经济损失 1300 万元。刘台子满族乡一村民与他人合伙经商，后双目失明，手无凭据，索债无门。经过律师的无偿帮助，法院判决，为当事人索回本、息 2.55 万元。2001 年，兴城市法律援助中心成立。葫芦岛明城律师事务所更名为辽宁明城律师事务所。2002 年，葫芦岛劲声律师事务所更名为辽宁劲声律师事务所。

2004 年，兴城市司法局制定方案，通过开展自查自纠，征求法官和当事人意见，在新闻媒体上公示，设立举报电话，接受社会监督等方式，对全市律师进行教育整顿。其间，依法取缔火车站前一家非法营业的法律服务所。是年，辽宁来源律师事务所成立，有执业律师 11 人。

2008 年，兴城市各律师事务所主动参与社会公益活动，当好各级人民政府的参谋、助手。为 25 家机关企事业单位担任法律顾问，办理各类法律诉讼及代理 135 件，非诉讼代理 98 件，法律咨询 2100 多人次。

2010 年，全市建有律师事务所 3 家，执业律师 19 人。全年，为 30 家机关、企事业单位担任常年法律顾问；代理各类诉讼案件 189 件，其中刑事 19 件，民事 92 件，行政 8 件，代书 74 份，解答法律咨询 725 人次。截至 2012 年末，兴城市各律师事务所承办各类法律诉讼案件 604 件，其中刑事案件 107 件，民事案件 461 件，行政案件 36 件。

## 第七节　法律援助

2001 年，兴城市法律援助中心成立。为 4 家企业提供法律援助，为符合援助的当事人办理各种刑事、民事、行政案件 80 余件。2002 年，法律援助中心办理民事案件 40 件，刑事案件 8 件；为孤寡老人无偿办理案件 14 件；代写法律文书 60 件；解答法律咨询 500 余次。

2007 年，建立法律援助工作联席会议制度，在团委、妇联、工会、残联等单位设立法律援助分站，定期召开会议。在各乡镇街道建立法律援助工作站，重点面向乡村、社区，为下岗职工、困难群众提供法律服务。

2010 年，兴城市法律援助中心办理各类援助案件 281 件，其中民事案件 272 件，刑事案件 6 件，行政案件 3 件，义务代书 53 份，解答法律咨询 235 人次。年内，法律援助网络逐步成熟，形成市、乡、村三级法律援助网络。各级法律援助机构充分发挥法律援助的社会性、无偿性和保障性，重点开展对未成年人、残疾人、妇女、老年人及军人的特色法律援助，为困难群众提供更直接、更周到的法律服务。

2012 年，兴城市法律援助中心承办法律援助案件 493 件，其中民事诉讼案件 30 件、民事非诉讼案件 455 件、刑事案件 5 件、行政诉讼案件 3 件，接待咨询 278 人次。

# 第十九篇　民　政

## 第一章　基层自治组织建设

村委会和居委会是根据宪法和《中华人民共和国村民委员会组织法》《中华人民共和国城市居民委员会组织法》的规定，以城乡居民（村民）一定的居住地为纽带和范围设立，并由居民（村民）选举产生的成员组成的实行自我管理、自我教育、自我服务的基层群众性自治组织。兴城市人民政府严格依照有关法律规定进行村（居）民委员会换届选举和建设，使村（居）委会的活力进一步增强，各项管理制度得到进一步健全和完善，城乡农村基层民主法治建设稳步推进。

### 第一节　村委会建设

村民委员会（简称村委会），为中国乡镇所辖行政村村民选举产生的基层群众性自治组织。1982年《宪法》确认村民委员会的法律地位，1988年6月《中华人民共和国村民委员会组织法》开始试行，1998年10月正式颁布实施。2010年重新修订。

#### 村委会换届选举

村民委员会由主任、副主任和委员3~7人组成，每届任期3年，届满及时举行换届选举。换届选举工作由全省统一部署全市统一安排，各乡镇人民政府、街道办事处负责具体实施，由村民直接选举产生村委会。至2012年，兴城县（市）共组织10届村委会换届选举。

1990年，兴城市民政局会同兴城市人大常委会法制办，8次深入闻家满族乡调查，认定在村委会换届选举中存在违法问题。4月27日，全乡12个村依法重新进行村委会选举，全面纠正违反《中华人民共和国村民委员会选举法（试行）》的错误做法。

2007年，兴城市239个行政村开始村委会换届选举工作。236个村选举一次成功，3个村选举延期完成。全市选举产生村民委员会成员814人，其中主任239人，副主任和委员575人。换届选举后，由中共兴城市委党校分3批对529名村干部进行培训，其余成员由乡镇人民政府和街道办事处组织培训。

2010 年，为搞好村委会换届选举，3 月 2 日召开兴城市村党组织和村民委员会换届选举工作会议，中共兴城市委制发《关于做好 2010 年村党组织和村民委员会换届选举工作的通知》《党的地方和基层组织选举工作流程》等文件和读本，兴城市人民政府纠风办公室全程介入换届选举工作。全市 20 个乡镇、7 个街道、239 个行政村，登记选民 331695 人，实际参加选举 271422 人，参选率为 82%，产生村民委员会成员 854 人。

2011 年 5 月，在第十届村委会换届选举一周年后，兴城市民政局按照《中华人民共和国村民委员会组织法》规定，指导在 2010 年村委会选举时有代理村委员会成员的村进行补选。2012 年，做好第十届村民委员会换届选举后信访处理工作。对于农民来信来访反映在第十届村委会换届选举中存在的问题，做好接待、查访、分析和解释工作，对重点案件进行专门调查，提出合理建议，妥善处理该类上访案件。

### 村民自治示范活动

自 1991 年始，按照《中华人民共和国村民委员会组织法（试行）》要求，兴城市广泛开展村民自治宣传活动，有 35 个示范村基本达到考核细则要求。

1998 年，兴城市以村级财务管理为主要内容的村务公开和民主管理活动全面展开，推行村民代表议事会制度、村民委员会自律制度、民主管理制度、财务管理制度、“两委”联席会制度、村委会及村民组代表的责任制度、民主评议制度等村级民主管理制度。2006 年，兴城市人民政府制发《关于健全和完善村务公开和民主管理制度的实施意见》，进一步推进村务公开和民主管理活动的开展。

2007 年，全市深入推进村务公开、民主管理制度落实，开展创建示范村活动。年内，共评出“村务公开、民主管理”示范村 110 个。其中四家屯街道四家村、华山街道上长茂村等 23 个示范村参加辽宁省人民政府村务公开、民主管理示范村检查评比，被评为辽宁省村民自治示范村。2008 年，继续开展村务公开、民主管理示范村创建活动。兴城市 23 个省级示范村全部建账立册，并开展村务公开目录编制工作。兴城市民政局与兴城市档案局配合，深入各村，协助建立村级档案。年内，根据辽宁省人民政府、葫芦岛市人民政府的要求，兴城市民政局制定方案，在农村 7 个村开展社区建设试点工作，并组织试点村党支部书记、村委会主任到丹东市东港市考察学习。10 月，选送 3 名试点村党支部书记、村委会主任参加辽宁省民政厅举办的培训班。2009 年，兴城市农村社区建设试点村增至 11 个。

2012 年，开展村务公开和民主管理示范工作大检查，采取乡村自检，再由市组织抽查等方式，进一步健全和完善管理体制。

## 第二节 居委会建设

依照《中华人民共和国城市居民委员会组织条例》，兴城在城镇辖区设立居民委员会（简称居委会）。1989 年 12 月，新修订的《中华人民共和国城市居民委员会组织法》颁布实施。明确居民委员会是居民自我管理、自我教育、自我服务的基层群众性自治组织，在基层政权组织及其派出机关的指导下进行工作。

### 居委会换届选举

居委会每届任期3年，居委会成员由居民代表直接选举产生。至2012年，兴城市共进行8次居委会换届选举。

2001年，制定《兴城市社区建设实施方案》，将全市原有的37个居委会重新划定为22个社区居委会。

2008年，兴城市开展第七届社区居委会换届选举。新当选的103名居委会主任和社区干部普遍年轻化，其中大专以上文化程度占90%以上。7月，对新当选的社区干部进行集中培训。

2011年，完成第八届社区居委会的换届选举工作。全市27个社区，其中城市社区21个、镇辖社区6个，共选出社区干部148人。2012年，通过深入走访开展民心调查，巩固2011年社区居委会的换届选举成果，提升社区居委会的社会影响力和工作推动力。

### 建立社区服务体系

2002年，兴城市民政局组织开展社区"一站四室"（服务站、办公室、医疗室、警务室、活动室）建设。至年末，兴城市共有社区服务站2040平方米、办公室990平方米、社区医疗室22个、警务室22个，80%的社区"一站四室"建设达到辽宁省规定的标准。

2005年，兴城市民政局组织发展社区服务业。采取租、借，与驻在单位联办等形式先后成立8个社区服务中心。服务中心有社区保障、社区救助、家政服务、医疗保健、社区文化、就业技能培训、职业介绍、社区保洁保绿等服务项目。2006年，在创建"和谐社区"示范评比活动中，兴城市有5个社区被评为辽宁省"示范社区先进单位"。

2007年，兴城市民政局加强社区基础设施建设。全市27个社区"一站四室"有22个达到辽宁省或葫芦岛市标准。提高社区干部待遇，城区21个社区有60名社区干部由财政拨款开支，月平均工资1000元左右，社区年办公经费20000元以上。在全市27个社区中开展争创"品牌社区"和网络化社区服务活动。

2010年，兴城市民政局组织开展城市示范社区创建活动。对全市27个社区内的69名工作人员给予专项补贴。为部分试点村争取上级补贴资金60余万元，试点村在硬件设施具备的情况下加强软件建设，充分发挥社区服务中心的功能。

2012年，兴城市民政局对社区现状开展调查。内容包括社区公共用房的性质以及省、市、县帮建情况，社区办公经费情况，社区协助政府部门开展工作情况，社区工作队伍的人员组成情况，制约社区发展的瓶颈问题以及近期社区建设规划等。制定《关于解决我市城市社区公共用房问题的建议》，对解决社区办公用房、改善社区办公环境等提出安排意见。

# 第二章　优抚安置

做好拥军优属和退役士兵安置，历来是兴城市人民政府和有关部门的长期工作。按照新修订的《退役士兵安置条例》和中共中央关于退役士兵安置改革的部署，研究制定相关配套政策。落实和完善扶持退役士兵创业的优惠政策，做好宣传引导和组织实施工作。深入开展退役士兵免费教育培训，提高培训参与率和培训后的就业率。妥善解决城镇退役士兵安置问题，有效发挥军地两用人才积极性和创造性。

## 第一节 双拥工作

中华人民共和国成立后，开展拥军优属、拥政爱民活动在兴城形成传统。每逢节假日，中国人民解放军驻兴城部队官兵在兴城火车站、海滨浴场和古城内值勤，维持秩序，疏导交通，义务导游。1986 年，驻兴城部队指战员在旅游景点设立理发、修表、补鞋等摊位，为游客义务服务 6000 余人次。驻兴 81222 部队抽调 600 余名干部战士参加兴城首山风景区建设，开凿一条长 7000 余米、宽 9 米的环山公路，动用土石 40000 余立方米，植树 14000 余株。

1988 年，中国人民解放军驻兴城某部开赴老山前线，执行对越自卫反击作战任务。部队出发时，兴城市人民政府送去大米、猪肉、苹果，给参战官兵每人 1 个慰问袋，袋内装有食品和生活用品。部队出发后，兴城市人民政府领导 5 次登门走访官兵家属 60 余户，帮助 4 户解决住房问题，为 5 户解决生活费、取暖煤不足和外欠款等实际困难。兴城市党政军慰问团，于 10 月 16 日赴滇，带去慰问品和千封慰问信。部队凯旋，兴城市党政领导到火车站迎接，从兴城火车站到民政招待所 3 公里路两侧，干部群众 5 万多人夹道欢迎。

1991 年，兴城市建立各类拥军优属组织 62 个，拥军优属活动形成社会化、制度化、经常化。6 月份，军地双方各出资 6.5 万元，将通往驻军某部营房的“双拥路”由土路改建成柏油路。兴城市人民政府投资 5 万元修建一座拥军桥。

1996 年，兴城市军民共建点发展到 82 个。兴城市人民政府帮助驻海滨满族乡台子里村的部队妥善解决舰炮检验基地军事设施占地问题，帮助驻兴城 81222 部队解决水源受污染、部队观察站扩建占地问题；在各停车点、旅游景点，对军车、军人免收费用。年内，兴城市被评为“辽宁省双拥模范城”。

驻兴城部队经常开展医疗下乡活动，1997 年，进行医疗咨询 1.4 万余人次，义诊 3800 余人次，免费为群众送医送药折合人民币 5000 余元。帮助地方治理东河，共出动官兵 2 万余人次，出车 1000 余辆次，清理河床 985 米，清淤 2.4 万余立方米。为地方军训 1 万余人次。

1998 年 4 月，中共兴城市委、兴城市人民政府联合下发《关于进一步做好拥军优属工作的决定》，驻兴城部队制定《驻兴部队爱民公约》。6 月，兴城市人民政府无偿为部队下岗军嫂提供 8 个“爱心售货（报）亭”。9 月 12 日，驻兴城武警部队从黑龙江嫩江地区完成抗洪抢险任务凯旋，兴城市民近 10 万人夹道欢迎。年内，兴城广播电视台投资 24 万元，为驻兴城部队架设有线电视干线 3.5 公里、支线 3 公里。

2001 年，军地双方加强对双拥工作的领导，建立市领导联系驻军、人大代表和政协委员视察检查双拥工作、召开军地联席会议、定期走访慰问等项制度，双拥工作走上规范化轨道。全市结成“军民共建”对子 115 个，做到 “双拥工作进社区，科技强军进军营”。兴城市为驻兴城部队修路、修桥投入和减免各种收费总计达 580.9 万元。驻兴城部队参加河流治理、打扫积雪、清理卫生、植树等活动，出动人工 50400 余人次，出车 15000 余辆次，捐款 4 万余元，资助特困学生 96 人。

2004 年 5 月，成立兴城市双拥工作领导小组办公室，为专门办事机构。

2005年，兴城市教育、交通等部门组织162名专业技术人员，为部队培训军地两用人才2940人；投资30万元，为武警8623部队铺一条宽10米、长300米的黑色路面。驻兴城部队开展送医送药下乡、扶贫帮困和捐资助学活动，共派出医疗队34个，义诊92300余人次，免费发放各种药品折款9.5万元。沈阳军区兴城疗养院捐资5万元为南大山满族乡兴建一所“八一小学”。

2007年，兴城市人民政府投资370万元，为驻兴8623部队修建公路18.7公里；向部队赠送慰问品、慰问金计36.8万元；组织文艺演出队，先后3次到部队进行慰问演出。2008年，为纪念东北解放60周年暨兴城解放60周年，兴城市人民政府及有关部门组织一系列活动，并慰问65名在解放东北时立过战功的老复员军人。

2011年，兴城市双拥工作紧紧围绕支持部队完成多样化军事任务，协助部队解决在战备执勤、军事训练、国防施工中遇到的实际困难。2012年，兴城市被中共辽宁省委、辽宁省人民政府第六次命名为“双拥模范城”。

## 第二节　抚恤优待

1986年，兴城县民政局发出《关于对农村烈属、军属和残疾军人、复员军人、带病回乡的退伍军人优待的通知》，对282名生产生活困难的老复员军人和8名带病回乡的退伍军人实行定期补助。发放优待资金35万元，优抚对象2002户。富裕乡镇基本标准为600元，较贫困乡镇为150元。受到优待后的优抚对象均超过或达到当地群众的一般生活水平。

1987年，兴城市发放优待金47万元，1650名现役军人和245户烈军属受到不同数额的优待，优待金最低额在200元以上。有867名老复员军人和带病回乡的退伍军人享受定期补助，定补面达39.1%。1989年，兴城市老复员军人的定补标准由原来的每月15元提高至25元。全市1955名老复员军人中有1472名享受定补，占总人数的74.7%。

1990年，兴城市统筹优待金52.5万元，优待对象人均300元，最高为720元，乡镇街道统筹率达100%。兴城市老复员军人中原有772名享受定期补助的标准较低，在上级拨款的基础上，兴城市人民政府筹资61000元，将补助标准分别由每人每月的15元提高到20元，18元提高到25元，定补标准较原平均提高36.4%。为解决老复员军人看病难的问题，兴城市在碱厂满族乡进行老复员军人合作医疗试点。1991年，兴城市各乡镇街道均实行优待金统筹，一般年人均300元以上，最高的菊花岛乡年人均720元。1992年，兴城市在乡老复员军人定补面达100%，人均医疗费106元，医疗保障面达100%。

1993年，依据《军人抚恤优待条例》，兴城市人民政府完善国家、集体、群众三结合的优抚体制，提高军烈属的优待金标准。沿海经济发达的乡镇街道，年人均不低于800元；经济条件中等的乡镇街道不低于600元；经济较差的山区乡镇不低于400元。1996年，兴城市有义务兵家属、“三属”、伤残军人、在乡老复员军人、退伍军人共2427人享受优待，发放优待金109.02万元。老复员军人定补标准每人每月42元，医疗费每年150元。

1998年，兴城市人民政府再次提高在乡老复员军人和伤残军人的定补、医疗费补助标准。老复员军人定补标准由原每人每月42元提高到60元，孤老、抗日和立大功人员定补标准提高到70元，老复员军人和伤残军人（三甲、三乙）医疗补助费从人均每年150元提高到220元。

1999年，兴城市开展拥军优属保障金收缴工作，实行优待金社会统筹，按照城镇职工每人每月 2 元、农村按上年人均收入的 4‰标准统筹。至 2000 年，兴城市共收缴双拥保障金 5 万元、社会统筹优待金 7.2 万元。2001 年，兴城市在乡老复员军人的定补标准提高到 150 元，医疗费提高到 500 元。入朝民兵民工每人每月 60 元，老复员军人遗属每人每月 50 元，带病回乡退伍军人每人每月 15 元。

2002 年，兴城市继续扩大优待面和提高优待标准。城镇义务兵优待面达到 100%，标准为每人每月 300 元；农村义务兵优待面达到 100%，标准为达到当地上年人均收入的 70%；在乡老复员军人、伤残军人、带病退伍军人的优待面达到 50%，标准为每人 469 元；“三属”优待面达到 100%，标准达到当地上年人均收入的 70%。2003 年，兴城市有 67 名荣立各类战功或荣誉称号的老复员军人得到辽宁省人民政府下拨的立功补助费 42.7 万元。年内，改革在乡老复员军人医疗办法，在定点医院就医，帮助解决治病问题。

2005 年，兴城市按统一标准对优抚对象实行优待，优待金通过转移支付提供，实行社会化发放。对在乡六级以上残疾军人实行医疗保险，使其享受离休干部医疗保险待遇。七级以下残疾军人伤口复发设立定点医院免费就诊，医药费 100%报销。

2007 年，兴城市再次提高义务兵优待标准，城镇义务兵优待标准由每人每月 300 元提高至 800 元；农村义务兵优待标准为全市农村人均收入的 100%，达到年补助 2411 元。兴城市各类优抚对象抚恤补助标准定为：一般在乡老复员军人每年 3600 元；孤老、立大功老复员军人每人每年 3840 元；抗日老复员军人每人每年 4340 元，全年药费 1000 元；入朝民兵民工每人每年 2520 元；老复员军人遗属每人每年 1800 元；带病回乡退伍军人每人每年 1740 元,“三属”抚恤金、伤残军人抚恤保障金分别达到上级规定的标准。

2010 年，兴城市各类优抚对象抚恤补助金达到上级规定的标准，抚恤金定期补助每季度发放一次，全部实行社会化发放。

2012 年，兴城市民政局完成 60 周岁烈士子女认定审批工作。共认定居住在农村和城镇无工作单位、18 周岁以前没有享受过定期抚恤金且年满 60 周岁的烈士子女 68 人，全年发放优抚定期定量补助金 10.6 万元。认定新中国成立前老党员 113 人，对其各项优抚政策落实到位，优抚资金社会化发放到位。完成 1954 年 11 月 1 日以后入伍，满 60 周岁以上农村籍老退伍军人认定审批工作，共认定 1866 人，资金于第一季度发放到位。完成部分涉核退役人员的身份认定工作，认定曾经在部队服役从事过核工业的企业退休人员共 238 人。设立医保定点医院，为在乡六级以上伤残军人建立医疗保险，享受离休干部待遇；为在乡七八级伤残军人伤口复发定点医院，设立专科门诊，设立账户，凭伤残免费治疗，予以补助。

## 第三节　退伍安置

根据国家有关法律规定，兴城县（市）人民政府采取“系统分配、区别对待、重点安置、各有所得”的安置办法和对外推荐、公开考试、有偿转移、军队两用人才开发等形式，做好退伍士兵安置和军队离退休干部接收安置工作。

### 退役士兵安置

1986 年，根据退伍军人安置政策，按照“从哪里来，回哪里去”和“技术对口与单位所需、归口与择优、统一分配与自愿”的原则，兴城县共接收退伍军人 553 人。除按有关政策规定将农村户口的退伍女兵和荣立三等功的退伍士兵安置到大集体单位工作外，在城镇安置 277 人，在农村安置 276 人。

1988 年，安置工作实行依靠法律手段保障，采取政策手段调解，通过经济手段搞活，理顺工作关系，拓宽安置渠道。全市接收安置退伍军人 504 人，其中农村兵 272 人，按政策给 232 人安置工作。农村籍退伍的军地两用人才 154 人，开发使用 97 人。

1989 年以后，兴城市进一步改革退伍士兵安置办法，实行“双向选择、供需见面、保底安置”，由过去单一依靠政策安置转到依靠法律手段保障安置。

1991 年，在春季安置 400 人的基础上，秋季又安置 718 人。采取“归口与择优安排相结合”的办法，做到安置部门、用人单位和本人“三满意”。年内在退伍的 130 名农村兵中，80 名两用人才得到合理使用。

2002 年，为增加安置工作透明度，兴城市民政局对预安置对象进行 2 次电视公示。自筹退伍士兵自主择业金 60 万元，获辽宁省配套资金 25.2 万元。重点安置 28 人，帮助自主择业 60 人，一般安置 13 人，介绍退伍士兵就业 96 人。2005 年，在城镇籍退伍人员中，重点安置 12 人（转业三级士官9 人、伤残 2 人、二等功 1 人），一般安置 52 人，自主择业 58 人。年内，兴城市筹集有偿转移金82.8 万元。

2010 年，兴城市民政局依托兴城市劳动和社会保障局、兴城市教育局等部门，开设“普惠制”“订单式”培训班 2 期，设汽车驾驶、厨师、种植与养殖、电脑、机械维修等专业，114 人参加培训。按政策发放待分配期间的退伍兵生活费补助，全市有 73 名城市退伍兵得到 10 个月的生活费补助 19.4 万元。

2012 年，兴城市民政局宣传贯彻新修订的《中华人民共和国兵役法》和《退役士兵安置条例》，推进退役士兵职业教育和技能培训，重点做好退役士兵岗位落实、就业推荐、经费保障、机构建设。全市共接收 2011 年冬季退役士兵230 人，其中农村籍 184 人，城镇籍 46 人。经推荐介绍 41 人参加省级培训，兴城市自办4 期培训班，对其余人员进行培训。

## 军队离退休干部接收

1986 年，根据民政部和中国人民解放军总政治部、总后勤部《关于军队离退休干部移交地方管理》的文件，兴城县接收安置辽宁省分配给兴城县 3 批军队离退休干部共 62 人，其中团职 52 人，营职 10 人。

1989 年，接收安置军队离退休干部 5 人，为在兴城的军队离退休干部建住宅 50 户。1990 年，接收安置军队离退休干部 41 人。1991 年，接收军队离退休干部 6 人，在住房等方面进行妥善安置。

1995 年，开始接收部队无军籍退休职工。2004 年，接收无军籍退休职工 11 人。

2005 年，兴城市开展军队离退休干部社会化服务工作，由兴城市军队离退休干部休养所管理离休干部的医疗费全部纳入离休干部医疗统筹及退休干部医疗保险。兴城市军队离退休干部休养所按照辽宁省标准化、规范化、人性化建设和管理的要求，改善生活环境，美化生活区，装修住宅楼，增设健身房、球类活动室、图书阅览室、麻将室、室外健身场所。

2006 年 1 月，兴城市军队离退休干部休养所更名为兴城市军队离退休干部服务管理站。

2008年始逐年为15名军队复员干部办理医疗保险、养老保险，为13名1993年复员的军队干部发放生活救助金。

2012年，对军队离退休干部的服务管理进一步加强，使其各项待遇得到保障，军队离退休干部服务管理站自身建设成果显著。

# 第三章 社会救济

社会救济主要包括自然灾害救济、失业救济、孤寡病残救济和城乡困难户救济等。兴城市民政局对社会救济建立长效机制，以多种形式对因自然灾害、意外事故和残疾等原因而无力维持基本生活的灾民和贫困者，以及没有劳动能力的社会群体，提供必要的生活资助，并通过劳务、技术、信息服务等有效措施进行扶持，提高生活保障能力。

## 第一节 灾害救济

1987年，兴城市连续遭受历史罕见的风、雹、暴雨和干旱等多种自然灾害。农作物受灾面积达5.69万公顷，其中绝收0.57万公顷，粮食减产13.5万吨；倒塌、损坏房屋1189间。兴城市民政局3次下拨救灾款17.2万元，帮助贫困户解决夏荒、冬春口粮困难。入冬前，资助受灾群众新建房屋305间，修复所有因灾损坏的房屋。

1989年，兴城市连续60天高温无雨，旱情严重，全市受灾面积达97%，其中绝收2万公顷，农业收入比1988年下降60.9%。全市投入生产自救的干部群众达8万人，开拓176种种植和经营项目。年末，生产自救共增收2183万元，人均53.2元。

1994年，对救灾工作进行分级管理，救灾经费分级负担。兴城市预算建立217个相关科目，设立救灾预备金15万元。

1998年，兴城市发生“7·24”和“8·10”两次大暴雨，平均降水量达210毫米。农作物减产面积0.8万公顷，直接经济损失1260万元。年内，上级下拨救灾款90.8万元。2002年，兴城市连续第四年遭受旱灾，局部地区遭受较大的风灾和雹灾。全市共投入救灾资金300万元，其中，上级下拨救灾款72万元，兴城财政投入60万元，社会救助和群众自筹168万元。

2005年，兴城市人民政府制定《自然灾害应急预案》，建立快速反应机制，开展应急救助工作，提高救灾的时效性。

2006年6月29日，兴城市发生建市以来最大的水灾。全市1.7万户2.8万间房屋进水，倒塌、损坏房屋3292户9449间，死亡7人。兴城市人民政府迅速启动救灾应急预案和应急反应机制，转移安置灾民308户923人；筹集棉被2000床、粮食4吨，解决灾民生活急需；动用救灾款和社会各类救助款60万元，为250户受灾特困户维修、新建房屋；资助10所农村敬老院灾后房屋抢修。年内，上级下拨救灾款138万元。

2009年夏，兴城市持续高温无雨，旱情严重，全市受灾面积达1.53万公顷，22万人受灾。受灾严重的药王满族乡1900公顷耕地有1300公顷绝收，郭家镇部分地区人畜饮水困难。兴城市人民政府批准动用救灾款35万元，保证灾区受灾户以及低保、五保户的生产和基本生活。

2010年8月4日，兴城市发生特大洪涝灾害。中共兴城市委、兴城市人民政府及时启动救灾应急预案，连夜紧急转移安置灾民15000人，确保人员零伤亡。洪涝灾害造成房屋倒塌、破损3629户6605间，直接经济损失9053.6万元。为帮助灾民中的困难户开展生产自救，兴城市人民政府拨付200万元救灾款，全市捐款448万元，争取上级民政部门专项救灾款380万元，共计1028万元，全部用于受灾群众建房。至10月末，448户灾民倒房重建的主体工程全部完成。洪涝灾害造成冬春缺粮的低保户、五保户和无自救能力户有5000户11500人。兴城市民政局向上级争取到冬季救灾款145万元，全部下拨受灾群众。

2011年，成立兴城市减灾委员会，办公室设在兴城市民政局。年初，购玉米种2000公斤、化肥100吨，解决2600户灾民的春播困难。

2012年，重新修订《兴城市自然灾害救助应急预案》。春节前一次性接受社会捐款135万元，有效保障灾民的基本生活。购买种子1.5万公斤、化肥60吨，解决5000余户春播困难。8月份兴城市发生特大洪涝灾害，农村困难群体房屋倒塌损坏极为严重，根据灾情向上级民政部门争取到救灾款800万元，为54户房屋全部倒塌完全无自救能力的低保对象家庭建房，每户补助25000元；为有部分劳动能力需重建的235户低保对象帮建住房，每户补助10000元；为925户低保、五保和低保边缘户因水灾造成房屋严重受损家庭修房，每户补助3000元。

## 第二节　社会救助

### 农村救济

1986年4月15日晚，羊安满族乡望宝村有一位孤身生活的贫困盲人，3间住房被火烧毁。县长王泽民得知情况后，亲自接待受灾盲人，并安排有关部门帮助新建4间住房。

1988年，兴城市分4次下拨救济款40多万元，为贫困户建房215间，解决74户的缺房困难。全市在原有10个救灾扶贫基金会的基础上，又新建7个。筹集资金29.7万元，当年新投放资金8.5万元，扶持182户，年末有72户脱贫。

1995年，兴城市民政局对农村特困户实行定期定量救济，标准为每人每月15元。年内，全市农村480户特困户1050人享受救济，救济金达8.49万元。1997年，兴城市对定期定量救济仍有困难的特困户，在春播和冬荒期间给予种子、化肥、粮食等临时救济。

1998年初，兴城市人民政府制定农村居民最低生活保障线制度。全市共确定保障对象1373人，每人每月保障标准为15元，乡、村两级每年负责口粮300公斤。全市年保障资金共24万元，保障粮0.45万公斤。

2001年1月，兴城市民政局对全市贫困状况进行入户调查，掌握全市有各类贫困户6454户15538人。兴城市人民政府组织开展捐赠活动，至2月5日，共收到扶贫帮困捐款158万元、衣物13038件。11月，兴城市再次开展扶贫帮困捐赠活动，一周内收到捐款115万元和价值270万元的衣物，及时发放到贫困户手中。中共兴城市委、兴城市人民政府成立包扶工作领导小组，组织城乡 2500 多名党员干部对 5424 户进行包户扶持，投入资金 35 万元。年末，兴城市民政局被辽宁省人民政府授予“送温暖，献爱心，扶贫帮困活动先进单位”。

2003 年，全市落实城乡救助式包户扶持 2000 户。2004 年，社会各界捐款 125 万元，落实转移支付资金 704 万元，救济农村特困户 7862 人。

2005 年 8 月 13 日，兴城市遭受风灾。兴城市人民政府拨款 74 万元，为倒塌房屋的 52 户农民每户补助 5000 元建房费；为 490 户险房户每户补助 1000 元修房费。

2007 年，兴城市开展“送温暖、献爱心，扶贫捐赠”活动，接收社会捐款 209 万元。支付 102 万元，为农村的 160 户特困户、110 户受灾困难户补助建房费或维修费。

2010 年 8 月 4~5 日，兴城市发生特大洪涝灾害。兴城市人民政府下拨救灾款 525.8 万元，接收社会捐款 448 万元，为 448 户房屋倒塌户、1950 户房屋破损户进行建房和修房，为 1.5 万受灾人口解决冬春口粮及其他生活物资。

2011 年，兴城市人民政府下拨救助款 445 万元，为农村 2.5 万救助对象解决冬春基本生活。投资 162 万元，资助 81 户特困户建房。

2012 年 8 月 3~4 日，兴城市发生洪涝灾害。兴城市人民政府下拨 900 万元，资助房屋倒塌户和房屋破损户进行建房和修房，为 1 万名受灾群众解决越冬生活问题。

## 扶贫工作

1986 年，兴城县共扶持农村贫困户 1895 户。年末，脱贫 847 户，扶持脱贫率达 44.7%。其中成为专业户的有 39 户，有 15 户达到专业大户水平，脱贫户人均收入 365.6 元。

1988 年，兴城市实行“帮乡、扶村、包户”责任制，共扶持 1972 户 9268 人，到年末有 838 户 3026 人脱贫，脱贫率达 42.4%。1989 年，全市有 17 个乡镇成立救灾扶贫基金会，拥有资金 22 万元。1992 年，全市各乡镇街道全部成立扶贫周转金管委会，扶贫周转金 73.7 万元，当年投放 45.2 万元，回收率超过 60%。

1998 年，按照《国家八七扶贫攻坚计划》的要求，兴城市制定扶贫规划。投资 5.5 万元包扶药王满族乡发展食用菌规模生产，共包扶 500 户。年末，被包扶的农户都取得可观的经济效益。

2000 年，兴城市加强对扶贫周转资金的使用管理和扶贫基地建设。建立扶贫生产基地 3 个，创收 6.5 万元。

2001 年初，兴城市民政局对全市贫困状况进行入户调查，掌握全市共有各类贫困户 6454 户 15538 人。中共兴城市委、兴城市人民政府组织党员干部对贫困户进行包户扶持，共投入资金 35 万元，帮助发展种植、养殖、劳务、商贸等经营项目。2003 年，兴城市实施城乡救助式包户扶持活动，对全市农村 4000 余户 1 万余人、城市 1300 余户 2750 人进行重点扶持。74 家单位共投入帮扶资金和物资折款总计 58.4 万元。

2004 年始，兴城市社会扶贫工作转由兴城市扶贫办公室负责。

## 社会捐助

1991 年，中国南方遭受严重自然灾害，兴城市共收到捐款 42.8 万元，及时送往灾区。1995 年，辽南遭受严重洪涝灾害，兴城市各界人士捐赠款物，折合人民币 7 万元，全部送往辽阳、营口灾区。

1998年夏季，长江、松花江、嫩江流域发生特大洪水。中共兴城市委、兴城市人民政府动员社会各界为灾区捐款捐物。全市共捐款145万元，棉衣及被褥30341件。

2001年，由于连续两年的严重旱灾，兴城市缺粮人口达4.2万余户16.5万多人，其中无自救能力3万余户9万多人，缺粮总计2145万公斤。兴城市组织社会各界捐款捐粮，共接收捐款158万元、捐粮200余万公斤，使灾区灾民生活生产得以保障。

2002年，兴城市成立社会捐赠中心和扶贫超市，各街道成立捐助物资接收站。2003年，全市开展两次集中捐赠活动。一是元旦春节期间，共接收捐款186万元，物资折款150余万元。对城乡特困户、重灾户进行重点救助，共救助4500余户7860人，使用救助款87.6万元。二是国庆节期间，兴城市共接收捐款50余万元，救助城乡特困户7030户7200余人。使用救助款144万元，其中，地方捐赠款36万元，上级下拨救助款36万元。

2008年5月12日，四川省汶川地区发生8.0级强烈地震。兴城市共接收捐款691万元，全部及时送往灾区。12月，成立兴城市慈善总会，并向辽宁省人民政府提出公益性捐赠税前扣除资格申报，慈善工作全面启动。2010年，青海省玉树遭受地震灾害，兴城市为玉树灾区捐款109万元，通过葫芦岛市慈善总会全部发往灾区。

2012年，春节前一次性接收社会捐款135万元，有效地保障灾民的基本生活。组织市直各部门向农村中小学和“农家书屋”捐赠图书13000本，丰富农民的文化生活和农村中小学学生课外读书活动。

## 第三节　社会福利

### 五保供养

1986年，兴城县有敬老院26所，有五保户736户1185人，集中供养437人，占供养总人数的37%；分散供养786人。入院老人生活费年人均400元，分散五保生活费用317元。16所敬老院建立小型多样的农、工、副业生产基地，共创收7.1万元，人均增加收入146元，五保老人的生活得到改善。

1988年，兴城市投资4.9万元，新建高家岭满族乡敬老院6间、红崖子满族乡敬老院8间、元台子满族乡敬老院2间，对刘台子满族乡敬老院等7所敬老院进行维修。

1991年，兴城市开展五保保费乡统筹工作。有18个乡镇街道实行统筹，占乡镇街道总数的60%。集中供养生活费标准提高至年人均550元，分散供养户除保费外，并有口粮和烧柴的供应。对全市106户130位应保未保老人全部实行五保。曹庄满族乡头台子村投资1万元，自建1所小型村办敬老院，收养8位老人，开创五保供养的新路子。

1992年，兴城市30个乡镇街道全部实行保费乡统筹。全市26所敬老院工副业生产创收13.4万元，人均达285元。在全省敬老院升级评比竞赛活动中，兴城市有6所敬老院达到先进院标准，有8所达到一类院标准。1996年，兴城市再次提高五保老人保费标准，年人均1700元。

1997年，贯彻《辽宁省五保户供养工作条例》，落实五保供养政策，兴城市有931名五保老人与所在村签订供养合同，保费标准年人均2074元，不低于当地上年人均收入水平。

1998年，辽宁省民政厅确定“敬老院管理年”。兴城市强化对敬老院的管理，规范《敬老院院长职责》《会计职责》等各项规章制度。全年共投资25万元，对房舍破旧的敬老院进行改造，新翻建敬老院 2 所、房屋 34 间。在开展争创先进敬老院活动中，兴城市达到省一级敬老院标准的有 3 个，省二级敬老院标准的有 5 个。

2000 年，兴城市首家老年公寓——辽电疗养院老年公寓建成并投入使用。建筑面积 2700 平方米，是集养老、医疗、保健、趣味活动、老年大学于一体的老年公寓，当年有 30 多位老人入住，开创社会兴办福利事业的先河。

2001 年，兴城市各方面共投资 205 万元，为曹庄镇及海滨、双树、羊安、刘台子等乡 5 所敬老院新建、增建、翻建房屋 150 间 3500 平方米。其中，曹庄镇投资 140 万元，新建 1 所建筑面积为 1650 平方米公寓式敬老院，被辽宁省人民政府、辽宁省民政厅评为“高标准敬老院”。

2003 年，兴城市社会福利院建成。国家和辽宁省、葫芦岛市共投资 350 万元，新建的福利院占地面积 4500 平方米，建筑面积 2400 平方米，设置床位 100 张，职工总数 10 人。当年收养孤寡老人、“三无”老人、伤残军人、弃婴、自费入住等各类养员 60 人。

2006 年，兴城市城郊私营中心敬老院建成，将宁远街道、元台子满族乡、白塔满族乡 3 所敬老院的 65 名老人、3 名自费养老人员和 6 名散保人员全部并入中心敬老院。年末，全市各类养老机构床位达 1158 张，比 2005 年增加 25%，基本形成城乡统筹的养老服务社会化体系。2007 年，完成三道沟满族乡、红崖子满族乡、华山街道 3 所区域性敬老院建设。

2008 年，对曹庄镇敬老院进行大规模扩建，在 1500 平方米基础上扩建到 2700 平方米，将羊安满族乡“五保”老人合并，共收养老人 150 人。年内，完成城区中心敬老院扩建工程，将白塔、郭家、药王、元台子、高家岭 5 个满族乡和宁远街道五保老人迁入城区中心敬老院。并为集中供养的“五保”老人每人每年增加保费 500 元，为散居“五保”老人每人每年增加保费 200 元。

2009 年，碱厂中心敬老院改造房间 80 间，供养“五保”老人 140 人。年内，按照“全员纳入、应保尽保”的要求，兴城市共有“五保”户 3436 户、3469 名“五保”老人全部纳入“五保”供养。集中供养人员供养标准每人每年提高至 2500 元，散保人员提高至 1500 元。城郊、曹庄、碱厂 3 所敬老院的管理体制经理顺，直接隶属兴城市民政局管理。

2011 年，整合敬老资源，将原有 22 所乡镇敬老院全部并入 4 所区域性中心敬老院，并进行事业单位登记，将其纳入民政局直属管理范围。年内，兴城市集中供养“五保”老人供养标准提高到 3160 元，散保老人每人每年提高到 2020 元。碱厂中心敬老院被评为“省级模范敬老院”。

2012 年，对重新核准的“五保”老人，分别建立“五保”档案，重新核发“五保”供养证，“五保”老人权益得到有效保障。兴城市分散供养的“五保”年标准提高到 2620 元，集中供养的“五保”年标准提高到 3760 元。兴城市被评为“辽宁省农村五保供养工作先进单位”。

## 城乡低保

**农村低保** 2002 年，兴城市新增农村低保对象 376 人，月增加保障金 5640 元。至年末，确定农村低保人员 2640 人，占特困户总人数 48%，年保障金和粮食折款共 125.9 万元。2003 年，兴城市开展农村低保扩面工作，新增低保人员 430 人。春耕抗旱期间，各包扶单位组织人员进村入户，帮助抗旱播种，投入资金 60 万元，投入人员 1000 余人。2004 年，按照《葫芦岛市农村最低生活保障暂行办法》，兴城市民政局对农村特困户开展普遍调查核实，并配合审计、财政部门对国家转移支付资金进行全面检查。年内，共审批农村低保（特困户）7862 人，263.4 万元低保金全部由农村信用社发放，农村低保工作实现规范化管理。

2007 年，兴城市开展农村低保申报排查工作。全市共排查低保申报户 4.43 万户 13 万余人。其中符合低保条件的 15860 户 30083 人，不符合低保条件的 28600 户 99900 余人。农村低保户大病救助、应急救助全面落实。全年共救助大病患者 96 人，应急救助 5 人，补助医疗资金合计 14.2 万元。53 名农村特困学生得到福彩、慈善资助金 14.9 万元。

2009 年，辽宁省人民政府下发《辽宁省农村居民最低生活保障办法》，按年人均收入 1240 元的新低保标准重新确定低保对象。兴城市确定农村低保对象 29831 人，年人均低保金 478 元，低保总量 1424 万元。对农村低保户实行“4+1”农村医疗救助体系，即参合救助、日常救助、住院救助、机构救助和“一站式”服务，解决农村弱势群体“看病难”问题。

2010 年，兴城市农村低保金总量达到 2000 余万元，人均年低保金 600 元。年内，共办理农村医疗救助 300 余人，发放救助资金 47.32 万元。办理应急救助 25 人，发放应急救助金 5 万元。

自 2011 年 4 月 15 日始，兴城市民政局历时 3 个月，对全市城乡低保对象重新核查认定。对全市申报农村低保的 19788 户 30083 人，进行全面调查核实，核查认定率达 100%。重新确定农村低保 19811 户 29207 人，占农村总人口 5.5%，调减 876 人。为农村低保户重新建房 81 户，每户补助 2 万元；将农村低保、五保人员全部纳入新型农村合作医疗范围，参保率 100%；兴城市农村低保由每人每年 1390 元提高到 1570 元。

2012 年，兴城市农村低保由每人每年 1570 元提高到 2050 元。

**城市低保** 1998 年，兴城市落实城市居民最低生活保障制度。是年，核定全市第一批城市低保对象为 468 户 749 人。按差额补助计算，月人均补助为 64.34 元，全市月发放保障金 51213 元，保障面占非农总人口的 0.4%。

2001 年，兴城市民政局成立城市低保科，在城区 5 个街道分别设立低保工作站（救助中心）。年内，按上级要求，对城镇集体企业无保险的达到退休年龄的职工、市属以上驻在单位下岗职工以及城镇“三无”对象（指无生活来源，无劳动能力，无法定赡养人、抚养人或者扶养人的城市居民）进行低保扩面工作。新享受城市低保的有 2397 户 5254 人。

2004 年，兴城市民政局制定《兴城市城市低保实施细则》《大病救助制度》《就学援助制度》。实行低保工作动态管理，全年累计退出低保 205 人，进入低保 104 人，绝对减少 101 人。重大疾病医疗救助 17 户 17 人，救助资金 3.4 万元。就学援助纳入预算，每年 9 万元，至年末，救助 47 人，发放资金 6.86 万元。城市最低生活保障金全部实行经邮政储蓄社会化发放。

2006 年，建立、完善临时救济、医疗救助、助学援助、分类救助、应急救助、供暖救助制度。全年，落实“六项制度”资金 56.1 万元。提高未参保特困集体企业退休职工生活费标准，共计 410 人，月发生活费 6.77 元。年内，经核查取消城市低保资格 45 人，对新发生的特困户及时予以保障。是年，城市居民低保总人数为 11548 人，月发保障金 85.9 万元,人均 74.35 元。保障金由农村信用社按时发放。

2009 年，全面提高城乡低保标准。城市低保从每人每月 220 元提高到 265 元。分类救助标准同时提高。纳入城市低保对象的优抚户、一人户、残疾人、高龄老人、在劳动年龄段因病丧失劳动能力、接受基础教育的在校中小学生及单亲家庭，分类救助标准从每人每月 50 元提高到 70 元，“三无户”从每人每月 265 元提高到 465 元。

2010 年，兴城市城市低保户共 12956 人，其中新增低保 945 人，退出低保 945 人。全年共发放定期差额低保金 2568.4 万元，人均 162 元。是年 9 月，再次提高“三无”对象分类救助标准，由2009年的465元提高到615元。通过强化分类救助和临时救助，全市城市低保人均救助额平均提高10%。全年共有507名城市低保户子女享受大学生就学援助，发放就学援助金69.4万元。

2012年，兴城市民政局在审计、工商等相关部门协助下，对城乡低保户进行大排查，对发现的问题予以纠正。年内，兴城市城市低保标准由每人每月295元提高到350元。

### 福利企业

1986年，兴城县共有福利厂点20个，安置盲、聋、哑、残（以下简称四残）人员241人，年实现社会总产值300余万元，获利35万元。

1988年，兴城市对各乡镇街道社会福利企业进行全面清理整顿。整顿后，兴城市共有乡镇街道福利企业23家，完成销售额232万元，实现社会总产值60余万元、利润3万元。

1995年，兴城市福利企业发展到40家，安置残疾人员410人，占职工总数48%，实现社会总产值1650万元、利税185万元。

2000年，兴城市民政局对社会福利企业、事业单位加强政策指导，强化服务管理和宏观调控。全市共有福利企业11家，从业人员319人，实现销售收入550万元，完成利润55万元。年内，继续进行民政直属福利企业改革转制工作，5家直属企业中，有1家完成转制。

2007年，兴城市民政局全面审核企业招用残疾人员的用工标准，严格审查福利企业对残疾人员的工资福利待遇，残疾人平均工资达到兴城市最低工资标准（月工资420元）以上。签订劳动合同、办理养老保险覆盖率达100%。兴城市民政局千方百计确保福利企业不停产，福利企业年内销售收入1.8亿元，利税1100余万元。

2008年，兴城市民政局帮助福利企业完成综合管理系统基础档案整理工作，审批1家新办福利企业开业，新安置残疾人17人。年内，兴城市福利企业生产稳定，完成销售收入23701万元，实现利税459万元，安置残疾人165人，“四险”（养老保险、医疗保险、工伤保险和失业保险）覆盖率100%。残疾人月工资765元，达到兴城市一般工资标准。

2010年，兴城市有福利企业9家，从业人员340人，其中残疾人职工143人，残疾职工“四险”覆盖率和劳动合同签订率均达到100%，工资兑现及时合理。2012年，兴城市有社会福利企业4家，安置残疾人46人。

# 第四章　社会事务

社会事务工作是政府行政管理和公共服务职能的重要组成部分，随着社会事务服务的加强和完善，兴城市婚姻登记服务、殡葬管理、关爱性救助等工作取得了显著成效。

## 第一节　婚姻登记

1986年，兴城县婚姻登记管理工作由各乡镇负责。从1月份起，执行国务院《婚姻登记办法》，正式使用《结婚申请书》《结婚证明书》《婚姻状况证明》。1987 年，兴城市在基层设有婚姻登记机关 30 个，专职、兼职婚姻登记员 30 人。

1994 年，兴城市民政局开展对专职、兼职婚姻登记员的培训工作，经培训的婚姻登记员考试合格后，由葫芦岛市民政局颁发合格证书，持证上岗。

2000 年 9 月，兴城市婚姻登记管理处成立，市区街道办事处集中办理婚姻登记。2001 年 5 月 1 日，其他乡镇撤销登记权限，集中到婚姻登记处办理（菊花岛乡除外）。2003 年 10 月 1 日，收回菊花岛乡婚姻登记权限。

2007 年，兴城市婚姻登记管理处开展争先创优活动，制定完善各项制度，做到登记依据法制化、登记程序规范化、有偿服务公示化、档案管理标准化、办公操作自动化。2008 年，共办理结婚登记 2560 对，离婚登记 520 对，补发婚姻证书 200 份，出具无结婚登记记录证明 260 份。2009 年，兴城市婚姻登记管理处被国家民政部授予“全国婚姻登记规范单位”。

2010 年，兴城市婚姻登记管理处结合纪念《中华人民共和国婚姻法》颁布 60 周年，开展创建 5A 级婚姻登记机关活动。年内，完成 1990 年以来的婚姻登记档案的补录工作。

2012 年，兴城市婚姻登记信息进入国家数据库，实现婚姻登记信息全国联网。年内，共办理结婚登记 3957 对，离婚登记993 对，补发婚姻证书 1164 份，出具证明 5147 份。

## 第二节　收养救助

1986 年，兴城县按规定收容范围只限盲目流入城市、住宿无着的农民、城市某些流浪街头生活无着的人，共收容遣送 459 人次，其中县内 131 人次、县外 328 人次。另有 22 名长年流浪人员得到安置。

1995 年，根据国家有关文件和改进加强收容遣送工作的要求，兴城市收容遣送的对象主要是无正式职业、无固定住所和无生活来源的流浪乞讨人员。2002 年，兴城市民政局开始办理收养登记手续。全年要求办理收养登记的共 8 家，按照新《收养法》的规定衡量，有 3 家符合条件，实际完成收养登记 1 家。

2003 年，兴城市收容遣送站更名为兴城市救助管理站，负责城市流浪乞讨和生活无着人员的救助管理工作。

2006 年，兴城市救助管理站扩建，同时在兵器部疗养院设立救助分站，改善救助环境。年内，兴城市福利院收养弃婴 7 名。

2010 年，兴城市加强救助服务网络建设，开展救助管理站规范化建设活动，重点针对生活无着的流浪未成年人、危重病人、传染病人、精神病人等不同类型的流浪乞讨人员进行救助。全年共救助流浪乞讨人员 431 人次，支付救助经费 145970 元。

2011 年，兴城市民政局对孤残儿童普查登记，查明全市有孤残儿童 110 名。提高孤儿救助标准，散居孤儿每人每月发放 600 元，集中供养孤儿每人每月发放 1000 元。年内，共实施外来人员救助 466 人次；农村医疗救助 850 人次，救助资金 135.9 万元；应急救助 37 人次，救助资金 7.4 万元；城市医疗救助 210 人次，救助资金 68 万元；殡葬救助 26 人次，救助资金 1.5 万元；就学援助 498 人次，救助资金 83.6 万元；临时救助 1.5 万人次，救助资金 170 万元。

2012 年，兴城市民政局实施外来人员救助 366 人次，其中未成年人 11 名。资助两批农村贫困家庭大学生共1513人，救助资金257.6万元。落实城市低保户大学生救助483人，救助资金82.5万元。春节期间对贫困家庭一次性发放生活救助金747万元。城市医疗救助与居民医疗保险衔接，参保率和救助率明显提高。减免城市低保户丧葬费37人次，减免资金21761元。规范孤儿认定和救助资金发放程序，完成孤残儿童信息系统的基本数据录入工作。

## 第三节 社团管理

1986年，社团工作由兴城县科学技术协会管理。1991年，兴城市民政局成立社会团体登记管理办公室，按照国务院《社会团体登记管理条例》的规定，对全市32个社会团体进行清理整顿，办理注册登记。2001年，兴城市民政局对企事业单位、社会团体和其他社会力量以及公民个人利用非国有资产从事非盈利性社会服务活动的社会组织（民办非企业单位）进行登记管理。

2007年，兴城市民政局进一步规范民间组织，新登记社会团体1家、民办非企业单位2家；办理变更登记社会团体1家、民办非企业单位3家。依法对民间组织进行年检，31家社团、12家民办非企业单位（含新登记2家）年检覆盖率与合格率均100%。

2009年，兴城市民政局开展行业协会的规范整顿工作，加大对非法和违法民间组织的查处力度。年内，新登记社会团体2家，新登记民办非企业单位2家。

2011年，新登记社团3家、民办非企业单位5家，变更登记1家。年检合格率100%。2012年，新登记社团7家，取缔违规社团兴城市神州航空俱乐部。

**2012年兴城市社会团体登记一览表**

表19-4-1　　单位：万元

| 社团名称 | 登记证号 | 法人代表 | 业务主管单位 | 活动资金 | 登记时间 | 业务范围 |
|---|---|---|---|---|---|---|
| 兴城市基督教三自爱国会 | 144006 | 张福林 | 兴城市民族事务委员会 | 3 | 2000.5 | 坚持三自方针，开展合法宗教活动 |
| 兴城市卫生工作者协会 | 144011 | 李俊智 | 兴城市卫生局 | 2 | 2000.8 | 协助管理医疗市场，落实预防保健任务 |
| 兴城市老科技工作者联合会 | 144007 | 崔志义 | 兴城市老干部局 | 3 | 2001.3 | 推广农田管理与蔬菜、花卉等栽培技术 |
| 兴城市个体劳动者协会 | 144013 | 郭晓东 | 兴城市工商管理局 | 5 | 2002.10 | 进行业务培训、组织文明经营 |
| 兴城市反邪教协会 | 144014 | 张彦民 | 兴城市维稳办 | 3 | 2003.9 | 组织开展反邪教宣传 |
| 兴城市旅游行业协会 | 144015 | 勾振生 | 兴城市旅游局 | 3 | 2003.12 | 旅游规划、咨询、服务、调研 |
| 兴城市劳动保障监察协会 | 144017 | 王贵金 | 兴城市劳动和社会保障局 | 3 | 2004.4 | 对企业、事业、个体经济组织劳动关系监察 |
| 兴城市质量技术协会 | 144018 | 牛春伦 | 兴城市质量技术监督局 | 2 | 2004.9 | 科技项目论证、技术咨询、学术交流 |
| 兴城市商业联合会 | 144016 | 王华宝 | 兴城市商业局 | 3 | 2004.10 | 协助指导行业依法经营、规范管理 |

续表 19-4-1

| 社团名称 | 登记证号 | 法人代表 | 业务主管单位 | 活动资金 | 登记时间 | 业务范围 |
|---|---|---|---|---|---|---|
| 兴城市私营企业协会 | 144021 | 伞桂霞 | 兴城市工商管理局 | 3 | 2005.9 | 培训、规范经营管理，解决私营企业难题 |
| 兴城市沙后所镇农畜经济协会 | 144022 | 李德卿 | 沙后所镇人民政府 | 1.5 | 2006.4 | 农业与畜牧技术培训、畜户产供销服务 |
| 兴城市硬笔书法协会 | 144028 | 张少华 | 共青团兴城市委员会 | 4.5 | 2006.6 | 书法教育、学术研究，组织书法活动 |
| 兴城市渔业园区养殖行业协会 | 144025 | 张立元 | 兴城市海洋与渔业局 | 3 | 2006.7 | 业务培训、帮助养殖户解决难题 |
| 兴城市再生资源行业协会 | 144027 | 孙海民 | 兴城市供销联社 | 3 | 2006.7 | 再生资源回收交流与合作，维护会员权益 |
| 兴城市蔬菜种植业协会 | 144026 | 赵义民 | 兴城市供销联社 | 1 | 2006.8 | 技术推广、蔬菜种植产供销服务 |
| 兴城市慈善总会 | 144030 | 郝大欣 | 兴城市民政局 | 3 | 2006.12 | 募捐救助、慈善宣传、援助、交流与合作 |
| 兴城市老年人体育协会 | 144031 | 徐荫萱 | 兴城市体育运动管理中心 | 3 | 2007.12 | 宣传、发动、组织老年人健身、竞赛活动 |
| 兴城市农业专业技术协会 | 144033 | 刘光辉 | 兴城市科学技术协会 | 1 | 2008.4 | 指导和监督农业技术规范化管理 |
| 兴城市作家协会 | 144035 | 周锦文 | 兴城市文学艺术界联合会 | 3.5 | 2008.8 | 组织会员采风、创作，编辑出版文学刊物 |
| 兴城历史文化学会 | 144036 | 石瑞良 | 兴城市文学艺术界联合会 | 3 | 2008.9 | 开展学术研讨，社会考察，编辑出版文史刊物 |
| 兴城市价格协会 | 144038 | 张连仲 | 兴城市物价局 | 2 | 2009.3 | 培训价格人才，政策信息咨询、评估与签证 |
| 兴城市爱心协会 | 144040 | 李建权 | 共青团兴城市委员会 | – | 2010.10 | 助贫、扶贫、环保、助学 |
| 兴城市泳装行业协会 | 144041 | 李海峰 | 兴城市农村经济发展局 | 3 | 2011.3 | 组织泳装行业自律与发展 |
| 兴城市果树专业协会 | 144042 | 李希林 | 兴城市农村经济发展局 | 2 | 2011.3 | 进行果树栽培与管理研究 |
| 兴城市红崖子花生协会 | 144044 | 陆双玉 | 兴城市红崖子满族乡政府 | 0.5 | 2011.6 | 花生种植、仓储、加工与贸易研究 |
| 兴城市经济人协会 | 144020 | 崔志义 | 兴城市农村经济发展局 | 3 | 2012.2 | 提高农民组织化程度，保护农民利益 |
| 兴城市餐饮协会 | 144046 | 李　明 | 兴城市食品药品监管局 | – | 2012.3 | 探讨厨艺创新与发展 |
| 兴城市南大山满族乡嘉星果树蔬菜种植专业技术协会 | 144052 | 曹春雷 | 兴城市南大满族乡政府 | 3 | 2012.3 | 果树蔬菜新技术推广与应用 |
| 兴城市钓鱼协会 | 144049 | 车宝君 | 兴城市体育运动管理中心 | 3 | 2012.3 | 举办各类钓鱼比赛 |
| 兴城市书法家协会 | 144050 | 张儒林 | 兴城市文学艺术界联合会 | 3 | 2012.5 | 书法学术研讨 |
| 兴城市农民书画家协会 | 144051 | 张儒林 | 兴城市文学艺术界联合会 | 3 | 2012.5 | 农民书画创作研究 |

续表 19-4-1

| 社 团 名 称 | 登记证号 | 法人代表 | 业务主管单位 | 活动资金 | 登记时间 | 业务范围 |
|---|---|---|---|---|---|---|
| 兴城市海滨乡永博蔬菜协会 | 144024 | 李 博 | 兴城市科学技术协会 | 3 | 2012.6 | 蔬菜技术推广、产供销服务 |
| 兴城市电子商务促进会 | 144048 | 张忠保 | 兴城市服务业局 | 3 | 2012.8 | 电子产品商贸研究 |

## 2012年兴城市民办非企业单位登记一览表

表 19-4-2

单位：万元

| 单位名称 | 登记证号 | 负责人 | 业务主管单位 | 活动资金 | 登记时间 | 业务范围 |
|---|---|---|---|---|---|---|
| 兴城市诺贝尔日英语幼稚园 | 211401008 | 杨 柳 | 兴城市教育局 | 3 | 2001.11 | 幼儿托育与外语学前教育 |
| 兴城市东韩金氏血液肿瘤研究所 | 211404001 | 金珠日 | 兴城市技术市场管理办 | — | 2002.7 | 血液疾病病理研究及临床研究 |
| 兴城市明星少儿拉丁舞培训中心 | 211403001 | 万 双 | 兴城市文联 | 1 | 2005.9 | 舞蹈培训、艺术交流、组织业余舞蹈活动 |
| 兴城旅游局旅游咨询服务中心 | 211411003 | 王 伟 | 兴城市旅游局 | 2 | 2007.2 | 旅游咨询和旅游服务 |
| 兴城市癫痫病专科医院 | 211404003 | 邹广杰 | 兴城市卫生局 | 5 | 2008.9 | 癫痫病的治疗与研究 |
| 兴城市宁远书院 | 211403002 | 张儒林 | 兴城市文化局 | 3 | 2008.10 | 书法教育与培训、艺术交流、组织书法活动 |
| 兴城市滴绿山庄老年公寓 | 211407001 | 李春平 | 兴城市民政局 | 10 | 2009.6 | 托老、供养、康复、健身 |
| 兴城市桃源老年公寓 | 211407002 | 何贵敏 | 兴城市民政局 | 2 | 2009.10 | 养老、休闲、娱乐、健身、康复服务 |
| 兴城市英茂山果树研究所 | 211404005 | 刘绍敏 | 兴城市科技局 | 2 | 2010.4 | 果树技术研究、咨询与推广 |
| 兴城市华丰医院 | 211402004 | 白海利 | 兴城市卫生局 | 5 | 2010.8 | 内科、普外科、皮肤病诊治 |
| 兴城市鲍家大院老年公寓 | 211407003 | 鲍洪生 | 兴城市民政局 | 3 | 2010.8 | 养老、休闲、娱乐、健身、康复服务 |
| 兴城市渤海医院 | 211402005 | 唐福东 | 兴城市卫生局 | 5 | 2010.9 | 内科、外科、中医、妇科、耳鼻喉科治疗 |
| 兴城市农户自立服务中心 | 211408001 | 刘冬文 | 兴城市扶贫办公室 | 3 | 2010.12 | 面向扶贫对象进行业务培训、提供信息服务 |
| 兴城市胃肠专科医院 | 211402007 | 张 涛 | 兴城市卫生局 | 5 | 2011.3 | 胃肠病专科治疗 |
| 辽宁锦华机电有限公司职工医院锦华门诊部 | 211402006 | 张贵林 | 兴城市卫生局 | 3 | 2011.4 | 各类疾病门诊治疗 |
| 兴城市温泉老年公寓 | 211411003 | 杜欣荣 | 兴城市民政局 | 6 | 2011.5 | 老年休闲娱乐健身餐饮洗浴康复 |
| 兴城市棋院 | 211405001 | 李 伟 | 兴城市体育运动中心 | 3 | 2011.6 | 棋类教学与人才培养 |
| 兴城市工大职业培训学校 | 211406002 | 陈贵坚 | 兴城市劳动和社会保障局 | 20 | 2011.7 | 职业培训 |
| 兴城市新艺泳装服装制版培训学校 | 211406004 | 杨立荣 | 兴城市劳动和社会保障局 | 20 | 2012.6 | 泳装服装制版教学培训 |

# 第四节　地名管理

1986年，根据《全国地名档案管理办法》，兴城县地名办开展地名资料建档工作，共建立文书档案7卷、地名普查档案140卷，编译出版档案8卷。

1987年，兴城市完成海域岛、礁普查工作，为中国人民解放军海军标注“中国·渤海海图”。编写《中国海域地名志》兴城区域内的条目及《中华人民共和国地名词典》辽宁省分卷的兴城市有关词条76条，其中“菊花岛”条被《中国海域地名志》选为样条。

1989年，兴城市地名委员会办公室由兴城市建委划归兴城市民政局。

1991年，门牌工作由兴城市公安局移交兴城市民政局地名办管理。1992年，地名办开展安装门牌工作。至年末，在3个镇、5个街道的32个村、21个居委、38条街、21条路、85个胡同、47个居民里共安装门牌45491块。

随着城市规模的不断发展，兴城市对市区内道路、街道名称多次进行变更和命名。1995年，命名川北路、绿园里路、西一新里路3个路名。

1996年，比例尺为1:10万的《兴城地图》绘制完成，出版发行2000张。是年，市地名办完成曹庄镇、东辛庄满族镇、郭家满族镇驻地及围屏满族乡、旧门满族乡的门牌安装工作，共安装门牌16436块。

1998年，命名玉皇庙路、技校路2个路名。在高家岭满族乡、三道沟满族乡和四家屯乡树立地名标志牌49块。

2003年，兴城市人民政府依据相关规定，确定兴城城区街路命名原则，即东西走向为“街”，南北走向为“路”。

2005年10月，通过向社会广泛征集、论证，经兴城市人民政府常务会议研究通过，对市区8条街、13条路和1个广场进行更名或命名。将兴海路更名为兴海南街；兴海北路更名为兴海北街。新命名的街有：铁西街、兴建街、弘丰街、辛庄南街、绿园街、崇焕街。新命名的路有：康宁路、广电路、双兴路、首阳路、广场西路、广场东路、欣园路、友谊路、龙兴路、钓鱼台路、黎明路、新四路、城西路。将位于兴海北街路南的中心广场命名为宁远广场。

2007年，为确保第二代身份证换发工作正常进行，市地名办对特殊片区进行普查、命名和编码，制发《新增门牌号码上报表》和《更正门牌户主姓名上报表》，做到城乡居民使用标准的地名地址。

2008年，为5家房地产开发商办理建筑命名审批手续，督促4家开发商完成建筑命名和地名编码。命名农村乡镇街名18个，路名23个，设置安装部分乡镇的街路标志。进一步完善地名数据库管理工作。

2009年2月，对城区周边的5条交通干线进行命名。兴城至元台子满族乡英昌村道路命名为“兴英路”；羊安满族乡羊安屯至南大山满族乡洪家屯交通路线命名为“羊洪线”；兴城外环路西段和北段分别命名为“外环西路”和“外环北路”；茶棚庵至干柴岭路段命名为“茶干路”。

2010年，完成菊花岛自然实体的更名工作，将菊花岛更名为觉华岛。

2012年，兴城市作为辽宁省29个试点县（市）区之一，进行第二次全国地名普查工作。共调查登记2386个地名实体，其中人文地理实体2352个、自然地理实体34个。采集多媒体信息，拍摄照片4352张、录音录像138段。形成地名普查资料15项，上报普查成果7项。完成普查资料的立卷归档，普查信息录入到省级和国家信息库。年内，相继完成7万余字的《中华人民共和国政区大典·辽宁分卷·兴城词条》和《2012年辽宁省行政区划手册》编纂工作。兴城市人民政府出台《兴城市地名管理实施意见》，并对滨海大道、临河大街、兴海中街、闻涛街、首山路、钓鱼台西路新交通干线进行正式命名。

## 第五节　老龄工作

1988年8月，辽宁省人民政府颁布《辽宁省老年人保护条例》。规定每年农历九月初九重阳节为敬老日（老年节）。是年，兴城市组织庆祝第一个老年节活动，全市3000余名老人参加登首山、逛古城和观看电影、老年迪斯科舞蹈表演等活动。9月，兴城市老年人体育协会成立。老年人体协组织的兴城市老年人田径运动队，在锦州市老年人体育大会上，取得总分第三名的好成绩。年末，全市27个居委会和335个村委会建立老年协会。

1990年，兴城市老龄委组织曹庄、四家屯、白塔、旧门等乡镇在各村签订赡养老人协议书，以保证老年人吃、住、用等不低于家庭成员平均水平。

1995年，兴城市农村社会养老保险事业管理中心成立，负责全市农村养老保险业务，具体经办养老保险资金收付、基金管理、档案管理等工作，经费来源由收缴养老保险金提取列支。

1999年，兴城市老龄委转发《葫芦岛市老年人享受优惠待遇规定》，执行百岁以上老人发放生活补贴，标准为城镇每人每月补贴80元，农村每人每月补贴50元。给70岁以上老人发放优待证，老年人持优待证可享受多种优待照顾，年内发放优待证860份。建立老年活动中心、老年活动室、活动站、老年秧歌队120多个，使老年人的晚年生活更加丰富多彩。

2000年12月，兴城市老龄委办公室由兴城市劳动和社会保障局划归兴城市民政局。年内，全市13名百岁老人领取生活补贴金20890元。

2003年，兴城市开展老龄社会保障基础设施、制度和服务网络建设。至年末，全市共有各类老年活动组织30个，建立老年活动场所120个，面积达6000余平方米，其中6个社区安装户外健身器材。对城镇离退休人员实行养老金社会化发放，参保人数达3万余人；将城乡特困老人纳入“低保”；对孤寡老人实行重点帮扶，签订家庭赡养协议书1万余份。老年节期间，兴城市举办首届“夕阳风采”老年歌手大赛。

2006年5月16日，兴城市老龄委第一次全体（扩大）会议召开，会议决定将10月份定为兴城市敬老宣传月，大力弘扬中华民族传统美德，在全社会形成尊重、关心、帮助老年人的社会风尚。是年，兴城市百岁老人生活补助标准提高至农村每人每月100元，城市每人每月150元。兴城市老龄委与兴城市人寿保险公司联合开展“关爱老年人健康行动”，为1万余名老年人办理“老年人意外伤害保险”并及时理赔。

2008年，完成老年人口情况普查。经普查，兴城市老年人口总数为86259人，其中，农村66652人，城市19607人，占全市总人口的16%。2009年7月，兴城市百岁老人的长寿补贴金提高到每人每月200元。

2010年，在全市开展“关爱老年人健康行动”。认真落实老年人优惠优待政策，为90~99周岁高龄老人发放补贴金，标准为每人每月50元。为6万余名老年人办理“老年人意外伤害保险”。

2011 年，完成辽宁省老龄事业（兴城部分）统计任务。兴城市有老年人口 97111 人，占全市总人口的 18%，其中有百岁老人 17 人。兴城市老龄委对全市享受高龄补贴人员进行入户普查。对 90~99 周岁高龄老人每人每月发放补贴 50 元。兴城市被辽宁省老龄工作委员会授予“老龄工作先进县（区）”称号。

2012 年 7 月，百岁老人长寿补贴调整到 300 元。分两次对全市 941 名享受补贴的高龄老人进行入户调查，建立个人档案。兴城市民政局与司法部门合作，开通“5128148”老年法律援助电话。乡镇街道司法所挂牌免费为老年人提供维权服务，村委会和居委会成立矛盾调解委员会，兴城市、乡、村三级维权网络基本建成。

## 第六节　殡葬管理

### 殡葬事务

1986 年，兴城县民政局与兴城县精神文明建设办公室联合下发《关于把殡葬改革列入争创文明单位必备条件的通知》，进一步加强城乡殡葬改革工作。全县铁路、公路、耕地、住宅“四旁”原有坟头 2051 座，平掉 1098 座。年内，全县死亡 2412 人，火化尸体 2363 具，火化率为 98%。

1990 年，兴城市人民政府制发《殡葬管理暂行办法》等 3 个文件，清理整顿丧葬用品市场，取缔非法生产具有封建迷信色彩丧葬用品的小作坊。

1998 年，兴城市殡仪馆升格为“国家三级馆”。2000 年 12 月，位于元台子满族乡姜女村的兴城市藏龙公墓建成并投入使用。2003 年，东辛庄殡仪馆建成。

2008 年，兴城市在重点地段平（迁）坟头 3408 座，还田 0.33 公顷。国防工程占地迁坟 110 座。全年，死亡 3269 人，火化尸体 3269 具，火化率 100%。

2009 年，兴城市民政局制定对困难群体实行减免殡葬费用的优惠政策，对城乡低保对象免收遗体火化费用。2010 年，兴城市民政局规范城乡殡葬用品市场管理，扩大殡葬救助覆盖面。全市共平坟 5792 座，辽宁省、葫芦岛市民政部门检查给予充分肯定。

2012 年，兴城市死亡 2552 人，火化率 100%。

### 烈士陵园（墓）

兴城先后修建市（县）级管理的烈士陵园 1 处、乡镇管理的烈士陵园 6 处、烈士墓地 7 处、烈士纪念碑 2 处。

**兴城市烈士陵园**　位于兴城古城东北 3 公里窟窿山西南麓，始建于 1949 年，占地面积 2300 平方米。陵园正门横额上书写“烈士陵园”4 个大字，两侧竖联书写：“功昭日月”“气壮山河”。园内树立烈士纪念碑 1 座，镌刻着“解放兴城革命烈士永垂不朽”碑文。该座烈士陵园，是为纪念中国人民解放军东北野战军第四纵队在 1948 年 9 月解放兴城战斗中光荣牺牲的指战员们而建立。园内有碑烈士墓 81 座、无碑烈士墓 562 座。兴城市烈士陵园于 1965 年、1978 年、1989 年进行修缮。2001 年，兴城市投入资金 14.5 万元，修建陵园围栏和附属设施等。2002 年，兴城市烈士陵园被葫芦岛市确定为“爱国主义教育基地”。2008 年，中国人民解放军 204 医院墓地迁入烈士陵园，共动迁坟墓 164 座，其中烈士墓 51 座。2010 年，兴城市投入资金 80 万元对兴城市烈士陵园进行改建，修建烈士碑 1 座，烈士合葬墓 2 座，实名烈士墓 92 座，修建瞻养区 1100 平方米，改建烈士陵园2300平方米。改建后，陵园有人看护。

2011年4月8日，兴城市公安局、兴城市民政局等单位，将1946年2月6日为掩护干部群众转移而英勇牺牲的兴城县公安科科长兼公安队长刘国华和通讯员小赵遗骸，从郭家镇李良峪山沟迁葬兴城烈士陵园。

**其他烈士陵（园）墓** 在抗日战争、解放战争和社会主义建设时期，许多热血青年为祖国的解放、为保卫家乡、为社会主义建设英勇献身，长眠在兴城大地上。

三道沟满族乡达子沟烈士墓，埋葬1946~1947年在保卫新生民主政权历次战斗中牺牲的16位烈士。

围屏满族乡陈良村烈士墓，埋葬1948年9月在攻占望海火车站战斗中牺牲的16位烈士。

大寨满族乡马蹄屯烈士墓， 埋葬1948年9月在解放绥中战斗中牺牲的16位烈士。

元台子满族乡四方村烈士墓，埋葬1948年9月在攻占砬子山战斗中牺牲的16位烈士。

华山街道东羊草屯烈士墓，埋葬1948年9月在解放兴城外围战斗中牺牲的16位烈士。

白塔满族乡清水村烈士墓，埋葬1948年9月在解放兴城外围战斗中牺牲的11位烈士。

药王满族乡叶屯烈士陵园，埋葬1971年在修建辽西魏塔线战备铁路施工中牺牲的3位解放军指战员和1位民兵烈士。

2011年，兴城市民政局派专人逐乡、逐村普查散葬在农村的烈士墓。经查，兴城市有散葬农村烈士墓252座。其中，实名烈士墓12座、无名烈士墓240座，分布于全市10个乡镇。

# 第二十篇　劳动人事

## 第一章　劳动和社会保障

1986 年，兴城县劳动局为兴城县人民政府工作部门。1998 年 3 月机构改革，兴城市劳动局改为兴城市劳动和社会保障局。依照国家、省、市有关劳动和社会保障事业的方针政策和法律法规，兴城市劳动和社会保障局行使劳动和社会保险的监督检查职权；承担企业工人技术等级考核认定，组织企业职工技能培训，组织实施再就业工程，进行下岗职工再就业培训；负责落实劳动保护政策、劳动安置调配、社会保险金的收缴和运营、安全生产、医疗保险，依法实施劳动监察、劳动争议仲裁、协调劳动者维权及查处重大事件等。

### 第一节　用工制度

1986 年，企业用工分为固定工、临时工、合同工、计划外用工等。兴城县执行国务院用工暂行规定，对用工制度实行改革，不再由政府“统包统配”，按劳动力市场规律，面向社会公开招工，经过考试择优录用。年内，全县招收全民合同制工人 605 人。1989 年，根据国家有关政策，废止“内招”“子女顶替”等用工制度。

1991 年，针对待业人员增多和企业出现停工待工情况，兴城市劳动局广泛开展劳动就业“光彩杯”竞赛活动，安置待业青年 4304 人。待业青年兴办集体企业 36 家，从业人员 292 人。

1993 年，推行企业职工全员劳动合同制。企业在招收录用，安排岗位，变更、终止、解除与职工劳动关系方面享有充分自主权，同时企业要依法保障职工的合法权益，不得任意解除合同，随意开除职工。年内，完成国防科工委兴城疗养院、兴城市土地管理局共 20 人的转制工作。

1995 年 5 月，兴城市全面实行劳动合同制，要求兴城市境内的各类企业，包括国有、集体、外资、乡镇、私营等企业和个体经济组织及其职工均应在平等自愿、协商一致的基础上，以书面形式签订劳动合同，确立劳动关系，实施劳动合同制。1996 年，兴城市所有企业全部实行劳动合同制。城镇户口和农村户口人员就业，分别改称城镇合同制工人、农民合同制工人。大中专、技校毕业生和复退军人就业称固定工，同时与企业签订劳动合同，工龄连续计算。新招工人签订劳动合同，发放劳动保险手册，办理参保手续。全年共办理签证14500人。

1997年，兴城市实施产权制度改革，兴城市劳动局组成专为改制企业服务的现场办公组，深入364户改制企业，办理解除职工身份手续和重新安置手续3024人，办理提前退休手续364人，接收离退休职工1300人。

2002年，兴城市建立劳动就业服务网络，基本形成“岗位介绍、职业指导、职业培训”三位一体的就业服务体系。2007年，兴城市劳动力市场全面启动，为招用工人、签订劳动合同、处理争议、下岗失业人员再就业提供“一站式”服务。全年共举办用工洽谈会48期，提供就业岗位700个，用工交流的成功率达77%。2008年，建立城乡统筹的就业服务体系，提升公共就业服务能力。先后有49个用工单位现场招聘，共提供就业岗位813个，达成用工意向1000人次。

2011年，全市开发公益岗位832个，发放“4050”灵活就业人员和公益岗位人员社保补贴1255万元、岗位补贴629万元。实名制扶持创业带头人35人，带动就业282人。

2012年，组织实施5家事业转企业及改制工作，涉及职工388人；组织协调辽宁工程技术大学培训中心(原辽宁省商业疗养院) 整体划转兴城市接收与管理工作。

## 第二节 劳动就业

在由计划经济体制向社会主义市场经济体制转变的过程中，中国的就业制度和就业机制发生了重大变化。兴城市依照现阶段劳动就业的方针政策，实行劳动部门介绍就业、自愿组织起来就业和自谋职业相结合的方式，建立和完善市场调节就业和劳动者自主择业的服务体系，扩大就业渠道。

### 职业介绍

主要是对待业人员进行求职登记，企业用工调查与登记，劳务市场信息搜集，就业与用工的指导与咨询，以及就业预测预报。

1986年6月6日，兴城县劳务市场建成，开设为待业的城镇职业学校毕业生介绍职业和为农村能工巧匠联系用工单位等16个服务项目。全年共为县内企业、驻在单位和沈阳市输送劳动力204人。

1994年，成立兴城市职业介绍所，当年为用工单位介绍临时用工234人，对外输出劳动力27人。1999年，兴城市职业介绍所先后4次组织全市性的用工调查，走访193个用人单位，发布用工信息114条，为有技能的职工组织洽谈34次，介绍下岗职工就业586人。2001年始，兴城市职业介绍所开办求职登记工作，全年共接待求职登记4340人。年内，兴城市露天劳务市场建成，为家电修理、防水补漏等10个工种千名打工人员提供交易场所。2003年，成立劳动保障事务代理机构，为下岗失业人员提供劳动政策咨询、档案查询、移交代办退休手续等劳动事务有偿服务。

2008年，兴城市劳动和社会保障局为劳动供需双方搭建职业介绍平台，每天利用大屏幕滚动播放用工信息，每周五举办用工洽谈会，开展“春风行动”“就业大篷车”“民营企业招聘会”等活动，促进劳动就业。全年有49个用工单位现场招聘，提供就业岗位813个，达成用工意向1000人次。

2010年，兴城市劳动和社会保障局规范劳动保障代理和失业人员档案管理工作，制定《关于规范城镇企业职工办理退休业务流程的实施意见》，劳动保障代理和档案管理实现信息化、规范化、制度化。至年末，共接收代存档案16615卷，办理城镇企业职工退休手续2891人，办理劳动合同288份。

2011年，兴城市劳动和社会保障局开展“春风行动”“就业援助月”“民营企业招聘周”等就业活动，搭建劳动保障服务平台，实现就业服务机构城乡一体化。

2012年，兴城市劳动和社会保障局向葫芦岛市人力资源和就业信息系统上传空岗信息8662条，完成年计划5000条的173%，准确率100%。全面启动开展劳动保障监察“两网化”管理工作，全市共设置网格27个，组建26个劳动保障监察中队，配备工作人员55人。用人单位信息动态采集入库率95%。

## 安置就业

1986年，按照“谁办谁管、谁家的子女谁安置”的要求，兴城县共成立各类劳动服务公司69个，建服务网点118个，安置就业2250人。其中安置集体所有制固定工1596人、全民劳动合同工605人、个体自谋职业者49人。1988年，安置待业青年近8000人。

1991年，兴城市对全市劳动服务公司进行整顿，注销不合格单位34家，保留35家，认定劳动就业服务企业91家。1992年，安置待业人员1781人，其中全民招工280人、集体招工1082人、组织就业363人、自谋职业56人。

1997年，随着市场经济的发展，企业产权制度改革的深入，兴城市下岗职工和失业职工日益增多。为帮助下岗职工尽快找到就业岗位，兴城市人民政府制定《兴城市解困和再就业工程实施方案》。年内，全市共有下岗职工1630人实现再就业。

1998年8月，兴城市再就业指导中心建立，对企业正式职工和合同制工人中合同期未满、尚未解除劳动关系、因企业生产经营等原因而下岗，且没有在社会上找到其他工作的职工进行安置。年内，全市国有企业下岗职工共4206人，通过17个再就业服务中心和东辛庄服装市场再就业基地安置2272人，占下岗职工总数的54%。

1999年，兴城市再就业服务中心指导企业主管局和国有企业，建立再就业服务中心66个，实行内部消化、社会帮助、开发式、创业式安置就业5381人。建成下岗职工农事再就业基地，安置下岗职工200人。

2003年，按照辽宁省劳动和社会保障部门要求，落实下岗职工再就业有关优惠政策。全市有下岗职工2300人领到“再就业优惠证”。下岗职工再就业后，可享受32项税费减免优惠待遇。2004年，建立困难失业人员动态管理和再就业援助制度。兴城市开发公益性岗位381个，安置381人就业；扶持创业带头人30人，带动611人就业。

2005年，加强街道和社区下岗失业人员再就业工作。兴城市4个镇、7个街道建立劳动保障事务所，配备专职人员11人。2006年，进行城镇离岗失业人员入户调查登记，全市城镇失业人员8417人，失业率为3.99%。

2010年，兴城市劳动和社会保障局制定《兴城市公益性岗位管理暂行办法》，加大公益性岗位开发和管理工作力度。全年共开发公益性岗位704个；实现实名制就业9008人；实名制有组织劳务输出7271人；城镇登记失业率为3.7%，实现城镇登记失业率控制在4.0%以内的目标；零就业家庭保持动态管理为零。

2012年，实现实名制就业8381人，完成年计划6000人的139.6%；城镇登记失业率为3.25%，控制在3.5%指标范围内；就业困难人员1196人实现稳定就业，实现零就业家庭动态管理为零目标。发放公益性岗位补贴和社保补贴1291万元，“4050”人员社会保险补贴897万元，惠及3099人。高校毕业生参与“千企万岗计划”见习69人，完成年计划50人的138%；扶持创业带头人37人，带动就业243人，分别完成年计划的106%和121.5%。

## 职工调配

1986年，兴城县职工调动341人，其中调出166人，调入175人，调出调入基本持平。

1987年，兴城市职工调动372人，其中调出133人，调入239人，为调动人数最多的年份。

1998年，兴城市实施产权制度改革后，职工调配逐步实行市场化管理，设立人才交流市场，人才有序流动。企业依法招用、辞退工人。劳动者有权自主选择用人单位，以合同的形式建立或解除劳动关系，劳动行政管理部门鉴证、监督、检查。

2000年，兴城市职工调动70人，其中外省市调入5人，调出15人，市内调动50人。

2011年，职工调动273人，其中调入127人，调出146人。2012年，职工调动278人，其中调入145人，调出133人。

## 劳动培训

1986年，兴城县成立劳动就业培训中心。主要对失业青年、残疾人开展就业前训练，失业职工转业训练等。全年共举办短期岗前培训班24期，开设护理、木工、营业员等16个专业，培训待业青年1173人。兴城技工学校成立并招生124人，开设电工、卫生保健、旅游等3个专业。

1992年，贯彻《工人考核条例》，开展职业技术培训考核定级工作。全市职工参加考核定级6199人，评聘技师4人。为不同级别工人颁发证书，其中获高级证书546人、获中级证书2652人、获初级证书2494人、获岗位合格证书503人，为建立工人培训、考核、使用、待遇相结合的制度奠定基础。

1993年，成立东辛庄就业训练分部。兴城市劳动就业培训中心采取自办、联办、委托办3种办学形式，共举办就业培训班16期，培训学员1364人。其中，与兴城市工商行政管理局联合举办厨师培训班，学员75人中，定三级厨师53人、四级厨师18人。

1997年，开展职业技能鉴定工作。建立计算机文字处理员、旅游服务、服装裁剪等工种的鉴定站点，组建考评员队伍。全年完成技术等级鉴定730人。

1999年，兴城市下岗职工、失业人员再就业免费培训班开班，学期3~6个月，共有153人参加技能培训。对培训合格者，颁发职业资格证书，并优先推荐工作。2005年，开展对农村剩余劳动力转移培训、引导性培训工作。确定兴城市技校、兴城市职业中专和鑫榜美容美发学校为农民工技能培训基地，落实培训工种10个。年内，实名制引导农民工培训3411人，通过培训基地对农村剩余劳动力转移技能培训900人。

2009年，按照辽宁省人力资源和社会保障厅的规定，扩大普惠制就业培训的覆盖范围。全市确定普惠制培训专业共360个，其中城镇失业人员普惠制技能提升培训专业80个，农村劳动力转移培训专业50个。2010年，实行现培训与劳动就业的对接，开展送技能下乡、农村劳动力转移远程培训、产业区特色培训等活动，培训城乡劳动力 6135 人。

2012 年，全年培训劳动力 2467 人，299 人取得初中级职业资格证书；举办招聘会 2 场，转移输出劳动力 81514 人。技工学校建设实习厂房 1000 平方米，在车工、数控、钳工、焊工、电工电子等专业的基础上，增加驾驶专业。

### 农民工就业

2005 年，兴城市成立农民工就业服务中心。主要以农村剩余劳动力转移培训为重点，实施“阳光工程”，提高农民就业能力。全市各乡镇街道成立劳动就业服务所，有 44 个村建立劳动就业服务站，以网络服务平台的形式开展各项农民就业服务工作。建立劳务输出基地 62 家，其中在市外建立劳务输出基地 15 家，在省外建立劳务输出基地 9 家。全年组织农村劳动力输出 4598 人，实现转移就业 860 人。

2007 年，采用“大篷车”宣传和专场招聘会方式，为农民工提供就业岗位 1000 个，成功就业 500 人次。2008 年，加强劳务输出基地建设和与经济发达城市、地区的合作，建立全市农村劳动力资源信息库，推进农村富余劳动力域内域外转移就业。

2012 年，农村劳动力转移就业总人数 83766 人，完成全年计划 8.1 万人的 103%。

## 第三节　劳动工资

1986 年 8 月，实施的劳动工资改革基本结束，使以前不同行业多种复杂的工资关系统一标准。全县共有工商企业 161 个，职工 17258 人，全部参加工资制度改革。其中，16431 人增加或理顺工资，每月工资总额增加 290100 元，人均月增加工资 17.47 元。

1987 年，兴城市共有 137 家企业的职工 8049 人升级，月增工资总额 45825 元。同时，为 137 家企业的职工 1892 人完成 1985 年和 1986 年两年 3%的晋级，月增工资总额 11219 元，人均月增加工资 5.9 元。1988 年，企业实行工资总额与经济效益挂钩的工资制度，企业职工工资增长速度，依企业经济效益进行确定。1988 年，全市参加工资总额与经济效益挂钩的企业 40 个，占全市企业总数的 26%；职工 8283 人，占全市企业职工总人数的 44.7%。

1990 年，完成企业职工的调资。全市企业升级职工 18791 人，人均月增资额 10.98 元。为 130 家企业的离退休职工 3355 人增加生活补贴。

1992 年，开展企业职工正常升级和调整职工工资标准工作。全市企业正常升级 122 家，占企业总数的 60%，职工升级人数 10089 人，占全市企业职工总数的 40%。升级后，月增工资总额 89601 元，人均增加 8.88 元。对未升级的职工 14911 人调整工资标准，月增总资额 29822 元，人均增加 2 元。

1993 年，对劳动工资管理办法进行改革，实行弹性劳动工资制度，由企业根据生产经营及经济效益状况自行安排职工工资，建立企业自主分配、自我约束的工资运行机制。劳动部门从宏观上控制，总量上平衡、监督、检查，不再核定和下达职工标准工资升级指标，不再审批职工晋级。年内，全市正常升级企业 108 家，职工 8344 人，兴城市劳动局只审批领导干部，其余一律验卡。

1994 年，在全市企业中推行岗位技能工资试点，将企业职工的等级工资套改为岗位技能工资。兴城市啤酒厂、兴城市轴承厂、兴城市热电公司、兴城市石油公司 4 个试点企业职工近 3000 人享受岗位技能工资。

1995年，兴城市实行最低工资保障制度。经辽宁省人民政府批准，兴城市最低工资标准为每月150元。1996年，审批45家企业职工7060人1994年的效益工资。为170家单位的24000人办理升级审批，人均增加工资46元。为退休人员9302人增加工资，人均月增24元。

1998年，劳动行政部门不再下达增资指标，由用人单位依照《中华人民共和国劳动法》有关规定，自主决定工资标准及分配形式，按月以货币形式向劳动者支付报酬。

2012年，兴城市企业职工工资分配形式有基本工资、绩效工资、加班加点工资、津贴和补贴等。部分企业实行工效挂钩分配形式，有计时工资、计件工资、岗位技能奖励工资、岗位津贴等。

## 第四节　劳动仲裁

为公正及时地处理劳动、人事争议，规范仲裁办案程序，根据《中华人民共和国劳动争议调解仲裁法》及省、市人民政府有关规定，1987年，兴城市劳动争议仲裁委员会成立，并在兴城市劳动局设立办公室。依法依规对当事人申请仲裁的劳动争议进行公断和裁决。

### 劳动争议仲裁

1987年，兴城市劳动争议仲裁委员会在全市129家企业相继成立基层劳动争议调解委员会及其办事机构，初步形成市（县）、企业主管部门、基层企业劳动争议处理工作网络。年内，对全市调解员180人进行培训。

1989年，开展劳动信访仲裁工作，全年收到上访信21件，其中重信重访3件，复信12件。1992年，随着劳动人事用工制度的改革，用人主体的转换，劳动争议案件开始上升。全年发生劳动争议申诉10起，立案9起，全部结案。1993年，贯彻《中华人民共和国企业劳动争议处理条例》，受理劳动争议案件8起，处理来信来访128人次，答复政策咨询160人次。

1998年始，随着企业产权制度改革的深入，劳动仲裁案件增多，群众信访量增大。全年共受理劳动争议案件18起，总标的额100余万元，最大标的额42万元。接待上访群众1090人次，受理信访案件1143人次，解答政策咨询1201次。做到无积压案件、无进京上访户。

2007年12月，组建兴城市劳动争议仲裁院。仲裁院贯彻执行劳动保障法律法规，处理劳动争议案件，培训和评聘劳动争议兼职仲裁员，接待处理劳动保障信访工作。依据《中华人民共和国劳动争议调解仲裁法》，兴城市拓宽劳动争议调解仲裁范围。2009年，受理劳动争议案件46件，审结21件，调解12件。接待群众信访案件9起500人次，解决信访案件8起464人次。

2011年，接待投诉上访2310人次，受理劳动监察仲裁案件81起，涉案金额300余万元。2012年，受理各类案件140件，涉案金额3886万元，法定期限结案率100%，惠及3564人。

### 劳动合同管理

1989年始，兴城市劳动争议仲裁委员会在受理劳动争议申诉的同时，开展劳动合同的鉴证和劳动合同的管理工作。是年，兴城市鉴证劳动合同1607份，其中合同制工人1500份，临时工107份。1995年，《中华人民共和国劳动法》的颁布实施，促进劳动合同鉴证工作的开展，全年办理劳动合同鉴证人数9634人，占职工总数的56%。

2000 年始，劳动合同鉴证从国营、集体企业推向私营个体企业。年内，11 家国营企业和 23 家私营企业、个体企业建立劳动合同台账合同卡，规范终止、续签及职工违纪处理手续，使职工和企业建立、终止、解除劳动合同更加法治化。至 2005 年，兴城市劳动合同鉴证人数共达 24838 人。

2007 年，全面贯彻落实《中华人民共和国劳动合同法》，制定“劳动合同 3 年行动计划”，完成劳动合同鉴证 8500 份，劳动合同签订鉴证 98%。2009 年，建立劳动用工信息数据库，实现对劳动合同签订、履行行动的动态管理。年内，劳动用工备案企业 851 个。

2012 年，全年劳动合同签订 5200 人次，劳动合同鉴证率 99%。依法推动集体合同签订，会同总工会加强工资集体协商制度建设，全市 119 家餐饮服务、泳装加工企业 80%以上建立工资集体协商制度。

## 第五节　劳动监察

1989 年，兴城市劳动局、兴城市公安局、兴城市工商行政管理局联合制发《兴城市劳务监察暂行办法》，进一步完善城乡劳动力管理措施，保证企业和劳动者的合法权益。年内，对全市临时工用工单位进行调查、清理，查出不合理用工 4078 人，全部为其补办用工手续。1995 年，查实外省市流动到兴城市就业人员 3700 人，并为符合规定的外埠务工人员 1240 人办理“务工许可证”。

1996 年 12 月，兴城市劳动监察大队成立，建立以劳动监察大队为主体的劳动执法监察网络。2002 年，规范用工手续，切实保护劳动者的合法权益。对全市劳动用工情况进行监察，审查和补签劳动合同 4000 份，追回抵押金 3 万元，为 120 名劳动者补办职业资格证，为 50 名劳动者追回拖欠工资 5 万余元。

2006 年，对全市 450 户重点用工单位进行劳动执法监察，下达整改指令书 500 份，纠正企业非法用工行为 64 件。对辖区 38 户煤矿和非煤矿山招用的女工和未成年工进行专项检查，对违规违法行为进行整治。2007 年，开展农民工工资支付情况的专项执法检查，全年共受理农民工投诉举报案件 36 起，结案率 100%。2010 年，劳动监察执法检查用人单位 450 家，下达责令整改通知书 108 份；受理投诉案件 28 件，追回拖欠农民工工资 71.15 万元；受理劳动争议案件 34 件，追索标的额 1201 万元；受理案件法定期限内结案率 100%。

2011 年，以清理整顿人力资源市场秩序、整治非法用工、打击违法犯罪、最低工资制度贯彻落实情况监督检查为重点，检查用人单位 567 家 12870 人，为农民工 253 人追回拖欠工资 114 万元，法定期限内结案率 100%。

2012 年，兴城市劳动监察大队开展清理整顿人力资源市场秩序、调查用人单位遵守劳动用工和社会保险法律法规情况、在安全生产领域“打非治违”、健全建筑行业实行农民工工资保障金制度共 4 项专项行动。累计检查用人单位 354 家，下达限期整改通知书 35 份、处罚决定书 29 份，惠及劳动者 1.5 万人。

## 第六节　社会保障

社会保险是社会保障制度的一个最重要的组成部分。依照国家有关法律规定，兴城市自 1986 年开始建立社会保险基金制度，对企事业单位参加劳动关系保险的劳动者在丧失劳动能力或失业时给予必要的特殊帮助。随着社会保障事业的不断发展，保险体系的不断健全，社会保障范围扩展到社会的各个层面。

## 企业养老保险

1986年4月，兴城县劳动保险公司成立，负责全县合同制工人的养老保险、退休基金统筹及退休职工管理工作。是年，全县共有合同制工人942人，其中办理保险的384人，收缴保险基金87000元。企业工人离退休金由企业自行支付改为社会统筹，退休金由社会保险机构从养老保险金中支付。至年末，有205个单位的退休职工2833人参加社会统筹，年支付统筹费277万元。

1989年1月始，兴城市全民所有制单位职工退休基金社会统筹工作正式实施，参加统筹的退休职工1297人，月平均支付退休费15万元。

1991年，推出职工个人缴费制度，明确规定实行职工个人缴纳部分养老金，基本养老保险费用由国家、企业和职工个人三者合理负担的新原则，打破养老保险费用由国家和企业包办包揽的制度。1993年，下岗职工、改制企业职工和个体工商户3238人参加养老保险，收缴保险金444万元。

1998年3月始，对养老金计发办法进行重大改革，把企业为职工缴纳的基本养老保险费的一部分和职工个人缴纳的全部，统一记入社会保险机构为职工开设的专用账户，实行储蓄式管理，即职工个人账户制度。养老金实现社会化发放。

2003年8月28日，兴城市人民政府召开全市社会保障扩面工作动员大会，制定下发《关于进一步扩大社会保障覆盖面的通知》，通过政策宣传、依法干预等多种手段，督促企业参保。

2011年，兴城市连续第七年提高企业离退休人员养老保险待遇，至10月末，全市企业离退休人员1.1万人、人均月领养老金1205元。

2012年，全市企业基本养老保险在职参保人数41827人，完成年计划41769人的100.1%。企业养老保险统筹基金征缴13578万元，完成年计划100%，确保企业退休人员1.2万人养老金按时足额发放，连续第八年提高企业离退休人员基本养老金。年内月人均增加退休金186元，月人均退休金为1410元，全年企业职工养老金总支出19153万元。

## 事业单位养老保险

1995年5月，成立兴城市机关事业单位社会保险管理中心。制定《兴城市自收自支事业单位社会养老保险暂行办法》，并在48个自收自支事业单位进行保险试点工作。至年末，试点单位的1528人和乡镇合同制干部453人全部参保，收缴养老保险金90万元，支付退休金24万元。

1996年，机关事业单位养老保险由试点转为面上铺开。基本养老保险费由集体和个人共同负担。集体部分由财政按职工月工资总额的22%缴纳，个人部分按职工月工资额的3%由单位按月从其工资中代为扣缴。同时在各乡镇设立退休金发放处，建立健全一条龙服务网络。年内，社会养老保险在机关的覆盖率达100%，事业单位达71%，共收缴保险基金269万元，支付离退休金90.4万元。

1998年4月，兴城市机关事业单位保险管理中心统一并入兴城市社会保险管理中心。2001年，参加保险的机关事业单位308个，参保职工13952人。其中财政全额拨款单位178个，参保的在职职工8640人；自收自支事业单位130个，参保的在职职工5312人。

2010年，兴城市参加事业养老保险的单位119家，参保职工4484人，年收缴养老保险基金

2952万元。离退休职工2396人，年支付养老金3874万元，其中支付丧葬费240万元。2011年，参加养老保险事业单位102家，参保在职职工4168人、离退休职工和遗属2269人。2012年，参加养老保险的自收自支事业单位93家，参保在职职工4035人、离退休职工和遗属2287人，基本养老保险基金总收入4019万元。

## 农村养老保险

1995年11月，兴城市农村社会养老保险事业管理中心成立，负责全市农村社会养老保险业务。农村养老保险管理中心按照积极、慎重、稳妥和自愿的原则开展工作。养老保险金的缴纳以个人为主、集体补助为辅，国家给予政策扶持。年末，投保人数41132人，收缴保费232万元。

1997年，兴城市30个乡镇街道339个村的14万农民参加保险，累计投保金额507万元。同时为10名60周岁的投保老人下拨“农保金”。

1998年4月，农村社会养老保险工作统一划归兴城市社会保险管理中心。

2010年末，兴城市农村累计参保人数28509人，参保率为6.98%，累计收缴保险金650.94万元。农村养老保险享受待遇人员371人，支付养老金15万元。

2011年，全市60周岁以上符合条件的农村和城镇居民64525人按月领取55元基础养老金，其中农村居民60866人，城镇居民3659人，每月发放基础养老金354.89万元，养老金发放率100%。兴城市16~59周岁参加新型农村养老保险缴费人数19万人。

2012年，新型农村养老保险参保人数25.3万人，参保率为91%，超出计划指标11个百分点。其中参保缴费人数19万人，缴费率为92.8%，超出计划指标12个百分点，生存认定达到100%。至年末，新型农村和城镇居民社会养老保险领取待遇人数6.7万人，养老金累计支出6473万元，发放率100%。年内，兴城市劳动和社会保障局被国务院授予“全国新型农村和城镇居民社会养老保险工作先进单位”。

## 失业保险

1986年10月，根据国务院《国营企业职工待业保险暂行规定》，兴城县成立失业保险机构，对失业保险基金进行统一管理。国营企业和企业化管理的事业单位按其全部职工标准工资总额的1%缴纳待业保险基金，国家机关、事业单位、社会团体中的合同制工人按标准工资总额的1%缴纳失业保险金。1993年，扩大失业保险覆盖范围，将城镇集体企业、外商投资企业、私营企业及其职工，部分机关、社会团体和事业单位及其职工纳入失业保险范围。1995年初，对锦华机械厂部分分厂停产整顿下岗的979人进行失业人员界定，确定应享受救济的失业人员883人，及时发放救济金37万元。

1998年7月1日，依据辽宁省人民政府《关于调整企业失业保险基金收缴比例》，兴城市人民政府提高失业保险基金收缴比例，企业缴费比例由企业职工上年月平均工资总额的1.2%提高到2%，职工缴费比例为个人上年月平均工资的1%。

2004年，按照葫芦岛市人民政府《葫芦岛失业保险基金统筹管理办法》，失业保险基金实行市级统筹，统一管理，统一调配使用，实现失业人员的社会化管理。2005年，兴城市企业参加失业保险户数163户（含私营企业、三资企业、市属企业），参保人数10518人；事业单位参保户数284户，参保人数11974人。2010年，全市失业参保单位417户，参保职工17512人。

2011 年，兴城市为确保交通安全，依法取缔营运三轮车。兴城市劳动和社会保障局工作人员深入三轮车回收现场，为全市 2111 名三轮车车主发放就业援助资金 1260 万元，提供就业岗位 1000 个，发放用工信息宣传单 2500 份，开发 68 个公益岗位，优先解决营运三轮车车主中的残疾人就业安置问题。

2012 年，全市失业保险参保 18257 人，完成年计划 102%。其中企业参保人数为 8501 人，事业参保人数9756 人。基金征缴 804 万元，完成年计划 118%。

## 基本医疗保险

2001 年 12 月，兴城市城镇职工基本医疗保险管理中心成立，负责市区医疗保险费的征缴与管理；受理基本医疗保险参保登记、审核和待遇支付业务；监督指导定点医疗机构和定点药店的医疗服务行为，合理控制医药费支出。

2002 年，兴城市城镇职工基本医疗保险制度正式启动。兴城市人民政府制定《兴城市城镇职工基本医疗保险办法》，实行医疗保险金社会统筹，按个人工资总额的 10%筹集，其中职工个人缴纳 2%，单位缴纳 8%。医疗基金的使用实行医疗基金与个人账户相结合的制度，50%统一安排使用，50%记入个人账户。至年末，全市参加基本医疗保险单位 40 个，参保职工 4500 人，收缴医疗保险基金 120 万元。参保职工中有 105 人次接受住院治疗，医保中心统筹基金中支付医疗费用 35 万元。

2003 年，大病医疗办法出台。资金筹集方法是个人年交 24 元，个人医疗账户年扣 36 元，共 60 元。参加大病医疗人员年内发生的符合报销规定的医疗费用限额在 5 万元以上 12 万元以下的，参保人员负担 10%，救助金支付 90%；超出部分由原渠道解决。2005 年，兴城市财政供养人员 10434 人全部参保，开始享受医疗保险待遇。

2007 年，兴城市人民政府制定《兴城市困难企业退休人员参加医疗保险暂行办法》，采取保费由财政、医保中心、个人分担的办法，全年接纳困难企业退休人员 3149 人参保。2008 年，依据葫芦岛市人民政府制发的《葫芦岛市城镇居民基本医疗保险暂行办法》，兴城市开展城镇居民基本医疗保险试点工作。至年末，全市参加城镇居民医保登记 40858 人，征缴个人账户基金 68 万元，财政补助资金 70 万元，支出 32 万元。

2010 年，兴城市基本医疗保险参保总人数 105953 人，其中，城镇职工基本医疗保险参保人数 55453 人，征收基金 5538 万元，医保基金支出 4469 万元；城镇居民基本医疗保险参保登记人数 50500 人，医保参保率为 98%，基金收入 437 万元，基金支出 145 万元。

2011 年，实施医疗保险“一卡通”，对医疗保险统筹基金支付比例、标准等进行适当调整，退休人员慢性病门诊治疗，在定额标准范围内的医药费报销比例由 80%上调到 85%。职工基本医疗保险费最高支付限额由 3.6 万元上调到 4 万元，大额医疗保险最高支付限额由 16 万元上调到 17 万元。从 10 月 1 日起，城镇居民开始享有门诊统筹待遇，在起付标准以上、最高限额以下的医疗费，由门诊统筹金支付 50%。

2012 年，全市城镇职工基本医疗保险参保人数 55601 人，完成年计划的 104%；城镇居民医疗保险登记参保人数 53759 人，完成年计划的 98%。

## 工伤保险

1993 年，依据锦西市人民政府颁布的《锦西市企业职工工伤保险暂行规定》，正式建立兴城市统一的工伤保险制度，结束工伤保险长期由国家出政策、出钱的历史。

2010年，兴城市企业职工参加工伤保险人数累计21682人，其中农民工参保人数5833人，累计征收工伤保险费333万元，累计支付工伤保险金197万元。2011年，以实施新《工伤保险条例》为契机，扩大高风险、高危行业企业参加工伤保险人数，将符合法律、法规要求的职业人群全部纳入工伤保险范围。全市新增工伤参保人数23396人，认定（含视同）工伤人数为35人，评定伤残等级人数12人。

2012年，全市工伤保险参保25279人，完成年度计划。认定（含视同）工伤人数为39人，评定伤残等级人数7人。有96人享受工伤保险待遇，73人享受工伤医疗待遇。

### 生育保险

2000年，兴城市社会保险中心开展企业女职工生育保险业务，为65名女职工支付女工生育保险费12.8万元。

2010年，全市生育保险参保12292人，累计征收企业女工生育保险费153万元，支付生育保费56万元。

2011年，参加生育保险人数14412人，全市有19人次享受生育保险待遇，人均生育待遇为4381元，同比增长8.9%。2012年，全市生育保险参保人数15846人。征收生育保险基金124万元，基金支出53万元。全市有62人享受生育保险待遇。人均生育保险待遇为8548元。

# 第二章 人事

兴城市人事局是兴城市人民政府管理国家人事和机构编制的综合职能部门，与兴城市机构编制委员会办公室合署办公。其工作职能是依照国家有关干部人事政策和法规，建立和推行国家公务员制度、综合管理专业技术人员；建立有利于人才成长、选拔和合理使用的人事管理制度；协调企业人事制度改革工作；负责政府机构改革的实施和职能调整，机构管理等工作。1998年3月机构改革，兴城市人事局并入中共兴城市委组织部，对外挂兴城市人事局牌子。

## 第一节 人事制度

人事制度又称干部制度，是对国家公务人员和机关事业单位公职人员任用和管理制度，是国家政治制度的一个重要组成部分。中共十一届三中全会以后，兴城市（县）人事管理制度工作不断加强和完善，并随着政治经济体制改革向科学化、法制化、现代化的方向发展。

### 聘用干部

1986年，乡镇实行干部选聘、招聘制。在乡镇企业、行政村担任领导职务的优秀干部、具有2年以上实践经验的农村优秀知识青年，经过考试、考核、政审、体检，择优选聘到乡镇党政机关、事业单位工作。年内，为乡镇聘用合同干部 30 人，办理续聘手续 48 人。

1987 年始，按照辽宁省人民政府、锦州市人民政府的部署，兴城市人民政府对从以工代干人员中吸收录用的干部实行聘用制。

1991 年，兴城市人事局制发《关于认真做好乡镇合同制干部全面考核工作的通知》，对已聘用的 246 人进行全面考核，为合同期满、工作表现突出的合同制干部办理续聘手续。

1998 年，根据《兴城市党政机关事业单位富余人员安置意见》，解除聘用干部 402 人。2000 年，根据辽宁省人事厅、辽宁省教委、辽宁省计委《关于从民办教师中选招公办教师的通知》，按照公平、公正、公开的原则，为全市民办教师 80 人办理转为公办教师手续。

2001 年，兴城市人事局协同兴城市教育局聘用师范专业本科毕业生 27 人，会同兴城市财政局为财政核算中心选聘核算员 6 人，为符合条件的聘用制干部 860 人办理续聘手续。

2002 年始，不再实行干部聘用制。

### 干部录用

1986 年 2 月，兴城县人事局组成联合调查组，对各乡镇自用人员的分布、使用、素质和工作情况进行全面调查，制定“三定”原则，即定编制、定岗位、定人员。指令各乡镇对自用人员进行精简，规定各乡镇自用人员不得超过 8 人。兴城县共精简乡镇自用人员 32 人，保留 195 人，精简率达 55%。

1987 年，将干部进机关单一的考核制度改革为考核、考试相结合。

1991 年，兴城市人事局制发《关于兴城市国家机关、事业单位补充工作人员的具体规定》，进一步明确凡国家机关、事业单位补充工作人员，一律采取单位推荐、本人自愿报名、通过文化考试和政绩考核择优录用的办法进行。依照中共辽宁省委组织部、辽宁省人事厅《关于补充乡镇机关干部实行选聘制和聘用制几个问题的通知》，兴城市对乡镇聘用制干部满 3 年的录用为国家正式干部。

1993 年，对在机关、事业单位干部岗位上的优秀工人进行聘干工作，分 3 批聘用，共计 1130 人。将 1992 年度优秀厂长、经理 11 人录用为国家干部，输送副乡长以上干部 7 人参加辽宁省人事厅举办的培训班，并为其办理聘干手续。1994 年，为在岗的以工代干人员 56 人办理聘干手续，为合同制干部 10 人办理续聘手续，为副乡级合同制干部 4 人办理转正手续。

1996 年，兴城市人民政府办公室和兴城市人事局通过报纸、广播、电视等新闻媒介发出公告，为政府办公室招录文秘人员 5 人，经过笔试、面试、复试，招录成功，公布招录名单。

1997 年后，不再实行干部录用制。

### 推行公务员制度

1993 年 10 月 1 日，国务院颁布实施《国家公务员暂行条例》。1995 年，兴城市推行公务员制度工作进入实施阶段，兴城市人事局设立公务员管理股，负责公务员的培训、考核、考试。

1996 年 3 月，中共兴城市委、兴城市人民政府制定《兴城市政府机关推行国家公务员制度实施方案》，确定双树乡为推行公务员制度试点单位。确定列入公务员过渡范围的 60 个单位和部门，共设职位 1658 个，其中领导职位 370 个、非领导职位 433 个。12 月，全市首批 1757 名机关工作人员向国家公务员和党的机关工作者过渡工作完成，其中 1196 人过渡为国家公务员，561 人过渡为党的机关工作者。

1997 年 6 月，根据《国家公务员暂行条例》关于“国家公务员职务实行委任制、部分职务实行聘任制”的规定，兴城市人事局制定《兴城市政府机关股级职务实行聘任制的意见》，对竞聘上岗的适用范围、基本条件和资格、程序、方法做出规定。至年末，全市 26 个委、办、局股级干部实行聘任制。通过本人自荐、群众推荐、资格审查、本人述职、评委评定、群众投票、局长聘任等程序，有 191 人通过竞争上岗、双向选择走上中层领导岗位。

2007 年，兴城市完成公务员登记工作。查清符合公务员条件直接登记人员 1254 人，符合公务员条件但需要参加考试人员 114 人，不符合公务员登记及考试条件人员 65 人。2009 年，兴城市 12 家参照公务员管理部门进行人员登记，涉转人员 243 人。1997~2010 年，兴城市人事局严把公务员进口关，坚持“逢进必考”和“公平、公开、公正”的原则，共招考国家公务员 56 人。

2010 年，进行公务员年度考核，评定优秀 56 人、称职 559 人；完成新录用公务员的考核、录用、培训。2012 年，对公务员 1120 人进行年度考核，完成新录用公务员 28 人的考核、录用、培训。

### 事业单位人员招聘

2011 年，兴城市成立人事考试中心，负责事业单位面向社会公开招聘工作。年内，事业单位面向社会公开招录 185 人，其中兴城市教育局招录 160 人，兴城市新型农村养老保险局招录 10 人，兴城市动监局招录 15 人。

2012 年，事业单位面向社会公开招录人数 138 人。其中，教育系统招录 122 人，农业、林业、水利等系统所属单位招录 16 人。

## 第二节　编制管理

行政组织的编制管理，即按法律规定的制度和程序，为有效控制机构设置、人员配备、人员定额和结构比例所进行的计划管理。为进一步强化和规范机构编制，监督和检查人事管理提供有力数据，以确保工作机构精干和高效。

### 机构编制

1986 年，机构与编制工作坚持编委主任“一支笔”的审批原则，采取定编、定员、定岗位的方法，严格执行《编制管理手册》和《工资基金管理手册》，有效地控制行政事业单位增机构、增编制，保持兴城县党政机关的编制与实有人数的基本平衡。兴城县党政群机关共有机构 63 个、行政编制 1401 人、企事业编制 2610 人，实有干部总人数 4042 人。

1987 年，兴城撤县设市，重新核定乡镇党政群机关人员编制，全市 25 个乡镇原有编制 512 人，新划拨、增加编制 181 人，共 693 人。重新调整市直党政群机关及街道办事处人员编制（不包括公、检、法和司法行政机构）。调整后编制总计 1102 人，其中行政编 866 人、事业编 166 人、专项编 47 人，事业单位 23 个，实有在职人数 1101 人。

1989 年，根据“精简、效能、统一”的原则，精简机关、事业单位干部 21 人，充实到乡镇和公安部门。在机构设置上，从转变职能入手，消除重叠机构，撤销兴城市教育局、兴城市职教办和兴城市托幼办，成立兴城市教育委员会。

1990 年，贯彻落实辽宁省人民政府召开的“辽阳会议”精神，对全市 30 个乡镇、街道的自用人员全面进行清退工作，共清退自用人员250人，每年节约财政支出56万元。1992年，下放派驻乡镇的“三站一所”（即农科站、畜牧站、果树站、财政所），共计92个站所186人。是年，根据工作需要，为兴城市公安局配备50个地方事业编制。

2000年，兴城市新增机构8个，调整机构2个，更名机构1个，为上述机构核定行政、事业编制166人。

2004年，安置1998年机构改革中落聘的乡镇聘用制公务员41人，精简事业编制人数286人。

2006年，为做好事业单位机构改革准备工作，对全市256家事业单位进行初步分类。其中具有行政授权或者委托型事业单位82个、社会公益型事业单位137个、中介服务型事业单位5个、生产经营型事业单位32个。对乡镇卫生院在职人员实行“编制实名制”管理。

2010年，兴城市党政群机关共有机构74个，编制1903人，在职人数1665人，空编238人。兴城市直属事业单位编制人数10867人，实有人数11153人，超编286人。

2012年，兴城市党政群机关共有机构86个，事业单位290个。党政群机关2235人，事业单位7880人。

## 党政机关机构改革

1995年5月，根据葫芦岛市《县（市）级党政机构改革总体方案》，兴城市进行党政机关机构改革。全市原有党政机关工作部门60个，改革后设33个，占原党政机构总数的45%。

1998年3月，为贯彻落实中共辽宁省委、辽宁省人民政府关于在兴城市进行机构改革试点的指示，中共兴城市委、兴城市人民政府制定《兴城市机构改革方案》和《兴城市干部人事制度改革方案》等文件。至5月末，全市机构改革工作结束。全市共撤销机构6个，有31个部委办局合并成9个新机构；新成立机构8个，其中兴城市人民政府直属行政机构4个，兴城市人民政府直属事业单位4个；成建制转为经济实体的机构1个；更名的机构2个；保留的机构15个；改革后，党政群机构42个，比改革前减少26个，占原机构总数的38.2%；市直机关核定行政编制450人，比机构改革前精简300人，占原有编制总数的40%。

2011年，对兴城市文化系统的兴华影剧院、歌舞团、电影院和农业系统种子公司4家事业单位进行改革转企工作，工作职能撤销，收回事业编制人数126人。

2012年，将兴城市菊花岛乡人民政府机关和事业单位成建制移交葫芦岛市觉华岛旅游度假区管理委员会。

## 事业单位法人登记

1997年10月，兴城市事业单位登记管理办公室（简称市事业登记管理办）成立。依照国务院《事业单位登记管理暂行条例》的规定，市事业登记管理办对全市事业单位进行资格审查和资产评估。

2009年，完成172家单位的法人登记年检工作。

2010年，兴城市具备正式法人资格的事业单位220家，兴城市事业登记管理办公室对其全部办理法人登记手续，颁发法人证书。对全市所有事业单位进行年度检查，合格单位172家，合格率80%。

2011年，新登记事业单位5家，变更25家。年度检验188家，年检率80%。

2012年，完成设立登记26家、变更登记48家，年检207家，补领证书1家。

# 第三节 干部管理

兴城市人事局干部管理分为行政干部管理、科技干部管理两大类。随着经济体制改革和干部管理体制改革的不断深化，适当下放干部管理权限，实行领导干部和业务干部的分类管理；进一步明确企业事业单位以推行聘用制和岗位管理制度为重点的人事制度改革；以建立公务员制度为重点，实现干部人事工作的依法管理和公开监督；在干部管理中引入竞争机制。

## 行政干部管理

**干部调配** 1986年，兴城县人事局落实知识分子政策，引进科技人才及控制人才外流，同时根据工作需要，及时为机关事业单位做好职工调配工作。年内，调入干部98人，调出干部50人，解决夫妻两地生活的31人。

1990年，兴城市人事局根据中共兴城市委关于冻结从外地调入干部的要求，把干部的调配工作重心转移到调出和市内调配上。全年调转干部197人，其中为锦西市选调干部56人。

1992年始，执行国家人事部《干部调配工作规定》，保证干部在地区、行业、部门之间的合理分布及部门内的合理配置，坚持以工作需要为主，注意发挥干部的专业特长，适当照顾干部的实际困难，鼓励和支持干部到基层部门、艰苦行业和边远贫困地区工作。

1995年，依“公开、竞争、平等、择优”的原则，为兴城市公安局选调工作人员6人。

2008年，根据政策分配师范院校毕业生225人。2010年，分配军队转业干部3人。2011年，干部调配11人。2012年，干部调配10人。

**干部任免** 1986年11月，根据中共辽宁省委组织部、辽宁省人事厅关于《对党政机关没有担任领导职务的干部确定行政职务》的通知精神，中共兴城县委组织部、兴城县人事局对全县109个党政机关（含乡镇）1838人没有担任领导职务的干部研究确定行政职务。经过调查、考核、审批、提请中共兴城县委常委通过等一系列工作程序，至年末，共确定副科级调研员397人、科员（包括党委部门干事）1026人、办事员68人。

1987年始，兴城市人事局负责承办兴城市人民政府各委员会办公室副主任、副局（科）长的任免手续，代市人民政府任免市人民政府直属各委员会、办公室、局（科）级单位的股长、副股长。承办副局级干部57人的任免手续，任免股级干部271人。1990年，为兴城市人民政府序列的局长、副局长152人下达任免令。

1991年，各部委办局股级干部的任免权由市人事局审批下放归各部委系统管理。

1992年始，各部委办局股级干部的任免权又由各大口管理改为归人事局按一般干部管理。

**干部考核与奖惩** 1986年，执行《国务院关于国家行政机关工作人员的奖惩暂行规定》，集体奖励为授予先进集体称号和通令嘉奖，个人奖励为授予先进工作者称号、记功、记大功、升级、通令嘉奖、授予劳动模范称号。行政处分有警告、记过、记大过、降级、降职、撤职、开除留用察看、开除。

自1994年开始，兴城市机关工作人员的考核以岗位职责和年度工作任务作为基本依据，考核内容包括德、能、勤、绩4个方面，重点考核工作业绩。考核分为优秀、称职、不称职3个档次（机关工勤人员和事业单位工作人员考核分为优秀、合格、不合格）。优秀比例按单位实有人数的

10%推荐，被评为先进集体的单位按15%推荐，对全市党政群机关、事业单位工作人员每年进行一次年度考核工作。

1995年起，执行《国家公务员奖惩暂行规定》，奖励有嘉奖、记三等功、记二等功、记一等功、授予荣誉称号，国家机关事业单位工作人员连续3年被确定为优秀等次的，职务工资晋升一级。处分有警告、记过、记大过、降级、撤职、开除。

1996年，执行《国家公务员奖惩暂行规定》后，行政干部管理权限转交中共兴城市委组织部。

## 科技干部管理

**职称管理** 1986年，中共中央、国务院制发《关于改革职称评定，实行专业技术职务聘任制度的通知》，开始实行专业技术职务评定工作。1987年6月，兴城市开展首次专业技术职务聘任工作，成立职称改革领导小组，办公室设在兴城市人事局。全市成立中西医院和中小学4个中级评委会；组建工程、农机、水产等19个初级评委会。

1988年6月，兴城市开展首次专业技术职务聘任工作结束。在个人申报的基础上，经各专业评委会评审通过的高级（副高）专业技术人员126人，中级技术职务人员1551人，初级技术职务人员3344人，分别占参评人数的2.51%、30.89%和66.6%。

1991年6月，对已聘任的专业技术人员进行全面考核，全市参加考核人员7161人。经考核，取消行使行政职能的10个单位专业技术人员的任职资格，解聘考核不合格人员5人的技术职称。

1992年，根据国家统计局、人事部《助理统计师资格考试暂行规定》，国家财政部、人事部《会计专业技术资格考试暂行规定》，国家审计署、人事部《审计专业技术资格考试暂行规定》等文件要求，通过国家统一组织的考试确定其资格，不再进行任职资格的评审工作。年内，共组织经济、统计、财会系列专业技术人员1971人进行资格考试。1993年，全市职称改革工作转入正常化，为专业技术人员1万余人颁发资格证书和聘书。

1999年始，开展对专业技术人员进行能力（英语、专业技能、计算机理论及应用）培训工作。全年举办微机培训班3期，组织外语考试220人次，组织经济系列资格考试165人次。2007年，兴城市人事局报评职称722人，其中高级职称327人、中级职称358人、初级职称37人。有71人职称考试合格。

2010年，根据上级职称改革文件精神，审核、推荐高、中级专业技术人员435人；由兴城市初级专业技术评委会评审，兴城市审批初级专业技术人员226人；办理卫生、经济、统计考试合格人员资格证150本，办理计算机等级证62本。

2012年，办理计算机证58本、经济师证2本、统计师证3本，考核各单位专业技术人员6238人；办理卫生系统中、初级职称资格90人，教育系统资格审查高级职称230人、中级职称265人，农业系统正高级职称3人。

## 大中专毕业生分配

1986年，兴城县共接收大中专毕业生52人，按政策全部分配。

1988年，为搞好分配工作，抵制分配中的不正之风，实行“五公开”制度，即分配计划公开、分配方案公开、调整名单公开、学习成绩公开和在校表现公开。1990年，贯彻“学用一致、专业对口、加强重点、兼顾一般”的分配原则，采取指令性计划和具体协调相结合的方法，年内共分配大中专毕业生 90 人。

1995 年始，计划内自费生就业安置划归市人才交流中心管理。

1999 年，根据中共中央组织部、中编办、国家人事部、财政部《关于选拔高校毕业生到农村基层工作有关问题的通知》，兴城市人事局制定并实施从应届高校毕业生中选拔优秀人才到农村乡镇工作的 3 年计划。2001 年，依照《辽宁省“一村一名大学生计划”的实施意见》，中共兴城市委组织部、兴城市人事局联合制定《兴城市选派高校毕业生到农村村级组织工作管理办法》，以“培养一批能人、带动一方百姓、搞活一片经济”为目标，正式启动“一村一名大学生”工程。10 月，组织大中专毕业生 351 人进行资格审查、政审、笔试、体检四步严格考核，择优录取前 70 名为兴城市第一批最年轻、高学历的“村官”。

2003 年，兴城市人事局会同兴城市教育局对师范类大中专毕业生进行考试录用，参加考试人员 292 人，择优录用 211 人，全部分配到农村中小学工作。

2007 年，对于“一村一名大学生”工程中录用的大学生 108 人，兴城市人事局进行跟踪培养与考核，其中 2 人获省级奖励。

2008 年，对农村中小学学生数量、师资配备等情况进行调研，根据政策分配师范类院校毕业生 225 人。

2009 年，根据辽宁省人民政府“一村一名师范类本科毕业生”的要求，为 20 个乡镇的 22 所学校分配大学本科毕业生 35 人。将 2008 年接收的师范类毕业生 261 人，分配到农村中小学校和市区师资紧缺的学校。向兴城市医院分配护士专业毕业生 40 人、临床专业毕业生 12 人，并从外地招聘麻醉专业本科毕业生 2 人。

2010 年始，不再直接分配大中专毕业生。

## 第四节　军转干部安置

1986 年，落实中共中央办公厅、国务院办公厅、中央军委办公厅《关于认真做好 1985 年军队转业干部安置工作的意见》，兴城县共接收安置军队转业干部 46 人，其中营职 13 人、连职 18 人、排职 7 人、专业技术干部 8 人。安置到党政群机关（含公、检、法、税务）10 人，进入事业单位 21 人，进入企业 15 人。

1987 年，兴城市人民政府为军转干部建设住宅楼 23 户，建筑总面积 1600 平方米，户均 70 平方米。

1999 年，军队转业干部安置工作实行公开制。兴城市军转干部安置工作领导小组依据中共中央、国务院、中央军委《关于做好 1998 年和军队裁减员额期间转业干部安置工作的通知》，制定具体分配方案，公开军转干部分配名单，直接通知接收单位，将 38 名军转干部全部安置到基层事业单位。是年，执行国家关于军转干部不得买断工龄的政策，为改制企业的 8 名军转干部重新超编安排到事业单位工作。

2004 年，按照葫芦岛市军队转业干部安置工作领导小组的分配意见，兴城市人民政府采取指令性安置办法，全年接收军转干部 8 人，其中安置到机关 4 人，事业单位 4 人。兴城市人事局被评为葫芦岛市双拥工作先进单位。

2010~2012 年，共接收部队连级军转干部 4 人，全部安排到机关工作。

## 第五节　人才工作

1986年，兴城县人事局所属人才服务公司广泛发掘县内人才潜力，启用在工人岗位上的中专毕业生65人，为乡镇企业录用技术人员10人，组织科技人员86人到乡镇企业兼职和提供技术咨询。

1988年，兴城市人才服务公司组织科技人员50人分别参加辽宁省和锦西市人事部门举办的创造力培训班，为乡镇引进专业技术人才92人。

1997年12月，兴城市人才市场建立。年内，人才市场接待求职者13人，代理人事业务12人次，为四家屯乡实业总公司招聘人才，达成意向书27份。组织人才培训1960人次，向各类大中专院校输送自费委培生84人。

1999年，兴城市成功举办10场人才招聘会。9月，兴城市人才市场将每周四定为向社会开放日，至年末，共接待上门求职者40余人次、用人单位20家，为10家用人单位推荐人才58人次，其中31人被正式聘用。兴城市人才中心在进行农村实用人才、乡镇企业人才、城市中小型企业人才等需求状况调查的基础上，建立乡土实用人才库、科技人才库、大中专毕业生人才库等5类人才库。依照兴城市人民政府制定的《兴城市人事代理暂行办法》和《兴城市引进优秀人才暂行规定》，兴城市人才中心将大中专毕业的自费生、委培生、定向生及统招生的情况进行调查整理，按照学历、专业分类登记、编号，实行微机管理。

2003年3月，组建人才信息网络中心。全市专业人才2100余人在网络中心注册登记，其中90%以上为大中专院校毕业生，10%为下岗人员。人才市场为兴城市城建局推荐规划设计人才6人，为兴城市文化局考核推荐解说员2人。

2007年，设立人才市场办公区，每周四为开放日。采用市场招聘、供需洽谈、技能比武、网络发布等形式，为兴城市粉末冶金有限公司、轮胎厂、惠德制衣公司等企业推荐人才46人；为兴城市人民医院、兴城市中医院引进检验、麻醉等专业人才4人。2009年，兴城市人事局为10家单位推荐人才68人次，达成意向42人；为护士专业毕业生40人和临床专业毕业生12人办理就业手续。

2010年，兴城市人事局引智引才为经济发展服务，通过辽宁省有关部门审核，成功申报“海外研发团队”项目1个，为兴城市粉末冶金有限公司争取海外研发团队1支、财政专项资金100万元，填补葫芦岛市该项工作空白。为兴城市亟需农业、医疗人才的乡镇选派支农支医人才4人。累计办理人事代理业务2005人次，保管可流动人才档案4074卷，其中兴城市大中专毕业生档案3471卷。

2012年，办理人事代理165人，人才库接收毕业生档案205份，向外单位发送、转递档案78份，为毕业生办理落户209人。

## 第六节　工资福利

工资，是对员工劳动所支付的报酬，而福利是对员工生活的照顾，是组织为员工提供的除工资外的一切物质待遇，分为国家性福利和地方性福利，如社会养老、社会医疗、工伤保险、生育保险等。

### 工资

1986年，辽宁省工资制度改革领导小组分别对教师的教龄、部分军队转业干部工资的套改、低于原国家规定工资标准的部分人员工资套改、护理人员的护龄津贴、国家机关所属事业单位行政管理人员职务工资的确定、国家机关和事业单位部分工作人员工资套改等问题做出规定。年内，兴城县共为 14971 人调整工资；解决 1966 年末以前高中毕业并参加工作的干部工资偏低问题，共调资 137 人，平均月增资额 818.50 元。

1988 年，依据辽宁省人事厅《关于 1987 年国家机关和事业单位部分解决中等专业技术人员工资问题实施方案的通知》，全市有 1240 人调整工资，月增资总额 11676.80 元。根据国家劳动人事部、国家教育委员会《关于下发〈提高中、小学教师工资标准的实施办法〉的通知》，为 3358 名教师办理提高工资标准的审批手续。

1990 年，辽宁省人民政府关于《辽宁省 1989 年调整机关事业单位工作人员工资的实施意见》的文件下发，兴城市人事局为全市工作人员 11334 人普调一级工资，月增工资总额 85573 元；在普调的基础上为 8923 人增加一级工资，月增工资总额 70897 元；为离退休人员 1830 人办理提高生活费的手续，月增工资总额 20080 元。

1994 年，辽宁省人民政府下发《关于印发辽宁省机关和事业单位工作人员工资制度改革实施意见的通知》，兴城市列入机关工资制度改革范围的 2642 人，月增加工资 21.22 万元；列入事业单位工资制度改革范围的 11347 人，月增加工资总额 98.74 万元。

1997 年，根据辽宁省人事厅文件精神，调整机关、事业单位工作人员的工资标准，人均月增加工资 20 元。按国家人事部、财政部、计划委员会和辽宁省人事厅规定，对兴城市实行机关、事业单位工资制度的工作人员，从 7 月 1 日起晋升一个工资档次。年内，升档 15420 人，月增资总额 312000 元。

1998 年，依据葫芦岛市人事局、财政局《关于调整市直机关、事业单位职务补贴标准的意见》，从 1 月 1 日起执行职务补贴，标准为人均每月 55 元。1999 年，根据国务院办公厅规定，从 7 月 1 日起调整机关、事业单位工作人员工资标准，月人均增资 120 元。10 月，兴城市机关、事业单位工作人员正常晋升工资档次共 13000 人，月增工资总额 454000 元。

2001 年，国务院办公厅下发《调整国家机关、事业单位和离退休人员工资标准的通知》，兴城市在职机关、事业单位 13133 人参加调资，月增加工资总额 1494061 元。离退休审批 4747 人，月增资总额 344003 元。2003 年，根据国务院办公厅文件精神，调整兴城市国家机关、事业单位工作人员工资标准，参加调资人员 13824 人，月增加工资总额 760320 元。

2006 年，中共中央、国务院决定，从 7 月 1 日起，对公务员、事业单位工作人员现行工资制度进行改革。11 月 14 日，辽宁省人民政府下发《辽宁省机关事业单位工作人员工资制度改革实施意见》。是年，兴城市全面完成工资改革的审批工作。审批在职人员 14317 人，月增资总额 414.25 万元，人均月增工资额 300 元；审批离退休人员 4808 人，月增工资总额 138.06 万元，人均月增工资额 255 元。

2010 年，审批机关正常晋升级别工资档次 2132 人，月增工资总额 87375.40 元；公务员级别滚动 298 人；审批 2009 年、2010 年事业单位正常晋升薪级工资 15067 人，月增工资额 392564.30 元；完成第二次津补贴 14357 人的审批工作。

2011 年，为全市机关公务员办理级别滚动升级 454 人，月增工资额 10864.20 元；事业单位办理薪级升级 7724 人，月增工资总额 206822.60 元；办理新录用、调转人员 183 人（其中财政拨款 144 人，自收自支 39 人），审批取暖费补贴 15074 人（其中在职 9763 人，离休 276 人，退休 5035

人），年增工资总额 320.325 万元。根据《兴城市对吃“空饷”问题治理整顿实施方案》及市编委意见，对有关财政拨款单位所涉及的 27 人停发工资，给 31 人办理病休手续。

2012 年，办理机关工作人员级别工资滚动升级 417 人、机关工作人员工资升档 1943 人；办理事业单位薪级工资升级 7854 人；办理新录用、调入人员工资审批 170 人；办理公安局工作人员职务套改，一级警员 109 人、四级警长 5 人、三级警长 20 人；办理教育系统中高级职称兑现工资 192 人。

## 福利

**福利费** 1986 年，职工福利费按职工月工资额的 2.5%提取，按每人每月 1 元拨给单位使用。1994 年，国家机关工作人员（含离退休人员）福利费按每人每月 8 元提取（事业单位参照执行）。福利费以解决工作人员及其家属生活困难为主。随着机关工作人员工资水平和生活水平的提高，福利费的作用趋于减少，多数单位开始随个人工资发放。

1998 年 1 月始，兴城市机关、事业单位工作人员的交通补助、洗理费、粮油补贴、误餐补贴、房租补贴等进行简化归并，统称为地方福利补贴，每人每月 85.55 元。2006 年，国家机关、事业单位工资制度改革后，福利补贴取消。

2009 年，规范事业单位人员津贴补贴 2000 人，工伤抚恤金调整标准 57 人，丧葬、抚恤金审批 133 人，遗属生活困难补助费审批 45 人。

2011 年，办理工伤认定 14 人（其中评定伤残 8 人）；审批享受伤残保健金人员 180 人。2012 年，办理机关事业单位死亡人员丧葬费、抚恤金 114 人，办理伤残人员伤残保健金 136 人。办理工伤认定 7 人，其中公亡 2 人。办理机关事业单位退休人员 292 人，其中机关 59 人、财政拨款事业编制 28 人、自收自支事业编制 72 人，办理教师退休 133 人。

**干部休假** 根据辽宁省有关文件规定，自 1991 年始，兴城市党政群机关工作人员实行年休假制度。

**遗属补助** 根据有关规定，国家机关、事业单位工作人员死亡后，其遗属按政策规定享受生活困难补助。补助标准高于户籍所在地确定的城市居民最低生活保障标准的 30%。

2010 年，老红军遗属生活困难补助从 1989 年的 90 元提高至 414 元，抗日干部遗属生活困难补助从 75 元提高至 397 元，解放干部遗属生活困难补助从 65 元提高至 380 元，国家机关、事业单位工作人员遗属中的城镇人口生活困难补助从 40 元提高至 345 元，国家机关、事业单位工作人员遗属中的农业人口生活困难补助从 30 元提高至 241 元。

2011 年，审批领取丧葬费抚恤金人员 128 人，领取遗属生活困难补助 55 人。2012 年，审批领取遗属生活困难补助 77 人。

# 第二十一篇　文　化

## 第一章　文化建设

中共十一届三中全会后，兴城县（市）人民政府及其文化行政管理部门，认真贯彻落实党和国家有关文化建设的一系列方针政策，以培养有理想、有道德、有文化、有纪律的社会主义公民为目标，以不断满足人民群众日益增长的物质和文化需要为根本任务，不断创新文化发展理念，深入进行文化体制改革，加强公共文化服务体系建设，为推进全市文化产业发展、文化事业繁荣，促进兴城经济社会发展提供精神动力。

### 第一节　机构设置

1986年，兴城县文化局下辖文化馆、图书馆、文物保管所、兴华影剧院、电影公司、新华书店、歌舞团及28个乡镇文化站。1995年7月，兴城市文化局与兴城市广播电视局合并，成立兴城市文化广播电视局。1998年3月，撤销兴城市文化广播电视局，成立兴城市文化旅游局，主要职能是对全市文化事业、旅游行业进行管理，宣传职能划归兴城市广播电视台。兴城市文学艺术界联合会与兴城市文化旅游局合署办公。2002年5月，旅游业务从兴城市文化旅游局分出，兴城市文化局独立建制，与兴城市文联合署办公。

2006年4月，兴城市古城景区管理委员会成立，为兴城市人民政府直属业务机构。将原来由兴城市文化局负责的古城、文庙、钟鼓楼等景点的旅游收费项目划归兴城市古城景区管委会管理。2009年4月，根据辽宁省有关部门下发的《关于进一步理顺我省电影管理体制的通知》，按照“电影制作、发行、放映统一归口管理”的要求，兴城市电影放映业务划归兴城市广播电视局管理。

2011年7月，兴城市文物管理处更名为兴城市文物管理局，为副科级事业单位，隶属兴城市文化局。2012年，兴城市文化局内设6个工作机构，下辖文物管理局、文化市场管理办公室、文化馆、图书馆、新华书店等事业单位及27个乡镇街道文化站。

## 第二节 文化活动

兴城市城乡经济的发展，文化设施的改善，为开展各项文化活动创造良好条件。兴城市文化部门经常组织专业和业余文艺骨干，围绕重大节庆开展主题文化活动及各项民间艺术汇演、调演等，活跃城乡文化生活。

### 广场文化活动

改革开放之前，兴城地区没有专门的文化广场，文化活动也比较单调，仅限于在村头露天放映的电影，演出的马戏、杂技及春节期间个别乡村组织的秧歌表演等。

1986 年，全县 28 个乡镇均建有文化站。通过开展群众性图书借阅、文艺创作、举行业余文体赛、组织参加县市文艺汇演等活动，活跃城乡居民的业余文化生活。1989 年春节，全市农村有 25 支秧歌队在乡镇广场、村屯街头演出。正月初五后，乡村各秧歌队相继到兴城城区为市直各单位进行表演。

1990 年，兴城市文化局组织秧歌汇演，全市有 30 支秧歌队参加。1994 年初，兴城市许多农村和街道社区兴起“秧歌热”，其中羊安满族乡十八家子、龙王嘴子、河东、辛庄村，拣金满族乡拣金村，沙后所镇五里村，红崖子满族乡的 13 个村以及闻家满族乡的一些村屯等先后成立秧歌队，乡村较大空地成为秧歌队的活动场所。古城街头首次出现卡拉 OK 演唱点。

2001 年，兴城市文化局制定《兴城市 2001 年文化广场活动安排》，确定 7~9 月，每周六晚在兴城火车站站前广场放映电影；在东河带状公园举办业余京剧、评剧演唱会。9 月，宁远街道西关小区“夕阳红”秧歌队在全国老年民间秧歌大赛中获优秀表演第二名。

2002 年 6 月，兴城市文化局组织文化广场文艺演出活动，至 9 月末结束，先后演出 11 场 117 个文艺节目，有业余演员 1500 人登场献艺。2003 年 7 月，兴城市文化局举办“兴城之夏”文化广场活动，有文艺演出、秧歌汇演、露天放映电影等。10 月，宁远广场竣工，成为群众休闲、娱乐、健身的场所。

2005 年，兴城市城区除宁远广场外，又辟建东山、海滨 2 个文化广场以及 11 个小区文化广场，总面积 10 万平方米。城区建有 10 支秧歌队，成员 700 多人；“海之韵”老年合唱团，成员 170 人；威风锣鼓队，成员 200 人；花鼓队、扇子舞队、交谊舞队、器乐队、京剧、评剧、武术等业余文艺组织 3000 多人。全市农村有秧歌队近 200 多支，红崖子满族大秧歌（俗称“地扑噜”）被列为辽宁省级非物质文化遗产。

2010 年，中共兴城市委宣传部、兴城市文化局、文联在宁远广场举办庆祝建党 90 周年暨“兴城之夏”文艺演出，先后演出 8 场。8 月 4~5 日，兴城市遭遇特大水灾。18 日晚，在宁远广场举办“爱的奉献”大型赈灾义演，共筹得善款 128 万余元。兴城市广播电视局组织电影下乡，免费放映电影 3000 多场。

2011 年 6 月，首届“兴城之夏”文化广场活动开幕，历时 3 个月，演出 19 场。全市共 14 个单位 2000 余人参加唱红歌比赛。2012 年 6 月，第二届“兴城之夏”文化广场活动开幕，历时 3 个月，共演出文艺节目 14 场。7 月 26 日，兴城市首届乡村文艺汇演在东辛庄镇举行。年内，乡村文艺汇演共演出 6 场，参加演出人员 500 余人，观众达 3 万余人。

## 节庆文化活动

为展示、传播兴城地区优秀民间文化，激发和培育群众爱家乡、爱祖国、爱社会主义的精神风貌，兴城市围绕“五一”“七一”“七月海会”“十一”和新年春节等重大节日，举办节庆文化活动，活跃城乡群众文化生活。

为纪念毛泽东“7·16”畅游长江，自1987年开始，兴城市人民政府每年在海滨风景区举办一届“中国·兴城七月海会”，并成为兴城独特的传统文化活动。至2009年，连续举办23届。海会期间邀请全国多家文艺团体、著名演员和兴城市内文艺团体现场演出，举行海上体育竞赛、民间文艺演出、地方风味食品展销、商品交易等活动，吸引大批国内外游人。

1987年8月1日，兴城市人民政府举办军民庆“八一”联欢晚会，国家文化部部长王蒙等领导出席。1990年，兴城市文化局、文联举办“庆七一歌舞晚会”“国庆文艺汇演”。春节期间，组织“秧歌汇演”“迎新春文艺晚会”“焰火晚会”“象棋比赛”及“歌手比赛”。农村乡镇举办庆“七一”歌咏比赛等文艺演出活动。

1992年，为纪念毛泽东《在延安文艺座谈会上的讲话》发表50周年，兴城市文联与兴城市报社举办征文活动。1995年，中共兴城市委宣传部、兴城市文化局、兴城市报社、兴城市文联、兴城市总工会、共青团兴城市委、兴城市妇女联合会联合举办“纪念中国人民抗战胜利50周年”征文活动，有200多人参加，入选作品70余篇（件）。

1996年，中共兴城市委宣传部举办“古城之春”文艺晚会，表演舞蹈、器乐、戏曲、趣味游戏等18个节目，市内16个单位200多人参加演出。

1997年6月，大寨满族乡、东辛庄满族镇、南大山满族乡及当地驻军分别以各种形式迎接香港回归。6~7月，举办“迎香港回归”书画摄影艺术展。

1999年4月28~30日，兴城市人民政府举办首届兴城泳装节。沈阳金时代模特艺术团、葫芦岛市魔术团、中国体育总局游泳运动管理中心花样跳水队为观众作精彩表演。5月4日，共青团兴城市委举办“纪念五四”青年趣味运动会。9月28日，在工人文化宫举办庆祝建国50周年大型文艺演出活动。年末，举办庆祝澳门回归书画、摄影展。

2000年9月26日，兴城市人民政府在菊花岛举办首届兴城菊花节，组织文艺演出。在文庙举办迎菊花节书画展，“迎国庆”兴城首届中青年书法篆刻展和第二届青少年书法美术作品展。

2004年1月18日，“双星之春”春节联欢会在兴华剧场举行。9月29日，在宁远广场举办庆祝建国55周年文艺演出。10月20日，举行第14个国际老人节文艺演出。

2005年8月，兴城市书法家协会举办纪念抗日战争和世界反法西斯战争胜利60周年“与丰杯”书法、美术展。10月，庆祝老年节，举办“菊花杯”老年书法展。2006年6月15日，兴城市人口和计划生育局举行庆祝首届“人口文化节”，举办文艺汇演、摄影、书法、漫画大赛活动。

2010年初，兴城市文化局、文联举办春节联欢晚会、秧歌汇演，欢庆新春。夏季，在葫芦岛移动文化广场举办兴城文化艺术周专场演出。举办“庆五一”乡镇民间艺术大展演，“庆国庆”书画和摄影展览等活动。

2011年1月28日，兴城市文化局、文联举办春节联欢晚会，并通过兴城电视台向全市现场直播。8月1日，兴城市人民政府与驻军联合举行庆祝“八一”建军节文艺演出。8月16日，首届中国（葫芦岛·兴城）国际泳装文化节开幕，历时2天，举行国际泳装模特大赛、国际泳装设计大赛、“我爱比基尼·挑战吉尼斯”风情秀、“天籁之音·极乐之舞”艺术表演和沙滩排球赛及泳装相关产业投资贸易洽谈会等活动。

2012年5月，共青团兴城市委在宁远广场举办“五四”青年节文艺汇演。6月，举办“大地情深”“兴城之夏”文化广场活动，先后演出9场，观众达10万人。8月16日，兴城市人民政府与葫芦岛市人民政府联合举办第二届中国（葫芦岛·兴城）国际沙滩·泳装文化博览会。

## 歌咏比赛

1986年，为活跃城乡文化生活，培养文艺骨干，兴城县文化局举办农村歌手、乐手比赛，评选出文艺骨干70多人。1988年，兴城市文化局举办“轴承杯业余歌手大奖赛”。1990年，举办“五四青年节歌曲大合唱比赛”、庆“七一”歌咏比赛和“第九届农民歌手比赛”。组织参加锦西市“钢管杯”业余歌手大奖赛，参赛歌手均获优胜奖。

1993年，兴城市文化局举行首届电视歌手大赛。1996年，在“辽宁省少数民族歌手乐手赛”和葫芦岛音协主办的“金殿杯”业余歌手大赛中，兴城市有3名青年歌手分获美声、通俗、民族唱法一、二、三等奖。

1998年9月，兴城市文化旅游局、文联举办“纪念兴城解放50周年”歌咏比赛。2000年以后，兴城市文化旅游局通过举办歌咏比赛等活动，选拔培养出多位歌坛新秀。

2007年，在日本举行的“亚洲青少年艺术盛典”总决赛中，兴城市聋哑人吕香凝古筝独奏《雪山春晓》、聋哑人吕佳璇葫芦丝独奏《瑶族舞曲》均获演奏金奖。2008年，在辽宁省第七届少数民族文艺调演中，歌手田桂娟获金奖。2009年，在辽宁电视台“2009年牛年少儿春节联欢晚会”优秀节目评选活动中，南一小学李晗、王弼莹二人古筝合奏的《春苗》获乐器节目金奖。

2010年，兴城市文化局、兴城市文联与兴城市人口和计划生育局联合举办兴城市“人口杯”青年歌手大奖赛。2011年，市直机关工委举办唱红歌卡拉OK歌手大赛，兴城市教育局举办红诗赛，兴城市安监局举办歌咏比赛。

2012年，兴城市文化局、兴城市文联举办第七届中国青少年艺术大赛兴城赛区选拔赛。举办农民歌手选拔赛，为全市农村培养业余文艺骨干近百人。

## 文化下乡

为落实文化惠农政策，自2005年开始，兴城市文化局每年春节期间都开展“送图书、送春联、送演出”的文化三下乡活动。

2010年，兴城市人民政府启动全市239个行政村农家书屋建设。2011年，完成123个农家书屋建设，并相应做好图书配备工作。邀请专业图书管理人员举办农家书屋管理员培训班，规范农家书屋图书管理。年内，羊安、元台子、南大山、白塔、大寨、围屏、高家岭、碱厂、三道沟、旧门、药王、望海、红崖子、东辛庄、沙后所、郭家16个乡镇的综合文化办公楼相继建成并交付使用，其中羊安、元台子、郭家、东辛庄文化站室配备有文化器材设备。市图书馆定期安排业务骨干到农家书屋进行业务指导。

2012年，完成19个农村文化站建设，并通过上级文化部门检查验收。全市新建农家书屋127个，完成9个乡镇文化站和239个农家书屋的文化基础设施配套和专兼职管理人员的培训工作，完成27个社区的1.26万平方米文化室和文化广场建设。

## 影视拍摄

兴城独特的自然和人文环境备受影视界的青睐。继20世纪60年代《三进山城》电影在兴城拍摄后，许多影视制作传媒纷纷到兴城拍摄外景。至2012年，在兴城拍摄过电影、电视剧有30余部。其中电影有《平原游击队》《吉鸿昌》《济南战役》《大决战》《甲午海战》《谋刺关东王》《远东阴谋》《皇亲国戚》《吕四娘》《夺虎连环记》《虎虎虎》《乡村女法官》《武士》《嘎达梅林》《驯匪记》《决战浦东》《情迷》《哥哥，谁带你回家》《我们村的运动会》《午夜心跳》《玉魂》《老滩》等，电视剧有《袁崇焕》《努尔哈赤》《九龙醇化炉》《新虎口脱险》《别墅里的故事》《菊花湾的媳妇们》《老大的幸福》《新东北一家人》等，电视专题片有《兴城十分钟》《独轮车逛兴城》《崇焕出关》《古城密器》《秘境菊花岛》《公元一六四四》等。

## 民间传统艺术

随着时代的发展，兴城民间流传的许多传统艺术、绝技绝活大多失传，仅有刺绣、剪纸等艺术传承延续，成为既体现时尚，又不失传统文化底蕴的民间艺术。

**剪纸** 兴城剪纸艺术历史悠久，民间有许多剪纸艺人。20世纪80年代初期，兴城城乡仍有春节门楣上贴“常鲜纸”，窗户上贴“窗花”的习俗。1992年，大寨满族乡农民田国元剪纸作品《鸡鸣富贵》《连年有余》《歇崩儿的时候》参加辽宁省民间美术作品展，《老鼠娶媳妇》入选首届中国民族民间剪纸大奖赛，1998年接受中央电视台《走遍中国》栏目采访。朱奇的剪纸作品《硕果》在“辽宁省剪纸艺术展览”中获二等奖。齐秀琴的《福娃》剪纸作品集被兴城市档案馆收藏。

**刺绣** 俗称“针绣”“扎花”，是旧时满族妇女自幼学习和掌握的一种技艺，主要用于衣服、鞋面、枕顶、荷包、门帘、幔帘等。有花鸟走兽、人物故事、山水屋舍、家畜水族、吉祥富贵等图案，反映出满族妇女对大自然的热爱及对美好生活的向往。2007年，董宁刺绣作品《三羊开泰》参加全国扶贫开发大会展览，并被中共中央统战部收藏。

**绘画** 兴城绘画者众多。其中陈若付擅长画神、佛像等。常立华、赵静良、梁宝林擅长寺庙、古建筑中的彩绘、雕塑。

**雕塑** 兴城雕塑爱好者李和平擅长人物、动物等面塑；李孝伟擅长寺庙中的泥、木塑像及彩绘等；阎秋成擅长泥雕，作品有《老夫老妻》《水浒一百单八将》等；王连义木雕作品有《龙抬头》《龙凤呈祥》等；张永擅长沙雕、雪雕、泥塑，作品有《曦》《老寿星》《刘海戏金蟾》等。

**东北大鼓** 东北大鼓在兴城民间传承历史悠久。表演艺人梁玉德，演出曲目有《杨家将》《呼家将》《樊梨花》等；施长贵（盲人）演出曲目有《双龙剑》《双镖记》《草船借箭》等；张学林（盲人）演出曲目有《少英烈》《七贤传》《三双镇》等；黄明山演出曲目有《双龙剑》《大隋唐》《巧联珠》等；薛元彬演出曲目有《杨家将》《三侠剑》等。

**皮影戏** 俗称“驴皮影”，因剧中人物剪影用驴皮制做而得名，是遍及全国各地的一种古老的民间表演艺术。兴城境内皮影艺人有沙后所镇烟台村郭金凯、三道满族沟乡东门村韩占林、药王满族乡冯屯村王学发。演出剧目有《茶瓶记》《回杯记》等。

**唢呐** 唢呐是中国历史悠久、流行广泛、技巧丰富、表现力较强的民间吹奏乐器，广泛应用于民间的婚、丧、嫁、娶及秧歌等伴奏。演奏技艺多以师徒相传。宁远街道的刘红、张威，东辛庄镇的孙会来，原闻家满族乡的陈阳，望海满族乡的宗德玥，刘台子满族乡的李鹏文、李国权，沙后所镇的马洪昌、吴占林，红崖子满族乡的佟九华、奚春来，南大山满族乡的马瑞光、李小秋，曹庄镇的张君芳，高家岭满族乡的齐殿成都是唢呐演奏高手。

**口技** 境内口技表演的艺人不多，以兴城市图书馆干部闫福兴造诣较高，其善学鸟语，独具特色，有“鸟叔叔”之称，并能演奏笛子、排箫、葫芦丝、巴乌、唢呐等20多种乐器。多次参加中央电视台《曲苑杂坛》等栏目的表演，先后到美国、日本等30多个国家演出。2001年，在第二届中华民间绝技大赛中获金奖。

**讲故事** 境内民间讲故事者较多，著名的有于永江，主要讲述《薛礼征东》《三侠五义》《三国》等故事；张国臣主要讲述《小八义》《三侠剑》《七侠五义》等故事；陈玉山主要讲述《大隋唐》《水浒传》《岳飞传》等故事；王连海主要讲述《封神演义》《双镖记》等故事。

### 非物质文化遗产项目

2006年，兴城市非物质文化遗产普查工作领导小组成立，组织人员进行非物质文化遗产项目普查。至2012年，全市有省级“非物质文化遗产”项目1个，市级3个，县级3个。

**满族大秧歌** 2007年，红崖子满族大秧歌被批准为辽宁省非物质文化遗产项目。

**兴城全羊席** 2008年，由王树槐等传承的全羊席被列为葫芦岛市非物质文化遗产名录。

**满族刺绣** 2010年，由董宁传承的蚕丝满族刺绣被列为葫芦岛市非物质文化遗产名录。

**桑蚕缫丝** 2012年，药王满族乡大苇沟屯桑蚕缫丝技艺被列为葫芦岛市非物质文化遗产名录。

## 第三节 文艺团体

1986年，兴城的文艺团体以县属集体文艺单位为主。至2012年，随着改革开放和城乡经济发展，一些民营和业余文艺团体相继成立，积极组织活动，参加各种赛事，活跃城乡文化生活。

**兴城歌舞团** 1986年11月，兴城评剧团解体，组建兴城歌舞团，继续享受财政补贴。年内，投资20多万元购置音响、乐器、服装、灯光、道具等演出设备。聘请著名歌唱家胡松华为歌舞团名誉团长，舞蹈家张曼茹为歌舞团顾问。1992年，兴城歌舞团与兴城市啤酒厂组成第一家文企联合体。2011年，兴城歌舞团解体。

**春兰业余京剧队** 为京剧票友自发组织的业余文艺团队。1994年，组织者郭长宝在辽宁人民广播电台“广播杯”京剧大赛中获三等奖。1995年5月，该队成员郭长淮获得全国京剧卡拉OK大赛三等奖。

**东辛庄艺术团** 1996年成立。演出剧目有评剧《小女婿》《墙头记》《刘巧儿》及二人转、拉场戏等。自编剧目有《妈妈你别走》《警钟长鸣》《邻里风波》及二人转、歌舞、表演唱等。

**海潮艺术团** 2001年，由四家屯乡郍家村农民马敬原、常绍文集资创建。经常深入村屯、部队演出歌舞、小品、二人转等节目。2005年，购置乐器、音响等设备。全年共演出120场。2009年以后，农闲时在村里演出。

**海之韵老年合唱团** 2002年，由兴城市老干部局组建。2007年，参加中国第九届老年合唱节歌咏比赛，获二等奖。

**嘹亮乐队** 2008年，由高文臣组织成立，共有业余演员、演奏员20人。平时集中练习，每周在宁远广场演出1次。

**夕阳红艺术团** 1998年，由张兴家牵头成立，以评剧为主。平时在城内北街活动，宁远广场建成后每月在广场演出1次。

**金秋艺术团** 2009年成立，由韩尚君主办，利用自家房屋，每天上午活动，多为自娱自乐。夏季以及节庆日，在宁远广场为群众义务演出。节目有京戏、评剧选段、二人转、歌曲等。

## 第四节 娱乐场所

1986年，兴城文化娱乐场所主要有工人文化宫、兴华剧场、电影院及部分驻在单位内设的俱乐部等，定期进行文艺演出、电影放映等营业性文化活动。随着改革开放，许多民营文化娱乐场所应运而生。至2012年末，兴城市有各类文化娱乐场所204家。

### 演出场所

**工人文化宫** 也称职工俱乐部，位于兴城古城延辉门外100米处路东，始建于1953年。占地面积约2000平方米，建筑面积960平方米，拥有1162个座席。1986年，更名为工人文化宫，为兴城县总工会所属事业单位。1997年，经维修改成960个座席。2001年，资产出售，改建成商业店铺。

**兴华剧场** 位于兴海南街二段路南，始建于1980年，原名兴华影剧院，隶属兴城县文化局。占地5000平方米，建筑面积3300平方米，座席1262个。1993年，临街前厅改成歌舞餐厅。1994年，剧场由个人承包，曾先后更名为“大世界”“维也纳”“三笑”等，举办歌舞演出等活动。1999年8月，兴城市人民政府投资200万元进行维修，更名为兴华剧场。2012年，因兴隆大家庭商务扩建，兴华剧场售后拆除。

**兴城电影院** 位于兴城古城内永宁街路北，为兴城市文化局所属事业单位。1988年，由辽宁省电影公司拨款90万元对电影院进行翻建，新建的电影院为仿古式建筑，面积1500平方米，内设726个座席。1993年，电影院承包给个人经营，改为鑫帝歌舞厅。1997年后停业。

**其他俱乐部** 1986年，全市有铁路疗养院、176空军疗养院、164疗养院、康宁医院、八一疗养院等10家俱乐部，有从业人员75名。1995年以后，各驻在单位俱乐部陆续停业，改作他用。

**龙凤曲艺社** 1987年8月，华山镇绿化村农民张德禄投资2万余元，在自家创办，有座席300个。以娱乐为主，演奏曲目有戏曲、歌曲及东北二人转等。

**振园曲艺社** 1996年12月开业，位于站前一隅，演出场所座席174个。

**幸福时光电影院** 2005年成立，位于兴城市川北路路西。2010年，由个人投资20万元兴建，设有两套数字电影放映设备。

**鼓浪屿剧场** 位于兴城市兴海南街温泉段路北，2005年成立，为鼓浪屿洗浴中心内设演出厅。

**兴隆大家庭演出厅** 位于兴城市兴海南街二段路南，2010年开业，隶属于兴隆大家庭，民营。

**宁远广场露天舞台** 位于兴城市兴海北街路南。2003年10月在建成的宁远广场内，辟建露天舞台200平方米，舞池4000平方米。

### 歌舞厅

1988年，兴城市文化馆创办白玫瑰歌舞厅，并经营录像、电子游戏、台球等项目。1989年后承包个人经营，改为红太阳歌舞厅。

1990年，兴城城区内陆续建成海天龙、维也纳、夏威夷等歌舞厅。1993年5月，海浪花歌舞厅开业。年内，兴城城区建有“卡拉OK”歌舞厅12家，其中投资百万元的有3家。1994年5月，首家国有民营企业连成夜总会开业。至年末，全市共有歌舞厅18家。

随着兴城市旅游业的发展，到兴城度假观光人数的增多，各类文化娱乐场所也逐年增加。1996年，全市有卡拉OK厅81家。1997年，全市歌舞厅、卡拉OK厅增加到131家。1999年，有歌舞厅、卡拉OK厅118家。2004年，具有一定规模和档次的歌舞厅、卡拉OK厅40家。在兴海南街温泉段基本形成歌舞厅一条街。2006年，全市共有歌舞厅66家。2010年，共有歌舞厅36家。2012年，全市共有歌厅44家。

### 电子游戏厅

1989年，兴城市区首次安装电子游戏机，以单人操作，进行模拟演示，自娱自乐。年内，建有电子游戏厅2家。1995年，电子游戏厅增至36家。1998年，兴城市有电子游戏厅48家。

2002年，根据上级有关文件精神进行整顿，兴城市电子游戏厅减至5家。2010年，兴城市有电子游戏厅8家。2012年，有电子游戏厅18家。

### 网吧

通过宽带网络连接，单人操作，进行聊天及游艺等活动，成为城区一项新的文化娱乐活动。2000年，兴城城区有网吧10家。2001年，网吧增至85家。2010年，有网吧94家。2012年末，全市网吧48家。

### 台球厅

台球是一种新兴文化体育活动项目。1989年，兴城城区有台球室7家。台球比赛开始在城区兴起，并很快发展到乡村。1998年，全市有台球室36家。2010年，全市有台球厅（室）8家。2012年，全市共有台球厅（室）11家。

### 老年娱乐活动中心（室）

为活跃老干部业余文化生活，兴城市直各单位在老干部活动室基础上，建立老年娱乐活动中心（室）。1998年，全市有老年娱乐活动中心（室）32家，分布在城乡各处，主要以象棋、扑克、麻将为主，多称为麻将室（馆）。2006年，全市老年娱乐活动中心（室）发展到80家。2012年，经整顿，全市有老年娱乐活动中心（室）65家。

## 第五节 文化市场管理

改革开放以后，文化市场蓬勃发展，经营项目日臻多样化、现代化，逐步形成包括歌舞娱乐市场、演出市场、网络文化市场、音像市场以及新兴文化娱乐项目在内的综合性文化市场体系。为保障广大群众精神文化需求，有效防止“黄、赌、毒”等社会丑陋现象的滋生和蔓延，兴城市人民政府及有关部门深入开展法制宣传，一手抓繁荣，一手抓管理，营造健康有序的文化市场环境。

1987 年，兴城市成立文化市场管理领导小组，并由兴城市公安局、兴城市文化局主要领导带队，抽调有关单位干部分成城乡两个小组，对全市文化市场进行大检查。共收缴非法出版图书 278 册，收缴非法出版录音带 9 盘，查封录像带 324 盘。

1989 年，根据兴城市人民政府《关于查处非法音像制品和黄色书刊全面整顿文化市场的通知》，兴城市文化局组建文化市场管理办公室（简称文化市场办）。依法对全市印刷厂、复印社、个体书摊、录像厅、电子游戏厅、台球室、录音带销售点及民间文艺团体等67 家文化经营企业（业户）进行 7 次检查，共收缴淫秽书籍 13 册，非法出版物 500 本，取缔无执照书摊 3 个。

1991 年，开展以反“黄毒”为主的净化文化市场工作。1996 年，经过全市 219 处各类文化经营场所进行执法检查，收缴非法、淫秽等出版物 1600 多盘（册），驱逐色情陪侍人员 500 余人。2000 年，收缴非法出版物 2600 余册（盘），其中宣传“法轮功”录像带 1500 多盘。

2001 年，加强出版物入境管理，防止非法出版物的流传。依据《互联网上网服务营业场所管理条例》，对个别网吧接纳未成年人及超时经营，有的电子游戏室出现利用游戏机赌博等不法行为进行查处。通过文化市场整顿，重新换发“文化经营许可证”。

2003 年，针对书刊、音像市场的走私、盗版等侵权行为，依法进行管理。取缔距中小学校200 米以内的网吧 14 家，查封电子游戏赌博机 14 台，取缔噪声扰民歌厅 4 家。

2006 年，成立以中共兴城市委、兴城市人民政府主要领导为组长的“扫黄、打非”工作领导小组，在全市聘请离退休老干部 100 人担任文化市场义务监督员。年内，依法查封非法电子游戏厅 5 家，收缴各类赌博机 34 台，机板 40 块，书刊 850 本。

2009 年，兴城市文化局组织执法人员业务培训班 3 次，法制培训班 3 次。在寒暑假期间，联合兴城市公安局、社会治安综合治理办公室、关心下一代工作委员会开展网吧、歌舞厅等娱乐场所的专项治理行动。

2011 年始，为大力培育文化市场，使全市文化市场发展成规模，管理成规范，积极引导和热情扶持文化产业。结合兴城市文化产业总体结构和特点，为到兴城市投资兴办娱乐场所的企业及个人提供支持。年内，检查各类文化经营场所 1500 处（次），查处违规经营场所 46 处，收缴盗版图书 2000 余册，盗版光盘 1000 余本。

2012 年，兴城市文化局会同工商、公安、环保、旅游等部门加强对经营单位管理，先后进行安全、营业规范联合检查 8 次，开展针对出版物、音像制品的专项治理行动 2 次。全年共查处违规经营业户 50 户，收缴盗版图书 2000 余册，音像光盘 3200 盘。加大对印刷市场的监管力度，重点查处非法出版、非法印刷等行为。

# 第二章　文学艺术

20 世纪 80 年代初期，文艺工作在“坚持为人民服务、为社会主义服务”方向和“百花齐放、百家争鸣”的方针政策指引下，兴城县广大人民群众和文艺工作者的积极性、创造性进一步发挥，文学创作、艺术创作等文化艺术事业蓬勃发展，大量优秀文化产品不断涌现，不仅极大满足群众的文化需求，也增加地区的文化内涵，丰富人民群众的精神文化生活。

## 第一节　文学创作

1985 年 9 月，兴城县文学工作者协会成立。并利用《兴城县报》副刊，通过征文、业务指导等形式，建立一支文学创作队伍。2010 年 11 月，兴城市作家（曲艺家）协会创办的《宁远文学》杂志、“兴城作家”网站相继问世，为文学创作提供平台。通过组织采风、征文、业务指导等形式，不断壮大文学创作队伍。2012 年末，全市有业余作者 256 人，其中辽宁省作家协会会员 16 人，中国作家协会会员有李丹（女）、盖尚铎。广大文学爱好者把握时代脉搏，真实描绘兴城市发生的巨大变化，生动地反映新时代人们的生活观念和思想情感，创作出大量思想性、艺术性俱佳，具有鲜明地域特色的小说、诗歌、散文、报告文学等文学作品，赢得许多文学奖项，涌现出多位在国内及省内有影响的作家和诗人。

### 小说、诗歌

改革开放以后，随着兴城经济社会的不断发展，广大文学爱好者的创作激情空前高涨，创作的小说、诗歌等文学作品，集中反映当时兴城文学创作的水平。

1986 年，兴城林业疗养院干部吴宝三诗集《大海中的月亮》出版。1987 年，潘相君的历史传奇小说《宝杯传奇》由华夏出版社出版发行，《人民日报》为其发布新书预告。1988 年，杨云慧组诗《山村抒情》在《辽宁日报》诗歌有奖征文中获三等奖。1995 年，陈世健诗集《星星雨》《天道酬勤》相继由山东文艺出版社出版。

1996 年，杨树田叙事诗《一代奇才英杰颂》在《大地》月刊举办的“文学与当前精神文明建设”研究会上获三等奖。2004 年，赵颖中篇小说《山里人物》、李镇国短篇小说《四奶》在首届“先觉杯”全国文学大奖赛中分获优秀奖。

2006 年，田肇兴长篇小说《坏就坏在我不坏》《从毕业开始流泪》出版。2008 年，石瑞良编著的《袁崇焕诗赏析》由中国书籍出版社再版发行。赵颖短篇小说《栽树》获辽宁省林业厅、辽宁省作家协会举办的“辽宁省讴歌党的退耕还林政策有奖征文”优秀奖。2009 年，穆桂荣诗集《永远的节拍》出版。

驻兴城海军某部宣传干事徐宝琦创作的长篇小说《青石门》获全军一等奖，中篇小说《二嫫》《大苇塘》分别获《当代》杂志文学奖。《大苇塘》被拍成电视剧；《二嫫》被拍成电影，并获第 47 届洛迦诺国际电影节大奖。

盖尚铎从 20 世纪 70 年代开始儿童文学创作，相继出版《会唱歌的绿叶》《幽默趣味儿歌 100 首》《看图认物唱儿歌》《校园诗朗诵》等多部诗集。其中《会唱歌的绿叶》获国家新闻出版署、团中央、全国妇联、国家文化部、广播电影电视部、全国少工委等单位颁发的“1982~1988 年全国少儿读物三等奖”，儿歌《十朵花，九个瓜》《找北京》获中共中央宣传部、中央文明办、教育部、团中央、全国妇联举办的第一届、第二届全国优秀童谣一、二等奖，《数角》《开锁歌》等 6 首儿歌入选人民教育出版社全国幼儿师范学校语文课本，儿歌《月亮和我好》被编入小学语文课本，儿童诗《山村的早晨》入选义务教育课程标准实验教科书三年级《语文》下册。

兴城籍作家周建新，高中时代开始写作，曾出版《大户人家》《血色预言》等7部长篇小说和两部长篇报告文学，在《当代》《十月》等文学期刊上发表作品300多万字。短篇小说《收获》获2003年第三届辽宁文学奖，2004年入围第三届“鲁迅文学奖”。长篇小说《老滩》获第八届茅盾文学奖提名，被改编成数字电影。短篇小说《街灯不语》获第六届辽宁文学奖。

2003年，许长文小说集《零距离》出版。陆兴志诗集《苦夏诗镌》出版。张儒林《古体诗词三首》获2004年“华夏作家杯”文学大奖赛优秀奖，2009年诗词作品集《笔吟》再版发行。2006年，张茂荣诗集《春杏早》出版。张志友相继出版文学作品集《村魂》和诗集《水雾》，在“中国作家世纪论坛2007年会”上，《水雾》被评为一等奖。2010年，张清清诗集《清清心韵》出版。2011年，杜志刚诗歌《怀念毛泽东》在《北京文学》举办的“纪念中国共产党建党九十周年征文”中获奖。驻军青年作家田国庆的诗集《真情记忆》出版。2012年，陈帅（烟雨）短篇小说集《狗食棚情话》出版。

## 散文、报告文学

1986年2月，许长文散文《伴读》在《人民日报》发表。此后，相继出版散文集《小城词语》《小城诗韵》《小城诗话》和报告文学集《飞翔的天鹅》。

1990年，李昀报告文学《历史不会忘记他们》获全国人口普查报告文学二等奖；散文《说给妈妈的话》获辽宁省女性精短散文大赛一等奖。1991年，周锦文报告文学《劳动局长的家事》获《辽宁日报》纪念中国共产党建党七十周年征文二等奖。

1994年，青年工人耿尚才报告文学《女中豪杰》获首届“艾青杯”文学大奖赛二等奖，报告文学《永立潮头的企业家》，在“世纪之光”文学大奖赛中获奖；报告文学《祖国颂》《造福社会的人》在人民文学出版社等九家单位联合举办的“共和国颂歌”征文活动中获奖。

1999年，石瑞良、张春彦主编的散文集《浪花集》出版。2001年，女作家李丹散文集《弯弯的小路》《女人，生命里的驼铃声》相继出版。2002年，汪景云散文集《星星点灯》出版。2003年，周锦文长篇报告文学《辽西第一村》出版。2004年，在首届“先觉杯”全国文学大奖赛中，李丽春散文《风铃》获优秀奖。

2006年，女作家李丹的报告文学《古城菊花金灿灿》在《人民文学》第2期发表，报告文学《使命》在中国报告文学协会举办的年度评奖中获一等奖。杨云慧散文《有这样一个村官》在国家农业部举办的征文中获三等奖。石瑞良散文集《逸荡的方舟》由中国文化出版社出版。周建新长篇报告文学《飞天骄子——杨利伟》获第八届全国少数民族文学创作“骏马奖”及第四届辽宁省文学奖。

2008年，陆兴志散文集《逆旅萍踪》由社会科学文献出版社出版，散文《续重回鲁迅》获中国作协、中国鲁迅研究会联合举办的“我读鲁迅”全国征文三等奖。高峰主编的报告文学集《回眸》出版。穆桂荣散文《端午怀想》在全国散文作家论坛征文大赛中获二等奖。

于学利从事业余文学创作，2005年，出版散文集《美丽的玉米》。2012年，作品《老叔的铁匠铺》在《散文选刊》发表，并获散文选刊年度奖。年内，入选中国散文年会精选的《2012中国最美的散文》一书。

2010年，李昀散文集《风烟俱净》出版，2011年入围第七届辽宁省文学奖。驻军青年作家田国庆散文《我的党员日记》获全国散文大赛一等奖。杜志刚散文《老宅院印象》2011年在辽宁省电信局、辽宁省通讯协会、辽宁省网络管理局联合举办的“纪念建党90周年博文大赛”中获二等奖，2012 年获《散文选刊》全国散文征文二等奖。

### 民间故事

1986 年，全国民间文学三套集成（民间故事、民间谚语、民间歌谣）普查工作开始。兴城县成立民间文学三套集成领导小组。由兴城县文联、兴城县文化馆组成采风组，与各乡镇文化站干部一起深入农家进行走访调查。年末，共搜集整理各类文稿 400 多篇，计 42 万多字，编辑整理成中国民间文学集成辽宁分卷《兴城资料本》，共收有民间故事 201 则，民间歌谣 37 首，民间谚语 145 条。望海满族乡牛营村的刘明、沙后所满族镇龙王村的张义秋（女）、陈桂芳（女）3 位老人，被辽宁省文化厅评为“民间故事家”。

1987 年 5 月，兴城市文化馆将部分民间故事编成《兴城民间故事选》，由春风文艺出版社出版。书中收入名胜古迹传说 21 个，山川地名传说 30 个，风俗传说 7 个，人物传说 21 个，民间故事 59 个。2003 年，对 1987 年版的《兴城民间故事选》进行再次编辑整理，更名为《兴城民间故事精选》，由中国文化出版社出版。

## 第二节　艺术创作

兴城市群众性的文化艺术创作兴起于改革开放，特别是中共十七大提出兴起社会主义文化建设新高潮以后。兴城市宣传、文化部门认真贯彻“双百方针”，培养大批美术摄影、书法等创作骨干，形成一支规模较大、水平较高的艺术创作队伍。至 2012 年，全市各类艺术创作人才由 1986 年的 540 人，增加到 1200 多人。

### 戏剧

1986 年 8 月，由王明义、安德才和蒋志杰共同编创的 9 集电视连续剧《袁崇焕》在《电视与戏剧》杂志增刊上发表。1987 年夏，由辽宁电视剧制作中心和兴城市人民政府联合摄制的 9 集电视连续剧《袁崇焕》开机，1988 年 8 月制作完成，并在中央电视台和辽宁电视台相继播出。该剧获辽宁省第八届电视剧一等奖，东北三省“金虎奖”二等奖，全国“飞天奖”提名奖。是年，赵颖编创的小话剧《豆腐缘》，在锦州市农村小戏汇演中获一等奖。李镇国创作的评剧《菊花女》和歌舞剧《菊花女》面世。

1992~1994 年，耿尚才创作的电视文学剧本《不肯退休的父亲》《忘不了她》《古塔英灵》《锌都奏鸣曲》先后刊出，其中《锌都奏鸣曲》获全国首届“艾青杯”文学大奖赛优秀剧本奖。盖尚铎的童话剧《买菜》，在《好孩子画报》1994 年第 11 期上发表。

2008 年，兴城市戏剧家协会成立，各种演出及相关活动相继展开。南一小学开设京剧演唱和京胡演奏专业课程。8 月，在全省第四届未成年人优秀文艺作品奖评选中，南一小学编排的校园短剧《新滥竽充数》获金奖。

2011 年 7 月 9~11 日，由兴城市戏剧家协会举办的“四家杯”京剧汇演在宁远广场举行。兴城金秋剧社、永宁开心艺术团、兴城市老干部局评剧团分获一、二、三等奖。

兴城市文化馆在抓文艺创作的同时，注重对民间优秀文化产品的挖掘整理。先后为中共兴城市纪委组织、编排 2 部情景剧，为中共兴城市委宣传部组织编排情景剧《王大帅》，为古城景区编排文庙“祭孔”、排练大型情景剧《袁崇焕誓师》等。

## 音乐

兴城市音乐创作活动比较活跃，其中民间音乐占有重要地位。随着乐器伴奏逐步以电声乐器伴奏为主，音乐活动更为活跃。机关、团体、乡村每逢重大节日举办音乐会，歌咏赛等活动，涌现出许多优秀歌手。1986年，《光明日报》以《月月有晚会，千人上舞台》为题，报道兴城县民间音乐活动开展情况。年内，兴城被辽宁省文化厅授予“音乐之城”称号。

1987年，兴城市歌舞团成立。1988年，中共兴城市委宣传部邀请全国著名词曲作家到兴城采风，创作一批反映兴城风情的流行作品。其中作曲家王酩、凯传等创作的《我从北京来到兴城这个地方》《远方的朋友请到兴城来》等十几首歌曲被广泛传唱。

1985年，兴城县音乐工作者协会成立。1990年，改为兴城市音乐、舞蹈、戏剧家协会。2004年，分设兴城市音乐家协会。全市中小学校和一些民办学校开设音乐教育课，有多人参加音乐培训和音乐考级。许多年轻优秀音乐人在声乐、器乐、作曲等方面的国内比赛中频频获奖。1993年，在全国第二届工人歌曲征歌活动中，《林疗之歌》（词作者赵千春，曲作者李玉鸣）获银奖。2002年，盲人青年宋宝喜创作歌词400余首，作曲家徐沛东予以鼓励。2003年，徐占山5首歌曲作品入选北京大型歌曲专辑《盛世歌曲》，创作的古筝乐曲《我们是姊妹花》在辽宁省大赛中获金奖。

青年作曲家李丹创作的《七月的大海》《唯我兴城胜天堂》等七首歌曲分别由韦唯、韩磊、李丹阳、范琳琳、白雪等在兴城“七月海会”上演唱。1994年，由李丹作曲的歌曲《心中的月亮》获中国音乐家协会歌曲创作一等奖。1995年，歌曲集盒式带《寻找心中的你》由中国音乐家协会出版，《穿上这身警服》获公安部歌曲创作银奖，《偶然相遇》获辽宁省MIDI音乐创作金奖；《北京的微笑》获中国音乐家协会举办的原创歌曲创作大赛“金钟奖”。2008年，李丹获辽宁省音乐家协会十大新人新作奖，被中国音乐家协会吸收为会员。2010年，李丹作曲的歌曲《月光下的哨兵》获辽宁省第十一届精神文明建设“五个一工程”优秀作品奖，参加文化部原创歌曲作品比赛获文华大奖。

2008年12月，盖尚铎歌词《金牌有点咸》在全国儿歌、民歌征集大赛中获二等奖，创作的歌词《十朵花，九个瓜》获辽宁省第十二届精神文明建设“五个一工程”优秀作品奖。2010年，田国庆创作的歌词《焦裕禄》获“中国·兰考公仆颂——焦裕禄之歌”全国歌词大赛一等奖。聋哑女孩杨萍以古筝演奏参加浙江卫视举办的《中国梦想秀》节目，并接受中央电视台的专访。白芮宁获香港双排琴邀请赛金奖。郑天亮获第五届全国华语唱片音乐节“华语唱片音乐之星全国二十强”称号。

2011年6月，为纪念中国共产党建党90周年，兴城市选手400人参加全国青少年才艺大赛兴城赛区比赛，有12人入围北京赛区的比赛，并取得优异成绩。

2012年，兴城海之韵合唱团在北京国际老年艺术节比赛中获金玫瑰奖；在首届东北三省合唱节比赛中获二等奖；在第九届中国老年合唱节比赛中，演唱的《永远的辉煌》获二等奖。

## 舞蹈

1986年以后，兴城市舞蹈形式和规模有很大发展，农村、社区每逢节庆活动，组织秧歌表演和汇演。交谊舞在群众中开展的较为广泛，尤其在青年人中开展的更为活跃。各单位经常组织排练各种类型的舞蹈参加节庆活动或赛事。

1987年，兴城歌舞团成立。著名歌唱家胡松华担任名誉团长，舞蹈家张曼茹出任艺术顾问，指导歌舞团的演出。1988年，国际标准舞传入兴城，兴城市老干部局、第二高中、妇幼保健院、中医院等单位职工自发地兴起学跳迪斯科舞。

1992年，在辽西地区举办的第一届国际标准舞大赛上，兴城市选手王玉民、万丽岩获季军。1993年，王晓曼编导的作品《炫舞爵士》在全国少工委举办的少儿才艺大赛中夺得金牌。1995年，王晓曼编导的作品《巧儿》在辽宁省首届"三菱杯"少儿才艺大赛中获金奖。

1997年，王玉民、万丽岩在东三省国际标准舞比赛中获标准舞、摩登舞壮年组第一名。2001年7月，在"辽西九城第四届舞蹈大赛"中，兴城市有8对选手获奖。秋季，在"东三省体育舞蹈锦标赛"中，王玉民、陈继红获老年交际舞冠军。2003年，刘莎和李来阜获"第一届全国交谊舞大奖赛"壮年组三等奖。10月，在"中国北京首届体育舞蹈、踢踏舞、街舞公开赛"上，兴城市选手常加良、刘兰英获摩登舞A组银牌。

2005年，兴城市舞蹈家协会成立，多次组团参加全省及国家级舞蹈比赛。8月，在"东三省国际标准舞大赛"中，刘维玉、孙杰荣获一等奖。万丽岩参加远东中、日、韩、俄4国国际标准舞大赛，获得乙组第3名。张国政、李宝兰获辽宁省国际标准舞摩登舞丙组第1名。2006年，郭若、李雨彤获全国第7届青少年国际标准舞大赛少儿组拉丁舞第3名。7月，在秦皇岛举办的"全国青少年第五届国际标准舞蹈大赛"中，兴城市7对选手代表辽宁省参赛，2对选手获得铜奖，1对选手获得第4名。2007年，兴城市选手在"哈萨克斯坦世界体育大赛"中获得金奖。

2009年，兴城市代表队在东三省少儿拉丁舞大赛中，获得2金3银5铜；参加华北地区体育舞蹈大赛，获得1金2银2铜。2012年，在东三省国际标准舞公开赛中，兴城市代表队分获少年A、B组金奖。

## 书法、篆刻

1985年，兴城书法工作者协会成立。1996年，更名为兴城市书法家协会。2003年始，兴城市书法家协会每年举办一次书法临帖展。2009年，创建宁远书院，建立书法创作基地，组织会员参加各类书法展览、比赛、笔会、作品观摩等活动，推动兴城书法事业健康发展。2002年，兴城市被中共辽宁省委宣传部、辽宁省文联命名为"优秀书法县"。2010年3月，兴城市被中国书法家协会命名为"中国书法之乡"。2012年，兴城市书法家协会有各级会员180余人，其中王铁军、白金源、赵静良、张儒林为中国书法家协会会员。

年逾九旬的兴城市书法家协会顾问赵序初先生笔耕不辍，其书法作品在1988年"全国'神龙杯'老同志书法大赛"中获优秀奖，2000年创作《真草书千字文》字帖获葫芦岛市人民政府颁发的"金秋奖"。

魏哲，号老铁。为中国书法家协会理事、中国书法培训中心教授、葫芦岛市书法家协会主席。1996年，被中共辽宁省委、辽宁省人民政府命名为"优秀专家"。1999年，在全国"最佳中青年书法家"评比中，获得选票位居全国第一。其作品被故宫博物院、中国美术馆、人民大会堂、中南海等40余家博物馆、纪念馆等收藏。2000年，被中国书法家协会授予"德艺双馨"书法家称号。

张公者，字旭光、弓者，号容堂。为中国书法家协会理事、中国美术家协会会员、西泠印社社员、中国国家画院张公者工作室导师。其篆刻作品在"第四届全国中青年书法篆刻家作品展"

中获奖，在“第五届全国书法篆刻展”中获“全国奖”。

1986年，梁圣公的硬笔书法在“中国硬笔书法大赛”中获鼓励奖。1987年，王选民书法作品入选河南开封国际书法展。

1990年9月14日，潘松年应新加坡书法协会邀请，赴新加坡担任该国书法大赛海外评审员。1993年，郑雪峰书法作品获“第二届‘红军杯’全国书画大奖赛”二等奖；王友谊作品入展第二届中国书坛新人作品展；在“第六届全国低年级小学生铅笔书法比赛”中，殷大明获个人一等奖。1994年，在“第七届全国低年级小学生铅笔书法比赛”中，梅冬灵获一等奖。

1997年，白金源的书法作品入选全国第七届中青年书法篆刻家作品展览。1998年，郑雪峰的作品入选全国第八届中青年书法篆刻家作品展览。1999年，王铁军书法作品入展“全国第七届书法展”。

2002年，赵静良的刻字作品《邃》入选“全国第四届刻字艺术展”，作品《溯源》入选“全国第五届刻字艺术展暨国际第八届刻字交流展”，作品《静夜思》入选“全国第七届刻字艺术展暨国际刻字艺术交流展”。

2007年，李永生书法作品入选纪念傅山诞辰400周年全国书法展；2010年1月，书法作品获辽宁省第三届兰亭奖书法展提名奖。郑泽丞书法作品获第三届中国（吴忠）中小学生书法节中小学生书法展提名奖。

2011年，金玉志书法作品入展“全国首届楷书展”及“‘孔子艺术奖’全国书法篆刻作品展”。4月，在辽宁省首届“新友杯”书法临帖大赛中，李璇、郑泽丞获少儿组三等奖。

## 美术

1986年，兴城美术工作者协会组织美术工作者贴近时代，贴近生活，用手中的画笔渲染生活，丰富艺术创作。11月，在“辽宁省第四届电影宣传画展”中，兴城画家张坚石作品《超国界行动》获二等奖。1987年，在辽宁省油画展中，鲍成福作品获银奖。1993年，李满贵《兴城粮库速写》获辽宁省年度报刊美术作品佳作奖，速写《西游记宫》获“1993年辽宁省报刊美术作品评比”二等奖。

1989年10月，付大力参与主创的锦州“辽沈战役纪念馆”大型全景画——《攻克锦州》绘制完成。画面以独特的艺术手法，生动、形象、真实地再现1948年10月东北野战军攻克锦州的壮阔激战场景。画作跻身于世界大型全景画的行列。

1992年，冯哲创作的油画《海的孤独》在全国“美报杯”评奖中获三等奖。1993年，张旭东作品《海边》《街》分别参加中国油画年展和双年展。刘希哲作品《卖布老虎的老大娘》获鲁迅美术学院毕业创作三等奖。张铭的作品获“国际中国书画大奖赛”优秀奖。翌年，张铭作品获得“全国青少年儿童书画大奖赛”优秀奖。

1995年6月，“张旭东现代油画展”在中国美术馆举办。其油画作品《人与海风景二号》《人与海风景十七号》《生命之三，人与海》被中国美术馆收藏。

1996年，王晓平6幅作品参加“北京国际美术作品展”。翌年，作品《秋趣》入选“全国第二届静物油画展”，油画《老船》《正午的阳光》获辽宁省“喜迎香港回归”美术大赛入围奖。1998年，在辽宁省少儿美术大奖赛上，刘丽达作品《牛》获大赛二等奖，并入选《当代速写艺术》一书。

1999年，在哈尔滨全国雪雕大赛中，张鸿志、张永合作的雪雕作品获优秀奖。2001年，雪雕作品《盛世祥和》获全国雪雕大赛三等奖。在“‘双龙杯’全国少儿书画大赛”中，宁远中心校学生赵宁等11人获银奖，沈伶俐等13人获铜奖，陆路等14人获优秀奖。

2003年，胡桂尧国画作品《松鹰太阳图》被法国中欧促进会授予“和平大使奖”，文化部中国文化信息协会同时授予“和平金奖”。2006年，农民画家杨佳翰创办的“翰艺佳画中国艺术”网站开通，其创作的人物工笔画作品《韩湘子》《范仲淹》等被中央电视台《百家讲坛》栏目选为节目制作素材，作品《牡丹仙子》《河桥风暖》被英国《上伦杂志》选登。

2007年，刘希哲国画《周氏三兄弟》被北京鲁迅博物馆收藏；2010年，其画册《梦笔生花·刘希哲速写》出版。2008年5月，退休干部秦剑手绘10米长卷《兴城全景图》被兴城市档案馆收藏。2009年，在“辽宁省美术作品展”上，詹恒油画《行囊》获得优秀奖。2012年7月，《王晓平水墨人物·中国画名家作品集》由北京工艺美术出版社出版发行。

## 摄影

1985年，兴城县摄影工作者协会成立。2003年，兴城市摄影家协会第二次会员代表大会召开，标志兴城的摄影事业进入新的时期。2012年末，兴城市摄影家协会有会员150名，其中辽宁省摄影家协会会员33名，中国摄影家协会会员有阎永湘、张玉良、邸玉伦、邱丰彬、王文志、魏民、李树鹏、阎福兴8人。

兴城市摄影家协会组织全市摄影会员及摄影爱好者，开展丰富多彩的摄影创作活动。2007年，兴城市摄影家协会创建的“兴城摄影网”和《兴城摄影》杂志相继问世。先后举办“今日兴城”“平安兴城”“可爱的兴城·改革开放三十周年”等专题摄影展览30余次，组织会员到基层采风80余次，开办摄影讲座、摄影观摩100余次。至2012年末，兴城市摄影家协会会员在国内外影展影赛中入选获奖作者37人，作品565幅。

闫永湘是兴城最早从事纪实摄影的摄影家，多次为莅临兴城视察的党和国家领导人拍摄照片。1990年，出版摄影集《兴城情》。1995年10月，在日本川北町举办阎永湘个人摄影展。

陈铁是《兴城报》社的首位摄影记者，拍摄的作品《承包户的喜悦》《带头致富的村支书》获首届辽宁新闻摄影展优秀奖。李龙拍摄的新闻照片《生命线》，在中国电信全国首届“天之翼”摄影大赛中获“特等奖”。

张玉良摄影作品《赶集》《大阅兵》入选第12届、第16届亚太地区摄影赛，《呼唤绿色》（组照）获第12届辽宁省摄影艺术展览铜牌奖，《抢“财神”》获辽宁省社会主义新农村文化建设摄影展览金奖。2002年，《张玉良摄影作品集》出版。

邸玉伦的新闻摄影作品《马籍华人祖国寻医》（四幅）在人民日报海外版发表，作品《脑瘫患儿逛北京》获全国第十一届部委产业好新闻作品银奖。作品《高原母子》获第12届全国人像摄影大展金牌奖，《大地之吻》获香港第四届全国摄影艺术展览金牌奖，《共奏中国梦》获郎静山国际摄影金像奖，《黄河峡谷》等12幅作品在奥地利超级摄影巡回展中入展，《赶海的女人》在“妇女解放百年足迹”全国摄影赛中获一等奖。

邱丰彬摄影作品《老羊倌》《老来俏》在文化部主办的全国老年人主题摄影大赛中获优秀奖，作品《快乐人生》获辽宁省社会主义新农村文化建设摄影展览银奖。魏民摄影作品《科技文化下山乡》获辽宁省社会主义新农村建设摄影展金奖，《晨雾》获第12届全国当代摄影艺术邀请赛铜奖，《大地的音符》获第13届全国当代摄影艺术邀请赛铜奖，《大山深处有人家》等4幅作品在第 20 届奥地利特伦伯超级巡回赛中入选。王文志摄影作品《水墨寒雀》获第十三届辽宁省摄影艺术展览优秀奖，《海之韵》获全国政协委员摄影大赛优秀奖。李树鹏作品《水墨山林》获第十三届辽宁省摄影艺术展览银奖，《雾漫山林》获 23 届全国摄影艺术展览优秀奖，《田园冬韵》获首届农村土地整治摄影大展铜奖。

傅天伟作品《赞歌——7·29 兴城抢险纪实》，在全国抗洪抢险摄影比赛中获三等奖，《搏》获第十三届东三省摄影艺术展览铜奖。韩文民摄影作品《跳动的音符》在“全国第四届‘大路影展’”中获铜奖，《农家小院年味浓》获第三届中国秧歌节优秀摄影作品展银奖。杨兴茂作品《大集上的收获》获辽宁省新农村社会主义建设摄影展览银奖。杨兴勃作品《巧手》获第二届秦皇岛风光国际摄影大展铜质收藏奖。毕伟作品《山村放映队》获辽宁改革开放 30 周年大型摄影展佳作奖。孟广勤作品《梦中的小船》获香港第四届全国摄影艺术展览银奖。张儒林作品《静静的峡谷》《山路弯弯》获第三届中国职工艺术节摄影艺术展览优秀奖。徐荫萱作品《好日子》入选中国文联在澳大利亚举办的“欢乐春节”摄影展。王英鹤作品《风雪草原》获“郎静山杯”国际风光风情摄影大展优秀奖。吴晓光作品《初冬》获庆祝建国 90 周年全国政协委员摄影作品展优秀奖。

2008 年 10 月，兴城市摄影家协会获全国第二届建设社会主义新农村摄影展览组织工作奖。2011 年 7 月，“第 23 届全国摄影艺术展览获奖作品和首届全国农民摄影大展”在兴城巡展。2012 年 10 月，辽宁省文联、摄影家协会“兴城摄影创作辅导基地”在兴城授牌。

## 第三节　文史谱牒

兴城地区历史悠久，许多朝代的兴衰更替，众多历史人物的风云际会，可圈可点的重大历史事件，构成兴城地区厚重的历史文化。从 20 世纪 80 年代初开始，为挖掘和整理乡土文化，传承区域文明，兴城市相关业务机构、民间组织及文史爱好者，考文征献，编纂大量文史资料、世系谱牒，彰显出兴城不同历史时期的社会情态，为兴城地区增添文化内涵。

### 文史

**编纂史料** 挖掘、整理和编纂文史资料，是文史工作的的重要内容。1985 年始，政协兴城县委员会依照《中国人民政治协商会议章程》中提出“把文史资料工作纳入人民政协工作”的要求，成立文史资料组，选配有一定业务能力的干部，围绕兴城重大历史事件、重要历史人物、主要历史遗迹、有影响的轶闻掌故等进行挖掘、搜集和整理。

1986 年，相继出版《兴城文史资料》第二辑、第三辑、第四辑。

1988 年 8 月，“国际袁崇焕学术研讨会”在兴城市召开，有 30 多位国内外知名专家学者出席会议。1997 年 10 月，为彰显兴城的历史文化底蕴，让更多的人了解兴城，兴城市政协文史委员会编纂的《渤海明珠兴城》一书出版。2000 年 11 月，为纪念兴城解放五十周年，展示兴城各项事业发展成就的作品集《辉煌的历程》出版发行。2002 年 12 月，蔄茂安主编的《兴城古今人物》，蔄茂安、常德义合编的《帝王与宁远》相继出版。2003 年 7 月，由政协兴城市委主席李久林主编的“兴城旅游风光历史文化丛书”（1 套 10 册），由吉林文史出版社出版发行。

2005 年 5 月，中国近现代人物史料国际学术研讨会在铁道部兴城疗养院召开。来自美国、越南等国家和国内知名专家学者出席会议，兴城独特的自然和人文环境给与会者留下深刻印象。10

月，兴城市档案局王建华主编的《魅力兴城》一书出版。2008 年 7 月，张恺新编著的《兴城古城》，张志平、张恺新编著的《兴城境内的万里长城》相继出版。

2012 年 12 月，由中共兴城市委书记于学利担任主编，历时 1 年组织编纂的“走进兴城”历史文化丛书（1 套 6 册）完成初稿。

**开展活动** 历史文化是区域文化的重要内容，也是营造地区经济发展软实力的重要体现。2008 年 11 月，兴城历史文化学会成立。通过开展专题学习考察、进行学术研讨和文化交流，挖掘整理文史资料，为兴城经济社会发展提供信息服务。2009 年 9 月，“兴城历史文化”网站开通。翌年 8 月，《兴城文史》杂志创刊。

兴城历史文化学会相继对兴城文庙、大寨溯本堂、大青山石头城、三道沟革命老区史迹、红崖子古遗址、兴城古城名人故居等历史遗迹进行考察。通过调查走访、搜集文图资料，为保护和利用兴城地区的历史文化资源提供可靠依据。

围绕重大历史事件和重要历史人物，兴城历史文化学会先后举办纪念兴城建城 580 周年、纪念袁崇焕蒙难 380 周年、纪念兴城建县 1020 周年、纪念兴城民众发起抗日斗争 80 周年、吴三桂诞辰 400 周年、纪念吴景濂诞辰 140 周年等座谈会和学术研讨会。与渤海大学辽西区域文化研究所联合召开辽西古城文化学术研讨会。相继举办“申遗杯”和“纪念建党九十周年”征文活动。

2009 年初，常德义配合中央电视台专题部拍摄《八旗往事》专题片，张恺新等参与中央电视台《1644·兴城》和《袁崇焕传》电视专题片拍摄活动。安德才等先后到保定、蓬莱、威海、山海关等地考察明清官衙，为蓟辽督师府展陈设计制定方案。兴城历史文化学会组织到河北青龙县考察刘国华烈士生平，为这位埋葬在深山 65 年的兴城县首任公安科（局）长迁葬兴城革命烈士陵园提供信息资料。兴城历史文化学会成员多次参与兴城街巷、地名考察和命名活动，参与编纂地方史志工作。

兴城历史文化学会有会员 102 名，其中省级会员 6 名。学会成员结合学习实践，撰写出多篇学术论文。郭存水《兴城古城外城墙考》，常德义《兴城古城明清街巷民居考》《兴城明清地界沿革概述》，安德才《宁远蓟辽督师府考实》，陈国章《一代枭雄吴三桂》《吴景濂事略》，杜志刚《东北祝寿民俗考》，雷云凤《日寇侵占兴城血史》，李建民《黑凤山辽东长城考》，胡良木《加强古城遗产保护》等，均具有一定的史料价值和学术价值。

学会成员参加全国、省、市各种历史文化学术研讨会、联谊会及征文活动，有多篇作品入选并获奖。2012 年 6 月，在中国作家网、广东东莞市文联、袁崇焕纪念园共同举办的“颂崇焕”全国征文中，兴城历史文化学会获“优秀组织奖”。学会会员采写的《梨树沟门大捷》被“中华人民共和国国防部”网转载。年末，学会 3 名会员撰写的学术论文《袁崇焕〈九龠公寿序〉浅见》《略谈袁崇焕的用人艺术》《袁崇焕〈九龠公寿序〉考》被收入广东省出版集团、广东人民出版社出版的《袁崇焕历史评价与精神文化研究论文集》。

## 谱牒

谱牒，也称牒谱、族谱，俗称家谱，是记载氏族或宗族世系的书籍。族谱分为一般族谱、大家族和世职官员族谱等。兴城境内的汉族、满族、蒙古族等，多是明清时期随军戍边落籍，而大多汉族系清代康熙、雍正年间从山东、山西、河南、河北等地陆续迁入，其后历年多寡不一。汉族大家族中各姓氏多有自家的族谱，有的是从原籍带来续写的，有的是定居多年后再从原籍抄来续写的，也有的是最初来境者立祖撰写的。传至新中国成立初，特别是“文化大革命”中，大部分族谱散佚或被销毁，致使一些族谱现无多见，近年发现的大家族和世职官员族谱有祖氏、孔氏、张氏、董氏、李氏、杜氏等族谱。

《祖氏族谱》，清康熙年间刻本，全8册，由祖氏十二世孙祖建极续修。历数自明初至清初共十一代祖氏谱系，清户部尚书兼国史馆总裁张玉书作序。藏于民间。

《张氏家谱》，清康熙年间刻本，由清代张朝璘、张朝珍兄弟编纂，翰林院编修张世甄、法若真作序，藏于中国社科院历史研究所图书馆。2012年，张氏二十一代孙张儒林影印装订，并续修《张氏宗谱》。

《东北杜氏家谱》，清顺治年间编修，以小楷体在绫子上手书成册，记载自明末至清顺治年间兴城境内杜氏家族世系，锦州府教授魏廷皋作序，藏于兴城市档案馆。2012年，经药王满族乡杜氏第十九代孙杜志刚续修《杜氏家谱》（杜家屯卷）。

编修族谱，其形式与内容大抵相似，按规制修谱多以10年为期。族系用阶梯式图标，辈分明晰，脉络清晰。20世纪80年代国家实行民族政策，许多汉族群众随母姓变更其他民族。随着人们传统观念的转变，编修族谱也从只限本族男丁及配偶入谱，演变为记述家族其他成员及变化。李光鑫编纂的李氏《家族往事》，在传统记载方式的基础上，记述家族包括女眷在内的其他成员及生活沿革，具有可读性。

# 第三章　广播电影电视

兴城的广播电影电视事业历经改革开放，不断加强体制机制建设，紧紧围绕经济建设中心，坚持正确舆论导向，提高引导能力，增强宣传实效。广播、电影、电视充分发挥各自媒介特点，贴近生活，贴近群众，突出民生，关注民情，为创造兴城经济社会发展的良好的舆论环境发挥积极作用。

## 第一节　广播

1986年，兴城县广播事业局内设3个业务机构和兴城人民广播站、兴城电视差转台2个工作部门，编制42人。1987年，兴城撤县建市，兴城县广播事业局更名为兴城市广播电视局。

1995年7月，兴城市广播电视局撤销，与兴城市文化局合并为兴城市文化广播电视局。1998年3月，撤销兴城市文化广播电视局，成立兴城市广播电视台，其文化职能划归兴城市文化旅游局，宣传职能划归兴城市广播电视台。

2002年，兴城市广播电视台设立办公室、总编室、科技股、计财股、人保股、新闻传播中心、文艺广告传播中心、城乡有线电视网络传输中心、广播电视发射中心。各中心下设部，各部门根据实际工作需要，实行定员、定岗、定责、竞聘上岗。

2003年3月，增设兴城市广播电视局，原兴城人民广播电台和兴城电视台称谓不变，实行局台合一管理体制。

## 农村有线广播

1986年初，兴城县人民广播站利用农村电话线，定时向全县各乡镇广播站传送广播信号。全县建立乡镇广播站26个，配有线路员、值机员（兼广播员）等专业人员53人。乡以下广播专线总长240公里，安装高音喇叭150个，部分家庭安装磁石式小喇叭。菊花岛乡广播站家庭小喇叭普及率和音响率均达80%以上，曾参加省级甲级站竞赛。

1987年，兴城人民广播电台购置635型广播专用录音机4台，备用50瓦调频发射机1台，同轴转换开关一部，广播电台设备初步完备。

1988年，兴城人民广播电台在羊安、闻家、白塔3个满族乡设听评点，听取群众的意见和要求。下半年，购置1台广播控制桌，对发射天线进行改换。年内发稿2486篇，其中新闻稿1560篇。年末，在锦州地区有线广播节目评选会上，兴城市获得第二名。

1990年，农村有线广播出现严重滑坡局面，兴城市广播电视局组织专人走乡串村，精心指导，本着先易后难、逐步恢复的原则，帮助既有积极性，又具备条件的乡镇尽快恢复广播站。在锦西市农村有线广播竞赛评比中，曹庄、白塔、拣金3个满族乡广播站被评为先进广播站。

1991年，村级广播大喇叭覆盖率达95%以上。白塔满族乡广粮村、大寨满族乡罗家村，自行投资，实现全村小喇叭入户。随着调频广播的发展，农村有线广播逐渐取消。

## 调频广播

1986年7月1日，经国家广播电影电视部批准，兴城县正式建立调频广播电台，兴城人民广播电台正式开播。台址设在东山，呼号为兴城人民广播电台，发射机为双声道立体声调频发射机，功率330W，发射频率为106.3兆赫，主要为各乡广播站传递信号。全台有工作人员16人，电台节目每日分早、午、晚3次播音，全天播音时间为6小时45分钟，其中自办节目4小时。

1988年，兴城市广播电视局对调频广播电台发射天线进行改造，把十字形天线改装成双藕极子（4片）天线，使机器工作性能稳定、延长发射距离。经测试，场强在原有基础上普遍增加10分贝，使边远山区收听效果有明显提高。

1992年4月28日，兴城人民广播电台中波发射台正式开播，频率1296千赫，发射塔高76米，发射机功率1000瓦，两部中波发射台覆盖兴城市全境。兴城人民广播电台调频、中波每天同步播出6.5小时，全年播出2208.25小时。

1996年，兴城人民广播电台开办《古城新风》《地税风景线》《我为党旗添光彩》《海会之声》《市场漫步》等节目。2001年，兴城人民广播电台在自办节目中，播发稿件2000余篇，有40篇被上级新闻单位采用。

2005年3月28日，兴城人民广播电台新购进的1KW调频固态发射机开始发射。5月1日，电台开始使用硬盘播出，实现播出自动化。7月16日，兴城人民广播电台直播节目正式开播，节目时间由原来的9小时调整为16个小时，推出《快乐早八点》《信息服务》《行风面对面》《车友俱乐部》等10余档新节目。中共兴城市纪委、兴城市监察局、兴城市人民政府纠风办公室和兴城人民广播电台联合策划推出的电台直播专题节目《行风面对面》，有近20个职能部门的领导做客直播间，对群众反映的问题给予现场解答。

2010年8月1日，为增加覆盖面，兴城人民广播电台新增3000瓦固态发射机，节目播出时间

18个小时，开办《供求热线》《今日播报》《流行沉淀》等6个小时直播节目。

2012年1月，兴城市广播电视局按照“做听众的知心朋友、办听众喜爱的节目”的宗旨，对广播电台节目进行大规模改版，全天播出19小时10分，其中直播5小时，录播13小时10分钟，转播“中国之声”60分钟。改版后的节目更加丰富，推出《资讯飞扬》《919零距离》《妈咪总动员》等31档自办栏目，并通过开通全天热线电话、短信平台、QQ留言方式，增加与听众的互动。在春运、特殊天气、学生高考等时段，即时播报公路铁路春运信息、路况、高考注意事项等内容，为广大听众服务。

## 第二节　电影

1986年，兴城县电影放映工作由兴城县电影公司管理。除城区电影院、文化宫、驻在单位俱乐部等单位直接由省、市电影公司供应片源外，农村乡镇电影放映队均由兴城县电影公司统一调配片源。电影放映设备，除城区电影院、文化宫、俱乐部等营业性单位配备两台32毫米放映机可进行连接放映外，其余乡镇电影管理站配备16毫米放映机，多进行露天放映。全县除菊花岛乡外，共建有24个电影站，常年开展放映活动。年末，共放映电影8896场，其中曹庄满族乡全年放映450场。

1991年，兴城市全面实行农村电影放映预收费管理。全市农村共放映电影14128场，发行收入达29.37万元。1992年，针对城乡电影放映收费难等实际问题，兴城市电影公司制定电影管理站站长目标管理责任制。开展优质放映、送票上门活动，扭转被动局面。全年农村放映电影113500场，发行收入20万元；城市放映电影500场，发行收入5万元。重新翻建的古城内电影院，为仿古式建筑，建筑面积1500平方米，内设726个座席，于7月1日开始营业。

1996年，兴城市有20个乡镇恢复、新组建电影队100个，全年放映电影10000余场，观众达300万人次。年内，在全市城乡中小学校开展“百部爱国主义影片”放映工作，放映近百场，有近万名中小学生观看。

1997年，兴城市电影公司购进4台国内先进的F16-GS400移动式电影放映机。经过技术培训，安排7名下岗人员，新组建4支电影放映队，负责5个街道15个村和附近乡镇的放映任务。全年添置新片30余部，公司共有7部放映机投入工作，有专职和兼职放映员14人。年内，有20个乡镇103个集体、个人放映队坚持为农民放映电影。至年末，共放映电影9800余场，其中放映“百部爱国主义影片”1600余场，观众达390万人次。

20世纪90年代末，随着电视机的迅速普及，兴城市电影业开始逐渐走入低谷。2002年，兴城市电影公司解体，职工重新安置。

2005年，位于兴城川北路路西的幸福时光电影院成立。该电影院由私人投资20万元兴建，配置两套数字电影放映设备。

2009年4月，按照辽宁省关于“电影制作、发行、放映统一归口管理”的要求，兴城市电影放映业务划归兴城市广播电视局管理。

2010年6月，根据国家广电总局《农村数字电影发行放映实施细则》和辽宁省广电局“关于免费为农村放映电影”的要求，经兴城市人民政府批准，由兴城市广播电视局组建兴城市电影公司，配备23台数字电影放映设备。至年末，放映人员深入农村乡镇放映电影3417场。

2011 年，兴城市电影公司开展电影进社区、进校园，纪念中国共产党 90 周年“红色电影下乡”等活动，共完成公益放映电影 6214 场。2012 年，在全市 239 个行政村、27 个社区放映公益电影 2590 场，观众达 56 万人次。

## 第三节 电视

电视是广播和视频传播工具，也是文化建设的重要组成部分。随着科技进步和经济社会的不断发展，兴城的电视事业经历初创、普及、繁荣的发展时期。电视的普及率、覆盖面迅速提升，对于满足人民群众日益增长的物质文化需要，促进信息化建设、全面建设小康社会发挥积极作用。

### 开路电视

1986 年初，兴城县电视差转台迁至东山，建成一座 700 多平方米的电视发射机房，竖立 88 米发射塔，安装 1000 瓦双信道彩色电视发射机。2 月，完成电视卫星地面站建设，直接接收中央电视台节目信号。电视差转台自办新闻节目和广告，每日播放时间 6 小时。是年，全县电视机达 5 万台，约有 30 万人观看。8 月，由兴城电视差转台负责摄像、录制、配音合成的电视风光数据片《新兴的旅游胜地——兴城》在兴城电视差转台播放。

1989 年，兴城市广播电视局由北京广播器材厂定购一套 1000 瓦分米波发射机。春节前，兴城电视差转台向全市成功转播中央二套节目。

1991 年，东辛庄满族镇投资 9 万元，购置 50 瓦电视差转机 1 台，竖立 64 米铁塔 1 座，于 10 月 1 日建成兴城市第一座乡镇电视差转台，辐射半径 7 公里，东辛庄、刘台子、大寨、望海、海滨等乡镇都能收看到兴城电视台节目。

1993 年 1 月，电视差转台增设 50 瓦米波发射机，使用 DS—1 播出，开始转播云南电视台节目，后调整为转播中央电视台三套节目。2 月，国家广播电影电视部批准建立兴城电视台。3 月末，自立式广播电视微波综合塔建成，4 月投入使用。7 月，电视台新上 24 频道 1000 瓦发射机。兴城电视台共有 5 台电视发射机，分别在 4 个频道上播出电视节目——中央电视台一套节目、二套节目、三套节目及兴城电视台自办节目。12 月，三道沟满族乡电视差转台试播成功，发射功率 10 瓦，可通过卫星接收，转播中央电视台和辽宁电视台的电视节目。

2000 年，兴城电视台投资 20 多万元，购置数字摄像机、数字编辑机、提示器等，在新建的电视演播厅内安装灯光等设备。2004 年，兴城电视台自行安装电视现场直播车 1 辆。10 月 1 日，兴城市纪念国庆演出《共和国之恋》现场直播获得成功。2008 年，淘汰老化发射机，增加 3 部固态发射机，发射功率为 1000 瓦，播出电视节目有 10 频道转播中央电视台一套节目、24 频道转播中央电视台 7 频道节目、32 频道转播辽宁电视台 1 套节目、18 频道播出兴城电视台自办节目。9 月，投资 220 万元，新增兴城电视台一、二套电视节目硬盘播出设备，自办节目实现编、采、播一体化。

2009 年 3 月，投入 10 万元对发射中心有线电视机房、电视发射机房、调频广播机房、中波发射台的配电系统进行改造，使播出质量大为提高。

### 有线电视

1994 年，兴城市人民政府下发《关于成立有线电视台的批复》，兴城市广播电视局编制《兴城有线电视总体规划》，并通过辽宁省有关专家论证。9月，购置设备，安装卫星地面站。10月1日，试播成功后，每天24小时开机，转播全国11个电视台的12套节目。年末，架设干线，分批进行有线电视入户安装。1996年，有线电视进入古城内，累计架干线20公里，入户10000户，市区内覆盖率达65%以上，电视节目增加到18个。

1997年，通过招商引资，由辽宁华亚电视设备有限公司投资建设兴城农村有线电视网，有线电视信号传输采用多频道微波MMDS方式，传输16套电视节目。工程总投资1366.6万元，分3期进行施建。到1999年末，城乡有线电视联网开通。

2001年，兴城市广播电视台与建昌县广播电视局签订协议，利用大黑山MMDS微波台转播兴城电视台信号，转播包括兴城电视台在内的11套电视节目，使兴城西部山区三道沟、药王、碱厂、郭家、华山等乡镇收看到兴城电视台节目。配合古城开发改造，为古城内1000余户居民优惠安装有线电视，清除古城内的电视天线杆，全年新增有线电视用户2500户，城区有线电视用户达到1.5万户。

2004年，兴城城区有线电视用户占总数的70%，可同时接收33套电视节目；农村有线电视发展到13个乡镇、110个村屯，用户可同时接收16套电视节目。同时，加强网络及线路的维护和管理，确保收视质量。

2009年，兴城电视台架设主干线光缆1753公里，完成境内“村村通”工程。实现光纤到乡镇、村屯的目标，传送46套高质量的电视节目，有线用户达到6万户。年内，兴城“村村通”工作列全省先进行列，兴城市广播电视局被国家广电总局评为全国先进广播电视局。2010年，兴城市广播电视局实施兴海南街和兴海北街有线光缆入地工程。

2011年12月，城区有线电视从兴城市广播电视局剥离，划归葫芦岛网络有线公司。

### 数字电视

根据国家广播电视总局2010年城市开展数字电视的总体要求和兴城市人民政府常务会议决定，按照葫芦岛有线电视整合意见，本着存量不变、增量分成的原则，接受葫芦岛有线电视数字信号，把兴城市自办的电视节目实行数字化，在有线电视频道共传输124套节目。2010年10月，开始筹备城市有线电视数字化整体转换工作，对城市有线网络进行升级改造，年末前完成5000户试点平移工作。

2011年元旦，兴城市广播电视局正式启动城市数字电视整体平移工作，采取先试点后铺开的方式，在春节前完成5000户平移工作。至2012年末，共完成平移23000户。

# 第四章　报刊图书

改革开放以后，随着兴城经济社会的不断发展，文化事业的不断繁荣，报刊图书作为一种文化传播工具，在宣传群众、鼓舞群众、传播知识等方面发挥积极作用。

# 第一节 报刊

## 报纸

中共兴城市委、兴城市人民政府重视报纸出版发行工作，通过报纸及时宣传中国共产党的路线、方针、政策以及中共兴城市委、兴城市人民政府的重大决策，发布兴城市在经济社会发展中取得的优异成绩，宣传各条战线涌现出的先进事迹和先进人物，弘扬社会主义核心价值观。以《兴城报》为主阵地的各类报纸，在兴城市经济社会的发展中发挥积极的舆论宣传和引导作用。

**兴城报** 1980年7月1日，中共兴城县委机关报——《兴城县报》正式创刊，国内统一刊号CH21-0017，邮发代号7-105，全国公开发行。报纸为4开4版，其中1版为要闻、2版为经济新闻、3版为社会新闻、4版为副刊，每周1期。1987年，兴城撤县设市，更名为《兴城报》。

1990年7月1日，《兴城报》改为《兴城市报》，由每周2刊增为每周3刊。1994年，在辽宁省报业评比中，《兴城市报》由1993年第三季度的第13位上升到第7位。1997年1月，《兴城市报》由每周3刊增加到每周5刊。

1998年7月，经国家新闻出版署批准，《兴城市报》更名为《兴城日报》。2000年1月，《兴城日报》增加《周末特快》专版，《兴城日报》成为周6刊报纸。年内，报纸发行量增加到1.1万份，创发行量新高。

2003年7月，根据中共中央办公厅、国务院办公厅关于“县（市）旗和城市区不再办报刊，已办的要停办”的要求，10月30日，中共兴城市委做出决定，《兴城日报》到2003年末停刊。同时决定成立兴城时讯社，创办《兴城时讯》内部资料。

2004年3月2日，《兴城时讯》创刊。为4开4版，其中1版为要闻、2版为经济新闻、3版为社会新闻、4版为副刊。每周2、4出版。为内部资料，每期印刷3000份，免费赠阅。

2006年，《兴城时讯》停刊。2007年8月，葫芦岛日报社与兴城时讯社共同编辑出版的《葫芦岛日报·兴城新闻》创刊，为对开4版，1版为要闻，2版为综合和经济新闻，3版为社会和专题新闻，4版为摄影、副刊。每周3出版，列为《葫芦岛日报》的第9、10、11、12版，当年单期发行量为3400份。

2009年，《葫芦岛日报·兴城新闻》改为彩色印刷。2012年，《葫芦岛日报·兴城新闻》单期发行量为3900份。

**锦华报** 由中国兵器工业集团辽宁锦华机电有限公司党委宣传部主办。1981年创刊，系辽宁省新闻出版局批准的企业内部（资料）报刊，刊号为：辽宁省内部资料准印证第1411号。《锦华报》为4开4版，每周出版一期。《锦华报》围绕公司党委、公司行政生产等工作，及时准确地宣传企业活动、先进事迹、先进经验，反映工人心声。1991年，《锦华报》参加中国企业报新闻工作者协会、中国企业报研究会主办的“全国首届企业报展览”，获得三等奖。至2012年末，《锦华报》共出版968期。

**兴城二高报** 为兴城市第二高级中学主办的内部交流校报，于2001年10月创刊。《兴城二高报》为4开4版，分为要闻版、教师版、学生版和综合版。每月出版1期，全年10期。每期发行量4000份。发行范围为全校师生及全市中小学校长、教育局、市直机关。至2012年末，《兴城二高报》共出版106期。2009年4月，在第三届全国中小学优秀校内报刊评选活动中荣获最佳校报一等奖。

**二四六院报** 为核工业246医院党委主办的内部发行报纸。1986年3月创刊，2009年5月复刊。初为8开8版，2012年12月改为4开4版。其中1版为要闻，2版为综合新闻，3版为医患园地，4版为文艺副刊。每月出版1期，每期印刷1000份。免费发行至辽宁省核工业地质勘探局所属单位，246医院各科室、病房。至年末，出版62期。

## 期刊

兴城地区创办的期刊（杂志）分为正式期刊和非正式期刊两种，主要包括农业科技、医学疗养、教育教学、文学艺术、历史文化等专业期刊。

**中国果树** 由国家农业部主管，中国农科院兴城果树研究所主办。1959年创刊，16开本，国内外公开发行，国内刊号：CN21-1165/S，国外刊号：ISSN1000-8047。主要刊载果树栽培、病虫害防治、果园机械、水果贮藏、土壤肥料等方面的科研成果及相关知识。2001年起改为双月刊，每年出版6期。2001年，《中国果树》获“首届国家期刊双百期刊奖”；2002年，获“第二届国家期刊提名奖”；2004年，获“第四届全国优秀农业期刊一等奖”。

**果树实用技术与信息** 由国家农业部主管，中国农业科学院兴城果树研究所主办的果树科普期刊。1994年创刊，月刊，16开本。国内刊号：CN21-1342/S。主要是开发果树信息资源，普及果树科技知识，为果树生产和繁荣农村商品经济服务。2009年，被国家新闻出版总署选定为全国农家书屋重点期刊。

**中国疗养医学** 由中华全国总工会主管，中国职工疗养协会主办。1992年创刊，16开本，国内外公开发行。国内刊号：CN13-1332/R，国外刊号：ISSN1005-619X。主要介绍疗养地的开发与利用，自然疗养因子及理化疗养因子在防治多发病、常见病方面的基础研究及经验介绍，疗养与护理、疗养管理等方面的论著、综述、学术活动消息及疗养信息与动态、疗养译文等。2003年，杂志改由国家安全生产监督管理总局主管，社址由兴城转到北戴河疗养区。

**兴城教育** 原为《兴城教育通讯》，创刊于2000年，由兴城市教育局主管，兴城教师进修学校主办，16开本。刊号：辽新内资字（2011）021号。2006年9月改为《兴城教育》（双月刊）。旨在全力推进兴城市素质教育实施，全方位为教学、教研、教改服务。主要栏目有“工作导航”“教师教育”“教育管理”“课堂教学”等。至2012年12月，共出版107期。免费发行。

**古城文艺** 为兴城市文联主办的综合性期刊，2010年创刊，刊号：辽新内资字（2012）021号。《古城文艺》设有“纪实在线”“党风廉政”“文学高地”“文史纵横”“曲苑杂坛”“赏文乐见”“文艺动态”“音乐天地”等栏目。刊物为大16开本。每季出版1期，至2012年末，出版10期。免费发行。

**兴城文史** 由兴城历史文化学会主办，2010年8月创刊，刊号：辽新内资字（2011）08号。为大16开本。开设“史海钩沉”“往事珍闻”“古今人物”“探索研究”“古迹寻踪”“旅游走笔”等10余个栏目，主要刊登文史工作者和兴城历史文化学会会员撰写的有关兴城地区史学研究文章及文化信息等。至2012年12月，共出版7期。免费发行。

**宁远文学** 由兴城市作家协会主办，刊号：辽新内资字（2011）09号。2009年11月创刊，为大16开本。开设“小说之城”“散文之海”“诗歌之泉”“纪实之山”“评论之岛”等栏目，主要刊载市作家协会会员及全市广大文学爱好者撰写的小说、散文、诗词、报告文学等文学作品。

免费发行。

**兴城摄影** 由兴城市摄影家协会主办，2007年创刊。16开本，每年出版1期，彩色精装印刷。《兴城摄影》是展示和交流兴城摄影艺术成就的平台，至2012年末，共出版7期。免费发行。

**学笔琼林** 由兴城市第二高中琼林文学社主办。创刊于2003年。至2012年，出版11期，每期印发3000册。2012年，在全国校园百强文学社评选中被评为文学社最佳刊物。

**女儿河** 由药王满族乡药王中心小学主办，2010年创刊，为16开本。《女儿河》杂志是展示全体师生学习成果的平台。至2012年末，共出版5期。

## 第二节 图书

### 图书借阅

**图书馆借阅** 1986年，兴城县图书馆总面积为1260平方米。设有图书阅览室，有座席60个，每周开馆48小时。藏书45000册，读者办证1395个，借阅43000册次。1989年，兴城市图书馆筹集资金2万元，购进新书4476册，馆内藏书达52479册。

1993年6月，馆藏书开始实施中国图书馆第三版分类法。到年末，共打印、编目、印刷卡片20余万张，实现图书档案化管理。1995年，图书馆被文化部评为国家三级图书馆。

1999年，兴城市图书馆争取经费13000元，购新书900册，订报纸杂志57种。全年馆借阅读者达46578人次，图书流动册次为49813册。2000年，建立10个流动图书站，流动图书52000册。年内，举办图书宣传周，在街头展出图书2000册，发放科技小报300份，接待读者500多人次。送图书到部队、机关、学校、厂矿，为读者代查数据150余份。

2004年，兴城市图书馆开架书刊册数达到藏书量70%。每周开馆56小时，双休日、节假日照常开馆。同时利用馆外阵地举办学习雷锋有奖答题、读书报告会、学习英烈故事报告会、保护鸟类保护环境报告会等系列活动。2007年，新购图书5000余册，增加借阅种类。2010年，兴城市图书馆征集到地方文学刊物318册，填补图书馆长期不能利用地方文学作品资源的空白。兴城市图书馆藏书17.565万册，居葫芦岛地区各市县区图书馆藏书之首。

2011年，利用“4·23”世界读书日，兴城市图书馆为深入开展群众读书活动，在温泉安居小区、羊安满族乡人民政府等地建立图书流动站，先后投入图书4000册。兴城市图书馆新购图书112920册（其中电子图书11万册），填补图书馆没有电子读物的历史空白。

2012年9月，图书馆由兴海南街二段迁至兴城市职教中心旧址，兴城市图书馆开设的服务“窗口”有外借室、阅览室及资料室等。

**图书室、书屋、个体图书（音像）租借** 1986年，全县各乡镇文化站共有图书室26个，藏书3万余册，有181个村文化室设图书室，藏书近8万册。1987年，兴城市内科研、文教、供销、工交、商业、粮食、邮电系统共有图书室126个，藏书近10万册。

1992年，兴城市城区有个体图书出租点11个，共有图书近4万册。1998年，全市有书刊出租摊点30家，音像制品出租摊点45家。2000年，兴城市有个体租借书摊35家，音像制品出租摊点43家。2008年5月，全市农村有文化室177个，所藏多为旧版图书。年内，利用上级配套资金16万元，在32个行政村新建农家书屋，配有书柜，设有DVD和电视机、阅览桌椅等。

2012年，全市新建125个农家书屋，239个行政村达到村村有农家书屋。全市农村农家书屋共有图书近 50 万册。其中华山街道上长茂村的农家书屋，有图书 6800 多册。全市有个体图书、音像出租点 21 家，共有图书 20 多万册。

### 图书发行

**新华书店图书销售、发行** 1986 年，兴城县新华书店共销售图书 276 万册，总金额 122 万元。1988 年，兴城新华书店在管理上实行优化组合，落实承包责任制。总计销售图书 294 万册，销售金额 148.8 万元，全年实现利润 4.46 万元。

1992 年，兴城个体书摊、书店增多，与新华书店形成竞争态势。年内，落实国家新闻出版总署、工商行政管理局《关于加强集体、个体、私营书店（摊）管理的暂行规定》，新华书店成为兴城市内唯一具有图书批发资格的单位。

1994 年，兴城新华书店由系统内垂直管理划归地方管理。全年销售图书额 447 万元，比 1993 年增长 14%，实现利润 2.5 万元。1996 年，兴城新华书店开展送书下乡、售书到户活动，当年销售额达 750 万元。

1999 年，兴城新华书店坚持承包合同制，实行工资与销售挂钩。开展创“文明窗口”活动，开展流动售书、代邮代购、代找代查、电话服务、节日优惠售书等多项服务活动。年内，共完成销售额 930 万元。2002 年，兴城新华书店自筹资金改造原有营业楼，以适应古城整体风貌。全年销售图书总额 820 万元，库存 49 万元，全市人均购书额为 14.6 元，上缴国家利税 28 万元。2006 年，兴城新华书店全年销售图书 120 万册，销售额 700 万元，上缴利税 20 万元。在中小学生课本发行中，发行量 80 多万册，达到发行 100 万元无差错。

2009 年，根据中共葫芦岛市委、葫芦岛市人民政府《关于经营性事业单位转为企业的若干指导政策》，兴城新华书店进行转企改制工作，由国营事业单位改为企业单位，自负盈亏。

2011 年，兴城新华书店共发行图书 102.08 万册，码洋 698.39 万元。其中教材发行 101.32 万册，码洋 695.43 万元。门市发行图书 0.76 万册，码洋 2.96 万元。2012 年，兴城新华书店发行图书 84.77 万册，码洋 758.15 万元。其中高中收费教材销售额 230 万元，初中、小学免费教材发行 420 万元；教材发行 83.97 万册，码洋 755.58 万元。门市销售 11 万元，门市发行图书 0.8 万册，码洋 2.57 万元。

**民营书店、书摊** 1991 年，兴城第一家个体书店在东街开业，有图书 100 多种，4000 余册。1992 年，全市城区有个体图书出租点 11 个，共有图书近 4 万余册。1995 年，全市有 41 家书刊销售摊点、37 家音像制品经销单位。1998 年，全市有书刊销售摊点 40 多家，音像制品销售摊点 30 多家。2004 年，全市有个体书店 6 家，书摊 35 家，音像制品销售摊点 33 家。

2010 年，全市城区有鸿鹄、博文、三联、银河、新世纪、文源、新金、读来读去、春蕾、清华园、古旧书店等民营书店，有图书 150 万册以上。全市民营书店年销售图书 300 多万册，销售额超过 1000 万元。2012 年，兴城市共有个体书店 23 家。

## 第三节　网站

20 世纪 90 年代后期，进入科技信息化时代。随着互联网的迅速普及和应用，网络宣传和交流成为新的文化传播渠道。各级人民政府在信息化建设基础上，开始建立起履行政府机关职能、面向社会提供服务的官方网站。

2001年，“中国·兴城”网站始建，为兴城市官方网站。由中共兴城市委办公室管理。2006年，兴城网站转由中共兴城市委宣传部管理，对外称兴城市信息中心。当年进行两次改版，实施动态管理，是政府机关实现政务信息公开、服务企业和社会公众、互动交流的重要渠道。

2008年，为兴城市直各单位建立子站，形成“兴城组织建设”“兴城临海产业区”“兴城教育”等80多家子站参与的网站群。许多社会团体、商贸企业也纷纷创立网站。随着网站访问量逐渐递增，“中国·兴城”网站将原有的数据库空间更换成服务器，并将原有的域名 www.xc-online.gov.cn 更换为 www.zg-xc.gov.cn。2011年，政府网站整体改版，点击率再创新高。至2012年末，兴城建立的以“中国·兴城”官方网站为主体，其他门户网站为辅的信息网络集群，成为对外宣传兴城、展示兴城形象的重要窗口。

# 第五章 文物

兴城地区历史悠久，有五千年人类文明史，一千多年的建县史。区域内地上和地下存有大量的历史遗存和文物，不仅显示出古代劳动人民的勤劳和智慧，也彰显出兴城地区丰厚的历史文化底蕴。文物作为一种文化载体，具有一定历史价值和文化价值。

## 第一节 文物古迹

### 古遗址

兴城地区分布多处新石器时期、商周时期、春秋战国、汉代、辽金以及明清时期的遗址。

**红毛山遗址** 位于大寨满族乡王岳村西红毛山。第二次全国文物普查时采集的遗物有打制石锤、石斧、石磨盘、石磨棒、石球、石核、刮削器、磨光石铲等。有“之”字纹夹砂黑褐陶残片、夹砂红褐陶纹器底和细泥红陶红顶碗口沿残部等多件。专家考证兴城红毛山遗址属于新石器时期“红山文化”类型。

**狐仙洞遗址** 位于刘台子满族乡山西村南，娘娘顶南面的狐仙洞南坡。1982年文物普查时，在地表采集到的标本有“之”字纹陶片2件，网状纹陶片2件，陶纺轮1件，绳纹红陶口沿1件，石器及残件17件，确定为新石器时期“红山文化”类型。

**黄山果园遗址** 位于望海满族乡英茂山东麓的黄山果园。第二次全国文物普查时在遗址采集的典型标本有石磨盘3件（其中完整的1件），石磨棒4件，各类石斧5件，打制石器有石锄、石铲、切割器、石球等，夹砂红褐陶器有“之”字纹钵形器和直筒罐等残片多件。根据石器和陶器的造型、制法、种类、纹饰和加工程度等特点，确定黄山果园遗址为新石器时期“红山文化”类型。

**戴家屯北山遗址** 第二次全国文物普查时，在碱厂满族乡戴家屯北山发现一处古代人类生活遗址，采集到磨光的石刀、三足器残足，夹砂粗红陶片等文物，有的红陶片上附加堆纹。专家将该处定为西周晚期至春秋早期的人类聚居遗址。

**仙灵寺商周遗址** 位于南大山满族乡新民村南一座山丘上，因早年建有古刹仙灵寺而得名。1984 年 5 月由省、市、县联合组织考古队，进行为期 3 个月的重点发掘。发现商周时期的房址 5 座，同时出土 500 余件较为典型的遗物。清理出石砌排水沟 1 条，灰坑 2 处。出土的陶器有甗、鬲、罐、杯、钵、豆、釜、盆等。生产工具有石器、骨器、陶纺轮、陶网坠，还有铜镞、玉饰、卜骨等较为珍贵的文物。

**丰堆子遗址** 位于红崖子满族乡红崖子村南一座名为“丰堆子”的土丘。采集的遗物标本有压印绳纹陶片、格纹筒瓦、板瓦残件，还有红陶绳纹陶罐残片、陶盆口沿、陶甑、陶鬲残片及生活日用食具、炊具、盛装器和古代烧灰坑。根据文物标本的纹饰、型制、胎质，制作工艺及烧制的火候等特点，确定属于战国时期的遗址。

**压儿山遗址** 第二次全国文物普查时，在药王满族乡裴屯压儿山，采集到散落在地表面的夹砂绳纹泥质灰陶、泥质红陶的陶器口沿和残片、三足器的残足，还采集到石斧 2 件。从这些遗物的质地、型制、纹饰等特点，确定为“夏家店上层”文化类型。

**大青山石头城遗址** 位于大青山东南延伸至围屏满族乡向阳寺村北山顶。石城依山而建，略呈东北——西南方向。北部是台地，东面及南面为悬崖峭壁。石城长约 100 米，宽约 50 米，城墙有多处坍塌，墙的断面底约 2 米，顶宽约 1.5 米，均就地采集山石垒垛而成。建造年代待考。

**严州城遗址** 也称岩州城，位于红崖子满族乡古城子村，建于辽圣宗年间。遗址尚存少许，城墙周长约 4000 米。城内有保安寺、五色井、老街道等。

**隰州城遗址** 位于东辛庄镇关站村，建于辽太平元年（1021），部分城墙遗址尚存。

**海防五城遗址** 位于城东办事处辛庄村东河边，至曹庄镇四城子村东南海边，分布有一城子、二城子、三城子、四城子、五城子遗址，现存部分土墙，为夯土版筑而成。在地基中出土有辽、金、元、明各时期的碎瓷片，建筑用瓦和铁镞、铅弹、铁锄以及明代崇祯铜钱等，确证为明代城址。

**白塔城遗址** 位于白塔满族乡白塔村，第二次全国文物普查时，发现残存西城墙和西北角台。墙体为下石上砖内夯土，夯土内夹杂辽代沟纹砖。根据地名及遗址分析，为明代古城遗址。

**辽东长城遗址** 始建于明正统年间。西起山海关铁场堡（今绥中县境），东至鸭绿江九连城，全长 1250 公里。兴城境内全长 54 公里，从新兴营堡（今大寨满族乡牛彦村）入境，经锦川营堡（今大寨满族乡花营村）、黑庄巢堡（今望海满族乡黑庄村）、仙灵寺堡（今南大山满族乡新民村）、团山堡（今红崖子镇团山子村）、黑凤山、兴水岘堡（今白塔满族乡清水村）、白塔峪（今白塔满族乡白塔村）、寨儿山（今元台子满族乡下砟山屯）、灰山（今元台子满族乡灰山村）出境入葫芦岛市连山区。辽东长城多利用山势、地势建为山险墙、土墙、石垛墙、柞木墙等。兴城境内多处遗址尚存。

**辽代兴城县城遗址** 位于菊花岛乡城子里屯东南，建于辽圣宗统和八年（990），部分城墙遗址尚存。

**辽代海滨县城遗址** 在东辛庄镇关站村，建于辽太平元年（1021），与隰州城遗址同在一处。

**中右所城遗址** 位于沙后所镇城内村，建于明宣德三年（1428），城墙周长 2000 米。遗址尚存条石基础部分，城内街道、胡同规范，格局如旧。

**营城子遗址** 位于菊花岛乡北端龙脖子半岛上，明崇祯十五年（1642），由督师范志完、太监高起潜主持修建，时称觉华岛城，是辽西地区仅存的一座没有被严重破坏的土城。

## 古建筑

**白塔峪塔** 位于白塔满族乡九龙山南塔沟村，原名空通山悟寂院舍利塔，建于辽大安八年(1092)，残高约43米。塔为砖砌八角十三级实心密檐式。塔身八角各嵌有砖刻倚柱，各立面正中砌有佛龛，四面砖碑刻有佛语。塔下中央12米深处有由17块青砂岩碑砌成的地宫。

**磨石沟塔** 位于红崖子满族乡二道边村磨石沟屯西沟山坳。塔身为八角九级空心密檐式砖塔，存高17.23米。塔身四正面中部辟有砖雕券门，四隅面中部皆雕砌方形碑，分别刻有粗体梵文。塔心内壁为六角形椎体，早年维修时已封实。该塔为辽代中晚期修建。

**宁远卫城** 始建于明宣德三年（1428）。城略呈正方形，城墙周长3274米，四面城墙中间各设城门，上部为双层歇山式箭楼。城门外部均建有半圆形瓮城。城墙四角设有角台，东南角台建有魁星楼。城内建有文庙、城隍庙、钟鼓楼、祖氏石坊和名人故居等。

**文庙** 位于兴城古城内东南隅，始建于明宣德五年（1430）。经历代多次维修扩建，文庙占地1.68万平方米，是东北地区现存最为古老、保存最为完好的祭祀孔子的场所。

**钟鼓楼** 坐落在兴城古城中心4条大街十字交叉处，平面呈正方形，始建于明景泰五年(1455)，为城堡式楼座，楼座下有券洞连通四条大街。楼座上为重檐歇山卷棚式阁楼。

**城隍庙** 位于兴城古城内西北隅，建于明正统年间，占地3400多平方米，建有山门、灵官殿、城隍殿、斗母宫、吕祖殿等。

**祖氏牌坊** 位于兴城古城延辉街，南北两座石牌坊，相距85米。两座祖氏石坊均为仿木结构，四柱三间五楼式，单檐庑殿顶。整个建筑古朴庄严，结构工整，雕刻精美，技艺精湛。

**首山烽火台** 坐落在首山中峰，烽火台通高9米，直径13米。其外皮为砖石结构，下部砌以条石，条石上砌以青砖。2000年，由四家村企业集团出资维修。

**“清白家风”石坊** 位于红崖子满族乡吴小山台村北，建于清光绪二十三年（1897）。石坊为四柱三间三楼式仿木结构。整座牌坊采用白色花岗岩构架，横梁中间夹有三块青灰色石灰岩匾额，阴刻楷书文字，清晰可辨。

## 古墓葬

**周家窝铺汉墓** 1987年5月，曹庄满族乡头台子村周家窝铺屯农民范秋成建房挖地基时，在距地表约50厘米深处，发现大量的灰泥陶及一座细绳纹大青砖砌筑的古墓。经发掘清理出土的随葬品有陶灶1件，陶甑1件，陶俎（切鱼肉案）1件，陶案1件，陶耳杯1件，陶盘3件。其中陶灶、陶甑和陶俎均按实物缩小比例制成，制作工艺精致。特别是陶俎面上刻有游鱼图案，鱼后边刻有像刀、棒一类的器物，具有较高的文物价值和艺术价值。

**金代石棺墓** 1988年8月，元台子满族乡元台子村村民赵云松挖土时发现。经市文物部门发掘清理，石棺保存完好，全系黄褐色粗砂岩刻制。石棺由棺盖、棺槽、棺座三部分组合而成。棺盖呈双坡面起脊屋顶式，刻有规整的瓦垄状，酷似硬山式小庙。棺座为一素面长方形石板，长72厘米，宽44厘米，厚10厘米。随葬品有灰绿酱釉缸胎冥器8件。其中双系高筒大口罐1件，双系小口“玉壶春”式壶1件，钵1件，大碗3件，小口厚底罐1件。出土文物收藏在兴城市文物保管所。

**郭山子汉墓群** 位于羊安满族乡郭山子村东，墓群面积约2万平方米。1996年6月，为配合京沈高速公路修建，辽宁省考古研究所和兴城市文管所联合对郭山子汉墓群遗址进行发掘，发掘面积1000平方米。发现多处人类生活遗址，出土大量泥质灰陶，夹砂红陶残件。墓基出土冥器有：陶盘4个，陶井1件，水斗1个，奁1个，五铢钱6枚。

## 第二节 出土文物

### 碑碣

**白塔地宫掩藏记碑** 1972年7月，当地村民在古塔东墙外取土时，从一枯井中挖出古碑残件，记载古塔的建造时间。碑文：

觉花岛海云寺空通山悟寂院，创建舍利塔。于地宫内安置八角石藏于上。并镌诸杂陀罗尼造塔功德经，九圣八明王，八塔各名及偈，一百二十贤圣，五佛七佛名号，石藏中间容空五尺，于内安置水晶塔一，坐阶石匣，内次铁匣，次铜匣，次银匣。于银匣内，金瓶银瓶各一支，于金瓶内杂色舍利数百粒，于银□□感应舍利一颗。其外，石盛量似槟榔，并□孔窍。隔石睹之，随摇而动，其形如豆，既无出入之处。是知灵异。故尔，于水晶塔左右，有银菩提树两株，石像数尊，诸杂供具遍盈藏内。于石匣下，有此塔记。

大安八年岁次壬申九月辛巳朔二十九日己酉辛□□分掩藏记

**金代大定石经幢** 兴城文物部门早年在白塔满族乡塔沟发现金大定二十一年（1181）石经幢。经幢呈八棱柱体，青灰岩石质料，高49厘米，直径35厘米。每面宽15厘米。其上三面刻有浮雕佛像，三面阴刻梵文（无法辨认）。两面阴刻楷书汉字。虽磨损不清，但经仔细辨认，可认出是距今830多年的金代佛教遗物。

**翠峰寺地产记碑** 20世纪60年代，在白塔公社塔沟村出土元代“翠峰寺地产记”碑。该碑已被砸成两截。两块残碑呈方形，大小基本相等。原碑体为横幅长方形，碑体长约1.5米，高约0.7米，未见碑头及碑座。其碑文：

兹寺乃觉华岛海云寺之坟山也，创自辽代。

大朝天兵，一废龙宫海云，洎空此寺。中统元年，龙泉膺公老师韬迹海山。圆普禅师，侍师仍久，印证之后，独隐此山。刀耕火种，未能赡众。忆曰：经不云父母，治生产业。与实相门，不相违背。遂于和州沙门寨、燕宁处，备银立契，买到兴城县东北冶家寨，兼东部落两处地土。东至分水岭；南及山嘴交手古道；西彻亭子岭古道；北至张监军地。播种仓库盈溢，海众满堂，香火鼎盛，诸事易成。修梵刹稍新，兼涤扫浮图如故。迄普公迁化，小师海讲主，请业有年。至元、贞元年，海公恐负师德，退让龙宫，别换洒扫。三松野衲，传委嗣溪竹，溪添长老，住持添究地土。岁月绵远，防人昏昧，故刻其石六。山林四望各自分岭为界。

庄主：性瑞，副寺：性谊，维那：性桂，监寺：性善，首座：慧开。

大德六年岁次壬寅八月望日，翠峰寺住持，嗣祖沙门君添立石。

**元代东溟和尚寿塔铭** 1982年进行文物普查时，在兴城县围屏乡向阳寺村，发现一具元代寿塔铭，保存基本完好。向阳寺村北靠大青山脚下，有明显的古刹遗址，辽、金、元时期的砖、瓦、陶瓷残片以及碑刻、雕件的残块，俯拾皆是。该塔铭文中刻有天历、元统、至正三个元代的年号。较为详细地记述东溟和尚高潮在40多年中的一些佛教活动，为研究其间的佛教发展活动等提供重要佐证。

**重修大悲阁碑记** 大悲阁原址在觉华岛上。明天顺四年（1460）镇守辽东左副总兵东宁侯焦礼父子倡导重修，宁远卫儒学教授马纶为其撰文刻碑以记其事。文中描述大悲阁的历史背景及其自然环境，追溯大悲阁前身的“觉华岛大龙宫寺”，肇自大辽圆融大师所建。该座碑仍树立在原址，保存基本完好。

**明代镇国将军缐氏墓志** 缐氏墓地位于原钓鱼台镇尖山子阳坡耕地内。1977 年 5 月，被当地群众挖鼠洞所发现。文物部门随即进行清理，发现六合较完好的墓志。墓志的志文共 5700 多字，载有缐氏家族五代世系和镇守辽东的功绩以及明朝中晚期辽东边事一些重大事件。还收集到随葬品：金丝带卡 1 件，金丝葫芦 1 对，金花两枚，“大明通宝”金帛钱 5 枚，仿汉铜镜 2 件，“开元通宝”，“皇宋通宝”铜钱 11 枚等。

**重修朝阳寺碑** 发现于高家岭满族乡朝阳寺村一座古庙废墟内。碑高 4 米多，宽 96 厘米，厚度 20 多厘米。整座石碑用整块青石打造，碑身正反两面都刻满碑文，记载乾隆年间重修寺院的经过和捐助者的姓名。由于年代久远，碑两侧图案有些模糊。此种巨型石碑多建于皇家陵寝中，在民间寺院中实属罕见。

**中右所城隍庙碑** 2009 年 9 月，沙后所镇城内村村民赵英华、赵策父子在路边挖沟时，发现一方石碑。石碑的材质为灰色的石灰岩，保存尚可，字迹比较清晰，书法流利潇洒。碑高 230 厘米，宽 83 厘米，厚 20 厘米。碑中间竖行阴刻碑文 8 行，计 291 字。内容主要是记载清康熙五十六年（1717）和雍正三年（1725）重修中右所城隍庙之事，是研究清代宁远州和中右所历史的实物资料。

**修响水河子岭纪事碑** 位于兴城市三道沟乡响水河子北岭与建昌县鸽子洞乡杨家屯南岭交界处山梁上。碑中记载清末时，当地民众为修路出资出力，改变交通环境的艰辛和善举。

**祖大寿墓残碑** 祖大寿，字复宇，出生于辽东宁远卫（今兴城）将门世家，曾官至明代辽东总兵。崇祯十五年（1642）降清，授“精奇尼哈番”一品衔。祖大寿卒于清顺治十三年（1656）十二月，死后归葬故里宁远城西祖家坟。文化大革命中祖氏坟茔被毁。2010~2012 年期间，在兴城西河岸施工时，陆续发现多块巨型石碑残件，经文物部门清理，证明为祖大寿墓碑。碑文如下：

惟顺治十三年八月十五日，皇帝遣永平府知府罗廷屿，谕祭故精奇尼哈番品级祖大寿之灵。曰：惟尔持身敬慎，秉性成老，方且蒙优。忽焉告殒，爰颁祭葬，用表哀悰，永奠佳城，灵其来享。

岁次已亥三月吉日立。

**蒋文渊墓志铭** 2012 年，兴城市文物部门在韩家沟果树农场普查时发现，经考证为明代正德年间蒋文渊的墓志铭。蒋文渊曾任陕西汉中署阳县令，升授文林郎，死后归葬故里。

## 兵器

**定辽大将军炮** 20 世纪 50 年代初，在兴城古城内西南隅废墟中发现一门青铜铁心大炮。炮身长 381.8 厘米，内径 10.2 厘米，炮管壁厚 12.1 厘米，底径 54.3 厘米，重约 2000 公斤。炮身前部镌刻“钦差提督军务镇守辽东总兵官左都督吴捐资铸造”“定辽大将军”“崇祯十五年十一月吉日”字样。专家们认定该炮为明末辽东总兵官吴三桂所铸。收藏于辽宁省博物馆。

**战国青铜兵器** 1976 年 2 月，碱厂公社（今碱厂满族乡）农民在碱厂水库旁的长条山东坡采石时，于石缝淤土中发现 6 件青铜器。分为兵器和工具两类。兵器有銎内戈 1 件，戈端有锋，两侧有刃，中间起脊，横贯器身。援长 10.1 厘米。銎孔椭圆形，其口径上细下粗。内较长，向下弯曲，两侧有凸起的棱，内后缘有刃，呈凹型。通长约 17 厘米。兵器中还有环首刀 3 件，其中有一件较为完好，通长为 27 厘米。刀为拱背，刃较平，柄与刀交接处有“V”型下阑超出刃口。柄首为椭圆环状，环的外缘有三个凸起的乳钮。柄中间有一条中缝，两侧各饰有粗重的斜形纹，相对组成人字纹。

第二次全国文物普查时，在碱厂满族乡戴家屯北山，出土 1 件长 29 厘米，最宽处 3 厘米，柳叶形青铜短剑。专家认定是战国时期燕国的兵器。该地还出土过“十字形”双穿青铜戈。戈通长 20 厘米，平面呈“十字形”，援部柱脊与阑棱相交处两侧有对称的穿孔，前锋略尖，双弧刃。

据省内专家鉴定，碱厂出土的这几件青铜器，是辽西地区商代青铜文化所特有的器物，收藏在锦州市博物馆。

1988 年，在南大山满族乡前王台村后沟屯北山出土 1 件战国青铜短剑。

## 古币

**战国刀币** 1979 年春，沙后所公社后王屯一社员在宫家坟地塌垄时，在地表下50 厘米处发现一个大陶罐，罐内盛满战国时期的刀形青铜钱币。经文物部门整理，刀形古币共重 36 公斤，计 2160 枚。币背面铸有 31 种难以辨认的铸造炉次的号字，属于战国时期燕国的乙型和丙型“明字刀币”，距今有 2400 多年。兴城地区古时属于燕国地，沙后所后王屯发现战国时期刀币，对于了解当时社会现状和流通方式提供实物佐证。

**汉代五铢“钱”** 庙前屯是三道沟满族乡西门村的一个小山村。 1980 年 12 月，村民陈守明在自家建房挖土时，于地面 50 厘米深处，发现一批“五铢”铜钱。兴城县文物工作人员收集到“五铢”铜钱 609 枚。根据铜钱的铸造质地和形制特点以及钱币上铸造的文字笔画类别，属于小型直笔五铢，为东汉晚期钱币。

**其他** 1985 年 4 月，三道沟满族乡八里村村民王宝坤在自家院内挖井时，于地表 40 厘米深处，发现一块方形石板。揭开石板，发现下面两个灰陶盆内装置规整的古代铜钱。经清理，这批铜钱上限自宋代，下限至清代。从铜钱出土的情况分析，可认定是晚清时期的民间私人窖藏。

2000 年，在中国农科院兴城果树研究所院内基建工地地下 1 米处，两次出土宋代铜钱约 750 公斤。

2010 年 6 月 6 日早晨，兴城市大寨满族乡张屯村村民陈建平在土豆地干活时发现被盗掘的古代窖藏铜钱。经兴城市文物部门清理，出土古代铜钱约有 2000 公斤。在盗坑里还发现一口六耳铁锅，直径约0.5 米，初步判定是宋金时代的遗存。

## 印信

**海滨县印** 辽代，兴城境内设有隰州海滨县（治所遗址在今东辛庄镇东关站村）。20 世纪 60 年代初，在锦州市义县出土一方铜印，上面阴刻四个篆文汉字“海滨县印”。印为方形，边长 2.7 厘米，背面阴刻“泰和二年四月礼部造”。为辽金时期海滨县官印，收藏于民间。

**军司马印** 20 世纪 80 年代初，在兴城飞机场附近出土 1 方铜印，为正方形，边长 1.2 厘米。上面阴刻“汉军司马”4 个汉字。对照有关资料，系汉代的密印。出土铜印一带曾发现汉代墓葬群。

## 第三节 文物搜集

### 出土文物

1991年，在白塔满族乡柏家坟屯发现明代龙虎将军柏南冈墓碑等石刻。1992年，在羊安满族乡杨屯发现汉代绳纹砖砌筑墓葬和残破窑址。

1995年，在菊花岛峰寺山（风凉山）上发现石斧1件（残）。1996年，羊安满族乡陈继纯发现一汉代铁犁铧，重19公斤。1997年，大寨满族乡马圈子出土新石器、陶器数十件。1999年，白塔满族乡广粮村北山出土石器、陶器等小件文物50余件，羊安满族乡望宝山出土石器、陶器等小件文物50余件。

2000年，在东辛庄镇关站村发现辽代六角形水井。2001年，大寨满族乡张家村南耕地地下发现辽代六耳锅两口；在红崖子满族乡古城子村保安寺南发现辽代水井（五色井）；在闻家满族乡新民村西北台子山发现一处新石器文化遗址，初步认定为“红山文化”类型。2002年，在兴城古城二道牌楼北，距地面1.3米处发现盖有石板的砖石砌筑排水设施。

2003年，在郭家镇大石塔村发现辽代铜铠甲多片、铁马镫1对。另有一对乳白色陶颈瓶保存尚好。在古城内地下发现清末榨油、造纸用大型石碾砣共4件。征集到明清时郭统领德政碑、宣武将军柏永馨墓碑、奉政大夫吴应玮墓碑各1方。

2004年10月，在兴城西关附近发现一块较为完整的墓园匾额，长约2.2米，宽0.46米，上面阳刻“都督府祖公之先茔”。经文物工作者考证，是明末著名军事将领祖大寿先祖墓园过道石坊上的一块横额。

2005年，在兴城古城内老邮局院内发现两截道光十一年（1831）石碑（残）；在古城南门外东侧发现清代石碑座2件，碑额1件。2006年，在白塔峪塔下发现辽代石碾砣（槽碾）、清代石额各1件。

2007年，在大寨满族乡上道屯发现太阳宫记事碑，在望海满族乡三里桥村发现菩萨庵记事碑，在沙后所镇烟台河村发现1方“资政大夫朱孔阳神道碑”。2008年，在古城北门外发现1方民国石碑——程铭善德政碑。2009年9月，在沙后所镇西关村发现1方“中右所城隍庙碑记”石碑。

2010年5月，在钓鱼台街道红石碑村南河堤北侧，发现几块红沙岩镌刻的明代石碑座和碑身残件，为研究地名文化提供实物佐证。2011年，在东辛庄镇关站村发现三截清代药王禅寺的残碑。2012年，在望海满族乡三里桥村102国道北侧，发现1方清代道光年间的《重修菩萨庵碑记》石碑。8月，在红崖子满族乡吴小山台村发现1座清代“清白家风”贞节石坊。

### 文物征集

1989年，兴城市文物保管所在围屏满族乡围屏村征集金代铜镜1面。1991年，兴城市文物保管所从华山镇四合村乔福来家征集一块银锭，重1.95公斤，上刻“李小二真花银”字样。1992年，兴城市文物保管所从华山镇征集古钱币约380公斤，青铜短剑两把。

2001年，兴城市文物保管所从羊安满族乡杨家屯征集青铜环手刀1件。钓鱼台街道胜利村张守峰在新民屯捡到新石器10余件，捐献给兴城市文物保管所。其中一件圆形石器，中间带有圆孔。

2002年，兴城市文物保管所在白塔满族乡白塔村征集到石夯1件。2003年春，在古城内基建工地征集石刻、石制器物40余件。8月，古城内居民阎立民将收藏近50年的石夯捐献给兴城市文物保管所。2005 年，兴城市文物保管所在红崖子满族乡二道边村征集到 2 件汉代颈瓶。

## 第四节　考古发掘

1996 年 6 月，辽宁省与兴城市组成联合考古队，发掘郭家山子汉代墓葬。打探沟 4 条，开探方 12 个，勘探面积近 10 万平方米。发掘 5 处墓葬，均有主室、耳室、墓道。墓葬东南为汉代和辽金时期人类生活遗址，西北部为汉代墓葬区。1997 年，省、市、县三级组成考古队，在大寨满族乡马圈子西山发掘 300 平方米，出土各类器物 100 余件，属于青铜器时代遗址。

1999~2000 年，为配合秦沈高速铁路的建设，省、市、县三级组成考古队，分别在大寨满族乡马圈子西山、羊安满族乡望宝山夏家店下层文化遗址、白塔满族乡广粮村北山魏营子文化遗址先后进行考古发掘。其中大寨满族乡马圈子西山布方 44 个，发掘面积 1100 平方米，出土各种器物 200 余件；白塔满族乡广粮村北山发掘 700 平方米，发现一大型圆台，周缘石砌，12 个半地穴式房址。2003 年，郭家镇大石塔村农民耕地时发现一座辽代墓葬，兴城文物管理处工作人员进行抢救性发掘，清理该墓葬。

2008 年，在全国第三次文物普查期间，兴城市文化局组织普查队，到菊花岛进行实地勘察，并走访当地干部和年事已高的村民，发现一座辽代古城遗址。菊花岛乡城子里村南平地上的古城遗址略呈正方形，坐北朝南向，略偏东。古城墙为土筑，多已损毁，仅存东墙南段长 28 米，墙体基部宽 1~3 米，顶部宽 0.4~1 米，存高 1~1.5 米。夯土层明显，每层 12 厘米。东墙体基础长约 150 米，其他三面墙无存，仅见隆起的地面。城墙东侧有上通沟，西侧有小兴沟，似护城河。古城曾设东、西、南三门，城址中部有一条小沟叫西门口东道沟，城址附近散落一些辽代沟纹砖、瓦片、辽瓷片，锈蚀铁块等遗物，在城址的东南角有一眼石砌古井。根据《辽东志》和《宁远州志》“辽代兴城县城址在觉华岛上”以及民国十六年（1927）出版的《兴城县志》中“兴城县在宁远城南四十里海中觉华岛”之记载，该座古城遗址确定为辽代的兴城县城。

2008 年 8 月，辽宁省文物考古研究所与兴城文物管理处联合对菊花岛营城子部分遗址进行为期 10 天的发掘。发掘面积近 100 平方米，清理出明代房址 1 处，内有灶台。出土明代成化年间瓷片及陶灰罐、铁珠等。

2012 年，结合对白塔峪塔维修，兴城市文物管理局对白塔峪塔早年被盗地宫进行清理。塔地宫掩藏在塔下中心距地面 12 米深处，是用 17 块不同形状的青砂岩碑对接而成的空间。地宫外壁紧贴砌砖，地宫穹顶距底高 1.75 米，八面宫壁对宽 1.6 米。宫顶和宫壁上满刻佛经、偈语、佛名、塔名以及建塔原因及具体时间等，均为阴刻汉字。整个地宫分为顶部（宫顶）、上部（斜壁）、下部（直壁）3 个部分。

## 第五节　文物管理

### 文物保护

1986 年，兴城县内有省级文物保护单位 3 处，市级文物保护单位 9 处，县级文物保护单位 9 处，乡镇级文物保护单位 117 处。年内，为境内市、县级文物保护单位设立文物保护标志碑 13 方。

1988 年 1 月 13 日，国务院批准兴城城墙为全国重点文物保护单位。辽宁省人民政府批准兴城文庙、兴城温泉别墅、磨石沟塔为省级文物保护单位。1990 年 12 月 13 日，兴城被确定为首批辽宁省级历史文化名城。

1991 年，兴城市文物保护管理所与义务保护组织、义务保护员签订文物保护合同 18 份，开展重点文物保护单位复核工作，为 5 处省级文物保护单位树立标志碑。1992 年，完成县级以上 21 处文物保护单位的“四有”（有保护范围、有记录档案、有保护机构、有保护标志）工作。

1995 年，成立文物稽查队，加强对城乡文物保护单位的保护。年内，对全市 26 处重要文物保护单位进行调查，同时与相关单位、个人签订保护合同。1998 年，兴城市文物管理所工作人员对黑凤山、九龙山段辽东长城进行考察，发现该段尚有残存石砌城墙 10 公里。2000 年，辽宁省考古研究所、葫芦岛市博物馆与建昌、绥中、兴城三县（市）文物保护管理所组成联合考古调查队，对青山水库即将淹没的区域进行为期 10 天的考古调查。

2003 年，兴城市文管所改称兴城市文物管理处。年内，辽宁省人民政府批准兴城古城内城隍庙为省级文物保护单位。

2006 年 5 月，国务院核定并公布第六批全国重点文物保护单位名单，将兴城文庙、祖氏石坊、钟鼓楼与兴城城墙合并称为兴城古城。

2008 年 5 月，兴城市人民政府批转《关于兴城市第三次文物普查实施方案的通知》，兴城市文物管理部门组织专门力量进行全市文物普查。

2009 年春，兴城市人民政府出资 21 万元，在内环路路边低洼处垫土 1000 延长米，完成古城城墙个别险段防水和加固处理，计 2300 延长米。7 月，兴城市文物普查队成立。截至 11 月，文物普查、复查 243 处，其中新发现的占 50.2%，复查率占 49.8%。经过省专家验收，各种资料全部合格。

2010 年，古城内部家住宅、周家住宅被批准为辽宁省第八批文物保护单位。

2011 年，兴城市文物管理局通过招标，完成高家岭满族乡朝阳寺山烽火台、省级文物保护单位白塔峪塔、周家住宅维修的招投标工作。11 月，完成周家住宅、市级文物保护单位大寨溯本堂三教寺的维修工作。

2012 年，由东南大学建筑规划研究院编制的《兴城古城保护规划》通过省、国家文物局审批。勘探测绘编制的《兴城城墙维修方案》，上报国家文物局审批。先后完成《兴城古城安全防范工程设计方案》《兴城古城消防系统工程方案》《兴城雷击防护工程设计方案》等。相继完成朝阳寺烽火台、白塔峪塔维修工程。完成古城内宁远客栈和宁远戏院地下文物勘探测绘工作。年内，兴城文物管理局相继申报市级、省级文物保护单位 15 处，其中张家店遗址、大窑坑遗址、赵坟地遗址、“清白家风”牌坊、汤上村六角井、朝阳寺烽火台、宁远州第二小学堂被列为葫芦岛市市级文物保护单位。

## 古迹维修

1986 年，历时 4 个月，投资 6 万元的魁星楼重修工程竣工。是年，投资 7.5 万元，维修兴城文庙大成殿。1988 年，将“文化大革命”中拆除的祖大寿石坊在原址按原样复立。年内，兴城市人民政府拨款 71 万元对城墙进行维修。

1989 年初，按照国家文物局要求，兴城市文化局制定兴城古城 1989~1994 年维修规划。年内，共投资 40 万元，维修城墙内壁毛石墙 101 延长米，拆砌外壁青砖墙 26 延长米，海墁下夯“三七”灰土 220 延长米，铺砌海墁 320 延长米；砌垛口 311 延长米，砌女儿墙 455 延长米；维修北墙外部基础护坡 41 延长米。

1990 年，兴城市文化局完成古城西门至南门之间 770 延长米城墙海墁的铺设工作。维修处理内外墙体 475 米，砌女儿墙 180 米，内墙勾缝 2300 平方米。文庙内建成 25 立方米消防用地下储水池。1991 年，古城南门瓮城券门维修完工。砌城墙海墁 141 平方米，剔补外墙 900 平方米，南门楼站台地面 50 平方米，瓮城海墁 522 平方米，瓮城女墙 107 米，夯土 146 平方米。

1992 年，兴城市文化局组织专人维修古城南门瓮城海墁 35 米、城墙海墁 1470 米，南门瓮城砌垛口 77.5 米，修内墙（毛石墙）84.4 平方米。1993 年，兴城市文化局组织维修古城城墙角台大墙 275 平方米，角台海墁 646 平方米、北城门楼海墁 150 平方米。1993 年，恢复文庙戟门原貌，翻建崇圣祠两侧平房。1994 年，兴城市文化局组织维修古城南门马道墙 36 平方米，内墙 3970 平方米，剔补西门瓮城风化砖 400 平方米。

1997 年，古城东门瓮城复修工程竣工。1998 年，兴城市人民政府投资 100 万元，修复古城春和门瓮城。1999 年国家文物局、辽宁省文物局拨款维修古城东墙北段 30 米。2000 年 4 月，四家村企业集团出资 20 万元维修首山烽火台。2001 年，完成北门瓮城重修工程。

2002 年 5 月，兴城文庙维修（扩建）工程开工，东侧修建学而斋、仁德亭、论语碑墙、游廊、静思亭、忘忧亭和憩缘阁；西侧修建有朋轩、忠恕亭、文史馆及圣迹图墙；在大成殿前立高3.3 米汉白玉孔子行教像一尊。7 月，维修古城城墙垛口 1200 米、女儿墙 2000 延长米。11 月，完成魁星楼维修工程，重塑魁星神像一尊，拆除部家住宅花园内后建的红砖房等建筑。

2006 年，兴城市文化局组织维修魁星楼北侧城墙顶部 60 米。7 月，辽宁省拨款 40 万元，维修西城门楼。2008 年，国家文物局拨款 130 万元，修复古城南门楼两侧倒塌内墙 150 米。2009 年夏，兴城市文化局组织维修古城北墙东段外墙。同年秋，由辽宁省文物局拨款，在白塔峪塔、磨石沟塔搭设脚手架，维修准备工作就绪。

2010 年，国家文物局拨款 120 万元对古城东城门楼、北城门楼及北门外东侧 100 米城墙倒塌段进行维修。年内，国家文物局拨款 48 万元对祖氏“登坛骏烈”坊及省级文物保护单位磨石沟塔进行维修，并通过辽宁省文物专家组验收。

2011 年，兴城市文化局组织对大寨溯本堂三教寺（前殿、腰殿）和周家住宅进行维修。

2012 年，兴城市文化局完成对白塔峪塔和朝阳寺山烽火台、白塔峪塔维修工程。

## 兴城市国家、省、市、县级文物保护单位登记表

表 21-5-1　　单位：座

| 级别 | 名称 | 类别 | 年代 | 公布机关 | 所在地 | 公布时间 |
|---|---|---|---|---|---|---|
| 国家级 | 兴城城墙 | 古建筑 | 明 | 国务院 | 兴城市内 | 1988 |
| | 祖氏石坊（二座） | 古建筑 | 明 | 国务院 | 两座均在古城延辉街 | 2006 |
| | 钟鼓楼 | 古建筑 | 明 | 国务院 | 古城中心 | 2006 |
| | 兴城文庙 | 古建筑 | 明 | 国务院 | 古城内东南隅 | 2006 |
| 省级 | 白塔峪塔 | 古建筑 | 辽 | 辽宁省人民政府 | 白塔满族乡塔沟村 | 1963 |
| | 磨石沟塔 | 古建筑 | 辽 | 辽宁省人民政府 | 红崖子满族乡磨石沟 | 1988 |

续表 21-5-1

| 级别 | 名称 | 类别 | 年代 | 公布机关 | 所在地 | 公布时间 |
|---|---|---|---|---|---|---|
| 省级 | 城隍庙 | 古建筑 | 明 | 辽宁省人民政府 | 古城内威远街西胡同 | 2003 |
| | 兴城温泉别墅 | 近代建筑 | 民国 | 辽宁省人民政府 | 兴海南街温泉段路北 | 1998 |
| | 郜家住宅 | 近代建筑 | 民国 | 辽宁省人民政府 | 古城内文庙东 | 2010 |
| | 周家住宅 | 近代建筑 | 民国 | 辽宁省人民政府 | 古城内西顺城路北 | 2010 |
| 市级 | 黄山果园遗址 | 古遗址 | 新石器 | 锦州市人民政府 | 望海满族乡黄山果园内 | 1984 |
| | 红毛山遗址 | 古遗址 | 新石器 | 锦州市人民政府 | 大寨满族乡王岳村西 | 1984 |
| | 狐仙洞遗址 | 古遗址 | 新石器 | 锦州市人民政府 | 刘台子满族乡山西村南 | 1984 |
| | 仙灵寺遗址 | 古遗址 | 商周 | 锦州市人民政府 | 南大山满族乡新民村村南 | 1984 |
| | 大悲阁遗址 | 古遗址 | 辽明 | 锦州市人民政府 | 菊花岛乡东南隅 | 1984 |
| | 五股泉三教寺 | 近代建筑 | 民国 | 锦州市人民政府 | 药王满族乡叶屯西北 | 1984 |
| | 溯本堂 | 近代建筑 | 民国 | 葫芦岛市人民政府 | 大寨满族乡新立屯 | 2001 |
| | 烽火台（首山） | 古建筑 | 明 | 葫芦岛市人民政府 | 古城东部首山顶 | 2001 |
| | 唐王洞 | 古建筑 | 辽 | 葫芦岛市人民政府 | 菊花岛乡东南 | 2001 |
| | 营城子 | 古遗址 | 明 | 葫芦岛市人民政府 | 菊花岛乡北端 | 2001 |
| | 清白家风石坊 | 古建筑 | 清 | 葫芦岛市人民政府 | 红崖子满族乡吴小山台村 | 2012 |
| | 汤上村六角温泉井 | 古建筑 | 明 | 葫芦岛市人民政府 | 高家岭满族乡汤上村 | 2012 |
| | 烽火台（朝阳寺） | 古建筑 | 明 | 葫芦岛市人民政府 | 高家岭满族乡汤上村 | 2012 |
| | 大窑坑遗址 | 古遗址 | 青铜 | 葫芦岛市人民政府 | 刘台子满族乡李维村 | 2012 |
| | 张家店遗址 | 古遗址 | 辽金 | 葫芦岛市人民政府 | 大寨满族乡张家村 | 2012 |
| | 赵坟地遗址 | 古遗址 | 辽金 | 葫芦岛市人民政府 | 东辛庄镇东关站村 | 2012 |
| | 宁远州第二小学堂 | 古建筑 | 清代 | 葫芦岛市人民政府 | 古城街道宁远社区 | 2012 |
| 县级 | 半拉山子 | 古遗址 | 新石器 | 兴城县人民委员会 | 羊安满族乡半拉山子屯 | 1963 |
| | 古城子遗址 | 古遗址 | 辽 | 兴城县人民委员会 | 菊花岛乡南村 | 1963 |
| | 八角琉璃井 | 古建筑 | 辽 | 兴城县人民政府 | 菊花岛乡南村 | 1984 |
| | 九顶石 | 古建筑 | 辽 | 兴城县人民政府 | 菊花岛乡南村 | 1984 |
| | 汉墓群（郭山子） | 古墓葬 | 汉 | 兴城县人民政府 | 羊安满族乡郭山子村 | 1984 |
| | 天后宫 | 古建筑 | 清 | 兴城县人民政府 | 八一疗养院院内（无存） | 1984 |
| | 五城子 | 古城址 | 明 | 兴城县人民政府 | 曹庄镇四城子村南沿海 | 1984 |
| | 重修大悲阁碑 | 石刻 | 明 | 兴城县人民政府 | 菊花岛乡南村 | 1984 |
| | 王承斌墓 | 墓园 | 现代 | 兴城市人民政府 | 元台子满族乡四方村 | 2012 |

## 第六节　古城申遗

2004年，兴城市开始筹备兴城城墙申报世界文化遗产工作。3月，“中国兴城·葡萄牙奥比道斯·英国朴茨茅斯文化遗产管理与经济发展第一次国际工作会议”在兴城召开。中国兴城、葡萄牙奥比道斯、英国朴茨茅斯市与世界文化遗产管理、经济发展项目有关官员和欧盟援助项目专家出席会议。10月，中共兴城市委、兴城市人民政府召开专门会议，决定开展兴城城墙申报世界文化遗产工作。2005年5月，兴城市人民政府向葫芦岛市人民政府报送《兴城市人民政府关于申报兴城城墙为世界文化遗产的请示》。年内，在欧盟专家帮助下，向国家文物局上报关于兴城城墙申报世界文化遗产预备名单的报告。

2006年5月，兴城古城城墙与西安、南京、荆州城墙一并被国家文物局列入中国世界文化遗产预备名单。6月10日，为庆祝中国第一个“文化遗产日”，兴城市有关部门在古城街道进行图片展览。9月，召开兴城古城墙申报世界文化遗产工作会议。兴城市成立古城墙申报世界文化遗产工作领导小组。2007年，兴城市文化局修订《古城保护暂行办法》。10月，城墙科学保护论坛暨中国古都学会专业委员会首届学术研讨会在兴城召开。2008年，兴城市文化局结合古城城墙申遗工作，制定维修计划，修复古城南门楼两侧因雨倒塌的内墙。

2011年6月，为整理完善申报文化遗产申报资料，加快兴城古城墙申报世界遗产工作步伐，兴城市文化局成立兴城市文化遗产办公室。10月，完成《中国世界文化遗产名单》——兴城古城墙申报文本的撰写工作，其中包括照片17张，城墙特征图片15张。2012年11月17日，兴城古城明清城墙与南京、临海、寿县、凤阳、荆州、襄阳、西安城墙，一并被国家文物局批准列入中国世界文化遗产预备名单。

# 第六章　档案方志

1987年1月，兴城县档案局更名为兴城市档案局，与兴城市档案馆合属办公。内设办公室、档案管理股、业务监督指导股。1998年3月，兴城市档案局更名为兴城市档案馆，兴城市党史办、兴城市志办并入。2003年，兴城市党史办从兴城市档案馆分出。9月，兴城市档案馆更名为兴城市档案局，内设办公室、业务指导股、档案管理股、方志股、年鉴股。2006年，兴城市档案局加挂“兴城市现行文件服务中心”牌子。2008年，加挂兴城市政府信息查询中心牌子。

## 第一节　档案

### 馆室建设

1986年，兴城县档案局有档案库房（含办公用房）333平方米，铁制档案柜90套450节，木制柜40套200节。1987年，在原兴城市人民政府院内西侧建档案局综合楼，总面积1042平方米。

1991年，被评为辽宁省二级档案馆。1996年，档案馆库房安装防爆灯、空调、铁皮防盗门。1998年，新增微机、复印机。1999年，被评为辽宁省一级档案馆。

2005年，档案库房全部安装防火防盗门，原有的木制窗户更换为塑钢窗户，并装上防盗栏。档案库房安装22组132节档案密集架。2007年，获辽宁省档案系统先进集体和辽宁省"十佳"档案集体。2011年3月，兴城市档案馆新馆正式开工建设，工程项目争取中央财政预算内投资290万元，辽宁省财政投资100万元，由兴城市人民政府组织实施。2012年5月，总面积4000平方米的新馆落成并投入使用。其中，档案库房1500平方米，安装档案密集架160列968组。馆内装有变频中央空调、消防自动报警自动灭火系统、防盗监控系统等，达到档案馆建设标准。

1986~2012年，兴城市（县）各机关、乡镇街道、村及企事业单位先后建立综合档案室。全市乡镇街道、村有档案室263个，专兼职档案员263人，全市村级建档率达到100%；小城镇建设档案建档率达到30%以上；各部委办局、事业单位有档案室66个，建档率100%。

### 档案管理

1986年，兴城县档案局馆藏档案资料20605卷（册），其中各类文书档案12445卷，各种资料8160册。1987年，编制档案《全引目录》《全宗介绍》，抄目61万字，装订40册。1989年，编制案卷目录205册，全引目录292册，全宗卷65盒，全宗介绍65份。1990年，抢救褪变档案18万字。1993年，征集清末宁远州地图一张。

1996年，接收人事局1980~1992年大中专毕业生分配、干部调转等档案。1999年，编制检索工具有人名索引、开放档案情况统计表、全宗名册、全宗档案统计表、管理工具目录、检索工具目录、编研目录、声像档案目录各1册，案卷统计簿、离退休（死亡）干部名册各2册；复制褪变档案情况统计簿、荣誉档案登记簿各3册，人名卡片7130张；资料登记卡1万个。2002年，抢救破损褪变档案22卷。

2007年，征集现行文件416份。2008年，征集爱国主义教育宣传书籍4册和兴城志愿者赴四川地震灾区照片96张，完成66091户第二轮农村土地承包合同档案整理工作，完成抚养朝鲜战争孤儿档案复制工作。2010年，征集《兴城市第二批、第三批深入学习科学发展观活动材料汇编》《科级领导干部调研文集》等23册，接收婚姻档案132卷册。2011年，完成118卷旧政权档案编目整理，进行缩微和数字化处理。至2012年末，馆藏档案资料168096卷、册。其中，文书档案157100卷、件，资料10996册。

### 档案开放利用

1988年1月，《中华人民共和国档案法》实施。档案馆对年满30年的档案依法向社会开放。1989~1997年，开放1947~1965年中共兴城县委、兴城县人民政府及其各部委办局形成的档案，其中中共兴城县委永久卷268卷，长期卷224卷；兴城县人民政府永久卷190卷，长期卷107卷。至2012年，累计开放档案2462卷，25452件。向社会阅档人员提供档案资料27034卷、册，接待利用者11023人次。

### 编研成果

1986~2010年，编研工作以馆藏为基础，在原有编研材料的基础上，撰写编研成果33项。

## 1986~2012 年主要编研成果

表 21-6-1

| 编研名称 | 编写时间 | 字数（万） | 出版情况 |
|---|---|---|---|
| 兴城县先进集体、先进个人名册 | 1986 | 21 | 内部刊物 |
| 兴城市国民经济基础数字汇集 | 1987 | 19 | 内部刊物 |
| 兴城市档案情况 | 1987 | 0.4 | 内部刊物 |
| 兴城市党政机关编制概况 | 1988 | 6.0 | 内部刊物 |
| 兴城市档案志 | 1989 | 1.5 | 内部刊物 |
| 兴城县抚养朝鲜战灾孤儿史料选编 | 1991 | 5 | 内部刊物 |
| 反腐败工作史料摘编 | 1994 | 5 | 内部刊物 |
| 兴城市先进集体先进个人名册（1987~1994） | 1994 | 5 | 内部刊物 |
| 兴城市档案志（续编） | 1997 | 5 | 内部刊物 |
| 图书资料内容与成分简介 | 1997 | 0.2 | 内部刊物 |
| 回顾与展望 | 1998 | 0.6 | 内部刊物 |
| 《兴城年鉴》（1996~1998） | 1998 | 80 | 公开出版 |
| 兴城市大事记 | 1999 | 5 | 内部刊物 |
| 兴城市组织沿革 | 1999 | 1 | 内部刊物 |
| 兴城市档案馆指南 | 1999 | 10 | 内部刊物 |
| 兴城旅游 | 1999 | 10 | 公开出版 |
| 档案利用信息反馈事例汇编 | 1999 | 1.2 | 内部刊物 |
| 春秋文萃（一） | 2000 | 1 | 内部刊物 |
| 《兴城年鉴》（1999~2001） | 2001 | 80 | 公开出版 |
| 兴城市第四次党代会文件材料汇编 | 2001 | 8 | 内部刊物 |
| 春秋文萃（二） | 2002 | 1 | 内部刊物 |
| 兴城市民手册 | 2002 | 10 | 公开出版 |
| 兴城古今人物 | 2003 | 12 | 公开出版 |
| 帝王与宁远 | 2003 | 12 | 公开出版 |
| 兴城地方知识 500 题 | 2003 | 12.9 | 公开出版 |
| 文书立卷与归档文件整理 | 2004 | 4 | 公开出版 |
| 《兴城年鉴》（2002~2004） | 2004 | 80 | 公开出版 |
| 改革开放以来解决“三农”问题的七个 1 号文件汇编 | 2005 | 10 | 内部刊物 |
| 反腐败案例选编 | 2007 | 6 | 内部刊物 |

续表 21-6-1

| 编研名称 | 编写时间 | 字数（万） | 出版情况 |
|---|---|---|---|
| 《兴城年鉴》（2005~2007） | 2007 | 80 | 公开出版 |
| 《兴城年鉴》（2008~2010） | 2010 | 80 | 公开出版 |
| 《兴城年鉴》（2011~2012） | 2012 | 60 | 公开出版 |

### 档案监督指导

1986 年，全县各类档案馆、室保存档案 34220 卷，从事管理工作 797 人。1990 年，指导 56 个单位立卷、整理工作，归档 8300 卷。1992 年，中国人民银行兴城支行、中国农业银行兴城支行、中国建设银行兴城支行、兴城市工商局 4 个单位晋升为辽宁省级档案管理先进单位。1994 年，全市有 6 个单位晋升为辽宁省级档案管理先进单位，有 52 个档案室进入葫芦岛市级档案管理先进单位行列。

2000 年，开展档案执法检查 3 次，对 11 家单位在档案管理工作中存在的问题提出整改意见。2002 年，开展《中华人民共和国档案法》《辽宁省档案工作条例》执行情况大检查 3 次，下发反馈意见书 132 份，限期整改通知书 8 份。2005 年，开展法律、法规执行情况大检查 7 次，共下发反馈意见书 122 份，限期整改通知书 11 份。

2008 年，制发《兴城市村级建档和社区建档工作实施方案》，村、社区建档率 100%；制定《兴城市档案行政处罚自由裁量权指导标准》。2009 年，档案局成立消防安全保卫专项行动领导小组，开展档案消防安全自检自查工作。

2011 年，对全市 9 家民营企业，37 家转制、破产企业档案基本情况进行调研和登记；对临海产业区、新型农村社会养老保险、工商业户诚信企业、殡葬服务等 115 个单位的档案工作进行指导，共计归档 13370 卷 6055 件；对青山移民工程、徐大堡核电工程等重点项目档案进行登记，形成档案 469 卷 2762 件；对葫芦岛玄宇食用菌专业合作社开展建档试点。

2012 年，指导机关、企事业单位建档 36 家，归档 1150 卷 12000 件。其中，兴城市人民法院、兴城市人民检察院、兴城市地税局被评定为省特级档案管理先进单位，兴城市气象局被评定为省一级档案管理先进单位。兴城市获得创建辽宁省社会主义新农村档案工作示范县荣誉称号 。

## 第二节　方志年鉴

1986 年，兴城县志办公室定编 9 人，隶属兴城县人民政府办公室。1987 年，更名为兴城市志办公室。1988 年 8 月，兴城年鉴编纂委员会办公室成立，为正科级单位，编制 4 人。1993 年 7 月，撤销兴城市志办公室、兴城年鉴办公室，成立兴城市地方志编纂委员会办公室，由原年鉴办公室人员编制并入，其主要职能是完成地方志和年鉴的编写任务。1998 年 3 月，地方志编纂委员会办公室并入兴城市档案馆。

### 方志工作

**编纂出版《兴城县志》** 1986 年末，《兴城县志》编纂完成初稿。1989 年 8 月，《兴城县志》定稿。1990 年 12 月，《兴城县志》出版发行，共印发 2000 册。全书 26 篇 89 章 355 节，95 万字，系中华人民共和国成立后兴城的第一部志书，上限公元990年，下限至1985年。

**编纂《兴城市志》** 2001年3月，中共兴城市委、兴城市人民政府启动修志工作，组建《兴城市志》编辑部，着手编纂《兴城市志》，2003年12月，修志工作停止。

2010年3月，中共兴城市委、兴城市人民政府再次启动修志工作，拟定《兴城市志》时间断限为1986~2010年，编辑部人员开始进行资料搜集、整理工作。

2011年1月，依照国务院《地方志工作条例》，编辑部人员重新拟定志书篇、章、节、目，进行资料分类、归纳、整理、撰写工作。至2012年末，形成130万字初稿。

## 年鉴工作

1986年6月13日，兴城县人民政府批转兴城县志编纂委员会《关于编纂1987年兴城年鉴的报告》。1987~1990年，陆续出版3部《兴城年鉴》（1987、1988、1989）。1992年8月11~15日，全国地、县（市）第二届年鉴研讨会在兴城召开。1992年9月出版《兴城年鉴》（1990~1992）。

1995年3月，《兴城年鉴》（1989）获全国地方年鉴优秀成果二等奖，获“亿利达”奖杯1樽。1995年12月，《兴城年鉴》（1993~1995）出版，1998年6月获辽宁省档案局科学进步二等奖。1999年，在全国第二届地方年鉴评奖会上，《兴城年鉴》（1996~1998）获一等奖。2001年12月，《兴城年鉴》（1999~2001）出版发行。

2006年，《兴城年鉴》（2002~2004）获辽宁省档案信息资源开发利用一等奖。2007年12月，《兴城年鉴》（2005~2007）出版发行。2010年12月，《兴城年鉴》（2008~2010）出版发行。2011年3月，《兴城年鉴》（2005~2007）获全国地方志系统第二届评奖工作三等奖、辽宁省地方志系统第一届年鉴评奖装帧类特等奖，《兴城年鉴》（2008~2010）获辽宁省档案学会编研成果一等奖。2012年末，《兴城年鉴》（2011~2012）出版。

# 第二十二篇　教育体育

## 第一章　教育

1986年，全国人民代表大会通过《中华人民共和国义务教育法》，教育工作走上法制化的轨道。1989年2月，兴城市教育局更名为兴城市教育委员会（简称兴城市教委），同时将兴城市妇联管理的兴城市托幼办公室划归兴城市教委。1995年4月，撤销兴城市体育运动委员会，其行政职能划归兴城市教委。1998年3月机构改革，兴城市教委改为兴城市教育局。内设9个业务机构，下辖3个直属企业。兴城市人民政府及其教育主管部门，贯彻落实《中华人民共和国教育法》，坚持以教学为中心，以培养全面发展人才为目标，按照学前教育规范化、义务教育均衡化、高中教育优质化、职业教育特色化的理念，不断深化教育改革，推进全市城乡教育蓬勃发展。

### 第一节　幼儿教育

1986年8月，兴城县首家个体幼儿园——兰春幼儿园成立，招收幼儿21人。同月，设置在古城内财神庙胡同的兴城县第二幼儿园开班，共设4个班，招收幼儿110人，教职工20人。年末，全县共有幼儿园176个，有教职工674人。其中乡（镇）村办幼儿园163个，个体幼儿园1个。入园儿童1.04万人。

1987年，羊安满族乡村村建有幼儿园，幼儿入园率81%。1989年，全市幼儿园有保教人员942人，经考评取得合格证书的占90%。年内，经锦州市教育委员会检查验收，兴城市第一幼儿园、第二幼儿园和兴城市建设委员会幼儿园均被评为一类幼儿园。

1990年，幼儿教育工作划归兴城市教委，设幼教科。兴城市教委贯彻国务院《幼儿园管理条例》和中华人民共和国教育委员会（简称国家教委）《幼儿园管理规程（草案）》，全市城镇幼儿园基本普及，其中达到一类幼儿园标准的占40%。兴城市338个行政村，有301个村建立村办幼儿园，办园率89%。1994年，兴城市人民政府被辽宁省人民政府评为少儿工作先进集体。1995年，兴城市第一幼儿园迁入东山新址，该园是兴城市人民政府投资500万元兴建的标准较高的幼儿园。

1996年，按照国家教委《幼儿园工作规程》，兴城市所有幼儿园使用统一教材，教学内容有语言、计算、美术、常识、手工、体育、音乐等。1997年，由兴城市承担的辽宁省“九五”规划立项课题“提高幼儿素质”实验获辽宁省幼儿教育中期成果三等奖和科研成果三等奖。

2000年，全市各幼儿园落实《幼儿园管理条例》《幼儿园教育指导纲要》，坚持以课堂教学为主，实施幼儿启蒙创新教育，兴城市第一幼儿园手工课制作获辽宁省一等奖。2002年，全市幼儿入园率90%，学前一年普及率98%。11月，兴城市被辽宁省人民政府评为“辽宁省幼儿教育先进市”。2003年初，兴城市第二幼儿园由古城内迁出合并到第一幼儿园。

2006年，兴城市教育局进行以交通安全为重点的幼儿园安全排查整顿工作。依据《幼儿园工作管理条例》，取缔非法办园28所，吊销营业执照1个，限期整改1所。年内，开展幼儿园、学前班定级、升级、复查和村级示范园评比活动。全市有省级示范园1所，葫芦岛市级示范园2所，一级幼儿园4所；二级学前班31个，三级学前班94个。

2008年，兴城市教育局对民办幼儿园进行检查和评估，评选出优秀民办幼儿园6个，对不合格幼儿园限期整改。年内，兴城市第一幼儿园的《千纸鹤送祝福》《北京加油》等绘画作品被收入辽宁少儿出版社出版的《废墟上绽放的花朵》一书；在辽宁省幼儿教师“畅想2008北京奥运会”主题教育活动评比中，兴城市第一幼儿园的设计分获一、二等奖。

2010年，根据国家、省、市《学前教育改革与发展意见的通知》和《辽宁省农村乡镇中心园办园基本条件的通知》要求，兴城市教育局对各乡镇中心幼儿园加大投资力度，围屏、高家岭、药王、曹庄、羊安、东辛庄6家中心幼儿园达到规模，并通过辽宁省、葫芦岛市教育系统组织的检查验收。兴城市第一幼儿园实现创建和谐特色幼儿园的工作目标，被辽宁省人民政府授予“省示范幼儿园”称号。2011年，参加辽宁省首届“文明之星”幼儿才艺大赛，兴城市有1人获一等奖、2人获三等奖、6人获优秀奖。兴城市在“辽宁省幼儿园园所文化建设暨环境创设评优活动”中获一等奖。

2012年，继续推进学前教育三年行动计划的实施。争取专项资金，加大乡镇中心园建设力度。改扩建三道沟、碱厂、海滨、白塔4所乡镇中心幼儿园，改扩建面积7000平方米。

**附：**

**兴城市第一幼儿园** 兴城市第一幼儿园始建于1956年，隶属兴城市教育局，是辽宁省示范性幼儿园。1996年由古城迁至新址。2003年初，兴城市第二幼儿园合并到第一幼儿园。第一幼儿园占地面积14000平方米，建筑面积6986平方米。有专任教师93人，其中省级骨干教师7人，葫芦岛市级骨干教师10人，兴城市（县）级骨干教师26人，30%的教师取得本科学历和高级职称。园内开设托、小、中、大共19个教学班，幼儿760人。户外有大型玩具、攀爬墙、种植园、养殖园等活动设施和场所，开设美工坊、科学发现室、建构乐园、国粹堂、围棋室等专项活动室。第一幼儿园坚持以“一切为了孩子”为宗旨，以“创造有生命力，有价值的教育”为基本理念，以“户外快乐健体”为特色引领，加强规范化、科学化管理。坚持以保教结合为原则，充分利用各种游戏活动，让幼儿一日生活常规能力得到培养和发展。开展丰富多彩的具有幼儿特点的早期阅读、快乐英语、打击乐教学，在美术教学中独创“灵动”教育，在音乐教学中独创“田园”音乐。为每一个幼儿创造机会，让每一个幼儿获得自信，提供充分的表达、表现和成长的空间，引领每一个孩子快乐成长，为幼儿一生的学习和发展打好基础。先后承担国家、省、市级科研课题，并获“辽宁省示范幼儿园”“辽宁省平安和谐校园”“辽宁省‘十五’期间继续教育工作先进单位”“国家美育教育基地”等称号。

## 第二节　基础教育

基础教育包括幼儿教育、小学教育和普通中学教育。1986年，全县共有小学279所，1976个教学班，在校学生53096人，教职工3171人，其中专职教师2736人。达到普及教育合格标准的小学262所，占94%。

1988年，兴城市教育局贯彻《关于全面实施义务教育的意见》，落实关于学校设置、经费投入、师资配备、入学保障、教育管理、师生权益等项工作。普及小学教育，适龄儿童入学率99.70%，小学毕业生合格率98.80%。普及九年制义务教育，兴城第二初中、第三初中、锦山厂初中、东华厂初中具备条件，其辍学率2%，学生合格率87.50%。

1990年，兴城市教委根据各乡镇小学的分布现状，提出“从实际出发、合理布局、就近上学、适当集中”的原则，对部分小学进行合校并点。确定以1.5公里为半径划分学区范围，对相距2~2.5公里、愿意集中的学校，可以实行将中、高年级集中，一二年级留在原地的变通措施。首先在曹庄满族乡大英堡子试点，将小英堡子小学、沙屯小学合并到大英堡子小学。随后对曹庄、四家屯、拣金、刘台子、大寨、郭家和药王7个乡镇调整合并小学。至年末，全市减少9所小学校，华山镇中小学合并为“九年一贯制”学校。

1995年，在《小学生报》举办的全国第九届百科知识竞赛中，兴城市南一小学、温泉小学、曹庄中心小学、城东中心小学、沙后所中心小学获优胜团体奖。5月，在全国小学作文大赛中，南一小学写作小组2人获二等奖，2人获三等奖，5人获优秀奖。年内，在第三届“彗星杯”全国少年儿童硬笔书法大赛中，沙后所满族镇南关小学书法小选手100人参赛，其中获银奖3人、铜奖3人、优秀奖45人、佳作奖37人。

1997年，南一小学开设的音乐实验班，对学生进行早期音乐知识教育，训练学生识谱、和声、合唱、歌曲创作、乐器演奏等能力。沙后所满族镇后王小学师生的读、查、算、说、画能力较强，其作文教学被定为中央科教所农村作文教学实验基地。1998年，南一小学获辽宁省教育科研先进集体称号。1999年，继续开展创办示范学校和规范化小学达标升级活动。南一小学、城东小学、沙后所中心小学、沙后所满族镇后王小学被兴城市人民政府命名为“名校”，古城小学等15所小学进入兴城市规范化小学行列。

2001年，南一小学推进素质教育，成绩卓著，被国家教委授予“全国艺术教育示范校”牌匾；南一小学、古城小学均获“省图书阅览示范校”称号；古城小学在辽宁省中小学音乐教育活动评比中获一等奖，在辽宁省小学语文教学创新教育实验中获优秀成果奖。2003年，南一小学双语教学取得成效，被辽宁省教育厅定为“英语特色学校”。

2006年，全市各小学加强德育教育，开展“拒绝网吧”大型宣誓签名活动，自觉做到绿色上网。南一小学代表葫芦岛市参加辽宁省第二届艺术展演，获声乐类合唱一等奖。药王小学开展“经典诵读”活动，全体师生的道德素质得到提升。

2009年，召开全市村级小学建设成果展示会，加快校舍修缮和教学设备添置，加强校园文化建设。年末，全市农村有108所村级小学达到预定标准，占农村小学总数的78%。

2010年5月，进行村级小学打造工作最后一个批次——城乡15所小学校的展示活动。10月，“葫芦岛市农村小学高效阅读推进现场会”在南大山小学召开。11月，全市小学“实施有效教学，打造高效课堂”学科教学研讨会分别在曹庄中心小学、宁远小学、兴城第五初中小学部、南一小学召开，有数学、语文、学前、思品、科学5个学科近400人参加研讨会。2011年，南一小学获辽宁省中、小学实施体育艺术“2+1”先进学校。药王小学被辽宁省教育厅、辽宁省妇女联合会授予“现代家庭教育示范校”称号。

2012年，南一小学、温泉小学在辽宁省“三队两组”评比活动中获一等奖，17位教师获辽宁省“三队两组”指导证书。东辛庄小学学生自制教具“平视太阳测高仪”，在代表辽宁省参加全国第八届中小学生“天煌杯”优秀教具展评中获二等奖。7月，东辛庄小学被确定为辽宁省省级科普基地，同时获第27届辽宁省青少年科技创新大赛“十佳科技实践活动”集体奖；科技实践活动项目“辽西地区小农机具开发与利用联合调查科技实践活动”，获全国第27届青少年科技创新大赛“科技实践活动”三等奖。南一小学获全国中、小学阳光体育运动优秀案例奖。

**附：**

**兴城市南一小学** 兴城市南一小学坐落于兴城古城内东南隅。有49个教学班，学生2455人，教职工207人。南一小学前身为“柳城书院”，始建于清道光二十二年（1842）。清光绪年间改为“集宁学堂”，民国时改为“兴城县公立第一高等小学校”，新中国成立后改称“兴城县立第一完全小学校”，1962年，改称“兴城南一小学”。1978年，经锦州市教育局批准，确定为市级重点小学。1980年，开设音乐实验班，先后有3万余人次到校参观考察。1990年以后，学校开始进行舞蹈、书法、美术等艺术教育实验，均获得成功。进入新世纪，美育渗透到各个学科、各个方面，形成大美育的新格局，在国内有一定知名度。南一小学先后获得“全国艺术教育先进单位”“东北三省美育先进校”“辽宁省模范学校”“辽宁省文明学校”“辽宁省美育名校”“辽宁省绿色学校”“辽宁省校园环境艺术化先进单位”等荣誉20多项。被确定为“辽宁省美育研究基地”“全国英语实验基地”“体音美教学基地”。

## 第三节 中等教育

1986年，确立农村中学县、乡两级管理的体制。城乡共有普通中学40所，其中教育部门和集体办学36所，厂矿办学4所。教学班527个（初中477个，高中50个），在校初中学生22487名，高中学生2676人。教职工1819人。

1988年，根据《中华人民共和国义务教育法》，制定兴城市普及九年义务教育总体规划和分步实施计划。全市32所初级中学，有4所按期实施普及九年义务教育。各初中均加大控制学生辍学的力度。当年辍学率城市为23.30%、农村为20.20%，至年末，有776名学生复学，辍学率下降到15%。1990年，全市初中各学科教学质量稳步上升，参加全国、省、市级竞赛，均获得好成绩。望海初中连续5年统考成绩居全市农村初中之首。

1993年5月，全市首批进入“普九”的8所初中，经锦西市“普九”工作检查验收小组验收全部合格。8月，兴城市人大常委会下达《关于禁止中小学乱收费和控制学生辍学的决定》。1997

年，全市初中入学率97.70%，初中教育完成率保持在93.95%，中学“三率”达到国家规定标准。

2000年，大寨中学、碱厂中学、望海中学、闻家中学、双树中学、华山中学、菊花岛中学、兴城第一初中、兴城第五初中等学校控辍保学工作成绩显著，被评为葫芦岛市先进集体。全市有53名中学选手在全国中学生“数理化”竞赛中获奖。其中，获全国物理学科二等奖3人、三等奖4人，获省级一等奖5人、二等奖5人；获全国数学学科奖3人、省级奖9人；获全国化学学科一等奖4人、二等奖8人、三等奖13人。年内，兴城市第三高级中学在沙后所满族镇成立。

2004年，全市各中学开展以“诚实守信”为主题的班会或队会活动，有21节班队会被评为葫芦岛市优秀班会、队会。年内，实施《兴城市基础教育课程改革实施方案》，兴城第二中学、大寨中学基础教育经验在全市推广。在全国中学生数学、物理、化学竞赛中，兴城市有多名学生选手取得较好成绩。其中，有2名学生获全国物理学科二等奖，8名学生获省级一等奖；有1名学生获全国化学学科二等奖，9名学生获省级一等奖；有2名学生获全省数学学科一等奖。

2006年，以“加强校园文化建设，强化管理，提高教育教学质量”为主题，打造特色校园。全市28所初中参加展示，各校基本达到适合本校的办学目标。以“八荣八耻、拒绝网吧”为主题，各校成立网吧协会，结合德育教育，开展“拒绝网吧”大型宣誓签名活动。

2007年，全市初中开展课堂教学开放周活动。有23所学校300多名教师参与活动，收到评课材料和建议275条。2008年，兴城市教育局下发《关于开展中学课堂教学有效评价的通知》，通过评估，教师的教学方式和学生的学习方式发生变化。兴城第三初中在养成教育中，突出“文明住楼”活动的牵动作用，学生的文明行为从“楼内”延伸到“楼外”。

2011年，兴城市以全省得分率第一的成绩顺利通过省“双高水平普九”验收，被国家教委授予“全国基础教育先进县”称号。2012年，在辽宁省首届德育工作会议上，兴城市第二高级中学德育教育经验得到推广。

**附：**

**兴城市高级中学** 兴城市高级中学（简称兴城高中）始建于民国11年（1923），校址先后位于古城内北二街、河东路东侧。1979年被确立为辽宁省重点高中，2003年被评为省示范高中。2008年10月，迁入新校区兴城市友谊路一号。学校占地10万平方米，建筑面积4.6万平方米，有64个教学班，教职工309人，学生3788人。

兴城高中有国家级特级教师2人，国家级骨干教师1人，辽宁省骨干教师2人，辽宁省优秀教师3人，辽宁省名班主任2人。一线教师中有研究生学历或学位的占20%，大学本科以上学历达100%，其中高级教师103人，中级教师27人，二级教师66人。

兴城高中先后被授予“辽宁省国防教育示范基地”“辽宁省绿色学校”“辽宁省卫生模范单位”“辽宁省德育工作先进集体”“第一届辽宁省杰出青年志愿服务集体”“辽宁省雷锋号文明单位”，被共青团中央评为“中国百个优秀青年志愿者服务集体”，被中国人民解放军空军授予“招飞工作全国第一”等荣誉称号。

2006年，在创建心理健康A、AA、AAA级学校活动中，兴城高中通过AAA级认定。2011年，兴城高中被中共葫芦岛市委宣传部授予“葫芦岛市爱国主义教育示范基地”。

**兴城市第二高级中学** 兴城市第二高级中学（简称兴城二高中）是辽西地区规模较大的省级示范高中。2010年，从兴海南街迁至兴海北街3号，占地12公顷，建筑面积50000平方米，拥有两座教学楼，一座学术报告厅，一座大型体育馆，两座宿舍楼。教职工 268 人，专任教师 189 人，其中硕士研究生 5 人，在职研究生 24 人，高级教师 111 人，中级教师 51 人，市级中青年骨干教师 26 人，学科带头人 5 人。

面对教育发展的新形势，兴城市二高中坚持贯彻“科学管理，立德树人，提高质量，办出特色，均衡发展”的办学思路，确立“人文启智，艺体见长”的办学理念，先后承担国家、省、市级多学科的科研项目，是中国科学院心理研究所自学辅导实验校、北大附中远程教育示范校、首批中国西部地区教育顾问单位，先后获得“辽宁省绿色学校”“省体育工作先进校”“和谐中国·全国中小学校园文化建设百佳创新学校”“全国校园百强文学社”和“辽宁省心理健康教育先进单位”等荣誉。

**葫芦岛盛世高中** 即原同德高中，位于兴海北街路北。2002 年 7 月建校，系民办高级中学。占地 27 公顷，建筑面积 3.3 万平方米。投资 500 多万元维修扩建，当年有学生 319 人。2003 年有学生 1464 人，教职工 141 人。教师大学本科率 95%，高级教师达 62%。2004 年 12 月 29 日，更名为葫芦岛盛世高中。2010 年，纳入兴城教育局管辖。

## 第四节 特殊教育

### 特殊教育

1986 年 12 月，兴城县宁远中心小学设立聋哑班，招收学生 9 人。1987 年，设立“增智班”，招收弱智儿童 8 人。1988 年，有学生 26 名，期末考试及格率 100%。在 1989 年全市儿童书法比赛中，该校学生的绘画、书法获三等奖。

1992 年，在宁远中心小学建立兴城市聋哑学校。1993 年 10 月，兴城市人民政府批准成立聋哑学校，教师编制 18 人。1994 年，有教学班 4 个，在校学生 33 人，教职工 14 人，其中专职教师 9 人。每周开设语文、数学、常识、思品、美术、体育、劳动技术、音乐等 34 节课程。教师对每个学生依其所长，分科教学。学生学习成绩及格率 100%。

1996 年，兴城市聋哑学校停办。聋哑学生委托给葫芦岛市特殊教育学校。1998 年，兴城市教育局成立特殊教育办公室，负责每年招生、每月接送等事宜。兴城市人民政府给每个学生每月补助伙食费 30~50 元，每年补助学费及书款 150 元。2003 年，在葫芦岛市残疾人运动会上，兴城市学生获少年女子组游泳冠军。

2005 年，葫芦岛市特殊教育学校有兴城籍聋哑学生 30 人。2012 年，有兴城籍聋哑学生 20 人。

### 扫盲教育

1990 年3 月，兴城市人民政府下发《批转市教委等部门关于大力开展农村扫盲工作意见的通知》，实施扫盲教育。经调查结果显示，全市 52 万人口中，15 岁以上文盲、半文盲总数为 55223 人，占人口总数的 10%；其中青壮年文盲 2772 人，占青壮年总数的 1.21%。青壮年文盲中有 1998 人具备一定学习条件。经过层层抓落实，全市 334 个行政村，有 289 个村办起农民业余教育学校，配备专兼职扫盲教师。至 1992 年末，全市扫除青壮年文盲 1780 人，扫盲率 81%。

1994 年，兴城市扫除青壮年文盲工作通过国家验收，兴城市人民政府被中共葫芦岛市委、葫芦岛市人民政府评为扫盲先进单位。元台子满族乡农技校获国家教委、财政部、全国扫盲工作部国际协调小组颁发的“中华扫盲奖”。

1995 年，扫除青壮年文盲工作基本完成任务，兴城市被辽宁省人民政府评为“扫盲工作先进市”。

## 第五节　职业教育

### 中等职业教育

1986 年，兴城职业中级专科学校开设旅游、机械加工、财会、计算机、医士、服装、电器、幼师、烹饪等专业。1987 年，兴城职业中级专科学校改为兴城市职业高级中学。1991 年，第二职业高中在沙后所满族镇成立。有教职工 35 人，11 个教学班，设有市场营销、畜牧、果树等专业。有在校学生 450 人。1994 年，兴城职业高中改名为兴城中等职业专科学校（简称兴城职专）。1995 年，学校新建 2700 平方米教学楼，设有微机室、电教馆、模拟餐厅、客房、储蓄所等。开设 21 个教学班，有在校学生 1215 人。1996 年，兴城第二职业高中并入兴城中等职业专科学校，在沙后所满族镇建立职专分校。

1998 年，兴城市人民政府制定《关于加强职业教育的决定》。兴城中等职业专科学校投资 10 万元，更新微机室、语音室及其他教学设备。2000 年 8 月，兴城中等职业专科学校和分校合并为一体。兴城中等职业专科学校更名为兴城职业中专第三高中联校，校址占地 20000 平方米，建筑面积 11000 平方米，配备微机室、语音室、模拟客房、模拟餐厅，建有实验楼和公寓楼、学生食堂。图书室存书 20 万册。

2004 年 6 月，兴城市人民政府再次做出《关于加强职业教育的决定》。年内，职专共设农学、政法、幼师、财会、计算机 5 个专业 8 个教学班，在校生 327 人。教职工 99 人，其中 26 人具有高级职称。2007 年 12 月，兴城职专被辽宁省教育厅确定为辽宁省标准化职教中心。2010 年，兴城职专新建实验实训楼，购置焊接、服装、钢琴、机械加工等实训设备，实训规模逐渐扩大，可容纳 3000 学生实训。年内，招生 257 人，安置就业 110 人，参加高考升学 17 人。2011 年，兴城职专新增 2 台数控机床、20 台电视机，招生 532 人。参加高考人数 18 人，其中 17 人升入大学。

### 农业技术教育

1987 年，全市有农业职业教育学校 12 所，在校学生 1123 名。1990 年，三道沟满族乡、羊安满族乡柳蒿村、元台子农业技术学校被葫芦岛市人民政府评为实施“燎原计划”先进乡、村、校。兴城市被列入辽宁省农村综合教育改革示范县（市）。

1994 年 4 月，兴城市人民政府制发《关于大力发展职业技术教育的决定》，加强对农业职业教育学校的管理，年内，全市农技校招收学员 623 人。元台子农技校被葫芦岛市教育委员会评为合格乡（镇）农技校。1995 年，全市有 12 所农技校开设 15 个教学班，有学生 607 人。大寨、碱厂、拣金、沙后所、郭家、元台子、三道沟等乡镇的农业职业教育学校被葫芦岛市教育委员会评为合格乡（镇）农技校。元台子、三道沟等农技校被葫芦岛市教委评为先进农技校。

2000 年，兴城市人民政府决定将各乡镇农技校解散，其职能划归各乡镇中学承担。

### 初等职业教育

1986 年，全县城乡 29 所初中根据各自特点，对学生进行劳动技术课教学，使用兴城县教师进修学校职教部编写的乡土教材，其课程设置有烹饪、日光温室、盆景花卉、金鱼养殖、自行车与家电维修、摩托车使用及维修等。1991 年，元台子、碱厂等中学在初中办“3+1”培训班，学习果树技术。1993 年，拣金中学实施“普教渗透职教”策略，由升学教育转向人才素质教育，被辽宁省教育委员会评为农村教育综合改革先进学校。

1995 年，全市有 15 所学校进行分流式教学。即初三伊始，学校根据学生情况，结合当地特点和需求，开设专业技能课。1996 年，全市有 17 所农村初中试办“3+1”专业课程班。期末，对学习果树修剪技术的学生进行测试，均取得良好成绩。

2000 年，全市有 22 所初中先后开办“3+1”培训班，参加学习学生 1573 人。2001 年，拣金中学的“白沙 1016”花生提纯复壮实验被确定为葫芦岛市科研项目。白塔中学的“学习果树栽培技术，为当地经济建设服务”课题，获葫芦岛市“九五”科研成果一等奖，并在辽宁省农村初中教育综合改革座谈会上介绍经验。

2004 年 4 月 26 日，白塔中学被辽宁电视台作为展示辽宁教育风采的特邀嘉宾单位，参加迎“六一”特别节目录制，并被辽宁省教育厅评为标准化学校，《中国教育报》在头版头条报道该校教育综合改革事迹。

2005 年，部分农村中学开办“9+1”班教育，使不能升学的学生，做到就业有本领。曹庄中学、白塔中学办“9+1”班教育的做法在葫芦岛市推广。2007 年，白塔中学被国家教育学会批准为“全国优秀劳动技术教育基地中心”，成为辽宁省农村初中教育综合改革的先进典型。

2011 年，启动“小学综合实践活动学科教学管理的研究”科研课题，选定高家岭小学等 6 所学校作为先行试点校。9 月 29 日，葫芦岛市综合实践活动区域现场会在兴城第三初中召开。2012 年，曹庄中学利用校内的有限土地种植新品种果树，开发校本教材。刘台子中学、羊安中学、南大山中学等农村初中多方寻找外联基地，对学生进行劳动技能培训并取得成效。

**附：**

**兴城市技工学校** 1986 年成立，隶属兴城县劳动局，1987 年，改为兴城市技工学校（简称兴城技校）。学校占地面积 3.6 公顷，建筑面积 5500 平方米。有学生 255 人，教职工 34 人。1991 年，建成 470 平方米实习厂房，购置普通车床 4 台、下料机 1 台、电焊机器 2 台、量具 23 件，自制钳工工作台 26 个。1993 年，被辽宁省劳动厅评为职工培训先进集体。2001 年，开设计算机、财会、旅游、英语、汽车修理、电工、学前教育、机械加工等专业。2007 年，与大连船舶专修学院、大连机车技师学院、大连房地产学院、大连计算机学院等联合办学。2012 年，学校占地面积 2.4 公顷，建筑面积 4000 平方米。有教职工 42 人，专业教师 27 人。

**中央农业广播学校辽宁省兴城分校** 1989 年，中央农业广播学校兴城分校（简称农播兴城分校）独立建置，学员为农村农业干部和城镇职工。1994 年，由原单一的农学专业发展到17 个专业，学员由 100 人增加到 600 人，教学人员增加到 9 人。1996 年，招收学员 240 人。2003 年，被辽宁省农业厅评为农业广播学校先进单位。2004 年，学校加挂“农民科技教育培训中心”牌子，开设种植、养殖、经济与管理、计算机、农业工程等 10 多个专业，成为一所以广播、电视、卫星网络、音像教材等手段和媒体实施农民终身教育的成人中专学校。2005 年，被辽宁省农业广播学校评为职业技能鉴定先进单位。2006 年，被评为全省招生工作先进单位。2009 年，被评为全省农民教育培训先进集体。2012 年，学校有专职教师 6 人，聘请各专业兼职教师 30 人。

**中国农业函授大学兴城分校** 1990 年，成立中国农业函授大学兴城分校（简称农函大兴城分校），由兴城市科学技术协会主办。1994 年，有全日制文化技术班 9 个，学员 724 人，业余小学班 12 个，学员 321 人。1997 年，农函大兴城分校被授予辽宁省先进分校称号。2000 年开始，农函大举办各种实用技术短期班。2004 年 12 月，农函大兴城分校被中国农业函授大学葫芦岛分校授予优秀辅导站。2008 年，被中国农函大总校授予先进分校。

## 第六节 高等教育

1987 年，辽宁广播电视大学葫芦岛市兴城分校（简称兴城电大），通过成人高考招收专业大专班学员。学员完成规定学科课程，通过考试及格发给国家承认学历的大专毕业证书。2004 年后，辽宁工程技术大学、辽宁财贸学院、渤海船舶学院等相继落户兴城，结束兴城地区没有正规高等院校的历史。

### 辽宁广播电视大学葫芦岛市兴城分校

1987 年，建立辽宁广播电视大学锦州分校兴城工作站。1991 年，改称辽宁广播电视大学锦西市兴城分校。1995 年，改称辽宁广播电视大学葫芦岛市兴城分校。兴城电大占地面积 3000 平方米，建筑面积 2000 平方米，设有地面接收和播放系统以及 VBI、IP 接收装置。学校设有招生办、电教部、教务教学处等 5 个部门。有教职工 27 人，其中高级职称 16 人，中级职称 10 人。

1995 年，通过成人高考招收财务会计专业大专班学员 42 人。1997 年，中央财经大学函授站在兴城电大开设会计学专业，招生 52 人。

2000 年，兴城电大与辽宁师范大学联合办研究生课程班，招生 69 人；开办小学教师师范大专班，招生 95 人。2002 年，与辽宁师范大学、沈阳工业大学、黑龙江电大联合办学，培训专科、本科、研究生共 580 人。

2007 年，兴城电大设立“辽宁广播电视大学葫芦岛兴城奥鹏学习中心”，与中国石油大学、四川大学、大连理工大学、东北师范大学联合办学，开设专科、本科共 18 个专业。

2010 年，兴城电大新增东北农业大学和医科大学两所合作院校，合作办学高校达到 9 个，开设专业 52 个，有学生 869 人，其中奥鹏远程教育专科、本科 542 人。中央广播电视大学开放教育专科、本科 301 人，其他专业 26 人。2012 年，春季招收开放学员 100 人，奥鹏学员 190 人；秋季招收开放学员 106 人，奥鹏学员 147 人。全年共招生 543 人，成人高中招生 77 人，在校生总数 1179 人。

### 辽宁工程技术大学

辽宁工程技术大学是一所综合性理工大学，分为阜新和兴城两个校区。兴城校区位于兴城市古城东 4 公里处，占地 156 公顷。兴城校区第一期工程建筑面积 24 万平方米，投资 2.6 亿元，其中教学用房 11 万平方米，学生用房 5.6 万平方米，教职员工用房 11 万平方米。主要由静远楼（公共教学 A 楼）、尔雅楼（公共教学 B 楼）和耘慧楼（软件楼）组成。

2004 年 9 月，辽宁工程技术大学软件学院、工商学院迁入兴城校区。2005 年 7 月至 2006 年 9 月，辽宁工程技术大学电信学院、电控学院先后迁入兴城校区。2008~2009 年，辽宁工程技术大学营销学院、矿业技术学院相继在兴城校区成立。至 2012 年，该校区有全日制在校博士生、硕士生、本科生、留学生共 12000 余人。

### 辽宁财贸学院

辽宁财贸学院是一所以经济、管理为主兼具人文、教育、工学等学科的综合性全日制本科大学。位于兴城市古城东4公里处，距兴城海滨风景区2公里。校园占地36万平方米，教学、行政用房9.13万平方米。有专职教师389人，其中副高级职称以上的99人。有教学仪器价值2674万元，有各类图书62万册。

2008年，经国家教育部批准，该校成为具有普通高等学历教育招生资格的民办院校。学院设有会计系、经贸系、中文系、外语系、旅游管理系、表演系、艺术设计系、体育系、建筑系、计算机系等，至2012年，在校生7360人。

### 渤海船舶职业学院

渤海船舶职业学院是中国北方唯一一所以培养船舶工业专业人才为主、面向全国招生的全日制普通高等院校。2001年，经辽宁省人民政府批准，渤海船舶工业学校与葫芦岛广播电视大学、葫芦岛师范学校合并组建渤海船舶职业学院。2010年，被国家教育部、财政部确定为国家骨干高职院校立项建设单位。学院设有8个系20多个专业，在校学生8000人。学院在葫芦岛市龙港区设有望海、龙湾、莲花3所分校。

2012年6月21日，渤海船舶职业学院新校区在兴城大学园区正式开工建设。新校园占地面积50.67公顷，建筑面积19.8万平方米，总投资7亿元。年末，完成主体工程建设。

## 第七节　艺术教育

2008年10月2日，南一小学管乐团代表辽宁省赴深圳参加全国首届校际管乐节获二等奖。10月14日，兴城市顺利通过辽宁省艺术教育评估检查团第四次中小学艺术教育示范县动态评估验收，被评为辽宁省艺术教育示范县。

2009年6月29日，兴城市教育局教师合唱团在辽宁省农民艺术节合唱比赛中获得金奖。2010年6月24日，兴城南一小学、温泉小学在辽宁省音乐学科“三队”比赛中获得一等奖。11月10日，兴城南一小学、温泉小学、羊安中学在辽宁省第五届中小学合唱比赛中分别获一、二等奖，7位教师获指导奖。

2011年，南一小学6名教师代表葫芦岛市参加辽宁省教育学院主办的“辽宁省小学美术教研组大赛”获一等奖。2012年，兴城市教育局获辽宁省第四届中小学生艺术展演活动优秀组织奖。12月3日，辽宁教育学院在沈阳师范学院音乐厅召开全省“三队两组”评比活动表彰大会，辽宁省教育学院为南一小学、温泉小学教师颁发“三队两组一等奖”牌匾，兴城市有17位教师获指导奖。10月24日，温泉小学合唱队代表辽宁省参加全国第四届中小学艺术展演活动。

## 第八节　教工队伍

### 教职工管理

1986年，全县中、小学校共有教职工4859人，其中小学教职工3171人，中学教职工1688

人。配备幼教视导员 1 人。

1990 年，兴城市教育委员会制发《加强中小学管理意见》。兴城高中在青年教师中开展评选新秀活动。兴城二高中以老带新，签订师徒合同，帮带周期 2 年，年轻教师教学水平明显提高。中共兴城市委、兴城市人民政府采取有效措施解决城内教师住房问题，以优惠价格向教师出售现有公房；采取个人集资统建措施，加速教工住宅小区建设。理顺城乡公办教师工资发放机制，确保教师工资按时足额发放。

1993 年，全市实行校长聘任制。在全市中学教师中进行微机培训，提高教师实际授课能力。年内，红崖子满族乡人民政府出资 3 万元，为先进教师 47 人上浮一级工资。同时，为民办教师每人上浮一级工资。

1994 年 3 月，农村教师工资改乡统筹为市统筹，由兴城市教育委员会按月直接下拨到各学校，保证教师工资按时发放。为教师子女办理蓝皮户口 253 人，办理农转非户口 80 人。

1995 年，实行市、乡、村三级办学，市、乡两级政府管理的体制。其中在人事调配上由市、乡两级教育行政部门负责，各校副校长级以下领导由各校校长和当地教育行政部门任免，实行校长负责制。各校校长、党支部书记的任免，教师的调动，统一由兴城市教育委员会负责。年内，经辽宁省教育委员会批准，4 位教师晋升为特级教师。

2000 年 3 月，中共兴城市委做出《关于向人民的好教师苗艳芝学习的决定》，号召教师学习碱厂满族乡教师苗艳芝爱岗敬业、忠诚教育事业的事迹。各学校制定《学校管理量化考评方案》，加强学校管理。在全市各学校中推行人员编制和工资总额包干管理，实行教师竞聘上岗，精简富余人员。经过公开竞聘，落聘教师 248 人分别被充实到缺编学校。

2002 年，兴城市启动创建“名校、名校长、名师”工程。同时，加快干部队伍年轻化步伐。规定55 岁以上的正、副校级领导退居二线，调整后的校长平均年龄为 38.5 岁。经考试录用大专以上学历的师范院校毕业生 58 人，充实教师队伍。2004 年，经过考试，录用师范院校大中专毕业生 211 人，充实到农村中小学。建立骨干班主任队伍，从中选出 200 人为兴城市骨干班主任，103 人为葫芦岛市骨干班主任。

2005 年，落实兴城市第五届人大第二次会议议案，清退农村代课教师 58 人，培训代课教师 651 人。加大对教师乱补课、体罚学生等违纪行为的查处力度，兴城市人民政府督学室对群众举报案例予以认真处理。

2006 年，落实《中小学教师职业道德规范》，围绕师德建设开展系列活动。兴城第三初级中学把每月一次班主任工作交流会定为制度执行。

2008 年，兴城市教育局制发《关于制止校外有偿补课不正之风的通知》，查处违规教师 4 人。组织师德讲师团在全市巡回讲演，培育良好师德。

兴城市人民政府重视中小学心理健康教育师资队伍建设。2009 年，全市首批心理咨询师 70 人通过考评认证，获得资格证书。其中国家心理咨询师二级 52 人，三级 18 人。年内，大幅度提高教师工资。通过转正考试，有 38 名合格者转为正式幼儿教师。

2011 年，兴城市教育局在教师招聘工作中，与相关部门配合，按照公平、公开、公正和择优聘用的原则，招录教师 169 人，其中免试硕士研究生 14 人。全市教师队伍的年龄结构和专业结构更趋合理。2012 年录用教师 121 人。对新聘用的教师分配，重点向缺编学校和偏远地区倾斜，以促进城乡间、校际间的师资均衡。

## 民办教师队伍整顿

1986年，全县中、小学校共有民办教师2279人。4月，对民办教师进行第三次考核，将不适合做教师工作的民办教师辞退20人。通过考试，民办教师转为公办教师72人。

1988年，兴城市开始实行人民教育基金制度。按照国务院、辽宁省人民政府文件精神，实际征收人民教育基金235.28万元。筹集资金151万元解决拖欠的民办教师工资，普遍为民办教师上调工资10%。小学民办教师每月工资平均为84.33元，中学民办教师每月工资平均达到88.87元（含国家补助部分），经济条件较好乡镇民办教师工资达到150元。

1991年，根据辽宁省教育委员会〔1990〕24号文件，对全市中小学民办教师队伍进行整顿，确定1986年底以前参加教育工作的1799人为考核整顿对象。整顿从全面考核和文化考试两个方面进行，考核（德、识、能、绩、责）成绩的分数占总分的60%~70%，根据分数段做出优、良、及格的结论。通过整顿，辞退不合格民办教师78人。年内，兴城市人民政府要求各乡镇每年为民办教师提升一级工资。通过征收教育附加费，建立民师工资按时兑现制度和定期增长机制。1992年12月，经过考试、评审，民办教师转为公办教师64人。1994年，民办教师转为公办教师115人，民办教师办理红皮户口339人，253名教师子女办理蓝皮户口，80名教师子女办理农转非户口，161名民师教龄间断问题得到解决。

2001年，全市尚有民办教师682人，兴城市人民政府根据1998年民师整顿考核成绩，于年末将优秀民办教师50人转为公办教师，并决定以后每年转正50人，逐步解决民办教师转正问题。2003年，民办教师转为公办教师60人。2006年，民办教师200人转为公办教师。2008年，全市最后一批民办教师139人全部转为公办教师。

## 教师培训

1987年，为提高全市小学教学质量，兴城市教师进修学校开始招收教师函授学员326人。1988年，兴城市教育局在羊安中心小学、沙后所中学分别召开“大练教学基本功”现场会，推广两所学校的经验。

1990年，在全市小学教师中开展“中师后”继续教育工作。到1994年共举办培训班6期，开办52个班，2304人参加学习。1993年始，在小学教师中进行高等师范学历培训，兴城市进修学校师训部陆续招收330人。培训均利用双休日上课辅导，采取自学与面授相结合的学习方式。年内，全市有中学教师440人参加“三沟通”学历教育。

1997年，兴城市进修学校中教部对全市初中教师进行继续教育。参加学习教师1316人，占应培训人员的90%以上。1999年，对中小学领导进行集中培训，完成60学时的学习任务，对中小学骨干教师培训。建立葫芦岛市、兴城市骨干教师队伍，人数超过800人。

2001年，兴城市教师进修学校电教部对全市中、小学教师进行现代教育信息技术培训，全年共举办培训班55期，培训教师2282人。其中有2021人顺利通过辽宁省中小学教师教育信息技术一级水平考试。幼师学员有183人取得“九五”第一期学分证。

2003年，兴城市教育局利用假日培训个体幼儿园园长和幼儿教师。2004年，分3批对幼儿教师进行培训，加强幼儿教师的基本功训练，提高其弹、跳、写、画、唱的授课能力。2008年，开展县级以上培训13次，参培教师1550人次，“校本培训”每校均达到2次，培训达15000人次。2009年，参与教育部举办的“知行中国——中小学班主任网络培训”工程。全市小学班主任教师500人参加培训，共发布沙龙话题6976个，上交作业4589份，完成各项任务指标均居全省前列。兴城市教师进修学校被国家项目办评为优秀项目团队，有3人被评为优秀管理辅导教师。

2010年，在葫芦岛市组织的研训教师技能竞赛中，兴城市研训教师有13人进入葫芦岛市各学科前两名，并代表葫芦岛市参加辽宁省研训教师竞赛，其中2人获辽宁省研训教师基本功竞赛一等奖，3人获二等奖。9月，举办以“做学习型校长，建学习型团队”为主题的小学校级领导提高培训班，有113人参加培训。

2011年9月，兴城市教育局分批对2010年录用的教师149人和2011年录用的新任教师120人进行培训。2012年，举办中小学德育领导干部提高培训班。全市各中小学分管德育副校长、政教主任、共青团委书记、大队辅导员118人参加培训。11月，兴城市453人参加全国中小学教师教育技术中级水平考试。

**附：**

**兴城市教师进修学校** 兴城市教师进修学校位于兴海南街三段北侧，占地6400平方米，校舍建筑面积1796平方米。2000年，进修学校获葫芦岛市教育科研工作先进集体。2006~2010年，兴城市教师进修学校教育科研工作共有规划课题省级12项，市级36项，县级35项，协作课题2项。完成结题工作，结题率位居辽宁省前列。兴城市进修学校是辽宁省电教馆确立的14家“信息技术培训”试点县区之一。2010年，进修学校设有中教、小教、幼教、职教、德育、科研、师训、干训及总务、教务处等13个部室（处）。有教师82人，其中省、市学科带头人2人，省级骨干教师13人，市级骨干教师36人。

## 职称评聘

1988年，兴城市教育局成立中小学教师职称改革领导小组，制定职改方案和实施步骤、办法。以兴城第三初级中学、宁远小学为试点，进行职称评定工作。全市共评出中小学高级教师66人，中学一级教师和小学高级教师（中级）994人，初级职称教师1807人。教师职称评定工作年年进行，做到公开、公平、公正。至2012年，全市教师共评出高级职称3572人，中级职称13072人，初级职称14551人。

### 1988~2012年兴城市教师专业技术职称情况

表22-1-1 单位：人

| 年份 | 技术职称人数 | 其中 | | |
|---|---|---|---|---|
| | | 高级 | 中级 | 初级 |
| 1988 | 2874 | 73 | 994 | 1807 |
| 1989 | 1990 | 78 | 812 | 1100 |
| 1990 | 1637 | 87 | 650 | 900 |
| 1991 | 1192 | 91 | 301 | 800 |
| 1992 | 945 | 80 | 105 | 760 |

续表 22-1-1

| 年份 | 技术职称人数 | 其中 | | |
|---|---|---|---|---|
| | | 高级 | 中级 | 初级 |
| 1993 | 1671 | 141 | 88 | 1442 |
| 1994 | 563 | 61 | 325 | 177 |
| 1995 | 505 | 60 | 285 | 160 |
| 1996 | 660 | 78 | 402 | 180 |
| 1997 | 2340 | 76 | 925 | 1339 |
| 1998 | 4506 | 238 | 2738 | 1530 |
| 1999 | 826 | 109 | 430 | 287 |
| 2000 | 4896 | 414 | 2830 | 1652 |
| 2001 | 876 | 252 | 489 | 135 |
| 2002 | 662 | 177 | 350 | 135 |
| 2003 | 683 | 183 | 251 | 249 |
| 2004 | 418 | 163 | 160 | 95 |
| 2005 | 370 | 183 | 122 | 65 |
| 2006 | 672 | 172 | 120 | 380 |
| 2007 | 525 | 105 | 150 | 270 |
| 2008 | 569 | 200 | 109 | 260 |
| 2009 | 559 | 178 | 101 | 280 |
| 2010 | 483 | 105 | 78 | 300 |
| 2011 | 341 | 136 | 128 | 77 |
| 2012 | 432 | 132 | 129 | 171 |
| 合计 | 31195 | 3572 | 13072 | 14551 |

## 第九节　教育督导

1988 年 12 月，根据辽宁省人民政府《关于建立政府督学制度的决定》，兴城市督学室成立，设副县级督学 1 人（兼职）。督学室设在兴城市教育局。1993 年 7 月，兴城市督学室更名为兴城市人民政府督学室（简称兴城督学室），设在市教育局，受兴城市人民政府领导，同时接受上级督学机构的指导。其工作职能是对全市贯彻落实《中华人民共和国义务教育法》进行视察、督促和指导，对各乡镇街道和各级各类学校贯彻执行国家教育方针、政策、法律、法规的情况进行监督检查，对全市各级各类学校办学方向、管理水平、教育质量进行评估和指导。

2001 年，兴城市督学室对 23 所农村初级中学控制辍学工作进行专项检查，召开控辍保学工作会议。2008 年，组织完成辽宁省“提高水平普九”评估验收工作。2011 年，完成“双高水平普九”评估验收，兴城市被评为“辽宁省普及九年义务教育先进单位”。2012 年 9 月 7 日，在北京召开的全国教师工作暨“两基”工作总结表彰大会上，兴城市教育局获“全国‘两基’工作先进单位”称号。

## 第十节　教育科研

### 科研机构

1986~1993 年，兴城县（市）教育科研工作由教育学会承担。1994 年 3 月，兴城教师进修学校在锦西地区率先成立教育科研部，设主任 1 人、工作人员 3 人。2003 年，科研部更名为兴城市教育科研办公室，由兴城市教育局、兴城市教师进修学校双重管理。

### 科研活动

“八五”期间，兴城市教育科研工作遵循“科研导向、教研施工、协同攻关、全面推进”的方针，先后确立国家、省、市级课题 17 项，参与学校 27 所，形成一定规模的教育科研体系。兴城市教师进修学校被中央教科所吸收为实验学校并授予牌匾。其间，承担的多项各级课题通过验收并获奖，兴城市教师进修学校获葫芦岛市“八五”教育科研工作先进单位。

“九五”期间，确立国家、省、市级课题 26 项。“九五”中期，兴城市教师进修学校主持、承担、指导的 6 项省级规划课题获“辽宁省‘九五’中期教育科学优秀成果”三等奖，被授予葫芦岛市教育科研工作先进集体。“九五”末期，兴城市教师进修学校主持、承担、指导的《县区教育科研机构建设与作用研究》等 14 项省级规划课题分别获辽宁省“九五”教育科学优秀成果二、三等奖。

“十五”期间，在全市中小学开展大众化、群众性教育科研活动，确立各级参与课题 13 项，省市级规划课题 39 项，县级课题 76 项，构建科研课题类别齐全，大中小紧密结合，高中低级别梯度分布新格局。为顺利走进新课程，重点建设两个实验基地，实行“点上实验，面上推广”的过渡策略，编辑出版《新课程研训工作探索》《教育案例精选》两部文集。

“十一五”期间，全市共立项各级各类课题 205 项，包括省级课题 28 项，市级课题 91 项，县级课题 83 项，参与国家级、省级课题 3 项。其中 146 项课题通过相应部门的鉴定验收并获奖，结题率达到73%。2009 年，在辽宁省教育厅、辽宁省教育科学规划领导小组开展的辽宁省教育科学重点研究基地遴选工作中，南一小学获“辽宁省教育科学规划重点研究基地”牌匾和“辽宁省教育科学规划重点研究基地”证书。2010 年 5 月，在葫芦岛市教育局召开的“葫芦岛市十一五教育科研大会”上，兴城第一中学等 10 所学校主持的 11 项研究课题获优秀科研成果奖。

“十二五”期间，批准立项的各级课题 251 项，其中省级规划课题 6 项，市级规划课题 93 项，兴城市规划课题 148 项，省家长学校课题 4 项。2011 年，在辽宁省首届科研兴校百强校评选活动中，南一小学、温泉小学分别获科研兴校百强校称号。6 月，在辽宁省“十一五”期间全省教育科研工作大会上，兴城市教师进修学校被评为辽宁省教育科研先进集体，1 人被评为辽宁省教育科研先进个人。

## 第十一节　校舍建设

1986年，兴城高中建宿舍大楼2981平方米，兴城第二高中建实验室教学大楼1520平方米，南一小学建音乐教学楼902平方米，华山镇中心小学建教学楼1212平方米。

1987年，兴城市人民政府批转兴城市教育局《关于全市校舍普查情况的报告》。同时，向兴城市人大常委会提出《关于动用预备费维修校舍的请示》。全年共修建校舍3820平方米，翻建实验室1900平方米。年末，兴城市被锦州市教育局、锦州市财政局评为“校舍百分乡建设先进单位”，被辽宁省教育厅、辽宁省财政厅评为“校舍建设先进单位”。

1988年，投资560万元，翻建、扩建校舍1452间，计31339平方米，被锦州市教育委员会评为“校舍维修目标管理先进单位”。辽宁省人民政府确定1989年为消灭中小学校舍险房年。年初，兴城市人民政府召开相关局及乡镇街道主管教育工作领导会议，研究落实校舍维修计划。年内，投资520万元，翻建维修校舍863间17260平方米。

1990年，望海满族乡人民政府将望海中学61间危房改造成北京平房，为学校购买150套桌椅及部分教学器材。1991年，曹庄满族乡人民政府投资17万元，争取上级财政资助48.30万元，为中兴、老滩、刘家沟3个村建设一座1320平方米的教学楼，为曹庄中学建1132平方米北京平房教室，对七里、后湖、田相、大英堡子等小学的校舍进行维修。

1994年，拣金满族乡人民政府为拣金小学投资15万元，新建教室20间，修操场围墙400米。闻家满族乡五王小学是五王和前红两个村联办学校，由于校舍年久失修，成为险房。闻家满族乡人民政府领导先后3次在该小学召开现场办公会。8月，校舍翻修完毕。闻家满族乡9所小学的校舍全部进行翻修，实现全乡中、小学校舍无险房。大寨满族乡干部群众集资119.93万元，建一座2700平方米教学楼。南大山满族乡中心小学原校址四周为居民聚居区，不利于学生学习。南大山村、柴屯村决定将学校迁至南大山村北，两个村集资4万元，兴城市教育委员会拨款5万元，南大山满族乡人民政府自筹6万元，农民企业家李桂昌赞助5万元，建成新校舍。南大山满族乡人民政府又投资2万元，修建围墙、花坛，铺设水泥路，达到标准化小学水平。

1997年，全市共新建、翻建校舍1.3万平方米，总投资1125万元。1999年，修建兴城第二高中综合楼、职业中专宿舍楼、南一小学教学楼和兴城第二初中教学楼。

2001年，曹庄镇人民政府投资400万元为中学建教学楼。围屏满族乡人民政府投入资金116.20万元，改造旧校舍，建设“三室”。全年乡村两级财政教育投资达1196.43万元，其中乡级投入929.47万元，用于各校危房险房维修。

2005年，旧门满族乡、菊花岛乡建成九年一贯制学校。其中旧门满族乡人民政府投资472万元，建成2450平方米教学楼，村级小学由6所精简为4所。2006年，碱厂满族乡、刘台子满族乡各建九年一贯制学校一所，均为4100平方米，各投资350万元。碱厂满族乡乡村级小学由原10所精简为5所。红崖子满族乡、羊安满族乡建成九年一贯制学校，校舍建筑面积21000平方米。全市中小学危房改造8所，共5920平方米。

2007年，全市校舍建设投入资金近1亿元，其中九年一贯制学校投入资金1500万元；兴城高中投入资金7722万元；危房改造投入资金340万元。共新建和危改校舍53443平方米，占全市学校校舍总面积的25.67%。

2008年，完成望海满族乡、三道沟满族乡两所九年一贯制学校建设，新建校舍6100平方米，总投资570万元。投资180万完成郭家镇四校合一工程，新建校舍1228平方米，消灭D级危房4317平方米。10月，兴城高中正式迁入新址；兴城职教中心迁入兴城高中旧址（河东路道东）；兴城第三初中由古城内迁出，入驻兴城职教中心原址（东山南坡）。年末，全市完成65%的村级小学建设任务。

2009年，对列入第四批村级小学建设工作的学校进行互检。全市有村级小学138所，建设108所，占村小学总数的78%。全市完成50所校舍建设，占全市校舍总面积的40%。

2010年，新建九年一贯制学校3所（围屏满族乡、东辛庄镇、大寨满族乡各一所），改造危房学校2所。6月，红崖子满族乡英台小学重建，建筑面积1188平方米，投资130万元，其中刘忠伦捐资100万元，学校更名为英伦希望小学。年内，兴城市教育局投资80余万元，为局直属各校配备保安人员、安装监控设施。年末，全市校舍总建筑面积12427平方米，总投资1346.70万元。兴城市教育局被评为葫芦岛市基层平安建设先进单位。

2011年，兴城市第二高中、大寨满族乡沙河小学、红崖子满族乡拣金小学、沙后所镇桃园小学、围屏满族乡团瓢小学、南大山满族乡北大小学6所学校，新建校舍面积37129平方米，消灭D级危房5286平方米。总投资17231万元，其中上级拨付资金327万元，兴城市地方自筹16904万元。

2012年，兴城市共有10项教育建设工程，6项工程相继投入使用。其中，兴城市第二高中新校区工程总投资1.70亿元，校舍总建筑面积6.30万平方米；5所农村学校危改工程投资2038万元，新建面积1.11万平方米，消灭D级危房3332平方米。

## 第十二节　教学设备

1986年，全县各学校自制教具2350件，价值1.20万元。兴城电大教学设备不断更新，收录机、录像机、放像机和监视器等设备俱全。全县36所中学建有实验室，有18所小学建立自然实验室。

1988年，兴城市各学校把实验室建设和实验教学作为教育教学改革的一项重要任务。各中学共建物理实验室34个、化学实验室26个、生物实验室12个。配置理科教学仪器价值82万元。物理、化学演示开出率80%、分组实验开出率76%。经锦州市教育委员会验收合格的实验室20个。兴城市教育局被锦州市人民政府评为“实验室建设先进单位”。

1990年，在中小学的理化、生物、自然实验室中，有8所学校达到省级标准，共投资7.5万元，装备各类仪器9381套（件）。1992年，各学校实验室建设逐步完善，实验教学开出率80%以上。国家教育委员会对兴城中小学生实验动手能力进行测试，给予很高评价。

1994年，全市有21所中小学建立卫星电视教育地面接收站，增添新型投影仪82台。1995年，职业中专建立微机室，购买20部计算机，设有电教馆。1998年，古城小学投资8万元增加教学仪器，药王中学投资3000元购买教学仪器，兴城第五初中投资12万元安装闭路电视。南一、城东、白塔等小学新购图书各1万册。2000年，全市有80所中小学建成新“三室”，即微机室、语音室、电教室。

2001年10月，兴城教育网站开通，实现与国际互联网站对接。围屏满族乡人民政府为教育投资116.2万元，建微机室、语音室、电教室。全市有43所学校建立语音室，60所学校建立电教室。全市中小学购进计算机1954台，部分学校装备多媒体教室，添置实物投影仪、电子投影仪、电子大屏幕等现代化教学设备。

2004年末，兴城广播电视大学、兴城市教师进修学校及31所中学、31所中心小学、53所村级小学装备微机室，微机总数达2592台，中小学生人数与计算机的比例是35:1；全市有31所中学、19所中心小学、4所村级小学装备语音室；全市所有中学、中心小学装备电教室，其中有15所中学、9所小学装备电子投影仪和视频展示台等设备；全市有13所中学、16所小学完成宽带接入安装。

2005年，全市有18所中学、11所小学装备电子投影仪和视频展示台等电教设备，微机总数2603台；有31所中学、21所中心校、5所村小装备语音室，其中有23所中学、20所小学完成宽带接入；有4所学校装备电子备课教室。

2007年，兴城市教育局向上级相关部门争取价值1000万元的农村现代化远程教育设备，其中计算机1270台，电视机494台，DVD播放机247台，教育卫星接收设备247套，打印机216台，教育资源库247套，建立多媒体教室31个。2008年，农村远程教育工程建设投资1000万元，全部设备安装到位并投入使用。247个卫星接收点全部授权，并成功接收卫星同步资源。投入70万元，装备35个实验室。2009年，中小学生配置计算机的比例是14.5:1。全市各学校藏书从2004年的40万册增加到80万册。2010年，兴城市职业专科学校新购置焊接、服装、机械加工实训设备以及电子钢琴、钢琴等乐器，新建及完善数控、服装、焊接、机械加工实训室及电子技术应用专业实训室，可容纳3000名学生实训。

2011年，兴城市教育局投资5000万元用于学校硬件建设，其中投入1600万元为4所学校建塑胶跑道41864平方米，投入2400万元购置设备。乡镇、学校投入资金1000万元用于改造学校设施。全市新增计算机3020台，新建多媒体教室298个，新建微机备课室51个，新建电子阅览室51个，中学物理实验室14个，化学实验室15个，生物实验室16个，小学科学实验室15个，新添学生课桌椅25700套，教师办公桌椅1900套，专用柜1000套，仪器药品柜360组，图书架360组，讲桌450个，电脑桌椅3020套，体育器材220副，音美器材80台（套）。

# 第二章　体育

1986年，延续设兴城县体育运动委员会。1995年7月机构改革，撤销兴城市体育运动委员会，并入兴城市教育委员会，内设3个业务机构，下设体育学校、体育总会。1998年3月，兴城市实行机构改革，设体育运动管理中心，为副科级事业单位，隶属于兴城市教育局。

## 第一节　群众体育

1986年，兴城县体育运动委员会举办城镇职工、学生第29届元旦长跑活动。全县职工3万多人，60%经常参加各项体育活动。27个乡镇建立完善体育组织，农村51%的青壮年参加体育锻炼。

1987年，兴城市体育运动委员会制发《兴城市农民体育先进评比条件》。羊安、宁远、白塔、曹庄、海滨、沙后所、钓鱼台等乡镇街道分别完善或成立体育组织机构，全市参加体育锻炼人数达到10万余人。年内，有5个乡镇街道参加省、市组织的农村体育先进乡镇街道评比活动。1988年6月，在辽宁省首届农民运动会上，羊安满族乡被评为省级“农村体育先进乡”。

1989年1月，中华全国体育总会辽宁省兴城市分会成立。2月，举办“兴城市第二届业余围棋邀请赛”，兴城市有3名选手分获3个级别冠军。1990年，中国农业银行兴城支行被辽宁省总工会、辽宁省体育运动委员会评为职工体育先进单位。海滨满族乡、旧门满族乡被辽宁省农牧厅、辽宁省体育运动委员会、辽宁省农民体育协会评为“体育先进乡”。

1991年，开展元旦长跑活动。8月，海滨满族乡在建昌县举办的省级体育先进乡农民男子篮球比赛中夺得冠军，并被评为精神文明代表队。兴城市被国家体育运动委员会、国家教育委员会评为“施行《国家体育锻炼标准》先进市”。

1992年9月，在辽宁省第六届全民运动会上，辽宁省人民政府授予兴城市“辽宁省体育先进市”牌匾。年末，兴城市业余体校被国家体育运动委员会授予“全国业余体育训练先进集体”称号。1993年，兴城市组建科级干部乒乓球、象棋代表队，参加在海城市举办的18个体育先进县领导干部体育比赛，获得乒乓球团体赛第二名、象棋个人第五名。

1996年，为贯彻国务院《全民健身计划纲要》，兴城市人民政府下发《关于印发兴城市贯彻〈全民健身计划纲要〉实施办法的通知》。决定将每年9月份定为全民健身活动月，全市经常参加体育锻炼的人数达到21.60万人。10月，围屏满族乡珍珠球队（满族传统体育项目）成立。

1997年，全市有25个乡镇和城内10个居民区，建立社会体育指导站，有100多名体育积极分子被聘为社会体育指导员，形成全民健身热潮。年末，曹庄小学获国家体育运动委员会授予的“全国群众体育先进单位”称号。

1998年2月，兴城市人民政府下发《关于开展争创全国体育先进市活动的通知》。年内，曹庄镇被国家体育总会评为“全国农村群众体育先进单位”，兴城市教育局被评为“辽宁省群众体育先进单位”。中国人民银行兴城支行被辽宁省体育运动委员会评为“全民健身活动月先进单位”。兴城市被国家体育总局授予“全国体育先进县（市）”称号。

1999年8月，举办第二届小区篮球赛，有120多名运动员参加。举办首届小区学生暑假“凯森蒙杯”足球赛，有320名中小学生参加。9月，曹庄镇获第四批全国“亿万农民健身活动先进乡镇”称号。东辛庄满族镇被辽宁省体育运动委员会命名为“体育先进乡”。兴城市广播电视台被辽宁省体委评为“职工体育先进单位”。

2000年，兴城市体育运动管理中心相继举办全市小学生乒乓球赛、中小学生篮球赛、第三届小区篮球赛和第二届小区中小学足球赛等赛事。兴城市供水总公司被辽宁省体育运动委员会评为“职工体育先进单位”，兴城日报社、兴城电视台被辽宁省体育运动委员会评为“全民健身活动报道先进单位”。

2001年，全民健身俱乐部成立。11月，锦华机械厂获全国“群众体育工作先进单位”称号。兴城市老干部办公室、兴城市广播电视局、兴城市农村信用联社被评为“辽宁省全民健身宣传周活动先进单位”，中国人民银行兴城支行、双树中学、药王满族乡人民政府被评为“辽宁省群众体育工作先进单位”。

2002年，温泉街道东山保健操指导站等7家指导站获辽宁省体育局颁发的“社会体育先进指导站”牌匾。2003 年，兴城市体育运动管理中心获省级“群众体育先进单位”称号。2004 年，相继举办“菊花啤酒杯”首届乒乓球赛、第七届小区“福苑山庄杯”篮球赛、第四届职工乒乓球赛等。

2010 年，兴城市人民政府下发《关于组织开展全民健身日活动的通知》。9 月，举办兴城市第五届全民运动会。南一小学被辽宁省体育局授予“2007~2010 年度辽宁省群众体育先进单位”称号。

2012 年，兴城市体育运动管理中心先后组织第十三届全市职工乒乓球赛、全市职工象棋赛、老年门球赛、社区篮球赛、青少年乒乓球赛、全市职工篮球赛 6 项赛事。12 月 31 日，组织全市机关单位“迎全运、庆新年”健身走活动，共有 10 个单位 500 名运动员参加。是年，高家岭小学、曹庄小学被评为“省级传统项目学校”。

## 全民运动会

1992 年5 月 20~24 日，兴城市第一届全民田径运动会在兴城市体育场举行，全市各机关单位、企事业的 1300 多名运动员参加，此后每 5 年举办一届。自 2002 年起，改为每 4 年举办一届。至 2012 年，兴城市共举办 5 届全民运动会。

### 1992~2012 年兴城市全民运动会情况

表 22-2-1

| 时间 | 名称 | 主办单位 | 项目总数 | 参赛人数 | 地点 |
|---|---|---|---|---|---|
| 1992.5 | 兴城市第一届全民田径运动会 | 兴城市体委 | 130 | 1314 | 市体育场 |
| 1997.9 | 兴城市第二届全民田径运动会 | 兴城市体委 | 250 | 1950 | 市体育场 |
| 2002.9 | 兴城市“菊花啤酒杯”第三届全民田径运动会 | 市体管中心 | 214 | 1800 | 市体育场 |
| 2006.9 | 兴城市第四届全民田径运动会 | 市体管中心 | 192 | 1208 | 市体育场 |
| 2010.9 | 兴城市第五届全民运动会 | 市体管中心 | 130 | 1350 | 市体育场 |

## 老年体育

1987 年，在锦州市老年田径运动会上，兴城市选送的老年选手取得 3 个单项第一名，4 个单项第二名，5 个单项第三名的好成绩。

1988 年 5 月 13 日，兴城市老年人体育运动协会成立。10 月，参加锦州市第二届老年人运动会，田径队以总成绩 123 分获男女团体总分第三名。年内，兴城市体育场落成，为老年人体育活动提供良好的活动场所。

1994 年春，兴城市夕阳红自行车健身队成立。9 月，兴城市太极拳辅导站成立。1989 年 10 月，兴城市 13 名太极拳选手代表葫芦岛市参加辽宁省首届民间武术比赛，获团体第二名。

2001 年 10 月，在首届东三省体育舞蹈锦标赛中，兴城选手获舞厅舞寿星组第一名。年末，兴城市太极拳协会发展到 200 人。2007 年 6 月，兴城市老年门球代表队参加葫芦岛市“迎奥运”老年门球比赛，获团体第二名。2008 年 5 月，在北京武术院举办的第四届集体太极拳观摩交流竞赛中，兴城市太极拳协会代表队获集体二等奖。5 月 25~26 日，举办“迎奥运”老年乒乓球赛。

2009 年 5 月，举行第二届老年人（60 周岁以上）乒乓球赛；7 月，举行第二届老年人钓鱼赛。

2012年6月，组织老年门球赛。

## 第二节　校园体育

1986年，全县各学校实施《国家体育锻炼标准》，有92.02%的学生及格，其中优秀率24.08%，超过省市有关部门的规定指标。羊安满族乡12所小学达标率连续5年超过90%，合格率94.80%，优秀率30.20%。其中羊安中心小学合格率100%，优秀率54.70%，名列全县之首。1989年，全市业余体育训练网点学校发展到15所，其中城区6所，有450人参加训练。

1991年，高家岭中学坚持自制体育器材、开展课余体育训练成绩突出，被辽宁省体育运动委员会授予“体育传统项目学校”称号。四家屯乡中心小学被辽宁省体育运动委员会、辽宁省教育委员会分别授予施行《国家体育锻炼标准》、开展冬季三项体育活动先进校称号。

1993年，全市各学校施行《国家体育锻炼标准》，经验收合格率为97.18%，其中优秀率为23.27%，达到规定指标。高家岭中学获辽宁省群众体育先进单位称号。

1996年，各学校推行“两课”“两操”“两活动”，保证学生每天参加1小时体育活动。1997年，对全市3所中学、31所中心小学及直属小学、28所村级小学进行广播体操检查评比，其中双树中心小学被辽宁省体育运动委员会评为“广播体操先进单位”。1999年，对全市96所中小学的新广播体操进行检查评比，兴城第二高中等12所学校获中学组优胜单位，南一小学等14所小学获中心校组优胜单位，曹庄镇朱家小学等11所小学获村级小学组优胜单位。有50427名学生达到国家体育锻炼标准，及格率96.4%，优秀率34.8%。

2001年，兴城第一初中、宁远中心小学被评为辽宁省“施行《国家体育锻炼标准》工作先进单位”，曹庄中心小学被辽宁省体育局命名为“省体育传统项目学校”，双树中学被评为辽宁省“群众体育工作先进单位”。

2006年10月，对全市各学校《学生体质健康标准》实施情况进行检查测试。2007年，全市各学校启动“兴城市中小学生阳光体育运动”活动，开展“两操”评比活动、“大课间集体舞”推广活动、“冬季三项”活动。南一小学获得“辽宁省启动阳光体育运动工作突出贡献单位”称号。郭家中学、大寨小学获得辽宁省《贯彻学校体育工作条例》优秀单位。

2009年，推广第三套广播体操，开展“千校万人大会操”活动。南一小学、兴城第一初中、兴城第二高中被评为辽宁省“千校万人大会操”优秀学校，温泉小学、宁远小学、兴城第二初中被评为葫芦岛市“千校万人大会操”优秀学校。曹庄镇中心小学独轮车队在全国第十二届独轮车锦标赛中获得团体冠军。在东北三省体育舞蹈大赛中，温泉小学17人获得金奖，17人获得银奖。

2010年，兴城市教育局向全市中小学生提出“不求学生人人成为运动员或艺术家，但求个个提升身心素质和审美素质”。各校以健美操、太极操、球类比赛活动为主，举办篮球、排球、足球、乒乓球、健美操、体育舞蹈等比赛。冬季开展以跳绳、踢毽、长跑三项为主的竞赛活动，全市中小学每个学生都能掌握两项以上的体育运动技能。全市体育场地及设施合格的学校达到65%。

### 中小学学生运动会

1986年5月25~26日，在兴城县运动场举办全县中小学学生田径运动会。全县62所学校的700余名运动员按组别，参加113个项目的比赛。至2012年，共举办18届中小学学生田径运动会。

## 1986~2012 年兴城市中小学学生田径运动会情况

表 22-2-2

| 时间 | 名　　称 | 主办单位 | 参赛人数 | 地点 |
|---|---|---|---|---|
| 1986.5 | 县中小学学生田径运动会 | 兴城县教委 | 700 | 县运动场 |
| 1987.6 | 市第一届中小学学生田径运动会 | 兴城市教委 | 800 | 市体育场 |
| 1988.10 | 市第二届中小学学生田径运动会 | 兴城市教委 | 770 | 市体育场 |
| 1989.9 | 市第三届中小学学生田径运动会 | 兴城市教委、体委 | 760 | 市体育场 |
| 1990.9 | 市第四届中小学学生田径运动会 | 兴城市教委、体委 | 730 | 市体育场 |
| 1991.9 | 市第五届中小学学生田径运动会 | 兴城市教委、体委 | 726 | 市体育场 |
| 1993.9 | 市第六届中小学学生田径运动会 | 兴城市教委、体委 | 762 | 市体育场 |
| 1994.9 | 市第七届中小学学生田径运动会 | 兴城市教委、体委 | 658 | 市体育场 |
| 1995.9 | 市第八届中小学学生田径运动会 | 兴城市教委 | 740 | 市体育场 |
| 1996.9 | 市第九届中小学学生田径运动会 | 兴城市教委 | 764 | 市体育场 |
| 1998.9 | 市第十届中小学学生田径运动会 | 兴城市教委 | 774 | 市体育场 |
| 1999.9 | 市第十一届中小学学生田径运动会 | 兴城市教委 | 700 | 市体育场 |
| 2000.9 | 市第十二届中小学学生田径运动会 | 兴城市教委 | 700 | 市体育场 |
| 2001.9 | 市第十三届中小学学生田径运动会 | 兴城市教育局 | 914 | 市体育场 |
| 2003.9 | 市第十四届中小学学生田径运动会 | 兴城市教育局 | 900 | 市体育场 |
| 2004.9 | 市第十五届中小学学生田径运动会和独轮车比赛 | 兴城市教育局 | 882 | 市体育场 |
| 2005.9 | 市第十六届中小学学生田径运动会暨独轮车锦标赛 | 兴城市教育局 | 888 | 市体育场 |
| 2007.9 | 市中小学学生“阳光体育运动”启动仪式暨第十七届田径、独轮车运动会 | 兴城市教育局 | 900 | 市体育场 |
| 2010.9 | 市第十八届中小学学生田径运动会 | 兴城市教育局 | 900 | 市体育场 |

注：2011~2012 年未举办中小学学生田径运动会。

### 体育人才培养

1986 年，兴城县少年儿童业余体育学校有学员 70 人，寄宿 30 人，有专职教练员 4 人。1987 年，改称兴城市少年儿童业余体育学校 （简称兴城体校）。1992 年，被国家体育运动委员会授予“全国业余体育训练先进集体”。1998 年，被评为全国业余训练先进单位。

2000 年，兴城体校有教工 15 人，其中专职教练 8 人，均具有大专以上学历。有学员 90 人，寄宿 30 人。2010 年，学校有教工 17 人，其中专职教练 10 人，均具有大专以上学历。设田径、篮球、独轮车 3 个项目，有学员 56 人，寄宿生 18 人。

兴城体校对有一定基础的青少年运动员进行培养，作为体育人才输送到全国各地体育部门。1986~2012 年，兴城体校为辽宁、山西、广东、海南、云南、四川、浙江、江西、吉林、湖南、福建、江苏、黑龙江、内蒙古、陕西、甘肃、湖北、北京、上海19省，市体育学校、专业队、体育院校及其他院校输送体育人才234人。

## 第三节　体育设施

### 体育场（馆）室、器械

1988年7月，兴城市人民体育场（简称兴城体育场）建成投入使用，设有符合国家标准的三合土400米跑道，有运动员席800个，可容纳观众10000余人。1989年，拓宽、加长体育场观众座席260平方米，铺设水泥板路，修建防水墙，场地四周进行绿化，完成体育馆前楼工程540平方米。

1991年，兴城体校综合训练馆（亦称兴城体育馆）900平方米主体工程竣工，交付使用。1992年，兴城市体育场新建看台300平方米，铺水泥板路676平方米，兴城体育馆铺木质地板464平方米。1994年，投资15万元，为体育馆购置液压篮球架、电子记分牌、30秒电子记分器、乒乓球台；新安装观众座席460个；建储水池泵房、压实机库房，购置微机泵；完善体育场主席台遮盖设施。

1996年，兴城市城市建设环境保护局投资300万元，在兵器工业总公司疗养院修建温泉水游泳馆，总面积2600平方米，成为市内第一家室内游泳馆。投资300多万元在兴城高中院内东侧建成体育馆1座，2001年交付使用。2002年，在体育场安装价值5万元的漫步机、形体训练器、太极柔推器等健身器材。

2004年，兴城市菊花啤酒有限公司赞助体育运动管理中心3万元，购置乒乓球台12个，成立菊花乒乓球活动中心。2006年，体育运动管理中心利用体育彩票公益金，为12所中小学争取到300多件体育器材。

2012年，全市有体育馆4座：兴城市体育馆、沈阳军区兴城疗养院温泉疗养区体育馆、兴城第二高中体育馆、兴城第三高中体育馆。城乡有健身广场23个，居民小区有小型健身场地30多处。

### 其他体育设施

1988年，全市新建4个篮球场、2个排球场。1992年，兴城国际射击场建成并营业，面积650平方米，位于兵器工业总公司兴城疗养院院内。设有4个靶位，配有防震耳机和长焦观靶镜。1996年5月，市内第一家旱冰场在海滨“神话大世界”开业。1997年1月18日，位于兵器工业总公司兴城疗养院内的兴城温泉康乐宫开业，建筑面积2600平方米，投资700万元。室内游泳池长25米，宽16米，水深1.8~2米。

1998年，元台子满族乡田屯村建1座灯光球场。“九五”期间，闻家、羊安、东辛庄等11个乡镇建水泥篮球场。1999年，锦铁水调歌头大酒店游泳馆竣工，室内温泉水游泳池为50×25米八泳道国际标准泳池。2002年，兴城宁远广场安装价值10万元的健身器材。2003年，体育运动管理中心安排专人负责体育健身工作，为各活动点协调场地、照明用电及技术指导。年内，全市城区有群众性体育健身活动指导站20个，其中7个指导站被辽宁省有关部门授予“小区体育活动先进指导站”。

2004年，高家岭满族乡先后投资20万元，修建篮球场121个。投资11万元，建成面积为

2500平方米中心体育场。2005年，曹庄镇将位于头台子村的2000平方米文化宫整修改建成大型农民文化活动中心，设有乒乓球室、台球室、室外活动场。2007年，兴城市体育运动管理中心向上级申请两套价值6万元健身器材，分别赠送给沙后所镇南门外村和钓鱼台街道钓鱼台村。

2010年，兴城市人民政府对体育场馆、健身广场的设施及体育管理的经费投入24万元，在34个村建有高标准的村级全民健身广场。

2011年，兴城市人民政府投资40万元，对兴城市体育馆进行维修改建。2012年，兴城市人民政府投资220万元，为村级全民健身广场购置110套健身路径。

## 第四节　体育赛事

### 国际比赛

1989年，在亚洲四国军队邀请赛上，兴城籍运动员冯影（女）在1500米赛跑中，获第2名；在中日友好城市运动会上，兴城籍运动员吴丽红（女）获铅球第1名。1990年，兴城籍运动员杨才山在第三届亚洲青年田径赛5000米长跑中，获第5名。1993年，在日本举行的中日韩三国国际青年田径对抗赛中，兴城籍运动员张亚新获女子跳高第三名。1995年，刘冬生在第六届亚洲青年锦标赛四人艇比赛中，获第一名。1996年，陈军在中日友好城市运动会800米跑中，获第一名。佟海滨在澳大利亚悉尼世界青年锦标赛中，获十项全能第五名。

1998年，曹庄中心小学独轮车队代表中国参加在德国勃特洛夫举办的第九届世界独轮车锦标赛，获奖牌12枚（4金3银5铜）。2000年，曹庄中心小学独轮车队代表中国参加在北京举办的第十届世界独轮车锦标赛，获金牌29枚、银牌16枚、铜牌15枚，独轮车篮球第五名。

2008年，在第29届北京奥运会上，郝可鑫在中国手球队中，攻进5个球。2009年，黄春森在韩国举行的滑雪、登山锦标赛中获第三名。2010年，白月获世界山地自行车青年锦标赛冠军。

### 国家级比赛

1986年，李朝彬在全国中学生运动会上夺得五项全能金牌。1987年，李朝彬在全国大学生运动会上，破全国大学生十项全能纪录。1988年，赵久明在北京通县全国少年田径分龄赛中，投掷、四项素质获第一名；杨才山获3000米金牌。1989年，王卓月（女）在全国第四届中学生运动会上获400米金牌；王秋月（女）获三级跳远第一名；吴丽红（女）获铅球第一名。杨才山在全国第二届青年运动会上，获10000米铜牌。1990年，杨才山在全国青年田径锦标赛中，获3000米金牌。

1993年，张亚新（女）五次参加全国比赛，在跳高、三项全能、四项素质中，获奖牌共5枚（4金1铜），其中一次打破辽宁省少年女子跳高纪录。1995年，在南宁全国少年赛中，迟洪刚获田径3000米第一名；田秀云（女）获五项全能第二名。1996年，在南宁全国青年田径锦标赛中，迟洪刚获1500米第五名；在平阴全国山地自行车赛中，李忠英（女）获第六名。1997年，在上海全国第八届全民运动会上，李忠英获山地自行车第二名；佟海滨获十项全能第三名；田秀云（女）获七项全能第十名；刘东生获四人皮划艇第一名。1998年，在西安全国城市运动会上，赵德宁获十项全能第六名。

2000年，在锦州全国田径大奖赛总决赛中，田秀云（女）获七项全能第六名；赵德宁获十项全能第八名；田秀云（女）在漯河全国锦标赛中获十项全能第七名。12月，盖天参加“月兔杯”

第三届全国武术之乡武术比赛，获传统器械（醉剑）三等奖，同时获“优秀运动员”称号。2001年，在全国少年田径锦标赛中，刘海军获14岁组男子标枪第三名；李玲（女）获14岁组女子标枪第五名；刘建获15岁组男子铅球第五名。2003年，任珊珊（女）在全国自行车锦标赛中获第六名。2008年，黄春森在全国滑雪、登山锦标赛中获第五名。

2009年，在济南全国第十一届全民运动会上，郝可鑫参加手球比赛，获第一名；任珊珊获自行车（公路）第九名；金地（女）获全国场地自行车锦标赛（3公里）团体第三名。2010年，张明明在全国田径比赛中获200米第五名。

## 省、市体育比赛

1986年，兴城有11名运动员作为锦州市代表队成员，参加辽宁省第五届全民运动会。获得金牌1枚、银牌1枚、铜牌2枚。其中王秋月两次打破锦州市女子跳远纪录，以5.77米的成绩夺得辽宁省第五届全民运动会预选赛第一名；赵宇获50米潜泳第一名。1987年，张英伟在辽宁省少年比赛中，取得跨栏第一名。1988年，在辽宁省第一届青年运动会上，兴城市有8名运动员代表锦州市参赛，夺得金牌5枚。在辽宁省第一届农民运动会上，兴城市有11名运动员（占锦州市代表队总人数一半以上）参赛，获团体总分第3名。5月，在锦州市中学生田径运动会上，兴城获团体总分第一名。获个人金牌13枚、银牌5枚、铜牌8枚，1人打破1项锦州市纪录。

1989年，兴城市派出田径、篮球、乒乓球3个队44名队员，参加锦州市3次3项比赛，获团体金牌1枚、银牌1枚；获个人金牌17枚、银牌9枚、铜牌10枚。白塔满族乡哑人王志福在辽宁省首届伤残人运动会获1500米跑第二名、跳高第3名、铅球第5名。1990年，兴城市22名运动员代表锦西市参加在兴城市举办的辽宁省田径分龄赛和少年田径赛，获个人金牌2枚、银牌4枚、铜牌3枚。1992年，兴城市派出15名运动员参加辽宁省两次比赛，获个人金牌2枚、银牌2枚、铜牌1枚，破辽宁省纪录1项。

1993年，兴城市运动员参加全国少年田径比赛3次，获个人金牌5枚、银牌1枚。参加辽宁省少儿田径比赛1次，获个人银牌、铜牌各1枚，破省纪录1项。1995年11月，在首届葫芦岛市少北武术邀请赛上，孙立获得冠军。12月，在葫芦岛市首届围棋、象棋比赛中，马立新获葫芦岛围棋“棋王”称号。

1997年，在辽宁省体育传统项目学校初中学生田径比赛中，高家岭初中获团体总分第二名。兴城高中在辽宁省重点高中学生田径运动会上，获乙组团体总分第一名。9月，兴城市少北武馆在辽宁省“少林杯”赛中，王莎莎的点钢拳、李志跃的阴八步、孙宇哲的传统器械（短刀）、汪浩的点钢十二手等均获佳绩。年内，在全国第八届全民运动会上，兴城体校输送的运动员刘东生为辽宁代表团夺得四人皮划艇冠军。

1999年，在辽宁省首届“国强杯”民间武术暨绝技表演大会上，盖天获螳螂拳项目冠军、朴刀项目第三名。2000年10月，在辽宁省第二届“国强杯”传统武术比赛中，盖天在男子四类拳、短器械、对练三项赛中均获二等奖。2001年，在辽宁省少年田径赛中，兴城市有8名运动员参赛，共获得金牌1枚、银牌5枚、铜牌3枚。

2002年，在辽宁省第九届全民运动会田径比赛中，兴城体校杨露（女）以59.37秒的成绩获女子400米栏金牌，达到国家运动健将标准；卢迪在男子200米比赛中以21.39秒的成绩达到国家运动健将标准。2006年，在辽宁省第十届全民运动会上，兴城体校韩庆志夺得400米跨栏冠军。

2007年，在辽宁省少年田径运动会上，兴城体校刘森获100米短跑第三名；张雪获400米跨栏第三名。

2008年，兴城体校田径队参加省少年田径比赛，获1项第一名，2项第二名。2009年，在“七星杯”辽宁省围棋锦标赛上，刘虹霏获得幼苗女子组第二名；田智伟获幼苗男子组第六名。2010年，兴城体校参加辽宁省第十一届全民运动会，获得金牌3枚、银牌4枚、铜牌5枚。

## 承办、接待上级比赛

1988年7月，辽宁省县级少年田径分区赛在新落成的兴城体育场举行。锦州、朝阳两地的9个县区的288名运动员进行53个项目的比赛，兴城市获团体总分第1名。1990年7月，辽宁省田径分龄赛和少年田径比赛在兴城市体育场举办，共设46个项目。辽宁省内14个市代表队参加，大连、沈阳、锦西队团体总分领先。1992年5月，辽宁省田径传统项目学校运动会在兴城市召开，辽宁省内14个地区、35个代表队的400多名运动员参加4项素质比赛。

1994年6月，兴城市体委承办辽宁省体育先进县领导干部体育比赛。有18个县（市）区，344人参加，设篮球、乒乓球、象棋3个项目。兴城市获篮球第2名，象棋个人第6名，乒乓球单打第8名，获体育道德风尚奖。8月，全国首届沙滩排球巡回赛在兴城海滨风景区举行，参加比赛的有24个队，94名运动员。

1996年8月，第四届全国青少年独轮车比赛在兴城举办，共有10个代表队245名运动员参加比赛。2000年7月，辽宁省水土保持局首届“山川秀美杯”篮球赛在兴城举行，开幕式在兴城体育场举行。全省地级市14个男队、5个女队参赛。

2002年，兴城市体育中心分别接待和承办辽宁省中学生“永林”杯软式排球赛，东北三省人民银行系统篮球赛，“菊花啤酒”杯东北三省首届沙滩健美健身小姐锦标赛暨辽宁省第九届运动会健美健身小姐比赛。2003年，分别接待和承办葫芦岛市财政系统、商业系统、地税系统篮球赛，辽宁省通信员工软式排球赛，葫芦岛市高中和中专学生足球赛，葫芦岛市全民运动会少年组、机关组、企业组篮球赛共9次比赛。2007~2009年，先后承办辽宁省老年乒乓球赛、葫芦岛市农电系统篮球赛、葫芦岛市商业银行男子篮球赛、葫芦岛市机关职工乒乓球赛、葫芦岛市全运会老年乒乓球、门球、象棋赛，成年男女乒乓球和篮球赛，少年篮球和乒乓球比赛。

2010年5月，第29届全国“开拓杯”少年乒乓球赛在兴城职专体育馆开幕，赛事历时6天，全国36个代表队的600多名少年儿童参赛。该届比赛由国家体育总局乒乓球羽毛球运动管理中心主办，中国乒乓球协会少年委员会“开拓杯”执行委员会、兴城市教育局、兴城市职业专科学校协办。2012年，相继承接葫芦岛市老年门球赛、老年象棋比赛。12月，承接葫芦岛市交通系统男子篮球赛和葫芦岛市青少年田径赛。

## 独轮车运动

1993年，曹庄中心小学兴起独轮车活动，独轮车队正式成立。2002~2003年，凯森蒙制衣有限公司出资，将独轮车队冠名为凯森蒙独轮车队，多次参加国际、国内独轮车锦标赛，获得诸多荣誉。

1993~2011年，兴城市独轮车运动员参加世界级比赛2次，获金牌33枚、银牌19枚、铜牌20枚，奖杯2樽；参加国家级比赛14次，获得金牌212枚、银牌172枚、铜牌89枚，奖杯37

樽。参加国家、省级大中型文体活动表演12次，辽宁省内大中型文体活动表演25次。

## 兴城市独轮车队参加国家、省级赛事（文体）活动情况

表 22-2-3　　单位：人

| 时间 | 地点 | 赛事（会）名称 | 代表单位 | 表演人数 | 成绩 |
| --- | --- | --- | --- | --- | --- |
| 1993 | 北京 | 第一届全国独轮车比赛 | 兴城 | 9 | 获金牌7枚，银牌9枚，铜牌2枚；女子团体冠军，男子团体亚军 |
| 1994 | 天津 | 第二届全国独轮车比赛 | 辽宁 | 20 | 获金牌22枚，银牌5枚；团体亚军 |
| 1995 | 北京 | 第三届全国独轮车比赛 | 辽宁 | 30 | 获金牌19枚，银牌6枚，铜牌5枚；A组团体冠军，B组团体亚军 |
| 1996 | 辽宁兴城 | 第四届全国独轮车比赛 | 兴城 | 140 | 获奖牌86枚；A组团体冠、亚军 B组团体冠、季军 |
| 1998 | 北京怀柔 | 第五届全国独轮车锦标赛 | 兴城 | 30 | 获奖牌45枚；A组团体亚军，B组团体亚军 |
| 1999 | 北京 | 第六届全国独轮车锦标赛 | 兴城 | 26 | 获奖牌23枚，A组团体亚军 |
| 2000 | 北京 | 第七届全国独轮车比赛 | 兴城 | 36 | 获奖牌29枚，团体亚军 |
| 2002 | 山西古郊 | 第八届全国独轮车锦标赛 | 兴城 | 20 | 获奖牌27枚，团体季军 |
| 2003 | 山西河曲 | 首届“河曲杯”全国独轮车精英赛 | 兴城 | 30 | 获奖牌40枚，团体亚军 |
| 2003 | 河南郑州 | 第九届全国独轮车锦标赛 | 兴城 | 40 | 获奖牌33枚，团体冠军 |
| 2004 | 山西太原 | 第十届全国独轮车锦标赛 | 兴城 | 40 | 获奖牌20枚，团体冠军 |
| 2005 | 山西右玉 | 第十一届全国独轮车锦标赛 | 兴城 | 30 | 获奖牌23枚，团体亚军 |
| 2009 | 内蒙古包头 | 第十二届全国独轮车锦标赛 | 兴城 | 30 | 获奖牌72枚，团体冠军 |
| 2010 | 辽宁锦州 | 辽宁省第七届少数民族运动会 | 葫芦岛 | 10 | 团体第二名 |
| 2011 | 贵州贵阳 | 第九届全国少数民族运动会 | 辽宁 | 12 | 团体第三名 |

# 第二十三篇　科学技术

## 第一章　科技组织

1986年，兴城县科学技术委员会为兴城县人民政府的科技工作主管部门。1998年3月机构改革，撤销兴城市科学技术委员会，与兴城市地震监测局、兴城市科学技术协会合并成立兴城市科学技术局（简称科技局）。2003年，兴城市科学技术协会从科技局分出单设。2010年，兴城市科技局加挂“兴城市知识产权局”牌子，下辖地震监测站。按照“科技兴市”战略，兴城市人民政府不断加强科技队伍建设，加大科技资金投入，促进科技研发和科学技术推广与应用，为兴城市科技进步、科技创新和经济社会发展提供技术支撑。

### 第一节　科研机构

1986年，兴城县所属科研机构有兴城县农业研究所、兴城县水产研究所、兴城县农机研究所以及25个乡镇的农业技术推广站。随着兴城经济社会的不断发展，至1996年，全市种植业、养殖业等各类科学技术研究会125个。1998年，兴城市万来橡胶研究所和兴城市粉末冶金有限公司研发中心等民营企业科研机构成立。2012年，兴城市有市属以上科研机构12个，民营科研机构7个。

#### 中国农业科学院果树研究所

始建于1958年，是中国最早建立的专门从事果树科学研究的综合性国家级科研机构，隶属于中国农业科学院，主要开展苹果、梨、葡萄等北方落叶果树的研究工作。建有国家苹果、梨种资源圃，国家苹果育种中心，国家落叶果树脱毒中心，农业部果品及苗木质量监督检测试验中心，中国农业科学院苹果、梨工程技术研究中心等一批国家级研究平台。该所广泛开展国际科技交流，与朝鲜、韩国、日本、意大利及东欧一些国家长期保持合作研究关系。有多项科研成果获奖并具有重大推广价值，其中“黄金丰水梨贮藏保鲜技术”获中国农业科学院科学技术成果二等奖，“中国植物染色体研究”获国家自然科学二等奖。

## 兴城市水产科学研究所

隶属于兴城市海洋与渔业局。1979年建所，其前身为水产技术推广站。1986年，下设海水养殖室和淡水养殖室，有海水养殖试验基地6.666公顷。1992年，将“河蟹养殖技术”项目在兴城市推广240公顷，将“海湾扇贝大面积开发”项目推广133.33公顷，获得辽宁省科技进步三等奖。2006年，研究推广“滩涂贝类精养高产和附苗技术”，获得辽宁省科技进步三等奖。2009年，实施240万平方米“大菱鲆引进与饲养推广”项目，养殖户年创产值5亿元。

## 兴城市农业机械化技术推广服务站

1986年，兴城县农机科学研究所隶属于兴城县农机局。2000年，更名为兴城市农业机械化技术服务站，负责研究设计、引进推广新型农机具。2001年，推广新机具1255台，其中马铃薯播种机获得成功，实现播种、施肥、覆土一次完成，填补兴城市蔬菜播种机械化的空白。2002年，花生播种机获得辽宁省农业机械化科技进步奖。

## 兴城市原种场

1986年，有科技人员12人，为自收自支事业单位。1987年，兴城市农业科学研究所与兴城市原种场合并，称兴城市原种场，主要承接省市科研部门的中间试验和区域试验，进行新品种示范等科技活动。2001年，“嫁接茄子树技术推广应用”取得成果。

## 兴城市农业技术推广中心

1986年，兴城县农业技术推广中心隶属兴城县农业委员会，内设推广站、植保站、土肥站、培训股、蔬菜股、试验股、办公室，担负全县农业新技术、新品种、新农药、新化肥的试验、示范、推广和技术培训任务。至2012年，取得科研成果200多项。

## 兴城市兴原马铃薯研究所

1986年成立，为自收自支事业单位，隶属于兴城市原种场。2001年，“脱毒马铃薯大面积开发推广”项目取得成功。

## 晓亮园艺研究所

原为兴城市葡萄园艺研究所，是集科研、生产于一体的自收自支事业单位，隶属于兴城市原种场，位于绿园小区。1996年，在辽宁省优质果鉴评会上，该研究所提供的藤稔葡萄获金奖，巨峰葡萄获铜奖。2001年，由单位职工承包经营，改称晓亮园艺研究所，有实验田4公顷。

## 兴城市教师进修学校科研部

为兴城市专业教育科研机构，担负科研与教育科研成果推广任务。1995年，科研部与温泉小学等单位共同撰写的《中学语文学法指导》《小学语文学法指导科研系列》，分别获得全国学习科学研究成果二等奖。

## 沙后所果树农场新品种梨试验所

1982年始，担负辽西地区新品种梨和其他水果科学试验任务，引进培育梨的新品种37个、苹果新品种33个，试验期10年，1988年生产的“锦丰梨”被评为全国优秀品种，“早酥梨”被评为全国早熟优秀品种。

### 高家岭温水养殖场

1986年成立，原为高家岭温水养殖实验场，研究各品种鱼的温水混养驯化技术。1987年，有养殖水面1.333公顷，养殖甲鱼、罗非鱼，试养河蟹等，年内，“罗非鱼保种育苗高产轮养试验”成功。1989年，更名为高家岭温水养殖场。年内，“温泉水养殖罗非鱼高产试验”项目，通过上级鉴定。2000年，确定以饲养罗非鱼为主。2008年，该场获得无公害食品和产地认证。2009年，获得省级良种场称号。2010年，获得农业部健康养殖示范场称号。

### 兴城安宇建材研究所

1993年成立，是兴城市首家民办水泥新产品研究机构。着力推广东北大学获得国家专利的“无机水泥增强剂”。1997年，该研究所解体。

### 万来橡胶研究所

隶属于辽宁万来轮胎有限公司。1998年，万来公司成立技术中心，投入的科技开发经费占销售收入的9%，开发的新产品占销售收入74%。2001年，万来橡胶研究所成立，有20名科技人员。2004年，研究所内成立“套接攻关科研小组”，投资430万元，专项研发“丁基胶内胎套接技术”，2006年末达到国家GP7036.1-1997的标准。2007年，获国家发明专利。2008年，研制出的利用冷翻套接工艺生产的丁基胶内胎，被定为辽宁省高新技术产品。2009年，“10000T/A三元乙丙再生胶”研制成功投产。年内，辽宁省科学技术厅批准其建立省级产学研技术联盟。

### 兴城市粉末冶金有限公司技术研发中心

隶属于兴城市粉末冶金有限公司。1982年，兴城市粉末冶金有限公司开始研发粉末冶金产品。1996年，成立技术部，加大科研经费的投入。1997年，技术部研发的钻卡头齿圈被评为国家级新产品。2006年，成立技术研发中心。2008年，兴城市粉末冶金有限公司成为辽宁省科技创新示范企业。2009年，“高强度粉末冶金产品研发”，被列入省科研开发计划项目。

### 葫芦岛火力速旋有限公司科研小组

2002年，组成创新团队。2005年，获得国家专利1项。2007年，投入科研经费35万元。2009年，获得专利2项。2010年，获得专利1项。

### 兴城市食用菌专业技术研究会

1992年成立，有会员133人，形成包括食用菌生产、肉食鸡繁育、自动排渣沼气能源开发三个体系的培训、咨询、试验、繁育一体化的科研基地。1999年，组织成立8个食用菌专业技术研究分会，共有会员970人。

### 兴城市养猪专业技术研究会

1992年成立，有会员70人，会长郭永富创办的“四兴养猪场”，聘请辽宁省养猪专家为常年技术厂长，向养猪户推广优良种猪、母猪、仔猪。

### 沙后所镇蔬菜保护地研究会

1995 年成立，有会员 122 人，利用国道 102 线的地理优势，引进新技术、新品种，大力发展蔬菜生产基地。

### 无公害养猪专业技术协会

位于古城街道花园村，2005 年成立，有会员 150 人，带动花园村及周边地区会员 500 余户。该协会地处兴城市北郊，占地面积 33300 平方米，年饲养生猪 15000 头，有标准猪舍 50 栋，成为辽西地区全封闭无公害养殖示范小区和种猪繁育基地，是辽宁省养猪研究会理事单位。

### 葫芦岛市长一中医研究所

2008 年成立，位于兴海北街，有工作人员 4 人。研究课题有中药治疗冠心病、中药治疗尿毒症和中药治疗慢性肾病。

## 第二节 科技队伍

1987 年，兴城市建立科技领导小组，主管科技的副市长任组长，市直有关部门相应成立科技管理机构；各乡镇人民政府有 1 名副乡镇长分管科技工作，并配备科技助理，建立农、林、果、牧、渔等科技推广机构。至 2012 年，在全市 12 个市属以上科研机构和 7 个民营科研机构中，有专业科技人才500 余人，各类农民科学技术研究会有技术人员 8000 余人。

### 专业科技队伍

1986 年末，兴城县专业科技队伍中，有科学技术人员 5625 人。其中工程师 71 人，助理工程师 130 人，技术员 150 人；农艺师 34 人，助理农艺师 75 人，农业技术员 32 人；主任医师、副主任医师各 1 人，主治医师 29 人，医师 123 人，护士 459 人。教育、文化、政工、经济、律师、公证、会计、统计等方面的技术人员 2968 人，其他技术人员 1552 人。

2000 年，兴城市一些企业与科研院所建立“产、学、研”联合的技术协作关系，聘请技术、管理人才 400 余人。

2012 年，兴城市有科技人员 8472 人。其中管理人员 1314 人，专业技术人员 7158 人; 农业技术人员 590 人，其他专业科技人员 7882 人。

### 群众科技队伍

1986 年，全县各乡镇陆续成立科学实验小组。

1988 年，兴城市农民技术人才的职称评定工作开始，评出农民科技人员 279 人，其中工程师 4 人、农艺师 6 人、助理工程师 28 人、助理农艺师 33 人、技术员 208 人。1989 年，共青团辽宁省委、辽宁省科学技术委员会授予大寨满族乡姜鸿鹏、钓鱼台街道郭长虹为“青年星火带头人”称号。

1991 年，兴城市科学技术委员会成立农民技术人员职称评定和晋升工作委员会，评出农民高级农艺师、高级工程师7人。1994年，钓鱼台村村民黄静获得辽宁省“巾帼星火工程”带头人称号。全市农业系统在11个相关专业中评定各级职称1530人。1997年，兴城市建立、完善民间科普服务实体208个、科普示范户2315个、农民专业技术研究会125个。

1999年，兴城农民科学技术研究会发展到138个，有会员8000余人。

2006年，兴城市三道沟满族乡“果树协会”“蔬菜协会”成立，共有600多名农民参加活动。2007年，葫芦岛市玄宇食用菌专业合作社成立。兴城市一些农民技术研究会吸纳大学生、农民经纪人入会，在农村出现“支部+协会”的科技发展模式。

2008年，兴城市科技局开展农民技术员培训工程，在农村科技示范户中选拔138名技术人员到沈阳农业大学、辽宁农职学院、大连水产学院学习。中国农科院兴城果树研究所两次开办为期5个月的果树培训班，有90人接受培训。

2009年，农民科技经纪人和返乡大学生带办、创办的各类协会、合作社、研究会成为农村科技工作的重要载体。2012年，兴城市培训农村科技特派员263人。

# 第二章　科技研发

1986年，兴城县成立科学技术基金委员会，通过《兴城县科技发展基金试行办法》，缓解科研经费难题。1990年后，对于列入计划的科技项目，兴城市科学技术委员会加大力度从贷款、试验经费、鉴定、评奖、免税等方面予以协调，促使多数项目成功获得科技成果。2000年后，民营企业不断增多，科学技术管理服务工作不断提高，科技成果显著。

## 第一节　科技成果

1987年，兴城市公路管理段齐万清发明的“苯回收器”，通过省级技术鉴定，为国内首创，当年为该单位增收9.5万元。药王满族乡的无锈金冠苹果在辽宁省优质果鉴评会上获第一名。

1989年，兴城市水泵厂邹群、姚传民等研制的“TDF型高压多级耐腐蚀离心水泵”通过国家鉴定，填补国内机电产品一项空白。兴城市公路段齐万清发明的“水泥抗折试验机”通过省级技术鉴定，试验成功的“烟道余热与太阳能综合利用”达到辽宁省内先进水平。双树乡阎笑贵的“吨产金谷”，获辽宁省人民政府科技进步二等奖。双树乡沥青化工厂研制的铸铁光亮剂通过省级技术鉴定。

1990年，兴城市粉末冶金厂的“汽车同步齿环”，获得国家“星火计划”金奖，填补省内一项空白。兴城市轴承厂的“73系列圆锥滚子轴承”、兴城市农机修造厂的“L195柴油高压油管”和兴城市水泵厂的“IS80-50-200单级单吸清水泵”，被评为辽宁省优质产品。

1991年，兴城市公路段的“沥青节能加热器”“土工布伸缩缝”两项科研成果被辽宁省公路科研发明技术鉴定会列为省内首创。沙后所果树农场穆振鹏研发的无毒苹果“金冠”，通过国家鉴定。

1992年，东电疗养院丁桂才研制的“喉痛散”，获东电科技进步二等奖，被收入《中国技术大全》。兴城市人民医院医生于海滨的“5.5%甘露醇与硫酸钡混悬液应用小肠双对比照影技术”获辽宁省级科研成果奖。兴城市精锻齿轮厂的“JS钻卡头螺母”，通过辽宁省级鉴定。兴城市电子技术研究所赵洪文发明的“微机控制多功能检测实验装置”，达到国际标准，填补国内空白。兴城市林木种子公司林木良种基地油松选择改良研究，达到国际先进水平。

1994年，锦山机械厂生产的“汽缸套”和“钕铁硼”，被评为“全国优秀节能产品和优秀节能科技成果”。兴城市轮盘厂变速轮盘新产品，达到国内先进水平。兴城市电卡预付费电能表厂与抚顺市电业局联合研制的电卡式预付费电能表，通过国家技术监督局鉴定，填补国内空白。1995年，兴城市自动化厂研制的“DS型多路声光自动报警检测器”，通过辽宁省科学技术委员会鉴定。

1996年，兴城市人民医院“涤纶毡型心脏补片修补矢状窦破裂”和“改良式牵升复位加压器治疗陈旧性重叠移位胫腓骨折的应用”，达到省内先进水平。兴城市科协主持培育的“半半棉”（兴棉1号）达到省内先进水平，纳入“金桥工程”。兴城市啤酒厂研发生产的“珍珠保健啤酒”通过辽宁省卫生厅检测，达到省内先进水平。1997年，兴城市粉末冶金厂的钻卡头齿圈被评为国家级新产品。

2006年，兴城北方环宇缸套厂的“浮点薄壁镀铬汽车缸套技术的研发”项目，使汽车发动机使用寿命达到20万公里，其技术达到国际水平，年创产值500万元。“油田管路连接装置和万向补偿装置的研制与开发”项目填补国内空白，替代美国进口产品，年创产值600万元。

2008年，葫芦岛火力速旋有限公司的“增压内燃机用浮点型钢质薄壁铬汽缸套”项目列入国家级计划项目，其产品被申报辽宁省自主创新产品。同时申报的还有兴城市粉末冶金有限公司的“一次冲压成型生产电机爪极的模具”和海思科药业的“盐酸钠镁芬注射液”。

## 1987~2012年兴城市获省级以上奖励的科技成果

**表23-2-1**

| 项目名称 | 奖励类别 | 承担单位主持人 | 年度 |
|---|---|---|---|
| 无锈金冠苹果 | 辽宁省优质果鉴评会第一名 | 药王满族乡 | 1987 |
| 烟道余热与太阳能综合利用 | 辽宁省内先进水平 | 公路段齐万清 | 1989 |
| 吨产金谷 | 辽宁省人民政府科技进步二等奖 | 双树乡阎笑贵 | 1989 |
| 反渗透CA膜卷式组件 | 国家金箭奖银奖 | 8271厂 | 1990 |
| TDF12–11×27型高压多级耐腐蚀离心泵 | 国家金箭奖铜奖、辽宁省人民政府科技成果三等奖 | 兴城市水泵厂姚传民 | 1990 |
| 精锻“4T17”系列变速器同步器齿环 | 星火计划科技成果优秀奖 | 兴城市精锻齿轮厂 | 1991 |
| 内燃机用钢质薄壁铸铬气缸套系列新产品 | 全国专利新技术军转民新成果交易会金杯奖 | 锦山机械厂 | 1991 |
| 高性能永磁材料钕铁硼 | 全国专利新技术军转民新成果交易会银杯奖 | 锦山机械厂 | 1991 |
| 锦丰梨大面积开发 | 星火计划科技成果优秀奖 | 兴城果树研究所 | 1991 |
| 高级天然粒粒橙果汁饮料 | 星火计划科技成果优秀奖 | 兴城市兴大饮料厂 | 1991 |
| 来果灵 | 农业部1991年科技进步二等奖 | 兴城果树研究所 | 1991 |

续表 23-2-1

| 项目名称 | 奖励类别 | 承担单位主持人 | 年限 |
|---|---|---|---|
| 苹果花药培育技术及 8 个主栽品种花粉植株培育 | 国家科技进步三等奖 | 兴城果树研究所 | 1991 |
| N70 型喷风碾米机 | 星火计划科技成果银牌奖 | 兴城市农业机械厂<br>李顺 | 1991 |
| 喉痛散 | 东电科技进步二等奖 | 东电疗养院丁桂才 | 1992 |
| 增力可调螺丝松紧器 | 星火计划科技成果向中西部转移暨内蒙古技术洽谈会金奖 | 兴城市精锻齿轮厂 | 1992 |
| 精锻汽车同步器齿环 | 星火计划科技成果向中西部转移暨内蒙古技术洽谈会金奖 | 兴城市精锻齿轮厂 | 1992 |
| 天波牌杏仁乳汁 | 辽宁省新技术新成果展金奖 | 兴城市杏仁乳汁厂 | 1993 |
| “藤稔”葡萄 | 国家农业部优质产品奖 | 兴城市园艺研究所 | 1994 |
| 《中学语文学法指导科研序列》 | 全国学习科学研究成果二等奖 | 兴城市教师进修学校科研部与温泉小学 | 1995 |
| 音乐科研实验 | 辽宁省音乐科研实验成果一等奖 | 兴城南一小学 | 1995 |
| 引进的“藤稔”葡萄 | 中国第二届农业博览会铜牌奖 | 兴城市园艺研究所 | 1995 |
| 铜包钢裸线生产技术开发 | 第六届中国科技新产品名优产品博览会金奖 | 葫芦岛辉煌铜业公司 | 1996 |
| 引进的“藤稔”葡萄 | 辽宁省农业厅金奖 | 兴城市园艺研究所 | 1996 |
| 皮革柔软剂 | 辽宁省高新技术专利产品评选金奖 | 兴城市精细化工厂 | 1996 |
| 杂色蛤滩涂改良高产实验 | 辽宁省人民政府科学技术进步一等奖 | 兴城市水产局 | 1998 |
| 自动扣眼机组件 | 辽宁省第十届青少年科技发明初中组一等奖 | 东辛庄中学张闯 | 2000 |
| 《线性虫的观察与分离》科技论文 | 辽宁省第十八届青少年科技创新大赛一等奖 | 兴城温泉小学 | 2003 |
| “光控温室大棚”小发明 | 辽宁省第十八届青少年科技创新大赛二等奖 | 高家岭中心小学 | 2003 |
| 创新教育与学科整体改革实验 | 辽宁省优秀教育科研成果奖 | 兴城南一小学 | 2003 |
| 新型的装有浮体的游泳衣 | “国家科技创新”一等奖 | 益丰泳装厂 | 2004 |
| 花生高产优质栽培技术研究与推广 | 辽宁省农业科技贡献一等奖 | 兴城市农业技术推广中心 | 2006 |
| 丁基内胎套接工艺技术 | 辽宁省科技进步三等奖 | 万来轮胎有限公司 | 2007 |
| 兴城市海珍品养殖基地 | 辽宁省科技进步三等奖 | 兴城市龙运井盐水水产养殖有限公司 | 2007 |
| 国家级教育科研子课题《不同学段校本课程资源开发与设计研究》 | 国家级教育科研二等奖 | 兴城高中、南一小学、温泉小学、东辛庄中心小学 | 2008 |
| 教育科研规划课题 | 国家级教育科研三等奖 | 兴城古城小学 | 2008 |

## 第二节　科技专利

随着科技管理体制改革的不断深入，兴城市专业科研工作者和产业职工，在科技研发和生产实践中，发明创造出多项具有一定科技含量的知识形态产品和实物形态产品。有的不仅填补地区科技产品的空白，还成为受国家认可并进行法律保护的专利技术。

### 发明专利

1987 年，华山镇王洪学“处理三价铬污泥的方法”被授权国家发明专利。1989 年，兴城市粉末冶金厂高洋等研发的“粉末冶金铁基材料钻卡头螺母”等 3 项获国家发明专利。1991 年，兴城市棉织厂吴春玉研发的“水槽摄影法”获国家发明专利。

1992 年，郭家镇曹长江研发的“一种天然青石磨具的制备方法”、刘台子满族乡中心小学李承山研发的“一种防癌保健食品的生产方法”获国家发明专利。

1993 年，兴城市化工总厂发明的“一种甲醇污水处理工艺”，兴城市棉织厂张玉祥、王瑞研发的“纯棉弹性绷带的制造方法”获国家专利。1994 年，旧门满族乡曹太岩、李守田研制的“一种全价复合肥”，兴城市粉末冶金厂苏泉涌、高洋等人发明的“钻卡头齿形螺母的制造工艺”获国家发明专利。

1995 年，兴城市科委成立科技成果、专利管理股，进一步加强专利管理工作。1996 年，兴城市共获得国家发明专利 4 项，包括兴城市风湿病医院的“风湿病防治服及药物”、宋和的“一种治疗风湿病的药物”、隋文华的“电缆桥架制造方法”、尚氏酱油厂尚广轫的“温泉水发酵法制酱油工艺”。

1998 年，兴城市科技局向有关部门转发《辽宁省科技成果转化法》和《国家科技成果转化法》。2000 年，四家村张旭东的“拱棚地窖梯田立体蘑菇栽培方法”获得发明专利。2001 年 5 月，兴城市粉末冶金有限公司的“钻卡头用齿圈精制毛坯新工艺”，被授予专利权，其产品市场占有率达到全国的 80%。

2002 年，兴城市科委下发《关于专利申请费用资助办法的通知》，对专利产业化项目争取资金补贴。兴城市粉末冶金有限公司的专利项目“钻卡头用齿圈精制毛坯新工艺”，被辽宁省知识产权局列为专利补助项目。

2003 年，旧门满族乡曹玉珩、骆红岩发明的“一种稀土腐殖酸全价复合肥其制备方法和应用”，获国家发明专利。2005 年，东辛庄花木总公司杨贤志的“百合花种球培育方法”，获得国家发明专利。

2006 年，全市共有 8 项获得发明专利。其中有北方膜技术工业有限公司王久儒的“饮用水应急净化工艺及其装置”，中国农业科学院果树研究所王文辉与姜修成等发明的“一种抑制梨黑皮、黑心病的方法”，王大帅等人研制的“腌渍料”等发明专利。

2007 年，“一种丁基橡胶内胎接头套接方法”“水压式水压机”“室内空气净化灯”等 14 项获得国家发明专利。

2009 年，兴城市科技局邀请葫芦岛市专利事务所的专家到白塔满族乡公略焊业等企业宣传科技专利知识，并且当场代理公略焊业公司的烧结焊剂的 2 件配方专利的申报，申请国家专利。年内，全市有“多臂联动内燃机”“利用废弃装油袋、废散单和废塑料提取燃油的方法”等 8 项获国家发明专利。

2010年，兴城市科技局邀请专家到兴城市粉末冶金有限公司等科技型企业宣传专利知识，并当场代理2件专利的申报。年内，全市共申请专利21项，其中发明专利7项。

2011年，全市申请发明专利30项，获发明专利4项。兴城市知识产权局开展专利执法。年内，兴城市被评为辽宁省专利执法示范县。2012年，兴城市申请发明专利26项，获发明专利6项。

## 实用新型专利

1987年，华山镇董英发明的“爬楼小车”、空军疗养院包国金发明的“垂足矫正器”、锦山机械厂孙佐成发明的“折叠式组合多用桌”获实用新型专利。1988年，华山镇曹德喜研制的“拖车液压自卸装置”、古城街道杨士忠发明的“高温除霜器”等4项产品，获实用新型专利。1989年，苏泉涌、高洋等人研制的“钻卡头齿形螺母”和兴城市公路管理段齐万清、于胜利等4人研制的“沥青节能加热器”获实用新型专利。

1990年，兴城市获实用新型专利4项，其中兴城市财政局李鸿宝发明的“带游标的算盘”，新颖别致。1991年，兴城市共获8项实用新型专利，其中郭家满族镇王树萱等人研制的“薄壁镀铬汽缸套”，经济效益显著。

1992年，围屏满族乡岳国印发明的“畜力精良播种机”、元台子满族乡上枣山村郭铁兴发明的“短芯铅笔”、兴城市公路管理段郭长纯等人研制的“可逆离心泵”、兴城市机械化研究所张文平发明的“写字姿势矫正架”、东山社区兴荣里王铁链发明的“尼龙墨笔”等8项科技产品获得实用新型专利。

1995年，兴城市水泵厂姚传民研制的“双级耐腐蚀液环真空泵”、兴城市机械化研究所张顺辉、常文宝等人研制的“手推式花生打药机”、常文宝研制的“手推花生点播机”等11项获得实用新型专利。1998年，兴城市有9项获得实用新型专利。

2003年，兴城市粉末冶金有限公司以科研成果与中南大学、东北大学合作产品开发项目，争取到项目资金支持。年内，全市获得实用新型专利19项。其中沙后所轴承厂王久才发明的“自动驱动棘轮间歇转动装置”，功效显著。

2004年，女企业家刘雪艳研究设计的“新型的装有浮体的游泳衣”获得实用新型专利。2005年，兴城市机械化研究所姚德新、周旭峰等5人研制的“勺盛式花生播种机”、王树萱的“汽车用浮点型钢质薄壁镀铬汽缸套”获得实用新型专利。年内，全市共获得11项实用新型专利。

2007年，兴城市获“电解烟尘净化回收装置”“常压立式超导快速供暖锅炉”等12项实用新型专利。其中红崖子满族乡张凤雨、张凤兴的“花生脱壳机”，每小时可脱壳2000公斤，年销售200台。

2009年，东辛庄镇杨俊栋发明的“一种逆燃反烧汽化生物质热能取暖锅炉”和王树萱发明的“一种不产生电镀污水排放的电镀生产装置”获得实用新型专利。年内，全市有“油泵控制器”“管路连接密封圈”等13项发明获得实用新型专利。2010年，海滨满族乡项久兴的“黄油枪杂物阻拦滤过器”获得实用新型专利，贾春林等人的“气体减压阀”等5项发明获得实用新型专利。

2011年，兴城市申请实用新型专利35项。2012年，兴城市申请实用新型专利28项。

### 外观设计专利

1993年，四家屯乡四家村张旭东的“包装盒”（参珍扒鸡）等2项发明获外观设计专利。1996年，兴城市绿色食品厂胡军民发明的“盖贴”“包装袋”两项获外观设计专利。2003年，药王满族乡王永林等设计的“钟表盘”“钟表时盘”“传呼手机”等3项产品，获外观设计专利。2005年，兴城市林业局任先哲、任福龙发明的“标贴”获外观设计专利。2006年，宁远街道刘英飞发明的“广告车厢”项目，获外观设计专利。2010年，三道沟满族乡李希林设计的“水果包装箱”获外观设计专利。

2011年，兴城市申请外观设计专利4项。2012年，兴城市申请外观设计专利14项。

# 第三章 科技管理

科技进步和经济社会的快速发展，为科技管理工作提出新的要求。依照国家、省、市相关法律法规，兴城市人民政府及其科技管理部门，切实转变观念，加强对科技计划编制、科技资源优化整合、科技信息化建设、科学技术推广与应用等进行管理，由重前期立项向重全过程管理转变，由促进创新能力提高向促进科技成果的产生和转化转变，推进区域科技创新，发挥科技工作在经济社会建设中的支撑和引领作用。

## 第一节 科技计划

1986年，兴城县科学技术委员会向国家、省、市科技管理部门推荐科技项目，申请列入各级重点科技项目计划，并争取资金。

1988年，兴城市科学技术委员会（简称兴城市科委）为立项的计划项目“四道沟海域试养海湾扇贝”筹资20余万元。11月验收，成活率98%，总产40000公斤，利润9.6万元。1990年，帮助兴城市冶炼厂立科技项目——生产“人造水晶”，为其争取贷款30万元；为兴城市水泵厂开发TDF型系列产品争取无息贷款20万元。1991年，对兴城市粉末冶金厂列入计划的“JS系列钻卡头螺母”“GCH4热处理自动线”两个项目予以扶持，为其争取到科技贷款50万元；为兴城市轴承厂的“英制轴承”项目申报免税30万元。1994年，为列入国家星火计划、火炬计划的3个项目及“河蟹人工养殖”等项目，争取各级科技贷款1300万元。

1997年，兴城市科委开始统一编制项目，连同省下达的科研项目一起统一编入全市重点科技项目计划，分批落实到各项目承担单位，并采取措施，加强监督管理。

2001年，制定《兴城市科学技术“十五”发展计划》，确定兴城市级重点科技计划项目20项。2003年，兴城市科技局加大对民营企业的科技支持，向辽宁省科技厅、财政厅申报中小企业创新基金项目2个，即开发粉末冶金系列产品和清洁甲醇汽油项目。年内，为重点科技计划项目争取到经费102万元。

2006 年，葫芦岛火力速旋气配制造有限公司“浮点型钢质薄壁镀铬汽缸套”项目被列入辽宁省科技计划，完成后年创产值 2538 万元，利税 348 万元。

2009 年，兴城市科技局分别向国家、省、市科技部门推荐申报重点科技项目 5 项，其中由葫芦岛火力速旋气配制造有限公司承担的“增压内燃机用浮点型钢质薄壁铬汽缸套”被列入国家重点科技项目。

2011 年，兴城市被列入国家、省、市级重点科技计划的有 3 个项目，其中兴城市科技局承担的“40 万亩优质花生产业化基地建设”项目，被列入国家级重点科技计划，国家及省财政共投入项目补贴 314 万元；由兴城市水泵制造有限公司承担的“MD 系列煤矿用耐磨多级离心泵科技攻关”项目被列入葫芦岛市及重点科技计划。

2012 年，列入国家、省、市级重点科技计划的有 4 个项目，其中，列入省级重点科技项目 1 项，葫芦岛市级项目 3 项。

## 1986~2012 年兴城市列入省、国家重点科技项目计划

表 23-3-1

| 项目名称 | 类别 | 承担单位、主持人 | 起止年限 |
|---|---|---|---|
| 优良品种梨示范园 | 辽宁省级重点科技计划项目 | 兴城果树研究所林庆阳、张力，兴城县科委张玉良 | 1986~1992 |
| 红富士苹果开发实验 | 辽宁省级重点科技计划项目 | 兴城县果树总站方树昌 | 1986~1987 |
| 对虾精养高产综合技术试验 | 国家星火计划 | 刘台子满族乡养殖场刘继仁 | 1986~1988 |
| “新红星”和“红富士”苹果开发试验 | 国家星火计划 | 兴城果树研究所汪景彦、兴城县果树局方树昌 | 1986~1990 |
| 无机合成艺术大理石新产品试制 | 国家星火计划 | 双树乡人民政府叶德春 | 1986~1988 |
| 苹果新品种选育 | 辽宁省科委 | 沙后所满族镇果树农场穆振鹏 | 1986~1990 |
| 海水鱼虾混养试验 | 辽宁省科委 | 兴城县水产研究所沈国卿、祖连成 | 1986~1987 |
| 对虾小面积精养高产试验 | 辽宁省级重点 | 兴城县水产研究所魏作成、王德利、杨百明 | 1986~1987 |
| 海湾扇贝养殖 | 辽宁省星火计划 | 兴城市海口渔业公司杨树友 | 1988~1991 |
| 优化配方施肥技术 | 辽宁省级重点 | 兴城市农业技术推广中心宋静煜 | 1987~1988 |
| 铸铁件“光亮剂” | 辽宁省星火计划 | 双树乡人民政府张连仲 | 1988 |
| 反渗透卷式膜原材料试制 | 国家科委 | 8271 厂兰维银、齐广元、田长平、张树彬、邢桂兰等 | 1989 |
| JS 系列钻头螺母（FTG-30）生产开发 | 辽宁省星火计划 | 兴城市粉末冶金厂苏泉涌 | 1990 |
| 精锻汽车同步器齿轮 | 国家星火计划 | 兴城市粉末冶金厂苏泉涌 | 1992 |
| DW 高级微型离心泵 | 辽宁省星火计划 | 兴城市水泵厂 | 1992 |
| 高铝锌基耐磨合金 | 辽宁省星火计划 | 兴城市精密合金厂 | 1992 |
| ACT—252 型活性炭纤维 | 国际火炬计划 | 兴城市化工总厂 | 1993 |
| 用粉末冶金烧结钢生产汽车同步器齿环 | 国家星火计划 | 兴城市粉末冶金厂 | 1993 |

续表 23-3-1

| 项目名称 | 类别 | 承担单位、主持人 | 起止年限 |
|---|---|---|---|
| 纯棉弹性绷带 | 辽宁省火炬计划 | 兴城市棉织厂 | 1993 |
| 石油修井多功能冲洗装置 | 辽宁省星火计划 | 兴城市石油机具厂 | 1993 |
| 微机控制多功能检测实验装置 | 辽宁省星火计划 | 兴城市电子技术研究所 | 1993 |
| 开发高强度粉末冶金零件 | 国家星火计划 | 兴城市粉末冶金厂 | 1994 |
| 菊花岛海域浅海养殖大面积开发 | 国家星火计划 | 兴城市海洋局 | 1994 |
| 纯棉弹性绷带 | 辽宁省火炬计划 | 兴城市棉织厂 | 1994 |
| 高强度粉末冶金零件 | 辽宁省星火计划 | 兴城市粉末冶金厂 | 1996 |
| 大扁杏系列产品加工 | 国家星火计划 | 旧门、三道沟、郭家、药王、碱厂、白塔等乡镇 | 1997 |
| 牧场化人工鱼礁及深海网箱高效养殖技术研究 | 辽宁省级重点科技计划项目 | 兴城市水产局 | 2002 |
| 粉末冶金系列产品 | 辽宁省级重点科技计划项目 | 兴城市粉末冶金有限公司 | 2003 |
| 郭家镇芦荟生产项目 | 辽宁省级重点科技计划项目 | 郭家镇人民政府 | 2003 |
| 提取花生蛋白 | 辽宁省级重点科技计划项目 | 正业花生生产发展有限公司 | 2004 |
| 新品种观赏树 | 辽宁省级重点科技计划项目 | 东辛庄花卉总公司 | 2004 |
| 高温、高压阀门 | 辽宁省级重点科技计划项目 | 锦华金属机械加工厂 | 2004 |
| 连续提炼单体烃 | 辽宁省级重点科技计划项目 | 京岛双树精细化工厂 | 2004 |
| 大西洋庸鲽引种养成和苗种繁殖技术研究 | 辽宁省级重点科技计划项目 | 三高龙运海水养殖有限公司 | 2005 |
| 高强度粉末冶金汽车零件 | 辽宁省级重点科技计划项目 | 兴城市粉末冶金有限公司 | 2005 |
| 管路连接方向补偿装置 | 辽宁省级重点科技计划项目 | 兴城锦华金属构件厂 | 2006 |
| 浮点型钢质薄壁镀铬汽缸套 | 辽宁省级重点科技计划项目 | 兴城北方环宇缸套厂 | 2006 |
| 兴城市海珍品养殖基地 | 辽宁省级重点科技计划项目 | 兴城市龙运井盐水水产养殖有限公司 | 2006~2007 |
| 高强度粉末冶金产品研发 | 辽宁省级重点科技计划项目 | 兴城市粉末冶金有限公司 | 2008~2009 |
| 10000T/A 三元乙丙再生胶 | 辽宁省级重点科技计划项目 | 辽宁万来轮胎有限责任公司 | 2008~2009 |
| 增压内燃机用浮点型钢质薄壁铬汽缸套 | 国家级重点科技计划项目 | 葫芦岛火力速旋有限公司 | 2009 |
| 高强度粉末冶金汽车零件 | 辽宁省引进海外研发团队项目 | 兴城市粉末冶金有限公司 | 2010 |
| 40 万亩优质花生产业化基地建设 | 国家级重点科技计划项目 | 兴城市科技局 | 2011 |
| 汽车同步器总成研发 | 辽宁省级重点科技计划项目 | 兴城市粉末冶金有限公司 | 2011 |
| 精密齿轮锻造成型新工艺 | 辽宁省级重点科技计划项目 | 兴城市粉末冶金有限公司 | 2012 |

## 第二节　科技活动

为广泛深入地普及科技知识，兴城市有关部门紧密联系人民生产、生活以及经济发展、社会进步等课题，通过科技示范、图片展览、举办科普讲座、送科技下乡、进行科技交流等形式，传播当今的领先科技，提高人们的科技意识和技能，推动科教兴市战略的实施。

### 科技示范

1986 年，完成兴城县农业资源调查和区划工作，绘制《兴城县土地养分图》等 40 种应用图册。

1987 年，兴城市科委先后召开 4 次现场会，推广“上点火蜂窝煤”新技术，有 7 家疗养院改灶 150 个，10 家饭店改灶 20 个。年内，举办科技干部培训班 8 期，培训学员 537 人。

1989 年，兴城市科委制发《1989 年科技基点乡、村工作规划实施方案》，确定大寨满族乡、双树乡双树村为科技基点建设的重点。引进、推广农作物新品种，落实村办工业示范项目。

1990 年，兴城市人民政府下发《兴城市科学技术进步奖励办法》《关于兴城市 1990 年农业技术集团承包实施方案》《创建科技先导型企业、推动企业进步实施意见》等文件，制定各级领导干部科技工作任期目标管理三年规划。

1991 年 2 月，兴城市人民政府下发《关于批转市科委〈关于兴城市 1991 年农业技术集团承包实施方案的报告〉的通知》，组成农业、林业、畜牧、果树、农机 5 个农技承包集团，总承包面积约 2 万公顷。4 月，兴城市人民政府成立“科技基点工程建设领导小组”，加大对科技基点乡、村工程建设力度。年内，共建立科技基点乡 4 个、科技示范村 20 个、科技示范户 100 个。

1997 年，兴城市人民政府下发《关于批转兴城市 1997 年农业科技承包方案的通知》，确定由兴城市科委牵头，各业务局主要领导“挂帅”，有 500 多名技术人员、管理人员参加的农业科技承包队伍。年末，粮食、棚菜、文蛤 3 项主要技术项目增加经济效益 400 万元。

1999 年，兴城市与吉林省延边地区合作，建立 33.33 公顷马铃薯种薯繁育基地，生产种薯 100 万公斤。全市在粮油、蔬菜、水产、畜牧、林果、水利、农机等方面重点推广实用技术及新科技成果 150 多项，增产粮油 3000 万公斤，增收 150 万元。

2000 年，兴城市科技局与山东省农科院、辽宁省农科院合作，引进转基因抗虫棉、亚美系列花生新品种。

2004 年，兴城市参加省级“科普工作达标县（市）”创建活动。年内创建科普示范乡 6 个、示范村 6 个、示范家庭 1000 个，建立科学示范基地 10 个，新技术覆盖率达 90%以上，新品种覆盖率达 95%以上。全市举办各类培训班 325 期，培训 10 万余人次，农民受教育面 60%以上。年末，兴城市被评为辽宁省“科普工作达标县（市）”。

### 科技下乡

兴城市科技部门结合农村工作农业生产实际，组织科技下乡、赶“科普大集”活动，及时向农民讲授花生、果树、蔬菜、畜禽等栽培和养殖技术。

2008 年，兴城市科技局组成专家科技下乡服务队，开展科技培训。服务队进村入户 285 人次，重点培训指导 20 个乡镇 50 个村 120 个自然屯，有 1.2 万人参加培训，有 4.5 万人受益。2010 年，在科技活动周期间，聘请中国农业科学院果树研究所和葫芦岛市的专家，在三道沟满族乡举办棚菜和果树生产培训班。举办“流动致富学校”5期，培训农民280人。邀请果树专家5次在三道沟满族乡、药王满族乡为农民服务。邀请水产专家在曹庄渔业园区举办工厂化养殖和病害防治培训班，培训200余人。

2012年，兴城市科技局为全市农村引进新品种35个、新技术15项，建立示范基地20个，引进高层次科技人才20人，开展20期作物栽培技术培训班，培养农民5000余人次。为发展农村经济，改变产业结构和种植结构提供技术服务。

### 科技外事

1987年，根据中日两国政府协定，日本派中后藤勇一、中入直、铃木健夫3名青年海外协力队员到兴城市高家岭满族乡汤上村，专门从事果树生产技术指导和温泉水养鱼工作。年内，汤上村的1名果树技术人员，作为研修生被推荐到日本学习。

1988年3月，8271厂引进美国反渗透元件生产线，美国迪塞尔公司派专家到兴城协助安装设备。4月，日本NEC公司高田信由等4人到兴城，对“NEAS61型”程控电话交换设备传输技术与移动通信技术，与兴城市邮电局科技人员进行交流。年内，日本青年海外协力队向兴城市无偿提供总价值1138万日元的汽车、手扶拖拉机、挖坑机、鱼用饵料机等物资援助。

1992年，兴城市科委两次邀请俄罗斯、乌克兰两国粉末冶金和金属表面热处理专家到兴城市粉末冶金厂进行技术考察。10月，兴城市粉末冶金厂派人到乌克兰有关工厂、院校考察。年内，兴城市邮电局与日本NEC电气公司签订移动通讯供货合同。

1993年11月，兴城市邮电局投资550万元，引进日本NEC电气公司的移动电话设备，“大哥大”“BP”机在兴城市正式开通。年内，兴城市第一塑料厂与德国富朗克斯公司合资组建兴城富斯塑料波纹管材有限公司，引进德国制造的双螺杆挤出机、成型机等关键设备，组成2条可生产10种规格的硬聚氯乙烯PVC波纹管生产线。

2000年，兴城市轴承有限公司与美国UCF公司合作，生产汽车轮毂，总投资1680万元，9月，轮毂样品试生产成功。2001年，凯森蒙制衣集团有限公司从美国格柏公司引进CAD服装电脑设计排版系统、裁床、吊挂流水线及智能信息管理系统。

2002年，兴城市科技局通过中日友好合作协会与日本专家合作开展“水净化器装置研制”项目；从日本引进8个水稻品种。2006年，德容制衣集团有限公司从美国、日本、德国引进CAD服装电脑设计系统、电脑控制自动化设备700台。兴城薄铁厂生产的防盗门，进入俄罗斯市场。2010年，德容制衣集团有限公司以390万美元收购俄罗斯EGL公司。

2011年，兴城市科技局组织兴城市水泵公司、跃进镀锌公司等企业参加“海外学子创业周”及辽宁省“重点科技项目海外高层次人才招聘会”，并进行产品展示和招聘活动。

2012年，兴城市多家泳装企业引进进口数字服装加工设备。

## 第三节　科技推广

兴城市人民政府坚持“自主创新、重点跨越、支撑发展、引领未来”的科技工作指导方针，以推进企业自主创新和农业产业化建设为主线，抓项目、建基地、树典型、见实效，积极推广应用使用科学技术，着力从突出良种引进示范推广、适用技术推广、提升农业机械化水平、科技进村入户、科技服务创新等方面，加大工作力度，强化工作措施，使科技推广应用取得较好成绩。

## 科技推广

1989年，兴城市技术市场管理办公室成立。年内，转发《锦州市民办科研开发机构管理暂行办法》，会同兴城市工商行政管理局两次对全市25家科技经营服务机构进行清理检查，按照规定停办16家。年内，全市共签订技术合同106份，金额56万元。

1990年，兴城市人民政府下发《兴城市技术市场管理暂行办法》。1993年，兴城市科技信息研究所利用多种方式向科技市场发放科技信息。年末，兴城科技信息进入全国信息网。1997年，开辟多种渠道，将科研产品及优秀科技成果推向国内市场，推荐2项产品参加在沈阳举办的“中国高新技术成果专利产品博览会”和“大连国际商品博览会”。1999年，对兴城市30家企业进行调查，编制科技创新情况调查表，向葫芦岛市推荐一批企业进入计算机网络系统，将其推向科技市场。

2002年，兴城市科技局组织拥有优秀专利技术产品的兴城市粉末冶金有限公司等5家企业参加在大连举办的辽宁省专利产品交流交易会。推荐兴城市啤酒有限公司申报加入“中国技术联播网络信息平台”，扩大企业及产品的市场知名度。2003年，坚持以市场需求为导向，推进科教兴农，发展“两高一优”农业，年内，向葫芦岛市申报重点科技项目2个（红崖子满族乡花生基地建设和东辛庄满族镇花卉生产基地建设）。2005年，建成兴城科技网站，在网上发布兴城名优产品、优秀企业、农业科技等信息，并为农民提供农业生产技术、农作物管理、农产品市场变化等信息。

2008年，兴城市技术市场管理办公室的“科技服务体系创新建设与发展”项目，被列入葫芦岛市重点科技计划。2010年，兴城市科技局对市内的11家民营科技企业进行跟踪调研，发现有5家企业不具备民营科技企业资格，联合工商、税务等有关部门，取消其民营科技企业资格，不再享受民营科技企业的优惠政策。

2012年，兴城市科技局加强预期在科技市场上前景可观的项目的储备和管理。深入兴城临海产业区对入驻并已形成生产能力的企业逐一进行调研，了解企业状况和重点项目，储备辽宁苏美尔汽车零部件制造有限公司的“汽车同步器齿环全自动化锻造生产线”、辽宁晨光塑料有限公司的“高光质太阳能增产大棚膜”、辽宁旭隆科技有限公司的“酚醛防化保温板”等一批科技项目。

## 科技应用

**沼气** 兴城建沼气池，最初始于20世纪80年代初期，当时由于技术差，造价太高未能推广。1989年，利用典型带动，在部分乡村建沼气池，成功率50%。1990年，兴城市成立沼气办公室，后更名为兴城市能源办公室。2007~2009年，开始建设农村沼气服务网点。国家投资40万元，分别在羊安、三道沟、郭家、刘台子、曹庄、南大山等乡镇建立沼气服务站。投资60万元，建设大型沼气池3处，其中四家屯街道2处，郭家镇1处。投资5万元，在白塔满族乡建设一座固化燃料生产厂。至2011年末，全市国家总投资570万元，建设农村户用沼气池4370户。建立一批沼气与蔬菜大棚、厕所、圈舍相结合的庭院模式，收到较好的经济、生态和社会效益。

**太阳能** 20世纪70年代初期，兴城农村就已应用塑料薄膜地面覆盖，通过吸收太阳能，提高地温，达到农作物增产增收的实用技术。随着科技进步，经济社会不断发展，兴城市对太阳能的开发利用，从社会化向高技能、规模化发展。

2006年以后，兴城市城乡居民安装太阳能热水器，用于洗浴和生活用热水。

2008年，兴城市在城区主要广场、路段安装太阳能离网发电路灯照明。2012年，全市农村广场、街路安装太阳能离网发电路灯1000余盏。

**日光蔬菜大棚** 亦称日光温室，是利用太阳能的热能应用于塑料蔬菜大棚，提高温室效应。20世纪70年代，随着塑料薄膜的应用，以塑料薄膜为透光覆盖材料的塑料大棚以及中小拱棚在全市逐步推广。从20世纪80年代起，全市日光温室进入快速发展时期。20世纪90年代，日光温室面积猛增，质量大幅度提高，开始逐渐向农村延伸。在高家岭满族乡西边村，三道沟满族乡凉水泉村，曹庄镇大英堡子村、沙屯村，羊安满族乡柳蒿村，华山街道四合村，旧门满族乡望川村，红崖子满族乡二道边村等地大面积推广，占地面积200公顷左右，50~100延长米、宽6米、脊高2米左右的日光温室面积133公顷左右。日光温室的结构多为竹木结构，以竹、圆木等竹木材料制作温室屋梁或室内柱等承力结构温室。

2008年，兴城市人民政府按照辽宁省人民政府《关于加快推进全省设施农业小区建设实施意见》的部署，认真做好设施农业发展规划，调整农业结构，提出围绕“三河两路一城”发展设施蔬菜小区的要求，全市设施农业呈现跨越式发展的态势。2009年末，全市建日光温室3万个，占地面积5066.66公顷，设施蔬菜总产值7.6亿元，从事设施蔬菜经营的农户人均增收5000元。2010年，兴城市形成三道沟、高家岭、海滨、沙后所、南大山、羊安、红崖子、元台子、曹庄、华山、城东等乡镇街道10余个设施蔬菜生产基地。至2012年末，全市设施蔬菜种植面积达到6600多公顷。

# 第四章 气象地震

20世纪80年代以后，随着社会经济的不断发展，科学技术的不断进步，兴城气象和地震监测部门，运用现有科技手段，及时测验、掌握和向有关部门提供天气系统变化趋势，尤其是极端天气及地震预测资料，宣传科普知识，为兴城地区的防灾减灾和经济社会发展发挥重要作用。

## 第一节 气象

兴城市气象局前身为兴城县气候观测站（简称兴城县气象站），始建于1950年。1980年5月，国务院决定全国气象部门实行“气象部门与地方政府双重领导，以气象部门管理为主”的管理体制。1987年，经上级主管部门批准，兴城县气象站改为兴城市气象局，下设气候观测站、预报服务中心。1990年，中央气象局批准兴城气候观测站为国家基准气候观测站，观测资料参与国际气象交流。

兴城市气象局主要担负兴城市地面观测发报、天气预报制作、农业气象观测发布、防雷检测、气象行政执法以及气象科普宣传等任务。2012年，兴城市气象局内设综合管理、地面气象观测、气象预报、气象科技服务中心、防雷中心5个业务机构，下设沙后所、东辛庄等18个加密自动站。

## 气象测报

**气象预测** 1986年，兴城县气象站用传真机接受北京、日本传真图表分析判断天气变化。接受中央气象台和辽宁省气象台旬报和月报，结合兴城县气象站气象资料、短期天气形势、天气过程的变化等，制作1~10天的天气过程趋势预报。开展地面气象观测，昼夜24小时值班，每日4次定时观测和4次补充定时观测，并定时上报市、省、国家气象台。主要项目有云量、云状、能见度、空气的温度、湿度、风、降水、降雪、蒸发、日照、地温等。每月1日、11日、21日，编发旬、月“天气趋势预报”。

1988年，兴城市气象局引进286型微机2台、“苹果机”1台，用于基础业务，开始机制报表。县级气象预报现代化建设开始起步，健全一套长期预报工具，有天气档案卡片、指针站数据、天气云图、天象物象观测簿、天气谚语调查认证等。制作气象服务一览表，编制中、长期天气预报，制作各季天气预报、春播期预报、汛期预报和年景预报等。

1993年，将180台气象警报接收装置，安装到各乡镇街道及有关部门，组成兴城市气象警报接收系统服务网，架设气象服务铁塔，每天早中晚3次发布短期、短时天气预报及各种气象信息。1995年，在山区、半山区设2个土壤观测点，专门观测地温、土壤墒情。1996年，设8个雨量点和3个土壤观测点。春季，每旬2次向有关领导汇报降水和土壤墒情。1997年，建立计算机网络，实现自动接收中央和全球天气实况资料图、物理要素预报图和卫星云图等。

1999年，增设PCVSAT地面卫星接收系统单收站。同时，在中共兴城市委办公室、兴城市人民政府办公室、兴城市防汛办公室等单位安装接收终端，增强气象服务功能。

2002年，Ⅰ型自动气象站建成，使用自动站采集数据与人工观测记录进行编报。适时接收处理各类气象数据、天气预报、卫星云图，制作气象周报和短时预报。每月编制地面观测月报表4份，分别报送省、市和国家局，自留底本存档。

2004年，开通“121”电话天气预报服务业务。2005年，实现气象观测自动化、气象数据光缆传输，开通天气预报网上视频会商系统。年内，建成沙后所、碱厂、药王3个加密自动气象站。2006年，建立6个加密自动站，提高对乡村天气的监测能力。播发乡镇天气预报，把气象服务从城市延伸到农村。年内，开展洪水气象预报、地质灾害等级预报、森林火险等级预报、干旱监测、气象影响、生态质量影响评价。2007年，开始通过局域网转输时实数据、报表文件，停止报送纸制报表。预报警报发布方式有新的突破，由过去的只通过广播、电视、报纸发布拓展到手机短信和免费“12121”气象电话服务和专家热线，将预报警报及时发布给兴城市各乡镇街道、各村主要领导和防汛负责人、中小学校长，做好预防。

2010年，新建一个自动土壤水分观测站，实现土壤湿度的自动观测。与全市各乡镇街道文书和所属村的党支部书记、村民委员会主任签订气象信息员责任书，在第一时间将气象信息发送到信息员手机里。

2011年，开通“企信通”业务。启用“辽宁省气象灾害信息发布平台”。2012年，进行地面气象测报业务改革，实现地面气象观测资料的实时传输。综合值班室改造完成，采用先进投影的融合技术，满足省、市、县三级日常气象预报业务会商的要求。

**气象服务** 1986年，兴城县气象站编印《兴城决策气象信息》《兴城县农业气象信息》《兴城雨情》，将气象预报和农业情报等资料，报送政府领导和有关部门。7月，把降雨预报通知大甸子粮库，使晾晒的3000吨粮食及时入库。

1988年，兴城市气象局协助海上防风指挥部根据天气预报，避免大风对渔业生产的损害；协助郭家供销社根据天气预报，保住水库，完成养鱼承包计划。在铺设菊花岛海底电缆施工中，连续15天向该工程指挥部发布大风、能见度、降水情况，确保顺利进行。

1993年，兴城市气象局通过有线服务广播电台，为粮库、砖厂、盐场、渔业等部门进行专业服务。查找并提供翔实气象资料，为境内风力发电、核电站的立项和选址提供科学依据。1994年，开展气象警报接收器联网业务，每天利用警报器发布短期、短时天气预报、情报及其他气象信息。

1997年，兴城市气象局购置1套“电视天气预报制作系统”设备，通过兴城电视台每日一次发布天气预报、火险指数等级。8月20~21日，11号台风减弱形成的强热带风暴影响境内，兴城市气象局提前1~2天做出预报并积极开展服务，将损失降到最低程度。

1999年，兴城市气象局开通“121”气象咨询电话。增加每日由《兴城日报》发布24小时和48小时天气预报及火险指数等级预报项目。

2010年8月4日，兴城市气象局应急小组启动重要气象灾害一级响应命令，制作重要天气报告，通过兴城市电视台将天气预报和预警信息在电视上滚动播出。兴城市气象局将预警信息及时通知到全市234名气象信息员，信息员将该场暴雨情况迅速转告村民。暴雨如期而至，处于入海口的红石碑村受灾严重，但因村民及时转移，无人员伤亡。南大山、药王、曹庄、三道沟等乡镇部分地势低洼的村屯根据雨情信息，均将村民转移到安全地区，无人员伤亡。

2012年，兴城市气象局与兴城电视台合作，在“兴城新闻”后播出兴城市天气预报。在全市各乡镇街道建设一批气象电子显示屏和大喇叭，用于气象信息的发布和气象灾害预警。

## 人工增雨

1991年，春旱少雨，兴城市气象局配合锦西市气象局开展飞机增雨作业4次。1997年5月上旬，配合葫芦岛市气象局开展飞机增雨作业5次，减少因粮油作物受旱造成的经济损失约5000万元。

2000年春，兴城市气象局建立人工增雨机构，组织专业队伍，购置配备火箭发射车，首次用火箭炮进行增雨流动作业，人工增雨工作纳入常态化工作方式。作业人员严格遵守操作规程，持证上岗，确保安全。年内，参加省市局统一组织的“人工影响”增雨作业4次。

2003年，兴城市气象局克服困难，借调增雨车，筹措资金购买增雨炮弹，春季人工增雨4次，秋季人工增雨3次。2005年4月，人工增雨4次，发射增雨火箭弹40多发，增雨量达30毫米，减少经济损失约5000万元。2006年，建立人工增雨（雪）长效机制。年内，进行人工增雨7次，缓解旱情。2008年，3~4月50天无有效降雨，春播形势严峻。4月21~25日，进行7次人工增雨作业，降水量17.9毫米，保证春播生产，出苗率达95%以上。

2009年，春旱秋旱，兴城西部山区农作物受灾较重，兴城市气象局进行人工增雨7次，减少经济损失约10000万元。2010年，人工增雨6次，增加降水30~40厘米，使95%乡镇受益，增加经济效益约8000万元。2011年，人工增雨10次。

2012年，兴城市人民政府成立人工影响天气办公室，挂靠兴城市气象局，落实相应职责。进行10次人工增雨作业，有效缓解旱情，降低森林火险气象等级。年内，人工增雨弹药库竣工投入使用。

### 防雹防雷

**人工防雹** 1986年，兴城县气象站在4个冰雹频发乡镇建立防雹点，均采用发射“土火箭”方法防雹。

1988年，兴城市防雹办公室成立，设在兴城市气象局。1998年，为设在元台子、药王、旧门、白塔4个满族乡的人工防雹点各配置一门防雹高射炮。1999年夏天防雹期间，恰遇积雨云到达高射炮射程之内时，各防雹点及时开炮，将碘化银炮弹射入云层消雹，有效降低冰雹对农作物造成的损害。

2005~2010年，人工防雹点进行人工防雹作业13次，减少经济损失约26000万元。

**人工防雷** 2000年，兴城市防雷技术中心成立，兴城市气象局具有独立行政执法主体资格。年内，定期对全市80多个易燃易爆场所及服务行业、学校等单位的防雷设施进行检测。

2003年，开展防雷检测近200家，为4家单位安装防雷设施。兴城渤海石油基地的消防控制盘经常遭到雷击，2005年夏天造成直接损失5万余元。兴城市防雷技术中心向兴城渤海石油基地提出整改措施和方案，安装防雷设备，解决安全隐患。

2006年，根据《辽宁省雷电灾害防御管理规定》，兴城市气象局对兴城市内高大楼房、加油站、液化气站进行严格的防雷检测。2007年，进行防雷检查和施放氢气球的安全检查，消除不安全隐患21处。2008年，根据《辽宁省防雷减灾管理办法》，进一步落实防雷安全责任制，对全市中小学教室和远程教育系统进行重点检查，对部分单位提出整改意见。

2011年，兴城市气象局正式启用辽宁省气象局推广的防雷业务平台，规范防雷检测报告书的模式和内容，编制兴城市防雷检测用户指南。2012年，兴城市气象局完成一批新建工程的防雷工程检测工作，从源头上消除雷击安全隐患。雷击风险评估工作在全市开展。

## 第二节 地震

兴城县地震观测站始建于1975年，是兴城县人民政府的职能部门。1997年9月，兴城市地震站改为兴城市地震监测局。1998年3月机构改革，并入兴城市科学技术局，复称兴城市地震监测站，职级为副科级。主要是贯彻执行《中华人民共和国防震减灾法》，负责地震监测、分析、预报及防震减灾管理；制定兴城地区防震减灾规划、方案、预案，开展防震减灾宣传教育及辅导宏观信息员业务知识；管理地震测报点及全市宏观、微观信息网络等。2012年，兴城市地震监测站内设2个业务机构，在编人员9人。

### 地震监测

1986年，兴城县地震监测站在原有的三道沟满族乡人民政府所设的观测点基础上，又在兴城县猪场、碱厂水库、三道沟鹿场新增3处观测点。观测手段主要测土地电、磁偏角。

1988年12月，在元台子满族乡白甸子村的4号井（井深223.48米），进行地下水氡的化学分析，以及井水水温、水质、气压等辅助项目的观测。年末，在羊安种畜场、碱厂水库、园林管理处、三道沟满族乡人民政府院内水井、三道沟鹿场设置5个宏观观测点，通过随时掌握家畜、鱼类、公园动物、鹿场和井内水质、水温发生的变化，进行早期震情预测。

1989 年，兴城市地震站实行 24 小时值班值宿制度。年内，采取 3 项前兆微观观测手段，于每周二定期对 3 号井（铁路疗养院北院）水氡、3 号井水化、4 号井（白甸子村）水氡采样化验，对各项检测数据进行震情会商。

1994 年，购置 CZM-2 型核旋式磁力仪 2 台、SM40-1 型水位自计仪 1 台、动槽式水银气压计 1 台、自计气压计 1 台。在站内安装小核旋（地磁仪）、地下深水位观测设备，具有水氡、水化、水位、地磁监测 4 种检测手段，附属观测达 32 项。

1998 年 3 月，《中华人民共和国防震减灾法》正式实施。2000 年 7 月，兴城市地震监测站安装电磁波观测设备，开展地下电磁场观测业务。年内，聘请各乡镇街道文书为地震宏观信息员，建立起城乡地震观测网络。2002 年，兴城市地震站被评为辽宁省防震减灾先进集体。

2005 年，兴城市地震监测站制定《防震减灾预案》，从人员、经费、组织机构等方面做出科学安排。2008 年，在菊花岛建立辽宁省海上强地震遥测观测台。

2009 年，兴城市地震监测站接入全国地震宏观信息网；在三道沟满族乡、菊花岛乡各建立一个动物宏观观测点和两个地下水井观测点；完成菊花岛海上预警、测震台的仪器安装并投入使用。年内，进行部分公共基础设施抗震性能普查和全市中小学校舍抗震安全性能排查。

2011 年，兴城市人民政府重新调整防震减灾领导小组。兴城市地震监测站制定《防震减灾应急预案》，安装一台强震仪并投付使用，完成资料存档工作，参加葫芦岛市地震局举办的领导干部防震业余能力培训，在宁远中心小学和南一小学举办防震学习演练。

2012 年，兴城市地震监测站举办首次地震宏观信息员、宏观观测员培训班，邀请葫芦岛市地震专家讲解地震宏观知识及在宏观观测中需要注意的相关事项，使信息员的观测意识，监测知识得到提高。通过配备防震减灾助理员和灾情速报员，建立乡镇街道群测群防工作制度，形成防震减灾工作网络。

### 防震宣传

1989 年3 月，兴城市人民政府制发《关于抗震救灾工作预案》，各乡镇及有关部门落实防震抗震机构和措施。

1995 年，全市各级制定防震抗震方案和破坏性地震应急预案，各乡镇相继成立防震抗震领导机构。在“中国·兴城七月海会”期间，辽宁省地震局、葫芦岛市地震局与兴城市地震监测站联合举办大型地震知识图片展览。1998 年，利用报纸、电台、电视、宣传画板及发放小册子、传单等形式，在海会期间开展《中华人民共和国防震减灾法》的宣传。

2002 年，兴城市人民政府下发《关于印发破坏性地震应急预案的通知》。年内，获得中共辽宁省委宣传部、辽宁省地震局授予的“防震减灾知识宣传先进单位”称号。

2008 年，“5·12”四川省汶川地震后，兴城市地震站及时开展宣传《中华人民共和国防震减灾法》及普及地震知识活动，开展“地震知识进校园”活动，在宁远小学举行地震紧急避险演习。

2011~2012 年，“5·12”汶川地震纪念日，兴城市地震监测站均结合宣传《中华人民共和国防震减灾法》和《辽宁省防震减灾条例》，走上街头，通过宣传板、发放地震知识宣传手册和宣传单等形式，开展地震自救互救及紧急避险等相关知识的宣传活动。开展地震知识进校园宣传活动，在南一小学和胜利小学，邀请葫芦岛市地震专家，向师生讲解地震及防震知识，提高防范意识。

# 第二十四篇　医疗卫生

## 第一章　医疗卫生管理

20 世纪 80 年代初期，兴城卫生工作贯彻“预防为主，团结中西医，卫生工作与群众运动相结合”的方针。1991 年，第七届全国人民代表大会第四次会议确定新时期卫生工作的主要任务“要贯彻预防为主，依靠科技进步，动员全社会参与，中西医协调发展，为人民健康服务，同时把医疗卫生工作重点放在农村”。兴城市人民政府贯彻落实新时期医疗卫生工作的方针政策，制定全市医疗卫生事业改革与发展规划，加强对所属医疗卫生事业单位的宏观调控和管理。全市医疗卫生服务体系得到加强，医疗技术水平、医疗卫生基础设施建设得到进一步提高。兴城市医疗卫生事业呈现出健康发展的新局面。

### 第一节　医疗卫生机构

#### 医疗卫生管理机构

兴城县（市）卫生局是兴城县（市）人民政府主管卫生医疗事业的行政部门。1986 年，内设 4 个股室，下辖 9 个直属单位，4 个中心卫生院和 21 个乡（镇）卫生院。爱国卫生运动委员会办公室与卫生局合署办公。1987 年，兴城县卫生局改为兴城市卫生局。

2012 年，兴城市卫生局对相关机构业务进行调整，内设 8 个工作机构，下辖 15 个直属医疗单位。其中，综合医院 3 个，专科医院 4 个，预防保健单位 6 个，其他机构2 个。

#### 直属医疗卫生单位

1986 年，兴城县卫生局直属医疗卫生单位 13 个，其中有兴城县人民医院、第二人民医院、中医医院、公费医疗医院、卫生防疫站、妇幼保健院、结核病防治所、药品检验所、卫生学校 9 个直属单位，下辖东辛庄、围屏、碱厂、旧门 4 个中心卫生院；辖 21 个乡（镇）卫生院。1998 年，兴城市卫生学校撤销。2010 年，全市农村中心卫生院调整为 5 个（东辛庄、沙后所、碱厂、红崖子、旧门）。

2012年，兴城市卫生局下辖15个直属医疗机构。其中综合医院3个（兴城市人民医院、兴城市第二人民医院、兴城市中医医院），专科医院4个（兴城市妇女儿童医院、兴城市血栓医院、兴城市痔瘘医院、兴城市口腔医院），预防保健单位6个（兴城市防疫站、兴城市食品卫生监督所、兴城市结核病防治所、兴城市地方病防治所、兴城市妇幼保健所、兴城市城区预防接种站），其他机构2个（兴城市新型农村合作医疗管理办公室和兴城市药品结算中心）。

**兴城市人民医院**　1987年1月，兴城县人民医院改称兴城市人民医院。占地面积24410平方米，建筑面积10130平方米。有病床332张，职工374人，其中主治医师17人，西医师52人，中医师5人。1988年，兴城市急救中心大楼建成，建筑面积2169平方米。1994年，扩建面积15000平方米，床位400张。1998年，投资30万元，购买4辆救护车及急救设备。是年8月，“120”急救服务台开通。

2005年11月，投资4000万元，建筑面积2万平方米的门诊病房综合大楼投入使用。2012年，配备3辆急救车、2辆备用车，安排医护及相关人员34人。配备便携式心电监护除颤仪、呼吸机、吸痰器、简易呼吸器及各种止血固定器材与急救药品等。兴城市人民医院发展成为集医疗、急救、预防保健、教学、社区服务为一体的二级甲等综合性医院。

**兴城市第二人民医院**　位于沙后所镇，占地面积5432平方米，建筑面积2287平方米。1986年，称兴城县第二人民医院。有职工85人，其中高级职称7人，中级职称41人，初级职称21人。1987年，改为兴城市第二人民医院。2008年4月，更名为兴城市沙后所镇中心卫生院。

**兴城市中医医院**　1986年，医院位于古城内南二街二道牌楼西胡同37号。占地面积3735平方米，建筑面积2805平方米，有床位130张。1987年，改称兴城市中医医院。1991年7月，新建的门诊楼投入使用，有业务用房3027平方米。2000年11月，兴城市中医医院二部成立。中医院整体由古城内搬迁至兴海南街一段路西（原锦交宾馆），建筑面积5000平方米，床位130张。

**兴城市公费医疗医院**　1987年，撤销机关卫生所，改建为兴城市公费医疗医院。负责市直机关、事业单位、离退休干部的公费医疗和住院、转诊业务。2012年，公费医院建筑面积1800平方米，床位50张。设有内科、五官科、口腔科、理疗、按摩、X光、化验、心电图、B超等科室。工作人员43人，其中主治医师8人。

**兴城市痔瘘医院**　前身为兴城镇卫生院与沈阳市痔瘘医院联办的痔瘘科。1988年1月1日开诊，位于古城卫生院后面。建筑面积434平方米，床位40张，职工17人。2012年，有职工30人，卫生技术人员22人。

**兴城市血栓病医院**　即血栓病防治所，位于古城内西街南侧胡同里。1988年，有职工20人，卫生技术人员16人，有床位30张。2012年，有职工32人，卫生技术人员24人。

**兴城市口腔诊疗所**　原为兴城镇卫生院的五官科。1989年，成立兴城市口腔诊疗所，有职工15人，卫生技术人员11人。2012年，定编20人。

**兴城市卫生防疫站**　1986年，有职工65人，专业人员占89%。在乡镇的25所卫生院中，各有专职防疫医生1人。2004年10月，疾病预防控制中心办公楼建成并投入使用，兴城市卫生防疫站迁入。2012年，有职工109人，科室17个。

## 农村医疗卫生单位

1986年，兴城县卫生局下辖东辛庄、围屏、碱厂、旧门4个农村中心卫生院和兴城、钓鱼台、曹庄、羊安、双树、元台子、白塔、闻家、望海、刘台子、大寨、南大山、高家岭、红崖子、拣金、海滨、华山、药王庙、三道沟、郭家、菊花岛 21 个乡（镇）卫生院。304 个村卫生所（站）。

1998 年，全市有乡镇卫生院 27 个，独立防保站 8 个。

2010 年，将农村中心卫生院调整为东辛庄、沙后所、碱厂、红崖子、旧门 5 个。有曹庄、羊安、元台子、白塔、闻家、望海、刘台子、大寨、南大山、高家岭、围屏、海滨、药王、三道沟、郭家、菊花岛 16 个乡（镇）卫生院。东辛庄、沙后所、曹庄、三道沟、南大山、白塔 6 个乡镇独立防保站，以及 377 个村卫生所（站）。

2012 年 4 月，菊花岛乡卫生院划归觉华岛旅游度假区管委会。年末，全市有中心卫生院 4 个、乡镇卫生院 21 个、乡镇独立防保站 21 个、村卫生室（医疗站）377 个。

### 驻军驻在医疗机构

**辽宁省复员军人康宁医院** 位于兴城市东门外兴海北街二段。始建于 1958 年，隶属辽宁省民政厅，是全省唯一的民政优抚精神专科医院。主要收治复员、转业、退伍军人精神病患者及地方各种精神疾病、身心疾病和心理障碍患者，以及酒依赖、心烦、头痛、抑郁，儿童情绪和行为异常等患者。为辽宁省复转军人精神病患者集中收治和设立家庭病房定点医院。

**陆军第 204 医院** 原为中国人民志愿军后方勤务部第 513 医院，1957 年 4 月，换驻兴城后改称中国人民解放军第 204 医院，隶属辽宁省军区。1965 年 5 月，划归沈阳军区后勤部第 4 分部。1994 年 11 月，改称沈阳军区兴城医院。1998 年 2 月，撤销 204 医院建制，营房由沈阳军区房管局接管，医务人员分流到锦州 205 医院。

**核工业 242 医院** 坐落在兴城市铁西立交桥北侧。医院开设内科、外科、妇科、儿科及口腔理疗等临床业务。有辅助检查科室及超声、心电、监护等医疗设备。成为铁西和周边农村疾病防治中心。

**核工业 246 医院** 原中国人民解放军 810 医院，始建于 1967 年。2012 年，隶属辽宁省核工业地质局。医院为二级甲等医院。开设心血管内科、脑病科、普外科、骨外科、耳鼻喉科、糖尿病科、肿瘤科、眼科、介入微创等科室。是面向全社会开放的融医疗、教学、体检、预防为一体的综合性医院。

**中铁建 164 医院** 为中国人民解放军第 164 野战医院，后改称中铁建 164 医院。开设骨科、烧伤科、糖尿病科、内科、外科、妇科、中医科、皮肤科、肿瘤科、五官科、口腔科等科室，并成立椎间盘微创诊疗中心、骨关节病诊疗中心、股骨头坏死诊疗中心、三叉神经痛诊疗中心、康复理疗中心五大诊疗中心。

**交通疗养院康复医院** 原为交通疗养院烧创伤康复中心，成立于 1988 年。位于兴城市兴海南街三段，属兴城交通疗养院的事业单位。为具有一定规模、医疗设备齐全、治疗手段先进的烧创伤康复中心。

**武警医院** 即中国人民武装武警察 8620 部队医院，设有口腔科等科室。

**全军颈腰疼痛康复中心** 原为兴城八一疗养院全军软伤疼痛治疗与康复研究中心，2003 年成立。2012 年，更名为全军颈腰疼痛康复中心。在理疗、体疗、正骨推拿等传统医疗项目基础上，推出颈腰椎病的微创介入治疗和银质针治疗等新治疗项目。对脑出血后遗症、脑梗塞后遗症、脊髓病变、骨折术后、关节置换术、小儿脑瘫、截瘫、职业病康复、脑外伤后遗症等病种进行康复治疗。

### 个体医院（诊所）

1986年，兴城县有个体诊所47家。

2000年，兴城市有个体医生159人，有个体诊所150家，其中中医内科诊所18家，中医按摩诊所2家，个体诊所均持有医疗执业许可证。

2012年，兴城市有私营医院9家，社区卫生服务中心（站）24家，个体诊所164家。

## 第二节　医政管理

医政管理是医疗卫生行政部门的职能，依法对辖区的医疗机构、卫生技术人员、医疗服务等相关事宜进行监督检查，保证国家医疗卫生方针政策的贯彻执行，保障人民群众的健康生活。

### 直属医院及城区医院管理

1988年，兴城市卫生局针对个别医院出现的片面追求经济效益，忽视医德医风的问题，提出“救死扶伤，质量第一，以社会效益为最高标准”的要求。兴城市人民医院做出《关于纠正医疗工作中不正之风的决定》，制定79条规定，逐级落实。1990年，对局直13所医疗卫生单位实行综合目标管理，签订《目标管理责任书》。

1993年，制定《兴城市卫生工作改革方案》。要求卫生行政部门转变职能，简政放权，由单一行政管理方式转变为以监督执法为主的多方位综合管理方式。实行干部聘任制、工人合同制、科主任负责制，科室人员实行双向选择优化组合以及打破平均主义分配等；加强经营开发，补充卫生经费不足；实行满负荷工作制；扩大基层单位自主权。

1994年，推广兴城市人民医院的管理运行机制，主要内容是目标管理、二级核算、医院统管、结余提成。1996年，对市区内102家私营医院、个体诊所进行整顿，只保留29家。调整布局，适当增加面积、人员，改善办医条件。1998年，实行新的综合目标管理责任制，建立健全激励机制和自我约束机制。在兴城市人民医院进行以用人、分配制度为中心的内部运行机制改革，实行医生、护士、护士长、科主任、中层干部竞聘上岗，双向选择，优化组合，末位转岗。

2005年，开展“医院管理年”活动。依法核发“医疗机构执业许可证”471家。对147家医疗机构进行监督检查，要求115家限期整改，查处非法行医6起，非法义诊8起，罚款10万元。

2006年，对医师的会诊行为、病历处方书写标准、医疗废弃物、院内消毒等方面进行规范化管理。2009年，对局直属医院及城区医院进行执业许可证审验。年内，接待受理医疗事故争议及群众举报案件39起，均妥善处理。查处非法行医案件7起，罚款1万元。

2010年，加强医疗单位消毒管理，对兴城市人民医院等5家医院进行消毒监督监测，合格率95%，对不合格的医疗机构限期整改。2011年，制定《兴城市基层医疗机构绩效工资制实施方案》，在医疗机构实施全员聘用，聘期3年。新聘院长根据人事部门相关规定，核定管理、专业技术和工勤岗位，聘任工作人员。

### 农村卫生院管理

1986年，兴城县有乡镇卫生院21个；村卫生室315个，乡村医生428人。

1987年3月，兴城市卫生局下发《关于实行〈兴城市村卫生室暂行管理办法〉的通知》，规定村卫生室要有开业执照、固定所址，负有诊疗、卫生防疫、妇幼保健、节育技术指导、卫生宣传等任务，待遇除领取补贴外，可实行承包制，自负盈亏。年末，村卫生室发展到349个（有的村有2个卫生室）。5月，针对农村卫生院的实际困难，兴城市卫生局准许刘台子卫生院实行租赁经营，闻家、围屏等卫生院实行承包经营，均收到良好的经济、社会效益。在农村15个卫生院实行承包、租赁经营。

1988年，兴城市人民政府下发《关于将乡镇卫生院划归乡镇人民政府街道办事处管理的通知》，改革乡镇卫生院管理体制，将19个乡镇卫生院和3个中心卫生院及21个防保站划归所在地乡镇人民政府。业务指导、检查监督及技术职称评定等由兴城市卫生局负责。全市成立的23个乡镇的预防保健站，实行“三定一设”，即定房舍、定设备、定经费，设专职人员；负责计划免疫、妇幼保健、食品卫生监督检测、结核病和地方病的防治工作。1991年，对农村乡镇26个中心卫生院、卫生院全面审核，有16个达标，有4个亏损。对村医生91人进行考核、考试，合格的84人准予开业行医。

1992年，围屏、药王等5家卫生院解体，闻家、碱厂、拣金等14家卫生院濒临解体，正常工作的只有沙后所、东辛庄、曹庄、旧门、红崖子、刘台子、白塔7家卫生院。对全市397家村卫生室进行整顿，将无证行医或不具备行医资格的20人清出医生队伍，处罚不正当进药的村卫生室13个。

1993年，兴城市卫生局制定《兴城市卫生工作改革方案》。方案允许并鼓励基层医院搞股份合作制经营，改革乡镇卫生院管理体制，用1~2年时间，把全部乡镇卫生院移交给乡镇人民政府管理。首先在药王满族乡进行试点，将其医院移交乡人民政府管理，菊花岛乡卫生院聘请驻在单位医务人才到医院行医。年内，有15家卫生院亏损。根据辽宁省卫生厅文件精神，对于村卫生室医生的预防保健工作予以误工补贴，由乡卫生院或防保站提出误工日数，村委会比照本村标准，从村提留的公益金中列支。

1996年，兴城市卫生局采取下派干部、联办等办法，重新组建处于瘫痪、解体的乡镇卫生院领导班子，恢复9家卫生院，并与各乡镇卫生院签订目标管理责任状。年末，有14家乡镇卫生院亏损。对于卫生室空白村采取下派医生、聘请退休医生的办法建设卫生室，实现乡村一体化。在曹庄镇先行试点，然后铺开。有24个乡镇实施乡村一体化管理，覆盖率90%以上。

1997年，兴城市卫生系统进行机构和人事制度改革，将农村卫生院归属兴城市卫生局管理。经采取选拔优秀人才当院长、实行目标管理、承包责任制等措施，使11家解体、半解体的卫生院形势好转。

1998年，兴城市卫生局加大卫生支农力度，由市直医院选派9名优秀干部到9家解体、半解体的农村卫生院当院长。对偏远山区的药王、郭家、菊花岛等7家濒临倒闭卫生院，实行竞聘招标经营。推出兴办“子母”医院、实行城乡一体化管理的新举措。2000年，兴城市有股份制医院1家、“子母”医院2家、承包经营7家，实行目标管理16家，全市26家农村卫生院都能正常运转。

2003年，兴城市卫生局对农村卫生院进行体制改革，原则是“三保一放”和“三个不变”。“三保一放”即保在职职工70%以上的档案工资，保职工养老保险的缴纳，保国有资产保值增值，放开经营管理、人事分配等自主权。“三个不变”即卫生院的所有制形式、隶属关系、财政政策不变。年内，对22家卫生院实行个人承包经营，1家实行集体承包。2006年，全市25所医院全部达到“一无三配套”，即无险房危房，人员、设备、资金配套。

2009年，完成15家农村卫生院的基础建设。投资648万元，完成沙后所、曹庄、碱厂、元台子、大寨、药王、红崖子7家卫生院或中心卫生院的新建、改扩建工程。争取资金350万元，购置B超、X光机、生化分析仪等设备，装备10家农村卫生院。争取资金60万元，用于基层卫生技术人员培训，乡镇卫生院医生52人、护士24人接受培训。

2010年，强化对医疗机构监督管理，对24家农村卫生院进行执法检查，对古城医院、围屏卫生院团瓢门诊部等5家医疗单位的违规行为给予行政处罚。加强医疗单位消毒管理，对240家村卫生室进行消毒监督监测，合格率95%。2012年，兴城市有村卫生室339家、村医生380人。

### 民营医疗单位管理

1986年，兴城民营医疗发展迅速，全县有个体诊所47家。

1991年，兴城市卫生局对个体诊所的布局进行调整，坚持“两个一公里”的原则，即两个诊所的距离一公里、与公立医院相距一公里。全市53家个体诊所，41家符合要求，12家予以关闭。

1993年，依《兴城市卫生工作改革方案》，允许驻军、驻在医疗机构向社会开放；允许兴办私立医院、个体诊所、股份制医院及合作医院等。依照《辽宁省医疗机构管理条例》，对市内36家个体诊所进行检查整顿。其中，超越范围和能力行医、擅自降低开办条件等问题的有20家，查封8家，要求整改12家。

1996年，对市内原102家私营医院、综合门诊、个体诊所进行整顿，保留29家，对其布局予以调整，责令其增加医疗营业面积和医务人员，改善办医条件。2000年，兴城市有个体医生159人，有个体诊所150家，其中中医内科诊所18家，中医按摩诊所2家，个体诊所均换发医疗执业许可证。

2005年，依据《医疗废物管理》和《辽宁省消毒管理条例》，对全市个体诊所、个体牙医进行相关法律法规培训，依法进行检查整治。2010年，对30家个体诊所进行消毒监督监测，合格率95%，对不合格的个体诊所限期整改。2012年，兴城市有私营医院9家、社区卫生服务中心（站）24家、个体诊所164家。

## 第三节 药政管理

1986年，兴城县卫生局成立中药资源普查领导小组，对县内184个自然屯进行普查。兴城县药品检验所对供销系统药品经销员84人进行培训，对25家基层供销社和16家医院的四级批发点进行检查验收，达到标准者发给药品经营许可证。

1988年，兴城市卫生局制定麻醉药使用范围、剂量、管理的规定。兴城市药品检验所定期检查各医疗单位、个体医疗点的药品及集市、街头药品销售点。全年打击游医药贩卖假劣药16次、没收伪劣中药300余公斤。1990年，整顿药品销售点46个。针对个别医院药品管理中存在的问题，提出“药品双向控制改革方案”。改变药品管理上由单纯的“金额控制”为数量和金额双向控制，使部分药库、药局长期亏损的局面得到扭转。

1992年，药检所对全市89个医疗单位、48个药品经营单位、156家个体诊所和村卫生室进行检查，共检查药品350种，查出伪劣药品75个品种、假冒伪劣药品案20起，查封销毁伪劣药品价值 4.5 万元，查处游医药贩 11 人，取缔无证药品经营户 2 家。

1994 年，贯彻《辽宁省乡镇卫生院代购药品管理办法的实施意见》，将全市划分为 9 个药品代购区，个体医生、村卫生室所用药品，由辖区乡镇卫生院代购。配备药品监督员，实行三级覆盖式监督，为各医疗单位换发 1995 年度药品经营许可证。1996 年，对村卫生室实行药品采购建档及入库验收制度，理顺购药途径。对村医生药品质量监督人均 1.5 次，对医疗机构监督年平均 3 次。

1999 年，依照《中华人民共和国药品管理法》，对全市 154 家个体医疗机构进行清理整顿，抽检药品 410 批次，处罚 58 家，没收伪劣药品 300 多种，折合人民币 5 万余元。2003 年，兴城市卫生局制定《清理整顿医疗市场实施办法》，对 13 家药店及医疗器械经营单位不合法行为给予处罚，没收药品 460 余种，价值 5500 元，没收医疗器械价值 2 万元，罚款 1 万元。

2007 年，兴城市卫生局下发《关于进一步规范药品集中招标采购工作的通知》，增加药品、医疗器械采购的透明度。全市有 75%医疗机构实行药品、医疗器械集中招标采购。成立药事管理委员会，实施药价管理；举办“预防医药购销领域商业贿赂专题报告会”2 次，组织社会行风评议监督员常年监督检查。

2011 年 3 月，兴城市人民政府召开启动实施国家基本药物制度改革动员会，具体部署医改工作。兴城市卫生局成立卫生系统深化医药卫生体制改革领导小组，制定《兴城市实施国家基本药物制度实施细则》，与 28 家实施国家基本药物制度的医疗机构签订《实施基本药物制度综合改革准入责任书》。成立药品结算中心，负责对实施医改的医疗单位督导检查与结算。全市 28 家实施国家基本药物制度的医疗机构中有 26 家进行网上药品采购。是年，全市基本药物采购总金额为 932 万元，配送总金额为 339 万元，入库总金额为 333 万元。

2012 年，在继续巩固基层医疗机构实施国家基本药物制度的基础上，启动村卫生室实施国家基本药物制度。全市各乡镇街道的村卫生室、各社区卫生服务站自 5 月 1 日起全部实行网上集中采购国家基本药物，药品采购总金额为 1.16 亿元。年内，兴城市卫生局被辽宁省卫生厅评为“实施基本药物制度工作先进单位”。

# 第二章　医疗

1986~2012 年，兴城县（市）人民政府及其卫生管理部门，贯彻执行国家有关医疗卫生工作的方针政策，不断加大医疗卫生保障，稳步推进医疗卫生体制改革，加快建立健全覆盖城乡居民的公共卫生服务、医疗服务、医疗保障和药品供应体系建设。至 2012 年末，基本建成覆盖城乡居民的公共卫生服务体系。

## 第一节　医疗制度

### 公费医疗制度

1986 年，执行《辽宁省公费医疗管理办法（试行）》。兴城县财政局按享受公费医疗人数，把经费拨给兴城县卫生局统一管理，由县卫生局再将经费拨给承担公费医疗的医疗单位，实行经费定额包干，超支不补，结余留用的管理办法。年末，经费结余5万元。

1988年1月，兴城市公费医疗管理委员会制发《兴城市公费医疗管理暂行规定》。规定各种检查费用由个人负担50%；门诊药费与单位挂钩30%，住院费与单位挂钩20%；外转诊药费与单位挂钩25%，与个人挂钩5%；离退休者的外转诊药费与单位挂钩30%，不与个人挂钩。4月，兴城市人民政府办公室制发《兴城市公费医疗管理暂行补充规定》。规定经批准住院者床费，每日核销1元，其余由患者单位报销；离退休后到外地居住的，其医疗费超标的部分由原单位负责；未经市公费医疗管理委员会办公室允许而到外地就医的，费用自理等。

1992年，兴城市卫生局制发《关于公费医疗费用由医疗单位统一管理的有关规定》。确定兴城市公费医院为医疗承包单位，统一管理医疗经费。承包过程中，超支部分由承包单位、财政部门、公费医疗享受人及其单位共同负担。

1994年，兴城市财政局、兴城市卫生局制定《兴城市公费医疗管理办法（试行）》。规定各乡镇街道和公安局、法院、计委、劳动局、农机局、环保局、广播电视局、物价局、水利局、审计局、卫生系统、公证处、律师事务所的公费医疗经费实行全额包干，每人每年100元，节约归己，超支不补。非全额包干单位的门诊医药费，工龄15年以下者每人每月4元；工龄16~30年的每人每月6元；工龄30年以上者每人每月8元。离休干部和二等乙级以上残废军人到指定医院现金就医，再凭收据报销。1995年，将门诊医疗费摊入职工工资中，按月发放。

2005年，公费医疗结束，职工医疗保障归入医疗保险管理。

### 新型农村合作医疗

2005年，兴城市被纳入辽宁省新型农村合作医疗试点市（县）。兴城市人民政府制定《兴城市新型农村合作医疗制度实施方案》，确定以收定支、收支平衡、大病统筹和保障的基本原则。筹资原则是以政府投入为主、农民自愿参加为辅，实行个人缴费、集体扶持和政府补助相结合。至年末，完成前期准备工作。

2006年，兴城市启动新型农村合作医疗试点工作。共筹集资金705万元，其中群众个人缴纳353万元，葫芦岛市财政补助176万元，兴城市财政补助176万元。2009年，经辽宁省新农合领导小组检查验收，兴城市被评为辽宁省“2008~2009年度新农合工作先进县（市、区）”。

2010年，兴城市农民参合率95%，人均筹资额150元，筹资总额5822万元。完善和调整补偿实施方案，把报销封顶线由2009年30000元提高到40000元，大病特困封顶补偿由2009年40000元提高到60000元。全年补偿额达5702万元，基金使用率98%，综合补偿比为45%。2012年，参加新农合的人均筹资标准由2009年230元增加到290元，筹资总额达1.16亿元。参合农民受益程度稳步提高，年门诊补偿32万人次，补偿金额2777万元；住院补偿3.4万人次，补偿金额8109万元；基金使用率达94.6%，统筹资金最高支付限额提高到全国农民年均纯收入的8倍以上，且不低于6万元。新农合政策范围内住院费用支付比例达到75%以上，门诊统筹支付比例进一步提高。

## 第二节　医疗医术

1986年，兴城县人民医院能够进行比较复杂的胸外伤（心脏、肺）开胸探查、心脏修补术、胆总管空肠Y式吻合术。兴城县人民医院内科通过检验科进行生化、细菌、血液、体液、病理检验，可做出62个申请检验项目的130种检验结果。兴城县妇幼保健院开始收治幼儿心衰、呼吸衰竭、休克、败血症惊厥持续症状、哮喘持续症状、水电平衡失调、中毒等患儿。

1987年，兴城市人民医院内科通过X光机电子荧光屏，能够对胸部、胃肠、泌尿系统及骨关节等部位的病灶做出诊断。该院开展脑血管造影术、2%碘滴治疗褥疮，初见成效。

1990年，兴城市人民医院引进新技术“光量子照射”，用于血栓病的临床治疗。1991年，兴城市人民医院五官科用血浆冷凝沉淀溶液治疗角膜疾患，获得成功。兴城市中医医院开展结膜球后注射、麦粒肿切开、睑内翻矫正、面部粉瘤切除、色素痣电灼术等项。应用理疗机与中医经络学相结合，采取针灸、推拿疗法为精神分裂症、腰腿痛患者解除痛苦。1992年，兴城市人民医院始做人工髋关节置换术，获得成功。

1996年，兴城市人民医院成功开展头颅外伤所致的硬膜外血肿清除术、脑硬膜外大量出血清除术、颅内血肿清除术、脑室内外引流术、颅骨成形术。又开展食道下段肿瘤切除术、肺叶切除术、膈疝修补术。1998年，兴城市妇幼保健院成功地进行卵巢癌根除术、肋膜内子宫全切术。2001年，兴城市人民医院成功进行心脏破裂手术。年内，全市各卫生院抢救危急病人的能力明显提高。其中，刘台子、旧门、红崖子、碱厂、郭家、药王、大寨、高家岭等卫生院都能成功地进行下腹部手术，做到常见病、多发病不出乡。

2003年，兴城市人民医院成功开展显微技术脑膜瘤切除术、脑胶质瘤切除术、肺癌根治术等12项手术。2005年，兴城市人民医院成功进行纤维技术脑膜癌切除术、肺癌、膀胱癌根治术、髋关节置换等手术。2006年，兴城市人民医院成功开展脑瘤摘除、胰和十二指肠切除、髋关节置换、膀胱癌根治、腹腔镜微创等手术。

2007年，位于乡镇的各中心卫生院所进行的下腹部手术，成功率达100%。各农村卫生院都能进行X线、B超、心电图等辅助检查。

2009年，兴城市人民医院利用先进的医疗设备，成功地开展非超声乳化小切口白内障摘除人工晶体植入手术。2010年，兴城市人民医院成功开展脑血管畸形切除术，人脑动脉瘤夹闭术，各关节置换、断肢再植术，进行半肝切除术。2012年，兴城市人民医院胸脑外科的脑胶质瘤切除手术填补兴城地区医疗技术领域的空白。

## 第三节　医疗设备

1987年，兴城市人民医院购进500毫安X光机，通过电子荧光屏对胸部、胃肠、泌尿系统及骨、关节等部位的病灶做出诊断。1988年，兴城市人民医院购进美国产的全身CT机，可对人体各部位的病灶做出诊断，特别是对脑血管、肿瘤、结石等。

1992年，曹庄满族乡人民政府筹资3.5万元，为卫生院购买日本产B超机1台。兴城市卫生局筹资20万元，装备旧门中心卫生院；筹资11.6万元，购买X光机14台、电冰箱5台、心电图机2台、显微镜1台、人流吸引器1台，充实各乡镇卫生院。1993年，投资30万元购置医疗器械，装备沙后所、东辛庄等医院。市属医疗机构共有B超机12台、X光机32台、有半数以上的卫生院“三室”（抢救室、检验室、X光室）齐全。

2001年，碱厂、望海等6家卫生院投资18万元购置B超、X光、心电图机等医疗设备。经过投资建设，农村各卫生院均达到“三室一科”标准，各中心卫生院均达到“六室二科”标准。

2003年，兴城市人民医院购进C型臂X光机、血流变仪、日立500MA隔室遥控胃肠透视机、柯达CR800计算机放射成像系统、德国西门子全身螺旋CT机、五分类血球分析仪、血液透析机（人工肾）、新生儿抢救复苏台、高压氧舱、胎心监护仪、中星光治疗仪以及化学发光免疫分析仪、脑地形图、纤维支气管镜、彩色经颅多普勒诊断仪、动态心电图、多功能心脏机能诊断仪、日本奥林巴斯前列腺电切镜、彩色纤维胃镜、WP-3型尿道膀胱镜、KDE-2002A型体外冲击波碎石机等先进设备。

2006年，兴城市医疗机构拥有德国西门子全身螺旋CT、彩超、B超、C型臂X光机等91台（件）万元以上大型医疗设备，价值2574万元。农村各卫生院均配备微机，建立网络管理系统。部分添置心电图、B超等医疗设备。

2009年，兴城市卫生局争取资金468万元，购置B超、X光机、生化分析仪及急救设备，装备10家农村卫生院。2010年，兴城市人民医院投资近千万元引进德国西门子1.5T超导磁共振器械。2012年，兴城市各医疗单位共有核磁共振、螺旋CT、三维彩超、C型臂X光机等万元以上大型医疗设备3473台（件），总价值6360万元，提高疾病的临床确诊率。

# 第三章　疾病防治

兴城市卫生防疫站与疾病预防控制中心承担全市传染病防控、计划免疫、放射卫生、环境卫生监督等工作。

## 第一节　计划免疫

1986年，兴城县防疫站装备立式低温冰箱、卧式冰排速冻器、疫菌苗冰藏箱；乡镇卫生院各有一名专职防疫医生，均装备有170立升恒温冰箱1台；村卫生所装备冷藏背包1~2只。年内，预防百白破（百日咳、白喉、破伤风混合疫苗）的接种率90%，乙脑接种率96.3%，麻疹接种率91.5%，卡介苗接种率99.9%。

1991年，麻疹疫苗接种率、三联疫苗率、“四苗”覆盖率均为99.2%，建证建卡率、糖丸投服率均为100%。学校卫生监督40次，发放矫治眼病药600支，投放驱虫药1000份。1998年，为适龄儿童计划免疫接种5万人次，计划免疫“四苗”覆盖率达90%以上。12月，经辽宁省卫生厅葫芦岛市等级站评审委员会评审，兴城市卫生防疫站达到县级一等站标准。

2006年，对全市预防保健接种人员进行培训、考核，向170名合格者发放预防接种证。进一步规范预防性生物制品的购销、接种行为。完成计划免疫接种率、儿童建卡率均为100%，“五苗”覆盖率为94%。

2010年，加强计划免疫，“四苗”覆盖率达96.5%。在全市范围内对1994~2001年出生的未免疫人群实施乙肝疫苗免费接种 11 万余人次。

2011 年，对各乡镇常规监督检查、基础疫苗接种建卡率 100%，建证率 98%，新生儿乙肝疫苗接种 98%，麻疹疫苗接种 98%，糖丸投服 99%，乙脑疫苗接种 95%，流脑疫苗接种 97%，完成国家免疫规划接种率指标。2012 年，向 23 个乡镇发放麻风腮疫苗。全市应接种麻风腮疫苗 7722 人，实种 7484 人，接种率为 96.9%。

## 第二节　传染病防治

1986 年，兴城县发生狂犬病 3 例，死亡 3 人。发生流行性出血热 61 例、细菌性痢疾 889 例、病毒性肝炎 108 例。

1987 年，兴城市发生流行性出血热 6 例，比 1986 年下降 90.2%，发病率为 1.2/10 万，无死亡。细菌性痢疾发生 489 例，比 1986 年下降 45%；病毒性肝炎发病 96 人，比 1986 年少 12 人；被猫狗等动物咬伤 3155 人，均注射狂犬疫苗，未发生狂犬病。

1988 年，鉴于上海市甲型肝炎流行，防疫站对发现的 57 名甲肝患者进行流行性调查和疫区处理。全市城乡医院设立专门门诊，对市内医院的血库、化验室、门诊、处置室、齿科、注射室等处每月进行一次检查。全年对甲肝患者进行各种检查 136 次，兴城未发生甲肝流行。

1991 年，开展传染病防治工作大检查。对全市服务行业和公共场所的从业人员进行体检，将有传染病的职工全部调离。对违规单位实行处罚。1994 年，对在外地染上霍乱的刘台子满族乡一渔民，进行隔离、消毒、投药，控制疫情的传播，无第二病例发生。1995 年，兴城市人民医院开设肠道门诊，进行疫源检索，加强以霍乱为主的传染病防治，全市无霍乱病例发生。

2000 年，温泉街道胜利小学发生麻疹 18 例，其他乡镇街道也有零散发生，卫生部门立即组织人力对全市 37039 名小学生和初中一年级学生开展麻疹疫苗应急接种。城东街道东一村发生甲肝 12 例，卫生部门立即对饮用水源进行消毒，监视控制并隔离患者，对易感人群加强保护。同时，进行甲肝疫苗应急接种 5000 余人次。全年兴城市乙类传染病共发生甲肝 126 例、乙肝 191 例、麻疹 86 例、菌痢 41 例，都呈上升趋势。2001 年，加强医疗机构的消毒工作，检查 400 多家，为合格的 312 家发放合格证，对不合格的则限期整改。年内，霍乱、出血热等甲、乙类传染病得到有效控制，麻疹、菌痢、病毒性肝炎等发病率大幅度下降。

2003 年，针对葫芦岛市发生首例输入性非典型肺炎病情，兴城市成立防治“非典”领导小组、疫情处理专家组、临床专家组，制定《兴城市防治“非典”应急处理预案》。兴城市卫生局建立预防、救治、信息体系，组建疫情监控网络、医疗救治网络和疫情信息报告网络。防疫站对全市 300 余家机关、企事业单位、学校、幼儿园进行消毒，出动消毒车每处平均消毒 5 次，实现零输入、零感染。兴城市防疫站被辽宁省卫生厅、辽宁省人事厅评为防治“非典”先进集体。

2005 年，针对辽宁省出现禽流感的疫情形势，启动人、禽流感防治预案，组建疫情处理网络直报系统。开通 24 小时疫情报告与咨询电话，实行疫情零报告制度。全市未发现有人感染禽流感病例。2006 年，制定《兴城市突发公共卫生事件应急预案》，建立传染病直报网络，乡镇级以上医疗单位网络报告覆盖率达 100%，全市报告甲乙丙类传染病 1097 例，死亡 3 例，发病率 196.99/10 万。

2009 年，兴城市人民政府下发《关于加强流行性出血热防治工作的通知》。卫生部门进一步强化流行性出血热预防性接种，有效地降低发病率。兴城市成立甲型 H1N1 流感防控工作领导小组，制定《兴城市甲型 H1N1 流感防控工作卫生应急预案（试行）》，组建 3 支“甲流”防治专家组和 5 支应急处置队伍，投入资金 6 万元，加大应急物资储备。年内，兴城市发生甲型 H1N1 流感 10 例，全部治愈。年末，兴城市被辽宁省卫生厅定为省卫生应急示范区。

2010 年，加强重大传染病的预测预警，加强消杀药品、疫苗等应急物资的储备，调整充实应急队伍，组织开展各类突发公共卫生事件应急处置知识和技能培训演练。传染病的发病得到有效控制，全年共发生乙、丙类传染病 13 种 1043 例，总发病率 187.6/10 万，比 2009 年下降 25.45%。

2012 年，共发生乙类、丙类传染病 15 种 1599 例，与 2011 年相比，发病率上升 26.104%。防疫站对 4 个出血热高发乡进行出血热疫苗接种工作，共领疫苗 7000 人份，接种 6710 人份。

## 第三节　地方病防治

### 碘缺乏病

1986 年，兴城县有 10 个地方性甲状腺肿病区（三道沟、碱厂、药王、旧门、华山、南大山、高家岭、红崖子、大寨、郭家），对该 10 个病区患者，均采取投碘与建议改善营养相结合的办法治疗。

1989 年，兴城市地方病防治所成立，派专门医务人员到病区防治。1992 年，开展全民第四次碘油投服。碘缺乏病监测 3129 人，发病 46 人，患病率 1.5%，治愈 4 人。对中小学生生理肿大率普查结果为 17%。该两项指标均低于国家规定的控制指标。

1994 年，兴城市人民政府下令取缔小盐场，禁止出售、食用非碘盐。1996 年，对病区食盐加碘、对高危人群碘油投放工作全面展开，对新生儿进行甲亢筛查，对孕妇进行碘营养保健。

1999 年，兴城市地方病防治所对盐业公司、市场销售、城乡居民用盐监测 400 余次，合格率为 100%。2001 年，强化食盐专营管理。经监测，批发部门合格率为 100%；零售部门合格率为 96.8%。经抽查，全市居民合格碘盐食用率 90%以上。在南大山、高家岭、三道沟、碱厂、拣金 5 个满族乡开展碘盐专营试点。

2003 年，兴城地方病防治所设立碘缺乏病实验室，开展检测工作。2005 年，采集兴城市盐业公司食用盐 12 批计 108 份样品，合格率为 100%；对旧门、药王、三道沟、大寨、高家岭、围屏、南大山、华山、沙后所 9 个乡镇居民用盐进行检测采样 303 份，合格率为 93%。2006 年，采集兴城市盐业公司食用盐样品 10 批计 90 份样品，合格率为 100%；对药王、三道沟、高家岭、沙后所等 9 个乡镇居民用盐进行检测采样 288 份，合格率为 93%。

2011 年，按照比例对 9 个乡镇、36 个行政村的 288 户村民进行碘盐监测。现场检测到碘盐 300 份、非碘盐 1 份。完成碘盐监测数据和网上直报的反馈工作。2012 年，按地理方位分随机选定 9 个乡的36 个村，采取盐样 288 份进行检验，碘盐合格率为 94.89%。

### 氟病

1986 年，氟中毒地区海滨满族乡苏屯村村民吃上低氟自来水。1987 年，氟中毒地区大寨满族乡沙河村建成低氟自来水井。2004 年，兴城地方病防治所为生活饮用水氟超标的海滨满族乡苏屯村、高家岭满族乡汤上村，分别建防氟井，降低村民饮用水的含氟量。

2005 年，兴城地方病防治所配合省市主管部门对海滨满族乡苏屯、项家两村的水质进行监测；对苏屯村防氟改水工程进行科学评估，为项家村防氟改水工程提供参考依据。2009 年，在重点乡镇，召集学生 90 人、育龄妇女 45 人，开展氟中毒调查。学生对氟中毒的知晓率为 91.8%，育龄妇女知晓率为84.4%。

2010年，兴城地方病防治所对病区的水氟进行监测，均通过质量控制考核。对病区8~12岁儿童进行氟斑牙检查、尿氟测定；对病区成年人开展临床氟骨症检查，并随机采集20份尿样品。2012年，在监测村，按照东、西、南、北、中的方位采集水样，测定氟含量。水氟含量均低于国家标准。对监测村全部在读的8~12岁的学生进行氟斑牙检查。

### 布鲁氏菌病

1988年，兴城地方病防治所在11个乡镇进行犬种和布鲁氏菌病（简称“布”病）调查，阳性率为16.3%，其中海滨、南大山、红崖子3个满族乡的犬中带菌阳性率最高，分别为40%、32%、27.9%。1991年，对“布”加强监测，牛羊免疫率分别为95.2%和95.4%，检疫率均为100%。人畜间未发现“布”病阳性患者。2001年，对全市从事饲养牛羊、屠宰加工和挤奶的8704人，进行皮肤试验，均为阴性，无带菌者。2004年，发现“布”病20例，及时开展治疗，并加强对易感人群的防护和病畜的管理，控制疫情的流行。年内，制定《兴城市加强布鲁氏菌病防治工作的意见》，对“布”病进行系统监测。2006年，进行人与人之间流行病学调查2100例，血清学监测416例，对10名确诊病例进行个案调查，及时治疗。

2010年，兴城地方病防治所对“布”病较多的大寨、围屏、羊安、白塔4个满族乡和华山街道易感人群795人进行“布”病流行病学调查，血清学检查231人，其中阳性血清11人，阳性率1%，对阳性病人转到定点医院进行治疗。对全市发生的120例“布”病患者，均作个案调查和及时治疗。

2012年，兴城市发生“布”病125例。兴城地方病防治所对患者进行规范治疗，努力提高治愈率；组织各乡防保人员对辖区内所有饲养羊户进行逐户宣传，并在电视和广播上开设“布”病防病知识宣传讲座。

## 第四节　卫生监督

### 食品卫生

1986年，兴城县在锦州市食品卫生检查中获94.22分，名列第一。

1988年，兴城市卫生局成立专项领导小组，加强对食物中毒的预防。全年共监测19类食品687份样品，合格率95.49%。监测餐具528份样品，合格率81%。对食品、冷饮生产厂家实行目标管理，组织参加省级“创优竞赛”。

1989年，兴城市食品卫生监督检验所成立，隶属兴城市卫生局。年内，对全市发生的2起231人食物中毒事故进行查处；整顿食品摊点985个，处罚经营者746户，销毁伪劣食品4554公斤，共罚款1.6万元。

1999年，兴城市食品卫生监督检验所贯彻《中华人民共和国食品卫生法》《中华人民共和国传染病防治法》，加强对学校、疗养院食堂的食品、饮用水检查。食品抽查合格率90%，生活饮用水合格率95%。2001年，兴城市食品卫生监督检验所对134家食品生产经营单位进行清理整顿，其中实施行政处罚13家，罚款1.68万元；没收伪劣食品100余种、500公斤；捣毁制造假酱油工厂1家；取缔无证经营的纸巾厂、饮料厂各1家。年内，在“五一”“十一”和海会期间，对500

家食品经营单位进行 4 次大检查，为卫生优秀单位挂牌匾。

2003 年，兴城市防疫站投资 43 万元购入消毒剂 20 余吨，对于餐饮服务等单位，坚持每日消毒制度，切断非典型肺炎的传播途径。全市卫生合格证办证率达 93%，从业人员体检率达 100%。2005 年 4 月，兴城市人民政府成立兴城市食品安全委员会。5 月，兴城市食品安全委员会办公室制定《预防食物中毒工作预案》，对大中型餐饮单位、学校食堂等进行大检查，对 14 家存在安全隐患的单位下达限期整改通知书，对 3 家发生食物中毒单位的负责人给予处罚；取缔非法加工户 2 家，销毁假冒伪劣原料、食品 200 公斤。

2007 年，兴城市人民政府下发《关于转发兴城市产品质量和食品安全整治工作方案的通知》，实施“食品卫生安全专项整治”。加强重要会议、节假日、旅游旺季和高考、中考期间食品卫生的监督，确保安全。全市大中型餐饮单位、学校食堂量化分级管理率达 100%；餐饮业食品卫生许可证持证率 100%；原材料采购索证率 100%；原材料采购和使用合格率 100%；量化分级管理率 97.3%。

2010 年 6 月，为纪念《中华人民共和国食品安全法》颁布一周年，兴城市卫生局组织机关干部和相关部门人员到乡镇街道宣传食品安全。年内，核发换发食品餐饮服务许可证 364 份。成立 4 个专项整治检查小组，出动食品安全监管 4500 余人次，对学校食堂进行检查，发现问题当即提出整改意见。旅游旺季，兴城市食药监局成立食品药品执法稽查小队，对旅游餐饮宾馆和疗养院进行检查。

2012 年，兴城市检查各类食品生产、流通、餐饮主体 12591 户次，集贸和旅游购物市场 31 个。责令整改餐饮企业 70 余家次，查封扣押不合格食品及原料 2693 公斤，销毁不合格食品 170 公斤，取缔食品无照经营户 31 户。

## 劳动卫生

1986 年，兴城县卫生部门对饮食、服务行业的职工进行体检，将患有乙肝的 10 名职工调出。

1987 年，兴城市卫生局对 156 个单位进行卫生监督检查，合格率 89%，责令 6 个卫生不合格单位停业整顿。服务行业有从业人员 1290 人，体检有 5 人不合格被调离岗位。兴城市预防农药中毒领导小组成立，组建农药中毒抢救小组，落实相关措施。全年农药中毒 41 人，死亡 1 人。

1988 年，落实辽宁省《工业劳动卫生管理条例》，重点抓企业防尘治毒和预防农药中毒。年内，防疫站组织力量调查工矿 98 个、职工 12168 人，其中接触粉尘的 2586 人，接触毒物的 720 人，接触放射线的 102 人，对 3517 人进行体检。按照《工业劳动卫生管理条例》有关规定，对 14 个不合格单位做停产整顿处理。对体检中发现的阳性体征者 487 人，责成所在单位将其调离岗位。

1991 年，对 33 个企业进行劳动卫生管理，经常性的卫生监督覆盖率为 100%。对作业接触粉尘、有毒物质的 1740 名工人进行体检，查出乙肝表抗阳性 53 人，职业禁忌症 252 人，均作妥善处理。对全市服务行业从业人员进行体检，查出有乙肝者 10 人，全部调出。年内，发生农药中毒 14 人，无死亡。

1994 年，对供水、管水人员进行健康检查和卫生知识培训，合格者发给证书，持证上岗。

2000 年，加强对集中供水、二次加压供水单位及有放射线仪器的单位监督管理。2006 年，全市监测有职业危害因素的企业 45 家、粉尘作业点 47 个，进行职业病防治培训 1073 人、体检 332 人。对 45 名放射卫生工作人员全部实行个人剂量笔制度，配备防护用品，建立健康档案。

2007 年，兴城市卫生局对涉旅从业人员进行健康体检和卫生知识培训。对全市 68 家接触职业危害因素单位的1472名劳动者，进行职业健康检查。2010年，兴城市安监局对涉及粉尘与高毒物的企业进行排查，为30家石材加工企业的100多名从业人员进行岗前体检，为涉及粉尘与高毒物品的728名从业人员建立健康监护档案，对从事放射诊疗人员的监督监测率达100%。

2011年，加强放射诊疗工作管理。对全市21个诊疗单位，55名放射诊疗工作人员，统一发放“放射诊疗卫生许可”，建立健全职业档案。要求从事放射诊疗的工作人员必须经省、市职业培训、考核、执证上岗；实行放射工作人员配备足够个人防护用品，个人计量笔定期测定与维护，使放射诊疗卫生单位在卫生防护上达到国家规定标准。

2012年，兴城市卫生局监督检查57家企业，有13家企业成立职业卫生管理机构，16家企业制定职业病防治计划，各企业配备专职卫生管理人员15人，兼职卫生管理人员58人。

# 第四章　医疗保健

为集中力量消灭或控制部分严重威胁人民健康的传染病和地方病，兴城建立以卫生防疫站等为主的预防保健机构。贯彻执行《中华人民共和国传染病防治法》《中国2000年实现消除碘缺乏病规划纲要》等法规性文件，行使卫生监督管理和防病职能，以为居民提供预防为主、综合治疗与保健为基本特征的社区卫生服务，建立新型农村合作医疗制度等，形成全地区的卫生监督和防疫网络。

## 第一节　社会保健

### 结核病防治

1986年，兴城县结核病防治工作在锦州地区居前。

1988年，兴城市结核病防治所收治患者124人，治愈102人，治愈率83.06%。举办基层防保人员培训班3期，组织学习《卡介苗标准化接种》《卡介苗操作规程》《肺结核病人短程化疗进展》等知识和技术。全市新生儿9047人，卡介苗接种8962人，接种率98.2%。兴城市卫生局制发《关于加强结核病防治工作的决定》。兴城市结核病防治所先后3次通过兴城人民广播电台、兴城电视台进行宣传；印发传单3210份，下发到各单位。1990年，为8369名适龄儿童接种，为1199名病人登记，为18名排菌病人进行治疗，治愈率100%。

1992年，全市新发现结核病人98例，管理病人793例，经过治疗，痰检菌阳病人阴转率100%。新生儿卡介苗接种率99.5%。1993年，实施以世界银行贷款为主的结核病控制项目，免费治疗排菌患者1048例，治愈率95%。1998年，兴城市结核病控制项目覆盖率达100%（以乡镇为单位），兴城市结核病防治所被卫生部授予“全国结核病防治先进单位”称号。

2002年4月，国家卫生部会同世界银行组织对兴城市世界银行贷款结核病控制工作进行检查，对兴城市的工作予以赞许。

2003年初，开展“英国捐款”和“世界银行贷款结核病控制项目”，对涂阳及部分空洞病人实行免费治疗。4月，对全市小学一年级学生进行结核菌素试验，接种人数2946人，阴性827人。兴城市卫生局与兴城市药监局联合下发《进一步加强结核病归口管理的通知》，进行对私治、滥治、截治肺结核病人的医疗机构及出售结核病治疗药品的零售药店查处。

2011年，兴城市卫生局加强结核病防治知识宣传，对各综合性医疗机构督导27次，各综合性医疗机构共转诊患者277例，通过三级防痨网络的共同努力，共追诊疑似病例154例，其中到位146例，追诊到位率95%。全年接诊疑似结核病例449例，确诊结核病并登记治疗107例，对107例结核病病例投放免费抗结核药品。

2012年，对23个乡镇进行76次督导，随访患者247人次，全年接诊疑似结核病例548例，确诊结核病并登记治疗83例，其中初治涂阳病例74例，对83例结核病病例投放免费抗结核药品。

### 性病监测

1988年，在驻兴单位发现一名淋病患者，防疫部门对其进行监视治疗。

1991年，兴城市发现淋病患者7例，防疫部门进行监视治疗。1997~2001年，兴城市共发现梅毒患者69例。

2002年，艾滋病初筛实验室在兴城市人民医院建立并投入使用。2004年，全市有淋病18例、梅毒5例。防治重点是对重点人群的宣教干预。

2007年，兴城市疾病控制中心建立艾滋病检测实验室。2008年，兴城市卫生局开展艾滋病防治知识宣传教育和检查，检出HIV阳性1例。2010年，兴城市卫生局开展艾滋病防治知识宣传教育，完成高危人群艾滋病监测129例，对472人进行自愿咨询、监测。

2011年，兴城市卫生局组织专人对全市所有艾滋病存活病例进行随访，对16个HIV感染者（3人死亡），每半年随访1次；对9个艾滋病病人（4人死亡），每季度随访1次；随访结果及时录入直报系统。年末，新发现6个HIV感染者、1个艾滋病病人。2012年，兴城市新发现9名HIV感染者、1名艾滋病病人，个案流调率和随访率100%。对娱乐场所干预共1359人，发放宣传资料2101份、安全套5815个。对679人进行VCT检测。

## 第二节 妇幼保健

### 科学接生

1986年，兴城县妇幼保健院建筑面积2100平方米，有病床50张，职工74人。乡镇卫生院设妇幼保健室26个，有妇幼专业人员100人。

1988年，兴城市全年科学接生率94.5%，农村配备科学“接产包”的村100%。92.6%的乡镇实行孕产妇系统管理，全年共有产妇6047人，接受产前检查的5927人，住院分娩率39%。

1989年，兴城市妇幼保健院培训科学接生员434人，使科学接生空白村由1988年的15个减少到3个，新法接生率90%以上。城镇产妇产前检查率98.8%，产后访视率90%。1993年，按《妇幼保健目标责任书》，给孕产妇进行建卡建册，使系统管理率达93%。

1998年，广泛开展新生儿甲亢筛查和孕产妇碘营养保健工作。年末，兴城市妇幼保健院晋升为国家级爱婴医院。2000年，农村孕产妇住院分娩率69.1%，新法接生率100%。婴儿死亡率降至

12.5‰，孕妇死亡率降至 0.208‰。

2004 年，兴城市妇幼保健所成立。在南大山、曹庄等 5 家卫生院创建“爱婴卫生院”，其助产技术、管理水平均通过评审。全市孕产妇住院分娩率 84.8%，孕产妇死亡率为零，婴儿死亡率 8.81‰。

2010 年，实施农村孕产妇住院分娩补助，发放住院分娩补助 3166 人。农村孕中期孕妇 512 人享受免费超声筛查出生缺陷服务，免费发放叶酸 2120 份。

2011 年，兴城市妇幼保健所着重抓好早孕建册、孕期检查及产后访视工作，在全市范围内免费开展孕产妇艾滋病、梅毒和乙肝检测工作，为乙肝表面抗原阳性的孕妇所生的孩子在出生后 24 小时内免费注射乙肝免疫球蛋白。全年监测高危孕产妇 96 人，上转葫芦岛市级以上医院高危孕产妇 10 人，高危孕产妇管理率 100%。孕产妇死亡 1 人，死亡率 24/10 万，孕产妇系统管理率 94%。

2012 年，兴城市上转葫芦岛市级以上医院高危孕产妇 12 人，高危孕产妇管理率达 100%。是年，孕产妇死亡为零，孕产妇系统管理率 94%以上。

## 儿童保健

1986 年，对儿童进行健康体检。城镇应检集居儿童 1232 人，实检 1167 人，总发病率 75%。其中贫血 33%，龋齿 38%。农村散居儿童应检 37854 人，实检 33065 人，总发病率 18.5%。

1988 年，全市共有 1~7 岁儿童 4120 人，对 36426 人进行体检，占 87.94%。其中身长达到或超过均值的有 28432 人，体重达到或超过均值的 27643 人。对大中小型幼儿园中的 1518 名儿童跟踪健康检查 1492 人，发现患儿 661 人，治疗 641 人。对小型幼儿园 472 人检查，发现贫血患儿 125 人，全部进行治疗。

1991 年，全市 7 岁以下儿童 4.6 万人，体检 3.9 万人，其中 3 岁以内发生佝偻病的有 905 人，缺锌性贫血 695 人。对集居的托儿所、幼儿园的 2529 名儿童进行体检，有发病者 1518 人，发病率 60%，矫正率 100%。

1999 年，兴城市妇幼保健院挂“兴城市妇女儿童医院”牌子，成立急救科，备有救护车，开通“220”妇儿急救台电话。

2002 年，兴城市人民政府下发《关于印发兴城市 2001~2010 年儿童发展规划的通知》。2004 年，儿童保健保偿入保率 92%，儿童系统管理率 90.19%。同时，为独生儿童办理证件，确保孩子真正享受到国家的有关待遇。

2011 年，以促进基本公共卫生服务逐步均等化为契机，在全市范围内开展 0~6 岁儿童保健服务，为儿童化验血常规、肝功、骨碱磷酶等，监测体弱儿 32 人。全年，5 岁以下儿童死亡 31 人，死亡率 7.6‰；婴儿死亡 28 人，死亡率 6.8‰；儿童系统管理率 93%。

2012 年，在全市范围内进行生长发育评估，监测体弱儿 56 人。全年，5 岁以下儿童死亡 30 人，死亡率 7.1‰；婴儿死亡 27 人，死亡率 6.4‰；儿童系统管理率 97%。对 80 余家幼儿园进行检查、监督、指导，为 3645 名儿童进行体检，体检率达 90%以上。

## 妇女病普查

1986 年，兴城县卫生局和计划生育部门组织人员对妇女子宫颈炎、子宫脱垂、尿瘘、阴道炎等疾病进行普查，共普查 19548 人，发现病患 3296 人，均予以免费治疗。

1988年，在中国工商银行兴城支行、闻家针织厂进行女职工保健试点，建立女工卫生间、冲洗室，制定保健制度，讲卫生保健课4次，为45名妇女进行疾病普查。1989年，为城镇女职工进行防癌检查，受检率60%。

1991年，妇女病普查39826人，患病数为10852人，发病率27%；治疗7004人，治疗率64%。1992年，进行妇女病普查，接受普查的有城市2734人、农村2002人。1998年，妇女病普查48092人，发现患病25690人，发病率53%。治疗21020人，治疗率81%。

2005年，结合计划生育工作，开展育龄妇女生殖健康检查，接受检查的有2000人。2009年，兴城市为50000名育龄妇女开展普查普治，发现和治疗各种妇科病600余例，基本治愈率85%。2011年，对全市60%育龄妇女进行生殖健康普查，发现并治疗妇科病150例，为521名退出育龄期的妇女免费摘除宫内节育器。

2012年，兴城市人口和计划生育局制发《兴城市免费孕前优生健康检查实施方案》，成立“孕前优生健康检查”工作领导小组，派专人参加辽宁省人口和计划生育委员会组织的业务培训，购置必需的仪器装备，完成90%目标人群的健康检查。为1800名育龄妇女免费代理计划生育手术意外险，为25名出险妇女办理险后理赔。

# 第五章　爱国卫生

兴城县（市）爱国卫生运动委员会（简称爱卫会）办公室为兴城县（市）爱国卫生运动委员会的办事机构，设在兴城县（市）卫生局。1986年以后，兴城县（市）爱卫会加强科学技术指导，采取土洋结合方法，在全市城乡开展大规模除四害、讲卫生活动。通过广泛开展卫生教育工作，强化群众自我保健意识，培养良好卫生习惯和公共卫生道德，形成讲卫生、爱清洁的社会风尚，促进并加快爱国卫生运动向更高、更深层次发展。

## 第一节　宣传教育

1986年，兴城县爱卫会通过公益广告、街头标语、广播电视和《兴城县报》等载体进行爱国卫生宣传教育，开展“卫生流动红旗”竞赛。

1988年，在古城、宁远、城东、温泉、钓鱼台5个街道，开展“卫生流动红旗”竞赛。兴城市爱卫会利用大型图片展览、墙报、广播等形式，在海滨、古城及学校、街巷等处宣传卫生法规和卫生知识。兴城市卫生防疫站到东辛庄、红崖子、旧门等集市进行宣传12次。各乡镇卫生院利用宣传板、宣传画，结合日常医疗工作，开展经常性的卫生宣传。1994年，兴城市卫生局、兴城市爱卫会组织卫生人员出动318人次宣传卫生知识，进行卫生义务咨询；各小学出动学生782人次，上街宣传卫生基本知识。

1995年，兴城市人民政府下发《关于印发兴城市城市环境综合整治实施方案的通知》和《兴城市人民政府发布〈兴城市“门前四包”责任制管理办法〉的通知》，兴城市爱卫会组织宣传落实。1998年，兴城市各中小学普及健康教育，开设健康教育课。2000年，结合“世界无烟日”和“清洁月”活动，开展“吸烟有害健康”宣传。

2001年，兴城市人民政府颁发《关于公共场所禁止吸烟的决定》。全市取缔烟草广告点15处，发放宣传单10万余张。兴城市防疫站成立健康教育科。在兴城市人民医院、兴城市妇幼保健院设置健康教育培训基地，在南一小学、沙后所中学、曹庄卫生院设立示范区。在重点街道设置固定宣传栏，在《兴城日报》、兴城人民广播电台、兴城电视台开设健康教育专栏。全市中小学健康教育课开课率100%，卫生知识合格率70%；全市健康教育普及率86%以上。

2002年，兴城市人民政府重新颁发《关于公共场所禁止吸烟的决定》，取缔烟草广告点15处。全市健康教育普及率87%以上，顺利通过辽宁省“健康教育”中心的检查。2003年，兴城市爱卫会进一步实施《健康教育工作计划》，拓展绿园小区、欣和园小区、南关农贸市场为健康教育示范区。在爱国卫生清洁月和抗击“非典”过程中，两次上街宣传健康教育知识。发放宣传单10万份、《爱国卫生管理条例》1000余册；组织卫生监督员100名，规范市民卫生行为。

2008年，兴城市人民政府下发《关于转发兴城市农民健康教育促进行动方案的通知》，召开全市“健康面对面·乡村行”启动大会，首先在三道沟、红崖子、曹庄、大寨、旧门和华山等乡镇街道开展工作，组织工作人员将健康教育资料发给农户。

2011年，在3月24日“世界防治结核病日”，兴城市设立4处宣传点，出动28人上街进行宣传，散发传单2万余份，有5000人直接受到结核病知识的宣传，有800余人直接在咨询点咨询并得到满意的解答。

2012年，在“世界防治结核病日”“全国肿瘤防治宣传周”“全国儿童预防接种日”“世界无烟日”等宣传日期间，兴城市人民政府组织相关人员在南门口、天福商城门前、校园内等场所分别开展以“你我共同参与，消除结核危害”“科学抗癌，关爱生命”“接种疫苗，家庭有责”“防治职业病，爱护劳动者”“烟草业干扰控烟”等为主题的宣传签名活动，答复咨询240人次，征集签名800人次。

## 第二节　除害灭病

### 病媒消杀

1986年，全县出现61例流行性出血热患者，兴城县人民政府成立灭鼠防病指挥部。

1987年，兴城市灭鼠防病指挥部与市直各部委办局、乡镇街道、驻军驻在单位签订灭鼠合同。经验收，全市有40个部委办局、15个乡镇街道、33个驻军驻在单位荣获兴城市人民政府授予的“基本无鼠害单位”称号。年内，全市流行性出血热患者6例。

1988年，兴城市人民政府召开3次会议，部署灭鼠工作。全市共投敌鼠钠盐25吨、其他灭鼠药200公斤。1989年，兴城市爱卫会召开电话会议并3次下发通知，推动全市灭鼠灭蝇活动。召开表彰大会，表彰元台子满族乡、双树乡、兴城市医药公司、辽河油田疗养院、38621部队等先进单位。

1993年，全市投放灭鼠药4吨，投药率90%以上。其中东辛庄镇、郭家镇、四家屯乡、海滨满族乡、药王满族乡、旧门满族乡100%完成任务。

1996年，兴城市防疫站定点定时监测蚊蝇指数。兴城市爱卫会与相关基层单位签订灭蚊蝇责任状，用国内优质药品杀灭。年内，投入资金20万元，投放鼠药15吨，灭鼠约50万只。

1998年，以消除蚊蝇滋生地与药品消杀相结合为除四害主要措施，兴城市年内灭鼠实现达标。8月，灭蟑螂工作通过国家爱卫会验收，获"灭蟑螂先进市（县）"称号。

2002年，兴城市人民政府下发《关于春季灭鼠工作的通知》和《灭鼠实施方案》，同各乡镇街道签订《灭鼠责任状》。兴城市爱卫会成立两支消杀队伍，春季对越冬蚊蝇消杀，夏季开展灭蚊蝇工作。组织统一购灭鼠药，投放鼠药3吨，老鼠密度为2.6%，符合国家规定标准。

2004年，兴城市人民政府两次召开灭鼠动员会，部署灭鼠工作。兴城市爱卫会成立两支消杀队伍，在春秋两季开展灭鼠工作，夏季开展灭蚊蝇工作，并举办灭鼠培训班，培训基层灭鼠人员。经过省市两级检查，均达到国家规定标准。

2012年，兴城市人民政府与市直各部门、各乡镇街道签订除四害《责任书》，开展以灭鼠为重点的病媒生物消杀活动。对宾馆、疗养院等单位进行重点消杀，对城区87座公厕、84个垃圾排放点及中心广场、火车站和6个居民小区实行全面病媒生物消杀，大大减少蚊蝇、蟑螂等滋生地，鼠密度控制在3%以下，达到国家规定标准。

## 改水改厕

1986年，在全县农村改造生活用水，建立5处小型自来水水源，使农民用上自来水。

1989年，兴城市完成连续3年治理污水沟1.2万米的任务，新建、维修市区公共厕所76座。1993年，全市城区维修公厕37座，新建公厕5座。新修下水管道4000米，敷设下水管道2600米。

1996年，全市安全卫生饮用水普及率98.4%。投资98.7万元，改建公厕46座，改建居民户厕69680座。1997年，全市改造卫生厕所1700座，为居民新安装自来水600户。1999年，全市农村以改水改厕为重点的初级卫生保健，经辽宁省有关部门代表国家复审、验收，达标。2000年，全市新建无害卫生厕所2775座，改水受益427000人，其中自来水受益174000人。

2001年，兴城市人民政府与各乡镇街道签订《改水改厕责任书》，把农村改水改厕落到实处。年内，建成节水、高压等卫生厕所410座。全市75139户有卫生厕所，占总户数的61.45%，比2000年增长5%，实现全省卫生厕所普及率61%的要求。实施城市水源工程建设，增加自来水用户3000余户，解决红石碑等地下水受到污染村屯的村民用水。

2006年，兴城市卫生和水利部门在自来水公司水厂召开改水现场办公会；卫生部门在沙后所镇南门外村、东辛庄镇张虎村召开改厕现场会，提高农村自来水和卫生厕所的普及率。在沙后所、东辛庄、大寨、华山等7个乡镇街道新修节水、高压厕所150座。

2008年，在沙后所镇南门外等12个村，开展省级改厕一条街示范村活动。农村新修节水、高压厕所500座。2009年，在6个乡镇街道的7个村新建高压水冲厕所500座。投资1515万元，完成供水工程30处，受益人口3.52万人。打管井19眼、混凝土沉圈井18眼，大口井5眼，引泉水1处，建井房38座，建储水池1座、微机供水点39处，埋设管路187.4公里，全市农村自来水供水人口15.2万人，自来水普及率35.6%。

2010年，兴城市实施农村饮水安全工程，中央财政预算内项目投资441万元，辽宁省人民政府投资147万元，葫芦岛市人民政府配套73万元，兴城市提供县区配套74万元，完工后解决1.4万人饮水难的问题。在农村修建水冲厕所800余座。

2011年，兴城市在农村新建水冲厕所400座。2012年，根据辽宁省爱国卫生委员会和葫芦岛市爱国卫生委员会的安排，兴城市在沙后所镇南门外村、羊安满族乡柳蒿村召开改厕工作现场会；在兴城市自来水公司水厂召开改水现场办公会；在羊安、南大山、三道沟、红崖子、沙后所等乡镇新修节水、高压卫生厕所1000座。

## 第三节　创建卫生城市

1986年始，兴城实行“门前三包”卫生责任制，开展“卫生流动红旗”竞赛活动。1988年，经检查验收，卫生合格率95.3%，达到锦州市卫生检查标准。

1989年4月，是全国第一个“爱国卫生月”。兴城市人民政府召开动员会，统一部署行动。兴城市爱卫会与400多家单位签订“门前三包”卫生合同，设监督岗；在主要街道安排垃圾车鸣铃通知各户送出垃圾，及时运走；新修下水管道4000米，增设果皮箱、痰盂120套，维修、新建公厕76个；在兴海路两侧建花坛300个，栽风景树3000株。古城、宁远、温泉、城东4个街道都成立卫生队。

1991年初，中共兴城市委、兴城市人民政府决定加强城市卫生管理，争创省级和全国卫生城。并召开“爱国卫生月”动员大会，提出具体要求。4月，出动9800人、130辆车，清运垃圾4000余吨。投资368万元，建公厕7座、垃圾填埋场1处，增设果皮箱125个。修巷道127条计3.82万平方米，其中铺硬覆盖9099米，修沙石路2.89万米。

1992年，兴城市人民政府发出《关于印发兴城市创建卫生城市实施方案的通知》。围绕创建省级（甲级）卫生城市，中共兴城市委、兴城市人民政府多次召开动员大会。兴城市报社、兴城电视台分别设“整治城市环境”“依法管理城市卫生”等专栏或专题，营造舆论氛围。采取财政、单位、受益居民各出一份资金的办法，新建公厕50座；整治街巷200余条，总长度50余万米，总面积30多万平方米，占总街巷的70%以上。同时进一步完善环卫管理体制，组建公办与民办相结合的保洁队伍，增加保洁员148人，配备清洁运输工具，垃圾日产日清。1996年，组织干部群众参加清理卫生死角的义务劳动，历时30天，出动运输车89辆次，人员12231人次。经清理，市区无积存垃圾。是年，兴城市被辽宁省人民政府评为“省级卫生城市”。

1997年，兴城市开始创建国家级卫生城。兴城市人民政府发出《关于印发兴城市创建国家卫生城市实施方案的通知》和《关于印发兴城市城市环境综合整治方案的通知》。兴城市卫生部门成立除四害、健康教育、公共场所卫生与传染病防治、食品卫生监管4个领导小组，督促检查落实创建卫生城指标情况。古城街道依两个“通知”印发8000份题为《做文明市民、展古城新貌》的致居民一封信。1998年，全国爱卫会组团到兴城市明察暗访，兴城市在全省受检的17个县级市中名列前茅。2000年，兴城市被全国爱国卫生运动委员会授予“全国卫生先进城市”称号。

2001年，兴城爱卫会制定《全年爱国卫生工作计划》和《爱国卫生清洁月活动实施方案》，规定卫生检查标准15项公开承诺4条。协同5个街道和市卫生防疫站进行每月检查一次，每季度评比一次，年终奖励一次。年末，兴城市爱卫会被辽宁省人民政府评为“卫生先进单位”。

2003年，兴城市人民政府下发《关于加强城区环境卫生整洁的通知》，决定每周的周末为爱国卫生清洁劳动日。4月，召开爱国卫生清洁月动员会，组织两次大型的街头卫生宣传活动，动员干部群众大搞环境卫生。全市城乡参加打扫卫生的有3万多人，动用机动车2900辆，消灭卫生死角

1000余处，清运垃圾15000余吨，拾捡白色垃圾2.13吨，投入经费210万元。

2005年，根据中共辽宁省委、辽宁省人民政府的部署，兴城市开展“讲文明、讲卫生、讲科学、树新风、建小康”为主题的爱国卫生清洁月活动，出动3万多人、1000余辆机动车清运垃圾。2007年春，兴城市环境卫生管理处投资80万元，对城区6座厕所进行改造；各辖区街道将部分下岗人员充实到环卫队伍中，加强城乡结合部的环卫保洁工作。

2010年，兴城市人民政府下发《转发〈关于加强我市环境卫生管理工作实施意见〉的通知》。启动基本公共卫生服务均等化工作，全市所有常住人口以及在现居住地连续居住半年以上的流动人口，可免费享受建立居民健康档案、开展健康教育、预防接种、传染病报告和处理、儿童保健、孕产妇保健、老年人保健、慢性病管理、重性精神疾病管理9项基本公共卫生服务。

2011年，兴城市爱卫会制定新的卫生检查标准，实行按月、按季度检查评比，并采取明察暗访，当场打分，促进环境卫生工作。年内，兴城市爱卫会被评为辽宁省“爱国卫生工作先进单位”。

2012年，兴城市从4月12日~5月12日在全市城乡开展爱国卫生清洁月活动。全市城乡参加义务劳动达3万余人次，动用车1000余辆，消灭卫生死角千余处，清运垃圾1600余吨。在羊安、红崖子、南大山、三道沟、沙后所5个乡镇的5个村新修节水、高压卫生厕所1000座，卫生厕所普及率75%。兴城市人民政府召开两次灭鼠除四害工作动员大会，与乡镇人民政府、街道办事处签订《灭鼠责任书》。兴城市爱卫会成立两支消杀队伍，春、秋两季灭鼠，夏季灭蚊蝇和蟑螂。对华润啤酒（葫芦岛）有限公司等20多个单位进行重点消杀，对城区6个居民小区的87座公厕、84处垃圾排放点以及中心广场、火车站等公共场所进行重点消杀。

# 第二十五篇　旅游疗养

## 第一章　旅游

20世纪80年代初期，随着兴城经济社会的不断发展，人们物质文化生活水平日益提高，中共兴城县委、兴城县人民政府立足当地资源优势，开始有计划、分步骤地进行旅游开发建设。按照党和国家领导人提出把兴城建成“第二个北戴河”“要把兴城建设成现代化旅游城市”的要求，为把兴城尽快建成“兴盛之城、旅游之城”，兴城市经过多年的不懈努力，旅游服务设施日臻完善，旅游服务功能不断提升，旅游业呈现出蓬勃发展的良好态势，兴城被评为“中国优秀旅游城市”。旅游业已成为拉动兴城经济的特色产业。

### 第一节　机构设置

1986年，兴城县旅游局相继建成海鸥宾馆、明城宾馆、友谊商店等多家涉旅经营单位。1987年5月，成立兴城市旅游开发公司，为兴城市人民政府直属工作部门。1989年5月，兴城市旅游局更名为兴城市旅游事业管理局。6月，成立兴城市风景区管理局，为兴城市人民政府直属事业单位。1990年7月，兴城市旅游事业管理局与兴城市风景区管理局合并成立兴城市风景旅游管理局。9月，撤销兴城市风景旅游管理局，分别恢复兴城市旅游事业管理局、兴城市风景区管理局。1991年，首山被批准为国家森林公园后，由兴城市首山森林派出所负责防火期戒严及旅游管理。菊花岛旅游景区及景点开发建设，由菊花岛乡成立的旅游开发管理委员会负责管理。1995年7月，撤销兴城市旅游事业管理局、兴城市风景区管理局，合并重组兴城市风景旅游局。1998年3月机构改革，撤销兴城市风景旅游局，其旅游管理职能划归兴城市文化旅游局，海滨风景区管理职能划归新成立的海滨风景区管理处，后改为兴城市风景区管理局。2002年5月，兴城市文化旅游局将旅游管理职能析出，单独成立兴城市旅游局。主要职能是依照国家、省、市有关发展旅游业的方针、政策，制定兴城市旅游业发展规划，组织全市旅游整体形象的宣传和重大促销活动；对旅游度假区和旅游基础建设项目实施宏观指导和检查；对经营旅游业务的企事业单位进行行业管理。

兴城市旅游局内设计划资源开发、宣传促销、市场管理、稽查、导游管理服务中心等业务机构。2006 年 4 月，成立兴城市古城景区管理委员会，具体负责对古城景区内旅游景点的收费管理。

## 第二节 旅游资源

兴城依山傍海，景色秀丽，具有丰富的旅游资源。在陆地与大海之间 47.3 平方公里的范围内，集古城、温泉、首山、海滨、觉华岛、兴城河于一地，融自然景观、人文景观于一体，形成独具特色的中国北方旅游风景名胜区。

### 古城旅游区

兴城古城即宁远卫城，始建于明宣德三年（1428），重建于天启四年（1624），为辽东 25 个卫城之一。明清之际，围绕着该座城池发生过多次战争，最著名的是“宁远之战”和“宁锦之战”。许多历史人物如孙承宗、袁崇焕、满桂、祖大寿、吴三桂、努尔哈赤、皇太极等，都曾在宁远风云际会。清朝建立后，顺治、康熙、乾隆、嘉庆、道光等皇帝多次驻跸宁远城。新中国成立后，尤其是改革开放以后，兴城市（县）人民政府重视对古城的保护，多方筹集资金，相继修复坍毁的城墙、垛口、墙基护坡，修复四门城楼，铺设四街条石路面，修复祖氏石坊、魁星楼、文庙、城隍庙、钟鼓楼等古建筑，开放郜家住宅、周家住宅等名人故居，复建蓟辽督师府。使这座历经战火、饱受沧桑的古城面貌焕然一新，成为中国唯一保存最完好的明代古城。

**兴城城墙** 也称宁远卫城城墙，高 8.5~9.6 米，底宽 5.7~7 米，顶宽 4.3~4.6 米。城墙周长 3274 米，平面呈方形，城墙和城内总占地面积 700520 平方米。城墙外壁为青砖所砌，基部为三层条石；内墙皮为不规则石块所砌，亦称虎皮墙；墙中间由黄土夯成。墙顶部外沿筑有垛口墙，内沿筑有女儿墙。四面城墙中间各设城门，东曰春和，南曰延辉，西曰永宁，北曰威远。城门外部均设有半圆形瓮城，偏开一门，城门上部为双层歇山式箭楼。城墙四角修有突出墙体的角台，角台用以安置红夷大炮，东南角台建有魁星楼。1988 年 1 月，兴城城墙被国务院公布为全国重点文物保护单位。

**文庙** 坐落于兴城古城内东南隅，始建于明宣德五年（1430）。经历代多次维修、扩建，现文庙占地面积 1.68 万平方米，是东北地区现存最为古老、保存最为完好的祭祀孔子的场所。文庙以南北中轴线为重点，建有照壁、棂星门、泮桥、戟门、大成殿、崇圣祠等。中轴线两侧建有角门、碑亭、更衣亭、祭器库、名宦祠、乡贤祠、东庑、西庑等，两两相对，排列均衡，布局合理。2003 年，兴城市人民政府集资对文庙进行扩建，增设“论语碑墙”、石刻《圣迹图》及文史展馆、碑亭、游廊等景观。1988 年 12 月，兴城文庙被列为辽宁省级文物保护单位，2006 年被列为全国文物保护单位。

**钟鼓楼** 俗称鼓楼，位于兴城古城中心大街十字交叉处，平面呈正方形，边长 20 米。始建于明景泰五年（1454），东为钟楼，西为鼓楼。明嘉靖四十三年（1564）重修，崇祯十五年（1642）拆除。清乾隆四十六年（1781），宁远地方官员奉旨在原址重修，将原来的钟楼、鼓楼合为一楼，为双层歇山式建筑。其下部为城堡式楼座，楼座下有券门各通四条大街、四座城门。楼座西壁北侧有小门，登石阶可上阁楼。楼座上部是两层阁楼，内有木梯上下。钟鼓楼在古代战争时用以报警，平时则用于报时。2006 年，国务院批准列为全国文物保护单位。

**城隍庙** 位于兴城古城内西北隅，建于明正统年间，占地面积3400平方米，建筑面积400平方米。明代和清代多次维修，保存较为完好。2003年，有居士投资修葺，2004年竣工开放。主要建筑有山门、灵官殿、城隍殿、斗母宫、吕祖殿等。其中供奉城隍的五间大殿，为歇山式建筑，殿内泥塑神像栩栩如生。为辽宁省级文物保护单位。

**魁星楼** 坐落在兴城古城城墙东南角台上，是一座八角双层攒尖顶建筑，通高17.20米。始建于明代，1948年毁于战火，1986年修复。魁星楼内塑有魁星神像，其姿势很像是一个魁字。一脚踏着巨鳌，一腿向后翘起，如魁字的大弯钩；一手举斗，如魁字中间的斗字；一手执笔，意为魁星神用笔圈点中试人姓名，即传说的“魁星点状元”。

**祖氏牌坊** 位于兴城古城延辉街（南街），为南北两座石牌坊，相距85米。两座祖氏石坊均为仿木结构，四柱三间五楼式，单檐庑殿顶。整个建筑古朴庄严，结构工整，雕刻精美。2006年，被列为全国文物保护单位。

居南一座是“忠贞胆智”坊，即祖大寿石坊，建于明崇祯四年（1631），是崇祯皇帝为表彰辽东总兵祖大寿功绩所赐建。石坊顶层有一石立匾，上刻“王音”二字。正楼下三重额坊，上层南面刻“忠贞胆智”，北面刻“廓清之烈”，为大学士孙承宗所题写；梁柱上刻有人物故事、花鸟图案浮雕，形象生动，技艺精湛。

居北一座是“登坛骏烈”坊，即祖大乐石坊，建于崇祯十一年（1638）。石坊高12.6米。建造结构与祖大寿石坊相似，只是柱高楼下，采用阳刻技艺。中柱阳刻楷书楹联，南面是“桓赳兴歌国倚干城之重”“丝纶锡宠朝隆铭鼎之褒”。北面是“松榎如新庆善培于四世”“琳琅有赫贲永誉于千秋”，意为对祖大乐的赞颂。

**传统民居** 兴城古城内有多处建于明清、民国时期的民宅，建筑结构以四合院为主，很多民宅保存完好。比较有代表性的建筑为郜家住宅、周家住宅。

郜家住宅也称“将军府”，位于兴城古城内东南隅，文庙东侧，始建于1926年。其主人郜汝廉，曾任张学良的中将参谋长、奉军师长。该宅具中西合璧建筑风格，占地面积5000平方米，建筑面积575平方米。分为东西两院，东为私家花园——么园。西院作为住宅的两进院落，有正房五间，两侧有耳房各二间，东西偏房各三间。偏房内展出郜汝廉将军的生平介绍。2010年，辽宁省人民政府批准为省级文物保护单位。

周家住宅位于古城南门里西顺城胡同路北，建于20世纪30年代。其主人周永吉是当地富户。该宅系辽西地区标准的囤顶式四合院，有门房5间，中开门洞；正房7间，出廊抱柱；东西偏房各3间。正房室内陈列桌椅柜橱等物品，体现当时的生活状况。为省级文物保护单位。

**蓟辽督师府** 位于兴城古城内春和街路北，建于2003年，是一组仿古建筑群。占地面积10800平方米，建筑面积4000平方米。内设大堂、二堂、内宅、科房、袁崇焕纪念堂、辽东明清战史馆、将军廨、牢房、土地祠及花园等。院内展室有反映明代晚期辽东督师事迹展览，明末辽东战事沙盘、人物塑像，有铁炮、战车、刀矛、弓箭等兵器，明清官员品级、服饰等。

## 温泉疗养区

兴城温泉疗养区位于兴城古城东南1.5公里，北依首山，东距兴城海滨4公里，为兴城旅游风景区的中心腹地。温泉水，古称“汤泉”，是因地下溶岩的作用而形成的天然矿泉。兴城温泉自唐初时就被人们所利用，“雪窖汤池”为古时“宁远八景”之一。温泉疗养区以健康疗养为主，景区内建有有张作霖别墅、汤泉寺。新中国成立后，国家、省部委等单位，沿温泉河两岸及近海处兴建60多座风格各异、功能齐全的疗养院（所）和商业机构。成为全国最大的海滨温泉疗养区之一。

20世纪90年代以后，按照《兴城市总体规划》，对温泉区进行整体改造，两岸建起带状公园。扩通疗养区内的海滨路、临河大街，在温泉河上修筑拦河坝，实施绿化、美化、亮化工程。2010年12月，兴城获首批“中国温泉之城”殊荣。

**张作霖别墅**　位于兴海南街铁道部兴城疗养院北院临街处。北宁铁路局于民国十六年（1927）动工修建。别墅坐北朝南，以兴城温泉中最大的一眼泉井为中心，设有前、中、后三层院落。整个别墅占地面积5万平方米，建筑面积2000平方米。现存临街建筑为别墅前厅，显得小巧玲珑，幽雅别致。东北易帜后，张学良曾偕赵一荻来别墅小住，并植“虎皮松”和“塔松”各1株，当地人称“将军松”。1988年，张作霖别墅被定为辽宁省文物保护单位。

## 首山风景区

首山风景区位于兴城古城东北2.5公里处，距海滨3公里。首山略呈南北走向，平地突起，山势险要，主峰海拔329.7米，因形似人首而得名。首山上怪石嶙峋，主峰顶巅筑有明代烽火台一座。“三首悬流”为“宁远八景”之一。

首山总面积800公顷，其中有林面积446.7公顷，生长松、柏、榆、柞等人工林和天然次生林百余种。首山西坡植有硕大“五角星”人工松林，后因植被繁茂而覆盖。首山风景区融自然和人文景观于一体，相得益彰。20世纪80年代修建的观日亭、半斜亭、忘返亭、逸兴阁、牌坊等错落有致，与古刹、奇松、怪石相映成趣。全长4.26公里的环山公路，方便人们登山野游。1991年，首山被定为国家级森林公园。

**烽火台**　首山烽火台，也称首山墩台，雄踞首山中峰顶端。通高9米，直径13米，是明时为防敌入侵而修建。当时遇有敌情发生，则白天施烟，夜间点火，台台相联，传递消息，是传报军情的重要军事防御设施。

**朝阳宫**　坐落在首山西北麓山坳中，为道教宫观，始建于明代。相传清乾隆皇帝驻跸宁远，一日巡游首山，见到茂林掩映的寺院，脱口赞道“好一座朝阳寺!”后来只好将错就错，把道观称作朝阳寺。“文化大革命”时期朝阳寺遭到破坏，1985年进行维修，1994年更名为朝阳宫。

## 海滨风景区

海滨风景区位于兴城古城以东8公里临海处。海岸地势开阔，绿树掩映。海滩坡缓沙细，海水深浅适宜，清澈见底。1986年后，相继修建兴海公园、三礁揽胜、迎霞亭、听涛亭、雪浪亭、阁楼、牌坊等景点，兴城海滨海水温度适宜，在绵延18公里海岸线上，建有3个海滨浴场。1989年，国务院批准兴城海滨为全国重点风景名胜区，国家AAAA级景区。

**海滨浴场**　是兴城海滨风景区的主体部分。包括兴海湾、港口湾、邴家湾3处浴场，又分别称第一浴场、第二浴场、第三浴场，全长14公里，浴场内无暗礁，滩缓沙细，海水深浅适宜，清澈见底，可同时容纳20万人洗浴，是中国北方最大的天然浴场。

**兴海公园**　位于兴海湾北侧，坐落在松林之中，占地6.5公顷。内有“水天一色”四角亭，与东南侧的“映碧亭”、东北侧的“迎宾亭”相互映衬。公园内游乐设施齐全，其中高空缆车可以让游客眺望整个海滨风光。

**三礁揽胜** 菊花女雕像西南，三座明礁盘踞海中，栈桥相连，状如玉带；礁上建有两座小亭，一曰雪浪，一曰迎霞，统称“三礁揽胜”。

**龙回头** 位于海滨风景区东北6公里，地处海滨公路往北折转的拐弯处。相传，乾隆皇帝曾到该处观览大海，故名。路东一块平地，四周建有石栏杆，中间立有一块3米多高的天然巨石，上刻“龙回头”三个大字。南为兴城海滨、北为龙湾海滨，景点面积5万多平方米。

**兴海栈道** 由清华大学风景园林研究中心设计，兴城市人民政府兴建。北起龙回头广场，沿海岸依势向南延伸至邴家湾浴场，全长1670米，占地35公顷。景区内建有木桥、索桥、幽兰谷、观景亭台、阅海长廊等，有3条甬道直通海滩。

**海滨节庆活动** 从1987年始，兴城每年举办“中国·兴城七月海会”，届时海滨数万人云集，观看大型龙舟、帆船、游泳比赛和武术、杂技、歌舞表演等丰富多彩的文艺节目。著名表演艺术家古月、黄宏、赵本山、彭丽媛、毛阿敏、卢秀梅等都曾到海会演出助兴。

2010年始，举办中国（葫芦岛·兴城）国际泳装博览会，通过模特表演等系列文化活动，展示“飘逸、奔放、浪漫、时尚”的城市风格，推介兴城——“中国泳装名城”的独特魅力。

## 觉华岛风景区

觉华岛，古称淘河岛、觉华岛，后称菊花岛。2010年，更名觉华岛。位于兴城海滨东南15公里海域中。觉华岛略呈葫芦形，由一座大岛和三座小岛（磨盘山岛、杨家山岛、张家山岛）组成，总面积15平方公里，海岸线长27公里。觉华岛地势南高北低，大架子山是岛上最高山，海拔198.2米。

觉华岛是辽东湾第一大岛。辽代时是闻名的佛教圣地。辽统和八年（990）在岛上置兴城县，至今县城遗址犹存。岛上有大龙宫寺、大悲阁、海云寺、石佛寺、八角井、唐王洞、营城子等多处古迹，还有北方罕见的百余株菩提树。岛上环境幽雅、民风淳朴，一直备受内地游客青睐，成为国家级风景名胜区、国家AAA级旅游风景区。

**大龙宫寺** 位于觉华岛南海沿山坳，由辽代渤海佛主圆融大师所建。当时有僧众千余人，是北方佛教文化的活动中心。后大龙宫寺和岛上其他寺院分别毁于战火。2002年6月，在大龙宫寺遗址重新修建大龙宫寺，建筑面积为1573平方米，大雄宝殿高16米，供奉释迦牟尼、药师等多尊佛像。

**菩提树** 梵语称荜钵罗树，属亚热带树种，原产于天竺（今印度）。因释迦牟尼在该树下悟道成佛而被尊为圣树。相传北魏景明三年（502），天竺高僧智芮三藏携一株菩提植于广州光孝寺而传入中国。现在中国云南、广东有少量种植，北方极为罕见。觉华岛上现有菩提树100余株，树龄已逾千年，且树叶茂盛，开花结籽，确是岛上一大奇观。

**八角井** 也称八角琉璃井或八宝琉璃井。井壁呈八角形，由花岗岩条石砌筑。井深14米，正常水深6米，距海边潮水线仅30米。虽与大海毗邻，但井水却清冽甘甜。岛上遇旱，大都水井干涸，唯八角井水丰如常。井旁生长一株菩提树，冠高10米，覆荫50余平方米，尤为神奇。

**唐王洞** 为临海陡壁处至大架子山坡间一条地道式长洞。临海出口至大龙宫寺第一个出口间距320米。洞高约1.5米，洞内幽深。洞壁用不规则的石块砌筑，洞顶和下底均为条石板砌成。传说燕太子丹曾在洞中避难，故称“藏王洞”。又因唐王李世民东征时，在该洞躲过雨，又称“唐王洞”。

**九鼎石** 位于觉华岛南临海50米处，由一巨型花岗岩形成的天然石棚。石棚顶至地面高约1米。顶有九根石柱，故又称九鼎洞。其成因、年代无考。

**怪石滩** 位于觉华岛南部长约1300余米的海岸上，总面积30多万平方米。怪石滩景区海杵石林、怪石嶙峋、千姿百态、引人遐思，景点有八卦石、笑石破肚、龟石、浪攻上等30余处。落潮时可在岩缝间、石板下捕捉虾蟹。

## 兴城河带状公园

兴城河由环古城的兴城东河、西河、温泉河汇流而成，至钓鱼台入海。“两水环流”为古时宁远八景之一。2010年开始规划治理，西起兴城河南河大桥，东至兴城河入海口，全长6公里，景观工程采用新型中式园林风格，栽植名树花卉，兴建景观节点，已成为市民休闲的新景观。2012年，以“河海一色，和谐共生”为建设主题，开始建设辽宁省级湿地公园。

## 大青山生态旅游区

坐落于碱厂、高家岭、围屏、三道沟4个满族乡交界处。因整个山体植被繁茂，远望呈青绿色，故名大青山。山脚下保存着关帝庙、向阳寺、青峰寺等遗址。青山北侧的头道沟里尚有一座双泉寺。2000年，兴城市人民政府将大青山列为兴城市自然保护区。2005年，兴城市旅游局与三道沟满族乡人民政府共同开发、管理大青山森林生态旅游，2005年，大青山被兴城市人民政府列为兴城生态旅游区。

**大青山** 居兴城古城西36.6公里处，主峰青山海拔582.9米，山中有仙人洞、鹰窝洞、关公石、五指石、玉兔石、迎客松、青泉池、黑龙潭等景观，山上有松、柞、黄柏等20多种林木，森林覆盖率95%；山里有狐狸、野狼、狍子、野兔、山鸡等野生动物。大青山顶，留有古石城遗址。

**头道沟里小流域工程** 位于三道沟满族乡头道沟村，系辽宁省沟壑治理示范工程，该流域总面积为14.57平方公里，沟道3.5公里，有拦蓄坝30座，总储水量8.6万立方米。景区内山上树木郁郁葱葱，山下禾苗茁壮。水、电、通信等基础设施齐全，塘坝、小桥别致，清流潺湲，横坝垂瀑。自2004年夏季始，游人逐渐增多，成为兴城一新旅游景点。

## 其他旅游景点

在以城、泉、山、海、岛、河六大景观为主体的基础上，兴城越来越重视生态旅游，把旅游延伸到周边乡村，开发生态旅游和特色旅游。

**九龙山** 位于古城西北14公里的九龙山，巍峨起伏，山林茂密。山上建有辽东长城、“圣水盆”等遗址。坐落山坳处的白塔峪塔，又称玲珑塔，建于辽大安八年（1092），“九窿烟塔”为宁远八景之一。1963年，被列为辽宁省级文物保护单位。塔旁建有中天寺，香客不断。

**黑凤山** 位于兴城古城西15公里，山势突兀，山脊上建有明代辽东长城、烽火台、朝阳寺遗址。山下有石湖水库。山南磨石沟的袋状山谷中，松槐密布，建有辽代古塔，俗称磨石沟塔。1988年，被列为辽宁省级文物保护单位。

**汤上温泉** 位于高家岭满族乡汤上村。于明代万历年间开发利用，清乾隆五年（1740）建汤泉寺。汤上温泉水温52℃左右，含有多种人体需要的矿物质。2000年后，汤上温泉得到较好的开发利用，洗浴、保健疗养的同时，还建立温泉水养殖、花卉种植基地。

**碱厂水库** 位于碱厂满族乡境内，距乡人民政府1公里。1958年修建，水库地处烟台河上游，大坝建在偏道子庙岭下的峡口。坝长374米，相对高度为22.5米，坝顶宽46米。集水面积126.3平方公里，总库容5700万立方米。水库两岸青山连绵，库区绿波荡漾，相映如画。

**拦海大坝** 又称“拦海长堤”，位于海滨满族乡南海湾。1966年秋，兴城2万军民移山填海，艰苦奋战2年，将方圆数十平方公里汇水海湾拦腰截断，筑成北起东沙嘴，南接长山半岛的拦海大坝，全长4.5公里，为当年全国拦海大坝中最长的1座。辽宁滨海公路从大坝上通过，成为人们追忆历史，垂钓观光的旅游景区。

**怪石湾** 位于兴城海滨满族乡拦海大坝游览区海岸，景区跨度200延长米。有海蚀形成的怪石林十几处，域内还有一线天、千佛洞、万点屏、黛玉平台、锯齿精、黄龙入海、龙头石、天然石床、小天池等景点。附近还有一水质清碧、波缓沙细的浴场，是初学游泳者的绝佳练习场所。

**红海滩** 位于兴城城区以南10公里，濒临辽宁滨海公路。红海滩是由适宜盐碱滩生长的大片碱蓬草组成。每年4月长出海滩，初为嫩红，10月转为深红，绵延数里，宛如千顷红海，蔚为壮观。

**乡村旅游** 从20世纪90年代起，以农民经营为主体，乡村民俗文化为内容，城市居民为客体的休闲娱乐形式悄然兴起。人们开始追求传统的农耕文化，欣赏享受田园风情。

坐落在三道沟、碱厂、药王3个满族乡交界的老黄顶，海拔703米，是兴城市最高峰，山上怪石嶙峋，森林茂密，是生态旅游的好去处。

兴城地区寺庙众多，改革开放后，落实党的宗教政策，修复一些损毁寺院。作为宗教场所，每逢庙会及节假日，香火鼎盛，游人如织。较为典型的有红崖子满族乡的望海寺、石龙寺，药王满族乡的三教寺，刘台子满族乡的娘娘宫，南大山满族乡的保安寺等。

刘台子满族乡海域平缓的沙滩，海岸壮观的风力发电场，绚丽的千亩油菜花海，还有“槐花节”“渔家乐”“农家乐”等乡村旅游特色项目，成为时尚的旅游新选。

## 第三节　设施建设

依照《国务院关于规划和开发辽宁省兴城旅游区的批复》和《辽宁省人民政府关于兴城风景旅游区总体规划的批复》，从1986年初开始，兴城以古城、温泉、首山、海滨、菊花岛五大景区为主体的旅游基础设施建设开始启动。经过20多年的建设，兴城的旅游交通、旅游接待、游乐环境、旅游购物等基础设施建设日臻完善，服务功能更加齐全，兴城跻身辽宁省历史文化名城，中国北方著名旅游疗养区。

### 古城景区建设

1986年4月，中共兴城县委、县人民政府专门召开旅游区基础设施工程建设工作会议，讨论通过对相关景区景点的投资建设方案。组织专门技术力量，对文庙内各殿进行维修。学习天津古文化街经验，对兴城古城内延辉（南）街84间门市房，参照明代建筑风格进行改造。城内4条主要街道全部铺设花岗岩条石路面。各胡同35条小巷铺设六棱水泥板块，总面积达4.5万平方米，总投资120万元。

1987年春，维修后的文庙对外开放。相继完成延辉（南）街148间临街门市房仿古改造，400

余米长的老街古朴典雅，被称为“明代一条街”。

1988年，有关部门将“文化大革命”期间拆掉的祖大寿石坊在延辉（南）街原址重新竖立。1989年，兴城市人民政府投资40万元，维修城墙，修复魁星楼。投资110万元，完成永宁（西）街、威远（北）街两侧194间房屋的仿古改造。辽宁省人民政府确定兴城为首批省级历史文化名城。

按照国家文物局制定的维修方案，从1991年开始，利用3年时间，修葺兴城古城瓮城、角台、海墁、垛口、女儿墙、马道墙、虎皮墙等处。为便于环城旅游及交通，1994年，兴城市人民政府投资50万元，维修古城墙外的东北、北半环路，全长1060米，宽5.5米。1997年，修复春和（东）门瓮城。

2001年，兴城市人民政府成立古城开发指挥部。按规划动迁房屋（蓟辽督师府、文庙、内环路附近）1.36万平方米，动迁资金1550万元。11月，完成威远（北）门瓮城重修工程。年末，古城内十字大街的水泥电线杆全部移除，各种线路移入地下。

2002年春，占地面积10800平方米的辽东明清战史馆（今蓟辽督师府）复建工程开工，完成部家住宅修缮工程。2003年，由北京军信房地产开发有限公司投资建设的古城南城墙外商业街一期改造工程动工，总投资500万元的文庙维修工程和城内顺城路2400延长米条石路面铺设工程竣工。

2004年7月，文庙崇圣祠东侧碑林落成。11月，城隍庙第二期维修工程完工，并对外开放。

自2010年初开始，兴城市人民政府遵循“统一规划、政府主导、市场运作、分期实施”的原则，实施全面恢复古城军事重镇风貌的项目建设。组建古城保护开发指挥部，聘请阎崇年、周小棣等知名专家学者担任顾问。委托权威院校编制《兴城古城文物保护规划》《古城建设控制性详细规划》《古城利用修建性详细规划》等，并相继通过有关部门审核批准。

2011年下半年开始，先后拆除城内原兴城市第三初中、灯光球场、电影院、五金厂、服装厂等一批公共建筑，制定古城内居民动迁安置补偿方案，并与多数居民签订动迁协议。2012年3月，总投资1200万元的城内基础设施改造工程全面动工，将强弱电、给排水、供暖、燃气等管线全部转入地下，工程于7月完成。实施文物本体维修和安防工程，继续推进古城墙“申报世界文化遗产”工作顺利进行。

### 温泉景区建设

兴城市拥有两处得天独厚的温泉资源，一处为古城与海滨之间的温泉，称“兴城温泉”，另一处为高家岭满族乡境内的“汤上温泉”。

1989年5月，于温泉岔道口修建的雕塑小品——“温泉漾碧”竣工。1996年，兴城市环境保护局投资300万元，在兵器部疗养院修建集游泳、餐饮、娱乐为一体的温泉水游泳馆，总面积2600平方米，成为兴城第一家室内游泳馆。

1997年，铁道部兴城疗养院投资3000万元，建设“锦铁水调歌头大酒店”。1999年，“锦铁水调歌头大酒店”竣工开业，该处是集温泉水洗浴、游泳、餐饮、娱乐、会议于一体的大型旅游疗养活动中心，占地6万平方米，建筑面积9580平方米。2009年，“锦铁水调歌头大酒店”改名为“兴城瑞心商旅水调歌头酒店有限公司”。新建成露天温泉主题公园，露天温泉占地1400平方米，建有大小汤池，可容纳80人同时入浴。年内，铁道部兴城疗养院南院建成7栋欧式别墅和四合院别墅，共2564平方米。

2011年3月4日，由沈阳蓝德温泉度假村有限公司投资的高家岭满族乡汤上世界温泉部落开发项目正式签订协议。该项目第一期占地12公顷，总建筑面积152883平方米，建设期为2年。

2012年3月25日，兴城市以红麦坊海滨温泉旅游度假村项目为代表的7个大项目，在郦家海滨集中举行开工典礼仪式，7个项目总投资82.8亿元。年内，高家岭汤上世界温泉部落开发项目第一期建筑面积1.6万平方米的酒店项目开工建设，主体工程建设部分接近尾声，西部12层建筑面积2.3万平方米的酒店公寓等建设工程全面启动。

## 首山景区建设

1985年，兴城驻军部队历时3个月，在首山半山腰开凿一条长4.26公里的环山公路。1986年7月，全长2700米，投资33万元的首山南北引路工程竣工。是年，首山山前牌坊落成，中国著名书法家王遐举为牌坊题写匾额。

1987年，兴城市人民政府投资800余万元，相继完成首山景区五大连池、逸兴阁、望海塔等景点建设。1988年8月，首山景区被列入第二批国家重点风境名胜区。1989年，投资1.8万元，完成首山朝阳寺壁画和山门前的石阶铺设工程。2000年，四家村企业集团投资20万元，修葺首山中峰烽火台。2001年，投资近20万元，对首山景区7个景点进行维修，增设2个雕塑景点。

2010年12月，新建首山路路基工程竣工。起于兴海北街胜利桥东侧，至102线茶棚庵立交桥南、首阳桥北，全长2.7公里。2011年11月，兴城市人民政府与香港裕俊国际有限公司正式签约的首山丽汤温泉旅游度假村项目，于2012年3月开工建设。项目占地31.4公顷，建筑规模34.5万平方米，建设周期5年。将打造以“古城丽汤、品味健康”的集温泉养生、休闲度假、商务会议、生态旅游、商业地产等多功能于一体的温泉度假区。

## 海滨景区建设

1986年，兴城县人民政府投资30万元，修筑全长4.3公里通向第二浴场、第三浴场道路。投资300万元修建兴城海滨风景区大门牌坊，中国著名书画家范曾为牌坊题写楹联。

1987年，兴城市人民政府投资89万元，在海滨风景区安装路灯、人行道铺设水泥方砖；投资145万元，在兴海公园添置游乐设施。年内，菊花女塑像在海滨风景区落成。

1988年8月1日，国务院将兴城海滨风景区列入第二批国家重点风景名胜区。兴城市人民政府增加资金投入，加强海滨风景区设施建设。1989年，投资90万元的兴海公园大型高空观览车投入使用。1991年后，投资兴建的“西游记”宫、中国神话大世界展馆、兴城市海洋生物试验站（水族馆）开始对外开放。

1993年，投资45万元，在海滨浴场大门前修建大型音控彩色喷泉一处。增设灯光浴场、水上滑梯、花坛等景点。

1997年，按照兴城市人民政府通过的《兴城海滨广场扩建改造规划》，在景区内修建13个蓄水池。投资1200余万元，铺设景区地面砖2.5万平方米。引进高速游船、高空脚踏车、恐怖宫、电瓶赛车、园中垂钓、旱冰场等项目。年内，兴城海滨景区海域被评为辽宁省级卫生海域。

1999年始，拆迁与景区不协调的建筑8.5万平方米。投资300万元，在正门两侧建48间工艺品精品屋。投资800万元，建1万平方米的兴海广场和5700平方米的观海广场。新增绿地1.3万平方米，取消明线、明杆，铺设地下电缆，新装照明灯99盏，重新铺设地下排水管道。

2000年，兴城市人民政府投资800万元，拓宽兴葫海滨路（兴城海滨八一广场至葫芦岛313

医院路段），全长 12.3 公里。投资 800 万元，改造兴海公园。2001 年，投资 3 万元，增加绿地 6000 平方米；投资 200 万元，对景区广场、通道进行硬覆盖改造，景区内实现无裸露地面的目标。年末，获中共辽宁省委、辽宁省人民政府授予的“文明风景旅游区”称号。

2003 年，兴城市人民政府投资 130 万元，完成景区内亮化工程、美化工程和绿化工程。是年，兴城海滨码头（陆岛交通码头）的护岸、候船楼主体工程告竣。2009 年，兴城海滨风景区被中共辽宁省委、辽宁省人民政府评为全省十大文明景区，被辽宁省旅游局评为“AAAA 级旅游景区”。

2011 年，投资 88.5 万元，为海滨景区大门安装智能设备。添置园林绿化车、草坪机、割灌机、风力灭火机等设备。2012 年，兴城市风景区管理局加大引资力度，全年从上级有关部门争取到景区项目建设资金 1250 万元。利用专项资金和配套资金，建设完成 7 个景区美化亮化工程项目。

### 菊花岛景区建设

1986 年，菊花岛乡人民政府成立旅游服务公司。7 月，开通海岛码头至唐王洞汽车旅游线路。11 月，菊花岛乡人民政府第一艘交通客船（木质机动）——“菊花一号”开航，每次最大载客量 200 人。

1988 年，兴城市人民政府投资 220 万元，铺设陆地海岸至菊花岛海底电缆。1990，连续 5 年维修、改造环岛公路。全长 23.8 公里，路面拓宽至 9 米。1991 年，兴城海滨栈桥码头完工，该码头是专门用于由大陆到菊花岛旅游的陆岛交通航运设施，旅游旺季每天有 7 艘交通旅游船往返。菊花岛码头附近兴建旅店、饭店、商店等 15 家，为游客服务的个体汽车增加至 5 辆。

1992 年，菊花岛乡人民政府投资 23 万元，修建八角琉璃亭、唐王楼等景观。1994 年，维修八宝琉璃井，并在海岛码头建立“菊花女”石雕像，在唐王洞立唐太宗李世民观海雕像。

1995 年，兴城市人民政府批准《关于同意修复菊花岛大龙宫寺等古建筑的批复》，年内大龙宫寺复建工程开始启动。1996 年，岛南海边的龙王庙重修工程竣工，台湾僧人赖明昌捐赠大龙宫寺一尊渤海观音石雕大佛，安放在南海沿景区。

1997 年，菊花岛乡人民政府筹措资金 520 万元改造通信设施，菊花岛乡成为葫芦岛市第一个电话乡。投资 35 万元，占地 1.33 公顷的菊花园建成。投资 46 万元，在“龙脖子”修筑长 366 米，高 3.5 米的防浪墙完工。1999 年，投资 420 万元，扩建环岛公路 21 公里，铺设黑色路面。

2001 年，成立菊花岛开发指挥部，加大菊花岛开发力度。是年，兴城市交通局投资1400 万元修建陆岛码头，投资 200 万元铺设稀浆封顶黑色路面。2003 年，菊花岛码头续建工程竣工，总长度 214 米，宽 8 米。同时新建一道长 120 米的防浪墙。

2004 年，投资 25 万元，整修港口环境，修水泥路 1500 米、维修防浪墙、增设路灯。投资 30 万元，铺设八角井至唐王洞条石台阶 100 米，护坡、绿化 300 米。投资 80 万元，改造景区摊点，在九顶石景点建造彩钢板房 37 间，设置出售纪念品摊位 100 个。投资 400 万元的大龙宫寺工程完工，举行开光仪式。年末，由葫芦岛隆泰贸易集团有限公司开发的“国际度假岛”——菊花岛的磨盘山岛一期工程竣工，开发面积 10000 平方米。2005 年 7 月，投资 300 万元开发整修的怪石滩景点完工，投入营业。

2009 年，菊花岛乡人民政府投资 10 万元完成北山屯和岭西屯村路拓宽、修缮工程，铺设路面 3000 多米；投资 30 万元绿化大龙宫寺，修建九顶石停车场；投资 50 万元新修通往怪石滩景区道路，新建怪石滩停车场和综合性餐厅。年末，全乡家庭宾馆由 2008 年的 52 家发展到 83 家。

2010 年 3 月，觉华岛经济区管理委员会成立，岛上旅游业由葫芦岛市觉华岛管理委员会统一管理。

### 兴城河带状公园建设

兴城河由贯通市区的兴城东河、西河、温泉河汇流而成，至钓鱼台入海。“两水环流”“汤沙垂钓”曾为古时宁远八景。1997 年 7 月，兴城东河治理工程开始。兴城驻军主动请战参加治河会战，兴城驻军共出动 2 万人次，机械、车辆 1270 余辆，共清淤 2.4 万立方米，动用土方 4.5 万立方米、石料 2.3 万立方米，碎石 2300 立方米，铺设排水管线 3100 延长米。

2010 年，开始规划治理兴城河城区段，建设带状景观公园。景观工程采用新型中式园林风格，栽植名树 1.8 万株、灌木 45 万株、草坪 19 万平方米，建景观节点 44 处，堆砌景观石 3600 立方米，安装景观灯 661 盏。2012 年，开始施建省级湿地公园。

## 第四节　旅游管理

### 业务培训

1986 年，为提高旅游行业管理水平，提高从业人员素质，兴城县旅游事业管理局把业务培训纳入工作议程。先后举办局属职工文明用语学习班、旅游系统外语学习班、旅游接待人员培训班、厨师烹饪培训班，共有 960 人次接受培训。

1988 年，先后举办宾馆、饭店服务人员培训班 5 期，培训业务骨干 150 人；举办厨师培训班 9 期，107 人接受培训；举办涉旅个体工商业者培训班，共 408 人参加。

1997 年，兴城市风景区管理处举办 2 期“社会主义精神文明建设”培训班，参加人员 200 人。在对干部、职工培训的基础上，制定职工守则和文明服务守则。2001 年，培训导游员 130 人，其中有 15 人通过国家级导游人员资格考试；举办导游员知识竞赛；在旅游从业人员中推行职业资格证书制度，通过培训，兴城市厨师、服务员、营业员、调酒师、按摩师、美容师、美发师等持证率 80%以上。

2003 年，兴城市旅游局系统职工 95%以上人员参加旅游宣传促销、星级宾馆评定、旅游统计行政执法、财会计算机操作、旅游研讨等各项培训，提高业务技能和从事旅游工作的能力。3 月，举办为期 1 周的第六期导游员培训班，聘请专家讲课，共有 161 人参加；6 月，举办为期 5 天的涉旅从业人员岗位技能、文明服务培训班，有 100 多人参加；组织 110 人参加辽宁省旅游局举办的 4 期宾馆、饭店、旅行社经理培训班，经考试全部取得全国旅游业经理资格证书。

2007 年，依照《辽宁省旅游管理条例》《导游人员管理实施办法》要求，导游员必须具备“三证一卡”，即培训合格证、导游证、健康证和派团卡，方可上岗。年内，组织 150 名“国旅”导游员参加相关培训。2009 年，对全市旅行社经理、宾馆经理、导游员、讲解员进行免费培训。举办旅行社、星级宾馆、酒店及景区负责人培训班，参培人员 201 人次。

2010 年，举办旅行社等涉旅人员培训班，聘请辽宁大学和沈阳师范学院教授、讲师讲课，开设“旅行社营销技巧”“旅游礼仪”讲座。2011 年，共组织培训旅行社经理和导游人员 190 余人次。

2012 年，兴城市第七届导游员培训班邀请省内外资深专家和教师授课，教师们带领导游员到督师府进行现场实习和讲解；举办涉旅企业工资协商会议暨宾馆、饭店、旅行社经理培训班，力求减少和化解企业主与员工矛盾，创建和谐旅游环境。

### 旅游管理

为进一步整顿、规范兴城市的旅游市场，维护旅游市场的正常秩序，兴城市旅游局依照相关法规，加大对涉旅部门的监督检查。兴城市旅游局多次召开旅行社经理会议，举办从业人员培训班，贯彻执行《旅行社管理条例》《旅行社管理条例实施细则》以及国家、省市有关文件精神。随时通报检查结果，并对旅行社在宣传促销、接待团队、“派团单”管理、档案管理等方面提出具体要求，规范旅游社的经营管理。

2009年，按照相关规定，制定兴城市家庭宾馆标准。经检查验收，对符合标准的颁发“旅游家庭宾馆许可证”。对不符合标准的家庭宾馆提出整改意见，对逾期不整改予以取缔。同时，对家庭宾馆根据评定标准进行星级评定，依据整体环境、安全方便、绿色环保的基本要求，以及住宿条件、餐饮条件、综合（特色）项目要求、服务质量、管理制度要求六大评价内容进行综合评分，并按家庭宾馆所获得的总分数来确定其相应的星级。

2010年9月，兴城市旅游局对兴城市星级饭店进行为期10天的年度质量复核工作。在不放松饭店总体设施设备和服务质量要求的前提下，从总体上把握饭店的软硬件水平，结合各饭店的特点进行评定。加大旅游市场稽查力度，检查团队1380个，接到投诉50余起，投诉结案率达到100%。

2011~2012年，在“五一”“十一”长假之前，兴城市旅游局会同文化局、药监局、交通局、公安局、工商局等17家相关部门对全市各景区、宾馆、酒店、码头、客运车船、娱乐场所等涉旅企业进行安全工作大检查，确保为游客提供安全、规范、整洁的旅游环境。其间，共检查团队2950个，接到投诉54起，全部妥善办结。

## 第五节　旅游服务

### 旅游宣传

为进一步展示兴城形象，宣传兴城的旅游资源，兴城市旅游管理部门组织编写旅游宣传资料，出版介绍兴城旅游资源的书刊。

**出版旅游图刊（资料）**　1992年以后，由谢秉龄编著的《兴城旅游指南》，周立、蔄茂安主编的《兴城旅游》，张恺新编写的《兴城旅游大观》相继出版发行。

2004年，菊花岛旅游开发区管委会编印《海上仙境——菊花岛》，常德义、常海桑编著的《兴城文庙楹联、匾额译注》《圣迹图译注》《论语百则译注》，兴城市旅游局编印的《兴城市导游词》，兴城市档案局编写的《魅力兴城》，杜昕编著的《兴城之旅》以及兴城市旅游局编辑的《兴城旅游指南》《兴盛之城》画册等相继出版。

2008年，由兴城市人大常委会、政协兴城市委员会编印的《奋进中的兴城》出版，由李忠航编写、国家旅游局长作序的《兴城旅游》出版，邸玉伦等编绘的《兴城旅游交通图》由山东地图出版社出版。2011年，兴城市旅游局编辑出版《中国温泉之城——兴城》宣传册。

**旅游风光片**　1986年8月，兴城电视台编辑完成专题片《新兴的旅游胜地——兴城》。1992年，兴城电视台制作完成《兴城风光》电视片和旅游图片，迎接“92中国友好观光年”。

2000年，兴城市人民政府与中央电视台、辽宁电视台、葫芦岛电视台等媒体合作，制作并播出专题片《兴城十分钟》《兴城风光》《开心娱乐城》。2001年，中央电视台、上海电视台到兴城拍摄古城、菊花岛等风光片，向国内外播放。2003年，配合辽宁电视台《今日辽宁》栏目组拍摄兴城景区专题片。2004年，接待并协助北京电视台、上海东方电视台、辽宁电视台、台湾东森电视台到兴城拍摄旅游风光片。兴城市旅游局制作《中国兴城》旅游风光片，兴城市人民政府领导出访欧盟五国时赠送外国朋友。2006年，制作大型多媒体光盘，拍摄《中国兴城风光片》；与兴城网通公司合作，制作“中国优秀旅游城市——兴城”手机彩铃。

2008年，中央电视台《走遍中国》栏目组拍摄的《崇焕出关》《古城密器》《秘境菊花岛》在中文国际频道播出。2009年，中央电视台科技频道《百科探秘》栏目组摄制的《关外不倒城》播出，专题介绍兴城古城。

2010年，《中国·兴城温泉招商指南》《中国兴城》VCD光盘面市。2012年，在中央电视台中文国际频道投放城市形象广告，兴城、义县两城市旅游风光互换刊播，邀请辽宁电视台到兴城拍摄旅游城市广告。

**开设旅游网站** 2004年，兴城市旅游局创办“兴城市旅游局”网站，域名www.xclyj.gov.cn，向外界介绍兴城的旅游文化资源优势。

## 旅游推介

1986年4月，锦州市人民政府在兴城召开贯彻国务院和辽宁省人民政府《关于兴城旅游区总体规划的批复》大会。9月，中共兴城县委书记王恩福在县直机关干部大会上作报告，题为《搞好旅游开发，振兴兴城经济》。

1991年，兴城市旅行社承办东北三省旅行社第四届国内旅游联谊会，有北京、上海、济南、承德等地的经理60多人出席会议。1998年5月，旅游部门依托旅行社召开北方八省市旅游联谊会，有京、津、冀、吉、黑、内蒙古和省内的58家旅行社、2家宾馆，以及10家兴城市的旅行社、疗养院负责人参会。

1999年，兴城市旅游局召开北方旅游界新老朋友联谊会，北京、天津、哈尔滨、沈阳、大连、秦皇岛等地30余人参加会议。兴城的部分旅行社参加泉州、昆明举办的全国旅游交易会。2000年，在北京晨报《旅游天地》栏目、天津《麦点信息》旅行版介绍兴城各景点及服务设施。2001年，《旅游纵横》杂志全面介绍兴城的各大景区及美丽的传说。

2002年，兴城市旅游局组织全市旅行社参加东北三省旅游交易会。2006年，兴城市召开旅游推介会，邀请北京、天津、沈阳、长春、吉林、赤峰、廊坊、锦州8个城市大型旅行社总经理近40人参加。年内，组织旅游宣传大篷车到内蒙古、山西、河北等地，举行旅游说明会；4次组织旅行社经理参加各地的旅游促销会。2007年，参加在北京举行的“2007年全国和谐城乡旅游景区推介会”，组织兴城市涉旅企业与国内400多家旅游企业进行交流。2009年3月，在北京、承德、大同、张家口、唐山5个城市举行兴城旅游推介会，兴城市共有260家涉旅单位领导参加。4月，组织涉旅企业参加“2009中国国内旅游交易会暨东亚旅游博览会”，发放宣传资料1000余份。通过交流，将兴城推向世界。

2010年4月，举办“葫芦岛之旅”兴城旅游经贸推介会，有俄罗斯和北京、天津、内蒙古等13个省、市、自治区的中外旅行社负责人500人到会。10月15日，由辽宁省人民政府、辽宁省旅游局和大连市人民政府共同主办的“第七届辽宁·东亚国际旅游博览会”在大连举行。兴城市组织相关单位出席会议，并在特色温泉滑雪展区作专项温泉招商项目推介，在LED显示屏上播放《兴城温泉》专题片，受到国内外客商和旅游业同行的关注。

2012年3月，举办长春、阜新、朝阳、赤峰、通辽等北方城市“2012兴城市温泉旅游经贸推介会”，共有270多家涉旅企业参加，形成温泉——大海——草原的互动与联姻。5月，兴城市第七届温泉旅游经贸推介会召开，吸引全国18个城市的旅行社负责人、投资商200人参会，多家媒体进行报道。

### 旅行社

兴城撤县建市之初没有旅行社。1989年，兴城市成立首家旅行社——中国旅行社兴城分部。1991年，中国旅行社兴城分部改称兴城市旅行社。

2002年，有旅行社18家。

2003年，依照国家《旅行社管理条例》《旅行社管理条例实施细则》等相关法律法规，兴城市旅游局制定相关规定，进一步规范旅行社经营管理。

2008年，兴城旅游行业协会导游员分会成立。

2012年，兴城市有旅行社24家，国家级导游员295人。有星级宾馆12家，各类涉旅宾馆、酒店140家，疗养院所51家，家庭宾馆200余家，旅游从业人员3万人。

### 旅游产品

兴城市旅游产品以地方特产为主，包括地方风味小吃，各种旅游纪念品等。

**地方特产** 兴城地方特产主要有海产品、农副产品及时鲜水果等。

水产品 主要是海产的鱼、虾、蟹、贝、蜇，有“虾美、蟹肥、蛏鲜、蜇脆”之说。

农产品 主要有花生、土豆等。

果品 有苹果、梨、桃、杏、李子、葡萄、草莓等。

蜂蜜 兴城地区山林茂密，春秋时节槐花、荆条花盛开，盛产蜂蜜。

**风味小吃** 面茶、切糕、糖黏糕（驴打滚儿）、黄米饽饽、元宵、小锅白糖、油炸糕等。

**纪念品** 兴城旅游纪念品品种较多，主要有邮票、贝雕、民间手工艺制品等。

邮票 2008年，国家邮政局出版“兴城个性邮票”“兴城古城特种邮资明信片”，成为兴城的特种纪念品。

贝雕 兴城制作的贝雕工艺品，品种多，题材广泛。以花鸟、人物、动物、静物等为主，品种有文具、台灯、插屏、项链、门帘、座屏等，具有鲜明的装饰性和观赏性。

葫芦制品 采用火画、压画、刀刻等工艺制作的笔筒、花插、杯、碗等工艺品，式样新奇，自然古朴。

民间刺绣 采用手工“扎花”，以丝线织绣的各种图案。包括风光、人物、花鸟、走兽、建筑等。

其他 有旅游文化衫、手缝布老虎、盆景、泥人等。

## 第六节 旅游效益

随着兴城旅游事业的不断发展，旅游基础设施建设的不断完善，到兴城旅游观光、休闲度假人员逐渐增多，从而牵动当地与之相关的吃、住、行、购、娱等行业的发展，旅游业已成为推动兴城经济社会发展的特色产业。

## 社会效益

兴城旅游事业的发展，备受各级领导和国内外各界人士的关注。1984 年起，先后有 70 多位党和国家领导人到兴城视察，有 100 多位知名人士为兴城题字、赋诗、献艺。

1989 年，兴城通过举办海会，接待美国、日本、瑞典、朝鲜等 20 多个国家和地区的 400 多名国际友人。

1992 年 5 月，召开兴城风景名胜区总体规划评议会，邀请国家建设部、北京林业大学、北京大学、辽宁省建设委员会等部门的专家、学者、负责人共 40 多人。1997 年，中共兴城市委提出"旅游兴市"的战略方针，组织创建全国卫生城，创建文明景区。是年，海滨一带海域被辽宁省建设厅评为省级卫生海。

2000 年，兴城市举办第二届泳装节，有俄罗斯、韩国、法国、南非等国家的嘉宾 300 多人参加。10 月，成功举办兴城首届菊花节。2001 年 8 月，发行古城特种邮资明信片。

2004 年 12 月，兴城市获"中国优秀旅游城市"称号。2005 年，古城风景区、海滨风景区通过国家旅游局验收，成为 AAAA 级景区。2010 年 9 月，兴城被授予"中国泳装名城"称号。2011 年，获 "辽宁省乡村旅游工作先进县（市）"称号。

1987~2010 年，兴城海滨风景区每年举办一届"中国·兴城七月海会"，取得显著的社会效益和经济效益。

## 经济效益

1986 年，兴城海滨风景区、古城、菊花岛接待游客近 200 万人，据直接为旅游服务的 20 个行业统计，全年收入共 3737 万元。年内，征收第三产业税 711 万元，比 1985 年增长 23%。

1991 年，在海会的 7 天时间里，兴城海滨风景区接待游客近 30 万人次，各项收入计 100 万元。兴城市经贸部门与外地客商签约 38 项，总成交额 1 亿元。1992 年，到兴城旅游人数 220 万人次，全年签订利用外资项目合同 6 项，合同金额 923 万美元。

1997 年，海滨景区经济收入实现 240 万元，连同古城、菊花岛景区的门票、船票收入超过 400 万元。由旅游牵动相关行业，全市旅游收入及社会消费效益近 5 亿元。1999 年，到兴城旅游人数 100 万人次，景区门票、船票收入 450 万元，实现社会消费效益 4.5 亿元。

2005 年，到兴城旅游人数约 165 万人次，旅游消费收入 7.9 亿元。接待国外游客 5000 人次，创外汇收入 85 万美元。2007 年，接待游客 200 万人次，旅游收入 9 亿元，其中门票收入 1009 万元，比 2006 年增长 28.9%。

2009 年，接待游人 230 万人次，旅游总收入 15.9 亿元，景点门（船）票收入 2893 万元，比 2008 年增长 160%。2010 年，到兴城旅游人数 240 万人次，旅游综合收入 18.1 亿元，比 2009 年增长13.7%。

2011 年，接待游人 380 万人次，旅游总收入 20.8 亿元，比 2010 年增长 26.7%；门（船）票收入 2669.2 万元，比 2010 年增长 14.5%。2012 年，接待游客 460 万人次，比 2011 年增长 21%；旅游总收入 25.2 亿元人民币，比 2011 年增长 21%。

**海滨景区**　1986年，海滨景区管理处收入23万元。1987年，管理处收入37万元、门票收入19.3万元。1991年，门票取消，风景局创收135万元。1993年，恢复门票，共收入182万元。1994~1995年（门票取消一段时间），创收268万元。1996年，恢复门票，门票和景区创收两项收入共200万元。1997年，门票、创收共收入240万元。1998年，共收入150万。2000年，门票收入149.5万元。2004年，门票收入187.4万元。2008年，海滨门票收入182.7万元。2009年，门票收入251.6万元。2010年4月，取消门票。

**菊花岛景区**　2004年，菊花岛旅游收入600万元。2005年，接待游客14.5万人次，经济收入1000万元。2006年，旅游收入1500万元。2007年，旅游收入1500万元。2008年，旅游收入2000万元。2009年，旅游收入2200万元。2010年，旅游收入2650万元。

**古城景区**　1986~1994年（只有钟鼓楼、文庙两个景点），每年门票收入仅数千元至几万元。1995~2004年（有钟鼓楼、文庙、城墙、郜宅、周宅景点），每年收入在10~80万元之间。2005年，古城景区门票收入90万元。2006年，古城景区门票收入182万元。2007年，门票收入220万元。2008年，门票收入280万元。2009年，门票收入310万元。2010年，门票收入330万元。2011年，门票收入445万元。2012年，门票收入509万元。

# 第二章　疗养

改革开放以后，随着经济社会的发展，生活水平的逐渐提高，人们对“健康、娱乐”的追求越来越强烈，休闲度假、旅游疗养亦成为大众化的生活时尚。兴城地区悠久的历史文化，独特的旅游疗养资源、便捷的交通、幽雅的环境，构成以温泉海滨疗养区为中心，绿色生态环境为依托旅游疗养网络，为旅游疗养事业提供出广阔的发展空间。兴城先后获“中国北方著名旅游疗养区”“中国温泉之城”殊荣。

## 第一节　疗养资源

兴城旅游疗养区依山面海，分为温泉疗养和海滨旅游疗养两大主体，依托独特的自然资源，先进及传统的医疗保健技艺，多功能的基础设施，成为中国东北地区独具特色的融休闲度假、养生健身为一体的旅游疗养区。

### 温泉

温泉是疗养的主要因子，不仅具有独特的医疗作用，也是休闲保健的最佳项目。兴城市拥有兴城城区和高家岭汤上两处温泉，已有千年开发利用历史。

**兴城温泉**　位于兴城首山以南，界于古城与海滨10公里之间，疗养区总面积10.6平方公里，是地理位置上的城市中心。源于区内的温泉水，古称“汤泉”是由地下溶岩作用而形成的天然矿泉。泉水属高温弱碱性（PH7.4）食盐矿泉，无色无臭，清澈透明，水温在 63~70°C 之间，比重 1.006，含有钾、钠、钙、镁、硫、铵、氯、氡、镭等 10 余种元素。兴城温泉水资源丰富，构造范围约 4 平方公里，共有 4 穴、12 眼，每天出水总量 3000~5000 吨。泉水可以口服，可以冲洗和浸浴，能治疗风湿性关节炎、大骨节病、颈椎病、腰肌劳损、神经衰弱、高血压、慢性妇科病、皮肤病、以及消化系统、神经系统等多种疾病。

新中国成立后，依托兴城温泉，开发建设温泉疗养区。总面积达 10.6 平方公里，成为全国最大的海滨温泉疗养区之一。

**汤上温泉** 位于兴城市西南部高家岭满族乡汤上村，六股河东侧，距兴城市区 57 公里。汤上温泉形成于山海关山脉中的东西断裂带上，地下热水域面积达到 4 万平方米，水深大致 150 米。泉水清澈透明无色无臭，水温 52~58℃左右，酸碱度为 7.4，泉水比重为 1.006，属于高温弱碱性食盐矿泉。泉水中含有钾、钠、钙、铵、硫、镁等多种矿物质，还有一定数量的放射性元素氡和镭。泉水可口服、冲洗和浸浴。对风湿性关节炎、大骨节病、神经衰弱、高血压、皮肤病和慢性妇科病以及外科手术后恢复，均有显著的疗效。健康人沐浴温泉，可以爽身提神，解除疲劳。

早在明朝万历年间，当地人就利用汤上温泉洗浴疗伤。当时建造的一眼用花岗岩条石砌成的六角形汤泉古井，至今仍在使用。清朝康熙年间，汤上温泉得到开发利用，并在泉井旁修建一座汤泉寺。1986 年以后，高家岭满族乡及汤上村，充分利用温泉水资源，逐步开发、建设成独具特色的乡村疗养区。

## 森林

兴城疗养区依山面海，位于疗养区北面的首山森林公园，绿树成荫，总面积 47.3 平方公里。首山是一座天然植物园，总面积 800 公顷，其中有林面积 446.7 公顷，生长着松、柏、榆、柞等人工林和天然次生林近百余种，栖息山鸡、野兔、獾等动物几十种。1991 年，经国家林业部批准，被定为国家级森林公园。作为兴城市的主要风景区之一，有众多登山爱好者攀登首山，观光览胜。

随着森林覆盖率的提高，兴城成为森林城市，建成和改造河岸、绿化带、湿地公园，拥有更多亲近自然的环境。围绕森林公园建设，打造绿色道路，迂回森林运动路线，开展健身、登山等山地运动，开发绿色资源的社会效益。森林富含植物精气、负氧离子，对高血压、神经衰弱、心脏病、偏头痛等疾病，具有间接治疗作用。选用树种，建设负氧离子丰富、植物性保健气体丰富、具有森林特色和森林卫生医疗保健基地。

## 海滨

兴城海滨海岸线长 14 公里，自古便是辽西著名的通商口岸。日伪统治时期始辟为浴场。新中国成立后，特别是 20 世纪 80 年代中期，兴城市人民政府在海滨陆续修建迎霞亭、听浪亭、三礁揽胜、牌坊等景点，建有渔港湾浴场和邴家湾等 4 个海滨浴场，素有“第二北戴河”之称。1988 年被定为国家重点风景名胜区。海滨满族乡、刘台子满族乡的海滩、怪石滩及一些偏远沿海景点也陆续得到开发和利用。

海水是海滨疗养地的主要疗养因子，是重要的疗养资源。经对海水浴疗法的保健养生、防治疾病等进行科研探索，得出海水浴疗法是一项综合性的全身有氧运动，能降低高血压患者的心肌耗氧量，减轻心脏负荷，改善左心房收缩功能。海水浴能影响人体的产热和散热过程，激发酶促反应，促进物质代谢和能量交换，提高人体对外界环境温度变化的适应能力，改善机体的微循环，增强心脑血管系统功能。海水浴能使胸内压增高，增强呼吸深度，促进气体交换和代谢，增强肺活量。水流的压力或冲击力的作用能刺激神经系统兴奋，对心血管，内分泌等系统产生较好影响。兴城大海广阔，海天一色的壮观景象，有益于神经精神系统功能的协调平衡。

## 第二节　疗养院

兴城温泉的疗养功能早被开发利用。明崇祯八年（1635），建有汤泉寺，设有浴室八间。清康熙五十八年（1719）和乾隆五年（1740），先后对温泉场所进行两次重修，设有男女浴室。民国十六年（1927），在温泉井附近辟建张作霖别墅。

新中国成立后，依托兴城温泉和海滨的自然资源，相继建起中国人民解放军八一疗养院、铁道部疗养院、中国人民解放军空军疗养院、化工部疗养院、交通部疗养院、石油疗养院等数十座疗养院。1986 年，兴城温泉海滨疗养区有疗养院（所）35 家。至 2003 年，全市有疗养院 61 家，占地面积 350 万平方米，建筑面积 100 万平方米，有床位 1.5 万张。兴城市成立疗养协会，兴城有关部门积极帮助和协调工作。随着旅游疗养市场发展，为适应人们疗养方式的多样化，兴城疗养院通过不断完善功能、整合资源，使疗养院环境不断优化，疗养档次不断提升，至 2012 年末，兴城共有规模以上疗养院（所）27 家，度假村 4 家。

### 沈阳军区兴城疗养院

该疗养院（原八一疗养院）位于兴城市兴海南街 210 号，始建于 1951 年 4 月，先后经历五次更名。2004 年 5 月 29 日移交沈阳军区，与原空军兴城疗养院合并，编制调整为副师级单位，辖第 313 医院。是一所拥有海滨、温泉和山林三种自然疗养因子，集预防保健、康复疗养和教学科研为一体的综合性疗养院。该院以疗养为中心，有床位 1000 张，接纳军队和地方不同级别的疗养员，拥有全军颈腰痛康复中心。

### 沈阳军区兴城疗养院温泉疗养区

该疗养区原为空军兴城（176）疗养院，2004 年 12 月，改属于沈阳军区兴城疗养院，更为现名。位于兴城温泉疗养区内，与著名的兴城温泉水源地只一路之隔。该院总占地面积 18 万平方米，建筑面积 3.84 万平方米，疗养楼、理疗楼、健身房、文化活动中心形体各异。主要接收各地空军飞行员健康疗养和部队离退休干部康复疗养，也兼收地方干部、职工及群众的疾病检查、治疗以及康复疗养。自 2009 年 10 月始，改为接收全军团职以上退休及现役干部疗养。

### 铁道部兴城疗养院

疗养院占地面积 25.4 万平方米，建筑面积 3.5 万平方米。分为南北两个疗养区。始建于 1929 年，当时是在北宁铁路局投资的铁路浴舍旅馆（又称张作霖别墅）基础上兴建的。2009 年，进行全面改造与建设。三疗区改成三星级宾馆标准的疗区，建筑面积 3016 平方米。在南院新建别墅 7 栋，建筑面积 2564 平方米。通过改造，形成具有别墅、宾馆式疗区、理疗中心及会议室、多功能活动厅等建筑群体，可接待疗养、会议旅游、度假。

## 吉林大学兴城教学基地

吉林大学兴城教学基地原为教育部兴城教工疗养院，2002 年 11 月并入吉林大学，有职工 84 人。该基地位于兴海南街五段路北，南与沈阳军区兴城疗养院隔路相望，占地面积 10.97 万平方米，建筑面积 2.45 万平方米，主体建筑青砖砌就，古朴典雅，共设 4 个活动休息区，有 1000 张床位。该基地主要为吉林大学地质学科学生教学实习服务，被国家教育部批准为国家级示范实习基地。

## 中铁建十二局集团有限公司兴城疗养院

中铁建十二局集团有限公司兴城疗养院（又称中铁一六四医院），是一所疗养、治疗相结合的综合性疗养院。该院位于兴城市兴海北街 103 号，总占地面积 11.73 万平方米，建筑面积 6.01 万平方米，分路南和路北两个大院，南院为疗养区，疗养床位 400 张，北院为医院，治疗床位 100 张。全院有医疗专业技术人员 70 人，设疗养、医疗、辅诊等 8 个医技科室。

## 中国兵器工业集团兴城疗养院

该院地分两处，新区望海楼宾馆位于海滨新东路 4 号，设有海景高级豪华套房、海景商务套房、海景双标房，配套设施有多功能厅、大中小会议室、温泉洗浴中心、娱乐健身中心、望海楼旅行社等。老区疗养中心位于兴海南街，总占地面积 13 万平方米，建筑面积 6 万平方米，床位1000 余张。该疗养院有职工 397 人，是一所既能服务于疗养、旅游，又能举办大型会议的综合性疗养院。

## 兴城交通疗养院

兴城交通疗养院原隶属于交通部，2010 年 5 月归属辽宁海事局。位于兴海南街 131 号，占地面积 10.6 万平方米，院内设床位 500 张，有医务人员 43 人，是兴城市城镇职工医疗保险、新型农村合作医疗定点单位。该院在开展烧伤恢复期病人康复、皮肤病治疗、各种慢性病治疗的同时，接待健康休养、旅游及各类会议，面向全社会开放。

## 全国环境保护职工疗养院

该院位于兴城海滨兴海公园北侧，占地面积 1.2 万平方米，建筑面积 0.52 万平方米。主建筑甲、乙、丙、丁楼，内设大、小会议室和教室、客厅、餐厅等，有床位 160 张，职工 14 人。该院接待全国各级环保干部和企事业环保人员培训、干部度假和系统内召开的各种会议。

## 辽宁电力兴城温泉疗养院

该疗养院原为东北电业兴城温泉疗养院，1999 年 10 月更为现名。该院位于兴海南街四段路北，占地面积 11.13 万平方米，建筑面积 3.71 万平方米。2012 年，编制床位 300 张。该院下设门诊、理疗及 5 个疗区，门诊部为院内职工及当地群众提供诊断治疗和预防保健等服务。

## 辽宁省质量技术监督局培训中心

该中心原为东北国家计量测试中心兴城计量技术交流站，2000 年 4 月更为现名，位于兴城市四家屯街道邴家村境内。占地面积 2 万平方米，建筑面积 0.36 万平方米。该中心主体建筑 2186 平方米，附属建筑 1410 平方米，有容纳 220 人的学术交流厅，设床位 80 张。

## 辽宁省公路职工兴城疗养院

该疗养院位于兴海南街155号，占地面积4万平方米，建筑面积1.03万平方米，设疗养床位200张，有职工46人。疗养院内设有高级游艺室、会议室、会客厅以及多功能舞厅等多种活动场所及设施，主要接待各种会议和为公路系统疗养员服务。

## 辽宁省农村信用合作社干部培训中心

该中心位于兴海南街四段路南，占地面积3.34万平方米，建筑面积1.5万平方米。主要为全国及辽宁省内金融系统会议、培训、旅游和健康疗养服务，并对外接待会议和住宿。为正处级事业单位，隶属于辽宁省人民银行。该中心建有培训综合楼2栋，有床位240张。

## 辽宁省公安厅兴城办事处

辽宁省公安厅兴城办事处位于兴城海滨，东临码头，南接第一浴场，西邻兴海公园。该办事处于1990年12月建成，占地面积2670平方米，建筑面积1800平方米，是辽宁省公安、武警系统的培训基地。

## 辽宁省科技培训中心

该中心位于海滨疗养区新东路西侧，北靠辽宁省质量技术监督局培训中心。该中心占地2万平方米，建筑面积7000平方米，有套房、标准客房70余间，床位200余张，有客房、餐厅、教室等教学、服务设施。

## 辽宁省农电局兴城培训中心

中心位于兴城海滨第一浴场北端崖头，三面环海，占地面积5400平方米，建筑面积4000平方米，有床位104张，有大小会议室6个，有舞厅、台球室、游艺室、阅览室等设施。

## 辽宁省地勘局兴城培训中心

该中心位于兴海北街东端南侧、新东路以西，南邻辽宁省国税局干部培训中心，是辽宁省地质矿产勘察局培训水文工程地质技术人员的场所。该院占地面积1600平方米，建筑面积914平方米，有房间30套，床位85张。主要培训工程师以上的工程技术人员，并为系统内召开的各种会议提供服务。

## 辽河石油勘探局兴城疗养院

辽河石油勘探局兴城疗养院位于首山脚下，南邻原胜利小学。该院隶属于辽河油田，主要接待石油系统职工疗养。占地面积12.36万平方米，建筑面积3.44万平方米，有职工160人、疗养床位450张。有理疗楼、门诊楼、多功能体疗厅、娱乐活动中心等。

## 辽宁省锦州市兴城理疗医院

该院位于温泉河东部，南、西分别与黑龙江省林业兴城疗养院和温泉小学隔路相望。院内有归其代管的中共辽宁省委老干部局兴城疗养院。该院占地面积22万平方米，建筑面积3.84万平方米，有高、中、低档床位750张。治疗以矿泉水、理疗与中西医药物相配合治疗为手段，设有光疗、电疗、声疗、磁疗、蜡疗、体疗、针灸、按摩等多种理疗设备。

### 葫芦岛市农电局招待所

葫芦岛市农电局招待所位于兴海南街五段路南，于1986年兴建，占地面积4002平方米，建筑面积2940平方米，有床位100张。隶属于葫芦岛市供电公司，承担系统内职工的健康疗养和文化、技术、业务培训的双重任务。

### 锦化集团兴城职工疗养院

该疗养院位于兴海南街四段路南，南临大海，建筑面积8800平方米，有床位181张。主要接待锦化集团职工进行短期疗养。该院建筑格局仿园林式，院内设有医务室和水疗室。

### 辽宁国税兴城培训中心渤海财税培训学校

辽宁国税兴城培训中心（渤海财税培训学校，2009年8月成立）位于兴城海滨疗养区。东、南分别与兴海公园、吉林大学兴城教学基地毗邻。占地近2万平方米，建筑面积1万平方米。该培训中心是集餐饮、住宿、娱乐、会议多功能于一体的三星级宾馆，主要以开展系统内的税务工作经验交流与业务培训为主，同时面向社会承办各种级别的会议、培训，以及各种档次的婚宴、节庆等大、中、小型庆典活动。

### 沈阳市总工会兴城温泉疗养院

该院位于兴海南街三段，与黑龙江省林业兴城疗养院相邻，占地面积42688平方米。1994年4月，该院划拨一部分给铁法矿务局，划出职工273人。该院于1994年7月归属沈阳市总工会管理，共有床位300张。

### 长春市公安局兴城干休所

长春市公安局兴城干休所位于兴城海滨第一浴场北端，北靠辽宁省农电局兴城干部培训中心。占地面积1700平方米，建筑面积1500平方米，客房19间，床位60张。该所主要为长春市公安局离休干部、先进工作者及全局干部健康疗养提供服务。

### 黑龙江省林业兴城疗养院

该院位于兴海南街三段路北、温泉河下游东畔，东南与兴城交通疗养院毗邻。占地面积12.7万平方米，建筑面积3.2万平方米，设4个疗区，500张床位。该院主要医疗手段是矿泉水浴和理疗，配合中西医药物治疗。主要医疗科研项目是中西医治疗股骨头坏死和消栓酶治疗脑血栓。

### 黑龙江省招生考试委员会办公室兴城培训中心

该中心又称黑龙江省教育厅兴城疗养院，位于首山脚下，兴海北路三段2号。占地面积4万平方米，建筑面积5800平方米。庭院环境优美，有别墅1处，高档套房、标准客房58间，床位116张，大、中、小型会议室4个，另有健身房、酒吧、多功能厅、商务中心等娱乐服务设施。

## 汤上村疗养度假区

2010年，汤上村成立“兴城市汤上温泉度假村”，相继投资兴建温泉疗养院、汤泉水苑度假村、乾隆御汤温泉休闲村等4家洗浴、水疗、住宿度假场所。并加强基础设施建设，不断改善疗养环境，床位增加到200余张。利用温泉水资源建起面积1.33公顷的罗非鱼养殖场，为扩大旅游疗养服务提供特色产品。清幽雅致的田园环境、环保无污染的绿色食物、情趣盎然的农村生活体验，为绿色生态旅游疗养提供广阔的发展空间，汤上温泉度假村逐渐成为备受青睐的旅游疗养区。

# 第二十六篇　社会生活

## 第一章　居民生活

中共十一届三中全会以后，随着改革开放，兴城的社会经济持续健康发展，城乡居民生活水平明显提高。城乡居民收入持续增长，社会消费明显增加，城乡储蓄存款大幅提升。医疗、教育、文化、劳动就业、社会保障体系建设日益完善。居住条件、生活条件明显改善，总体上实现由温饱型向小康社会的历史性跨越。

### 第一节　城市居民生活

#### 居民收入

1986年始，兴城县城市居民收入进入稳步提高阶段。按行业和单位所有制性质划分，全县职工年人均工资1115元，比1985年提高16.39%。城区居民收入出现差别，除工资性收入外，开始出现其他劳动收入和财产性收入。

1988年，国家机关、事业单位执行新工资标准。是年，兴城市职工年人均工资达1319元。随着社会主义市场经济体制的逐步确立和完善，城市改革的深度、广度和力度进一步加大，兴城市城区居民收入进入迅猛增长阶段。1991年，全市职工年人均工资1713元。

1993年，兴城市机关工作人员实行职级工资制，事业单位分全额拨款、差额拨款、自收自支3种类型，实行分类管理。年内，全市职工年人均工资实现2009元。1999年，增加机关、事业单位工作人员工资，兴城市职工年人均工资6050元。

2000年末，兴城市城镇在职职工年人均工资6290元，扣除物价上涨因素，比1995年的2764元增长127%，年均增长25.4%。2006年，兴城市在岗职工年人均工资10196元。2010年，兴城市全年职工工资总额52170万元，剔除不可比因素，比2009年增长20.29%。在岗职工年人均工资20367元，是2001年年人均工资的2.9倍。

2012年，兴城市在岗职工工资总额69839万元，比2011年增长15.1%；年末全市在岗职工平均人数为25825人。在岗职工平均工资27043元，比2011年增长15.2%。城镇居民人均可支配收入17603元，比2011年增长15.7%。

## 1986~2012年兴城市职工工资情况

表26-1-1

| 年份 | 职工总数（人） | 年工资总额（万元） | 年人均工资（元） | 比上年增长（%） |
|---|---|---|---|---|
| 1986 | 30650 | 3417 | 1115 | 16.39 |
| 1987 | 32337 | 3745 | 1158 | 3.86 |
| 1988 | 34186 | 4508 | 1319 | 13.90 |
| 1989 | 35347 | 5513 | 1560 | 18.27 |
| 1990 | 36566 | 6053 | 1655 | 6.01 |
| 1991 | 39635 | 6791 | 1713 | 3.50 |
| 1992 | 41333 | 7769 | 1880 | 9.75 |
| 1993 | 40607 | 8157 | 2009 | 6.86 |
| 1994 | 41401 | 9925 | 2397 | 19.31 |
| 1995 | 41887 | 11578 | 2764 | 15.31 |
| 1996 | 42608 | 12630 | 2964 | 7.24 |
| 1997 | 37461 | 12866 | 3435 | 15.89 |
| 1998 | 20883 | 10227 | 4897 | 42.56 |
| 1999 | 18960 | 11471 | 6050 | 23.55 |
| 2000 | 19149 | 12044 | 6290 | 3.97 |
| 2001 | 19066 | 13358 | 7006 | 11.38 |
| 2002 | 17410 | 14273 | 8198 | 17.01 |
| 2003 | 16023 | 14074 | 8784 | 7.15 |
| 2004 | 16126 | 14963 | 9279 | 5.64 |
| 2005 | 15885 | 15242 | 9595 | 3.41 |
| 2006 | 15563 | 15868 | 10196 | 6.26 |
| 2007 | 15570 | 21054 | 13522 | 32.62 |
| 2008 | 15644 | 23155 | 14801 | 9.46 |
| 2009 | 17106 | 28962 | 16931 | 14.39 |
| 2010 | 25615 | 52170 | 20367 | 20.29 |
| 2011 | 26204 | 61540 | 23485 | 15.31 |
| 2012 | 25825 | 69839 | 27043 | 15.15 |

## 居民消费

1986年，兴城县农副产品有效供给增加，初步形成“三多一少”（多种经济成分、多种经营方式、多条流通渠道、少流通环节）的流通格局，随着职工工资收入的增加，城区居民食品消费中副食品的消费量进一步增大，衣着消费猛增，彩电、洗衣机等高档家庭耐用消费品大量增加，文化娱乐用品开始提上日程。

1991年，随着社会主义市场经济体制的确立，兴城市农副产品供应量进一步增加，品质进一步提高。商品流通体制趋于完善，全面放开粮食购销价格，商业网络更加健全，市场价格机制基本形成。肉、蛋、奶、水产品的消费量增幅较大，衣着消费在大幅提高的同时，开始追求美观、舒适、新潮，彩电、电冰箱等耐用消费品继续保持较大增幅，交通及通信消费迅速增加。

2000年，兴城市城区居民的饮食消费在平稳增长的同时，更加注重营养、讲究科学，以奶制品的消费支出增长为最快，衣着支出保持平稳。随着教育、医疗、住房体制改革的进一步深化，用于该方面的支出增幅较大，家用电器进入更新换代期，文化娱乐支出增速较快。

2012年，兴城市经济社会发展稳中求进，商品流通活跃，人民生活质量迅猛提高，城市居民消费观念发生根本性的转变。城市居民的膳食结构更趋科学合理，以营养为主，粗粮、蔬菜、水果、豆制品、奶制品、牛羊肉及海鲜的消费支出增长较快。衣着讲究高档名牌、质地款式，支出增幅较大。随着交通及通信业的发展和消费观念的变化，用于交通通信的支出迅猛增长，不少家庭进入轿车代步时代，随着人们经济收入和审美情趣的提高，家庭自费旅游渐成时尚，用于该方面的支出呈明显上升趋势。

## 居民住房

1986年，兴城县城市居民人均居住面积6.77平方米。

1992年，兴城市城市居民人均居住面积增至7.54平方米。以二居室为主的单元式住宅楼逐渐取代平房。1998年，人均居住面积达到8.4平方米。住房装修、装潢逐步趋向高档。

进入21世纪，城镇居民居住状况大幅度改善，居住面积增加，居住水平提高。随着住房贷款政策的落实和城市改造拆迁，集资建房的增多，城市居民大部分家庭住进楼房。新式住宅楼功能完善，配有电梯的高层住宅楼日渐兴起。2004年，兴城市城市居民人均居住面积由1998年的8.4平方米增加到20.54平方米，增长244.52%。

2012年，兴城市城市居民人均居住面积达到36平方米，是1986年的5.3倍。

## 城乡居民储蓄

1986年，兴城县城乡居民储蓄存款余额为12535万元。

1987年，兴城市城乡居民储蓄余额为17207万元，其中城市居民储蓄余额为9833万元，比1986年增加44.9%。

自1998年始，随着各项改革政策的出台，原由政府和国有企业向城市居民提供的就业、住房、医疗、养老、子女教育等保障，相继转变为由居民个人承担全部或部分风险与费用，增加储蓄成为居民的必然选择。是年，城乡居民储蓄存款余额为24.6亿元，比1997年增长14.0%。

2010年，兴城市城乡居民储蓄存款余额83.3亿元，比2009年增加11亿元，是1986年居民储蓄存款余额的66倍。2011年，兴城市城乡居民储蓄存款余额99.1亿元，比2010年增加15.8亿元。2012 年，城乡居民储蓄存款余额 119.3 亿元，比 2011 年增加 20.2 亿元。

## 1986~2012 年城乡居民储蓄存款余额

表 26-1-2　　单位:万元

| 年份 | 城乡居民储蓄存款余额 | 比上年增加 | 比上年增长（%） |
|---|---|---|---|
| 1986 | 12535 | 2597 | 26.1 |
| 1987 | 17207 | 4672 | 37.3 |
| 1988 | 23378 | 6171 | 35.9 |
| 1989 | 30689 | 7311 | 31.3 |
| 1990 | 43218 | 12529 | 40.8 |
| 1991 | 56342 | 13124 | 30.4 |
| 1992 | 69114 | 12772 | 22.7 |
| 1993 | 80089 | 10975 | 15.9 |
| 1994 | 96376 | 16287 | 20.3 |
| 1995 | 123374 | 26998 | 28.0 |
| 1996 | 167553 | 46532 | 38.4 |
| 1997 | 216055 | 48502 | 28.9 |
| 1998 | 246237 | 30182 | 14.0 |
| 1999 | 265847 | 19637 | 8.0 |
| 2000 | 280675 | 14801 | 5.6 |
| 2001 | 294808 | 14133 | 5.0 |
| 2002 | 320724 | 25916 | 8.8 |
| 2003 | 346364 | 25640 | 8.0 |
| 2004 | 354766 | 8402 | 2.4 |
| 2005 | 400795 | 46029 | 12.9 |
| 2006 | 464814 | 64019 | 16.0 |
| 2007 | 498033 | 33219 | 7.1 |
| 2008 | 619366 | 121333 | 24.3 |
| 2009 | 725817 | 106451 | 17.1 |
| 2010 | 832515 | 106698 | 14.7 |
| 2011 | 990606 | 157606 | 18.9 |
| 2012 | 1192908 | 202302 | 20.4 |

# 第二节　农村居民生活

## 农民收入

1986年，兴城县大力发展乡镇企业，调整农业种植结构，完善农村承包责任制，发展多种经营，实现由农村产品经济向有计划商品经济的顺利过渡。乡镇企业的发展吸收大量农村剩余劳动力，农民从中获得巨大收益。是年，全县农民人均收入553元。

1991年，兴城市农民人均纯收入727元。据抽样调查资料分析，全市人均纯收入500元以下的农户大大减少，而高收入的农户迅速增加，人均收入500~1000元的农户占53.8%，1000元以上农户占17.5%。1995年，兴城市农民人均纯收入1718元，比1994年增加24.85%。

1999~2000年，兴城农业遭受严重旱灾，由于采取劳务输出、发展多种经营等措施，农民人均收入分别达2105元、2000元，两年平均下降12.7%。

2001年，兴城市农村工作继续以增加农民收入为根本出发点，针对农产品市场的供求变化，大力发展高产优质高效农业，调整优化农业结构，放手发展个体私营经济，鼓励并帮助农民进城打工，农民收入大幅度增长。是年，兴城市农民人均纯收入2347元。

2010年，兴城市农民人民均纯收入增至6455元，比2009年增长18.18%。农村居民家庭总收入9076元。

2012年，兴城市农民人均纯收入8995元，比2011年增长16.1%，比2007年翻一番。农村居民家庭总收入13268元，其中家庭经营收入4509元。

### 1986~2012年兴城市农民人均纯收入情况

表26-1-3　　　　单位:元

| 年份 | 农民人均纯收入 | 比上年增加 | 比上年增长（%） |
|---|---|---|---|
| 1986 | 553 | 100 | 22.08 |
| 1987 | 574 | 21 | 3.80 |
| 1988 | 721 | 147 | 25.61 |
| 1989 | 724 | 3 | 0.42 |
| 1990 | 729 | 5 | 0.69 |
| 1991 | 727 | –2 | –0.27 |
| 1992 | 784 | 57 | 7.84 |
| 1993 | 970 | 186 | 23.72 |
| 1994 | 1376 | 406 | 41.86 |
| 1995 | 1718 | 342 | 24.85 |
| 1996 | 1626 | –92 | –5.36 |
| 1997 | 2073 | 353 | 21.71 |

续表 23-1-3

| 年份 | 农民人均纯收入 | 比上年增加 | 比上年增长（%） |
|---|---|---|---|
| 1998 | 2351 | 312 | 15.05 |
| 1999 | 2105 | –246 | –10.46 |
| 2000 | 2000 | –105 | –4.99 |
| 2001 | 2347 | 347 | 17.35 |
| 2002 | 2411 | 64 | 2.73 |
| 2003 | 2408 | 3 | 0.12 |
| 2004 | 2961 | 553 | 22.97 |
| 2005 | 3063 | 102 | 3.44 |
| 2006 | 3364 | 267 | 8.72 |
| 2007 | 4195 | 865 | 25.71 |
| 2008 | 5033 | 838 | 19.98 |
| 2009 | 5462 | 429 | 8.52 |
| 2010 | 6455 | 993 | 18.18 |
| 2011 | 7750 | 1295 | 20.06 |
| 2012 | 8995 | 1245 | 16.06 |

## 农民消费

1986 年，随着农村承包经营责任制的进一步完善，以及乡镇企业“异军突起”和多种经营收入增加，兴城县农村居民的消费水平有较大幅度的提高。农民的食品消费开始由“吃饱”向“吃好”转变，食品消费支出结构有明显改善，衣着改变色泽单调、款式单一的状况，自行车、收音机、缝纫机、手表等日用消费品全面普及，黑白电视机、电风扇等电器进入农民家庭。

1991 年，经抽样调查，兴城市农村居民人均生活消费支出 497 元。在食品消费支出中，副食支出增长 2%，主食中细粮所占的比例增至 22.8%。主要食物消费量中，粮食减少，鱼、肉、蛋增加，年人均消费量为：肉类 13 公斤、蛋类 7 公斤、鱼虾 2 公斤。农村居民人均衣料消费量 2.17 米，其中高档化纤布、毛呢纺织品的消费量占有很大比重，棉布只占 2.97%。日用耐用消费品方面，平均每个家庭有手表 2 块以上，自行车 1 辆以上，每 2 个农村家庭有 1 台缝纫机、1 台收音机，75%的家庭有黑白电视机，14%的家庭有彩色电视机，8%的家庭有电风扇，26%的家庭有收录机，50%的家庭有洗衣机。

1992 年，农民人均用于文化娱乐、教育科技、生活服务等方面的支出为 88.4 元，占总消费额的 12.8%。饮食变化突出，细粮消费增加，年人均消费 61 公斤。其他主要副食品蔬菜、肉类、禽蛋、鱼虾等在不同程度上增加。农村生产性固定资产原值增加，户均生产性固定资产原值达 1121 元。主要农用生产性固定资产中，中、小型手扶拖拉机占 8.8%，胶胎大车占 38.8%，手推车占

8.8%，抽水机占 11.3%，水泵占 7.5%，役畜占 37.5%。农民家庭每百户拥有家庭日用耐用消费品摩托车 1.25 辆、自行车 158 辆、电视机 91 台、洗衣机 53 台、收录机 33 台、手表 110 块。农民人均储蓄存款与手存现金 1467 元，比 1991 年净增 31 元。

1996 年，兴城市实施农业产业化经营，发展个体私营经济，进一步优化农村产业结构，农民的消费水平又有新的提高，消费结构进一步优化。食品讲究荤素搭配，追求营养。同时，随着经济发展、生活节奏加快，一些方便食品、快餐为农民接受。衣着讲究舒适美观，时尚的成衣成为农民的首选。家庭日用耐用消费品在自行车、电风扇、电视机等普及基础上，电视机进入由黑白到彩电的更新换代时期。

2004 年，兴城市农村居民家庭总支出 2760.46 元。在生活消费支出的 1791.74 元中，食品支出 803.09 元，占消费支出的 44.8%；医疗保健支出 183.87 元，占消费支出的 10.3%；文化教育娱乐用品支出 180.65 元，占消费支出的 10.1%；交通通信支出 197.62 元，占消费支出的 11.0%；家庭日用耐用消费用品支出 113.04 元，占消费支出的 0.6%。

2008 年，兴城市农民生活水平进一步提高，消费观念发生显著变化。食品消费注重绿色环保，讲究营养健康。冰箱、彩电、手机、电脑等高档商品进入寻常百姓家。农用汽车、拖拉机成为农民家庭的运输交通工具，有的家庭购进小轿车。

2010 年，兴城市农村居民家庭总支出 7469.95 元，其中家庭经营费用支出 2341.66 元，生活消费支出 4090.13 元，其他支出 219.16 元。每百户农村居民家庭拥有彩色电视机 94 台、电脑 1 台、摩托车 43 辆、生活用途汽车 2 辆，医疗保健消费支出 296.47 元，交通通信消费支出 605.41 元，文教娱乐支出 465.01 元。

2012 年，兴城市农村居民家庭总支出 10543 元，其中家庭经营费用支出 4022 元，生活消费支出 6020 元，其他支出 501 元。

## 农村住房

1986 年，兴城县农村居民住房人均面积 15.6 平方米，多为“老檐出头”式的砖石木结构平房。

1991 年，随着农民收入的提高，兴城市农村兴起建房热潮，拆除老房，兴建宽敞明亮的“北京平”房。年内，累计有 20%左右的农户兴建新房，人均居住面积增至 21.95 平方米，人均使用房屋价值 2923 元。

2000 年始，农村居民住房开始追求内在质量，部分富裕起来的农民采用新型材料，对住房进行改建和装修。2006 年，全市农村 99%的住户拥有个人住房，平均每户住宅面积 85.6 平方米。住宅类型主要为平房，全市居住平房的 110477 户，占农村总户数的 93.4%；住宅结构主要为砖木和砖混，共 92555 户，占总户数的 78.4%。年内，农村家庭居住支出 235.81 元，占生活消费支出的 7.6%。

2010 年，兴城市农村居住支出增长迅速，家庭居住支出达到 996.83 元，是 2006 年的 4.2 倍，占生活消费支出的 20.3%。农民人均居住面积 24.84 平方米。

2011 年，兴城市农村家庭居住支出 864 元，比 2010 年下降 13.3 %，占生活消费支出的 17.4%，占总支出的 10%。农民住房条件不断改善，一些富裕的农民建起高标准平房，有的建起楼房。

2012 年，抽样调查显示，农民人均居住面积 27.19 平方米，是 1986 年的 1.74 倍。

# 第二章 社会习俗

兴城地区历史悠久，历经多个朝代兴衰更替，多个民族相互融合，在生活习俗、社会风俗、岁时节令等方面形成独特的民间传统。“为政必先究风俗”，不仅是为政者体察民情，制定政策时的重要参照，也作为一个时期的文化而载入史册。

## 第一节 生活习俗

兴城属多民族聚居地区，各族人民在长期的共同生活中，一些习俗相互影响和融合，逐渐趋于一致。由于汉族和满族历史悠久，人口众多，因此地方习俗中明显带有汉族和满族特点。

### 饮食

**主食** 20 世纪 80 年代初期，兴城城乡职工每月凭粮食供应证领取定量粗粮和细粮。农村仍以高粱米、小米、玉米面、地瓜等粗粮为主食，制成食品有米饭、窝头、饼子、煮地瓜和粥类等。平日里多吃粗粮，只有在节日期间或家里来客人，有人生病、坐月子才能吃细粮。细粮多为馒头、包子、饺子、面条、烙饼、大米饭、小米粥等。随着经济的发展，人们生活发生根本变化，非农职工取消粮食供应制。受满族风俗影响，一进腊月，农村又兴起淘米、蒸黏豆包的风习，少则几十斤，多则上百斤，一次蒸好，装缸冷冻，随吃随馏，一直吃到春耕前。近年，城乡均以大米、白面等细粮为主食，高粱米、小米、玉米面成为居民饭桌上、高档宴席上的稀罕物。

**副食** 1986 年前后，兴城地区肉禽蛋类、食油比较匮乏，城镇居民凭票供应。20 世纪 80 年代中期，随着畜牧业发展，兴城猪肉、羊肉、牛肉、蛋、禽等副食供应逐渐丰富，鱼、虾等水产品，奶制品进入寻常百姓的餐桌。随着种植结构调整，尤其是温室种植技术推广，人们每天都可吃到新鲜蔬菜。除常见的白菜、萝卜、芹菜、青椒、豆角、茄子、西红柿、黄瓜、南瓜、土豆外，还增添菜花、蒜薹、西兰花、苦瓜、莲藕等新品种蔬菜。绿色环保的婆婆丁、苣荬菜、马齿苋、茭皮蒜等野菜备受城镇居民青睐。兴城地产果类品种主要有苹果、梨、葡萄、桃、杏、李子、大枣、香瓜、西瓜等，南方水果香蕉、橘子、菠萝、芒果、荔枝、猕猴桃、火龙果，新疆的哈密瓜、白兰瓜以及台湾的凤梨等相继进入兴城市场。

### 用具

**炊具** 20 世纪 80 年代初，兴城农村仍沿用传统的砖砌灶台，与火炕一体。使用大铁锅，以庄稼秸秆或干树枝为柴薪，少数农户烧煤。城镇居民多使用炕炉、蜂窝煤炉、煤油炉、吹风机等。80 年代后期始，兴城城区居民大都使用液化气灶，农村部分村屯农民建起沼气池，用上沼气炉。城乡居民使用炊具有铲、勺等铁制品，后又时兴不锈钢制品。电炊具品种繁多，主要有电饭锅、电炒锅、电压力锅、微波炉、电饼铛、电磁炉、豆浆机、榨汁机、电水壶等。

**餐具** 20 世纪 80 年代初期，兴城普通家庭使用的碗、盘、杯、碟、匙等多为粗瓷器，也有少量塑料制品，后逐步换成精致漂亮的细瓷器，塑料制品逐渐被淘汰。个人饮水喝茶用的杯子，先后流行过搪瓷缸、瓷杯、玻璃杯、磁化杯、不锈钢保温杯等。酒具多为玻璃器皿，有酒盅、高脚杯、啤酒杯等。后时兴饮凉酒，旧式用以温酒的酒壶已很少见。

**家具** 改革开放以后，兴城地区百姓家庭使用的家具除传统的桌、椅、柜、橱外，又增添一些新型家具，如大衣橱、写字台、圆桌、折叠椅、沙发、茶几、角橱、床头橱、组合家具等。2000年以后，真皮沙发、实木衣柜、书柜等一些中高档家具进入家庭。

**家电** 1986年前后，家用电器主要有收音机、录音机、电风扇、单缸洗衣机、黑白电视机等。20世纪90年代，家用电器更新换代，彩色电视机、录像机、双缸洗衣机、电冰箱、组合音响、空调机等日渐普及。近年，40英寸以上液晶彩电、数码照相机、摄像机、台式或笔记本电脑等电器进入寻常百姓家庭。

**卧具** 1986年前后，农村居民多睡土炕，有条件的城区居民多睡木板床或铁床。随着社会经济的不断发展，从20世纪90年代始，城镇时兴席梦思床，床体为木质框架，沙发床垫。床上用品日趋多样化，除普通棉被外，增添太空被、鸭绒被、毛毯、毛巾被、蚕丝被、床帷、床罩、尼龙蚊帐、电热毯等。

## 服饰

**衣着** 20世纪80年代初期，人们多着中山装、列宁装、学生服、劳动服等，女装逐步由“文化大革命”时期男性化款式脱离出来，凸现出女性特点。80年代中期，随着改革开放，男性青年开始着西装，女性开始穿裙装。进入90年代，服装款式更趋多样化，有夹克衫、运动装、风衣、面包服、牛仔裤、健美服、T恤衫、休闲服等。90年代末，传统的民族服装款式受到青睐。引领款式新潮流者多为青年男女，男士春秋多着西装、夹克衫、休闲服，夏季多穿短袖衫、T恤衫；女性夏季多着各式裙装，冬季内穿保暖衣、羊毛衫，外套各种款式羽绒服、羊绒大衣、皮衣等。进入21世纪，服装更加多样化、个性化、高档化，各式男女休闲服、运动服备受各阶层人们的喜爱，女性着万元以上皮草也不罕见。

**鞋帽** 20世纪80年代起，兴城人开始讲究发型，男性多留偏分头、平头、背头，戴帽者渐少。帽子多为军帽型蓝色遮檐帽，后又流行鸭舌帽、旅游帽。冬季户外活动戴护耳棉帽、皮帽、针织帽，后又时兴衣帽一体的羽绒服。女性时兴裹头巾，戴自编线帽。后来女性外出时多戴遮阳帽和旅游帽，冬季多数戴丝巾、毛线围巾和毛线帽。

80年代初，兴城流行“三紧鞋”（在鞋口加弹性布），布底条绒面，行路轻便又结实耐穿。80年代中后期，穿皮鞋者增多。2000年以后，男女青年穿鞋讲究款式、档次、品牌，多穿皮鞋、旅游鞋以及品种繁多、色彩斑斓的时装鞋等。中老年人多穿舒适的圆口布鞋、平跟皮鞋、保健鞋等。袜子由新中国成立初的布袜变为尼龙袜、弹力丝袜、纯棉线袜，女性着裙装则穿长筒袜。

## 住宅

20世纪80年代初，兴城城乡居民多住平房。农村为“老檐出头”房，正房一般3~5间，两侧为东西厢房，四面院墙，院门盖门楼。城镇多为砖房，多家房屋形成一排。80年代中期90年代初期，居住条件有较大改善，农村建起砖混结构的“北京平房”。城镇住房大都是钢筋混凝土结构的楼房，每户住一套，面积不等，水、电、暖、通信、卫生设施齐全，生活方便。21世纪初期，农村开始兴建高基座的“北京平”房和二层楼。经济发展快的乡村，居民住房统一规划，统一建设，向城市化发展。随着扩容改造速度的加快，城市建起一批环境优美、功能齐全、管理规范的住宅小区。

### 佩饰

随着改革开放，经济发展，人们开始讲究佩戴各种饰品。女性时兴戴耳坠（环）、戒指等，后又流行戴项链、手镯，以黄金制品为多。女性饰品还有发卡、手链、胸花、纱巾等。男性饰品主要有领带、领结、胸章、领带夹等。进入21世纪，女性佩饰品种繁多，质地为黄金、白金、白银、珍珠、玛瑙、翡翠、玉、钻石等。男性佩饰时兴戴金质项链、戒指等。

### 通信

20世纪80年代初期，兴城地区通信方式比较单一，人们联系主要靠相互走动，了解信息通过口耳相传，远方亲友靠书信传递信息，有紧急情况拍发电报。电话只在政府机关和企事业单位间使用。80年代后期，程控电话发展迅速，除配有“BB机”、安装家庭电话、公用电话外，还有选购各式移动电话，互通信息十分便利，足不出户即可互致问候，“电话拜年”成为时尚。自90年代末始，计算机网络发展迅猛，电子邮件成为更快捷的通信方式。传统的书信、电报等通信方式受到冷落。

### 出行

20世纪80年代初期，兴城人出行渐转方便。自行车成为近途主要代步工具，远途则乘公共汽车和火车。80年代中后期至90年代，柏油路四通八达，摩托车、拖拉机、农用三轮车、各种类型汽车遍及兴城城乡。尤其是公交汽车发展迅速，基本达到“村村通”，公交车、出租车穿行于城镇大街小巷。2000年以后，摩托车、电动车保有量大幅增长，成为很多人出行的主要工具。进入21世纪，城区家庭购买轿车成为时尚，农村家庭添置轻型货车或农用柴油车的越来越多，出门就上车由梦想变成现实，远行者乘高速火车和飞机的越来越多。

随着人们经济收入和审美情趣的提高，一些家庭开始自费旅游。进入21世纪，居民外出旅游者大幅度增加，成为兴城人的一种时尚。

## 第二节　社会风俗

### 交际礼俗

**称谓**　20世纪80年代初，兴城地区家庭及亲属称谓基本无变化。书面尊称家父、令尊、仁兄、舍弟等渐少，只在一些特殊场合使用口头称谓。社会称谓变化较大。“文化大革命”前后，社会成员间互称同志。80年代后期，除会议或公务活动中称同志外，一般场合称师傅。若为熟人或同事，以姓氏相称，根据年龄在姓前冠以“老”或“小”，如“老李”“小张”。农村乡邻多以辈分、年龄作为称谓依据，如“二婶子”“大兄弟”。从90年代始，城市中常对男性称先生，对女性称夫人、女士或小姐等。工商界对企业主流行称“老板”“老总”。公务员间多以职务相称，但如对方是副职，则将“副”字去掉，如称“王局长”“赵书记”，表示尊敬。对专业技术人员多以职称相称，如“孙教授”“钱编辑”。21世纪始，流行一种亦正亦谐的称呼，即将职务和职称简化，如崔局长称“崔局”，翁导演称“翁导”，胡工程师称“胡工”，以示亲切。

**礼节** 20世纪80年代初，人们交往礼节流行握手、拱手、点头致意。春节给长辈拜年、祭祀先人、吊唁等重大场合，农村有行跪拜礼的。亲友间馈赠礼品或宴请，须在适当时节回敬。初次见面，先介绍自己，或呈上名片。久别重逢则亲切握手，互致问候。分别时，道声“再见”并挥手致意。宴席上先请客人入座，敬酒让菜；席散后礼让客人先行，并送至门外。在乘车、购物、就诊等场合，老、幼、女士优先。20世纪90年代起，注重精神文明建设，文明礼仪得以倡导和发扬，遵守礼节、礼貌待人、言行文明成为时尚。

## 生活礼俗

**生育** 20世纪80年代起，国家倡导计划生育，并定为基本国策，对生育习俗有较大影响。婚后推迟生育期，生育胎数基本坚持一对夫妻一个孩（经特批有少数生二胎）。婚后多年不育者，不再相信迷信进香求子，夫妻到医院检查，有病及时治疗，分娩一般去医院。妇女分娩的一个月内，俗称“坐月子”。旧时忌讳别人家怀孕妇女来家，以免把“奶”带走。小孩降生后，至亲厚友，尤其产妇娘家人都来看望祝贺，俗称“下奶”。第五天，婴儿的外祖母要给婴儿送小被，俗称“捂风”，还要给婴儿编“长命百岁锁”。第九天抑或第十二天，主人要摆酒宴款待“下奶”的至亲厚友。婴儿降生一个月，叫满月。人们习惯该天给孩子做满月。娘家要给产妇送100个馒头，俗称“满口”。娘家接母子去住一段时间。婴儿出生百天、一周年，亲友都来祝贺，主人举行家宴招待。21世纪始，许多家庭将孩子周年内值得纪念的片段用照相机、摄像机记录下来，收入相册或制成光盘，留作纪念。

**庆寿** 为老人祝寿是传统的敬老习俗。一般60岁“花甲”以上老人才可做寿。但有逢66岁、73岁、80岁、84岁、90岁要庆大寿的习俗。寿日分别定于正月初六、初三、初八、初四、初九为庆寿之日。届时亲戚、朋友光临，为做寿者献寿桃、赠寿联等。寿宴之前，屋正中挂“寿字图”，主人坐在前边，接受晚辈或同辈（比主人年龄小的）参拜，颂贺词，然后摆宴共饮。20世纪90年代始，许多家庭在酒店为老人设宴祝寿。60岁以下中年人也有开始过生日，多为同学、亲友聚会。一些子女为家庭关注的中心，每逢生日必过。有的在广播电台、电视台为过生日者点歌祝寿。有的单位为员工生日馈赠鲜花、礼品，表示祝贺。

**建房** 农村盖新房，逢上梁之日，新房中檩上贴八卦图，系红布，鸣放鞭炮，以庆贺上梁大吉。主人大摆宴席，宴请工匠及前来祝贺者。另外，还有其他一些讲究，如同一排房屋，如果房基为平地，要保持同一高度，也不能前后错落，绝对不允许出现的是西邻高于东邻，或房身突出前探。整个施工期间，业主时刻提防有嫌隙过节之人在房基下或墙壁中暗藏刀剪之类。民间称为镇物，认为会给房主人带来不祥。

**迁居** 搬入新房，称为乔迁之喜，亲朋好友、邻里同事往往携带礼品或礼金前来祝贺，俗称“燎锅底”。

**酒宴** 宴席座次有上、中、下之分，圆桌有主陪、副主陪，主宾、副主宾之分。主陪坐进门对面中心位置，主宾、副主宾分坐两旁，其他人两旁分坐。上菜顺序依次为“四蝶”小菜，俗称“压碟菜”，然后“四冷”（凉菜）、“四热”（炒菜）、或“八大碗”（炖鸡、炖肉类）、“两大件”（全鸡、全鱼）。兴城地区尤以海鲜为主，其他肉类次之。饮酒时，一般是主人先敬3杯，然后相互敬酒。收杯时各自杯中酒一齐喝干，称全家乐，然后吃主食。对将要出远门经商、旅游、工作、学习的家人或朋友，设酒宴为其送行，谓之饯行。对外出远道而归的家人、朋友或荣归故里的人，设宴招待，以表敬重、亲近之情，谓之“接风”或“洗尘”。

## 婚嫁

**提亲** 改革开放以后，提亲方式趋于多样化。一是由熟悉男女双方情况的介绍人从中撮合，或是受一方委托为其提亲（也称保媒）。二是男女双方自由恋爱，后托一熟人做介绍，该种提亲只是形式而已。三是由婚姻介绍所或媒体承办，男女双方在约定时间相见，后自行约会，彼此加深了解，以确定关系。

**订婚** 男女双方交往一段时间，认为满意即可订婚。一般订婚由双方家长和直系亲属约定时间聚会，地点大多选在男方家庭，双方以交谈方式确定亲事，并送女方礼金和礼品。随着生活条件的日益改善，定亲礼金也不断变化增长，大多视男方家庭条件而定。临近婚期，男女双方到当地人民政府办理结婚登记手续，女方置办嫁妆。20 世纪 80 年代初期，陪送自行车、缝纫机、手表、录音机；男方则要装饰新房，购置家具。进入 21 世纪，随着生活水平提高，索要彩礼从冰箱、彩电、摩托车等提高到电脑、轿车、楼房。结婚前，男女青年要拍婚纱照，制作成影集或精美的大照片，作为纪念。

**婚礼** 举行婚礼当天，男方出动车辆迎娶新娘。20 世纪 80 年代初，迎亲多用拖拉机或大客车。九十年代始用轿车，一路照相、录像相随。在城区迎娶时，新娘身着红装或婚纱上车，宾客相送。车至男方家，鞭炮齐鸣，新娘进屋接过婆婆手中的“聚宝盆”，然后端坐在床上，坐的时间越久越好，称“坐福”。由司仪主持婚礼仪式，进行照相、录像、父母祝福、来宾讲话、新人互赠礼物、各方发言表态等活动。婚礼仪式结束后，男方大摆宴席招待前来贺喜的亲朋好友。城镇宴客多在酒店，农村则大多在男方家中。晚上，新郎的同辈和晚辈进洞房嬉闹，称闹洞房。

## 丧葬

**入殓** 从 20 世纪 80 年代以来，传统丧葬习俗中部分礼仪在兴城城乡又普遍流行。老人生命垂危时，子女即给老人穿寿衣，无论冬夏，均着棉衣，然后抬到堂屋地中间的门板上，头南足北或头东脚西，直到咽气。死后，用白布蒙头，用白线象征性地把双脚捆绑起来，俗称“绊脚锁”。在尸体口中放 1 枚铜钱，左右手各握一块糕点之类的食品，胸前置一杯五谷粮，佩戴一块白手巾，然后将死者置于灵床上，供食品、上香、点长明灯。晚辈着孝服，门上贴白纸，室内镜子一律用布遮盖，随后向死者亲友报丧。全家晚辈换穿孝服举哀，同时燃烧纸箔，俗称“烧倒头纸”。

20 世纪 80 年代以前，兴城农村多实行土葬，即将死者装入棺内，名为入殓。入殓时，将铜钱 8 枚置于棺底，用棉花蘸酒擦洗死者面目五官等各部位，俗称“开眼光”。此时，亲属都须到场向遗体告别。入殓后，棺材停于灵棚，晚辈按男女分列两边接受亲友吊丧。死者在家中停灵 1 日或数日不等。停灵之日，丧家往往要雇鼓乐班子吹奏哀乐，家人以至亲属在死者灵前“守灵”。出殡的前一天下午，丧家为死者举行送行仪式，俗称“送路”。

**出殡** 死者棺柩出葬，又叫出殡。送殡亲友分两行，灵柩前由长子持灵幡，缚雄鸡一只在棺前带路“引魂”，沿途撒纸钱，即“买路钱”，俗称“发引”。棺材置入墓穴后，晚辈捧土撒于棺盖上意在亲埋，然后乡邻堆土成坟。第三日，儿女们到坟地重新整修坟墓，烧纸祭悼谓之“圆坟”。自死者亡故之日起每 7 日到坟上祭奠一次，直至“七七”（49 天）为止。百日、周年等晚辈都要上坟烧纸吊念。

20 世纪 80 年代中后期，兴城实行殡葬改革，普遍推行火化。但是在农村，还有相当数量的人家仍以木棺盛放死者骨灰下葬，所以前述程序未变。城区人家的做法是，待死者遗体火化后，将骨灰放在骨灰盒里，埋于地下，也有的存放在殡仪馆内。政府倡导移风易俗，逐年平掉分散在田间、路旁的坟头，实行深葬。90 年代起，兴城市设夹山公墓和藏龙山公墓，生前购置墓穴逐步流行。居民亡故后，有的在殡仪馆举行遗体告别仪式，晚辈臂戴黑纱，胸前挂“孝”字徽章，亲朋胸前戴白花，向遗体三鞠躬，火化后送往公墓安葬。公职人员或城镇居民丧事较简，去世后由单位发讣告，亲属戴黑纱，友人、同事送花圈、挽幛、吊丧钱，向死者致哀，瞻仰遗容，向遗体告别。

## 第三节　岁时节日

### 传统节日

**春节**　是农历正月初一，古称元日、元辰等，俗称大年初一，又叫阴历年。1999 年，国务院规定春节法定假日从正月初一加上调休，全国放假 7 天。2007 年再次决定将春节的放假起始时间由农历正月初一调整为除夕。农历腊月三十除夕夜，全家老少聚在一起包饺子，过年守岁。初一早晨，人们穿新衣，放鞭炮，吃饺子，亲朋邻里相互拜贺，俗称拜年。春节期间，城乡都组织秧歌队，开展慰问等活动。

**人日**　亦称“人七日”“人胜节”“七元节”，是指每年农历正月初七，中国传统习俗认为当日为人类生日。兴城农村流行磨豆腐补脑古老习俗。

**元宵节**　农历正月十五为元宵节，又称上元节、灯节。节日期间，兴城古城内外到处张灯结彩。元宵之夜，大街小巷灯火通明，兴城市人民政府历年举行元宵节大型灯会等活动。男女老幼涌上街头，观花灯，猜灯谜，看秧歌。古城延辉（南）街更是热闹非凡，人们涌向祖氏牌坊去摸石狮子。相传牌坊下一只石狮为报答老大娘疗伤之恩，便托梦告诉老大娘如果身上哪个部位疼痛，就在正月十五晚上来摸石狮子身上的相同部位，病痛就会消除。老大娘依照梦中说法去做，果然灵验。兴城城乡群众正月十五晚上摸石狮子的习俗一直延续至今。当晚，城乡居民家中煮“元宵”，寓意生活圆圆满满。

**填仓日**　农历正月二十五为填仓日。是日早起各家用小灰撒成一条龙，由井沿引至粮仓内，还以一碗米饭或用碟盛黏豆包一个插香置于粮仓内、箱柜上、场院或碾房中，以祈祷五谷丰登、粮食满仓。20 世纪 80 年代中后期，该节渐废。

**二月二**　每逢农历二月初二，传说是天上主管行云布雨的龙王抬头的日子。该日之后，雨水会逐渐增多起来，因此，也叫“春龙节”。兴城有庆“二月二龙抬头”的习俗。即日，男人们多要理发，谓之“剃龙头”。各家有吃猪头肉的习俗。

**清明节**　春分后 15 日（公历 4 月 5 日前后）为清明，系农历二十四节气之一。清明节前一天为“寒食节”，也称“禁烟节”。据说，为纪念春秋时期晋文公贤臣介子推，是日要禁火寒食。清明节有扫墓祭祖、为祖坟填土的习俗。届时，机关、学校等团体组织干部职工、学校学生祭扫烈士墓。2007 年 12 月国务院规定清明为法定节日，调休后放假 3 天。

**立夏**　为农历二十四节气之一，标志夏季开始。农民该日开始大规模耕地播种，俗称“开犁”。为迎接夏天的到来，是日，民间一直延续吃煮鸡蛋、蒸鸡蛋膏的习俗。

**母亲节**　2006年12月，中国民协节会文化委员会等组织将农历的四月初二，也就是孟母生孟子之日定为中华母亲节。中国的母亲花是萱草花，又叫忘忧草。

**端午节**　农历五月初五为端午节，又称端阳节、五月节，是民间较大的传统节日之一。相传是纪念爱国诗人屈原投江的日子。该日，家家户户吃用黄米或糯米做成的粽子。兴城民间还有五月初一太阳未出时，上山采摘带露水的艾蒿、桃树枝，插在自家门斗或房檐边，并系上叠成的红纸印。儿童脖颈和手足腕部系五彩线，初五早上取下扔掉，以示驱毒避邪之意。2007年12月国务院规定端午节法定节日，调休后放假3天。

**六月六**　俗谓五谷生日，兴城有“六月六看谷秀”农谚。该日，开箱柜，晾衣服，晒书籍，据说该日晒的东西不霉变，不生虫。

**七夕节**　每年农历七月初七，相传天上的喜鹊在银河上搭一座鹊桥，牛郎和织女才能相见。七夕节也是姑娘们重视的日子，因而被称为中国的情人节。民间有向织女乞巧的习俗，妇女们在七夕节中午会将一碗水放在黄瓜架下，然后把绣花针放于碗中，针漂浮在水面上，以乞愿织女赐巧，七夕节又称乞巧节。

**中元节**　农历七月十五为中元节，又称“鬼节”。该日，家家户户烧香纸祭祖。该节还称麻姑节，也称盂兰节，在兴城有“七月十五请麻姑”的风习。旧时，每年农历的这一天，各家各户都要煮肉、蒸馍馍。

**中秋节**　农历八月十五，是日恰逢三秋之半，故名中秋节，又称团圆节，是仅次于春节的第二大传统节日。该日，亲朋好友多以月饼相赠，取其团圆之意。晚上，圆月升起，人们在庭院或屋内摆上月饼、水果之类赏月。2007年12月，国务院规定中秋节为法定节日，调休后放假3天。

**重阳节**　农历九月初九为重阳节，俗称九九重阳。该日，有登高、赏菊等活动。1988年，国务院规定重阳节为老人节。每逢该日，机关、企事业单位都开展各种形式的尊老敬老活动，走访、慰问离退休干部职工。兴城市各景点对全市老人免费开放。

**寒衣节**　农历十月初一称寒衣节。人们多于该日上坟祭祀亲人，有人剪纸为冥衣焚化于坟前，谓之送寒衣。

**腊八节**　农历腊月初八为腊八节。该日是释迦牟尼成佛的日子，又称“成道节”，是佛教的节日。该日，家家户户吃腊八粥，以糯米、黄米、小米、大米、豆、枣、莲子、杏仁等熬成，喜尝一年的劳动成果，预祝来年五谷丰登。

**祭灶**　即农历腊月二十三，俗称小年。早年民间有当天晚上家人在灶房灶王爷画像前焚香摆供，并虔诚祷告“灶王老爷上西天，好话多说，赖话少言”，祈求保佑全家四季平安。随后烧掉画像，称送灶。除夕前贴上新灶王画像。改革开放以后，祭灶习俗渐废。但城乡居民多在该日开展大扫除，以除旧布新，迎接春节。

**除夕**　农历腊月三十（或二十九）为除夕，该日家家户户贴春联、年画，农村有陈列供品，祭祀天地诸神和祖先旧习。除夕忌吵架，忌说不吉利话。除夕夜俗称“三十晚上”，全家老少聚在一起包饺子，过年守岁。1983年，中央电视台首次举办春节联欢晚会，更为节庆增添欢乐。当晚，晚辈要给长辈拜年，长辈须给晚辈（儿童）压岁钱。除夕是传统节日中最为隆重的节庆日，阖家团圆，其乐融融。

## 公历节日

中华人民共和国成立后，确定一些国际通用纪念日并增加一些新的节日，并举行庆祝活动。

**元旦** 公历1月1日为“元旦”，也称新年，俗称“阳历年”。国家公职人员放假1天。机关、企事业单位大多插彩旗，挂彩灯，门前悬挂“庆祝元旦”横幅。20世纪90年代始，渐兴寄贺卡、发电子邮件或手机短信互相祝福之风。

**妇女节** 每年3月8日为国际妇女节。中华人民共和国成立后，确定3月8日为妇女节。每逢节日，各单位妇女组织都要开展纪念活动。

**植树节** 国家规定以3月12日为植树节。以鼓励开展植树造林，绿化祖国，改善生态环境。因兴城地区气候条件所致，当地多在4月初土地解冻后进行大规模植树造林活动。

**劳动节** 公历5月1日为国际劳动节。中华人民共和国成立后，确定5月1日为劳动节。节日期间，组织各种形式的庆祝活动，召开劳动模范、先进工作者表彰大会。1999年，国家规定将每年“五一”劳动节法定假日加上调休，公职人员放假7天，俗称“黄金周”。2008年始，将“五一”7天假日调整为3天小长假。人们多外出旅游，城乡青年多选择假日结婚。

**青年节** 为纪念1919年“五四”运动而建立的节日。届时，城乡各级共青团组织，都要举行入团仪式，组织演讲会、报告会、歌咏比赛，对团员青年进行革命传统教育，组织志愿者参加各种社会实践，开展丰富多彩的纪念活动。

**护士节** 每年的5月12日是国际护士节。1912年为纪念现代护理学科的创始人——弗劳伦斯·南丁格尔而设立的。其宗旨是倡导、继承和弘扬南丁格尔不畏艰险、甘于奉献、救死扶伤、勇于献身的人道主义精神。每年护士节，兴城各医疗单位都要举行庆祝活动。

**儿童节** 每年6月1日为国际儿童节，是1949年11月国际民主妇女组织为保障世界儿童的生存权利，改善儿童生活而设立的节日。届时，城乡小学、幼儿园组织小学生加入少先队，并组织少年儿童开展丰富多彩的文体活动。

**中国共产党诞生纪念日** 1921年7月1日，为中国共产党诞生日，也称“党的生日”。每逢纪念日，中共各级党组织举行新党员入党仪式，组织党员参观，请老党员讲党史，对先进党组织和优秀党员进行表彰和奖励。

**建军节** 每年8月1日为中国人民解放军建军纪念日，中华人民共和国成立后，将纪念日改称为中国人民解放军建军节。届时，举行军民联欢，军队和地方党政机关、群众团体开展拥军优属，拥政爱民等各项活动。

**教师节** 1985年，第六届全国人大常委会第九次会议通过议案，将每年的9月10日定为教师节。旨在肯定教师为教育事业所做的贡献，弘扬尊师重教的优良传统。届时，城乡学校举办师生联欢会，表彰先进教师，慰问离退休老教师等活动。

**国庆节** 1949年10月1日中华人民共和国成立。每年国庆节，国家机关、企事业单位升国旗，插彩旗，挂彩灯，举行歌舞等庆祝活动，以表达对祖国的热爱之情。1999年，国家规定每年国庆节法定节日加上调休，全国放假7天，俗称“黄金周”。人们多外出旅游，城乡青年于假日结婚。

**记者节** 2000年，经国务院批准将中国记者协会的成立日11月8日定为记者节。其意义是表明党和人民政府对广大新闻工作者的关怀和重视，鼓舞和激励新闻工作者继承优良传统，为正义事业呼吁，做好党和人民的耳目喉舌。

### 舶来节日

实行改革开放后，随着与国外文化交流日益扩大，西方国家一些节日传入境内，成为舶来节日，俗称“洋节”，被许多青年所追崇。

**情人节** 也称圣瓦伦丁节，即每年的2月14日，是西方国家的传统节日之一。男女青年在这一天互赠鲜花、巧克力、贺卡等礼物用以表达爱意或友好，成为中国青年所喜爱并流行的节日。

**母亲节** 最早出现在古希腊，而现代的母亲节起源于美国，是每年5月的第二个星期日。儿女们会在母亲节之日向母亲献上康乃馨等礼物，以表达感谢母亲的养育之恩。

**父亲节** 是由美国华盛顿州的布鲁斯·多德夫人倡导，经柯立芝、约翰逊、尼克松3届总统签署正式文件，确定每年6月的第三个星期日为父亲节，并成为美国永久性的纪念日。在父亲节，人们选择特定的鲜花来表达对父亲的敬意。

**圣诞节** 是西方基督徒每年12月25日为庆祝耶稣基督诞生而举行的一种礼拜仪式。天主教堂大都先在12月24日夜晚，举行子夜弥撒，一些基督教会举行报佳音，称平安夜。12月25日，所有国家的基督教会都要举行特别的礼拜仪式庆祝圣诞节。商家会推出各式各样的礼物，满足人们购物、装饰，供应为宾客准备的派对。

### 地区节日

**兴城七月海会** 为纪念毛泽东主席“7·16”畅游长江，自1987年始，兴城市人民政府每年举办一次大型娱乐活动。届时，举行海上体育竞赛、民间文艺演出、地方产品展示、商品交易等活动，吸引大批国内外游人。每年一届的“中国·兴城七月海会”成为兴城市人民的一个传统节日，至2010年停办。

**泳装节** 1999年4月21日，为展示兴城泳装行业风采，兴城市人民政府举办首届“中国·兴城泳装节”。许多国内外客商参加。2000年4月28日，兴城市工商联泳装同业公会牵头举办“中国·兴城第二届泳装节”。活动以“节庆搭台，企业唱戏，政府助力”方式，旨在把兴城泳装产品推向世界。

2011年8月16日，葫芦岛市人民政府和兴城市人民政府联合举办首届中国（葫芦岛·兴城）国际泳装文化节。活动期间举行“波尼士·葫芦岛兴城”杯国际泳装模特大赛。2012年8月16日，举办第二届中国（葫芦岛·兴城）国际沙滩·泳装文化博览会。

**菊花节** 菊花为兴城市花。2000年9月26日，兴城市人民政府举办“中国·兴城首届菊花节”，在菊花岛举行开幕式。兴海街沿街及海滨会场布展各种名贵菊花万余盆。2001年，菊花节停办。

# 第三章 宗教

兴城地区宗教信仰历史悠久，辽金时期佛教最为兴盛。随着社会发展，境内有佛教、道教、基督教、天主教等宗教传播。在中华人民共和国成立前的近百年间，由于战乱频仍，寺院遭到一定程度的破坏。“文化大革命”中，许多庙宇被拆毁，宗教活动受限制。中共十一届三中全会以后，各项宗教政策逐步得到落实，宗教职业人员的生活得到适当安排，宗教活动得以恢复和正常发展。

## 第一节　宗教管理

中共十一届三中全会以后，兴城地区的宗教活动开始恢复。1984 年 12 月，成立兴城县民族事务委员会，成为地方人民政府管理民族宗教事务工作的专门机构。尽管经历 1995 年和 1998 年两次机构改革，兴城的民族宗教管理机构建制有所变化，但政府对宗教事务工作的管理职能基本没有改变。2004 年 1 月，兴城市民族宗教事务委员会（简称兴城市民宗委）成立，作为兴城市人民政府直属正科级事业单位，对全市宗教事务进行管理。

1987 年，兴城市民族事务委员会（简称兴城市民委）协助兴城基督教会筹集资金，在古城内春和（东）街修建一座新教堂，以代替坐落在古城威远（北）街被兴城市邮政局改做他用的基督教旧教堂。

1991 年 11 月，兴城市民委按照宗教政策，与沙后所满族镇人民政府共同协调收回被学校占用的天主教会活动场所，恢复宗教活动。是年，兴城市民委协助东辛庄满族镇基督教活动点购置土地，修建教堂。1992 年，兴城市民委协助元台子满族乡西砬山基督教活动点在田屯村建立教堂。年内，兴城市民委会同中共兴城市委统战部、兴城市公安局两次派员参加兴城市基督教“三自”爱国委员会工作会议和圣诞节活动。参加红崖子满族乡望海寺新塑佛像开光大典。

1994 年，按照国务院《宗教活动场所管理条例》和国家宗教局《宗教活动场所登记办法》，兴城市对宗教活动场所依法进行登记。全市登记宗教活动场所 18 处，其中佛教 3 处、道教 1 处、基督教 13 处、天主教 1 处。依法取缔 1 个佛教非法活动点和 3 个基督教非法活动点。1996 年，依法解散刘台子满族乡教徒张某某擅自组织的“陪灵会”，制止药王满族乡三教寺非法组织的法事活动。

1999 年，兴城市民委宣传贯彻《辽宁省宗教事务管理条例》，协助红崖子满族乡石龙寺更换法人代表。完成兴城市基督教“三自”爱国运动委员会换届工作。2000 年，投资 100 万元、建筑面积达 2000 平方米的兴城基督教会新教堂主体工程完工。

2003 年，按照国家宗教局的要求，兴城市对 19 处宗教活动场所重新登记，换发登记证。对个别滥建寺院情况进行调查处理，查封天后宫非法宗教活动场所。2004 年 5 月，兴城市民宗委会同兴城市国家安全保卫大队对全市范围内私建、滥建寺庙和擅自入住僧人等情况进行查处，依法查封南大山满族乡和高家岭满族乡 7 处非法宗教场所。2005 年，兴城市民宗委参与菊花岛大龙宫寺开光庆典的筹备、指导和服务，确保新中国成立以后兴城规模最大的佛事活动安全有序、圆满成功。为白塔满族乡葛藤沟、三道沟满族乡和沙后所镇 3 所基督教堂举行献堂典礼。聘请兴城市财政局经济师、会计师为兴城市 23 处宗教活动场所的会计、现金员进行业务培训，指导各宗教场所进一步规范财务管理制度。

2006 年，兴城市民宗委会同有关部门为曹庄镇七里坡基督教堂和白塔满族乡中天寺，以土地置换的方式清偿教产。年内，与兴城市公安局、兴城市维护稳定办公室依法查封 8 处私自建立的寺庙，取消 6 处基督教私设的聚会点，制止 1 起宗教场所外的宗教活动。

2008 年，兴城市民宗委在各宗教组织中开展“双文明”建设活动，鼓励和引导宗教界人士积极参加社会公益事业。在汶川地震发生后，兴城市宗教界共为灾区捐款 24.44 万元。2012 年，兴城市民宗委对宗教活动场所进行财务、消防等方面检查，开展平安宗教活动场所创建活动，并为生活困难的35名宗教教职人员办理“低保”。

## 第二节 宗教活动

1986年，随着各项宗教政策的落实，兴城的宗教场所和宗教活动得到恢复和发展。至2012年，全市共有宗教活动场所37处，其中佛教寺庙18所、道教宫观2所、基督教教堂与活动点16处、天主教堂1处，神职人员70人，信教群众3.2万人，占全市总人口的5.4%，主要分布在全市23个乡镇街道。

### 佛教

佛教早在辽代就已传入兴城境地。建于辽大安八年（1092）的白塔满族乡塔沟村的白塔峪塔、红崖子满族乡的磨石沟塔、菊花岛上的大龙宫寺等，是当时辽西佛教活动的主要场所。

1989年，兴城市人民政府落实有关宗教政策，将占用的红崖子满族乡望海寺庙产等全部归还寺院所有。

1999年，药王满族乡的三教寺、红崖子满族乡的石龙寺、菊花岛的大龙宫寺、东辛庄满族镇的药王禅寺等相继修建并恢复宗教活动。2000年复建白塔满族乡中天寺。2005年恢复建立南大山满族乡仙灵寺。2009年后，相继修复南大山满族乡护国寺、旧门满族乡保安寺、围屏满族乡双龙寺、海滨风景区东海寺、郭家镇保安寺、三道沟满族乡双泉寺、高家岭满族乡朝阳寺、沙后所镇龙泉寺、红崖子满族乡保安寺等寺庙。2010年，批准在首山南麓新建般若讲寺。至2012年，全市共建有佛教寺庙18座，信教群众达万人。每逢农历四月初八释迦牟尼圣诞日、十二月初八释迦牟尼成道日、二月初八释迦牟尼出家日、二月十九观世音菩萨圣诞日、六月十九观世音菩萨成道日，以及每月农历初一、十五，都有许多信众前往各个寺庙参加佛事活动。

**望海寺** 位于红崖子满族乡老付马村，始建于明天启七年（1627），清乾隆二十三年（1758）重修。原有正殿3楹，东西厢房共5间，是当地较有名气的一座寺院。“文化大革命”期间遭到严重破坏。1987年，原庙僧人相继返回寺庙。1990年6月，该寺被批准为正式佛教场所。1991年始，本常和尚开始修复庙宇，历时数年，建成占地2万平方米、殿堂建筑面积2000平方米寺院。2012年，望海寺被中共辽宁省委统战部、辽宁省宗教局授予“辽宁省先进宗教活动场所”。

**石龙寺** 位于红崖子满族乡团山子村，始建于清雍正十二年（1734），清乾隆元年（1736）重修，有前、中、后殿各3楹，东西廊庑各3楹，山门1座。1993年10月，石龙寺被批准为正式宗教活动场所，僧人果然任住持，并开始修复庙宇。成为一处占地面积12430平方米，建筑面积918平方米的建筑群。寺院外建成集市，每年四月初八传统庙会，参加庙会的人数可达万人。

**三教寺** 三教寺位于兴城西北药王满族乡叶屯村五顶山下，始建于民国二十年（1931）是一座儒、释、道三教合一的寺院。寺院分为西、中、东三部分，院内建有天王殿、大雄宝殿、观音菩萨殿、真武殿、伽蓝殿、地藏殿等。三教寺是市地级文物保护单位，电影《吉鸿昌》《驯匪记》等在该寺拍摄外景。

**大龙宫寺** 原是中国北方一座十分宏伟的佛教寺院，为辽代渤海佛主圆融大师所建。据史载，当时僧众达千人，是北方佛教文化活动的中心，后毁于元代战火。2002年6月，复建以大雄宝殿为主体的大龙宫寺庙宇建筑群。修后的大龙宫寺占地面积5596平方米，建筑面积为1573平方米。大雄宝殿高为16米，供奉有释迦牟尼佛、药师佛、阿弥陀佛、观世音菩萨、文殊菩萨、普贤菩萨，十八罗汉等。成为觉华岛上一处规模宏大的宗教文化及游览观光胜迹。

## 道教

道教传入兴城的具体时间尚未确定。从古城内现存的城隍庙来分析，早在500多年前，道教就已传入兴城地区。2012年，兴城市有道教场所2处，即古城内的城隍庙和首山的朝阳宫。

**城隍庙** 位于兴城古城城内威远（北）街，始建于明正统七年（1442）。2002年，扩建。占地3400平方米，建筑面积400平方米。主要建筑有山门、灵官殿、城隍殿、斗母宫、吕祖殿等，其中供奉城隍的大殿5间，为歇山式建筑，明代和清代多次维修。2003年，被正式批准为道教活动场所，同时为古城的一处旅游景点。城隍庙有道士2人。

**朝阳宫** 位于首山西麓，朝阳宫原称朝阳寺，具体建筑年代无考。1985年由兴城县园林管理处重修，成为旅游景点。1994年3月，经兴城市宗教管理部门批准为道教活动场所，道士石怀珠任住持，改朝阳寺为朝阳宫。1995年，石怀珠羽化，由道姑黄清威主持该道宫。1996年以后逐年扩建，使其建成较为完整的宫观。朝阳宫占地2500平方米，建筑面积466平方米，2012年有道士4人，黄清威为监院。

## 基督教

基督教传入兴城较早，清光绪十五年（1889）在兴城成立关东长老会，不久改称中华基督教会。至1933年，在兴城先后成立城内教会、沙后所教会、望海教会、七里坡教会、二台子教会等5处基督教会。“文化大革命”期间，宗教活动停止，场所被改作他用。中共十一届三中全会后，宗教政策得到落实，城内堂点恢复活动，牧师冯利川负责传道，并与执事会成员共同管理教会。

1985年12月，兴城县基督教第一届代表大会召开，“三自”爱国运动委员会成立，选举冯利川为主任。1986年，兴城县华山镇东羊草村李景芬从沈阳基督教神学院毕业回到兴城教会任传教士。1992年，牧师冯利川“蒙召归天”，张福林接任兴城市基督教“三自”爱国运动委员会主任。1999年，兴城市基督教“三自”爱国运动委员会换届，张福林连任主任。

2010年，兴城市共建有基督教活动场所12处，其中有8处改扩建礼拜堂。分布在11个乡镇街道，信教群众13000人，其中受洗信徒6000余人。朱玉敏被按立为牧师。2012年3月，张福林被按立为长老。基督教活动场所16处，信众1.5万余人，其中受洗9000人。

**兴城教堂** 兴城县基督教恢复活动后，活动场所迁至古城内春和（东）街路南6间旧房。1987年，基督教会按规划将教堂用房改建为260平方米的二层仿古式楼房。

1999年9月，兴城基督教堂由古城内春和（东）街迁至城外北关村新建的礼拜堂。礼拜堂（包括办公楼）建筑面积1900平方米，可同时容纳2000人做礼拜。“三自”爱委会办公地点设在新教堂。张福林为教堂负责人，传道牧师朱玉敏，有信徒2000人。

**沙后所教堂** 沙后所基督教堂始建于1935年，有大礼拜堂6间。“文化大革命”期间，教堂被占用。1987年落实宗教政策后，将礼拜堂归还教会。2002年，在石屯村北新建教堂一座，可容纳1000人做礼拜，当年迁入新址。张玉珍为传教士，2012年，有信徒300人。

**东辛庄教堂** 东辛庄基督教堂始建于1896年，原址在东辛庄镇二台子村。传教士为杨纯一。

1984年，兴城县落实宗教政策，教会用退房款在杨屯购置5间土房做聚会点，1991年迁至西辛庄小学旧址。1996年4月，在院内建567平方米的礼拜堂，可容纳信徒1000人，同年秋竣工并献堂。2002年，高虹娟从神学院毕业回东辛庄教会任传教士。2012年信徒达1600人，其中受洗1400人。

**望海教堂**　望海教堂创建于1913年。“文化大革命”期间，教会活动停止。1992年恢复教会，教堂占地面积2399.4平方米，平房168平方米做礼拜堂。1998年，将旧礼拜堂拆除，建成面积为408平方米的新礼拜堂，有信徒300人。2012年有信徒500人，其中受礼302人。

### 天主教

天主教即为基督旧教，于明代传入中国。清光绪二十四年（1898）5月，法国神甫彭立斯到兴城沙后所，租3间房舍作教堂，进行传教，标志天主教传入兴城。1959年，沙后所教堂被学校占用，天主教教会组织解散。1991年房产退还教会，教会活动恢复，由修女张志良负责，有信徒300人。2012年，沙后所天主教信众中没有固定的神职人员，每逢礼拜日及节日都由葫芦岛天主教神甫主持宗教活动。

## 第三节　庙会

改革开放以后，随着宗教政策的落实，兴城境内的佛教、道教、基督教、天主教等主要宗教场所按时定例举行活动外，遍布城乡建筑规模不等的寺庙也都定期举行庙会，招徕香客游众，弘扬教义，扩大影响。近些年恢复的庙会除在释迦牟尼、观世音、老子、耶稣、天主诞辰等进行祭祀活动外，农历四月十八的“娘娘庙会”、农历四月二十八的“药王庙会”等也渐兴盛。而旧时敬仰关圣帝君在农历五月十三举行的“老爷庙会”已废止。

# 第二十七篇　人　物

## 第一章　人物传略

兴城自古便是人才肇迹之地，不仅有许多历史人物风云际会，也诞生众多以身许国、济世安邦的文臣武将，德高望重的社会贤达。战争年代，兴城先后有500多名热血青年为国捐躯，涌现出多位战斗英雄和军事将领。新中国成立后，一大批感动兴城、感动辽宁、感动全国的先进人物、高级技术人才脱颖而出，成为时代的楷模。

### 第一节　名宦乡贤

“名宦乡贤”节收录历代兴城籍在历史上有重大影响的人物，其中包括客籍兴城且在历史上有较大影响的人物20人。按历史沿革和卒年先后排列。

**刘　晏**

刘晏，字平甫，辽代严州（今兴城市红崖子满族乡古城子村）人，生卒年无考。自幼勤于学业，青年中进士，授尚书郎。辽代末年，辽东发生饥荒，女真部乘机举兵犯境。辽燕王耶律淳受命都元帅，招募饥民组成自卫军，谓之“怨军”。设为8营，其中由刘晏统领的严州士兵称严州营。辽保大二年（1122）改怨军为常胜军，以郭药师为统帅。后郭药师降宋，严州营也随之归顺，刘晏被授通直郎。后郭药师在与金兵作战中败绩投降，刘晏严州营拒不降金，率部奋勇抗击，被誉为赤心队。南宋建炎元年（1127），刘晏受命讨伐淮西叛军丁进。刘晏设计大造声威，丁进望而生畏，不战而降，刘晏因功升任朝散郎。建炎三年（1129），刘正彦作乱，刘晏率赤心队随韩世忠追剿叛军，在蒲山设伏擒获刘正彦，再得升迁。金兵围攻常州，刘晏率7000精锐驰援获胜，擢升直龙图阁。百姓感念刘晏功德，为其建立生祠。戚方叛乱围攻宣城，刘晏受命救援，直捣叛军大营，戚方大败而逃。刘晏穷追不舍，不幸陷入重围遇难。朝廷为表刘晏忠义，赠其为龙图阁待制，在宣城立忠烈庙，世代祭祀。

## 巫 凯（？—1438）

巫凯，明应天府句容县（今江苏省句容市）人。天资聪颖，6岁能诗，18岁代父职为庐州卫百户，授武德将军。永乐八年（1408）随英国公张辅平定安南叛乱，因功授辽东都指挥使。任上曾向朝廷建议卫所士兵以三分之二专事军事，抽三分之一屯田耕种，得到采纳并实施。宣德元年（1426），以都督佥事征虏前将军印擢总兵官。宣德三年（1428），巫凯与都御史包怀德联名奏请，分广宁前屯、中屯二卫之地于曹庄、汤池之北置“宁远卫”。得到批准后，巫凯亲自选址，与辽东都指挥佥事刘斌等于当年开始营筑宁远卫城（今兴城古城），经二年多修建，于宣德五年（1430）竣工。巫凯还倡导修建宁远学宫，开设儒学教育。宣德七年（1432），蒙古兀良哈部进掠辽东，巫凯率部多次将其击退。正统元年（1436），巫凯累功晋都督同知，上奏《边情八事》，提出请恤戍边阵亡将士遗属、为戍边士兵增加寒衣等建议。正统三年（1438）十二月，巫凯因病故去，葬于辽阳。巫凯镇守辽东30余年，深为军民倚重。《明史》载有《巫凯传》。

## 范 广（？—1457）

范广，出生于辽东宁远卫（今兴城）的一将门之家，而立之年承袭世职任宁远卫指挥佥事，作战勇敢、精通骑射，后因功晋为宁远卫指挥使。明正统十四年（1449）因镇守地方有功而升迁辽东都指挥佥事。同年八月土木堡之变后，朝廷急需选用能征善战的将才，兵部尚书于谦举荐范广为都督佥事、兼左副总兵，为右都督石亨之副手。十月初六，蒙古瓦剌部首领也先挟持俘获的英宗皇帝进犯京师，范广率部英勇抵抗，御敌于京师德胜门外，蒙古瓦剌部大败而逃。范广率部追击至紫荆关（今河北易县紫荆岭），瓦剌部遣使讲和。京城保卫战后，范广因功授都督佥事，随即升任都督同知，驻守京北怀来。不久应诏回京师驻守。明景泰二年（1451）三月，瓦剌部再度进犯宣府，皇帝诏令兵部遴选将才，众臣推举范广领兵出征。范广受任总兵官，偕同都御史罗通督兵居庸关外。数月后返回京城，协助石亨团练兵马。石亨所为不法，其部属多有贪财骄纵，范广规劝收敛，引起石亨忌恨。景泰八年（1457）正月，英宗在石亨等支持下发动“夺门之变”，进谗言诬陷范广是于谦党羽，谋立外藩。遂将范广下狱，不久处死。成化初年廷臣为范广辩冤，使得昭雪。《明史》载有《范广传》。

## 陈 寿（1440—1522）

陈寿，字本仁，祖籍新淦（今江西新干县），明正统五年（1440）出生于辽东宁远卫（今兴城）一军人家庭。明成化元年（1465）乡试中举，成化八年（1472）考中进士，宁远百姓先后在城中为其修建举人坊、进士坊。陈寿历仕户部给事中、大理丞、右佥都御史。一次去宣府（今河北张家口）、大同巡察时发现一些军官横征暴敛，遂秉公上疏，终使得到整治。延绥为陕北重镇，时有蒙古族满都鲁部落袭扰，陈寿受命巡抚延绥，整饬边备，致使军势大振。一次蒙古满都鲁等部落联合犯境，陈寿披挂上阵，沉着指挥出击，大获全胜。明弘治十六年（1503）陈寿升任南京都察院右副都御史。陈寿为官清正廉明、刚直不阿，被百姓誉为“廉吏”。明正德九年（1514）正月受命巡抚陕西，惩治贪腐，铲除邪恶，扭转地方政风。是年秋调任南京兵部右侍郎，翌年擢其为南京刑部尚书，宁远百姓在城中为其立大司寇坊。陈寿晚年寓居南京，嘉靖元年（1522）初，诏授陈寿一品荣禄大夫。是年九月，陈寿卒于寓所，同僚捐资为其殡殓。著有《起废集》《闲居浸稿》《筹边录》及《封驳奏议诸稿》等。《明史》载有《陈寿传》。

## 线补衮（1534—1565）

线补衮，字希仲，号五泉，明嘉靖十三年（1534）出生于宁远卫（今兴城）一将门世家。幼年聪慧有志，喜读兵书，长于骑射。常随父出征，练就一身本领。后袭父职，出任宁远卫指挥同知。时蒙古兀良哈部经常犯境，关外通道常被袭扰，边民、商旅深受其害。廷臣荐举线补衮戍边有功，提升为辽东都指挥备御。线补衮整饬军备，加强战守，每战必身先士卒，将士齐心效命，每战必勇。兀良哈部进犯松岭（今绥中县前所镇）、平川营（今绥中县前卫镇北），皆被线补衮率部击溃。线补衮居官廉明，治军有方，累功升为广宁中路游击将军。线补衮积极开放马市，与蒙古族交易，使边境趋于稳定，深受辽东总兵杨照器重。线补衮率部转战鞍山、海州、辽阳、抚顺等地，勇猛兼备，屡建战功，擢任为宁前左参将。嘉靖四十四年（1565）三月，蒙古土蛮部进犯宁远卫小团山堡抢掠民畜，线补衮闻讯出击。追至黄土台时遭到土蛮部伏击，线补衮毫无畏惧，手刃敌酋及士卒数人，不幸面中二箭，其中一箭穿出脑后。部下拼死将其救出，数日后不治身亡，年仅32岁。嘉靖皇帝钦赠线补衮为龙虎将军上护国、都督佥事左参将，并在宁远城中修建“线公祠”以祭祀。

## 袁崇焕（1584—1630）

袁崇焕，字元素，号自如，祖籍广东东莞，幼年时生活在广西藤县。袁崇焕于明万历十二年（1584）出生，22岁时乡试中举，万历四十七年（1619）考中进士，初授福建邵武知县。明天启二年（1622）初入京朝觐，时值广宁、义州失陷，朝野震惊。袁崇焕单骑出关考察形势，自请戍边抗金，受任兵部职方司主事、山海监军。天启四年（1624）九月，袁崇焕受命修筑宁远卫城，历时一年告竣。同时练兵造械，屯田缮堡也成效显著，关外二百里已构建起关宁锦防御体系。袁崇焕被晋为兵备副使、右参政、并被吏部列为预储巡抚。天启六年（1626）正月，后金汗努尔哈赤亲率大军攻打宁远卫城。袁崇焕督率军民凭坚城利炮，重创后金军，取得“宁远大捷”。天启七年（1627）五月，皇太极率兵在此军围攻宁远、锦州，袁崇焕指挥军民沉着应战，再获“宁锦大捷”。明崇祯元年（1628）四月，乞休还乡的袁崇焕被授兵部尚书兼右副都御史、督师蓟辽、登、莱、天津等处军务，再度赴辽。竭力整饬边务，修缮城垣，重整关宁防线。崇祯二年（1629）十月，皇太极率清军绕道蒙古进犯京师。袁崇焕率兵驰援，再获“广渠门大捷”。但因崇祯皇帝误中反间计，袁崇焕蒙冤入狱，崇祯三年（1630）八月被处以磔刑。《明史》载有《袁崇焕传》。

为缅怀英雄业绩，弘扬崇焕精神，兴城市人民政府相继建造袁崇焕雕像，摄制《袁崇焕》电视连续剧，建立袁崇焕纪念堂，以昭示世人。

## 祖大寿（1579—1656）

祖大寿，字复宇，明万历七年（1579）十二月出生于辽东宁远卫（今兴城）的一将门之家，父祖承训曾任辽阳副总兵、左军都督府都督。祖大寿幼年习文练武，骑射皆精。初承袭指挥同知、中军游击，驻守觉华岛。袁崇焕筑守宁远卫城，祖大寿受命督修，竣后升任宁远副总兵官。天启六年(1626）正月，后金汗努尔哈赤举兵围攻宁远。祖大寿扼守东门一面。经全城军民三昼夜浴血奋战，取得“宁远大捷”。祖大寿因功升为总兵。天启七年（1627）五月，皇太极亲率大军进攻锦宁一线，祖大寿领精骑往来宁锦，与守军内外夹击，重创后金军，再获“宁锦大捷”。累功擢任前锋总兵，挂征辽前锋将军印，驻守锦州一线。崇祯四年（1631）七月，皇太极领兵将祖大寿围困大凌河城，坚守百余日，城中粮尽援绝，人相食，马毙尽，祖大寿诈降回到锦州，继续举兵抗清。

崇祯特晋祖大寿为少傅、左都督兼都督同知，并赐在宁远城中修建“忠贞胆智”石坊。崇祯末期，明廷宦官专权，朝政颓废。迅速壮大的清军挥师西进，以重兵包围锦州、松山诸城。祖大寿多次出击，皆被击退。困守一年，孤立无援的锦州城再度出现人与相食、兵士力竭的困境。祖大寿念及生灵免遭涂炭，遂接受皇太极申明大义的主张，归降清朝，被授为“精奇尼哈番”一等大臣品级，隶汉军正黄旗总兵，授镇国将军。清兵入关后，祖大寿年事已高，深居不出。顺治十三年（1656）八月病逝，终年78岁。清廷视一品大臣例，归葬宁远河西祖家墓园，钦立“镇国将军祖大寿墓”碑。《清史稿》载有《祖大寿传》。

## 祖大乐

祖大乐，字性宇，辽东宁远卫（今兴城）人。祖大寿堂弟。自幼习武，研读兵书，成年后披甲入伍，承袭指挥佥事。在明天启六年（1626）正月的宁远保卫战和天启七年（1627）五月的宁锦之战中，皆立战功。明崇祯元年（1628），祖大乐升任辽东前锋营东协副总兵，驻防宁远卫。当年七月，因朝廷拖欠粮饷，驻守宁远卫的十四营驻军中，有十三营发生“哗变”，独祖大乐一营未参与兵变。崇祯三年（1630）五月，在孙承宗督师下，祖大乐率军收复被后金占领的滦州、永平、遵化、迁安四城，获“遵永大捷”。崇祯九年（1636）春，擢任永宁总兵官。崇祯十年（1637）任援剿总兵官，移驻河南汝宁（今汝南县）。崇祯十一年（1638），崇祯皇帝特赐在宁远城中为祖大乐建立一座“登坛骏烈”石坊，以旌表其功。崇祯十四年（1641），清军大举进攻辽西，松锦战事吃紧，祖大乐率军随洪承畴出援锦州，驻扎松山。崇祯十五年（1642）二月，松山城破，祖大乐被俘后押解到盛京（今沈阳），旋即归清。入清后，祖大乐淡出军界，安度余生，卒于顺治年间。

## 金国凤（？—1639）

金国凤，明宣府（今河北宣化）人。率军素怀忠勇，善守能战，以锦州副总兵职驻守松山。明崇祯十二年（1639）二月，皇太极率重兵进攻松山，金国凤率不足3000人的将士坚守。城垣多处被摧，即命以木石砖瓦随时填补。清兵屡登屡却，分道凿城，军民则多方据守。历时40余天，城终不能破，清兵无奈退去。此战振奋朝野，金国凤擢升为都督佥事、宁远团练总兵官，镇守宁远。再论功晋升都督同知，世袭锦衣卫千户。

崇祯十二年（1639）十月，清军在豪格、多铎率领下进攻宁远，守城将士见来势凶猛，有所惧怯。清兵在城东北岗集结，准备攻城。为打乱清军部署，鼓舞士气，金国凤亲率二子和亲丁数十人出城，在北山岗与清兵激战。最后因寡不敌众，矢尽力竭，金国凤与二子和众亲丁皆阵亡。崇祯闻讯痛悼，特进荣禄大夫、左都督，钦赐厚仪葬于宁远城北，建“金公祠”祭祀。《明史》载有《金国凤传》。

## 吴三桂（1612—1678）

吴三桂，字长伯，又字月所。明万历四十年（1612）出生于宁远卫中后所（今绥中县）。自幼习文尚武，17岁考中武举，常随父吴襄出征，深得其舅父祖大寿赏识。明崇祯五年（1632）始任游击将军，因功升受前锋右营参将、前锋右营副将、升宁远团练总兵。崇祯十二年（1639）松山、锦州相继失守，吴三桂悉力据守宁远。皇太极多次招降，皆被拒绝。崇祯十二年（1639年）十月，吴三桂擢任宁远总兵。清军攻打宁远，遭到吴三桂守军重创。崇祯十七年（1644）三月，李自成起义军进逼北京。崇祯加封吴三桂为平西伯，诏令火速率军勤王。吴三桂以家乡为念，护百姓撤至山海关。明朝灭亡后，吴三桂引清兵入关，晋平西王。清顺治元年（1644）六月，吴三桂师出山东平定义军余部。后进驻汉中，以平西大将军职，南征云贵。顺治十六年（1659）委其开藩设府。清康熙元年（1662）晋平西亲王。康熙十二年（1673）初撤销三藩。是年十一月，吴三桂举兵反清。康熙十七年（1678）三月在衡州称帝，建国号为大周，改元“昭武”。同年八月在衡州暴毙，时年67岁。清军乘势攻克衡州，连陷湖广、川贵、云南，至康熙二十二年（1681），持续八年之久的三藩之乱终被平息。

## 朱光宇（？—1870）

朱光宇，曾名凤仪，字锦桥，清宁远州沙河所（今兴城市沙后所镇）人。青年时到宁远城西小团山堡“吴家学房”就读，拜吴景春为师。清道光十九年（1839）己亥科乡试中举，后被派往河南任汝阳知县。时捐薪俸1200金创办孤贫院，其母张氏捐资600金。清咸丰十一年（1861）任祥符知县，时兵荒马乱，境内不宁，难民群集城下乞食，朱光宇命部下蒸制烧饼，从城上往下发放，使难民得以饱腹。清同治元年（1862）春，河南团练大臣毛河督、黄豫抚、郑文章等要员以“河南第一贤员”荐举，上谕准奏，提升朱光宇为开封守道。清同治五年（1866），河南巡抚李鹤年特调朱光宇办理汴（河南）省军务。同治七年（1868）秋，安阳民众抗议征粮，廷臣命朱光宇前往镇压，朱光宇认为民无粮逼之必乱，应以安抚为主。于是亲自带人到民众中去安抚，使事态得以平息。同治九年（1870）八月，朱光宇被提任开、归（今商丘）、陈（今淮阳）、许（今许昌）道台，因年迈体衰，未到任而卒，归葬于宁远故里，墓地原有石坊，今无存。著有《禹州用兵纪略》等。

## 吴景春（1790—1875）

吴景春，字煦墅，号泽园，清乾隆五十五年（1790）十一月出生，宁远州城西吴小山台（今兴城市红崖子满族乡小山台村）人。自幼勤奋好学，19岁入儒学为生员，清道光十年（1830）在距家东南20里的小团山堡开办私塾，取名“吴家学房”，立志传道授业。在教学上“以端品为先，以文学次之。”注重对学生品德的培养，主张“师严而后道尊，道尊而后人敬，人敬而后知学。”吴景春教学严格，在他的教育影响下，日后很多学生都有所作为。被誉为“河南第一贤员”的河南道员朱光宇，冀州知州李鹏展、遂昌知县李鹏扬等，皆出自吴景春门下。同治初年，进士出身的署理安徽巡抚贾臻仰慕吴景春立教有方、门人多贤才，特制作“关东大师”匾相赠,以旌表德高望重的乡间私塾老师。景春教学之余，经常为人主持公道，调节邻里纠纷。晚年在宁远州城内居住，乐善好施，吟诗作赋，曾作《文庙泮桥》《补修松云寺碑记》等诗文。清光绪元年（1875）病逝，终年86岁。“吴家学房”逐渐衍为一个村名延续至今。

## 杨光第（1850—1900）

杨光第，字锦堂，宁远州沙河所（今兴城市沙后所镇）人，幼年习武，志在报国。同治十年（1871）考中武进士，被选入宫廷担任侍卫，后晋为蓝翎侍卫，清光绪四年（1878）特授直隶通永镇采育营都司。在任期间体贴兵卒，调解驻地民众纠纷，筹集资金修桥，灾年设立粥场，曾两次受直隶总督李鸿章记功，升授三品顶戴并候升游击。

光绪二十六年（1900）八国联军攻入北京，闰八月二十九日，德军一部入侵通永镇，官员大部逃走，唯杨光第与其子杨荫芬、把总张进忠身着官服威坐公堂，与侵略军怒目相对，据理力争。德国兵将杨光第父子和张进忠押到镇东马神庙。面对德国军官的恐吓利诱，杨光第正气凛然，声色俱厉地痛斥侵略者犯我国土，害我良民，掠我财物的罪行。恼羞成怒的德兵连开数枪，杨光第当即以身殉国，终年51岁。后经钦使奏请，光绪皇帝诏以三品武官游击职赐恤，并依例入籍昭忠祠。民国十三年（1924），兴城县知事恩麟上报东三省巡阅使张作霖批准，于同年九月将杨光第灵位和事迹列入兴城文庙乡贤祠。

### 吴景濂（1873—1944）

吴景濂，字莲伯，号述唐，清同治十二年（1873年）三月出生，宁远州（今兴城市）人。考取副贡后在家乡设学馆授徒，清光绪二十八年（1902）考入京师大学堂师范馆。光绪三十三年（1907）任奉天两级师范学堂监督，总揽校务，并被选为奉天教育总会会长。清宣统元年（1909）春，当选奉天省咨议局议长。1911年12月作为东三省唯一代表到南京出席各省代表组成的临时参议会，选举孙中山为中华民国临时大总统。1912年4月在北京当选为临时参议院议长，8月在中国国民党成立大会上当选为理事，兼任国民党北京支部部长，是中国国民党创始人之一。1913年因反对袁世凯专制而遭软禁，1916年春离京南下参加反袁护国斗争并发表《劝告袁前总统去国书》，1917年5月当选为国会众议院议长，8月南下参加“护法运动”，在广州就任非常国会众议院议长，9月1日以议长身份在广州黄埔岛为当选大元帅的孙中山授印。1922年10月国会在北京恢复，吴景濂再次当选为众议院议长。1923年助力曹锟当选大总统，10月10日主持通过中国第一部正式宪法《中华民国宪法》，12月因与曹锟政见分歧和议会内部矛盾，被迫出京到天津寓居。“九一八”事变后，曾以社会贤达身份在天津会晤国联调查团，谴责日本侵略东北行为。日伪官方多次请吴景濂主持东北、华北政务，吴景濂拒不出任伪职，保持民族气节。1944年1月24日在天津病逝，终年72岁。

### 王承斌（1877—1936）

王承斌，字孝伯，号遇庵，清光绪三年（1877）八月出生，宁远州城（今兴城古城）南街人。王承斌少年时勤奋好学，光绪二十九年（1903）考入京师大学堂师范馆，光绪三十二年（1906）考入北洋陆军武备速成学堂，历任清军管带、标统和北洋军队三等参谋官、少将旅长等职。1919年“五四”运动兴起，王承斌等联名通电反对北京政府逮捕爱国学生，主张收回青岛。1920年10月北京政府任命王承斌为中央陆军第二十三师中将师长。1922年6月继任直隶省省长，9月晋升陆军上将。1923年6月，大总统黎元洪私自携带总统印信出京，其专列在天津站被王承斌率军警扣留，迫其交出印信并签字通电辞职。是年10月，曹锟任命王承斌以省长兼直隶军务督办、直鲁豫巡阅副使，授匡武上将军。王承斌闻知家乡文庙年久失修，捐资修缮文庙及古城东南角魁星楼。1924年9月第二次直奉战争爆发，奉系首领张作霖念及兴城是王承斌的老家，严令奉军绕过兴城开赴前线，使兴城免遭战火。王承斌下野后，寓居天津、北平、大连等地。“九一八”事变后，日伪当局多次请他复出，都被严辞拒绝。1936年2月15日在北平病逝，终年59岁。家人遵嘱将王承斌灵柩归葬故里。2012年，经赵序初老人建议，兴城市人民政府拨款重修王承斌墓园。

### 郜汝廉（1883—1961）

郜汝廉，字浚泉，清光绪九年（1883）出生，宁远州（今兴城）西关人。少年时刻苦读书，立志报国，1906年从北洋陆军速成武备学堂毕业后，在清军和北洋军队直隶陆军历任排长、连长、团副。1917年参与讨伐张勋复辟战斗，1918年1月升任直隶第一混成旅上校参谋长、四十五旅少将旅长等职。第二次直奉战争后到奉系军队任职，1924年12月任镇威军高等军事顾问，1925年4月任京榆驻军司令部少将参谋长，同年10月任张学良的中将参谋长。1926年任东北陆军第二十三旅中将旅长、安国军第十一师中将师长、安国军总司令部中将参议。同年7月因不愿参加内战辞去军职回故乡定居。有感于家乡教育落后，和妻子张静华在自家宅院内创办斌英女子中学。1932年兴城沦陷后，多次拒绝日伪高官厚禄的拉拢。新中国成立后，郜汝廉被聘为辽宁省人民政府参事，1956年周恩来接见他时，称赞郜汝廉不为日本人利用、不做伪满官吏的民族气节。1961年3月，郜汝廉在北京逝世，终年79岁。位于兴城古城内的郜汝廉故居，被称作“将军府”，对世人开放。

### 王瑞华（1891—1960）

王瑞华，字频臣，别名显礼，原籍锦州府连山镇（今葫芦岛市连山区），因其父王子雅参加义和团运动被处死，全家迁至宁远州城（今兴城古城）落户。1918年9月于保定陆军军官学校第五期步兵科毕业，到皖系西北边防军任少尉排长、中尉连副、上尉助教等职。1922年投奔同乡王承斌任师长的中央陆军第二十三师，任上尉连长、少校营副。第一次直奉战争中摔伤回家乡修养。1924年参加奉军，任东北陆军第六旅第二十五团中校团副。1925年4月任东北陆军军士教导队（队长张学良）上校队副，同年12月教导队改编为补充第四旅，升任少将旅长并率部参加平定“郭松龄反奉”。1926年1月任第二十七旅旅长，10月兼口北镇守使。1927年5月任安国军第八军中将副军长兼暂编第二十四师师长，6月被授予陆军中将军衔。1930年9月任东北讲武堂中将教育长。1931年8月任东三省特别行政区警务处处长。“九一八”事变后一度抗日，1932年1月被推举为吉林自卫军第二十九旅旅长，2月在哈尔滨保卫战后，隐居于哈尔滨极乐寺。1936年任伪盖平县县长，1938年1月任伪锦州省民生厅厅长，1941年10月升任伪锦州省省长。任上抵制日伪官警，袒护地方百姓。日本投降时未按汉奸论处，被安排在街道做事。1960年4月在锦州病逝，终年70岁。

### 潘钟文（1896—1974）

潘钟文，字毓书，后写作玉书，辽宁省兴城县人。1912年，潘钟文考入直隶高等工业专门学校中学班，1914年该校并入天津南开学校。钟文与周恩来为同学交谊。1916年钟文以优异成绩被清华学校录取，其间曾任《清华学报》总编辑，1919年“五四”运动时组织学生们集会、游行和焚毁日货，被推举为北京学联副主席。1919年考取官费留美生，先后就读于美国宾夕法尼亚里海大学、密歇根州矿业学院和哥伦比亚大学，获采矿学学士和硕士学位，并取得采矿冶金工程师资格。1923年因父丧回国，被聘为东北大学采矿系教授。1924年任东三省交涉总署交际处处长，1925年调任财政部盐务署秘书兼化验处坐办。1926年起历任京奉（北宁）铁路局局长秘书兼车务处文牍课课长、稽核课课长、营业课课长等职，创办该局《改进专刊》。

1928年5月，潘钟文以铁路职务掩护周恩来、邓颖超夫妇从奉天转车赴莫斯科参加中共六大会议。1936年5月，任天津市政府第三科科长。天津沦陷后在天津从事抗日地下联络工作。日本投降后投身实业，任华北造纸厂工程师兼总经理。1949年任国立北洋大学采矿系教授。1957年当选为天津市和平区政协委员，受任河北省和天津市政协文史资料委员会委员。1974年4月14日在天津病逝，终年78岁。

**王之佑**（1892—1991）

王之佑，字立三，清光绪十八年（1892）出生，宁远州清水岘（今兴城市白塔满族乡清水村）人。民国三年（1914）考入保定陆军军官学校步兵科，历任直隶陆军混成第一旅少尉排长、中尉连长、上尉参谋官、少校参谋官、中校教练官。民国九年（1920）任中央陆军第二十三师上校参谋长、炮兵第二十三团团长，被授予陆军少将。第二次直奉战争后转投奉军，历任镇威上将军公署军事顾问、镇威军第五方面军团参谋处少将处长、军团参谋长。民国十六年（1927）被授予陆军中将。相继担任安国军后方留守司令部参谋长、吉林省警务处处长、保卫团管理处总办，兼任吉林省政府委员。“九一八”事变后一度抗日，任设在宾县的吉林省临时政府委员兼全省警务处处长，1932年1月被推选为吉林自卫军前敌总指挥。1932年2月，王之佑附逆参加伪满政权，先后担任伪军政部军事调查部长、军政部参谋司司长兼通信处处长、治安部参谋司司长，伪第八军管区司令官、第三军管区司令官、第一军管区司令官等职。1945年2月晋任伪陆军上将。日本投降后被苏军俘虏，解放后在抚顺战犯管理所关押改造，1961年12月获特赦后定居北京，1991年8月逝世，终年100岁。

**贺 奎**（1900—1967）

贺奎，字文宿，兴城县东关人。清光绪二十六年（1900）5月出生。民国十二年（1923）考入东三省陆军讲武堂第五期步兵科学习。1925年9月任东三省陆军军士教导队少尉见习官，后在东北军中担任中尉排长、中尉连副。1927年4月奉派日本留学，1930年11月归国后任东北边防军司令长官公署军事厅参谋处中校参谋。1931年12月任北平绥靖公署参谋处上校科长。1932年8月任东北军步兵第十二旅六三四团上校团长，曾参加长城抗战。西安事变爆发后，历任东北军第一〇九师少将师长、第六十七军中将副军长，参加华北抗战、淞沪抗战。1937年12月任国民政府军事参议院中将参议，兼任东北抗日联军参谋长。1945年10月任东北行营军务处中将处长。1946年12月任沈阳防空司令部中将副司令。1948年3月任东北“剿总”锦州指挥所中将副主任，5月兼任冀热辽边区司令部副司令官、辽宁省政府辽西行署主任。10月5日，锦州解放，贺奎解放军接收后，送到哈尔滨“东北解放军官教导团”学习。1950年11月担任解放军南京军事学院军事教员，1952年转业后任交通部参事室参事，1961年12月当选为北京市东城区政协委员、常委。1967年在北京病逝，终年68岁。

## 第二节 英模烈士

在中国革命、建设和改革开放的各个历史时期，兴城地区涌现出许多可歌可泣的英雄模范，他们用鲜血和生命、用智慧和汗水为民族独立和人民解放、国家富强和人民幸福做出突出贡献，产生重大影响。“英模烈士”节收录革命烈士和其他模范人物18人，按人物主要事迹形成时间先后排列。

## 陈　英（1900—1933）

陈英，曾用名陈瑞卿、陈志国、陈雨廷。1900年出生于凌南县丁家村（今兴城市药王满族乡丁家村）。民国六年（1917）到赤峰参加奉军，曾任连司务长。在一次战斗中负伤，受到张学良慰问。1928年，陈英任凌南县第二区保安团团长。1931年“九一八”事变，陈英率保安团举旗抗日。同年11月扩编队伍参加东北民众自卫抗日义勇军，历任第四路军第十二支队第三团团长，第四十八路军第九旅旅长、独立旅旅长、第三纵队司令。率部在凌源南部、兴城、绥中、锦西一带进行抗日活动，多次炸毁铁路，攻打新台门、柴屯、苑家屯、大小新民屯、沙后所、望海、前卫车站、前卫、北石门等地日伪据点，给予日寇以沉重打击。1932年6月，陈英到北平参加东北民众抗日救国会组织的抗日义勇军将领会议，会上激昂陈词，揭露日军烧杀抢掠的暴行。1932年冬天，抗日斗争形势极其严峻，义勇军遇到前所未有的困难，曾与陈英一起抗日的士绅中有人变节，受日伪指使诱劝其投降，遭致陈英痛斥。1933年1月23日，陈英从凌南大药王庙（今建昌县药王庙镇）回返驻地途经火石岭时，遭到一股叛匪伏击，不幸牺牲，时年33岁。解放后，陈英被追认为抗日烈士。

## 王　溥（1908—1940）

王溥，原名王彦东，字英亚，1908年2月出生，兴城市曹庄镇四城子村人。民国十五年（1926）入东北陆军讲武堂学习，毕业后在东北讲武堂教导队任上尉连长、少校连长。“九一八”事变后，王溥到东北军驻黑龙江省代理副司令马占山部队中任少校副官，参加抗日。1932年2月，马占山部归附日军，王溥被调到沈阳任伪满陆军训练班中校教官。1936年调到关内任滦县伪军督导长，次年调任伪平汉线警防队三纵队六区队上校区队长。在中共晋察冀军区敌工部的帮助下，王溥接受中国共产党的抗日主张，于1938年8月23日晚率所部1000余人起义，冒雨来到河北唐县八路军驻地。8月31日，王溥所部被命名为八路军晋察冀军区游击军，王溥任副司令员。同年9月在反“扫荡”斗争中，王溥所部取得杨庄岭阻击战的胜利。1939年1月，王溥任游击军司令员，并加入中国共产党。1940年8月百团大战开始，王溥所部炸毁4座铁路桥梁，给日军以沉重打击。11月16日，游击军在河北曲阳被日军包围，在突围战中王溥壮烈牺牲，时年32岁，后安葬于石家庄华北军区烈士陵园。电影《野火春风斗古城》中的关敬陶就是以王溥原型塑造的。新中国成立后，王溥被国家民政部公布为300名著名抗日英烈之一。

## 田绍文（1907—1942）

田绍文，又名田子文，1907年出生，辽宁省兴城人。民国二十一年（1932）离开家乡到黑龙江省富裕县刘黄毛子屯投奔其兄田绍阳落户。不久参加邓铁梅领导的抗日义勇军，1937年参加东北抗日联军，转战讷河、德都一带，曾任排长。1941年秋，带领15名战士进入富裕县，开展抗日活动。田绍文化名邓海楼来到前廉堡一甲长家当长工。1942年6月，被日伪特务发现逮捕。关押期间，面对敌人的威逼利诱和严刑拷打，田绍文坚贞不屈，拒不说出抗联部队和枪支去向，于同年8月在齐齐哈尔“矫正院”被日本宪兵杀害。1947年，为纪念抗联英雄，中共富裕县委、富裕县民主政府决定将田绍文曾居住过的“刘黄毛子屯”改为“绍文村”。新中国成立后，又把田绍文生前所生活战斗的乡命名为“绍文乡”。

**刘明和**（1907—1982）

刘明和，1907年出生，兴城市三道沟满族乡小五沟人。因家贫早年给富户放羊，为不忘放羊经历，自号“坐山”。刘明和为人仗义，嫉恶如仇，在家乡组织民众自卫队。“九一八”事变后，原东北军少校军官郑桂林在辽西组织抗日义勇军，刘明和积极响应，联合同乡很快就组建起20余人的抗日队伍，受到郑桂林赞赏，被委任为卫队营营长。刘明和不断扩充力量，队伍很快发展到数百人。刘明和先后担任义勇军第四十八路军营长、团长、旅长，多次率队攻打四方台、绥中、兴城火车站、三山、鲍庄子、红庙子等日伪据点，取得重大战果。辽西民众中流传“天狗咬，蜂子蜇，坐山打的恶，吓得鬼子打哆嗦”的民谣，其“坐山”即指刘明和。一次在攻打四方台的战斗中，刘明和手指负伤，毅然咬断伤指，继续指挥战斗。1932年10月，刘明和随郑桂林参加长城抗战。郑桂林义勇军被国民党收编为临永警备一师，刘明和担任该师骑兵团团长。1933年7月，刘明和随郑桂林在天津马厂发动起义，奔赴张家口参加吉鸿昌领导的抗日同盟军，失败后流落北平。日本投降后携全家迁到铁岭双树子村务农，1982年病逝，享年75岁，遗骨归葬故里。

**程式兰**（1918—1948）

程式兰，曾用名朱蕙。女，辽宁省兴城市古城南街人，1918年出生。“九一八”事变后进入北平的东北中学读书，其间接受进步思想，参加爱国组织。后进入东北大学就读，参加1935年“一二九”学生运动。1936年12月加入中国共产党。1937年平津沦陷后奔赴冀西太行山区工作。1938年起历任中共元氏县委书记、黎城县委书记、太行区委副书记、邢台县委书记等职。与八路军一二九师司令部作战科科长张廷发结为夫妻。1946年担任中共邯郸市委副书记兼民运部部长，带领群众开展土地改革，不顾身患疾病，坚持下基层开展工作。1948年1月26日，在到邯郸郊区庞村开展调查走访工作途中不慎跌伤，因医治无效不幸逝世，年仅30岁。1948年2月18日，《人民日报》报道程式兰不幸逝世的消息。新中国成立后，程式兰被追认为革命烈士，安葬在邯郸市晋冀鲁豫烈士陵园。

**许　明**（1913—1978）

许明，曾用名诸坚，河北省蓟县人，1913年出生，1930年参加学生运动。后回到家乡参加抗日斗争，并加入中国共产党。1941年担任凌（南）青（龙）绥（中）联合县工委主任。1945年8月15日日本投降后，许明率队到兴城接收日伪政权。9月18日兴城县民主政府成立，许明担任县长，并兼任兴城县政治处（县委）政委。11月21日国民党军队进占东北，许明率兴城县党政机关转移至朝阳。1946年1月返回兴城西部山区药王庙、三道沟一带发动群众，在艰苦环境下坚持开展对敌斗争。组织建立基层党的组织，发展壮大县区地方武装和民兵队伍。多次配合辽西支队和东北民主联军主力打击敌人，相继取得杜家屯、梨树沟门等战斗的胜利。并组织发动群众开展土改斗争，不断巩固扩大解放区。兴城解放后，许明先后担任兴城县人民政府县长、中共兴城县委书记。1950年10月调任东北石油总公司工作，历任公司经理、厂长、中国农机研究院党委副书记兼副院长等职。1978年6月因病在北京逝世，终年66岁。

**刘国华**（？—1946）

刘国华，河北省青龙县人，抗日战争时期曾担任青龙县第八区指导员、代理区长，在凌（南）

青（龙）绥（中）联合县领导下开展敌后斗争。1945年8月日本投降后，刘国华随队出关来到兴城。9月18日，兴城县民主政府成立时，刘国华担任兴城县公安科科长兼兴城县公安队长。同年11月21日国民党军队进占兴城，刘国华率公安队掩护党政机关转移朝阳境内。1946年1月，兴城县民主政府迁回药王庙山区杜家屯。其间，刘国华带领县公安武装一直活动在药王庙、旧门、郭家、三道沟一带山区，发动群众，反奸除霸，开展敌后斗争。1946年2月6日（正月初五），刘国华带领县公安科和区小队捣毁国民党旧门警察署，于深夜秘密来到郭家南部的前齐屯，准备第二天上午召开群众大会。由于隐藏内部的叛徒告密，国民党地方武装100余人包围过来，情况十分危急。为掩护干部群众转移，刘国华带领两名战士向另一方向的二道沟边打边撤，最后都壮烈牺牲。2011年4月，兴城市公安局、民政局将刘国华烈士遗骸迁葬兴城烈士陵园，并举行隆重葬礼。

### 王化成（1904—1952）

王化成，兴城市三道沟满族乡汪家村人，清光绪三十年（1904）出生于农民家庭。1946年加入中国共产党，被推选为村农会主席兼民兵队长。王化成组织农民斗地主、打土匪、分田地、搞支前，深受县区领导好评。1947年秋，东北解放“秋季攻势”打响，王化成带头组织村里民兵参加担架队，他任担架排长，被编入兴城县民兵营。1947年8月，王化成带领担架排随东北民主联军第八纵队第二十四师奔赴前线。在杨家杖子、新台门、白马石等战役战斗中，他和担架队员们冒着炮火硝烟，经常冲到战斗第一线，把伤员抢救下来。战斗结束后，二十四师授予王化成“民兵英雄”称号，奖给王化成的担架排锦旗一面。1948年，王化成随部队转战到吉林省九台县参加战斗，被任命为担架一连连长。其间，他带领担架队员由沙河沟往北六家子抬运伤员，200多里的山沟地段，环境十分恶劣，他们忍受着艰难困苦，用10余天的时间往返3次，圆满完成任务。东北解放战争结束后回乡务农。1950年10月，王化成参加全国英模代表大会，被授予“在炮火下抢救伤员、完成支前任务的民兵英雄”称号。1952年病逝，终年48岁。

### 孙　义（1904—1998）

孙义，兴城市三道沟满族乡凉水泉村人，清光绪三十年（1904）出生于农民家庭。11岁给村里地主放羊，成人后在家务农。虽未受过正规教育，但为人仗义，在群众中很有威信。1946年春，兴城县民主政府在三道沟一带开展活动，孙义政治觉悟不断提高，积极参加民兵组织，并将唯一的儿子孙宝林送去参军。不久，孙宝林在一次战斗中牺牲。孙义又将年仅15岁的女儿送到部队当兵。1947年4月，孙义加入中国共产党，被选为凉水泉村农会主席。孙义动员村里50多名青年参加民兵组织，积极开展对敌斗争。多次带领民兵破路队执行破坏敌人铁路的任务。1947年7月，国民党暂编第五十师3团和六十师1团及兴城县保安大队一部向三道沟、梨树沟门一带进犯，孙义带领民兵配合主力部队作战。经过激烈战斗，取得“梨树沟门大捷”的战绩。1948年9月辽沈战役打响后，孙义带领民兵担架营，随部队转战北宁线，抢救伤员，运送物资，配合主力部队完成战斗任务。新中国成立后，孙义谢绝进城工作机会，在家乡安心农业生产。1950年10月，孙义赴北京参加首届全国英模大会，荣获“全国民兵英雄”称号。孙义担任多年村党支部书记，1998年9月29日逝世，终年94岁。

### 胡永久（1919—2002）

胡永久，河北省卢龙县人，1919年出生，中共党员。1949年参加工作，在兴城粮库当工人。

他在工作中埋头苦干，认真钻研，革新工具20多种，使工作效率大为提高，为国家节约大量资财购置费。在兴城粮库积极倡议并带头开展“七无”（无虫、无霉、无鼠、无事故、无土粮、无异味、无病疫）和“五好”（执行政策好、业务制度好、经济核算好、节约管理好、学习团结好）运动，使全库达到“三不留”（砖瓦沙石不留、杂草垃圾不留、粪便不留）和“四洁净”（商品洁净、地面洁净、墙壁洁净、仓库洁净）标准。杜绝囤尖漏雨、囤底积水、囤身倾斜不整等现象。胡永久多次被评为兴城县、锦州市和辽宁省劳动模范。1956年，被评为全国先进工作者，出席全国群英大会。1973年退休，2002年病逝。

**刘明阳**（1901—1988）

刘明阳，1901年出生，兴城市城东街道东一村人。1956年加入中国共产党，曾任农业互助组组长、初级社副主任、村党支部书记。新中国成立初期，刘明阳响应号召，带领村民参加农业生产，组织互助组、合作社，带头开展“千村万组爱国农业丰产竞赛”运动。从1951年起，连续3年被辽西省人民政府授予“劳动模范”称号。刘明阳肯于钻研，带头搞科学试验和新技术推广，先后试种成功高产大白菜（最大株重16公斤），生姜栽培和矮化西葫芦等项目。1959年，刘明阳被中国农科院蔬菜科学研究所聘为特邀研究员。是年，出席全国群英会，受到党和国家领导人毛泽东、周恩来等亲切接见。刘明阳多年如一日，始终坚持在农业生产第一线。1978年被选为辽宁省人民代表大会代表。1988年病逝。

**查孝忠**（1924—1998）

查孝忠，1924年出生，兴城市旧门满族乡人。建国初期担任兴城县农具厂厂长。查孝忠以厂为家，坚持工作在生产第一线。工作中刻苦钻研，带领工人搞技术革新，使生产效率成倍提高。1958年，生产所需的主要原材料生铁严重短缺，查孝忠带领工人勇闯生产难关，成功地用高低碳钢万能土高炉将杂破铁炼成生铁。亲自组织技术攻关，成功试制、生产胶轮马车气门嘴，填补市场上空缺。查孝忠多次出席县、市、省先进生产（工作）者代表大会，被评为辽宁省劳动模范。1959年11月25日出席全国群英会，被授予“全国劳动模范”称号。1984年退休，1998年病逝。

**杨忠田**（1954—1982）

杨忠田，兴城市郭家镇大石塔村人。1954年出生， 1974年参军，曾3次受奖。1978年复员后被选为民兵排长。杨忠田乐于助人，经常帮助身体不好的蔡玉祥老人干农活。一次村民挖井时，在井下作业的蒋玉春被井壁塌方泥土埋住下半身，杨忠田不顾危险，奋力用双手抠泥，把蒋救出。1982年5月17日，兴城县评剧团到郭家公社演出，生产队的29名群众乘坐一辆胶轮马车到公社所在地看戏，当马车行驶到李良峪大岭时，车闸突然失灵，坡陡路窄且右侧是一条深谷，大车随时都有翻车坠沟的危险。杨忠田奋不顾身，箭步冲到辕马前，紧紧抓住笼头，用尽全力将马推向左侧，使大车靠山崖沿路而下。车上的群众得救了，杨忠田却被狂奔的辕马卷入车下，车轮从他的头部碾过，年仅28岁的杨忠田献出宝贵生命。1982年8月，中共兴城县委做出《关于学习杨忠田英雄事迹的决定》。共青团锦州市委授予“模范共青团员”称号，辽宁人民政府、省军区授予“雷锋式的好民兵”光荣称号，追记一等功，中共兴城县委追认杨忠田为中共党员。

## 刘文彦（1959—1983）

刘文彦，1959年出生在兴城市高家岭满族乡西边村普通农民家庭。从小吃苦耐劳，勤学上进。1977年在兴城高中读书时加入共青团，1979年考入辽宁财经学院（今东北财经大学），在校期间勤奋学习、乐于助人，多次被评为优秀共青团员。1983年大学毕业被分配到锦州市工作。8月21日清晨，刘文彦从家乡乘坐胶轮大马车去火车站准备转车去锦州报到。当大车行至高家岭乡西边村前路口时，辕马突然受惊狂奔。为保护同车康大娘和路边两个小学生的安全，刘文彦跳下车拼死拽住马缰绳，身体被马拖倒在地面上，被卷到车底下……康大娘和两个孩子安全脱险，刘文彦却献出宝贵生命，年仅24岁。辽宁财经大学搜集整理刘文彦的英雄事迹，向全校宣传。中共锦州市委、锦州市人民政府授予刘文彦“雷锋式的好青年，张华式的大学生”光荣称号，辽宁省人民政府追认刘文彦为革命烈士。中共兴城县委追认刘文彦为中国共产党党员，并召开大会，号召全县人民向刘文彦烈士学习。

## 王玉祥（1950—1988）

王玉祥，祖籍山东，1950年出生于沈阳。1975年转入辽宁锦华机械厂运输处当司机，居住在兴城市华山街道。王玉祥对工作兢兢业业，多次被评为厂先进工作者。1981年加入中国共产党，1987年担任锦华机械厂运输处副处长。王玉祥不论当工人，还是担任中层干部，始终关心职工群众，乐于助人，在工厂内外享有一定威信。1988年9月9日，王玉祥突然听到隔壁工友邵庆洲的呼救声，即刻奔过去相救。见一歹徒正持刀行凶，王玉祥奋不顾身的冲过去徒手与歹徒搏斗，不幸被歹徒连砍20多刀，当场牺牲。王玉祥在关键时刻挺身而出，见义勇为的行为，充分体现共产党员的无私奉献精神。1989年9月，辽宁省人民政府追认王玉祥为革命烈士。

## 苗艳芝（1962—1999）

苗艳芝，女，1962年出生，兴城市碱厂满族乡柳条村人。1981年8月高中毕业后担任碱厂中学民办教师。苗艳芝刻苦钻研业务，工作中兢兢业业，深受师生们和学生家长的普遍好评。苗艳芝通过勤奋自学取得大专学历，并加入中国共产党，曾获辽宁省优秀民办教师称号。1998年，被国家教育委员会授予“全国优秀教师”称号。1999年12月8日上午，苗艳芝在参加兴城市骨干教师微机培训班时，突发心脏病，不幸殉职，年仅38岁。中共兴城市委授予苗艳芝“人民好教师”荣誉称号，2000年3月7日发出《关于向苗艳芝同志学习的决定》，在全市开展学习活动。

## 李洪岩（1956—2003）

李洪岩，女，1956出生，兴城市南大山满族乡水关村村民。李洪岩平时乐于助人，邻里间因琐事发生矛盾，村民之间产生误会，她都主动去说服化解。2002年，李洪岩在村中曾制止过两起持械斗殴事件，被人们称为热心肠的人。2003年7月17日，南大山满族乡水关村发生一起特大持枪杀人案。李某某用私藏猎枪将女友李秀艳打死后，杀人性起，又来到与其有过矛盾的同村村民李玉红家中。住在李玉红家附近的李洪岩和杨丽伟听到打斗声，赶忙跑过来进行劝阻。失去理智的李某某开枪将李玉红及其16岁的儿子打死，并发疯地喊道：“再说连你们两个也打死了。”李洪岩不顾一切地冲上去，抱住李某某的腰往下抢夺其手中的猎枪。杀红眼的李某某，用枪托狠砸李洪岩头部，造成颅脑粉碎性骨折而殉难。2004年3月，辽宁省人民政府授予李洪岩“见义勇为英雄”称号。

### 吴国林（1957—2005）

吴国林，1957出生，兴城市人。中共党员，大专文化，1976年12月参军入伍，1981年1月从事治安警卫工作，历任辽宁省锦华机械厂经警队副指导员、消防大队副大队长、刑警大队副大队长、经济保卫科科长，兴城市公安局华盛派出所民警、兴城市双树乡派出所民警等职，三级警督衔。吴国林从警25年，始终牢记人民警察宗旨，侦破和处理许多刑事案件及治安案件，在平凡的岗位上做出不平凡的业绩。2005年11月6日15时许，吴国林在抓捕一名持枪抢劫的歹徒时，不幸被歹徒开枪击中而牺牲，年仅48岁。2005年11月14日，中共兴城市委追授吴国林“优秀共产党员”荣誉称号，并在全市开展向吴国林学习活动。11月16日，中共葫芦岛市委、葫芦岛市人民政府做出《关于开展向吴国林同志学习的决定》。2006年12月，国家公安部追授吴国林为“全国公安系统二级英雄模范”称号。

# 第二章　人物简介

兴城地区地灵人杰，新中国成立后，涌现出许多卓有建树的党、政、军领导人才，以及在政治、经济、文化等领域做出突出成绩的社会各界人士。他们不仅用勤劳和智慧对社会进步产生重大影响，而且为国家和兴城经济发展做出突出贡献。

## 第一节　领导干部

领导干部一节收录兴城籍及客籍兴城工作的副县级以上党政实职离休干部（包括部分参加红军及抗日战争的离休干部）。兴城籍在外埠工作的副厅级（正师职）以上党、政、军实职领导干部。

### 抗日战争时期离休干部

**郭治国**　陕西商县人，1905年出生，中共党员，1936年2月参加工作。在红军部队历任战士、文书、管理员。新中国成立后，在兴城果树研究所、兴城东辛庄果树农场工作。1981年5月离休。1989年11月逝世。

**赵洪图**　河北邱县人，1917年4月出生，中共党员，1938年1月参加工作。在部队历任战士、司务长、指导员、教导员、科长，转业后任兴城酒厂厂长等职。1981年5月离休。

**赵爱国**，河北宁晋人，中共党员，1939年参加工作。在部队任战士，转业后任兴城县防疫站副站长。1980年9月离休。

**顾德发**　山东曹县人，中共党员，1939年2月参加工作。在部队任战士。1958年起，先后在兴城县钢铁厂、兴城县民政科、兴城县房产管理所、兴城县公路管理段工作。1985年6月离休。

**胡金如**　江苏盱眙人，1929年3月出生，中共党员。1940年1月参加工作，在游击队、新四军、解放军历任班长、排长。1955年12月后，历任兴城县三道沟合作社辅导员、兴城县食品公司科员。1981年10月离休。

**周明远** 江苏新沂人，1922年9月出生，中共党员，1940年10月参加工作。在部队历任战士、排长，辽西省公安二中队副队长，昌北县公安队队长、昌北县人民法院副院长。1953年后历任兴城县煤建公司、百货公司、纺织品公司、服务公司党支部书记，兴城县商业局副局长，兴城县水产供销公司副书记。1984年2月离休。

**刘豁然** 河北迁安人，1920年出生，中共党员，1940年参加工作。历任区民政助理，锦西县虹螺岘区区长，兴城县民主政府财政科科长、四区、二区工商科科长、区委书记。1950年起，历任东北人民政府贸易局粮油出品公司科长，土产出口公司副经理，宽甸县商业局局长、宽甸县物资局党委书记兼局长。1985年离休。

**张云秀** 山东人，1920年10月出生，中共党员，1941年7月参加工作。1945年8月入伍。1963年转业到兴城副食公司工作。1980年离休。

**方明启** 河南人，1922年8月出生，中共党员，1941年10月参加工作。历任河南省指挥部特务连战士，新四军战士、江汉分区连长、指导员。东北军区指导员。1956年在兴城县百货公司、服务公司工作。1982年离休。

**赵法科** 河北人，1923年2月出生，中共党员，1941年10月参加工作。历任卫东支队战士、华北军区六二〇团二连班长、志愿军高炮六四一师修理厂技师。1956年7月在兴城县水产公司任采购员。1983年9月离休。

**刘佰权** 山东邹平人，1926年11月出生，中共党员，1942年7月参加工作。历任部队战士、卫生员、通信员、警卫员。1952年起，历任锦州师范学院教学系党支部书记，中共兴城县委组织部干事，旧门人民公社副社长，县工业供销公司门市部主任、储运股长、工会主席。1987年2月离休。

**王志林** 江苏人，1928年1月出生，中共党员，1943年2月参加工作。历任双辽县城区武装部长、锦州军分区武装部干部、兴城县第八区武装部长，兴城县沙后所、刘台子乡助理员、兴城县六股河管理所副所长。1987年10月离休，2011年11月病逝。

**赵焕文** 河北行唐人，1924年5月出生，中共党员，1943年4月参加工作。历任军区通信员、指导员、保卫助理员。1956年起，历任兴城县人民检察院检察员，兴城县耐火砖厂厂长，县煤矿矿长，县机械厂厂长，县木器厂党支部书记、厂长，县工程队副主任，县民政局被服厂厂长、殡葬所所长。1983年离休。

**石永伦** 江苏铜州人，1925年11月出生，中共党员，1943年6月参加工作。在部队先后历任班长、副排长、师参谋、特需股长。1958年起，历任兴城县人事局干部，兴城县城建局副经理。1981年9月离休。

**巩庆胜** 山东莒县人，1924年4月出生，中共党员，1943年6月参加工作。先后在八路军任班长、副排长，二十二军机枪连副排长，铁道兵高射机枪独立团排长、副连长。1956年5月在兴城县食品公司任营业员。1983年5月离休。

**马焕章** 陕西绥德人，1921年9月出生，中共党员，1943年9月参加工作。先后在八路军任班长、东北军区司令部警卫员、东北高干子弟学校管理员。1956年起，先后任兴城县纺织公司经理，百货公司商店主任。1982年离休。

**张维芬** 女，河北丰润人，1929年4月出生，中共党员，1944年6月参加工作。先后在冀东十五分区党校和东北分局党校学习。1948年在兴城县第三区、第七区、兴城县妇联工作。1955年在兴城县委机关托儿所、兴城县医药公司、兴城县商业托儿所工作。1982 年 12 月离休。

**刘玉臣** 山东人，1925 年 4 月出生，中共党员，1944 年 6 月参加工作。在部队任战士。1958 年起，先后在盘锦农场、渤海造船厂、市委招待所、兴城机械厂、兴城县水泥厂工作。1981 年 8 月离休。

**张衍行** 山东蒙阴人，1924 年 8 月出生，中共党员，1944 年 8 月参加工作。历任八路军沂南独立营班长、东北三纵队九师副排长、副连长、连长、锦州军分区教导队副队长。1960 年 7 月起，先后任兴城县人民武装部干部、兴城县服务公司主任、经理、党支部书记。1981 年 6 月离休。

**郭海蛟** 山东人，1923 年 2 月出生，中共党员，1944 年 9 月参加工作。县独立营战士，1945 年在部队担任通信班长、副指导员、指导员。1956 年 9 月任兴城县粮食管理所支部书记。1983 年 5 月离休。

**李春义** 辽宁兴城人，1926 年 12 月出生，中共党员，1945 年 9 月参加工作。先后在二十二旅六十团任战士、副班长、班长、副指导员、指导员。1972 年在兴城任五金交电公司经理、书记。1984 年 7 月离休。

**高永堂** 山东人，1912 年 12 月出生，中共党员，1945 年 1 月参加工作。先后在东北行政委员会任管理员、凌源劳改分局看守员。1973 年在兴城运输公司担任后勤管理员。1987 年 3 月离休。

**陈先国** 江苏人，1921 年 4 月出生，中共党员，1945 年 6 月参加工作。1954 年在兴城县百货公司、五金公司任主任，1963 年起，先后在兴城县食品公司、种子公司任职。1982 年 12 月离休。

**郭长进** 辽宁兴城人，1926 年出生，中共党员，1945 年 3 月参加工作。历任河北深县县大队战士、冀中六〇六团排长、68 军 202 师 606 团连长。1954 年 7 月在兴城县煤建公司工作。1958 年任兴城县五金商店主任。1983 年 6 月离休。

**翟银秀** 山东人，1918 年 4 月出生，中共党员，1945 年 7 月参加工作。先后任晋察冀军区独立团战士，警卫连班长、副排长、排长、副连长、连长，三十四军培训团三连连长。1953 年 10 月在东辛庄果树农场任场长、工会主席。1982 年 12 月离休。

**滕万春** 辽宁兴城人，1929 年 11 月出生，中共党员，1945 年 7 月参加工作。先后在东北军区任通讯员、班长、副排长、副指导员、指导员，志愿军 54 军炮兵 558 团指导员、连长、参谋长。1958 年后，历任义县百货公司党支部书记、商业局副局长、公安局副教导员，兴城县商业局副局长。1985 年 4 月离休。

**曲莲玉** 女，山东烟台人，1929 年 11 月出生，中共党员。1947 年考入华东军政大学，先后任中原通信局，河南军区、公安厅、二野后勤部报务员，贵州军区航区站电台负责人，在北京航空部、大连水产公司任职。1957 年被划“右派”退职。1970 年始在兴城县服务公司工作。1984 年 7 月离休。

**史春年** 江苏宜兴人，1920 年 7 月出生，中共党员，1945 年 7 月参加工作。先后任新四军六纵队后方医院军医、东北第二十二陆军医院三分院副院长、锦州二〇五陆军医院办公室主任。1958 年任兴城县人民医院院长，1981 年 9 月离休。

**万贺轩** 河北卢龙人，1926 年 7 月出生，中共党员，1945 年 7 月参加工作。历任冀东军区十四旅六十一团战士、志愿军四十六军留守处副指导员、副连长、连长。1967 年起，先后任兴城县粮库副主任，兴城县饲料公司副经理。1983 年 10 月离休。

**石明山** 辽宁兴城人，1926 年 11 月出生，中共党员，1945 年 8 月参加工作。历任八路军战士、班长，解放军六十六师战士。1952 年起，历任兴城县人民政府办公室管理员、民政科员、兴城县人大常委会办公室秘书。1982年12月离休。

**朱　奎**　山东人，1927年9月出生，中共党员，1945年8月参加工作。在部队历任班长、调剂员。1964年转业到兴城县人民医院任药局主任。1981年9月离休。

**张俊儒**　辽宁兴城人，满族，1930年3月出生，中共党员，1945年8月参加工作。先后任绥中县支队战士，十八军分区卫生部看护长、一二〇师医助、独立军士教导营所长兼军医。1996年起，历任兴城县人民医院内科主任、副院长、院长、顾问。1990年4月离休。

**公丕勇**　山东人，1924年1月出生，中共党员，1945年8月参加工作。在部队120师360团管理股长。1964年起，历任兴城县机关党委副书记，兴城县革委会总务组长，兴城县生产资料公司副主任、兴城县民政局副局长、督导员。1986年离休。

**郭长伍**　辽宁兴城人，1925年4月出生，中共党员，1945年8月参加工作。先后任部队通信员、文书、营部参谋。1950年起，历任兴城县人民医院事务主任、药房经理，兴城县砖厂车间主任。1990年12月离休。

**郭志增**　辽宁大连人，1929年9月出生，中共党员，1945年8月参加工作。历任战士、分队长、卫生员、防疫员、军医、卫生队副队长，锦州矿山厂党委书记，一二〇师三五九团后勤处副处长、处长。1979年11月，任兴城县外贸局副局长、督导员。1987年11月离休。

**闫德新**　辽宁兴城人，1927年10月出生，中共党员，1945年8月参加工作。历任战士、班长、指导员，兴城县兴城镇财贸委员、兴城县编织厂、兴城县建材厂、兴城县薄铁厂、兴城化肥厂党支部书记、工会副主席。1983年10月离休，2012年5月病逝。

**詹贵财**　辽宁兴城人，1928年6月出生，中共党员，1945年8月参加工作。历任兴城县公安大队战士，兴城县西关粮谷市场交易员，西关管理所办事员，兴城县土产公司、兴城县烟草公司、兴城县棉麻公司保管员。1985年12月离休。

**宋发玉**　山东人，1925年出生，中共党员，1945年8月参加工作。历任班长、营供给处管理员、主任，沈阳军区三局行政管理处管理员、副科长。1963年起，历任兴城县粮油加工厂党支部书记、革委会主任。1983年6月离休。

**赵文山**　山东人，1922年3月出生，中共党员，1945年8月参加工作。历任班长、副排长、排长、连长。1954年10月起，先后任兴城县武装部助理员、兴城县钢铁厂采购员、兴城县手工业管理局科员、兴城县东街粮站主任。1982年12月离休。

**于遵胜**　山东沂南人，1923年出生，中共党员，1945年8月参加工作。在部队历任战士、副排长、排长、副指导员。1955年6月起，历任兴城人民武装部助理员，兴城房产管理所、副食品公司西街商店党支部书记。1983年6月离休。

**齐占恒**　辽宁兴城人，1919年出生，中共党员，1945年8月参加工作。在部队任战士。1953年12月起，先后在兴城县沙后所供销社、服务公司、副食品公司任副主任。1982年7月离休。

**张付明**　山西人，1927年3月出生，中共党员，1945年8月参加工作。1952年在辽宁军区公安总队副指导员。1956年2月起，先后在兴城县水产公司、兴城县食品公司商店、兴城县食品公司肉联厂工作。1987年4月离休。

### 副县级以上离休干部

**何善仁**　山东人，1921年出生，中共党员，1945年8月参加工作。1945年起，历任彰武县哈尔套区副区长，彰武县公安局科员、股长、副局长、局长。1952 年调任兴城县任公安局局长。1960 年先后任兴城县副县长、兴城县纪委书记、兴城县人民法院院长。1980 年任兴城县人大常委会副主任。1982 年 5 月离休。2003 年 6 月病逝。

**马洪森** 辽宁兴城人，1924 年出生，中共党员，1945 年 8 月参加工作。历任二十一军分区独立一团一连班长、朝阳一中队独立一团八连排长、一一八师三五二团连长。1963 年任义县粮食局副局长、局长。1971 年调任兴城县粮食局副局长。1978 年任兴城县人民法院院长。1980 年任兴城县人大常委会副主任。1984 年离休，1987 年病逝。

**高长吉** 吉林永吉人，1925 年出生，中共党员，1946 年 3 月参加工作。历任吉林军区独立师七团八连班长，东北十纵队三十师九十团八连代理排长，四十七军一四一师补充团指导员。1960 年 3 月起，历任兴城县人民武装部副部长、兴城县革命委员会副主任兼县人民武装部副部长。1980 年 11 月离休，1996 年 6 月病逝。

**盖恩惠** 辽宁兴城人，1926 年出生，中共党员，1946 年 3 月参加工作。先后任三道沟戏台村党支部书记，兴城县第七区区委书记，中共兴城县委组织部副部长、兴城县人民政府副县长。参加抗美援朝任担架团政治处主任。1986 年春离休。

**时国卿** 内蒙古敖汉旗人，1926 年 1 月出生，中共党员，1946 年 6 月参加工作。历任内蒙古新东县委组织干事、义县十七区主任、张弼堡区委书记、义县人民政府副县长、中共义县委副书记、代县长。1965 年起，历任兴城县委副书记、县革委会副主任、中共兴城县委副书记。1983 年 6 月任县人大常委会副主任（主持工作），1984 年 5 月任县人大常委会主任。1987 年 2 月离休，2003 年病逝。

**张玉明** 辽宁兴城人，1930 年 1 月出生，中共党员，1947 年 3 月参加工作。历任兴城县公安局科长、东辛庄区人民政府副区长、兴城县卫生科科长、大寨人民公社党委书记、刘台子人民公社党委书记、兴城镇党委书记、兴城县化肥厂筹建组组长、兴城县第一、二工业局局长。1981 年起，任兴城县人民政府副县长、顾问。1990 年 8 月离休。

**伊俊祥** 辽宁兴城人，1927 年 10 月出生，中共党员，1947 年 8 月参加工作。1952 年任中共兴城县委组织部部长兼纪律检查委员会书记，先后在兴城县农林水利局、海滨人民公社、兴城县农电局工作。1979 年任兴城高中党委书记。1980 年 8 月任兴城县人大常委会副主任。1989 年 11 月离休，2011 年 8 月病逝。

**刘松茂** 辽宁兴城人，1923 年出生，中共党员，1948 年 1 月参加工作。先后任中共兴城县第八区、第二区、第九区区委副书记，中共兴城县委宣传部副部长，兴城县粮食局局长，沙后所人民公社党委书记，兴城县农机局局长，兴城县财贸办公室主任，中共兴城县纪律检查委员会副书记。1980 年 8 月任政协兴城县委员会副主席。1983 年离休，2001 年 9 月病逝。

**王德厚** 辽宁兴城人，1930 年出生，中共党员，1948 年 6 月参加工作。历任中共兴城县委组织部干事、第四区区委副书记，共青团兴城县委书记，兴城县农村工作部副部长、部长、“五七”人民公社革委会主任。1976 年 10 月任兴城县革命委员会副主任、兴城县人民政府副县长。1982 年 3 月任锦州市人民政府副秘书长。1990 年 12 月离休，1999 年 1 月病逝。

**杨景春** 辽宁兴城人，满族，1929 年出生，中共党员，1948 年 7 月参加工作。先后担任兴城县中苏友好协会干事、抗美援朝担架队教导员、共青团兴城县委书记、兴城县委农村工作部副部长、兴城县革委会办公室主任、兴城县农村工作部部长。1984 年 5 月任兴城县人大常委会副主任。

1990年12月离休，2001年5月病逝。

**赵树声** 字晓波，号石湖，辽宁兴城人，1911年出生，非党人士，1948年9月参加工作。任兴城第一中学教导主任。1956年9月任兴城县人民政府副县长。1972年任兴城县红卫中学副主任、兴城高中校长。1981年1月任政协兴城县委员会副主席。1987年4月离休，1999年5月病逝。

**王崇武** 辽宁兴城市人，1924年出生，中共党员，1948年9月参加工作。先后任兴城县立第一、第四完全小学教导主任、校长。1952年任辽西省人民政府水产局副科长。1957年任兴城县文教局副局长、兴城高中副校长、兴城第三中学总务主任、兴城县教师进修学校副校长。1980年8月任兴城县人大常委会副主任。1990年8月离休，2011年3月病逝。

**杜玉民** 辽宁兴城人，1929年7月出生，中共党员，1948年12月参加工作。历任兴城县第七区、第四区宣传委员，兴城县监察委员会副书记，沙后所人民公社、围屏人民公社管理委员会主任、党委书记，闻家人民公社党委副书记，中共兴城县纪律检查委员会副书记，中共兴城县委组织部部长。1984年12月任兴城县人大常委会副主任、主任。1995年5月离休。

**杜玉清** 辽宁兴城人，1927年出生，中共党员，1949年1月参加工作。先后任兴城县第七区政府教育助理，第五区、第九区区委书记，兴城县人委办公室副主任，中共兴城县委农村工作部第一副部长，县委办公室副主任，曹庄人民公社、围屏人民公社党委副书记、书记、兴城县卫生局局长，县畜牧副食局局长。1980年5月任政协兴城县委副主席，1984年5月任政协兴城县委员会主席、调研员。1987年11月离休。2012年11月病逝。

**张振刚** 辽宁兴城人，1930年出生，中共党员，1949年3月参加工作。历任兴城县供销联社科长、兴城县机械局副局长、郭家人民公社党委书记、兴城县工业局副局长、兴城县人民政府办公室主任。1987年4月任兴城市人大常委会副主任。1990年8月离休，2000年12月病逝。

**刘绍臣** 辽宁兴城人，1926年7月出生，中共党员，1949年3月参加工作。先后任大寨联合村党支部书记、兴城县第八区区委副书记、中共兴城县委组织部副部长。1962年历任中共兴城县刘台子人民公社、羊安人民公社党委书记，兴城县农林局局长、兴城县革委会办公室主任。1978年11月任兴城县革委会副主任、兴城县人民政府副县长、顾问。1989年1月离休。

**王国栋** 辽宁兴城人，1927年出生，中共党员，1949年6月参加工作。先后任中共绥中县委组织部办公室副主任、中共绥中县委农村工作部部长。1962年1月起，历任中共兴城县大寨、望海、拣金、刘台子、沙后所人民公社党委书记。1978年9月任中共兴城县委组织部长。1980年5月任兴城县人大常委会副主任。1989年1月病逝。

**周有志** 辽宁兴城人，1929年11月出生，非党人士，1949年9月参加工作。历任兴城县第五中学、东辛庄中学副校长，兴城县第二中学、第三中学副校长，南一小学、东辛庄中学校长。1984年9月任兴城县第三中学调研员。1987年4月任政协兴城市委员会副主席。1990年2月任兴城市人大常委会副主任。1995年1月离休。

## 副市地级以上干部

**齐广才** 辽宁兴城人，满族，1930年出生，中共党员，1947年参加工作。历任兴城县供销联社副主任、全国供销合作总社东北办事处办公室副主任、全国供销合作总社副业局副局长、中国驻瑞典大使馆商务参赞、中国土产畜产进出口总公司总经理。1995年离休。

**姜信真** 辽宁兴城人，1934年出生，九三学社社员，教授。历任西北大学石油化工学院副院长、陕西省西安市人民政府副市长。1991年任陕西省人民政府副省长。1998年任全国政协常委、陕西省政协副主席。是九三学社第九届、第十届中央常委。

**李润森** 辽宁兴城人，1936年出生，中共党员，研究员，一级警监。历任公安部科技局副局长、公安部第一研究所所长。1991年任公安部部长助理。1996年任公安部科学技术委员会主任（副部级），兼任中国警察协会副主席。

**王立忠** 王立忠，辽宁兴城人，1941年出生，中共党员。历任国家卫生部办公厅副主任、妇幼卫生司副司长、地方病防治局副局长、人事司司长，1998年任中国红十字会总会党组书记、中国红十字会常务副部长，中共第十六次全国代表大会代表，第十届全国政协委员。2008年3月在北京逝世。

**佟志武** 辽宁兴城人，1954年出生，中共党员，教授。历任中共桓仁县委副书记，中共辽宁省委组织部干训处处长、办公室主任，中共辽宁省委党校副校长，中共葫芦岛市委常委、组织部部长、中共锦州市委书记，辽宁省人大常委会秘书长，2011年1月任辽宁省人大常委会副主任。

**杨　岳** 辽宁兴城市人，1968年生，中共党员，工学博士。历任清华大学团委书记、共青团中央书记处常务书记兼全国青联主席，中共十七大代表，第十一届全国人大代表，全国人大常委会委员。2008年12月任中共福建省委常委、秘书长，中共福州市委书记。2012年11月当选中共第十八届中央委员会候补委员。

**张德魁** 辽宁兴城人，满族，1927年出生，中共党员，1946年8月参加工作。历任中共兴城县委宣传部副部长、部长，中共兴城县委副书记、县委书记，中共本溪县委副书记、本溪市农委主任。1980年任本溪市人民政府副市长、中共本溪市委副书记、本溪市人大常委会主任。1990年5月离休。

**赵　祥** 辽宁兴城人，1939年出生，中共党员。历任锦西石油五厂设计室主任、副厂长、厂长，中共锦州市委常委、常务副市长，中共锦西市筹建领导小组副组长，1989年8月任锦西（葫芦岛）市人民政府市长，1996年3月任葫芦岛市政协主席，1997年4月退休。

**薛若琳** 辽宁兴城人，1939年出生，中共党员，研究员，博士生导师。曾任中国艺术研究院副院长（正厅级），兼任中国戏剧家协会副主席。

**赵志平** 辽宁兴城人，1942年出生，中共党员，高级工程师。历任中国航天科技咨询公司咨询部副经理、合作部经理，航天金穗公司副总经理，2000年任航天信息股份有限公司监事会主席兼工会主席。2011年在北京病逝。

**钱国良** 辽宁兴城人，满族，1946年出生，中共党员。历任中共辽宁省委组织部副部长兼辽宁省党刊集团总经理、总编辑、党委书记，兼任辽宁省党建研究会常务副会长。2007年2月退休。

**范越林** 辽宁兴城人，满族，1953年出生，中共党员。历任兴城市人民政府市长助理兼农委主任，兴城市人民政府副市长、市长，中共兴城市委书记，葫芦岛市建设委员会主任、党委书记，葫芦岛市人民政府副市长，辽宁省建设厅副厅长、党组成员。

**赵凤林** 辽宁兴城人，中共党员，长期在银行系统工作，历任中国农业发展银行风险管理部副主任、中国农业发展银行湖南省分行副行长。

**王金富** 辽宁兴城人，1952年出生，中共党员，高级经济师，历任兴城市农业银行副行长、绥中县农业银行行长、葫芦岛市农业银行副行长，中国农业发展银行葫芦岛市分行行长、天津市分行副行长。

**王泽民** 辽宁兴城人，1931年出生，中共党员，历任兴城县人民法院副院长、院长，兴城县革委会副主任兼公安局局长，兴城县人民政府副县长、县长，中共兴城市委副书记、兴城市人民政府市长、中共兴城市委书记，锦西（葫芦岛）市人大常委会副主任、党组副书记。1995年3月退休后担任葫芦岛市关心下一代工作委员会常务副主任。

**毕玉田** 辽宁兴城人，1936年出生，中共党员，1952年3月参加工作。历任中共兴城县委副书记、兴城县人民政府副县长，中共兴城市委副书记、兴城市人民政府市长，中共兴城市委书记。1992年11月，任锦西（葫芦岛）市人大常委会副主任。2000年1月退休。

**朱福祥** 曾用名朱弗翔，辽宁兴城人。南京恳发实用科技总公司董事长、总经理，副厅级。1997年9月退休。

**王英杰** 辽宁兴城人，满族，1951年出生，中共党员。历任中共兴城市委常委、组织部长，中共兴城市委副书记、兴城市人民政府市长，葫芦岛市人事局局长，中共连山区委书记，葫芦岛市人大常委会副主任。

**史殿杰** 辽宁兴城人，1949年出生，中共党员。历任中共兴城市委常委、市委组织部部长、中共兴城市委副书记，中共连山区委书记，中共葫芦岛市纪委常务副书记兼监察局局长。

**王兴勃** 辽宁兴城人，1954年出生，中共党员。历任兴城市人民武装部副部长，绥中县人民政府副县长、绥中县人大常委会主任，葫芦岛市人事局局长，葫芦岛市政协副主席，葫芦岛市人大常委会副主任。

**韩　平** 辽宁兴城人，1956年出生，中共党员。历任杨家杖子矿务局副局长、局长，中共南票区委副书记，葫芦岛市粮食局局长、经委主任，中共兴城市委副书记、兴城市人民政府市长，中共葫芦岛市委统战部部长，葫芦岛市政协副主席。

**李国林** 辽宁兴城人，1930年出生，中共党员。1947年参加中国人民解放军，1980年转业，任广东省审计厅副厅长。1994年离休。

**刘贺云** 女，辽宁兴城人，满族，1946年出生，中共党员。1996年4月，任河南省许昌市人大常委会副主任。

**高　峰** 辽宁兴城人，1955年出生，中共党员。历任中共辽宁省委党史研究室处长、副主任，辽宁省党史学会副会长兼秘书长。

**王承礼** 辽宁兴城人，1928年出生，中共党员，研究员。历任吉林省博物馆馆长、吉林省社会科学院副院长，兼任中国考古学会理事、吉林省考古学会理事长。1996年在长春逝世。

**赵自力** 辽宁兴城人，1949年出生，中共党员，高级工程师。历任大连电力学校党委组织部长、宣传部长、书记、校长，大连电力经济管理学校校长，大连电业局党委副书记、书记、局长，辽宁省电力有限公司副总经理。

**纪　枫** 辽宁兴城人，1926年出生，中共党员。历任锦西石化厂车间副主任、喀左县计委副主任、朝阳地区工交办副主任、辽宁省石油化工局计划处处长、任辽宁省石油化工局副局长，1990年1月病逝。

**侯九义** 辽宁兴城人，1948年出生，中共党员，高级工程师。历任北京市西城区建委基建科副科长、科长，西城区建委副主任、城建开发集团董事长兼总经理。2004年1月，当选为西城区人大常委会副主任。

**杨贺新** 辽宁兴城人，1960年6月出生，硕士学位，中共党员，1979年8月参加工作。历任黑龙江省鹤岗市人民政府副秘书长兼市政府办公室主任，中共绥滨县委副书记、绥滨县人民政府县长、绥滨县委书记，2011 年 2 月任鹤岗市人民政府副市长。

**陈曼莉** 女，辽宁兴城人，1956 年出生，民建会员，高级工程师。历任呼和浩特市科技情报研究所副所长，民建呼和浩特市委副主委，呼和浩特市科协副主席、民建呼和浩特市委主委，2008 年 1 月起任呼和浩特市政协副主席。

**高成春** 辽宁兴城人，1959 年 1 月出生，中共党员，研究生学历，教授级高级工程师。历任黑龙江七台河矿务局富强矿采区综采队长、副总工程师，太原矿山机电集团煤焦公司副经理，山煤集团技术开发处副处长、企管处处长，中煤科技集团公司常务副总经理、山煤国际能源集团股份有限公司总经理。

**李润森** 辽宁兴城人，1936 年 1 月出生，中共党员。先后在苏联乌克兰第聂伯尔农学院、列宁格勒电工学院、美国俄亥俄州辛辛那提大学学习。1963 年在国家公安部 1129 研究所工作，任工程师。1983 年 11 月起历任公安部科技局副局长，公安部第一研究所所长、研究员，公安部部长助理，公安部科学技术委员会主任、中国警察协会副主席。

**刘广海** 辽宁兴城人，1960 年出生，中共党员。历任河北省交通厅港航管理局副局长、局长，河北省交通厅副厅长兼港航管理局局长。

**闫天池** 辽宁兴城人，1970 年出生，中共党员，管理学博士，高级经济师。历任海南省白沙县副县长，中央财经大学总会计师，青海省发改委副主任，中国人民公安大学党委委员、总会计师。

**马宝杰** 辽宁兴城人，1965 年出生，硕士学位，历任辽宁省博物馆馆长助理、副馆长、馆长，兼任辽宁省博物密学会秘书长。

## 师级以上军队干部

**周友良** 辽宁兴城人，1940 年 3 月出生，中共党员，中将军衔。历任中国人民解放军第二炮兵基建营房部部长，解放军总后勤部部长助理、副部长，兼任国务院房改领导小组副组长、全国绿化委员会副主任。是第九届、第十届全国人大代表，第十届全国人大环境与资源保护委员会委员，中共十四大代表。

**张海云** 辽宁兴城人，1929 年出生，中共党员，1948 年 9 月参加中国人民解放军。历任副指导员、海军潜艇第一支队政委、北海舰队政治部副主任兼干部部部长，海军烟台基地副政委兼政治部主任、南海舰队政委、北海舰队政委。1987 年当选为中共十三大代表，是第八届、第九届全国政协委员。1988 年被授予海军中将军衔。2006 年 1 月逝世。

**白文奇** 辽宁兴城人，蒙古族，1955 年 10 月出生，中共党员，国防大学研究生。历任海军航空兵训练基地政委、东海舰队航空兵政治部副主任、南海舰队航空兵政治部主任、北海舰队副政委兼舰队航空兵政委，2006 年 7 月晋升为海军少将军衔，2012 年 7 月任济南军区副政委兼北海舰队政委，晋升为海军中将军衔。是第十二届全国人大代表。

**梁文兴** 辽宁兴城人，1930 年出生，中共党员，1949 年 9 月参加中国人民解放军。历任沈阳军区司令部军训部副部长，大连陆军学院训练部副部长、部长。1988 年 9 月被授予少将军衔。2000 年 10 月在大连逝世。

**高景和** 辽宁兴城人，1949 年 8 月出生，中共党员，1968 年 2 月参加中国人民解放军。历任济南军区联勤部财务部部长、联勤部副部长。2004 年晋升为少将军衔。

**刘庚群** 辽宁兴城人，1960 年 11 月出生，中共党员。历任海军旅顺基地副参谋长、青岛保障基地司令员、北海舰队装备部部长，2003 年 7 月任海军旅顺基地司令员，2012 年晋升为海军少将军衔。

**彩运标** 辽宁兴城人，满族，1953 年生，中共党员。1969 年参加中国人民解放军。1976 年毕业于北京大学无线电系，高级工程师，卫星测控专家，专业技术少将军衔，西昌卫星发射中心指挥控制中心副总指挥。

**周晓东** 辽宁兴城人，1940 年出生，中共党员，毕业于哈尔滨工业大学自动控制系，1981 年参加中国人民解放军，任海军第二炮兵学院（海军航空工程学院）教授、博士生导师。2006 年晋升为文职三级（少将级），兼任国家自然科学基金评委。

**姚永富** 辽宁兴城人，中共党员。1945 年 7 月参加中国人民解放军，1952 年赴朝参战。历任营参谋长、团副参谋长、副团长、团长、副师长、师长，参加对越自卫反击战。1983 年 3 月任云南省军区副司令员。

**张德富** 辽宁兴城人，中共党员。1945 年 12 月参加东北民主联军（中国人民解放军）。历任连指导员、营教导员、团政治处主任、团政委、师政治部副主任、师副政委，参加对越自卫反击战。1981 年任云南省军区思茅军分区政委。

**曹永孚** 辽宁兴城人，1950 年 9 月出生，中共党员。1968 年 2 月参加中国人民解放军，曾在四十六军、山东省军区服役、任职。1991 年 4 月起，历任淄博军分区政治部主任、滨州军分区政委。2000 年 11 月任中共滨州市委常委、滨州军分区政委，大校军衔。

**付　强** 辽宁兴城人，中共党员。1968 年 12 月参加中国人民解放军，历任盘锦军分区政治部主任、营口军分区政委。2000 年 8 月任辽宁省军区政治部副主任兼沈阳市军分区政委、中共沈阳市委常委，大校军衔。

**姚立华** 辽宁兴城人，中共党员，大校军衔。历任海军北海舰队潜艇第十二支队（92763 部队）支队长、旅顺基地副参谋长。

**刘恩铁** 辽宁兴城人，满族，1950 年出生，中共党员。1969 年 1 月参加中国人民解放军。1984 年后历任武警吉林省总队副支队长、支队长，武警长春指挥学校副校长、校长、教授，大校军衔。2010 年退休。

**高玉民** 辽宁兴城人，中共党员。1972 年 12 月参加中国人民解放军，辽宁省军区装备部高级工程师，大校军衔，正师职。

**尚雅琴** 女，辽宁兴城人，满族，1969 年 1 月出生，中共党员，大校军衔，研究生学历。历任中国人民解放军农牧大学讲师、副教授，吉林省军区指挥自动化工作站高级工程师。第十二届全国人大代表，被评为“全军爱军精武标兵”，获全军作战部队优秀专业技术人才奖。

## 第二节 知名人士

知名人士一节所收录兴城市（县）出席中共历届全国代表大会代表、全国人民代表大会代表、全国政协委员、全国劳动模范，以及在国内外具有较大影响或突出贡献者。

### 党政界

**赵敬党** 女，辽宁兴城人，1962 年 5 月回乡参加劳动，同年加入中国共产党。1964 年 9 月，当选第三届全国人民代表大会代表。1965 年 12 月，任兴城县药王庙公社党委书记。1968 年，任锦州地委革委会常委。被选为中国共产党第九次全国代表大会代表。

**张铁生** 辽宁兴城人，1951 年出生。1968 年中学毕业后上山下乡，曾任白塔人民公社枣山大队第四生产队队长。1973 年全国恢复高考，张铁生参加招生考试后，被树立为“反潮流”典型，同年入辽宁农学院畜牧系学习，并加入中国共产党。1975 年担任中共铁岭农学院核心小组副组长、院党委书记，出席第四届全国人民代表大会，当选为第四届全国人大常委会委员。

**马玉莲** 女，辽宁兴城人，1945 年 2 月出生，中共党员。1968 年任兴城县红崖子人民公社北马大队党支部书记。1969 年冬，在一次突发事件中，她奋不顾身抵挡歹徒铡刀，避免一场恶性伤害事件的发生，受到兴城县、锦州市两级党委的通报表彰。连续当选第五届、第六届全国人民代表大会代表。

**张文成** 辽宁兴城人，1947 年 3 月出生，中共党员，大专学历。四家村党委书记、四家村企业集团董事长兼总经理、兴城市人大常委会副主任。1992 年创立辽宁省四家实业总公司。连续当选第七届、八届、九届、十届、十一届、十二届全国人民代表大会代表，两次荣获全国劳动模范。2002 年被中共中央树为“全国农村学习实践‘三个代表’重要思想基层干部标兵”，2006 年被评为全国“十大杰出村官”。2012 年 9 月，在第十二届全国“村长”论坛上被授予“中国功勋村官”称号。

**由景瑶** 女，辽宁大连人，1939 年 12 月出生，中共党员，主任医师。1963 年毕业于大连医学院，1970 年任兴城县妇幼保健院院长。先后被评选为辽宁省十大女杰、“三八”红旗手、劳动模范、共产党员标兵，全国卫生系统模范工作者，连续当选中国共产党第十四次、第十五次代表大会代表。1995 年 5 月，被国务院授予“全国先进工作者”称号。1996 年 12 月获“白求恩奖章”。

**董启凤** 女，上海市人，1935 年出生。历任中国农业科学院兴城果树研究所助理研究员、副研究员、研究员、副所长，兼任中国园艺学会果树专业委员会主任，出版《中国果树实用新技术大全（落叶果树卷）、《苹果优质丰产技术问答》等多部著作。1987 年 4 月被选为兴城市政协第一届委员会副主席。连续当选为第八届、第九届全国人大代表。

**刘凤之** 山东茌平人，1963 年 7 月出生，九三学社社员，研究生学历。历任中国农业科学院兴城果树研究所副研究员、研究员，栽培研究室主任，研究所副所长、所长，硕士生导师。中国园艺学会果树专业委员会主任、国家农业部果树专家技术指导组副组长。从事果树科学研究与科研管理，深入兴城农村进行果树栽培培训和技术指导，以望海满族乡余粮村葡萄园为试验点进行葡萄栽植试验，参与筹建中国农业科学院兴城农村实用技术培训中心。连续当选第十一届、第十二届全国政协委员。

**李玉环** 女，辽宁兴城人，满族，1964 年 2 月出生，本科学历。兴城凯森蒙集团有限公司总经理。其创办的服装企业通过国际质量、环境体系认证，先后被评为全国守合同重信用单位、全国诚信守法乡镇企业、辽宁省信誉“AAA”级企业。2004 年，被中华全国总工会授予“五一劳动奖章”。2005 年，被国务院授予“全国劳动模范”称号。当选第十二届全国人民代表大会代表。

## 文化界

**张守维** 别名张萍，辽宁兴城人，1918 年 10 月出生。1937 年赴延安，先后毕业于抗日军政大学和鲁迅艺术文学院戏剧系。1944年首次饰演歌剧《白毛女》中的“杨白劳”。1948年历任嫩江省实验话剧团团长、黑龙江省文工团团长。1949年10月当选黑龙江省文联主席。1950年在电影《白毛女》中再次饰演“杨白劳”，并导演多部京剧、评剧等剧目。1955年担任中央戏剧学院表演系副主任，从事戏剧教育工作。1973年在电影《青松岭》中饰演“老五爷”。1980年离休，2003年3月在北京逝世。

**吴　枫**　辽宁兴城人，1926年出生。1951年毕业于东北师范大学历史系并留校任教，历任东北师范大学历史系副主任、古籍整理研究所所长，教授、硕士生导师，兼任中国唐史学会副会长兼秘书长、武则天研究会理事长，是华东师范大学、宁夏大学、四平师范学院兼职教授，中国当代著名历史学家及唐史研究权威专家，享受国务院政府特殊津贴。发表历史论文50余篇，出版著作《中国古典文献学》等9部，主编有《中华思想宝库》《中华儒学通典》等。2001年3月逝世，终年75岁。

**张曼茹**　女，辽宁兴城人，满族，1936年出生。1949年被录取为中央音乐学院音乐工作团舞蹈演员，1952年调到新组建的中央民族歌舞团任舞蹈演员，1954年赴蒙古人民共和国留学深造，后为中央民族歌舞团编导，舞蹈作品曾获莫斯科第六届世界青年联欢会三等奖等奖项，代表作品有《灯舞》等。1964年担任大型音乐舞蹈史诗《东方红》舞蹈编导，并为丈夫胡松华演唱的《赞歌》表演蒙古族独舞。1980年在全国第一届舞蹈比赛中获优秀表演奖。1987年受聘为兴城市歌舞团顾问。

**薛若琳**　辽宁兴城人，1939年出生，中共党员。历任中国艺术研究院副院长、研究员、博士生导师，中国戏剧家协会副主席、中国戏曲学会会长、《中华戏曲》名誉主编，全国艺术科学规划领导小组成员，享受国务院政府特殊津贴。先后毕业于中国戏曲学院戏曲文学系和中国艺术研究院研究生部戏曲系，长期研究历史剧、宗教仪式戏剧和明末清初戏剧，著有《尤侗论稿》《艺苑丛谈》，担任《中国巫傩面具艺术》主编、《中国戏曲志》副主编，发表《戏曲文学的发展及综合性艺术的传承》等论文。

**赵序初**　又名启元，辽宁兴城人，1918年8月出生。幼承家学，酷爱书法，潜心临帖创作。其书法作品多次在全国和省、市书法大赛中入选、获奖。2000年创作《真草书千字文》字帖，获葫芦岛市人民政府颁发的“金秋奖”。2010年，创作《忆琐杂谭》。现为中国老年书画研究会会员、辽宁省书法家协会会员、辽宁省历史学会会员、兴城市书法家协会顾问，获辽宁省老年书法研究会授予的“德艺双馨奖”。

**闫福兴**　辽宁兴城人，1954年2月出生，中共党员。兴城市文联副主席、葫芦岛市旅游局主任科员，中国音乐家协会会员、中国曲艺家协会会员、中国摄影家协会会员。用指哨模仿多种鸟鸣，会吹奏多种民族乐器，被称为“文化奇人”。多次应邀参加全国性的文艺演出并赴美国、日本、韩国、新西兰等30多个国家演出。在全国率先开通爱鸟热线，连续17年参加全国夏令营宣传爱鸟护鸟知识，被誉为 “鸟叔叔”。2012年11月因突发心脏病殉职。

## 体育界

**蒋兴权**　辽宁兴城人，1940年出生，中共党员。1963年进入国家青年篮球队。1970年任辽宁男篮教练、主教练。1991年担任国家男篮主教练，带领中国男篮夺得第三届亚洲篮球锦标赛冠军并进入世界篮球锦标赛八强。1992年作为教练员参加巴塞罗那奥运会，是首位参加奥运会的兴城人。1995 年 9 月任辽宁省体委副主任，1996 年当选中国篮球协会副主席。1999 年再度出任国家男篮主教练，率队夺得亚锦赛冠军。2004 年任中国男篮技术顾问。入选“新中国篮球运动 50 杰”，被中国篮协授予“中国篮球特殊贡献奖”。

### 卫生界

**陶祝三**　辽宁义县人，1909 年出生于中医世家。1930 年应兴城延寿堂之邀出任中医师。新中国成立后担任兴城中医门诊部业务负责人，兴城县人民医院中医科主任。1956 年当选“辽宁省先进卫生工作者”，1958 年出席全国群英会，1963 年当选“辽宁省劳动模范”。参加编写北方 11 省（自治区）卫校教材，主编骨科部分。1980 年参加创建兴城县中医院。先后在《辽宁中医杂志》等医刊发表学术论文十余篇，多次为兴城驻在医疗单位举办的“中医业务培训班”担任主讲。1987 年辽宁省人民政府授予其“劳动模范”称号。1994 年 2 月逝世。

# 第三章　人物名表

“人物名表”分为先进个人和专业技术人才 2 节，收录对兴城政治、经济、文化、社会各界有重大影响的先进人物以及在外地有重大影响的兴城籍人物。

## 第一节　先进个人

“先进个人”节收录 1986~2012 年受到国务院、国家部委、省委、省政府、省军区表彰的社会各界劳动模范、先进工作者、记一等功或同等荣誉称号者，以获奖时间为序。

### 1986~2012 年受省（部）级以上表彰的先进个人

表 27-1-1

| 姓　名 | 性别 | 工作单位及职务 | 荣誉称号 | 授誉单位 | 授誉时间 |
|---|---|---|---|---|---|
| 齐玉田 | 男 | 兴城县农业技术推广中心主任 | 坚持长期农业技术推广工作做出成绩奖章 | 国家农牧渔业部 | 1986 |
| 赵海山 | 男 | 中共沙后所镇党委书记 | 全国计划生育先进工作者 | 国家计划生育委员会 | 1986 |
| 李玉馥 | 女 | 宁远乡计划生育助理 | 全国计划生育先进个人 | 国家计划生育委员会 | 1986 |
| 张云香 | 男 | 红崖子满族乡武装部长 | 先进个人 | 中共辽宁省委 辽宁省人民政府 辽宁省军区 | 1986 |
| 张朝君 | 男 | 华山中学教师 | 先进教育工作者 | 兵器工业总公司 | 1986 |
| 张雅和 | 女 | 兴城镇南二街居委会党支部书记 | 五好家庭标兵 | 辽宁省人民政府 | 1986 |
| 张素华 | 女 | 兴城市第二高级中学教师 | 优秀教师 | 辽宁省人民政府 | 1986 |

续表 27-1-1

| 姓 名 | 性别 | 工作单位及职务 | 荣誉称号 | 授誉单位 | 授誉时间 |
|---|---|---|---|---|---|
| 姜迎春 | 女 | 兴城教师进修学校教师 | 先进教师 | 辽宁省人民政府 | 1986 |
| 薛桂宝 | 男 | 兴城教师进修学校教师 | 先进教师 | 辽宁省人民政府 | 1986 |
| 汤新江 | 男 | 沙后所中学校长 | 优秀教师 | 辽宁省人民政府 | 1986 |
| 赵永权 | 男 | 大寨中学校级调研员 | 优秀教师 | 辽宁省人民政府 | 1986 |
| 杜德琴 | 女 | 兴城县南一小学教师 | 优秀教师 | 辽宁省人民政府 | 1986 |
| 高慕义 | 男 | 元台子小学教师 | 优秀教师 | 辽宁省人民政府 | 1986 |
| 刘玉春 | 女 | 东辛庄小学教师 | 先进教师 | 辽宁省人民政府 | 1986 |
| 张荫槐 | 男 | 兴城县体育委员会主任 | 新中国体育开拓者 | 国家体育运动委员会 | 1986 |
| 刘 烽 | 男 | 兴城轴承有限公司董事长 | 劳动模范 | 辽宁省人民政府 | 1987 |
| 王英奎 | 男 | 兴城南一小学教师 | 劳动模范 | 辽宁省人民政府 | 1987 |
| 刘玉珍 | 女 | 兴城市教师进修学校副校长 | 特级教师 | 辽宁省人民政府 | 1987 |
| 李继纲 | 男 | 兴城县林木种子站站长 | 劳动模范 | 辽宁省人民政府 | 1987 |
| 李玉环 | 女 | 兴城市第一幼儿园教师 | 先进教师 | 辽宁省人民政府 | 1987 |
| 祖兴元 | 男 | 宁远街道南甸子村村民 | 劳动模范 | 辽宁省人民政府 | 1987 |
| 关永江 | 男 | 旧门满族乡旧门村党支部书记 | 劳动模范 | 辽宁省人民政府 | 1987 |
| 侯宗璞 | 男 | 兴城市人民政府副市长 | 先进工作者 | 国务院全国工业普查领导小组 | 1988 |
| 刘玉昌 | 男 | 兴城市工业局副局长 | 先进工作者 | 国务院全国工业普查领导小组 | 1988 |
| 史殿杰 | 男 | 中共兴城市委常委、组织部部长 | 优秀党务工作者 | 中共辽宁省委 | 1988 |
| 刘雅莉 | 女 | 兴城第一中学教师 | 优秀教师 | 辽宁省人民政府 | 1988 |
| 周秀春 | 男 | 兴城市盲人聋哑协会干事 | 优秀特殊教育工作者 | 中国残疾人福利基金会 | 1988 |
| 王俊秋 | 男 | 刘台子满族乡闫家村村民 | 劳动模范 | 辽宁省人民政府 | 1989 |
| 徐绍曾 | 男 | 三道沟满族乡果树站站长 | 劳动模范 | 辽宁省人民政府 | 1989 |
| 李玉川 | 男 | 兴城市轴承厂副厂长 | 劳动模范 | 辽宁省人民政府 | 1989 |
| 陈淑杰 | 女 | 兴城市东辛庄小学教师 | 优秀教师 | 国家教育委员会 | 1989 |
| 石俊吉 | 男 | 兴城市教师进修学校教研员 | 全国优秀教师 | 国家教育委员会 国家人事部 | 1989 |
| 黄桂芝 | 女 | 兴城市红崖子中学校长 | 优秀教师 | 辽宁省人民政府 | 1989 |
| 张素君 | 女 | 兴城市海滨小学教师 | 先进教师 | 辽宁省人民政府 | 1989 |
| 王志民 | 男 | 兴城市元台子小学教师 | 优秀教师 | 辽宁省人民政府 | 1989 |
| 郭炳林 | 男 | 兴城市教师进修学校教师 | 劳动模范 | 辽宁省人民政府 | 1989 |
| 刘兴周 | 男 | 兴城市南一小学校长 | 先进教师 | 辽宁省人民政府 | 1989 |

续表 27-1-1

| 姓 名 | 性别 | 工作单位、职务 | 荣誉称号 | 授誉单位 | 授誉时间 |
|---|---|---|---|---|---|
| 田翠英 | 女 | 兴城市教师进修学校教师 | 先进教师 | 辽宁省人民政府 | 1989 |
| 苏文华 | 男 | 兴城高级中学校长 | 优秀教育工作者 | 辽宁省人民政府 | 1989 |
| 王再凤 | 女 | 兴城第五中学教师 | 优秀教师 | 辽宁省人民政府 | 1989 |
| 孙国林 | 男 | 兴城市教师进修学校副校长 | 全国优秀班主任 特级教师 | 国家教育委员会 | 1989 |
| 王忠威 | 男 | 兴城市教师进修学校教师 | 特级教师 | 辽宁省人民政府 | 1989 |
| 丁兆兰 | 女 | 兴城市教师进修学校教师 | 特级教师 | 辽宁省人民政府 | 1989 |
| 孙文涛 | 男 | 兴城市教师进修学校教师 | 全国优秀教师 | 国家教育委员会 国家人事部 | 1989 |
| 张 杰 | 男 | 兴城市四家小学教师 | 优秀教师 | 辽宁省人民政府 | 1989 |
| 郭长虹 | 男 | 钓鱼台街道红石碑村村民 | 劳动模范 | 辽宁省人民政府 | 1990 |
| 赵志伟 | 男 | 兴城市个体工商户 | 个体工商户守法纳税户 | 国家税务局 共青团中央 | 1990 |
| 冯 义 | 男 | 兴城市税务局干部 | 全国个体工商户税法宣传活动先进工作者 | 国家税务局 共青团中央 | 1990 |
| 杨 臣 | 男 | 兴城市卫生局干部 | 征兵工作先进个人 | 辽宁省人民政府 | 1990 |
| 王文久 | 男 | 兴城市土地管理局局长 | 先进工作者 | 辽宁省人民政府 | 1990 |
| 宋海奇 | 男 | 兴城高级中学教师 | 全国优秀教师 | 国家教育委员会 | 1991 |
| 刘森林 | 男 | 兴城市教委初级科科长 | 先进教育工作者 | 国家教育委员会 | 1991 |
| 赵希文 | 男 | 兴城市档案局局长 | 全国档案系统先进个人 | 国家档案局 国家人事部 | 1991 |
| 张子忠 | 男 | 兴城市科学技术协会主席 | 全国星火计划管理先进工作者 | 国家科学技术委员会 | 1991 |
| 纪玉兰 | 女 | 元台子满族乡枣山村党支部书记 | 劳动模范 | 辽宁省人民政府 | 1992 |
| 王振玉 | 男 | 兴城市林业局局长 | 劳动模范 | 辽宁省人民政府 | 1992 |
| 尚久钦 | 男 | 兴城市农业局农经总站站长 | 全国农业科技推广活动先进个人 | 国家农业部 | 1992 |
| 翟文梓 | 男 | 兴城啤酒有限公司董事长 | 劳动模范 | 辽宁省人民政府 | 1992 |
| 王连毕 | 男 | 兴城市风景区管理局局长 | 国家风景区先进工作者 | 国家建设部 | 1992 |
| 谷学利 | 男 | 闻家满族乡农业站站长 | 全国农业技术推广战线先进个人 | 国家农业部 | 1992 |
| 毕玉田 | 男 | 中共兴城市委书记 | 优秀领导干部 | 中共辽宁省委 辽宁省人民政府 | 1992 |
| 陈凤池 | 男 | 中共兴城市委副书记 | 优秀党务工作者 | 中共辽宁省委 | 1992 |
| 陈喜顺 | 男 | 兴城市工商局高家岭工商所所长 | 全国优秀工商行政管理人员 | 国家工商局 | 1992 |
| 杨 学 | 男 | 菊花岛乡武装部长 | 边海防武装部长标兵 | 中共辽宁省委 辽宁省人民政府 辽宁省军区 | 1992 |
| 范福才 | 男 | 羊安满族乡柳蒿村农民 | 先进生产者 | 辽宁省人民政府 | 1993 |
| 江润舟 | 男 | 沙后所镇后王村村民 | 先进生产者 | 辽宁省人民政府 | 1993 |
| 赵光璧 | 男 | 沙后所镇西关村果树专业户 | 优秀共产党员 | 中共辽宁省委 | 1993 |

续表 27-1-1

| 姓　名 | 性别 | 工作单位、职务 | 荣誉称号 | 授誉单位 | 授誉时间 |
| --- | --- | --- | --- | --- | --- |
| 马和泉 | 男 | 白塔满族乡武装部长 | 模范专职人民武装干部 | 辽宁省人民政府 | 1993 |
| 许桂莲 | 女 | 兴城第二中学教师 | 全国优秀教师 | 国家教育部 | 1993 |
| 张雪芳 | 女 | 兴城第五中学教师 | 全国教育系统劳动模范 | 国家教育部 | 1993 |
| 于洪生 | 男 | 白塔中心小学校教师 | 全国优秀教师 | 国家教育部 | 1993 |
| 王英杰 | 男 | 中共兴城市委组织部副部长 | 优秀党务工作者 | 中共辽宁省委 | 1993 |
| 宋静煜 | 女 | 兴城市农技推广中心土肥站站长 | 振兴农业先进工作者 | 国家农业部 | 1993 |
| 朱开平 | 男 | 兴城市人民政府副市长 | 优秀市长 | 国家建设委员会 | 1994 |
| 张福权 | 男 | 兴城市建设委员会副主任 | 优秀建委主任 | 国家建设委员会 | 1994 |
| 陈喜哉 | 男 | 兴城市国税局副局长 | 学雷锋标兵 | 辽宁省人民政府 | 1994 |
| 曹文生 | 男 | 兴城教师进修学校教师 | 先进教师 | 辽宁省人民政府 | 1994 |
| 刘　义 | 男 | 三道沟满族乡党委组织委员 | 廉洁奉公先进个人 | 辽宁省人民政府 | 1995 |
| 胡成林 | 男 | 沙后所镇南门外村党支部书记 | 劳动模范 | 辽宁省人民政府 | 1995 |
| 马承芳 | 女 | 白塔满族乡朗月村村民 | 先进工作者 | 国家计划生育协会 | 1995 |
| 顾永生 | 男 | 大寨满族乡团委书记 | 全国青年星火带头人 | 共青团中央　国家教育部 | 1995 |
| 孙　旭 | 男 | 兴城市林果局股长 | 劳动模范 | 辽宁省人民政府 | 1995 |
| 韩喜德 | 男 | 温泉街道胜利村党支部书记 | 先进工作者 | 辽宁省人民政府 | 1995 |
| 沈会权 | 男 | 兴城市轴承有限公司工人 | 劳动模范 | 国家机械工业部 | 1995 |
| 张凤杰 | 女 | 沙后所后王小学教师 | 全国优秀教师 | 国家教育部 | 1995 |
| 董英利 | 男 | 大寨中学教师 | 全国优秀教师 | 国家教育部 | 1995 |
| 张书雨 | 男 | 兴城市工商局经济检查股股长 | 全国打击生产经销假冒伪劣商品违法行为先进个人 | 国家工商行政管理总局 | 1995 |
| 王维仲 | 男 | 东辛庄镇党委书记 | “八五”期间发展乡镇企业先进个人 | 辽宁省人民政府 | 1996 |
| 刘忠海 | 男 | 中共兴城市纪委书记 | 全国纪检监察先进工作者 | 中央纪委国家监察部 | 1996 |
| 刘宝忠 | 男 | 兴城市计划生育局办公室主任 | 全国计划生育先进工作者 | 国家计划生育委员会 | 1996 |
| 李毅士 | 男 | 兴城市科学技术协会副主席 | 全国金桥工程优秀组织者 | 中国科学技术协会 | 1996 |
| 王艳华 | 女 | 兴城市结核病防治所所长 | 全国结核病防治先进个人 | 国家卫生部 | 1996 |
| 李玉林 | 男 | 沙后所镇烟台小学校长 | 全国先进教师 | 国家教育部 | 1997 |
| 刘贺颖 | 男 | 红崖子满族乡团委书记 | 农村青年星火带头人 | 共青团中央 国家科技委员会 | 1997 |
| 王丽艳 | 女 | 工商行兴城支行营业部副主任 | 全国金融系统劳动模范 | 中国人民银行 中国金融工会 | 1997 |
| 裴　英 | 女 | 温泉街道温泉居委党支部书记 | “十岗千优”先进个人 | 国家司法部 | 1997 |
| 刘希玲 | 女 | 农业银行兴城支行中心储蓄所长 | 先进女职工 | 中国农业银行总行 | 1997 |

续表 27-1-1

| 姓 名 | 性别 | 工作单位、职务 | 荣誉称号 | 授誉单位 | 授誉时间 |
|---|---|---|---|---|---|
| 齐国玉 | 男 | 中共红崖子满族乡党委副书记 | 农村基层组织整顿建设先进个人 | 中共辽宁省委 | 1998 |
| 王占忠 | 男 | 兴城市公安局刑警大队长 | 全国优秀人民警察 | 国家公安部 | 1998 |
| 马华生 | 男 | 中共兴城市委常委、总工会主席 | 优秀工会工作者 | 中华全国总工会 | 1998 |
| 武林春 | 男 | 兴城市农经总站站长 | 农经战线先进工作者 | 国家农业部 | 1998 |
| 马福贵 | 男 | 兴城市老干部局局长 | 老干部先进工作者 | 中共辽宁省委<br>辽宁省人民政府 | 1998 |
| 刘贺江 | 男 | 拣金满族乡拣金小学校长 | 优秀教师 | 辽宁省人民政府 | 1998 |
| 李家仁 | 男 | 中共南大山满族乡党委书记 | 民族团结进步模范 | 国务院 | 1999 |
| 陈玉斌 | 男 | 东辛庄镇人民政府镇长 | 村企业建设先进个人 | 国家建设部 | 1999 |
| 马国昌 | 男 | 沙后所满族镇党委书记 | 劳动模范 | 辽宁省人民政府 | 1999 |
| 云彩宽 | 男 | 高家岭满族乡党委书记 | 劳动模范 | 辽宁省人民政府 | 1999 |
| 马世宇 | 男 | 葫芦岛玄宇食用菌专业合作社理事长 | 特等劳动模范 | 辽宁省人民政府 | 1999 |
| 苏泉涌 | 男 | 兴城市粉末冶金有限公司董事长 | 特等劳动模范 | 辽宁省人民政府 | 1999 |
| 赵青山 | 男 | 曹庄镇王屯村农民 | 劳动模范 | 辽宁省人民政府 | 1999 |
| 杜振福 | 男 | 曹庄镇曹庄社区农民个体户 | 见义勇为勇士 | 辽宁省人民政府 | 2000 |
| 张桂云 | 女 | 兴城市温泉小学教师 | 先进教师 | 辽宁省人民政府 | 2001 |
| 张朝君 | 男 | 华山中学教师 | 先进教师 | 辽宁省人民政府 | 2001 |
| 沈连春 | 男 | 兴城市公安局治安大队大队长 | 专项工作中做出突出贡献的公务员称号 | 辽宁省人民政府 | 2001 |
| 张焕荣 | 男 | 兴城市韩家沟果树农场退休干部 | 情系国防十佳人物 | 中共辽宁省委 辽宁省人民政府<br>辽宁省军区 | 2002 |
| 王国平 | 男 | 曹庄镇曹庄村文书 | 全国先进村组财会人员 | 国家农业部 | 2002 |
| 马江泉 | 男 | 兴城市人事局局长 | 全国转业复员退伍军人先进个人 | 中共辽宁省委 辽宁省人民政府 | 2002 |
| 熊玉辉 | 男 | 中共兴城市委常委、总工会主席 | 先进工作者 | 中华全国总工会 | 2002 |
| 郑国华 | 男 | 碱厂满族乡民政助理 | 先进工作者 | 国家人事部 中国残联<br>国务院协调委员会 | 2003 |
| 郑忠义 | 男 | 望海小学教师 | 农村优秀教师 | 辽宁省人民政府 | 2003 |
| 周岐林 | 男 | 红崖子中学教师 | 省级控辍先进个人 | 辽宁省人民政府 | 2004 |
| 李久仁 | 男 | 南一小学校长 | 特级教师 | 辽宁省人民政府 | 2005 |
| 蔄茂安 | 男 | 兴城市档案馆馆长 | 地方志先进工作者 | 辽宁省人民政府 | 2005 |
| 于永宽 | 男 | 铁煤集团兴城疗养院保卫干事 | 见义勇为先进个人 | 辽宁省人民政府 | 2005 |
| 朱晓松 | 男 | 兴城市工商局市场科科长 | 红盾护农先进个人 | 国家工商局 | 2005 |
| 张兴生 | 男 | 兴城市人民政府市长助理、信访局局长 | 信访突出问题专项治理工作先进个人 | 辽宁省人民政府 | 2005 |
| 齐士民 | 男 | 兴城市高级中学主任 | 特级教师 | 辽宁省人民政府 | 2005 |

续表 27-1-1

| 姓 名 | 性别 | 工作单位、职务 | 荣誉称号 | 授誉单位 | 授誉时间 |
|---|---|---|---|---|---|
| 韩忠宝 | 男 | 沙后所镇南门外村党支部书记 | 全国劳动模范 | 国务院 | 2005 |
| 田晓秋 | 男 | 兴城市农电局局长 | 劳动模范 | 辽宁省人民政府 | 2006 |
| 杨国凡 | 男 | 望海满族乡曲河村党支书记 | 劳动模范 | 辽宁省人民政府 | 2006 |
| 翟 爽 | 男 | 兴城市啤酒有限公司总经理 | 劳动模范 | 辽宁省人民政府 | 2006 |
| 贾清志 | 男 | 双树乡东砬村党支部副书记 | 见义勇为英雄 | 辽宁省人民政府 | 2006 |
| 韩忠香 | 男 | 兴城市委组织部副部长 | 优秀党委工作者 | 中共辽宁省委 | 2006 |
| 单新宇 | 男 | 共青团兴城市委书记 | 优秀共青团干部 | 共青团中央 | 2006 |
| 张久胜 | 男 | 四家屯街道居民 | 中华孝亲敬老之星 | 全国敬老爱老主题教育活动委员会 | 2007 |
| 苏亚云 | 女 | 兴城市宁远小学教师 | 优秀教师 | 辽宁省人民政府 | 2007 |
| 于丽达 | 女 | 兴城二四六医院护士长 | 全国百名优秀母亲 | 全国妇女联合会 | 2008 |
| 肖兴海 | 男 | 兴城市统计局副局长 | 第二次全国农业普查先进个人 | 国家统计局 | 2008 |
| 苏士杰 | 男 | 刘台子满族乡统计助理 | 第二次全国农业普查先进个人 | 国务院第二次农普组<br>国家统计局 | 2008 |
| 赵时东 | 男 | 郭家镇党委秘书 | 第二次全国农业普查先进个人 | 国务院第二次农普组<br>国家统计局 | 2008 |
| 张 振 | 男 | 大寨满族乡统计助理 | 第二次全国农业普查先进个人 | 国务院第二次农普组<br>国家统计局 | 2008 |
| 王华日 | 男 | 刘台子满族乡乡长 | 第二次全国农业普查先进个人 | 国务院第二次农普组<br>国家统计局 | 2008 |
| 于宝兴 | 男 | 兴城市老干部局局长 | 老干部先进工作者 | 中共辽宁省委 辽宁省人民政府 | 2008 |
| 孙海轩 | 男 | 兴城市水利局局长 | 人民满意的公务员 | 中共辽宁省委 辽宁省人民政府 | 2008 |
| 李凤德 | 男 | 兴城龙滨农村种植业协会会长 | 劳动模范 | 辽宁省人民政府 | 2009 |
| 马国静 | 男 | 白塔满族乡老边村党支部书记 | 劳动模范 | 辽宁省人民政府 | 2009 |
| 韩 平 | 男 | 兴城市人民政府市长 | 民族团结进步模范 | 国务院 | 2009 |
| 赵友谊 | 男 | 中共兴城市政法委副书记 | 2005~2008 年度全省社会治安综合治理先进工作者 | 中共辽宁省委 辽宁省人民政府 | 2009 |
| 杨丽君 | 女 | 东辛庄小学教导主任 | 优秀教师 | 辽宁省人民政府 | 2009 |
| 李希林 | 男 | 三道沟果树专业合作社理事长 | 省三级联创优秀共产党员 | 中共辽宁省委 | 2010 |
| 周玉顺 | 男 | 曹庄镇七里坡村党支部书记 | 全国气象部门防重大灾害突出贡献先进个人 | 国家气象局 | 2010 |
| 董玉兰 | 女 | 兴城第二中学教师 | 全国优秀教师 | 国家教育部 | 2010 |
| 杨士平 | 女 | 兴城市温泉小学校长 | 优秀教师 | 辽宁省人民政府 | 2010 |
| 王华松 | 男 | 兴城市卫生局副局长、兴城市人民医院院长 | 全国医药卫生系统先进个人 | 国家卫生部 | 2010 |
| 吴献国 | 男 | 兴城市统计局普查中心主任 | 第六次全国人口普查先进个人 | 国家统计局 | 2011 |
| 翟立臣 | 男 | 城东街道武装部长 | 基层武装先进个人 | 辽宁省人民政府 辽宁省军区 | 2011 |
| 葛秋兰 | 女 | 兴城市统计局执法大队队长 | 第二次全国 R&D 资源清查工作先进个人 | 国家统计局 | 2011 |

续表 27-1-1

| 姓 名 | 性别 | 工作单位、职务 | 荣誉称号 | 授誉单位 | 授誉时间 |
|---|---|---|---|---|---|
| 李 刚 | 男 | 兴城市农村信用合作联社理事长 | 五一劳动奖章 | 中华全国总工会 | 2011 |
| 张志宽 | 男 | 兴城市老干部局副局长 | 老干部工作先进工作者 | 中共辽宁省委 辽宁省人民政府 | 2011 |
| 常桂芹 | 女 | 碱厂满族乡碱厂村村民 | 第三届全国道德模范提名奖 | 中共中央宣传部 中央文明办 全国总工会 共青团中央 全国妇联 | 2011 |
| 宋 丹 | 女 | 兴城市妇女联合会主席 | 全国妇联系统先进工作者 | 国家人力资源与社会保障部 全国妇女联合会 | 2011 |
| 王秀奇 | 男 | 东辛庄中学教师 | 特级教师 | 辽宁省人民政府 | 2011 |
| 崔宝民 | 男 | 兴城市人民法院刑事庭庭长 | 全国办案标兵 | 最高人民法院 | 2012 |
| 刘 峰 | 男 | 凯森蒙制衣集团有限公司行政部长 | 劳动模范 | 辽宁省人民政府 | 2012 |
| 刘绍民 | 男 | 望海满族乡黑庄村党支部副书记 | 劳动模范 | 辽宁省人民政府 | 2012 |
| 李希林 | 男 | 三道沟满族乡果树专业合作社理事长 | 劳动模范 | 辽宁省人民政府 | 2012 |
| 王 壮 | 男 | 东辛庄镇武装部部长 | "十一五"期间国防工程维护管理先进个人 | 辽宁省军区 | 2012 |
| 吴忠权 | 男 | 兴城市劳动和社会保障局局长 | 全省新型农村和城镇居民社养老保险工作先进工作者 | 辽宁省人民政府 | 2012 |
| 马春艳 | 男 | 宁远街道统计助理 | 全国企业"一套表"联网直报先进个人 | 国家统计局 | 2012 |
| 高 崇 | 男 | 围屏满族乡林业站长 | 林改工作先进个人 | 辽宁省人民政府 | 2012 |
| 付连峰 | 男 | 兴城市高级中学副校长 | 招飞工作先进个人 | 辽宁省军区 | 2012 |
| 武国余 | 男 | 南大山满族乡司法所所长 | 调解能手 | 国家司法部 | 2012 |

## 第二节 专业技术人员

兴城市在教育、医疗、农艺、农业、建筑、新闻等行业的高级专业技术人员 2000 多人，本节收录兴城市高级专业技术人员及兴城籍在外地工作的部分高级知识分子，列表如下。

### 兴城市高级（正高）专业技术人员

表 27-2-2

| 姓 名 | 性别 | 出 生 | 毕业学校专业 | 学 历 | 从事职业 | 职 称 | 工作单位 |
|---|---|---|---|---|---|---|---|
| 方树昌 | 男 | 1941.11 | 沈阳农学院-园艺 | 本科 | 果树 | 研究员级高级农艺师 | 兴城市果树局 |
| 孙晓梅 | 女 | 1961.2 | 锦州医学院-医疗 | 本科 | 医疗 | 主任医师 | 兴城市人民医院 |
| 蔄茂安 | 男 | 1947.2 | 中央党校函授学院 | 本科 | 年鉴 | 编审 | 兴城市档案局 |
| 熊波澎 | 男 | 1961.7 | 锦州医学院-医疗 | 本科 | 普外 | 主任医师 | 兴城市人民医院 |
| 宋 丽 | 女 | 1961.1 | 沈阳农学院-蔬菜 | 本科 | 蔬菜 | 研究员级高级农艺师 | 兴城市农技推广中心 |
| 宋国华 | 女 | 1959.10 | 熊岳农业专科学校 | 大专 | 植物保护 | 研究员级高级农艺师 | 兴城市农技推广中心 |
| 吕 英 | 男 | 1964.2 | 沈阳农业大学-蔬菜 | 本科 | 农技推广 | 研究员级高级农艺师 | 兴城市农技推广中心 |

续表 27-2-2

| 姓 名 | 性别 | 出 生 | 毕业学校专业 | 学 历 | 从事职业 | 职 称 | 工作单位 |
|---|---|---|---|---|---|---|---|
| 周锦文 | 男 | 1953.11 | 辽宁大学自考 | 本科 | 新闻 | 高级记者 | 兴城时讯社 |
| 朱金桥 | 男 | 1955.2 | 辽宁中医学院-中药 | 本科 | 中药 | 主任中药师 | 兴城市东辛庄医院 |
| 王福祥 | 男 | 1948.11 | 锦州医学院-临床 | 本科 | 循环内科 | 主任医师 | 兴城市人民医院 |
| 王桂荣 | 女 | 1949.7 | 锦州医学院-临床 | 本科 | 心血管内科 | 主任医师 | 兴城市人民医院 |
| 赵 娟 | 女 | 1954.1 | 哈尔滨医大-医疗 | 本科 | 呼吸内科 | 主任医师 | 兴城市人民医院 |
| 金景山 | 男 | 1955.8 | 锦州师范学院 | 本科 | 数学 | 教授级<br>高级讲师 | 兴城市市委党校 |
| 马文臣 | 男 | 1949.6 | 吉林大学-哲学 | 本科 | 哲学 | 教授级<br>高级讲师 | 兴城市市委党校 |
| 郭海英 | 女 | 1966.7 | 承德医学院-中医 | 本科 | 中医 | 主任中医师 | 兴城市中医院 |
| 柳 滨 | 女 | 1956.12 | 北华大学-医学检验 | 本科 | 检验 | 主任检验师 | 兴城市妇女儿童医院 |
| 赵士伟 | 男 | 1965.1 | 锦州医学院 | 本科 | 普外 | 主任医师 | 兴城市人民医院 |
| 贺继伟 | 男 | 1964.3 | 辽宁中医学院-医疗 | 本科 | 骨科 | 主任中医师 | 兴城市人民医院 |
| 王恩才 | 男 | 1966.8 | 大连医科大学-临床 | 本科 | 骨外 | 主任医师 | 兴城市人民医院 |
| 常 青 | 男 | 1969.6 | 中国医科大学-儿科 | 本科 | 普外 | 主任医师 | 兴城市人民医院 |
| 王洪奇 | 男 | 1960.10 | 西北民族学院-医疗 | 本科 | 普外 | 主任医师 | 兴城市妇女儿童医院 |
| 王文娟 | 女 | 1967.9 | 沈阳农业大学 | 本科 | 土化 | 研究员级<br>高级农艺师 | 兴城市农技推广中心 |
| 王艳霞 | 女 | 1962.8 | 沈阳农业大学 | 大专 | 农学 | 研究员级<br>高级农艺师 | 兴城市农技推广中心 |
| 马树环 | 男 | 1967.1 | 沈阳农业大学-果树 | 本科 | 果树 | 研究员级<br>高级农艺师 | 兴城市果树总站 |
| 张向阳 | 女 | 1969.10 | 锦州医学院-临床 | 本科 | 儿科 | 主任医师 | 兴城市妇女儿童医院 |
| 张 闻 | 男 | 1969.11 | 锦州医学院-临床 | 本科 | 儿科 | 主任医师 | 兴城市人民医院 |
| 陈晓玲 | 女 | 1968.10 | 大连医学院-临床 | 本科 | 神经内科 | 主任医师 | 兴城市人民医院 |
| 闫 辉 | 女 | 1970.2 | 大连医学院-临床 | 本科 | 呼吸内科 | 主任医师 | 兴城市人民医院 |
| 冯汉超 | 男 | 1969.6 | 锦州医学院-医疗 | 本科 | 放射诊断 | 主任医师 | 兴城市人民医院 |
| 张彦宏 | 男 | 1967.8 | 中国医科大学-预防医学 | 本科 | 食品卫生 | 主任医师 | 兴城市食品卫生检验所 |
| 杨 滨 | 女 | 1968.4 | 锦州医学院-临床 | 本科 | 儿科 | 主任医师 | 兴城市妇女儿童医院 |
| 孙 宇 | 女 | 1971.7 | 锦州医学院-临床 | 本科 | 心血管内科 | 主任医师 | 兴城市人民医院 |
| 梁 明 | 女 | 1966.12 | 大连医学院-医疗 | 本科 | 骨外 | 主任医师 | 兴城市人民医院 |
| 董丽梅 | 女 | 1971.1 | 南京农业大学-果树 | 本科 | 果树 | 研究员级<br>高级农艺师 | 兴城市果树总站 |
| 朱 平 | 女 | 1970.5 | 锦州医学院-临床 | 本科 | 临床 | 主任医师 | 兴城市人民医院 |
| 敖秀峰 | 男 | 1963.6 | 锦州医学院-医疗 | 本科 | 妇产 | 主任医师 | 兴城市妇女儿童医院 |
| 金继红 | 女 | 1973.2 | 辽宁医学院-临床 | 本科 | 妇产 | 主任医师 | 兴城市人民医院 |

## 兴城籍在外地工作的部分高级（正高）知识分子

表 27-2-3

| 姓 名 | 性别 | 出生 | 学科领域及研究方向 | 职 称 | 工作单位及职务 |
|---|---|---|---|---|---|
| 马德风 | 男 | 1914 | 蜜蜂饲养技术 蜜蜂品种改良推广 | 研究员 | 中国农科院蜜蜂研究所副所长 |
| 王承礼 | 男 | 1928 | 考古 博物馆学 古代民族史 东北沦陷史 | 研究员 | 吉林省社科院副院长 |
| 王锡荣 | 男 | 1931 | 中国古典文学 | 教 授 | 吉林大学文学院 |
| 许文儒 | 男 | 1931 | 柞蚕 柞树及果树害虫研究 | 研究员 | 辽宁省蚕业科学研究所 |
| 聂绍荃 | 男 | 1933 | 植物分类学 植物群落生态学 林学 | 教 授 | 东北林业大学生物系副主任 博士生导师 |
| 方 凯 | 男 | 1934 | 半导体器件与集成电路 | 教 授 | 辽宁大学物理系 |
| 吴肃民 | 男 | 1936 | 民族古籍整理与研究 | 教 授 | 中央民族大学 |
| 郭长城 | 男 | 1936 | 苹果和梨新品种研究 | 研究员 | 黑龙江农科院牡丹江分院 |
| 张焕文 | 男 | 1938 | 精密仪器研究 | 研究员 | 中科院西安光学精密机械研究所 博士生导师 |
| 李 成 | 男 | 1938 | 电镜技术及畜禽病毒形态学研究 | 研究员 | 中国农业科学院哈尔滨兽医研究所 |
| 王连元 | 男 | 1942 | 中国画技法 技巧研究与教学 | 教 授 | 哈尔滨师范大学艺术学院 |
| 李玉珍 | 女 | 1943 | 民间音乐教学和研究 | 教 授 | 沈阳音乐学院音乐学系 硕士生导师 |
| 许长文 | 男 | 1944 | 新闻 | 高级记者 | 葫芦岛日报总编辑 |
| 郭长歧 | 男 | 1945 | 文学 戏剧创作 | 国家一级编剧 | 内蒙古包头市艺术研究所所长 |
| 吴光夏 | 男 | 1948 | 膜材料改性 膜制备和膜清洗 | 研究员 | 中科院生态环境研究中心研究室主任 博士生导师 |
| 韩铁英 | 男 | 1952 | 国际关系及日本问题研究 | 编 审 | 中国社科院日本研究所《日本学刊》主编 |
| 杨德武 | 男 | 1952 | 机械分离过程及设备 | 教 授 | 沈阳化工大学 |
| 何恩良 | 男 | 1952 | 中医外科临床教学 | 教 授 | 辽宁中医药大学附属医院 |
| 张恩普 | 男 | 1954 | 中国古代文学理论与批评 写作 | 教 授 | 东北师范大学文学院 博士生导师 |
| 阎雪雯 | 女 | 1955 | 日语教学 | 教 授 | 沈阳师范大学外国语学院日语系主任 硕士生导师 |
| 韩大梅 | 男 | 1955 | 中国近现代史 中共党史 孙中山研究 | 教 授 | 辽宁师范大学历史文化旅游学院 硕士生导师 |
| 王维凡 | 男 | 1955 | 图论 组合数学与网络优化 | 教 授 | 浙江师范大学数理与信息工程学院 博士生导师 |
| 李亚峰 | 男 | 1960 | 水污染控制理论与污水处理及回用技术 | 教 授 | 沈阳建筑大学市政工程系主任 硕士生导师 |
| 常国威 | 男 | 1960 | 金属凝固原理与控制凝固技术 | 教 授 | 辽宁工业大学教授 硕士生导师 |
| 刘丹平 | 男 | 1961 | 骨科创伤 骨愈合研究 | 教 授 | 辽宁医学院骨科 硕士生导师 |
| 邢志人 | 男 | 1963 | 刑事法学 | 教 授 | 辽宁大学法学院副院长 硕士生导师 |
| 周建新 | 男 | 1963 | 文学创作 | 国家一级作家 | 辽宁省作家协会副主席 |
| 韩 伟 | 女 | 1963 | 马克思主义理论研究 | 教 授 | 河北民族师范学院法政系 |
| 粟印军 | 男 | 1963 | 冠心病介入治疗 快速心律失常射频消融治疗 | 教 授 | 中国医科大学 硕士生导师 |

续表 27-2-3

| 姓 名 | 性别 | 出生 | 学科领域及研究方向 | 职 称 | 工作单位及职务 |
|---|---|---|---|---|---|
| 李文广 | 男 | 1964 | 流体力学 流体机械及工程 | 教 授 | 兰州理工大学流体动力与控制学院 博士生导师 |
| 杨 明 | 女 | 1965 | 刑事诉讼法学 | 教 授 | 辽宁大学法学院 博士生导师 |
| 马宝杰 | 男 | 1965 | 中国古代书画鉴赏和博物馆学理论 | 研究馆员 | 辽宁省博物馆馆长 鲁迅美术学院硕士生导师 |
| 齐义辉 | 男 | 1965 | 高性能结构材料和汽车轻量化材料 | 教 授 | 辽宁工业大学新能源学院副院长 硕士生导师 |
| 李殿忠 | 男 | 1966 | 大型铸锻件的模拟和工艺设计 | 研究员 | 中科院沈阳研究所金属加工部主任 |
| 王宏祥 | 男 | 1966 | 压电驱动与控制机械动态设计与机械振动 | 教 授 | 辽宁工业大学机械工程学院副院长 硕士生导师 |
| 王立新 | 男 | 1966 | 美国对外关系史 中美关系史 基督教在华传教史 | 教 授 | 北京大学历史系 博士生导师 |
| 马东阁 | 男 | 1967 | 有机聚合物光电子材料与器件研究 | 研究员 | 中科院长春应用化学研究所 博士生导师 |

# 附 录

## 一、文献选辑

中共十一届三中全会以后，各级党委和人民政府对兴城的改革开放、社会各项事业发展建设给予极大的关注和支持，对各项政治、经济等管理体制进行一系列的调整和改革。“文件选辑”中选录的部分文件，记录兴城在不同历史时期的发展历程。

### 国务院关于规划和开发辽宁省兴城旅游区的批复

国函〔1985〕29号

辽宁省人民政府、城乡建设环境保护部：

你们报来的《关于规划和开发辽宁兴城旅游区几个问题的请示》收悉。现批复如下：

一、兴城地区具有发展旅游事业的优越条件。开发兴城，首先要搞好城市总体规划，报省人民政府审批。同时，要做好近期建设详细规划和开发建设的准备工作。一切建设，都要严格按照批准的城市规划进行，并加强建设管理，逐步把兴城建设成为我国北方沿海的风景旅游区。

二、从现在起，要对兴城地区建设用地进行一次普查清理。凡占地过多的单位，要按照规划予以压缩。温泉区和海滨等风景区一律暂不批拨土地。今后城市规划区土地要统一管理。温泉水资源也要实行统一开发、统一管理。

三、初期基础设施开发的资金采取多种渠道解决，主要靠建设单位集资，并收取开发费。在开发初期的二、三年内，所需资金，由地方统筹安排解决。确有困难时，基础设施开发或商品房建设费用，由省向银行申请开发贷款；有些市政设施投资，国家可给予少量补助。

四、目前兴城海滨及温泉附近地区缺乏统一管理，各部门的休养院、疗养院各圈一个大院，影响合理规划。要逐步把在兴城地区所有的休养院、疗养院纳入统一规划，统一建设，统一经营，以利于现代旅游事业的发展。

一九八五年二月二十五日

### 关于兴城风景旅游区总体规划的批复

辽政〔1985〕144号

锦州市人民政府：

省政府原则同意兴城风景旅游区总体规划。根据《国务院关于规划和开发辽宁省兴城旅游区的批复》（〔85〕国函字29号）精神，在贯彻执行总体规划时要遵循以下要求：

一、要严格执行已批准的总体规划，任何组织、单位和个人都不得随意变动。要广泛地进行宣传，把执行规划变成驻县各级组织、单位和广大人民群众的自觉行动。

二、兴城的古城、海滨、温泉、首山、菊花岛、文物古迹以及规划中确定的各个风景点，都是国家的宝贵资源，是兴城发展的优势，也是国务院决定开发兴城风景旅游区的依据，必须由当地政府实行统一管理。以往由各单位管理或占用的，必须限期交还当地政府。要按照规划要求保护好，开发好，利用好。同时，对地下冷水资源也要严加保护，实行统一管理，禁止乱打井、乱开发，防止过量开采造成海水倒灌。

省政府同意将锦西市辖的老龙湾一带划为兴城风景旅游区范围，实行统一规划，统一开发和管理。但行政区划暂不改变。

三、要加强规划区及附近地区的土地管理，合理使用土地。各项建设必须服从城建规划部门的统一安排，严格审批手续。对现有各单位超占的国有土地，要遵照国务院《批复》的要求，按照统一规划予以压缩。对超占、违占而又闲置未用的土地，要由政府收回，另作安排。对交回暂时确有困难的，要有计划地限期交回，并在限期内收缴超占的土地费。超占土地费要全部用于基础设施建设。

四、旅游区的建设要实行综合开发，各项基础设施和配套工程要随旅游区的开发同步建设，做到开发一片，完善一片，使用一片，努力提高经济效益、社会效益和环境效益。同时，要坚持各项服务设施的社会化方向，防止自成体系，各自为政。对现有大而全、小而全的休养院、疗养院，要创造条件，逐步过渡到统一经营，统一管理。

五、要围绕风景旅游区开发总体规划，制定工农商、文教卫生等方面的发展规划。通过发展旅游业，带动工业、农业和第三产业，促进对外开放，加强与其他地区的横向经济联系。要根据旅游、疗养事业发展的需要，积极地有计划地组织好蔬菜、副食、食品、纪念品以及其他旅游用品的生产和供应。

六、近期建设要突出重点，量力而行，积极发展旅游业和加强城镇基础设施建设。要通过多种渠道、多种办法，解决旅游建设的资金。基础设施建设的资金，除自收的城市维护建设税和国家给予少量补助外，主要靠建设单位集资。要向建设单位收取开发费。要办好以承建旅游、疗养建设项目为主的开发公司，增加收入，用于发展旅游事业。还可以采取向银行贷款、向社会集资、引进外资等办法筹集资金，用于兴办经营性的旅游服务事业。各项资金的使用必须严加管理，安排得当，注重效益。

七、要十分重视风景旅游区的环境建设和环境保护，认真落实规划确定的保护环境的各项原则和措施，严禁一切有碍环境和景观的破坏性建设。要大力植树、栽花、种草，增加绿化覆盖面积，提高造园水平。逐步把兴城建设成为环境优美，具有吸引力的现代化风景旅游区。

八、要根据总体规划确定的城市布局和各项原则、指标，抓紧组织编制分区规划、专项工程规划和近期建设地区的详细规划，并由市人民政府批准实施。

辽宁省人民政府

一九八五年十二月十二日

# 国务院关于同意辽宁省撤销兴城县设立兴城市的批复

国函〔1986〕187号

辽宁省人民政府：

你省一九八六年九月十八日《关于兴城县设市撤县的请示》收悉。同意撤销兴城县，设立兴城市（县级），以原兴城县的行政区域为兴城市的行政区域。

一九八六年十二月十三日

# 关于撤销兴城县设立兴城市的批复

辽政〔1987〕7号

锦州市人民政府：

经国务院批准，同意撤销兴城县，设立兴城市（县级），以原兴城县的行政区域为兴城市的行政区域。

辽宁省人民政府

一九八七年一月十五日

# 兴城县人民代表大会关于审议决定撤销兴城县设立兴城市有关重大问题的决议

（1987年1月21日兴城县第十届人民代表大会第四次会议通过）

兴城县第十届人民代表大会第四次会议，经过认真审议，全体代表对国务院和省、市人民政府关于撤销兴城县设立兴城市的批复，表示一致赞成和拥护，对王泽民县长所作的关于撤县设市的筹备报告表示满意。

根据《中华人民共和国地方各级人民代表大会和地方各级人民政府组织法》第八条第三款的规定："讨论、决定本行政区域内的政治、经济、教育、科学、文化、卫生、民政、民族工作的重大事项"，做出如下决议：

一、将原选举产生的兴城县第十届人民代表大会代表改为兴城市人民代表大会的代表。

二、将原选举产生的兴城县第十届人民代表大会常务委员会主任、副主任、委员改为兴城市人民代表大会常务委员会主任、副主任、委员。

三、将原选举产生的兴城县人民政府县长、副县长改为兴城市人民政府市长、副市长。

四、将原选举产生的兴城县人民法院院长和兴城县人民检察院检察长改为兴城市人民法院院长和兴城市人民检察院检察长。

五、兴城市人民代表大会自一九八七年换届选举时起届。

## 关于兴城海滨风景名胜区总体规划的批复

建城〔1997〕102号

辽宁省人民政府：

你省《关于报请审批兴城海滨风景名胜区总体规划的请示》（辽政〔1996〕120号）业经国务院同意，批复如下：

一、原则同意兴城海滨风景名胜区总体规划，请认真组织实施。

二、兴城海滨风景名胜区是以游览海滨、海岛风光，观赏文物古迹以及休疗养度假为主的国家重点风景名胜区。

三、同意总体规划确定的兴城海滨风景名胜区范围，面积为47.3平方公里，其中陆域面积42平方公里，海域面积5.3平方公里，请按此范围标界立碑，加强管理。风景名胜区外围保护地带面积为16.8平方公里，在此范围内要落实环境保护措施，维护生态环境。

四、要按照国家有关政策规定，落实风景名胜资源和环境的保护措施。严格保护风景名胜区内的古建筑、文物古迹、林木植被、地质地貌，温泉地热等风景名胜资源。大力加强风景名胜区绿化建设，提高林木覆盖率，改善生态环境。严禁在风景名胜区进行乱砍滥伐、开山采石、劫取温泉资源、侵占古建筑、毁坏文物古迹和乱建房屋等违法活动。

五、要抓紧编制各景区和近期建设小区的详细规划，由你省风景名胜区主管部门审批后实施。要严格控制风景名胜区的建设规模，对风景名胜区内已建和拟建的项目，要按照规划要求进行认真清理，视不同情况分别予以调整、搬迁或拆除。风景名胜区的各项建设要按照规划有计划有步骤地进行，严禁一切违反规划，乱占乱建的活动。

六、风景名胜区旅游接待和后勤服务主要依托兴城市。要按照总体规划调整风景名胜区用地，采取措施，对侵占风景名胜区土地、占据古建筑和古遗址以及其他违章建设情况，进行认真清理。要加强风景名胜区与城市市区结合地带的景观保护和环境整治工作，维护景区历史文化风貌。对规划中确定的建设项目，特别是对风景名胜区的环境和景观有重大影响的建设项目，要认真做好可行性研究和论证，搞好规划设计。严格按规定程序履行审批手续。

七、你省及兴城市人民政府要加强对风景名胜区工作的领导。健全风景名胜区管理机构。建立各项管理规章制度，协调好风景名胜区内各部门、单位与风景名胜区的业务关系，风景名胜区所有单位和个人都要遵守风景名胜区总体规划和国家有关政策规定，服从风景名胜区管理部门对风景名胜区的统一规划和管理，共同把兴城海滨风景名胜区保护好、管理好。

国家建设部

一九九七年五月二十一日

# 兴城市人大常委会
# 关于同意市政府《关于双树乡行政区划报告》的决定

（2007年3月27日兴城市第五届人民代表大会常务委员会第三十四次会议通过）

兴城市人民政府：

市五届人大常委会2007年3月27日第三十四次会议，听取和审议了市政府《关于调整双树乡行政区划的报告》，同意将双树乡政府及双树村、东砬山村、兴北村、老和台村、东窑村共五个村、3358户、34.2平方公里划归龙港区管辖；将东八里村划归古城街道办事处管辖；将韩家村、干柴村划归城东街道办事处管辖。

# 关于同意调整葫芦岛市部分行政区划的批复

辽政〔2007〕100号

葫芦岛市人民政府：

你市《关于葫芦岛市调整部分行政区划的请示》（葫政〔2006〕150号）收悉。同意将兴城市双树乡划归龙港区管辖，并将原双树乡东八里村划归兴城市古城街道办事处管辖，干柴村、韩家村划归兴城市城东街道办事处管辖。区划调整后，龙港区双树乡辖双树、东砬、兴北、老和、东窑5个村，辖区面积34.2平方公里，乡政府驻地双树村。

特此批复。

辽宁省人民政府

二〇〇七年五月二十二日

# 关于同意将兴城临海产业区
# 纳入省“五点一线”沿海经济带重点支持区域的批复

辽政〔2008〕120号

葫芦岛市人民政府：

你市《关于拟将葫芦岛市兴城临海产业园区列入省“五点一线”重点支持发展区域的请示》（葫政〔2008〕59号）收悉。现批复如下：

一、同意将兴城临海产业区纳入省“五点一线”沿海经济带重点支持区域，规划面积52.49平方公里，分为A区和B区两部分。A区位于兴城市中心城区以南，规划面积20.29平方公里，东至军用飞机场，西至京沈铁路，南至曹庄镇政府驻地，北至兴城河。B区与A区相距1公里，规划面积32.2平方公里，东至填海距岸边4160米，西至滨海公路，南至曹庄镇老滩村杏山，北至曹庄镇南佟屯村。

二、兴城临海产业区享受省“五点一线”部分优惠政策。

三、兴城临海产业区在土地、海域使用和项目引进中要严格按照国家有关规定办理。

四、你市要加强对兴城临海产业区开发建设的指导，并严格按照省“五点一线”沿海重点发展区域管理体系做好日常管理工作。

辽宁省人民政府

二〇〇八年七月八日

## 兴城市人大常委会关于批准菊花岛更名的决定

（2009年12月17日兴城市第六届人民代表大会常务委员会第十三次会议通过）

兴城市人民政府：

兴城市第六届人民代表大会常务委员会第十三次会议，听取了市政府《关于申请菊花岛更名的报告》（兴政〔2009〕73号）。会议经过审查，决定批准这个报告，同意将菊花岛更名为觉华岛，撤销菊花岛乡，成立菊花街道办事处，加挂“觉华岛旅游开发区管委会”牌子。

## 关于兴城临海产业区起步区区域建设用海规划的批复

国海管字〔2010〕255号

辽宁省海洋与渔业厅：

你厅《关于报批〈兴城临海产业区起步区区域建设用海总体规划〉的请示》（辽海渔发〔2009〕185号）及修改完善后的《兴城临海产业区起步区区域建设用海总体规划》收悉，经审查，现将有关事项批复如下：

一、原则同意《兴城临海产业区起步区区域建设用海总体规划》（以下简称“规划”）。

二、同意规划用海范围和功能定位。规划用海为兴城市曹庄镇海域，东北自中兴屯蜗（卧）牛山，西南至老滩村杏山，西北边界现状盐田外缘。规划用海面积938.32公顷，均为填海造地。具体范围控制坐标见附件。兴城临海产业区起步区是兴城临海产业区先期开发建设的区域，功能定位是建设集新兴工业和现代服务业为一体，兼容物流、仓储、金融商务、居住服务等多重职能的生态滨海新城区。

三、合理安排区域用海开发时序。规划期限至2015年。在规划控制范围内，应遵循统一规划，分步实施的原则，合理安排围填海工程实施进度。严格按照规划的功能定位和布局，确定规划区内用海项目的建设内容、选址，用海方式和规划，有效落实区域功能定位，并实现各功能区之间的协调发展。

四、严格规划区内项目用海的管理，规划及论证报告书是区域用海范围内单宗用海项目申请审批的重要依据。规划范围内的单宗用海项目必须由用海者在开工建设前，按照项目用海的有关规定，本着节约集约用海的原则，办理海域使用确权手续。规划范围内的具体建设项目应当纳入围填海计划管理，根据项目用海批准情况在规划期限内逐年核减计划指标。

五、加强规划实施的监督管理，要以科学发展观为指导，坚持经济、社会、环境和资源相协调的可持续发展战略，统筹做好规划区的建设和管理等各项工作，促进海域资源的节约集约利用和规划配置，正确处理好经济社会发展和环境保护的关系，确保科学开发和有效利用海域资源。要妥善处理利益相关者问题，规划实施前应落实与利益相关者的补偿协议和安置方案。在规划实施过程中，凡涉及空间布局调整、用海位置变动、用海面积扩大、平面设计方案改变等原则性修改的，必须重新报批。严禁圈占和闲置海域，规划期满后，批准的规划文件自动失效，不能再作为规划范围内项目用海申请审批的依据。发现违反规划和规划批复要求的行为，应及时予以制止，并按规定进行查处。

六、开展区域建设用海动态监视监测，鉴于该海域建设用海规划规模较大，对周边的海洋环境的影响不容忽视。因此，你厅要进一步加强项目建设对规划区及周边海域的水动力环境、生态环境和渔业资源的影响分析与研究。如发现在规划实施过程中，因积累效应对环境和生态产生明显不良影响时，应尽快查清原因，及时采取改进措施加以解决，必要时要提出规划调整方案报我局审查。

附件：兴城临海产业区起步区区域建设用海总体规划控制点坐标（略）

国家海洋局

二〇一〇年五月五日

## 关于同意将兴城市菊花岛更名为觉花岛并设立街道办事处的批复

辽政〔2010〕31号

葫芦岛市人民政府：

你市《关于兴城市菊花岛更名及改变区划建制的请示》（葫政〔2010〕1号）收悉。同意将你市境内的菊花岛更名为觉华岛，并撤消菊花岛乡设立菊花街道办事处，所辖区域面积和办公地点不变，实行街道管村体制。

辽宁省人民政府

二〇一〇年十二月十日

## 关于兴城市城市总体规划（2009–2030）的批复

辽政〔2011〕4号

葫芦岛市人民政府：

你市《关于兴城市城市总体规划（2009–2030）的请示》（葫政〔2010〕111号）收悉。现批复如下：

一、原则同意经修改后的《兴城市城市总体规划（2009-2030）》（以下简称《总体规划》）。

二、兴城市是环渤海湾地区重要的海滨旅游休闲疗养城市、省级历史文化名城。《总体规划》实施要以科学发展观为指导，坚持经济、社会、人口、环境和资源相协调的可持续发展战略，统筹做好兴城市城乡规划、建设和管理工作。

三、合理控制城市规模，重视城乡统筹发展。到2030年，主城区城市人口控制在43万人以内，城市建设用地控制在51.57平方公里以内。要根据《总体规划》确定的城市空间布局、建设时序，积极引导人口的合理分布，切实保护好耕地特别是基本农田。要根据全市建设“三位一体”大城区格局的总体目标，合理分工，密切合作，实现功能互补、协调发展。在《总体规划》确定的278.7平方公里的城市规划区范围内，要实行城乡统一规划管理。主城区要构筑“三心、五片、一组团”的布局结构，防止城市无序蔓延。要重点发展东辛庄、沙后所、华山、望海等建制镇，优化村镇布局。

四、重视历史文化遗产及其历史风貌保护。要统筹协调保护与发展的关系，坚持保护为主、抢救第一、合理利用、加强管理的文物工作方针，按照整体保护的原则，加强对形成兴城古城传统格局和风貌的保护。要严格控制兴城古城保护范围和建设控制地带内建筑的高度、色调、体量和风格。要依据《中华人民共和国文物保护法》的有关规定，尽快编制《兴城古城文物保护规划》，在规划指导下，认真开展兴城古城保护、管理、展示和利用工作，维护好兴城市“山、泉、城、海、岛”的自然生态格局，突出海滨古城的城市风貌特色。

五、完善城市基础设施体系，建设资源节约型和环境友好型城市。统筹规划建设城市供水水源、给水、排水和污水、垃圾处理等基础设施，建立健全包括消防、人防、防洪和防震等在内的城市综合防灾体系。要坚持节流、开源、保护并重的原则，节约和集约利用资源，大力发展循环经济，切实做好节能减排工作，加强对污染源的控制，保护好海岸带等生态敏感地区。要加强民生工程建设，统筹安排教育、医疗、市政等公共服务设施的规划布局和建设，将保障性住房纳入近期建设规划。

六、严格实施《总体规划》。要认真组织实施《总体规划》，依法对城市规划区范围内（包括各类开发区）的一切建设用地与建设活动实行统一规划管理，切实保障规划的实施。要加强对《总体规划》实施工作的指导、监督和检查。

辽宁省人民政府

二〇一一年一月四日

# 二、诗文集萃

兴城地区有着深厚的历史文化底蕴，曾有多位帝王将相莅临，众多名流学士云集，创作出许多流传千古的名篇佳作。这些或咏山川景物、或述风俗民情、或记社会生活的诗文、歌赋、楹联等，不仅从不同层面集中反映出兴城地区独特的历史风貌，也成为当时自然环境与人文活动的真实写照。“诗文集萃”收录古今人物赞咏兴城风物的部分诗文作品，以及镌刻在一些风光胜迹上的楹联题迹，旨在彰显兴城的地域文化魅力，延续地区文脉，打造兴城品牌，为兴城文化建设增添厚重。

## （一）诗赋

诗与赋是有区别、而又相互影响的文学体裁。在兴城历史上，曾有多位帝王将相、要政文人有感于兴城的历史文化，风光胜迹，或吟诗抒发情感，或作赋叙事壮物，用凝练的语言高度集中地表现当时的社会风情，为兴城的历史文化增添丰富的内涵。

### 大鸟铭

[隋] 虞 绰

维大业八年，岁在壬申，四月丙子。皇帝底定辽碣，班师振旅。龙驾南辕，鸾旌西迈。行宫次于柳城县之临海顿焉。山川明秀，实仙都也。旌门外设，款跨重阜；帐殿周施，降望大壑。息清跸，下轻舆，警百灵，绥万福，践素沙，步碧沚。同轩皇之襄野，迈汉宗于河上；想汾射以开襟，望蓬瀛而载伫。肓然齐肃，藐属殊庭；兼以圣德遐宣，息别风与淮雨；休符潜感，表重润于夷波。璧日晒光，卿云舒彩，六合开朗，十洲澄镜。少选之间，倏焉灵感，忽有祥禽，皎同鹤鹭，出自霄汉，翻然直下，高逾一丈，长乃盈寻。靡霜晖于羽翮，激丹华于觜距。鸾翔凤踌，鹊起鸿骞，或蹶或啄，载飞载止，徘徊驯扰，咫尺乘舆；不藉挥琴，非因拊石；乐我君德，是用来仪。斯固类仙人之骐骥，冠羽族之宗长；西王青鸟，东海赤雁，岂可同年而语哉！窃以铭基华岳，事乖灵异，纪迹邹山，义非尽美。犹方册不泯，遗文可观。况盛德成功，若斯懿铄，怀其昧道，如此感通，不镌名山，安用铭异，臣拜稽首，敢勒名云：

来苏兴怨，帝自东征。言复禹绩，乃御轩营。
六师薄伐，三韩肃清。龚行天罚，赫赫明明。
文德上畅，灵武外薄。车徒不扰，苛慝靡作。
凯歌载路，成功允铄。返旆还轩，遵林并壑。
停舆海澨，驻跸岩阯。肓想遐疑，藐属千里。
金台银阙，云浮岳峙。有感斯应，灵禽効祉。
飞来清汉，俱集华泉。好音玉响，皓质冰鲜。
狎仁驯德，习习翩翩。绝迹无泯，于万斯年。

虞绰，字士裕，会稽余姚人。隋朝大业初为秘书学士，从征辽东，授建节尉。隋唐时期，兴城境属河北道营州柳城县。

### 春日望海

[唐] 李世民

披襟眺沧海，凭轼玩春芳。
积流横地纪，疏派引天潢。
仙气凝三岭，和风扇八荒。

拂潮云布色，穿浪日舒光。
照岸花分彩，迷云雁断行。
怀卑运深广，持满守灵长。
有形非易测，无源讵可量。
洪涛经变野，翠岛屡出桑。
芝罘思汉帝，碣石想秦皇。
霓裳非本意，端拱且图王。

李世民，即唐太宗。贞观十九年（645）春，统兵沿辽西滨海故道东征高句丽，兴而赋诗。芝罘，山东省山名，也指屏障。碣石，即秦汉碣石宫，位于兴城以西70公里（今绥中县万家）海滨。

## 登觉华岛并引

［金］王寂

予自少时，即闻辽东觉华岛，为人间仙境处。凡经海上未尝不驻鞍极望，久不能去。第简书有期，不得一到为恨。大定乙未之秋，仲十月有四日，予自白霫审谳冤狱归，投宿龙宫下院。谋诸老宿，期一往焉。老宿曰："今风劲厉，波浪汹涌，虽柁工篙师往来其间，亦不免颈缩汗背。当俟隆冬冰合如履平地，然后可著鞭耳。"予竟不听。明日登舟，行未几，风涛掀簸，舟人为之变色。于是收帆弭帜，维石于北渡。予叹曰："此尔不济则命也。"乃割牲酾酒投是诗以祷之。遂复鼓枻以进。已而，风停浪静，水天湛然，极目万里，恍然如坐大圆镜中。指顾之间，已登彼岸。舟僧询大德则谓予曰："正直动山鬼，诗句起蛰龙者，信不诬矣。"予笑曰："如二公者，千古仰之。如泰山北斗，岂庸人末士所可拟哉。是必怜其勤而报以诚也。不然刘昆所谓反风灭火，蝗不入境者，皆偶然耳。"虽然此一段奇境，不可不纪也。

宫亭湖神感且通，往来送客能分风。
广德王祠祷辄应，重楼翠阜浮霜空。
我行拟上觉华岛，香火遍走青莲宫。
中流未济成龃龉，船头西向旗脚东。
云奔雾涌白浪卷，一叶掀舞洪涛中。
平生行止类如此，凭仗赖有信与忠。
尝闻主海尊位置，顾岂变化难为功。
指呼蛟蜃扫除翳，天水万里磨青铜。
能维转柁饱帆腹，双桨不举追惊鸿。
兹游政要偿素愿，勿使坐叹诗人穷。
投文再拜沥微恳，为我寄语白头翁。

王寂，字元老，蓟州玉田人。金天德年间进士。历官中都路转运使、按察辽东刑狱使。

## 桃花岛回寄王伯宜

[金] 赵秉文

冰破村桥拥，春寒旅雁低。
远山封雾小，高浪与云齐。
岛寺明松雪，潮船溅藕泥。
诗情吟不尽，寄语画中题。

赵秉文，字周臣，磁州滏阳人。金大定二十五年(1185) 进士，官至礼部尚书。

## 宁远督师府新成适朝命至鹿司马有作答之遂柬马大将军

[明] 孙承宗

一年两度入宁阳，千里重开建節堂。
几拊春松歌白雪，还依秋菊傲清霜。
周家大业彤弓旧，汉室元功带历长。
最喜马隆饶意绪，偏厢不独下西凉。

孙承宗，字稚绳，河北高阳人。明万历年间进士。天启初年以东阁大学士兼兵部尚书，督师蓟辽，在宁远设府任事。

## 上遣中使出内府甲仗万有奇缎百五十金十万命督师府酌发官兵臣宗特荷镠蟒异数恭纪（二首）

[明] 孙承宗

孤剑初分鹓鹭班，温纶频下五云间。
并时宠锡还金马，满路光华又玉关。
散水偏承浓雨露，新亭空对旧河山。
极知圣德天同大，可有涓埃抵报环。

恩华稠叠一身轻，特遣变瞻日月明。
剑拥蛟螭劘暮气，鼓翻夔鹭振天声。
诸君但因黄龙酒，汉室应新白马盟。
莫乡蟠花怜旧战，相看投袂报升平。

## 阅中右所盐场

[明] 孙承宗

牙旌西驻小沙河，结队争看碧玉珂。
万灶晴烟云自减，六花雄阵雪初多。
作盐漫笑和羹手，拊髀谁挥指日戈。
匹马长鸣应有意，健儿新挽武刚过。

中右所，即今沙后所镇，位于兴城古城西15公里。明宣德三年（1428）设所筑城。盐场，今沙后所镇盐场堡村。

## 望团山营

[明] 孙承宗

丹崖万顷小团山，百草绯霜水乱湾。
却笑半生文墨手，漫随老草向兵闲。

团山营，即今红崖子满族乡团山子村，位于兴城城区西15公里。明时置团山堡城，设兵驻防。

## 边雪

[明] 袁崇焕

雪花如掌望漫漫，肠热由来不畏寒。
抚语三军皆挟纩，伏戎万骑不离鞍。
谁家寄到征衣厚，昨夜披来旧甲单。
羽檄交驰催百战，微晴冷絮不曾干。

袁崇焕，字元素，祖籍广东东莞，生长于广西藤县，明万历年间进士。天启初任兵部职方司主事，宁前道，筑守宁远。历官至兵部尚书兼右副都御史，督师蓟辽、兼督登、莱、天津军务。

## 边中送别

[明] 袁崇焕

五载离家别路悠，送君寒浸宝刀头。
欲知肺腑同生死，何用安危问去留。
杖策只因图雪耻，横戈原不为封侯。
故园亲侣如相问，愧我边关尘未收。

## 再出关

[明] 袁崇焕

重整旧戎衣，行途赋采薇。
山河今尚是，城郭已全非。
马自趋风去，戈应指日挥。
臣心期报国，誓唱凯歌归。

## 宁远道中秋日志感

[明] 张尧辅

塞上残云送晓晴，山中疏木动边声。
沙光浥露胡天静，桂影飞霜汉月明。
独对双台淹戍客，久荒三径动归情。
何人醉里吹羌笛，落尽梅花怨未平。

张尧辅，宁远人，明隆庆四年（1571）举人。官山东日照县知县，升直隶滦州知州。

## 过宁远

[清] 释函可

此地曾开细柳营，荒台空见草青青。
只疑一片城边石，犹有当年旧勒铭。

释函可，字祖心，广东博罗人。明末礼部尚书韩日缵之长子。后皈依佛门，是明清之际著名诗僧。

## 晓过宁远

[清] 爱新觉罗·玄烨

孤城临巨野，旧烈忆西征。
破垒荆榛满，村鸡向晓鸣。

爱新觉罗·玄烨，即清康熙皇帝。曾多次去沈阳谒陵祭祖，途中驻跸宁远。

## 宁远道中作

[清] 爱新觉罗·弘历

关外曾余百里遥，谓之曰远名诚嚣。
欲宁而又弗能宁，上下否改嗤胜朝。
我祖创兴实泰运，君道努力同心奋。
荷天之龙定中原，重熙累冷恩膏润。
和则为泰乖则否，消息之分敬怠耳。
用告后人尚慎哉，分明殷鉴可忽此。

爱新觉罗·弘历，即清乾隆皇帝，曾多次去沈阳谒陵祭祖，途中驻跸宁远。

## 宁远途中马上口占

[清] 爱新觉罗·弘晓

行至古城隈，斜指城边路。
落叶林影稀，放眼山光暮。
乌道少行人，平沙多浅渡。
偶从略彴过，烟景残霞护。

爱新觉罗·弘晓，字秀亭。世袭怡亲王爵。历任乾清门侍卫，正白旗汉军都统。

## 中秋宁远道中

[清] 汤右曾

云帆粳稻存遗岛，野戍烽烟断古城。
出塞始知山远大，入秋弥觉海澄清。
楼台何处蛟龙气，风雨空中草木声。
谁遣琵琶弄明月，醉余添得放歌行。

汤右曾，字西涯，仁和人。清康熙二十七年（1688）进士，官吏部侍郎。

## 七里坡道中

[清] 魏燮均

石路半平颇，驱车七里坡。
云蒸天欲雨，风息海无波。

滩远有闲鹭，途长需健骡。
劳劳苦行旅，何处觅吟窝。

魏燮均，字子亨，别号铁，铁岭城南人，清咸丰年间府学贡生，田园诗人。

## 宁远城

[清] 郝浴

五色屏风抱九天，密排粉蝶万峰连。
山头带雪穿三箭，海底回澜落一鞭。
遮没兵从龙气变，空传人比太行坚。
夜深画角澄千虑，孤村禅灯似月圆。

郝浴，字冰涤，河北定州人。清顺治年间进士，累迁御史、巡按四川。遣铁岭建银岗书院讲学。

## 题宁远祖氏石坊（三首）

[清] 爱新觉罗·弘历

燧谨寒更烽侯朝，鸠工何暇尚逍遥。
若非华表留名姓，谁识元戎事两朝。

华表迤逦度秋朝，祖氏石坊复见遥。
虽是贰臣背明国，却成世族事清朝。

明纲值夕不谋朝，天命人心去已遥。
大寿屡招降乃就，嘉其初尚恋朱朝。

## 宁远州

[清] 戴 亨

出关二百里，州治复寒云。
乱石堆墙短，流泉人圃分。
野狼昏截径，山鬼夜呼群。
问俗难投止，驱车背夕曛。

戴亨，字通乾，沈阳人，清康熙六十年（1721）进士。官山东齐河县知县。

## 文庙泮水桥

[清] 吴景春

曾记当年泮水游，于今重到雪盈头。
身印疏懒终贫贱，学本荒芜愧哲谋。
漫笑训蒙同老马，难将利物比村牛。
惟余淡泊堪明志，闲与儿孙说武侯。

吴景春，字煦墅，号泽园，宁远州人，清道光年间贡生。在乡间开办“吴家学房”授学。泮水桥，即兴城文庙泮水桥。

## 宁远温泉

[明] 唐　皋

出郭东行三四里，问村寻寺路登登。
泉如烂手羹初覆，地不燃薪气自腾。
解社却嫌讥裸体，佩兰深愧重修能。
也知别有洪炉妙，莫谩归功卓锡僧。

唐皋，字守之，安徽歙县人。明正德十二年（1517）丁丑科状元，进侍讲，曾奉使朝鲜。

## 浴金汤温泉

[明] 姜希辙

首山之下水涓涓，暖气翻腾珠露圆。
日护轻寒温室树，云飞广漠华清泉。
画栏时绕灵川色，鸳瓦浮平玉井烟。
拔涤尘襟清客况，春风已觉沐恩宽。

姜希辙，字二滨，浙江会稽人。明崇祯年间举人，清顺治时历瑞安知县、工科给事中，授奉天府丞。

## 宁远州温泉

[清] 张　樽

天开一鉴近城隅，甃出汤泉入画图。
暖气浮空轻散雾，灵泉涌上乱腾珠。

石鲸吐出波犹沸，暗砌通来春满肤。
道是沉疴能尽涤，穷愁郁郁可能苏。

张櫯，直隶南和人，清顺治年间举人，康熙二十一年（1682）任锦州府儒学教授。

## 温泉诗二首

[清] 沈荃

首山南麓有温泉，暖雾腾空乱晓烟。
野寺荒原题句少，一泓灵液自涓涓。

塞北温池那易逢，解衣晞发且从容。
渔阳昨岁陪銮处，白石清泉锁翠峰。

沈荃，字贞蕤，江苏华亭人。清顺治九年（1652）探花，授编修，累官至翰林院侍读学士、礼部侍郎。

## 三首悬流

[清] 刘源溥

山峦一片郁嶕峣，款段行来数里遥。
直欲科头闲白日，还疑搔首问青宵。
峰排绝顶云常护，涧落飞泉雪不消。
几向岩前沈夜月，应同沧海上寒潮。

刘源溥，直隶清苑人，清康熙年间举人，康熙十四年（1675）授任锦州知府。

## 首山朝阳寺刻石留题二首

[清] 伊汤安

凄风冷雨夜来收，为赋登高约载游。
数朵黄花开应节，一山红树冷含秋。
聊师痛饮清凉界，直欲题糕最上头。
此日同人欣雅集，他年佳话有谁留。

欹斜乌帽类冬烘，且喜群贤臭味同。

敢谓清淡夸洛下，齐拼饮量醉山公。
天空远海浮孤棹，日落长风送晚鸿。
插遍茱萸归已暮，松涛声满月明中。

伊汤安，号耐园，满洲正白旗人，清乾隆年间举人。乾隆四十五年（1780）任宁远知州。

## 登首山绝顶

[清] 鄂容安

独上层霄望眼开，危峦削壁出尘埃。
鹰巢高寄浮云外，鸦背低翻落照回。
瀛海波涛奔足下，山城烟火散林隈。
谁能不动沧州想，野鹤天风共往来。

鄂容安，满洲镶蓝旗人，清雍年间进士，为庶吉士，乾隆初为编修，以兵部侍郎出任河南巡抚。

## 首山云

[清] 刘大观

首山云叆叆，飞过石桥西。
牛在桑阴饭，人停豆陇犁。
临流观水静，隔树觉城低。
试看沧溟外，朱霞豆白霓。

刘大观，字正孚，号松岚，山左人。清乾隆年间拔贡，嘉庆元年（1796）春，官至宁远知州。

## 题首山图三首

[清] 董柏苍

巍然附郡有仙都，岭断云连跨海隅。
到眼细看真面目，水光山色是西湖。

岧峣如削画中山，天外三峰不可攀。
老去空闻今幸见，谁留真迹在人间。

云树苍茫上接天，中峰古寺境疑仙。

卧游斋里披图望，忽忆登临似昔年。

董柏苍，清宁远州城西南董屯人，隐逸之士。

## 觉华岛

[清] 陈廷敬

昔闻沧海东南外，今见丹梯咫尺间。
孤岛拍浮万里水，夕阳缥缈三神山。
蜃楼云雾连空幻，贝阙蛟龙凝往还。
最讶根蟠无厚地，忘情不觉在人寰。

陈廷敬，字子端，山西晋城人。顺治年间进士，改为庶吉士。先后担任康熙帝师、吏部尚书、文渊阁大学士、《康熙字典》总修官等职。

## 海涯双岛

[清] 孙　成

城外青青大海流，望中岛屿隔芳洲。
两峰蹴浪寒烟绕，一水平空冷翠浮。
宿草生时山寂寂，断云深处鸟啾啾。
遐思上客乘槎兴，笑指残潮十日留。

孙成，顺天大兴人，清代举人，康熙十九年（1680）任锦州知府。《宁远州志》载："觉华、桃花二岛，望之咫尺，而杭无一苇，森若蓬瀛。"故有"海涯双岛"之称。

## 觉华岛咏事

[清] 爱新觉罗·永琰

晴霄连海碧，策马上高原。
雪浪迎风迭，金鳞映日翻。
明兵关外驻，辽饷岛中屯。
庙算除粮聚，惊心尽败奔。

爱新觉罗·永琰，即清嘉庆皇帝，东巡沈阳谒陵祭祖途中，曾驻跸宁远。

## 钓台潮浪

[清] 孙　成

一竿长向此登临，日对潺湲测浅深。
海色正须明月照，潮声时助老龙吟。
滩头学钓任公意，桐水投纶严子心。
为语茫茫名利客，何人能向个中寻。

钓台，即钓鱼台。《宁远州志》载："城东南十五里，有石如台，名钓鱼台。西一石横卧，蜿蜒如龙翘首。台东乱石参差，潮至石没入水，雪浪拍空，声如雷吼，洵壮观也。"

## 重游长岛

[清] 苗食德

金园祇树岂忘怀，石上流泉旧径开。
丝网在纲鱼可取，竹林待客鹤先来。
匏瓜仍系留闲圃，土地堪耕胜钓台。
革去尘缘真世外，木鱼听罢又衔杯。

长岛，即长山半岛，位于兴城西南海滨乡，建有长山古寺。"长山霁雪"为旧时兴城八景之一。

## 题女儿河

[明] 贺士咨

一湾清水绕山阿，更涉行人岁月多。
配偶未成天地老，至今犹记女儿河。

贺士咨，明代理学家贺钦之子。广宁后屯卫人。弘治五年（1492）壬子科举人。

## 两水环城

[清] 孙　成

形势遥连虎豹关，源泉四合竟潺湲。
孤城有意萦如带，二水无心佩若环。
海脉回澜元浩浩，山光交映自闲闲。

虽然此地堪舆美，残堞空余落照间。

“两水”即今兴城东河及兴城西河，自古城北及西北绕城东、城西至东南合流入海。登高远望，萦回若带。故有“两水环城”之称。

## 九巃古塔

[清] 冯昌奕

突兀矗山阿，千年窣堵坡。
天龙依舍利，云虎护兜罗。
烁石流澌偶，干封澍雨多。
征东营白业，烈辟志戢戈。

冯昌奕，山西蒲州人，进士，清康熙十七年（1678）官宁远知州。九巃古塔，即兴城古城西北九龙山，古塔，即白塔峪塔。

## 九巃古塔

[清] 刘源溥

唐皇仿伏波，矗柱镇龙窝。
铎在风能唱，天山三箭歌。

原诗注：九巃嶙峋，幽峭绝胜。诸山有泉流出，盛夏恒见冰澌。塔在其阳，八面十三层，巍然天外。

## 春日再度游英茂山

[明] 赵维垣

英茂山上花枝瘦，英茂山下草铺秀。
山前山后有白云，忽然飞过出之右。
忆昔登临最上头，高歌畅饮乐悠悠。
此境真消万古愁，好似神仙蓬莱游。
今又探春来此地，桃李依然香扑鼻。
飞来燕雀话多时，尔岂能知鸿鹄志。
有时振翼任天飞，冲破行云逐夕晖。
万里鹏程终得到，清风直送明月归。

赵维垣，字师德，永宁卫人。明嘉靖年间进士，授刑部主事。历云南按察司副使，左布政使。英茂山，位于兴城古城西南30公里，古时山前通驿路。

## 嘉山五泉

[清] 范　勋

万斛珍珠韫一丘，飞龙挐处爪痕留。
访源只许十樵到，对酌山花笑不休。

范勋，清锦州知府。嘉山亦名家山，位于兴城海滨郉家湾浴场西北。《宁远州志》记载：“两山相夹，中限一沟，缘山而东为团石嘴，折而北有岭焉，岭上五泉皆甘，合流赴海。”

## 宿望海店望海

[清] 姚元之

不见珠宫十二楼，却有明镜半天游。
夕阳红出归天外，一点轻帆似白鸥。

姚元之，安徽桐城人。清嘉庆年间进士，官左都御使。诗中“望海店”即今望海满族乡人民政府驻地，古时设驿站。

## 祖大寿牌楼

[清] 徐长辅

延辉门内数帿许，有祖家石牌楼。其栋桷檐栏。皆以架石而构之。前门则用黄赤石。而后用白石。高数十丈。而门屋间架为三层。其下阙然为门。画云刻龙。尽其奇巧。前门楣外。刻廓清之烈。内刻忠贞胆智。其第一层王音二字。二门皆相似。第三层内外。俱刻四世元戎少傅。其下层内外刻诰赠官衔姓名。乃祖镇，祖仁，祖承训，祖大寿四世恩貤也。门柱刻对联曰：桓赳兴歌国倚干城之重。丝纶赐宠朝隆铭鼎之褒。后门则第二层内外刻元勋初锡、登坛骏烈。第三层亦刻四世官职于内外。柱联曰：松槚如新庆善培于四世。琳琅有赫贲永誉于千秋。

此则祖大乐四世恩貤也。大乐与大寿。为同祖兄弟。而其父即承教也。二门，一立于辛未。一立于戊寅。承训，即壬辰随李提督东援者也。一门恩荣，旷绝千古。而大寿辈去就，终何如哉。其后孙尚居城内云。

镵苍雕赤屹重楹。玉数谁家有弟兄。
四世官衔门照耀。万人瞻视石峥嵘。
捐身誓作干城任。仗节宜觀竹帛名。
可惜埋旂韄汗日。阿陵坠尽旧家声。

徐长辅，朝鲜使臣。本文为清嘉庆八年（1803），徐长辅旅次宁远时，观赏祖大寿牌坊时所纪。

## 兴城赋

刘金龙

兴城,古称宁远，设郡县于辽代，筑城于明朝，乃辽西之古邑也。东望浩瀚，万顷渤溟，极目苍括，千年锁钥；控东北通衢之塞，渝关南望，踞兵家争夺之地；松锦北扼，秦皇戟指。东临碣石伟绩铭传；魏武鞭挥，以观苍海，遗篇文烁。烽火悠思，残台寂寞。一代英豪袁崇焕，两朝金钺烽燧遏。举银帆，渔舟樯健；结丝缆，锦鳞味鲜；礁滩陈横，见燕鸥逸逸，洪波涌起，捧海云纤纤。才享渔捞小趣，又品躬耕流年。崖头垂钓，钓风花雪月；海角放歌，歌悲喜凉炎。地赐圣水，妙用无穷。温泉喷涌神疗浴，祛疾爽身摒寒风，回履方方小邑，拾阶步步古城，纵横街巷，幽绪溟朦。文庙徙倚，苍柏葳蕤忆植楷；殿堂瞻圣，郭庭似闻祭孔钟。牌坊瑞兽，郢匠镌功。菊花岛山竦峙，京津两地蜚声。碧峦悬窟幽幽万载，古寺香火袅袅九穹。城依首山，妆毓葱笼，享爽籁滴翠，效虬松展屏。苍峰翠玉涂抹而不摇曳；薄霭峻崖托拂更富抒情。枫色添雅韵华姿，千枝挺秀；秋岚露丹渥媚态，突一碧琼。北南游旅，摩肩接踵。逸兴遄飞，心旷神清。赏蝶舞，听蝉鸣。击水啸吟三尺浪，登高畅饮半天风。借酒酣歌，招蓬莱仙客，三山不远，承欢曼舞，邀月里瑶娥，九皋同行。逢盛世之民萌，大期兴城振兴。夫九州大地，何只斯城，新姿百业，岂止一兴。寰宇接轨鼎祚兴；疆土璧归民族兴；脱贫致富百姓兴；革故鼎新法政兴；江山揽胜旅游兴；翰墨笙簧文化兴。莺歌载燕舞；虎啸伴龙腾。以蠡测海，数江山之锦绣；管中窥豹，晓赤县之清平。引几多骚客，挥生花之梦笔，集胸次才情，赋此地之嘤鸣。击壤歌，唱大风。

刘金龙，辽宁省科技培训中心退休干部，营口市楹联学会副会长。

# （二）楹联

悬挂或镶嵌在壁间廊柱上的楹联，与书法艺术相关，较为广泛地反映当地的政治、经济、文化等方面的社会活动，蕴涵极其丰富。兴城地区分布于祠堂庙宇、古迹名胜、园林广场的楹联，多产生于明清时期和民国初年，解放后也有部分新作。多以纪事明志、评古论今、写景寓情为主，具有较强的艺术性、思想性和社会性。

## 祖大乐石坊楹联

桓赳兴歌国倚干城之重
丝纶赐宠朝隆铭鼎之褒

（明代方一藻撰并书）

松槚如新庆善培于四世
琳琅有赫贲永誉于千秋

（明代蔡懋德撰并书）

## 文庙楹联

### 大成殿联

率性修道致中和，得其门者辟之弓墙。
齐家治国平天下，信斯言也布在方策。

（清爱新觉罗·弘历撰，今人赵序初书）

### 大成殿内联

气备四时共日月光辉天地魂魄
教垂万世继尧舜典范禹汤风懿

（范曾撰并书）

### 东庑殿联

先觉先知，为万古伦常立极；
至诚至圣，与两间功化同流。

（清爱新觉罗·胤禛撰，今人郑雪峰书）

### 乡贤祠联

惟英彦堪继圣贤之训；
俾山川长矜化育之功。

（郑雪峰撰，张公者书）

## 戟门联

生民来未有夫子也
知我者其惟春秋乎

（清爱新觉罗·胤禛撰，今人赵静良书）

## 名宦祠联

作国藩屏 垂千秋史传
济民功业 在百姓口碑

（郑雪峰撰，金玉志书）

## 仰圣斋联

明月清风深有味
左图右史交相辉

（佚人撰，王铁军书）

## 致远斋联

诸子百家不分门户
名山胜水各效文章

（常德义撰，赵静良书）

## 集雅斋联

笔战虬龙开异象
诗成金玉写新篇

（郑雪峰撰，白金源书）

### 憩缘阁联

斯文在天地
至乐寄山林

（清末康有为撰，今人郭建民书）

## 城隍庙楹联

### 庙前门联

数座高山流水千古如斯又是
几分清风明月往来谁能评说

（佚人撰，赵序初书）

### 城隍殿联

安邦护国城隍佑民众
赏善罚恶威灵镇乾坤

（赵序初撰并书）

### 吕祖殿联

仙境异尘寰宝洞已居无天地
玄门通大道金丹专度有缘人

（赵静良撰并书）

### 灵官殿联

足踏火轮明日夜
手持金鞭镇乾坤

（佚人联，赵静良书）

## 蓟辽督师府楹联

### 府门联

奉天命运筹帷幄督师辽蓟
凝众心浩气凛然镇守关东

（张儒林撰并书）

### 中堂门联

仗策蓟辽文武全器悲壮伟业垂青史
横戈宁锦智仁并施高贵品格煜后人

（于学利撰，白金源书）

### 中堂内抱柱联

崇武习文自矢风云志
执鞭被甲情竭报国心

（张儒林撰，金玉志书）

### 后堂前门联

两袖清风尽享天褒地誉
一堂明月常思国泰民安

（张儒林撰，王铁军书）

## 袁崇焕纪念堂楹联

### 纪念堂门联

正气塞乾坤卫国安邦倾赤胆
丹心昭日月抗敌驱辱仰雄风

（张儒林撰，李永生书）

### 纪念堂内壁联

心术不可得罪于天地
言行要留好样予儿孙

（明代袁崇焕撰，今人王选民书）

## 郜汝廉将军府楹联

### 立本堂联

功名待寄居宇境
忧乐常思报国心

（张恺新撰，赵序初书）

## 首山牌坊楹联

一山锁雾披坚甲
三冠连云隐幽情

（赵千春撰，王遐举书）

## 首山朝阳宫楹联

### 三清殿抱柱联

軆躹烎徍僉稱䝉
靕僔偲𦤸洂僑䝞

（道家创始人老子撰，今人朱建民书。释为：玉炉烧炼延年药，正道行修益寿丹。）

### 三清殿门联

功参造化得看八卦配九宫
道判浑元始见雨仪生四象

（清代佚人撰，今人朱建民书）

## 海滨风景区牌坊楹联

击水沧波问君谁是钓鲸客
飞觞天外与我暂成乘鹤仙

（范曾撰并书）

画角尽朝晖将军意气回山谷
崇坊迷雾影战马嘶鸣伴浪涛

（范曾撰并书）

## 清白家风牌坊楹联

### 牌坊中柱联

壶范庄严履冰式玉
国恩优渥表里旌门

（清代佚人撰书）

勒石纪芳型真如前代陶欧垂名不朽
建坊昭大节犹望少年巾帼着意来看

（清代佚人撰书）

### 牌坊外柱联

风雷守护石常在
松柏萧森木亦真

（清代佚人撰书）

守节自青年阅尽菊霜梅雪，
请旌邀紫诰来看凤綍龙章。

（清代佚人撰书）

## 大寨溯本堂楹联

### 前殿联

继道统他年功同亚圣
启新传后世德迈古今

（清末江希张撰，孟广辛书）

### 中殿联

圣曰达天佛曰原性仙曰养灵法虽异而理无异
儒言忠恕佛言慈悲道言感应用不同则心相同

（清末江希张撰，孟广辛书）

### 后殿联

功迈古今孔老佛为三教主
德配天地儒释道作万世师

（清末江希张撰，孟广辛书）

### 后殿抱柱联

三教珍藏皈性命
六经实学总修齐

（清末江希张撰，孟广辛书）

恢复五千年道统
昌明十六字薪传

（清末江希张撰，孟广辛书）

# 五股泉三教寺楹联

## 大雄宝殿联

应身清净心现婆娑施妙法滋生三千界
无上菩提道证般若放慧光映散九天云

(赵序初撰并书)

# 宁远广场牌坊楹联

## 古韵牌坊联

俯仰独思登临幸
流连不尽去往情

(周锦文撰，魏哲书)

近水远山皆入画
清风明月总是诗

(周锦文撰，魏哲书)

## 挹胜牌坊联

天客敲诗游宫阙
仙人作画对瑶台

(郭欲仑撰，魏哲书)

山色淡描今古影
涛声遥送海天秋

(徐长鸿撰，魏哲书)

# 大事记

（1986~2012）

## 1986 年

1 月 4 日，中共兴城县委召开第二批第二期整党动员大会，对城区县直基层单位及农村中小学、医院整党工作进行部署，4 月末结束。

1 月 24 日，兴城县组织千名机关干部下乡宣讲中共中央、国务院下发的《关于 1986 年农村工作的部署》文件（也称“中央 1 号文件”）。

1 月 25 日，迁建兴城古城外东山的兴城电视差转台工程竣工。

2 月 5 日，《兴城县经济和社会发展“七五”规划》编制完成。

2 月 25 日，锦州市人民政府在兴城召开贯彻国务院和辽宁省人民政府《关于兴城旅游区总体规划的批复》大会。

3 月 5 日，《东北抗联史》书稿讨论会在兴城召开。中共中央党史研究室副主任王景和、原中共辽宁省委书记李荒、原中共吉林省委书记于林出席会议。

3 月 21 日，中共中央顾问委员会委员李运昌视察兴城。

3 月 25~27 日，兴城县举办中小学田径运动会，国家体育委员会主任李梦华及辽宁省、锦州市体育委员会负责人出席开幕式。该届运动会刷新 22 项县纪录。

3 月 26 日，兴城县与北票市结为友好城市签字仪式在兴城举行。

3 月 31 日~4 月 2 日，政协兴城县第五届第三次全体会议在中共兴城县委党校召开。

4 月 1 日，兴城县第十届人民代表大会第三次全体会议在兴华影剧院召开。

4 月 30 日，兴城县人民政府举行纪念“五一”国际劳动节一百周年大会。

6 月 4 日，兴城县人民武装部改归地方建制。

6 月 23 日，辽宁省人民政府代省长李长春到兴城视察。

7 月 1 日，兴城人民广播电台正式开播。发射频率 106.3 兆赫，为各乡镇广播站传递调频信号。

7 月 1 日，兴城县举办首届“兴城之夏”书画名家笔会，王遐举、潘洁滋等 15 位书画家应邀莅临。

7 月 5~11 日，东北三省评剧艺术研讨会在兴城召开，评剧表演艺术家花淑兰、韩少云、筱俊亭等出席会议。

7 月 6 日，华山、白塔等 5 个乡镇 17 个村遭受大风、冰雹袭击，农作物受灾面积 1070 公顷。

7 月 12 日，原全国政协副主席、中顾委常委王首道视察兴城。

7 月 22 日，中共辽宁省委书记全树仁、辽宁省人民政府代省长李长春到兴城视察。

7月23日，国务院副秘书长张文寿到兴城视察。

7月26日，民政部副部长袁血卒等到兴城检查基层政权建设工作。

7月27日，中共中央组织部老干部局局长马云龙等到兴城考察工作。

8月1日，中共辽宁省委书记全树仁到兴城视察。

8月10日，中共中央政治局委员、国务院副总理田纪云到兴城视察，并为兴城题词“兴城者，兴隆也”。

9月11日，全国优质农产品基地建设工作会议在兴城召开，兴城县被国家农牧渔业部确定为全国优质水果基地县。

10月5日，东辛庄镇自动电话开通，成为兴城县首个使用自动电话的乡镇。

10月7~12日，曹庄满族乡刘沟村，沙后所满族镇荒地村、焦家村、王家河子村，海滨乡李金村10艘渔船出海作业时遭受风浪袭击遇险。兴城县人民政府与当地驻军联合组织营救，36名渔民全部脱险。

10月17日，兴城县与黑龙江省宁安县结成友好县签字仪式在兴城举行。

10月27日，中共兴城县委召开村级整党动员电话会议，村级整党全面铺开，至1987年4月结束。

10月30日，兴城古城魁星楼修复工程竣工。

11月11日，菊花岛交通客运船首航剪彩。

11月17日，联合国世界粮农组织官员约翰·莫森林由国家卫生部食监所领导陪同到兴城视察。

12月3日，日本协力事业团到兴城考察访问。

12月13日，国务院批复撤销兴城县，设立兴城市（县级）。

## 1987年

1月21日，政协兴城县第五届第四次全体会议在兴城县劳动服务培训中心召开。

1月21日，兴城县第十届人民代表大会第四次会议在兴华影剧院召开，会议审议通过《关于撤销兴城县设立兴城市有关重大问题的决议》。

2月21日，兴城市人民政府与辽宁省电视艺术家协会、辽宁省电视剧制作中心联合摄制9集电视连续剧《袁崇焕》协议签字仪式在兴城举行。

4月22~24日，政协兴城市第一届第一次全体会议召开。会议选举产生政协兴城市委员会主席、副主席。

4月23~25日，兴城市第一届人民代表大会第一次会议召开。会议选举产生兴城市人大第一届常务委员会及人大常委会主任、副主任，选举产生兴城市人民政府市长、副市长。

5月22日，兴城市对行政区划做局部调整，撤销兴城镇、钓鱼台镇和宁远乡，设立古城、宁远、城东、温泉、钓鱼台5个街道，增设四家屯乡。

6月16日，辽宁省人民政府副省长左琨到兴城检查工作。

6月25~27日，中共兴城市第一次代表大会召开。会议选举产生中共兴城市第一届委员会、中共兴城市纪律检查委员会。一届一次全委会议选举产生中共兴城市委常委、书记、副书记，中共兴城市纪委全委会议选举产生中共兴城市纪委书记。

7月1日零时，1987年全国人口抽样调查在兴城市13个乡镇街道的16个村（居）委会展开。

7月2日，国务委员康世恩到兴城视察工作。

7月4日，大寨、东辛庄、望海、围屏、南大山、沙后所、闻家等乡镇遭受暴雨冰雹袭击，受灾面积1.17万公顷。

7月12日晚，兴城市拣金、碱厂等乡镇遭暴雨风雹袭击，受灾面积1378.5公顷。

7月16日，北京市夏令营在兴城举行开营式，北京市人民政府副市长陈昊苏，北京市政协主席白介夫、副主席夏翔出席。

7月21日，兴城市工商业联合会第一届委员代表大会召开。

7月25~26日，兴城市人民政府在海滨风景区举办首届“中国·兴城七月海会”。

7月26日，辽宁省人民政府副省长林声到望海满族乡中小学校视察。

7月27日，兴城市歌舞团举行首场演出，国家文化部部长王蒙与兴城市领导一起观看演出。

8月3日，最高人民检察院检察长杨易辰到兴城视察。

8月11日，全国政协副主席马文瑞到兴城视察。

8月12日，原国家经济委员会主任、中顾委常委袁宝华到兴城视察。

8月13日，中共中央宣传部部长王忍之到兴城考察。

8月14日，全国人大常委会副委员长王任重到兴城视察。

8月14日，中共中央顾问委员会常委黄镇到兴城视察。

8月15日，国家旅游局局长韩克华到兴城考察旅游资源。

8月16日，国务委员谷牧、国务院副秘书长阎颖到兴城视察。

8月17日，国家广播电影电视部部长艾知生到兴城视察广播电视工作。

8月19日，中共中央军委副主席杨尚昆，中共中央军委常委、中共中央顾问委员会副主任王震，全国政协常委、香港中华总商会会长霍英东到兴城视察。

8月22日，原东北野战军第四纵队副司令员、解放兴城前线总指挥胡奇才将军到兴城参加纪念兴城解放39周年座谈会。

8月24~27日，兴城市连续遭受两次暴雨大风袭击，总降雨量300毫米，农作物受灾面积56866公顷。海滨乡方安、徐大堡、李金村有19名渔民遇难，4人失踪。

9月21日，国家文物局局长吕济民到兴视察文物工作。

10月24日，由陈家林导演的9集电视连续剧《袁崇焕》在兴城开机，1988年8月制作完成。

11月13日，经辽宁省人民政府批准，红崖子乡、刘台子乡、海滨乡、药王庙乡、碱厂乡均改为满族乡，东辛庄镇改为满族镇。

12月3日，兴城市第一届人民代表大会第二次会议选举产生锦州市第十届人大代表39人。

12月11日，兴城市基督教新教堂在古城内春和街建成。

12月26日，兴城古城延辉街（亦称明代一条街）改造工程竣工。

## 1988年

1月13日，兴城城墙作为“古建筑及历史纪念建筑物”类，被国务院批准为第三批全国重点文物保护单位。

1月29日，全国妇女联合会书记处书记王德意到兴城视察妇女工作。

2月11日，兴城市人民政府召开1987年度计划生育工作总结表彰大会。

2月13日，兴城市四家屯乡乡长兼四家村党支部书记张文成当选第七届全国人民代表大会代表。

3月18日，国务院下发《关于扩大沿海经济开放区范围的通知》，兴城市被列入辽宁省扩大沿海经济开发区范围的17个县（市）之一。

4月19~22日，政协兴城市第一届第二次全体会议召开。

4月20~23日，兴城市第一届人民代表大会第三次会议召开。会议选举产生兴城市人民政府市长。

5月19日，日本青年海外协力队援助兴城市一批价值1130万日元的农用物资。

6月5日，沈阳铁路局在兴城旅游旺季增开沈阳——兴城、锦州——兴城临时列车，锦州——北京直客列车加挂两节车厢，沈阳——北京特快列车破例在兴城站停车。

6月6日，最高人民检察院检察长刘复之视察兴城。

6月21~22日，兴城市总工会第一次会员代表大会召开。

6月30日，兴城市体育场建成并投入使用。

7月18日，中共中央顾问委员会常委余秋里视察兴城。

7月20日，全国人大常委会副委员长班禅额尔德尼·确吉坚赞视察兴城。

7月21日，投资200万元、全长10.3公里的菊花岛海底电缆敷设工程竣工。8月27日开通送电。

7月21日，中共中央顾问委员会副主任宋任穷视察兴城。

7月23日，国务委员兼国家科委主任宋健视察兴城。

7月25日，全国人大常委会副委员长阿沛·阿旺晋美视察兴城。

7月26日，兴城古城内在“文化大革命”期间被拆掉的祖大寿石坊，在原址原样复立。

7月28日，辽宁省县级少年田径分区赛在兴城举行。绥中、兴城、锦西、朝阳、北票等13县（市）的270名运动员参赛。兴城市代表队夺得总分第一名，并破2项省纪录。

8月1日，国务院批复兴城海滨风景区为国家重点风景名胜区。

8月3日，全国残疾人联合会主席邓朴方到兴城视察。

8月5日，全国政协副主席谷牧视察兴城。

8月12日，全国政协副主席王任重到兴城视察。

8月14日，中共中央政治局委员、中共四川省委书记杨汝岱到兴城视察。

8月18日，国务委员、国家财政部部长王丙乾到兴城视察。

8月24~27日，“国际袁崇焕学术讨论会”在兴城召开，30多位国内外专家、学者参加会议。会议期间，试映电视连续剧《袁崇焕》。

9月23日，中共兴城市委书记王泽民、兴城市人民政府市长毕玉田走访慰问赴老山前线的军人家属。

9月29日，中共兴城市委、兴城市人民政府在兴华影剧院召开纪念兴城解放40周年大会。

10月17日，中共中央军委常委、副秘书长洪学智视察兴城。

10月19日，兴城市领导同千余名老干部、老职工欢度第一个“九九重阳”敬老日。

10月20日，以中共兴城市委书记王泽民为团长的兴城赴滇慰问团抵达老山前线慰问参战部队官兵。

10月22日，中共兴城市委、兴城市人民政府召开首届农田基本建设“大禹杯”竞赛表彰大会。

12月1日，新建的南河大桥正式通车。新桥桥长372.3米，桥面净宽11米，与60年代建设的旧桥并行，形成上下线通车道。

12月2日，兴城市公开考试选聘的兴城市广播电视局局长、副局长到任就职。

## 1989年

1月17日，兴城市与黑龙江省黑河市结成友好城市举行签字仪式。

1月24日，兴城市党政军民1万多人热烈欢迎赴老山前线参战的驻军某部指战员凯旋。

3月21~23日，政协兴城市第一届第三次全体会议在政府第一招待所会议室召开。

3月22~24日，兴城市第一届人民代表大会第四次会议在兴华影剧院召开。

4月2日，全国第一个“爱国卫生月”启动，兴城市人民政府召开“爱国卫生月”动员大会。

4月18日，兴城市残疾人联合会成立。

4月30日，中共兴城市委、兴城市人民政府召开1988年度劳动模范表彰大会。

5月4日，中共兴城市委召开纪念“五四”运动70周年大会。

5月11日，兴城市人民政府召开纪念国际护士节129周年大会。

7月21~30日，兴城市人民政府在海滨风景区举办第三届“中国·兴城七月海会”。

7月26日，全国人大常委会副委员长严济慈视察兴城，并题词：“兴城城兴　大有希望”。

7月29日，中共中央顾问委员会常委黄华、江一真到兴城视察。

8月2日，中共中央顾问委员会常委姬鹏飞到兴城视察，并题词：“发展旅游　繁荣经济”。

8月14日，全国政协副主席程思远到兴城视察，并题词：“旅游佳境”。

9月13日，联邦德国音乐教师协会主席迪特考察兴城市南一小学音乐班。

9月29日，中共兴城市委、兴城市人民政府在兴华影剧院举行庆祝建国40周年大会。

10月20日，总投资650万元的兴城市程控电话大楼及附属工程竣工。

10月29日，兴城市啤酒厂与国家体委、国家桥牌协会在北京举办“菊花杯名人桥牌赛”，全国人大常委会委员长万里接见啤酒厂厂长翟文梓。

11月9日，辽宁省文物保护工作会议在兴城召开，辽宁省人民政府副省长王文元参加会议，并视察兴城文物工作。

11月16~17日，兴城市第一届人民代表大会第五次会议选举产生锦西市人民代表大会代表56名。

12月4日，兴城市第一届人大常委会第二十二次会议通过《关于兴城市市、乡（镇）两级人民代表大会换届选举工作的决定》。

## 1990年

1月11日，民政部救灾司司长姚绍玉由辽宁省民政厅领导陪同，到药王庙满族乡检查救灾工作。

2月22日，兴城市获辽宁省农田基本建设“大禹杯”。

2月24~27日，政协兴城市委员会第二届第一次会议召开。会议选举产生政协兴城市委员会主席、副主席。

2月25~28日，兴城市第二届人民代表大会第一次会议召开。会议选举产生兴城市人大常委会主任、副主任，选举产生兴城市人民政府市长、副市长。

3月5~8日，中共兴城市第二次代表大会召开。会议选举产生中共兴城市第二届委员会和中共兴城市纪律检查委员会。在二届一次全委会议上，选举产生中共兴城市委常委、书记、副书记，中共兴城市纪委全体会议选举产生中共兴城市纪委书记。

4月24日，辽宁省顾问委员会主任戴苏理一行5人，到兴城市视察农村工作。

4月25日，国道102线烟台河公路桥加宽工程开工。9月25日竣工。

6月21日，兴城市与北京市大兴县结成友好市县举行签字仪式。

7月1日，按国家规定的标准时间，兴城市开始第四次全国人口普查登记工作。

7月6日，辽宁省政协主席徐少甫到兴城视察。

7月8~10日，全国人大常委会副委员长费孝通视察兴城。

7月10~15日，辽宁省田径分龄赛青年田径赛在兴城举行。兴城市共有24名运动员参赛，获得2枚金牌，2枚银牌，3枚铜牌。

7月15~22日，兴城市举办第四届“中国·兴城七月海会”。

7月28日，辽宁省首届中学优秀德育教师夏令营在兴城开幕。

7月29日，全国人大常委会副委员长楚图南到兴城视察。

8月4日，辽宁省人民政府副省长肖作福到兴城视察。

8月5~6日，全国人大常委会副委员长杨静仁视察兴城。

8月8~9日，全国政协副主席王任重到兴城视察，并为兴城市政协题词：“长期共存 互相监督 肝胆相照 荣辱与共”。

8月26日，兴城市与黑龙江省讷河县结成友好市县举行签字仪式。

8月31日，全国政协秘书长宋德敏到兴城视察。

9月23日，兴城市与齐齐哈尔市富拉尔基区结成友好市区举行签字仪式。

11月4日，驻兴城中国人民解放军第7019工厂建成投产，沈阳军区司令员刘精松中将为该厂投产剪彩。

11月14日，辽宁省军区司令员向径源由锦州军分区司令员张启文、政委申钟浩陪同，到兴城视察民兵训练基地和征兵工作。

11月15日，兴城市重点工程集中供热工程，历时三年建设投产运营，供热总面积17万平方米。

12月19日，辽宁省人大常委会主任王光中到兴城市四家屯乡视察。

12月26日，历时8年整理编纂的《兴城县志》（1990年版）由辽宁大学出版社出版发行。

12月30日，经国家有关部门和专家组评审鉴定，兴城市被确定为辽宁省历史文化名城。

## 1991年

1月8日，兴城市人民政府发布1号令《兴城市农村宅基地有偿使用暂行办法》。

2月24日8时，兴城市程控电话全线开通。

3月2日，国际计划生育联合会赠送兴城市的彩电、录像机、录音机等视听设备运抵兴城。

3月6~8日，政协兴城市第二届第二次全体会议在兴城市人民政府第一招待所大会议室召开。

3月14~16日，兴城市第二届人民代表大会第二次会议召开。

3月25日，兴城市关心下一代协会成立。

4月15日，东北三省旅行社第四届国内旅游协作会议在兴城召开。

6月11日，曹庄、羊安、闻家、南大山4个满族乡的30个村遭风暴冰雹袭击，农作物受灾面积1241公顷。

6月20日，兴城市与四川省大邑县结成友好市县举行签字仪式。

6月23日，四家屯乡渔民王德信在渤海海域捕捞一条长约5米、重约2吨半的大鲨鱼。

7月1日，大寨、高家岭、围屏、望海4个满族乡的36个村遭受冰雹袭击，受灾面积5371.3公顷。兴城市领导赶赴现场组织救灾，并召开紧急会议，动员全市人民捐款支援灾区。

7月2日，中共兴城市委召开纪念中国共产党成立70周年大会。

7月9日，全国林业站"两个文明"建设经验交流会在兴城召开，国家林业部副部长徐友方出席会议。

7月10日，孟加拉国高级军事代表团由国防大学领导陪同参观兴城海滨和古城。

7月20日，联合国粮农组织亚洲地区木质能源规划项目首席顾问古吉拉尔到郭家满族镇鹦鹉砬流域考察薪炭林建设。

7月15~21日，兴城市人民政府在兴城海滨风景区举办第五届"中国·兴城七月海会"，全国政协副主席程思远莅临海会。

7月24日，国家档案局局长冯子直到兴城视察档案工作。

7月28日晚，兴城地区普降大暴雨，降水量180毫米以上，全市城乡1.1万余户房屋进水，5000多人被大水围困，2144间房屋倒塌，堤坝决口30余处，9866.7公顷农田被淹，2666.7公顷绝收，交通、通讯一度中断。全市各级干部及驻兴部队及时组织救灾抢险，无人员伤亡。

7月29日，京沈铁路韩家沟至双树段被大雨冲积的泥石流淤塞，铁路运输中断，经驻兴81226部队官兵奋力排险7个小时，铁路恢复营运。

8月1日，辽宁省人民政府副省长陈素芝率民政厅、水电厅、公安厅、防汛指挥部等部门负责人到兴城检查防汛救灾工作。

8月2日，中共兴城市委、兴城市人民政府召开抗灾动员大会。市直机关党委组织机关党员干部200多人到受灾乡村参加抢险救灾。

8月2日，国家技术监督局局长朱玉理到兴城检查工作。

8月8日，全国人大常委会副委员长彭冲视察兴城。

8月14日，辽宁省人民政府省长岳岐峰与省直有关部门领导到兴城市灾区检查抗洪救灾工作。

8月27日，辽宁省农村经济工作座谈会在兴城召开，辽宁省人民政府副省长肖作福、辽宁省人民政府顾问赵奇等出席。

8月31日，林业部批准兴城首山为国家森林公园。

9月27~29日，兴城市第一次妇女代表大会召开。

10月8日，中共兴城市委、兴城市人民政府在东辛庄满族镇举行庆祝东辛庄大集建成五十周年大会。吉林、河北、浙江、山东等省市近百家工商企业代表参加庆祝和展销活动。

10月12日，历时1年修建的国道102线茶棚庵公铁立交桥工程竣工通车。

11月11日，兴城市农村第二批社会主义思想教育工作在17个乡镇街道、192个村全面展开。

教育活动分7个阶段进行，1992年4月结束。

12月15日，历时1年半修建的兴城海滨至菊花岛陆岛交通海口栈桥码头主体工程竣工。

## 1992年

2月12日，中华全国总工会文工团到兴城进行慰问演出。

2月17日，中共兴城市委、兴城市人民政府召开1991年度“大禹杯”“丰收杯”“绿化杯”竞赛总结表彰大会。

3月10日，兴城市人民政府召开创建卫生城市工作会议，制发《兴城市创建卫生城市实施方案（草案）》。

3月25日，俄罗斯莫斯科市公路学院教授柯根·雅德先生考察兴城市粉末冶金厂，并就双方进行科学技术经济贸易签订意向书。

4月23日，蒙古国比意比公司总经理嘎拉森茨仁一行2人到兴城进行经济贸易考察。

4月27日，美国驻沈阳总领事馆领事侯儒楷一行6人应邀到兴城参观访问。

4月28日，兴城人民广播电台中波发射台建成试播。

5月3日，共青团兴城市委召开纪念中国共产主义青年团建团70周年大会。

5月5日，日本石川县川北町町长西田耕丰一行到兴城进行友好访问。

5月11~12日，中共兴城市委、兴城市人民政府在市工人文化宫召开改革开放工作会议。各乡镇街道、市直机关领导等1000多人参加会议。

5月13日，世界银行水产专家瓦蒂纳、园艺专家苏吉穆拉到兴城，对水产养殖和果树栽植利用世界银行贷款项目进行考察。

5月20~23日，兴城市首届全民田径运动会在兴城体育场举行。有17人次打破19项兴城市纪录。

5月29日，兴城市召开首届台胞、台属联谊大会。

6月4日，以尹增田为首的朝鲜平安北道化学工业考察团到兴城参观考察。

6月12日，全国人大常委会副委员长严济慈、阿沛·阿旺晋美，全国政协副主席王光英等应邀出席在北京召开的兴城市啤酒厂汇报恳谈会。

6月14日，辽宁省人大常委会主任王光中到菊花岛视察。

7月2日，兴城市人民政府副市长侯宗璞率兴城市经济贸易洽谈代表团一行5人，前往蒙古国乌兰巴托市进行经济贸易洽谈，双方签订3份意向书。

7月5日，全国优秀小作者夏令营在兴城举办。

7月8日，日本东海渍物制造株式会社原料部谭长杉浦建夫一行3人到兴城考察，并洽谈大根萝卜等出口蔬菜业务。

7月15~19日，“锦西·兴城七月海会”在兴城海滨风景区举行。中共中央顾问委员会常委王平、杨得志、刘振华，全国人大常委会副委员长廖汉生，全国政协副主席马文瑞及中共辽宁省委书记全树仁、辽宁省人民政府省长岳岐峰参加。海会期间，兴城市人民政府举办多项经贸洽谈、科技交流转让等活动。

7月23日，乌克兰第聂伯尔彼得活夫斯克冶金学院教授奥斯立克·彼得·尼克拉耶维奇一行8

人到兴城市粉末冶金厂考察指导。

8月7日，国家技术监督局局长徐鹏航到兴城考察技术监督工作。

8月8日，国道120线兴城377公里165米处，发生一起重大交通事故，造成5人死亡，6人重伤，1人轻伤。

8月11~14日，全国地县（市）第二届年鉴研讨会在兴城召开。

9月7日，全国政协副主席谷牧到兴城菊花岛进行为期2天的旅游资源考察。

9月9~10日，由西田耕丰率领的日本石川县友好访问团一行17人到兴城进行友好访问，并签订结成友好城市协约。

9月14日，日本动燃事业团团长鲤沼稔与古贺孝德到兴城进行考察。

10月1日，根据锦西市人民政府《关于粮食购销体制改革有关问题的通知》，取消粮油收购任务。粮油收购价格原则上随行就市，取消城镇居民粮油供应，粮票不再使用。

10月10日，中共第十四次全国代表大会代表、兴城市妇幼保健院院长由景瑶赴北京出席中国共产党第十四次代表大会。

11月10日，兴城市人民政府就办理蓝皮户口有关政策召开新闻发布会。成立农转非变户办公室，由兴城市公安局、兴城市财政局、兴城市粮食局联合办公。

12月28日，由四家屯乡四家村兴办的辽宁省四家实业总公司成立，公司注册资金1000万元。张文成任董事长兼总经理。

## 1993年

1月13日，兴城市人民政府召开深化商业体制改革大会，部署商业系统经营机制改革方案。

1月30日，兴城市第一家与台湾客商合资企业——天力饮品有限公司在四家村成立。

2月23~25日，政协兴城市第三届第一次全体会议召开。选举产生政协兴城市委员会主席。

2月24~26日，兴城市第三届人民代表大会第一次会议召开。会议选举产生兴城市人大常委会主任，选举产生兴城市人民政府市长。

3月6日，兴城市举行纪念学雷锋活动30周年大会。

4月9日，兴城市举行人民警察警衔授衔仪式，248名人民警察领取警衔命令证书。

4月26日，辽宁省人民政府副省长肖作福到兴城大寨满族乡视察。

5月6日，兴城市人民政府公布并开始实行住房制度改革实施方案。

5月8日，辽宁省人民政府省长岳岐峰在锦西市领导陪同下，视察东辛庄大集、兴城市轴承厂、兴城市粉末冶金厂及红海开发区。

5月18日，兴城市第三届人大常委会第二次会议审议通过《关于减轻农民负担的决议》。

5月2~28日，在河北保定举行的全国少年田径赛上，兴城市少年业余田径女运动员张亚新以1.76米的成绩获女子跳高第一名，并以4345总分获得五项全能第二名。

6月16日，黄埔同学会兴城活动组举行黄埔军官学校建校70周年座谈会。

7月16~19日，兴城市人民政府在兴城海滨风景区举办第七届“中国·兴城七月海会”。原全国政协副主席马文瑞，巴勒斯坦驻华大使穆司塔法萨法日尼，中国科协书记处书记王治国，中共辽宁省委副书记、辽宁省政协主席孙奇，副主席王素芝等出席开幕式。

7月20日，全国人大常委会副委员长田纪云到兴城视察。

7月24日，全国政协副主席吴学谦到兴城视察，并题词：“兴城新兴旅游胜地”。

8月14日，在全国首届青少年独轮车邀请赛中，曹庄中心小学独轮车队获女子团体冠军，男子团体亚军，6个单项第一名，9个单项第二名，总成绩居各队之首。

8月25日，以日本石川县川北町教育长喜多孝政为团长的日中友好川北町少年使节团一行6人到兴城进行友好访问。

9月11日，以日本石川县川北町长官田丘为团长、石川县农业短期大学教授中村喜彰为副团长的川北町友好访华团一行21人到兴城进行友好访问，并在兴城古城内鼓楼上进行日本民间亢龙大鼓表演。

9月14日，兴城市首次选派100名机关干部到农村担任村党支部副书记或村委会副主任。

9月22日，法国农业科学院昂热果树花卉育种研究所奥夏特夫妇到兴城进行考察。

11月11日，中共辽宁省委副书记王怀远视察兴城古城、海滨风景区、红海开发区和四家村。

11月23日，兴城市第三届人大常委会第六次会议审议通过兴城市人民政府《关于拟定菊花为兴城市市花的报告》，决定菊花为兴城市市花。

12月11日，中共辽宁省委书记顾金池，省委常委、辽宁省人民政府副省长肖作福在锦西市领导陪同下，视察东辛庄服装市场和张虎服装加工专业村。

12月25日，兴城市干部群众隆重集会纪念毛泽东同志诞辰100周年。

## 1994年

1月24日，中共兴城市委、兴城市人民政府召开加快乡镇企业发展动员大会。

1月28日，中共辽宁省委常委、常务副省长闻世震在锦西市领导陪同下到兴城视察。

2月2日，兴城市人民政府召开村民自治示范活动总结表彰大会。

3月29日，中共兴城市委、兴城市人民政府召开精神文明建设总结表彰大会。

4月18日，在辽宁省新技术新成果展交会上，兴城市杏仁乳汁厂生产的杏仁乳饮料荣获金奖。

5月3~4日，兴城市遭遇暴雨大风袭击，农村蔬菜大棚遭灾，直接经济损失60万元，间接经济损失250万元。

5月5日，以日中友好协会会长松本为团长的日本松本代表团到兴城观光考察。

6月10日，以廉在满为团长的朝鲜平安北道行政经济委员会代表团一行8人到兴城参观考察。

7月9日，中共辽宁省委副书记王怀远到兴城视察四家村和东辛庄满族镇。

7月15~24日，兴城市人民政府举办第八届“中国·兴城七月海会”。

7月19~21日，兴城市曹庄小学独轮车队代表辽宁省参加神龙杯全国中小学独轮车大赛，获22枚金牌、5枚银牌。

7月29日，兴城市教师进修学校、温泉小学、胜利小学、后王小学被确定为全国农村小学作文实验基地，并被授予“中央教育科学研究所全国农村小学作文教学研究子课题实验基地”牌匾。

8月3日，国务委员陈俊生一行视察兴城古城、海滨风景区和四家村。

8月9日，全国政协常委、原国防科工委政委邢永宁参观四家屯乡四家村。

8月15~18日，全国首届沙滩排球巡回赛在兴城海滨举行。

8月16日，韩国军浦市友好代表团一行9人到兴城进行友好访问。

8月22日，应中国核工业总公司国际合作局邀请，俄罗斯“国外原子动力建设联合体”设计审查代表团一行19人到兴城参加405-IA工程初步设计审查会。

9月9日，中共兴城市委、兴城市人民政府召开庆祝第十个教师节大会，会上表彰25个教育先进集体和337名教育先进个人。

9月14日，中国科学技术协会副主席高振宁到兴城视察省级“金桥工程”重要项目“兴棉一号”推广种植工作。

9月16~21日，韩国国际企划株式会社董事长金镇默应邀到兴城参观考察。

9月23日，兴城市地方税务局成立，举行揭匾仪式。

9月29日，日本松本市议会议长百代长雄率领的15人友好代表团到兴城参观考察。

10月1日，兴城有线电视台试播，转播全国11家电视台的12套节目。

10月13日，兴城市纪念中国少年先锋队建队45周年活动在体育场举行。

10月22日，兴城市三合水库新水源工程竣工。

10月26日，兴城市举行川北路通车庆典，日本川北町町长西田耕丰应邀到兴城参加庆典活动。

11月18日，韩国大田市永成产业株式会社独家投资兴建的兴城永成毛皮有限公司在沙后所满族镇建成投产。

12月4日零时，兴城市电话号码升为7位。

## 1995年

1月6日，兴城市召开私营企业第一次代表大会暨私营企业协会成立大会。

1月11日，兴城市被国家林业部批准为全国科技兴林示范县（市）。

1月20日，兴城市第三届人民代表大会第三次会议选举产生葫芦岛市第一届人民代表大会代表66名。

3月1日，兴城市人民政府召开划定基本农田保护区工作会议。贯彻国务院《基本农田保护条例》，在全市开展基本农田保护区划定工作。

4月10~12日，中共兴城市第三次代表大会召开。会议选举产生中共兴城市委常委、书记、副书记，选举产生中共兴城市纪委书记。

5月29日，四家屯乡郦家村马俊标出海作业时捕获一条1米多长的成体鲸。

6月29日，兴城市举行纪念《兴城市报》创刊十五周年会议。

7月16~31日，兴城市人民政府举办第九届“中国·兴城七月海会”，原全国政协副主席马文瑞参加开幕式。

7月21日，全国政协副主席钱伟长到兴视察古城和海滨风景区。

7月24日，在北京举行的第三届全国青少年“金牌杯”独轮车比赛中，曹庄中心小学独轮车队代表辽宁省参赛，夺得A组团体冠军、B组亚军，获金牌22枚。

7月25日，辽宁省政协副主席、中共辽宁省委统战部部长张成伦到兴城视察。

8月15日，兴城市各界群众集会纪念抗日战争胜利50周年。

8月16日，以村本亮卫为团长的日本川北町友好访问团一行17人到兴城进行为期8天的友好访问。

8月20~21日，国务院总理李鹏在辽宁省人民政府省长闻世震、中共辽宁省委副书记曹伯纯等陪同下视察兴城，并题词：“兴盛之城 旅游之城”。

8月25日，以川北町教育长喜多孝政为团长的日本川北町中学生访问团一行6人到兴城进行友好访问。

8月29日，兴城市“安居工程”举行开工典礼。

8月30日，全国第三次工业普查工作在兴城市全面展开。

9月3日，中共辽宁省委书记顾金池视察兴城市四家村，并题词：“辽西第一村”。

9月19日，辽宁省政协主席孙奇在葫芦岛市人大常委会主任胡国庆等陪同下到兴城视察。

9月20~22日，兴城市举行第八届中小学生田径运动会，并首次增设独轮车项目的比赛。

11月9日，兴城市高速公路指挥部召开第一次全体成员会议，沈山高速公路兴城段建设正式启动。

11月14~19日，兴城市10名环卫清淘工人赴北京进行为期6天的观光游览，并受到全国劳动模范时传祥之子、北京环卫局纪律检查委员会书记时纯利的接待。

## 1996年

1月5日，中共辽宁省委书记顾金池、辽宁省人民政府省长闻世震到兴城考察8271厂、粉末冶金厂和富斯塑料波纹管材有限公司。

1月10~12日，政协兴城市第三届第四次全体会议召开。

1月17~19日，兴城市第三届人民代表大会召开第四次会议。会议选举产生兴城市人民政府市长。

3月15日，中共辽宁省委副书记曹伯纯到兴城四家村考察。

3月24日，中共辽宁省委常委、辽宁省人民政府副省长肖作福率省直有关部门领导到兴城调研。

3月27日，兴城市人民政府召开推行国家公务员制度动员大会。兴城市人民政府机关及所属部门、单位全面实施国家公务员制度。

4月4日，兴城市党政领导、驻军官兵、中小学师生、干部群众1000余人祭扫兴城烈士陵园。

4月24日，以黄大定为团长的韩国南济州考察团一行到兴城参观考察。

4月27日，中共辽宁省委常委、辽宁省人民政府副省长徐文才到东辛庄满族镇调研。

5月29日，以杰利·凯西为团长的美国马巴布罗市友好代表团一行5人到兴城参观游览。

6月2日，为配合沈山高速公路施工，文物考古工作者对羊安满族乡郭山子村汉墓群进行发掘，发现多处人类生活遗址。

6月20日，辽宁省政协主席孙奇到兴城市政协检查指导工作。

6月25日，国家统计局“半年经济形势座谈会”在兴城召开。国家统计局局长张塞、副局长邵宗明参加会议。

7月17~28日，兴城市举办第十届“中国·兴城七月海会”。原辽宁省人大常委会主任王光中、原辽宁省政协主席林声等出席开幕式。

7月20日，国家民委副主任文精在辽宁省民委主任张贤焕陪同下到兴城视察民族工作。

8月18~21日，第四届全国青少年独轮车锦标赛在兴城举行。兴城市8所学校的45名运动员参赛，共夺得11枚金牌。

8月20~23日，原全国政协副主席谷牧到兴城视察。

9月11日，兴城市人民政府召开第一次全国农业普查工作会议。年末，全市普查登记工作完成。

10月8日，兴城市召开全国第一次基本单位普查工作会议。年内完成统计登记。

11月5日，兴城市人民政府召开生猪定点屠宰工作协调会，确定全市实行生猪定点屠宰。

11月20日，兴城市人民政府代市长张竞强与韩国南济州郡守康太勋签署友好城市缔结书。

11月28日，中共兴城市委、兴城市人民政府召开全市企业产权制度改革动员大会。

## 1997年

1月12日4时到8时，罕见的大雾造成国道102线兴城段连续发生23起交通事故。有45辆汽车被撞坏，重伤2人，轻伤6人，死亡1人，直接经济损失30余万元。兴城市交警大队全力以赴，清除路障、疏导车辆，至上午10时，国道102线畅通。

1月16~18日，政协兴城市第三届第五次全体会议选举产生政协兴城市委员会主席、副主席。

1月17~19日，兴城市第三届人民代表大会第五次会议选举产生兴城市人大常委会副主任，选举产生兴城市人民政府市长。

3月10日，中共辽宁省委常委、辽宁省人民政府副省长徐文才率领辽宁省财政厅、辽宁省农业厅等部门领导到兴城视察。

3月29日，兴城市824名民办教师参加民师转正考试，其中170名民师按考试成绩优先转为公办教师。

4月1日，中共辽宁省委书记顾金池，省委常委、秘书长张行湘一行到兴城视察企业产权制度改革工作。

5月15日，辽宁省体制改革委员会主任王德庆等到兴城调研企业产权制度改革情况。

5月23日，兴城古城春和门瓮城修复工程开工，11月末竣工。

5月24日，中共辽宁省委常委、辽宁省人民政府副省长徐文才到兴城市药王满族乡调研春耕生产情况。

6月3日，兴城市军民治理东河工程开工，历时13天完工。

6月9日，全国总工会书记处书记李永海到兴城检查工作。

6月12日，辽宁省劳动厅厅长戴明勋到兴城就企业产权制度改革中劳动者权益保护等问题进行调研。

6月20日，兴城——大连的245次列车首次开通。

6月26日，兴城市各界举行“迎香港回归”庆祝活动。

7月11~12日，辽宁省农田基本建设现场会在兴城召开。

8月26日，以池田昭一为团长的日本川北町教育文化使节团一行8人到兴城进行友好访问。

9月8日，兴城市人民医院骨外科的人工髋关骨置换术、脊椎骨折脱位术、狄克钉内固定术、断指再植术、重要神经血管离断吻合术临床应用成功。

9月23~26日，兴城市第二届全民田径运动会在市体育场举行，共打破24项兴城市级纪录。

10月3日，原中共中央副主席汪东兴莅临兴城考察。

10月14日，中共辽宁省委常委、辽宁省总工会主席孙春兰到兴城调研。

11月7日，辽宁省人民政府副省长徐文才到兴城视察农田基本建设工作。

11月25日，菊花岛乡成为葫芦岛地区第一个电话乡。

12月2日，兴城市人才市场开业，标志兴城市人事制度改革进入新阶段。

12月11日，中华全国总工会在兴城市召开研讨会，兴城市总工会介绍积极参与企业产权制度改革的工作经验。

12月18日，历时5个月、投资700万元、占地2685平方米的兴城火车站候车大厅竣工。

12月28日，兴城市城乡有线电视联网开通。

## 1998年

1月11~13日，政协兴城市第四届第一次全体会议召开。会议选举产生政协兴城市第四届委员会主席、副主席。

1月12~14日，兴城市第四届人民代表大会第一次会议召开。会议选举产生兴城市人大常委会主任、副主任，选举产生兴城市人民政府市长、副市长。

1月12日，辽宁省人民政府副省长刘克田到兴城考察企业产权制度改革工作。

2月12日，兴城市人大常委会副主任、四家村党总支书记、辽宁省四家村企业集团公司董事长张文成当选第九届全国人民代表大会代表。

3月13日，兴城市机构改革方案、干部改革方案出台，全省机构改革试点工作在兴城市全面展开。

4月8日，中共兴城市委、兴城市人民政府召开兴城市创建全国卫生城市动员大会。“创卫”活动在全市广泛开展。

4月14日，辽宁省人民政府副省长杨新华视察兴城市部分民营企业和农村工作。

4月17日，沈阳军区副司令员宗顺留中将到兴城市人民武装部视察。

4月22日，由山海关——伊春的577/578次列车冠名“东辛庄市场号”挂牌仪式在东辛庄火车站站台举行。

4月25~26日，辽宁省企业产权制度改革现场会在兴城市召开。

5月10日，兴城市被列为辽宁省省级社会发展综合实验区。

5月20日，兴城高级中学开办飞行员预备班。

5月30日，中国人民解放军空军副总参谋长何百荣视察兴城高级中学飞行员预备班。

7月1日，兴城市报社举行《兴城市报》创刊18周年暨更名为《兴城日报》庆典仪式。

7月2日，兴城市110报警服务台开通。

7月8日，《兴城市党政机关、事业单位富余人员安置意见》出台，兴城市机构改革试点工作取得阶段性成果。

7月24日，兴城市遭受连续十几个小时的暴雨袭击，降水量达150~210毫米，全市城乡普遍受灾。受损农作物约2万公顷，倒塌房屋1800间，水毁工程270处，牲畜家禽及电力通讯设施、车船、道路桥涵和水产林木等遭不同程度的损失，经济损失约8170万元。

7月27日，中共中央组织部领导到兴城对企业产权制度改革中的党建工作进行调研。

7月28日，兴城市产权制度改革工作通过辽宁省人民政府验收。

8月9日，兴城市独轮车队代表中国参加在德国举行的第九届世界独轮车锦标赛，5名队员夺取4枚金牌、3枚银牌、5枚铜牌。

8月21日，兴城市人民政府召开第二次修志工作大会。

9月2日，中共辽宁省委书记闻世震，省委常委、秘书长徐德及有关部门领导到兴城视察食用菌繁育总站。

9月3日，兴城市个体私营业者王丽霞当选全国第三次残疾人代表大会代表。

9月15日，辽宁省政协主席孙奇在葫芦岛市人民政府市长张东生等陪同下视察兴城。

9月29日，兴城市人民政府举行庆祝兴城解放50周年纪念活动。

11月18日，中共辽宁省委副书记张行湘到兴城调研。

12月25日，辽宁省政协常务副主席肖作福到兴城视察民营企业和农村工作。

## 1999年

1月13~15日，政协兴城市第四届第二次全体会议召开。

1月14~16日，兴城市第四届人民代表大会第二次会议召开，会议选举产生兴城市人民政府市长。

1月19日，中共兴城市委、兴城市人民政府召开招商引资动员大会，宣布《兴城市招商引资工作方案》和《兴城市招商引资目标责任制实施办法》。

2月5日，以新西兰风能协会主席保罗·繁李萧特为团长的亚洲开发银行风电项目考察团一行7人到兴城考察。

2月24日，兴城市人民政府对兴城市轴承有限公司、兴城市啤酒有限公司、兴城市太白酒厂、兴城市关东钼业有限公司、兴城市粉末冶金有限公司等9家重点企业实施挂牌保护。

3月24~28日，辽宁省人民政府在广州、深圳举办招商引资洽谈会，兴城市作为全省唯一的县（市）级单位参加会议，受到海内外企业界知名人士的普遍关注。

4月14日，兴城市治理温泉河工程开工，至8月末竣工。共出动2万人次，车1270辆次，清淤2.4万立方米，动用土方4.5万立方米，石料2.3万立方米。

4月17日，由日本铁路工会出资20万元人民币兴建的南大山满族乡“绿之风”希望小学奠基。

4月21日，兴城市工商业联合会召开泳装同业公会成立暨第一次会员大会。

4月22日，辽宁省人民政府副省长杨新华到兴城视察“3655”节水灌溉工程。

4月28~30日，首届“中国·兴城泳装节”在水调歌头大酒店举办。

5月5日11时35~40分，在兴海湾与菊花岛平行数海里的东部海面，出现罕见的“海市蜃楼”奇观，隆起高大的“海山”，山岭重叠，礁屿轮廓清晰可见。

5月21日，兴城市人民政府制定《关于招商引资奖励政策的补充规定》。

5月31日，兴城市人民政府召开秦沈高速铁路占用土地核量工作协调会议。

6月7日，辽宁省人大常委会副主任王向民到兴城市视察曹庄海堤工程。

6月8日，往返于天津——通辽的587/588次列车被冠名为“东辛庄服装市场号”。

6月19日，兴城市人民政府在菊花岛举行复建大龙官寺奠基仪式。

6月22日，中国农村致富技术函授大学食用菌生态培训科研示范基地在兴城市食用菌繁育总站成立。

7月8日，全国政协常委、原辽宁省人大常委会主任全树仁到兴城市四家村视察。

7月16日，意大利EDS公司驻中国总代表邝碧珠、美商鑫丰农业科技公司（台湾办事处）总经理康强到兴城考察。

7月16~18日，兴城市人民政府在海滨风景区举办第十三届“中国·兴城七月海会”。辽宁电视台《共度好时光》栏目将海会开幕仪式作为特别节目全程播出。

7月28日，兴城市人民政府召开抗旱救灾紧急动员大会。

8月22日，几内亚共和国驻华大使玛玛迪·贡戴、一等参赞默哈迈德K·邦古拉到兴城观光考察。

9月26日，原中共中央宣传部副部长贺敬之到兴城考察。

10月30日，日本川北町町长西田耕丰率领的访华团一行16人到兴城进行友好访问。

11月2~5日，兴城市人大常委会组织全国、省、市、县四级人大代表视察兴城部分乡镇灾后生产自救工作。

11月10日，辽宁省军区司令员王贵勤到兴城检查征兵工作。

12月20日，兴城市各界群众举行喜迎澳门回归祖国庆祝活动。

12月23日，兴城市私营企业工会成立。

12月30日，兴城市电话装机户增加到43714户，电话普及率达到8.01部/百人，成为葫芦岛地区电话普及率最高的县（市）。

## 2000年

3月7日，中共兴城市委召开精神文明建设大会，发出向“人民的好教师”苗艳芝学习的决定。

3月8日，兴城市消费者委员会正式开通“12315”投诉热线。

3月8~9日，以色列蔬菜专家阿赫伦·内森到兴城考察蔬菜种植情况。

4月13日，辽宁省人民政府副省长杨新华到兴城市进行农业和农村工作调研。

4月28~30日，兴城市第二届泳装节在水调歌头水疗中心广场举行。

5月11日，辽宁省政协主席孙奇到四家村调研。

5月13日，全国政协副主席杨汝岱到兴城视察。

5月15~16日，台湾佳缘宝农业科技公司组团到兴城考察。

5月16日，辽宁省政协副主席王值时视察兴城市民营企业。

5月29~31日，中共兴城市第四次代表大会召开。会议选举产生中共兴城市第四届委员会和兴城市纪律检查委员会。选举产生中共兴城市委常委、书记、副书记，选举产生中共兴城市纪委书记。

6月4日，原中联部副部长蒋光化率中央“三讲”教育检查组到兴城市视察。

6月6日，兴城市海洋功能区划及海域使用规划通过省级评审。

6月9日，韩国南济州郡友好访华团一行19人到兴城参观访问。

6月19日，兴城市人民政府召开抗旱工作会议。因持续干旱，全市40000公顷农作物受灾。24日，气象部门实施大面积人工增雨，使旱情得到缓解。

7月7日，全国政协副主席赵南起视察兴城市“3655”节水灌溉典型工程。

7月12日，总投资800多万元、历时55天的兴城市海滨风景区改造暨景观路建设工程竣工。

7月19日，辽宁省人民政府省长张国光、副省长杨新华到兴城视察抗旱救灾工作。

7月29日，由四家村企业集团投资20万元修葺的首山烽火台竣工。

8月5~7日，中央级年鉴工作委员会主任许进禄一行20人到兴城进行考察。

8月29日，曹庄镇环海水产公司成功进行工厂化养殖的牙鲆鱼通过技术鉴定，填补辽西地区井盐水养殖业的空白。

9月22日，袁崇焕蒙难370周年学术研讨会在兴城举行，明清史专家阎崇年、李治亭等出席。袁崇焕墓第17代守护人佘幼芝女士应邀参加纪念活动。

9月30日，兴城市企业家协会成立。

10月19日，兴城市人民政府组团赴东港市考察，并与东港市签订友好城市协议。

10月20日，葫芦岛市民兵装备库在兴城落成。中共辽宁省委常委、辽宁省军区政委刘慎思少将出席剪彩仪式。

10月24日，东日本铁路工会交流团一行16人，在团长栗树幸雄带领下到兴城市南大山满族乡“绿之风”希望小学考察。

11月1日，按照国务院的统一部署，以零时为标准时间，兴城市开始进行第五次全国人口普查工作。年末，完成人口普查登记汇总。

11月9日，位于兴城火车站南侧的兴城市长途客运站新客运大厅投入使用。

11月15日，蒙古国交通部督察朴尔布和对外经济合作部高级参赞比利哥到兴城考察。

12月18日，中共兴城市委召开第四届第三次全体（扩大）会议，审议并通过《兴城市国民经济和社会发展“十五”计划（草案）》。

12月31日，兴城市海滨风景区被中共辽宁省委、辽宁省人民政府授予“文明风景旅游区”称号。

## 2001年

1月1日，共青团兴城市委举行青少年迎接新世纪、建设新兴城誓师大会。

1月12日，中国红十字总会“红十字博爱送万家”救助物资发放仪式在兴城市碱厂满族乡举行。中国红十字总会常务副会长王立忠出席仪式。

1月15~17日，兴城市第四届人民代表大会第四次会议审议通过《兴城市国民经济和社会发展“十五”计划》。

3月5日，中国民主同盟葫芦岛市兴城直属小组成立。

3月15日，兴城市人民政府邀请辽宁省海洋与渔业厅、辽宁省水产种苗监管站、大连水产学院、辽宁省海洋水产研究所、辽宁省海洋经济研究会等专家对井盐水工厂化养殖科技园进行论证。

4月5日，兴城市人民政府举行“觥放兴城烈士纪念碑”揭碑仪式，1000余人祭扫烈士墓。

5月3日，辽宁省政协主席肖作福到兴城视察。

5月14日，兴城市基层党支部换届选举工作开始，至5月末结束。

5月23日，由国家体育总局、国家旅游局主办的“北京——莫斯科”驾车“申奥”助威活动车队途经兴城，兴城市领导及各界群众热情迎接，为“申奥”加油。

6月8日，兴城市人民政府发布通告，取消兴城海滨风景区门票。

6月14日，中共兴城市委、兴城市人民政府召开创建全国文明城市和中国优秀旅游城市动员大会。

6 月 25 日，兴城市人民政府发出通知，确定全市水土流失重点预防保护区、重点监督区、重点治理区等防治区域。

6 月 29 日，中共兴城市委召开中国共产党成立 80 周年纪念大会。

7 月 5 日，中共辽宁省委副书记张文岳到兴城四家村、凯森蒙制衣有限公司进行调研。

7 月 11 日，中共兴城市委就选拔任用领导干部工作做出决定：对乡局级领导干部实行任前公示制。

7 月 17 日，国家邮政局在全国发行“中国·兴城”系列邮资明信片，每套 4 册，包括《中国兴城》《兴城海滨》《兴城文庙》《兴城望海寺》，共 13 万枚。

7 月 18 日，兴城市人民政府市长王英杰向韩国恩合荣株式会社社长郭圣寅颁发兴城荣誉市民证书。

8 月 5 日，兴城市人民政府开通“兴城热线”5111111，每天 24 小时接受市民投诉。

8 月 6 日，辽宁省人大常委会副主任王充闾陪同中国作家协会领导到兴城考察。

8 月 6 日，全国政协副主席李贵鲜在辽宁省政协常务副主席李国忠陪同下到兴城视察。

8 月 8 日，俄罗斯哈巴罗夫斯克州边区人民政府副主席列维纳达里·阿列科桑德拉率团到兴城进行合作项目交流与洽谈。

8 月 10 日，国家计划委员会副主任于广州在辽宁省计划委员会主任钟跻权陪同下到兴城调研。

8 月 17 日，国家交通部常务副部长胡希捷在辽宁省交通厅副厅长张恭宪陪同下到兴城调研。

8 月 26 日，由国家邮政局首次采用黑白照片设计的《兴城古城》特种邮资明信片在兴城古城鼓楼举行首发式。该明信片一套 10 枚，共发行 60 万套。

9 月 13 日，中共辽宁省委常委、宣传部部长焦利到兴城市调研。

9 月 18 日，辽宁省人民政府副省长赵新良到兴城视察旅游开发工作。

9 月 25 日，全国党建工作研究会会长、原中共中央组织部部长张全景到兴城调研。

10 月 11 日，兴城市人民政府“中国兴城”网站开通，网址为 www.xc-online.gov.cn。

10 月 13 日，兴城市对城乡珍稀古树进行普查。确定 1 级古树 53 株、2 级古树 81 株。

10 月 15 日，袁崇焕后裔、泰国中华总商会会长、泰国袁氏宗亲总会理事长袁经纶偕长孙袁炳森考察兴城。

10 月 17 日，中共辽宁省委常委、辽宁省军区政委张德友少将到兴城市人民武装部调研。

11 月 3 日，兴城市千余名机关干部、武警官兵到菊花岛参加植树劳动。

11 月 9 日，海军政治部主任毕惠义中将在驻葫海军部队司令员徐甘泉少将、政治部主任樊平均少将陪同下到兴城市视察。

11 月 30 日，历时 3 个月的兴城古城威远门瓮城复建工程竣工。

12 月 1 日，中共兴城市委召开村级“三个代表”重要思想学习教育工作会议，村级学习教育活动全面铺开。

12 月 7 日，兴城市人民政府召开全市城镇职工基本医疗保险制度改革实施动员大会，全市医疗保险制度改革于 2002 年 1 月 1 日正式启动。

12 月 31 日，兴城市第二次全国基本单位普查工作开始。普查的标准时点为 2001 年 12 月 31 日，于 2002 年末结束。

# 2002 年

1月5日，兴城市人民政府召开城市总体规划专家评审会。《兴城市城市总体规划》通过中国城市规划设计院总工程师和省内专家的评审。

1月7日，中共兴城市委召开全市村级“三个代表”重要思想学教活动第三次工作会议暨“五送”活动动员大会。

1月8日，兴城市人民政府市长王英杰与葫芦岛新奥燃气有限公司总经理刘杰签订《兴城市管输燃气项目合作协议书》。

1月22~24日，政协兴城市第四届第五次全体会议召开。

1月23~24日，兴城市第四届人大第五次会议召开。

3月4日，经辽宁省人民政府批复：撤销红崖子满族乡、拣金满族乡，合并设立红崖子满族乡；撤销沙后所满族镇，设立沙后所镇；撤销闻家满族乡，将其所辖行政村分别划归沙后所镇和南大山满族乡；撤销四家屯乡，设立四家屯街道；撤销华山镇，设立华山街道；撤销东辛庄满族镇，设立东辛庄镇；撤销郭家满族镇，设立郭家镇。

3月29日，兴城市人民政府召开高速公路、高速铁路沿线植树造林工作会议。全市近万名干部群众和驻兴部队官兵参加绿色长廊植树活动。在长达57公里的规划区内造林598.26公顷，植树150万株。

4月15日，全国政协副主席孙孚凌到兴城视察。

5月1日，菊花岛大龙宫寺修复工程举行奠基仪式。

5月4日，兴城文庙扩建工程开工，投资500万元，新增园林和建筑面积1万平方米。

5月17日，兴城高级中学被辽宁省国防教育委员会命名为“辽宁省国防教育基地”。

5月29日，由中共兴城市委宣传部、兴城市妇女联合会、共青团兴城市委、兴城市教育局共同举办的“兴城市道德建设‘十佳小公民’”评选结果揭晓。

6月2日，兴城市各乡镇人民代表大会换届选举工作开始，至7月10日结束。

6月13日，中共辽宁省委副书记、纪委书记王唯众到兴城视察。

6月19日，辽宁省人大常委会主任王怀远，副主任丛正龙、张锡林、徐廷生、高国珠一行到兴城视察 。

6月20日，由国家投资1800万元的粮食仓容扩建项目历时2年竣工，中储粮兴城直属库形成10万吨粮食仓储能力。

7月2日，菊花岛旅游区经辽宁省质量评定机构批准为国家AA级旅游区。

7月9日，在辽宁省首届优秀书法县（市）评选活动中，兴城市被授予“辽宁省优秀书法县(市)”称号。

7月17日，兴城市行政审批便民服务中心开始运行。

7月20日，中国文联副主席李牧、组联部部长马康强到兴城考察。

7月24日，中国民主同盟兴城市支部成立。

7月26日，兴城古城开发建设重点项目——“蓟辽督师府”举行开工奠基仪式。

7月29日，国家文化部部长孙家正考察兴城古城。

8月2日，国务院法制办公室主任杨景宇到兴城考察。

8月8日，国务院副总理吴邦国视察兴城。

8月16~17日，中共辽宁省委常委、宣传部部长焦利到兴城视察。

9月15~18日，兴城市“菊花啤酒杯”第三届全民运动会在兴城体育场举行。

9月26日，日本铁路工会水户地方分会委员长竹内巧一行访问南大山满族乡“绿之风”希望小学。

10月15日，辽宁省人民政府副省长赵新良到兴城视察海滨风景区和兴城古城。

10月24日，泰国顺大集团董事长王三河，名誉董事长马俊发，在中国驻泰国大使馆参赞李茂陪同下到兴城市考察。

10月26日，在由北京孔庙承办的“中国孔庙保护协会第七届年会”上，兴城文庙被选为常务理事单位。

11月1日，辽宁省人民政府副省长刘国强到兴城视察民营企业。

11月2日，由辽宁省文化厅与兴城市人民政府联合举办的兴城古城与明清辽东战史馆专家论证会在兴城举行。

11月13日，兴城市人民政府聘请中国历史文化名城研究室主任、著名建筑专家阮仪三教授为兴城市人民政府顾问，并出席兴城市召开的古城、菊花岛保护开发座谈会。

## 2003年

1月11日，泰中文化经济学会副会长、泰国顺大集团董事长王三河到兴城市考察。

1月15~17日，政协兴城市第五届第一次全体会议召开。会议选举产生政协兴城市委员会主席、副主席。

1月16~18日，兴城市第五届人民代表大会第一次会议召开，会议选举产生兴城市人大常委会主任、副主任，选举产生兴城市人民政府市长、副市长。

1月23日，兴城市人大常委会副主任、四家村党总支书记、四家村企业集团董事长兼总经理张文成当选为第十届全国人民代表大会代表。

3月1日，兴城市城乡居民生活用电实现同价，即0.45元/千瓦时。

3月8日，兴城市人民政府召开专家评审会，兴城古城周边地区控详规划和古城外环商业街设计方案通过评审。

3月14日，中共兴城市委第四届第八次全体会议暨全市经济、农村、财政工作会议召开。会议审议通过兴城市全面建设小康社会的指导思想和奋斗目标。

3月27日，联合国工业发展组织访问团莅临兴城，就兴城疗养、康复、保健领域的发展情况进行重点考察。

4月8日，全国党建研究会会长、原中共中央组织部部长张全景到兴城市四家村调研。

4月18日，中共兴城市委召开紧急常委（扩大）会议，部署全市“非典”防治工作。

6月2日，兴城菊花岛外海中心位置北纬40°20′，东经120°58′发生赤潮，赤潮面积约140平方公里。

6月12日，兴城市人民政府召开防治“非典”和发展经济动员大会。

6月21日，锦州市中百商厦兴城连锁店建成开业。

6月27日，中国科学技术工作者协会主席、原全国人大常委会副委员长周光召到兴城视察。

6月28日，兴城市古城城隍庙被列为辽宁省省级文物保护单位。

7月1日，兴城市社会福利院建成，可同时供养100名老人。

7月16~20日，兴城市人民政府举办第十七届“中国·兴城七月海会”。

7月26日，兴城青山水库项目评估会在北京举行，并通过中国国际咨询公司的专家评估论证。

8月31日，京哈铁路兴城区段内的白庙子火车站和望海火车站，被上级铁路部门宣布关闭。

9月4日，中国孔庙保护协会第八届年会在兴城举行。

9月8日，原中共辽宁省委书记顾金池、原辽宁省人大常委会副主任陈素芝到兴城考察。

9月16日，冰岛恩莱科斯公司董事林建宇、恩莱科斯中国公司副总裁海曼一行，就投资建设热电厂、综合利用地热资源等相关事宜到兴城考察。

9月17日，韩国富平区文化代表团到兴城观光考察。

9月20日，中央《关于领导干部选拔任用条例》检查组组长、原司法部副部长金鉴到兴城考察。

10月9日，兴城市人民政府召开村级规模调整工作会议。通过调整全市行政村减少到244个，合并95个，调整比例为28%。

10月20日，原中共中央政治局委员、全国人大常委会副委员长姜春云到兴城考察。

10月23日，辽宁省人民政府重点扶持的农业投资项目——辽宁正业花生产业发展有限公司正式开业。

10月24日，兴城市城市中心广场（宁远广场）举行竣工典礼。工程总投资4000万元，建成集历史风貌、现代风格、观光旅游、文化休闲、商业服务于一体的多功能复合型广场。

10月28日，韩国南济州郡郡守康起权一行30人到兴城进行友好访问。

10月29日，泰中文化经济交流协会副会长、泰国罗勇省工业委员会副主任、泰国顺大集团总裁王三河先生与夫人余慧香女士一行4人到兴城捐赠铜质鎏金释迦牟尼大佛。

11月1日，兴城市双兴供热一期工程开始供暖。

11月6日，兴城市通过省级园林城市专家组评审，晋升为省级园林城市。

11月10日，中共兴城市委通过公开招聘，选拔7名领导干部分别到曹庄、元台子、药王、华山等乡镇和街道任职。

11月12日，兴城市人民政府召开城市规划专家评审会，省内外的11名专家对辽宁省规划设计院修订的《兴城市市域城镇体系规划》《兴城市城市总体规划》进行评审论证。

11月20日，中共辽宁省委书记、辽宁省人大常委会主任闻世震视察兴城市粉末冶金有限公司、中兴橡胶工业有限公司和建设中的渤海高教园区。

12月17日，辽宁省人民政府副省长刘国强到兴城视察葫芦岛海洲药业有限公司。

12月31日，按照中共中央办公厅关于整顿报刊工作的统一要求，《兴城日报》停刊。该报自1980年7月1日创刊，共出版3926期。

## 2004年

1月6日，兴城市人民政府召开解决建筑领域拖欠农民工工资问题工作会议，对清理解决拖欠农民工工资做出具体安排。

1月27日晚，兴城古城延辉街祖大乐石坊两个小石狮被盗。

2月27日，中共兴城市委召开解放思想、优化环境、加快发展民营经济动员大会。

3月3日，辽宁省人民政府副省长胡晓华就养殖业的发展和疫病防治工作到兴城调研。

3月18日，兴城市“村村通”油渣路工程开工。

3月31日~4月1日，“文化遗产管理与经济发展国际工作会议”在兴城市召开。中国兴城市、葡萄牙奥比道斯市、英国朴茨茅斯市政府官员，世界文化遗产管理与经济发展项目专家和欧盟援助项目负责人出席会议。

4月1日，兴城市第八届村委会换届选举工作全面展开，至6月15日结束。

4月30日，兴城市计划生育局干部张凤忠以3.76秒喝完640毫升啤酒，被世界吉尼斯总部授予快速喝啤酒的新擂主，并获“世界挑战者”奖杯。

5月11日，全国政协副主席白立忱到兴城视察。

5月13日，兴城市第一次文物普查工作开始。普查重点是各乡镇街道的古建筑、古遗址及有代表性的近现代建筑。

5月18日，兴城市人民政府召开“环境建设年”活动动员大会，会议对开展“环境建设年”活动进行部署，制发《关于对损害软环境建设行为实行责任追究的暂行规定》。

6月9日，辽宁省人大常委会法制委员会在兴城召开《辽宁省散居少数民族权益保障条例（草案)》修正工作座谈会。

6月10日，国家信访局局长王学军就做好新时期信访工作到兴城调研。

6月20日，日本WALK电视公司“中国大纪行——文化之旅”摄制组到兴城古城拍摄节目。

6月24日，兴城市“十五”计划重点工程——兴城市人民医院门诊病房综合大楼举行奠基仪式。2005年11月竣工。

7月10日，兴城市进入海蜇资源保护管理期，实行渔船停泊、船网分离。辽宁省人民政府副省长胡晓华和辽宁省海洋与渔业厅领导到兴城检查海蜇保护工作。

8月3日，中共兴城市委召开“菊花岛事件”通报会。会上明确6月14日菊花岛乡部分群众集体上访，后被少数人煽动利用，是一起少数人为达到个人目的，以给农民争利益为由，煽动群众堵塞岛上交通、聚众闹事的治安事件。该事件已于8月1日基本平息。

8月13日，原全国政协主席李瑞环莅临兴城视察。

8月19日，中共兴城市委召开第四届第十一次全体（扩大）会议，研究部署全市招商引资、加快项目建设的具体政策措施。

8月26~29日，国家旅游局创建中国优秀旅游城市检查组莅临兴城，对兴城市旅游“创优”工作进行检查验收。

9月1日，辽宁工程技术大学软件学院、工商学院迁入兴城新校区。

9月15日，泰国顺大集团董事长王三河、泰国国会主席顾问昌益·欧昌西里、泰国交通运输委员会顾问阿兰·隆雅暖、泰国罗勇省工业委员会主任陈益辉等到兴城进行考察访问。

9月18日，兴城市开展纪念“九一八”国防教育日活动。

9月19日，辽宁省人大常委会常务副主任张锡林到兴城进行视察。

9月29日，兴城市人民政府在宁远广场举办庆祝中华人民共和国成立55周年大型文艺演出活动。兴城电视台首次进行现场直播。

10月9日，兴城市人民政府召开经济普查工作会议，部署全市经济普查工作。

11月3日，兴城市人民政府召开兴城城墙申报世界文化遗产新闻发布会暨“申遗“工作第一次会议。确定“申遗”工作分为学习考察、宣传发动、古城改造、达标验收和总结评定5个阶段进行。

11月8日，中共辽宁省委常委、辽宁省军区政委张德友少将一行到兴城市检查冬季征兵工作。

11月11日，兴城市人民政府与韩国爱生株式会社就高家岭满族乡石材开发举行签字仪式。

11月30日，兴城市启动新建220千伏一次变电所项目，该工程总投资14930万元。

12月30日，国道102线兴城市绕城路正式通车。工程2002年8月开工，总投资2800万元。南起佟屯、北至茶棚庵，全长9.07公里，属国家二级公路。

12月31日，兴城市获“中国优秀旅游城市”称号。

## 2005年

1月7日，“兴城市再就业活动月”开始启动。兴城市人民政府按公益性岗位工资标准的30%给予补贴，推动企业招用“4050”人员（女40周岁，男50周岁）就业。

1月8~10日，兴城市第五届人民代表大会第三次会议召开。

1月18日，兴城市人民政府在元旦、春节期间开展扶贫帮困集中捐赠活动。兴城市民政部门收到全市干部职工和驻兴城部队官兵捐款111.34万元，捐赠衣物6000件。捐赠款物全部发放到贫困群众手中。

2月1日，中共兴城市委召开保持共产党员先进性教育活动工作会议，全面部署开展保持共产党员先进性教育活动。

2月25日，由兴城市人民政府投资460万元，位于白塔满族乡清水岘村境内的兴城市垃圾处理场建设工程开工。

3月19日，兴城市人大常委会在宁远、城东、钓鱼台、华山4个街道设立人大代表工作办公室。

4月4日，新加坡凯发集团总裁林爱莲女士和马来西亚俐马集团董事马昭雁女士一行10人到兴城市考察投资环境。

4月7日，兴城市人民政府在古城周家住宅召开欧盟援助亚洲兴城古城开发与保护工作会议。

4月19日，中国残疾人联合会党组书记王新宪到兴城市参观考察。

4月21日，兴城市人民政府全面启动创建“平安兴城”活动。

4月27日，中国国民党革命委员会兴城市第一次党员大会召开，选举产生第一届支部委员会。

5月19日，辽宁省人民政府副省长滕卫平到兴城市检查农村卫生院改革工作。

5月30日，兴城市无公害食用菌基地成为国家农业标准示范区。

6月14日，葫芦岛地区首次放流海蜇苗活动在兴城启动，3000万头海蜇苗投入兴城海域。

6月22日，兴城市社区委员会换届选举工作全面展开。

6月27日，日本川北町町长西田耕丰和议长南邦夫率12名议员访问团到兴城市进行友好访问。

7月1日，辽宁工程技术大学电信学院迁入兴城新校区。

7月7日，兴城市人民政府举办纪念抗日战争胜利60周年报告会，邀请抗日老战士、驻兴8620部队原副师长宋汉珠作报告。

7月26日，原全国政协副主席杨汝岱到兴城视察。

7月27日，中共兴城市委召开第一批保持共产党员先进性教育活动工作总结暨第二批保持共产党员先进性教育活动动员大会。

8 月 5 日，中共辽宁省委书记李克强到兴城就加快县域经济发展进行调研。

8 月 27~28 日，国家级景区检查验收组到兴城，对兴城海滨风景区和古城旅游区创建国家 AAAA 级景区进行检查验收。

9 月 14 日，兴城市文物管理委员会成员会议召开。会议通过将“辽东长城”等 18 处文物古迹列为兴城市第三批文物保护单位。

10 月 22~24 日，中共兴城市第五次党员代表大会召开。其间选举产生中共兴城市委常委、书记、副书记，选举产生中共兴城市纪委书记。

10 月 29~30 日，中国兴城、葡萄牙奥比道斯、英国朴茨茅斯“文化遗产管理与经济发展第四次国际工作会议”在兴城市召开。

11 月 12 日，兴城市防控禽流感指挥部通报，自 8 日晚召开防控工作紧急会议后，全市 235 万只家禽免疫工作结束，防控禽流感工作取得阶段性成果。

11 月 15 日，兴城市风力发电项目举行签字仪式。该项目由国电电力发展有限公司和两锦供电公司共同在刘台子满族乡、海滨满族乡开发建设。

11 月 18 日，兴城市人民政府召开农村新型合作医疗工作会议，兴城市作为辽宁省确定的农村新型合作医疗试点市，农村新型合作医疗制度在全市稳步推进。

12 月 19 日，中共兴城市委召开第三批保持共产党员先进性教育活动工作会议，第三批教育活动全面启动。

## 2006 年

1 月 3 日，中共中央宣传部副部长、中共中央保持共产党员先进性教育活动领导小组副组长雒树刚率调研组到兴城市调研。

1 月 6~8 日，兴城市第五届人民代表大会第四次会议选举产生兴城市人民政府市长。

1 月 21 日，兴城市菊花岛乡 20 名村民海上遇险，兴城市人民政府紧急求助北海救助飞行队出动直升飞机，营救成功。

3 月 28 日，中共葫芦岛市委、葫芦岛市人民政府在兴城市双树乡召开区域性调整交接会，将兴城市双树乡人民政府及双树、老和台、兴北、东砬、东窑村共 34.2 平方公里的区域划归龙港区管辖。将双树乡东八里村划归兴城市古城街道，干柴村、韩家村划归兴城市城东街道管辖。

3 月 30 日，曹庄工业园区总体规划由辽宁省城乡建设规划设计院设计完成，并通过辽宁省专家评审。规划面积 20.29 平方公里，为综合性、生态型工业园区。

4 月 30 日，兴城市关东钼业有限公司对国营 8271 厂进行整体托管，托管期限为 2006 年 5 月 1 日至破产后资产变现日止。

5 月 25 日，兴城古城内祖氏石坊（2 座）、钟鼓楼、文庙被国务院批准为全国文物保护单位，与 1988 年列为全国重点文物保护单位的兴城城墙统称为兴城古城。

5 月 30 日，国务院西部开发办公室副主任李子彬视察兴城曹庄工业园区。

5 月 31 日，兴城市粮食综合直补资金发放工作全面展开。2006 年全市种粮农民直补资金为 1060.3 万元，其中粮食直补资金 573 万元，新增补贴资金 487.3 万元。

6 月 12 日，辽宁省辽东湾海蜇养殖放流仪式在兴城市渔港码头举行。

6月16日，兴城市集体林产权制度改革现场会在白塔满族乡召开，全市集体林产权制度改革全面启动。

6月21日，国家档案局局长毛福民到兴城视察。

6月25日，国务委员唐家璇到兴城市视察。

6月29日，兴城市普降特大暴雨，造成严重灾害。

7月3日，辽宁省副省长胡晓华到兴城视察暴雨受灾情况。

7月5日，以阎海旺为组长的中共中央巡视组一行10人到兴城视察。

7月16~18日，兴城建市二十周年暨第二十届“中国·兴城七月海会”在兴城体育场举行。

7月26日，中共辽宁省委常委、总工会主席王俊莲到兴城市调研工会工作。

8月1日，中央电视台台长赵化勇到兴城考察。

8月18日，中共兴城市委、兴城市人民政府召开“远学山东，近学建昌”，全力推进工业强市战略动员大会。

8月22日，兴城市农村“户户通电”工程启动，解决兴城边远山区7个乡镇21个村1137户农户未通电问题。

8月23日，辽宁大唐国际兴城核电项目筹备处在兴城市举行挂牌仪式。

9月22日，中共中央组织部副部长张柏林到兴城视察。

9月25~28日，兴城市第四届全民田径运动会在兴城体育场举行。全市1497名运动员进行192个项目比赛，有1人打破兴城市纪录。

9月26日，兴城市烟台河引水工程竣工。该项工程历时3年，总投资3600万元，建设20余个单项工程，铺设输水管线20余公里。

10月16日，兴城市四家村党总支书记张文成被第六届全国“村长”论坛评为2006年度“全国十大杰出村官”。

10月16日，全国妇女联合会党组书记、主席黄晴宜到兴城视察。

11月24日，国家电力发展有限公司兴城风力发电场一期工程举行开工典礼仪式。

11月30日，中共辽宁省委巡视组组长陈政夫一行5人到兴城市检查经济与社会发展和零就业家庭援助工作情况。

11月31日，葫芦岛地区第一家民营敬老院——兴城市城区中心敬老院建成。

12月22日，中共辽宁省委书记、辽宁省人大常委会主任李克强到兴城市视察。

12月31日，兴城市农业人口中有353570人参加新农村合作医疗，参合率达85%。全市确定定点医院35家，定点门诊327家。

## 2007年

1月6日，辽宁工程技术大学电气与控制工程管理学院迁入兴城新校区。

3月3~5日，兴城地区突降暴风雪，风力达9级，平均雪深17厘米。公路、铁路、电力设施遭受严重影响。被暴风雪困在国道102线兴城段的80多辆机动车，经兴城市人民政府组织的抢险队奋力救助，全部安全脱险。

3月13日，辽宁省人民政府副省长胡晓华到兴城视察辽宁正业花生产业发展有限公司、海思科药业有限公司企业生产情况。

3月15日，兴城市农村电网改造工程质量、资金管理、同网同价通过辽宁省二级农村电网建设与改造工程竣工验收组的检查验收。

3月20日，兴城市开展第三次离岗失业人员家庭就业状况入户调查工作。调查重点是企业“并轨”人员、棚户区改造回迁人员、“4050”人员、大中专毕业生等群体的就业情况。

4月5日，世界银行检查组对兴城市实施“世行贷款林业持续发展项目”的5个典型地块进行实地考察。

4月6日，俄罗斯符拉迪沃斯托克旅游社考察团一行6人到兴城考察。

4月16日，辽宁省人民政府副省长李万才到兴城调研“万村千乡市场工程”实施情况。

5月5日，外交部原部长李肇星视察兴城。

5月22日，辽宁省人民政府批复同意将兴城市双树乡及部分行政村划归龙港区管辖。

5月22日，中共四家村第一届委员会和中共四家村纪律检查委员会成立，为葫芦岛地区第一个村级党委和纪委。

6月16日，兴城市在沿海海域进行第三次海蜇苗人工增殖放流4000万尾。

7月28日，中共辽宁省委书记、辽宁省人大常委会主任李克强到兴城视察。

8月26日，日本川北町教育委员会委员长池田沼一率教育文化使节团到兴城访问。

9月14日，国家工商行政管理局发布2007年驰名商标公告，凯森蒙制衣集团有限公司“凯森蒙”商标被列为中国驰名商标。

9月19日，《兴城市城市总体规划（2006~2020）》通过辽宁省建设厅专家组评审。

9月27日，兴城市重点招商引资企业之一、中美合资葫芦岛钼都实业有限公司举行签约仪式。

10月10日，中共辽宁省委组织部调研组到兴城，就兴城市非公有制企业建党工作进行调研。

11月6日，第一次全国污染源普查工作开始。在兴城市进行的普查对象为境内所有排放污染源的工业源、农业源及集中式污染治理设施。

11月7日，《葫芦岛日报·兴城新闻》正式出版。报纸为对开4版，每周1期，兴城市内发行。

11月9日，中国民主促进会兴城支部成立。

11月10日，国电兴城风力发电第一期海滨风电场31台风电机组并网发电。

12月17~19日，政协兴城市第六届第一次全体会议召开。会议选举产生政协兴城市委员会主席、副主席。

12月18~20日，兴城市第六届人民代表大会第一次会议召开。会议选举产生兴城市人大常委会主任、副主任，选举产生兴城市人民政府市长、副市长。

12月31日，兴城市非物质文化遗产第一阶段普查工作历时半年结束。普查小组共挖掘整理包括口头文学、民间曲艺、民间手工技艺等7类15种非物质文化遗产项目。

12月31日，兴城市被辽宁省人民政府评为安全生产优秀县区。

12月31日，在全国首届“中国古城古镇古村旅游论坛”上，兴城古城获“中国十佳古城”称号。

## 2008年

1月29日，凯森蒙制衣集团有限公司生产的凯森蒙牌服装系列产品、兴城市九九铜业有限公司生产的电磁线系列产品，被辽宁省名牌战略推进委员会、辽宁省质量技术监督局评为“辽宁省名牌产品”。

2月29日，兴城市四家村企业集团董事长张文成第五次当选全国人大代表，并赴北京参加第十一届全国人民代表大会第一次会议。

3月5日，兴城市对畜禽口蹄疫、猪瘟、猪高致病性蓝耳病、禽流感等重大动物疫病集中进行为期1个月的强制性免疫。

3月17日，辽宁省人民政府副省长陈海波到兴城对县域经济、农业和农村工作进行调研。

3月18日，兴城市义务教育阶段公办学校减免学杂费和教科书费，全市近6万名中小学生受益。

4月9日，兴城“全羊席”传人王树槐、高尚臣、赵占林、高永生制作的“全羊席”共112道主菜和16道点心，由兴城电视台全程录像，申报辽宁省非物质文化遗产名录。

4月17日，中国农函大食用菌培训科研示范基地、辽宁省高校毕业生就业实习基地在旧门满族乡成立。

4月17日，兴城市城镇居民基本医疗保险正式启动。

4月17日，袁崇焕故里广西藤县政协副主席霍煜梧到兴城进行历史文化考察。

5月3日，辽宁省人民政府副省长刘国强到兴城市海滨满族乡考察徐大堡核电站筹备情况。

5月13日，中共兴城市委、兴城市人民政府召开支援汶川灾区捐赠大会。全市干部群众积极捐款，下岗女工计清云捐款45000元。截至6月3日，兴城市民政局收到抗震救灾捐款843万元。

5月16~26日，兴城市三道沟满族乡戏台村村民高志文、兴城市外贸局干部王大帅、兴城市风景局下岗职工杜维兴和宋丽娟赶赴四川地震灾区参加志愿者救灾。葫芦岛北方膜技术工业有限公司总经理王久儒偕4名员工组成救援队，驱车装载饮用水等应急物资赶赴灾区。

6月17日，兴城古城内部家住宅和周家住宅被列入辽宁省第八批省级重点文物保护单位。

7月8日，兴城临海产业区纳入辽宁省“五点一线”重点支持区域，园区总规划面积52.49平方公里。

7月9日，因降大雨，兴城城墙东南段距延辉门15米处内墙倒塌12.8米。8月3日，城墙东南段距延辉门140米处内墙发生坍塌，长度10米。兴城市有关部门启动突发事件应急预案，对现场进行妥善处理。

7月22日，中共辽宁省委书记、辽宁省人大常委会主任张文岳莅临兴城，就“万村千乡市场工程”建设进行视察。

7月29日，兴城市人大常委会六届第四次会议决定在宁远、古城、城东、温泉、钓鱼台、四家屯、华山7个街道分别设立街道人大工作委员会。

7月30日，年逾七旬的王振平结束“七载单骑迎奥运”万里行宣传活动回到家乡兴城。将行程12万公里，途经2800余个县市，留下208米祝福奥运签名盖章长卷，捐赠给兴城市档案馆收藏。

8月7日，兴城市5家自来水厂消毒系统设备改建及更新全面完成，确保市民喝上放心水。

8月12日，最高人民检察院副检察长胡克惠到兴城市人民检察院进行工作调研。

9月4日，辽宁省人民政府副省长滕卫平莅临兴城，对兴城古城墙坍塌墙体修复工作进行视察。

9月22~24日，辽宁省人民政府教育督导团、辽宁省教育厅普及九年义务教育评估验收专家组到兴城，对兴城市普及九年义务教育“提高水平”工作进行现场评估和验收，兴城市得分率达98.7%。

10月1日，兴城市人民政府投资7722万元、占地面积48773平方米的兴城高级中学新教学楼交付使用。

11月3日，兴城市人民政府召开供暖价格调整听证会，居民供暖价格调整至每平方米25元，非居民供暖调整至每平方米31元。

11月9日，辽宁省人民政府省长陈政高就拟建青山水库配置工程到兴城考察。

12月6日，兴城市烟花爆竹生产企业全部退出市场。

12月22~24日，政协兴城市第六届第二次全体会议召开。

12月23~25日，兴城市第六届人民代表大会第二次会议召开。

## 2009年

1月16日，兴城市人民政府召开全面启动家电下乡工作会议，部署启动家电下乡工作。

1月20日，兴城市人民政府委托中国人民大学商学院编制的《兴城市服务业发展规划》，通过中国商业网点管理协会专家评审。

2月13日，兴城市人民政府召开全市乡镇文化站建设工作会议，部署在东辛庄镇、郭家镇、元台子满族乡等20个乡镇建设文化站，建设总面积6000平方米，总投资480万元。

2月27日，兴城市《国家水土保持重点工程兴城市青山项目区实施方案》编制完成。

3月20日，由北京天龙亨通建筑公司董事长、总经理孙丽芬女士出资100万元修建的元台子满族乡四方村和英昌村希望小学教学楼工程开工。

3月24日，中共辽宁省委副书记、辽宁省政协主席岳福洪视察兴城临海产业区建设。

3月30日，中共兴城市委召开深入学习实践科学发展观活动动员大会，部署开展第二批深入学习实践活动的目标任务和活动方案。

3月31日，人民、新浪、百度、搜狐等国内多家知名网站载文推出《让老外都失魄的中国十座顶极小城》，兴城名列其中。

4月9日，中共辽宁省委常委、宣传部部长张江等到兴城调研深入开展学习实践科学发展观活动情况。

4月18日，兴城市被中国水产科学院认定为鲆鲽类健康养殖示范县和海水鱼类科研基地。

4月24日，中共兴城市委宣传部、兴城市文化局、工商局、公安局、教育局等相关部门联合行动，对全市城乡97家网吧进行拉网式排查，进行专项整治。

5月26日，中国古都学会城墙科学保护专业委员会第二次常务理事会在兴城召开。

5月27日，兴城临海产业区招商引资优惠政策出台。优惠政策最大限度地向国际投资商、贸易商及海内外各界人士展示兴城市临海产业区对外开放的宽松环境。

5月28日，兴城市首次生态现状调查工作正式启动。调查内容包括全市社会经济基本情况、农业生产、果业生产、禽畜养殖、河流分布、水库（塘坝）、林业生产、沼气建设、道路建设及农产品安全生产基地等。

6月3日，辽宁财贸学院在兴城举行揭牌仪式，其前身为沈阳师范大学渤海学院。

6月23日，日本石川县川北町町长西田耕丰一行12人到兴城进行友好访问。

7月9日，以韩国西归浦市地域经济局局长文治化为团长的友好访问团莅临兴城进行友好访问。

7月10日，兴城热电公司主管线改造工程开工。该工程将10公里原直径200~350毫米管道更换为400~600毫米大管道，提高供热能力。

7月31日，中国人民解放军空军司令部决定将兴城高级中学选入全国飞行学员早期培训基地试点校。

9月1日，辽宁省滨海公路兴城段工程经过1年半的建设，竣工通车。兴城段起于四家屯街道龙回头景点，止于刘台子满族乡山东村张庄子屯，途经7个乡镇街道，全长61.6公里。

9月7日，兴城市城乡门牌设置工作结束。涉及全市19个乡镇、7个街道，共设置门牌81383块。

9月9日，兴城临海产业区起步区围堰工程合龙。该工程全长9697米，完成土石方140万立方米，大块石20万立方米，总投资2300万元。

10月19日，兴城历史人物王承斌旅居国外的子女王家礼、王素珍等后人回到兴城寻根祭祖，受到家乡人士热情接待。

10月27日，中共辽宁省委常委、大连市委书记夏德仁视察兴城临海产业园区。

11月5日，中国（香港）联合商务机构主席陈晓潮、中国国际科技促进会副会长张绍纯等到兴城古城、菊花岛参观考察。

11月6日，中共兴城市委举行庆祝第十个记者节暨优秀新闻工作者表彰大会。

11月27日，中国书法家协会副主席吴善章率“中国书法之乡”考察组到兴城考察评审，兴城市顺利通过申报“中国书法之乡”评审。12月29日，中国书法家协会授予兴城市为“中国书法之乡”。

12月4日，兴城市人民政府与大唐国际发电股份有限公司举行热电联产项目合作协议签字仪式。

12月7日，辽宁省住房和城乡建设厅在兴城召开专家评审会。由上海同济大学城市建筑规划设计研究院编制的《兴城市城市总体规划（2006~2020年）》通过专家评审。

12月17日，兴城市六届人大常委会十三次会议通过兴城市人民政府《关于菊花岛更名为觉华岛的申请报告》。

12月19日，兴城市农村信用合作联社在全国300余家银行参评的“金融服务与县域经济发展高峰论坛暨2009县域经济最具影响力银行”评比中，获“县域经济最具影响力十佳银行”称号。

12月27~29日，政协兴城市第六届第三次全体会议召开。

12月28~30日，兴城市第六届人民代表大会第三次会议选举产生葫芦岛市第四届人民代表大会代表59人。

12月29日，《兴城临海产业区起步区区域建设用海总体规划海域使用论证报告书》通过国家海洋局委托北海分局组织的专家评审。

12月30日，兴城北关公铁立交桥及引线工程建成通车。

12月31日，兴城南一小学被确定为辽宁省教育科学规划第二批重点研究基地——美学研究基地。

12月31日，辽宁省内最大的生态发酵床养猪场——兴城市通达牧业有限公司建成。

## 2010年

1月15日16时41分，兴城市民观看到天象奇观——日偏食，并观察到太阳“带食而落”的奇妙景象。

1月21日，菊花岛交通船因海水结冰停航，岛上居民的出行和生产生活受到广泛关注。国务院总理温家宝批示，要求切实解决冰封给菊花岛群众带来的困难。中共辽宁省委、辽宁省人民政府领导指示，采取措施解决岛上群众实际困难。葫芦岛市和兴城市领导与有关部门破冰进岛，确保岛上居民安全越冬。

1月30日，兴城市完成第三次全国文物普查实地文物调查。全市共登记不可移动文物243处，其中新发现122处，复查121处。4月25日通过省专家组验收。

3月2日，中共兴城市委召开村党组织和村民委员会换届选举工作会议，部署全市村党组织和村民委员会换届选举工作。

3月5日，兴城市人民政府在劳动就业大厅举办2010年“春风行动”大型招聘会，为农村劳动者、高校毕业生、就业困难人员搭建就业平台。有42家市内企业和20家外埠企业提供201个工种、9230个就业岗位。

3月26日，国家工商总局党组书记、局长周伯华一行，到兴城市工商行政管理局钓鱼台工商所视察。

4月11日，俄罗斯和中国东北、华北、华东等13个省市的旅行商500人，应邀参加葫芦岛之旅兴城旅游经贸推介会。

4月14日，青海省玉树发生强烈地震后，兴城市各界人民踊跃捐款，截至27日，兴城市民政局收到捐款33万元，兴城市红十字会收到捐款10.5万元。

5月4日，数字电影《老滩》在兴城开机。剧本根据国家一级作家、葫芦岛市文联副主席周建新（兴城籍）的同名小说改编，影片由北京嘉星国际文化传媒有限公司投资拍摄。

5月5日，兴城市温泉河综合治理工程经过半年多时间施工，全部竣工。工程全长4.7公里。

5月19日，兴城市供热管网改造工程开始启动。管网改造总长8公里，一期工程7月1日完工，二期工程9月中旬完工。

5月22~27日，由国家体育总局主办的第29届全国“开拓杯”少年儿童乒乓球赛在兴城举行。

6月2日，兴城市人民政府召开伏季休渔暨渔蜇管理工作会议，部署全市从6月1日至9月1日进入休渔期。

6月10日，中共兴城市委召开“创建基层先进党组织、争当优秀共产党员”活动动员大会，全市创先争优活动正式启动。

7月2日，兴城市文学艺术界联合会第一次代表大会召开。

8月4~5日，兴城地区普降特大暴雨，24小时降雨量超过325.4毫米，全市27个乡镇街道受灾，受灾总人口11.6万人，工农业和城市基础设施遭严重破坏，累计直接经济损失达10亿元。

8月6日，辽宁省防汛抗旱指挥部总指挥、辽宁省人民政府副省长赵化明在葫芦岛市领导陪同下到兴城检查指导抗洪救灾工作。7日，兴城市人民政府召开生产自救紧急会议，通报全市抗洪救灾和受灾情况，并就生产自救工作进行部署。

8月12日，兴城市人民政府召开抗洪救灾捐款动员大会，当日捐款达91.8万元。16日晚，兴城举行抗洪赈灾大型义演，当晚募捐善款128万余元。至17日，兴城市民政局接收社会各界捐款400余万元。

8月17日，中国著名明清史专家、满学家阎崇年先生应邀到兴城指导蓟辽督师府布展，并为全市领导干部作《学习崇焕精神，感悟人生价值》专题报告。

8月27日，由葫芦岛市人民政府主办、兴城市人民政府和临海产业区管委会承办的大型招商推介会在兴城市举行。兴城临海产业区与10家企业签订合作协议，合同总金额达15亿元人民币。

8月28日，在“中国市场村合作论坛2010年会”上，四家屯街道四家村被中国村社发展促进会授予“中国村庄名片”称号。

9月5日，兴城市被中国纺织工业协会和中国服装协会授予“中国泳装名城”称号，成为全国第一个获此殊荣的城市。

9月26~28日，兴城市第五届全民运动会在兴城体育场举行。

9月29日，国家质检总局发布公告，批准对红崖子花生实施地理标志产品保护。

10月10日，中共兴城市委副书记、兴城市人民政府代市长、兴城临海产业区管委会主任于学利，率兴城市经贸代表团随辽宁省人民政府经贸代表团赴浙江宁波开展主题概念招商活动。兴城推出滨海温泉新城项目备受青睐，吸引50多名企业家交流洽谈，总签约额25亿元。

10月13日，国家文物局拨专款48万元，对兴城古城祖大乐石坊进行维修。

10月18日，辽宁瀚森木业生产的瀚森木门荣登中国门业十大品牌榜。

11月1~10日，兴城市第六次人口普查入户登记工作正式开始，普查标准时间点为11月1日零时。全市2700名普查指导员和普查员，逐户进行普查登记。12月1日正式进行光电录入。

11月12日，兴城市被列入全国500个县级水利行政主管部门水土保持监督管理能力建设县之一。

11月19日，兴城烟台河大桥重建工程竣工。

12月18日，兴城兴隆大家庭大型购物中心开业。

12月24日，中共兴城市委召开基层党委换届工作会议，全面部署各乡镇街道、市直部门、企事业单位党委换届工作。

12月28~30日，兴城市第六届人民代表大会第四次会议审议通过《“十二五”规划纲要》的决议。

12月31日，第三届全国百位女村官论坛在北京中央社会主义学院召开。兴城市曹庄镇大甸子村委会主任李玉凤作为辽宁省唯一参加论坛的女村官出席论坛。

## 2011年

1月7日，兴城市第一次归国华侨侨眷代表大会召开。

1月11日，辽宁省“万村千乡市场工程”联合验收小组对兴城市农家店、农资店及两个配送中心建设工作进行验收检查。兴城市共建农家店396户，农资店98户，经验收全部合格。

1月18日，辽宁省发展计划改革委员会下发文件，兴城市古城墙基础设施建设项目被列入《辽宁省2010年第二批国家文化和自然遗产地保护中央预算内投资计划》。

1月19日，中核辽宁核电有限公司召开记者座谈会，公司副总经理蔡竹平介绍徐大堡核电项目筹建和进展情况。项目计划总投资900亿元，其中一期项目投资270亿元。

1月21日，兴城市人民政府召开兴城古城保护规划征求意见会，听取东南大学建筑设计院教授周小棣、博士沈明等就兴城古城保护规划所作的介绍。

1月28日，兴城文史工作者举行纪念兴城建县1020周年座谈会。

2月18日，中国扶贫基金会的下属分支机构——兴城市农户自立服务中心挂牌成立。

2月19日，兴城市人民政府召开建（昌）兴（城）高速公路征地动迁工作会议。确定动迁工作从4月1日开始启动。

2月22日，兴城市人民政府召开农村劳动力资源普查工作会议，会议决定从即日起至6月30日，在全市开展农村劳动力资源普查工作。

3月4日，兴城市人民政府与沈阳蓝德温泉度假村有限公司签约，在兴城市高家岭满族乡汤上村开发建设集旅游、观光、休闲、度假、养生保健为一体的温泉产业。

3月8日，兴城市泳装行业协会第一届第一次会员代表大会召开。

3月21~24日，中共兴城市第六次代表大会召开。大会选举产生中共兴城市第六届委员会和纪律检查委员会。中共兴城市第六届委员会第一次全委会议选举产生中共兴城市委常委、书记、副书记，中共兴城市纪律检查委员会全委会选举产生市纪委书记。

4月18日，兴城市人民政府举行蓟辽督师府布展工程竣工剪彩仪式。明清史专家阎崇年、葫芦岛市人大常委会副主任王英杰为蓟辽督师府揭匾。

4月19日，中国服装协会专职副会长冯德虎一行在省、市有关领导陪同下，就城市泳装产业集群发展进行调研。

4月22日，兴城市人民政府在深圳举行投资环境说明会。兴城市人民政府市长于学利就兴城市投资环境和优惠政策进行现场推介，兴城市人民政府及兴城临海产业区管委会与深圳市侨商联合会签订友好合作协议。

4月30日，兴城临海产业区晋升为辽宁省省级经济开发区。

5月6日，兴城市人民政府召开治理整顿“吃空饷”问题工作会议，部署在7月10日前，分三个阶段对“吃空饷”问题进行全面治理整顿。

5月8日，由兴城市妇女联合会、共青团兴城市委主办，兴城兴隆大家庭承办的百对新人大型集体婚礼隆重举行。

5月10日，兴城首家村镇银行——长兴村镇银行挂牌成立。

5月13日，日本利民工程援助项目——兴城市旧门满族乡陈屯小学举行落成剪彩仪式，兴城市人民政府领导及日本驻沈阳总领事松本盛雄出席仪式。

5月16日，中国服装协会专职副会长、浙江省服装协会会长冯德虎在辽宁省服装协会领导陪同下到兴城调研考察。

5月20日，兴城市人民政府发布《关于依法取缔城区内营运三轮车的通告》。截至6月15日，兴城城区内3011辆营运三轮车全部退出客运市场。

5月28日，兴城市人民政府在世界行走日，组织全市2000多名市民、学生举行“迎全运、爱家乡、建辽宁”5公里行走健身活动。

5月29日，青山水库建设项目主坝土石方工程完成，全长735米的灌浆盖板全面完工。青山水库被纳入《全国水库建设规划》，位于兴城、绥中、建昌交界处，工程概算总投资28.3亿元。

6月1日，中共兴城市委、兴城市人民政府为丰富城乡文化生活，庆祝建党90周年，启动以“热爱兴城，唱响兴城，建设兴城”为主题的“兴城之夏”文化广场活动。

6月7日，兴城市人民政府召开城市环境综合整治工作会议。

6月25日，国家文物局局长单霁翔由辽宁省文化厅领导陪同到兴城市调研文物保护工作。

7月6日，辽宁省人大常委会副主任李英杰一行到兴城，就城镇化和新农村建设良性互动工作进行调研。

7月16日，兴城天诚泳业服务平台项目奠基仪式在兴城临海产业园区举行。由9家泳装企业组建而成的服务平台，标志兴城市泳装业的发展迈上集群化、国际化、品牌化的发展轨道，中国纺织工业协会会长杜钰洲出席奠基仪式。

7月21日，由河北省山海关区书法家协会和辽宁省兴城市书法家协会联合主办的“关城风韵”书法联展暨建党90周年书法展在兴城举行。

7月22日，中国摄影家协会第二十三届摄影艺术展览获奖作品和首届全国农民摄影大展赴兴城巡展。

7月26日，辽宁晨光塑料有限公司塑料城项目在兴城临海产业区举行奠基仪式，中国塑料加工工业协会农用薄膜专业委员会会长韩连贵等出席仪式并为塑料城项目奠基。

8月16~17日，举办首届中国（葫芦岛·兴城）国际泳装文化节，全国政协副主席张榕明、辽宁省人大常委会副主任佟志武、辽宁省人民政府副省长刘国强、辽宁省政协副主席刘政奎等领导出席。

8月17日，由美玲集团（中国）有限公司投资50亿元、占地180公顷的美玲工业园在兴城临海产业区举行奠基典礼。

8月19日，兴城临海产业区泳装园首家入驻企业、兴城市美路威制衣有限公司开工投产。

8月23~26日，辽宁省温泉产业（温泉小镇）招商引资推介会在浙江宁波举行，兴城市滨海温泉新城综合体项目备受关注，兴城市人民政府与福建开发商郑亚辉就投资20亿元的观海国际商业地产项目签约成功。

9月8日，辽宁省环境保护厅公布全省81个自然保护区名录，兴城市大青山自然保护区和兴城市杂色蛤亲贝县级自然保护区在列。

9月9日，兴城市人民政府公开招聘录用155名高校毕业生充实中小学教师队伍。

9月23~27日，在国庆节和重阳节前夕，兴城市领导分组走访慰问全市15位百岁以上老人。

9月29日，兴城市工商业联合会（总商会）召开第六次会员代表大会。

9月30日，兴城市人民政府投资672万元，新增20辆苏州金龙海格公交车。发车仪式在兴城兴隆大家庭门前举行，兴城市领导孙志浩、于学利、康伟、蔡成利为发车仪式剪彩。市区内新开通4—1路、4—2路、3路、9路四条公交线路。

10月9日，兴城市红崖子花生协会成立暨第一次会员大会召开。

10月13日，兴城市经济适用房申报工作结束。经审核调查，从628个申报家庭中，选出183户申购家庭参加公开摇号，产生75套经济适用房房主。

10月19日，中共兴城市委召开学习道德模范先进事迹座谈会，纪念《公民道德建设实施纲要》颁布10周年。

10月27日，“兴城红崖子金豆花生”获辽宁省优秀乡村旅游商品称号。

11月9日，葫芦岛海事局与兴城市港航管理处及辖区船舶管理公司、菊花岛乡政府共同协调，开通冬储运输绿色通道，陆续将200余吨生活物资运抵岛上，确保岛上居民安全越冬。

11月9~11日，由辽宁省人民政府教育督导团、省教育厅组织的“普及九年义务教育双高水平”评估验收组到兴城，检查验收兴城的“双高普九”工作，评定兴城市为辽宁省普及九年义务教育双高水平合格单位。

11月18日，俄罗斯远东地区疗养旅游考察团莅临兴城，考察温泉旅游疗养项目。

11月23日，中国农工民主党葫芦岛市委员会兴城支部成立。

12月9日，国家水利部松辽水利委员会水土保持处专家组到兴城，对兴城市国家农业发展水保项目建设情况进行检查验收。

12月20日，兴城市人民政府召开清理建筑领域拖欠农民工工资专项行动工作会议。要求相关部门采取切实可行措施，解决建筑企业拖欠农民工工资问题。

## 2012年

1月1日，兴城市医疗保险实行葫芦岛市级统筹，参保人可在葫芦岛地区范围内自主选择定点医疗机构就医。

1月9日晚8点，一辆装载23吨液化气的大货车，在国道102线八里村路段侧滑翻倒路边，液化气罐与车体分离，驾驶员受伤，兴城市领导迅速组织抢险救援。10日中午12点，液化气罐安全运离现场。

2月11日，辽宁省人民政府省长陈政高到兴城考察古城保护和开发建设，并提出具体要求。

2月22日，葫芦岛市人民政府召开觉华岛旅游度假区管理体制调整工作会议。会议明确觉华岛旅游度假区的管理体制、组织领导、机构设置、海域管理范围、行政管理职责等事宜。决定成立觉华岛旅游度假区管理体制调整工作小组，兴城市人民政府与觉花岛旅游度假区管理委员会即日开始进行交接工作。

2月28日，政协兴城市第六届委员会第五次会议在兴城市行政中心会议室召开。

2月29日，兴城市第六届人民代表大会第五次会议在兴城市行政中心会议室召开。

3月1日，兴城市对行政事业单位、各乡镇街道和团体组织的机动车辆实行定点加油、定点维修、定点保险。

3月13日，“兴城苹果”通过国家工商总局商标局审查，被注册为国家地理标志商标。

3月25日，兴城市以红麦坊海滨温泉旅游度假村为代表的7个重大项目，在郈家海滨集中举行开工典礼仪式。7个重大项目总投资82.8亿元。

3月26日，兴城南一小学东移工程开工。工程总占地面积30784平方米，总建筑面积19316平方米。

4月3日，兴城市人民政府举行袁崇焕纪念堂落成揭幕仪式。

4月4日，兴城历史名人王承斌墓园修复工程竣工。

4月28日，古城居民搬迁工作全面启动，第一期征收范围是北二街房屋。总投资约20亿元、总工期达3年的古城保护开发工作进入实质性阶段。

4月，兴城花生、兴城多宝鱼商标通过国家工商总局商标局审查，被注册为国家地理标志商标。

4月，建（昌）兴（城）高速公路开工。兴城段起点位于药王乡冯屯村大苇沟，终点位于四家屯街道郈家村。高速公路全长90.03公里。

5月24日，兴城市人民政府举行第七届温泉旅游经贸推介会，有17个城市旅游局领导及旅行社总经理，《人民日报》《中国旅游》等媒体记者参加。

5月25日，兴城河城区段综合治理一期主体工程竣工。

5月25日，辽宁正业集团美联公司暨兴城4000公顷花生良种繁育实验基地项目在红崖子满族乡启动。

6月21日，渤海船舶职业学院新校区在兴城大学园区开工建设。新校园占地面积50.67公顷，建筑面积19.8万平方米，总投资7亿元，年末完成主体工程。

7月25日，兴城兴海栈道景观工程竣工，正式向游客开放。景观工程全长1600米，东起龙回头广场，沿海岸依势向南延伸至郦家湾。

7月30日，位于北门外的兴城市煤炭交易中心投入运营。交易中心总投资1500万元，5月26日开工建设，新建储煤场区22个，业务包括煤炭批发与零售。

8月3日上午9时~4日上午10时，兴城市普降暴雨，最大降雨量138毫米。全市投入抢险人员1720人次，出动冲锋舟、橡皮艇16艘，转移受灾群众8242人。

8月6日，辽宁省红十字会和葫芦岛红十字会分别向兴城灾区捐赠价值20万元抗洪物资。

8月16日晚，第二届中国（葫芦岛·兴城）国际沙滩·泳装文化博览会开幕式暨2012“波尼士·葫芦岛·兴城”杯中国国际泳装设计大赛在葫芦岛体育馆举行开幕式。

9月5日，辽宁省人民政府副省长谭作钧到兴城就古城开发与保护进行调研。

9月7日，张文成在第十二届全国“村长”论坛上被授予“中国功勋村官”称号。

9月19日10时18分，青山水库大坝截流成功。

9月21日，葫芦岛·兴城投资环境说明会在内蒙古呼和浩特市举行。兴城市签约项目6项，总投资额82.2亿元。

10月1日，兴城市河东路南延工程竣工通车，与兴海北街、兴海南街、临河大街贯通。

10月30日，兴城市首批10辆校车投入使用。校车试点涉及4个乡镇、12所中小学，4000名中小学生受益。

10月31日，葫芦岛馨予现代农产品深加工基地（项目）在沙后所镇举行奠基仪式。该基地是省、市两级政府重点扶持的农业产业化龙头企业，总投资11.6亿元。

11月9日，兴城市人民政府举行第一次应聘教师公开选岗大会。通过笔试、面试等择优聘用126名教师。

11月10~13日，兴城市开始进行市、乡两级人民代表大会代表换届选举工作。全市共44.8万名选民在各自选区参加选举，共选出兴城市人大代表239名，乡镇街道人大代表1006名。

11月28日，兴城市与黑龙江省海伦市缔结友好城市。

12月4~6日，政协兴城市第七届第一次全体会议召开。会议选举产生政协兴城市第七届委员会主席、副主席。

12月5~7日，兴城市第七届人大第一次全体会议召开。会议选举产生人大常委会主任、副主任，选举产生兴城市人民政府市长、副市长。

# 编后记

《兴城市志》（1986–2012）是兴城撤县建市以来第一部志书，自2010年3月开始编纂，历时四载，数易其稿，于2014年12月付梓成书。

2010年3月，按照《辽宁省第二轮修志工作规划》要求，中共兴城市委、兴城市人民政府决定编纂《兴城市志》，组建了由市长担任主任、相关部门主要领导为成员的兴城市地方志编纂委员会，办公室设在兴城市档案局，确定《兴城市志》时间断限为1986年1月至2010年12月。地方志编纂委员会分别于6月和10月举办两期市志撰稿人培训班，对全市各单位120余名撰稿人进行业务培训。选聘6名具有一定政治文化水平、热心修志事业的退休干部，组成《兴城市志》编辑部。先后两次聘请特约编辑，四次调整配备专职编辑人员，保证了编纂工作的科学性、严谨性、连续性。

2011年1月，兴城市地方志编纂委员会聘请指导顾问和执行主编，依据《地方志工作条例》（国务院令第467号）规定，立足兴城实际，学习借鉴外埠地区志书体例，反复探讨论证，重新调整《兴城市志》篇目结构设计方案，完善设置篇、章、节、目4个层次。按照《地方志基础知识与编写规范》等相关标准，开展各篇志稿分纂工作。

2013年3月，兴城市委、市政府决定将《兴城市志》下限延至2012年12月。编纂委员会再次选聘编辑人员，补充搜集2011–2012年相关资料，调整篇章结构，重点突出近些年来兴城政治、经济、城乡建设、社会事业、文化旅游等方面内容，并增设《附录》。编辑部先后7次召开各单位撰稿人协调会和33次编务会，邀请相关人员对专业内容把关定向，确保志稿的全面、翔实、客观、准确。至2013年末，形成共27篇专志及附录、大事记的《兴城市志》（1986–2012）初稿。

2014年1月，中共兴城市委书记于学利同志作出“史志真实是生命，要确保质量”的批示，兴城市地方志编纂委员会将《征求意见函》及相关志稿分发回各撰稿单位征求意见。8月，方志出版社主编冀祥德、编辑张景增和黄彦、辽宁省方志办赖明、大连市方志办孙颖、锦州市方志办战英克、葫芦岛市志办聂志弦等专家对志稿进行审核评鉴。编辑部依据市志专家、基层单位提出的意见和建议，对志稿进行系统修改，最终由执行主编审核定稿，总计148万字。

《兴城市志》（1986–2012）是兴城市委、市政府高度重视的结果，凝聚了编纂人员的智慧心血，是集体创作的结晶。《兴城市志》编纂期间，得到市委办公室、市政府办公室、市委组织部、宣传部、市财政局、统计局、民政局、规划局、档案局等相关部门和社会各界人士的大力支持。北京社科院研究员、明清史专家阎崇年先生对相关史实进行了甄别。辽宁省核工业地质局二四二大队高级工程师陈德军修订并撰写自然环境篇中的地质、地貌、矿产资源等内容。年逾九旬的文化老人赵序初为本志题写书名。

值此本志出版之际，谨向关心、支持志书编纂工作的各级领导、专家学者、社会各界人士，向所有参与编纂工作的相关人员表示衷心的感谢！由于各单位参与市志撰稿人员较多，且变动较大，故未能录入，在此深表歉意。

《兴城市志》卷帙浩繁，事涉千线。虽众手成书，几易其稿，但因时限跨度较长，编写人员经验、水平有限，疏漏舛误在所难免，敬请方家学者、志坛净友和广大读者批评指正。

《兴城市志》编辑部

2014 年 12 月